CATIA V5

机械(汽车)产品 CAD/CAE/CAM

全精通教程

王登峰　黄　博　等　编著

人民交通出版社

内 容 提 要

本书力求系统、透彻地讲解CATIA产品设计、分析、制造方面的常用模块，由浅入深地阐述了：CATIA软件特性；产品2D剖面设计、3D零件设计、装配件设计、工程图、钣金件设计；创成式曲面设计；自由造型、逆向工程设计、快速曲面重建、汽车A级曲面；零部件有限元分析、装配件有限元分析、模态分析；DMU数字化样机、运动学模拟、人体工程学分析；2.5轴铣加工、曲面加工、快速成型等知识。全方位帮助读者系统地提升CATIA综合运用能力。

本书适合：CATIA V5初学者；产品设计、工程分析、CAM工程师；机械类专业本科生、研究生；CATIA培训班师生；CATIA深入学习读者使用。

光盘使用指南

本书附赠的光盘中提供了所有实例的源文件。将这些源文件拷贝至硬盘，然后去掉其"只读"属性即可利用CATIA打开操作并修改。源文件只能在CATIA V5 R14以上版本打开。

图书在版编目（CIP）数据

CATIA V5机械（汽车）产品CAD/CAE/CAM全精通教程/王登峰等编著. —北京：人民交通出版社，2007.3
ISBN 978-7-114-06444-9

Ⅰ.C... Ⅱ.王... Ⅲ.汽车-计算机辅助设计-应用软件，CATIA V5 Ⅳ.U462-39

中国版本图书馆CIP数据核字（2007）第032701号

CATIA V5 Jixie(Qiche)Chanpin CAD/CAE/CAM Quanjingtong Jiaocheng
书　　名：CATIA V5机械（汽车）产品CAD/CAE/CAM 全精通教程
著 作 者：王登峰　黄　博 等
责任编辑：张　淼
出版发行：人民交通出版社
地　　址：(100011) 北京市朝阳区安定门外外馆斜街3号
网　　址：http://www.ccpress.com.cn
销售电话：(010) 59757973
总 经 销：人民交通出版社发行部
经　　销：各地新华书店
印　　刷：北京鑫正大印刷有限公司
开　　本：787×1092　1/16
印　　张：37
字　　数：920千
版　　次：2007年4月　第1版
印　　次：2016年6月　第4次印刷
书　　号：ISBN 978-7-114-06444-9
印　　数：8001-10000册
定　　价：69.00元
(有印刷、装订质量问题的图书，由本社负责调换)

尊敬的读者，感谢您选择本书。系统地学习本书定能获得较大的帮助与飞跃，相信所有购买并认真学习本书的读者，经过自身的不断锤炼与努力，最终会成为CATIA软件设计及运用的高手。作者和编辑尽最大可能排除疏漏和失误，限于时间和水平，难免有不足之处，敬请广大读者不吝指正。

作者名单

主　　编　王登峰　（吉林大学）

副 主 编　黄　博　（哈尔滨工业大学）

参　　编　（排名不分前后）

王登峰　（吉林大学）

陈　鑫　（吉林大学）

杨昌海　（吉林大学）

靳春宁　（吉林大学）

陈　静　（吉林大学）

黄　博　（哈尔滨工业大学）

王剑峰　（哈尔滨工业大学）

白　欣　（哈尔滨工业大学）

姚玉峰　（哈尔滨工业大学）

黄亚莲　（中国一汽集团汽车技术研究中心）

齐　靖　（中国一汽集团汽车技术研究中心）

殷金祥　（上海交通大学）

罗爱辉　（上海交通大学）

沈利冰　（上海交通大学）

李　香　（哈尔滨工程大学）

主　　审　王登峰　（吉林大学）

黄　博　（哈尔滨工业大学）

编写策划　张　淼　（人民交通出版社）

张　俐　（北京航空航天大学）

陈效华　（南京理工大学）

前　言

CATIA 是法国达索公司开发的 CAD/CAE/CAM/PDM 集成化高端应用系统,在计算机辅助设计集成化平台领域处于领导地位。CATIA 起源于航空工业,专长复杂模型设计,被广泛应用于航空航天、汽车制造、造船、机械制造、电子电器以及消费品行业,其集成化的解决方案基本覆盖了所有的产品设计、分析与制造领域,能很好地满足工业领域中各类企业的数字化设计需求,包括工业设计、机械设计、机构仿真、工程分析、NC 加工、产品数据管理等。

近年来,CATIA 软件加大了国内的推广力度,已逐步占领了我国各大汽车制造企业的市场,正在成为国内汽车制造企业的主导 CAD 软件。

鉴于国内许多汽车产品配套企业以及机械(汽车)专业师生不断高涨的学习热情,特组织吉林大学、哈尔滨工业大学、上海交通大学、哈尔滨工程大学、南京理工大学、北京航空航天大学及中国一汽集团汽车技术研究中心的资深教师、工程技术人员精心编著了这本精通教程。

- 本书的读者对象

本书力求系统、透彻地讲解 CATIA 产品设计、分析、制造方面的常用模块,立足于 CATIA 市场主流 V5 R14 以上版本,从定位上顾及不同层次的读者,既能让初学者跟随本书的讲解轻松上手,更能让已经具有中高级水平的读者深入系统地学习达到精通水平。

- 本书特点

全书体系完整、内容循序渐进、功能讲解详尽,图文并茂、通俗易懂。精心设计的 300 来个实例涵括 CATIA 所有常用模块和功能。由国内一流大学、知名院所机械(汽车)类专业的博导、教授、工程技术人员等资深 CAD 高手精心编著,是目前市面上体系最完整、知识层次最深入的 CATIA 学习帮手。

- 本书内容

一般来说,用户使用 CATIA 需要进行产品创意设计、工程分析、生成工程图或者编制 CAM 数控程序。本书深入系统地阐述了这些工作的绝大部分知识和要领。

第一章　数学模型基础:简要地阐述了 CAD 技术的发展历程、造型技术的发展趋势,且阐明了常用曲线曲面的性质,奠定读者曲线曲面操作的理论基础。

第二章　CATIA 概述:展示了 CATIA 软件的功能模块及应用方式、CATIA 混合建模的特性、产品模型操控的基本技巧、CATIA 工作环境的使用及设置。引领读者步入 CATIA 软件之门。

第三章　CATIA 机械设计:系统地阐述了 CATIA 机械设计的常规功能,由剖面草绘设计入手,逐步展开零件设计模块、产品装配件设计模块、二维工程图模块、钣金件设计模块等深入系统的学习。

第四章　外形设计和曲面造型:复杂模型的设计往往需要新颖的曲线曲面创意,这是常规机械设计模块所很难企及的,这一章详尽地阐述了 CATIA 创成式曲面设计模块、自由造型模块、逆向数字外形编辑模块、快速曲面重建及汽车 A 级曲面模块的使用,帮助读者系统学习复杂模型的构建。

第五章　工程分析:细致的工程分析是产品设计的重要环节,本章以实例形式清晰地讲授了 CATIA 支持的所有工程分析类型,由浅入深地引导读者掌握静态分析、屈曲分析、频率分析、组合案例分析、装配件分析、动/静态响应分析等。

第六章 数字化样机与人体工程学:产品的数字化样机能够提前预知设计问题,有利于加速产品设计和降低成本;机械产品的人机工程性能也将很大程度影响产品的实用性。本章讲授了 CATIA DMU 空间分析、机构运动仿真功能;人机工程学分析等功能。

第七章 数控加工技术:本章以入门实例引导读者步入 CAM 设计,然后系统地阐述数控加工基本设置,并重点阐述了三个常用模块:2.5 轴铣加工、曲面加工、快速成型。

第八章 汽车零部件设计综合实例:以汽车等速驱动轴的所有部件设计实例阐述了机械设计模块的综合运用;同时以车门的点云数据为基础展开逆向车门外形设计,然后辅以内板结构设计完成车门设计实例并声称二维工程图。

作　者

2007 年 3 月

目　录

第1章 数学模型基础

CAD技术起源于航空业，现在广泛应用于汽车行业，正是由于飞机、汽车的外形复杂，含有大量的自由曲面，因此CAD技术一开始就与自由曲线曲面造型技术紧密相连。1963年，美国麻省理工学院（MIT）的研究生Sutherlands在美国计算机联合会的年会上发表了《SKETCH-PAD-A》论文，首次提出了计算机辅助设计（Computer Aided Design，CAD）的概念，揭开了对CAD系统开发的序幕。许多年来，人们不断探索方便、灵活、实用的曲线曲面造型构造方法。从提出样条函数至今50年间，曲线曲面造型经历了参数样条方法、Coons曲面、Bezier曲线曲面和B样条，形成了以有理B样条曲面（Rational B-spline Surface）参数化特征设计和隐式代数曲面（Implicit Algebraic Surface）表示 这两类方法为主体，以插值（Interpolation）、拟合（Fitting）、逼近（Approximation）这3种手段为骨架的几何理论体系。

1.1 CAD中数学模型简介

自20世纪60年代CAD技术诞生以来，经过几十年的飞速发展，CAD的应用领域已从早期的计算机辅助设计和印刷电路板设计，逐步扩展到飞机、汽车、轮船、机械、建筑、家具和服装等行业。CAD几何模型也经历了线框模型、曲面模型、实体模型、特征模型、参数化模型、变量化模型以及现今以网络化为中心的数学模型等不同阶段，各种数学模型在今天的CAD系统中相互补充，相得益彰。现对其作简略介绍。

1.1.1 线框模型

线框模型是以点、直线及圆弧等几何元素来表示三维物体几何形状的模型。它是CAD中最早用来表示几何形体轮廓的模型，其优点在于：造型简单，数据存储量小，操作灵活，响应速度快，是进一步构造曲面模型和实体模型的基础。但这种造型方法不能无二义性的表达三维物体，无法实现图形的自动消隐，剖切，明暗处理，干涉检测等操作。如图1-1所示的曲面线框模型，从线框很难辨别曲线内部的具体形状。

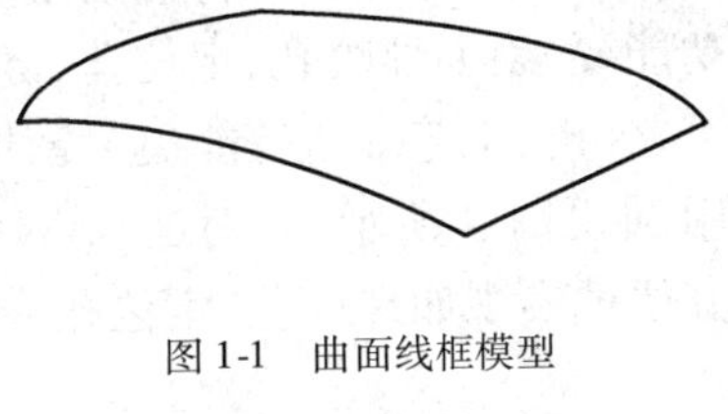

图1-1 曲面线框模型

1.1.2 曲面模型

曲面模型是以自由曲线为基础构造复杂几何形状的模型。它能够进行图形消隐和真实感显示，被广泛应用于飞机、汽车、造船等含有不规则曲面的行业。但曲面造型没有明确地定义三维形体的实心部分，单纯的曲面模型无法提供曲面之间的相关信息，因此适用于包含复杂曲面零件的局部外形设计，不适用于大量普通机械零件的整体外形设计。这种造型方法常用在飞机和汽车车身设计中，特别是含有大量形状复杂薄板件的汽车车身零件，用曲面模型来表达显得方便快捷，如图 1-2 所示的是用曲面造型方法所得的是某车身侧围焊接板。

1.1.3 实体模型

实体模型是用于定义产品的几何形状与尺寸，反映产品的完整三维几何与拓扑信息的模型。与线框模型和曲面模型相比，实体模型避免了形体表示的歧义性。实体模型最常用的两种表示方法为：边界表示（B-rep）和构造实体几何（Constructed Solid Geometry，CSG）。边界模型以显式方式存贮组成形体的面、边、点的几何信息和反映面、边、点关系的拓扑结构信息。CSG 模型存储的是反映体素构造过程的隐匿信息。实体模型反映形体的几何与拓扑信息虽然是完整的，但在 CAD/CAM 集成方面具有明显不足。它缺乏特征关系表达式信息，不支持概念设计等。图 1-3 所示的就是用实体造型方法所得的某车轮胎，由图可见实体模型能反映产品的完整的三维几何与拓扑信息。

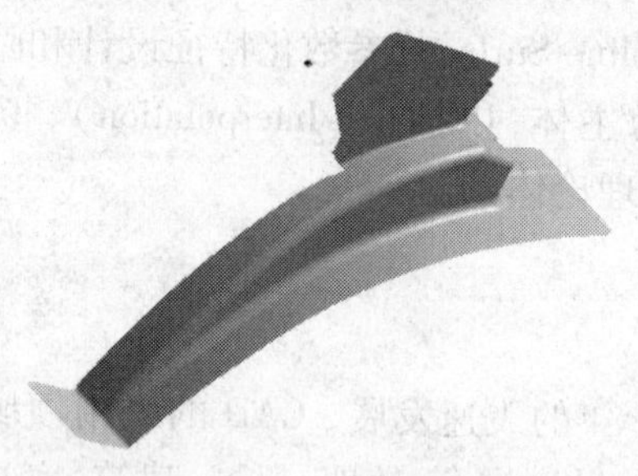

图 1-2　车身侧围焊接板曲面模型

图 1-3　轮胎实体模型

1.1.4 特征模型

特征的概念首次是麻省理工学院于 1978 年提出的，特征模型是建立在实体造型技术之上的一种更高层次的造型技术。它是在形状特征、材料特征、工艺特征和精度特征的基础上，面向整个设计、生产制造和管理过程，改变了几何形状和加工工艺管理信息间的相互分离，资源不能共享的局面。在特征模型中，设计人员的操作对象不再是原始的线条和体素，而是产品的功能要素：如螺纹孔、定位孔、键槽、加强筋以及曲面特征等。这使得产品的外形设计与实际加工、分析、工艺准备等能更紧密地结合在一起。特征造型目前已在各种造型软件中得到广泛应用，如图 1-4 所示，分别是 CATIA 和 UG 中用来进行特征造型的部分功能，应用这些功能，可以方便地实现如螺纹孔、定位孔、键槽和加强筋等特征设计。

a)

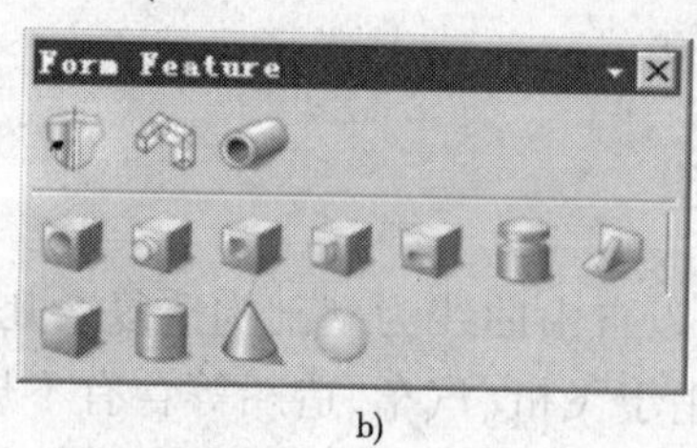

b)

图 1-4　CAD 软件中的特征造型功能

a）CATIA 中特征造型功能；b）UG 中特征造型功能

1.1.5 参数化模型

参数化模型是采用预定义的方法建立图形的几何约束集,指定一组尺寸作为参数与几何约束集相关联,并将所有的关联式融入到应用程序中,然后采用人机交互方式通过对话框修改尺寸,最终由程序根据这些参数顺序地执行表达式来实现的几何模型。参数化设计极大地改善了图形的修改手段,提高了设计的柔性,在概念设计、动态设计、实体造型、装配、公差分析与综合、机构仿真、结构修改和优化设计等领域发挥着越来越大的作用,体现出很高的应用价值。目前,参数化设计在理论上已形成了几种求解方法,如基于几何约束的变量几何法;基于几何推理的人工智能法;基于构造过程的方法以及基于辅助线的方法等。现今的大部分 CAD 软件都能实现的产品的参数化建模,图 1-6 所示是车身的支撑板,由于支撑板的结构经常随着相关件的设计要求而变动,为了避免重复建模,增加设计的柔性,这里可采用参数化建模技术,将可能需要改变的尺寸要素设为可变参数;图 1-5 所示是 CATIA 中设置参数的对话框,利用它可方便地实现零件的参数化建模。图 1-6b) 所示的零件就是由图 1-6a)所示的零件,利用参数改变不需要重新建模,直接得到的结果。

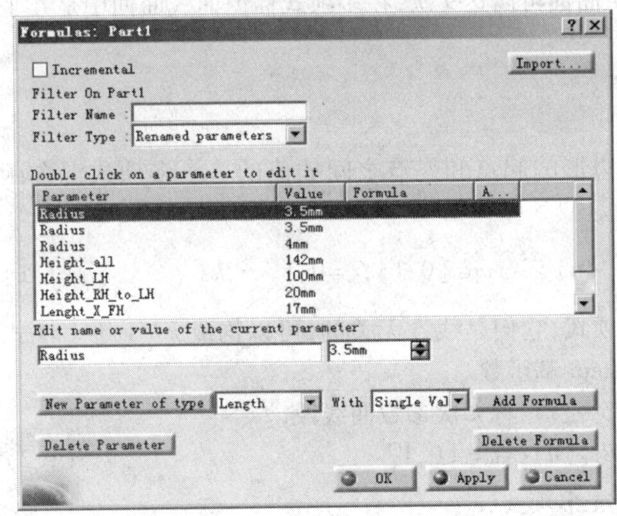

图 1-5 CATIA 中参数设置的对话框

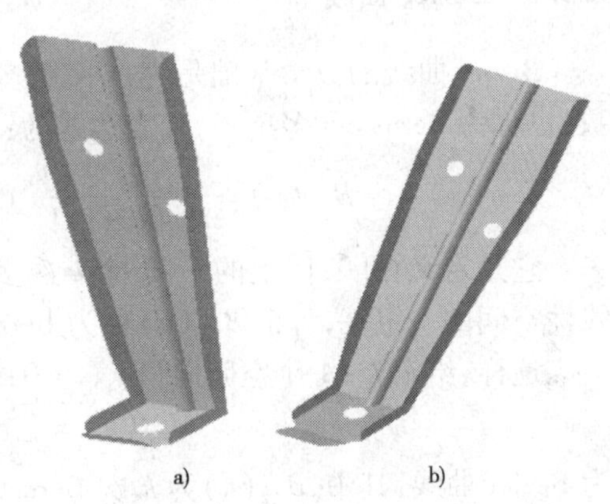

图 1-6 前围支撑板

a) 参数改变前的状态;b) 参数改变后的状态

1.1.6 变量化模型

变量化模型技术是在参数化的基础上做了进一步改进后提出的设计思想。设计者可以采用先绘制实体形状后给出尺寸的设计方式,允许采用不完全尺寸约束。它充分利用了形状约束和尺寸约束分开处理,无需全约束的灵活性。变量化技术解决了任意约束情况下的产品设计问题,不仅可以做到尺寸驱动(Dimension-Driven),也可以实现约束驱动(Constrain-Driven),即由工程关系来驱动几何形状的改变。它克服了参数化设计非全约束时设计难以继续的问题。这种造型方法,在 CAD 设计中已得到了初步应用,但需要进行一步完善和提高。

20 世纪 90 年代以来,随着计算机网络技术的迅猛发展,CAD 技术的研究也开始从单机应用转向网络环境下的分布式多用户应用,出现了并行工程,协同设计等新的网络环境下的几何模型。它与传统几何模型的侧重点不同,它不但要解决三维模型创建,计算检查与分析等问题，更要着重解决适于网络环境的模型数据表示、数据交换与共享、模型数据传输、网络化几何造型服务等新问题。它的出现，为产品的全球设计与生产提供了可能。

以上简要介绍了 CAD 中几种常见的数学模型，每种模型都有各自的优缺点，但这些数学模型并非相互独立，而是互相交织、共同发展的。线框模型是曲面模型和实体模型的基础，而特征模型、参数化模型、变量化模型又是以传统数学模型为基础发展起来的，它们相互补充、相互关联、相互依赖。在实际产品设计过程中，不能仅靠一两种模型的造型方法来解决问题，而必须将上述各种数学模型的造型方法有机地结合起来，只有将这些数学模型有机融合，才能更快更好地设计出产品。在当前的 CAD/CAM 系统中，B 样条（B-Spline）曲线曲面已成为几何造型的核心部分。它是在 Bezier 曲线曲面方法的基础上提出来的，下面介绍一下 Bezier 曲线曲面的概念及相关性质。

1.2 Bezier 曲线曲面

Bezier 曲线曲面的概念是由法国雷诺汽车公司工程师 Bezier 在 1962 年提出的构造曲线曲面的方法。这种方法后来广泛应用于各种 CAD 软件中，CATIA 系统中也采用了这种方法，其中所用的 Bezier 曲线可高达 15 次，Bezier 曲面可高达 9 次，在多项式插值曲线曲面中是几乎不可能达到这样高的次数而不出问题的。

1.2.1 Bezier 曲线

Bezier 曲线的数学基础是完成控制多边形的起点和终点之间插值的一个多项式混合函数，也称为 Bernstein 多项式，其表达式为：

$$B_{i,k}(u)=\frac{k!}{i!\ (k-i)!}u^{i}(1-u)^{k-i}\quad u\in[0,1],i=0,1,\cdots,k \tag{1.1}$$

它是定义在[0,1]上的 $k+1$ 个 k 次多项式，它们是线性无关的，可以构成 $k+1$ 维多项式线性空间的一组基，每个 $B_{i,k}(u)$ 称为 Bernstein 基函数。

这样，给定 $k+1$ 个空间向量 $r_i(i=0,1,\cdots,k)$，称 k 次参数曲线段，

$$f(u)=\sum_{i} r_i B_{i,k}(u)\quad u\in[0,1] \tag{1.2}$$

为 Bezier 曲线，其中，$B_{i,k}(u)$ 为 k 次 Bernstein 多项式，$r_0,r_1,\cdots,r_n$ 称为 Bezier 曲线的控制点，依次用线段连接 $r_i(i=0,1,\cdots,n)$ 中相邻两向量终点，这样组成一个 n 边折线 $r_0r_1\cdots r_n$ 称为 Bezier 多边形，或称为特征多边形，如图 1-7 所示。

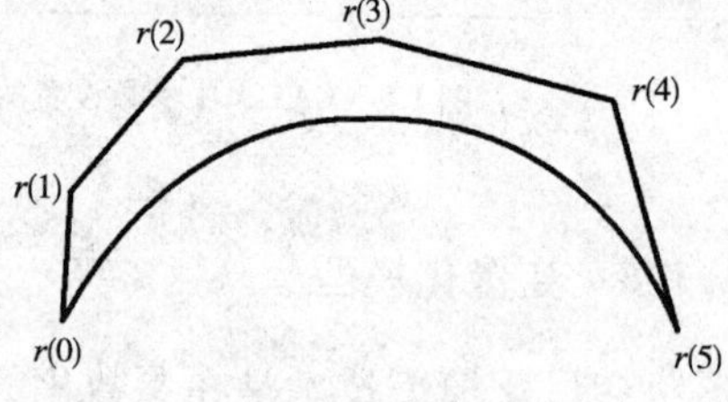

图 1-7 Bezier 曲线示图

根据 Bernstein 基函数的性质可以导出 Bezier 曲线的几何性质。

1）端点性质

以 $u=0$ 和 1 分别代入 Bezier 曲线定义中的式子可得到

$$r(0)=r_0,r(1)=r_n \tag{1.3}$$

因此，Bezier 曲线是以特征多边形的起点和终点为端点的，具有端点插值性质。

2）凸包性质

凸包的定义是，对于给定的 $n+1$ 个点 $r_i(i=0,1,\cdots,n)$ 的点集合，

$$\left\{\sum_{i=0}^{n}\lambda_i r_i\ \middle|\ \sum_{i=0}^{n}\lambda_i\equiv 1,0\leqslant\lambda_i\leqslant 1\quad(i=0,1,\cdots,n)\right\} \tag{1.4}$$

称为由点列 $r_0,r_1,\cdots,r_n$ 张成的凸包。

根据凸包的定义,Bernstein 基函数 $B_{i,k}(u)$ 具有 λ_i 的性质,即

$$\sum_i B_{i,k}(u)=1,u\in[0,1] \tag{1.5}$$

因此,Bezier 曲线 $r(u)$ 落在点列 $r_0,r_1,\cdots,r_n$ 张成的凸包中,并称其为 Bezier 曲线凸包性质。若上述 $n+1$ 个点在同一平面内,点列 $r_0,r_1,\cdots,r_n$ 张成的凸包是一个凸多边形;否则是一个凸多面体。利用曲线的凸包性质,则可根据特征多边形顶点的位置确定相应曲线的存在区域。

3)几何不变性

所谓几何不变性是指曲线的几何形状由特征多边形唯一确定。由于 Bernstein 基函数的权性,即

$$\sum_i B_{i,k}(u)=1,u\in[0,1] \tag{1.6}$$

因此 Bezier 曲线方程 $f(u)=\sum_i r_i B_{i,k}(u)$ 可以看作 $r_0,r_1,\cdots,r_k$ 点列上分别放置质量为 $B_{i,0}(u)$, $B_{i,1}(u),\cdots,B_{i,k}(u)$ 的重心,Bezier 曲线则是重心随 u 变化的轨迹。重心是几何不变的,所以曲线具有几何不变性。Bezier 曲线有如下特点:

(1)移动控制点,可直观地改变曲线形状,控制点对曲线有如"拉力"作用;

(2)曲线形状与控制多边形有一定程度的近似;

(3)曲线总是处在由控制多边形组成的凸包内,因此不发生振荡到远离控制点的地方去;

(4)可表示多值函数的形状,如取最后一个控制点的位置为第一控制点的位置时,得到的曲线便是闭合的;

(5)第一个和最后一个控制点在 Bezier 曲线上;

(6)表达曲线的参数多项式的次数可灵活控制;

(7)不具有局部控制的性质,改变任何一个控制点的位置会使曲线上所有部分的形状发生改变。

1.2.2 Bezier 曲面

Bezier 曲线段是由它的特征多边形顶点来决定的,而 Bezier 曲面是由其特征多面体的顶点决定的。

定义:给定 $(n+1)\times(m+1)$ 个空间点列 $r_{i,j}(i=0,1,\cdots,n;j=0,1,\cdots,m)$,称 $n\times m$ 次参数 Bezier 曲面,可表示为:

$$S(u,v)=\sum_{i=0}^{n}\sum_{j=0}^{m} r_{i,j}B_{i,n}(u)B_{j,m}(v) \quad 0\leqslant(u,w)\leqslant 1 \tag{1.7}$$

式中:$B_{i,n}(u)$——n 次 Bernstein 基函数;

$B_{i,m}(u)$——m 次 Bernstein 基函数。

$r_{i,j}$——特征多面体各顶点的位置向量,共为 $(n+1)\times(m+1)$ 个顶点。

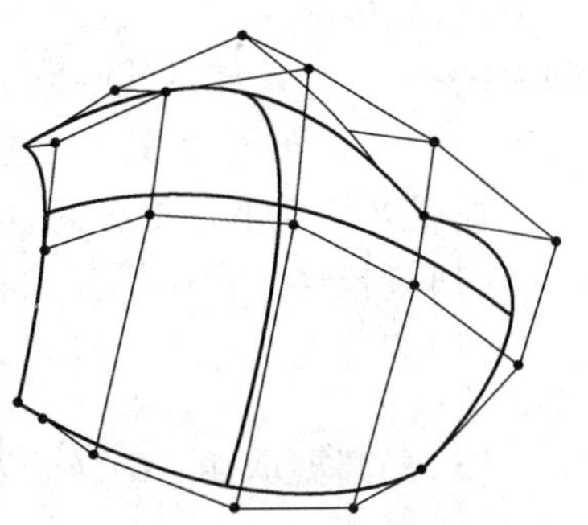

图 1-8 3×4 次张量积 Bezier 曲面

逐次用直线段连接空间点列 $r_{i,j}(i=0,1,\cdots,n;j=0,1,\cdots,m)$ 中的相邻两点构成的空间网格称为特征网格。图 1-8 所示为一张量积 Bezier 曲面。该曲面是一条以 u 为参数,3 次 Bezier曲线为截面线,它的 4 个控制顶点分别沿着空间的 4 条曲线运动,同时这 4 条曲线又都以 v 为参数的 4 次 Bezier 曲

线，这样得到的一张量积 Bezier 曲面。

Bezier 曲线的许多性质，如端点性质、凸包性及几何不变性等对 Bezier 曲面也相应成立，这里不再一一列举。在实际造型时，为了保证网格对 Bezier 曲面的有效控制，类似 Bezier 曲线，m、n 不宜超过 5。

1.3 B 样条曲线曲面

在当前的 CAD/CAM 系统中，B 样条（B-Spline）曲线曲面已成为几何造型的核心部分。它是在 Bezier 曲线曲面方法的基础上提出来的。B 样条方法克服了 Bezier 曲线不具有局部性以及在描述复杂形状时难以保持连续的缺点。

B 样条概念最初是由 Schoenoberg 于 1946 年提出来的。1972 年，de Boor 和 Cox 分别提出了递推定义，给出了关于 B 样条计算的标准算法。但作为在 CAGD 中的一个形状描述的基本方法，是由 Gordon 与 Riesenfeld 于 1974 年在研究 Bezier 方法的基础上提出来的。

1.3.1 B 样条曲线

B 样条方法是在 Bezier 方法的基础上发展起来的。它仍采用控制顶点来定义曲线，但为了能描述更为复杂的形状和具有局部的性质，利用一套特殊的基函数即 B 样条基函数来定义 B 样条曲线。

对于给定控制顶点 $c_i(i=0,1,2,\cdots,n)$ 一条 k 次 B 样条曲线可表示为：

$$f(u)=\sum_{i=0}^{n}c_iB_{i,k}(u) \tag{1.8}$$

式中，$B_{i,k}(u)$——节点矢量 $u_0\leqslant u_1\leqslant\cdots\leqslant u_{i+k+1}$ 所定义的 k 次规范 B 样条基函数的每一条称为 k 次 B 样条。

B 样条有多种等价定义，其中最为著名的是 de Boor-Cox 递推公式。根据 de Boor-Cox 递推公式，B 样条的递归定义如下：

$$\begin{cases}B_{i,0}(u)=\begin{cases}1 & 若\ u_i\leqslant u\leqslant u_{i+1}\\0 & 其它\end{cases}\\B_{i,k}(u)=\dfrac{u-u_i}{u_{i+k}-u_i}B_{i,k-1}(u)+\dfrac{u_{i+k+1}-u}{u_{i+k+1}-u_{i+1}}B_{i+1,k-1}(u)\\规定\dfrac{0}{0}=0\end{cases} \tag{1.9}$$

该递推公式表明，欲确定第 i 个 k 次 B 样条 $B_{i,k}(u)$，需要用到 $u_i,u_{i+1},\cdots,u_{i+k+1}$ 共 $k+2$ 个节点，故称区间 $[u_i,u_{i+k+1}]$ 为 $B_{i,k}(u)$ 的支承区间。曲线方程中相应 $n+1$ 个控制顶点要用到 $n+1$ 个 k 次 B 样条基函数。它们每个都是 k 次 B 样条，其支承区间所含节点的并集就是定义这一组 B 样条基的节点矢量 $\boldsymbol{u}=[u_0,u_1,\cdots,u_{n+k+1}]$。

根据 B 样条的递推公式，可得 B 样条有如下性质：

（1）递推性　由递推公式表明；

（2）规范性　$\sum_i B_{i,k}(u)=1$

（3）局部支承性　$B_{i,k}(u)\begin{cases}\geqslant 0 & 若\ u_i\leqslant u\leqslant u_{i+k+1}\\=0 & 其它\end{cases}$；

（4）可微性　在节点区间内部它是无限次可微的，在节点处它是 $k-r$ 次可微的，这里 r 是节点重复度。

根据B样条曲线中节点矢量中节点的分布情况不同,B样条曲线可划分为以下4种类型:

①均匀B样条曲线(uniform B-Spline curve)　节点矢量中节点沿参数轴均匀或等距分布,所有节点区间长度为常数。这样的节点矢量定义了均匀B样条基;

②准均匀B样条曲线(quasi-uniform B-Spline curve)　其节点矢量中两端节点具有重复度$k+1$,即,$u_0=u_1=\cdots=u_k, u_{n+1}=u_{n+2}=\cdots=u_{n+k+1}$所有内节点均匀分布,具有重复度1。它与均匀B样条曲线定义域内节点分布相同,差别仅在于两端节点。这样的节点矢量定义了准均匀B样条基;

③分段Bezier曲线(piecewise Bezier curve)　其节点矢量中两端节点重复度与准均匀B样条曲线相同。所不同的是,所有内节点具有重复度k。这样的节点矢量定义了分段Bernstein基;

④非均匀B样条曲线(non-uniform B-Spline curve)　在这种类型里,任意分布节点矢量,只要在数学上成立(其中节点序列非递减,两端节点重复度$\leqslant k+1$,内节点重复度$\leqslant k$都可选取。这样的节点矢量定义了一般非均匀B样条基。

下面以3次均匀B样条为例,直观的说明一下B样条曲线的概念。

在这类曲线里,节点矢量中节点沿参数轴均匀或等距分布,由节点矢量决定的均匀B样条基在定义域内各个节点区间上都具有相同的图形。其中任一节点区间上的B样条基都可由另一节点区间上的B样条基经平移得到。但在整体参数下它们却有着不同的表达式。为此可将定义在每个节点区间$[u_i, u_{i+1}]$上用整体参数u表示的B样条基变换成用局部参数$t\in[0,1]$表示。只需作参数变换

$$u=u(t)=(1-t)u_i+tu_{i+1}, t\in[0,1]; i=k,k+1,\cdots,n \tag{1.10}$$

于是,一条三次均匀B样条曲线方程可写为

$$f_i(t)=\frac{1}{6}[1 \quad t \quad t^2 \quad t^3]\begin{bmatrix}1 & 4 & 1 & 0\\ -3 & 0 & 3 & 0\\ 3 & -6 & 3 & 0\\ -1 & 3 & -3 & 1\end{bmatrix}\begin{bmatrix}c_{j-3}\\ c_{j-2}\\ c_{j-1}\\ c_j\end{bmatrix} \quad t\in[0,1] \quad i=3,4,\cdots,n \tag{1.11}$$

图1-9所示为9个控制顶点定义的一条三次均匀B样条曲线。

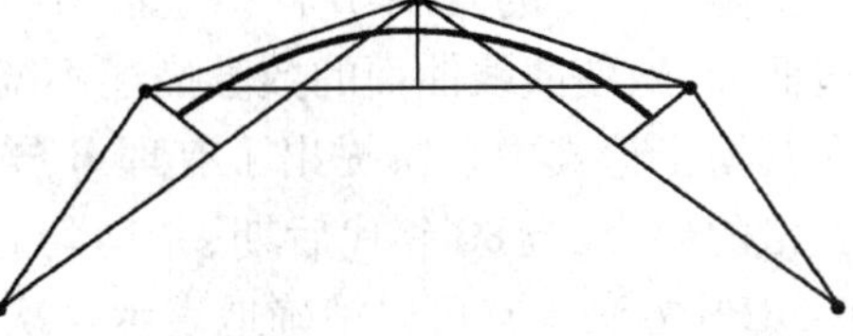

图1-9　B样条曲线

1.3.2　B样条曲面

B样条曲面是B样条曲线的拓广。对于给定$(n+1)\times(m+1)$个控制顶点$c_{i,j}(i=0,1,\cdots,n; j=0,1,\cdots,m)$一条$k\times l$次B样条曲面可表示为:

$$S(u,v)=\sum_{i=0}^{n}\sum_{j=0}^{m}c_{i,j}B_{i,k}(u)B_{i,l}(v) \tag{1.12}$$

式中:$B_{i,k}(u)$——节点矢量$u_0\leqslant u_1\leqslant\cdots\leqslant u_{n+k+1}$所定义的$k$次规范B样条基函数,与B样条曲线一样,它是由de Boor-Cox递推公式推得的;

$B_{i,l}(v)$——节点矢量$v_0\leqslant v_1\leqslant\cdots\leqslant v_{m+l+1}$所定义的$l$次规范B样条基函数,和B样条曲线一样,它也是由de Boor-Cox递推公式推得的。

B 样条曲线的局部性质可以推广到曲面。因此，定义在子矩形域 $u_e \leqslant u \leqslant u_{e+1}, v_f \leqslant v \leqslant v_{f+1}$ 上的那部分 B 样条子曲面片仅和控制顶点阵中的部分顶点 $c_{i,j}(i=e-k, e-k+1, \cdots, e; j=f-l, f-l+1, \cdots, f)$ 有关，与其它顶点无关。相应上述曲面方程就可以改写成为分片表示形式：

$$f(u,v)=\sum_{i=e-k}^{e}\sum_{j=f-l}^{f} c_{i,j} B_{i,k}(u) B_{i,l}(v), \quad \begin{array}{l} u \in [u_e, u_{e+1}] \subset [u_k, u_{n+1}] \\ v \in [v_f, u_{f+1}] \subset [v_l, v_{m+1}] \end{array} \tag{1.13}$$

类似 Bezier 曲线性质向 Bezier 曲面推广，B 样条曲线的性质大多也可以向 B 样条曲面推广。

与 B 样条曲线分类一样，B 样条曲面沿任一参数方向按所取节点矢量不同可以划分成 4 种不同类型：均匀、准均匀、分片 Bezier 与非均匀 B 样条曲面。图 1-10 所示的就是相同控制顶点下的均匀和非均匀 B 样条曲面。

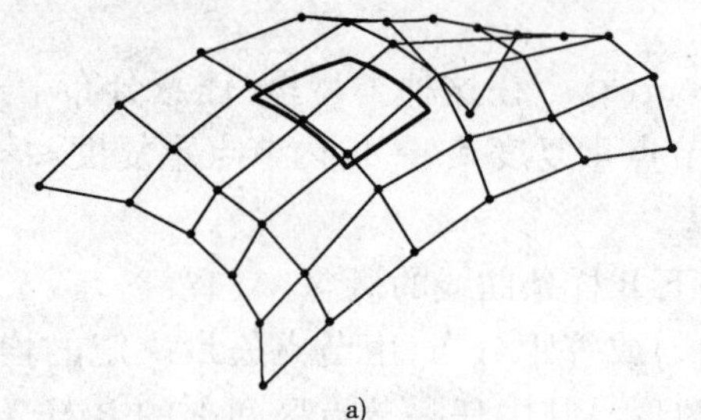

a)

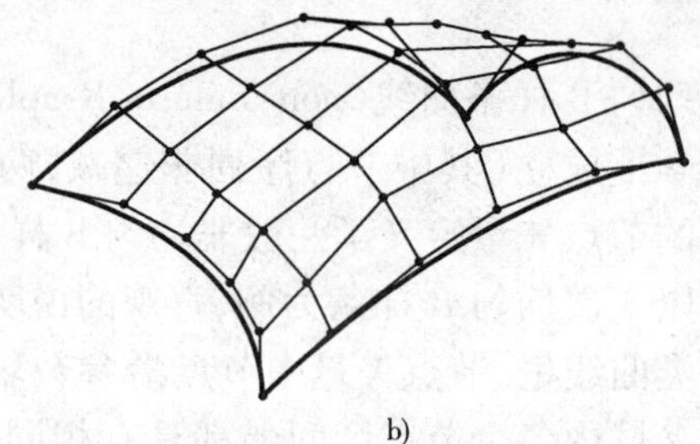

b)

图 1-10　相同控制点下的 B 样条曲面

a) 均匀 B 样条曲面；b) 非均匀 B 样条曲面

在实际 CAD 系统中，通常采用蒙面（Skinning）法来生成 B 样条曲面，这种方法是由 Woodward 在 1987 年提出的。这种方法通常通过一系列的断面线（section curves）相对于脊线来完成曲面生成如图 1-11 所示，图中的曲面便是在 CATIA 中利用 Sweeping 命令生成的曲面。

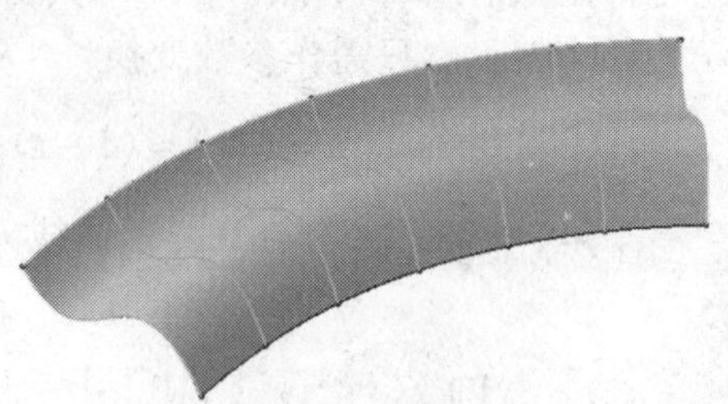

图 1-11　Skinning 曲面生成法

1.4　NURBS 曲线曲面

随着生产的发展，B 样条显示出明显的不足，B 样条方法不能精确表示圆锥曲线及初等解析曲面，致使曲线曲面的数学描述不统一，造成了产品几何定义的不唯一。1974 年，Versprille 在其博士论文中首次提出了有理 B 样条方法。此后 Piegl 和 Tiller 等对有理 B 样条方法作了大量的研究，至 80 年代后期，非均匀有理 B 样条（NURBS）方法得到了广泛应用。同时由于 NURBS 方法具有可以精确地表示二次规则曲线曲面、并通过权因子易于控制和实现的特点，国际标准化组织（ISO）于 1991 年颁布了关于工业产品数据交换的 STEP 国际标准，将 NURBS 方法作为定义工业产品几何形状的唯一数学描述方法，从而使 NURBS 方法成为曲面造型技术发展中最重要的基础。

NURBS，又称为非均匀有理 B 样条，是一种对控制点加权的 B 样条，用这种 B 样条，不仅通过改变控制点的位置可改变曲线和曲面的形状，而且还可通过改变控制点的权值来控制曲线和曲面的形状。它为表达和设计解析的曲线和曲面（如二次曲线，二次曲面，旋转曲面）以及自由曲线和曲面提供了统一的数学形式；通过操作控制点和权，可设计各种形状的曲线和曲面。

1.4.1 NURBS 曲线曲面的定义

NURBS 曲线为一分段的矢值有理多项式函数，对于给定控制顶点 $c_{i}(i=0,1,2,\cdots,n)$，一条 k 次 B 样条曲线可表示为：

$$f(u)=\frac{\sum_{i=0}^{n}c_{i}w_{i}B_{i,k}(u)}{\sum_{i=0}^{n}w_{i}B_{i,k}(u)} \tag{1.14}$$

式中：w_{i}——权因子；

$B_{i,k}(u)$——节点矢量 $u_0\leqslant u_1\leqslant\cdots\leqslant u_{i+k+1}$ 所定义的 k 次 B 样条基函数。B 样条基函数仍由 de Boor-Cox 递推公式定义：

$$\begin{cases}B_{i,0}(u)=\begin{cases}1 & 若\ u_{i}\leqslant u\leqslant u_{i+1}\\0 & 其它\end{cases}\\B_{i,k}(u)=\dfrac{u-u_{i}}{u_{i+k}-u_{i}}B_{i,k-1}(u)+\dfrac{u_{i+k+1}-u}{u_{i+k+1}-u_{i+1}}B_{i+1,k-1}(u)\\规定\dfrac{0}{0}=0\end{cases} \tag{1.15}$$

NURBS 曲面是 NURBS 曲线的拓广。对于给定 $(n+1)\times(m+1)$ 个控制顶点 $c_{i,j}(i=0,1,\cdots,n;j=0,1,\cdots,m)$，一片条 $k\times l$ 次 NURBS 曲面可表示为：

$$S(u,v)=\frac{\sum_{i=0}^{n}\sum_{j=0}^{m}c_{i,j}w_{i,j}B_{i,k}(u)B_{i,l}(v)}{\sum_{i=0}^{n}\sum_{j=0}^{m}w_{i,j}B_{i,k}(u)B_{i,l}(v)} \tag{1.16}$$

式中：$w_{i,j}$——权因子；$B_{i,k}(u)$——节点矢量 $u_0\leqslant u_1\leqslant\cdots\leqslant u_{n+k+1}$ 所定义的 k 次规范 B 样条基函数，和 NURBS 曲线一样，它是由 de Boor-Cox 递推公式推得的；

$B_{i,l}(v)$——节点矢量 $v_0\leqslant v_1\leqslant\cdots\leqslant v_{m+l+1}$ 所定义的 l 次规范 B 样条基函数。

1.4.2 有理基函数的性质

NURBS 曲线方程(1.14)可改写为：

$$f(u)=\sum_{i=0}^{n}c_{i}R_{i,k}(u) \tag{1.17}$$

式中，$R_{i,k}(u)$ 称为有理基函数，有如下形式：

$$R_{i,k}(u)=\frac{w_{i}B_{i,k}(u)}{\sum_{i=0}^{n}w_{i}B_{i,k}(u)} \tag{1.18}$$

$R_{i,k}(u)$ 具有如下性质：

(1)普遍性　若令全部权因子都等于 1，则 $R_{i,k}(u)$ 退化为 $B_{i,k}(u)$；若节点矢量仅由两端的 $k+1$ 重节点构成，则 $R_{i,k}(u)$ 退化为 Bernstein 基函数；

(2)非负性　即 $R_{i,k}(u)\geqslant 0$；

(3)规范性　$\sum_{i}R_{i,k}(u)=1$；

(4)局部支承性　$R_{i,k}(u)\begin{cases}\geqslant 0 & 若\ u_{i}\leqslant u\leqslant u_{i+k+1}\\=0 & 其它\end{cases}$

(5)可微性　在节点区间内部它是无限次可微的，在节点处它是 $k-r$ 次可微的，这里 r 是节点重复度；

(6)若 $w_i=0$，则 $R_{i,k}(u)=0$；若 $w_i=+\infty$，则 $R_{i,k}(u)=1$。

1.4.3 NURBS 曲线曲面的性质特点

NURBS 曲线曲面具有如下性质特点：

(1)NURBS 曲线曲面涵盖了多项式和有理 B 样条曲线曲面，当节点矢量仅由两端的 $k+1$ 重节点构成时，NURBS 曲线曲面退化为有理 Bezier 曲线曲面。

(2)NURBS 曲线曲面具备多项式 B 样条方法所具有的一切特性。

(3)可用于统一表示解析的曲线和曲面(如二次曲线、二次曲面、旋转曲面)以及自由曲线和曲面。

(4)修改曲线曲面形状时，既可借助调整控制顶点，又可利用权因子，因而具有较大的灵活性。

(5)NURBS 曲线曲面在线性变换下是几何不变的。可进行伸缩、旋转和平移等操作。

由于 NURBS 曲线曲面所具备的性质特点，使其在 CAD/CAM 领域获得了广泛的应用，当今几乎所有的 CAD 软件都号称 NURBS 为基础构建起来的，CATIA 也不例外。

1.5 曲线曲面的编辑与光顺

1.5.1 B 样条曲线曲面的编辑

一般情况下，B 样条曲线曲面的编辑是通过改变其控制顶点来实行的，而对控制顶点的改变是基于 B 样条的局部支柱性质的基础上进行的。

B 样条的局部支柱性质是指对一个 k 次 B 样条基函数 $B_{i,k}(u)(i=0,1,\cdots,n)$ 仅在其支承区间 $[u_i,u_{i+k+1}]$ 内不为 0，而在其余区间内均为 0。B 样条的局部支柱性质是 B 样条的重要性质之一。如图 1-12 所示，图中是由节点矢量决定的均匀 3 次 B 样条基在定义域分布情况。由图可见对于单个 B 样条基函数仅在其定义区间内不为零，而在其它区间内则为零。

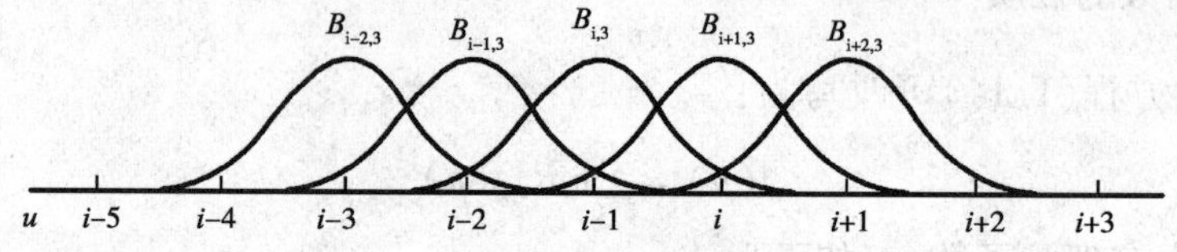

图 1-12 三次均匀 B 样条基的分布图

B 样条的局部支柱性对曲线曲面编辑有两方面的影响：

(1)第 i 段 k 次 B 样条曲线仅由 $d_i,d_{i+1},\cdots,d_{i+k}$ 共 $k+1$ 个顶点所控制，而与其它顶点无关。为此，为修改该段曲线仅修改有关的 $k+1$ 个顶点即可。

(2)反之，修改一个顶点，对 B 样条曲线的影响也是局部的。对于均匀的 k 次 B 样条曲线而言，调整一个顶点的位置仅影响与该顶点有关的 $k+1$ 段曲线。

如图 1-13 所示，修改一 3 次 B 样条曲线控制顶点 d_i 到 d'_i，由图可见曲线的改变至多影响到基函数 $B_{i,3}(u)$ 所在支承区间 $[u_i,u_{i+4}]$ 内的曲线段。

B 样条的局部支承性质给 B 样条曲线的修改带来了便利性，它是 B 样条点有支配地位的重要性质之一。

控制顶点的修正是自由造型中最常用的功能。这种功能是基于 B 样条的局部支承性质的基础上实现的，CATIA 中建立了一个与之相对应的功能模块，图 1-14 所示的是 CATIA 自由造型（FreeStyle）模块中，通过改变自由曲线曲面的控制顶点（Control Points）来改变自由曲线曲面形状的对话框。这种功能提供了改变自由曲线曲面控制顶点的各种方式，利用它可以方便地进行造型，达到期望的形状。图 1-15 所示的就是在 CATIA 中利用改变控制顶点来编辑自由曲面形状的例子。图 1-15a）是原曲面 6×9 个控制顶点，图 1-15b）是通过 CATIA 中所提供的改变控制顶点的模块，改变该自由曲面 v 向上的控制顶点所达到的效果。

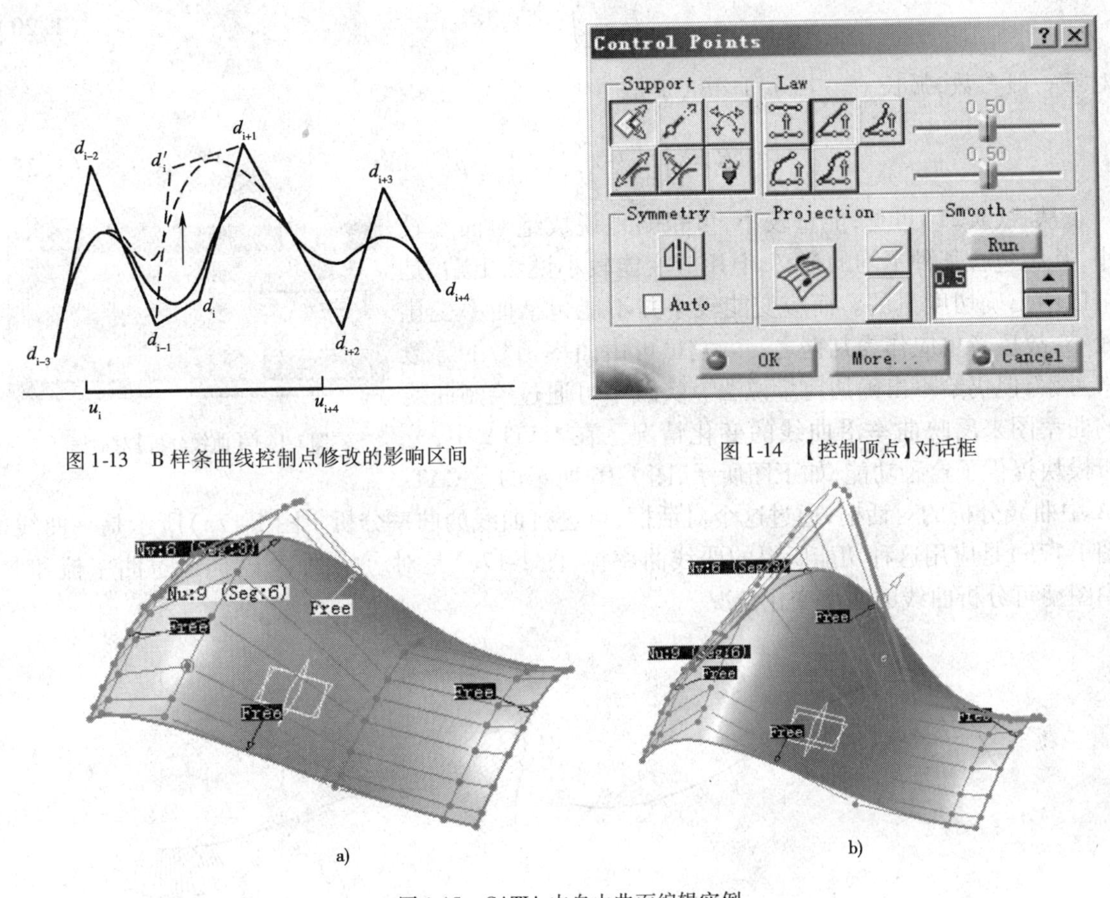

图 1-13　B 样条曲线控制点修改的影响区间

图 1-14　【控制顶点】对话框

a)

b)

图 1-15　CATIA 中自由曲面编辑实例

a）原曲面；b）改变控制顶点编辑的结果

1.5.2　B 样条曲线曲面的光顺

光顺性是一个在 CAD 中应用很普遍又很重要的概念。顾名思义就是光滑顺眼。关于光顺的准则，存在不同的提法。可以说它至今仍是一个模糊的概念。一条曲线光顺与否，常因人而异，缺少统一的判据。一般对同一组数据点，且具有相同边界几何约束两曲面的光顺准则为：

（1）二阶几何连续；

（2）不存在奇点与多余拐点；

（3）曲率变化较小；

（4）应变能较小。

之所以讲二阶几何连续而不提二阶参数连续，因后者并不一定能保证切线方向与曲率连续。反过来,切线方向与曲率连续也不一定必须二阶参数连续。这是参数曲线与函数曲线的明显不同之处。在函数曲线里,可微性是与二阶几何连续相一致的。

在不考虑刚度常数时,曲线在其整个弧长上的应变能 E 为在该弧长上取积分:

$$E = \int k^2 \mathrm{d}s \tag{1.19}$$

对弧长参数有:

$$E = \int (p'')^2 \mathrm{d}s \tag{1.20}$$

对于一般参数,弧长 $s = \int |p'| \mathrm{d}u$,于是

$$E = \int \left(\frac{|p' \times p''|}{|p'|^3} \right)^2 |p'| \mathrm{d}u \tag{1.21}$$

从式(1.21)可见,能量较小,可粗略地说成绝对曲率较小,其中包含某种平均的意义,但用应变能较小说法更贴,是可以给出确切度量的。而应变能较小并不能包括曲率变化较小,故后者也应作为判据之一。它虽可由曲率函数的导数来考察,但仍给不出确切定量说法。实践中可通过绘制曲线的曲率图来反映曲率沿曲线的变化情况。在 CATIA 中,分析模块提供了这种功能,如下图所示,图 1-16 所示的是 CATIA 中曲线分析的对话框,通过这个对话框,可进行曲线的曲率分析。图 1-17a)所示是一曲线,图 1-17b)是应用这种功能所得的曲线曲率梳,图 1-17c)是对应的曲率,这样通过曲率梳和曲率图便可分析曲线的曲率变化情况。

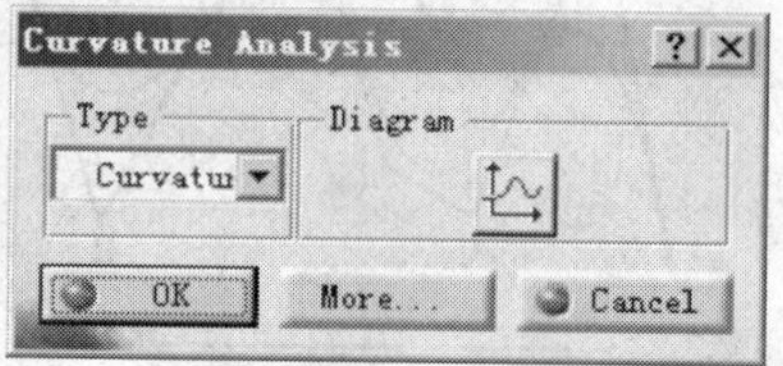

图 1-16 【曲线分析】对话框

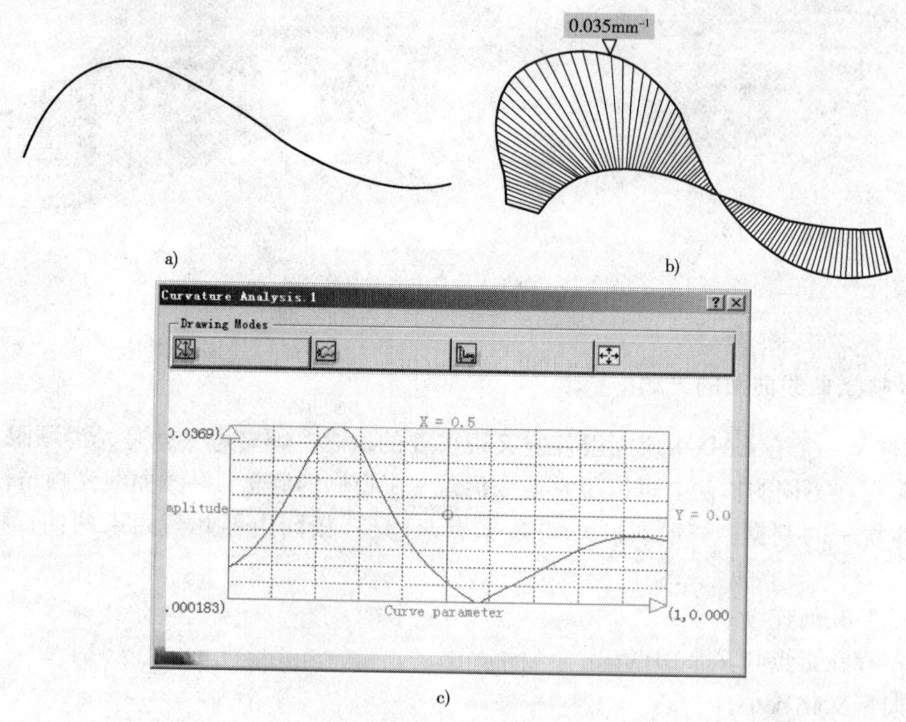

图 1-17 CATIA 中曲线曲率分析实例

a)原曲线;b)曲率梳;c)曲线图

对于空间曲线来说,曲线挠率也是一个需要必须考虑的因素。在考察时,可以检查在连续点处三阶导矢的变化量不宜过大。在实际造型时,通过取其在两个坐标平面上的投影,并分别按平面曲线绘出曲率图进行分析与调整。

1.6 本章小结

本章首先介绍了 CAD 造型技术的发展历程,简略论述了线框模型、曲面模型、实体模型、特征模型、参数化模型、变量化模型以及现今以网络化为中心的数学模型等的概念;并着重介绍了 Bezier 曲线曲面、B 样条曲线曲面以及 NURBS 曲线曲面的概念、定义以及相关性质;并在此基础上结合 CATIA 中的相关功能模块进一步介绍了自由曲线曲面的编辑与光顺性质原理以及相关方法。

习 题

1. CAD 诞生于何时何地? 在其发展的过程中经历的哪些数学模型? 它们有什么内在联系?

2. Bezier 曲线曲面、B 样条曲线曲面线以及 NURBS 曲线曲面,是怎样发生、发展和形成的? 它们各自的定义性质如何? 有什么样的内在联系?

3. 曲线曲面的编辑是基于曲线曲面的什么性质基础上的? 在 CATIA 中是如何实现的?

4. 何谓曲线曲面的光顺? 其准则是什么? 在实践中怎样选择合适的曲线光顺方法?

第2章 CATIA概述

2.1 CATIA软件系统特点

CATIA是由法国著名飞机制造公司达索(Dassault)公司开发并由IBM公司负责销售的CAD/CAM/CAE/PDM集成化应用系统,在世界CAD/CAE/CAM领域中处于领先地位。CATIA起源于航空工业,被广泛应用于航空航天、汽车制造、造船、机械制造、电子、电器以及消费品行业,它的集成化解决方案基本覆盖所有的产品设计与制造领域,能较好满足工业领域中各类大、中、小型企业的数字化设计需求。

2.1.1 典型应用

CATIA最大的标志客户是美国波音公司,波音公司通过它建立起了一整套无纸飞机生产系统,取得了重大的成功。波音飞机公司在波音777项目中,应用CATIA设计了除发动机以外的100%的机械零件,并将包括发动机在内的100%的零件进行了预装配。波音777也是迄今为止,唯一进行100%数字化设计和装配的大型喷气客机。参与波音777项目的工程师、工装设计师、技师以及项目管理人员超过1700人,分布于美国、日本、英国的不同地区。他们通过1400套CATIA工作站联系在一起,进行并行工作。波音的设计人员对777的全部零件进行了三维实体造型,并在计算机上对整个777进行了全尺寸的预装配。预装配使工程师不必再制造一个物理样机,只在预装配的数字样机上即可检查和修改设计中的干涉和不协调。波音飞机公司宣称在777项目中,与传统设计和装配流程相比较,由于应用CATIA节省了50%的重复工作和错误修改时间。尽管首架777的研发时间与应用传统设计流程的其他机型相比,其节省的时间并不是非常显著,但波音飞机公司预计,777后继机型的开发至少可节省50%的时间。CATIA的后参数化处理功能在777的设计中也显示出了其优越性和强大功能。为迎合特殊用户的需求,利用CATIA的参数化设计,波音公司不必重新设计和建立物理样机,只需进行参数更改,就可以得到满足用户需要的电子样机,用户可以在计算机上进行预览。

CATIA也是汽车工业的事实标准,是欧洲、北美和亚洲顶尖汽车制造商所用的核心系统。CATIA在造型风格、车身及引擎设计等方面具有独特的长处,为各种车辆的设计和制造提供了端对端(End to End)的解决方案。CATIA涉及产品、加工和人三个关键领域,它的可伸缩性和并行工程能力可显著缩短产品的上市时间。各种车辆,如一级方程式赛车、跑车、轿车、载货汽车、商用、有轨电车、地铁列车、高速列车在CATIA上都可以得到数字化产品,从而在数字化工厂内,通过数字化流程,可进行数字化工程实施。CATIA的技术在汽车工业领域内的领先地位是其他产品不可及的,被世界各国的汽车零部件制造商所认可。从近年来一些著名汽车制造商所做的采购决定,如Renault、Toyota、Karman、Volvo、Chrysler等,足以看出数字化车辆的发展动态。

Scania是居于世界领先地位的载货车制造商,总部位于瑞典,其载货车年产量超过50000

辆。当其他竞争对手的载货车零部件还在25000个左右时,Scania公司借助于CATIA系统,已经将载货车零部件减少了一半。现在,Scania公司在整个载货车研制开发过程中,更多地使用分析仿真,以缩短开发周期,提高载货车的性能和维护性。CATIA系统是Scania公司的主要CAD/CAM系统,全部用于载货车系统和零部件的设计。通过应用这些新的设计工具,如CATIA系统创成式零部件应力分析,开发过程中的重复使用等,公司已取得了良好的投资回报。现在,为了进一步提高产品的性能,Scania公司在整个开发过程中,正在推广设计师、分析师和检验部门更加紧密地协同工作方式。这种协调工作方式可使Scania公司更具市场应变能力,同时又能从物理样机和虚拟数字化样机中不断积累产品知识。

2.1.2 发展历程

CATIA软件在达索公司的诞生和成长,与公司飞机设计制造方面的应用需求是分不开的。CATIA软件的成长经历大体如下:

- 1960~1965年开始引进IBM计算机和使用数控加工机床。
- 1967年着手用自主技术的Bezier曲面建立飞机外形的数学模型。
- 1970年用批处理方式全面展开“幻影”战机的数字化设计。
- 1975年以100万美元购入CADAM源代码,谋求自主开发CAD/CAM软件。
- 1977年启动开发三维交互CAD软件;1978年CATIA投入使用,同时建立主数据库,统一管理CADAM二维结构图和CATIA三维模型文件。
- 1979年用数控加工制造出第一个吹风模型。
- 1981年IBM公司开始负责经销CATIA系统,组建达索系统公司;当年售出10套CATIA V1.0,内容包括曲面造型、三维线框设计、多面体实体建模、运动机构分析和机器人操作编程。
- 1982~1984年底,累计销售量达到200套,从事软件开发和维护的人员约150人,平均年龄小于30岁;开始撇开CADAM,独立开发了二维绘图模块,并成功实现完整的V2.0系统。到1985年底,累计销售近400套,运行于16个国家的2000多台图形终端,其中不包括IBM公司自己使用的终端数。1/3用户是飞机行业,1/3汽车行业,其余是机械、电气、造船、模具、建筑、工程、医学等专业。
- 1990年1月IBM斥资2.7亿美元收购CADAM,并于1992年委托给达索公司管理。
- 1997年6月达索公司斥资3.1亿美元收购了美国SolidWorks。
- 1997年12月斥资1.05亿美元现金收购Deneb的精益制造布局仿真软件Delmia。
- 1998年2月达索公司独资在美国成立Enovia公司,与IBM合作从事第二代产品数据管理系统PDMII的开发和经营。
- 1998年12月达索公司接管法国马特拉(MATRA)下属的CAD/CAM业务,包括Euclid/Styler、Machinist、Cisigraph/Strim100和StrimFlow等。
- 1999年4月收购SmartSolutions的SmarTeam业务。
- 1999年2月向美国Invention Machine公司投资600万美元从事知识创新软件的合作开发经营。
- 2000年7月斥资2150万现金并购Spatial的ACIS 3D软件业务。
- 至此,达索/CATIA大体完成了PLM业务范围的战略布局,形成产品全生命周期的CAD/CAM/CAE/PDM一体化体系,为数字化企业提供电子商务的完整工具,足以完成产品从初步设计到售后服务的全过程仿真。其中,CATIA 和 SolidWorks 支持产品的数字化设计和仿真;Delmia 完成精益制造过程的数字定义和仿真;Enovia 提供数字化产品、过程和资源的集成化、分布式协同管理成套工具。通过以上三方面功能的整合,就可以构成数字化产品的全生命期流程,并且支持合作企业的知识重用。CATIA 凭借其独有的特点以及其稳定性,根据 2005 年初的统计,全球已拥有 24000 多个客户,日常生产中使用的超过 180000 套。SolidWorks 已拥有 20000 家左右用户。

过去,CATIA 只能在 IBM 主机和工作站上运行,当剖析了 PC 版的 SolidWorks 后,1998 年 5 月达索公司宣布推出全新的 CATIA V5 Windows NT 和 UNIX 版。CATIA V4 是 1993 年推出的,有 113 种独立的功能模块,它们都要转成 V5,而且 V5 的数据接口要与 V4 兼容,V4 和 V5 的零件、装配件可以共存于一个产品模型中。V5 还提供 CAA 二次开发工具,鼓励第三方软件在 CATIA V5 平台上开发。因此 V5 是一个非常庞大的应用系统,要想在功能上达到稳定、实用、先进,超过 V4 和其他品牌,得有七八年的艰苦"磨练"才行。CATIA V5 R1 于 1998 年 5 月上市,平均每年发布 2 ~ 3 个版本,到 2003 年 4 月发布的 CATIA V5R11(CATIA Version 5 Release 11),模块总数由最初的 12 个增加到了 146 个;将原来运行于 IBM 主机和 AIX 工作站环境的 V4 版本彻底改变为微软 Windows NT 环境,99% 以上的用户界面图标采用 MS-Office 形式,并且自己开发一组图形库,使得 Unix 工作站版本与 Windows 微机版具有相同的用户界面。目前已发行至 V5 Release17。

2.1.3 软件的技术特点

CATIA V5 在开发时使用了许多先进的计算机技术和标准,其中包括基于 JAVA 和 Web 技术、C ++ 语言、面向对象的设计思想(O-O)、STEP-SDAI、OpenGL、OLE/CORBA 和 Visual Basic Journaling 等,从而使 CATIA V5 具有以下技术特点:

1)CATIA 先进的混合建模技术

先进的混合建模技术体现在:

(1)设计对象的混合建模:在 CATIA 的设计环境中,无论是实体还是曲面,皆可在各模块间自如地切换,做到了真正的互操作。

(2)变量和参数化混合建模:在设计时,设计者不必考虑如何参数化设计目标。CATIA 提供了变量驱动及后参数化能力。

(3)几何和智能工程混合建模:对于一个企业,可以将企业多年的经验积累到 CATIA 的知识库中,用于指导本企业新手,或指导新车型的开发,加速新型号推向市场的时间。

2)CATIA 具有在整个产品周期内方便的修改能力,尤其是后期修改性

无论是实体建模还是曲面造型,由于 CATIA 提供了智能化的树结构,用户可方便快捷地对产品进行重复修改,即使是在设计的最后阶段需要做重大的修改,或者是对原有方案的更新换代。

3)CATIA 所有模块具有全相关性

CATIA 的各个模块都基于统一的数据平台,因此 CATIA 的各个模块存在着真正的全相关性,三维模型的修改,能完全体现在二维,以及有限元分析、模具和数控加工的程序中。

4)并行工程的设计环境使得设计周期大大缩短

CATIA 提供的多模型链接工作环境及混合建模方式,使得并行工程设计模式已不再是新鲜的概念,总体设计部门只要将基本的结构尺寸发放出去,各分系统的人员便可开始工作,既

可协同工作,又不互相牵连;由于模型之间的互相联结性,使得上游设计结果可作为下游的参考,同时,上游对设计的修改能直接影响到下游工作的更新,实现真正的并行工程设计环境。

5)CATIA 覆盖了产品开发的整个过程

CATIA 提供了完备的设计能力:从产品的概念设计到最终产品的形成,以其精确可靠的解决方案提供了完整的 2D、3D、参数化混合建模及数据管理手段,从单个零件的设计到最终电子样机的建立;同时,作为一个完全集成化的软件系统,CATIA 将机械设计、工程分析及仿真、数控加工和 CATweb 网络应用解决方案有机的结合在一起,为用户提供了严密的无纸工作环境。特别是 CATIA 中的针对汽车、摩托车业的专用模块,使 CATIA 拥有了最宽广的专业覆盖面,从而可以帮助客户达到缩短设计生产周期、提高产品质量及降低费用的目的。

2.2 CATIA 功能模块简介

CATIA 提供了丰富的功能模块,且可在各设计、分析、加工模块之间无缝跳转切换,启动 CATIA 之后,利用 CATIA 的【开始】菜单,就可以使用这些功能模块。图 2-1 所示为 CATIA 包含的模块组及【机械设计】模块组的子功能模块:

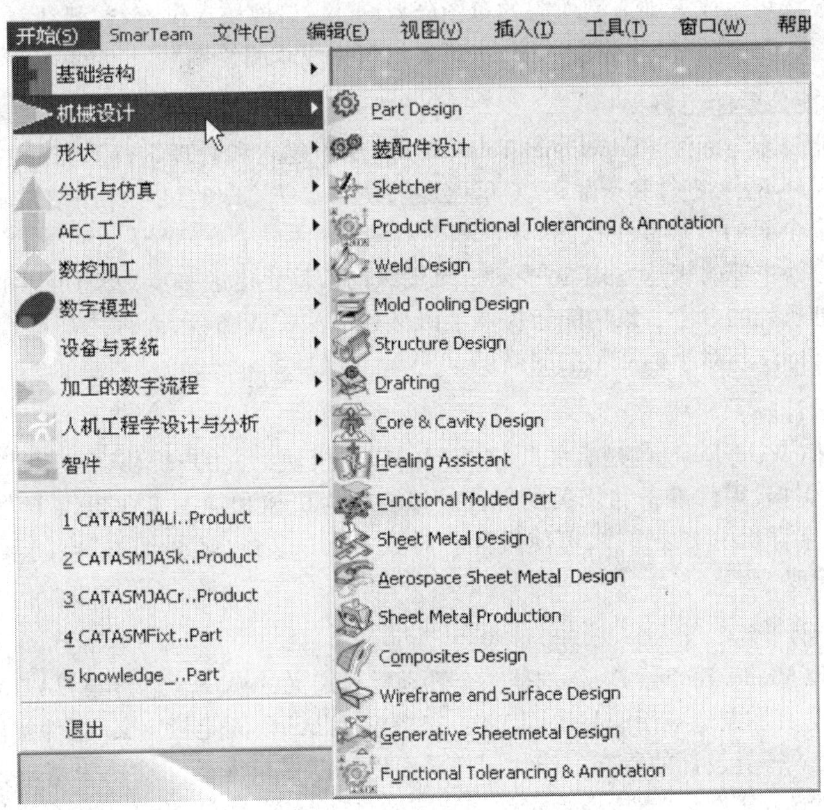

图 2-1 CATIA 各功能模块及机械设计模块的子模块示意图

2.2.1 机械设计模块组

机械设计模块组包含设计所需的多个模块,主要模块特性及功能如下:

1)零件设计

该模块提供设计零件的混合造型方法,允许设计者使用多种造型方法:如长出、除料、孔特征、旋转长出、旋转除料、迭层拉伸、拉伸除料、肋板、倒角、导圆角、拔模角、薄壳……,还可结合灵活的布尔运算方法来造型。本模块通常与其它模块,如线架与曲面模块、装配设计模块和创成式绘图模块结合使用来达成复杂零件的造型。

2)装配设计

装配设计 (Assembly Design)是高效管理装配的模块,它通过使用自顶向下和自底向上的方法管理装配层次,可真正实现装配设计和单个零件设计之间的并行工程。装配设计通过使用鼠标动作或图形化的命令建立同心、接触、角度、平移、固定等机械设计约束,可以方便直观地将零件放置到指定位置。通过选择手动或自动的方式进行更新,设计者可以重新排列产品的结构,动态地把零件拖放到指定位置,并进行干涉和缝隙检查。系统提供了多种高效的工作方式 ,如标准零件或装配件的目录库、强大的高级装配特征、自动爆炸视图生成、自动生成BOM 表等,装配设计者可以大量节省设计时间和提高设计质量。系统还有一个直观的用户界面,它功能强大,使用方便。

3)草图设计

利用此模块可生成三维造型所需的草图(Sketch)。该模块提供直线、弧线、样条曲线等构建要素,还提供了约束及尺寸标注功能,也可欠约束完成草图绘制。

4)3D 功能公差标注

三维功能公差与标注 (Functional Tolerancing)用于建立和管理零件和产品的三维公差与标注。在装配环境中,零件和产品可以标注公差,使三维环境中的尺寸标注结果显示在标注平面内。拥有了全面的三维标注视图,并且和主流国际标准 (ISO、ANSI、JIS)兼容,产品就可以把三维表达作为主要的表达方式,减少对二维图纸的依赖。更进一步,公司可以把三维表达作为它们的信息系统的参考。该功能还提供了语义和语法检查命令,允许用户检查激活的产品和零件的所有标注相对于标准用法的错误。

5)焊接设计

焊接设计(Weld Design)是有关焊接装配的应用模块,为用户提供了 8 种类型的焊接方法,用于创建焊接、零件准备和相关的标注。该模块为机械和加工工业提供了先进的焊接工艺。在 3D 数字样机中实现焊接,可使设计者对数字化预装配、质量惯性、空间预留和工程图标注等进行管理。

6)模具设计

模具设计(Mould Tooling Design)是一个管理模具定义的模块。它可与 CATIA V5 当前和未来的设计、仿真和制造应用产品协同工作,支持包括凸凹模固定板定义、组件实例化、注射和冷却特征定义等模具设计的所有工作。用户界面以标准目录库访问功能为基础,通过对组件及其关联孔的混合实例化,支持模具零件和装配的自动配置。模具设计模块允许快速、经济地创建注塑模具,可以使用下面的标准目录库:DME 、DME-AMERICA 、EOC 、FUTABA 、HASCO、MISUMI 、NATIONAL 、RABOURDIN 、STRACK 等,以快速、经济地创建注塑模具。

7)结构设计

结构设计(Structure Design)利用标准的或用户自定义的截面形状可简单快速地创建直的、弯曲的及板状的结构零部件。在全相关的设计环境下,用户利用优化的用户界面能够很容易地创建并修改结构。该模块还包括一个参数化的设计表格目录库,并可生成用户自定义的物料清单,它能够与 CATIA 其它的应用模块无缝集成,实现完美的结构设计。结构设计能够满足多种类型产品的初步及详细设计需求,如重型机械设备、工装夹具、船舶建造和厂房建造等。

8)工程绘图

工程绘图(Drafting)可以从 3D 零件或装配件生成相关联的标准视图、投影图、断面图、区域详图、透视图等 2D 图纸。结合交互绘图功能,创成式工程绘图模块集成了 2D 交互式绘图功能和高效的工程图修饰及标注两方面的优点,提供了灵活可扩展的解决方案,能满足钣金、曲面和用混合建模方法建立的零件或装配件对工程绘图的需求。图纸创建助手或"向导"简化了多视图工程图的生成,也可以自动生成 3D 标注。

9)阴阳模设计

阴阳模设计(Core and Cavity Design)使用户可以快速和经济地设计模具生产和加工中用到的阴模和阳模。这个产品提供了快速分模工具,可将曲面或实体零件分割为带滑块和活络模芯的阴阳模。该模块的技术标准(是否可用模具成型)可以决定零件是否能被加工,也允许用户在阴阳模曲面上填补技术孔、识别分模线和生成分模曲面。

10)修复助手

修复助手(Healing Assistant)提供调节和缝合工具对模具成型零件进行修复,以用于后续制造过程。该模块帮助用户按照 V5 建模标准检查导入几何的正确性,并改进所分析对象的拓扑和几何。它可专门处理来自不同 CAD 系统和不同格式的复杂零件,从而使用户将他们的零件与 V5 产品兼容,并重复应用于其它应用模块。这些高级功能对模具制造流程的影响最大,设计者可以在用阴阳模设计模块评估零件的模具成型性能之前对导入的曲面零件进行修复和调整。

11)钣金设计

钣金设计(Sheet Metal Design)基于特征的造型方法提供了高效和直观的设计环境,它允许在零件的折弯表示和展开表示之间实现并行工程。该模块可以与当前和将来的 CATIA V5 应用模块如零件设计、装配设计和工程图生成模块等结合使用。由于钣金设计可能从草图或已有实体模型开始,因此强化了供应商和承包商之间的信息交流。

12)航空钣金设计

航空钣金设计(Aerospace Sheet Metal Design)专门用于设计航空业钣金零件,可用于定义航空业液压成型或冲压成型的钣金零件。它能捕捉企业有关方面的知识,包括设计和制造的约束信息。该模块以特征造型技术为基础,使用为航空钣金件预定义的一系列特征进行设计。基于规范驱动和创成式方法,可以方便地描述典型的液压成型航空零件,同时创建零件的三维和展开模型。这些零件在基本造型工具中设计需要数小时或数天,使用本产品设计可能几分钟就能取得同样的结果。

13)钣金加工

钣金加工(Sheet Metal Production)用于满足钣金零件加工的准备工作需求。它与钣金设计产品(SMD)结合,提供了覆盖钣金零件从设计到制造的整个流程的解决方案。它可以将零件的 3D 折弯模型转化为展开的可制造模型,加强了 OEM 和制造承包商之间的信息交流。该模块还包括钣金零件可制造性的检查工具,并拥有与其它外部钣金加工软件的接口。

14）复合材料设计

复合材料设计（Composites Design）是一个以复合材料设计流程为中心的高级解决方案，允许制造商，尤其是航空航天公司，减少设计复合材料零件所用的时间。该解决方案提供的工具覆盖了初始设计和详细设计阶段，并在概念设计阶段就充分考虑了有限元分析和制造方面的需求。本模块提供了强有力的复合材料设计解决方案，具有 CATIA V5 结构所有的优点是：与其它模块本质的集成、以知识工程为基础的智能化设计能力以及容易使用等。

15）线架与曲面设计

线架和曲面设计（Wire Frame and Surface Design）可在设计过程的初步阶段创建线架模型的结构元素。通过使用线架特征和基本的曲面特征可丰富现有的 3D 机械零件设计。曲线包括空间上的直线、圆弧、云线、投影线、交线、圆角、螺旋线、连接线……曲面包括拉伸、旋转、平移、延伸、扫出、填满、断面混成、中间曲面……

2.2.2 曲面造型模块组

CATIA 外形设计和风格造型提供给用户有创意、易用的产品设计组合，方便用户进行构建、控制和修改工程曲面和自由曲面。可用于设计任何类型的曲面，如物理样机、逆向工程得到的外形曲面、从初步设计到详细设计的一系列机械产品曲面、描述装配的机械外形曲面如汽车白车身紧固结构中的车身面板。用于自由曲面软件可创建美观、和谐的外形，用独特的面向 A 级曲面的过程创建 A 级外形曲面模型，最终用实时渲染工具产生高质量的逼真效果图。

曲面造型模组包括自由曲面造型（Free Style Shape）、创成式曲面设计（Generative Shape Design）、数字化外形编辑器（Digitized Shape Editor）、快速曲面重建（Quick Surface Reconstruction）、汽车 A 级曲面造型（Automotive Class A）、汽车白车身接合设计（Automotive body-in-White Fastening）等模块，如图 2-2 所示。

图 2-2　曲面造型模块组

1）自由曲面造型设计

自由风格曲面造型设计（Free Style）提供使用方便的基于曲面的工具，用以创建符合审美要求的外形。通过草图或数字化的数据，设计人员可以高效创建任意的 3D 曲线和曲面，通过实时交互更改功能，可以在保证连续性规范的同时调整设计，使之符合审美要求和质量要求。为保证质量，提供了大量的曲线和曲面诊断工具进行实时质量检查。该模块也提供了曲面修改的关联性，曲面的修改会传送到所有相关的拓扑上，如曲线和裁剪区域。

提供强大的、使用方便的曲面工具，帮助设计者创建风格化外形，即使是临时用户也可以很容易地光顺和裁剪曲线和曲面。大量的面向企业的曲线和曲面诊断工具可以执行实时质量检查,以保证设计质量。

自由风格曲面优化模块扩展了 CATIA 自由风格曲面造型设计的外形和曲面造型功能,主要针对复杂的多曲面外形的变形设计。设计者可以像处理一个曲面片一样对多曲面进行整体修改,而同时保持每个曲面先前规定的设计品质。系统能够使一个设计和其它的几何(比如一个物理样机的扫描形状)匹配。为检验曲面的设计质量,用户可以实施一个虚拟展室,通过计算出的反射光线对曲面进行检查。

2)创成式曲面设计

创成式曲面设计(Generative Shape Design)帮助设计者在线架、多种曲面特征的基础上,进行机械零部件外形设计。它提供了一系列全面的工具集,用于创建和修改复杂外形设计或混合零件造型中的机械零部件外形。它带有智能化的工具,如用于管理特征重用的超级拷贝(PowerCopy)功能。以特征为基础的方法提供了直观和高效的设计环境,系统可以捕捉和重用设计方法和规范。

创成式曲面优化模块拥有强大的曲面整体修改技术,扩展了 CATIA 创成式曲面设计、创建线架和多种曲面特征的功能。该模块基于高级的智能化工具,允许用户进行快速的外形修改操作,以减少他们的设计时间。

3)快速曲面重建

快速曲面重建(Quick Surface Reconstruction)可以根据数字化数据,方便快速地重建曲面,而这些数字化数据是经过数字化外形编辑器剔除了坏点和网格划分后的数据。该模块提供若干方法重构曲面,这些方法取决于外形的类型:自由曲面拟合、机械外形识别(平面、圆柱、球体、锥体)和原始曲面延伸等。它有用于分析曲率和等斜率特性的工具,使用户可以方便地在有关的曲面区域中创建多边形线段。

4)汽车 A 级曲面造型

汽车 A 级曲面造型(Automobile Class A)使用真实造型、自由关联和捕获设计意图等多种创造性的曲面造型技术可创建具有美感和符合人机工程学要求的曲面形状,提高 A 级曲面造型的模型质量。因此大大提高了 A 级曲面设计流程的生产率并在总开发流程中达到更高层次的集成。

5)汽车白车身接合设计

汽车白车身接合设计(Automotive Body-in-White Fastening)为用户提供直观的工具来创建和管理像焊点一样的接合位置。在需要的情况下,用户能够将 3D 点的形状定义转换为 3D 半球形状规范。它支持焊接技术、铆接技术以及胶粘、密封等。除了设置接合外,还可从应用中发布报告,以列出下述内容:接合位置坐标和每一个接合位置的连接件属性(接合厚度和翻边材料、翻边标准、连接件叠放顺序等)。当零件的设计(改变翻边的形状、翻边厚度或材料属性)或装配件结构(移动连接件、替换连接件)发生改变时,CATIA V5 的创成式特征基础结构支持接合特征位置的关联更新。

2.2.3 分析与仿真模块组

CATIA V5 创成式和基于知识的工程分析解决方案可快速对任何类型的零件或装配件进行工程分析;基于知识工程的体系结构,可方便地利用分析规则和分析结果优化产品。由于其无与伦比的易用性，即使不是有限元分析专家也可进行设计与分析地循环过程，以便获得最理想地产品。

工程分析模组包含如图 2-3 所示的 3 个模块。

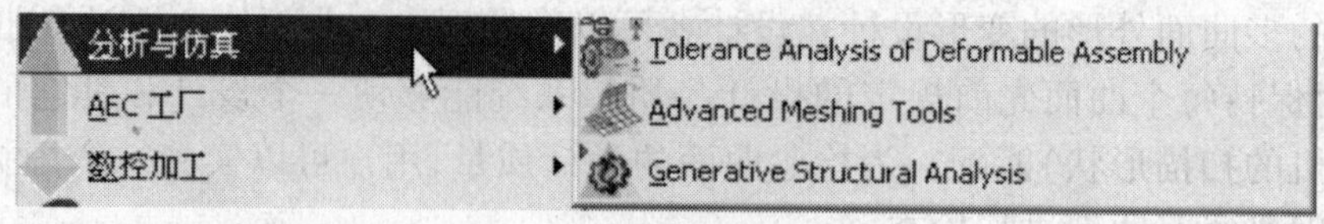

图 2-3　分析与仿真模块组

1）变形装配公差分析

变形装配件公差分析（Tolerance Analysis of Deformable Assembly）用来对钣金结构件进行公差分析。分析过程中会考虑装配中的产品、流程和资源等因素，并可以直接应用到设计阶段，帮助设计者确定或验证装配流程（例如装配次序或焊接／铆接次序等）、相应的装配公差、钣金结构件的几何外形与各种属性值（例如厚度、材料等）。它同样可以应用到生产制造阶段，用来发现一些需要纠正的流程错误，而且可以结合灵敏度分析来组织加工过程（例如增加一些新的定位装置、修改焊接次序）。

2）高级网格工具

高级网格工具（Advanced Meshing Tools）对 CATIA 设计的部件，或者是导入的其他 CAD 软件生成的模型，快速有效地生成有限元模型并进行分析计算。它可对有限元模型的生成提供高级的控制功能。用户利用 CATIA V5 各功能模块的协同工作就可以得到完整的分析过程。它与 CATIA 的设计产品相集成，几何设计的变化会直接反映到相应的网格划分，从而使用户能够快速及时地完成高质量的设计。

3）创成式结构分析

创成式结构分析（Generative Structure Analysis）允许设计者对零件进行快速的、准确的应力分析和变形分析。所具有的明晰的、自动的模拟和分析功能，使得在设计的初级阶段，就可以对零部件进行反复多次的设计和分析计算，从而达到改进和加强零件性能的目的。通过为许多专业化的分析工具提供统一的界面，该模块也可以在设计过程中完成简短的分析循环。又因为和几何建模工具的无缝的集成而具有完美的和统一的用户界面，为产品设计人员和分析工程师提供了一种简便的应用和分析环境。

创成式结构分析可以实现对各种类型装配件结构的应力分析和振动分析，其中零件类型可以是曲面、实体、线框或者混合模型结构。用户可以在短时间内实现快速、高质量的设计和分析。而且通过在多部件之间建立起来的良好的连接关系，使得在整个的分析过程中，模型中各个特定的装配关系可以得到完美的体现。

2.2.4　数控加工模块组

CATIA 提供了如图 2-4 所示的数控加工功能。

1）车床加工（Lathe machining）

它提供两轴或 4 轴（双主轴双刀架车床）CAM。

2）2.5 轴加工（Prismatic machining）

一般铣床两轴半 CAM，提供孔加工（Drilling、Tapping、Boring、Spot Drilling、Reaming、Thread

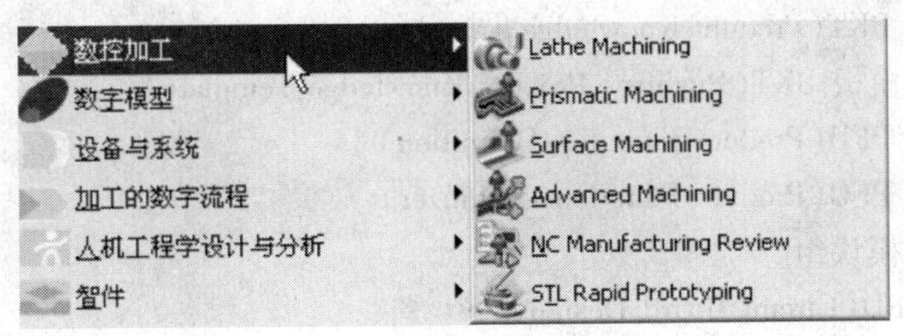

图2-4 数控加工模块组

Milling)、槽铣(Groove Milling)、外型轮廓加工(Profile Contouring)、减重槽加工(Pocketing)、面铣(Facing)、两轴半粗铣(Prismatic Roughing)、导引曲线加工(Curve Following)、点至点加工(Point to Point)、两轴半进阶(多凹槽)加工(PSM advance)等。

3)3 轴加工(surface machining)

一般铣床的曲面加工 CAM,除了具有两轴半的工法以外,还具有粗加工有等高降层粗铣(Roughing)、外型导引加工(Sweeping)、轮廓导引加工(Contour Driven)、Z 轴等高线加工(Z Level)、涡漩铣削 (Spiral Milling)、清角加工(Pencil)等等。

4)4/5 轴加工(Advance Machining)

它提供铣床的 4/5 轴加工 CAM。

5)快速成型机(STL Rapid Prototyping)

它用于快速成型机的 CAM 模块。

2.2.5 其他功能模块

限于篇幅,其他功能模块不再一一介绍,在此仅给出部分中英文对照及简称:

1)人机工程设计与分析模块组

人体模型构造器 HBR(Human Builder)

人体模型测量编辑 HME(Human Measurements Editor)

人体姿态分析 HPA(Human Posture Analysis)

人体行为分析 HAA(Human Activity Analysis)

2)数字模型模块组

DMU 漫游器 DMN(DMU Navigator)

DMU 运动机构模拟 KIN(DMU Kinematics Simulator)

DMU 空间分析 SPA(DMU Space Analysis)

DMU 装配模拟 FIT(DMU Fitting Simulator)

DMU 优化器 DMO(DMU Optimizer)

DMU 工程分析审查 ANR(DMU Engineering Analysis Review)

DMU 空间工程助手 SPE(DMU Space Engineering Assistant)

3)智件模块组

知识工程顾问 KWA(Knowledge Advisor)

知识工程专家 KWE(Knowledge Expert)

产品工程优化 PEO(Product Engineering Optimizer)

产品知识模板 PKT(Product Knowledge Template)
业务流程知识模板 BKT(Business Process Knowledge Template)
产品功能定义 PFD(Product Function Definition)
产品功能优化 PFO(Product Function Optimizer)
4)设备与系统模块组
电路板设计 CBD(Circuit Board Design)
电气系统功能定义 EFD(Electrical System Functional Definition)
电气元件库管理员 ELB(Electrical Library)
电气线束安装 EHI(Electrical Harness Installation)
电气线束布线设计 EWR(Electrical Wire Routing)
电气线束展平设计 EHF(Electrical Harness Flattening)
管路和设备原理图设计 PID(Piping & Instrumentation Diagrams)
HVAC 图表设计 HVD(HVAC Diagrams)
电气连接原理图设计 ELD(Electrical Connectivity Diagrams)
系统原理图设计 SDI(Systems Diagrams)
管线原理图设计 TUD(Tubing Diagrams)
波导设备原理图设计 WVD(Waveguide Diagrams)
系统布线设计 SRT(Systems Routing)
系统空间预留设计 SSR(Systems Space Reservation)
电气缆线布线设计 ECR(Electrical Cableway Routing)
设备布置设计 EQT(Equipment Arrangement)
线槽与导管设计 RCD(Raceway & Conduit Design)
波导设备设计 WAV(Waveguide Design)
管路设计 PIP(Piping Design)
管线设计 TUB(Tubing Design)
HVAC 设计 HVA(HVAC Design)
支架设计 HGR(Hanger Design)
结构初步布置设计 SPL(Structure Preliminary Layout)
结构功能设计 SFD(Structure Functional Design)
设备支撑结构设计 ESS(Equipment Support Structures)
5)AEC 工厂模块组
厂房设计 PLO (Plant Layout)

2.3 CATIA 文档(File)及其基本操作

CATIA 软件一般都配有安装手册,且安装步骤比较简单,按照默认选项依次点击即可安装成功,在此不再赘述。CATIA 安装完毕之后,单击 Windows 开始 开始菜单,选择【所有程序】→【CATIA P3】→【CATIA V5R13】,或者双击桌面的快捷图标,即可启动 CATIA。

CATIA 作为一个大型集成系统,它支持多种文档类型,具有友好的人机界面,且能在多模块多文档之间自如切换操作。本章将在接下来的各节介绍文档及模型操作的共性内容(分节阐述包括：File、Edit、View、Tools 菜单在内的常用功能，但【Insert】菜单用于模型构建，其内容将随 CATIA 模块的切换而变化，将在后续相关章节介绍，此章不涉及）。

2.3.1 文档类型及多文档支持

文档作为一种容器，用于保存用户在 CATIA 各个模块中创建及修改的各种模型，不同类型模块中的工作一般都有相应的文件类型（见图 2-5），如常用类型：

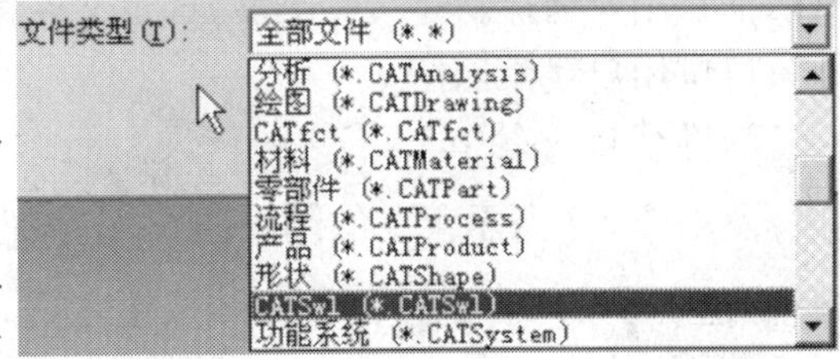

图 2-5 CATIA 支持的部分文档类型

- 组装件设计（Assembly Design）保存为 *.CATProduct 文件。
- 零部件设计（Part Design）、草绘（Sketcher）、线框曲面（Wireframe & Surface）三个模块的工作都保存为 *.CATPart 文件。
- 绘图（Drafting）模块保存为 *.CATDrawing 文件。
- 创成式结构分析（Generative Structure Analysis）模块的工作保存为 *.CATAnalysis 文件。
- 各数控加工模块的工作保存为 *.CATProcess 文件。

CATIA 支持在单个软件环境内打开多个相同或者不同类型的文档，如图 2-6 所示。用户可自如地在各个窗口之间切换，随着文档类型的切换，CATIA 的模块和工具条会相应变化。

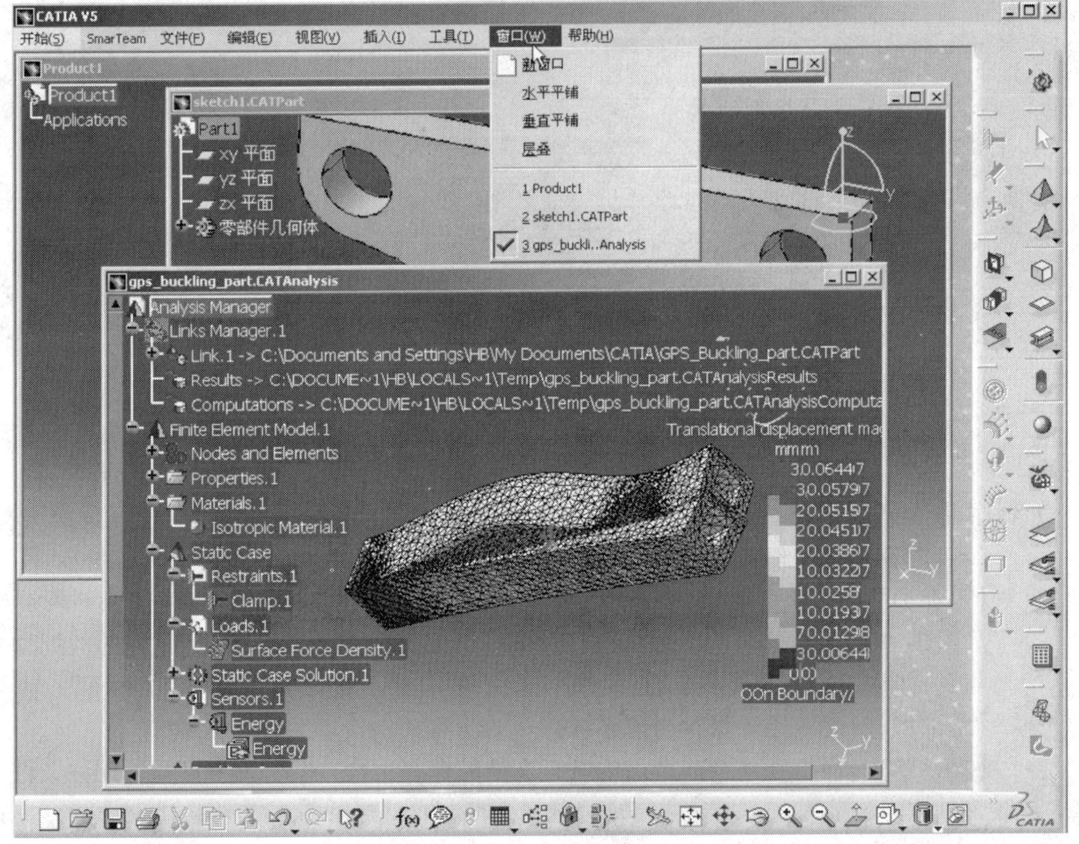

图 2-6 CATIA 的多文档支持特性

和其他 WINDOWS 软件一样,用户可以方便的最小化、最大化、关闭、平铺、层叠各文档窗口。

2.3.2 文件新建

1)新建文件

点击 CATIA 窗口顶部【文件】菜单的【新建…】(如图 2-7 所示),系统将弹出图 2-8 所示的对话框供用户选择新建文件类型,选定文件类型并按【确定】之后,系统将弹出图 2-9 所示新文件窗口供用户建模操作。

2)新建自…

点击图 2-7 所示菜单的【新建自…】按钮,系统将弹出图 2-10 所示新建模板选择对话框,待选定模版文件并按 打开(O) 按钮之后,系统将以选定模版文件为基础内容来新建文档。

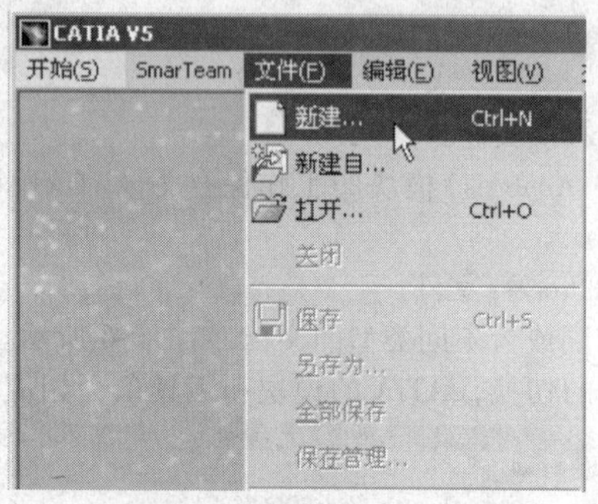

图 2-7 文件新建菜单

图 2-8 新建类型选定对话框

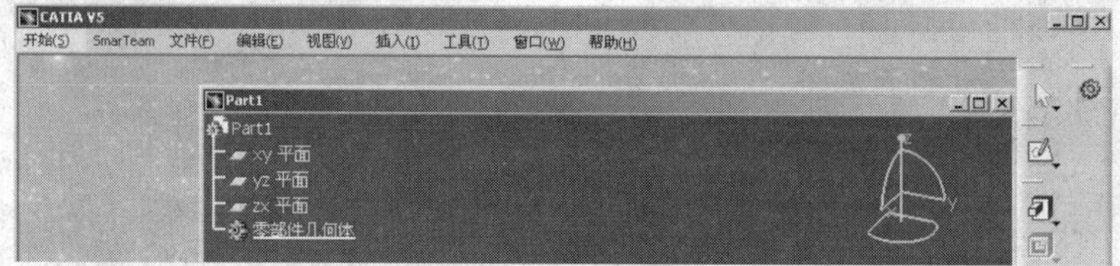

图 2-9 新建的零部件类型文档

2.3.3 文件的保存及数据交换

CATIA 提供了 4 个用于保存的命令,它们分别是:保存、另存为、全部保存、保存管理。

- 【保存】命令负责保存当前的活动文件;
- 【另存为】命令用于将当前活动文件另存为其他名字或者其他格式的文件。在弹出如图 2-11 所示的菜单中,用户可以更名,也可以选择其他 CAD 软件兼容的数据交换格式,如常用的 IGES 格式文件 *.igs 或者 STEP 格式文件 *.stp 等等。
- 【全部保存】命令用于保存当前系统打开的所有文件。
- 【保存管理】命令管理当前会话中所有文件的保存工作,图 2-12 为打开装配件文件并点击保存管理命令后系统弹出的对话框,此时,用户可先通过对话框内的 另存为... 按钮将 *.CATPRODUCT 装配文件保存至选定目录,再点击已自动变为可选状态的

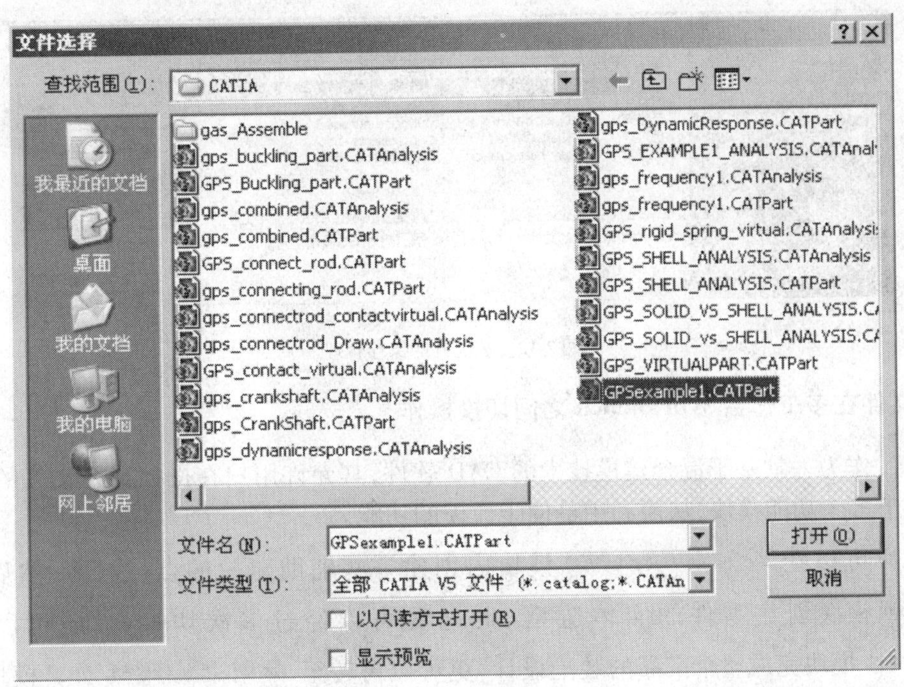

图 2-10 【新建自…】的模板选择对话框

传播目录 按钮,然后 确定 ,则系统将保存包括装配文件和零件在内的所有文件至用户选定目录。

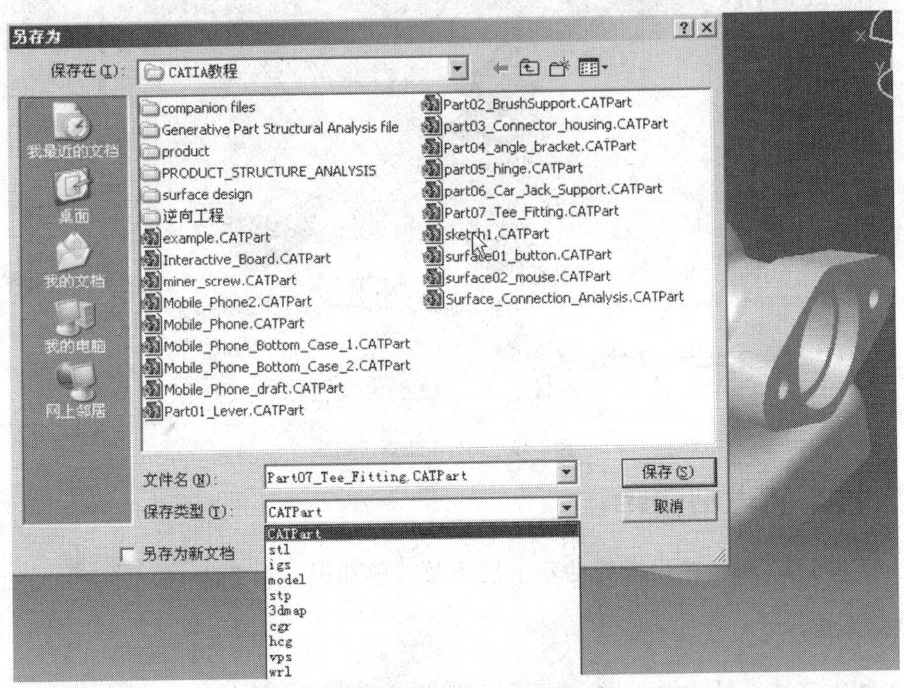

图 2-11 【另存为】对话框

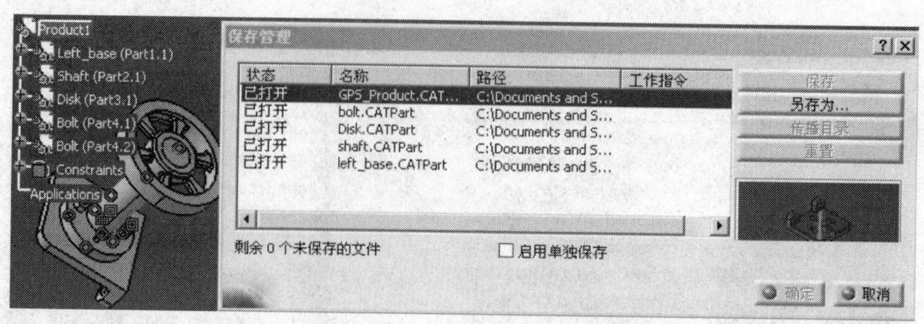

图 2-12　装配件的保存管理

2.3.4　文件在多工作台 Workbench 之间切换操作

CATIA 作为一款基于混合建模技术的 CAD 软件，其允许用户在操控某个文件的过程中，来回切换于多个功能模块，从而利用最便于建模的功能。

如用户可以在 Generative Shape Design 模块内创建一些辅助建模的点、线、面；然后再转到 Part Design 模块创建零件的实体造型（此过程可以经过多次切换）。还可以再转至装配件设计模块完成整个产品的装配设计，更可以再转至 Generative Structural Analysis 模块进行产品的工程分析。

这些模块（或者说工作台 WorkBench）之间的切换可以通过【开始】菜单选择实现，也可以通过点击图 2-13 右上角所示【Workbench】工具图标，再在弹出的【favorite】（偏好模块）对话框中来选择实现（偏好模块的定制工作参见 2.6.3 节）。

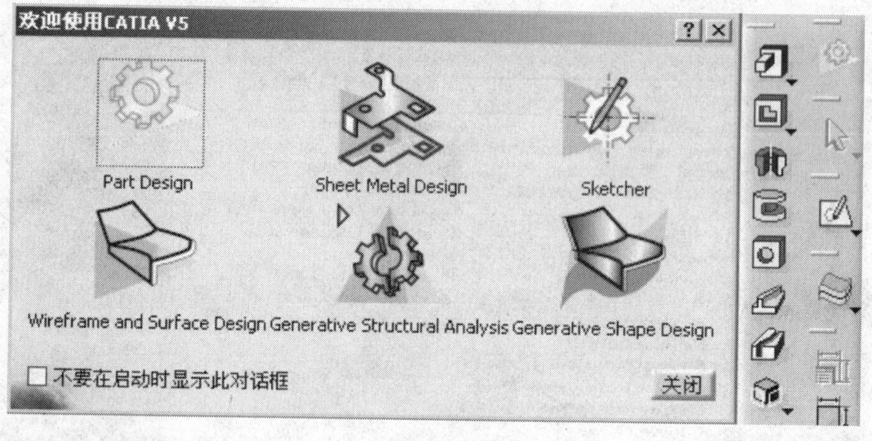

图 2-13　偏好模块对话框

2.4　CATIA 的模型操控

此节介绍 CATIA 关于模型操控的若干技巧及特色知识。

2.4.1　鼠标操控

CATIA 和大多数工具软件一样，主要利用鼠标进行操作，推荐使用标准三键或带滚轮的双键鼠标。鼠标各键操作如下：

- 左键：单击左键，可确定位置、选取图形对象、菜单和工具栏图标。如果希望一次选取多个体素(点、线、面、体等),可以采取3种方法:其一为按住【Ctrl】键,再用左键单击欲选择的对象;其二为直接用鼠标左键框选;其三为利用【编辑】(Edit)菜单里面的【搜索】(Search)命令,来选择拥有同一特性的体素。

- 右键:在几何模型或者模型树上单击右键,可弹出右键菜单(Context menu)。
- 移动几何模型:在CATIA窗口底色区域内任何地方按住鼠标中键或滚轮不放,随后移动鼠标,物体将随鼠标的移动而改变其在屏幕内的显示位置(相对于绝对坐标系的物理位置不会改变,只是改变显示位置)。
- 旋转几何模型:先在CATIA窗口底色区域内任何地方按住鼠标中键或滚轮不放,然后按住左键或者右键不放,出现如图2-14所示的一个"×"和一个虚线圆,"×"表示人眼的位置,圆心为三维坐标系的原点,"×"与圆心的连线就是观察方向,再移动鼠标可改变图形对象的观察方向,从而改变几何体的显示方位。
- 缩放几何模型:先在CATIA窗口底色区域内任何地方按住鼠标中键或滚轮不放,然后点击一下鼠标左键或者右键随即松开(保持中键按住状态),再上下移动鼠标即可实现模型的缩放显示。往上移动是放大物体,向下移动则是缩小物体。

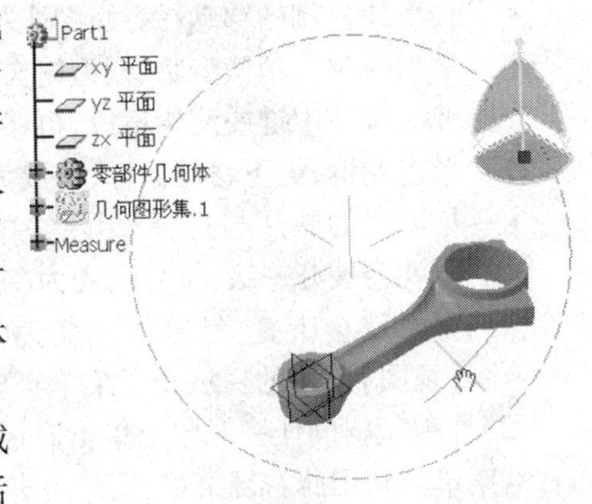

图2-14 物体的缩放

2.4.2 模型树(Specification Tree)

模型树以树状结构显示模型的组织结构,类似于Windows操作系统的目录树,根节点的种类和CATIA的功能模块相关,有⊕标志的节点表示下一层还有特征,单击⊕,打开下一层,符号⊕变为⊖,节点后的文本是对节点的说明。

如图2-15所示,此模型树的根节点为Part1,包含"零部件几何体"、"几何图形集"、"Measure"等主干节点。单击"零部件几何体"节点,可见到该零部件的几何体,如图2-15所

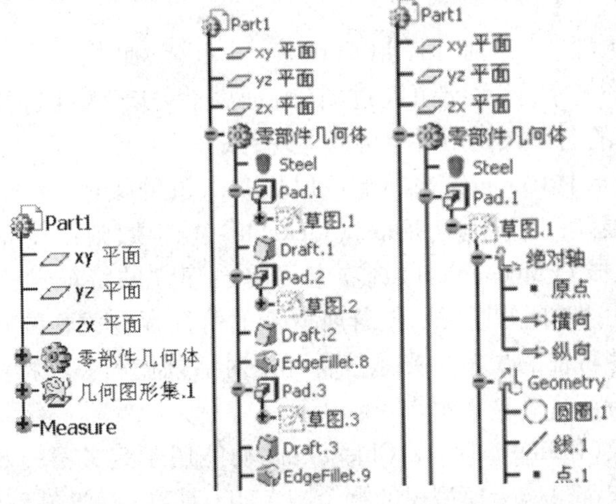

图2-15 全部折叠、展开一级、全部展开的模型树

示。它由若干 Pad、Add、Hole 等特征构成。

(1)针对模型树,可以进行如下操作:

- 显示或关闭:按 F3 可开启/关闭模型树;也可通过【视图】(View)菜单→【规格】(Specification)子菜单来切换模型树决定是否显示(【规格】子菜单前有"√"为显示模型树,反之则关闭模型树)。
- 上下翻阅模型树:当模型树的长度大于屏幕的高度时,CATIA 窗口的左侧将出现滚动条,此时直接滚动鼠标的滚轮可上下翻阅浏览模型树。
- 模型树比例的移动/缩放:单击模型树的白色树枝或界面右下角的 xyz 坐标系,几何图形对象会稍微变暗、模型树会略微变亮,表明系统已将现行操作对象变为模型树;此时按住中键或滚轮不放,再移动鼠标,可移动模型树的显示位置;按住中键或滚轮,单击左键,上下移动鼠标,可放大、缩小模型树的显示比例。
- 模型树的展开与折叠:用左键单击模型树上的⊕,模型树就会展开一级,符号⊕变为⊖;单击模型树上的⊖,模型树就会折叠,且符号⊖变为⊕。此功能还可以通过【视图】菜单的树展开子菜单实现。

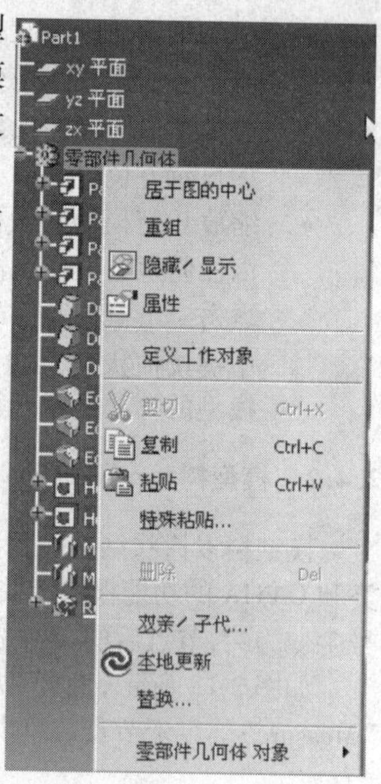

图 2-16　模型树的右键菜单

(2)在模型树的任一对象上单击右键,可出现如图 2-16 所示的右键菜单。利用此右键菜单,用户可进行如下操作:

- 居于图的中心(Center Graph):改变模型树位置,使选定的模型树节点恰好位于屏幕中中心位置。
- 重组(Reframe On):当物体对象被移动而无法显示在屏幕上时,选择此项,CATIA 会自动放大或缩小几何模型,以使选定的几何图形显示在屏幕中央。
- 显示/隐藏(Show/Hide):显示/隐藏某一根节点对象,等同于单击工具栏的图标。
- 属性(Properties):属性对话框如图 2-17 所示,它包含 3 个项目卡片:机械(Mechanical)、特征属性(Feature Properties)、图形(Graphic)。

  对话框顶部的【当前选择】(Current Selection)框代表选定对象的名字,该名字可通过图【特征属性】卡片中【特征名称】文本框进行修改,修改完毕的名字在模型树上可以体现;

  利用【图形】(Graphic)选项卡可以更改对象的颜色、透明度、点和线的颜色、线型、粗度、图层等,不选中【可拾取】(Pickable)复选项,则在屏幕上单击不到此对象;

  利用【机械】(Mechanical)选项卡可将已建立的特征选为取消,即非激活状态(Deactivated),即抑制此特征,但若所取消的特征存在关联的其他特征(即选定的特征是后续某些特征的长辈),则系统将弹出对话框提示关联特征也将被抑制,且模型树上的关联特征将高亮显示。
- 定义工作对象(Define in Work Object):此功能用于定义下一步工作的对象,即以后将展开的工作都隶属于模型树的哪个根节点(对象)。如图 2-18 所示的模型包含两个几何体根节点,则需要明确后续工作是围绕哪个几何体进行(当前的工作对象

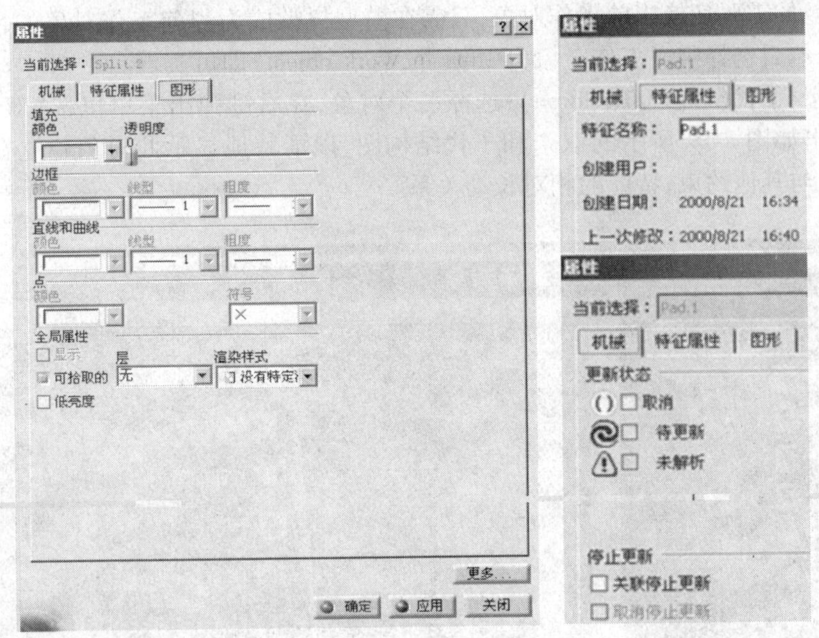

图 2-17　对象的属性对话框

有下划线标记）。如图 2-18 所示的当前工作对象为“几何体.2”，后续特征创建工作都将在“几何体.2”的基础上进行，而不是“零部件几何体”。

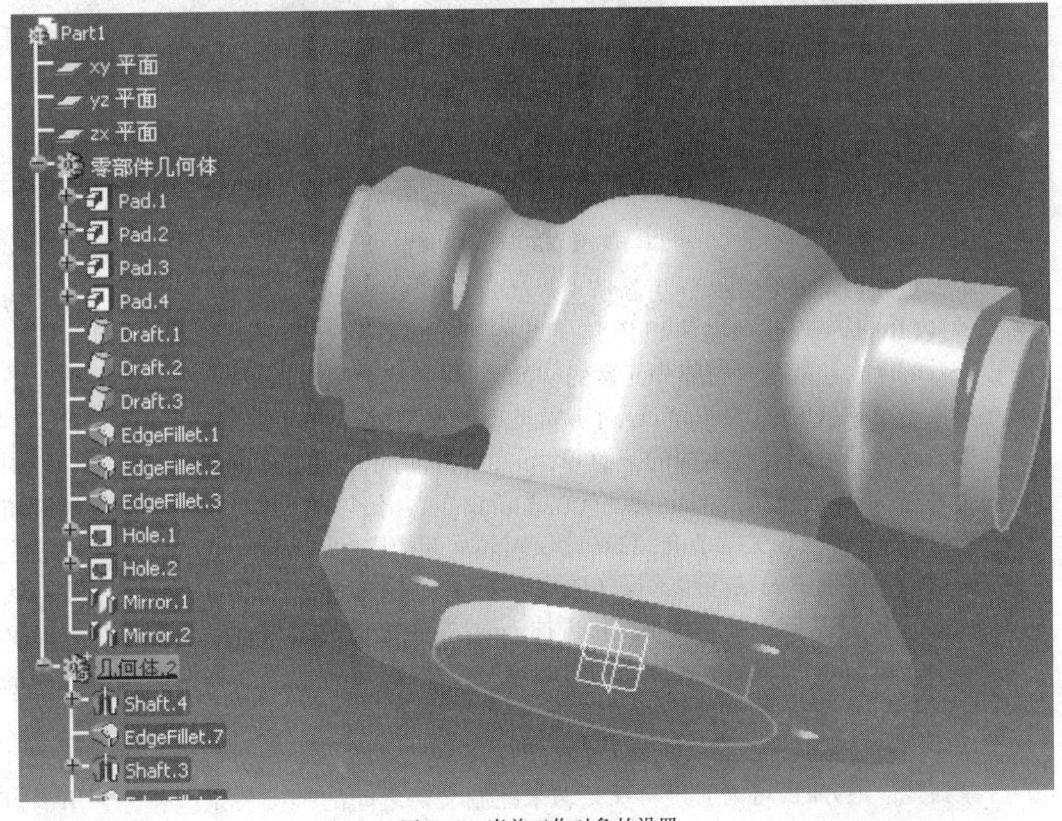

图 2-18　当前工作对象的设置

如需要切换当前工作对象，只需在模型树欲成为当前工作对象的目标上单击右键，然后选择定义工作对象(Define in Work object)即可实现。

- 双亲/子代(Parent/Children)：选择一个对象，在右键弹出菜单里选“双亲/子代”，将弹出如图2-19所示的双亲和子代结构图，以清楚地显示此对象建立在哪些基础之上，与其他约束、特征的相对长幼关系。

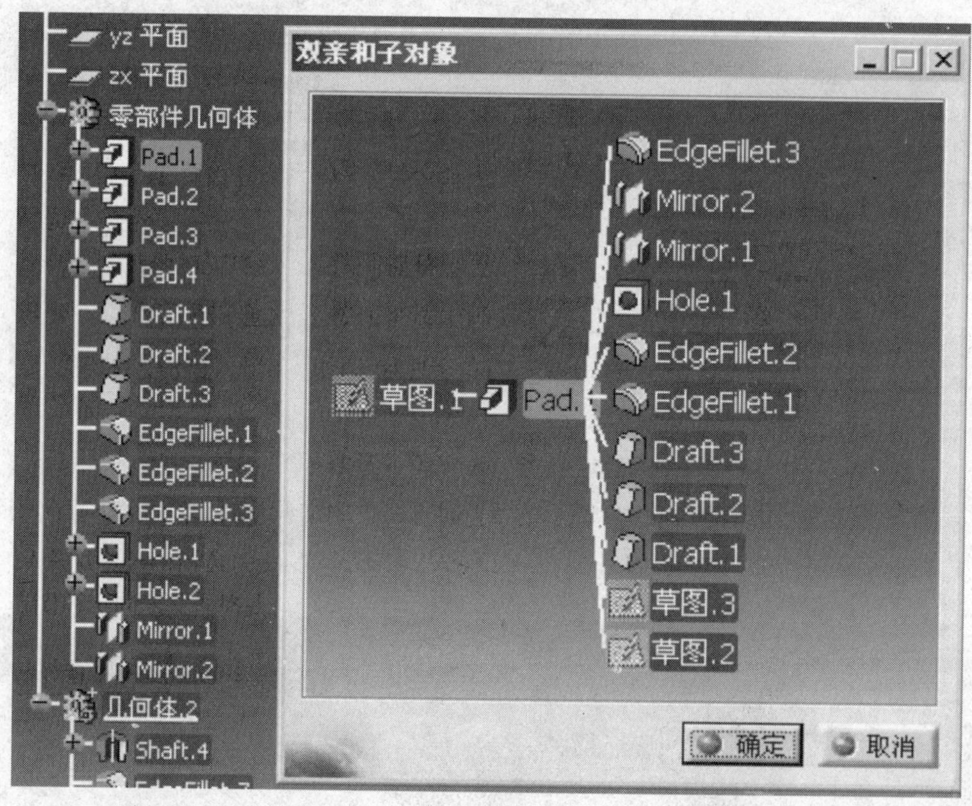

图2-19 【双亲/子代】对话框

- 本地更新(Local Update)：更新所选取的对象以实现修改。
- 替换(Replace)：此功能可以用其他对象替代现有的对象。一般来说，用于【草图】(Sketch)或者草图内的部分元素的替换，通过替换草图来达成特征的修改。
- 对象子菜单(Object Menu)：针对不同类型的模型树选定对象，图2-16所示的右键菜单最后一项可能具有不同的子菜单，如图2-20所示。由图中可以看出，利用此对象子菜单，可以进行特征的定义、修改、重新排序、几何体的装配、布尔运算等重要工作(这些内容将在相关章节介绍，在此仅阐述重新排序，所谓重新排序(Reorder)就是让模型构建过程中的某些步骤操作顺序互换。例如，如图2-21所示的图形，图a)为先在方形PAD基础上导R10圆角，再抽1mm厚壳之后的效果；图b)为先在方形PAD基础上抽1mm厚壳，再导R10圆角的效果。注意：对于那些存在明确父子关系的特征，相互之间是不能调换先后顺序的)。
- 特殊粘贴(Paste Special)：剪切/复制/粘贴详见2.4.5节。当复制一个以上的零件对象到其他地方时，可以通过特殊粘贴来控制文件之间的链接关系。若在弹出的对话

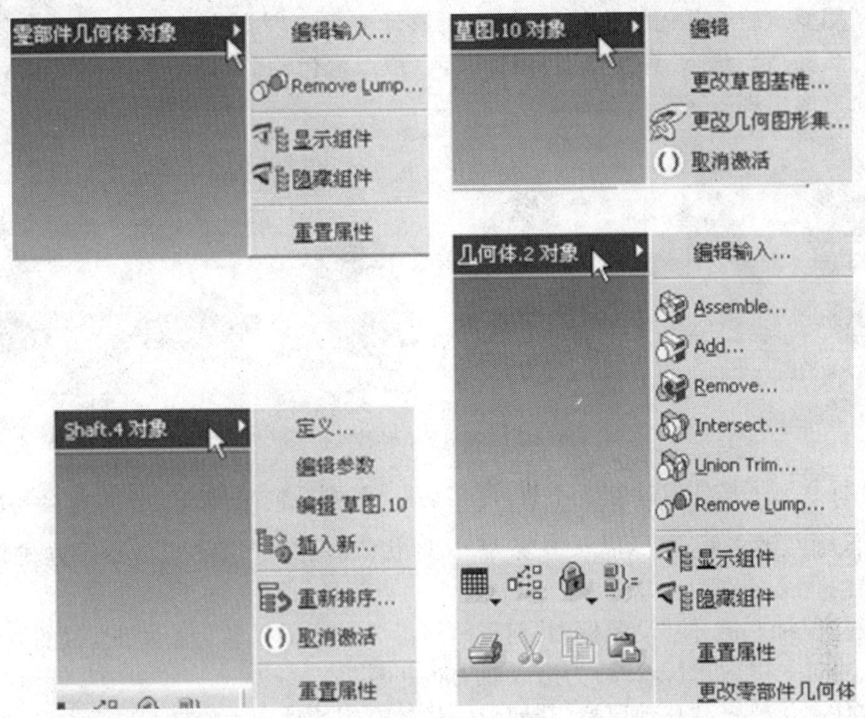

图 2-20　模型树右键菜单中的子菜单

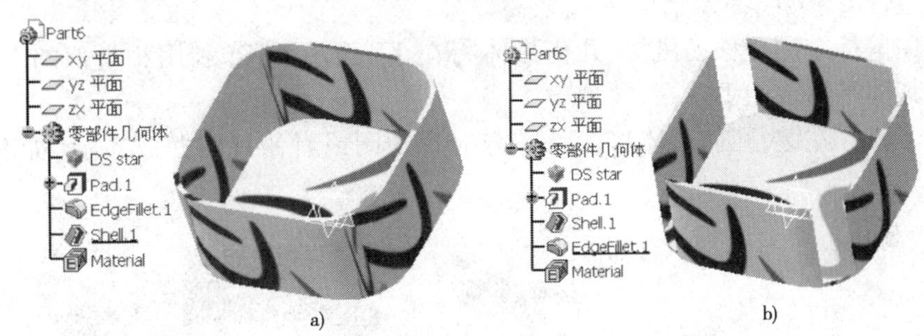

图 2-21　特征的重新排序(Reorder)效果对比图

框中选择直接粘贴,则粘贴后的对象与来源对象无关联;若选用链接粘贴(Paste With Link),则粘贴后的对象与来源对象有链接关系,当源对象改变时,粘贴后的对象也会随之改变。

2.4.3　罗盘

罗盘是由如图 2-22 所示与坐标轴平行的直线和 3 个圆弧面组成的。直线与相应的坐标轴对应,分别代表 *X*、*Y*、*Z* 轴,直线和圆弧组成的平面与相应的坐标平面对应,分别代表 *XY* 平面、*XZ* 平面、*YX* 平面。罗盘的操作如下:

- 罗盘的显示/隐藏:选择菜单【视图】→【罗盘】,可显示/隐藏罗盘。
- 罗盘的重置(Reset Compass):使罗盘的位置回到初始值,此功能用于使罗盘脱离附着几何形体,归位默认状态。

- 利用罗盘改变几何模型的显示状态：移动光标至罗盘之上，可能出现如图 2-22 所示的 6 种高亮状态，它们分别为：轴橙色、顶点橙色、圆弧边橙色、面橙色、*XYZ* 橙色、底面方形出现十字箭头图标。

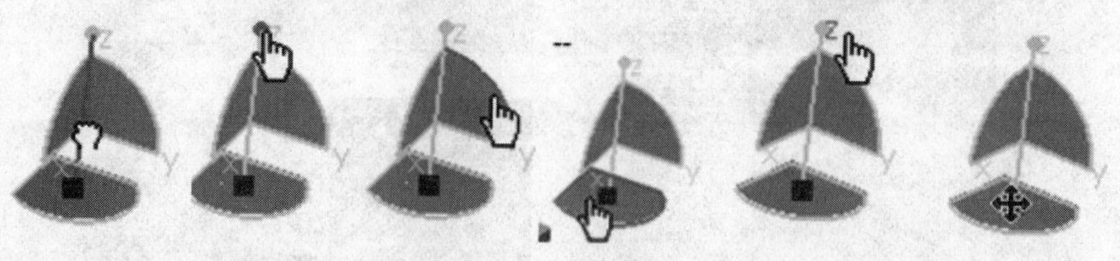

图 2-22 罗盘的 6 种特殊状态

在这 6 种状态下按住鼠标左键不放，再移动鼠标，则几何模型或者罗盘将会相应移动或者旋转（按下鼠标左键之后，鼠标形状将变为 形状，表示选定当前罗盘操作方式），这 6 种状态由左至右的含义分别为：

- 按住鼠标左键并移动鼠标，几何形体将沿 *Z* 轴方向平移（利用相类似的方法，可沿 *X*、*Y* 轴向平移，如图 2-23a）为沿 *X* 轴方向平移）；
- 按住鼠标左键并移动鼠标，几何形体作较有规律地自由旋转；
- 按住鼠标左键并移动鼠标，几何形体将绕 *X* 轴旋转（利用相类似的方法，选定其他圆弧边，可绕 *Y* 或者 *Z* 轴旋转）；
- 按住鼠标左键并移动鼠标，几何形体将在 *XY* 面内平移（利用相类似的方法，可实现在其他平面内的平移）；
- 按下鼠标左键，几何形体将按照 *Z* 方向顶视图或者俯视图摆放显示（如图 2-23b）所示）；

a)　　　　b)

图 2-23 利用罗盘调整几何形体的显示状态

- 按住鼠标左键并移动鼠标，可以拖曳罗盘至新的位置（新位置必须附在某一几何形体之上，否则将弹回原位）。（注：当罗盘附着于几何形体某一表面后，坐标轴由 *X*、*Y*、*Z* 相应变为 *U*、*V*、*W*。此时再执行前 5 种罗盘操作，欲改变形体显示位置时，则改变的是形体相对于设计坐标系的位置。如图 2-24 所示，将形体沿 *Y* 轴移动一定距离，可见形体相对 3 个基准平面的位置发生变化）。

此外，在罗盘上单击右键，可弹出如图 2-25 所示的菜单。各选择项的意义分别为：

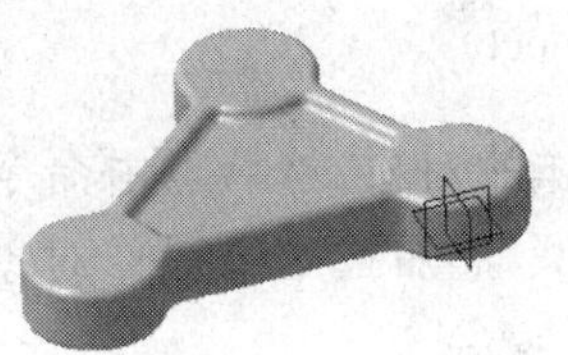

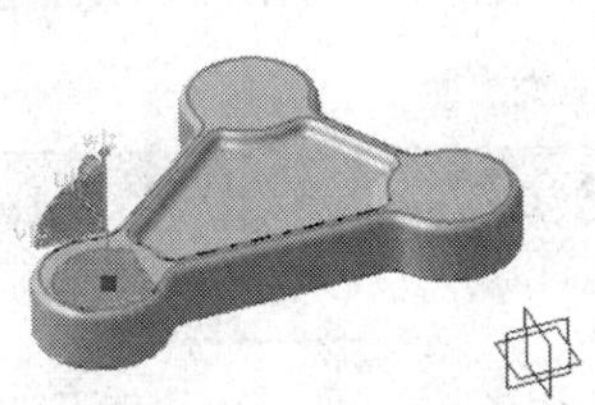

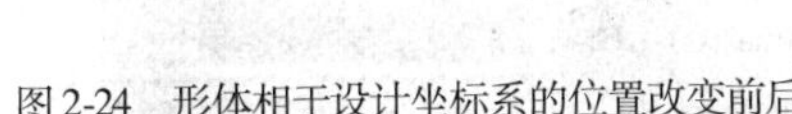

图 2-24　形体相于设计坐标系的位置改变前后

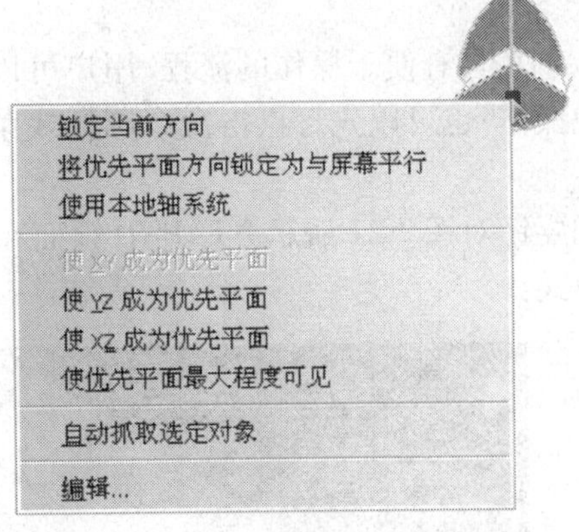

图 2-25　罗盘右键菜单

- 锁定当前方向（Lock Current Orientation）：锁定当前视角，即使利用【View】菜单的【Reset Compass】子菜单，罗盘也不会恢复原来的视角。
- 将优先平面方向锁定为屏幕平行（Lock Privileged Plane Orientation Parallel to Screen）：将指南针固定在特定的视角，即使旋转物体，指南针也不会旋转。
- 指定 *XY* 平面为罗盘的基准面（Make XY the Privileged Plane）：罗盘坐标系以 *XY* 平面为基准，顶点为 *Z*。
- 指定 *YZ* 平面为罗盘的基准面（Make YZ the Privileged Plane）：罗盘坐标系以 *YZ* 平面为基准，顶点为 *X*。
- 指定 *XZ* 平面为罗盘的基准面（Make XZ the Privileged Plane）：罗盘坐标系以 *XZ* 平面为基准，顶点为 *Y*。
- 使优先平面最大程度可见（Make Privileged Plane Most Visible）：随着物体的实时旋转，系统自动调整优先平面，保证最大程度可见的面变为优先平面。
- 自动抓取选定对象（Snap Automatically to Selected Object）：选择这个命令之后，鼠标单击某一物体，则指南针自动附着该物体。
- 编辑…：选择这个命令，将弹出如图 2-26所示的对话框，在此对话框内，用户可以指定沿 *X*、*Y*、*Z* 轴移动的偏移量，沿 *X*、*Y*、*Z* 轴旋转的角度。

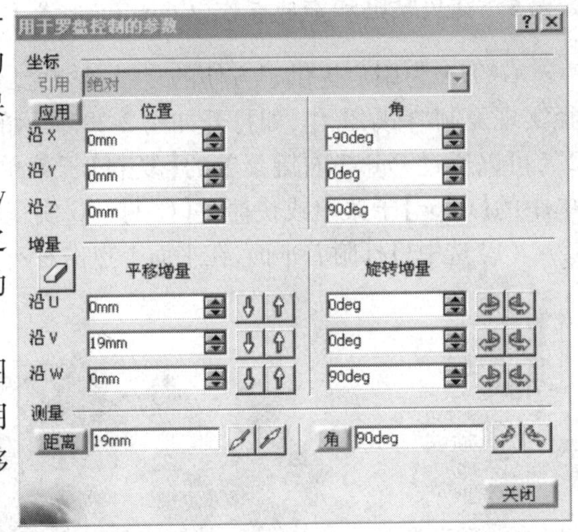

图 2-26　罗盘编辑控制对话框

此外，还可以点击 距离 按钮来测量用户在几何模型上后续选定的两个体素之间距离量，再通过按钮实现几何模型沿计算得到的平移方向反向或正向移动这个距离量。

也可以点击 角 按钮来测量用户在几何模型上后续选定的两个体素之间角度值，再通过按钮实现几何模型围绕计算得到的旋转轴反向或者正向旋转这个角度值。

2.4.4 对象/操作和操作/对象(Object/Action & Action/Object)

CATIA 具有便于操作的流程,用户可以先行选择欲操作的对象,然后点击命令图标或菜单实现操作;也可以先行点击命令图标或菜单选定操作类型,然后选定欲操作对象完成操作定义。

如要针对图 2-27 所示方形 PAD 顶面和 4 条侧边进行倒圆角操作,用户可以任选如下两种操作模式:

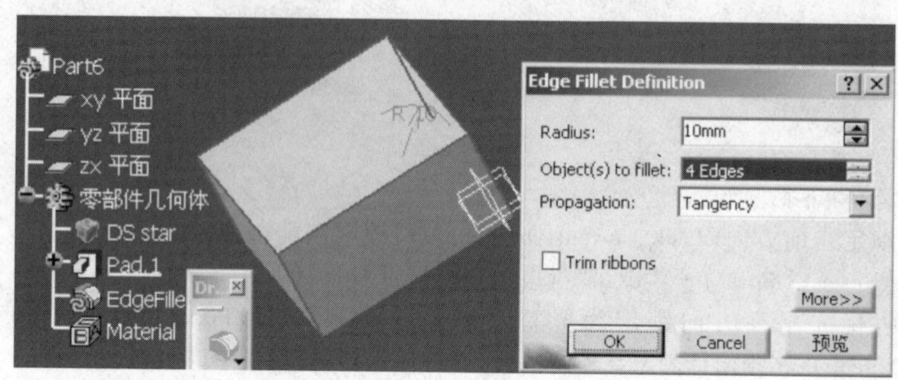

图 2-27 先选对象或者先选操作倒圆角

(1)按住【Ctrl】键,然后左键依次点击顶面和 4 条侧边,实现预先选定 5 个体素,然后点击【Fillet】图标,在弹出对话框内按【确定】,完成倒角定义。

(2)也可以先行点击【Fillet】图标,弹出定义对话框后,将鼠标焦点置于【Object(s)to Fillet】输入栏,然后不需按住 Ctrl 键,选定顶面和 4 条侧边并按【确定】完成圆角定义。

2.4.5 拷贝粘贴和拖放操作(Copy/Paste & Drag/Drop)

CATIA 为用户提供了方便的复制/粘贴操作模式和鼠标拖放操作。用户可以通过 3 种途径实现复制/粘贴工作,如打开如图 2-28 所示的 copypaste. catpart 文件,在模型树上选择“Pad. 2”,可以通过 Pad. 2 右键菜单的【复制】子菜单将 Pad. 2 复制到剪贴板(也可以通过【Edit】菜单中的【Copy】子菜单或快捷键【Ctrl】+ C 实现),然后有如下 3 种方式实现粘贴工作:

(1)选中目标附着平面,在平面上点击右键,右键菜单中选择【粘贴】子命令,如图 2-29 所示。

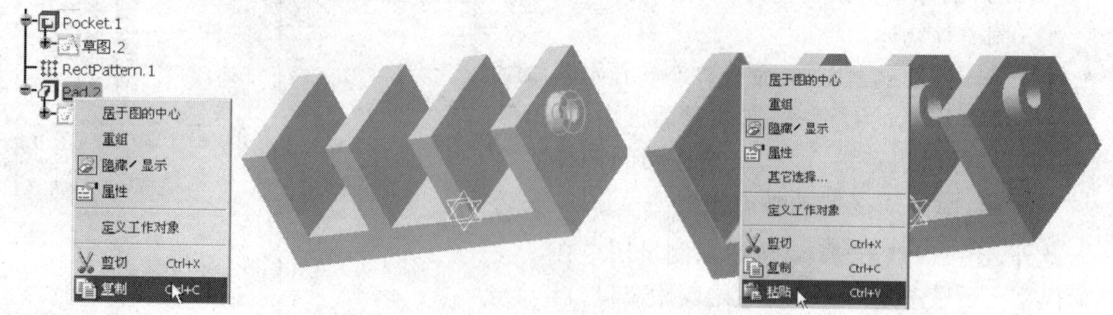

图 2-28 特征的复制

图 2-29 特征的粘贴

(2)通过【Edit】菜单选择【粘贴】子命令。

(3)使用【Ctrl】+ V 快捷键。

CATIA 更提供了便利的拖放操作和拖放复制模式，如图 2-30 所示，用户直接用鼠标左键按住几何模型上的 Pad. 2 特征不放，然后拖至目标平面，待鼠标呈形状后松开左键，则特征将被拖放至新的目标平面（如过程中按住【Ctrl】键，则可通过拖放鼠标，实现拷贝粘贴）。

图 2-30　用鼠标直接拖放操作

2.4.6　扫描或定义工作对象（Scan or Define Work Object）

【编辑】菜单内的 扫描或定义工作对象... 功能可以让用户查看模型的建构历史过程，以便于学习和了解各特征之间的父子关系。选择这个命令之后，系统将弹出如图 2-31 所示的工具条。点击图标，窗口内显示第一个特征，然后可多次点击来依次查看模型的建构步骤。

图 2-31　【扫描】工具条

如打开光盘第二章中 Scan. catpart，利用此功能可看到如图 2-32 所示的建构顺序：

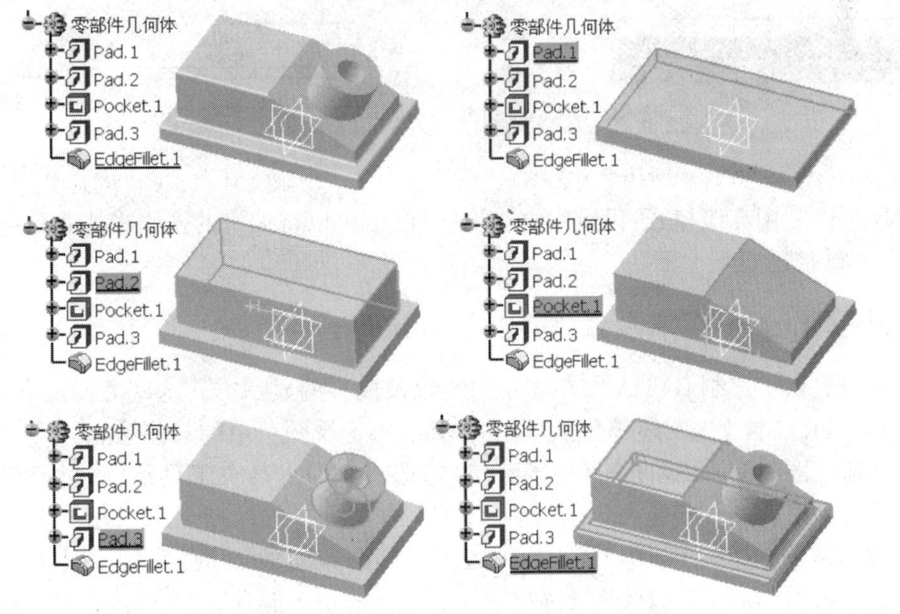

图 2-32　利用扫描功能查阅零件的构建历程

2.4.7　搜索（Search）

利用搜索功能，用户可以快速方便地在模型中查找某些具有同一特性的对象，例如：

- 具有特殊名称或同样颜色的体素；
- 特定的线型或者线宽；
- 呈显示状态或呈隐藏状态的物体；
- 属性具有相同值（如材料、尺寸等）的体素；
- 用相同模块建立的物体。

选择【编辑】菜单的【搜索】命令，系统将弹出如图 2-33 所示的【搜索】对话框。可见，CAT-

IA 提供了 3 种搜索模式:常规、高级、偏好收藏。系统初始处于常规搜索模式,且各查找条件均为“ * ”,也就是说系统的搜索条件为包括所有对象,此时如点击对话框内搜索按钮,则所有体素都将被找到并呈现于对话框内。

用户可在对话框内指定欲搜索的名称、类型、颜色、范围(编者注:对话框内翻译为外观,不贴切),还可利用 更多... 按钮弹出如图 2-34 所示的选项来指定搜索条件。

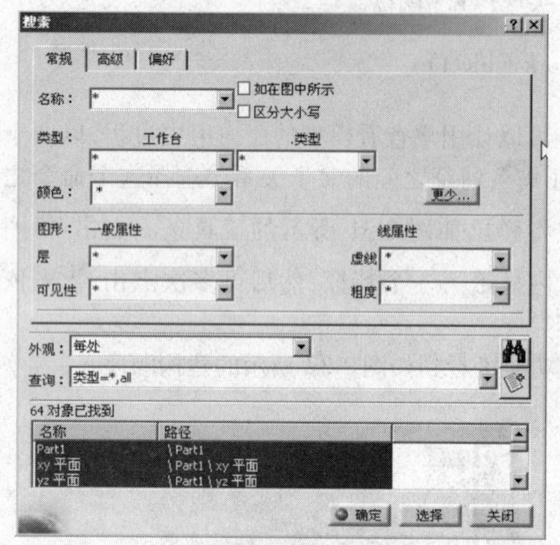

图 2-33 默认状态下搜索所有体素对话框

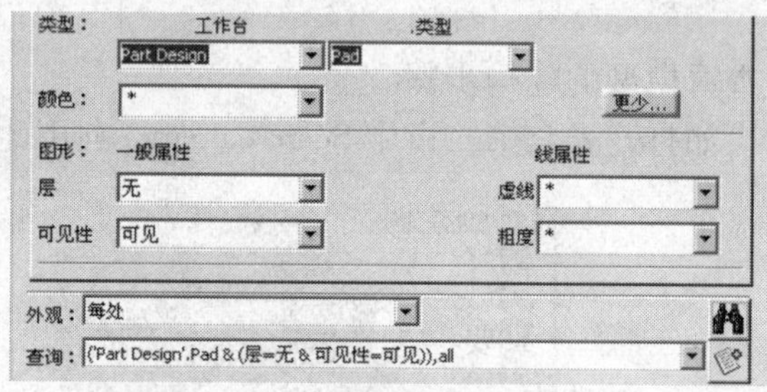

图 2-34 【更多搜索】选项

用户还可以利用高级模式,设定组合查询条件;更可以将偏好的搜索模式收藏起来以备后用(此部分不再赘述)。

2.5 视图(View)菜单及工具栏(Toolbars)

视图菜单提供了定制 CATIA 窗口显示内容以及模型的显示方式这些方面的众多功能,菜单如图 2-35 所示。本节先阐述部分工具栏的功能,再论视图菜单的某些功能。

用户可通过图 2-35 所示的工具栏子菜单,勾选或者勾去某个工具条,从而定制用户希望利用的工具栏环境(注:用户也可以通过在 CATIA 有工具栏的区域点击鼠标右键来弹出如图 2-35 所示的工具条选择菜单,用户还可以通过点击如图 2-35 所示的【定制...】菜单项弹出图 2-36 所示对话框,再利用 添加命令... 和 除去命令... 等按钮来定制任意一个工具栏包含的工具图标内容),接下来将阐述部分共性工具条的使用要点。

2.5.1 标准(Standard)工具条

在标准工具条(如图 2-37 所示)中包含文件(File)菜单中的新建(New)、打开(Open)、保存(Save)、打印(Print)功能和编辑(Edit)菜单中的剪切(Cut)、复制(Copy)、粘贴(Paste)、撤销(Undo)、重复(Redo)功能,还有“帮助(Help)”菜单中的“这是什么(What's This)”功能。

这些图标大多秉承了 Windows 界面中常规工具的传统,功用不再赘述。

值得一提的是:CATIA 的【撤销】和【重复】功能带有历史纪录模式,可供用户选择撤销到历史哪一步。“这是什么”的功用是:对于不知道功能的图标,可单击或是选择

"Help-What's This",再单击想知道功能的图标,便可联机【CATIA 帮助】给予答复。当然,前提条件是用户使用的机器上已安装了【CATIA 联机帮助】(F1 键也可直接获取"帮助")。

2.5.2 选择(Select)工具条

CATIA 主要用鼠标进行各项操作,通过用左键点击图形对象选取对象效率不高,CATIA 各模块的工具栏中均有的图标,点击黑色三角打开隐藏图标,如图 2-38 所示。其中(选择框)表示以矩形框选择对象,选择此图标,按住鼠标左键可拉出矩形框,使得凡在框内的对象将被选择并以高亮度显示;CATIA 默认在状态下按住鼠标左键拉出的矩形框为"选择框";

- (交叉选择框)表示以矩形框选择对象时,只要是与矩形框相交的对象都将被选中;
- (多边形选择框),可在屏幕上单点出 n 个点组成包围欲选对象的多边形,凡在框内的对象将被选择并以高亮度显示;
- (涂抹笔画选择)选择此图标,可在屏幕上如在 Windows 画笔里任意画线,凡与所画的线相交的对象将被选择并以高亮度显示。

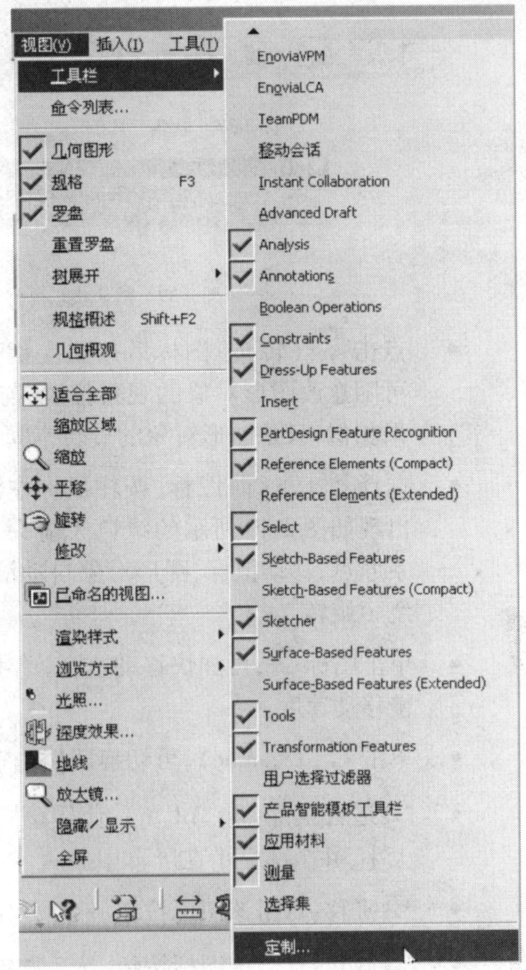

图 2-35 【视图】菜单

当然,前面提到用户可通过按住【Ctrl】键或【Shift】键后,在模型树上同时选取多个对象,或按住 Ctrl 键后单击左键在图形对象同时选取多个对象,但选择工具条所提供的选择工具仍不失为用户的好帮手。

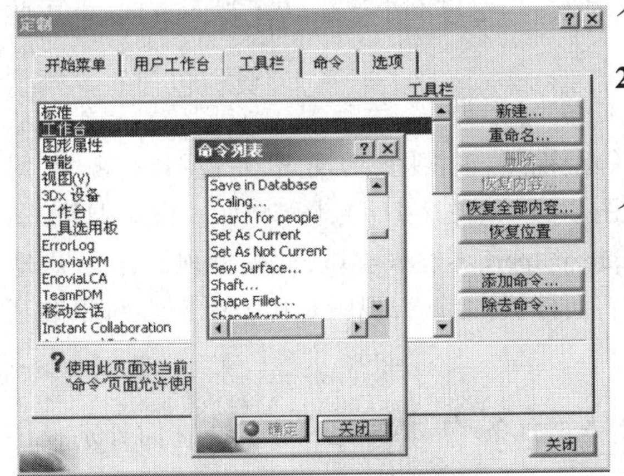

图 2-36 工具栏的定制对话框

2.5.3 视图(View)工具条

【视图】工具条如图 2-39 所示,它用于控制几何模型的显示模式。

- 飞行方式(Fly Mode):若工具条显示此按钮,则表示现在处于"检查(Examine)模式"下,按下此按钮,CATIA 可能弹出对话框要求改为透视投影模式,选择"是"后,工具条变为图 2-39b)所示,表示现在处于"飞行方式(Fly Mode)"。

图 2-37　标准工具条

图 2-38　选择工具条

视图(V)　a)

视图(V)　b)

图 2-39　默认状态视图工具条和飞行模式下视图工具条

- 点击(转头)图标后按住左键移动鼠标,可随意改图形对象的观察位置,与"旋转"效果相似,只是图形对象的旋转空间更大。
- 选择(飞行)图标,按住鼠标左键,屏幕上出现如图 2-40 所示的绿色大箭头,⊙为坐标系原点,移动鼠标,图形对象自动沿箭头指向绕⊙旋转。

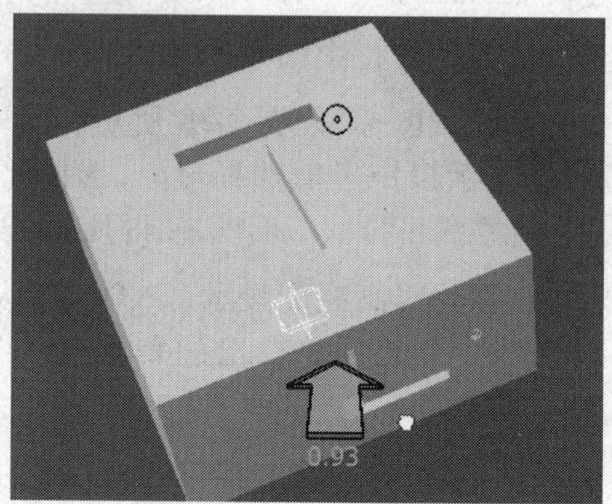

图 2-40　飞行视图

- 单击图标,可加快移动速度,单击,则减慢移动速度。
- 单击(Examine),可切换回【检查】模式。
- 适合全部(Fit All In):使用该图标按钮,可以自动缩放当前所有几何对象至适当大小,并全部显示在屏幕中央。
- 平移:点击该图标按钮,然后左键在显示区域按住不放并移动,可平移模型。
- 旋转:点击该图标按钮,然后左键在显示区域按住不放并移动,可旋转模型。
- 放大:点击该图标按钮,可放大模型。
- 缩小:点击该图标按钮,可缩小模型。
- 法向视图:点击该图标按钮,再用左键选择对象(可以是平面、线等),则将从此对象的法向方向上投影视图(在剖面绘制时候,若用户不小心旋转了视图方向,可用此按钮还原法向视图)。
- :按下此图标的三角标识,可得到工具条。它们分别提供了从 7 个视角观看图形对角的选择,依次为等距视图、正视图、后视图、左视图、右视图、俯视图、底视图,如图 2-41a)、图 2-41b)、图 2-41c)、图 2-41d)、图 2-41e)、图 2-41f)、图 2-41g)所示。(读者可打开光盘 viewangle. catpart 零件来尝试,此模型顶面标有 T、地面标 B 前门标 Z、后面标 H、左面标 L、右面标 R。当然,视图是由三维图形对象的基准坐标系决定的)。
- :按下此图标的三角标识,可得到渲染工具条。它们分别提供了 6 种显示物体的方法,依次为:
  - ◆ 着色;

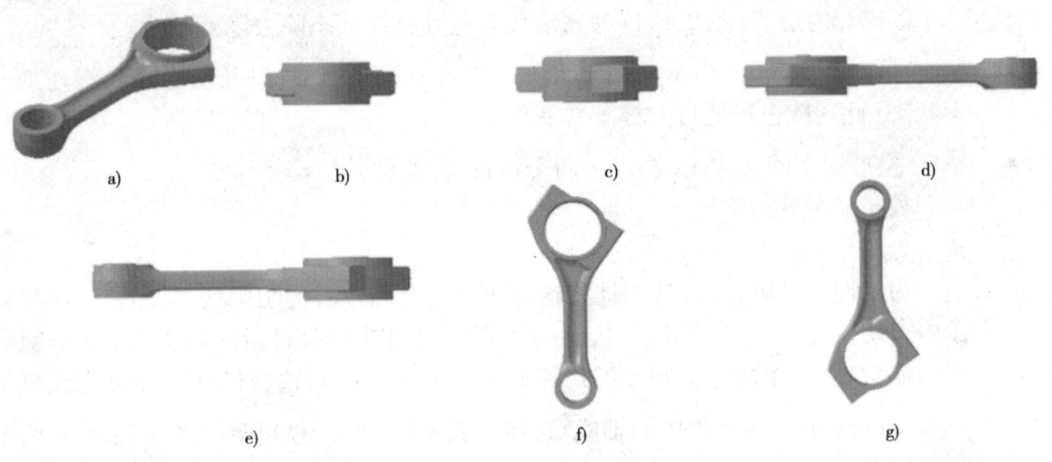

图 2-41　各方向视图

a)等距视图;b)正视图;c)后视图;d)左视图;e)右视图;f)俯视图;g)底视图

- 带边着色；
- 带边着色但不使边平滑；
- 带边和隐藏边着色；
- 带材料着色；
- 定制视图参数:选择，定制视图参数，弹出如图 2-42 所示的对话框。在这里，读者可定制所需的显示方法，例如:如图 2-42 所示，定制显示所有的边及轮廓。图 2-42a)为三角形着色；图 2-42b)为高洛德着色并选择隐藏的边和点；图

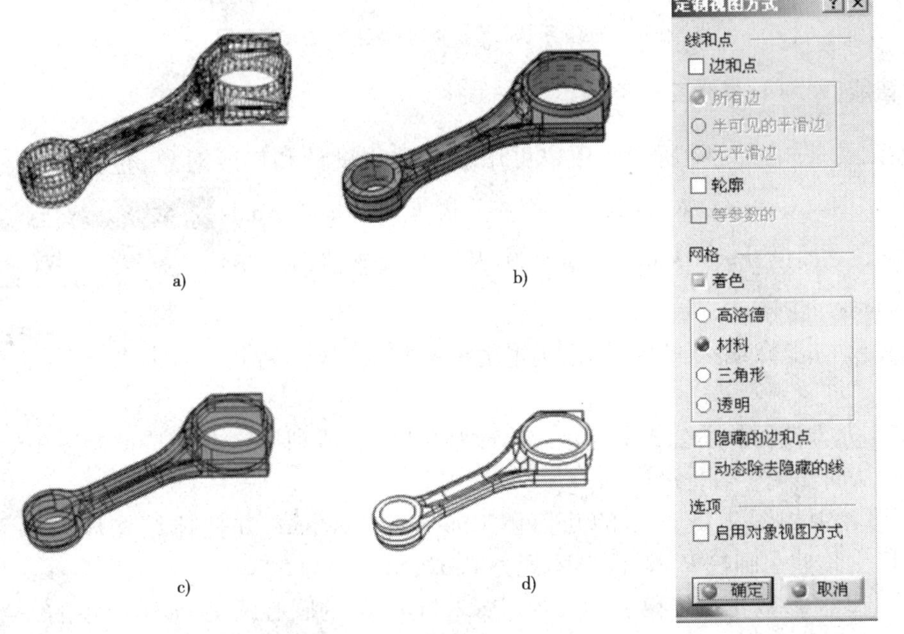

图 2-42　定制视图效果及定制对话框

a)着色三角形;b)着色并显示隐藏的边和点;c)透明;d)动态除去隐藏的线

2-42c)为透明;图2-42d)为高洛德着色并选择动态除去隐藏的线。

- 隐藏/显示(Hide/Show):用于隐藏某些对象或几何体,以及从隐藏状态切换回显示状态(此功能也可通过右键菜单获取)。
- 交换可视空间:CATIA提供了两个可视空间,即:
  - ◆ 处于显示状态的可视空间;
  - ◆ 处于隐藏状态的可视空间。

为了便于理解,可以通俗地将这两个可视空间理解为阴阳两界,用户可将屏幕显示内容切换为阳间(处于显示状态的体素),也可让屏幕显示阴间内容(处于隐藏状态的体素)。这个功能更利于用户往返于两界之间快速选择体素。如打开光盘hide show. catproduct文件,将中间轴隐藏,然后通过图标,就可见如图2-43所示两个可视空间。

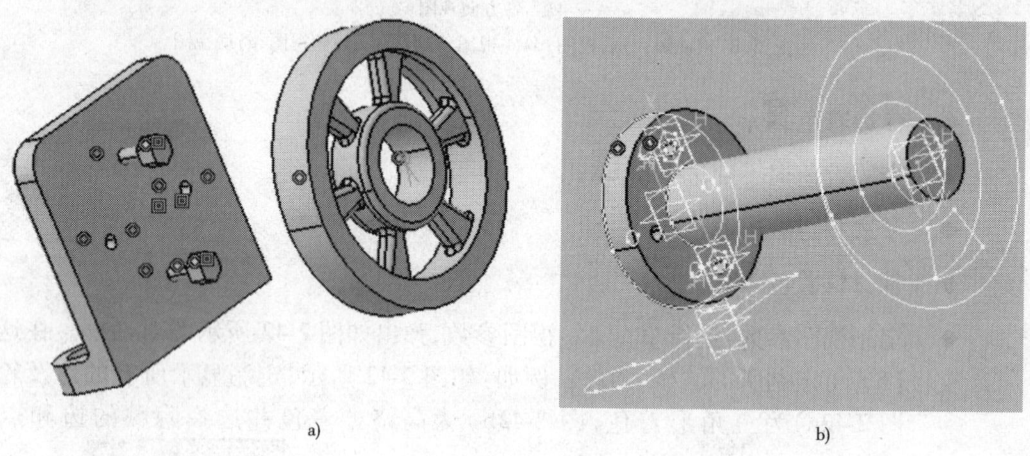

图2-43　显示状态可视空间和隐藏状态可视空间

2.5.4　智能(Knowledge)工具条

智能工具条如图2-44所示。用户可用参数方式设计和修改对象,包括:公式(Formula)、注释&URL(Comment & URl)、检查分析工具(Check Analysis Toolbox)、设计表(Design Table)及知识检查器(Knowledge Inspector)等。

图2-44　【智能】工具条

在此,仅初步介绍公式的使用以体现CATIA参数化特性如下:

CATIA允许使用数学公式来表示或修改某些特征,或利用已有的特征参数来定义新特征的参数值,从而实现参数化设计。

打开附盘中如图2-45所示的几何体Knowledge. catpart,几何体结构体系如下:底座为Pad1,Pad1上构建小圆柱Pad2,圆形阵列为Pad2,角度差为60°。

现提出3个参数化设计模型的要求:Pad2与Pad1的圆心距是Pad1半径的一半;Pad2半径为Pad1半径的1/4;Pad2阵列的个数为360°除以各阵列子项之间的角度差。

其设计步骤为:

1)添加 Pad2 与 Pad1 圆心距公式

点击按钮,系统弹出如图 2-46 所示的对话框,在【过滤器类型】栏内选择“长度”,则列表框内将列出模型中所有的长度参数;上下翻阅列表框,选择图示参数“草图. 2\圆心距\半径”,然后点击 添加公式 按钮。

图 2-45　欲用公式实现参数化设计的几何模型雏形

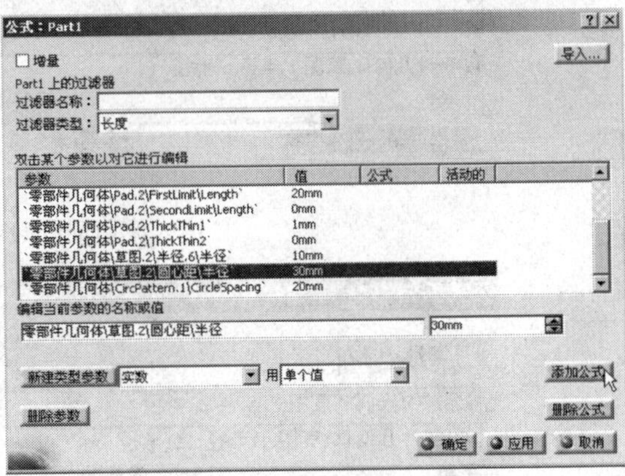

图 2-46　圆心距的半径参数公式添加对话框

在系统弹出如图 2-47 所示对话框中的【字典】栏内选定“参数”;【参数成员数】栏内选定“长度”,则对话框右边列表框内仅列出所有的长度参数,在此【长度 成员数】栏内选定“零部件几何体\草图. 1\半径. 11\半径”成员,并双击将其添加至对话框顶部白色文本框;然后在此文本框中添加键入“/2”,点击 确定 按钮返回公式添加对话框,可在图 2-48 中见到已完成定义的公式。

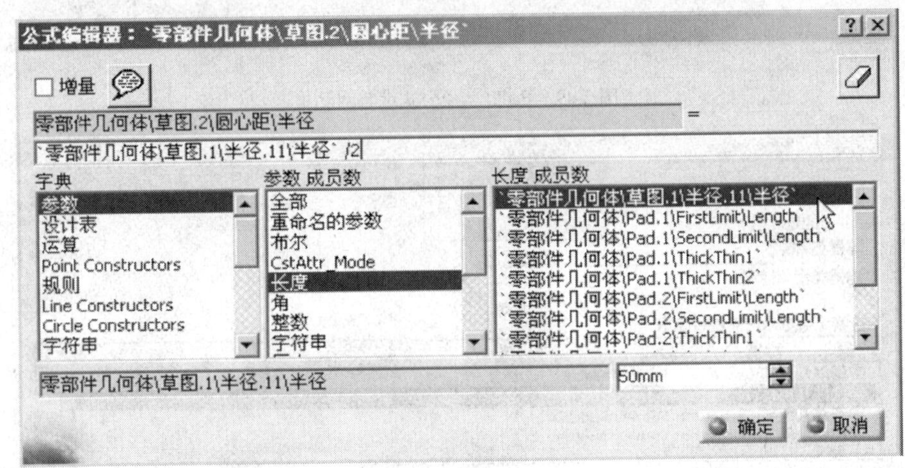

图 2-47　圆心距公式编辑对话框

2)添加 Pad2 半径公式

继续在图 2-48 所示的对话框中选定“草图. 2\半径. 6\半径”参数,然后按 添加公式 按钮;在弹出的公式编辑器对话框中,执行上一步类似操作,定义如图 2-49 所示的公式;按【确定】返回公式添加对话框。

3)添加阵列个数公式

在图 2-50 所示的对话框中选定【过滤器类型】为“整数”,然后在列表框内选中“零部件几

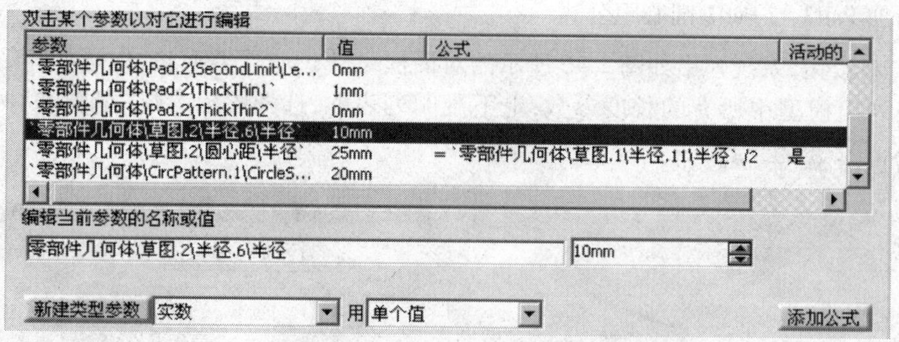

图 2-48　Pad2 半径公式添加部分对话框

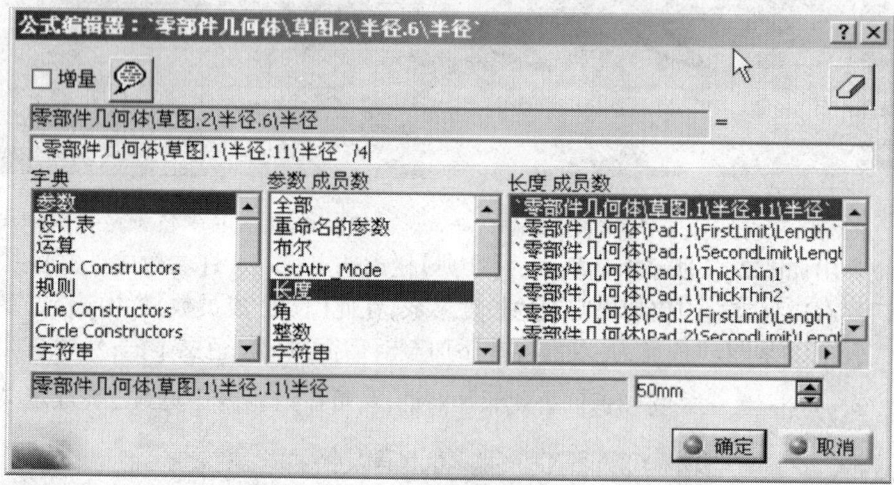

图 2-49　Pad2 半径公式编辑对话框

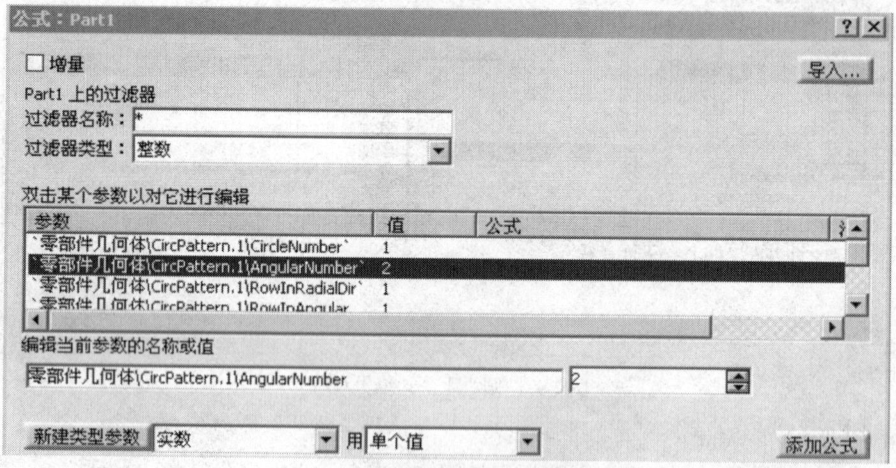

图 2-50　阵列公式添加对话框

何体\CircPattern. 1\AngularNumber”参数，点击 添加公式 按钮，系统弹出图 2-51 所示的对话框；在公式输入文本框中输入“360deg/”，将【字典】栏选定为“参数”，【参数成员】栏选定为“角”，然后双击右边列表框条目“CircPattern. 1\AngularSpacing”，将其添加至公式输入文本框，实现公式的定义。

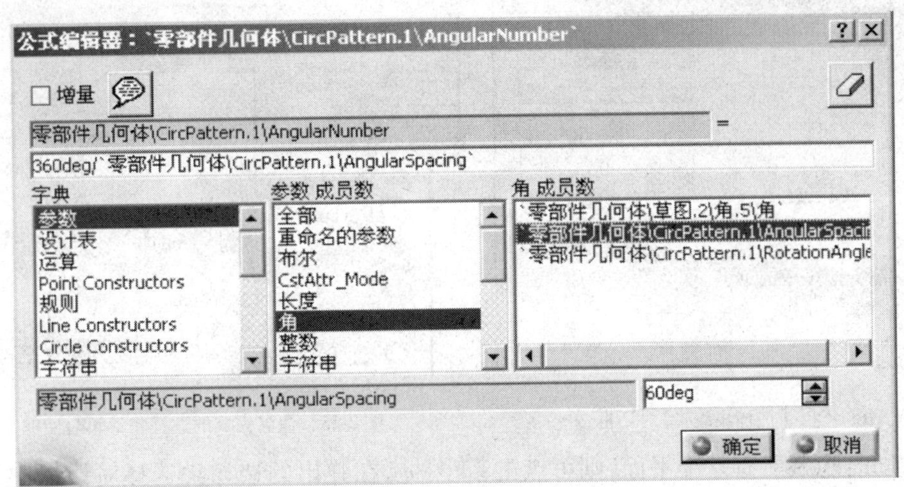

图 2-51　定义阵列个数为 360°除以阵列间隔角度

至此，3 个参数均已添加完毕，点击【确定】完成公式定义，则可见参数化定义后的几何模型，如图 2-52 所示。（注：图中的模型树没有显示定义好的公式，这是因为模型树显示内容的设置关系，如需要显示，请参阅 2.6.4 节的内容及图 2-81）。

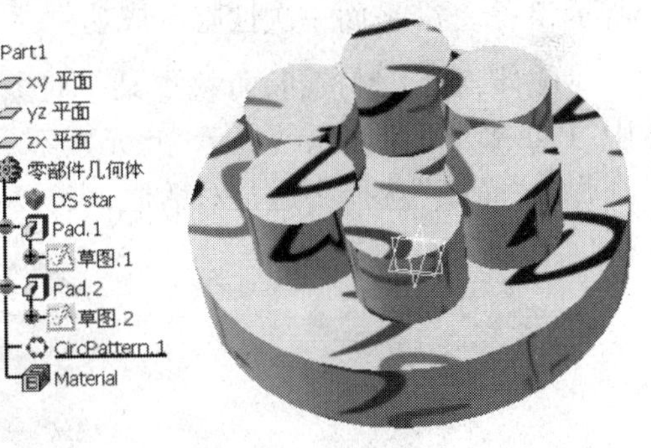

图 2-52　基于三个公式模型效果图

2.5.5　选择集（Selection Set）工具条

当用户面的设计对象是复杂的产品或装配件时，若想对具有某些共性的对象进行同一操作时，按住 Ctrl 键逐一地选择对象或使用选择工具都不是最理想的方法，需要花费较多的时间。

定义选择集，用户则可将经常同时操作的对象预先定义为一个选择集，需要对其操作时，只需选择定义过的选择集即可，一劳永逸。

【选择集】工具条如图 2-53 所示（这些功能也可通过【编辑】菜单获得）。

图 2-53　【选择集】工具条

该工具条上：

为选择集编辑器按钮；为选择集按钮；

为查找拥有的选择集，其功能是判断一个对象是否属于选择集，并可显示所属选择集的名称。

如针对图 2-52 所示零件 Knowledge_Finished. catpart 文件进行选择集操作，点击选择集编辑器按钮，系统弹出图 2-54 所示的对话框，它用于创建选择集。点击创建集按钮，然后在名称栏内输入欲创建的选择集名称，如“基准面”然后回车，对话框右侧的“添加元素”单选框自动处于选中状态，此时用户可在模型树上或者几何模型中点击鼠标左键实现添加元素至选择集的工作，如图 2-55 所示；选中 3 个基准平面并按 确定 返回，则完成“基准面”选择集的定义。

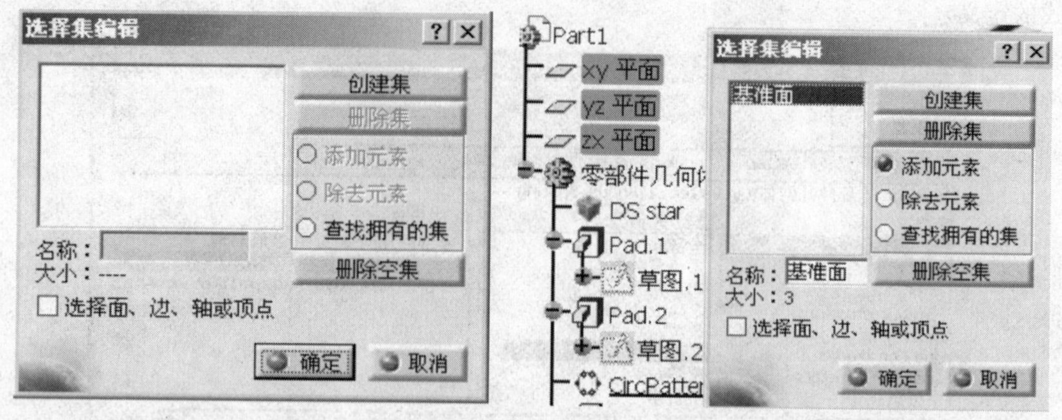

图 2-54 【选择集编辑】对话框　　　　图 2-55 命名完成的选择集编辑对话框

如欲同时隐藏所有基准平面，则可点击图标，在弹出的选择集选择对话框中，选定“基准面”选择集，然后点击 选择 按钮，再点击图标实现整个选择集的隐藏，其效果如图 2-56 所示，3 个基准平面一次性隐藏成功。

此外，利用按钮，可检查某一对象是否属于选择集。方法是：点击按钮，选择模型树中“Pad.1”特征，则系统提示“此元素不属于任何选择集”；若点击按钮后选择“草图.1”，则系统弹出“草图”选择集选择对话框，表明草图.1 属于已经定义好的“草图”选择集。

图 2-56 针对基准面选择集进行隐藏处理

2.5.6 命令列表(Command List)

命令列表功能可将 CATIA 的所有命令列出在图 2-57 所示对话框中，上下翻阅直到选中所需要的命令，再单击【确定】按钮或者双击鼠标左键即可执行。因为图标按钮的操作要比这种方法方便很多，所以一般不被采用，只有当找不到所需要的功能图标时才使用这种方法。

2.5.7 几何图形、模型树、罗盘的可见性操作

利用图 2-58 所示【View】菜单的 3 个子选项，可分别控制 CATIA 是否显示几何图形、模型树、罗盘。子选项前面有✔符号的，为显示；反之则隐藏。

2.5.8 光照

点击 光照…菜单，系统弹出如图 2-59 所示的【光源】对话框。在此对话框内，用户可定义光源种类为 无光、 单光源、 双光源、 霓虹光源 4 种中的任意一种，还可通过下部滑动条调整散射率、漫射率以及反射率。

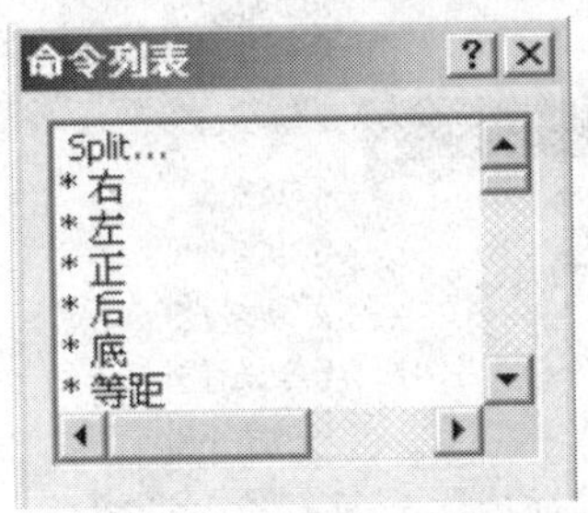

图 2-57 【命令列表】对话框

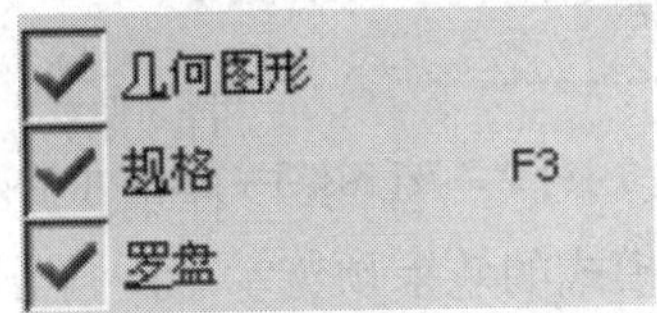

图 2-58 几何图形、模型树、罗盘的可见性操作菜单

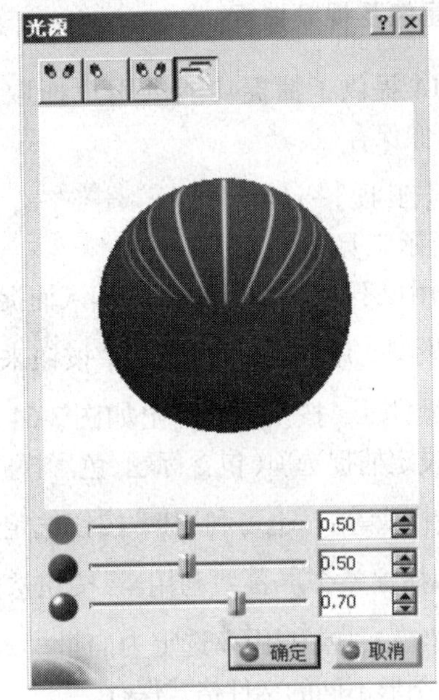

图 2-59 光源定义对话框

2.5.9 地线

点击 地线，可在模型窗口中显示或隐藏如图 2-60 所示的水平地线，通过它可以表示模型的位置。

如初始时，模型位于地平线之上，通过拖曳罗盘至模型表面后松开鼠标就可使其附着于模型表面，然后沿 Z 轴负方向平移模型，可将模型拖至地线以下，负向平移过程如图 2-61所示。

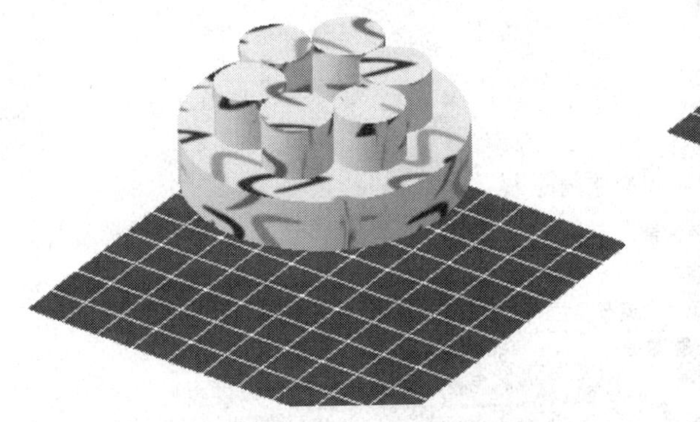

图 2-60 原始模型位于地线以上

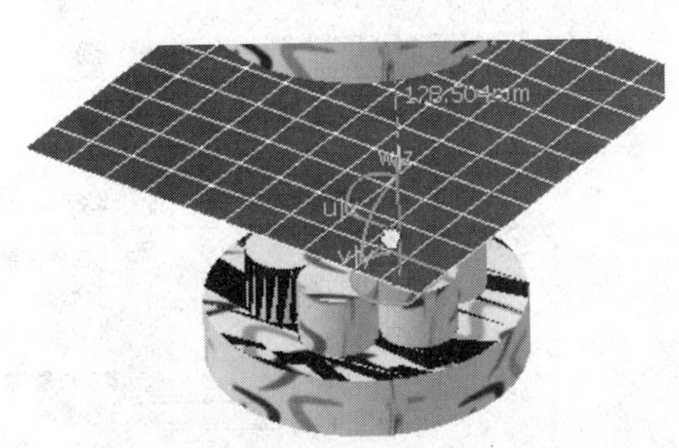

图 2-61 利用罗盘拖曳模型至地线以下

2.6 工具(Tools)菜单

【工具】菜单如图 2-62 所示,此节仅介绍 4 个基本工具选项,即:图像、带过滤器的显示/隐藏、定制…、选项…。

2.6.1 图像及视频捕捉

CATIA 提供了捕捉功能供用户抓取屏幕内容作为图像保存。

单击【工具】→【图像】→ 捕获…,会弹出图 2-63 所示工具条。

如果用户不选择捕捉内容,则默认捕捉整个显示区几何模型。用户还可以通过按钮来选定图像捕捉区域,按按钮则会弹出如图 2-64 所示的对话框来设定捕捉选项(包含标题、色彩模式、像素精度、向量模式等)。也可利用按钮选定屏幕方式捕捉(即捕捉整个屏幕);利用按钮选定捕捉模式为像素模式;或利用选定为向量模式。图2-65为 3 种模式的效果预览示意图,选择图中按钮,可将图形不同的文件格式保存。

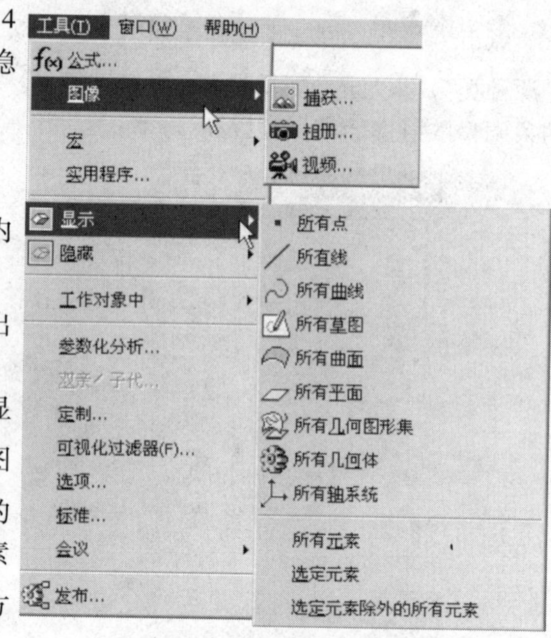

图 2-62 【工具】菜单及【图像】子菜单和【显示】子菜单

图 2-63 捕获图形工具条

点击 视频…,会弹出如图 2-66 所示工具条,利用它可将 CATIA 窗口的操作过程录制成视频文件,如 AVI 等。而且可利用属性对话框设定录制的区域和录制文件的格式、帧速率、压缩模式等。

2.6.2 带过滤器的显示/隐藏

利用如图 2-62 所示的工具菜单中的【显示/隐藏】子菜单,可以明确地显示或隐藏某种特定类型的体素,如一次性隐藏所有草图或者其他类型(具体参见图 2-62,因较为简单,可自己尝试利用)。

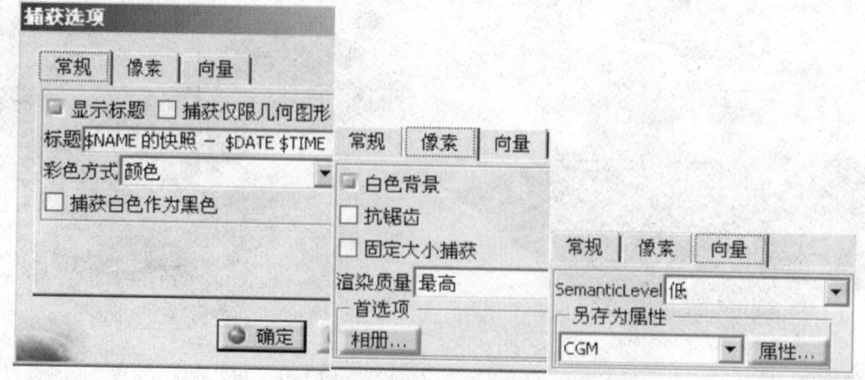

图 2-64 捕获选项对话框的三个选项卡

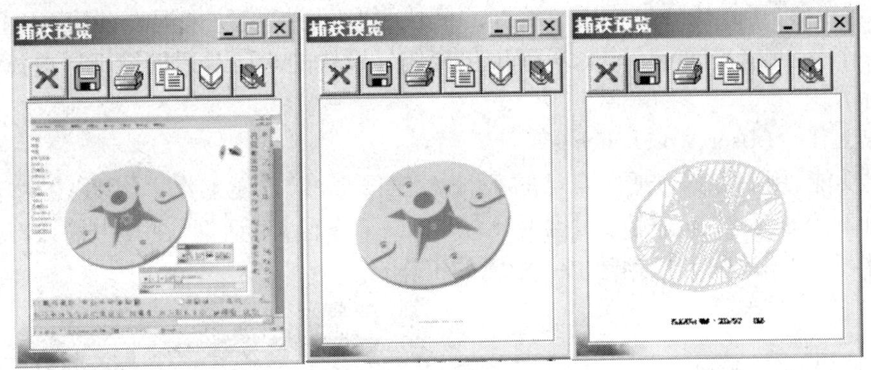

图 2-65 屏幕捕捉、像素捕捉及向量捕捉三种模式预览效果

2.6.3 定制(Customize)工作台

图 2-66 【视频录制】工具条

CATIA 是基于工作台模式进行模型创建与修改工作的，而且每一种类型的工作台(可理解为某一种功能模块对应的工作环境)为用户提供了相应的工具条，用户一般的工作模式就是利用相应的工具按钮来实现模型的修建工作，所以如果能较好地定制自己喜爱的工作台环境(即包含的工具条等)，往往能省去很多不必要的麻烦和周折。

【工具】菜单中的【定制】子菜单为用户提供了定制功能，其对话框如图 2-67 所示。在此对话框内，用户可以定制开始菜单(Start Menu)、用户工作台(User Workbenches)、工具栏(Toolbars)、命令(Commands)与设置(Options)等。下面分别介绍：

1)开始菜单及偏好工作台设置

如图 2-67 所示，对话框的左边列表栏列出了 CATIA 所有的可用模块，用户可以通过 ⟹ 按钮将左边列表中选中的模块添加至右边的【偏好】列表；也可以通过 ⟸ 按钮将已经列入右边【偏好】列表的工作模块移除。这样的设定有如下两个功效，为用户切换模块(工作台)带来便利：

■ 【开始菜单】顶部单独列出用户设定的偏好模块，如图 2-68 所示；

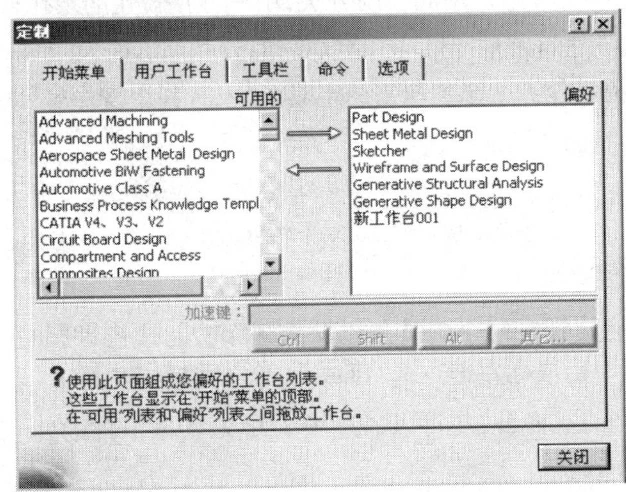

图 2-67 【定制】对话框

图 2-68 偏好的工作模块列入开始菜单顶部

■ 【工作台】工具栏列出了用户偏好的模块,便于切换模块来混合建模;点击工具栏的工作台图标(Compressed),可弹出包含偏好模块的欢迎对话框供用户选择,如图 2-69 所示。

2)用户工作台(User Workbenches)

利用此功能,用户可搭建适合自己的 CATIA 工作台,以方便工作。【用户工作台】选项卡对话框如图 2-70 所示。点击【新建】会弹出【新用户工作台】对话框,在其中输入新工作台名,如:我的工作台,单击【确定】,则建立一个新的工作台。

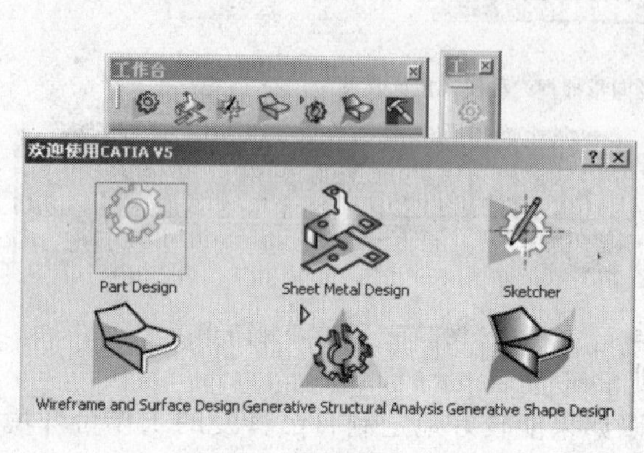

图 2-69 偏好的工作模块列入【工作台】工具栏及【欢迎】使用对话框

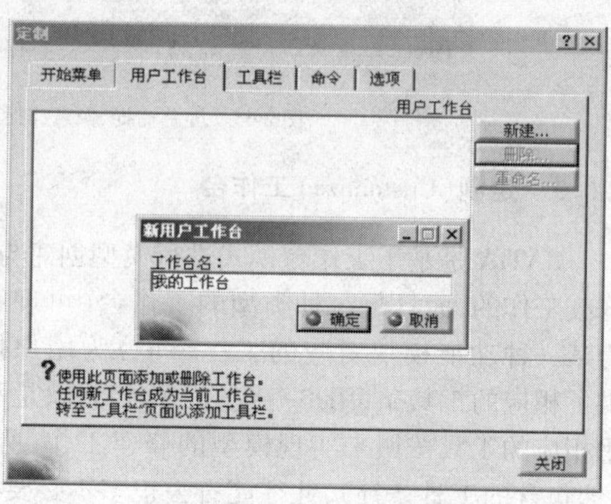

图 2-70 新建用户工作台对话框

完成以上操作后,用户会注意到【工作台】图标变为,且原有的大部分工具栏都消失了,这是因为系统自动转到了新建的工作台下,而新建的工作台中除了某些基本的工具条,尚未添加任何用户欲添加的工具条。下面,我们进入【工具栏】选项卡对新建的工作台添加工具条。

3)工具栏定制

【定制】选项卡如图 2-71 左侧所示。点击 新建... 按钮,会弹出如图 2-71 右侧所示的【新工具栏】对话框,及一个新的空白的工具条,在【工作台】栏内选取模块,【工具栏】栏内选取该模块下的工具条,点击【确定】,则可得到相应的工具条。用同样的方法,用户可在新建的工作台内添加所需的工具条。若不满意所建的新工作台,可回到【工作台】选项,将其删去即可。

当然,利用【工具栏】选项卡也可对当前工作界面添加所需的工具条,或者利用 添加命令... 按钮或者 除去命令... 按钮来增删某些工具条里面的功能按钮。

如果想要恢复系统原设置,只需在图 2-71 的【工具栏】选项卡中点击 恢复全部内容 和 恢复位置,即可回到系统原设置。

4)命令

【命令】选项卡如图 2-72 所示。其功能是针对每个工具条添加或删除功能按钮,例如在【类别】栏中选取"全部命令",在【命令】栏中用鼠标左键点选"Plane",并拖拽到工具栏上(待鼠标呈现状态,即可将该图标置于此位置)。此外,还可以通过图 2-72 对话框下部的属性框设置命令的快捷键。

5)选项

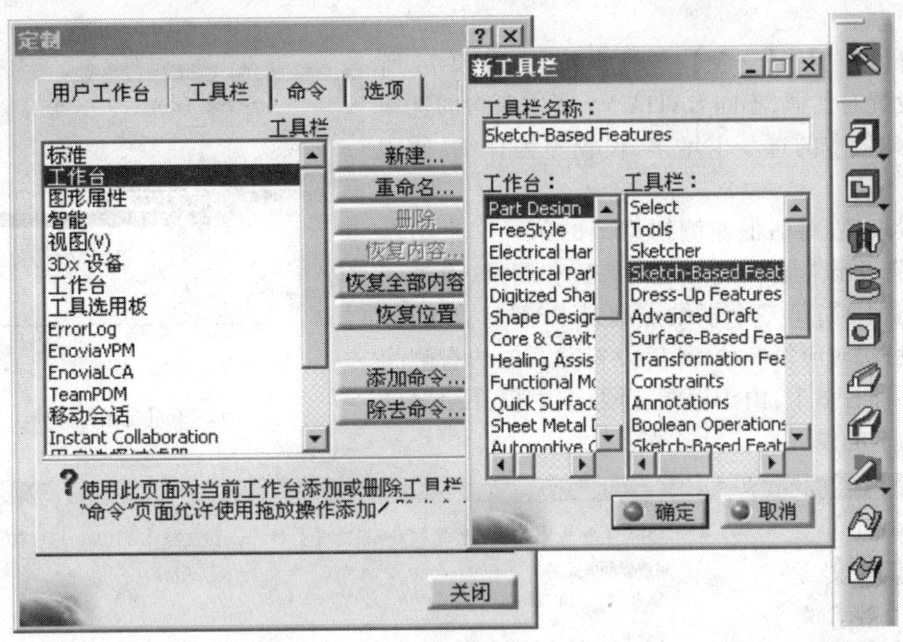

图 2-71 【定制】对话框

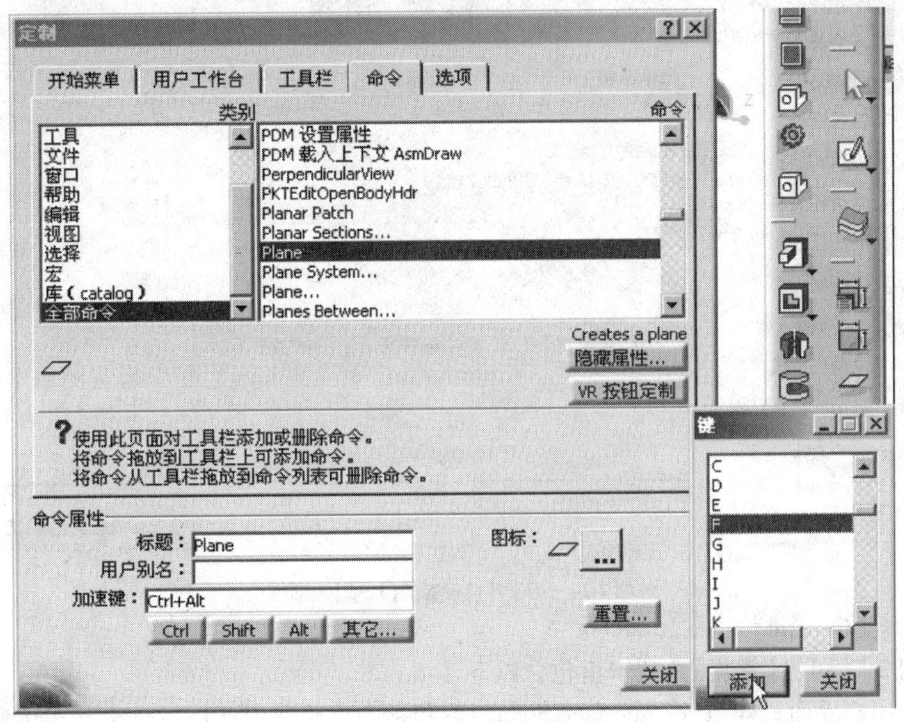

图 2-72 【命令】选项卡

【选项】选项卡页面如图 2-73 所示。在页面内可选择使用大图标或小图标,锁定工具栏的位置,还可设置 CATIA 的语言环境,但选定后须重新启动 CATIA 才有效。

2.6.4 选项(Options)菜单设置工作环境

CATIA V5 允许用户对工作环境进行个性化设置,合理的 CATIA V5 环境设置能提高用户的工作效率。

选择【工具】→【选项】，系统将弹出如图2-74所示环境设置对话框，不同CATIA V5版本所含的选项卡不同，高版本的选项卡增多，设置更为详细、使用更方便。

一般来说，对话框左侧树型图的第一个根结点为“常规”，下设“显示、兼容性、参数和测量、设备和虚拟现实”4项；第二个根结点起是CATIA V5的各模块组设置，对应每一项，环境设置对话框的右侧的项目卡片都有多个，由于篇幅有限，本书仅介绍部分常用选项卡的设置。

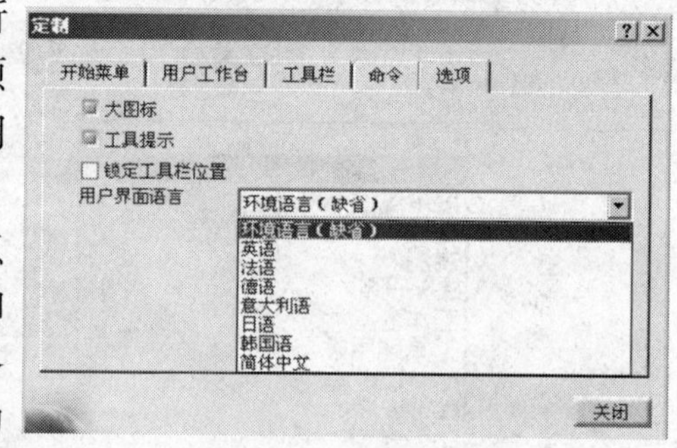

图2-73 【定制】选项卡

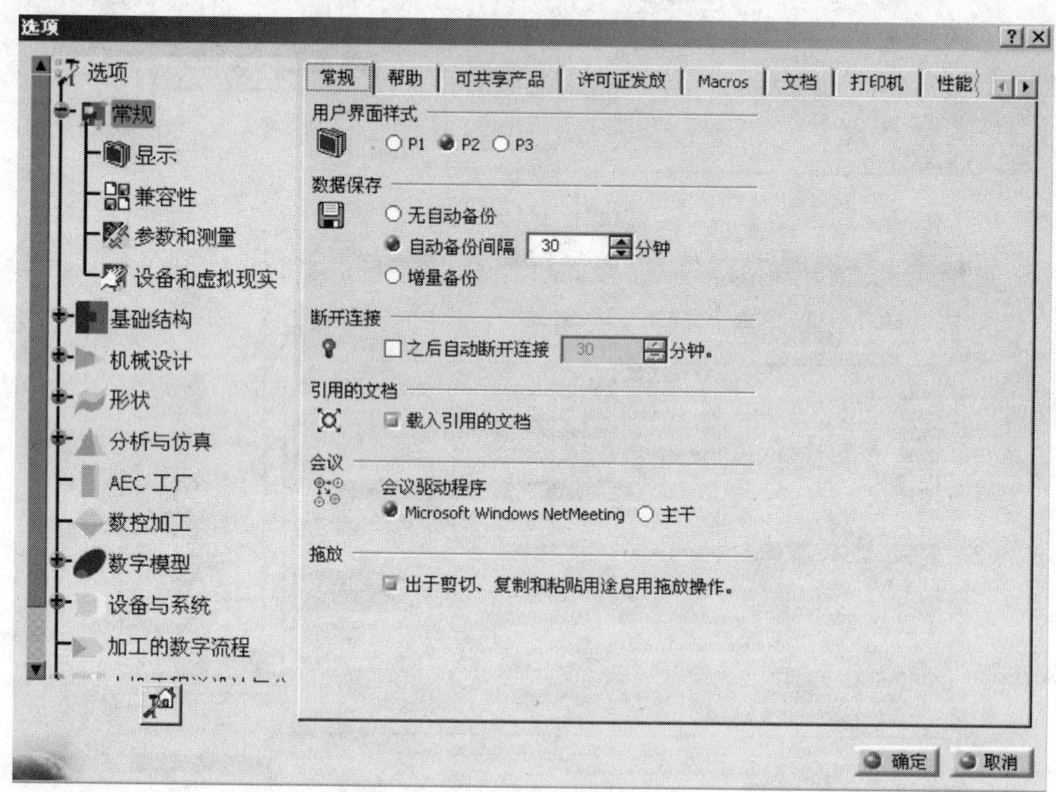

图2-74 用于环境设置的【选项】对话框

1）常规（General）

由图2-74可见【常规】选项卡里包含以下几项：

- 用户界面式样（User Interface Style）：它包括3个单选项：P1、P2、P3，代表不同的CATIA的界面式样，从P1到P3，用户权限依次增大，功能增多，对计算机的要求增高，如图2-75左侧为P2、右侧为P3界面，P3界面具有更强的立体感，但占用资源多，计算机速度会变慢。
- 数据保存（Save）：用户可以选择数据自动保存的间隔时间，当CATIA意外中断后，重启CATIA时系统会提醒用户是否要恢复丢失的数据，须注意的是在发生意外前必须保存一次，否则数据将全部丢失。

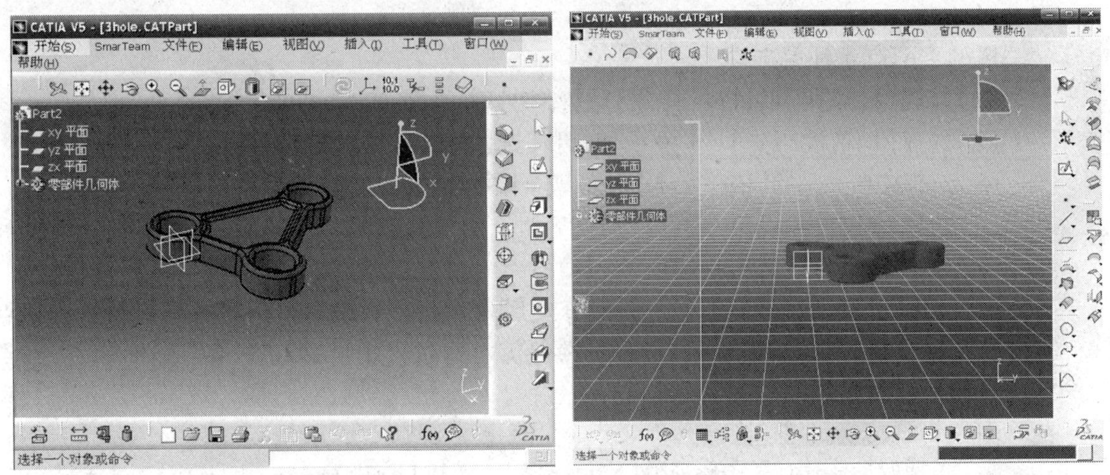

图 2-75　P2 及 P3 界面

■　断开连接(Disconnection):设置是否与许可服务器断开及断开的时间。

■　引用的文档(Referenced Documents):选此复选项,当加载的文件(母文件)指向某一个或多个相关件(子文件),则子文件也会被一起加载。建议选择此项,因为当设计对象为含有多个零件(Part 子文件)的产品(Product 母文件),选择此项会提高效率。

■　会议(Conferencing):设置会议驱动程序。

■　拖动(Drag):设置是否支持 Windows 中的拖曳功能。

2)显示(View)

显示设置中包含树外观、树操纵、浏览、性能、可视化、厚度与字体、层过滤、线型 8 个选项卡,如图 2-76 所示:

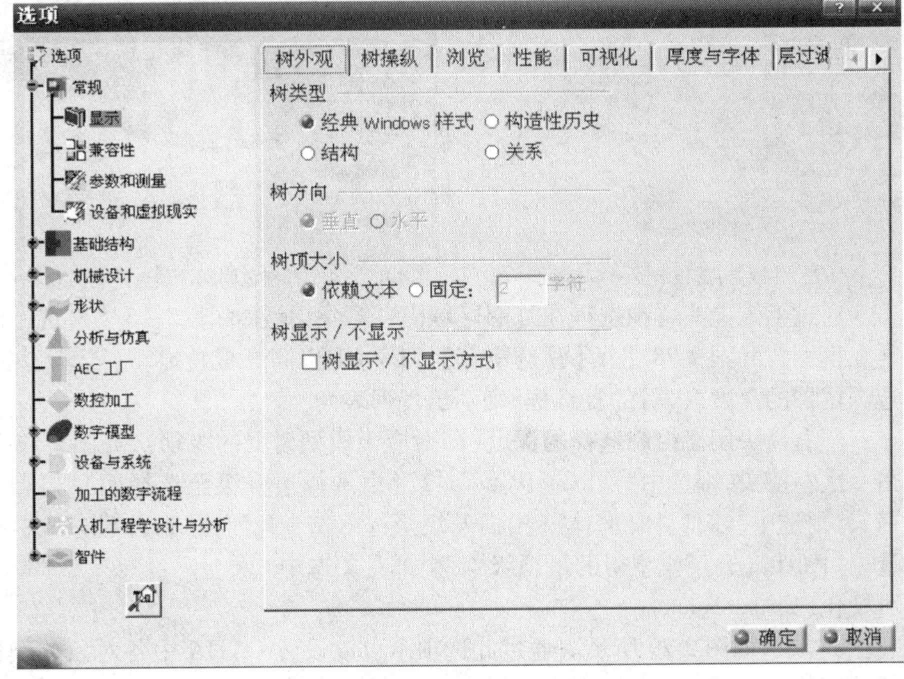

图 2-76　显示设置项

■ 树外观

树的类型有 4 种单选项：

(1)当选择【经典 Windows 样式】或【结构】时，系统默认树方向为垂直；

(2)选择【构造性历史】或【关系】时可任选【垂直】或【水平】方向；

(3)选择树项大小的【依赖文本】则模型树上的各结点的名称不论多长全都显示出来；

(4)选择【固定】并设定字符数，则模型树上的各结点的名称只显示相应的字符数。

■ 树操纵

【树操纵】选项卡内有一【单击任何分支后可对树进行缩放】复选项，不选此项，则点击树分支后，不能对模型树进行缩放，但仍可通过点击屏幕右下角的坐标轴，切换到对树的显示操作。

■ 浏览

- 【浏览】选项卡的内容如图 2-77 所示。选择【突出显示面和边和】，则选择对象以亮橙色显示，有利于复杂零件或组件设计。
- 选择【预选择浏览器继于 * 秒】并设定为 1 秒，则当光标停在图形对象上 1s 后出现如图 2-78 所示画面：红色圆圈外有上、下、左、右 4 个三角箭头。

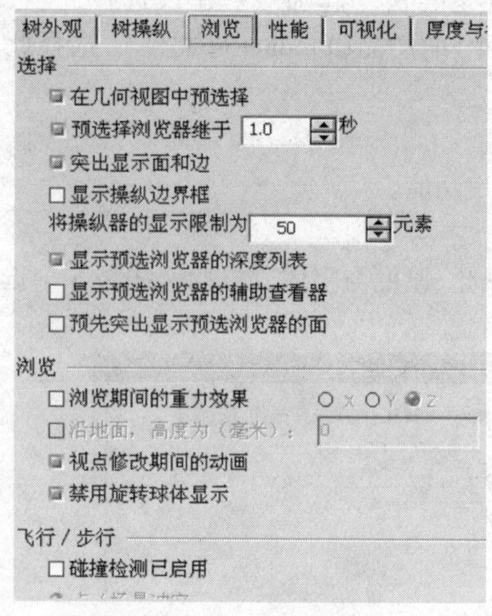

图 2-77 【浏览】选项卡

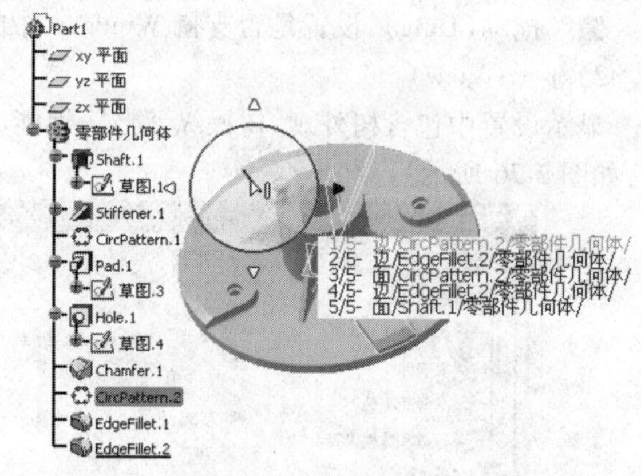

图 2-78 预选择红色圆圈及预选浏览器列表示意图

通过上下箭头可预选择在红圈区域内各对象(依次为 1/5 ~ 5/5)，选中的对象同时在模型树和图 2-78 上的【预选浏览器列表】上以高亮橙色显示(若未选中【显示预选浏览器的深度列表】的复选框，则不出现列表)。

左右箭头用于控制选择的深度(即对应于模型树上的级别)，如图 2-78 所示。点击一次左箭头，则选中“面/CirclPattern. 2”(由选择边升级至选择面)；再点击一次左箭头，则选中“零部件几何体”(由面升级至选中整个几何体)；再点击一次左箭头，则选中“Part1”(升至模型树的最顶级别，全部对象选中)。

■ 可视化(Visualization)

【可视化】选项卡如图 2-79 所示。通过此选项卡可以设置 CATIA 中各对象的颜色。如背景的颜色及选定的元素颜色和预选定元素的颜色等。

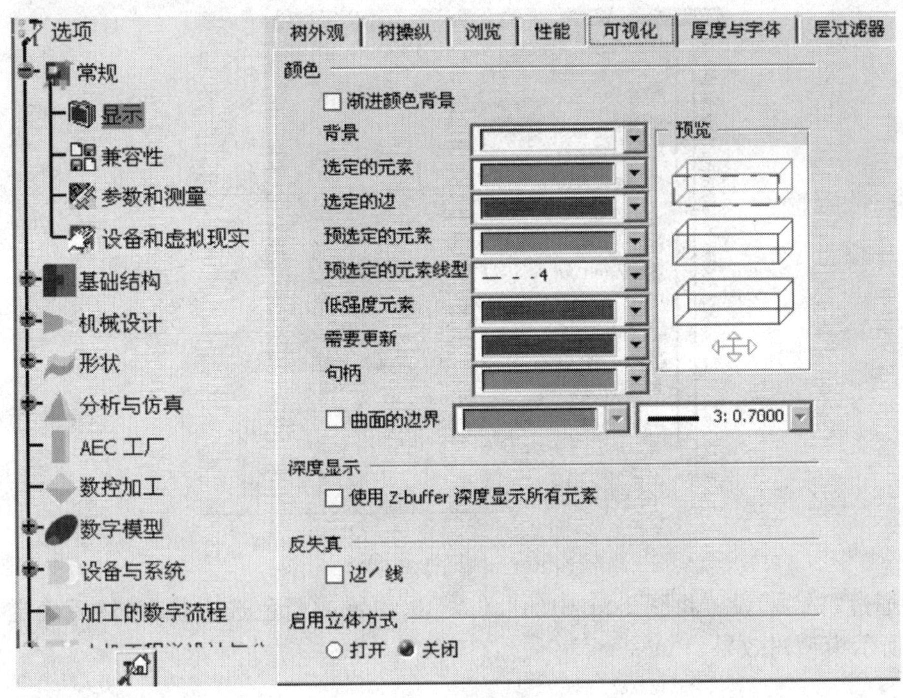

图 2-79 【可视化】选项卡

3）参数和测量（Parameter and Measure）设定单位等

参数和测量的设置对话框如图 2-80 所示，最常用的有【单位】选项卡，用于设置建模的单位制度。如图 2-80 所示，利用它可将长度单位设定为厘米等。

4）零部件基础结构的显示设置

利用图 2-81 所示对话框，可以设定模型树中以及几何图形区域包含的显示内容。

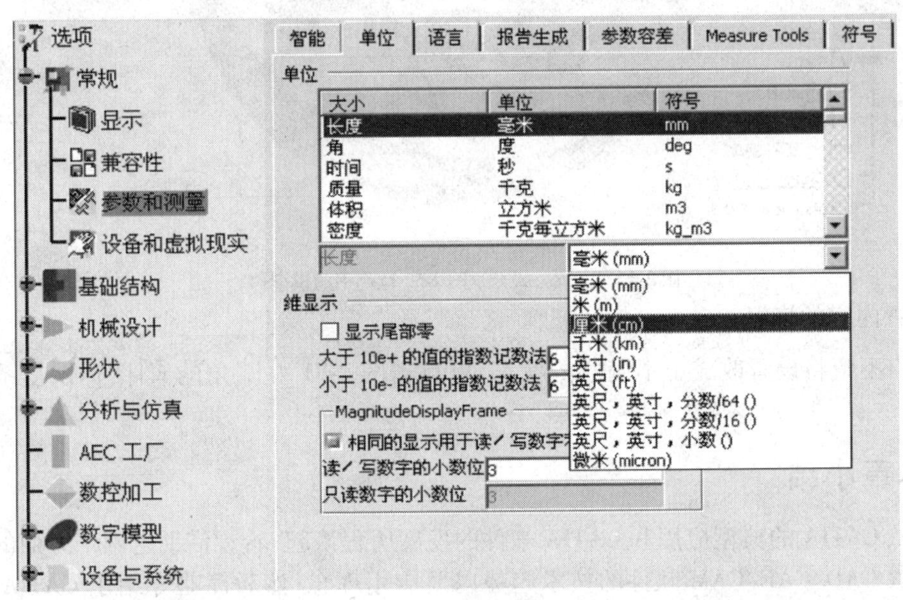

图 2-80 【单位】选项卡

例如，在 2.5.4 节中提到了公式添加范例，但其结果图形（图 2-52）的模型树中并没有显

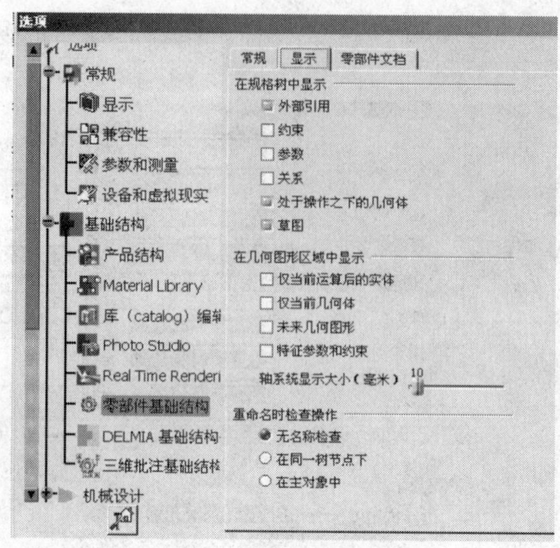

图 2-81 【显示】选项卡

示公式,可通过"选项"设置将图 2-81 中的"关系"选项置成橙色选中状态,然后确定,即可实现图 2-82 所示模型树效果。

图 2-82 实现公式显示图 2-52 范例中的模型树

5)设置内容的恢复

若用户不慎将设置改成了不满意的状态,可点击图 2-81 左下角的图标恢复系统缺省设置。

2.7 本章小结

本章从 CATIA 的典型应用和 CATIA 软件的发展历程谈起,希望借助这两个方面的内容启迪读者理解 CAD/CAE/CAM 软件的技术趋势以及应用理念;然后简略介绍了 CATIA 的特点以及功能模块;接下来阐述了 CATIA 混合建模文档支持特性以及模型操控方面的若干技巧和知识,最后介绍了 CATIA 工作环境的使用及常用设置。熟练掌握这些内容可加快建模速度,加深读者对 CATIA 的理解。

习　　题

1. 利用因特网检索 CATIA 的应用现状，并对比其他经典 CAD/CAM 软件的应用情况和特点，写出简明报告。

2. 练习 CATIA 的多工作台模式，尝试定制如图 2-83 所示的偏好工作模块。

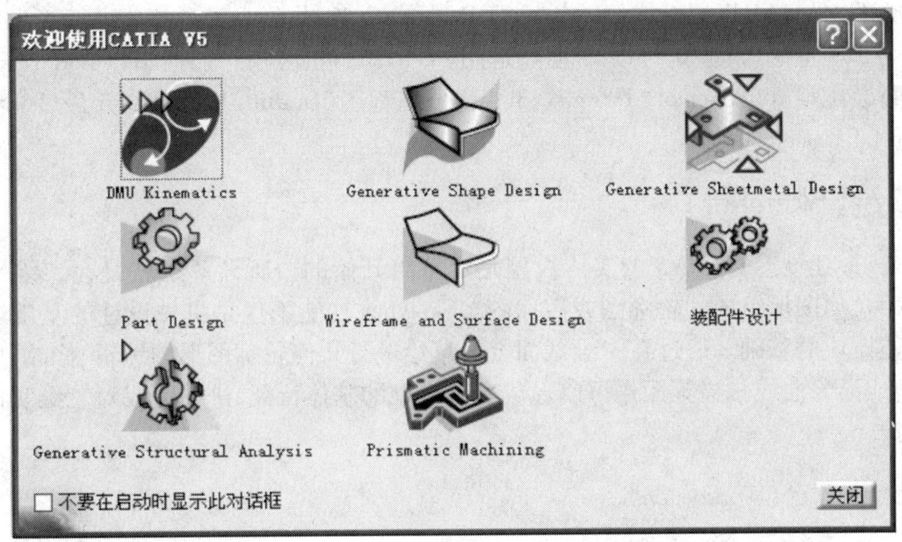

图　2-83

3. 练习通过模型树查看零部件的特性。

4. 练习罗盘的拖拽，利用罗盘移动及旋转零部件。

5. 基于公式设计一如图 3-84 所示的零部件，使其底座为长方体，长为宽的一倍，宽为高的一倍，并在长方体上附加一居中的带内孔圆柱体，外径等于长方体的高，内径为外径的 2/3，圆柱体长度等于长方体的高度。

6. 设置草绘时的动作环境，使其工作栅格分别为 10mm × 10mm 的小方格和 100mm × 100mm 大方格，以便于绘制二维剖面草图。

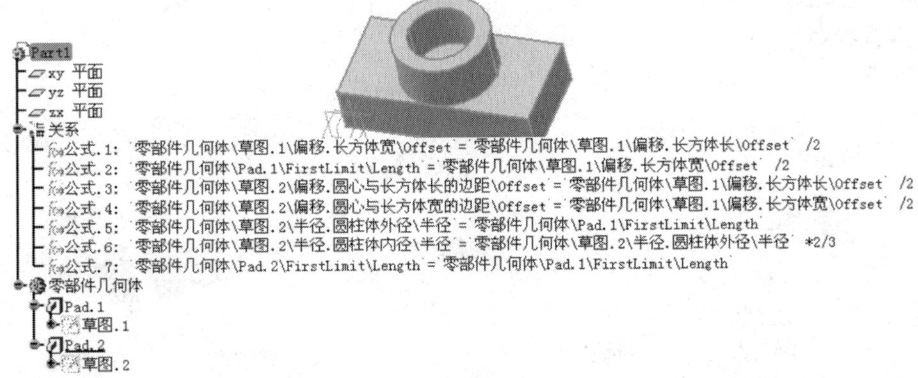

图　2-84

第3章　CATIA 机械设计

本章介绍 CATIA1 机械设计(Mechanical Design)功能,共分成五个部分进行逐步说明。其基础部分为 3.1 草绘(Sketcher);3.2 通过运用 Sketcher,进而进行零件设计(Part Design);3.3 对零件进行装配设计(Assembly Design);3.4 生成工程图(Drafting);并在 3.5 最后介绍钣金设计(Sheetmetal Design)。

3.1　草绘(Sketcher)

一般来讲,建立 CATIA V5 的实体模型是从草绘开始的。所谓草绘就是在二维平面上建立的由平面几何图形组成的轮廓图或截面图。Sketcher 功能不仅是机械设计的基础还是曲面设计等功能模块的基础。通过在二维截面上对草绘进行几何轮廓图形的编辑、修改,然后经过延伸,旋转或沿着曲线扫描等操作可以形成实体模型的基体特征,进而完成对三维实体和三维曲面的设计。

3.1.1　草绘工作台(Workbench)

3.1.1.1　进入草绘工作台

在 CATIA V5 程序中,进入草绘工作界面,通常有两种操作方式:

1)从 Start 开始:

启动了 CATIA V5 程序后可以通过开始菜单直接进入草绘工作台。通常依次选取【Start】→【Mechanical Design】→【Sketcher】,然后选择草绘的工作平面,通常可以选择如图 3-1 所示 xy 平面或其他两个基准平面,则系统进入草绘工作台。

2)点击草图绘制器图标进入:

在零件设计等其他工作台也可以随时切换至草绘工作台,方法是:选择一个草绘工作平面(基准平面或者如图 3-2 所示实体的参考平面),再单击草图绘制器图标(也可以先选择草图绘制器再选择草绘平面)。

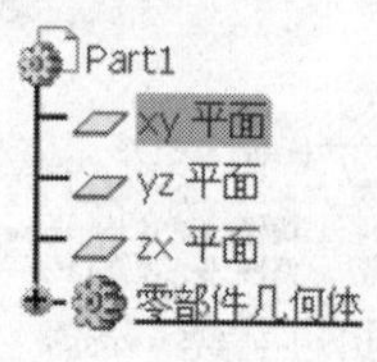

图 3-1　在模型树中选择草绘平面

图 3-2　在三维空间选择草绘平面

3.1.1.2　草绘工作台的用户界面

在打开草绘工作台之后,系统则进入如图 3-3 所示的工作界面。在模型树上会自动生成一个草图的新节点,默认草图名为 Sketch.1(或者 2,3…按顺序产生)。草绘工作台的工作界面是一个 2D 的工作环境,用户可以在界面中间的草绘区域进行二维草图的绘制以及编辑操作。草绘过程中所使用的工具栏如图 3-3 所示,具体的工具使用方法参见之后的章节,在工具栏中还可以通过点击图标下面的三角形展开更下一级工具栏。

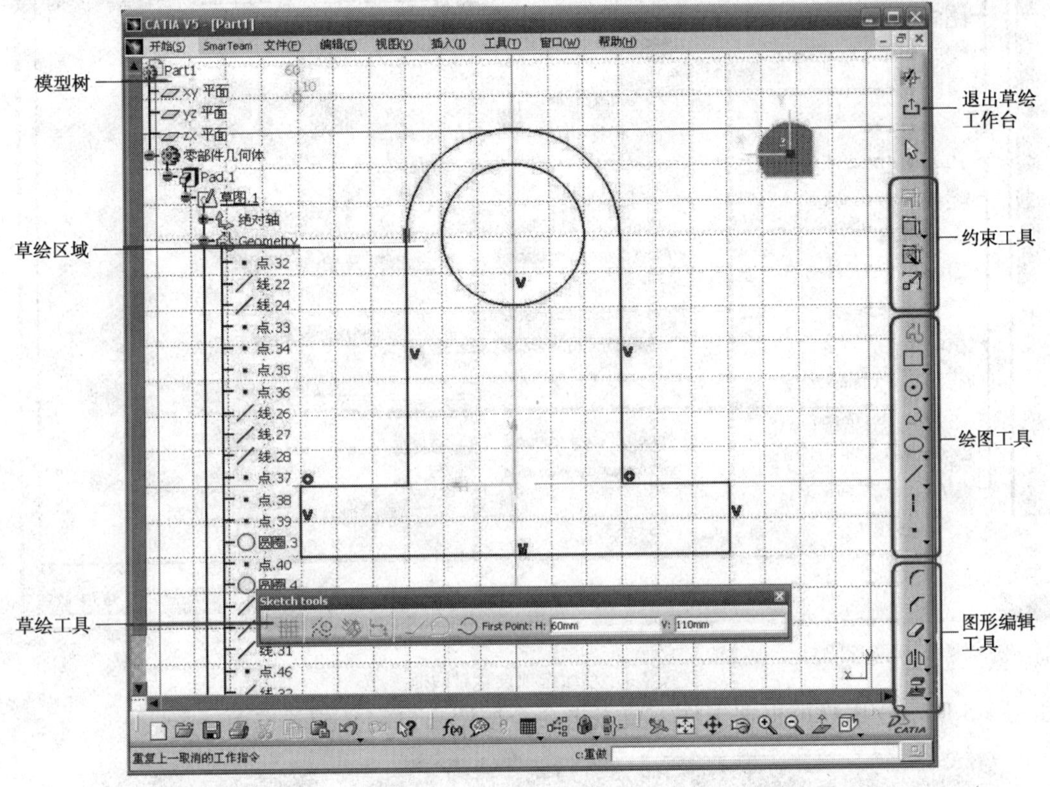

图 3-3 草绘工作台的用户界面

3.1.1.3 用户界面设置

1)设置选项(Options)

在系统菜单中,选择【工具】→【选项】,弹出【选项设置】对话框,在左侧结构树中选择【机械设计】→【Sketcher】来设置草图绘制器,则出现如图 3-4 的选项对话框,用户可以在此设置草绘的相关参数。

其中网格(Grid)选项卡包括以下几项:

- Display(显示):是否在草绘工作台中显示网格;
- Snap to point(点对齐):是否捕捉网格;
- Allow Distortions(允许失真):是否允许 H 轴和 V 轴使用不同的网格间距;
- Primary Spacing(主要间隔):设置网格的主要间距长度值,缺省单位为 mm;
- Graduations(刻度):设置一个主要间隔所包含的下一级网格数。

此外,还有草图平面(Sketch Plane)、几何图形(Geometry)、约束(Constraints)以及颜色(Color)选项卡,用户可以根据使用需要设置这些选项卡,在此不再赘述。

2)草绘工具栏(Sketch tools)

通常在绘图时,系统会自动打开一个【Sketch tools】工具栏,它能够帮助用户控制工作状

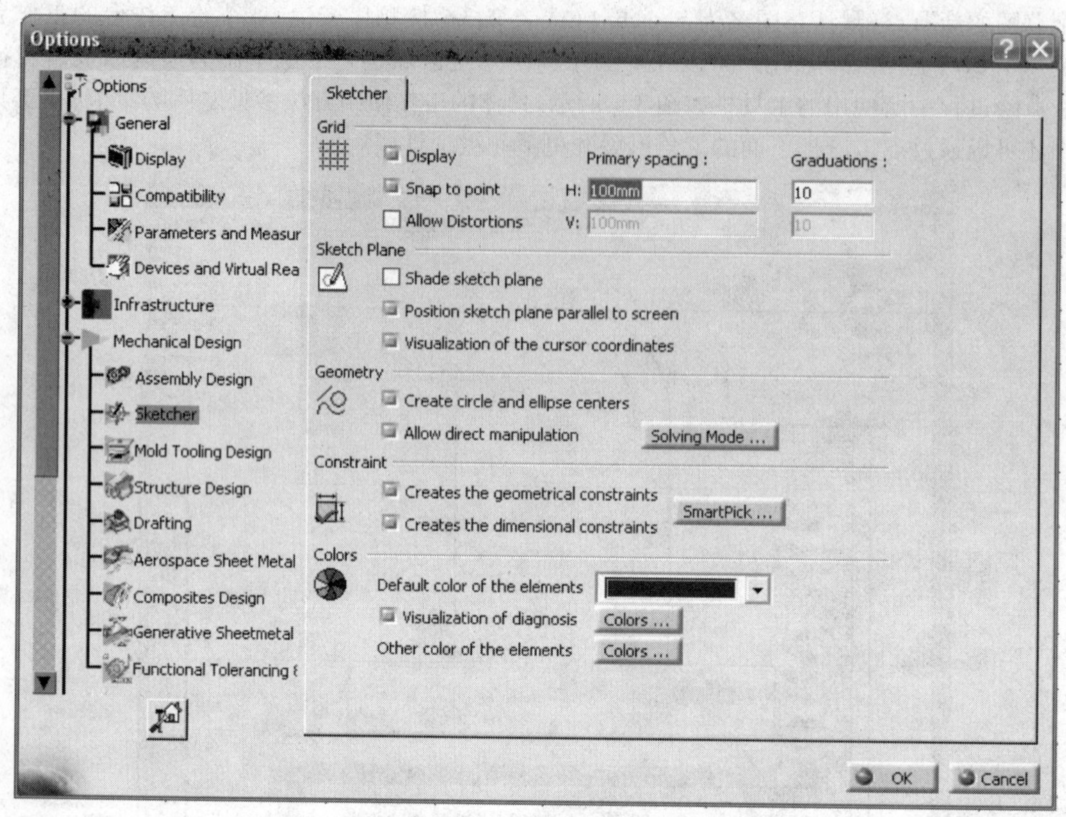

图 3-4　草绘选项设置对话框

态，如图 3-5 所示。用户可根据工作需要点击命令按钮来自定义相关选项。

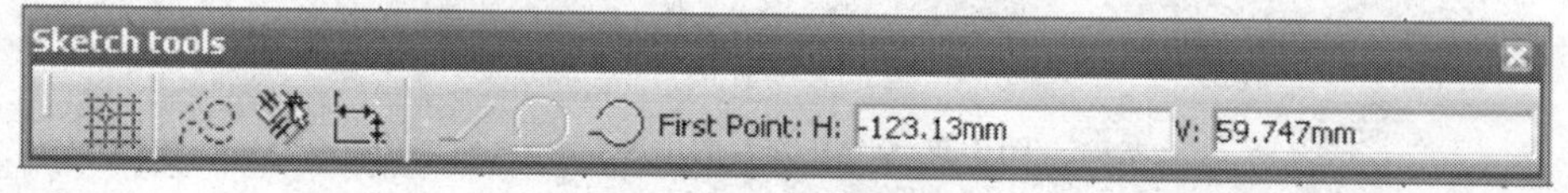

图 3-5　【Skefch tools】工具栏

【Sketch tools】工具栏主要包括以下选项：

Snap to point：捕捉到网格。激活此功能后，创建线条时光标会自动捕捉到网格的交点上，可以快速选择点。如果此前已经根据草绘需在【Options】选项中设置了合适的网格间距和刻度，激活此功能可大大方便用户选择点。激活后光标只能停留在网格的交点上，不能点到其它地方，但是仍可以用键盘输入坐标值。

Construction/Standard Element：构造/标准元素。用户在绘图时可以创建两种几何体，构造几何体和标准几何体。通常用户都是用标准元素来创建几何轮廓的，这些元素在草绘过程中以实线表示，可以在三维空间中生成实体或进行其它处理。在草绘过程中，有时需要绘制一些辅助线或点等构造元素以方便绘图，这些元素并不是轮廓特征的一部分，因此只在草绘工作台中显示，在三维空间中不显示。一般用户都是在标准元素（Standard Element）状态下工作，单击此按钮后则工作台转换到构造元素（Construction Element）的工作状态。

另外，此命令还可以转换已创建几何元素的类型，选择已创建的线或点，再使用此工具即可以将它们的类型变成另外一种。

Geometrical Constraints：几何约束。打开此命令后系统会自动地为用户创建的几何对象添加几何约束。约束的类型包括多种，用户可根据需要自定义，打开【Tools】→【Options】对话框，在【Machenical Design】→【Sketcher】→【Constraint】选项卡中单击【SmartPick】按钮，会弹出如图 3-6 所示的【SmartPick】选项，设置的几何约束内容包括：支持线和圆、共线、平行、垂直、相切以及水平和垂直。

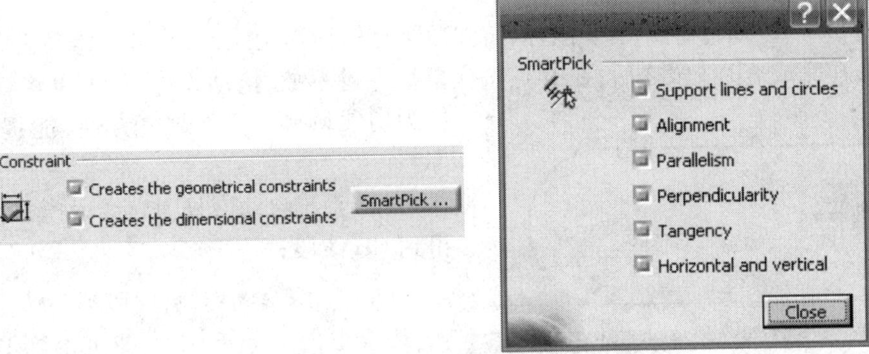

图 3-6 【Constraint】下的【Smart Pick】选项

Dimensional Constraints：尺寸约束。打开此命令后对于用户在绘图时使用键盘输入的参数值（坐标、长度等），系统会自动为其标注尺寸。

Value Fields：命令选项及数值区。对于不同的命令有不同的内容，图中所使用的是【Profile】命令，可以通过左边图标选择不同的子命令。在数值区，H 值、V 值、长度（Length）和角度（Angle）区会显示出光标所在位置的参数值，因此参数的值会随着光标的移动而变化。绘图时可在此区域键入对象的坐标或其它数值来确定图形。

3.1.2 草绘简单截面（Sketching Simple Geometry）

在熟悉了草绘工作台的用户界面和环境设置之后，就可以利用【Profile】工具栏绘制各种需要的二维轮廓图形了。

【Profile】工具栏提供了圆形、连续轮廓线、直线、矩形等绘图功能，如图 3-7 所示。在绘制草图时，一般是先选择所需要的工具图标，然后在工作台中绘制图形或者在【Sketch tools】中键入数值。单击各工具图标右下角的黑色三角形可以展开其它工具。

图 3-7 【Profile】工具栏及绘图工具

3.1.2.1 连续轮廓线（Profile）

在草绘工作台中绘制自定义形状的草图轮廓，需要经常使用到连续轮廓线工具。它可以在草图上绘制由直线或圆弧组成的连续多段线。轮廓可以是封闭图形，也可以不封闭，只要折线不封闭就可以一直绘制下去。

单击连续轮廓线工具图标，即出现如图 3-5 所示的【Sketch tools】工具栏。在工具栏中有直线（Line）、切线弧（Tangent Arc）、三点弧（Three Point Arc）等线段形式来绘制目标图形。在绘制每一条线段时，都可以在数值区中键入 H 和 V 坐标以及半径值。

进入草绘工作台之后绘制连续轮廓线的步骤如下：

(1)在草绘工作台中，点击连续轮廓线工具(Profile)；

(2)【Profile】工具默认的线段类型为直线段，单击 A、B 两点(图 3-8)即可得到 AB 线段；

(3)在【Sketch tools】中点击图标，将线段类型转换为切线圆，单击 C 点位置得到 BC 段圆弧(此外，在完成 AB 线段之后，在 B 点按住鼠标左键不放，拖动光标，也可以将线段类型切换为切线圆弧，这样做更方便，能提高工作效率)；

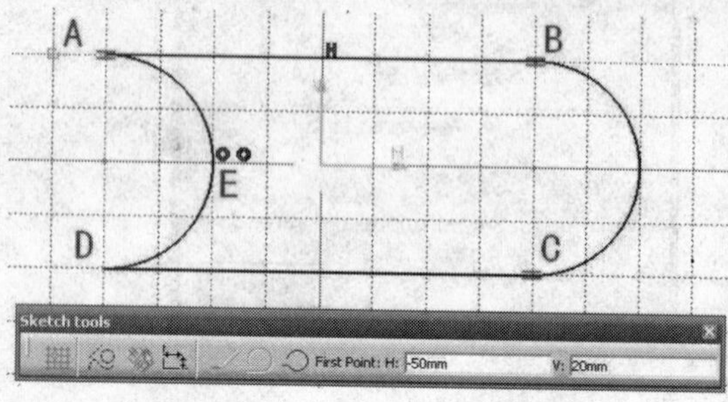

图 3-8 Profile 绘制连续轮廓线

(4)系统自动恢复为直线段模式，单击 D 点得到 CD 线段；

(5)点击图标，将线段类型转换为三点圆弧，依次点击 E 点和 A 点即可得到 DEA 圆弧，轮廓已封闭，系统自动退出连续轮廓线命令。

【Profile】工具也可以绘制不连续轮廓，在折线的最后一点双击鼠标左键完成命令。

3.1.2.2 预定义图形(Predefined Profile)

预定义图形是 CATIA 系统已经定义好的一些常用的几何图形的模板。这样在绘图时，对于一些常用的图形，用户只需输入较少的参数即可绘制整个图形，大大提高了工作效率。单击图标右下角的三角形，就出现【Predefined Profile】工具栏，如图 3-9 所示。

图 3-9 【Prodefined Profile】工具栏

1)矩形(Rectangle)

单击矩形图标，在草图平面中依次单击两点作为矩形的对角点，也可以在【Sketch tools】工具栏中键入参数完成矩形的绘制，如图 3-10 所示。在确定第一个点后，可以键入第二个点的 H 坐标和 V 坐标的值，或者输入宽度与高度值。宽度向右为正，高度向上为正，反之为负。如果此时尺寸约束选项处于激活状态，则系统会为图形自动添加尺寸。

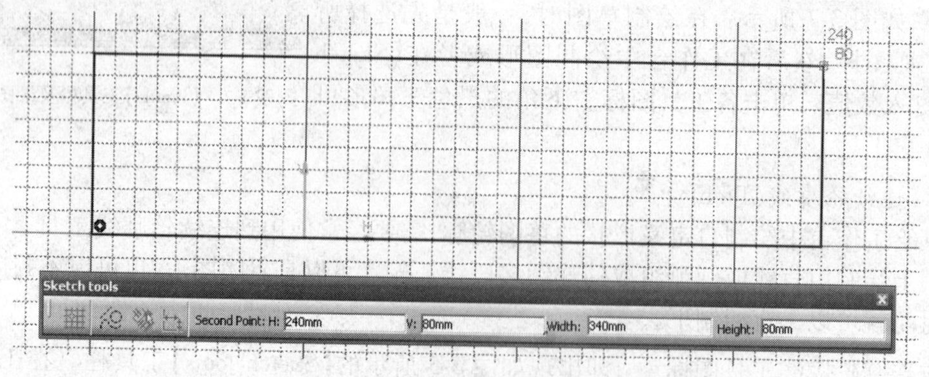

图 3-10 【Rectangle】工具绘制矩形

2）斜置矩形（Orientied Rectangle）

斜置矩形是指两垂直边不平行于 H 轴和 V 轴的矩形。

单击斜置矩形按钮，在草图平面依次单击两点作为斜置矩形的一边（或在【Sketch tools】工具栏中输入坐标值），然后单击第三点，确定斜置矩形的另一边的边长（或键入 Height），即完成斜置矩形的绘制。

3）平行四边形（Parallelogram）

平行四边形的绘制方法与斜置矩形相似，不同的是在画第二边时除了确定长度以外还要确定它与第一边的角度。

单击平行四边形工具，选择两点确定平行四边形的一边，然后单击第三点确定第二边的长度与角度，即完成平行四边形的绘制，如图 3-11 所示。

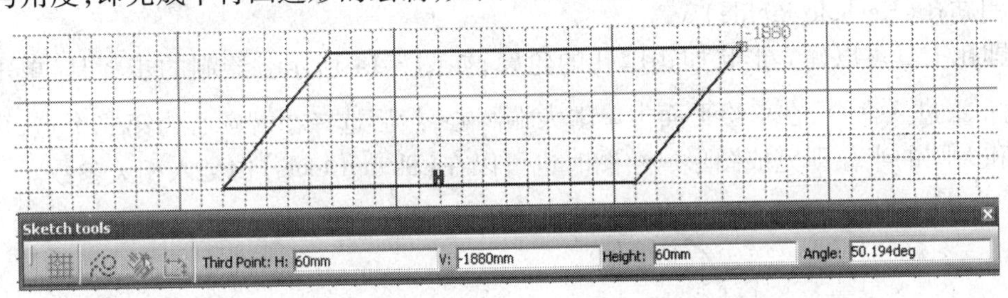

图 3-11 【Parallelogram】工具绘制平行四边形

4）长形孔（Elongated Hole）

长形孔是由两条直线段和两截圆弧组成的轮廓，一般用它来绘制键、键槽和长形螺钉孔等。绘制时指定孔的长度和圆弧半径即可。单击图标，在工作台上依次点击两点确定孔的长度，再选择第三点指定圆弧半径，即孔的宽度（也可以键入 Radius 值），如图 3-12 所示。

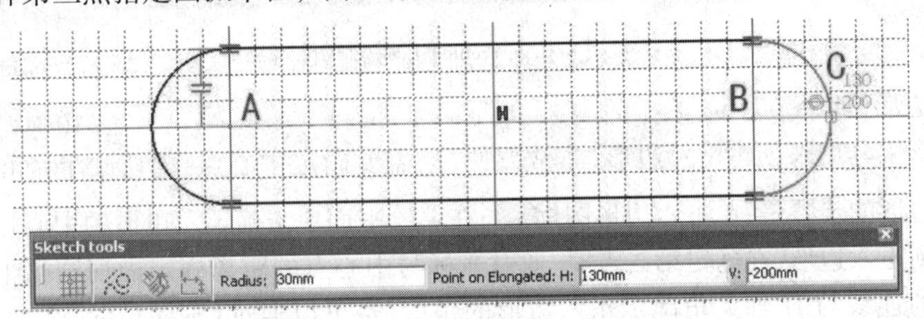

图 3-12 【Elongated Hole】工具绘制长形孔

5）圆柱长形孔（Cylindrical Elongated Hole）

圆柱长形孔（也称弧形长孔），是由四段圆弧组成的弧形封闭轮廓。它与长形孔相似，不同的是长形孔的中间轴线是直线，而圆柱长形孔的轴线是弧形的。

绘制圆柱长形孔的步骤如下：

（1）单击圆柱长形孔图标进入命令；

（2）在草图平面中选择一点作为弧形孔轴线的圆心位置；

（3）单击第二点确定圆柱长形孔的起点，同时也确定了孔的弧形轴线的半径；

（4）单击第三点确定圆柱长形孔的终点；

(5)单击第四点确定孔的宽度,即完成圆柱长形孔绘制,如图 3-13 所示。

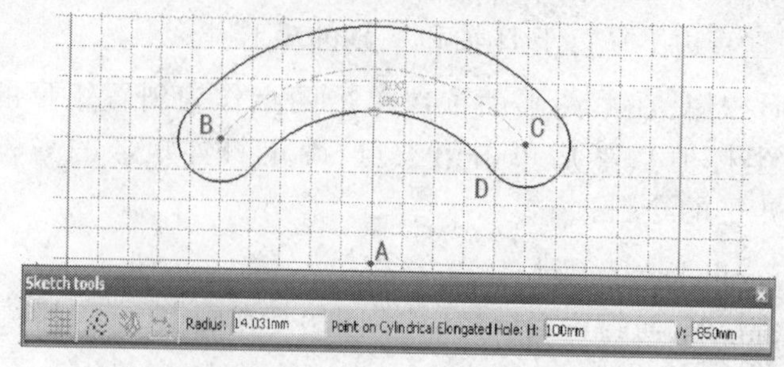

图 3-13 【Elongated Hole】工具绘制长形孔

绘图时可以在【Sketch tools】中输入相应的参数以确定孔的形状。

6)钥匙孔(Keyhole Profile)

钥匙孔工具可以建立形状如钥匙孔的轮廓,如图 3-14 所示。绘制的步骤是:单击钥匙孔工具图标进入命令,在草绘平面中单击大端圆心,然后选择小端圆心为第二个点,再依次指定小圆和大圆的半径即完成图形。绘图时也可以在【Sketch tools】中键入相关参数。

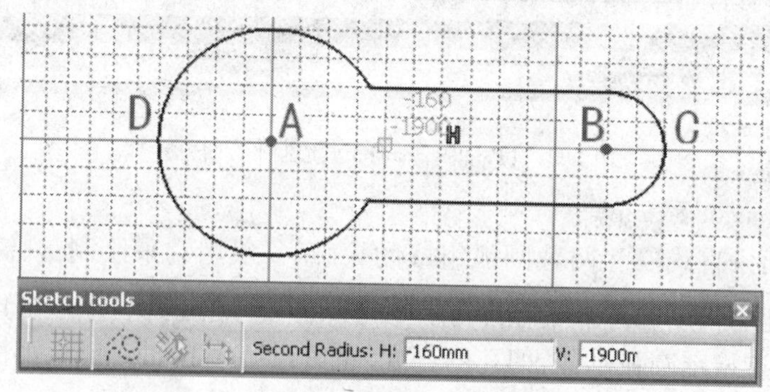

图 3-14 【Keyhole Profile】工具绘制钥匙孔轮廓

7)六边形(Hexagon)

六边形工具用来创建正六边形,非常方便,只需要确定中心点、内切圆半径和角度即可。绘制正六边形的步骤是:单击六边形图标,在草绘平面单击确定六边形的中心点,再确定第二点即得到正六边形,在确定第二点时,通过光标与中心点的距离确定内切圆的半径,光标点与中心点的连线与 H 轴夹角确定正六边形的角度;也可以通过【Sketch tools】工具栏键入参数,如图3-15所示。

8)定心矩形(Centered Rectangle)

定心矩形工具(Centered Rectangle)与矩形工具(Rectangle)相似,都是用两点确定矩形,只不过矩形工具第一个点选的是对角点,而定心矩形工具第一个点是矩形的几何中心点。

9)定心平行四边形(Centered Parallelogram)

定心平行四边形工具是利用两条直线作为参照,以两直线的交点为中心,两组对边分别平行于直线参照,然后再确定第三个点即得到平行四边形,如图 3-16 所示。

3.1.2.3 圆和圆弧(Circle)

利用【Cirle】工具栏可以建立各种圆和圆弧,如图 3-17 所示。点击图标右下角的倒三角

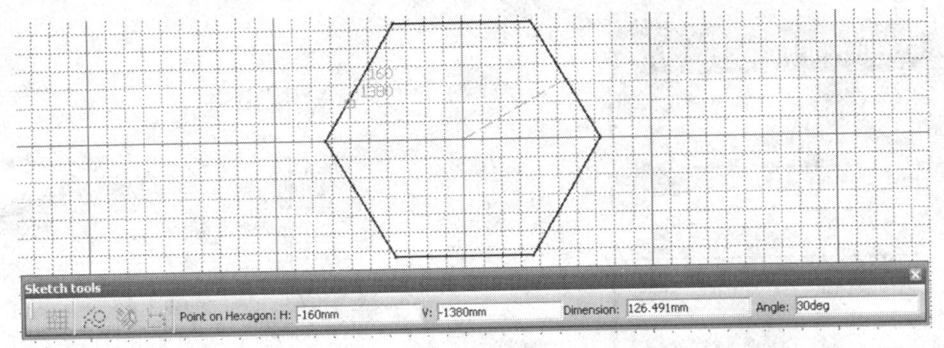

图 3-15　Hexagon 工具绘制正六边形

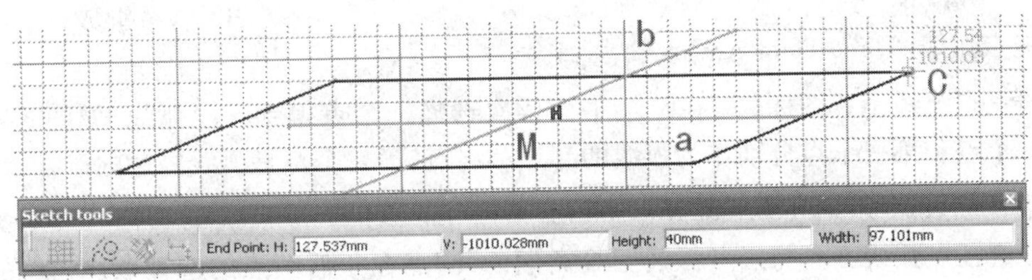

图 3-16　Centered Parallelogram 工具绘制平等四边形

形展开【Circle】工具栏，它主要包括圆心圆、三点圆、坐标圆、切线圆、三点圆弧、圆心弧等命令。

图 3-17　【Circle】工具栏

1）正圆形（Circle）

建立正圆形比较简单，只需指定圆心和半径。单击工具图标，在草绘平面中单击第一点作为圆心，再点第二点确定半径即得到正圆形。

2）三点圆（Three Point Circle）

三点圆工具是通过指定圆周经过的三个点来画圆。在草图平面上依次点击圆上的三个点即确定唯一的圆，或是在【Sketch tools】中键入三点的 H、V 坐标值。

在作图时要注意选择的三个点不可以在一条直线上，另外也可以在【Sketch tools】中键入数值限制半径。

3）参数画圆（Circle Using Coordinates）

点击图标，系统弹出如图 3-18 所示的圆定义对话框。对话框中包括圆心坐标和半径两部分，圆心坐标可以用两种坐标形式定义：Cartesian（笛卡尔坐标）和 Polar（极坐标），前者输入 H、V 坐标，后者输入极半径（Radius）和极角（Angle）。

4）三相切圆（Tri-tangent Circle）

利用已存在的三条线（直线或是圆弧），可以得到唯一的圆与这三者全部相切。在绘制三相切圆时，单击工具图标，然后依次点选这三条线，系统会自动计算出一个与三者都相切的圆，如图 3-19 所示。

此外，三相切圆命令还具有与三点圆相似的功能：作图时选择的三个参考元素除了直线还可以是点，这时画出的圆会通过此点。

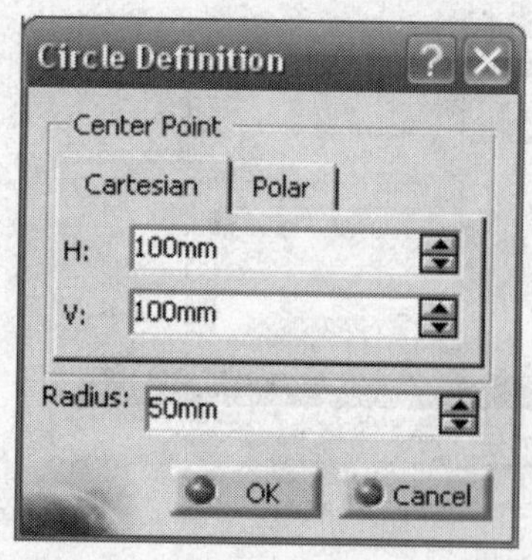

图 3-18　参数定义圆

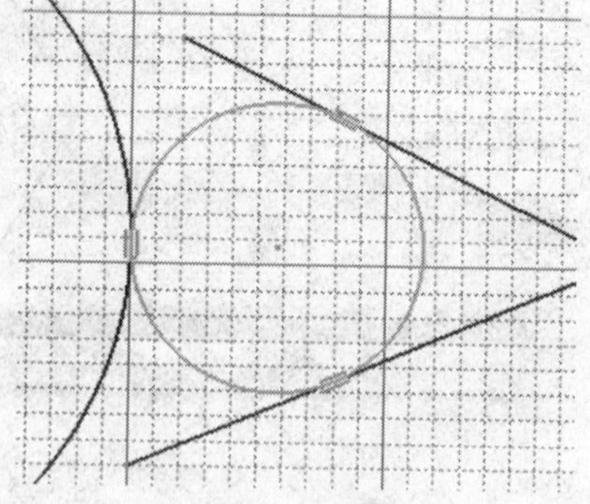

图 3-19　三相切圆

5)三点弧线(Three Point Arc)

单击三点弧线工具图标,在草绘平面依次选择三个点得到一段弧线,如图 3-20 所示。其中第一个点和第三个点分别作为弧线的起点和终点,第二个点是弧线经过的点。

6)限位三点弧线(Three Point Arc Starting With Limits)

有限制三点弧线工具与三点弧线工具类似,不同点在于后两点的选择顺序,如图 3-20 所示。有限制三点弧线的第一个点和第二个点分别是弧线的起点和终点,而第三个点是弧上限制弧线形状的点。

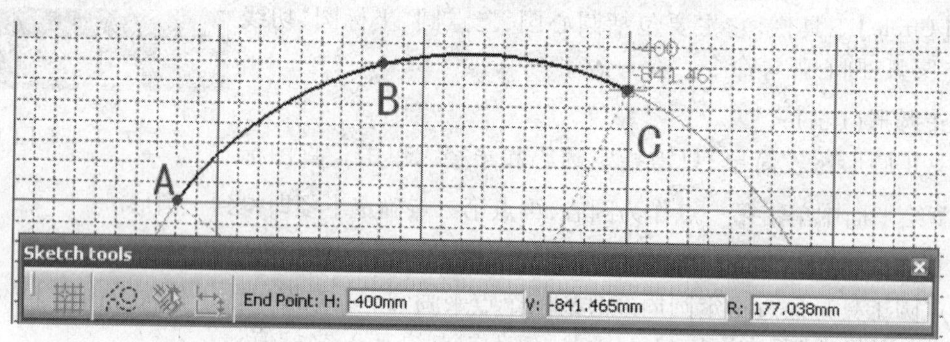

图 3-20　三点弧

7)弧线(Arc)

【Arc】工具是通过指定圆弧的圆心,半径以及弧对应圆心角来绘制弧线。步骤是:

(1)单击【Arc】工具图标;

(2)在草绘平面中点击第一点作为弧线圆心;

(3)选择第二个点,作为弧线的起点,同时也确定了弧线的半径;

(4)选择第三个点,作为弧线的终点,完成弧线的绘制,如图 3-21 所示。

3.1.2.4　样条曲线(Spline)

样条曲线是指经过一系列指定点的光滑曲线,这些点称为样条曲线型值点。草绘工作台中提供了两种样条曲线工具:样条曲线(Spline)和连接曲线(Connect)。

1)样条曲线(Spline)

绘制样条曲线时,在草绘平面中点击多个点,系统会根据曲率和切矢量方向计算曲线形状。绘制步骤是:

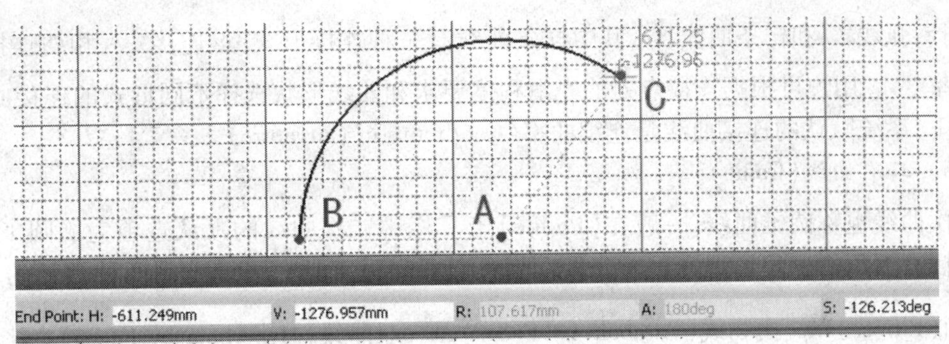

图 3-21 【Arc】工具绘制弧线

(1)单击 样条线按钮;

(2)在草绘平面中依次单击一系列点或者在【Control Point】中输入坐标;

(3)结束样条线的绘制时,在终止点上双击鼠标、按 Esc 键或者点击其它功能按钮,即完成样条线的绘制,如图 3-22 所示。

修改样条曲线时,可以通过光标拖动控制点,也可以通过双击控制点弹出型值点定义对话框。如图 3-23 所示,在对话框中,可以使用【Cartesian】(笛卡尔坐标)和【Polar】(极坐标)修改控制点的坐标;点选【Tangency】选项则曲线在此点相切,单击 Reverse Tangent 按钮用来转换曲线相切方向;点选【Curvature Radius】(曲率半径)选项后可以指定曲线在此点的曲率半径。此外,如果在无型值点处双击曲线,则可以弹出曲线定义对话框,在其中可以对曲线上所有控制点进行操作,还可以添加和删除控制点。

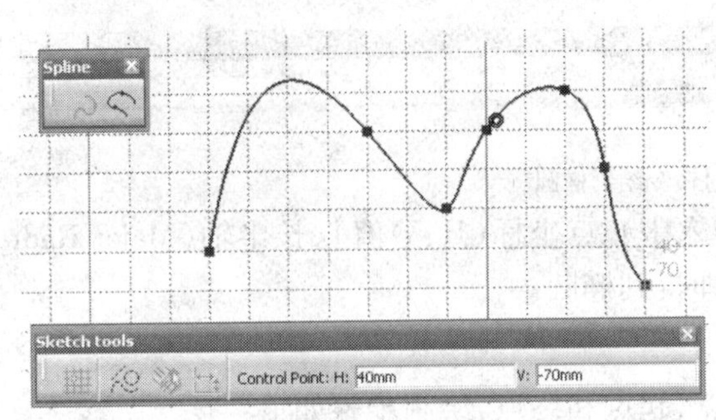

图 3-22 Spline 绘制样条曲线

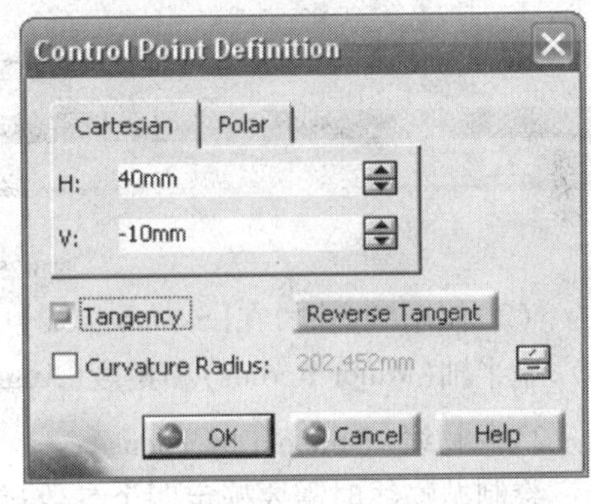

图 3-23 Spline 型值点定义对话框

2)连接曲线(Connect)

连接曲线命令(Connect)可以在两条选定曲线之间绘制一条曲线,从而使两条曲线连接起来。

连接曲线操作步骤是:点击工具图标 打开命令,【Sketch tools】工具栏的状态如图 3-24 所示,选择好恰当的连接方式,在图中依次选择两条曲线即可。在连接曲线中有两种曲线类型

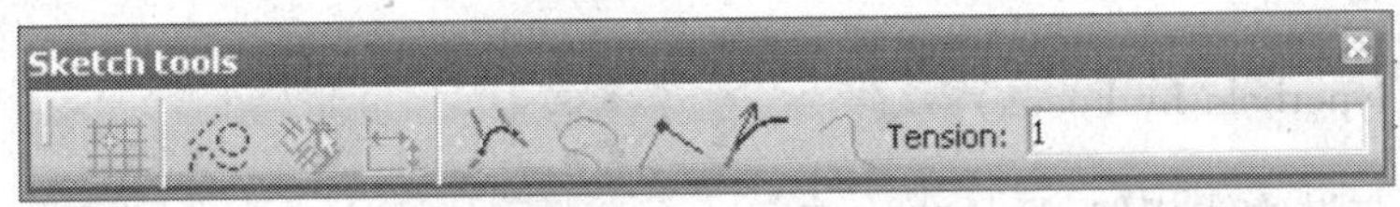

图 3-24 【Connect】命令草绘选项

可供选择:弧线和样条曲线,其中样条曲线有三种连接形式:点连接、相切连接和连续曲率。用户可根据连接点处的光滑程度要求和曲线形状选择不同形式的连接曲线,一般情况下,系统默认的连接曲线是连续曲率(Continuity in Curvature)。

3.1.2.5 二次曲线(Conic)

二次曲线也称圆锥曲线,一般在【Profile】工具栏中二次曲线的默认选项为椭圆工具,点击图标右下角的三角形展开【Conic】工具栏。【Conic】工具栏可以绘制四种常见的二次曲线:椭圆(Ellipse)、抛物线(Parabola by Focus)、双曲线(Hyperbola by Fucos)和二次曲线(Conic)。

1)椭圆(Ellipse)

绘制椭圆时,可以使用鼠标点击特征点,也可以在【Sketch tools】中键入参数得到。操作步骤是:单击选择工具图标,【Sketch tools】工具栏的工作状态如图3-24所示;此时可以通过鼠标点击特征点或者键盘输入参数画椭圆:

(1)如果用鼠标画椭圆,先在平面上点击一点作为中心点;然后点击第二个点作为某一主轴(长轴或是短轴)的端点,此点同时确定椭圆的半轴长和角度;再点击第三个点作为椭圆经过的一点,从而确定椭圆形状,得到如图3-25所示的图形。

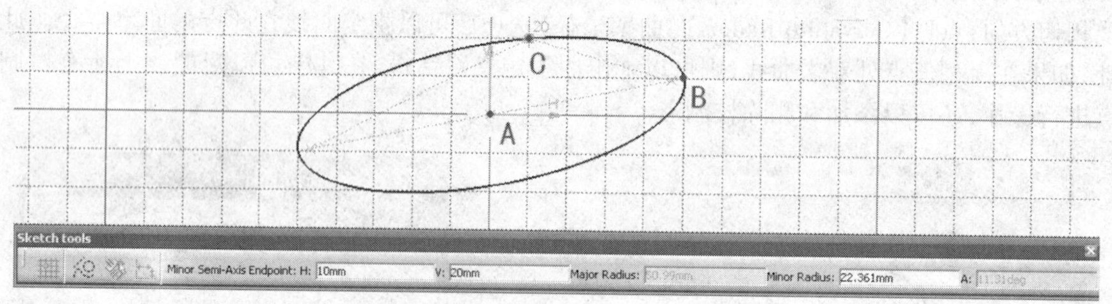

图3-25 【Ellipse】命令绘制椭圆

(2)使用键盘时,在【Sketch tools】中依次输入中心点坐标(H、V值)、长半轴(Major Radius)、短半轴(Minor Radius)和角度(Angle)的值即得到椭圆。

2)抛物线(Parabola by Focus)

绘制抛物线时需要确定四个参数:焦点、顶点、起点和终点,绘制步骤如下:

(1)进入工作台,单击命令图标;

(2)在草绘平面中单击一点作为抛物线的焦点(Focus),或者在【Sketch tools】中输入坐标;

(3)单击第二个点作为顶点(apex);

(4)再选择两点分别为抛物线的起点(Start Point)和终点(End Point),得到如图3-26所示椭圆图形。

3)双曲线(Hyperbola by Focus)

绘制双曲线与抛物线相似,只是要比它多一个参数——中心点。点击命令图标后,在草绘平面依次单击五个点依次确定焦点、中心点、顶点、起点和终点这五个参数,或者在

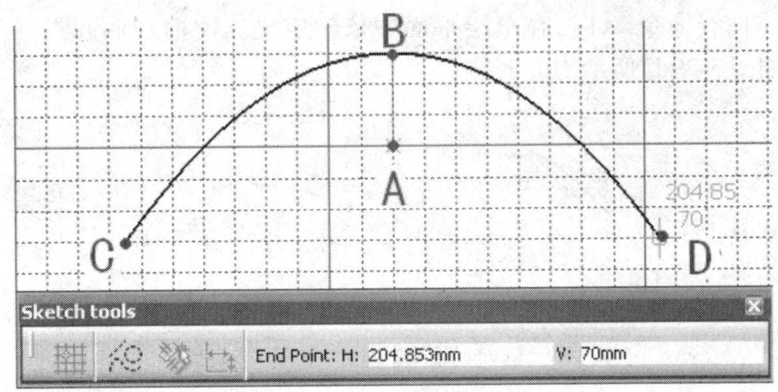

图 3-26　绘制抛物线

【Sketch tools】中键入这些点的坐标，即可得到如图 3-27 的双曲线图形。

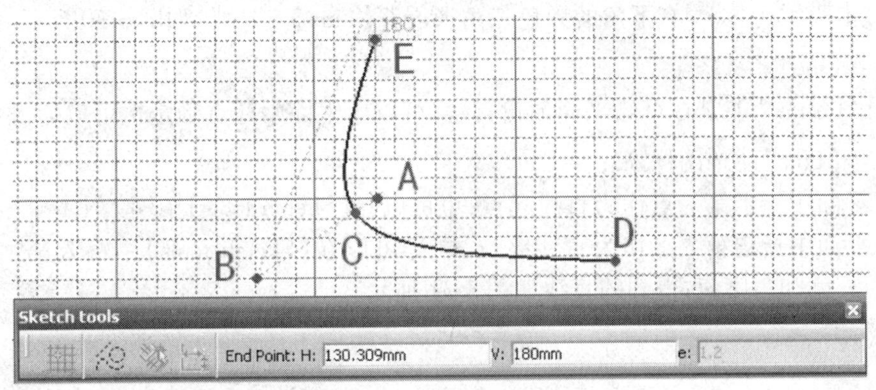

图 3-27　绘制双曲线

4）二次曲线（Conic）

Conic 工具提供了多种绘制二次曲线的方法。单击【Conic】命令图标，会弹出如图 3-28 的工具栏。此工具栏中的选项提供了以下几种绘制方法：两点曲线、四点曲线和五点曲线。其中两点曲线命令有两个选项：起点终点切矢和起点终点切矢交点。

图 3-28　【Conic】命令的工具栏

各种绘制选项的使用方法如下：

（1）使用两点曲线命令，选择选项时，在草绘平面中依次定义二次曲线的起点、起点切矢、终点、终点切矢以及曲线上一点，曲线如图 3-29a）所示。

（2）使用两点曲线命令，选择选项时，在草绘平面中依次定义二次曲线的起点、终点、起点切矢与终点切矢交点、曲线上一点，曲线如图 3-29b）所示。

（3）使用四点曲线命令时，在草绘平面中依次定义二次曲线的起点、起点切矢、终点以及曲线上的两点，曲线如图 3-29c）所示。

(4)使用五点曲线命令时,在草绘平面中依次定义二次曲线的起点、终点以及曲线上的三个点,曲线如图 3-29d)所示。

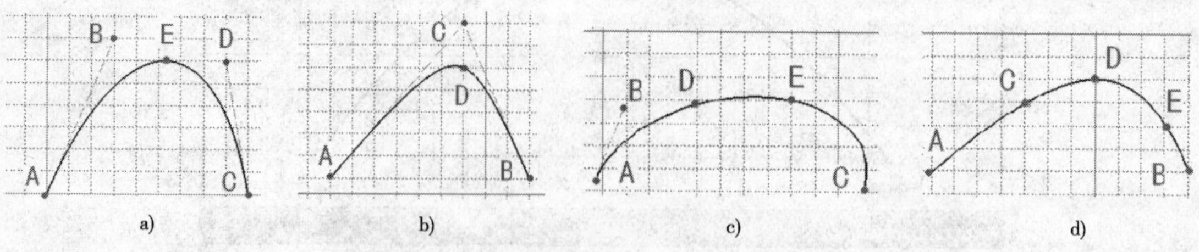

图 3-29 【Conic】命令不同选项绘制二次曲线

3.1.2.6 直线(Line)

【Line】工具栏提供了多种绘制直线的命令,它们是:直线(Line)、无穷线(Infinite Line)、公切线(Bi-tangent Line)、角平分线(Bisecting Line)和垂线(Line Normal To Curve)。在【Profile】工具栏中点击直线图标右下角的黑色三角形展开【Line】工具栏,如图 3-30 所示。

1)直线(Line)

【Line】命令的功能是在草绘平面创建直线,可以由平面中两点确定也可以输入参数。

(1)单击【Line】命令图标;

(2)在平面中指定第一点作为直线起点,也可以在【Sketch tools】中输入坐标;

(3)在平面中指定第二点作为直线终点,同样可以在【Sketch tools】中输入第二点的坐标或者直线的长度和角度值,得到的直线如图 3-31 所示。

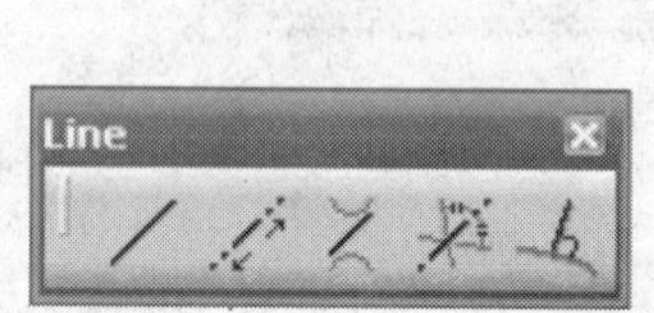

图 3-30 【Line】工具栏

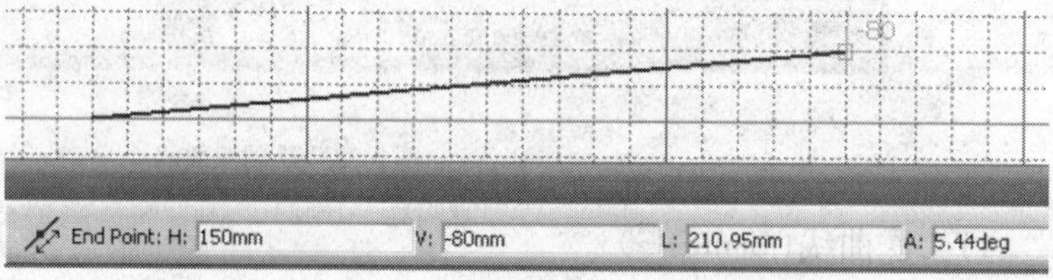

图 3-31 【Line】命令绘制直线

如果在绘图时激活了对称延伸按钮,那么画图时则以直线的中心点和终点为指定参照。在直线上双击鼠标左键,可在弹出的对话框中修改直线的相关参数。

2)无穷线(Infinite Line)

无穷线命令用于在草绘平面创建无限长的直线,它包括三种约束方式:水平直线、垂直直线、两点直线。

点击无穷线命令图标,选择合适的约束方式,再指定参照点即可。如果选择水平或者垂直的无穷直线,则只需要选择直线经过的一个点即可;如果选择两点直线约束方式,则需要选择直线经过的两个点或者指定直线的角度。

3)公切线(Bi-tangent Line)

此命令可以创建一条直线,使之与两条曲线(圆、圆弧、二次曲线、样条曲线等)都相切。点击公切线命令图标,选择两段曲线即可得到它们的公切线。

4)角平分线(Bisecting Line)

此命令可以创建两条直线的角平分线。点击角平分线图标，再选择两条直线，即可得到一条经过这两条直线交点，平分这两个直线所成角度的无限长的直线。如果选择的两条直线互相平行，则用此命令得到的曲线也与它们平行，并在它们中间。

5）垂线（Line Normal To Curve）

此命令可以创建一条直线使之垂直于指定的曲线。点击垂线命令图标，选择此垂线所经过的一个点，再选择它垂直的曲线（也可以是直线）即可得到曲线的垂线。

3.1.2.7　轴（Axis）

轴（Axis）工具的功能是在草绘平面中画出轴线，它可以作为旋转体的旋转轴线，但是并不能作为草图轮廓。轴的操作方法与【Line】命令相似，操作步骤是：

（1）在【Profile】中点击轴命令图标；

（2）在草绘平面中选择两点分别作为轴线的起点和终点，也可以在【Sketch tools】中输入点坐标或者轴线角度，即完成轴线的绘制。

若要对轴线进行修改，以鼠标左键双击此轴线，即弹出如图3-32所示的线定义对话框，在此可以修改轴线起点终点的坐标，以及轴线的长度和角度。

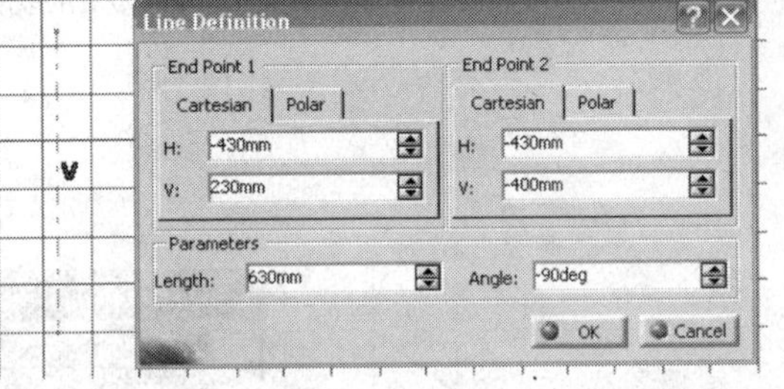

图3-32　【Line Definition】对话框

3.1.2.8　点（Point）

【Point】工具栏提供了多种创建点的方法，在【Profile】工具栏中点击图标右下角的三角形，展开【Point】工具栏如图3-33所示。该工具栏提供如下五个命令：单点、坐标点、等分点、交点和投影点。

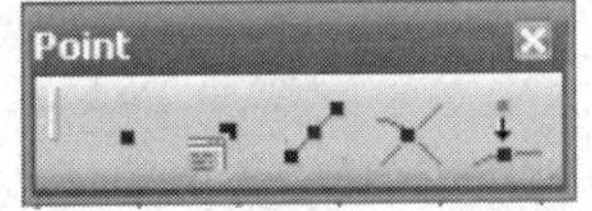

图3-33　【Point】工具栏

1）单点（Point）

点击此图标，利用光标在草绘平面中指定一点，或者在【Sketch tools】中输入此点的坐标，即可得到点。

2）坐标点（Point by Using Coordinates）

坐标点命令可以通过定义点的坐标创建点。点击图标，在弹出的定义对话框中输入点的H与V坐标，如图3-34所示。定义对话框默认的坐标是Cartesian坐标，也可以用极坐标，点击 Polar 按钮，即可用极坐标定义点，如图3-35所示。

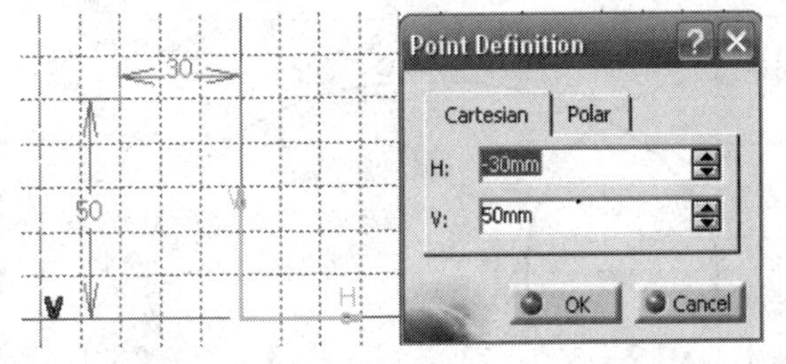

图3-34　笛卡尔坐标定义点

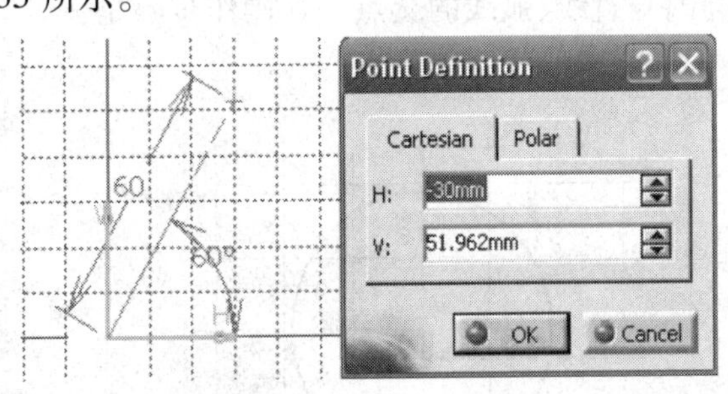

图3-35　极坐标定义点

在利用坐标画点时，系统默认绝对坐标的原点为参照点，如果在使用坐标点命令前选择一点，再使用此命令，则以此点作为相对坐标的原点进行参照。

3）等分点（Equidistant Points）

等分点命令可以将一条直线或者曲线等距离分成若干段，点击图标，选择要等分的线段，弹出的对话框如图 3-36 所示。如果要把线段 6 等分，则【New Points】中填入 5。此命令插入等分点不包括直线或曲线的端点，因此要把线 n 等分，插入新的点数为 $n-1$。

利用此命令可以帮助创建正 n 边形：

（1）先在平面中画一个圆形（注意要用构造线）；

（2）点击等分点命令图标，选择圆，在对话框中输入等分的点数，比如要创建正五边形，则在【New Points】中输入 5，得到五个在圆上的等分点；

（3）点击连续轮廓线工具，用标准线连接五个点，即得到一个正五边形如图 3-37 所示。

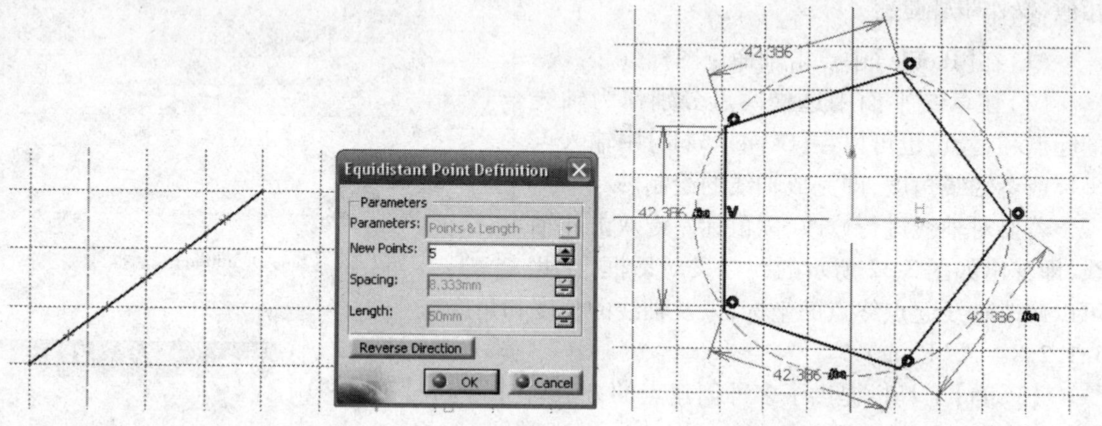

图 3-36　6 等分一条直线　　　　图 3-37　绘制正五边形

4）交点（Intersection Point）

交点命令可以在两条指定线条对象的相交处创建点。其操作步骤如下：

（1）在草绘平面中，点击交点命令图标；

（2）在图中依次选择交点所在的两条线，则可以得到它们的两个交点，其中直线的延长线与圆的相交处也可以得到交点，如图 3-38 所示。

利用此命令也可以在一个线条对象与多个线条对象的相交处创建交点，方法是在选择命令之前选择若干对象，然后使用命令再选择与这些对象相交的线条。例如图 3-39 是同时创建椭圆与直线、弧线的交点。其操作步骤是：

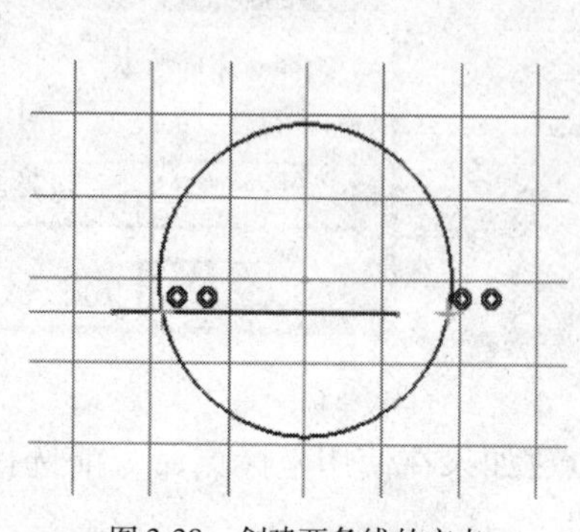

图 3-38　创建两条线的交点

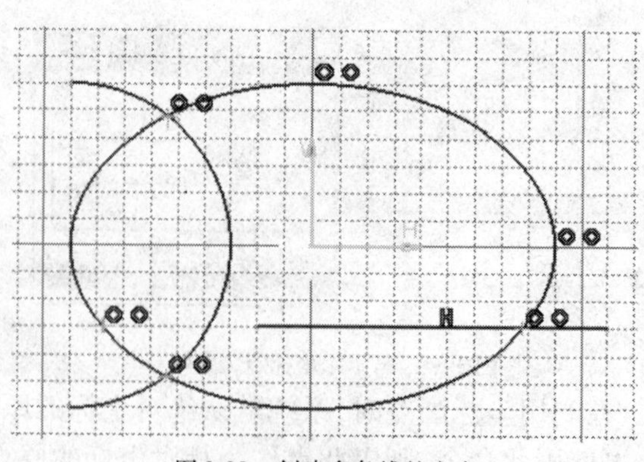

图 3-39　创建多条线的交点

(1)在草绘平面中,按住【Ctrl】键依次选择要与椭圆相交的所有线条对象,即直线和弧;

(2)点击交点命令图标;

(3)选择椭圆,即得到椭圆与直线和弧分别相交的四个点。

5)投影点(Projection Points)

投影点命令可以把一个或多个点按法向或者指定方向投影到指定的直线或曲线上。点击命令图标后,选择要投影的点(如果需要多个点则需要在使用命令前按住【Ctrl】键选择);在【Sketch tools】中选择合适的投影方向:直交或者指定方向,再选择要投影到的线条对象即可。

3.1.3 草图编辑与修改(Operations)

Catia V5 的草绘工作台提供了一系列功能的草图编辑与修改工具,如图 3-40 所示【Operation】工具栏。利用【Operation】工具栏可以对绘出的图形进行编辑和修改,包括修改图形的形状和尺寸、对图形进行一些修饰(如倒圆角、倒角、修剪等再限制操作)、移动或镜像图形以及利用三维实体在平面的投影或相交面得到新图形等操作。

图 3-40 【Operation】工具栏

3.1.3.1 倒圆角(Round)

倒圆角命令可以在两条线之间创建一个圆角。点击命令可以看到在【Sketch tools】中有六种修剪方式选项,分别为:

修剪所有元素并倒圆角;

修剪一个元素并倒圆角;

不修剪倒圆角;

修剪保留构造线并倒圆角;

修剪构造线并把构造线转化为标准线并倒圆角;

保留构造线并倒圆角。

倒圆角的操作步骤是:

(1)在【Operation】工具栏中点击倒圆角图标;

(2)在【Sketch tools】中选择合适的修剪方式;

(3)选择要倒圆角的两条边,然后再用鼠标选择圆角的大小,或者在【Sketch tools】中输入半径即可。

3.1.3.2 倒角(Chamfer)

倒角的功能是在草绘工作台中,创建两条线(直线或者是曲线)相交处的倒角。和倒圆角命令类似,倒角命令也有六种修剪方式,如图 3-41 所示。其使用方法与倒圆角命令一样,在此不再叙述。

图 3-41 倒角的【Sketch tools】工具栏

倒角命令有三种不同的几何约束选项,即三种尺寸标注方式:斜边长度与角度、长度与长度、长度与角度,如图 3-42 所示。倒角命令的操作步骤是:

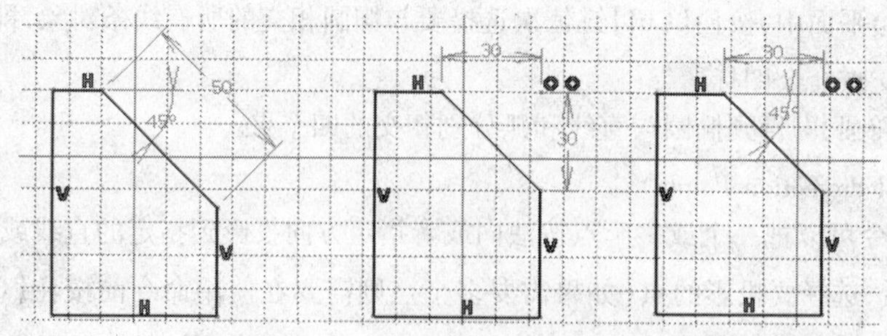

图 3-42　倒角的三种标注方式

（1）在【Operation】工具栏中点击命令图标；

（2）在【Sketch tools】中选择合适的修剪方式；

（3）选择要倒圆角的两条边，然后在【Sketch tools】中选择几何约束形式；

（4）在工具栏中输入需要的长度或角度值，或者直接用鼠标确实倒角的形状，即可实现对两条线的倒角。

3.1.3.3　重新限制（Relimitations）

在【Operation】工具栏中点击图标右下角的黑色三角形，即展开【Relimitations】工具栏，如图 3-43 所示。在草绘时可以利用 Relimitations 工具栏对建立好的二维图形进行修剪（Trim）、打断（Break）、快速修剪（Quick Trim）、闭合曲线（Close）以及互补（Complement）等重新限制操作。

图 3-43　【Relimitations】工具栏

1）修剪（Trim）

修剪工具的主要功能是在相交的两条线中，以其中一条线为基准将另一条线断开并删除其中一部分或者互相为基准两条线都断开并删除其中一部分。

点击图标，可以看到修剪命令在【Sketch tools】中有两种选项：全部修剪（Trim All Elements）和修剪第一条线（Trim First Element）。修剪工具的操作步骤是：

（1）单击修剪工具图标；

（2）在【Sketch tools】中选择修剪方式，默认选项是全部修剪；

（3）在草绘平面中点击选择两条线相交线，如图 3-44a）所示。如果是全部修剪模式，则两条线在相交的地方都断开，如图 3-44b）所示；如果是修剪第一条线模式，则只是选择的第一条线在交点处断开，如图 3-44c）所示。此时要注意：删除线的哪一部分是由鼠标选择时决定的，点击的一部分会被保留。

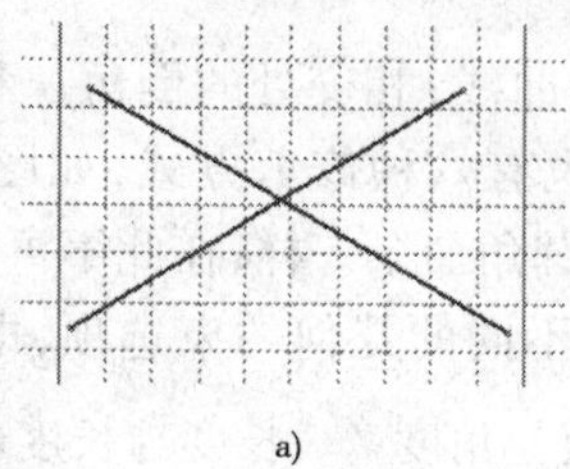
a)

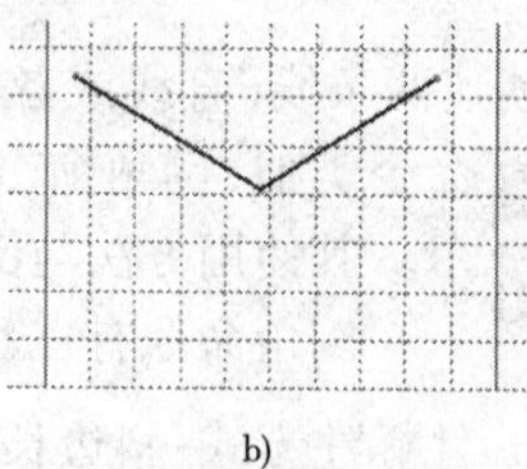
b)

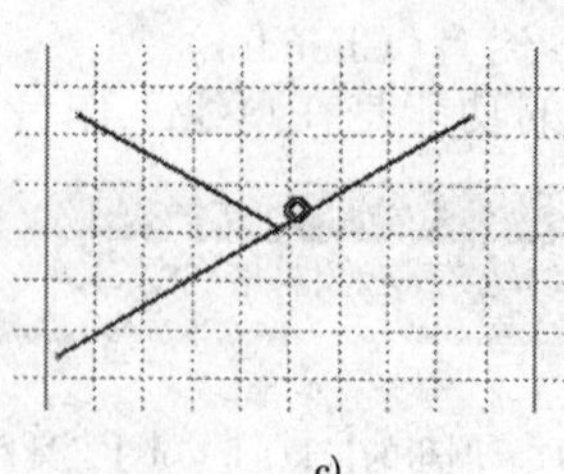
c)

图 3-44　修剪相交直线

修剪工具的另一个功能是对一条单独的线进行修剪。点击图标后，选择一条线，再选择断点的位置，则线在断点处断开并删除其中一部分。

2）打断（Break）

打断工具的功能是将平面内的对象在某一点断开，从而分为两个元素。断开点可以是鼠标指定的点，也可以是另外一个与之相交的线条对象。其操作步骤是：点击命令图标，选择一个线条对象，然后选择线上某一点作为断开点，或者选择与它相交的其它线，即可将线条断开，如图 3-45 所示。

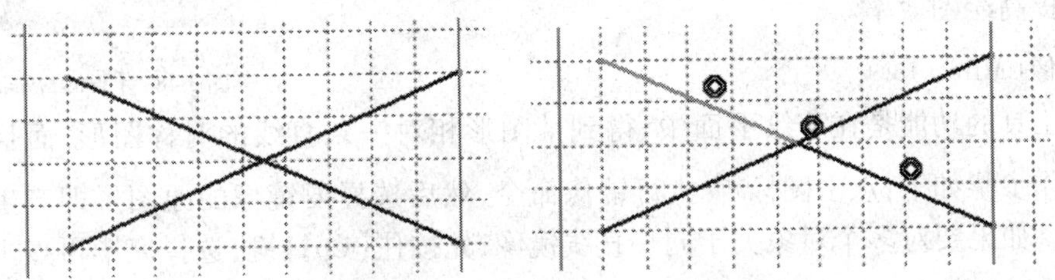

图 3-45 【Break】工具打断线

3）快速修剪（Quick Trim）

快速修剪的功能是将平面对象的一部分修剪去除。点击图标可以看到在【Sketch tools】中快速修剪工具有三种选项：打断并去除内线条、打断并去除外线条以及打断并保留线条。三种方式效果的比较如图 3-46 所示。打开快速修剪命令后，点击图 a）中间部分线条，在【Sketch tools】中选择三种不同的修剪模式，对应的结果如图 3-46b）、图 3-46c）、图 3-46d）所示。

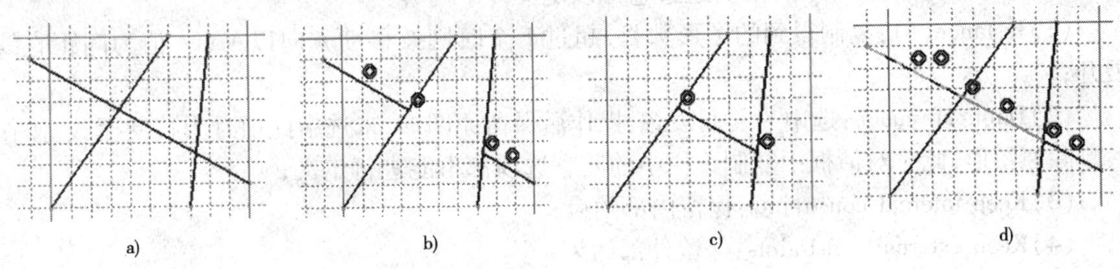

图 3-46 【Quick Trim】工具快速修剪相交线

4）闭合曲线（Close）

闭合曲线的功能是将平面中不封闭的椭圆和圆等图形变成完整的封闭图形。点击图标后，选择要封闭的圆弧或者椭圆弧，则图形变成封闭图形，如图 3-47b）所示。

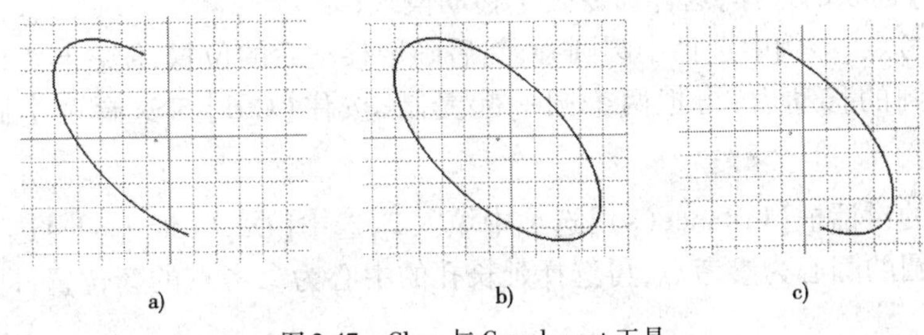

图 3-47 Close 与 Complement 工具

5）互补（Complement）

互补工具的功能是将不封闭的弧线段转换成它的余弧。点击图标后，选择一段不封闭的弧线段，即将其转换为余弧，如图3-47c）所示。

3.1.3.4　图形转换（Transformation）

在【Operation】工具栏中点击图标右下角的黑色三角形，即展开【Transformation】工具栏，如图3-48所示。它主要包括：镜像、对称、平移、旋转、缩放和偏移等工具。绘图过程中如果有重复或相似图形，使用这些工具可以大大提高绘图效率。

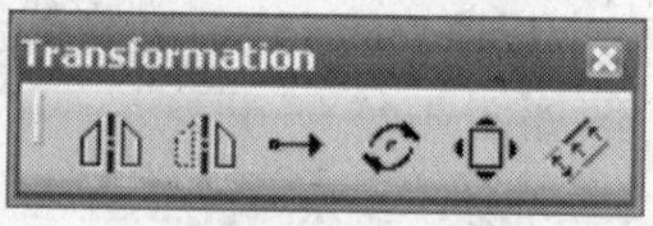

图3-48　【Transformation】工具栏

1）镜像（Mirror）

镜像工具的功能是在草绘平面中，得到某图形相对一条直线的对称图形，而且保留原图形。其操作步骤如下：点击图标执行镜像命令，然后选择要镜像的原图形即产生一个对称的新图形。如果要对多个对象关于同一直线镜像，先按住【Ctrl】键，选择完毕再点击镜像命令图标。另外，如果在使用命令前打开了几何约束工具，则产生的新图形会随着原图形的修改而变化并与之对称。

2）对称（Symmetry）

对称工具的功能与镜像工具相似，只不过它会删除原图形。对称工具的操作方法与镜像工具相同。

3）平移（Translate）

平移工具不仅可以移动图形，还可以复制图形。点击平移图形，弹出的【Translation Definition】对话框如图3-49所示。通过它可以定义以下内容：

（1）Instance（s）：复制得到的图形数目，超过1个时则按移动方向以Value值为间距直线展开；

（2）Duplicate mode：选中为复制模式，操作后保留原图形；未选中此项时为移动模式，操作后删除原图形，此时对话框中复制一栏中的其它选项都不能进行定义；

（3）Keep internal constraints：保留内部约束；

（4）Keep external constraints：保留外部约束；

（5）Value：定义移动或复制的位移，也可以在平面中用鼠标定义；

下面以图3-49中图形为例，介绍Translate工具的操作步骤：

（1）建立如图中所示的两个圆形和一个延长孔；

（2）点击平移图标，选择图中小圆，在弹出的【Translation Defination】对话框中取消对【Duplicate mode】选项的选择，这样命令处于移动模式；

（3）选择参考点，本例中选择小圆圆心，然后确定移动后的位置，使之与大圆同心；

（4）完成小圆的移动后，再把两个圆一起复制，按住【Ctrl】键选择两个圆，点击平移图标；

（5）在弹出的对话框【Instance（s）】选项中填入2，选中【Duplicate mode】选项；

（6）选择两圆的圆心为参考点，再选择延长孔的中心为参考点的新位置，即完成如图3-49所示图形。

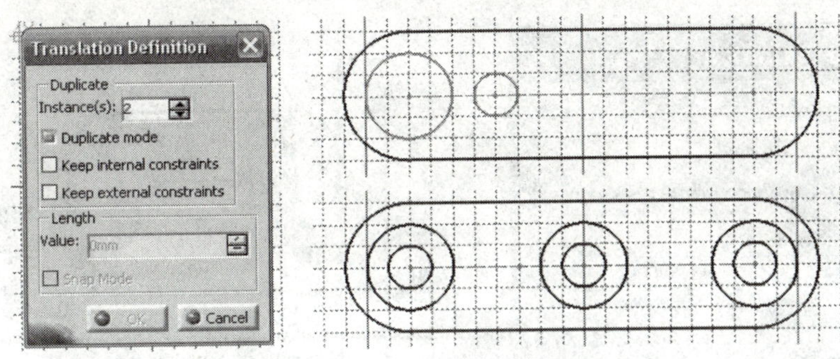

图 3-49　用 Translate 移动和复制图形

4)旋转(Rotate)

和平移工具一样,旋转工具也可以用来复制图形。点击图标,弹出【Rotation Definition】对话框,如图 3-50 所示,通过定义其中的参数即可完成图形的旋转移动或者复制。它包括:

(1)Instance(s):复制得到新图形的数目,只有在复制模式下用效;

(2)Duplicate mode:选中则为复制模式,不选中为移动模式;

(3)Constraint Conservation:保留原图形的约束;

(4)Value:旋转图形的角度值。

下面以图 3-51 中的六边形为例,介绍利用旋转命令复制图形:

(1)先选择六边形的所有边,此时可以用【Ctrl】键一一选择,也可以用鼠标圈选;

(2)点击旋转图标;

(3)在弹出的【旋转】对话框中定义以下参数:【Instance(s)】填入 5,选中【Duplicate mode】使命令处于复制模式,然后选择旋转中心;角度值填入 60deg,点击确定 OK 便得到其它五个六边形,如图 3-51 所示。

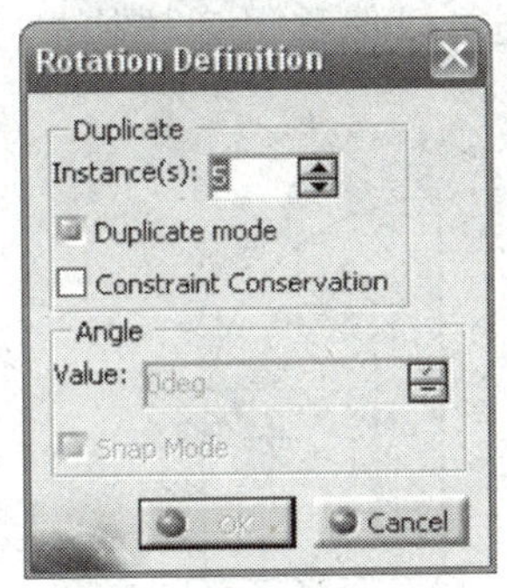

图 3-50　【旋转】对话框

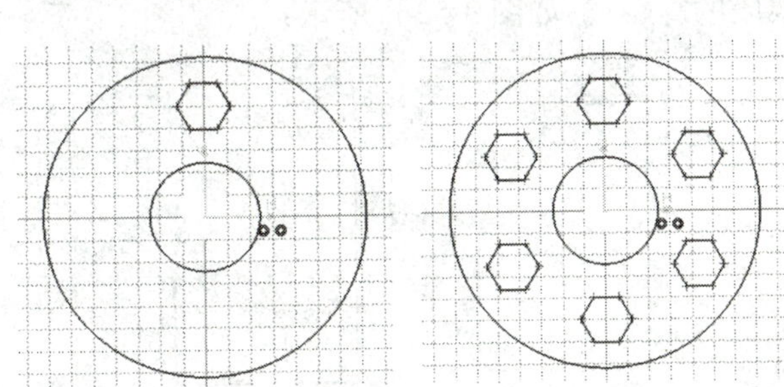

图 3-51　旋转复制六边形

5)缩放(Scale)

缩放工具可以将指定的图形放大或者缩小为指定的倍数。点击图标,弹出的【Scale Defination】对话框,如图 3-52 所示。通过它可以定义:是否复制模式、是否保留约束以及缩放倍数。其操作步骤是:

(1)选择要进行缩放的图形,如本例中的外围连续线段;

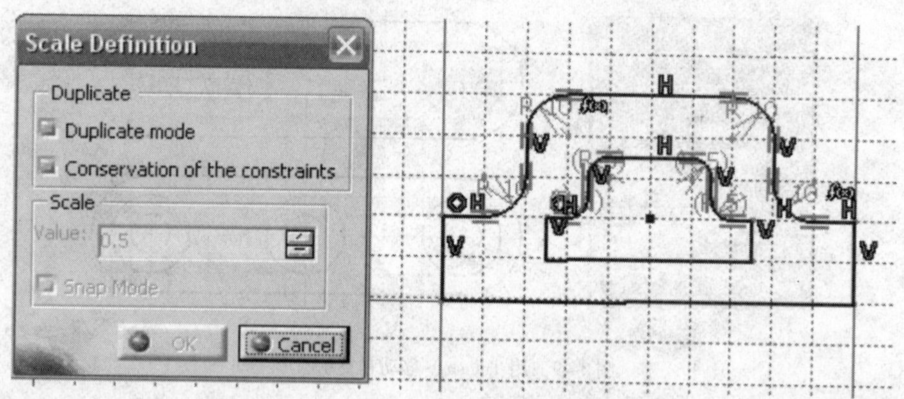

图 3-52 缩放工具

(2)点击缩放图标；

(3)在选择缩放参考点,图形上的所有点会以与此点的距离为参考按指定倍数缩放;

(4)在对话框中定义命令的参数:复制模式、保留约束、缩放倍数为 0.5,点击 OK 便得到如图 3-52 所示的图形。

6)偏移(Offset)

偏移工具可以用来创建轮廓线的等距线。点击图标,在【Sketch tools】中可以看到偏移命令有四个选择项,下面就以图 3-53a)中的弧线部分进行偏移操作介绍各自的作用:

(1) 独立方式(No Propagation):只偏移得到被选择轮廓线的等距线,如图 3-53b)所示;

(2) 相切连接(Tangent Propagation):除了被选择轮廓线本身,还可以偏移得到与其相切的线段的等距线,如图 3-53c)所示;

(3) 点连接(Point Propagation):除了被选择轮廓线本身,还可以偏移得到与其连接的各线段的等距线,如图 3-53d)所示;

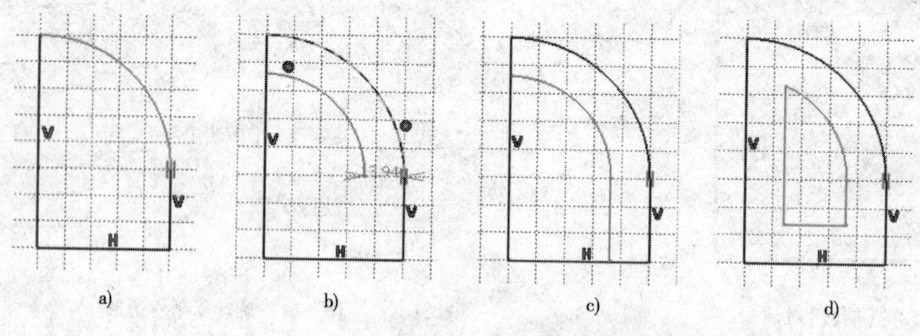

图 3-53 【Offset】命令不同选项偏移轮廓线

(4) 两侧偏移(Both Side Offset):选中此按钮时,可以在轮廓线的两侧都生成等距线,此选项与前三个选项相对独立,如图 3-54 所示。

在使用偏移命令时,利用【Sketch tools】定义参数有时可以提高效率,【Instance(s)】栏可以定义多重偏移,如图 3-55 所示。此外,在【Offset】栏可以定义偏移的距离。

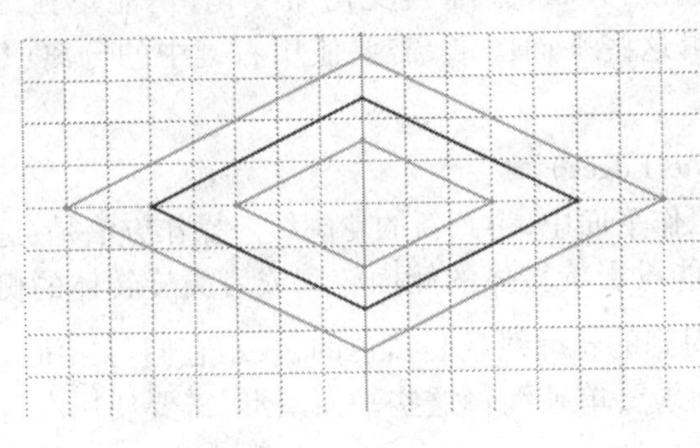

图 3-54　两侧偏移

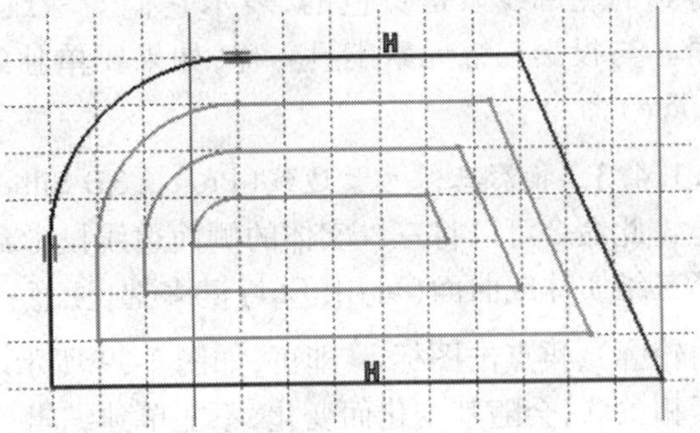

图 3-55　多重偏移

3.1.4　三维形体投影(3D Geometry)

点击【Operation】工具栏中 的倒三角形,即出现【3D Geometry】工具栏 。利用【3D Geometry】工具栏可将三维实体元素的边、轮廓等投影或相交到工作平面中来,并可以进行编辑,从而得到新的二维图形。在 V5 中它提供了三种工具:投影三维元素、截交三维元素以及投影三维元素侧面边线。

3.1.4.1　投影三维元素(Project 3D Elements)

命令的功能是将三维空间中元素的边线或面,向工作平面做出投影。操作时,点击图标 ,选取三维元素中要投影的边线或面,即得它们在工作平面的投影,如图 3-56 所示。如果要同时投影多个元素,应该在打开命令前用【Ctrl】键选取。

操作得到的二维图形以黄色显示,这表示图形与三维元素联系,不能单独编辑。一旦修改三维元素,投影图形也会随之变化。如果编辑投影图形,首先应该打断它和原三维元素的关系,方法是:用右键单击图形,选择 Mark. x object 中的【Isolate(分离)】命令,如图 3-57 所示。

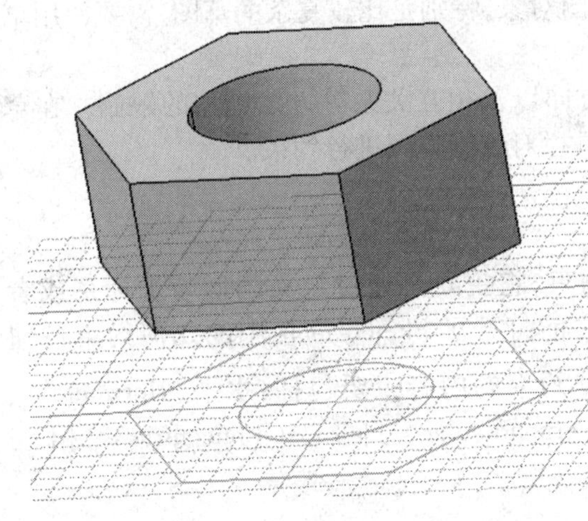

图 3-56　三维元素投影

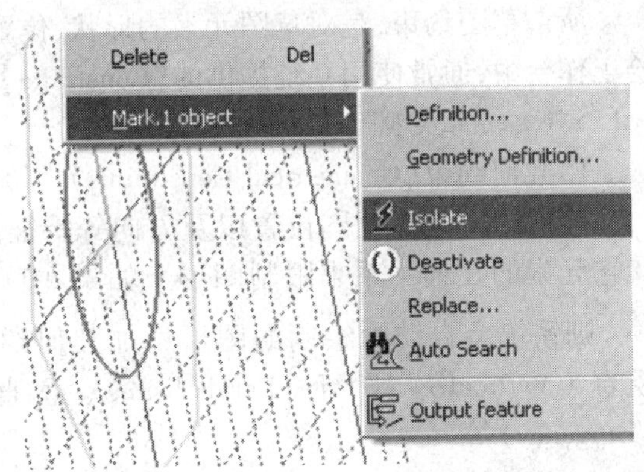

图 3-57　分离三维元素与投影图形

3.1.4.2　获得与三维元素的相交轮廓(Intersect 3D Elememts)

使用此命令可以得到三维曲面(或线)与工作平面相交的轮廓线(或点)。其操作方法是:选择与工作平面相交的元素(可用【Ctrl】键多选),再点击图标 即可,如图 3-58 所示。

得到的轮廓线条是黄色的，表示它们与三维元素相关联，会随其变化而变化，不能单独编辑。与投影三维元素工具一样，如果要单独编辑这些平面图形，需要使用右键中的分离（Isolate）命令。

3.1.4.3 投影三维元素边线（Project 3D Silhouette Edges）

此命令可以将三维实体的侧面边线投影到工作平面中，得到新的轮廓线。操作方法是：选择三维实体或曲面（可用【Ctrl】键多选，注意：只能投影旋转体的侧面轮廓或者类旋转体的侧面轮廓），再点击图标即可，如图3-59所示。得到的轮廓线条是黄色的，表示它们与三维元素相关联，会随其变化而变化，不能单独编辑。如果要单独编辑这些平面图形，需要使用右键里的分离（Isolate）命令。

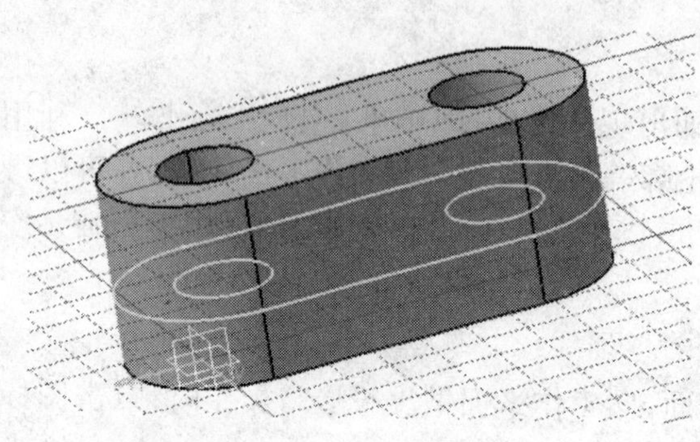

图3-58 三维曲面与工作平面的相交轮廓

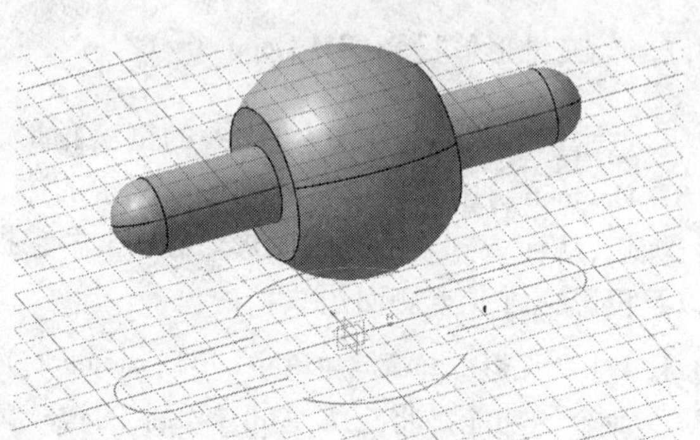

图3-59 投影三维实体的侧面边线

3.1.5 草图约束（Constraints）

如果仅使用草绘工作台中的轮廓（Profile）和编辑（Operation）等工具栏只能画出平面轮廓的基本特征，并不能精确定义图形。没有约束的图形就不确定，它会随着鼠标拖曳而移动，在它基础上形成的三维实体也会变化。因此对于草图对象，特别是比较复杂的草图，需要使用草图约束工具对它们进行限制以满足设计要求。

所谓草图约束，是对草图元素的形状、位置、方向以及相互关系等方面施加的限制。在草绘工作台中，通常使用系统提供的【Constraint】工具栏对绘制草图进行约束。

3.1.5.1 约束类型

1）几何约束（Geometrical Constraints）

几何约束是对草图位置以及方向等特征的约束，它主要是通过定义图形与坐标系或者其它元素的几何关系来限制图形。如果在草绘之前打开了 Sketch tools 中的几何约束按钮，则系统会自动为绘制的图形添加几何约束。约束的内容主要包括：水平（Horizontal）、竖直（Vertical）、平行（Parallelism）、垂直（Perpendicular）、同心（Concentric）、相切（Tangency）等。

2）尺寸约束

尺寸约束是对草图尺寸和形状的约束，主要包括长度、半径以及角度等。如果在草绘前打开了【Sketch tools】中的尺寸约束按钮，则系统会自动为绘制的图形添加尺寸约束。

此外，如果按照限制关系的图形数量来分，约束还可以分为单一图形的约束、两个图形间和多个图形间的约束，如表3-1所示。

表 3-1

界面约束类型

单一图形约束	两个图形间的约束	三个图形间的约束
Horizontal:水平 Vertical:垂直 Fix:固定 Length:长度 Radius/Diameter:半径或者直径 Semimajor axis:椭圆长轴长度 Semiminor axis:椭圆短轴长度	Coincidence:共点、共线、共面 Concentricity:同心 Tangency:相切 Parallelism:平行 Midpoint:中点 Perpendicularity:相互垂直 Distance:元素之间的距离 Angle:元素之间的角度	Symmetry:对称 Equidistant Point:等距离点

3.1.5.2 约束状态

在进行草图约束时,要对所有对象进行完全约束,而又不能重复约束。线条的颜色可以直接反映出草绘图形的约束状态:

(1)欠约束(Under-Constrainted):显示为白色线条,表示对图形的约束不完全;

(2)完全约束(Iso-Constrainted):显示为绿色线条,表示对图形的约束完全,而且没有重复;

(3)过约束(Over-Constrainted):显示为紫红色线条,表示对图形添加的约束过多,有重复;

(4)矛盾约束(Inconsistent Constrainted):显示为深红色线条,表示对图形添加的多个约束互相矛盾,不能同时实现。

草图约束的目的是准确定义草图元素的形状、尺寸以及位置等特征,也就是要使所有元素处于完全约束(Iso-Constrained)状态下。因此草绘的全过程可以看作是通过绘制轮廓、编辑修改以及草图约束等操作,最后得到符合设计要求的由绿色线条组成的二维图形的过程。

3.1.5.3 快速约束(Constraint)

快速约束工具栏能帮助用户快速、简单地对绘制的元素建立几何或尺寸约束,可大大提高添加约束的效率。在打开命令后,系统会根据用户选择的对象自动选择最恰当的约束类型,用户也可以在右键中选择需要的约束。它包括两个工具:快速约束(Constraint)和接触约束(Contact Constraint)。

1)快速约束(Constraint)

这是草图约束操作时最常用的约束工具,它可以建立的约束类型非常多,比如长度、距离、半径、角度等。点击命令图标,再选择要约束的对象,即出现被约束对象的约束值,点击左键确定标注位置。

对于已标注的约束尺寸,可以通过左键拖动改变标注位置,还可以通过双击改变约束的数值。

2)接触约束(Contact Constraint)

接触约束可以根据图形的具体情况对图形进行相切、共圆心、共线的约束。下面以图 3-58 为例,介绍操作方法:

(1)如图 3-60a)所示,两个任意位置的圆和一条直线,点击接触约束命令图标;

(2)依次选择外圆和直线,则系统自动添加相切约束;

(3)再次选择接触约束命令图标,依次选择两个圆,则系统自动添加同心约束,如图 3-60b)所示。由此看出同一约束工具可以根据不同情况对图形进行不同的约束。

3.1.5.4 通过对话框定义约束(Constraints Defined in Dialog Box)

选择要定义的草图对象,再点击图标 则弹出如图3-61所示的【约束定义】对话框。在这里系统会显示所有可能的约束类型,用户根据需要选择合适的约束,可以同时添加多个约束。应在打开对话框约束命令前选择约束的草图对象,所有的约束类型可以参看表3-1。

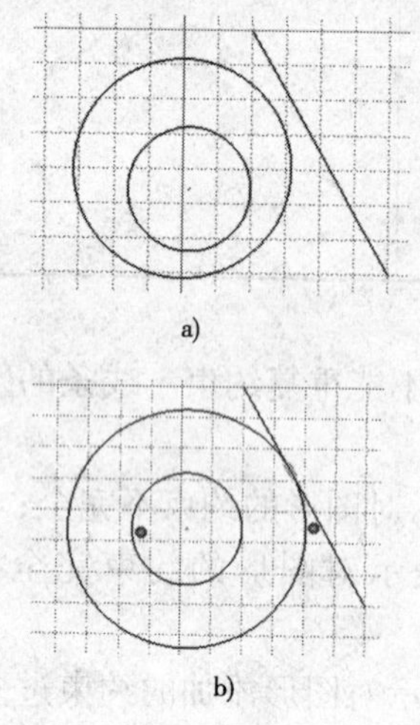

图3-60 接触约束工具进行同心、相切约束

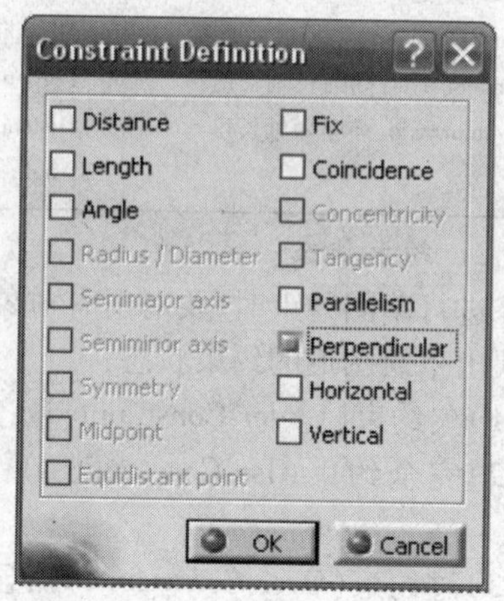

图3-61 【约束定义】对话框

对话框可以定义很多种几何或尺寸约束,下面对图3-62a)中的草图进行约束:

(1)选择最下面的直线,再点击命令图标 ,在弹出的对话框中选择长度(Length)和水平(Horizontal)约束,则直线水平,并被标注长度,双击长度数值可以进行修改;

(2)按住【Ctrl】键选择水平直线以及和它相连的直线,再点击命令图标 ,在弹出的对话框中选择垂直(Perpendicular)约束;

(3)使用对话框约束工具对草图的各元素按顺时针依次进行以下约束:相切(Tangency)、半径(Radius/Diameter)、相切、两点重合(Coincidence)、角度(Angel),最终得到一个完全约束的绿色的草图,如图3-62b)所示。

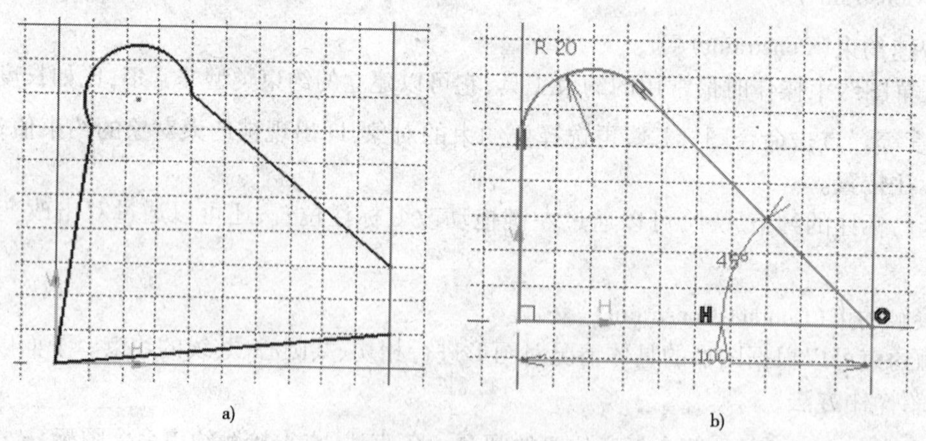

图3-62 通过对话框定义草图约束

3.1.5.5 自动约束(Auto Constraint)

自动约束会根据用户选择的约束对象和条件,自动为对象添加对应的约束。点击图标

,系统弹出如图 3-63 的对话框。对话框包括四项内容:约束对象(Elements to be constrained)、参照对象(Reference elements)、对称轴(Symmetry lines)以及约束形式(Constraint Mode)。

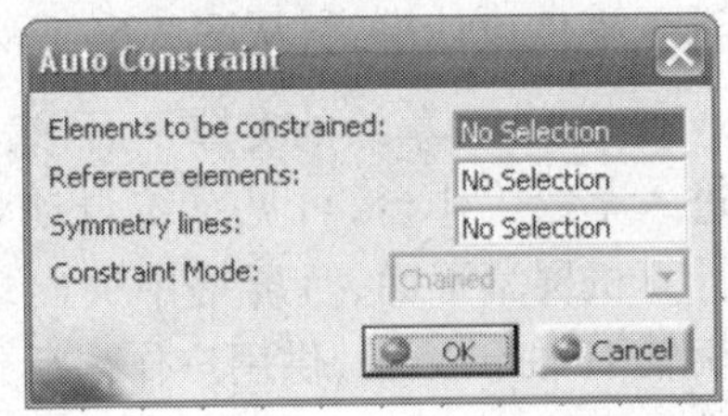

图 3-63 【自动约束】对话框

下面就以图 3-64 为例,介绍自动约束的操作步骤:

(1)点击自动约束命令图标 ,弹出【Auto Constraint】对话框;

(2)在图中选择草图为约束对象,参照对象选择 H-V 坐标系,对称轴选择中间轴,点击 ,则系统自动约束草图,如图 3-64b)所示。用户可以双击尺寸值对其进行修改。

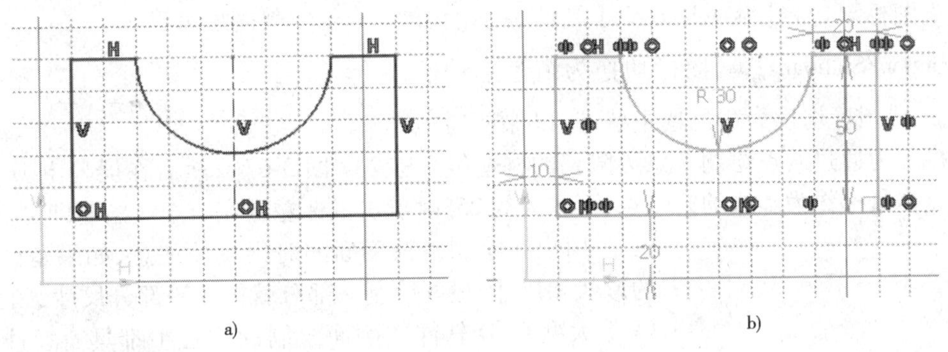

图 3-64 自动约束工具约束草图

3.1.5.6 动态约束(Animate Constraints)

动态约束工具并不是用来限制草图的几何形状或者位置,它的功能是演示草图各元素在某一约束变化时的反应。对于已经约束的草图系统,设置其中某约束在一定范围变化,利用动态约束工具可以动态演示出草图各元素在满足各约束条件下的变化状态。

在设计机构传动方案时,动态约束工具能提供很大的方便。它可以能准确反映出系统的响应状态,从而检验设计方案是否正确合理,能否达到设计要求。

3.1.6 剖面绘制综合实例

剖面绘制是三维设计的基础,具有极其重要的作用,虽然 CATIA 并不强调剖面的设计必须达成尺寸与形状的恰好对应,用户甚至可以利用一个没有任何尺寸标注的剖面作为后续设计的基础,但是这并不表明剖面可以随意绘制。在学习阶段,用户还是应该努力使一个剖面的形状能通过尺寸约束(长度、角度、半径等)和几何约束(水平、竖直、平行、同心、相切等)达成恰好的完全约束状态,而且用户应该能做到尺寸恰好标注在自己希望标注的位置。只有这样,才能为后续建模打下坚实的基础。

本小节将通过两个剖面的绘制实例来阐述剖面绘制的经验和技巧。

这两个剖面实例都要求实现形状与约束之间的恰好匹配(既不欠约束也不过约束)。

3.1.6.1 剖面实例一

如图 3-65 所示,这个剖面较为简单,分析此剖面,可以看出以 25°的虚线和水平线的交点作为剖面绘制的基准起点较为合适,故可按下述过程依次创建。

选择【Start】→【Mechanical Design】→【Part Design】或者【Sketcher】,创建一新的零件或者

进入零件设计模式，从图3-66所示模型树上选择xy plane作为草绘的支撑平面，然后点击按钮，进入草绘工作台，可见系统自动将xy plane转至计算机屏幕平面，且屏幕中央出现黄色的两根坐标轴H轴和V轴，供用户作为后续剖面绘制的基准坐标系。

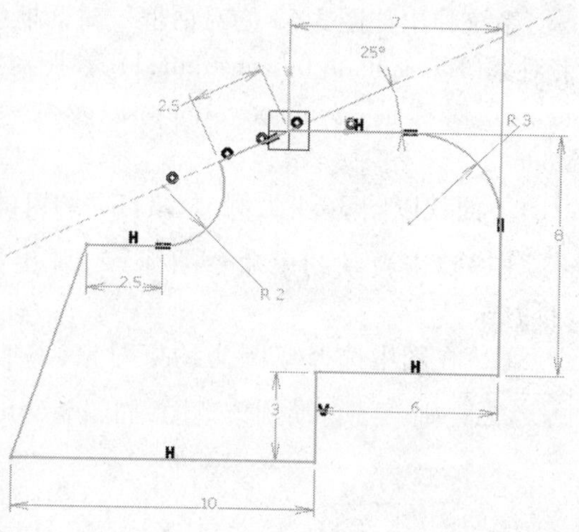

图3-65 剖面实例一

此时，可先构建25°虚线，然后用构建剖面的所有线形或者利用【Line】及【Arc】命令依次构建既可，具体如下：

点击图标，将【Sketch Tools】工具条上的【Construction/Standard】图标切换为黄色选中状态以及图标切换为黄色选中状态，以保证通过绘制模式为通过两点绘制一条无限长的构造线（虚线）（图3-67）；然后在屏幕上H轴V轴交点处点击鼠标作为虚线的第一点，再在大约25°时点击鼠标左键完成虚线绘制即可。

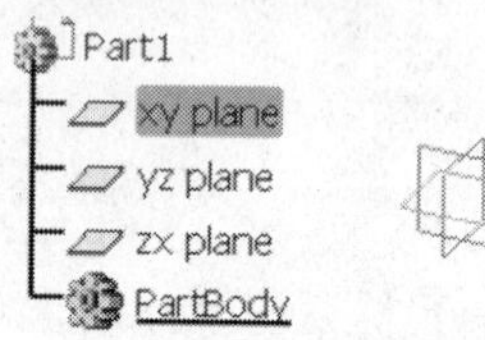

图3-66 剖面绘制支撑面的选定

用户在绘制复杂剖面的时候应该注意，如果是已经定型的形状和尺寸，最好绘制一部分就标注一部分尺寸，因为CATIA等大型CAD软件在剖面绘制的过程中都具有智能判断功能，系统会在用户绘制过程中自动假设某些形位约束（比如假设新的鼠标落点通过某条直线、或者假设新绘制的元素和某个已有元素相切、平行等）。而这些假设出来的约束不一定是用户需求的，尤其对于新手而言，一旦系统自动形成某些多余的约束就会超出新手的驾驭能力，所以，尽管系统提供的智能判断功能对于成手而言是非常方便的，本书仍然推荐新手绘制一部分就标注一部分，依次实现剖面的绘制，等到熟练掌握剖面绘制技巧之后，再就不要拘泥于尺寸的标注，而是应该将重点放在实现自己设想的创意或者构思外形上。本书的两个剖面实例都将采用“绘制→标注→再绘制→再标注”的路线，直到得到例图为止。

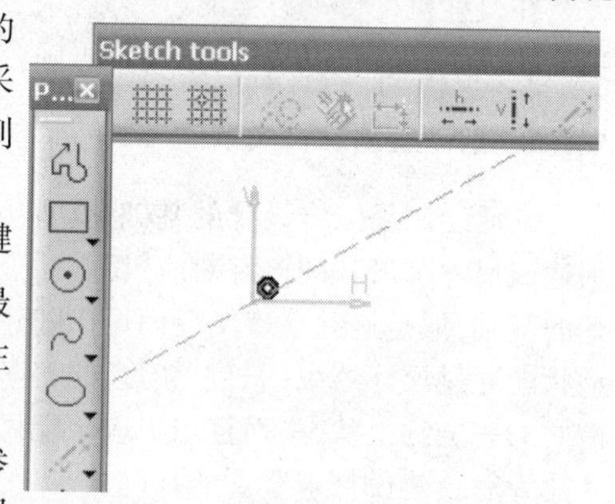

图3-67 图标的选定及基准虚线的绘制

用左键点击H轴，按住键盘的【Ctrl】键且用左键点击上述虚线以选取两个元素，然后点击图标；最后鼠标左键点击两线中间位置实现角度尺寸的标注如图3-68所示。双击角度数值将其改为25deg。

后续元素的绘制最好以系统提供的网格作为参照，这样绘制出来的图形在毛坯尺寸和最终尺寸之间不会出现太大的差值，修改尺寸参数时容易再生成功。点击如图3-69所示【Tools】菜单中的【Options】子菜单，将弹出对话框的左侧列表选择为【Mechanical Design】的子项【Sketcher】，在右侧调整网格的间距为10mm包含10个格，选中【Display】和【Snap to Point】或者通过图标实现网格的现实和捕捉。点击【Fit all in】按钮将网格缩放至合适尺度；再点击图标至非选中状态，以使后续绘制元素为实线，至此，准备工作基本完毕。

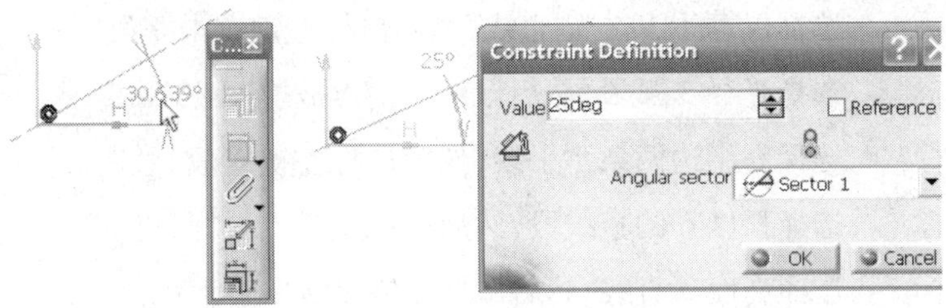

图 3-68　角度尺寸的标注及其修改

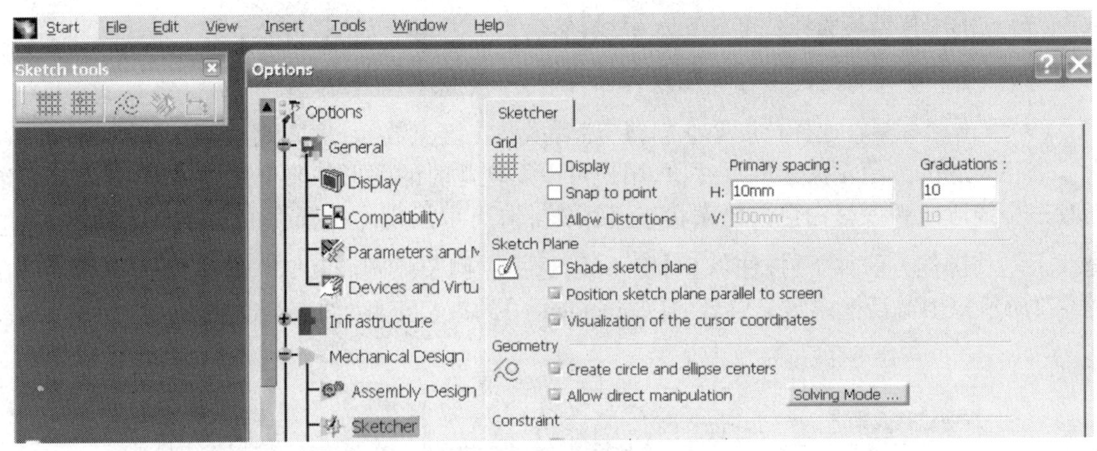

图 3-69　网格的设定

然后，点击图标，从坐标原点开始依次构建外形元素，如图 3-70 所示为利用图标绘制第一段直线后点击【Sketch Tools】工具条上的图标实现第二段轮廓为第一条直线段的相切弧（用户也可以尝试不通过图标，而是在绘完第一段直线后按住鼠标左键不放，拖动鼠标至欲绘制的圆弧终点再点击鼠标左键实现相切弧的绘制）。参照样图的尺寸和 CATIA 网格依次绘制轮廓，直至坐标原点，完成整个轮廓的绘制，且屏幕上仅出现图 3-71 所示约束图符。（在此过程中，需要注意的是：鼠标落点避免多余的自动约束，如多余的相切，通过等约束。）

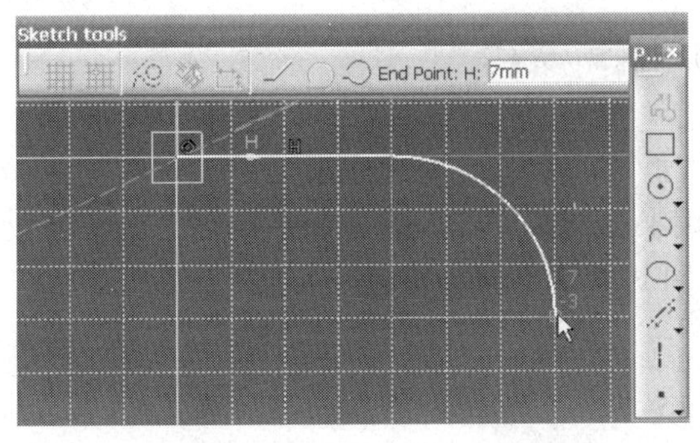

图 3-70　第一段直线及第二段圆弧的绘制

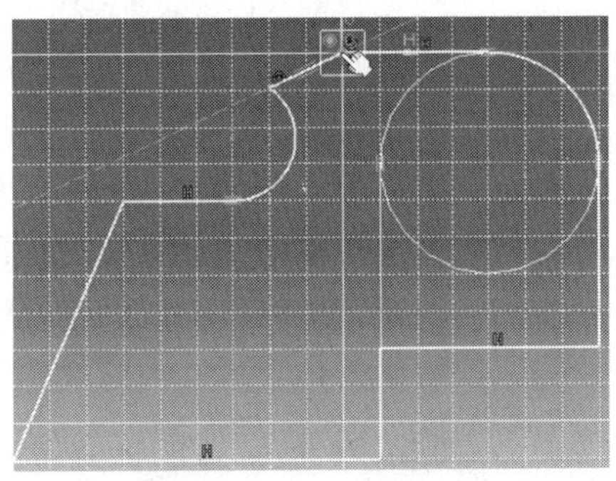

图 3-71　剖面轮廓的实现

至此，轮廓已绘制完毕，用户可以看到的是所有轮廓线段中，仅有何 H 轴重合的第一段线以及和虚线重合的第二段线呈绿色约束完好状态，其余线段呈白色欠约束状态，接下来的任务

就是通过尺寸标注使所有线段呈绿色恰好完全约束状态。包含步骤有:

(1)点击图标,选择 V 轴和最右侧直线,然后鼠标左键点击摆放“长度 7”;

(2)点击图标,选择半径 3 弧段,然后鼠标左键点放“半径 3”;

(3)点击图标,选择右半边两条水平线,然后鼠标左键点放“长度 8”;

(4)点击图标,选择长度 6 的直线段,然后鼠标左键点放“长度 6”;

(5)点击图标,选择高度 3 直线,然后鼠标左键点放“高度 3”;

(6)点击图标,选择长度 10 直线,然后鼠标左键点放“长度 10”;

(7)点击图标,选择长度 2.5 水平线,然后鼠标左键点放“长度 2.5”;

(8)点击图标,选择半径 2 弧段,然后鼠标左键点放“半径 2”;

(9)点击图标,选择长度 2.5 斜线,然后鼠标左键点放“长度 2.5”。

修正尺寸的数值至需求的尺寸值,用户可以发现此时的图形并非全呈绿色约束状态,左边尚有三个线段或弧段呈白色欠约束状态,观察样图,可以发现左侧圆弧的圆心应该位于 25°的虚线上。其操作方法如下:按住【Ctrl】键不放,选择左侧圆弧圆心和 25°虚线;点击图标,在图3-72所示弹出对话框内定义二者的【Coincidence】约束。至此,剖面绘制完毕。

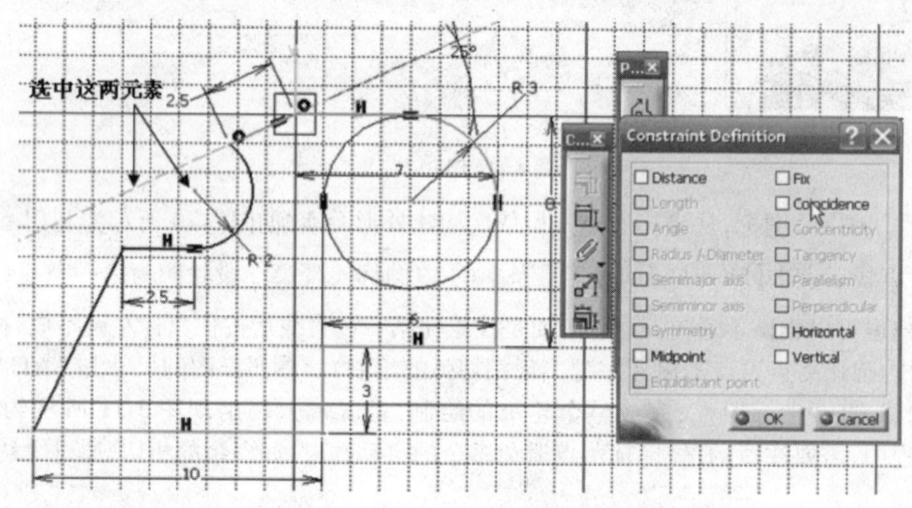

图 3-72 剖面一的欠约束解决方案

3.1.6.2 剖面实例二

分析此剖面可知剖面包含三个圆(图 3-73),下面两个圆与其它体素关系不大,而上面的圆心与其它体素关系密切,所以,剖面的绘制可用上方的圆心作为基准起点,由此奠定三根水平虚线和一根竖直虚线作为剖面参照,上下两头并进实现剖面的构建。

为了使绘制的体素尺寸大致在需求尺寸左右,仍然可以定义网格,此次的参数为 100mm 包含 10 个刻度,另外,通过图标使网格显示,但不要求鼠标落点捕捉网格点。点击【Fit all in】按钮,将网格以合适比例显示于屏幕,准备工作完毕。

1)虚线框架的构建

点击【Infinite Line】图标,将【Sketch Tools】工具条上的【Construction/Standard】图标

切换为黄色选中状态以及图标切换为黄色选中状态，以绘制无限长的水平构造线（虚线）；然后在屏幕上 H 轴 V 轴交点处点击鼠标绘制第一条虚线，同样方法低于此线约 55mm 和 61mm 处绘制第二条和第三条水平虚线；然后点击图标且选中【Sketch tools】中的图标以绘制竖直虚线于坐标原点，点击标注 61mm 和 6mm 并修正尺寸数值，最终虚线框架如图 3-74所示。然后点击图标切换为非选中状态，以便开始实线元素构建。

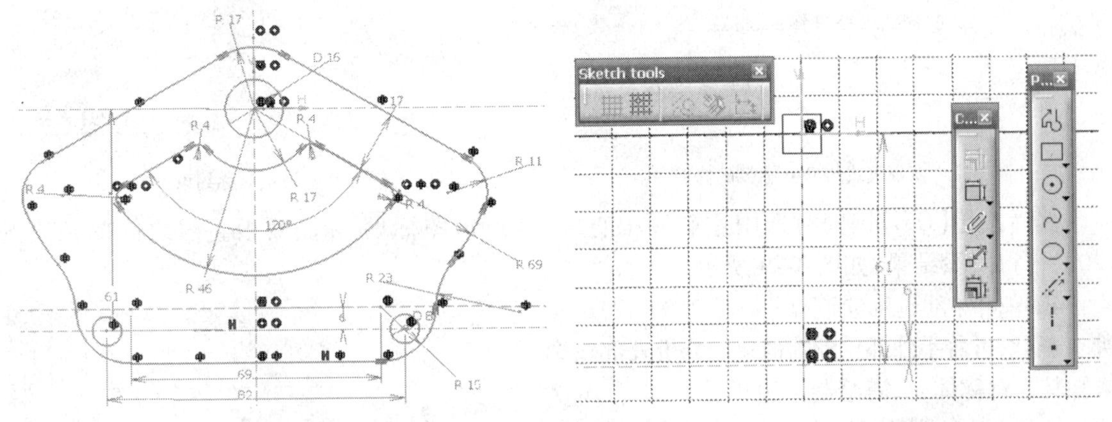

图 3-73　剖面实例二　　　　图 3-74　剖面二所需的虚线框架

2）框架圆的绘制

以坐标原点为圆心绘制直径 16 的圆和半径 17、半径 46、半径 69 的圆，标注并修改尺寸数值如图 3-75 所示。

3）弧形框的绘制

点击绘制两条过圆心且大约成 120°的直线如图 3-76 所示，且并利用【Trim】图标选中图 3-76 中左侧直线和 R17 圆弧（图中位置点击鼠标）以修剪多余部分，同样方法修剪右侧直线多余部分及 R17 圆弧多余部分；接下来两次利用【Trim】图标：分别选中 R46 圆弧和左侧直线、R46 和右侧直线以实现 R46 圆弧的修剪如图 3-77 所示。

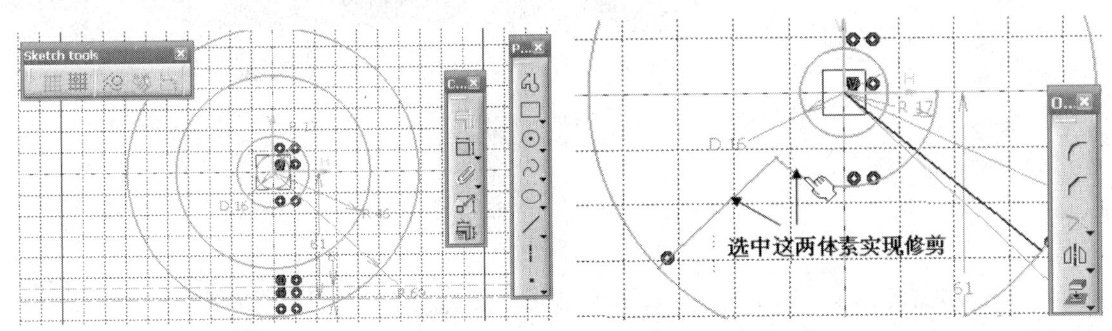

图 3-75　剖面二的基准圆　　　　图 3-76　实现直线与 R17 圆弧的修剪

依次选中左侧直线、R17 圆弧、右侧直线、R46 圆弧中的相邻两个体素，点击【Corner】图标，实现此封闭环的 4 个倒圆角，并修正倒角半径皆为 4mm。然后按住【Ctrl】键不放，选中图 3-78 所示左右直线上的两个倒角端点及中央虚线，选中图标，在图 3-78 所示的对话框内选中【Symmetry】以设定两直线关于中央虚线对称。此时可能会有两个 R4 尺寸变为紫色（过约束),选中一个 R4 尺寸删除即可。

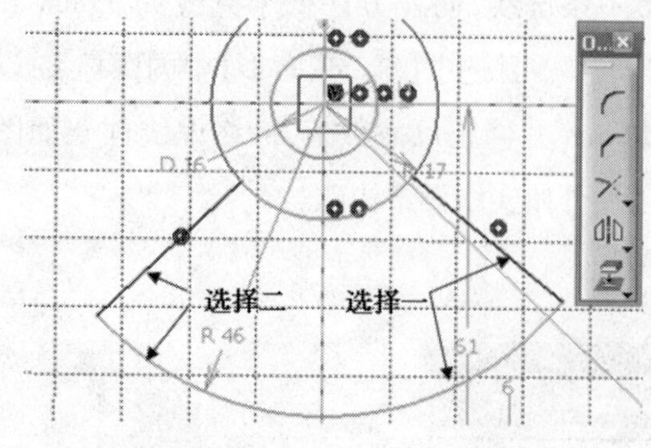

图 3-77 实现直线与 R46 圆弧的修剪

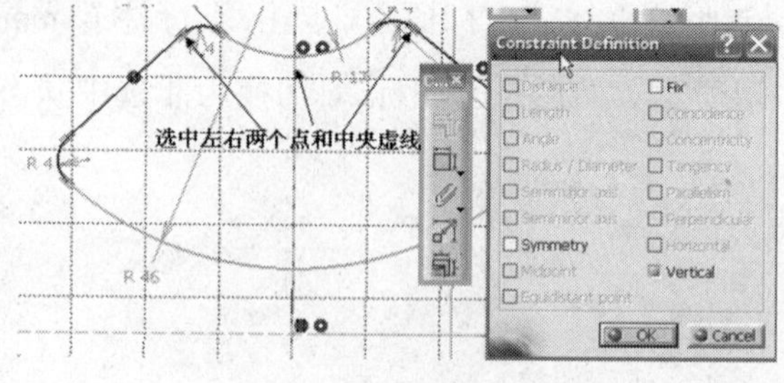

图 3-78 设定对称约束

然后按住【Ctrl】键同时选中左右两根直线,并点击图标标注两根直线之间的角度为 120°,可得阶段结果,如图 3-79 所示。

4)单侧外部轮廓绘制

至此,可着手外部轮廓的构建。分析外部轮廓可知其为对称体,只需绘制一边再镜像即可,本例选择绘制右边轮廓然后镜像至左侧;再分析右边轮廓可知顶部距离图 3-79 右侧直线为 17mm 的直线与其平行,顶部直线与 R69 圆弧之间倒角 R11 圆弧,底部 R15 圆弧的圆心为距离 H 轴 55mm 虚线上距 V 轴 69/2 = 34.5 的点,R15 圆弧与 R69 圆弧之间倒角 R23 圆弧,经此分析可见右侧轮廓的绘制需要上下共同推进。其具体步骤如下:

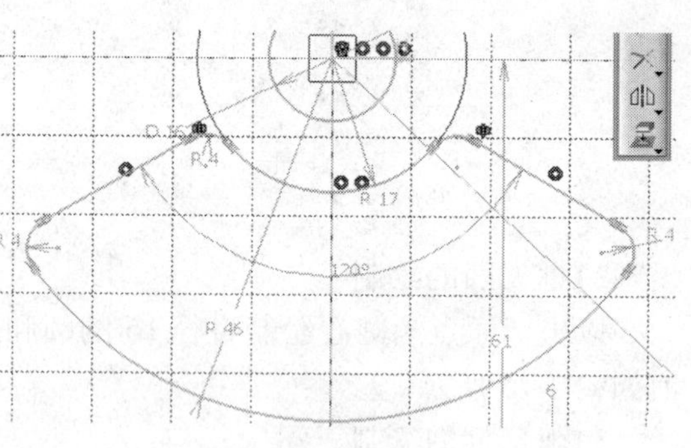

图 3-79 剖面绘制的阶段结果

绘制如图 3-80 所示的直线,标注其与已有右侧直线之间距离为 17mm,且选中此两直线之后点击图标,在弹出的对话框内设定两直线的平行约束。

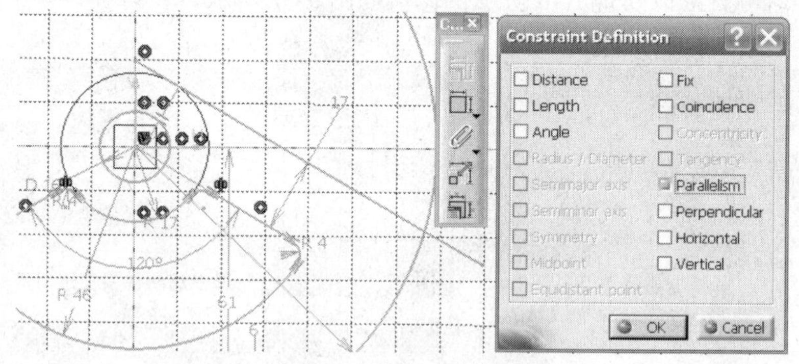

图 3-80 设定两直线的平行约束

以底部 55mm 虚线上大约距 V 轴 34.5mm 附近点作为圆心绘制半径为 15mm 的圆,这里只要 R15 圆的一部分,所以可以通过【Quick trim】按钮快速擦除 R15 圆的上半部分,如图 3-81所示。然后点击倒 R23 和 R11 两个圆角,如图 3-82 所示。

5)双侧轮廓及底部轮廓的绘制

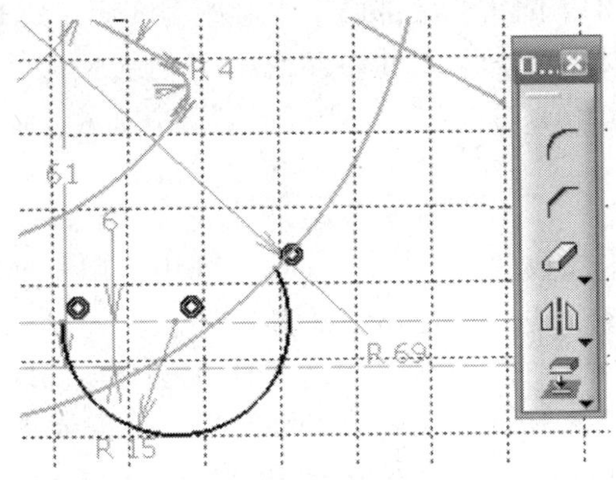

图 3-81　快速擦除不需要的弧段

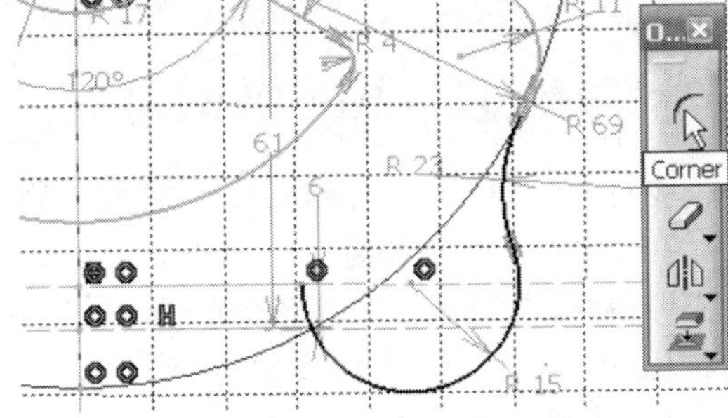

图 3-82　R23 和 R11 两个倒角

至此，按住【Ctrl】键，选中右侧所有 5 段轮廓，然后点击【mirror】图标，再选择图 3-83 所示中央虚线（手形图标所在位置）作为镜子，所得到的镜像结果如图 3-84 所示。

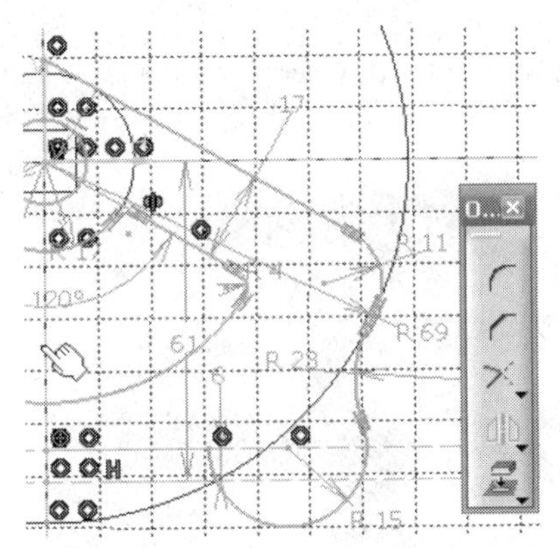

图 3-83　选中右侧 5 个弧段镜像

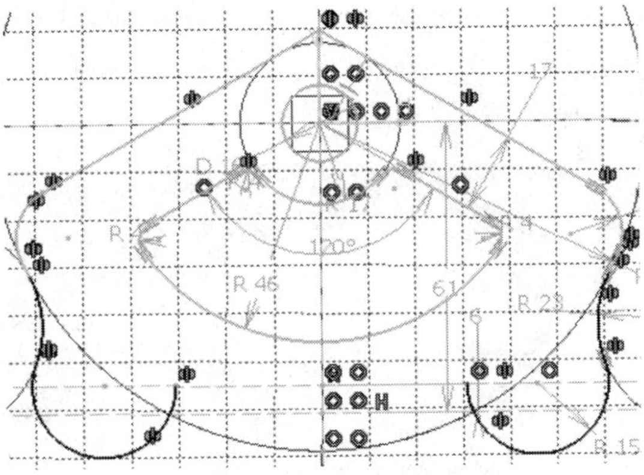

图 3-84　镜像操作结果图

点击【Bi-Tangent】按钮，然后选择底部两个 R15 圆，绘制这两个圆的双切线如图 3-85 所示，然后点击【trim】图标，选择底部直线和 R15 圆弧的保留段，实现 R15 圆弧的多余剪切，如图 3-85 所示。

至此，外部轮廓已基本构建完毕，但底部线段尚处于欠约束状态，需要补充标注两个 R15 圆心之间的 69mm 中心距，如图 3-86 所示。

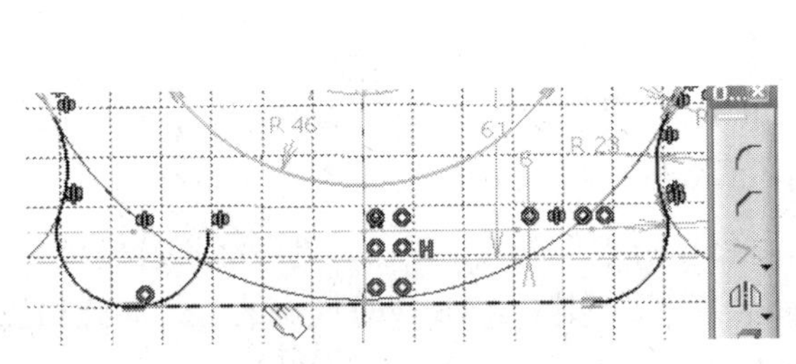

图 3-85　R15 圆弧的多余段剪切

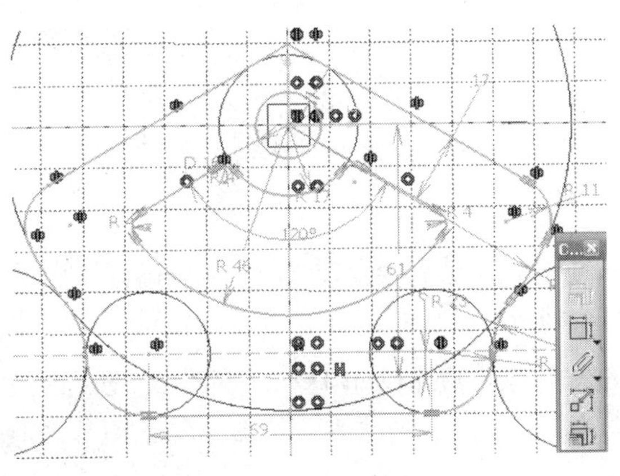

图 3-86　外部轮廓构建完毕

将图 3-86 所示剖面和样图对比，只差顶部的 R17 倒角和底部两个中心距为 82mm 的 D8 圆，读者自行补上即可。总的来说，剖面的绘制需要注意外形、尺寸约束、形位几何约束三者之间的合作，熟练掌握三者的匹配才算真正掌握了剖面的设计。

3.2 零件设计(Part Design)

零件设计(Part Design)是在草绘工作的基础上完成的，在 Part Design 模块中运用各种工具对在 Sketcher 模块中建立的二维轮廓进行编辑修改，进一步绘出三维实体模型，并可以对三维实体的细部进行设计。因此，本部分的工作是以草绘的工作为基础进行的，在进行零件设计的过程中，通常是两个模块功能交替工作的，在 Part Design 模块的工作过程中仍需要进入 Sketcher 模块中进行绘制，绘制完成后再回到 Part Design 模块中做进一步的设计工作。

3.2.1 零件设计界面和工作台(Workbench)

打开 CATIA 后，进入零件设计界面有两种操作方式：

方式一：依次选取【Star】→【Mechanical Design】→【Part Design】；

方式二：依次选取【File】→【New】，在弹出的对话框中选取【Part】，点击【OK】确认，进入【Part Design】界面，如图 3-87 所示。

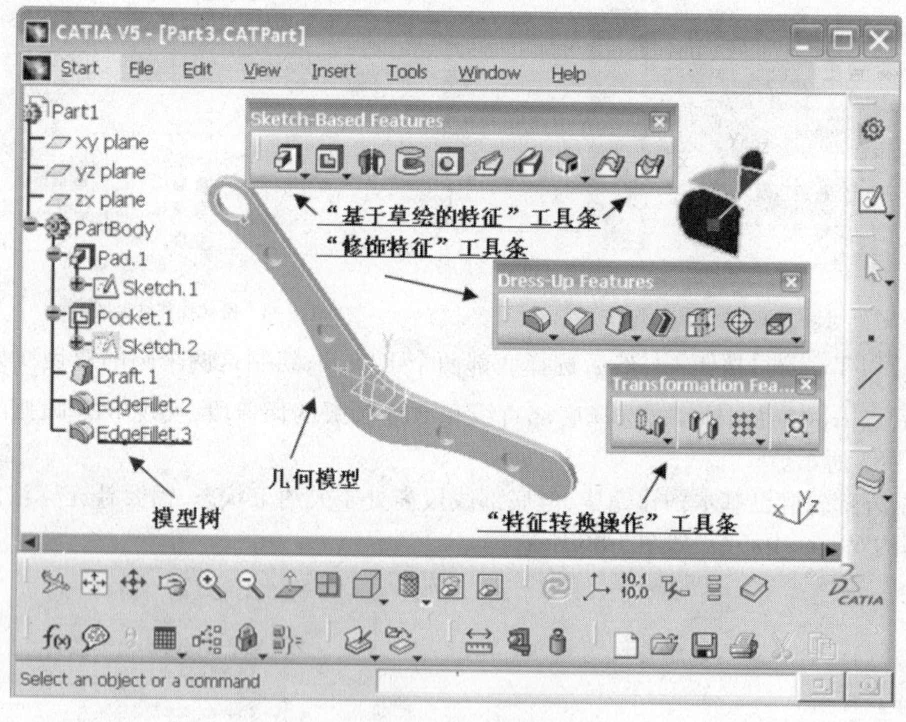

图 3-87 零件设计界面

细心的读者会发现，通过【File】菜单进入【Part Design】模块的方法和 3.1.1 中讲到的进入【Sketcher】模块的方式二的前两步相同。其实，上面已经提到了【Part Design】模块和【Sketcher】模块的关系，显然进入【Part Design】模块后，还不能进行设计工作，仍需点击 进入【Sketcher】模块，进行二维设计。因此，不难理解为什么进入【Sketcher】模块和进入【Part Design】模块的方式如此相似了。绘制好草图以后，点击 ，离开草图模式，回到【Part Design】模式，进行零件设计。

3.2.2 基于草绘的特征(Sketch-Based Features)

绘制好草图以后,就可以开始进行三维设计了。本部分的设计都是在草图的基础上进行的。

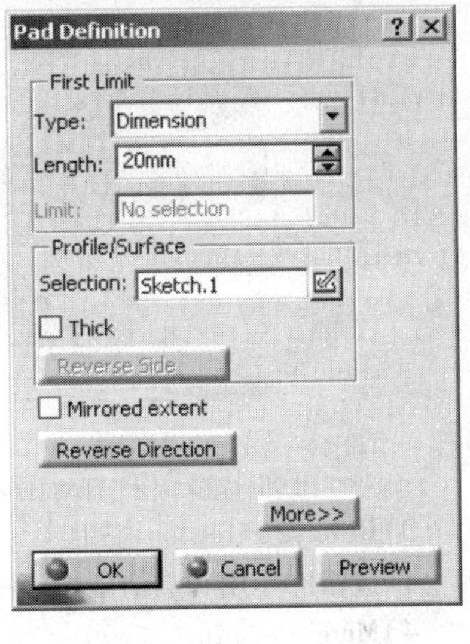

图 3-88 【Pad Definition】对话框

3.2.2.1 Pad 详解

点击此图标后会出现【Pad Definition】对话框,如图3-88所示。

1)Type 选项

它用于选择限制类型的定义方式,有 Dimension、Up to next、Up to last、Up to plane 和 Up to surface 几种方式:

(1)Dimension

选择该选项后可在【Length】中输入拉伸长度,例如输入 20mm,如图 3-89 所示。

(2)Up to next

选择该选项可以拉伸到下一个表面,如图 3-90 所示。

(3)Up to last

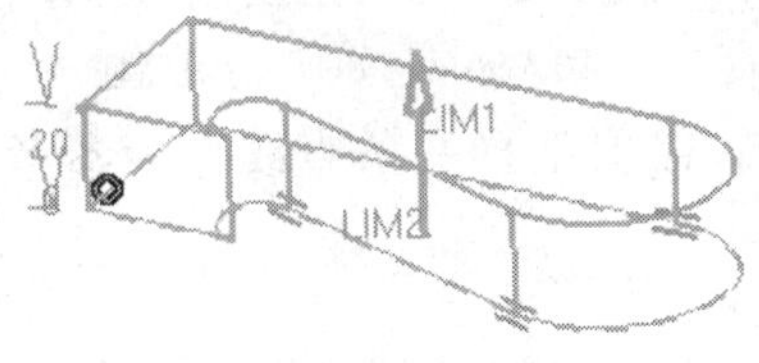

图 3-89 Dimension 指定长度拉伸

选择该选项可以拉伸到最后一个表面,如图 3-91 所示。

(4)Up to plane

选择该选项可以拉伸到指定平面,如图 3-92 所示。

(5)Up to surface

选择该选项可以拉伸到指定表面,如图 3-93 所示。

其中【Offset】用来定义拉伸的表面与限定平面之间的距离。例如输入 -30mm,可得到如图 3-94 所示的结果。

2)Mirrored extend 选项

它用于在截面的两个方向同时拉伸,如图 3-95 所示。

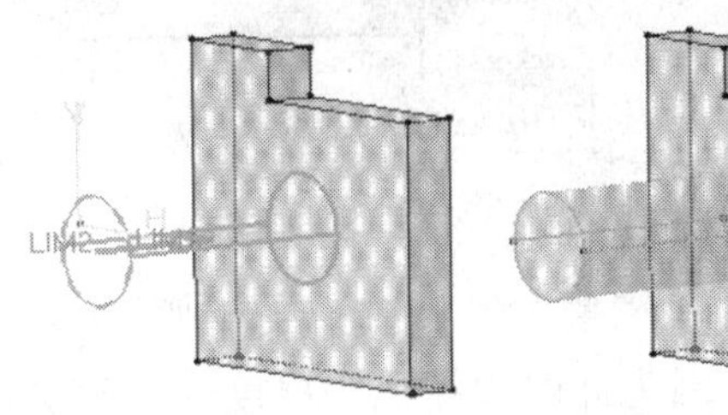

图 3-90 Up to next 拉伸至下一个表面

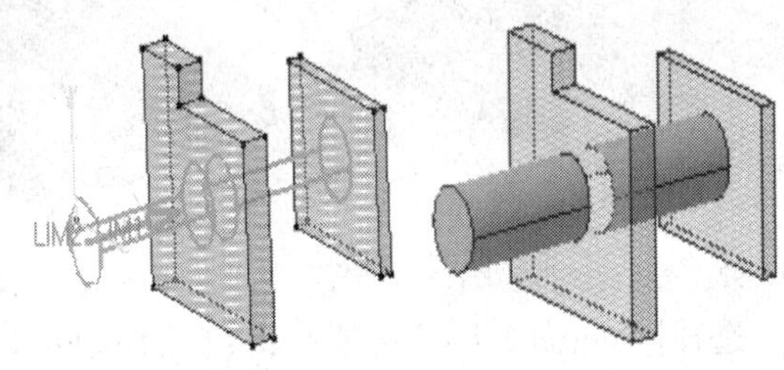

图 3-91 Up to last 拉伸至最后一个表面

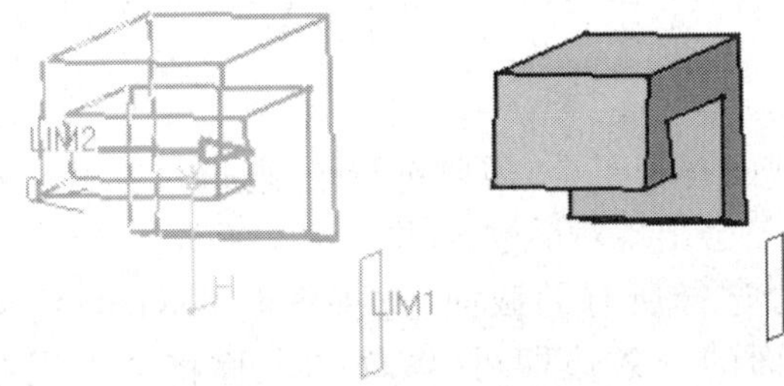

图 3-92 Up to plan 拉伸至指定平面

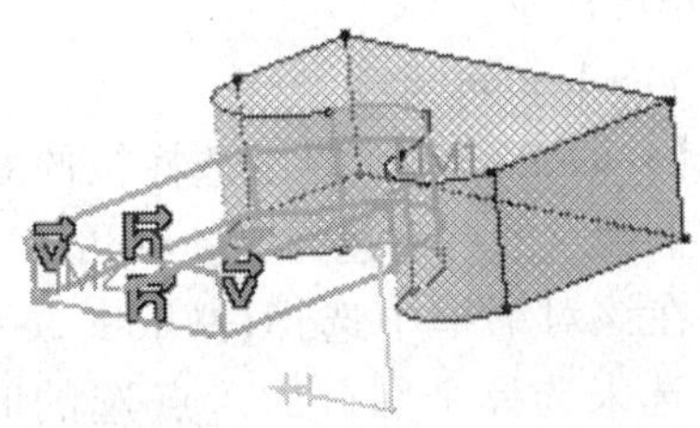

图 3-93 Up to surface 拉伸至指定表面

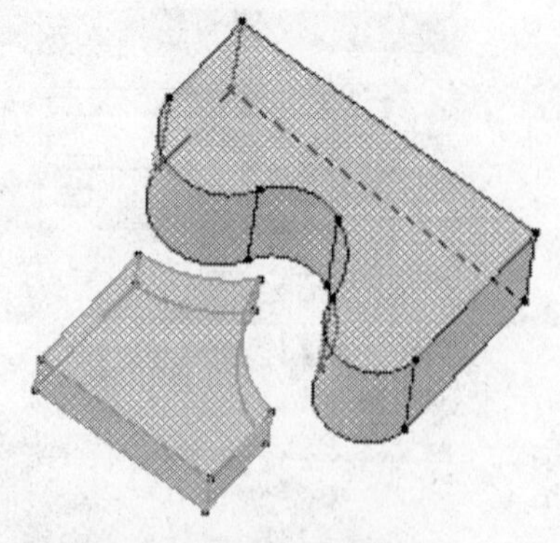

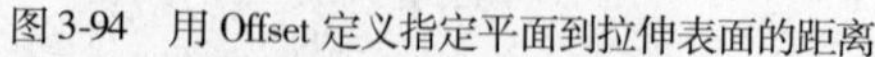

图3-94 用Offset定义指定平面到拉伸表面的距离

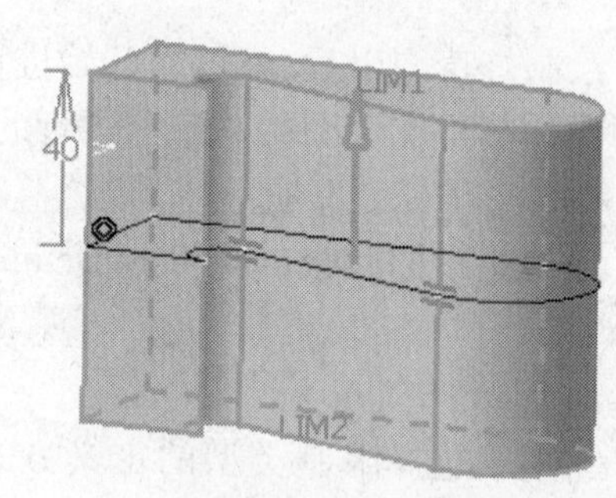

图3-95 双向拉伸

3)Reverse Direction 按钮

该按钮的作用和点击图形当中箭头的作用一样,会改变拉伸方向。

4)More >> 按钮

点击该按钮会出现一个对话框,通过它可以对【Second Limit】各个选项的定义,对另外一侧的拉伸进行限定。另外还会出现 Direction 对话框,如图 3-96 所示。

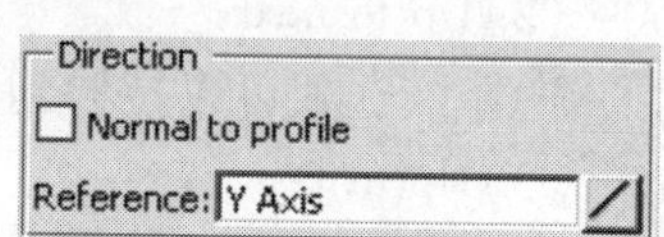

图3-96 【Direction】对话框

系统默认的选项是【Normal to profile】,拉伸方向与截面垂直,如果解除此选项,将会激活【Reference】提示用户选择拉伸方向,需要选择一条直线作为参考方向,如图3-97和图3-98所示。

5)Thin 选项

点选该选项,将形成薄壁特征,其对话框如图3-99所示。

在该对话框中可分别输入厚度值。【Thickness1】是以截面为内边缘的厚度,【Thickness2】是以截面为外边缘的厚度,如图3-100和图3-101所示。

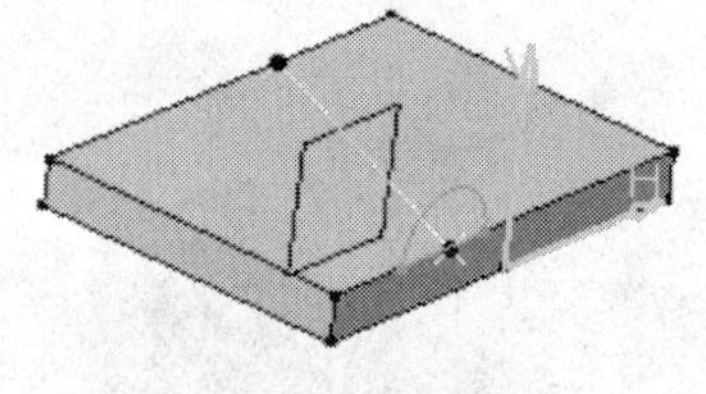

图3-97 选择白线为参考直线

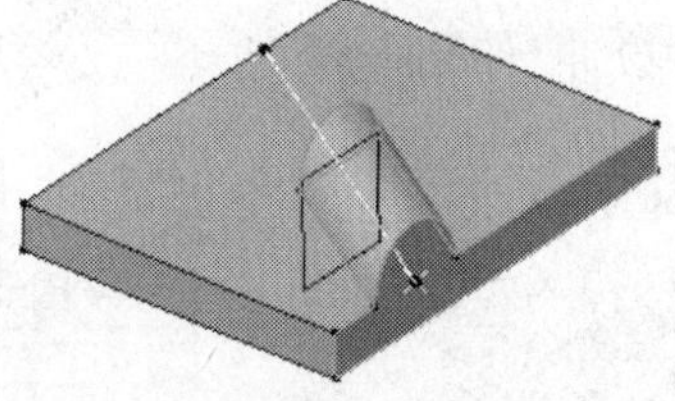

图3-98 拉伸结果

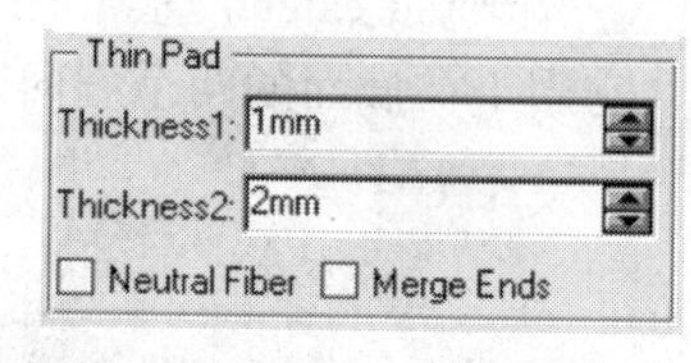

图 3-99 【Thin Pad】对话框

选择【Neutral Fiber】选项后,只有【Thickness1】被激活,因为此时以截面为厚度的中间层,【Thickness1】即为薄壁的厚度,输入18mm后,结果如图3-102所示。

【Merge Ends】选项的作用是把图形末端进行整合,选择【Merge Ends】选项前后的结果如图3-103所示。

6)Selection 选项

【Selection】用于显示选择拉伸的截面,若截面有若干个,需要进行个别选取的时候,则可以在上面点击右键选择“Go to Profile Definition”,会出现对话框,如图3-104所示。

在该对话框中选择【Whole geometry】将会选择所有的截面,选择 Sub-elements 将会根据点选来选择个别截面。点选的时候,选截面的一条边即可,截面的名称将会出现在对话框内。

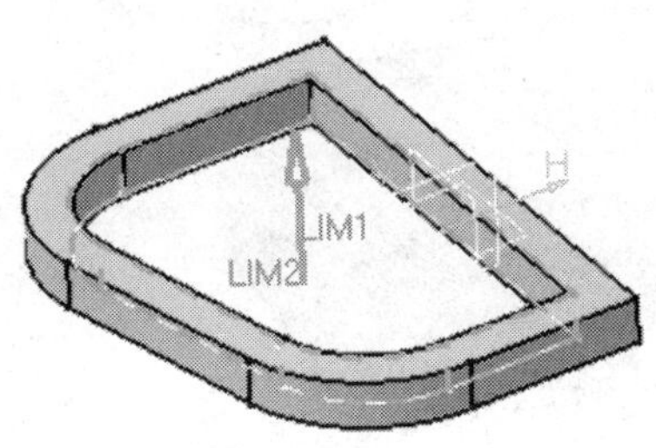

图 3-100　只输入 Thickness1 值

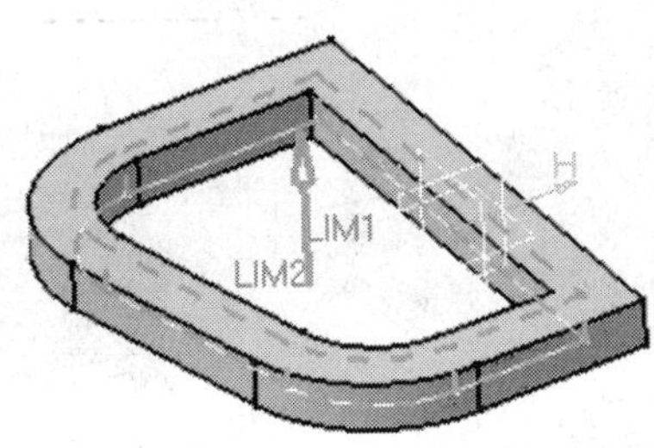

图 3-101　同时输入 Thickness1 和 Thickness2 的值

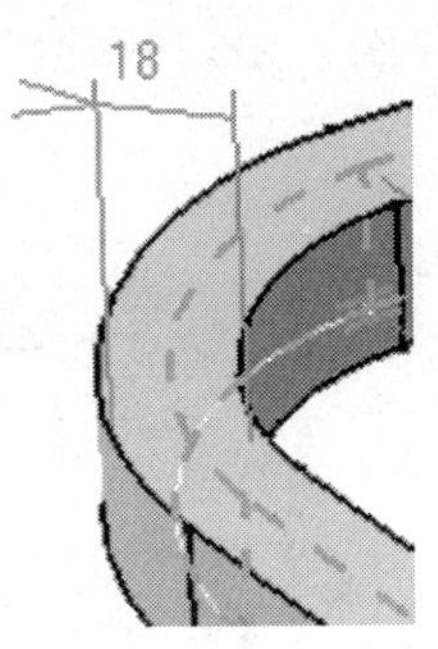

图 3-102　选择【Neutral Fiber】选项以截面为中间层

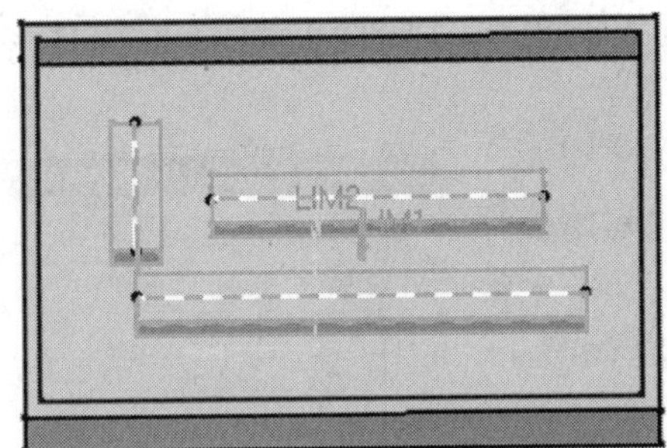

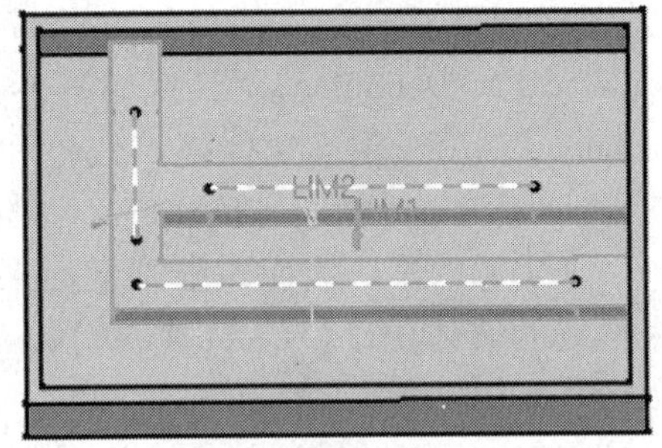

图 3-103　选择【Merge Ends】选项前后的结果

这里要说明的是，在 CATIA 中不同命令的很多功能选项都是类似的，例如【Thin】选项在以后的 Pock、Rib、Shaft、Groove 等命令中都有类似的用法，所以在以后的讲解中将不再加以说明，读者可以举一反三，自己摸索运用，提高对类似功能的比较和理解。对若干个截面的个别选取的方法也是通用的。

3.2.2.2　Multi-Pad 命令

当一个草绘剖面中包含多个封闭环时，可以利用此图标给各封闭环指定不同的拉伸深度。图 3-105 所示的定义对话框中的【Domains】栏内显示了封闭截面的数量和名称，选定不同的截面后可以进行拉伸的定义。拉伸方式、拉伸长度等选项的选择、输入和 Pad 功能类似，此处不再赘述了。

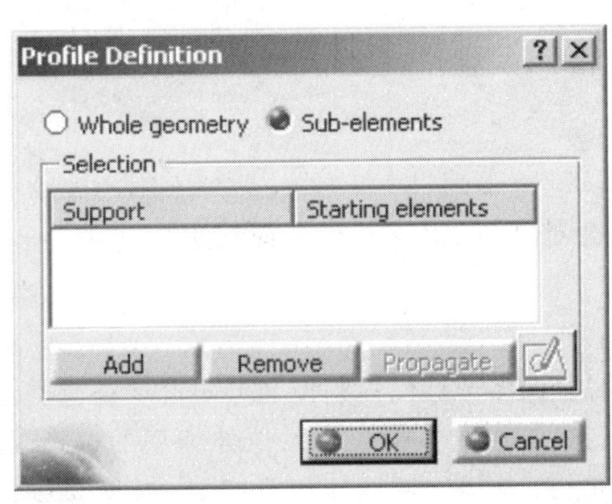

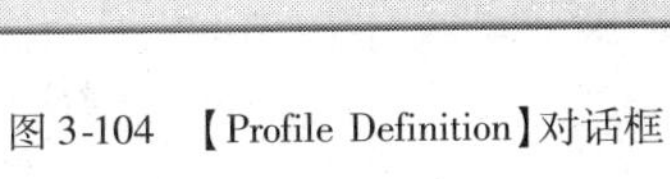
图 3-104　【Profile Definition】对话框

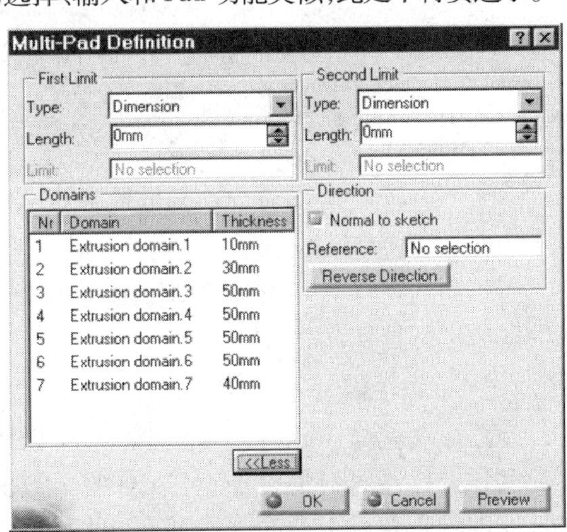

图 3-105　【Multi-Pad Definition】对话框

图 3-105 所示的是【Multi-Pad Definition】对话框，图 3-106 所示的是拉伸操作的结果。

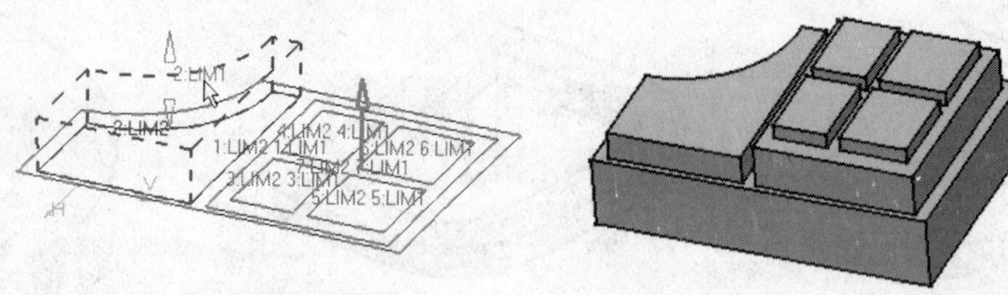

图 3-106　Multi-Pad 操作(参见光盘 3.2.2.2 中的文件)

3.2.2.3　Drafted Filleted Pad 命令

点击此图标时可一步完成拉伸长度并带有拔模角和倒圆的功能，能够简化操作步骤。【Drafted Filleted Pad Definition】对话框如图 3-107 所示。

【First Limit】栏用于定义拉伸终点位置和草绘剖面之间的距离，【Second Limit】栏通过选择定义拉伸的起始位置(需要选择一个实体的某一表面作限制平面来定义各个参数)。将来形成的实体位于【Second Limit】以及【First Limit】之间，如图 3-108 所示。

【Angle】中定义拔模角度。在【Filleted】栏，定义各个圆角半径：【Lateral radius】定义竖直边圆角半径，【First limit radius】定义上端面边缘圆角半径，【Second limit radius】定义下端面边缘圆角半径。所得结果如图 3-109 所示。

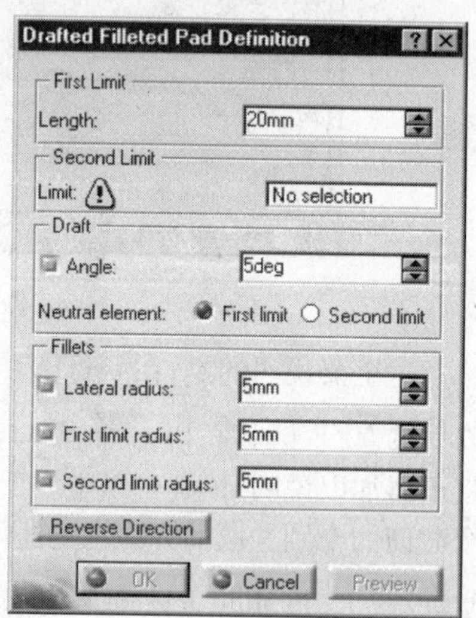

图 3-107　【Drafted Filleted Pad Definition】对话框

3.2.2.4　Pocket 命令

此图标的功能只能在已有的实体上进行，作减材料的拉伸，其对话框与 Pad 命令对话框类似，需要对拉伸类型 Type、拉伸长度 Length 等各个选项进行设置、定义。在【Length】中输入 30mm 后的结果如图 3-110 所示。

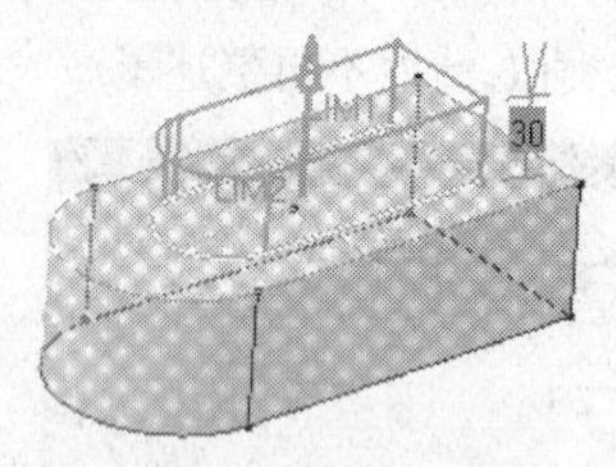

图 3-108　定义拉伸长度

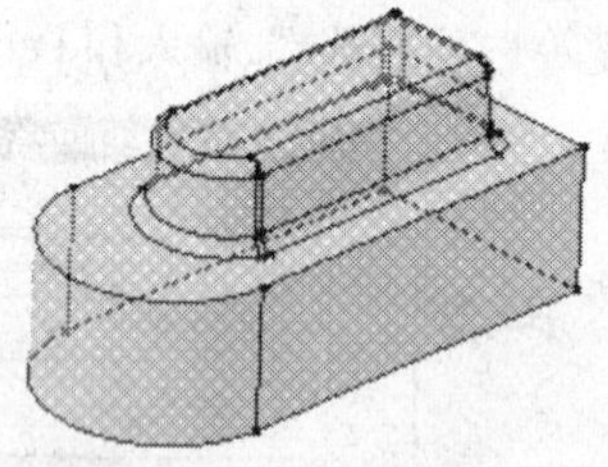

图 3-109　定义圆角半径

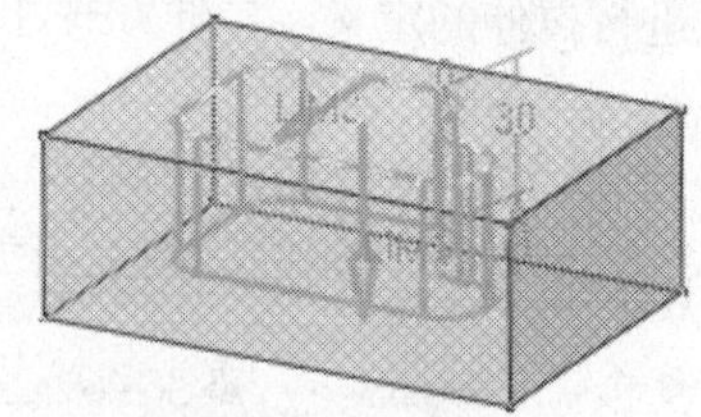

图 3-110　定义减材料拉伸长度

所不同的是点击 LIM2 箭头后，改变其方向，会对已知实体表面的截面与此表面边缘所围成的区域进行拉伸，如图 3-111 所示：

3.2.2.5　Muti-Pocket 命令

此图标功能与 Multi-Pad 命令类似，可以同时拉伸多个截面。它也与 Pocket 一样是在已有的实体上作减材料的拉伸，可以对各个截面定义不同的拉伸长度。拉伸类型的选择、拉伸长度的输入与以上各个命令类似，此处不再赘述。其对话框如图 3-112 所示，实例如图 3-113所示。

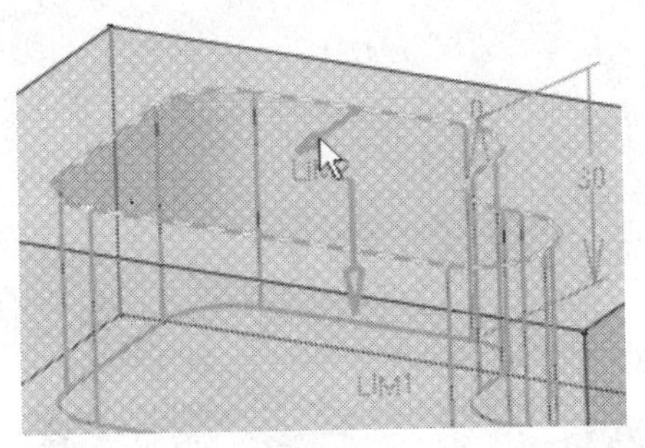

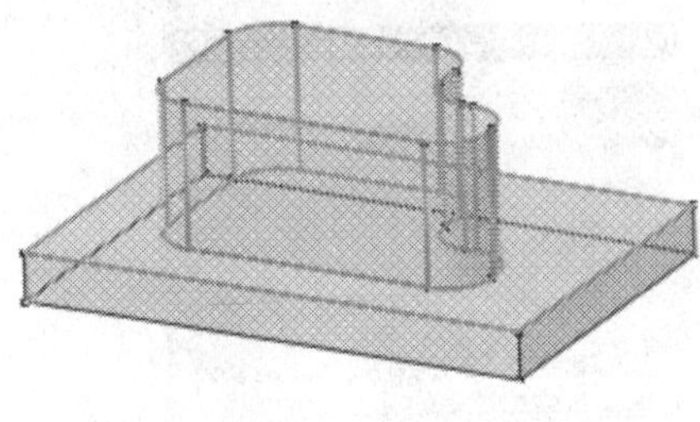

图 3-111　改变 LIM2 后的减材料拉伸操作

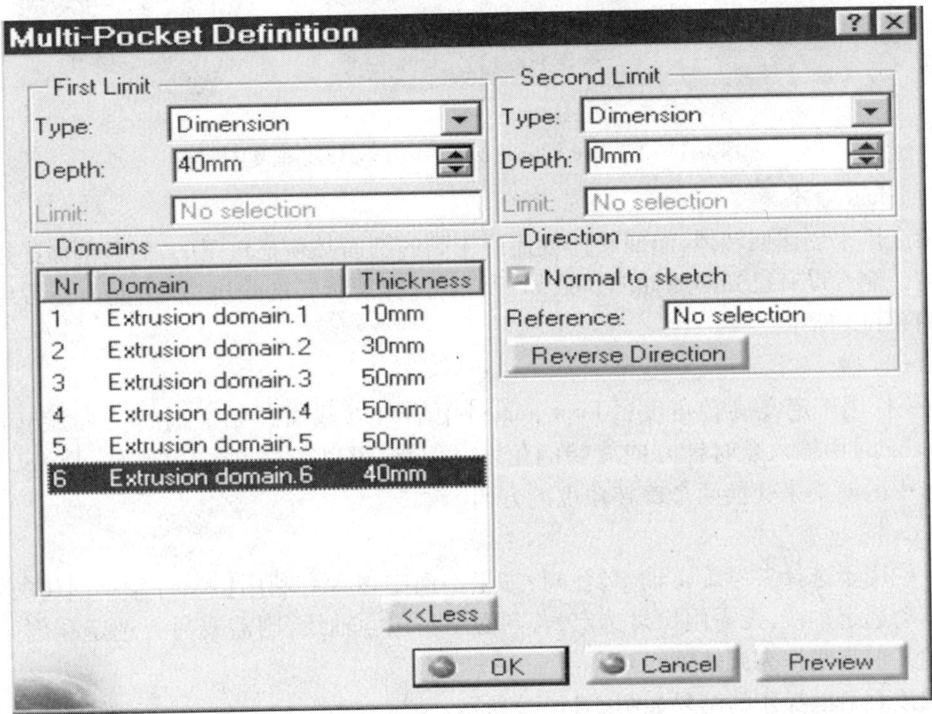

图 3-112　【Multi-Pocket Definition】对话框

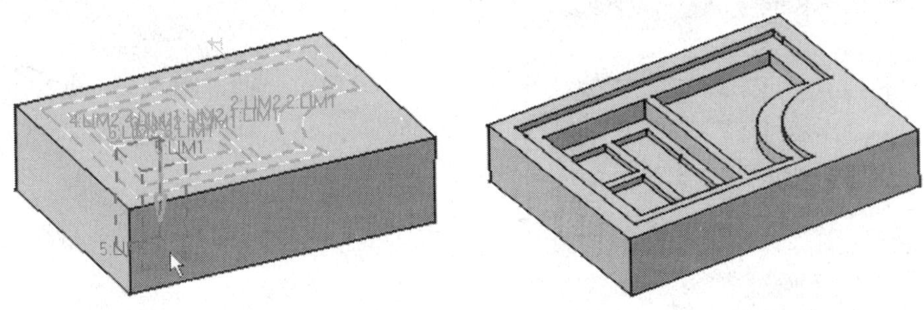

图 3-113　Multi-Pocket 操作

3.2.2.6　Drafted Filleted Pocket 命令

此图标功能与 Drafted Filleted Pad 类似，用于在已知实体上作减材料拉伸的同时完成拔模和倒圆角的工作。其对话框和各项参数的输入可以参考 Drafted Filleted Pad 的讲解进行操作。

其对话框和实例如图 3-114 所示。

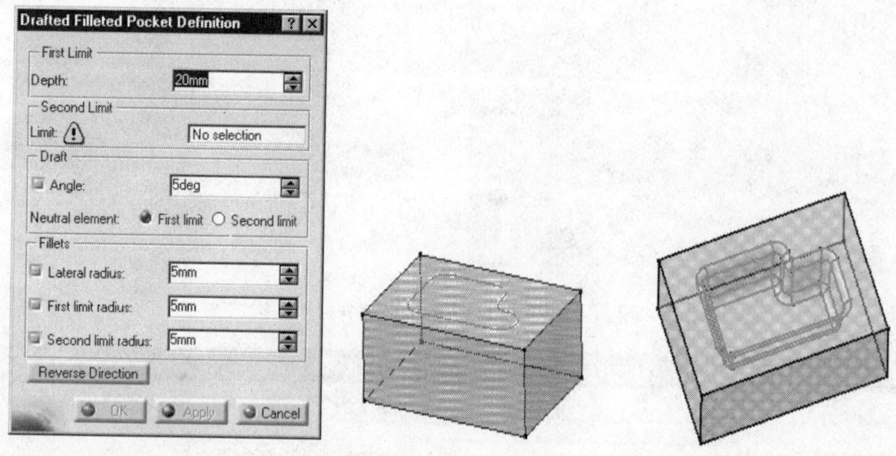

图 3-114 【Drafted Filleted Pocket Definition】对话框及其操作

3.2.2.7 Shaft 命令

此命令用来创建回转体,而回转体创建所用到的剖面必须是封闭的,而且剖面必须位于旋转轴线的一侧。设有已知实体如图 3-116a)所示,选择需旋转的轮廓,点击此命令后出现的对话框如图 3-115 所示。

1)Limits 栏

Limits 栏用于定义旋转角度:【First angle】中输入以截面开始逆时针方向旋转的角度,【Second angle】中输入顺时针方向旋转的角度。但是,可以通过点击【Reverse Direction】或者点击图形中的箭头来交换两个旋转角度的方向。

2)Axis 栏

Axis 栏用于选择参考旋转轴。(注意:如果剖面中包含有利用【Axis】命令创建的轴线,则系统将自动选定轴线,无需用户再选定;若剖面中不包含轴线,则需要另行选定和剖面位于同一平面的某根直线作为旋转轴线)

完成该对话框操作的结果如图 3-116b)所示。

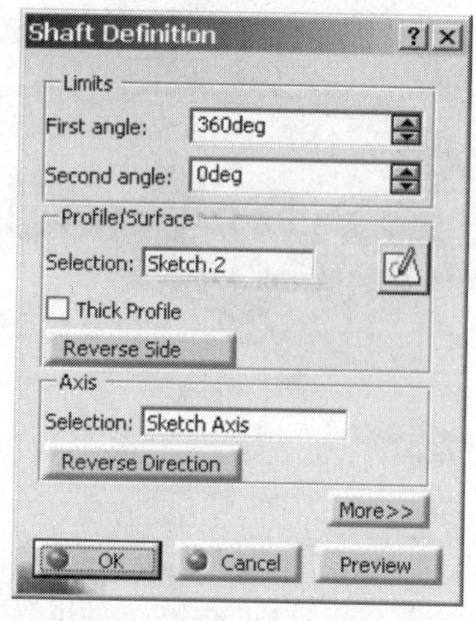

图 3-115 【Shaft Definition】对话框

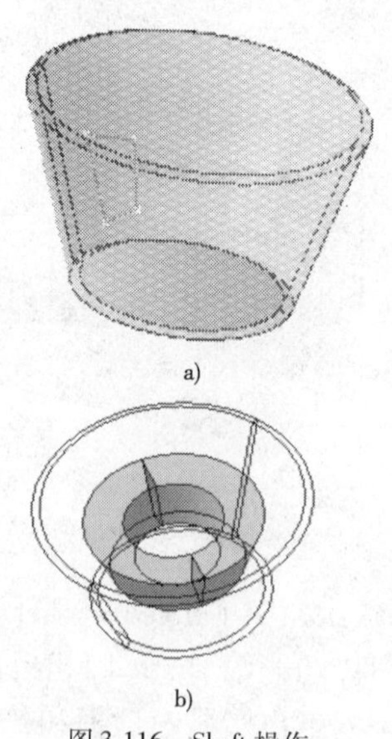

图 3-116 Shaft 操作

3.2.2.8 Groove 命令

此图标功能用来完成对已知实体旋转切除的功能，其对话框如图 3-117 所示。

和 Shaft 一样，该命令也需要定义旋转角度和旋转轴。

在【First angle】中输入 100deg，【Second angle】中输入 60deg 后的图形显示和结果如图 3-118所示。

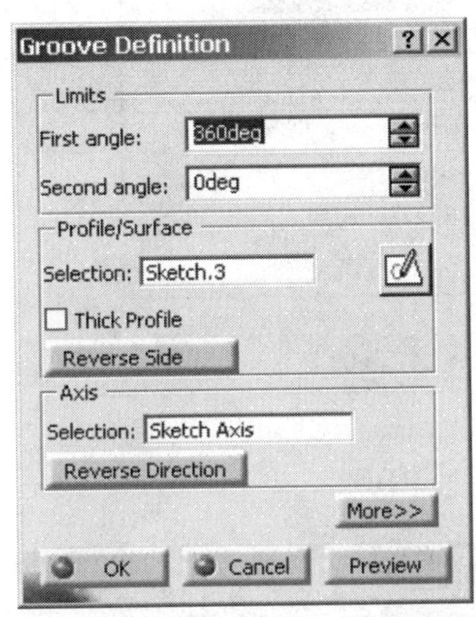

图 3-117 【Groove Definition】对话框

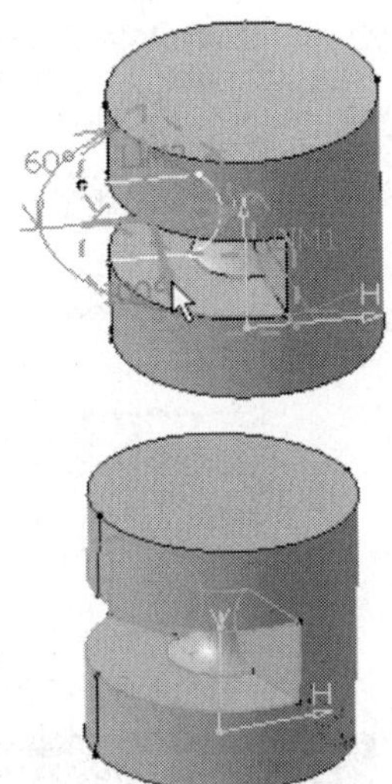

图 3-118 Groove 操作

3.2.2.9 Hole 命令

此图标功能用来在已有的实体上进行打孔操作。通常，在创建孔的时候需要定义孔的位置和各个参数，参数包括直径、深度和样式等。孔的类型有很多，除了销孔以外，其它类型的孔都可以设置为螺纹孔。孔的中心位置可以在创建孔的时候定义，也可以在孔创建好以后再修改。

选择好打孔的平面以后，点击此命令后出现对话框，如图 3-119 所示。

1) Extension 选项卡

在【Extension】选项卡中，左上角第一项选择打孔的深度方式，方式有 5 种，如图 3-120 所示。

接下来定义孔的直径和深度，在【Diameter】中输入直径值，在【Depth】中输入深度值。

在【Positioning Sketch】栏中点击，来定义孔的中心位置（或者在打好孔以后再修改）。

在【Bottom】中定义孔的底部形式：V-Bottom 表示圆锥孔，Flat 代表平底孔。

2) Type 选项卡

在【Type】选项卡中选择孔的形式，有 5 种形式，如图 3-121 所示。

选择好孔的形式后就可以定义直径、深度、角度等参数。

3) Thread Definition 选项卡

如果不是选择 Tapered 形式的孔，【Thread Definition】选项卡（如图 3-122 所示）的各个选项会被激活，以定义螺纹孔的各个参数。

Type 用于选择螺纹标准，Thread Diameter 用于定义螺纹直径，Thread Depth 用于定义螺纹

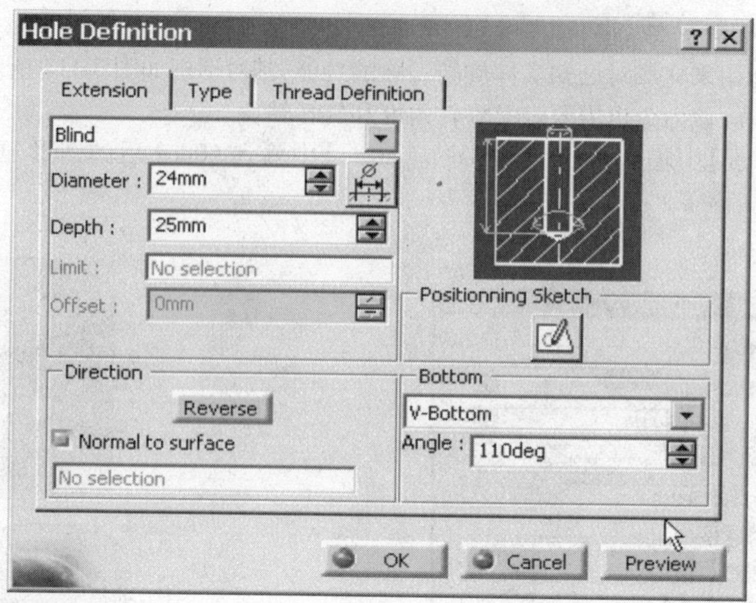

图 3-119 【Hole Definition】对话框

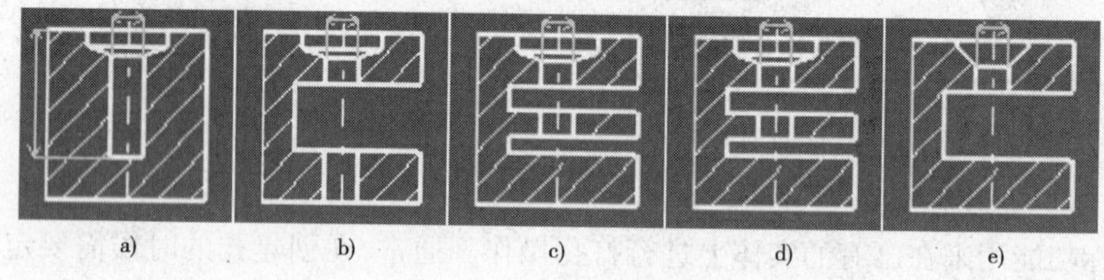

a) b) c) d) e)

图 3-120 打孔深度方式

a) Blind; b) Up to last; c) Up to plan; d) Up to surface; e) Up to next

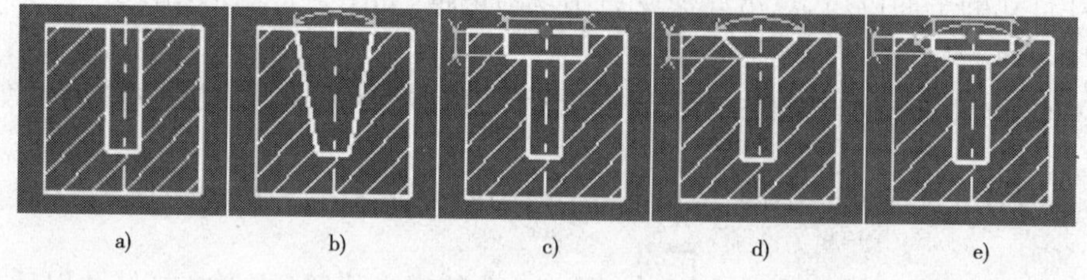

a) b) c) d) e)

图 3-121 孔的形式

a) Simple; b) Tapered; c) Counter bored; d) Counter sunk; e) Counter silled

深度，Pitch 用于该选项卡中定义螺纹节距。定义好各个参数后还可以选择 Right-Thread（右螺旋）或 Left-Thread（左螺旋）。

孔心定位技巧：孔心的定位可以通过预选定来实现，例如用户想在某一平面上打孔，孔的中心与平面的两直边成一定的距离，则可按住【Ctrl】键，然后依次选定打孔平面、孔心的尺寸标注直边，然后选择 Hole 命令，此时系统自动生成孔心与直边之间的距离尺寸；另外，若用户想生成与某个圆弧同心的孔，则用户可按住【Ctrl】键，然后鼠标选定打孔平面和同心圆弧，再选择 Hole 命令，此时系统自动生成与选定圆弧同心的孔。

3.2.2.10 Rib 命令

此图标功能是将轮廓线沿一条空间曲线扫描。点击此命令出现的对话框如图 3-123 所示。

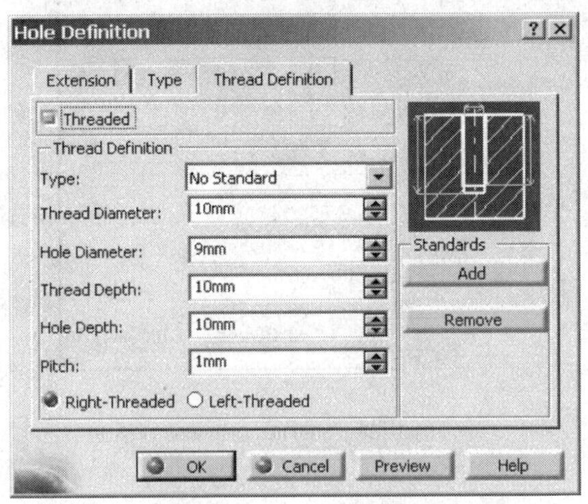

图 3-122 【Thread Definition】选项卡

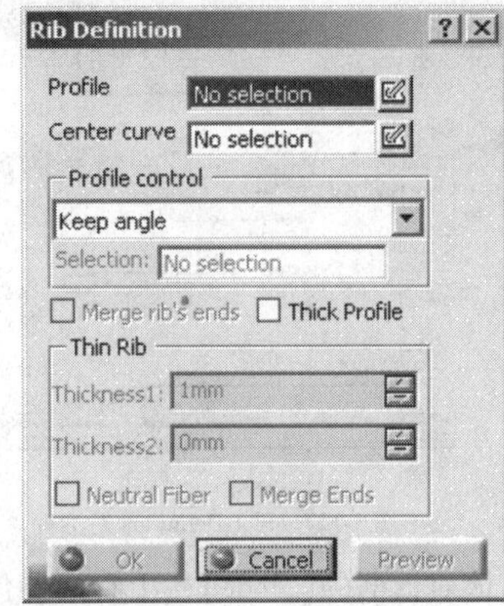

图 3-123 【Rib Difinition】对话框

在【Profile】中可以选取扫描的轮廓，在【Center curve】中可以选取扫描的路径中心线。【Profile control】有三个选项，分别为：Keep angle 表示在扫描过程中轮廓线与中心线的夹角一致，如图 3-124 所示；

Pulling direction 表示在扫描过程中轮廓线以平行关系扫描，如图 3-125 所示；

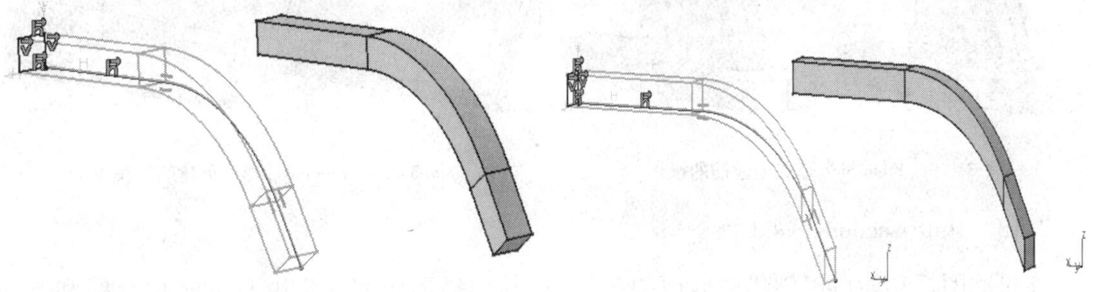

图 3-124 轮廓线与中心线夹角一致扫描　　图 3-125 截面轮廓线保持平行扫描

Reference surface 表示扫描过程中轮廓线一中心线为旋转轴，其旋转角度以曲面为参照，如图 3-126 所示。

3.2.2.11 Slot 命令

此图标功能的使用方法和 Rib 基本相同，是对已知实体作减材料的扫描。具体操作方法可参考 Rib。其对话框如图 3-127 所示。

3.2.2.12 Stiffener 命令

此图标功能是用来创建筋，绘制的轮廓线不封闭的时候，两端的切向延长线需要与已知实体相交。对话框如图 3-128 所示。

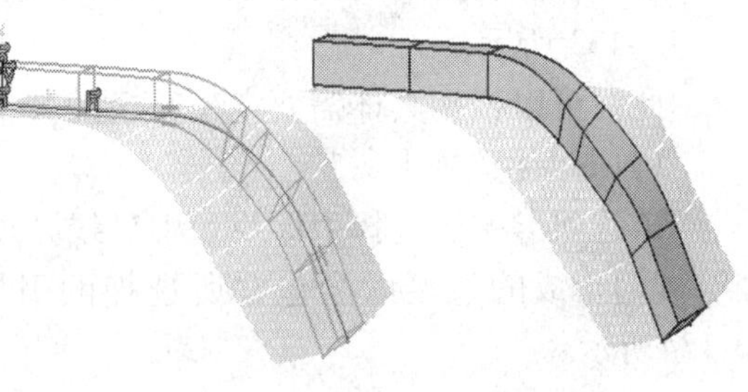

图 3-126 以曲面为参照面的扫描

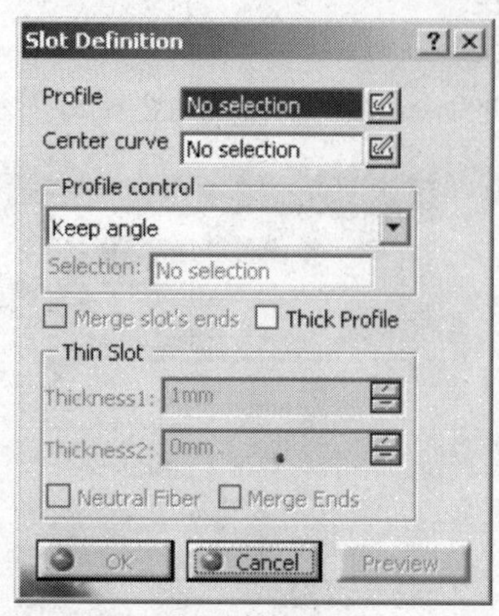

图 3-127　Slot Definition 对话框

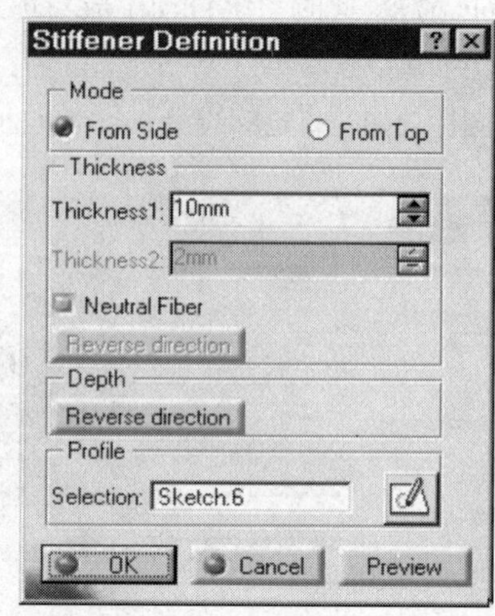

图 3-128　Stiffener Definition 对话框

该对话框的【Mode】栏中有两种创建形式:

(1)From Side 创建方式如图 3-129 所示;

(2)From Top 创建方式如图 3-130 所示。

图 3-129　From Side 形式创建筋的操作

图 3-130　From Top 形式创建筋的操作

3.2.2.13　Multi-sections Solid 命令

通过此图标功能可以创建多截面的扫描体,其扫描形状的变化由 Guides 引导线和 Spine 脊线控制。截面的轮廓线应该是封闭的。

点击此命令后出现的对话框如图 3-131 所示。

该对话框的第一个框内为依次选择已经绘制好的截面轮廓(如果不按次序选择形状计算会产生扭曲),如图 3-132 所示,其中黄色的为各个截面。

三个截面轮廓均为高亮显示,如果不定义其它选项,截面之间的形状通过光滑曲面过渡,如图 3-133 所示。

此时可以根据具体需要定义其余的各个选项。

1)Guides 选项卡

该选项卡用于选择引导线。引导线必须与所有截面轮廓线相交,用引导线控制过渡面形状,此时形成的过渡面会包含所选择的引导线。选择其中两条线作为引导线后,结果如图 3-134所示。

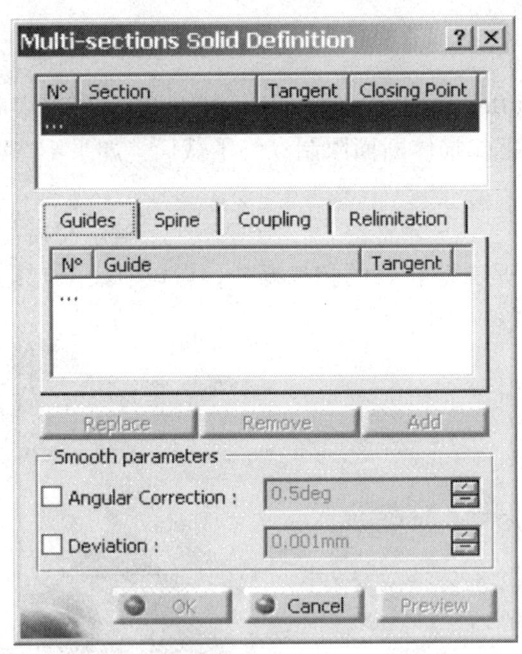

图 3-131 【Multi-sections Solid Definition】对话框

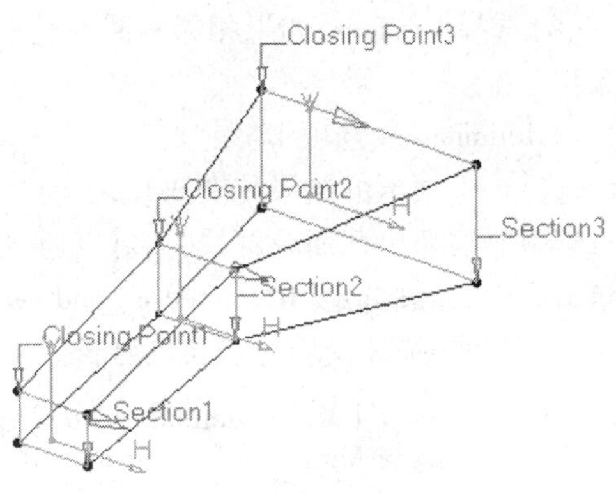

图 3-132 依次选择三个截面轮廓

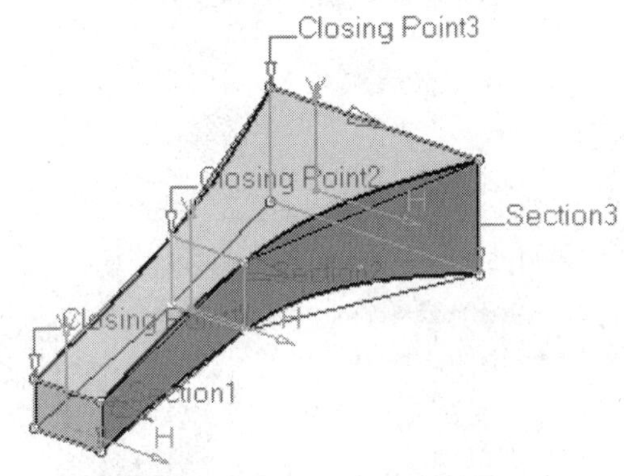

图 3-133 完成 Multi-sections Solid 操作

可此见,选择的两条引导线包含在过渡面内,另外两条线没有选择,则没有被包含在过渡面内。

2)Spine 选项卡

该选项卡用于选择脊线(不需要和截面轮廓线相交,只是控制变化的趋势)以控制中间过渡的变化趋势,并可以限制扫描体生成的长度。此脊线一定要光滑,以反映希望生成的扫描体的形状。如果不设定此条线,系统会自动计算出一条脊线。

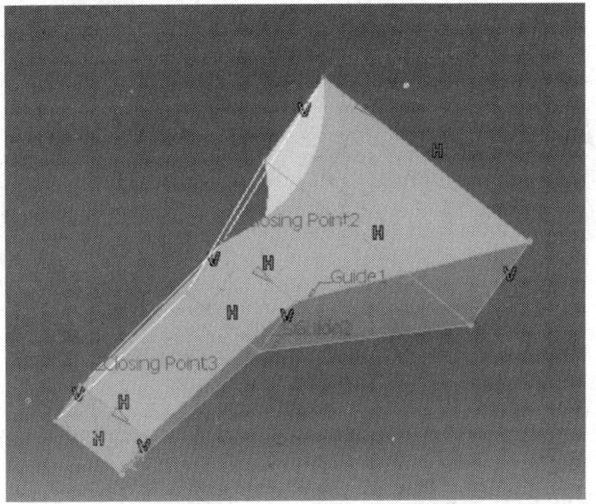

图 3-134 选择引导线后的操作结果

3)Coupling 选项卡

该选项卡中用于截面轮廓线的匹配方式有 4 种,它们可以在【Section coupling】中选择:

(1)选择 Ration,会根据截面轮廓线的周长按比例分配,常用在不同形状轮廓线之间的扫描操作;

(2)选择 Tangency,以轮廓线上斜率不连续的点相匹配,若两个轮廓线的斜率不连续的点的数目不同,则不能用此选项;

(3)选择 Tangency then curvature ,根据曲率不连续点相匹配,若两个轮廓线曲率不连续的点的数目不同,则不能用此选项;

(4)选择 Vertices,如果相邻两截面轮廓线的线段端点数量一样(数量不一样不能用),以端点相匹配。

4)Relimitation 选项卡

选择该选项卡的结果如图 3-135 所示。

当引导线超出截面轮廓线时,可以通过选定【Relimited on start section】把扫描体断面限制在起始界面,通过选定【Relimited on end section】把扫描体断面限制在终了截面。如果不选此选项,可以使扫描体沿引导线自动延长。

3.2.2.14 Removed Multi-sections Solid 命令

此图标功能与 Multi-sections Solid 功能类似,是去除材料的扫描操作,其选项操作与其类似,具体参考 3.2.2.13 节,读者可以参考学习。

一个具体例子如图 3-136 所示。

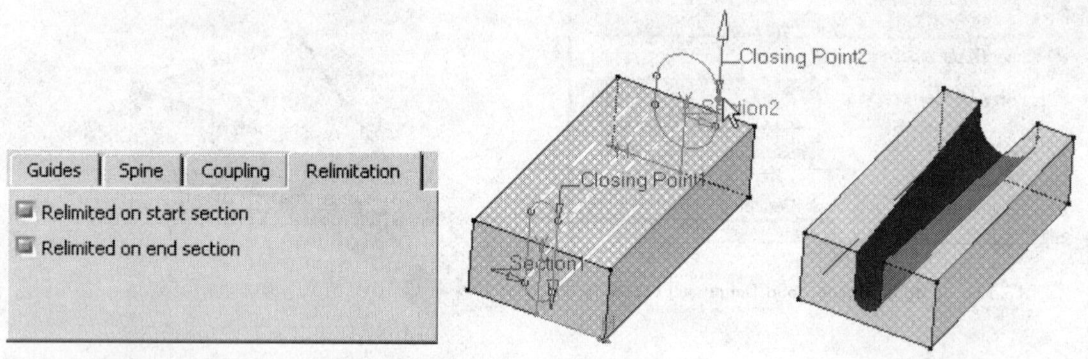

图 3-135 【Relimination】选项卡　　图 3-136 Remove Multi-sections Solid 操作

3.2.2.15 Solid Combine 命令

此图标功能是用来求出多个截面拉伸成型相交的交集部分,点击命令后出现的对话框如图 3-137 所示。

【First component】和【Second component】栏分别用于选择截面,并定义各自挤压方向。图 3-138 所示是选择两个截面(Sketch.1 和 Sketch.2)全部选择【Normal to profile】的预览图。

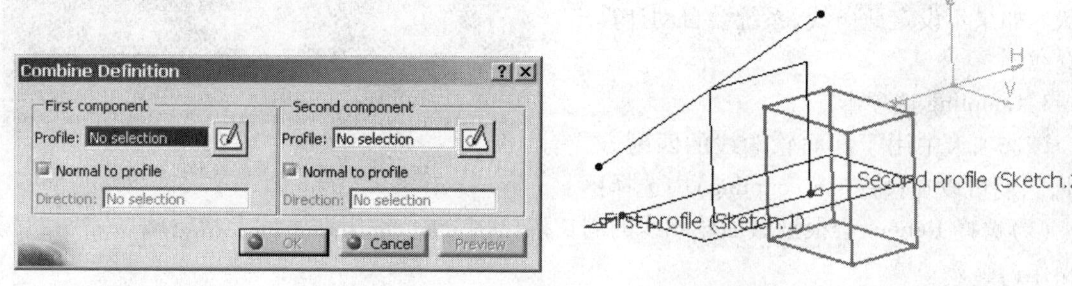

图 3-137 【Combine Definition】对话框　　图 3-138 选择 Normal to profile 选项的预览图

截面 Sketch.1 选择拉伸参考方向为图示直线的预览图,如图 3-139 所示。First direction 为 Sketch.1 的拉伸方向。

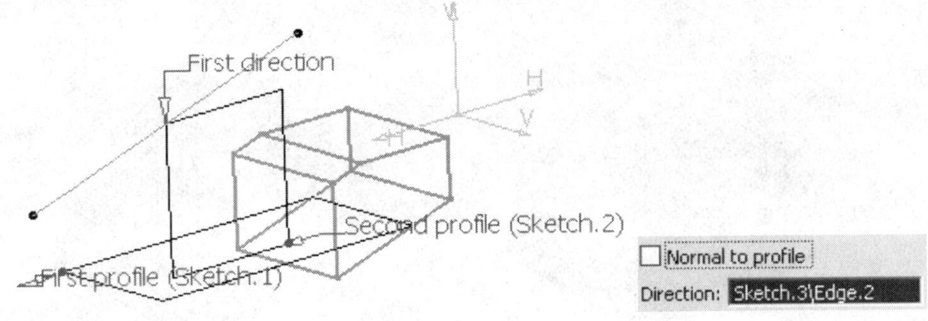

图 3-139　指定 Sketch.1 的拉伸方向的预览图

3.2.3　修饰特征(Dress-Up Features)

通常，在制作完成一个简单的三维实体后，需要对其进行修饰，而这种修饰并不改变整个实体的基本结构轮廓。修饰常用到的工具包括 Fillet(圆角)、Chamfer(倒角)、Draft Angle(拔模角)、Shell(薄壳)、Thickness(厚度)、Thread/Tap(螺纹)等。

3.2.3.1　Edge Fillet 命令

此图标功能是在实体的边缘进行倒圆角的操作，将零件的边缘棱角加工成圆角过渡。设有一个已知的零件实体如图，对其边缘进行倒圆角操作，其操作步骤如下：

(1)点击此命令，会出现如图 3-140 所示的对话框；

(2)选择需要倒圆角的边缘线(可以选择多个边)，如图 3-141 所示；也可以选择一个面，此时这个面上的所有边缘线将会被自动成为倒圆角的对象，选择的对象会自动填入【Object(s)to fillet】中；

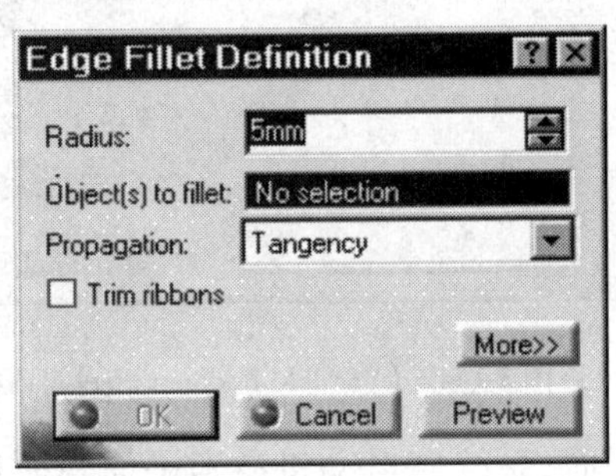

图 3-140　【Edge Fillet Definition】对话框

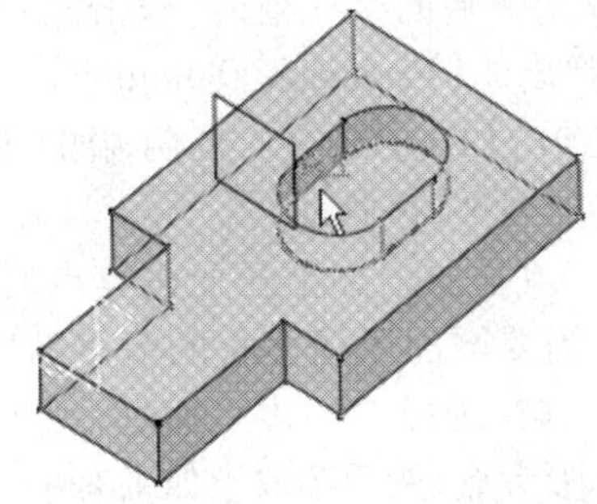

图 3-141　选择需要倒圆角的边缘线

(3)在【Radius】中输入圆角半径；

(4)【Propagation】用于定义圆角延伸的方式，其中有两个选项：选择 Tagency，圆角操作将会沿着与所选择的边相切的所有边缘线作用；选择 Minimal，将只会对所选择的边缘线操作，不考虑别的边缘线。两种选项的区别如图 3-142 所示。

(5)点击【OK】，完成倒圆角操作。

这里要说明是：在选择 Tagency 时，【Trim ribbons】选项将被激活，若选择此项时，系统将会自动地剪裁两重叠的圆角，如图 3-143 所示。

3.2.3.2　Variable Radius Fillet 命令

此图标功能类似于 Fillet，也用于对实体边缘棱边倒圆角操作，但不同的是可做变半径的

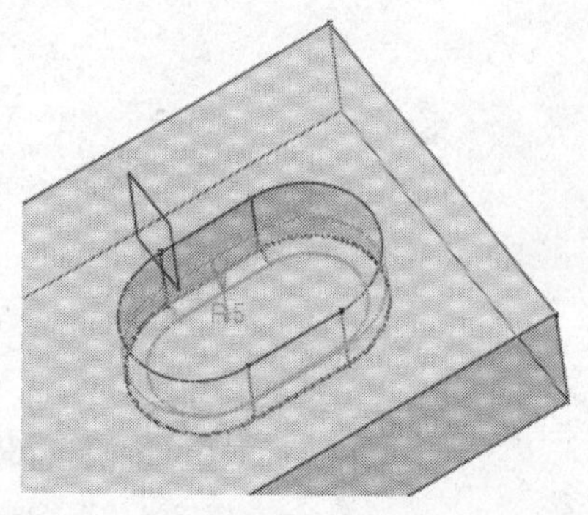

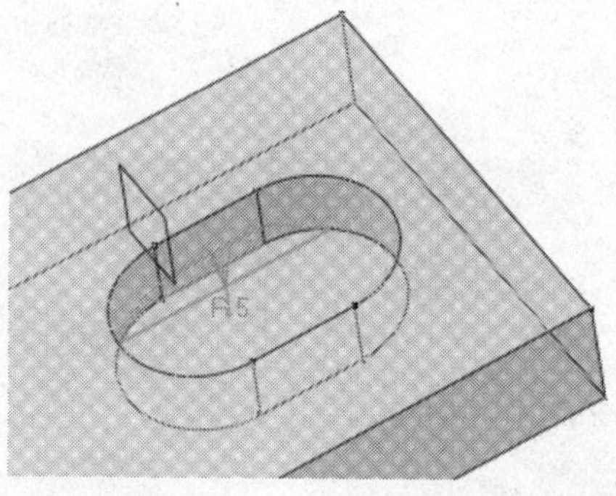

图 3-142　分别选择 Tagency 和 Minimal 两种圆角延伸方式的对照

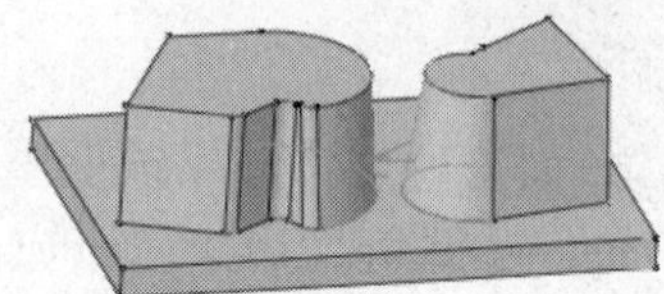
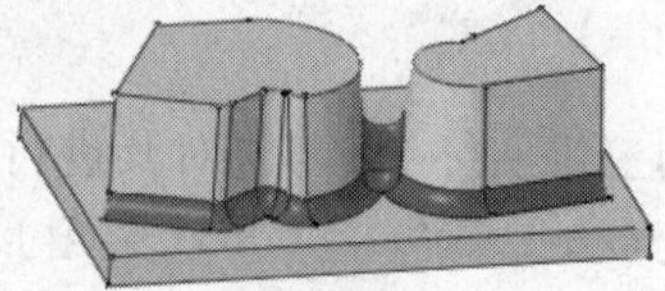
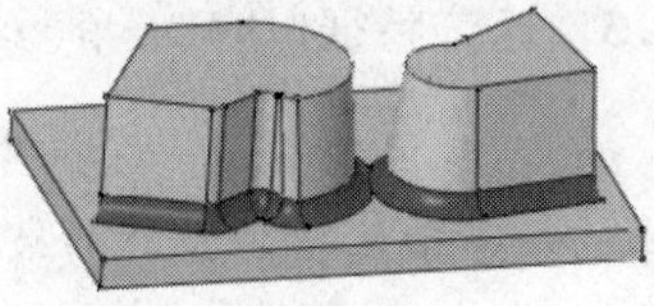

图 3-143　选择 Trim ribbons 选项前后分别进行操作的对比

倒圆角操作。下面通过对一个长方体的一条棱进行操作，来说明其用法。

(1)点击此命令，出现对话框(如图 3-144 所示)。和 Fillet 命令一样，这里需要选择要进行倒圆角的边缘线，定义圆角半径，选择圆角延伸的方式，具体步骤参考 Fillet 用法和步骤。

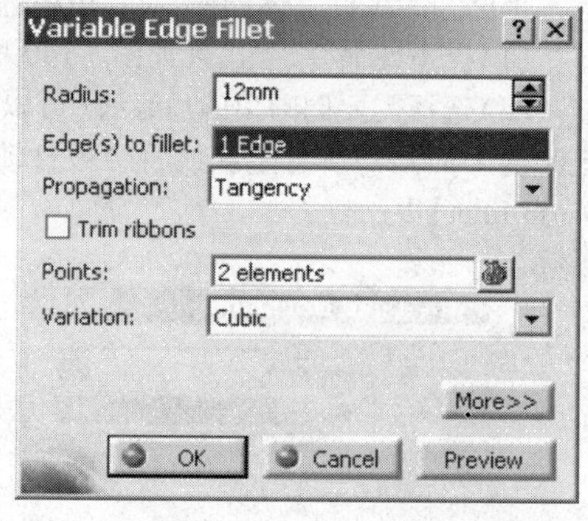

图 3-144　【Variable Radius Fillet】对话框

(2)此时两端半径都是上一步中输入的半径值。需要改变两端的半径值时，双击圆角半径的尺寸标注，在弹出的【Parameter Definition】中输入修改的半径值，点击【OK】确定。在两端的半径值，定义为 12mm，如图 3-145 所示。

(3)在需要增加半径变化节点时，在【Points】中定义。需要增加半径变化的节点数时，可以直接用鼠标左键在选择的棱边上点选，也可以事先在棱边上创建参考点，然后选取。如果有事先创建好的参考平面，系统会自动将参考平面与所选棱边的交点作为半径变化的节点。

(4)双击节点处的尺寸标注，对半径值进行必要的修改，参考步骤(2)。在节点处的半径值，定义为 4mm，如图 3-145 所示。

(5)在【Variation】中选择节点之间的半径过渡方式：Cubic 表示曲线过渡，Linear 表示线性过渡。

完成上述几个步骤即完成操作。

3.2.3.3　Face-Face Fillet 命令

此图标功能是在同一底座上面的两个凸台之间生成圆弧过渡。对于如图所示的实体中，有两个锥台在同一个底座上，为了在它们之间创建一个圆弧过渡，可以用此命令来实现操作。具体步骤如下。

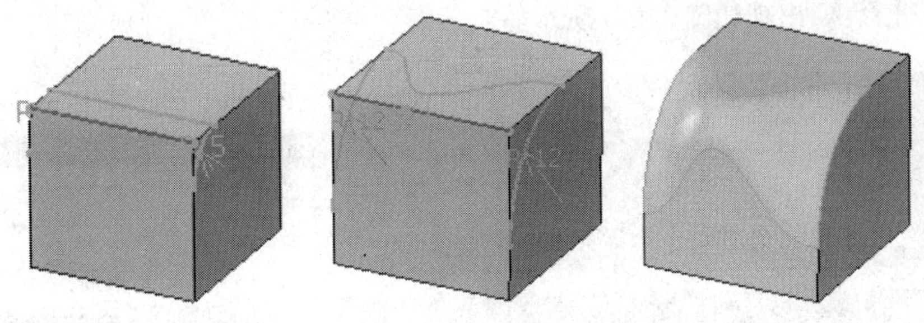

图 3-145　选择倒圆角的边并对编辑不同的圆角半径

(1)点击此命令,出现的对话框如图 3-146 所示。

(2)选择两个锥台的侧面,填入【Faces to fillet】,表示在此两个面之间生成圆弧过渡。

(3)在【Radius】中输入,圆弧过渡的半径值。

(4)点击【OK】,完成操作。所得结果如图 3-146 所示。

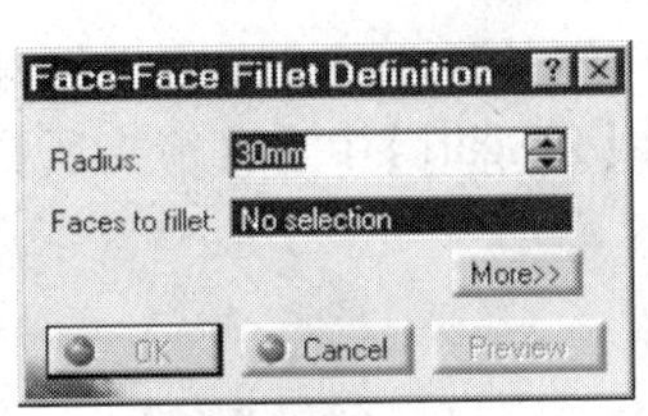

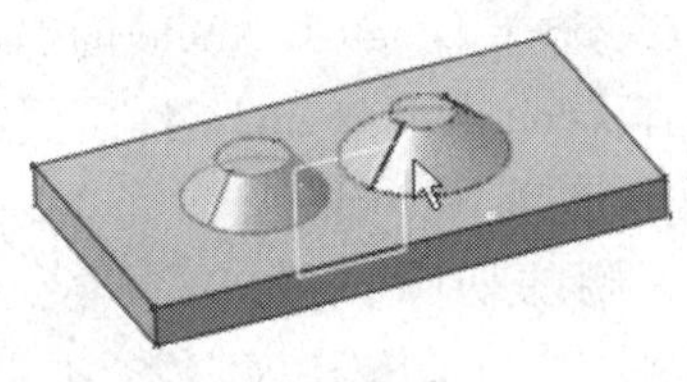

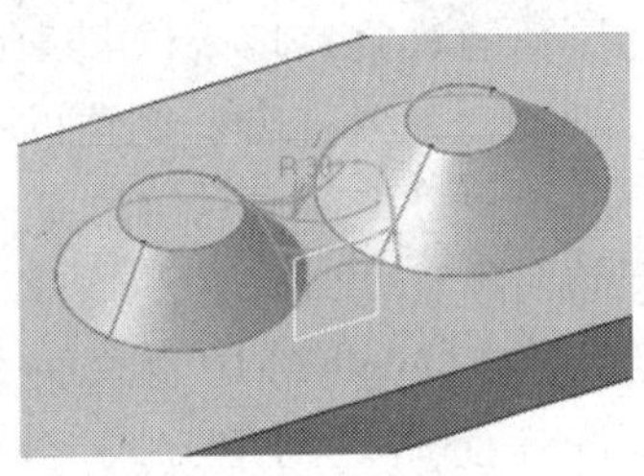

图 3-146　【Face-Face Fillet Definition】对话框及其操作

这里要说明的是:圆弧过渡的半径大小会受到凸台高度和两个凸台之间距离的限制。

3.2.3.4　Tritangent Fillet 命令

此命令的作用是将实体的一个面变成圆弧面,并与其相邻的两侧面相切。具体用法可通过以下操作加以说明。

(1)点击此命令,出现的对话框如图 3-147 所示。

(2)选择与将要形成的圆弧面相切的两个侧面(如图 3-148a),系统自动填入【Faces to fillet】的填入框中。

(3)选择将要变成圆弧面的一个面(如图 3-148b),填入到【Faces to remove】填入框中。

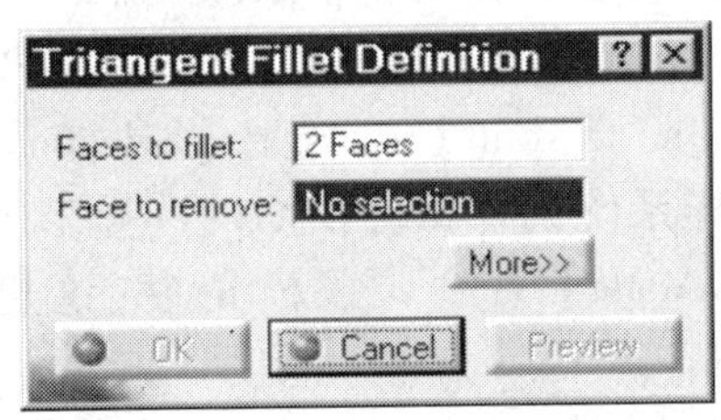

图 3-147　【Tritangent Fillet Definition】对话框

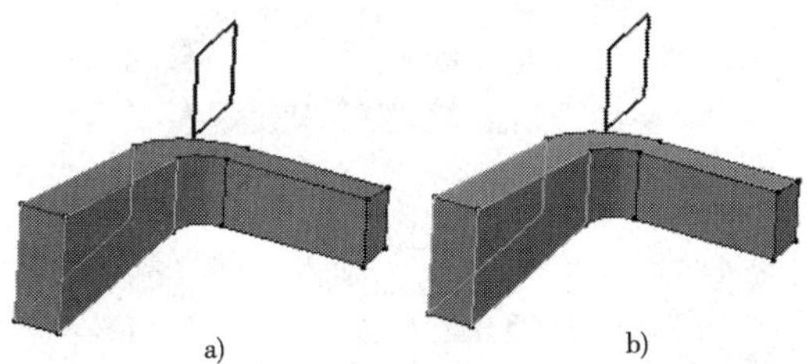

图 3-148　分别选择侧面和需要变成圆弧面的平面

(4)点击【OK】,完成操作。所得结果如图 3-149 所示。

3.2.3.5　Chamfer 命令

此图标功能是对所选择直角棱边进行倒角操作。对一个已知的实体(如图 3-150)进行倒角操作的具体步骤为:

（1）点击此命令，出现如图 3-150 所示的对话框。

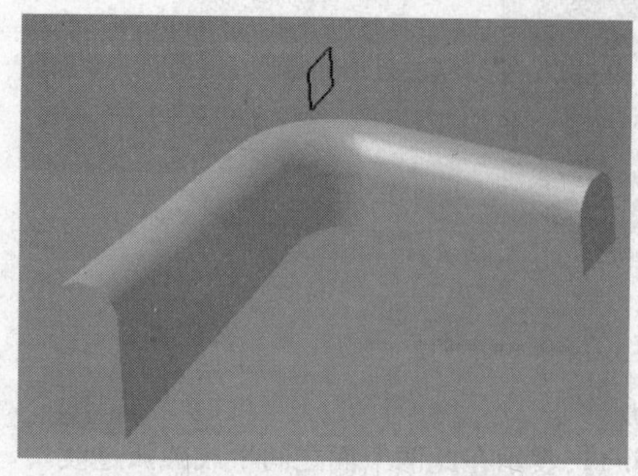

图 3-149　Triangent Fillet 操作结果

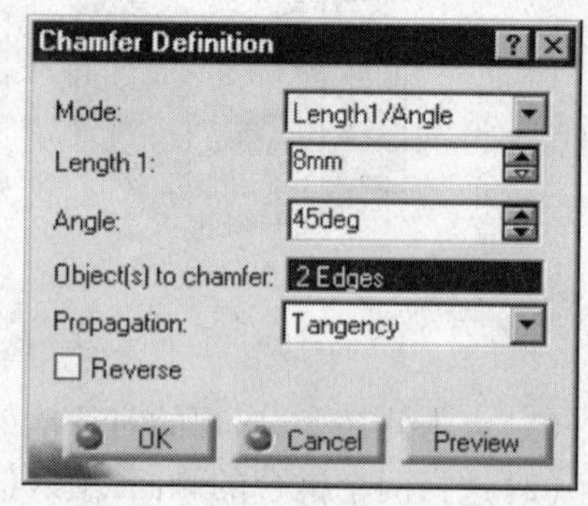

图 3-150　【Chamfer Definition】对话框

（2）选择需要倒角的边线，可以多选（也可以选择一个面，此时这个面的所有边线都会被选为倒角的对象），填入【Object(s) to chamfer】中，如图 3-150 所示。

（3）在【Mode】选择倒角的方式：选择 Length1/Angle 时，需要在【Length1】中定义倒角长度，在【Angle】中定义倒角角度；选择 Length1/Length2 时，需要在【Length1】中定义箭头所指方向上的切除宽度（箭头方向可以通过选择 Reverse 来改变），在【Length2】中定义另外一侧的切除宽度。此步选择前一种倒角方式，分别定义【Length1】为 8mm，定义【Angle】为 45deg。

（4）点击【OK】，完成倒角操作。所得结果如图 3-151 所示。

这里要说明是：此命令中【Propagation】选项的选择方式与 3.2.3.1 节中【Edge Fillet】命令的选择方式一样，详细步骤请参考 3.2.3.1 节中的内容。

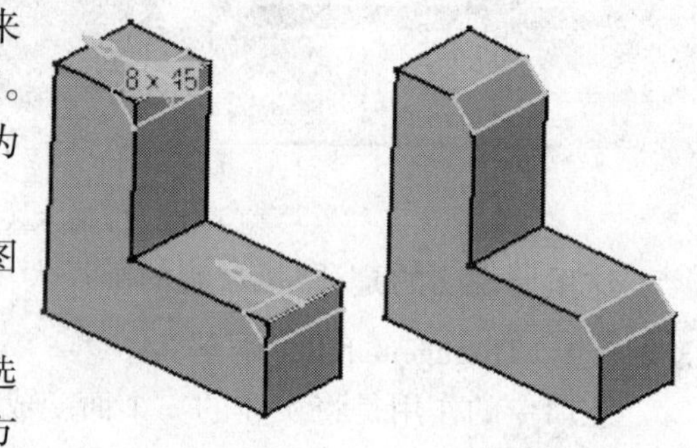

图 3-151　Chamfer 操作

3.2.3.6　Draft Angle 命令

在设计铸造、锻造零件时，可以用此命令创建拔模角。通过一个已知实体（图 3-153a）的拔模操作说明此命令的用法。

图 3-152　【Draft Definition】对话框

（1）点击此命令，出现的对话框如图 3-152 所示。

（2）在实体上选择需要创建拔模角的面（可以多选），填入【Face(s) to draft】中，选择【Selection by neutral face】，这样系统会根据分模面的选择来确定拔模面。并在【Angle】中输入拔模角度，这里输入 7deg。

（3）接下来需要在【Neutral Element】栏中定义分模面。点击【Selection】右侧的填入框，变蓝以后选择一个面作为分模面（可以是平面也可以是曲面，并且可以是多个曲面），选择长方体的一个顶面，填入【Selection】中。选择完成后，会出现箭头，箭头所指方向为默认的拔模方向，可以通过点击箭头改变这个方向。此时,分模面的四个侧面被确定为拔模面。

(4)为了继续对以后更多设置的介绍,此时先不点击【OK】,先点击【Preview】,进行预览,如图 3-153b)所示。

(5)点击【More >>】,选中【Limit Element(s)】右侧的填入框,在此处可以定义限制平面,来作为拔模角操作区域的限制平面。设已知有两个参考平面,如图 3-153c)所示,选择这两个参考平面填入【Limit Element(s)】中。选择后会出现箭头,可以点击箭头,来改变平面的限制区域。

(6)参数都定义好以后,点击【OK】,完成操作。所得结果如图 3-153d)所示。

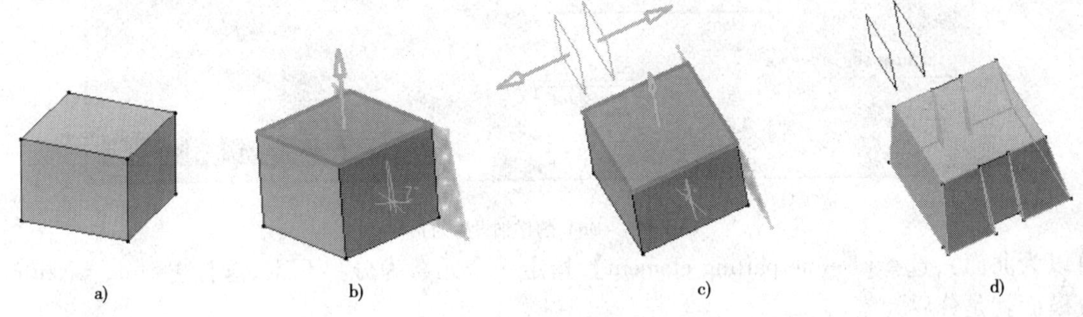

图 3-153　拔模操作

说明:

1. 在步骤(3)中出现了默认参考方向,可以在【Pulling Direction】栏中的【Selection】中自行定义参考方向:可以选一条直线作为参考方向,也可以选择一个平面作为参考元素,选择一个平面时,平面的法向为参考方向。

2. 在选择分模面时【Propagation】中提供两种延伸方式:None 表示只把选择的面作为分模面,Smooth 表示分模面是与所选择的面相切的所有面,如图 3-154 所示,圆弧顶与两端的侧面相切,选择 Smooth 后,若选择这三个面中的任意一个面,这三个面都会被选中成为分模面。

3. 当拔模角度超出拔模面与相邻面的夹角时,需要在【Draft Form】中选择 Square,如图 3-154所示。

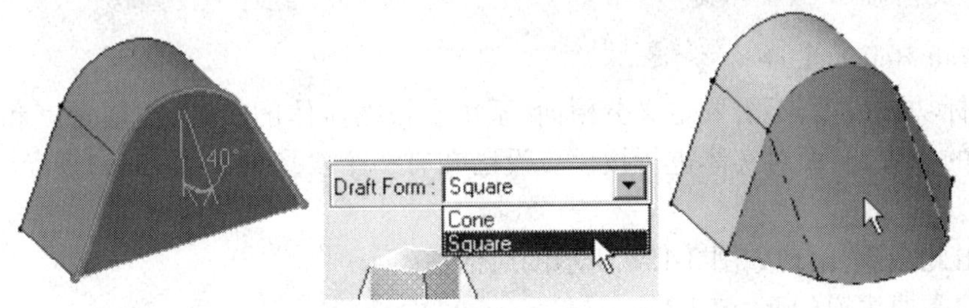

图 3-154　拔模角度超出拔模面与相邻面的夹角时的操作

从图 3-155 中可见,在【Parting Element】栏中还有多个参数可以设置。这里先介绍另外两个功能,部分区域拔模和双向拔模。假设有一个已知实体,实体中间还有一个参考平面,如图 3-156 所示。

(1)点击此命令,选择侧面填入【Face(s)to draft】,在【Angle】中输入 13deg,选择已知的参考平面为分模面,填入【Neutral Element】栏中的【Selection】右侧。

(2)点击【More >>】,在【Parting Element】栏中定义区域拔模的分界元素(可以为平面也

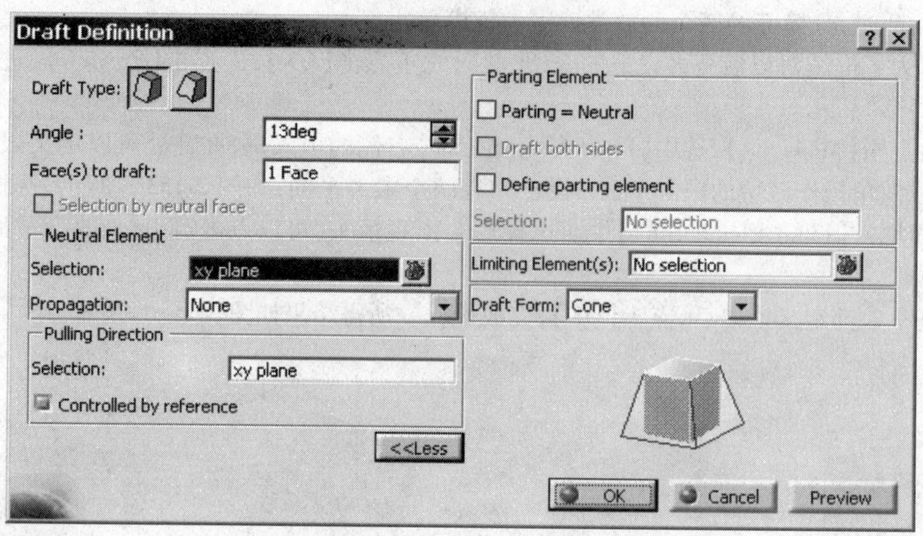

图 3-155　Draft 的详细设置对话框

可以为曲面)，选择【Define parting element】，指定一个元素为分界元素，选择 Parting = Neutral，分模面就是分界元素。

(3)点击【OK】，完成部分区域拔模。所得结果如图 3-157a)所示。

如果需要双向拔模，在完成步骤(2)后，再选择【Draft both sides】，然后再点击【OK】，即完成双向拔模。所得结果如图 3-157b)所示。

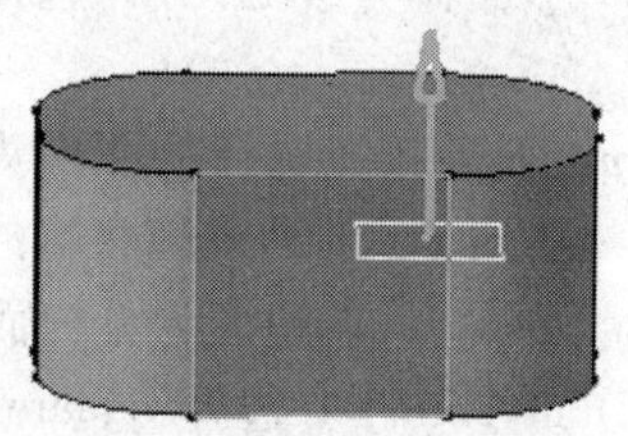

图 3-156　实体中间存在一个参考平面

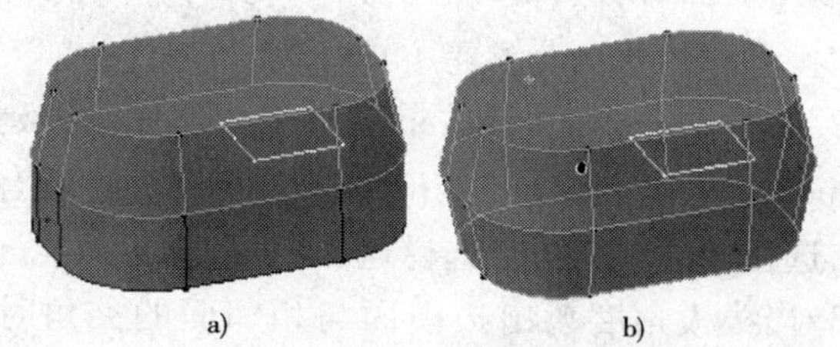

图 3-157　部分区域拔模和双向拔模

3.2.3.7　Draft Reflect Line 命令

用此图标功能拔模，不需要定义分模面，系统会根据实体的特征、拔模角度和拔模方向计算出分模线的位置，从而对实体进行拔模。设已知有一个实体如图 3-158a)所示，对其进行拔模操作。

(1)点击此命令，出现如图 3-158 所示的对话框。

(2)选择需要拔模的面，填入【Face(s) to draft】中。

(3)在【Angle】中输入拔模角度，输入 11deg。

(4)选择一个参考平面，填入【Pulling Direction】栏中的【Selection】后面，平面的法向为参考方向。

(5)在实体没有特征限制拔模的端面(可以是平面也可以是曲面)时，需要点击【More >>】，在【Parting Element】栏中定义。激活【Define parting element】选项，选择步骤(4)中的参考平面填入【Selection】中，作为端面。

(6)点击【OK】，完成操作。所得结果如图 3-159c)所示。

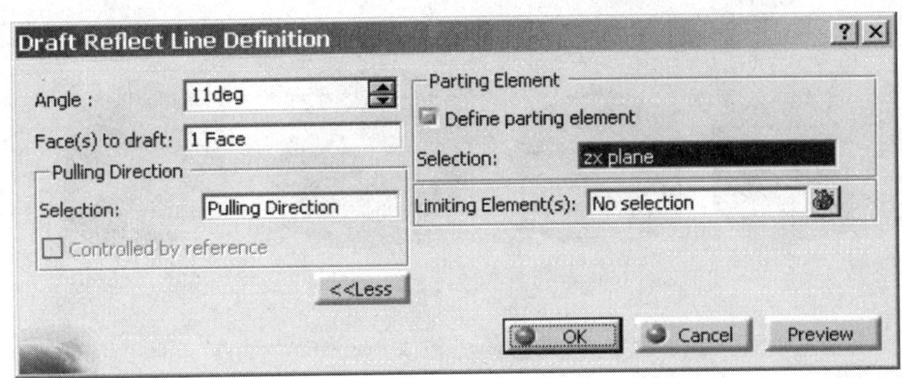

图 3-158 【Draft Reflect Line】对话框

3.2.3.8 Variable Angle Draft 命令

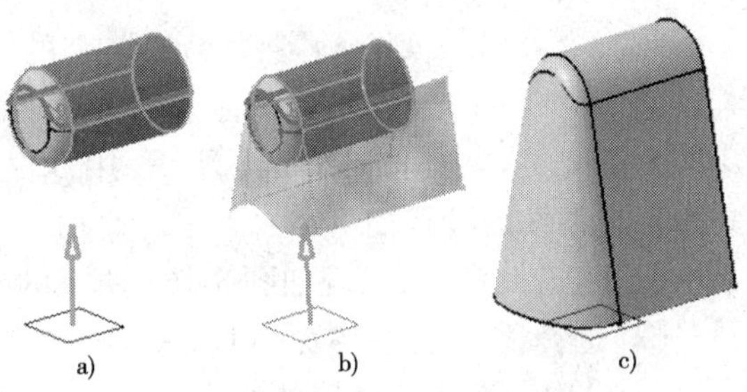

图 3-159 Draft Reflect Line 操作

此图标功能可以实现变化拔模角度的创建，操作与 Draft Angle 类似，但是与它的不同之处在于可以创建变角度的节点，定义不同节点处的不同拔模角度，创建复杂的拔模面。对于 3.2.3.6 节中讲解 Draft Angle 的模型，如图 3-161a）所示，具体操作步骤如下：

（1）点击此命令，出现的对话框如图 3-160 所示。

（2）选择长方体的一个侧面为拔模面，填入【Face(s) to draft】中。

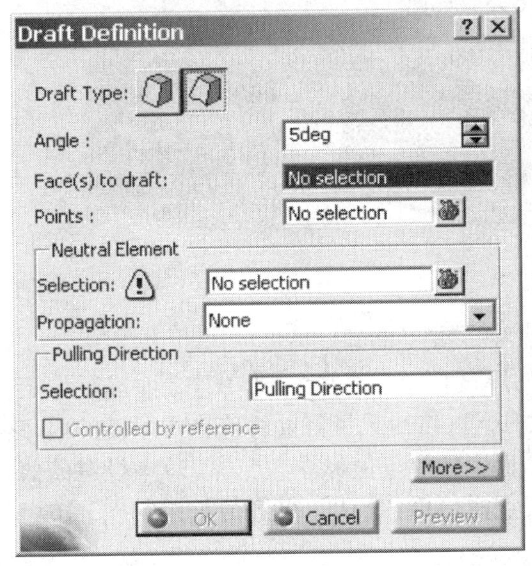

图 3-160 【Variable Angle Draft】对话框

（3）在【Neutral Element】栏中定义分模面，选择如图所示的面为分模面，填入【Selection】。系统会出现默认的拔模方向即为分模面的法向。

（4）点击【Points】后面的选框，变蓝以后选择拔模角度变化节点。节点选取的方法与 3.2.3.2 节中讲解 Variable Radius Fillet 时选取半径变化节点的方法一样，可以直接用鼠标左键在棱线上拾取，也可以选择一个与棱线相交的平面（交点即为节点），也可以选择棱线上的已知点（具体方法，与 3.2.3.2 节中的步骤（3）对比）。在分模面和拔模面的共同边线上点击一点，作为节点。

（5）双击各个节点处的尺寸标注，对角度值进行必要的修改（与 3.2.3.2 节中修改半径变化节点值对比）。在两端的节点处分别输入 5deg 和 7deg，在新创建的节点处输入 17deg，如图 3-161c）所示。

（6）点击【OK】，完成操作。所得结果如图 3-161d）所示。

说明：关于其它参数的设置和功能参考 3.2.3.6 节对 Draft Angle 的讲解，此处不再

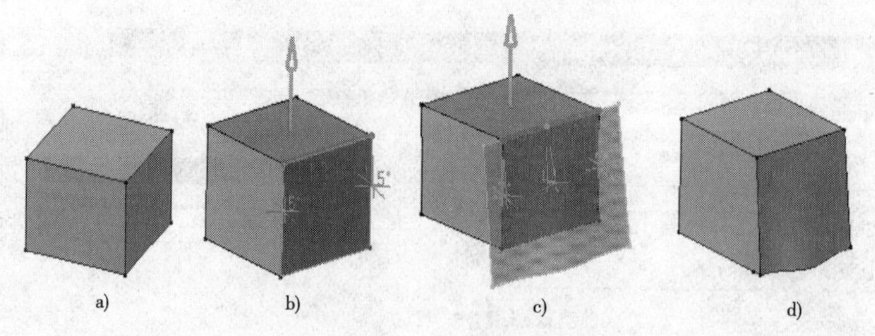

图 3-161　Variable Angle Draft 操作

重复。

3.2.3.9　Shell 命令

此命令可以把实心的零件变为空心的零件，同时去除不需要的表面，并对壳体表面厚度赋值。已知一个零件实体，如图 3-163a）所示，用此命令将其变为空心零件的步骤如下：

（1）点击此命令，出现如图 3-162 所示的对话框。

（2）选择需要去除的面，可以多选，填入【Faces to remove】中。在此选择零件的底面。

Shell definition

Default inside thickness: 15mm

Default outside thickness: 0mm

Faces to remove: 1 Face

Other thickness faces: No selection

OK　Cancel

图 3-162　【Shell definition】对话框

（3）在【Default inside thickness】中输入厚度值，此厚度值是从原零件表面向内部方向上的厚度；在【Default outside thickness】中输入从原零件表面向外部方向上的厚度值。在此，只在【Default inside thickness】中输入 4mm。

（4）点击【OK】，完成操作。所得结果如图 3-163c）所示。

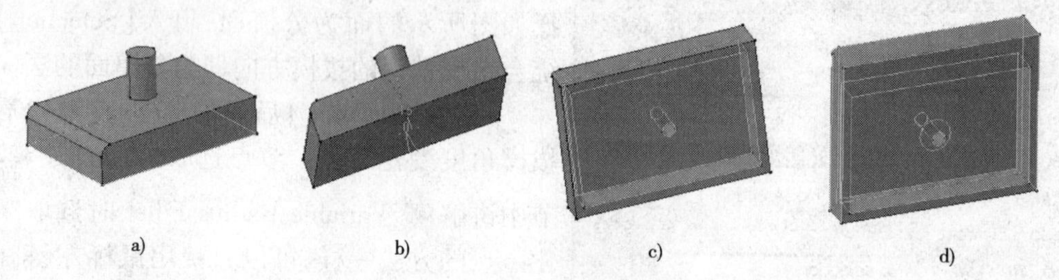

图 3-163　Shell 操作

说明：如果希望对特定表面的厚度给予特定的厚度值，可以在点击【OK】之前进行设定。完成步骤（3）后，点击【Other thickness faces】右侧的选框，然后选择需要特殊指定厚度的面，这里选择一个侧面，如图 3-163d）的上侧面，此时这个面上的厚度值标注为步骤（3）中设定的值，双击这个标注，输入 10mm，给定一个新的厚度值，点击【OK】确认。得到的结果如图3-163d）所示。

3.2.3.10　Thickness 命令

此图标功能在不改变实体基本轮廓的前提下，增大或减小实体的不同表面的厚度值。已知一个实体如图 3-165a）所示。其具体操作步骤如下：

（1）点击此命令，出现如图 3-164 所示的对话框。

（2）选择需要改变厚度的面，填入【Default thickness faces】。

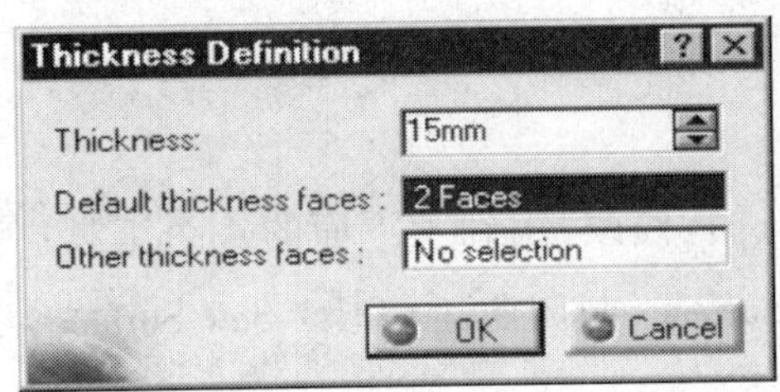

图 3-164 【Thickness Definition】对话框

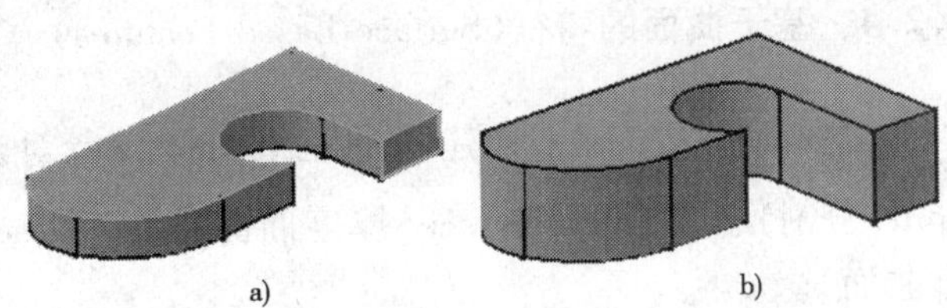

图 3-165 Thickness 操作

（3）在【Thickness】中输入厚度值，则步骤（2）中选择的面将会以此厚度值变化。输入值为正，则增厚，值为负，则变薄。

（4）点击【OK】，完成操作。所得结果如图 3-165b）所示。

说明：对指定表面给定不同的厚度值，需要在【Other thickness faces】中指定面，并赋值。设置方法与 3.2.3.9 节中 Shell 的设置方法同。具体方法参考 3.2.3.9 节中的说明。

3.2.3.11 Thread/Tap 命令

此图标功能可以在圆柱侧面和圆孔内表面创建螺纹，创建后在模型树中显示螺纹特征，但在三维图形中并不显示。在转换成工程图（参考 3.4 节）后，螺纹线会自动生成。对于已知的实体，具体的操作步骤如下：

（1）点击此命令，出现如图 3-166 所示的对话框。

（2）选择一个圆柱面，在此面生成螺纹；选择柱体外侧面，填入【Lateral Face】中。

（3）选择一个平面作为螺纹顶面，此面必须为平面，选择上顶面。

（4）在【Type】中可以选择螺纹标准。如果没有选择 No Standard，进行别的参数设置。

（5）在【Thread Depth】定义螺纹长度，输入 49mm。

（6）在【Pitch】中定义节距，输入 1.5mm。

（7）选择左螺旋或右螺旋：Right-Threaded 表示右螺旋，Left-Threaded 表示左螺旋。这里选择前者。

（8）点击【OK】，完成操作。所得结果如图 3-167 所示。

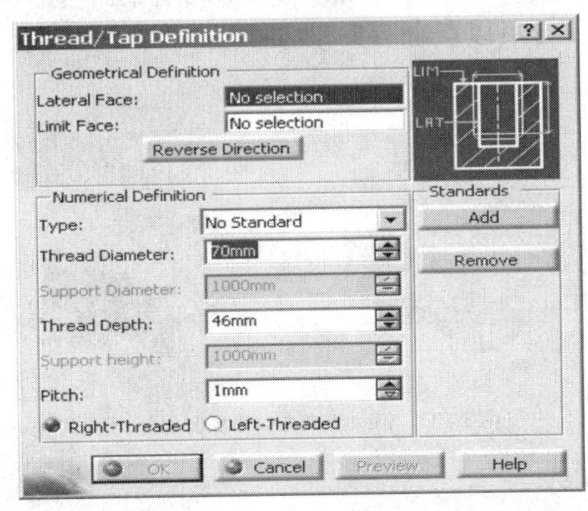

图 3-166 【Thread/Tap Definition】对话框

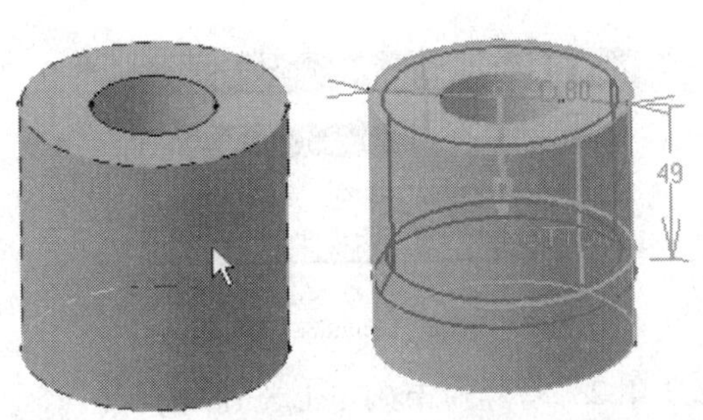

图 3-167 Thread/Tap 操作

说明:螺纹的定义和设置可以参考3.2.2.9节中对Hole的说明。螺纹创建好以后,在模型树会有记录,如图3-168、图3-169所示。

3.2.4 基于曲面的特征(Surface-Based Features)

以曲面作为基础来构建新的三维实体或者对其进行修改,用到了下面的4个工具:Split(分割)、Thick Surface(厚度曲面)、Close Surface(封闭曲面)和Sew Surface(缝合曲面)。

3.2.4.1 分割(Split)

此图标功能是通过一个面切除与其相交实体的某指定部分。设有已知的一个曲面和一个长方体(如图3-170所示),要切除曲面其中一侧的长方体部分的操作如下:

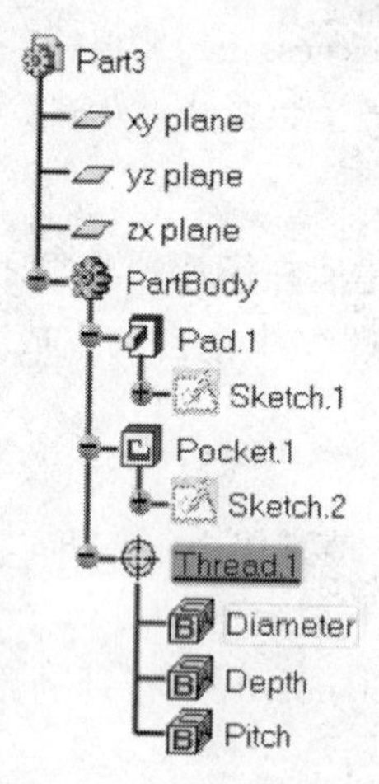

图3-168 外螺纹在历史树中的显示

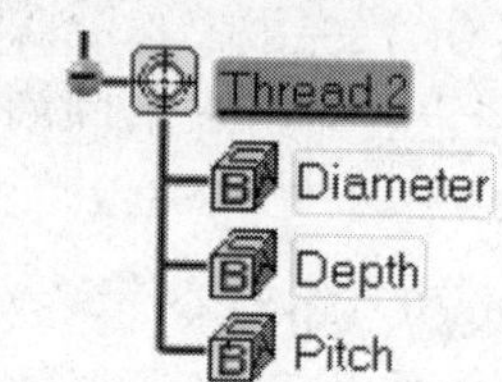

图3-169 内螺纹在模型树中的显示

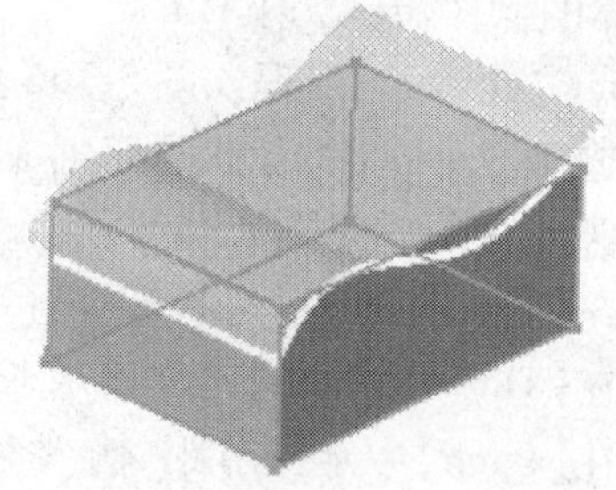

图3-170 已知一个曲面和一个长方体

(1)点击此命令,出现如图3-171所示的对话框。

(2)单击【Splitting Element】后面的选择框,选择图中的曲面如图3-172所示。图中箭头的方向表示要保留的部分(如果要保留曲面上侧的部分可以点击箭头,改变其方向)。

(3)点击【OK】,即完成切除。

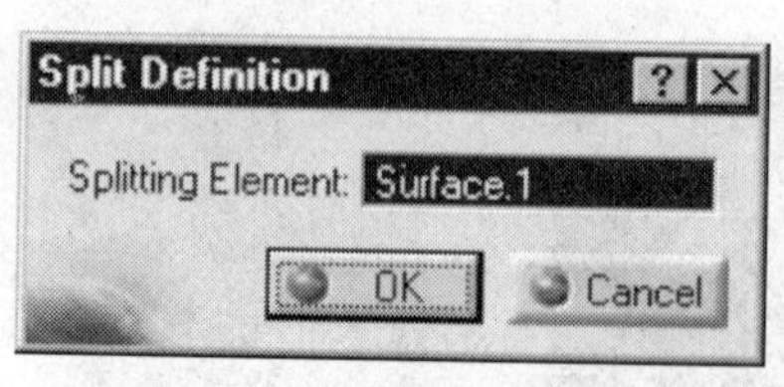

图3-171 【Split Definition】对话框

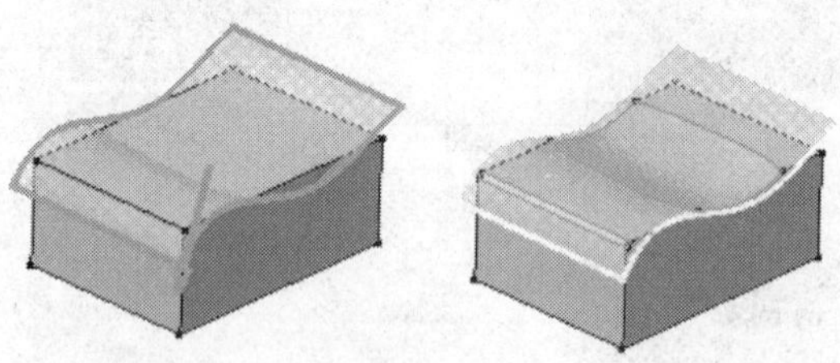

图3-172 箭头所指方向为保留部分

3.2.4.2 增厚曲面(Thick Surface)

此图标功能是沿一个面的法向增厚,从而获得一个三维实体。设有已知的曲面,如图3-174a)所示,欲将其变厚构成三维实体的操作如下:

（1）点击此命令，出现如图3-173所示的对话框。

（2）点击曲面，填入【Object offset】的框中，图中箭头的方向为【First Offset】的厚度方向，【Second Offset】的方向为箭头所指方向的反方向（可以通过点击图中箭头或者点击【Reverse Direction】改变两个厚度方向）。

（3）在【First Offset】中输入10mm，在【Second Offset】中输入6mm。

（4）点击【OK】，完成增厚操作。所得结果如图3-174d）所示。

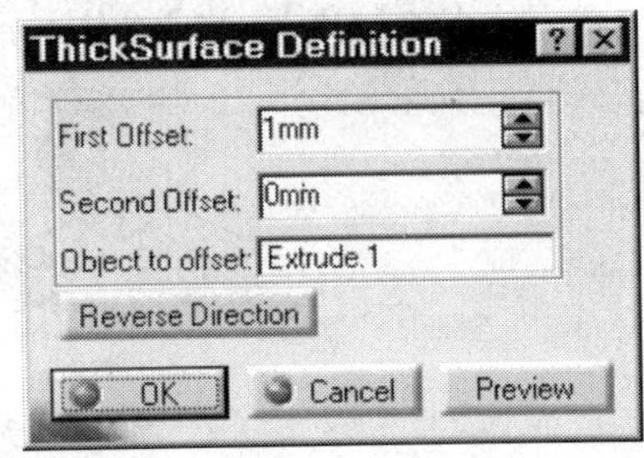

图3-173 【Thick Surface Definition】对话框

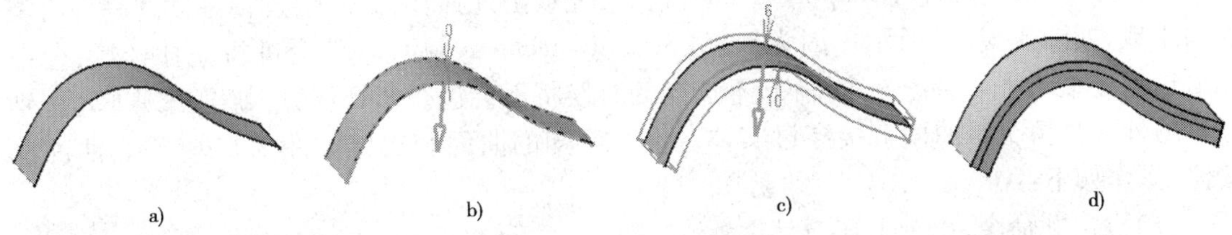

图3-174 Thick Surface 增厚曲面操作

3.2.4.3 封闭曲面（Close Surface）

此图标功能是将封闭的曲面生成实体，将不封闭的曲面以线性方式生成实体。设有已知的曲面组合如图3-176a）所示，用此命令将其生成封闭的实体，操作如下：

（1）点击此命令，出现如图3-175所示的对话框。

（2）点击此曲面，填入【Object to close】的填入框内。

（3）点击【OK】，完成封闭操作。所得结果如图3-176b）所示。

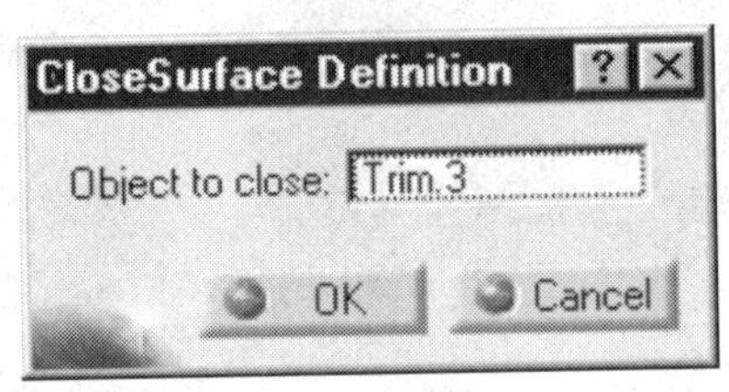

图3-175 【Close Surface Definition】对话框

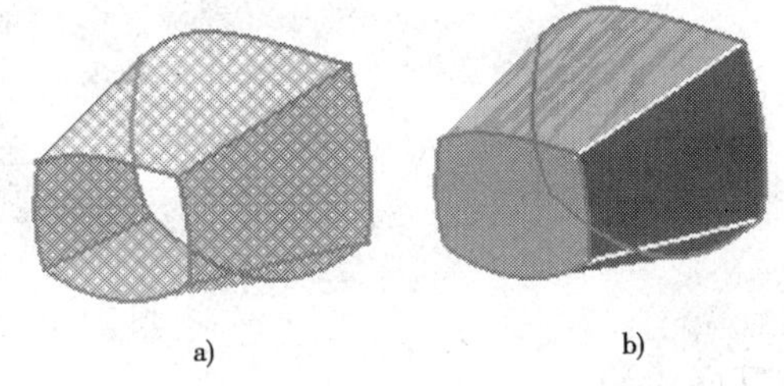

图3-176 Close Surface 封闭曲面操作

3.2.4.4 缝合曲面（Sew Surface）

此图标功能是将曲面缝合在实体上。用此命令，各种曲面都可以缝合在实体上，并且切除多余部分，填充中空部分。缝合的时候会碰到两种具体情况，一种是曲面边缘完全落在实体的表面上，另一种是曲面直接横穿过实体，将实体截开。下面分两种情况说明。

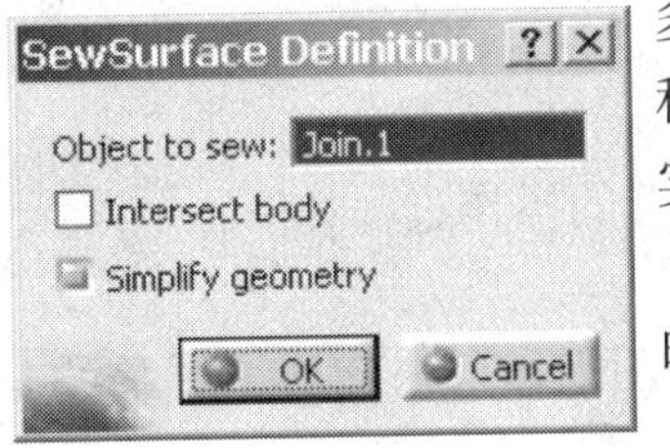

图3-177 【Sew Surface Definition】对话框

设有已知零件和曲面如图3-178a）所示，曲面边缘落在零件的表面。将曲面缝合在零件上的操作如下：

（1）点击此命令，出现如图3-177的对话框（保持【Simplify geometry】处于激活状态）。

（2）点击图中曲面，填入【Object to sew】填入框内，箭头所指方向表示实体将要保留或者实体填充的部分(可以点击箭头改变其方向)。

(3)点击【OK】,完成操作。所得结果如图3-178b)所示。

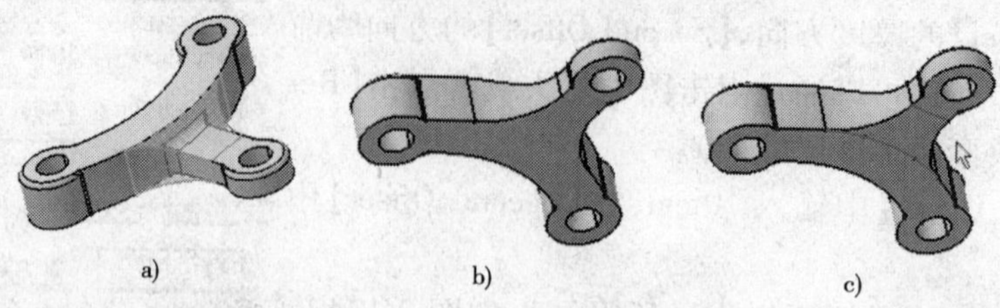

图3-178 Sew Surface 缝合曲面操作

说明:可以取消选择【Simplify geometry】,再完成上述操作,此时会发现零件的底部由三个表面组成,如图3-178c)所示。因为选择【Simplify geometry】后,软件会进行拓扑计算,会把由光滑边缘连接的平面合成一个平面,不选择的时候将不会进行拓扑计算,就会出现上述区别。

另外一种情况是曲面直接穿过实体。设有已知的曲面和实体如图3-179所示,曲面穿过实体,操作如下:

(1)点击此命令,出现上述对话框;

(2)点击图中曲面,填入【Object to sew】框内,箭头方向为保留部分;

(3)此时需要选择【Intersect body】,选择此选项后,【Simplify geometry】会被自动选择,如果没有选择的话,系统会出现提示(如图3-180所示),提示用户曲面的边缘没有完全落在实体表面上;

(4)点击【OK】,完成操作,曲面缝合在实体上,多余部分被切除。

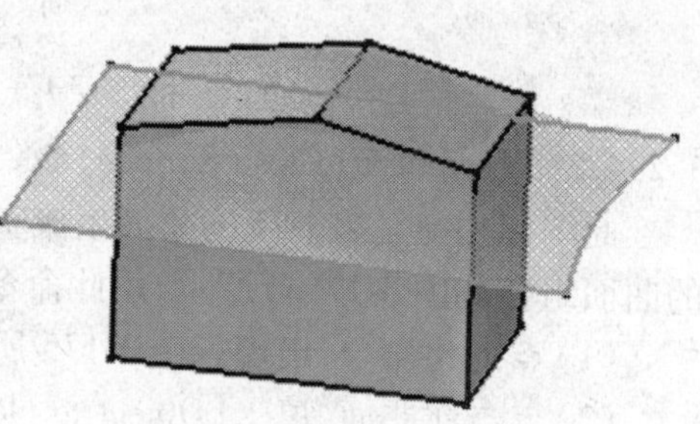

图3-179 已知曲面和实体

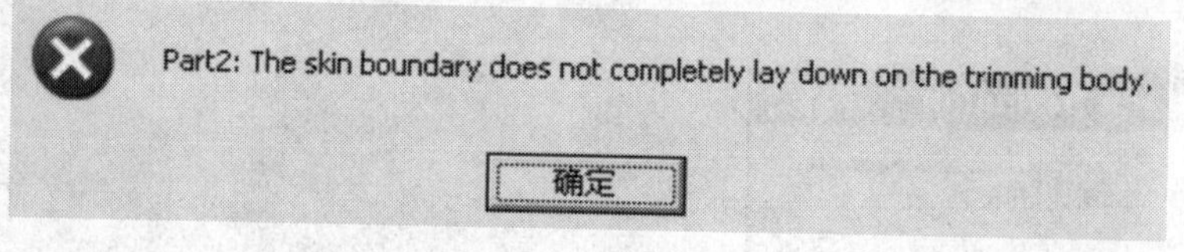

图3-180 系统提示

3.2.5 特征转换(Transformation Features)

此部分的图标可以对实体进行移动、镜像、阵列、比例缩放等操作,从而对实体进行修改或者产生新的实体。

3.2.5.1 平移(Translation)

此图标功能是用来移动实体位置。设有已知实体,移动其位置的操作过程如下:

(1)点击此命令,出现如图3-181所示的对话框。

(2)选择一条直线作为平移的参考方向,或者选择一个平面,用平面的法向作为平移的参考方向,填入【Direction】中。

(3)在【Distance】中输入移动的距离。

(4)点击【OK】,即完成移动。

3.2.5.2 转动(Rotation)

此图标功能是用来通过对实体的旋转,来改变实体的位置。设有已知实体,将其转动的操作过程如下:

(1)点击此命令,出现如图3-182所示的对话框。

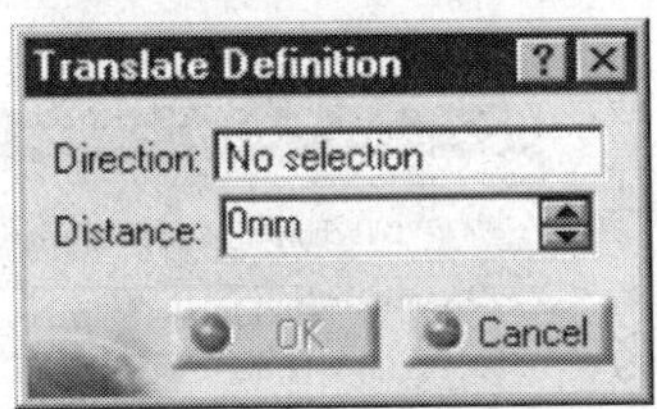

图3-181 【Translate Definition】平移对话框

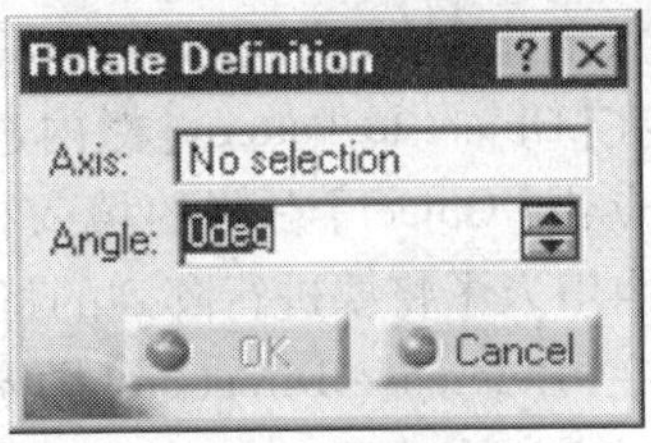

图3-182 【Rotate Definition】对话框

(2)选择一条边作为旋转轴,填入Axis中。

(3)在【Angle】中输入旋转的角度。

(4)点击【OK】,即完成旋转。

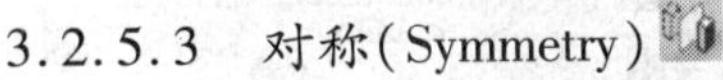

3.2.5.3 对称(Symmetry)

此图标功能是用来对实体进行镜像的移动,以改变实体的位置。设有已知实体,如图3-184a)所示,将实体镜像到平面另一侧的操作过程如下:

(1)点击此命令,出现如图3-183所示的对话框。

(2)选择一个平面作为镜像参考平面,填入【Reference】中。

(3)点击【OK】,完成操作。所得结果如图3-184b)所示。

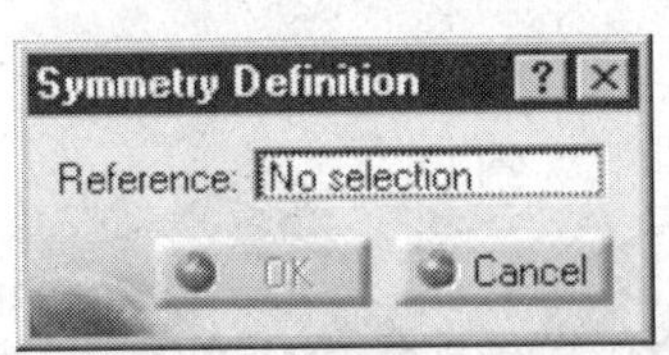

图3-183 【Symmetry Definition】对话框

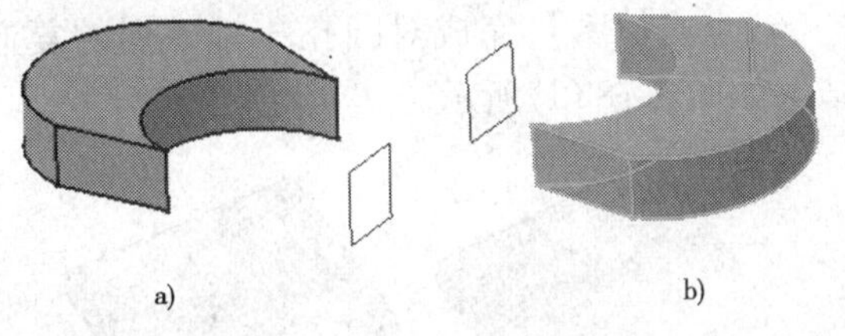

图3-184 对称操作前后

3.2.5.4 镜像(Mirror)

此图标功能是用来镜像复制某一零件或者零件上的某个特征,原来的实体保留。设有已知实体,如图3-186a)所示,将实体进行镜像复制的操作过程如下:

(1)点击此命令,出现如图3-185所示的对话框。

(2)选择一个面作为镜像的基准对称面(此面可以为实体本身的一个面,也可以是坐标平面或者是自定义的基准面),填入【Mirroring element】内(此例选择长方体的一个侧面作为对称面)。

(3)点击【OK】,完成镜像复制。所得结果如图3-186b)所示。

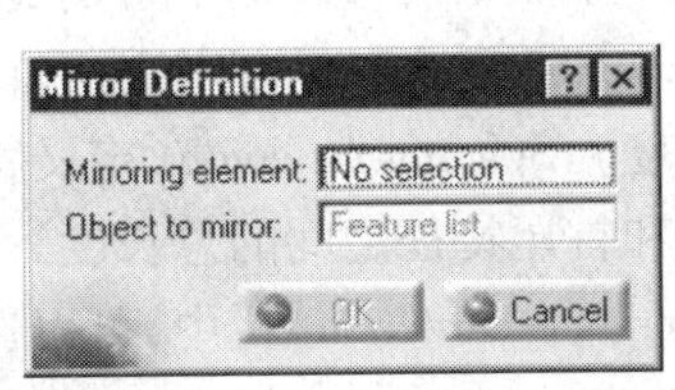

图3-185 【Mirror Definition】对话框

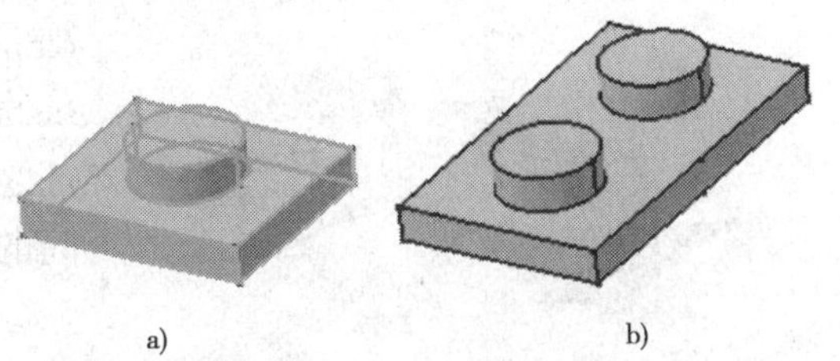

图3-186 镜像操作前后

3.2.5.5 Rectangular Pattern

此图标功能是把实体或者实体上的特征以平行四边形阵列的方式进行复制，以简化相同步骤的多次操作。为了说明此命令的用法，用以下例子进行详细说明。假设有已知的实体如图3-188a)所示，实体上有一圆孔，用此命令对圆孔进行复制的操作如下：

(1)点击此命令，出现如图3-187所示的对话框。

(2)在【Object to Pattern】栏内选择需要阵列的特征或者实体：点击【Object】右侧的填入框，然后选择圆孔特征(填入框内填入了将要进行阵列的特征)。

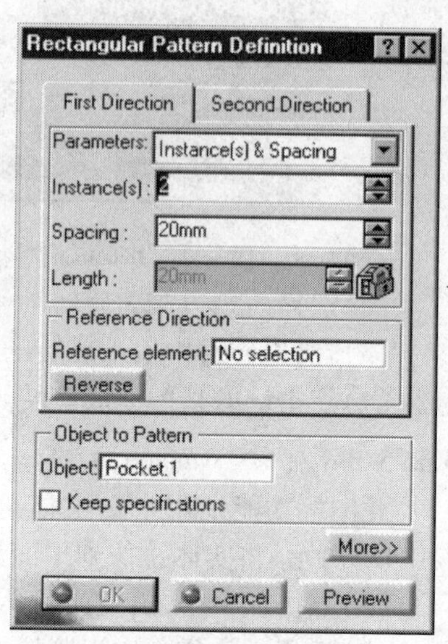

图3-187 【Rectangular Pattern Definition】对话框

(3)在【Reference Direction】栏内选择复制特征的参考方向(可以通过点击箭头或者点击Reverse来调整复制的方向)：点击【Reference element】右侧的选框，然后选择实体的一条棱作为参考方向，如图3-188b)所示。

(4)接下来选择复制的参数：在【Parameters】中选择【Instance(s)&Spacing】，在【Instance(s)】中输入3(表示此方向上将会产生的特征个数)，在【Spacing】中输入14mm(表示每两个特征之间的间隔)。

(5)选择【Second Direction】选项卡，来定义第二个复制的参考方向，参考(3)、(4)完成参数设定：选择另一条棱作为参考方向，如图3-188c)所示，在【Instance(s)】中输入3，在【Spacing】中输入10mm。

(6)点击【OK】，完成对圆孔3排3列的复制操作。所得结果如图3-188d)所示。

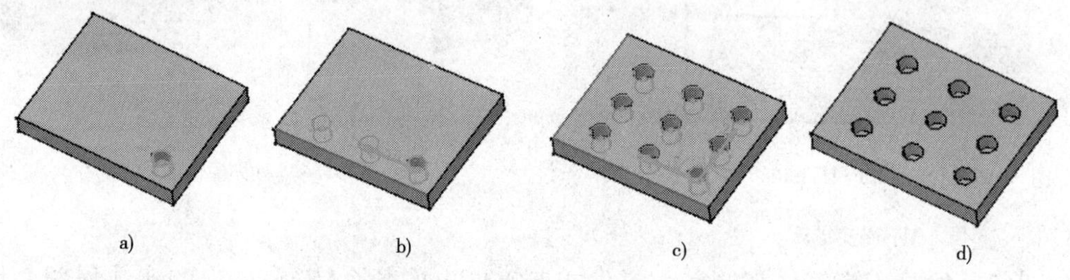

图3-188 Rectangular Pattern操作

说明：

1. 在【Object to Pattern】栏中，选择【Keep spscifications】，表示复制后的特征将会和原来的特征具有一样的限制方式，如：Up to Last、Up to Plan或者Up to Surface等(如图3-189所示)。

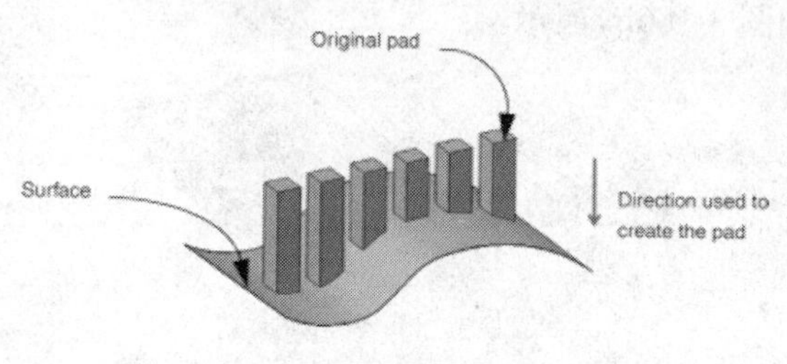

图3-189 复制特征的限定方式

【Parameters】中有三个选项：Instance(s)&Spacing(定义特征的个数和间隔的距离)、Instance(s)&Length(定义特征的个数和首尾特征之间的总长度)、Spacing &Length(定义特征之间的间隔距离和首尾特征之间的总长度)。

2. 在【Reference Direction】栏中，可以选择一个平面填入【Reference element】作为复制参考方

向,此时会产生两个互相垂直复制方向,这两个方向所在的平面会平行于所选取的参考平面。

3. 点击【More >>】,出现对话框(如图 3-190 所示)后,可以对复制操作进行进一步调整:【Row in direction 1】中的数值表示原来的特征在复制后的阵列中,在第一个方向上的顺序数(1 表示在阵列中的第一个方向上位于第一,增加到 2 时,表示位于此方向的第二,依此类推),【Row in direction 2】表示在第二个方向上的顺序数,当设定两个参数都为 2 后的结果如图 3-191所示。【Rotation angle】中输入角度,复制后的阵列会以原来的特征为中心旋转,进而调整阵列。在复制的特征过多时,可以选择【Simplified representation】来简化计算和显示。

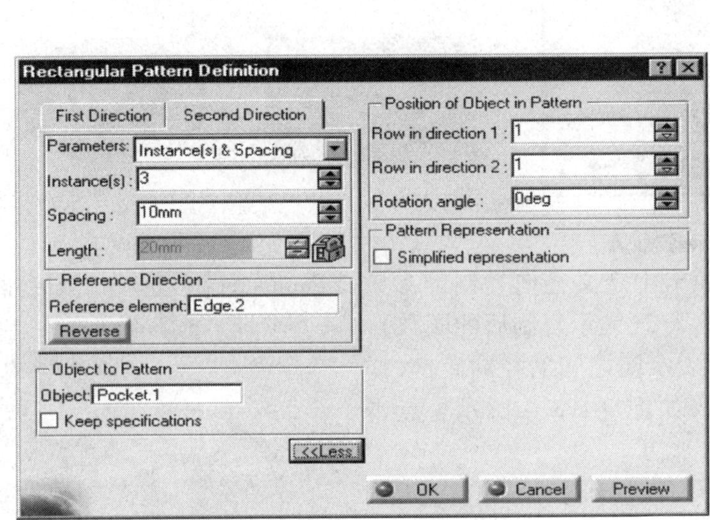

图 3-190 【Rectangular Pattern Definition】对话框

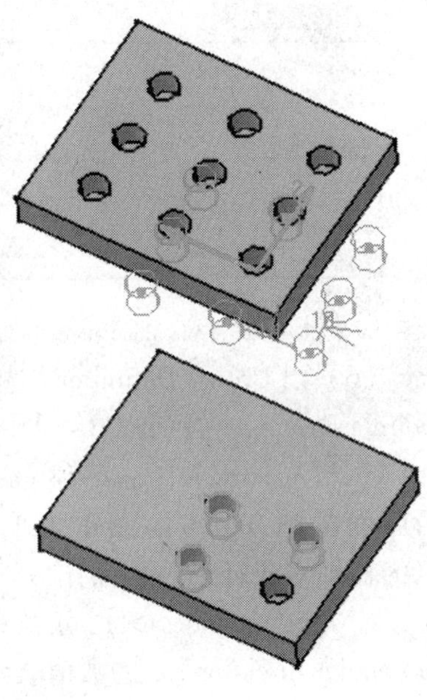

图 3-191 Rectangular Pattern 进一步调整的操作

3.2.5.6 Circular Pattern

此图标的功能是把实体或者实体上的特征以圆形阵列的方式进行复制,在圆周方向上简化相同步骤地多次操作,操作方式与 Rectangular Pattern 类似。假设已知一个圆形实体以及圆形实体上的一个小圆柱,如图 3-193a)所示,为了在圆形实体上的圆周方向上复制多个小圆柱。使用此命令的操作如下:

(1)点击此命令,出现如图 3-192 所示的对话框。

(2)在【Object to Pattern】栏内选择需要阵列的特征或者实体:点击【Object】右侧的选框,然后选择圆柱特征。

(3)在【Reference Direction】栏内选择复制特征的参考方向(可以通过点击箭头或者点击 Reverse 来调整复制的方向):点击【Reference element】右侧的选框,然后选择实体上表面(或者选择实体的侧面)作为复制的参考元素,如图 3-193b)所示。

(4)接下来选择复制的参数:在【Axial Reference】选项卡的【Parameters】中选择 Instance(s)&angular spacing,在【Instance(s)】中输入 7(表示将会产生的特征个数),在【Angulars spacing】中输入 50deg(表示特征之间的间隔角度)。

(5)点击【Preview】可以对各参数设置后的实体进行预览,如图 3-193b)所示。

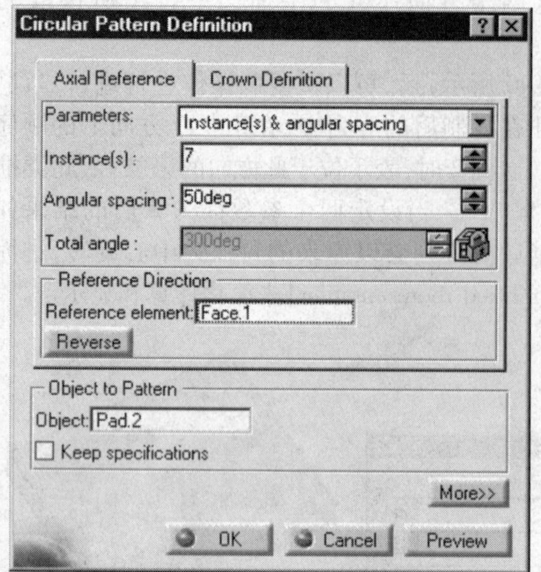

图 3-192 【Circular Pattern Definition】对话框

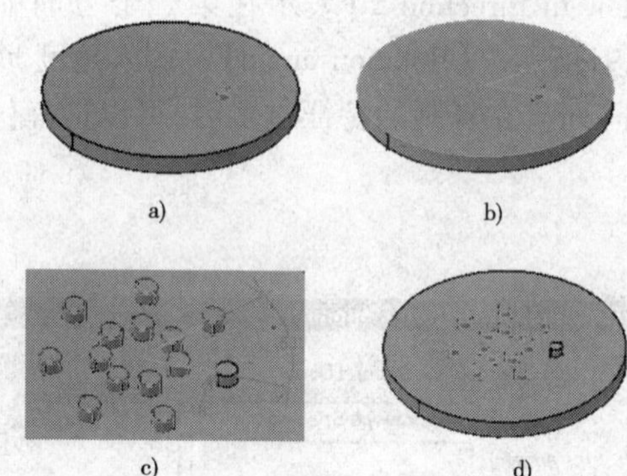

图 3-193 Circular Pattern 操作

（6）在【Crown Definition】选项卡中定义径向复制的参数，【Parameter】中选择 Circle(s) &circle spacing，在【Circle(s)】中输入 2（表示复制后的圈数），在【Circle spacing】中输入-18mm（表示圈之间的径向距离，详看后面的图 3-194 的图示说明），如图 3-193c）所示。点击【OK】，即完成环形阵列操作。

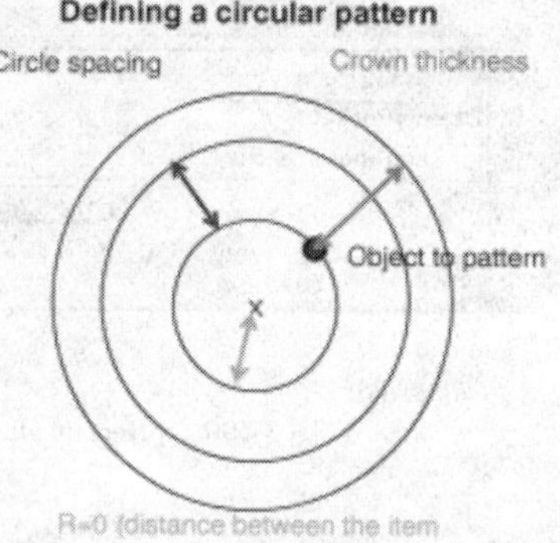

图 3-194 Circular Pattern 参数图示说明

（7）点击【More >>】，可以对操作进行进一步调整，【Row in angular direction】中的数值表示原来的特征在阵列后的圆周方向上的位置，【Row in radial direction】中的数值表示原来的特征在阵列后的径向方向上的位置，【Rotation angle】的数值表示以原来的特征为起点整个阵列旋转的角度，此处不再赘述。

说明：

1.【Axial Reference】选项卡中的【Parameters】有 4 个选项：Instance(s)& total angle（分别在 Instance(s)和【Total angle】中输入特征的数量和阵列的总角度）、Instance(s)& angular spacing（分别在 Instance(s)和 Angular spacing 中输入特征的数量和特征之间的夹角）、Angular spacing & total angle（分别在 Angular spacing 和 Total angle 中输入特征之间的夹角和阵列的总角度）和 Complete crown（在 Instance(s)中输入特征的数量，特征将平均分布在整个原周内）。

2.【Crown Definition】选项卡中的【Parameters】有 3 个选项：Circle(s)& circle spacing（分别在【Circle(s)】和【Circle spacing】中输入圈数和圈之间的径向间隔距离）、Circle(s)& crown thickness（分别在【Circle(s)】和【Crown thickness】中输入圈数和外圈与内圈之间的径向距离，即半径差，别的圈将在内外圈之间平均分布）和 Circle spacing & crown thickness（分别在【Circle spacing】和【Crown thickness】中输入圈之间的径向间隔距离和内外圈的径向间隔）。

3. 在【Rotation of Instance(s)】栏中的【Radial alignment of instance(s)】选项控制特征是否同时旋转，选择此选项特征将同时旋转，选择前后的差别如图 3-195 所示。

3.2.5.7 User Pattern

此图标的功能与前两个命令类似,都是对实体或特征按照某种方式进行复制,得到简化操作的目的,此命令与前两个命令的不同之处是用户可以根据需要自己定义复制的排列方式。用下面的例子说明此命令的用法。假设有一个实体及实体上的特征,如图 3-198a)所示,并且在实体表面上,在【Sketcher】中绘制出一些指定的位置,即图中的点作为定点。其操作步骤如下:

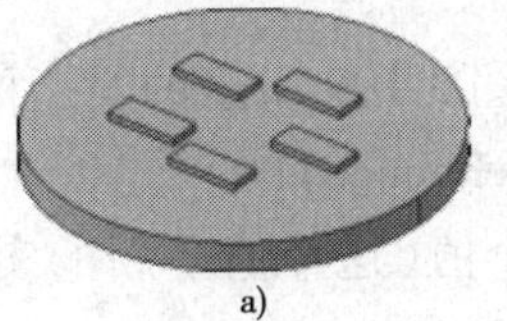
a)

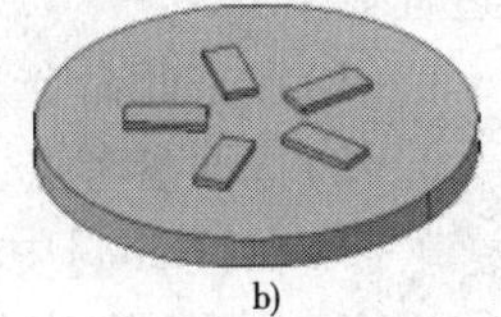
b)

图 3-195 【Radial alignment of instance(s)】选项选择先后对比

(1)在模型树中选取想要复制的特征,如图 3-196 所示。

(2)点击此命令,出现对话框。对话框中【Object】中出现选择复制特征的名字,如图 3-197 所示。

(3)选择用户自定义好的定点,填入【Positions】中。

(4)在点击【OK】之前,如果不希望在某些点上复制特征,可以用鼠标点击这个点,来取消在此点上的复制。

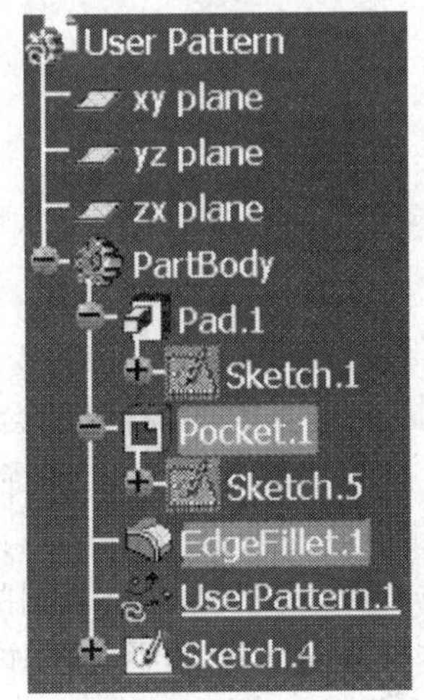

图 3-196 在模型树选择需要复制的特征

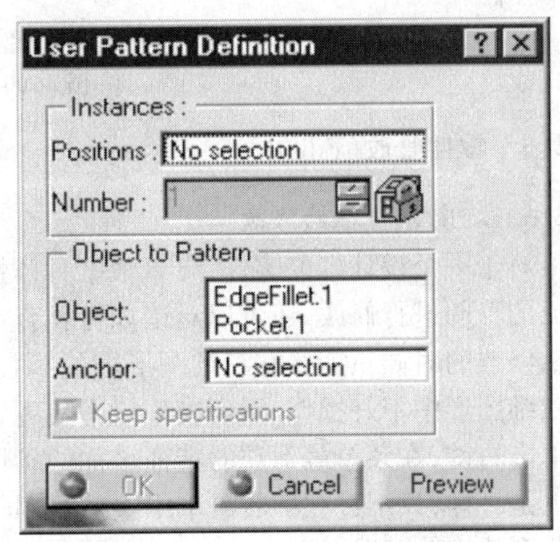

图 3-197 【User Pattern Definition】对话框

(5)确定好各个选项之后,点击【OK】,完成操作。所得结果如图 3-198d)所示。

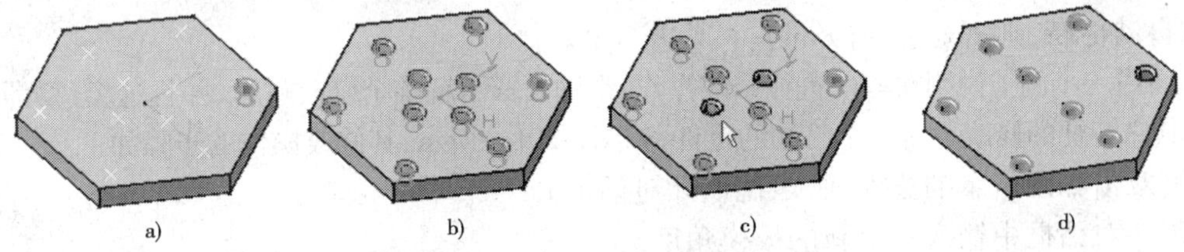
a) b) c) d)

图 3-198 User Pattern 操作

说明:在【Anchor】选框内选择特征点,可以改变图样的默认安装位置。整个用户定义好的图样将会从选择的点移动到被复制特征处,即被复制的特征将会处在选择的点的位置上。

3.2.5.8 比例(Scaling)

此图标的功能是按比例缩放实体,缩放时的参考元素可以是点也可以是平面。设有已知实体，如图 3-200a）所示，将其以参考点为中心按比例缩放的操作过程如下：

(1)点击此命令，出现如图 3-199 所示的对话框。

(2)选取参考点，填入【Reference】中。

(3)在【Ratio】中输入一个值(这个值是新的实体与原来实体的比率，大于 1 则放大，小于 1 则缩小)；

(4)点击【OK】，完成缩放操作。此时实体以参考点为中心整体进行了缩放，如图 3-200b）所示。

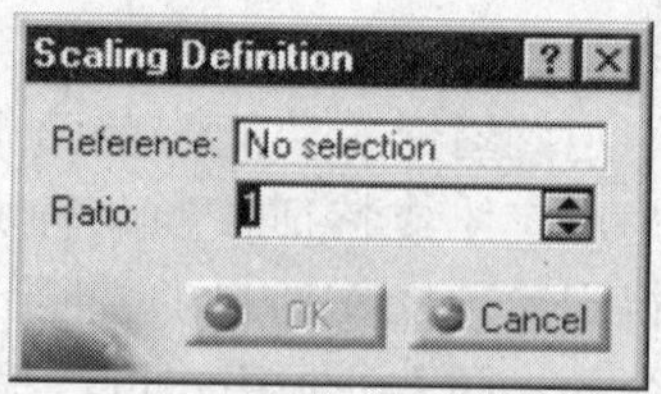

图 3-199 【Scaling Definition】对话框

当以平面为参考元素时，实体将会在参考平面的法向上单向缩放，如图 3-200c）所示，选择 zx 平面，填入【Reference】中，在【Ratio】中输入 1.6。

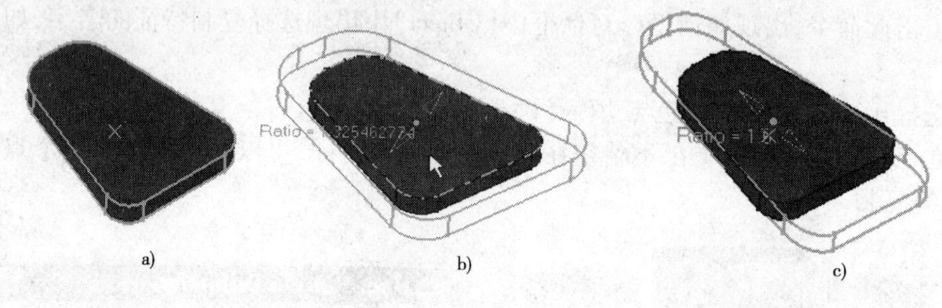
图 3-200 比例缩放操作

3.2.6 零件修改(Edit)

3.2.6.1 实体特征的修改

对于一个设计好的零件，可以根据具体情况对其进行编辑修改，也可以对一个基于草图的特征的草图进行修改，还可以对诸如打孔直径、倒圆角半径、拔模角度等等的特征参数进行修改。修改的时候只需要在三维图形上找到需要修改的特征，并用鼠标左键双击该特征(如果在三维图形中不好操作，则到模型树中找更方便准确。找到相应的特征以后双击鼠标左键，或者单击右键，在菜单最下端的特征名称的扩展菜单中选择"Definition"即可。对草图的修改方法也是一样，只不过在扩展菜单中选择"Edit"，进行编辑)，这样就进入了熟悉的工作环境中，对草图的修改可以参照 3.1 Sketcher 进行修改，对于别的特征，则会出现修改特征的设计对话框，此时的修改工作就和当初进行设计时一样，找到需要修改的设置，重新进行设置或者输入新的参数，修改完成后，点击【OK】确认即可。系统会根据新的设置和参数进行更新，如果零件没有自动更新，则需要选择【Edit】→ 进行更新。

下面用一个例子说明对零件进行修改操作，帮助大家了解整个修改过程，并且这个过程同样适用于对其它特征的修改。对一个已知的零件，如图 3-201a）所示，其修改操作的步骤如下：

(1)双击如图所示的拔模面，出现设计对话框。

(2)在对话框中输入一个新的拔模角度。

(3)点击【OK】，完成操作，如图 3-201b）所示，拔模面已经更新。

(4)在模型树中，找到【Pad】(如图 3-202 所示)，双击【Pad】。出现【Pad Definition】对话框。

(5)在对话框中输入一个新的拉伸长度 7(当然可以根据需要修改别的参数)。

(6)点击【OK】，完成操作。这时零件已经更新，如图 3-201d）所示。

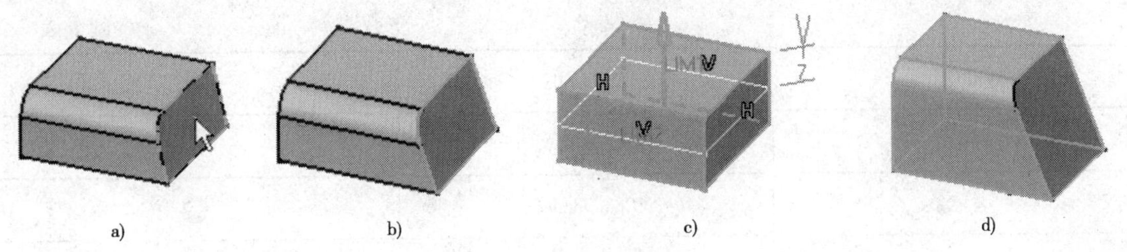

a)　b)　c)　d)

图 3-201　实体特征的修改操作

3.2.6.2　特征重新排序

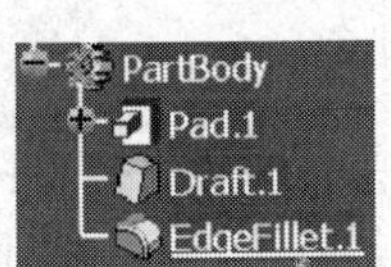

图 3-202　在模型树中找到 Pad

通过改变特征的生成顺序来对零件进行修改，能避免重复创建某些特征或者重复某些步骤，减少模型中特征的数量。例如已知有一个创建好的零件，如图 3-203 所示，创建的过程是在对 Pad. 1（长方体）进行 Mirror 操作后创建了 Pad. 2（小圆柱）。看看对其重新排序后的结果如何。

（1）在模型树中选取 Pad. 2，点击右键，在菜单中最下面 Pad. 2 object 右侧的扩展菜单中选择【Reorder】，如图 3-204 所示。

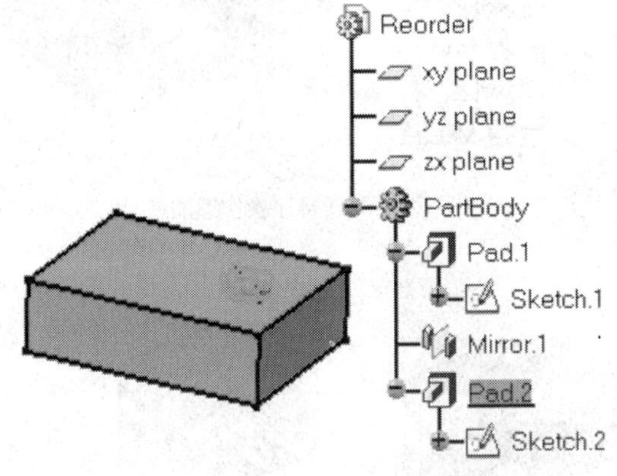

图 3-203　已知零件 Pad. 1 和 Pad. 2

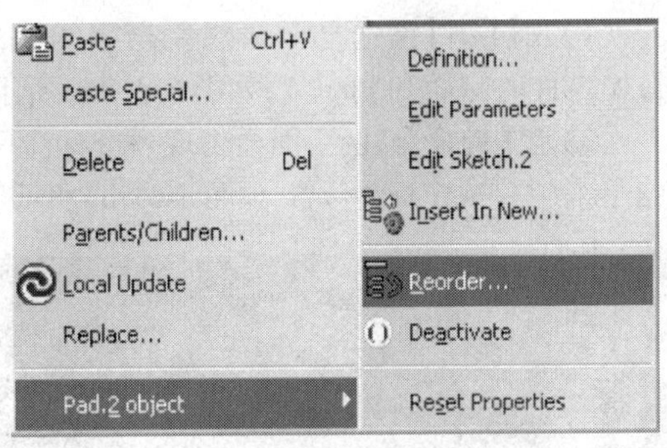

图 3-204　右键选择【Reorder】

（2）在出现的【Feature Reorder】对话框中，在模型树中选择 Pad. 1，填入【After】中，如图3-205所示。

（3）点击【OK】，即完成操作。此时模型树中显示，先创建 Pad. 2 再进行 Mirror 操作，就会出现如图 3-206 所示的结果。

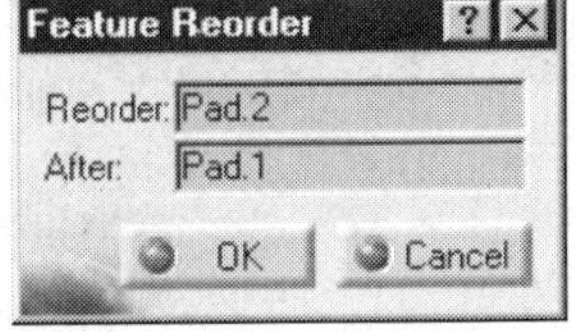

图 3-205　【Feature Reorder】对话框

3.2.7　约束（Constraints）

在 Part Design（零件设计）中允许的约束包括以下几种，见表 3-2。

零件设计中允许的约束种类　　表 3-2

距离	Distance	22
长度	Length	22
角度	Angle	Angle.27

续上表

固定	Fix/Unfix	
相切	Tangency	
一致	Coincidence	
平行	Parallelism	
垂直	Perpendicularity	

3.2.7.1　Constraint

对于如图3-207所示设计好的零件和两个平面Plan.1和Plan.2,从模型树中两个平面并不是用同样的方法生成的。Plan.1和所有特征都没有联系。Plan.2是在三维坐标下生成的一个参考平面,在创建各种特征的时候作参考,会与特征之间有联系。

(1)用【Ctrl】键选择两个想要产生约束的平面,如零件的侧面和Plan.1,如图3-208a)所示。

(2)点击此命令,两平面会出现一个标注尺寸,单击鼠标左键决定标注位置,如图3-208b)所示。

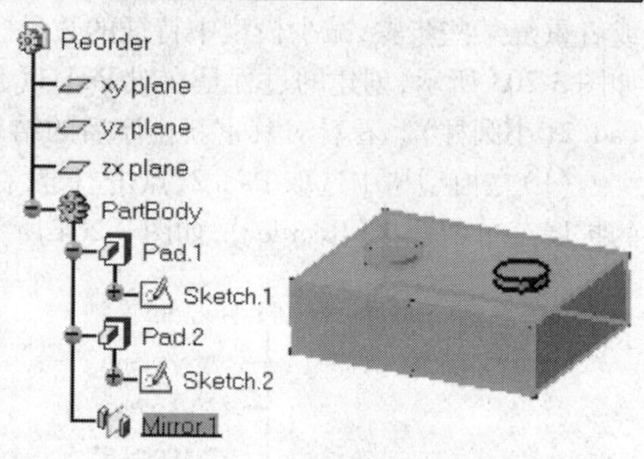

图3-206　重新排序操作后的结果

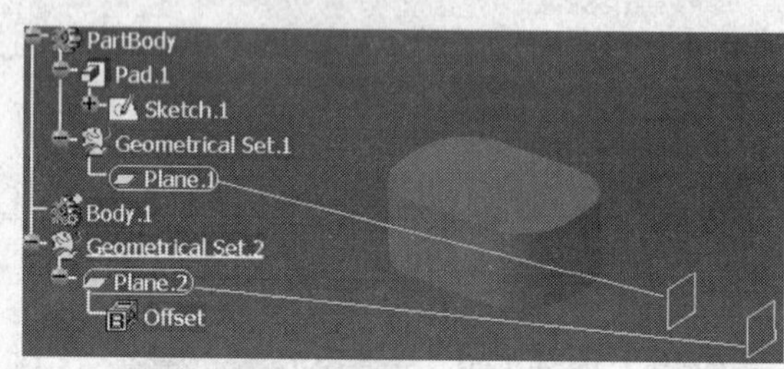

图3-207　设计好的零件和两个平面Plan.1和Plan.2

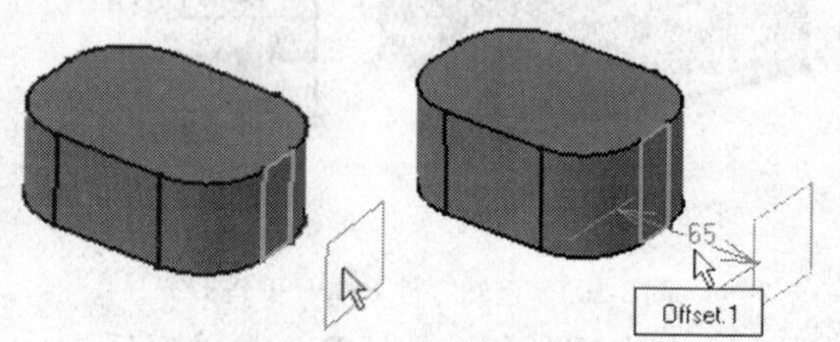

图3-208　对两平面进行约束

(3)双击这个尺寸,可以对约束尺寸进行修改,在对话框中输入新的尺寸,如图3-209所示。

(4)用同样的方法在这个侧面和plan.2之间产生约束尺寸,如图3-210所示。

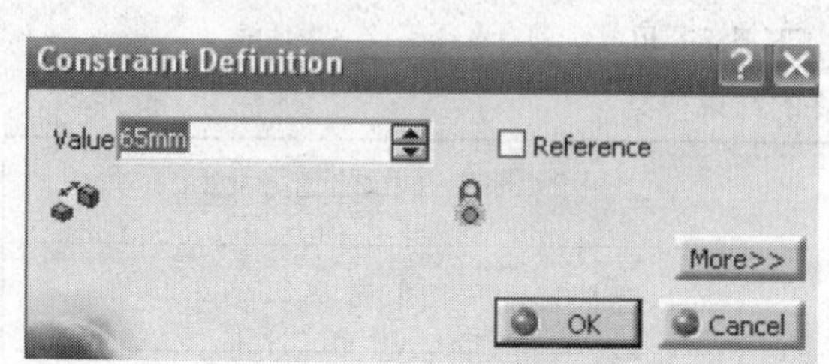

图3-209　修改约束尺寸

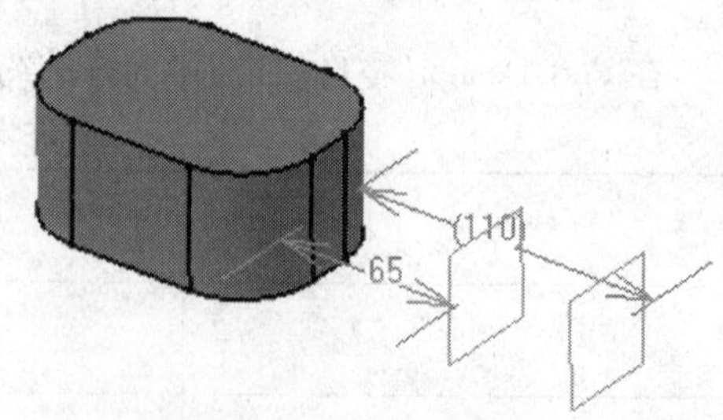

图3-210　产生两个约束尺寸

这时会发现在侧面和Plan.2之间的约束尺寸上有括号,说明此尺寸不是驱动尺寸,这个尺寸不能修改。

3.2.7.2 Constraint defined in dialog box

选择需要约束的两个元素以后,用此命令可以在对话框中选择需要的约束。对如图3-212所示的零件进行操作。

用【Ctrl】选择孔的轴线和侧面,然后点击,出现的对话框如图3-211所示。在该对话框中可以选择需要约束的选项,不允许的约束将不被激活,也选择不了。选择【Distance】,进行约束。

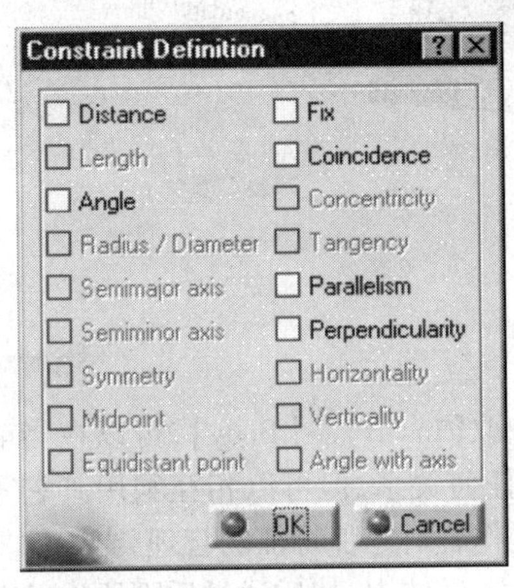

图3-211 【约束】对话框

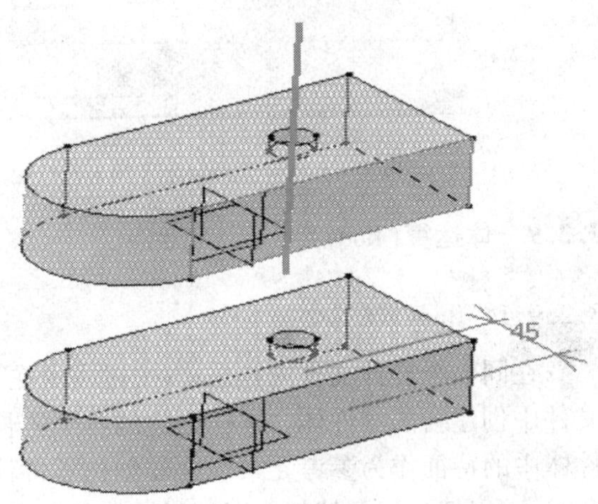

图3-212 对零件进行约束操作

3.2.8 注释(Annotations)

3.2.8.1 Text with Leader

此图标的功能用于在零件上添加文本注释。

对于一个设计好的零件添加文件注释的操作步骤是:单击此命令,然后在图中选择要标注的位置,在出现的对话框【Text Editor】中输入注释的内容,然后单击【OK】,完成注释,如图3-213所示。

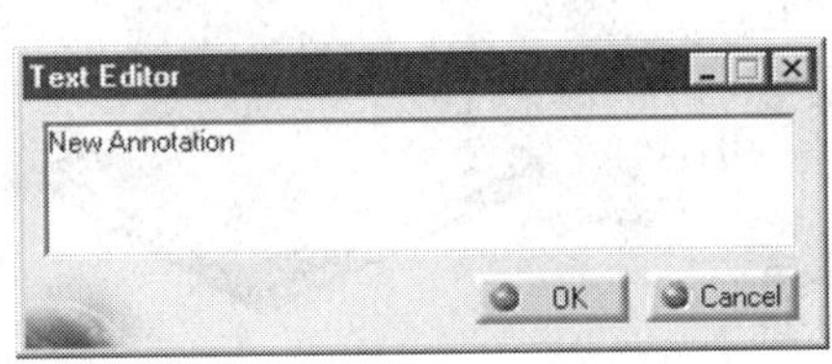

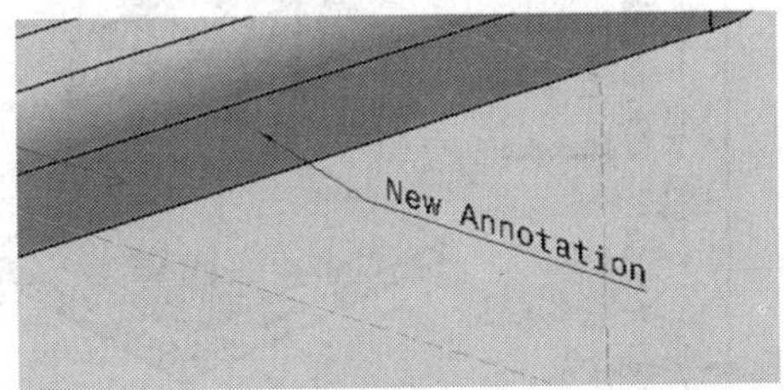

图3-213 添加文本注释的操作

3.2.8.2 Flag Note with Leader

此图标的功能用于在零件中的某个位置创建文件、网页、图像等超链接,当对零件的某些位置设置了超链接后,就可以方便地打开与创建位置相关的超链接的文件。

对于一个设计好的零件,单击此命令,然后选择需要添加超链接的面,则会出现对话框Manage Hyperlink。在【Name】中输入对超链接的命名,在URL中输入超链接的路径。单击

【Browse】,可浏览需要建立超链接文件的位置,超链接文件的路径会出现在 Link to File or URL 中。然后,单击【OK】,创建超链接完毕,如图 3-214 所示。

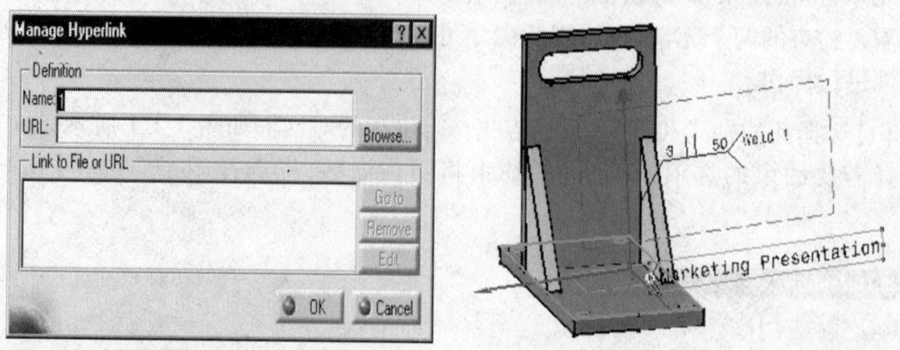

图 3-214 添加超链接的操作

3.2.9 体运算(Body)

3.2.9.1 Body

在同一个设计文件内点击按钮或者在下拉菜单中选取【Insert】→【Body】,可以在当前文件中创建新的零件体。这样创建的各个零件体之间没有任何关系,但可以相互利用其它零件体中的特征作为参考元素。这样创建零件体,可以方便操作者对零件特征的管理,当零件复杂时,可以把相似的特征或者相对独立的一组特征放到一个零件体内,然后通过后面所讲的布尔运算(Boolean Operations),把多个零件体组合到一起,完成复杂的零件设计。

如图 3-215 所示,模型树中的 Body. 1 和 Body. 2 就是通过此命令创建的独立零件体,当再次点击后,模型树中按顺序出现 Body. 3,开始创建新的零件体。

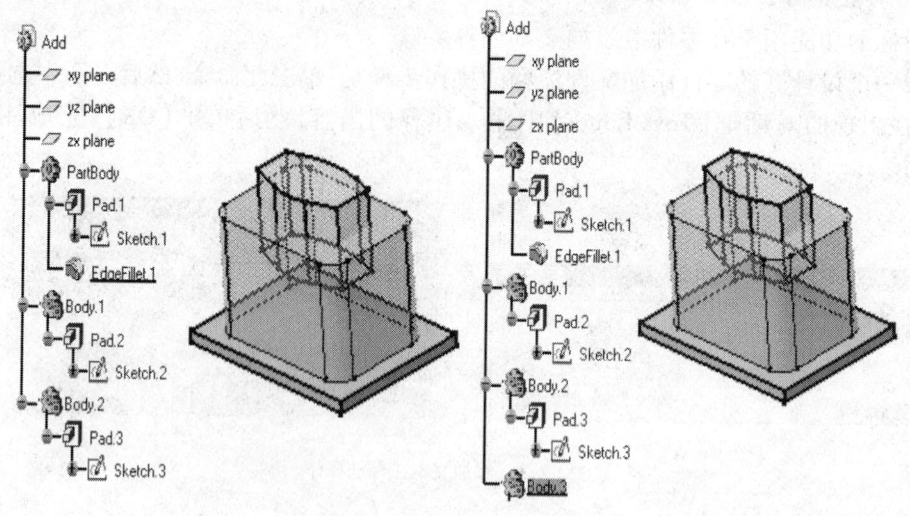

图 3-215 Body 命令的使用

3.2.9.2 Assembly

此图标的功能是可以将文件中相互独立的零件实体组合到一起,形成一个零件实体。当进行组合的两个零件实体都是以增加材料的方式(Pad、Rib 等命令)生成或者都以减材料方式

(Pocket、Slot 等命令)生成,那么用此命令进行组合的结果是在两个零件体之间作 Add 运算(参见 3.2.9.3 节),从而变成一个零件体;当进行组合的两个零件体的其中一个是以减材料方式创建的,那么组合的结果是从另一个零件体上减掉该特征,相当于作 Remove 运算(参见3.2.9.4 节)。

在 3.2.9.1 节的例子的基础上,在 Body.3 中用 Pocket(减材料方式)命令可生成一个圆柱(在方式下减材料方式创建与增加材料方式创建图形显示方式一样,但在模型树中会显示创建特征之间的区别),如图 3-216 所示。通过以下操作来熟悉 Assembly 命令的用法。

(1)选择 Body.1,然后点击,出现的对话框如图 3-217 所示。

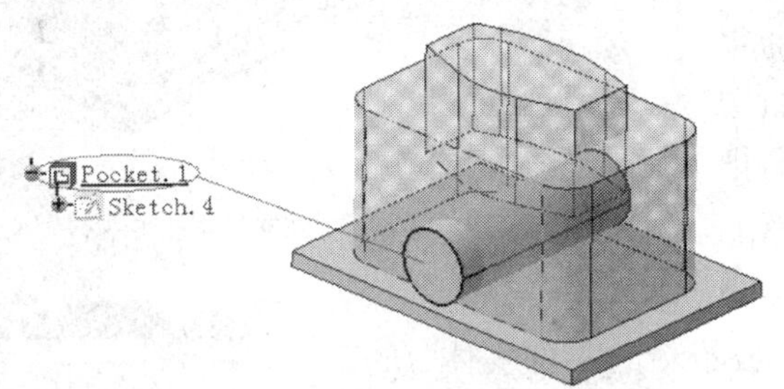

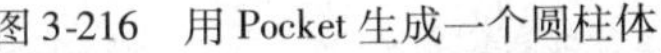
图 3-216　用 Pocket 生成一个圆柱体

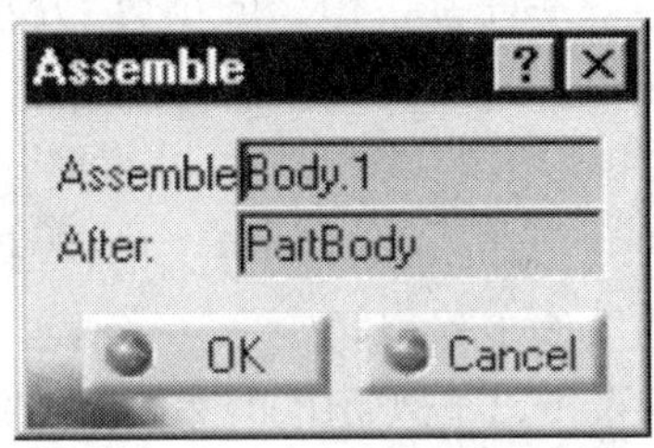

图 3-217　【Assemble】对话框

(2)在模型树中选择 PartBody,填入【After】内。

(3)点击【OK】,完成操作。所得结果如图 3-218a)所示。

(4)选择 Body.3,然后再次点击此命令。

(5)在模型树中选择 PartBody,填入【After】内。

(6)点击【OK】,完成操作。所得结果如图 3-218b)所示。

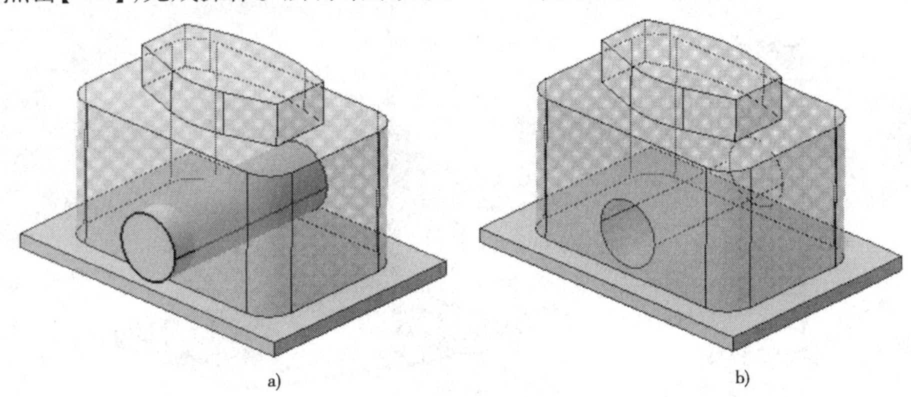

a)　　b)

图 3-218　Assemble 操作

从上面的操作过程可以看出,在 Body.1 和 PartBody 之间作 Assembly 操作相当于作的操作(详见 3.2.9.3 节)。在 Body.3 和 PartBody 作 Assembly 操作,相当于把 Body.3 从 PartBody 中除去(因为 Body.3 是通过减材料的方式创建的)。

3.2.9.3　Add

用此图标的功能可以将两个零件实体加在一起,成为一个零件,如图 3-219 所示。用生成的三个相互独立的零件实体,要把 Body.1 与 PartBody 相加在一起,其操作步骤如下:

(1)在模型树中,选择 Body.1;

(2)点击此命令，出现如图 3-220 所示的对话框；

(3)选择 PartBody，填入对话框【After】内；

(4)点击【OK】即完成操作。

相加后两个零件合并到一起，成为新的 PartBody，从如图所示的模型树中可以看出来（组合成一个 PartBody），如图 3-221 所示。

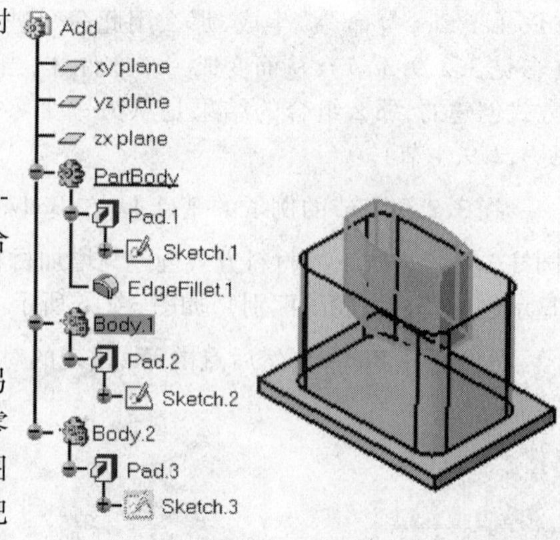

图 3-219 生成三个独立的零件实体

3.2.9.4 Remove

该图标的功能是从一个零件实体中移除掉另外一个零件与其相交的部分，并形成一个新的零件实体。对于上面的例子进行重新操作，如图 3-222a）所示，Body. 1 与 PartBody 相交，要把 Body. 1 从 PartBody 中除去的，操作步骤与 Add 命令操作步骤相同。

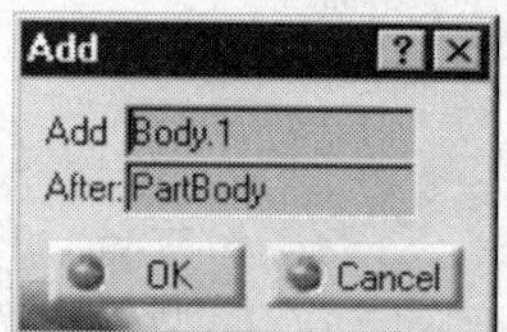

图 3-220 【Add】对话框

Body. 1 与 PartBody 相交的部分被除去，形成了新的零件实体，所得结果如图 3-222b）所示。

3.2.9.5 Intersect

用此图标的功能可以获得两个零件体相交的部分（交集）。还用如图 3-222a）所示的例子，对其进行操作，操作步骤与 Add 命令操作步骤相同。

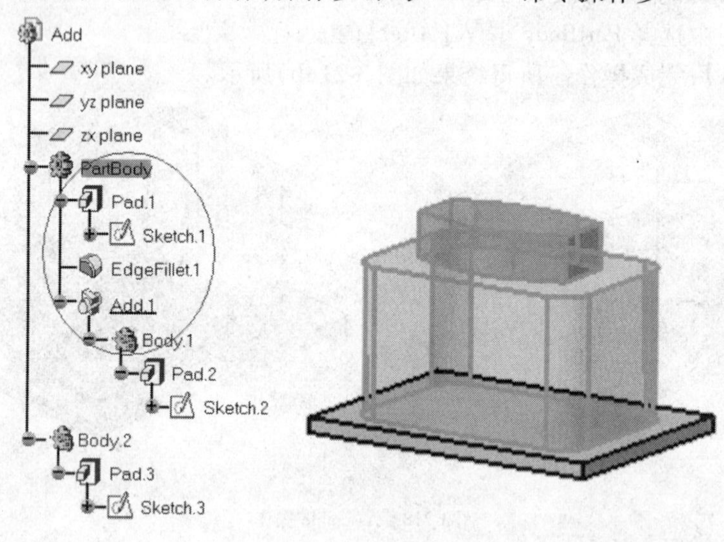

图 3-221 Add 操作结果

所得结果如图 3-223 所示，原来 Body. 1 与 PartBody 相交的部分变成了新的 PartBody。

3.2.9.6 Union Trim

利用此图标的功能可以在两个以上的零件体之间移走不需要的部分保留需要的部分，完成上述单个布尔运算无法完成的复杂操作。对设计好的两个零件，如图 3-224a）所示，进行操作的步骤如下：

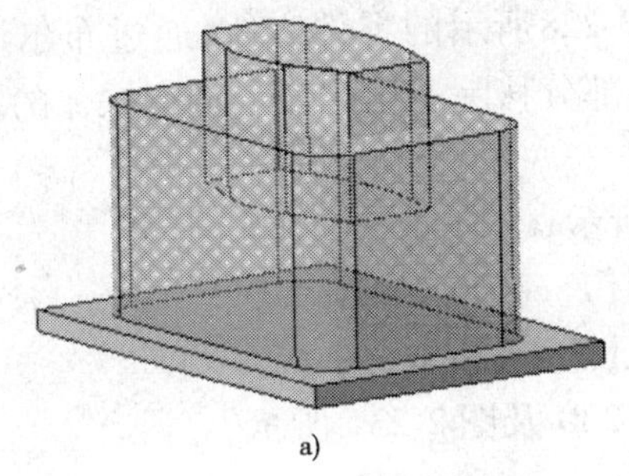
a)

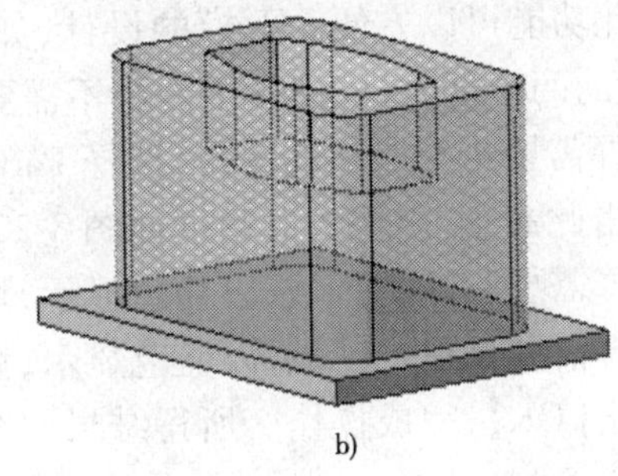
b)

图 3-222 Remove 操作

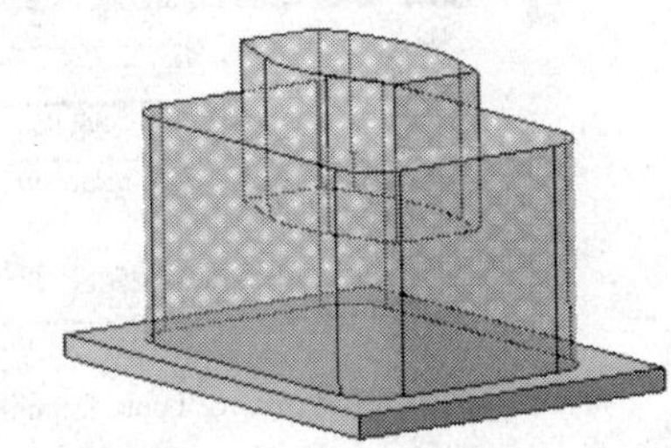

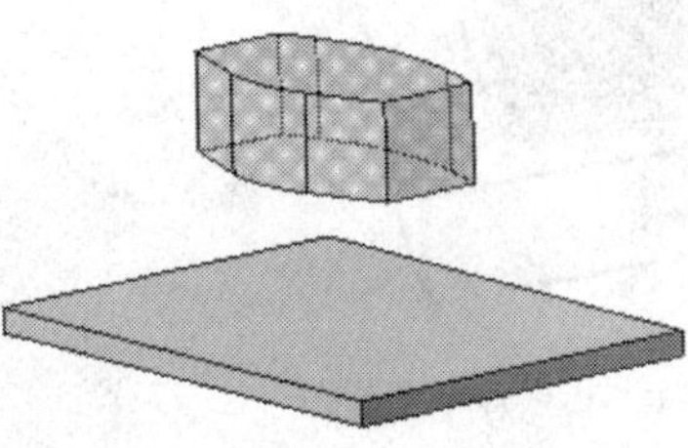

图 3-223 Intersect 操作

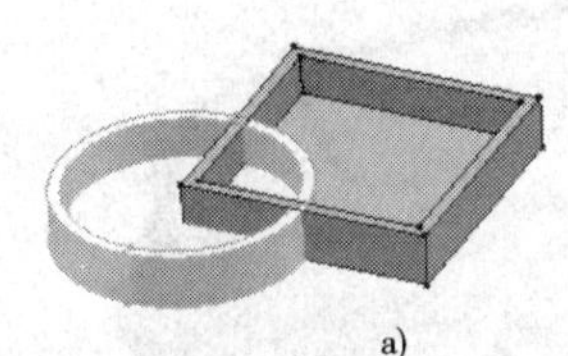
a)

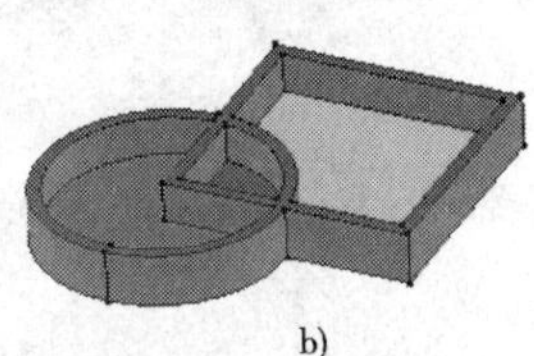
b)

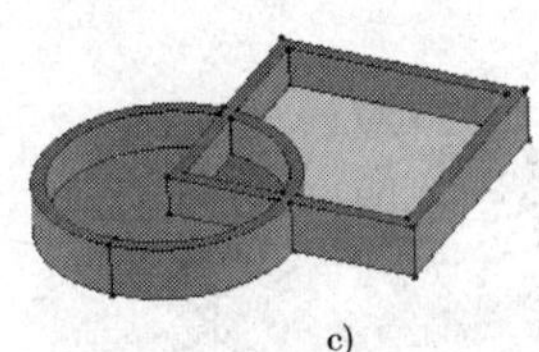
c)

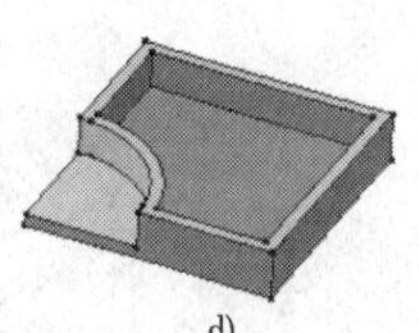
d)

图 3-224 Union Trim 操作

(1)选择要进行修剪的零件,然后点击此命令;

(2)选择要去除的面,填入【Faces to remove】中,这里选择圆槽的内部底面,以粉色显示,表示移除区域;

(3)选择要保留的面,填入【Faces to keep】中,这里选择方形槽的内部底面,以蓝色显示,表示保留区域;

(4)点击【OK】,完成操作。所得结果如图 3-224d)所示。

说明:以红色显示的面,表示不可选区域。另外,还有下面几条规则:

1. 选择的区域被移除,其它区域保留,如图 3-225 所示。

2. 选择的区域被保留,其它区域移除,如图 3-226 所示。

图 3-225 选择的区域被移除,其它区域保留

图 3-226 选择的区域被保留,其它区域移除

3. 当指明了保留的区域,移走的区域不用指明,如图 3-227 所示。

3.2.9.7 Remove Lump

当一个零件体内包含不相交的多个实体特征时,可以用此命令移除不需要的部分。在设计模

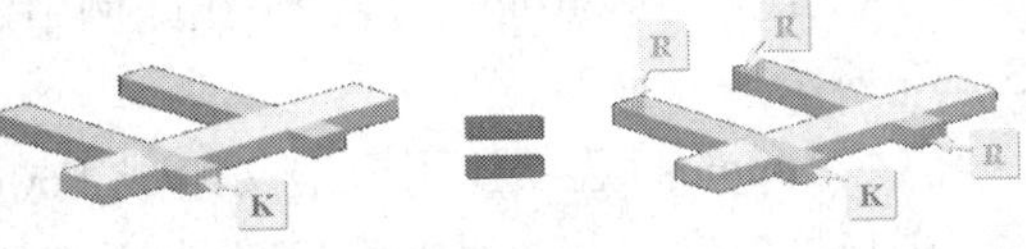

图 3-227 等价关系

具时，使用此功能可以方便上下模的设计，如图3-228所示的零件实体，通过布尔运算后，形成了互不相交的两个部分，以把其中一个不需要的部分移除。用此命令进行操作的步骤如下：

(1)选择需要进行操作的零件，选择 PartBody；

(2)点击此命令，出现的对话框如图 3-229 所示；

(3)选择需要移除的区域，以粉色显示，填入【Faces to remove】中；

(4)选择需要保留的区域，以蓝色显示，填入【Faces to keep】中；

(5)点击【OK】，完成操作。所得结果如图 2-230 及图 2-231 所示。

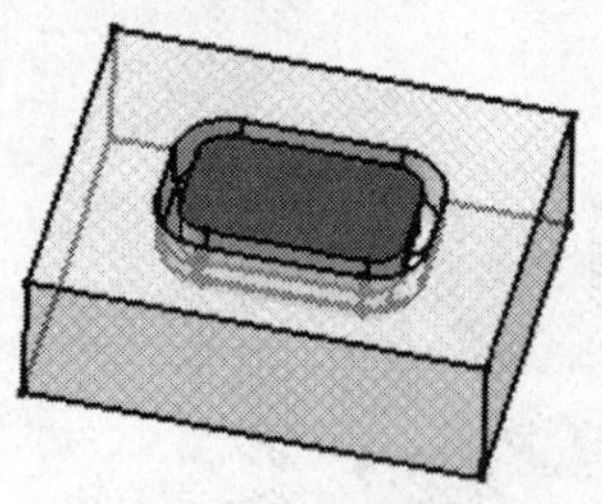

图 3-228 布尔运算后的实体

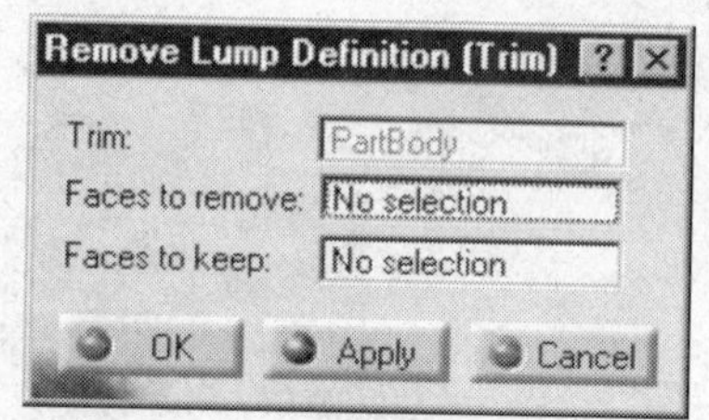

图 3-229 【Remove Lump Definition】对话框

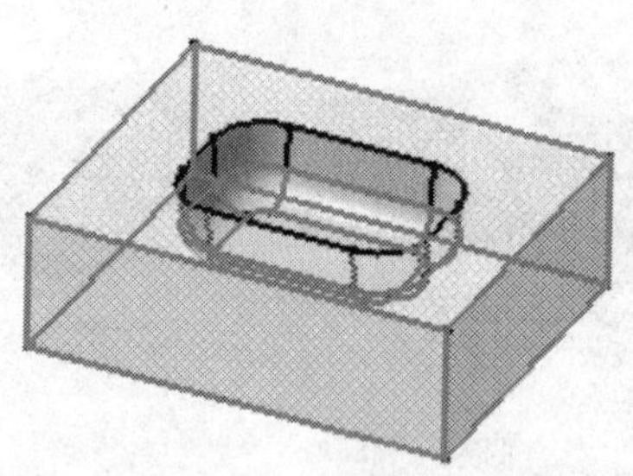

图 3-230 移除中间的部分的结果

图 3-231 移除外面部分的结果

3.2.10 强力复制(PowerCopy)

3.2.10.1 PowerCopy

PowerCopy 图标功能帮助用户建立一个强力拷贝，它可以在建模过程中重复使用，以减少建模的工作量。其建立过程如下：

(1)打开如图 3-232 所示的零件。

(2)单击【Insert】选项卡 Knowledge 中的 PowerCopy，即出现【PowerCopy】对话框，如图 3-233 所示。

(3)从模型树种选择组成 PowerCopy 的元素，在此例中选择 Part Body，如图 3-234 所示。

【PowerCopy】对话框中自动包括所选元素的所有信息，如图 3-235 所示。

(4)定义 PowerCopy 的名字，在此例中定义为 Test，如图 3-236 所示。

(5)【Inputs】选项让用户定义组成 PowerCopy 的相关元素，用户可以把这些元素的名字改为用户比较容易理解的名字，例如图 3-237 中，把 xy Plane

图 3-232

改为 Plane1，括号中仍然显示缺省名字。

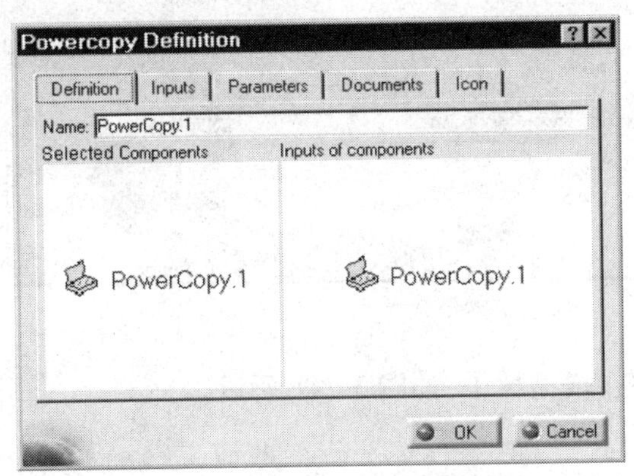

图 3-233 【Powercopy Definition】对话框

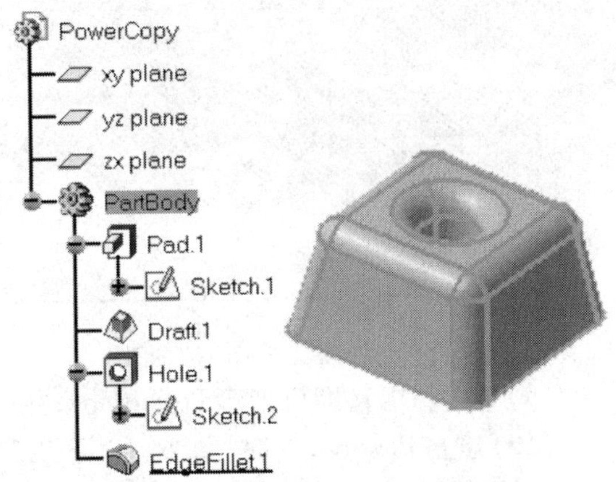

图 3-234 选择 Partbody 为 Powercopy 的元素

（6）【Parameters】选项卡可供用户改变几何名字，单击【Published Name】按钮，例如选择 PartBody/Hole. 1/Diameter，然后在【Name】字段重新命令一个具有代表性的名字，就可方便事后查阅，如图 3-238 所示。

（7）【Documents】选项卡可以设置相关的文件以供参考。

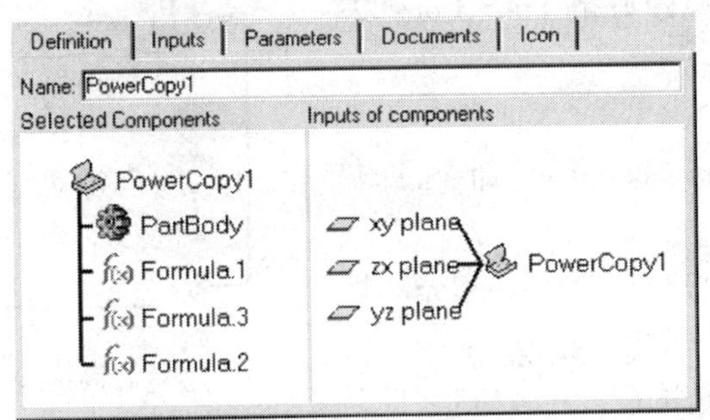

图 3-235 对话框中包含了所选元素的所有信息

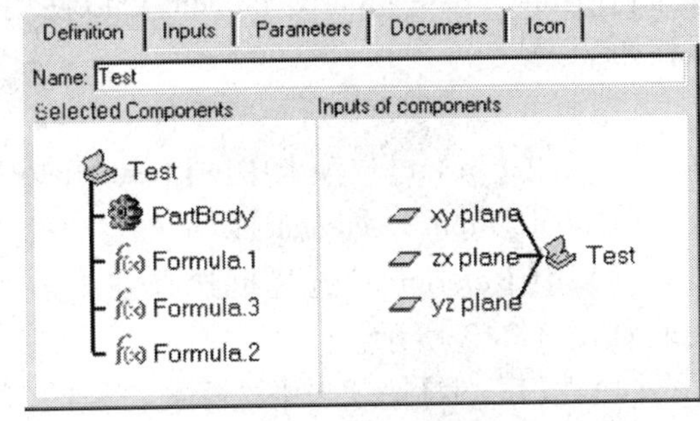

图 3-236 定义 Powercopy 的名字

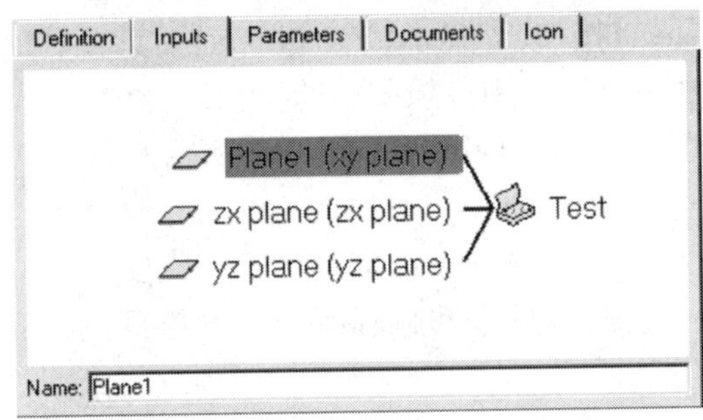

图 3-237 分别定义不同相关元素的名字

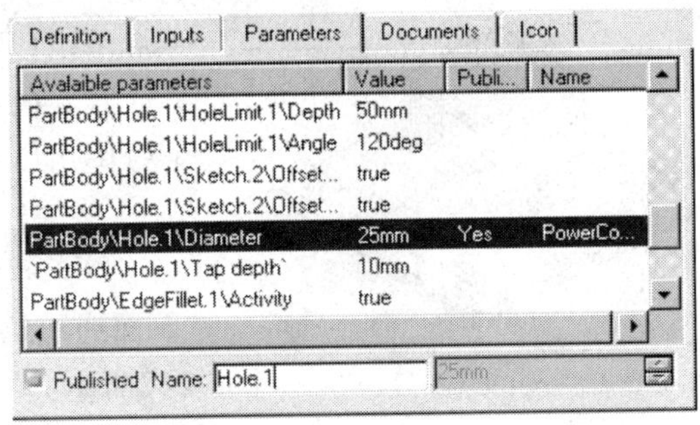

图 3-238 【Parameters】选项卡

（8）【Icon】选项卡中，【Icon choice】选项可以指定表示 PowerCopy 的图标（图 3-239），在本例中选择信封图标；在【Preview】选项中，单击【Grab screen】按钮可以把当前的画面拍下制成缩图（图 3-240）；单击【Remove preview】按钮可以移除缩图。

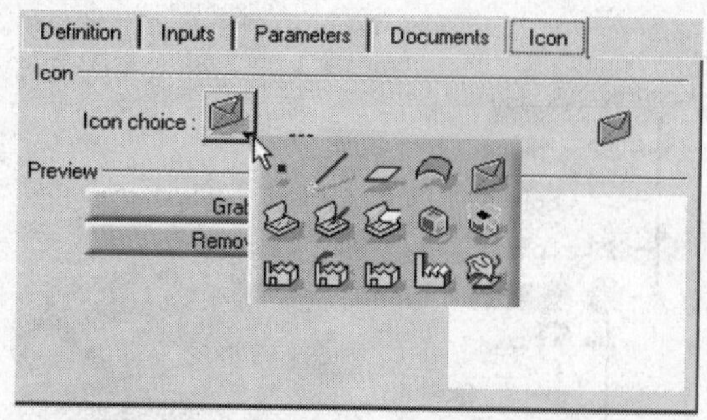

图 3-239 选择指定 Powercopy 的图标

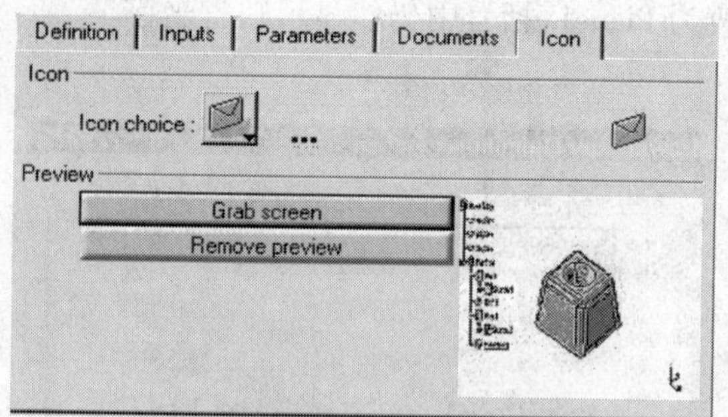

图 3-240 拍摄缩略图

(9)单击【OK】,即可创建 PowerCopy,并出现在模型树中,如图 3-241 所示。

(10)建立 PowerCopy 时,要注意以下几点:

①尽量减少集合中的特征个数,当特征个数很多时,CATIA 的运行速度会降低;

②建立特征草图时,尽量使用相对坐标的约束方式,减少使用绝对坐标,增加 PowerCopy 的可用性;

③为了确保 PowerCopy 的结果,草图必须全约束。

3.2.10.2 Instantiate From Document

利用 Instantiate From Document 可以使用已经建好的 PowerCopy,其步骤如下:

(1)打开如图 3-242 所示的零件。

(2)单击【Insert】选项卡中的【Instantiate From Document】命令,即显示【Instantiate From Document】对话框。

(3)用【Reference】选择框选择在上一步中建立的 PowerCopy,即 Test,如图 3-243 所示。

(4)在【Inputs】选项卡中选择此特征的建构基准(图 3-244):在此例中选择 Pad.1 的上表面,再选择 Plane1。

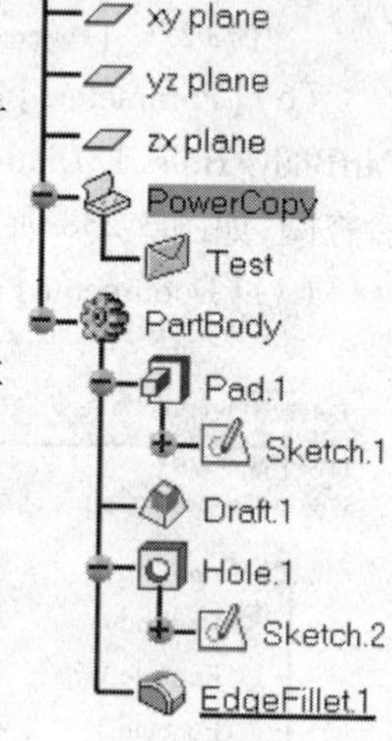

图 3-241 创建 Powercopy 出现在模型树中

(5)单击【Use identical name】按钮,选择所有的元素,这些元素就会被自动选择。

(6)单击【Parameters】按钮,即显示【Parameters】对话框,如图 3-245 所示。在对话框中可输入用户想要空的半径即可。

(7)单击【OK】,即可创建此特征,如图 3-246 所示。

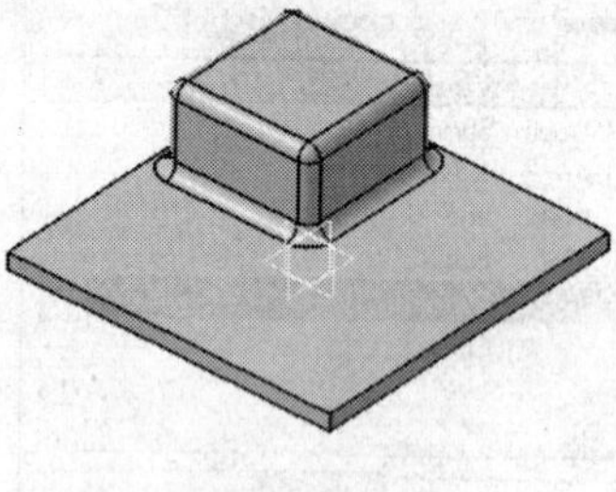

图 3-242

3.2.11 汽车零件实例

下面通过绘制一个汽车零件来回顾和练习前面学到的内容。图3-247所示为零件的尺寸。

1)绘制截面轮廓

按照 3.1Sketch(草绘)中讲到的方法,进入 xy 平面,绘制零件截面轮廓图形,并约束相关线条和相关尺寸(可参考 3.1.8 节的操作)。约束每段圆弧和直线相切,半径为 35mm 的圆弧的圆心分别和两条直线用 Coincidence(共线)约束,同时用 Coincidence(共点)约束这个圆心与坐标系原点共点,约束后的结果和尺寸如图 3-248 所示。

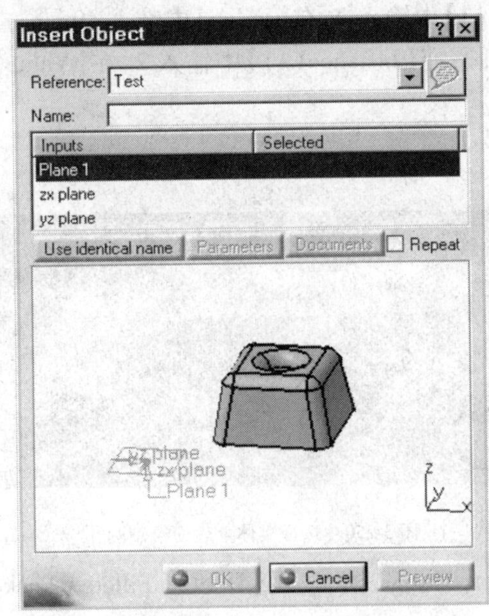

图 3-243 在【Reference】中选择建立好的 Powercopy

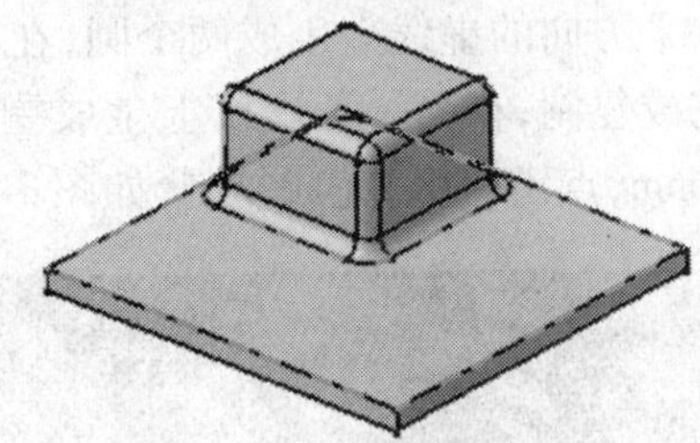

图 3-244 选择基准面

图 3-245 【Parameters】对话框

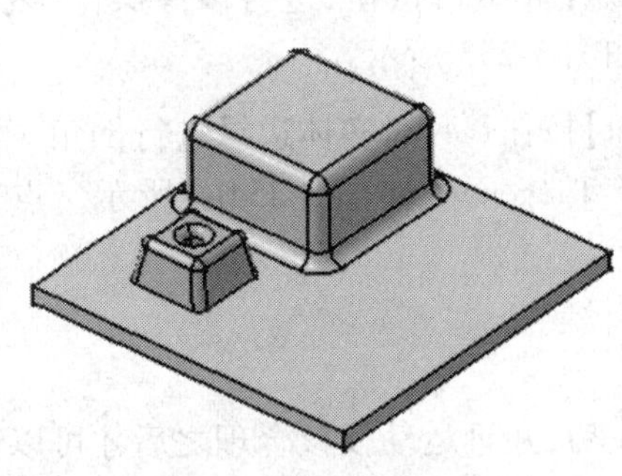

图 3-246 创建结果

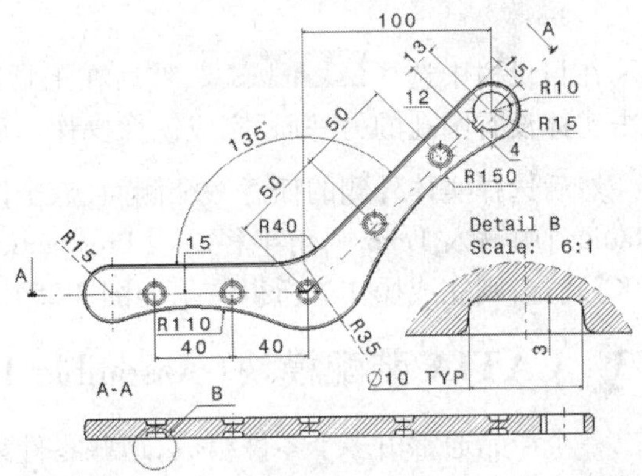

图 3-247 零件尺寸

2)拉伸实体

绘制好草图以后,点击 ,退出草图模式,回到 Part Design 模式,进行零件设计。在工具箱中点击 按钮,对截面轮廓进行 Pad 操作,如图 3-249 所示。在对话框【Length】中输入 5mm, Length: 5mm ,点击【OK】完成 Pad 操作。

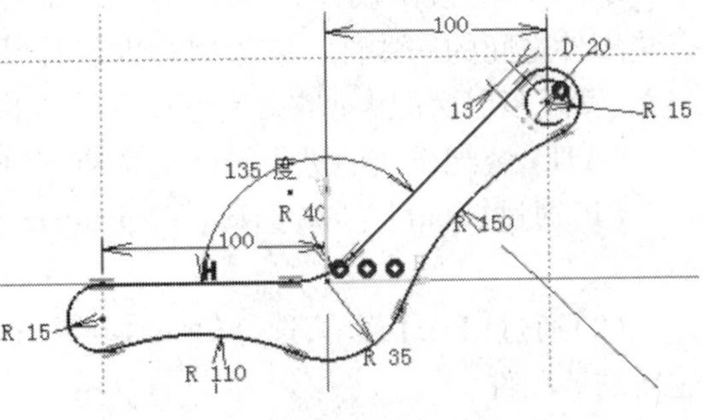

图 3-248 截面轮廓

3)生成圆孔

选择实体的下表面,然后点击工具箱中的 按钮,在实体的下上表面绘制圆孔,如图 3-250所示。

绘制好圆孔以后,点击 按钮(参考 3.1.6.4 平移复制),分别在两个虚线上生成其余的圆孔，水平方向的虚线上生成两个圆，在【Instance(s)】中输入2，在【Value】中输入40mm，点击【OK】完成复制；在另一条虚线上生成剩下的两个圆；在【Instance(s)】中输入2，在【Value】中输入50mm，点击【OK】完成复制，如图3-251所示。

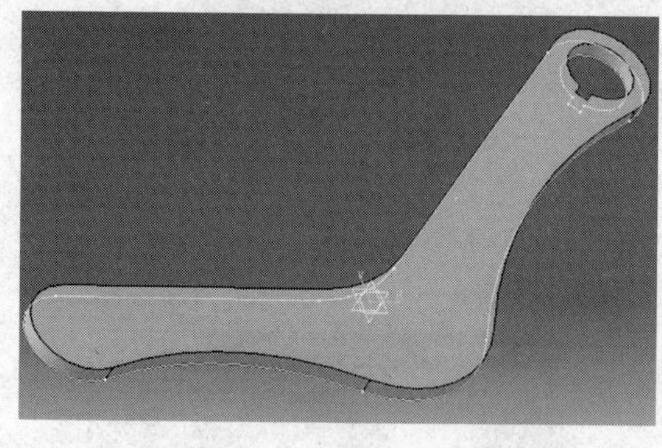

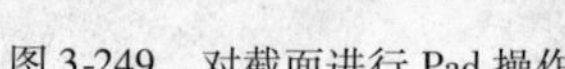

图3-249　对截面进行Pad操作

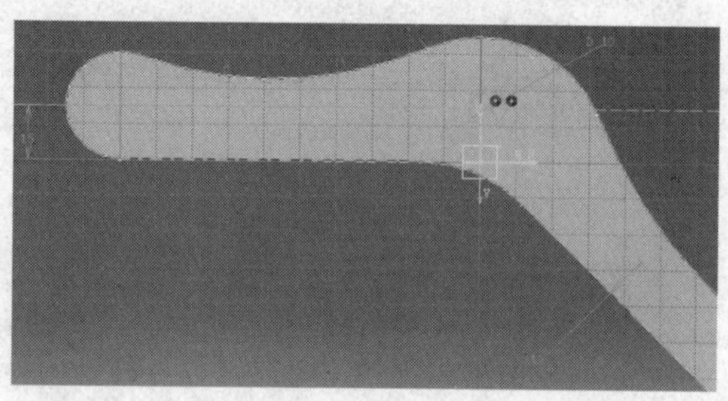

图3-250　选择实体上表面绘制圆孔

绘制好以后，点击，退出草图模式，回到Part Design模式，用【Drafted Filleted Pocket】按钮，在【Depth】中输入3mm，在【Limit】栏中选择圆所在的实体下表面，【Angle】中输入5deg拔模角，在【Fillets】中都填入1mm圆角半径，如图3-252所示。

4）镜像

在目录树中选择PartBody，然后在工具箱中选择【Mirror】按钮，进行镜像操作，然后点击实体没有圆孔的另一面，完成镜像操作。所得结果如图3-253所示。

然后选择实体外侧的任意一个侧面，点击【Edge Fillet】按钮，对实体边缘进行倒角。在【Radius】中输入1mm圆角半径，在【Propagation】中选择Tangency，如图3-254a）所示。点击【OK】确定，则完成操作。所得结果如图3-254b）所示。

3.3　CATIA装配模块(Assembly Design)

一个产品通常由多个零件组成，这些零件只有装配成功，并且运动校核合理之后才可以试制生产。装配设计就是要将设计好的各个零件组装起来，在设计过程中协调各零件之间的关系，发现并修正零件设计的缺陷，装配设计也是数字样机(DMU)的基础。

CATIA V5装配设计(Assembly Design)模块可以方便地定义各零件之间的约束关系，并检查装配件之间的一致性。它可以帮助设计师自上而下(Top Down)或自下而上(Bottom Up)地定义、管理多层次的大型装配结构，使零件的设计在单独环境和装配环境中都成为可能。

CATIA装配模块的进入方法通常有三种：

(1)通过【Start】菜单，选择【Mechanical Design】模块组，然后选择【Assembly Design】模块即可。

(2)通过【File】菜单，选择【New】新建文件，然后在文件类型列表中选择【Product】，即可创建新的装配件。

(3)通过偏好工作台设置(参见第2章2.6.3节)，将【Assembly Design】模块列入偏好的常用模块，即可在需要时通过工作台图标切换至装配件设计模块。

CATIA装配模块的工作界面如图3-255所示，由图中模型树可见一个装配件由若干零部件及约束组成，图中还列出了该模块常用的工具条以及菜单命令：包括产品结构工具条及约束

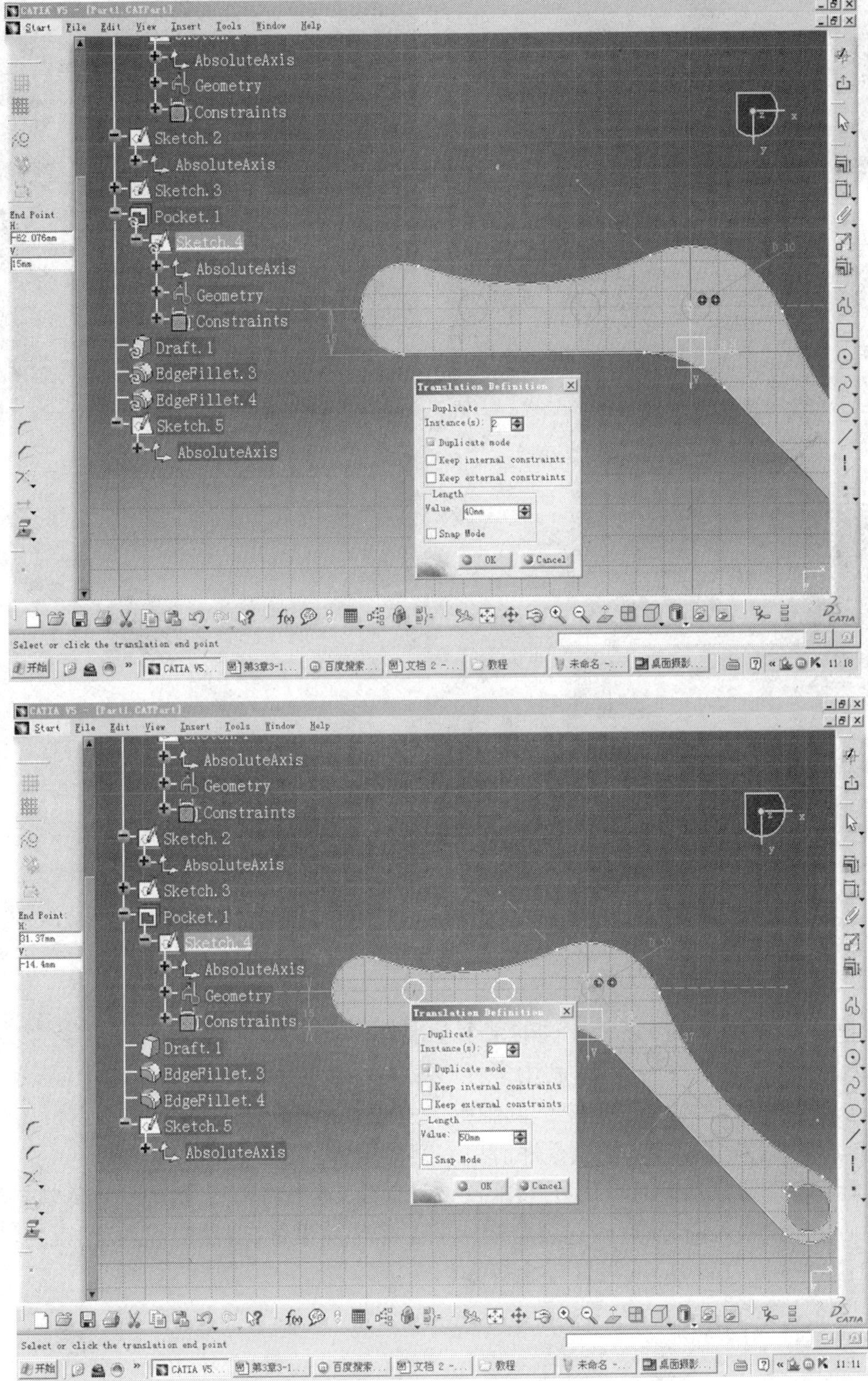

图 3-251 平移复制圆

工具条等。

装配设计通常的工作顺序为：

(1)插入或新建已有的零件/子装配体；

(2)利用罗盘拖拽,初步定位各零件或子装配件的空间位置；

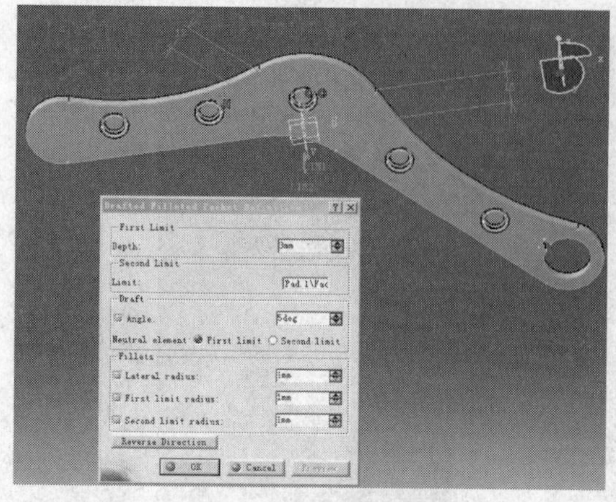

图 3-252　生成圆孔

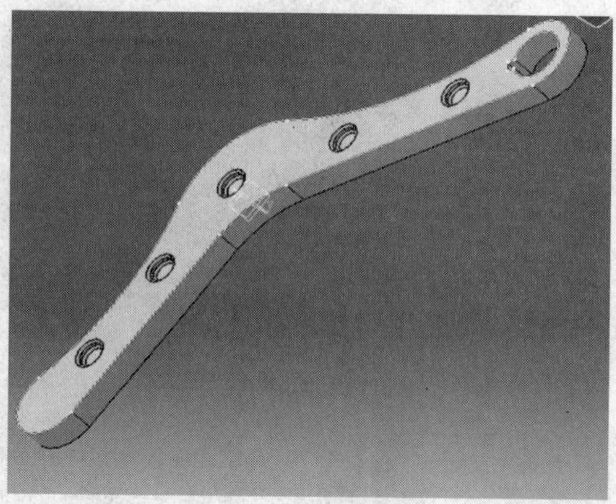

图 3-253　完成镜像操作

a)

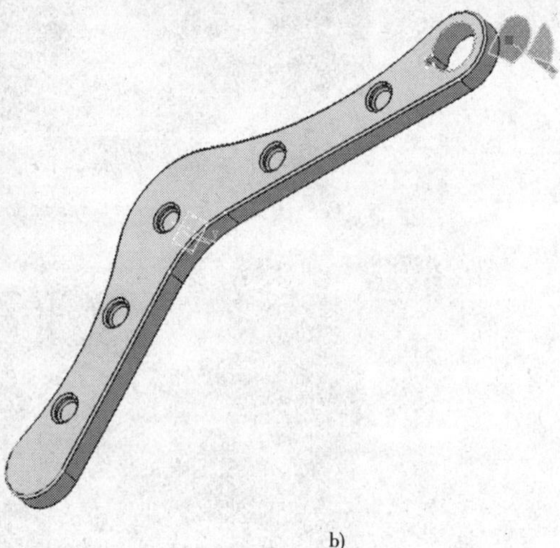

b)

图 3-254　边缘倒角操作

(3)利用 Fix(约束固定)该装配件的某个基准件;

(4)以上一步的基准件为参照,利用多种约束关系限定其余各部件的空间位置;

(5)分析该装配件的性能,如冲突、间隙等。发现并修正问题;

(6)添加注解等辅助工作,生成零件清单或其他报告。

为便于读者理解并掌握 CATIA 的装配件设计模块,本书将首先通过一个简单的双足吸盘机器人装配引导读者入门,然后阐述装配模块的工作环境设置、部件的载入、约束的设定、部件的复制、装配件分析、Top Down 设计理念等知识点。

3.3.1　装配设计入门实例

为便于读者上手,本小节拟建的装配体就是图 3-255 中所示的简单机器人结构体,仅由 4 个部件构成(没有轴承螺栓等连接件)。这 4 个部件其实只有两个零件:两个一样的吸盘、两条一样的腿。下面分步骤阐述创建过程。

3.3.1.1　新建一个装配文件,并修改装配体的部件编号

- 点击 CATIA【File】菜单中的【New】子菜单;

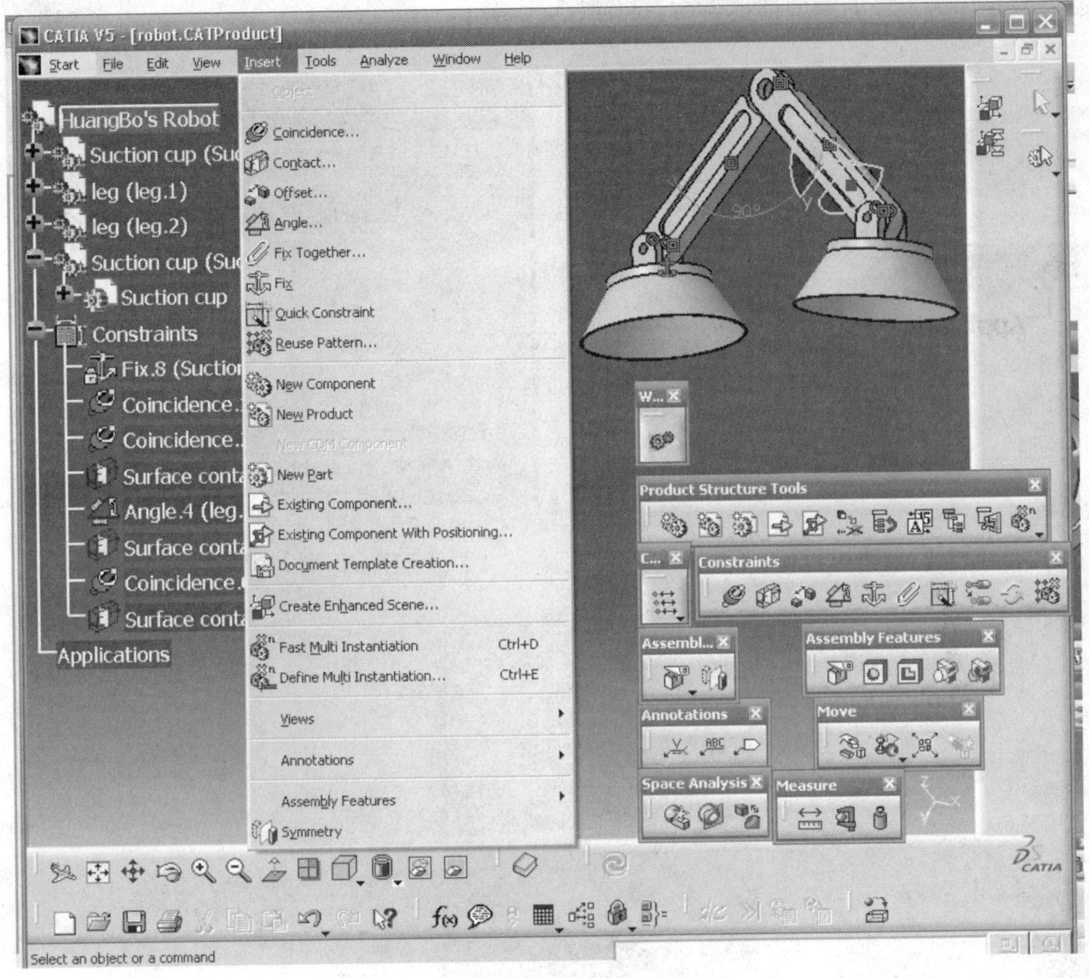

图 3-255　由一个简单装配体看 CATIA 装配工作台环境

- 在弹出的对话框中，拖动新建文件类型列表框的滚动条至【Product】并选中，然后点击【OK】确认新建一个装配文件；
- 新建的文件默认文件名为【Product1】，其部件编号也为【Product1】。大型装配件往往包含多个零部件，如果每个零部件的名称或者编号都没有任何含义，那么管理起来非常费劲，所以有必要给自己的每个零部件命名为容易理解的符号。

本例采用鼠标右键点击 Product1 模型树根节点（如图 3-256 所示），选择右键菜单中的【Properties】子菜单，在 3-257 所示对话框内更改【Part Number】属性为“Huang bo ' s Robot”。

3.3.1.2　载入 4 个零部件至该装配体

按照图 3-258 所示，选择模型树上根节点右键菜单中的【Existing Components】子菜单，系统将自动弹出文件选择对话框，供用户选定要添加至装配件的已有零部件。选定光盘 3.3 节中的 Cup. Catpart 文件，再点击【Open】命令。则吸盘零件自动添加至装配体，结果如图3-259所示。

因为最后的机器人模型需要两个一样的吸盘和两条一样的腿，所以，接下来我们需要用同样的方法再次载入一个 cup. catpart 文件和两次载入 Leg. catpart 文件。结果如图 3-260 所示。可以看到模型树中包含 2 个吸盘和两条腿，但模型区中却只能看到一个吸盘和一条腿，这没有关系,只是因为一样的模型都重叠在一起而已。

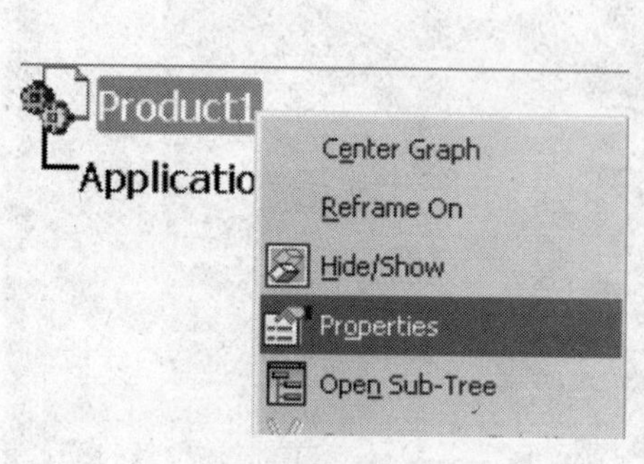

图 3-256 Product1 的右键菜单

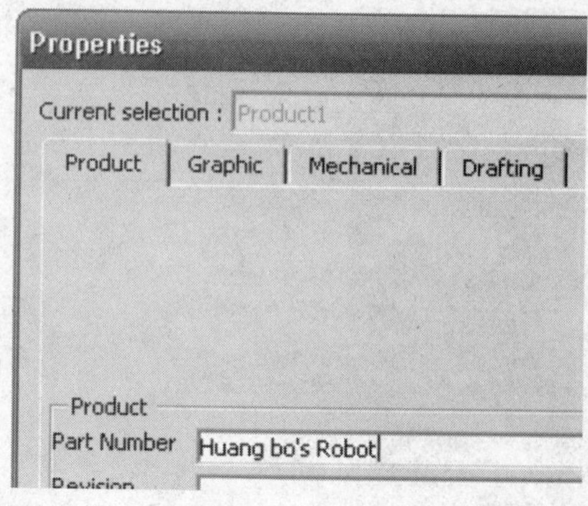

图 3-257 【属性】对话框(左半边)

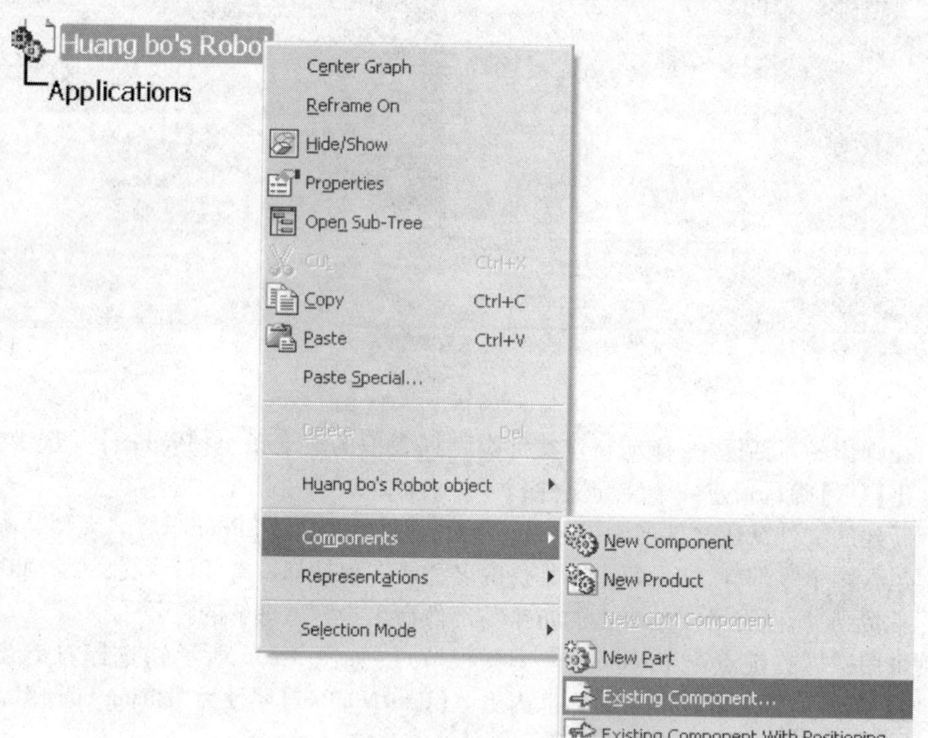

图 3-258 模型树根节点上点右键,选定菜单中【Existing Component…】

3.3.1.3 利用罗盘在空间上大致排布各零部件

部件之间的重叠当然会影响后续操作的便利性,所以装配工作经常需要预先布置各零部件的大致空间位置,CATIA 提供了一个非常好的方法,那就是利用【罗盘附身】来拖拽或旋转被附身零部件的空间位置。

罗盘附身的方法如下:

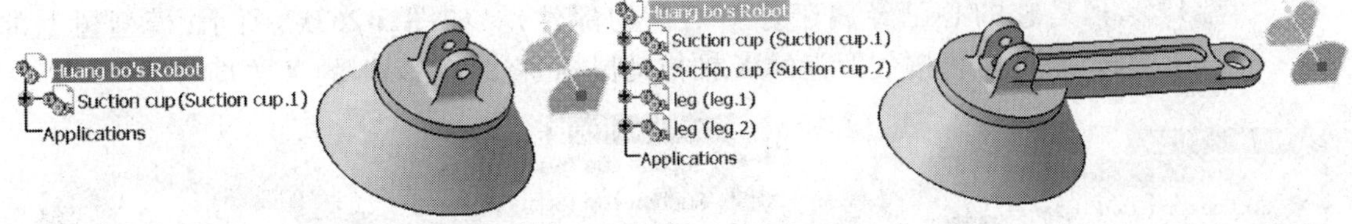

图 3-259　载入第一个零件之后的装配件模型　　图 3-260　4 个零部件全都载入后的装配体模型树和模型效果图

- 按照图 3-261a)所示，将鼠标挪到罗盘的中央红点附近，直到鼠标形状变为图中所示黑色十字箭头状后按住鼠标左键不松手，然后挪动鼠标至模型吸盘上直到其变为图 3-261a)所示形状后放松鼠标左键，罗盘将呈绿色状态(见图 3-261b)，表示罗盘已成功附身于 Suction Cup. 1。

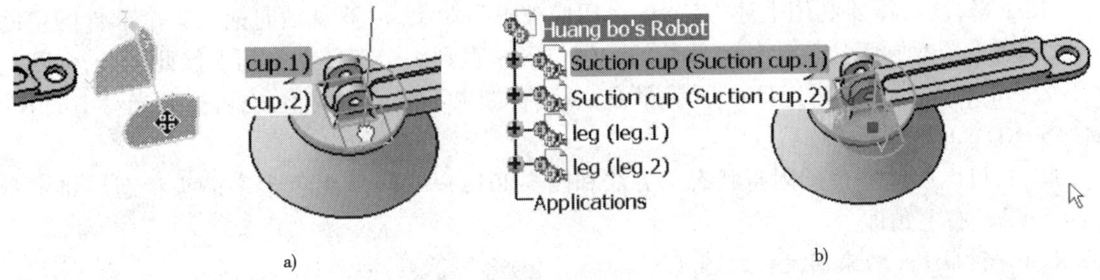

图 3-261　罗盘附身吸盘的三个过程图

成功附身后，就可以利用罗盘布置被附身零件的空间位置了，方法如下：

- 选中罗盘的某一条坐标轴，使其呈图 3-262a)所示橘黄色(图中选中竖直坐标轴)，然后按下鼠标左键不松手且移动鼠标，就可以拖动改变吸盘一的竖直位置(如图 3-262b)所示)；再选中罗盘的水平坐标轴后按住左键移动鼠标，可拖动改变吸盘一的 X 方向位置(如图 3-262c)所示)。

注意：这些操作都必须在罗盘呈绿色状态下才能实现。

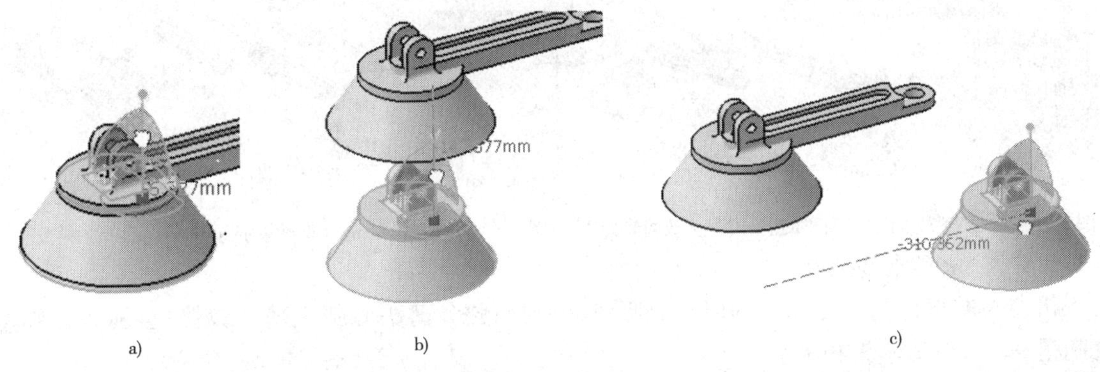

图 3-262　利用附身罗盘改变吸盘 1 在空间中的竖直位置和 X 方向位置

仅调整吸盘 1 的位置是不够的，仍然需要继续调整其他部件的空间位置，是不是每次调整都必须像图 3-261 那样单独附身一次呢？答案是否定的。

只要成功附身于某一个零件，并且用户的操作没有使罗盘褪去绿色状态的话，就可以很轻松地切换被附身的对象。方法如下：

- 如图 3-263a)所示，罗盘仍然附身于吸盘 1，且呈绿色附身状态；此时，只需点击鼠标左键模型树上的其他部件，罗盘的附身对象就变为其他部件(虽然罗盘仍然位于吸盘 1 上,但是它的心已经属于你新切换的部件)。如图 3-263b)所示,模型树上的 Leg1 被选中,此时再按住罗盘的 X 轴拖动鼠标,将改变 Leg1 的 X 方向位置。

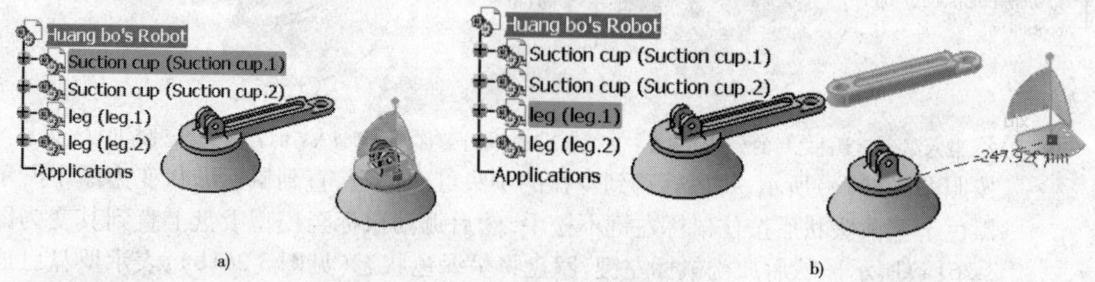

图 3-263　将罗盘的附身对象由吸盘 1 切换至腿 1,并沿 X 向拖动腿 1 的位置

接下来,读者需要利用上述方法,挨个切换被附身对象,沿罗盘轴向拖动某个部件的空间位置,或者沿罗盘圆弧边旋转某个部件的空间位置。直到 4 个部件在空间上彼此分开,但距离又不太远的状态,大致如图 3-264 所示即可。(读者如果不能成功调整,也可打开光盘中的 Robot _ Step1. catproduct 继续后续学习)

此时,可以解除罗盘的附身状态。方法和图 3-261a)一样,呈黑色十字箭头状态后将罗盘揪回 CATIA 右上角即可。

3.3.1.4　利用 Fix 约束固定住吸盘 1

选定【约束】工具条中的【Fix Component】图标,然后点击模型树上的 Suction cup (Suction cup.1) 或者模型区中的吸盘 1,则 CATIA 将锚定吸盘 1 的空间位置。模型树中多出一个 Constraints 节点,该节点包含 Fix. 1 约束;且模型区的吸盘 1 上多了一个绿色的锚,如图 3-265 所示。

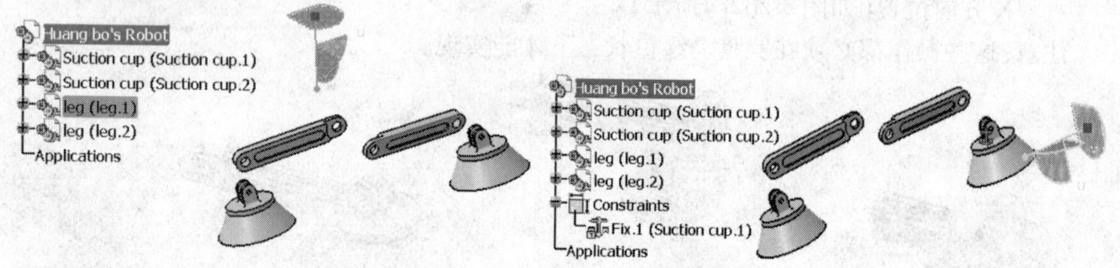

图 3-264　利用罗盘最终将 4 个部件的空间位置大致调整如图　　图 3-265　添加 Fix Component 约束于 Suction Cup. 1 后的模型

3.3.1.5　依次约束其他部件

机器人的设计构想是腿 1 的厚头和吸盘一铰接;腿 2 薄头和腿 1 薄头铰接;且腿 2 和腿 1 之间呈 90°。腿 2 厚头和吸盘 2 铰接。

用几何约束关系来表达这种设计构想应满足如下条件:

- 腿 1 的厚孔和吸盘 1 的孔同心,且腿 1 厚孔侧面正好贴住吸盘 1 的槽。
- 腿 1 的薄孔和腿 2 的薄孔同心,且腿 1 的薄孔侧面贴住腿 2 的薄孔侧面。
- 设定腿 1 和腿 2 之间的角度为 90°。
- 腿 2 的厚孔和吸盘 2 的孔同心,且腿 2 的厚孔侧面贴住吸盘 2 的槽。

下面,将通过如下步骤实现这些约束关系。

1)腿 1 的厚孔和吸盘 1 孔同心

选定约束工具条中的【Coincidence】图标，CATIA 在窗口底部状态条中提示用户选择相合对象 Select the first geometric element of the coincidence constraint: a point, a line or a plane（注意：各种软件的学习都应该有随时查看系统提示的习惯，软件自身提供的帮助和提示通常都是最好的老师）。

此时，应该选定腿 1 厚孔轴线和吸盘 1 孔的轴线作为相合对象，但是初学者经常会选择不到轴线，CATIA 选定轴线的最简便办法是放大并旋转孔，直到能看到足够的内孔圆弧面，此时，再将鼠标靠近内孔圆弧面，CATIA 就会将轴线呈现您供选择。如图 3-266a）所示，选定吸盘 1 的孔轴线；然后再根据 3-266b）选定 leg. 1 的厚孔轴线，即可设定两者同轴。

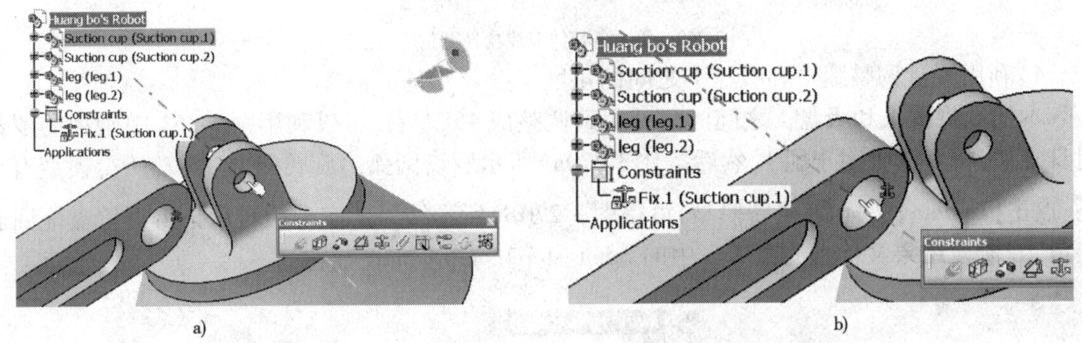

图 3-266　放大内孔，直至能顺利选定吸盘 1 的孔轴线和腿 1 的孔轴线

约束设定成功后，模型树和模型如图 3-267 所示。可见模型树中 Constraints 节点中多了一个 Coincidence 约束（Leg. 1 和 Suction Cup. 1 之间的相合约束），且几何模型区多了两个橘红的小圆圈。但是两个部件的位置并没有变化，二者没能实现同心，细心的读者还可以发现模型树中 Coincidence 节点的左下角有一个图标；这表明这个相合约束虽然设定成功，但是需要用户手动更新（Update）使其生效，CATIA 才会重新计算部件的空间位置。本例中，我们先不更新这个相合约束，而是等到贴合约束定义好之后一起更新。

2）腿 1 侧面贴住吸盘 1 的内槽面

选定【Contact】约束图标，然后需要选定两个欲贴合的面。旋转装配件，然后选择 3-268a）所示腿 1 的左侧面，和吸盘槽的左边侧面。则生成 3-268b）所示尚未更新生效的面贴合约束。

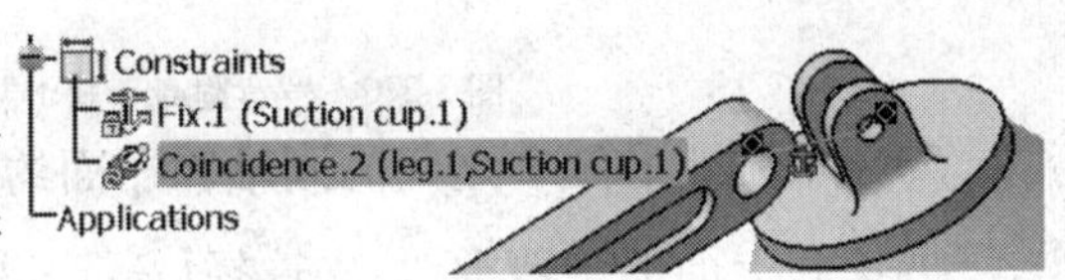

图 3-267　定义成功，但是尚未更新生效的 Coincidence 约束

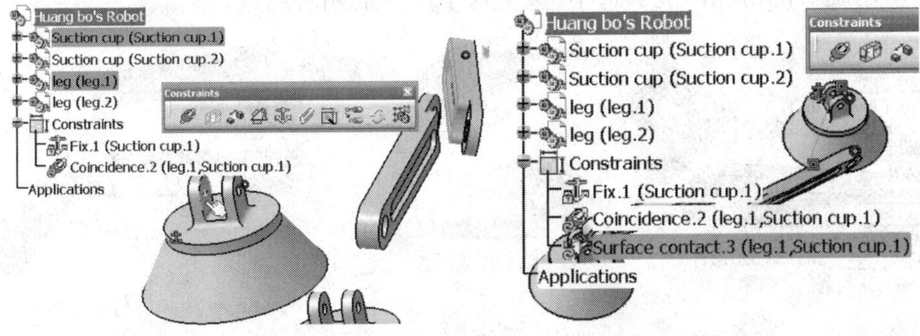

图 3-268　Contact 约束的两个侧面及定义成功但未更新的 Contact 约束

3）更新约束

约束的更新非常简单,只需点击工具条上的图标即可。更新后模型如图 3-269 所示。

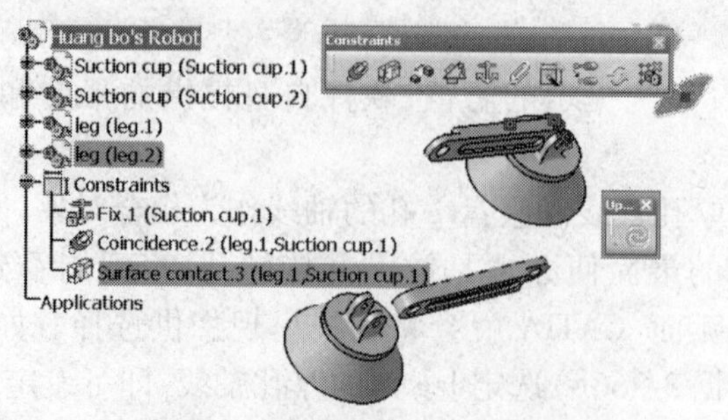

图 3-269 第 1 条腿约束成功且更新后的模型

4)利用罗盘调整腿 1 和吸盘 1 之间的角度

本例欲将腿 1 和吸盘 1 之间的角度大致调整成 45°左右,可以利用图 3-261 中阐述的罗盘附身方法,将罗盘吸附于腿 1,然后按住 3-270a)所示罗盘圆弧边旋转腿 1。旋转所得模型有点怪,点击【Update】图标更新模型,可得图 3-270b)所示结果。实现旋转后记得将罗盘拖回右上角。(阶段结果文件参光盘 3.3 中的 robot_step2. catproduct 文件)。

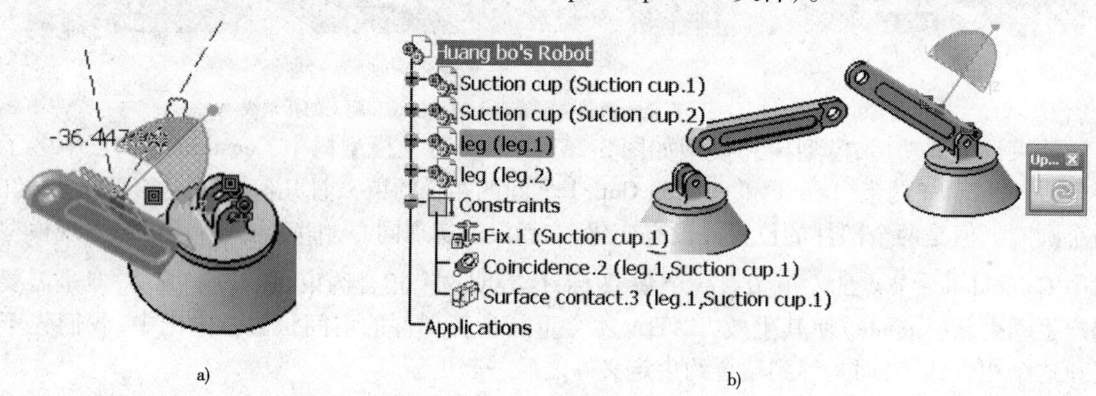

图 3-270 罗盘附身于腿 1 并旋转腿 1 过程及更新后的模型图

5)定义腿 1 和腿 2 之间的同轴和贴面约束

方法和上面的步骤类似,先选择【Coincidence】图标,然后选择 3-271a)所示两个薄孔轴线完成同轴约束;再选择【Contact】图标,选定 3-271b)所示腿 2 的薄孔侧面后旋转模型,直到 3-271c)所示腿 1 的薄孔面能够选中,选定这个面完成贴合约束。

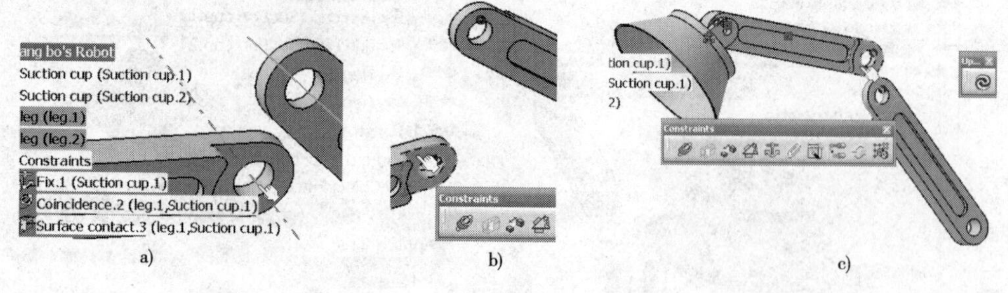

图 3-271 相合的两个轴线、Contact 约束的第一个面、Contact 约束的第二个面

此时两个约束虽已定义成功,但尚未更新生效,点击【Update】图标更新模型,可得如

图 3-272 所示结果。

6)定义腿 1 和腿 2 之间的角度

选择【Angle】约束图标,然后选择两个要设定夹角的元素(线或面)即可。本例中选择图 3-273 所示两条腿的内面即可完成定义。两个成夹角的面选定后,系统将弹出图中所示对话框,在最底下的【Angle】中输入 90Deg 即可完成定义。(由对话框可见,角度值的定义除了直接输入角度,还有其他多种方式,详见 3.3.5 节)。最后点击【Update】更新模型。

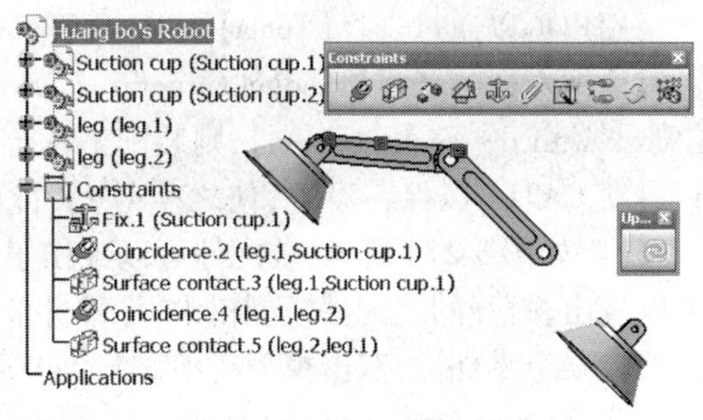

图 3-272　上述约束更新后的结果图

(参 Robot _ step3. catproduct 文件)

7)定义腿 2 和吸盘 2 之间的同轴和贴面约束

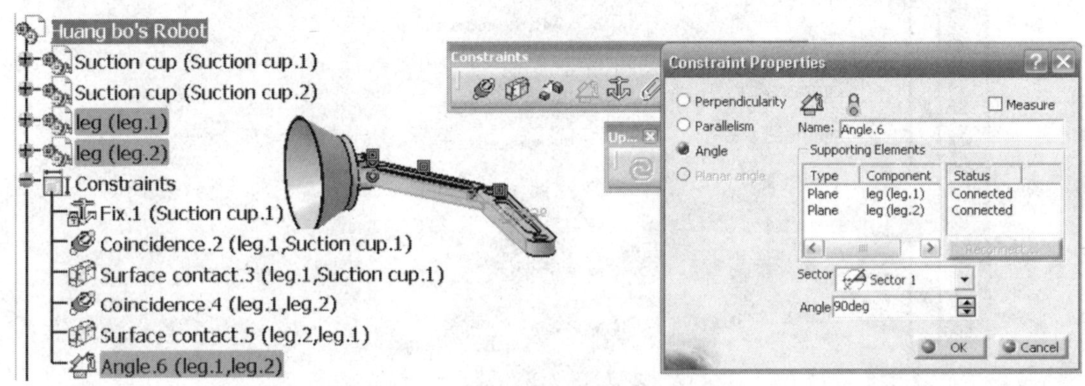

图 3-273　选择两条腿的内面定义 90°(更新后模型参光盘 Robot_step4. catproduct)

同轴约束采用第一步的方法即可完成,但本例中的同轴约束采用另一种方法:先选择对象,再选择命令(Object/Action)的方法,即先选择图 3-274 中所示两个内孔面,然后再选择 Coincidence 约束即可完成同轴定义。至于贴面约束,读者可以参照第二步的方法自己完成。最后更新模型,即可完成入门实例。

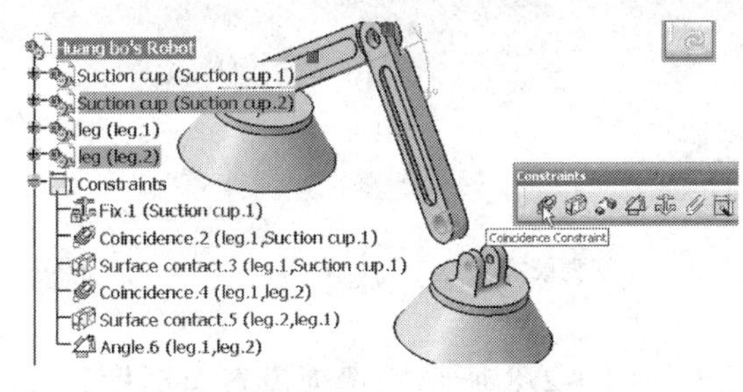

图 3-274　先选择两个内孔面,再选择【Coincidence】图标实现同轴约束

本入门实例仅阐述到完成零部件的装配,至于装配件分析、报告等工作在后续小节阐述。

3.3.2　装配工作台环境设置

为了更好地驾驭装配工作台,有必要较为系统地了解装配工作台的设置。几个常用的设置阐述如下:

1)视觉模式/设计模式

默认情况下,所有装配文件都工作在设计模式(Design Mode)下。该模式自动装载装配体包含的所有零部件特征和参数,这有利于用户随时从装配工作台提取某个零部件或特征进行设计修改,但是比较费内存。如果想节省内存开销加快速度,用户还有另一种工作模式可以选择——视觉模式(Visualization Mode)。该模式仅装载所有零部件的几何外观,工作在视觉模式时,用户不能编辑修改装配体重的零部件,如果希望修改某个零部件的话,需要在模型树上双击该零部件的节点切换到设计模式,然后就可以修改该节点部件。

用户可以通过选择【Tools】菜单中的【Options】子菜单弹出的设置对话框，并按图3-275选择对话框左边的条目【Product Structure】，并选择【Cache Management】选项卡，选中该卡片中的【Work with the cache system】，则装配工作台将切换到缓存模式（弹出警告对话框：提示用户重新启动CATIA以保存设置，使之生效）。此时，再查看该条目右边选项卡【Product Visualization】，则如图3-276所示，装配件可以工作于视觉模式（需要重新启动才能生效）。由图3-277可以看出，打开的装配件模型树中，零部件节点没有⊕号，表示模型不具备可编辑性能，如果需要编辑某个零部件，双击模型树中该节点即可切换至设计模式。

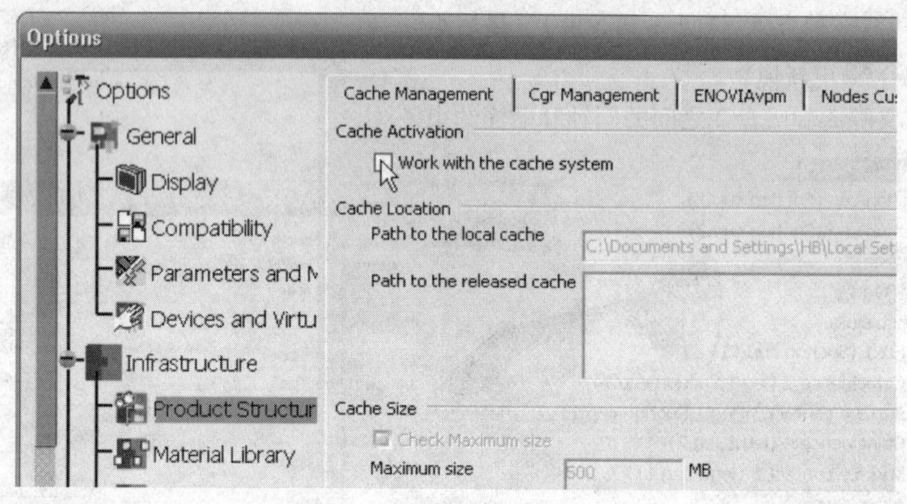

图3-275　切换到缓存模式

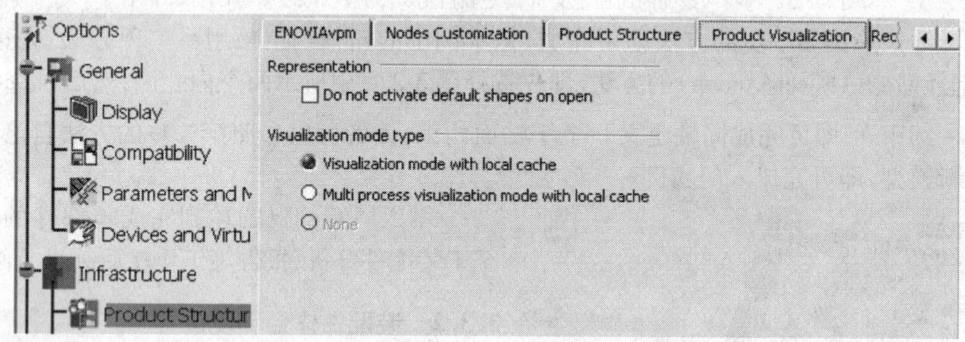

图3-276　缓存模式下，装配件工作于视觉模式

2）装配工作台的一般设置（General）

用户点击【Tools】菜单中的【Options】子菜单，弹出如图3-278所示的选项设置对话框。选择对话框左边【Mechanical Design】下面的【Assembly Design】子条目，并选择【General】选项卡，即可进行装配工作台的一般环境设置。

- Update（更新）：如果选择【Automatic】，则装配件每进行一次改动，系统自动更新计算；如果选择【Manual】，则系统需要点击图标才重新计算所作修改。
- Update propagation depth（更新计算的繁殖深度）：如果选择【Active Level】，则CATIA的更新计算仅针对当前的活跃子装配体（Active）；如果选择【All the Levels】，则CAT-

IA 的更新将针对所有部件。

- Compute exact update status at open：该选项仅当工作于缓存模式且打开一个装配文件或新插入一个子装配体时生效，如果选择【Automatic】，则系统装载装配体形体数据后自动判断需要更新与否；如果选择【Manual】，则 CATIA 如果装载装配体形体数据如果需要更新，则显示未知状态需要更新图标。

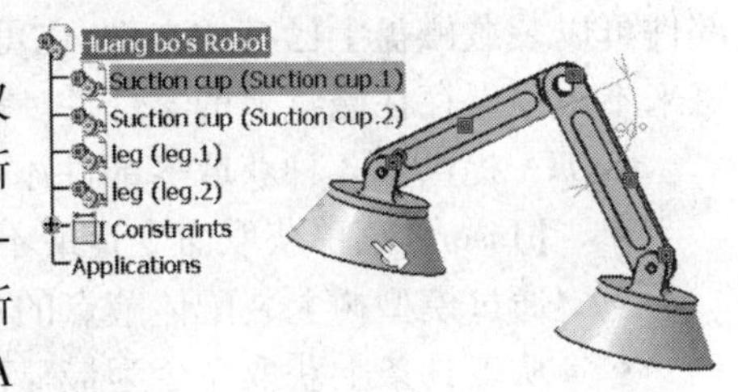

图 3-277　视觉模式下，模型树上零部件节点左边没有⊕号，不具有可编辑性

- Access to geometry（几何模型的获取）：如果用户激活【Automatic swith to Design mode】，则当用户工作于视觉模式时，装配件虽然打开时处于视觉模式，只要用户针对某个部件设置约束，则 CATIA 自动将该部件切换至设计模式。
- Move components involved in a Fixtogether：这三个选项用于选择当用户通过罗盘等操作移动绑定在一起的某个部件时，是否出现警告提示。

3）装配工作台的约束设置（Constraints）

用户点击【Tools】菜单中的【Options】子菜单，弹出如图 3-279 所示的选项设置对话框。选择对话框左边【Mechanical Design】下面的【Assembly Design】子条目，并选择【General】选项卡，即可进行装配工作台的约束设置。

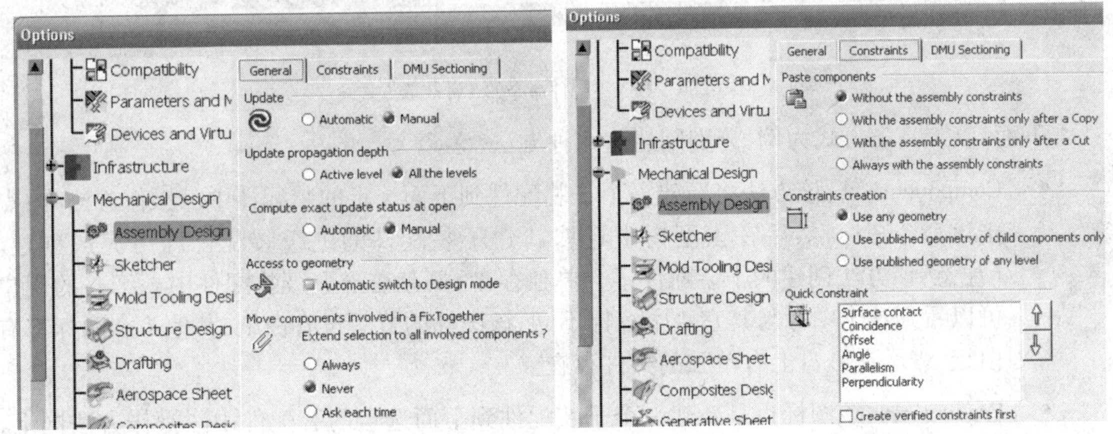

图 3-278　装配工作台的一般设置　　图 3-279　装配工作台的约束设置

- Paste Components 栏：其中 4 个选项用于选择当用户粘贴零部件时，是否附带粘贴与之相关的约束设置。默认状态为不粘贴相关约束。
- Constraints Creation 栏：提供了 3 个选项，用于选择约束是否可以针对任何几何零部件、或者只能子装配件的 Published（发布）零部件、或者任何层次的发布件。（关于发布 Published 知识点参见后续内容）
- Quick Constraint 栏：当用户定义快速约束时，系统自动判断应该采用何种约束。这个选项则用来设置这些备选约束的优先级，可以通过上下箭头调整约束的优先级。

3.3.3　部件（或库内标准件）的载入及新建

装配件由多个部件组成，CATIA 建立一个装配件首要的工作就是把部件添加进来，这些部件可以装载磁盘上已有的文件,也可以新建将来要单独保存在磁盘上的零部件,还可以新建将来不单独保存在磁盘上的零部件。

CATIA 提供了 3 种获取零部件添加命令的方式,如图 3-280 三个边框所示:

- 【Insert】菜单获取命令是最不常用的方式。
- 通过模型树上装配体节点的右键菜单获取命令为最快捷的方式。
- 从工具条上获取命令为最显而易见的方式。

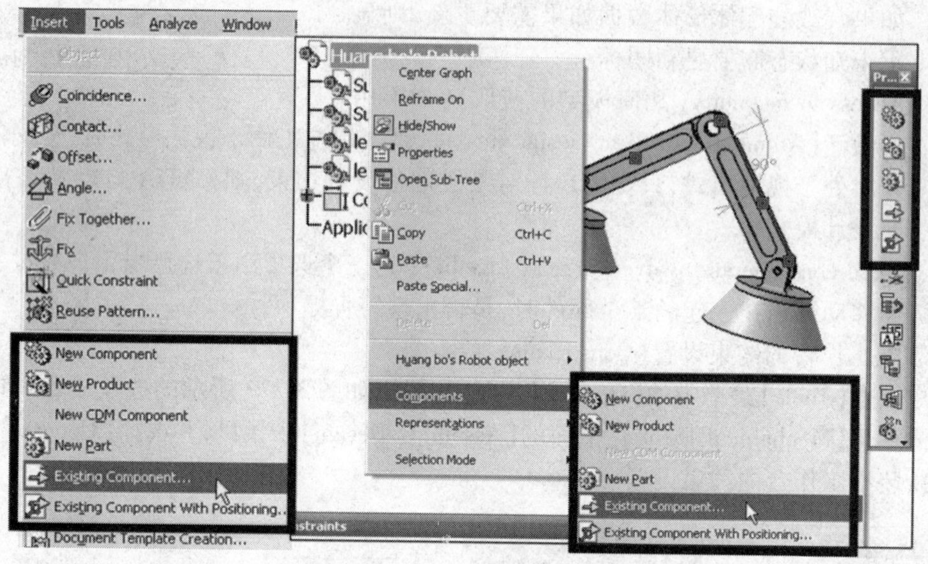

图 3-280　载入零部件命令的 3 种获取方式

下面,以工具条方式为例,分别阐述这 5 种方法:

- Component :该方法将新建一个子装配件到下面选定的装配件中。操作方法为:点击该命令图标,然后在模型树中选取新建子装配件的上级装配件即可完成创建。(注意:该方法创建的子装配件不会单独存盘,只存在于上级装配件中。细心的用户可以看到这个图标与其它 4 个图标不同,该图标的背后没有白纸,其他 4 个图标都有白纸,表示在磁盘上有单独的文件存在。)
- Product :该图标也是新建一个子装配件到下面选定的装配件中。操作方法同上,唯一的不同在于新建的这个子装配件将来以单独文件形式(* . catproduct)存盘。
- Part :该图标新建一个零件到下面选定的装配件中,操作方法同上。保存时也会在磁盘上有单独的 CatPart 文件存在。
- Existing Components :该方法不新建零部件,用户点击该命令图标,并且在模型树上选定装配目的件后,CATIA 将弹出文件选择对话框,供用户选定已有的零件或者装配件添加至目的装配件中。
- Existing Components with Postitioning :该方法与上一条方法唯一的不同在于零部件载入时,可以同时弹出对话框供用户定位之用。
- Catalog Browser 库浏览器 :该图标供用户选定库内包含的标准螺钉螺栓,并且可以将这些标准件添加到装配件中。如点击 图标,则会弹出如图 3-281a) 所示的【库文件浏览】对话框，利用对话框顶部的下拉框可以选择不同的标准库；也可以利用顶部的图标打开指定目录内的库文件；还可以用左键选择双击框内图例，直到将选定的标准件添加到当前装配体中为止(如3-281b)所示)。

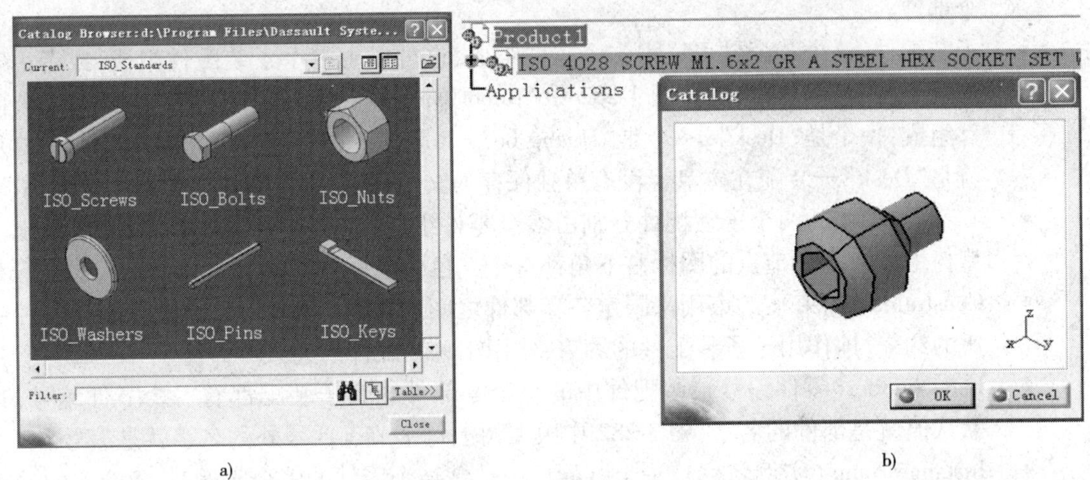

图3-281 【库文件浏览】对话框

3.3.4 装配件的结构体系

讲解后续内容之前，读者有必要系统地了解CATIA的装配件结构体系，这种结构体系主要体现在模型树上。

图3-282所示模型数是一个典型的简单CATIA装配件模型树，读者可照图且搭配下述文字理解各术语的含义(参见光盘“3.3\装配件结构体系\robot on the desk.catproduct”文件)。

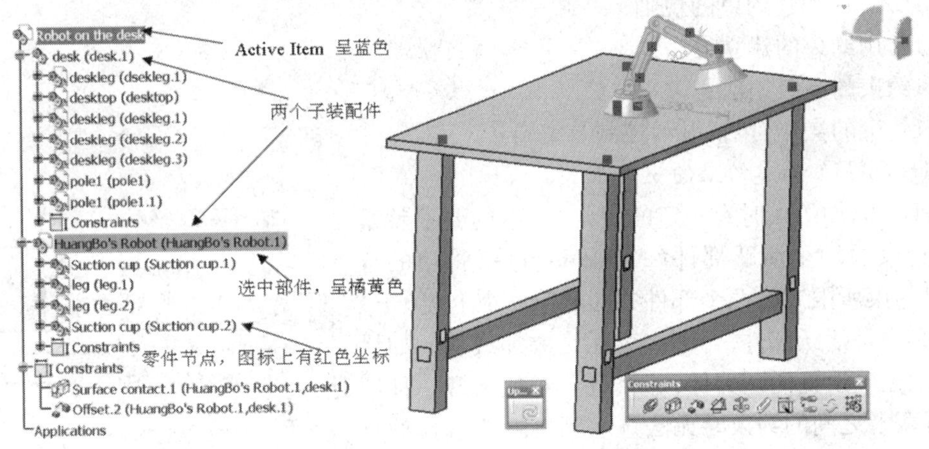

图3-282 装配件结构体系阐述图

- Active Item(活跃部件)：活跃部件就是当前能够编辑的部件，用户的操作仅能针对活跃部件的子节点，至于用户到底操作什么，还要进一步取决于用户的选中部件(Selected Item)；活跃部件呈蓝色；可以选定模型树上的任何零部件或装配件节点作为活跃部件；活跃部件的切换可以通过鼠标左键双击目的节点实现，如欲将图中的活跃节点切换为“Huang Bo's Robot”，则用户双击它就可以。活跃节点切换过来之后，定义约束等其他操作都不能选择上半部分模型树的内容，因为它们不属于 Huang bo’s Robot 管辖的范围。

- Selected Component（选中部件）：选中的操作目标部件，呈橘黄色，后续操作就针对这个部件。
- 子装配件：一个装配件可以由多个零件组成，也可以由多个子装配件组成，或者由零件及子装配件混合组装。图 3-282 中“Robot On the desk”总装配文件由两个子装配件组成：一个是“Desk”；一个是“Huang bo’s Robot”。（这两个子装配件略有不同，那就是“Desk”子装配在磁盘上没有单独保存的文件，图标上没有白纸符号）。
- 零部件：图中的两个子装配件分别由多个零件组成，注意观察零件节点，可以发现模型树上所有零件节点的图标右下角都有个红色的坐标系。
- Constraints（约束）：约束用来限定各零部件之间的关系，一个装配件中可能有多种层次的约束，即作用于子装配件的约束；作用于总装配件的约束等。
- Part Number（零件编号）：装配件中的每个零部件或者子装配都有一个零件编号，其默认值就是部件的名字，图 3-282 中模型树上每个节点括号外的名字就是编号。
- Instance Name（实例名称）：一个装配件中包含某个零件的多个实例时，每个实例的零件编号都一样，但是实例名称却应该有所区别。图 3-282 中模型树上每个节点括号内的名字就是实例名称。
- 零件编号和实例名称的修改：通过点击模型树上该节点右键菜单中的【Properties】菜单可以获取修改名称的对话框，如图 3-256 和图 3-257 所示。

3.3.5 约束的设定及编辑

该小节主要包括四部分内容，即：

（1）CATIA 构建约束的规则；

（2）常用约束的建立方法；

（3）约束的高级用法；

（4）约束的操作，包括显示控制及编辑。

3.3.5.1 CATIA 构建约束的规则

CATIA 添加约束时有一定的规则，基本的要求就是只能将约束添加至活跃部件（Active Item）所管辖的范围，而且约束所限定的两个部件共同的第一个上级（子）装配件必须是活跃部件，否则约束无法添加成功。如果用户不能正确设置活跃部件，那么就会经常出现一种情况：设置两者之间的约束时无法选取到您希望选择的目标对象。

CATIA 关于约束的规则，可以较为清楚地描述于图 3-283 所示模型树图中：

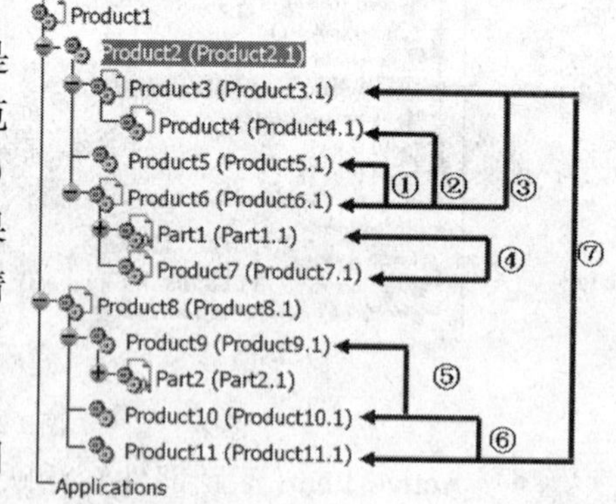

图 3-283 约束规则阐述的模型树图

由图 3-283 所示的模型树结构，可见：

- Product1 由 Product2 和 Product8 两个子装配件组成
- Product2 由 Product3、Product5、product6 三个子装配组成
- Product8 由 Product9、Porduct10、Product11 三个子装配组成。

当前的活跃部件为 Product2，那么，此时如果欲针对图中 7 种箭头所指的两个对象之间添加约束，CATIA 会作何判断呢？答案如下：

(1) Product5 以及 Product6 的直接上级是 Product2，正好是活跃部件，当然允许添加约束。

(2) Product4 的直接上级虽然是 Product3，但 Product6 的直接上级是 Product2，所以仍然可以。

(3) 同第一种情况一样，可以添加。

(4) Part1 和 Product7 的直接上级是 Product6，Product2 作为活跃部件是不可以的，如果想添加两者之间的约束，必须双击 Product6，使之获取活跃焦点（呈蓝色）。

(5) Product9 和 Product10 的直接上级是 Product8，此时不能添加两者之间约束，如果希望添加，必须双击 Product8，使之获取活跃焦点。

(6) Product10 和 Prodcut11 情况同上。

(7) Product11 和 Product3 的第一层次共同上级是 Product1，所以必须双击 Product1，使之获取活跃焦点，方能添加两者之间的约束。

3.3.5.2　常用约束的建立方法

CATIA 提供的约束工具条为（图标），阐述如下：

- Coincidence（相合）：可以用来作为相合对象的体素包括点、直线、平面。具体操作过程参考前面的入门实例即可。（点击命令，选择两个对象即可。）
- Contact（接触）：可用来定义接触约束的体素有平面、柱面、球面、锥面等。具体的操作过程也参考前面的入门实例。（点击命令，选择两个对象即可。）
- Offset（偏距）：该约束定义两个选定对象之间平行且相隔一定距离，可以选择的对象有点、线或者平面。打开光盘中 3.3 节 Constraints 目录下的 hinge _ step1. catproduct，如图 3-284 所示，点击（图标）图标，并选择图中所示两个合页的顶面，在弹出的对话框中可以设定这两个顶面的方向【Orientation】（同向为 Same；相对为 Opposite；系统自动判断为 Undefined）；此外，还可输入两者的距离值（【Offset】框）；若用户选择【Measure】单选框，则该约束将转化为测量。此例中，我们要求两个顶面同向且距离为零。

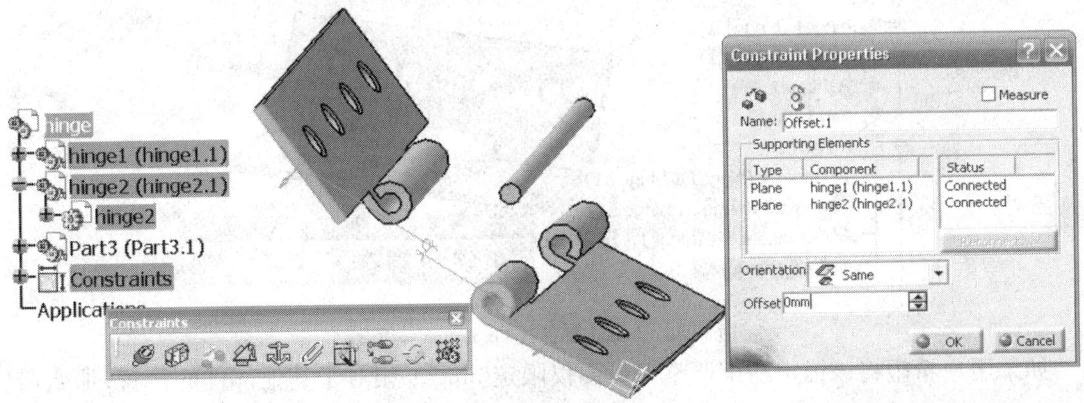

图 3-284　设定合页两顶面之间同向且偏距为零

- Angle（角度）：设定两个对象之间呈一定角度，对象可以选择为直线或者平面。

点击 图标，并选择如图 3-285 所示合页的两个内面，系统将弹出角度定义对话框。本例选用图中所示参数。

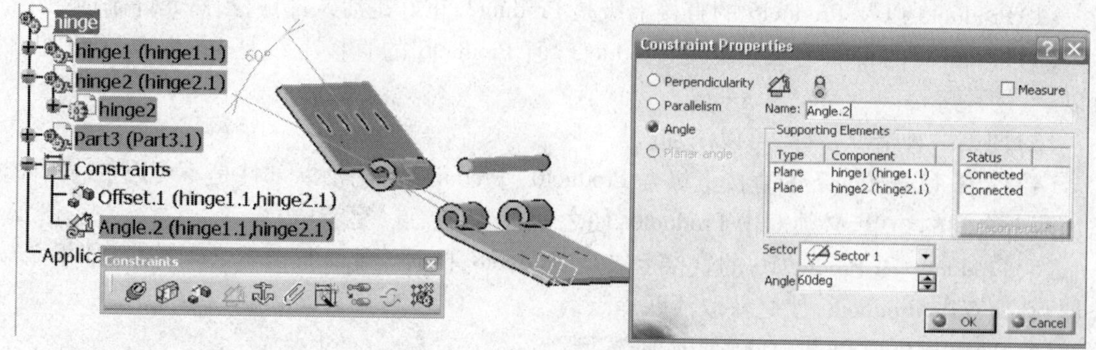

图 3-285　设定合页两内面之间夹角为 60°

■　角度的定义有 4 种模式，分别为：Perpendicularity（垂直）、Parallelism（平行）、Angle（在角度框内输入具体数值）及 Planar Angle（平面角度）（平面角度模式需要选定一根同时属于两个对象平面的轴线方可定义）。

■　角度值还可以通过【Sector】下拉框选取不同的象限来决定（象限 1、2、3、4）。

继续下一步之前，请设定两个合页之间的轴线相合约束（Coincidence），以得到图 3-286 所示同轴效果。

- Fix（锚定）：被锚定的部件在重新更新计算时禁止偏离它的父对象。CATIA 提供两种类型的锚定，即：Fix in Space 和 Fix。其中 Fix in Space 类型限制对象的空间绝对位置；Fix 仅和其他部件的相对位置。

　　用户新定义的锚定约束都是 Fix in Space 类型的，点击 图标，并选定 Hinge1 零件，则模型如图 3-286 所示（注意模型树上的 Fix 约束左下角有个锁形符号，表示锁定该部件的空间绝对位置），这种情况下，如果用户将拖动罗盘附加到 hinge1 零件上，然后移动 hinge. 1 零件。最后点击 图标更新模型的结果将是：hinge1 弹回原始位置。

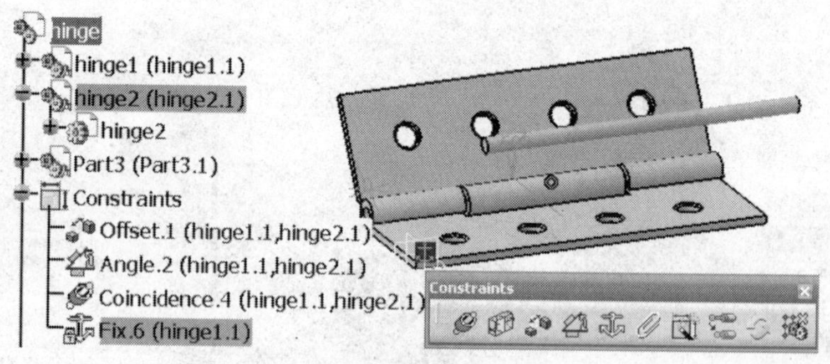

图 3-286　hinge1 部件被 Fix in Space 约束

如果用户希望将该锚定约束调整 Fix，即仅限定 hinge1 相对于其他部件的位置，那么需要双击模型树节点 Fix.6 (hinge1.1)，系统将弹出图 3-287a）所示对话框。点击【More】按钮，对话框变为 3-287b）所示内容，去掉其中的【Fix In Space】单选框，确定后类型变更为简单的 Fix，注意观察此时的模型树节点变为 Fix.6 (hinge1.1)（左下角没有锁形符号）。这种情况下，如果用户将拖动罗盘附加到hinge1零件上，然后移动hinge. 1零件。最后点击图标更新模型的结果将是：hinge1保持新位置不动，其他和hinge1有关系的部件都被其拖到新的位置。

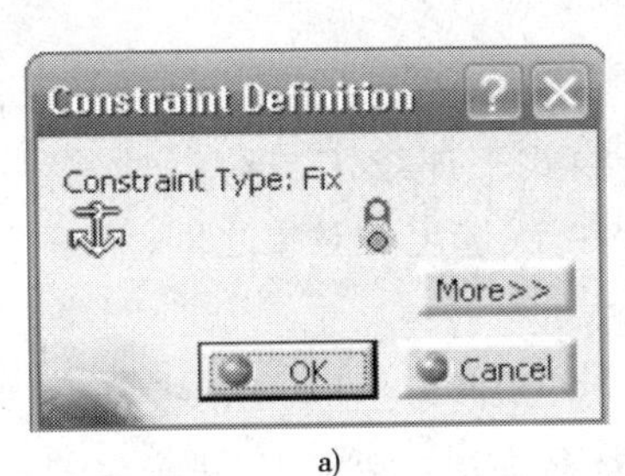

a)

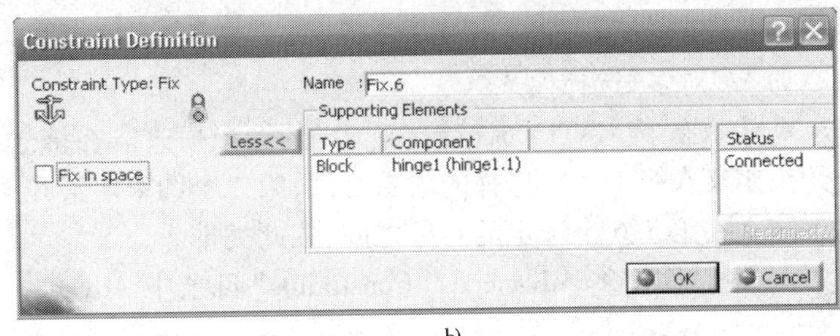

b)

图 3-287 Fix 约束的类型变更

- Fix Together（绑定）：该约束较为简单，负责将两个对象别在一起。
- Quick Constraint（快速自动约束）：该命令按照约束设置规定的优先级顺序（如图3-279所示），自动采纳一种可能的约束种类来约束用户选定的两个对象之间关系。如用户选择两个轴线，则系统可能设置两者同心；如用户选择两个平面，则用户可能设定两者贴合等。读者可自行尝试。
- Change Constraint（改变约束类型）：操作方法为选定模型树中要改变类型的约束节点，点击命令图标，在对话框内设定要变为何种类型约束即可。如按图3-288将Offset. 1变为Surface Contact约束后，合页将由图中形状变为装倒了的效果。

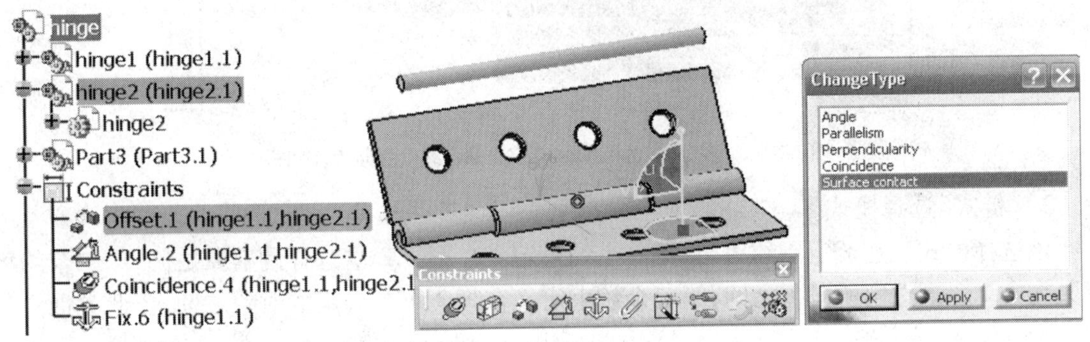

图 3-288 将 Offset. 1 变为 Surface Contact 约束的设置

3.3.5.3 约束的高级用法

当装配零部件比较多时，经常会面临下面几种情况：

- 希望连续设定多个螺栓和多个孔同心；
- 希望连续设定若干个部件上的面之间平行且互成一定偏距；
- 希望连续设定某个零件上的一个平面和其他多个部件的面贴合或平行；
- 某个零部件具备阵列（Pattern）生成的多个孔，且第一个孔内已经装上了螺栓，希望将这个螺栓阵列到其他孔内。

在这些情况下，如果仍然按照前面的方法一个一个地添加约束，未免显得十分繁琐。CATIA提供了解决这些问题的方法，那就是当鼠标左键双击某个约束添加图标时（如双击中的某一个时），CATIA将处于连续定义该约束的状态，此时再配合这三个图标定制连续约束状态下的零部件选择模式(分别是多对多、链式及一对多)就可以顺利完成工作;另外CATIA提供了功能负责再利用零件上的阵列,下面就这4种情况依次阐述:

1)"多对多"选择模式

默认状态下,CATIA保持"多对多"的选择模式。在该选择模式下连续定制约束时,第一个约束定义在第1、2次选择的对象之间;第二个约束定义在第3、4次选定的对象之间;第三个约束定义在第5、6个选定的对象之间;依此类推。

例如打开"3.3\Advanced _ Constraints"目录中Advanced _ Constraint. CATProduct,定义4个子块和基座之间的4个侧面贴合约束,确保选择模式处于默认状态,然后用鼠标左键双击Contact约束图标,则系统处于连续定义贴合约束的状态。欲定义图3-289所示4个贴合约束,则用户需要选择4组侧面(每次都需要选择一次基体槽的左侧面,然后再选择子块的左侧面,共计选择8次侧面)方能完成这4个侧面贴合约束的设定。设定完毕后用左键点击Contact约束图标退出连续定制状态。

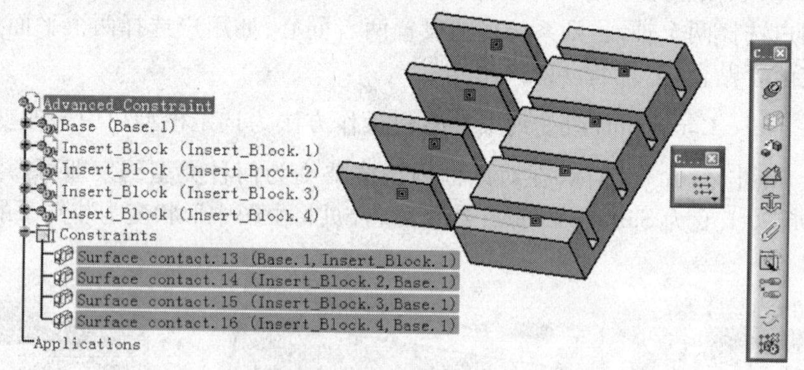

图3-289 "多对多"选择模式下,多个贴合约束的定义示意图

2)"链式"选择模式

该选择模式下连续定制约束时,第一个约束定义在第1、2次选择的对象之间;第二个约束定义在第2、3次选定的对象之间;第三个约束定义在第3、4个选定的对象之间;依此类推。

例如继续定义上述装配件中子块插入基座槽的长度各差20mm,则可以点击图标将选择切换为"链式";然后双击【Offset】图标,选定基块朝向我们的断面以及第一个子块的同向端面;在弹出的如图3-290所示的【Offset】定义对话框中,输入-20mm后点击【OK】完成第一个偏差约束的定义;然后点击第二个子块的同向端面,在弹出对话框中输入【Offset】值-20mm后点击【OK】完成第二个偏差约束的定义;然后点击第三个子块的同向端面,在弹出对话框中输入【Offset】值-20mm后点击【OK】完成第三个偏差约束的定义;最后点击第四个子块的同向端面;在弹出对话框的【Offset】中输入值20mm后点击【OK】完成第4个偏差约束的定义。结果如图3-291所示。

3)"一对多"选择模式

该选择模式下连续定制约束时,第一个约束定义在第1、2次选择的对象之间;第二个约束定义在第1、3次选定的对象之间;第三个约束定义在第1、4个选定的对象之间;依此类推。

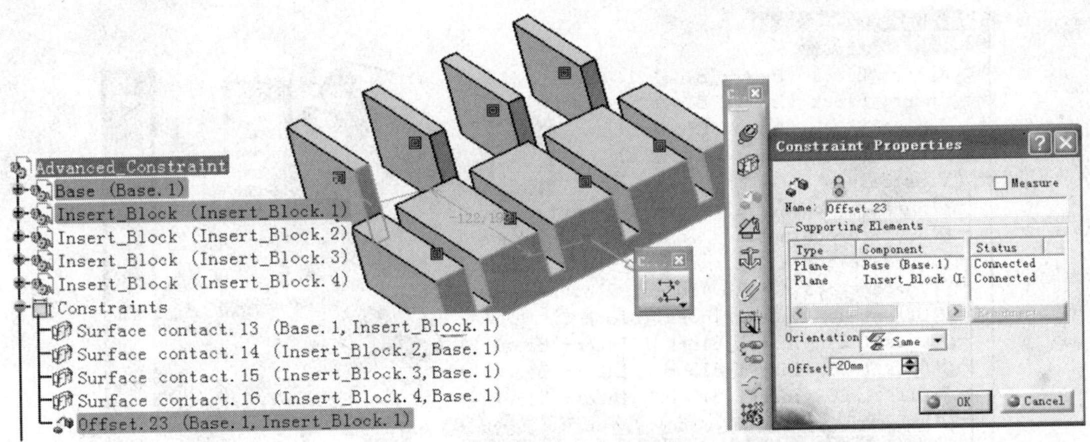

图 3-290　链式选择模式下，第一个偏差约束的定义示意图

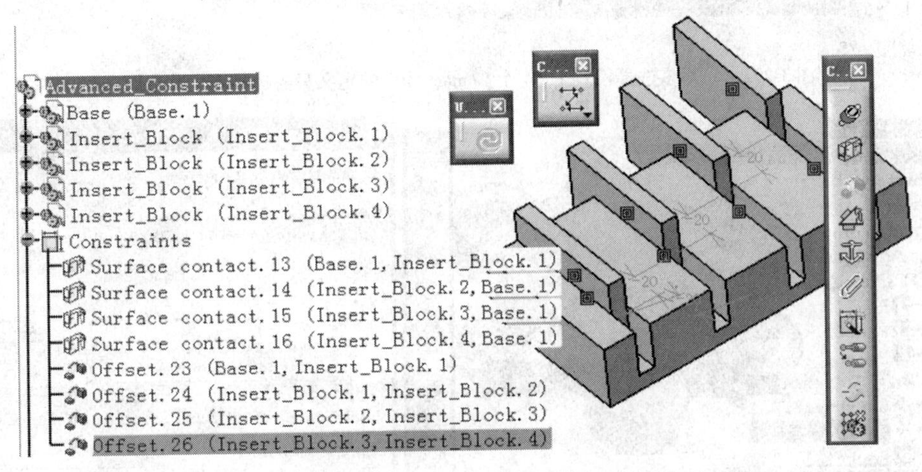

图 3-291　链式选择模式下，定义 4 个偏差约束并更新后的结果图

例如继续定义上述装配件各子块底面和槽底贴合，可以用左键点击图标将选择模式切换为“一对多”，再双击图标进入连续定义 Contact 约束状态；然后选择基座的一个槽底，接着依次选定各子块的底面，则完成定义如图 3-292 所示的 4 个底面贴合约束。

4）零部件中阵列的再利用

当零部件中利用阵列功能复制了多个同样的特征，而装配时又希望能添加一样的零部件与这些阵列特征相配合时，功能就显得非常方便，它可以简单地再利用零件特征复制。

打开光盘“3.3\Reuse _ Pattern”目录中 Reuse _ Pattern.CATProduct，该装配件的基件有 6 个孔，编号为“1”的孔是母孔，其他 5 个孔是按照自定义阵列复制过来的；该装配件已经装配了一个螺栓在母孔内，现在希望其他 5 个复制孔都安装一样的螺栓，方法非常简单：点击按钮，选择 User _ Pattern.2 至对话框的【Pattern】栏；然后选择螺栓至【Component to Instantiate】栏；如图 3-293 所示，则 CATIA 将自动再次利用 UserPattern.2 复制螺栓至其他 5 个孔，结果参见 Reuse _ Pattern _ finished 文件。

3.3.5.4　约束的操作（显示及编辑）

默认状态下，设置成功的约束都以绿色图符标附于几何模型上。一般来说，这些图形标示符号能给用户的后续操作带来便利，如：提示用户已有哪些约束、用户可点击图标来选定某个

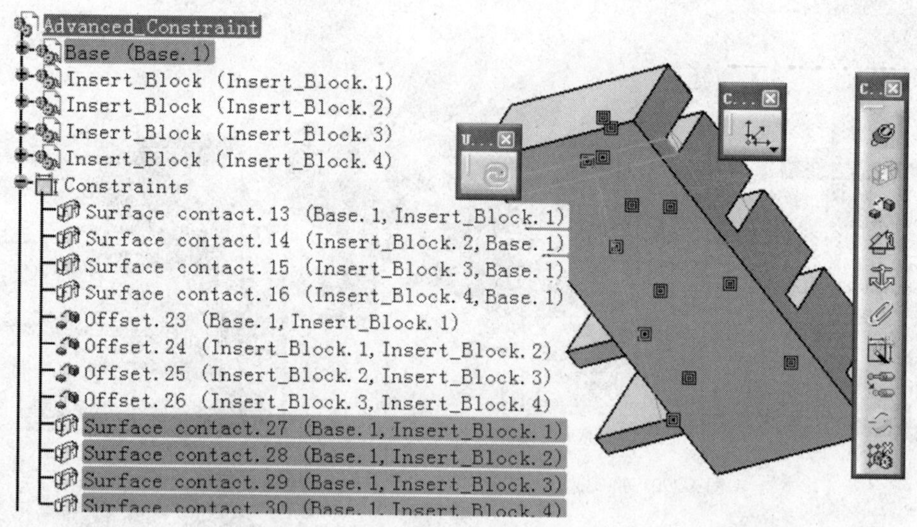

图 3-292　一对多选择模式下，4 个 Contact 约束的定义只需选择 5 次贴合面

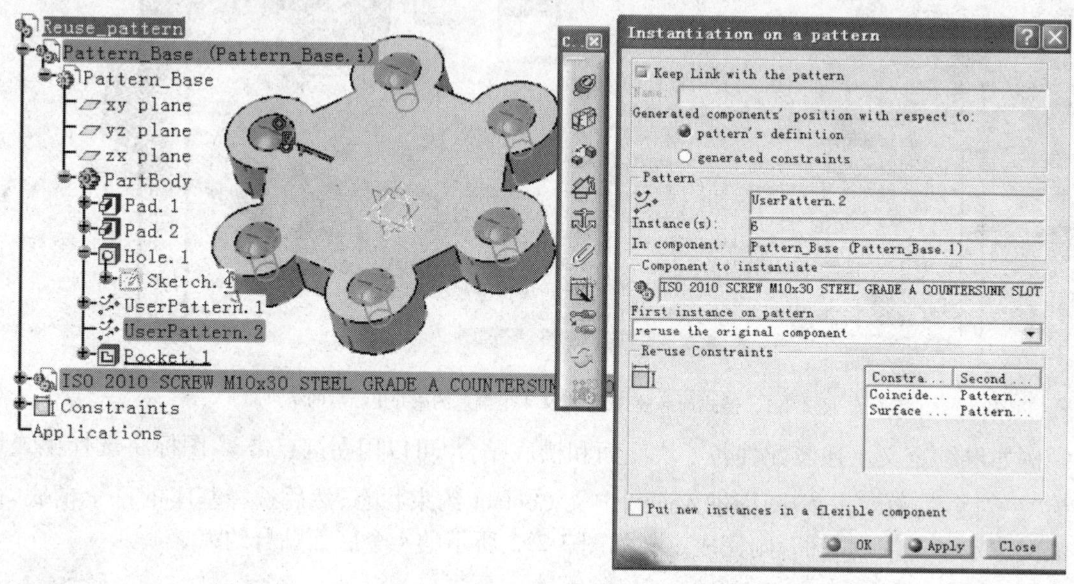

图 3-293　阵列的再利用范例

约束进行操作等。如用户确实希望隐藏某个(或全部)约束图符，方法非常简单，用户只需选中模型树上该约束子节点(或所有约束子节点、或 Constraints 节点)，然后利用其右键菜单中的【Hide】功能将其隐藏即可。

除此之外，读者在构建约束时，经常会遇到 4 种状态的约束状态：

- 正常工作状态：如 Surface contact.3 (leg.1,leg.2)(图标上没有附加图符)。
- Deactive(非活跃状态)：如 Coincidence.2 (leg.1,leg.2)(图标左下角有红色括号)，约束处于非活跃状态表示该约束不再生效，可以通过模型树上该约束节点的右键菜单中(Active/Deactive)子菜单进行状态切换。
- 需要更新的状态：如 Angle.4 (leg.1,leg.2)(图标左下角有一个图标)，约束处于欠更新状态表示该约束新近被改动过，如果要使改动生效，需要点击图标。

- 无解状态(UnResolved):如 Surface contact.7 (Jeg.1)(图标左下角有个惊叹号),该状态表示约束的要素丢失或者约束不再可能。

读者应熟悉上述4种约束状态和相应的解决办法,这样才能更好地驾驭装配设计(打开光盘"3.3\装配件结构体系\Robot _ Status. catproduct"文件,模型树中可见这4种状态)。

另外,CATIA的约束一般是定义选定的某两个零部件之间的某两个体素呈一定几何关系,如 都是如此。比如说用户原来定义的是"Part1的左侧面"和"Part2的右侧面"贴合,现在却希望修改该贴合约束的两个要素,怎么办呢?

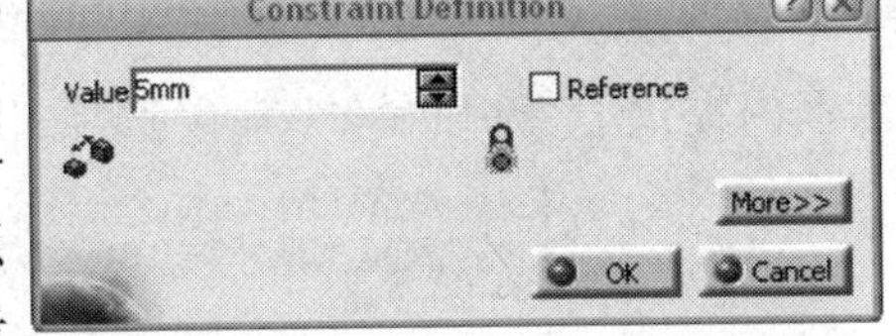

图3-294 【约束重定义】对话框

方法是:打开光盘上"3.3\Constraints\Hinge _ Finished. catproduct",双击模型树上最后一个约束节点"Offset.10",在弹出的如图3-294所示的对话框中,点击 More>> 按钮弹出的对话框如图3-295所示。在该对话框中可见该偏差约束限定的两个对象是Part3.1端面和hinge1.1端面,选中框内的hinge1.1断面,然后点击【Reconnect】按钮,再选择新的平面(如hinge2的顶面),则将该偏差约束替换为Part3.1端面和hinge2.1端面之间的约束。当然,用户还可以通过该对话框调整偏距值(Value)或者方向(Same、Opposite等)。

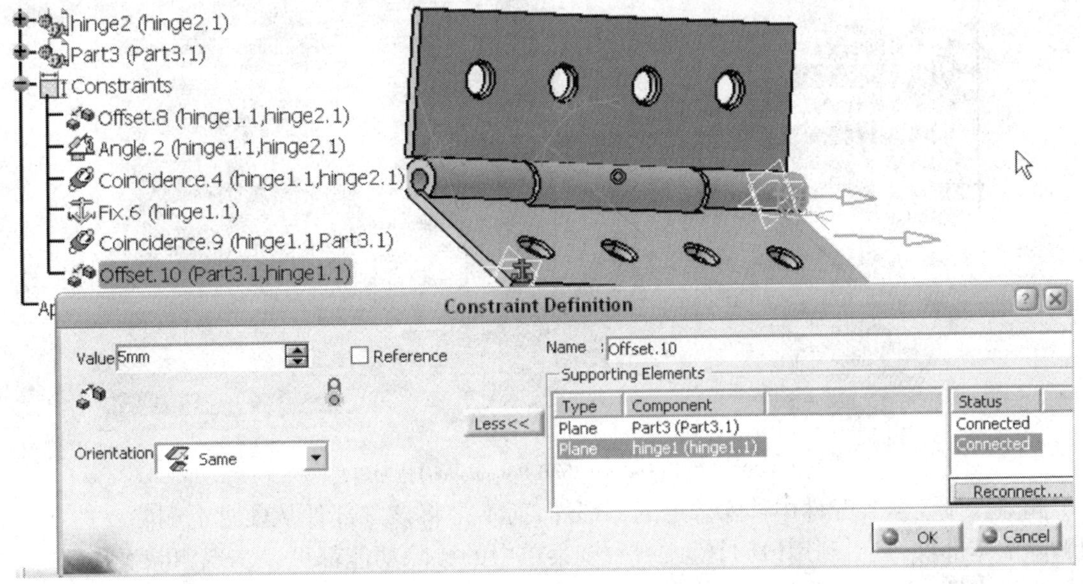

图3-295 选中约束的一个要素通过Reconnect进行要素替换

3.3.6 零部件的操作

和零部件设计模块提供了丰富的特征操作功能一样,CATIA的装配件设计模块也提供了丰富的零部件操作功能,如:复制、粘贴、删除、对称、替换、Reorder等。

复制和粘贴操作非常简单,只需要选中被复制的零部件,然后利用"Ctrl + C"快捷键或者利用右键菜单中的复制功能,即可以将该零部件复制到剪贴板;接着需要指定剪贴板上这个零部件的粘贴目的地(该目的地需要是一个子装配节点或者总装配节点),选中目的地,然后利用【Ctrl】+ V 快捷键或者利用右键菜单中的粘贴功能都可以完成粘贴。

【Fast Multi-Instantiation】（快捷键【Ctrl】+ D）和【Define Multi-Instantiation】（快捷键【Ctrl】+ E），第一个图标用于快速复制选定零部件；第二个图标用于按一定的方式复制选定零部件。例如打开光盘“3.3\Constraints\Hinge _ Instantiate. catproduct”，选定螺栓然后点击图标，则系统会马上复制出另一个螺栓（按照默认模式），如图 3-296 所示。如果选定螺栓后点击图标，则系统弹出图 3-297 所示的对话框，利用该对话框可以指定复制的方向（如沿着某个边或者 X、Y、Z 某个方向），还可以指定复制的个数及彼此之间的间距。读者还应该注意到对话框内提供了 Define As Default 选项，供用户决定是否将该次模式定义为默认复制模式。

图 3-296　利用【Fast Multi Instantiation】快速复制

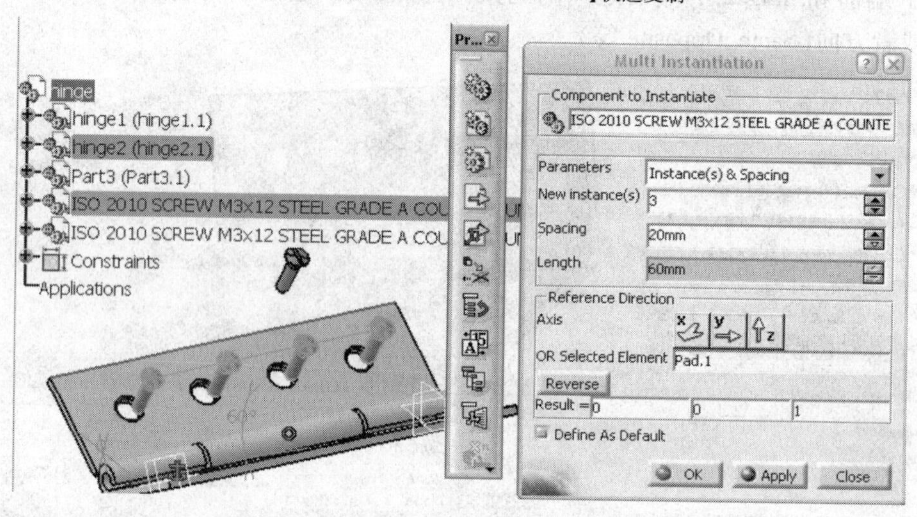

图 3-297　利用【Defined Multi Instantiation】定制复制模式

删除操作仅从装配件中移除选定的零部件，而不是将该零部件从硬盘上删除。选定您希望删除的零部件，然后利用【Del】键或者右键菜单中的删除功能都可以实现删除操作，如果装配件中没有针对选定零部件设定约束，则该零部件将被直接删除；如果已经设定了约束，则系统将弹出图 3-298 所示的对话框，提示用户选择该次删除操作将影响到的其他内容是否都删除。

对称操作需要分四步完成：首先点击【Symmetry】图标，系统弹出图 3-299 所示的提示框，提醒用户选择对称平面；然后再选定要对称的零部件，完成这两个要素选定后，系统弹出对称方式确认对话框，如图 3-300 所示。该对话框内的主要参数含义如下：

- Mirror, New Component：表示镜像选定对象，模型树内多出新的零部件，新添加的零部件具有与原零部件不一样的零件名称（Part Number 不同于原件）。
- Rotation, New Instance：表示镜像后再旋转选定对象，模型树内多出新的实例（新件与

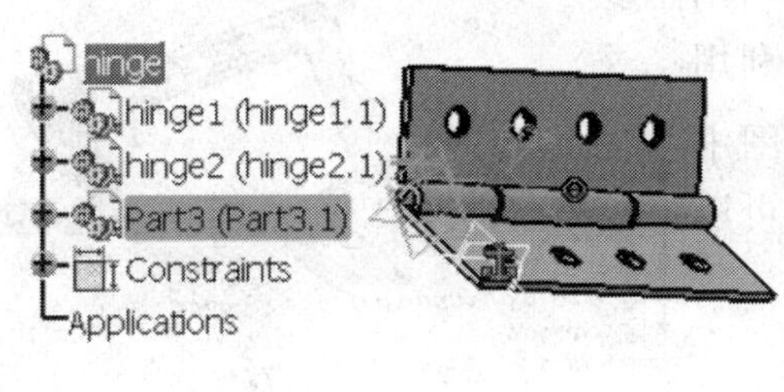

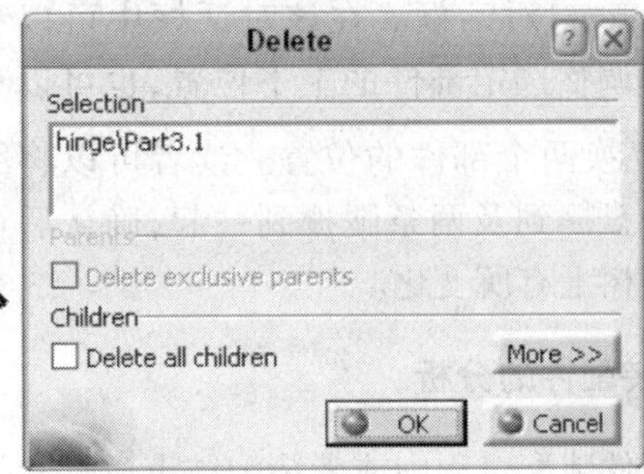

图 3-298　零部件删除操作删除内容敲定

原件 Part Number 相同，但 Instance Name 不同）。

- Rotation, Same Instance：去掉原件，原件变到新的位置，但保留原来的实例名称（Instance Name）。
- Tanslation, New Instance：平移，新的实例名称（Part Number 与原来一样）。
- Keep Link（保持联系）：选中该选项后，如果原件的几何形状或者位置发生改变，则对称件也发生改变；如果不选中该项，则二者之间不再保持联系。

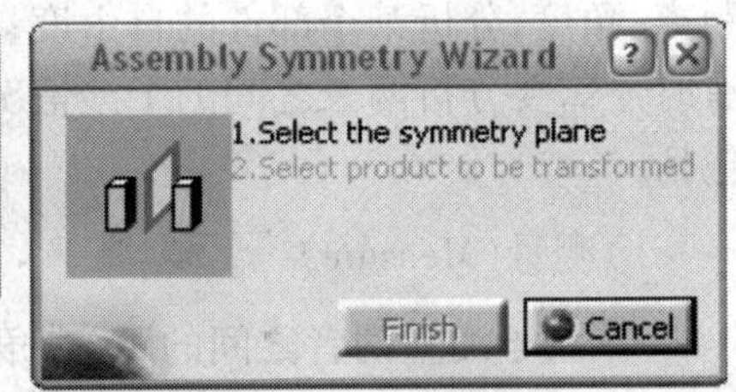

图 3-299　对称操作的步骤

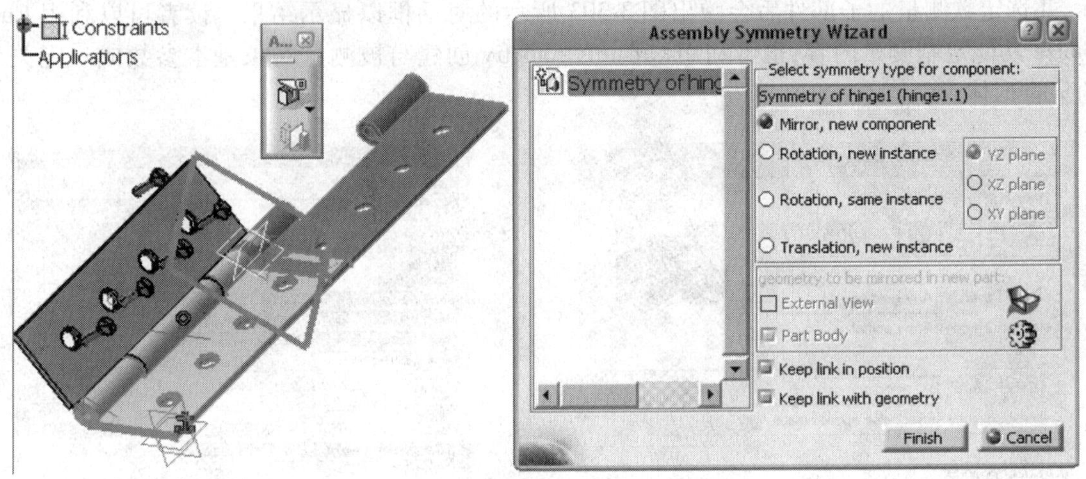

图 3-300　【对称方式确认】对话框

读者可以打开任意装配件，然后尝试这几种不同的复制方式，这里不再赘述。

【部件替换】按钮：用户可以通过工具条或者选定部件的右键菜单获取该命令，实际操作很简单，用户只需在弹出对话框内选定替代部件即可，只是如果被替代部件与其他部件之间存在约束的话，这些约束需要重新连接（ReConnect），然后更新（Update）。

【重新排序】按钮：该功能仅按照用户需求重新排序装配件模型树。可以通过工具条上的图标或者 Edit 菜单中【Component】子菜单下的 Graph Tree Reorder 进入。例如打开"3.3\装配件结构体系\robot.catproduct"文件，点击图标并选定装配节点，则会弹出图3-301

所示【Reorder】对话框。在该对话框中可以利用方向箭头调整选定部件的上下位置，也可以利用箭头互换两个部件的位置。读者可以将图中的两个吸盘挪到及两条腿挪到一起，确认后可以看到模型树上有所变化。

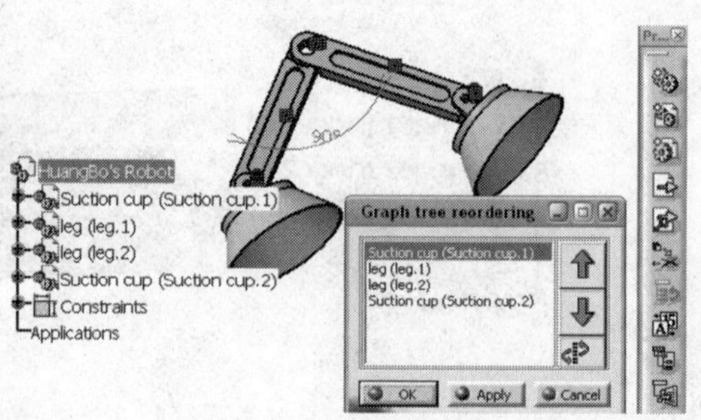

图 3-301　模型树的重新排序

3.3.7　装配件的分析

装配件装配过程中或者装配结束后经常需要了解其现在的状态和参数，比如测量两者之间的距离、角度；分析某个部件的自由度；分析某个子装配件的机械参数；查看装配件的某个剖面；有时还需要分析两者之间的干涉情况或间隙状态。CATIA 系统地提供了这些分析功能，它们包括：

1）测量（Measure）

用于测量两者之间的距离、角度等参数；【Measure Item】按钮用于测量某个体素；用于测量惯量（Measure Inertia）。打开 Robot. catproduct 文件，然后点击图标，系统弹出图 3-302 所示的对话框供用户选择测量模式及测量对象。功能就在此对话框内。点击图标，并选定欲测量的子部件后会弹出图 3-303 所示的对话框以显示结果。读者可以利用 Customize 功能定制测量内容，也可利用 Create Geometry 创建与被测量对象基本参数成一定关系的集合形体。

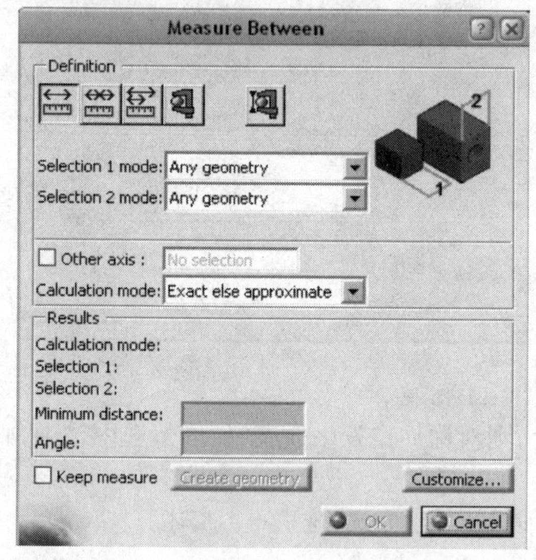

图 3-302　Measure Between 和 Measure Item

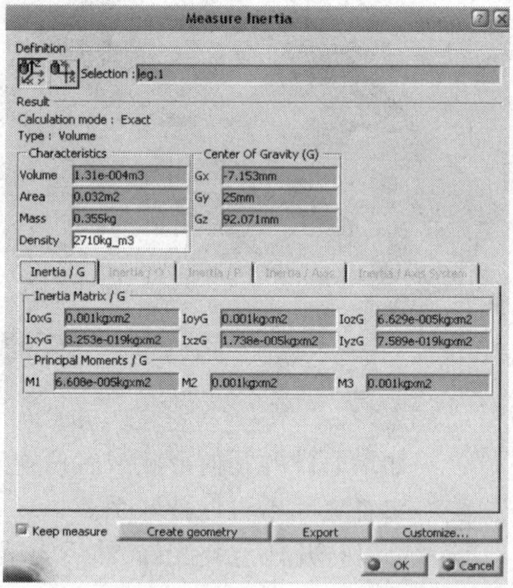

图 3-303　Measure Inertia

2）分析自由度（Degree of Freedom，DoF）

用户可以利用【Analyze】菜单中的【Degrees of Freedom】子菜单（图 3-304）分析选定子装配件的自由度；用户还可以利用模型树上选定零部件的右键菜单中【Component Degrees of Freedom】子菜单来评价该零部件的自由度（如图 3-305 所示），系统将弹出如图 3-306 所示的对话框显示自由度分析结果，如 leg1 只有一个转动自由度。

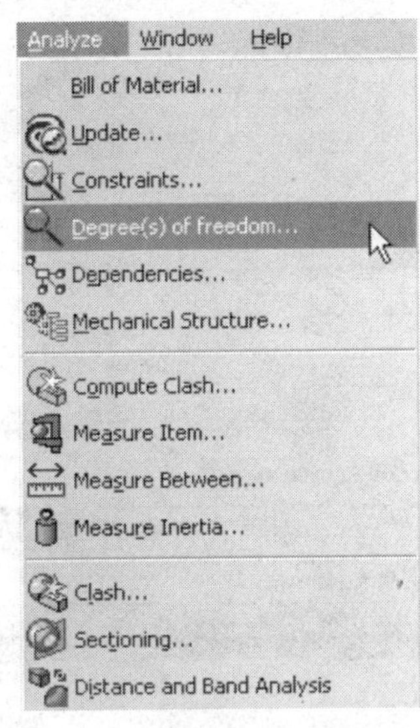

图 3-304 【分析】菜单

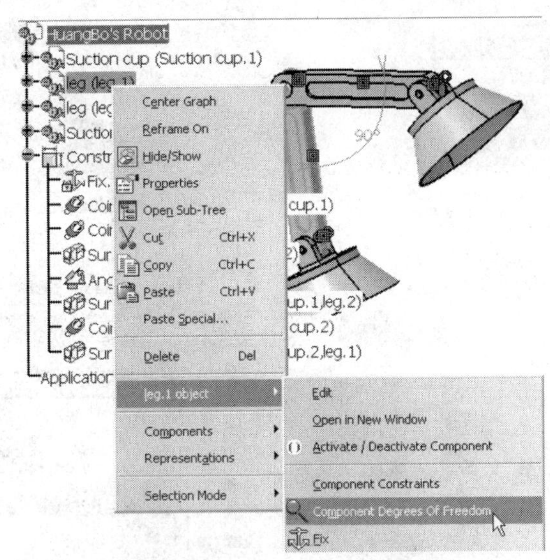

图 3-305 自由度分析右键菜单

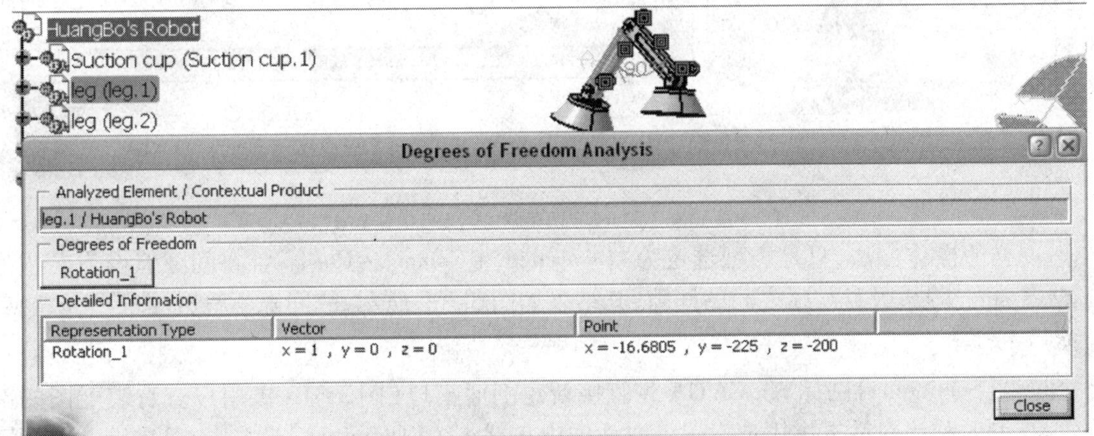

图 3-306 leg1 的自由度分析结果

3) Clash(Clearance)

利用 Clash 检查功能可以用来检验装配件的选定部件之间是否存在干涉碰撞;利用 Clearance 检查功能可以用来检验装配件的选定部件之间间隙是否满足最小间隙要求。

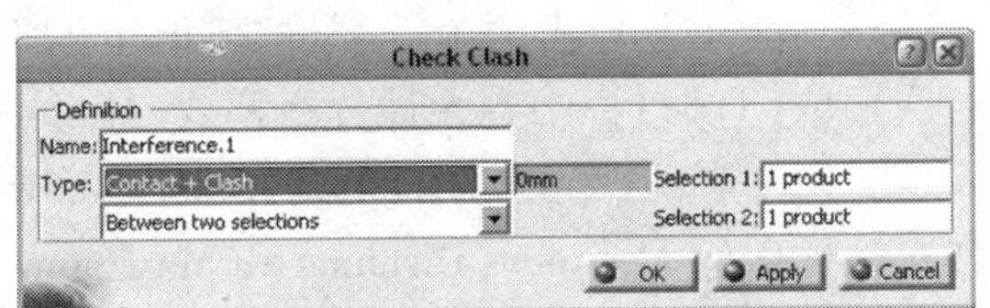

图 3-307 【干涉检查定制】对话框

例如打开光盘“3.3\装配件结构体系\robot_clash.catproduct”文件,点击【Clash】图标,系统弹出如图 3-307 所示的对话框,对话框中【Type】栏可以定制检查的类型以及针对哪些对象进行检查。如图中的对话框是针对两个选定的对象进行碰撞和接触检查,在 Selection 1 中选定 leg.1,在 Selection 2 中选定 leg.2;然后点击【Apply】按钮则弹出图 3-308 所示的对话框,选中对话框内列表项,则弹出的干涉预览效果如图 3-308 所示,从对话框中可见这两个部件在关节处存在 2.3mm 的干涉量。

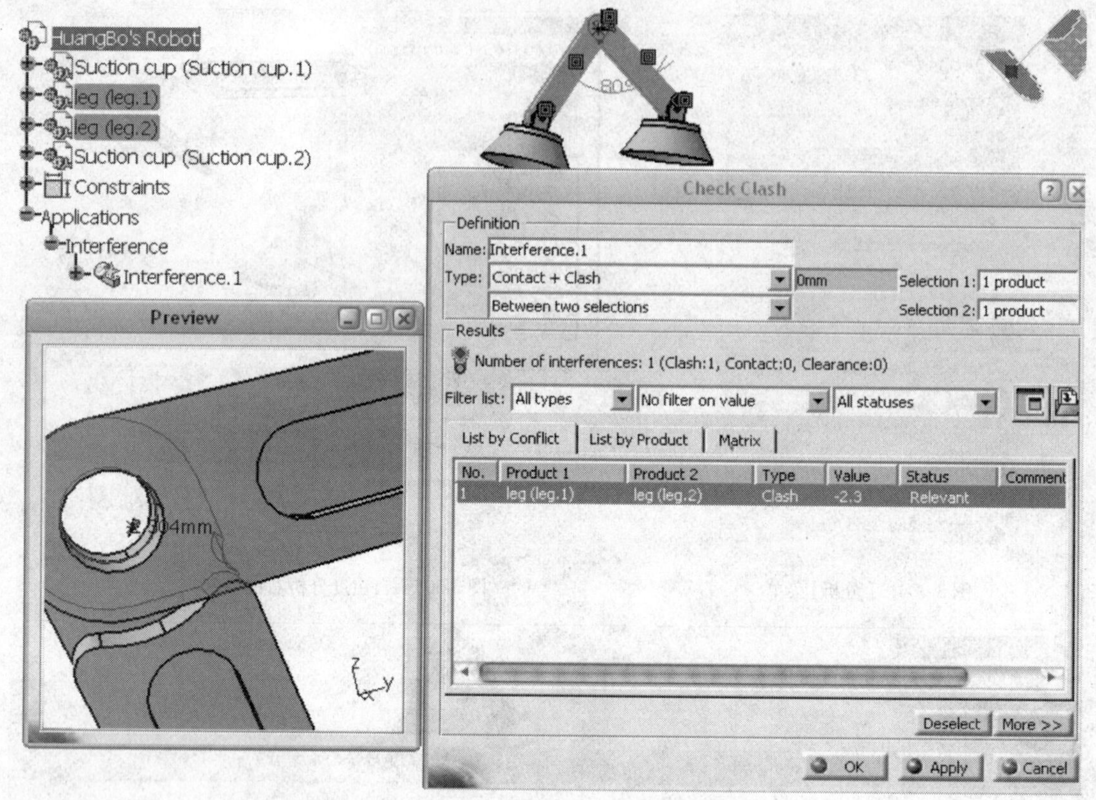

图 3-308　leg. 1 和 leg. 2 两条腿之间干涉的预览效果

同样的操作方法，只是类型选定为“Clearance　+ Contact + Clash”且将间隙值设为希望的值，如 5mm。分析吸盘与腿之间的间隙，其结果如图 3-309 所示，故间隙不符合要求。

4）剖面查看

点击【Sectioning】图标，CATIA 将直接新建剖面窗口（图 3-310 供用户查看装配图的剖面效果，同时弹出对话框供用户设置。对话框中包括 4 个【Definition】选项卡，其中选项卡用于定义截面方式；【Positioning】选项卡用于定制截面方位（其实读者也可以利用剖面上附带的红色罗盘调整剖面的方位）；【Result】选项卡用于定制结果显示方式及输出；【Behavior】选项卡用于定制更新模式。这些设置都比较形象和简单，读者可自行尝试。

5）Distance and Band Analysis

该功能用于分析两个零部件之间的距离。点击按钮，弹出如图 3-311 所示的对话框。对话框内【Type】栏中有 5 种分析模式：Minimum 表示分析两者之间的最小距离；AlongX（Y、Z）表示分析两者 X（Y、Z）方向距离；Band Analysis 表示分析两者之间的距离带（该项分析需要配合对话框内的 Minimum Distance 和 Maximum Distance 设置，如最小距离设为 10mm，最大距离设为 20mm，则分析完成后，系统将在两个部件上以红色和绿色标示出相应的区域，A 物体红色区域内所有点到 B 物体的距离都满足最小距离的要求，A 物体绿色区域内所有点到 B 物体的距离都满足最大距离的要求；B 物体上红色和绿色区域也是同样的道理）。

例如打开 Robot _ Clash. Catproduct 文件，点击按钮，选择两个吸盘进行分析，并将分析模式设定为最小距离“Minimum”，所得结果如图 3-312a）所示；同样针对两个吸盘进行分析，将

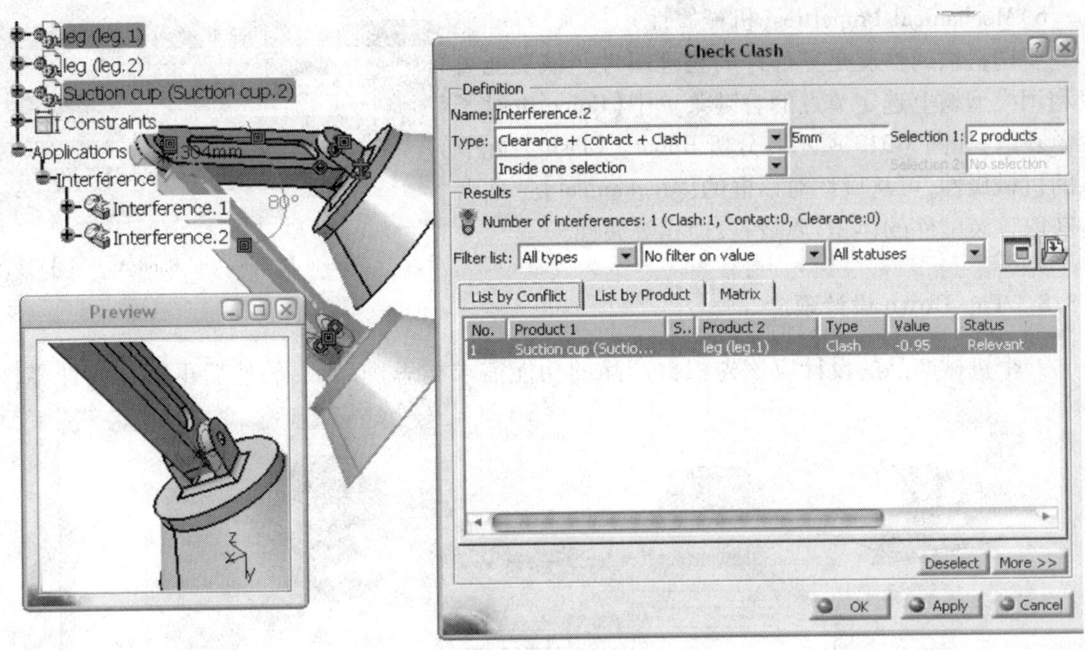

图 3-309　吸盘 2 与腿 1 之间的间隙检查结果

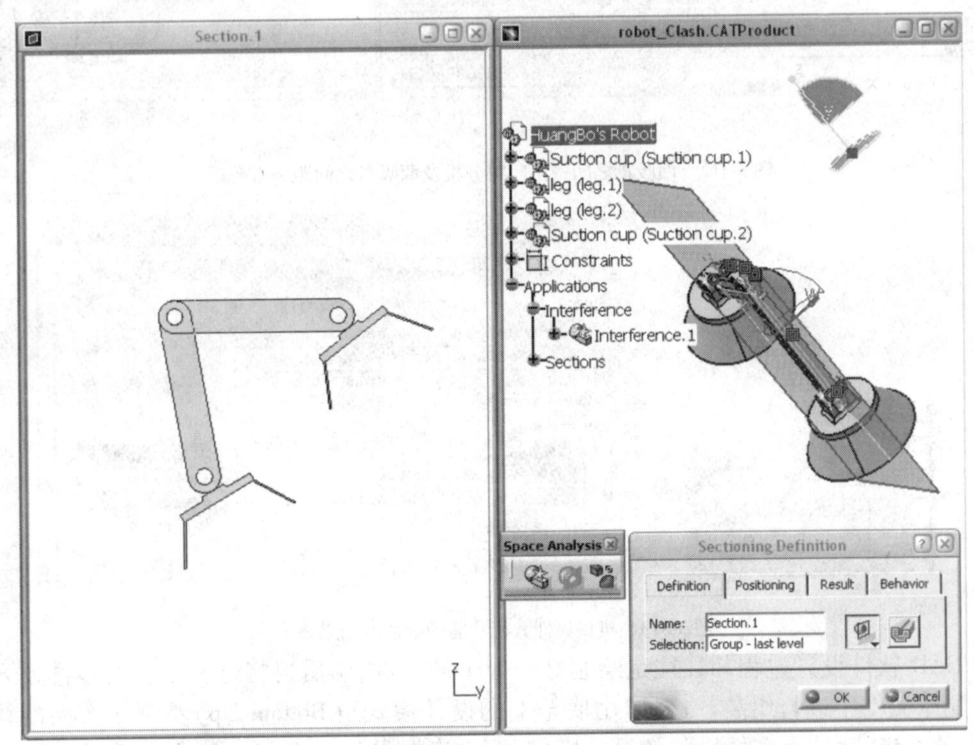

图 3-310　剖面查看示意图

分析模式设定为“Band Analysis(距离带分析)”,最小距离设定为 125,最大距离设定为 140,所得结果如图3-312所示颜色区域效果。

6）Mechanical Properties（机械属性）

所谓机械属性就是零部件的物理属性。该功能可以利用模型树上选定节点的右键菜单中【Properties】子菜单获取，如图 3-313 所示。分析 Robot _ Clash 装配节点的机械属性，可从属性对话框的【Mechanical】选项卡中获取该装配件的体积、质量、表面积等属性。

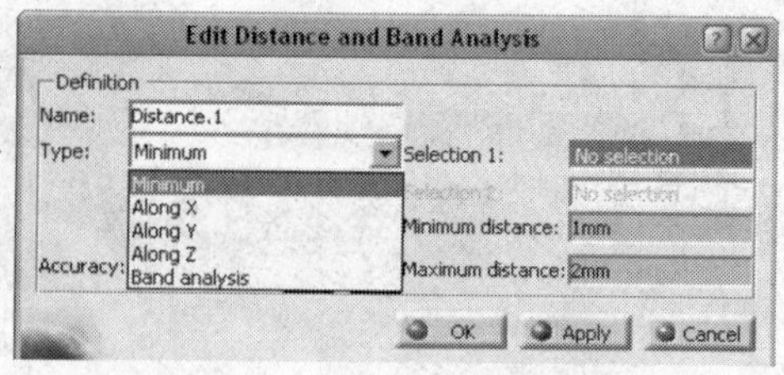

图 3-311 【Edit Distance and Band Analysis】对话框

3.3.8 Top-Down 设计理念

一个机械产品的设计应该先根据产品的功能需求构思产品效果，然后再细化设计零件。

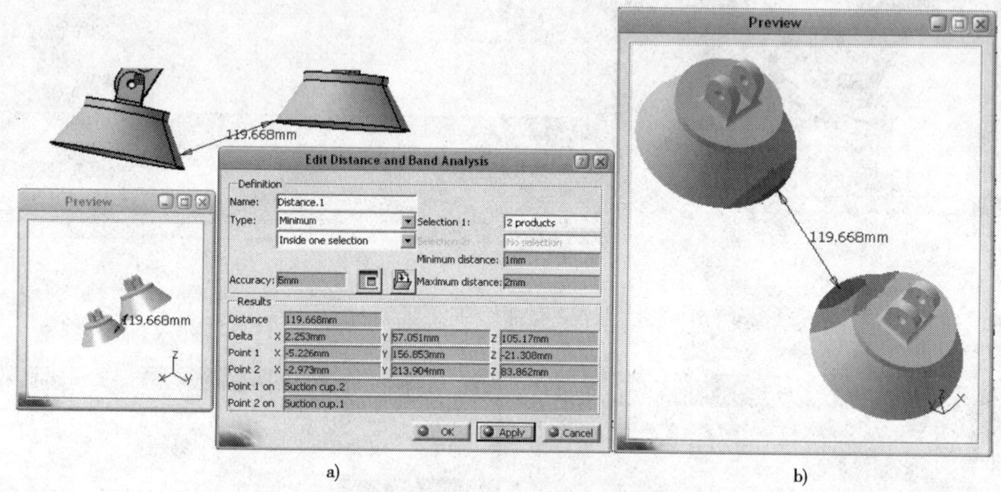

图 3-312 两吸盘之间最小间隙分析及两吸盘之间距离带分析

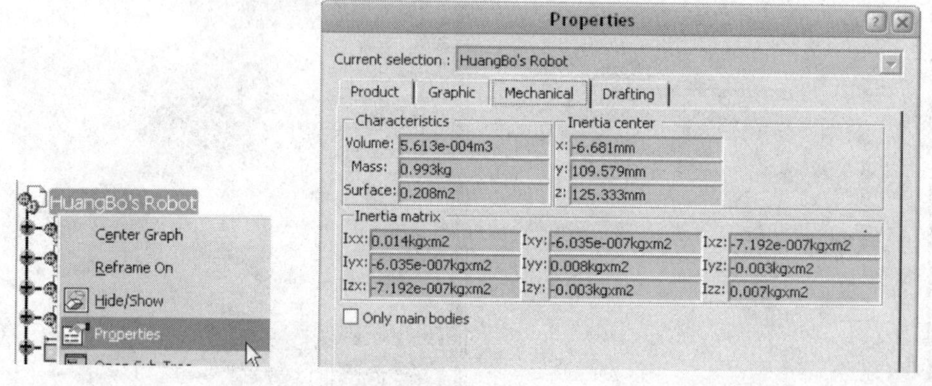

图 3-313 机械属性分析功能的获取及结果显示

传统的 CAD 软件设计过程却往往是绘制好一个个的零件，然后再将这些定型的零件插入到新建的装配体文件中进行组装。这种"由底至上的设计模式"（Bottom Up）不利于产品的快速设计；现在的 CAD 软件大多提供新的设计模式，即在已有装配体环境中进行新零件的设计或者修改已有零部件的设计，装配环境中进行零部件设计属于"由顶而下的设计模式"（Top-Down），这种模式有利于零部件设计时参照其应用环境，设计成功率和效率都能大幅提高，因此设计师应适应这种工作模式并熟练应用。

Top-Down 设计模式的应用过程较为简单，如：以装配件中其他零部件的投影作为剖面设计新零件;以装配件的某个测量作为参数设计新零件;新建零件拉伸到已有部件的某个面为止等等。限于篇幅,本文仅举一个简单零件设计实例及两个装配件操作实例。

1)装配环境中桌子腿撑杆设计实例

打开光盘“3.3\装配结构体系\Robot on the desk. catproduct”文件,如图 3-282 所示,该桌子还缺两条桌底支撑杆,现在的任务就是通过装配环境添加一个零件 Pole2,使其正好装配于空缺处方形孔内。新建的 Pole2 零件在设计过程中必然要参照桌子腿的现有位置,但是设计结果却可以有两种特性:

- Pole2 零件设计成功后与桌子腿之间仍然保持关联,即桌子腿是其参考父对象,桌子腿的几何形状及位置改变都将给 Pole2 零件带来影响。
- Pole2 零件设计成功后与桌子腿之间断绝父子关系,将来形同陌路。

这种“保持关联”或者“断绝关系”该如何设定呢?用户可以利用 CATIA 的【Tools】菜单中【Options】子菜单,在弹出如图 3-314 所示的对话框左侧的树状结构中选定“Part Infrastructure”节点,并选中【General】选项卡片中的【Keep link with selected object】选项,则表示保持关联;不选中则表示断绝关系。

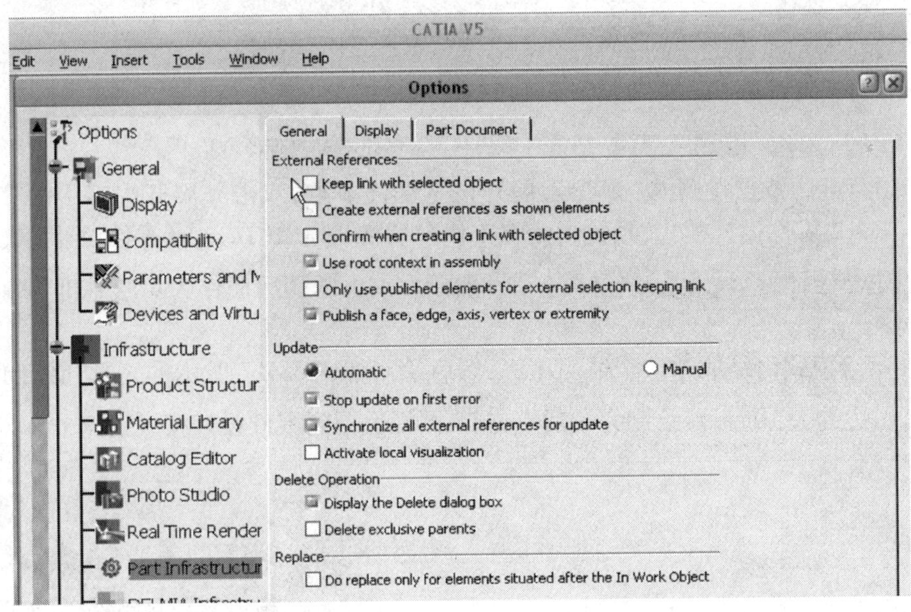

图 3-314　关联设定对话框

由于希望新建的 Pole2 与桌子腿之间保持关联,所以要选中【Keep link with selected object】选项。

完成设置后,着手开始 Pole2 零件的设计:

(1)Pole2 应隶属于 Desk 子装配体,所以双击模型树上 Desk 子装配节点,将活跃节点切换为 Desk 子装配。

(2)利用 Desk 节点的右键菜单中【New Part】子菜单,新建一个零件至 Desk 子装配件中(如图 3-315 所示)。系统提示利用装配件原点作为新零件的原点还是重新确认原点,此时选择“N”即可。

(3)模型树中出现新建零件的节点后,如 Part1 (Part1.7),利用该节点的右键菜单中【Properties】子菜单将零件的 Part Number 和 Instance Number 改为 Pole2 (Pole2.1)。

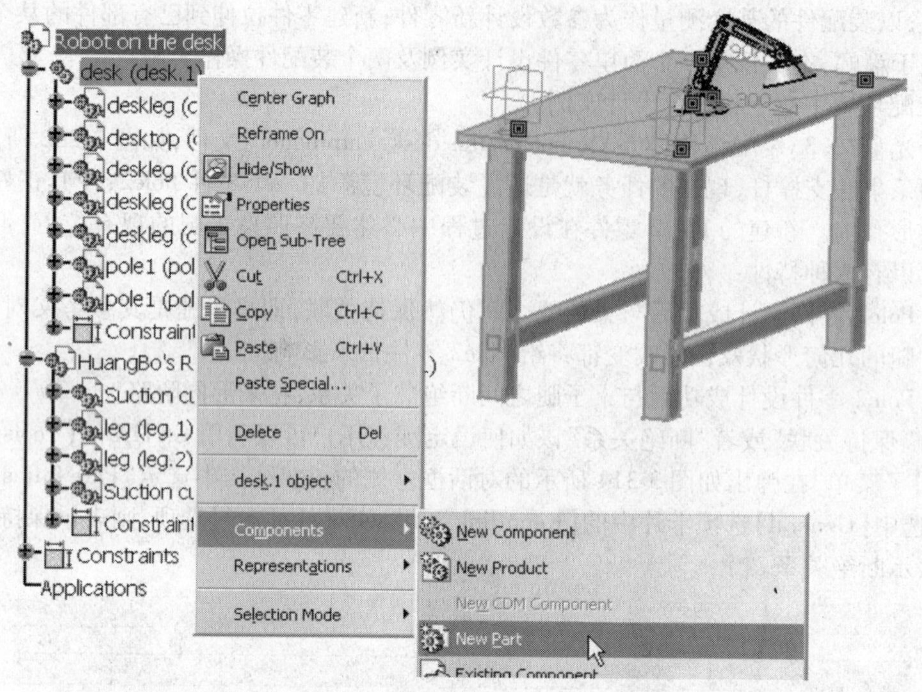

图 3-315 新建一个零件至 Desk 子装配件，默认文件名为 Part1

(4)单击 Pole2 节点左侧的“ + ”号，展开该零部件节点，双击其展开内容中的 Pole2 节点，进入 Pole2 零件设计模式，系统自动将工作台切换为“Part Design(零件设计)模式”。

(5)点击草绘图标，然后选择图 3-316 所示左前桌腿的后面作为草绘基准面，便进入草绘模式。

(6)在草绘模式内缩放图形至适当比例，然后绘制如图 3-317 所示的矩形(该矩形比方形槽大一圈，每边约大 10mm)，绘制完成后点击图标返回到零件设计模式。

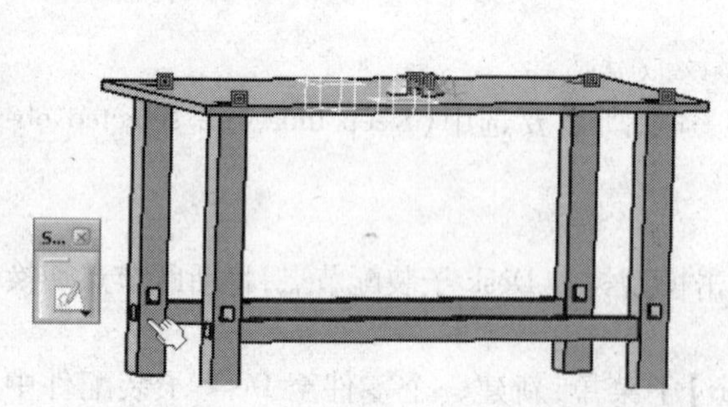

图 3-316 选择图中鼠标所指平面作为草绘基准面

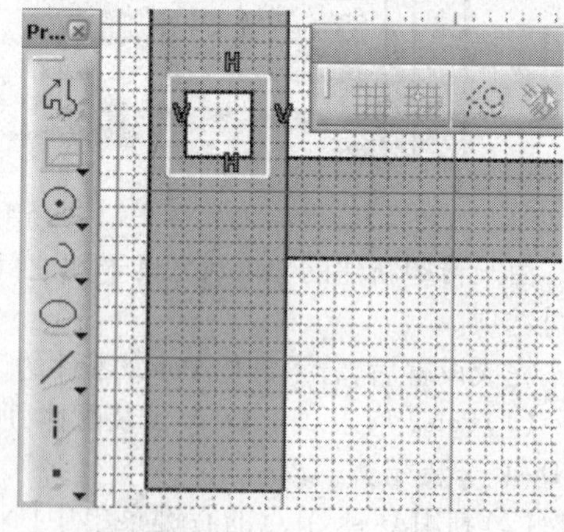

图 3-317 绘制如图所示的矩形作为剖面

(7)以刚完成的剖面作拉伸体，点击【Pad】图标，在【Pad】对话框内将拉伸长度类型设置为“Up to plane”，确保拉伸方向如图 3-318 所示指向另一条桌子腿；然后选定另一条桌子的内面作为拉伸终止平面，Pad 预览效果如图 3-318 所示。

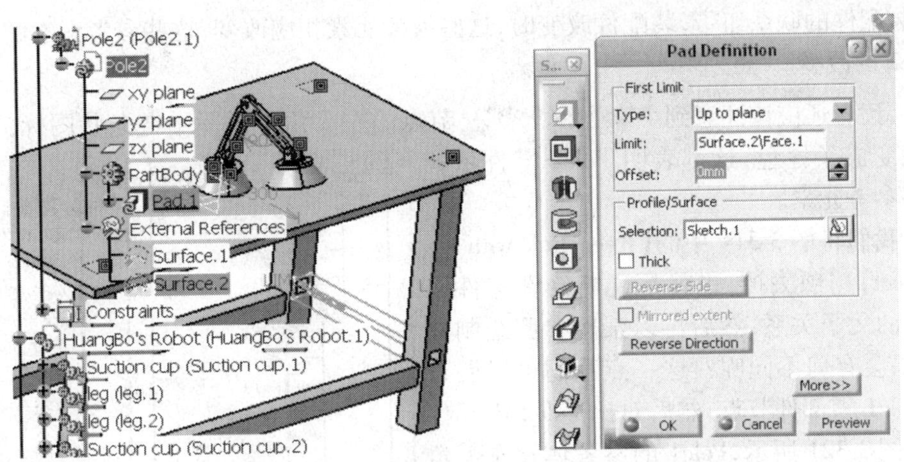

图 3-318　Pole2 的第一个 Pad 定义参数示意图

(8)接下来,需要定义 Pole2 插入方形槽内的方形销部分。仍然选定第 5 步中的平面作为草绘基准平面,点击图标进入草绘。

(9)利用【Project 3D Elements】图标将方形槽的 4 条边投影到平面上作为剖面,如图 3-319所示。完成后点击图标返回到零件设计模式。

(10)以刚完成的剖面作 Pad,点击【Pad】图标,按图 3-320 所示图形配置 Pad 的定义参数,保证方形销的大小及长短正好吻合桌腿的方形槽即可。

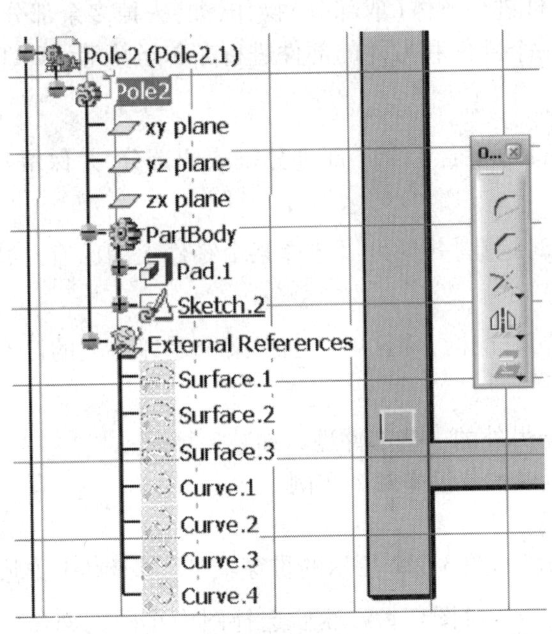

图 3-319　以方形槽投影作为 Sketch.2

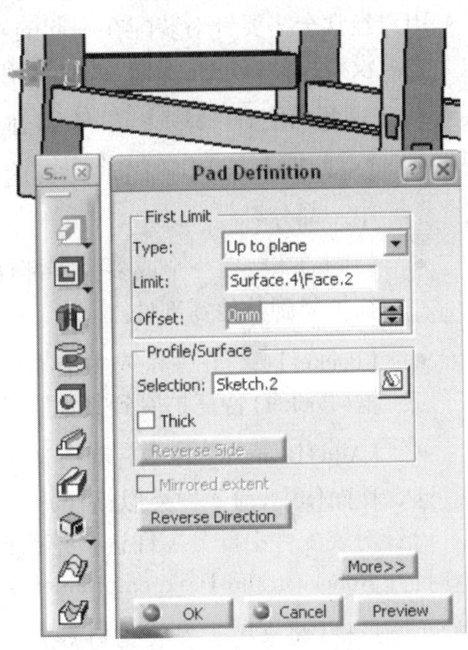

图 3-320　以 Sketch.2 作 Pad 长度正好为桌腿厚度

(11)以第 8 ~ 11 步类似的步骤绘制另一头的方形销,即可完成 Pole2 零件的设计。

这 11 步操作中,读者应该注意到图 3-318 和图 3-319 的模型树中有一个 External References 节点组。该节点组用来管理 Pole2 零件设计中用到的装配件参考体素,因为这之前在图 3-314 中设置了【Keep link with selected object】选项,所以这些外部体素就是

Pole2 与装配件的联系纽带,装配件改变时,这些参考元素相应改变;这些参考元素的改变必然导致 Pole2 的改变。

此外,读者还应该注意到 Pole2 (Pole2.1) 节点的左下角多了一个链条状图标,且右下角的齿轮也变成了绿色,这都表明 Pole2 零件依赖某些外部参考元素。

如果我们将图 3-314 中的【Keep link with selected object】选项去掉,也就是说断绝新零件与参考元素的父子关系,然后再以某些参照绘制新零件,结果会有何不同呢? 这一点我们可以展开本例中 Pole1 零部件节点,然后对比 Pole2 零部件节点。如图 3-321 所示,Pole1 的参考体素左下角都有一个红色的闪电图标,这表明这些体素已经和原来的对象划清界限,投靠了新零件 Pole1;Pole2 的参考体素则统统是卧底。当然,CATIA 也提供了将卧底完全吸收的办法,那就是 Isolate,该功能可以从节点的右键菜单中获取,可以针对某个单独的参考元素隔离;也可以点击零部件节点将其整个隔离(Isolate Part 命令)。

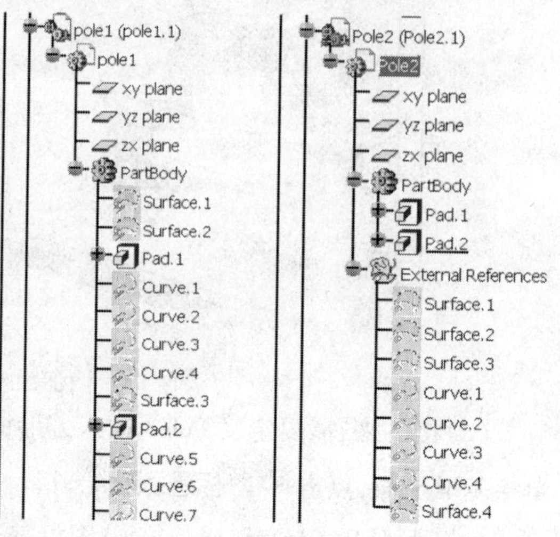

图 3-321 断绝关系、保持关联两种模式创建出来的零件模型树差异对比图

2)装配环境中的操作实例

用户经常会需要针对装配在一起的多个零件进行整体(或部分)操作,如:去掉多余部分、添上之前没有设计好的孔或槽、甚至希望利用一个部件和另外的部件进行布尔运算等。CATIA 提供了这些功能,它们包括:

- 【Split】:利用一个面(平面曲面都可以)将若干个零部件分割成两部分,并保留其中一部分。
- 【Hole】:在一个或多个零部件上同时挖孔,并且可以选择某个零件上的已有孔特征扩展到其他零部件上。
- 【Pocket】:在一个或多个零部件上同时挖槽,并且可以选择某个零部件上的已有槽(Pocket)特征扩展到其他零部件上。
- 【Add/Remove】:利用某些部件与另外的一些部件进行加减运算。

这 5 种操作中,前 3 种类似;后两种类似,所以本节仅举两个实例。

1)针对装配件中部分零件进行挖槽操作

打开 Robot On the Desk. catproduct 文件,创建如图 3-322 所示的贯穿桌子腿及 Pole1 方形销的小圆形槽(将来用于安装销钉等)。点击【Pocket】图标;然后选择图中小圆剖面作为 Sketch;系统弹出的【Assembly Features Definition】对话框如图 3-322b),该对话框用于选定挖槽操作将影响到当前装配节点中的哪些零部件,利用可将零部件调整到该对话框下部的 Affected parts 列表框中,本例中选择 deskleg 及 pole1;选定了挖槽的对象(Affected Parts)后,系统弹出【Pocket Definition】对话框用于定义挖槽操作的参数,选择参数“Up to Last”,然后点击【OK】按钮即可完成槽的定义。

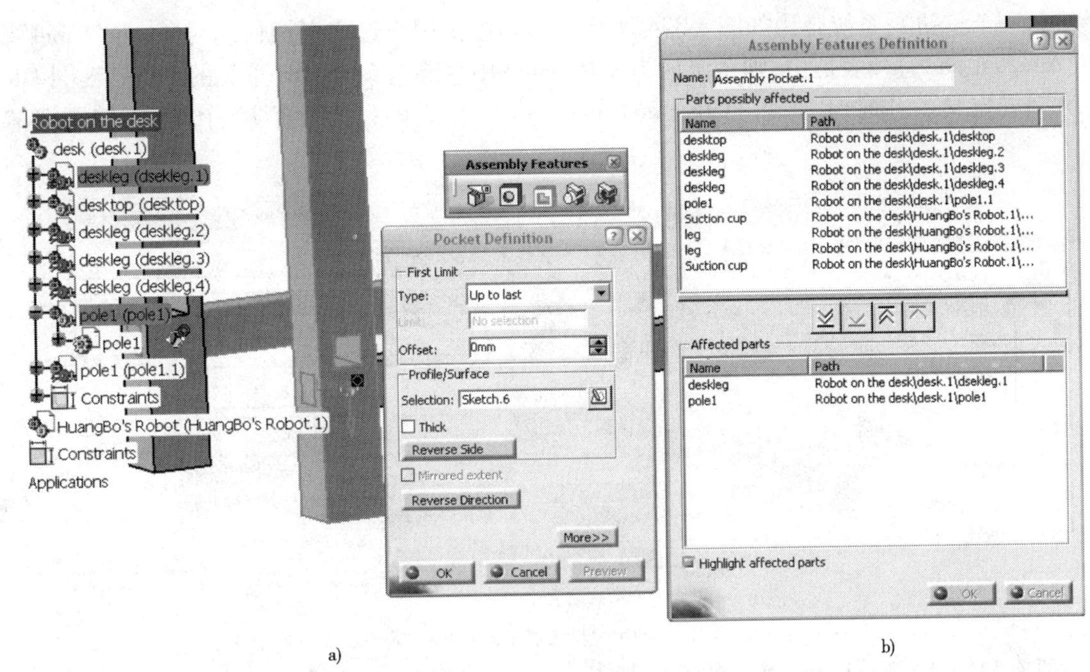

图 3-322　利用装配件挖槽特征实现桌子腿和撑杆同时挖槽

2）利用 Remove 命令在面板上同时挖出所有键盘槽

打开光盘“3.3\Top _ down\Assembly _ remove. Catproduct”文件，如图 3-323 所示，该装配件中的 Panel 零件现在还没有与这 12 个键相应的槽。读者可以利用右键菜单中的【Open in New Window】命令查看到。下面的步骤是利用 Keyboard 零件的 12 个键直接在 Panel 零件上挖出这 12 个槽。

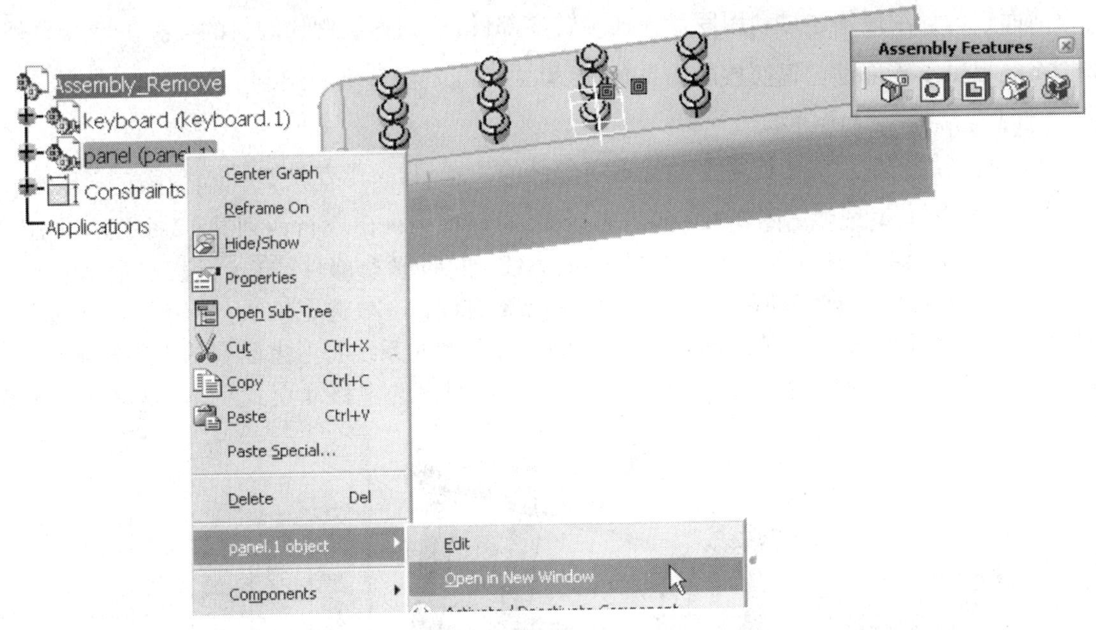

图 3-323　挖孔前的面板和键盘装配件

点击【Remove】按钮，然后选择【Keyboard】零件作为被移出的部件（如果希望在模型树上选取的话，必须展开该节点，选择其 PartBody 节点方能选择成功；当然，也可以在几何区中选择任意一个按钮)；系统弹出如图3-324所示的对话框供用户选定要操作的对象，将"Panel"移到【Affected parts】列表框中，则系统认为要从panel中移除与keyboard重叠的部分；点击【OK】即可完成定义。此时，用户再打开Panel. part零件，可见其上已经有12个键孔，如图3-325所示。

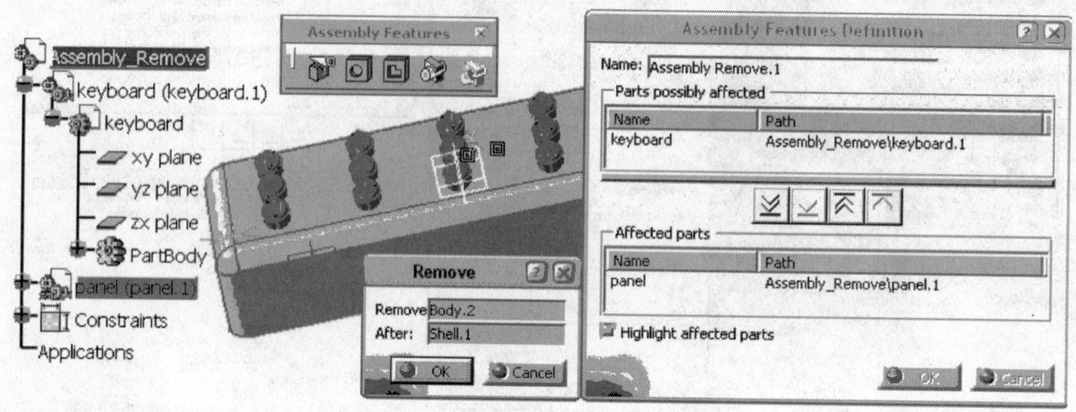

图3-324　利用键盘实现面板上12个键孔

所有利用装配特征进行操作的方法基本上都与上述两个实例类似，关键是选择好操作的对象。读者可参照那两个实例以及CATIA窗口的底部提示条实践其他三种方法。

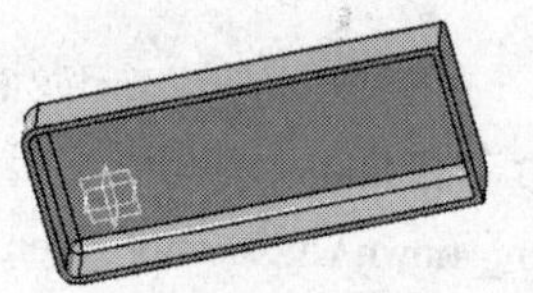

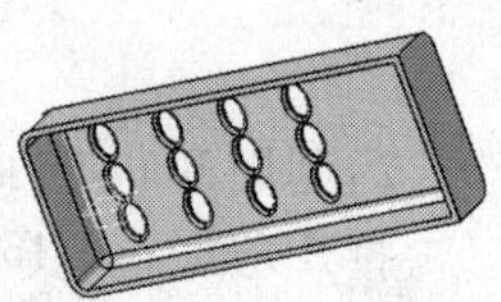

图3-325　面板在挖槽操作前后对比图

3.3.9　Move工具条及场景

前面较为详细地阐述过利用罗盘拖拽旋转零部件，达到零件摆放的目的。除了罗盘之外，CATIA还提供了零部件位置摆放的工具条，下面分别介绍。

1)【Manipulation】按钮

该工具供用户利用鼠标徒手移动选定零部件的位置，其操作方法如下：

点击按钮，系统弹出图3-326所示对话框，对话框内列出三行四列共12个图标供用户选择移动模式，第一行表示沿X(Y、Z、或选定边线)方向移动部件；第二行表示沿XY平面(YZ、XZ、选定平面)方向移动部件；第三行表示沿X方向(Y、Z、选定轴线)旋转。如果选中对话框底部单选框【With respect to constraints】，则部件移动时系统将考虑已有约束的影响(不允许超越约束的移动)；如果不选中，则可以随意移动。用户选中移动模式后，可以鼠标左键拖

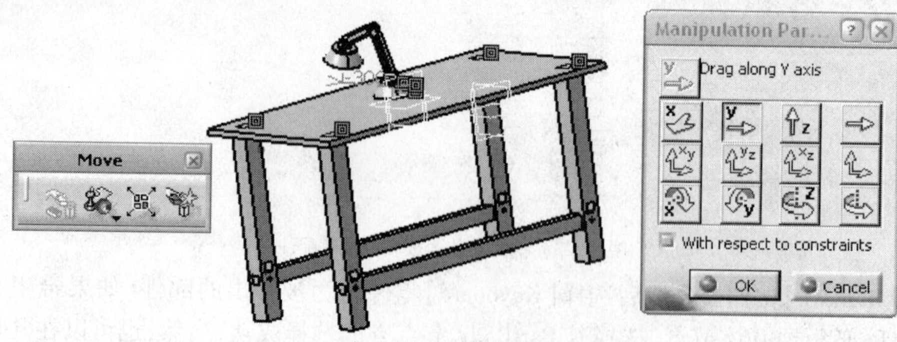

图3-326　【Manipulation】对话框

拽任意部件按指定模式操作(注意,左键按住某个部件不要松手再移动即可)。

2)【Snap】按钮

该操作可以快速移动零部件,不管两个部件原来空间位置差别多大,CATIA 都会将您选定的第一个几何要素投影至第二个几何要素上,从而将第一个要素所属的零部件移动至新的位置。例如:选定 Part1 的线 1 和 Part2 的平面 2 进行 Snap 操作,CATIA 将移动 Part1 的位置来保证线 1 属于平面 2。根据两次选择的要素类型不同,CATIA 判断移动方案如表 3-3 所示:

表 3-3

选择的第一个要素	选择的第二个要素	结　果
点 1	点 2	点 1 移动至点 2
点 1	线 2	点 1 移动至线 2 上
点 1	平面 2	点 1 移动至平面 2 上
线 1	点 2	线 1 变动至过点 2
线 1	线 2	线 1 移动至与线 2 同线
线 1	平面 2	线 1 移动至平面 2 上
平面 1	点 2	平面 1 移动至过点 2
平面 1	线 2	平面 1 移动至过线 2
平面 1	平面 2	平面 1 移动至与平面 2 重合

掌握这个原理后,读者自行尝试 Snap 操作,会发现非常简单。

3)【Stop Manipulate On Clash】按钮

该功能图标本身不进行任何操作,仅作一个状态设定。图标处于选中状态时,CATIA 检测到零部件之间的碰撞就不再继续进行 Manipulate 操作;而且该状态只有当图 3-326 对话框中【With respect to constraints】单选框选中时才有效。读者可自行尝试该功能。

4)【Scene】及【Explode】按钮

为了诠释装配件中用到的零部件以及装配关系,实际使用时经常会用到爆炸图(Explode)。为了保存爆炸图的效果和多种爆炸方案,爆炸图通常是与场景配合使用。

CATIA 在装配模块中提供了两个场景(Scene)工具按钮,即【Enhanced Scene】和【Scenes Browser】,一个用于创建场景,一个用于浏览已有场景。

打开"Robot on the desk. catproduct"文件,点击图标,系统弹出如图 3-327 所示的对话框供用户确定场景模式及名称。点击【OK】确认创建后,系统进入场景视窗,提供如图 3-328 所示的【Enhanced Scenes】工具条,用于创建爆炸图,保存视角、退回默认装配模式等。此时,点击【Explode】图标,系统会弹出如图 3-328 所示的对话框用户确认爆炸方式,点击【OK】确认生成爆炸图,所得结果如图 3-329 所示,此时,用户可以将罗盘吸附至某个炸开件,然后拖拽或旋转其位置。

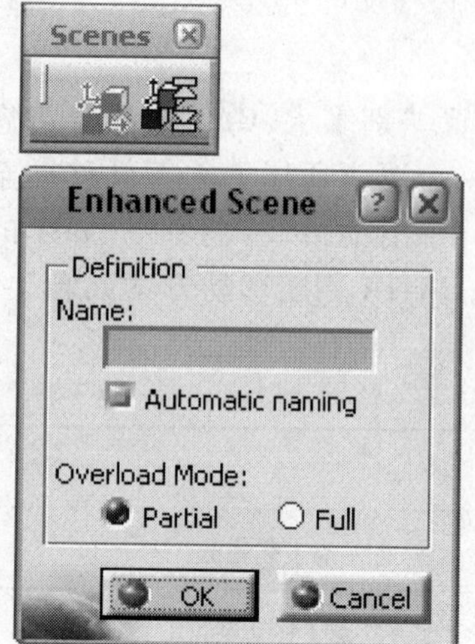

图 3-327 【场景生成】对话框

图 3-328 场景视图工具条及爆炸图生成对话框

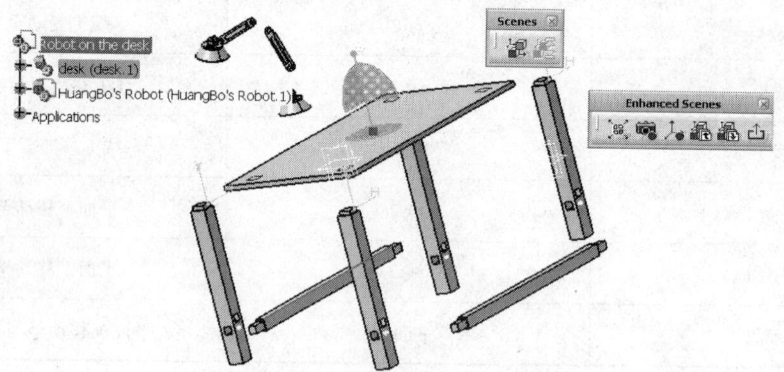

图 3-329 默认模式生成的爆炸图及利用罗盘拖拽各炸开件位置

3.3.10 公开发表(Publication)

将某个零件或者零件上的一些几何体素公开发表(Publication)有利于其他零部件利用其特征,这一点在 Top-Down 设计理念中以及装配件设计环境中显得非常有意义。下面通过一个实例阐述 Publication 的用法。

在光盘"3.3\Pulication"目录中有 4 个零件,分别为 Base、Bolt1、Bolt2、Bolt3。下面就利用这几个零件分步骤阐述公开发表的使用方法:

1)如何将 Bolt1 零件的轴线及螺头底面公开发表

打开该目录中的 Bolt1 零件,然后选择 CATIA 窗口顶部【Tools】菜单中的【Publication】子菜单命令 Publication...,系统将弹出如图 3-330 所示的对话框。

对于初级用户虽然希望公开发表螺栓的轴线,但往往不太会选择轴线,事实上,公开发表操作步骤并不复杂,首先用户只需要将鼠标置于螺栓外圆面,使其处于预选的橙色状态,然后点击鼠标右键,选择图中右键菜单上的【Other Selection...】子命令,系统会弹出如图 3-331 所示的对话框,选中其中的 Axis 节点,CATIA 便会将该轴线公开发表,所得结果如图 3-332 所示。

接下来,用户可以进一步公开发表螺栓头的底面,点击【OK】按钮则完成公开发表操作。

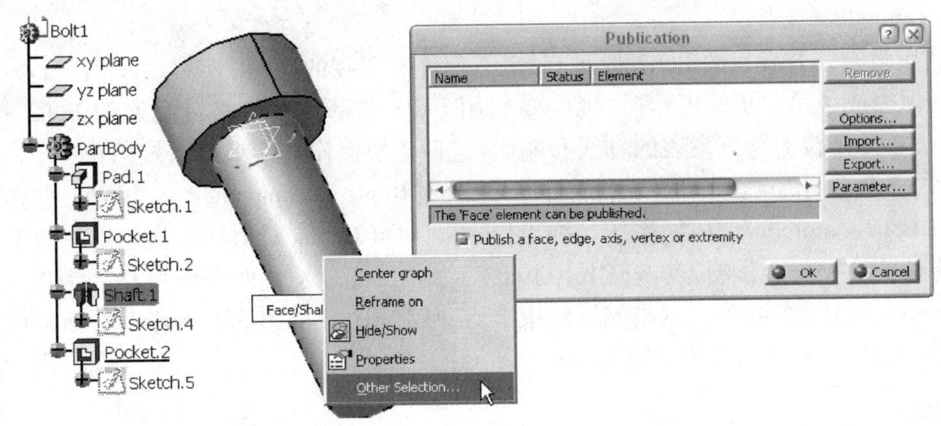

图 3-330 【Publication】对话框以及利用预选上的螺栓外圆面右键菜单选择轴线

图 3-331 在【Other Selections】中选定 Axis

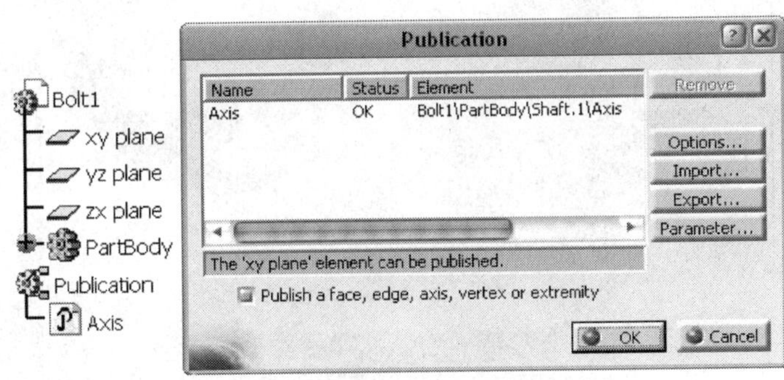

图 3-332 公开发表成功后的轴线

注意:为了后面对比讲述的方便,请读者不要保存 Bolt1 文件。这一步骤仅为讲述 Publication 的设定方法。

2)利用公开发表元素创建约束

之前讲述的约束都是直接选择几何元素创建的,现在我们希望利用公开发表的元素创建约束。

打开光盘"3.3\Pulication"目录中 Publication. catproduct 文件,如图 3-333 所示展开其模型树节点,可见该装配件上的 Base 零件有公开发表的 Axis _ Base 和 Face _ Base 文件,Bolt2 零件也有公开发表的 Axis 和 Face 文件。

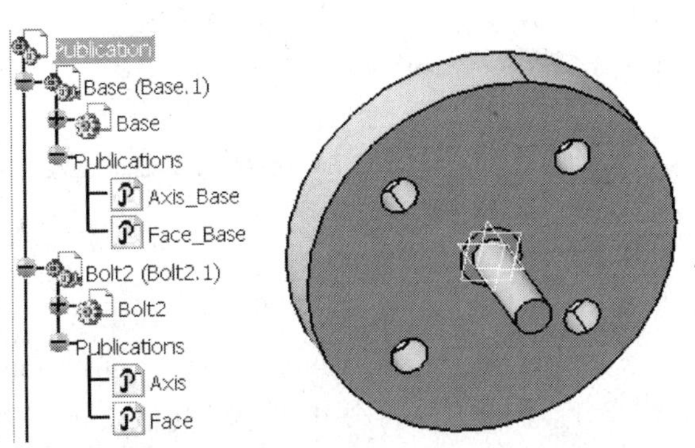

图 3-333 装配件中的两个部件都有公开发表项目

点击 图标,然后选择"Axis _ Base"和"Axis",完成两者的同轴约束。

点击 图标,然后选择"Face _ Base"和"Face",完成两者的贴面约束。

结果文件参见光盘中 Publication _ Constrainted. catproduct 文件。

3)利用没有公开发表的 Bolt1 替换 Bolt2 零部件时存在的问题

在确保完成了第二步的工作后,现在要利用 Bolt1 零部件来替换装配好的 Bolt2 零部件。此时 Bolt1 零件中没有公开发表的轴线和端面,这种替换操作会带来什么效果呢?

如图 3-334 所示,点击 Bolt2 节点右键菜单中的【Replace Component...】命令,在弹出对话框中选定 Bolt1. catproduct 文件,系统将弹出【Impacts On Replace】对话框提示用户两个设定好的约束将被替换操作所影响,点击【OK】则继续。此时,可以发现两个约束已变为图 3-335 所示的 Unresolved(无解)状态。双击问题约束节点,从弹出的如图 3-335 所示的对话框内可以看出约束必须的两个要素已丢失,所以无解。

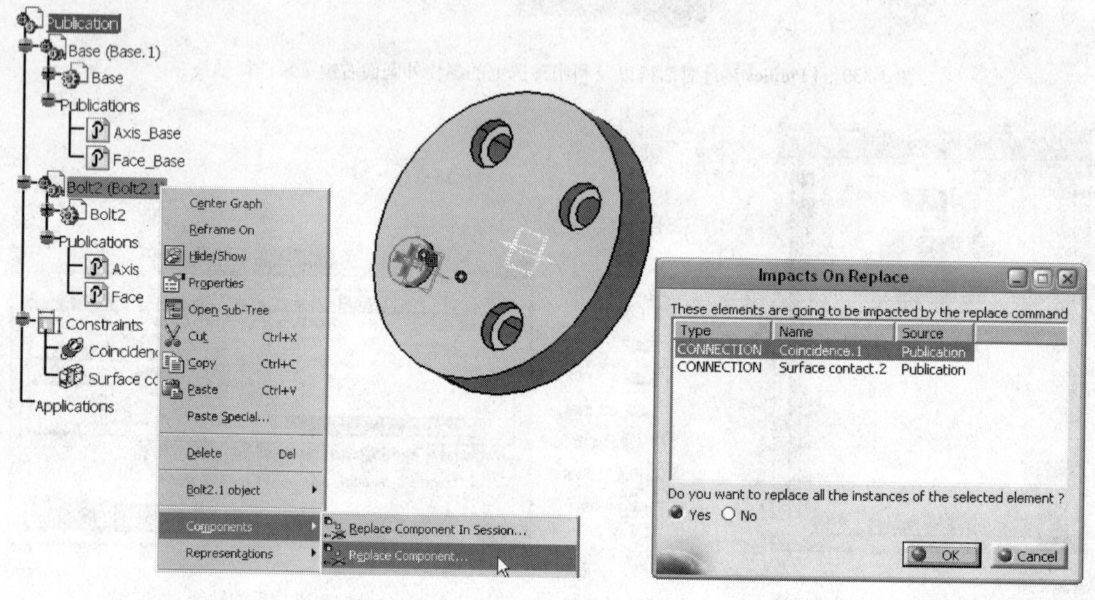

图 3-334 利用 Bolt1 替换 Bolt2,弹出【Impacts On Replace】对话框

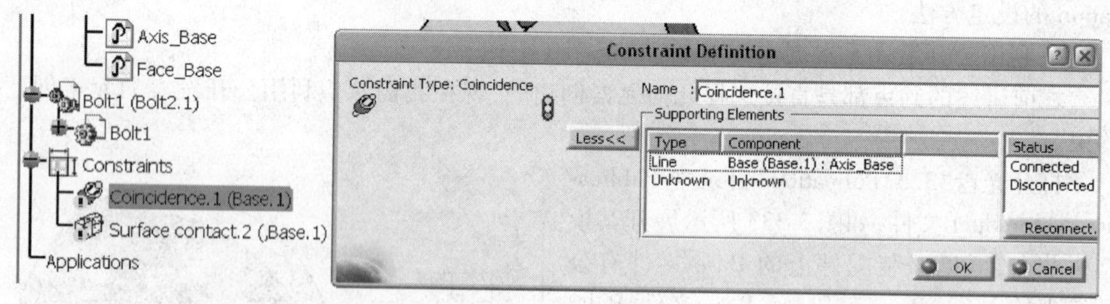

图 3-335 约束变为无解状态

4)利用 Bolt3 替换 Bolt2,约束状态正常

打开阶段结果文件"Publication _ Constrainted. catproduct",按图 3-334 所示的方法进行类似的操作,不同的是利用 Bolt3 文件(该文件与 Bolt1 文件不同之处在于其拥有公开发表的Axis 和 Face)来替换 Bolt2 文件。结果如图 3-336 所示,两个约束一切正常,由此可见利用公开发表的体素进行装配将给装配件的维护带来极大便利。

3.3.11 生成 BoM 报告

装配成功后,经常需要用到零部件清单,如打开前面用到的“Robot On The Desk”装配文件,并将活跃节点置于根节点,然后点击CATIA 窗口顶部【Analysis】菜单中的【Bill Of Materials】命令,系统将弹出如图 3-337a)所示的零部件清单对话框,读者可注意到该对话框中有两个选项卡,【Listing Report】选项卡用于生成列表报告。点击对话框底部的【Define Formats】按钮,系统将弹出图 3-337b)所示的对话框,供用户定制报告显示内容。此外,若点击【Save as】按钮则可将报告保存起来。

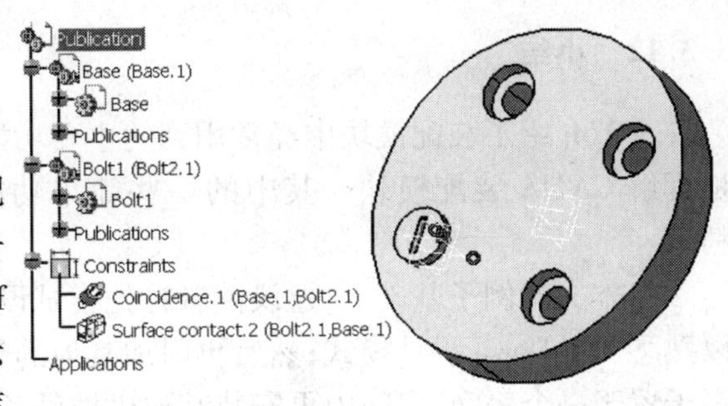

图 3-336 利用 Bolt3 文件替换 Bolt2 文件,可见公开发表的优越性

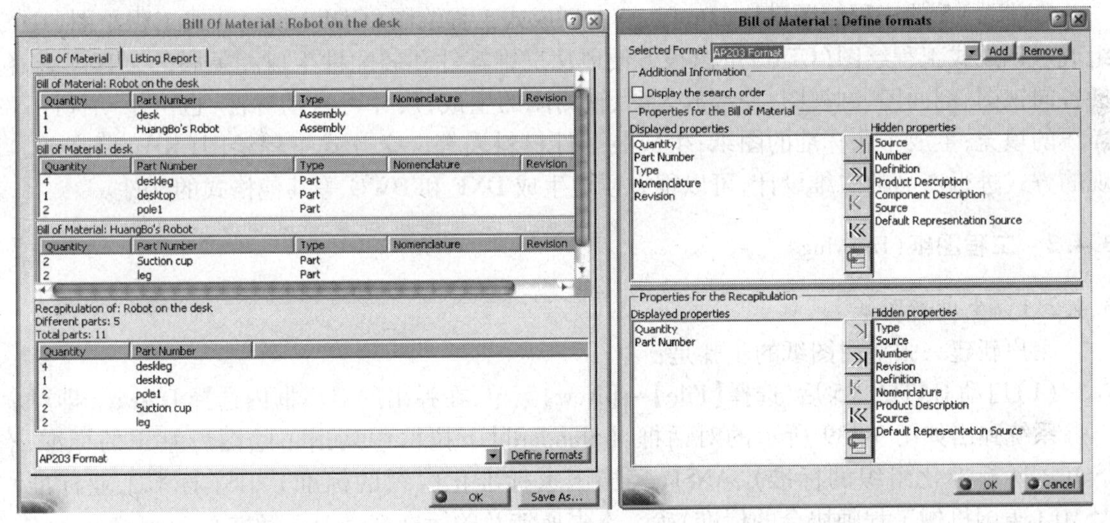

图 3-337 【零部件清单】对话框及【零部件清单格式定制】对话框

如果读者希望某些零部件(实例 Instance)不出现在零部件清单中,可以利用如图 3-338 所示的模型树上该节点右键菜单中的【Properties】命令,在弹出的属性对话框中去掉【Visualize in the Bill of Material】选项即可。

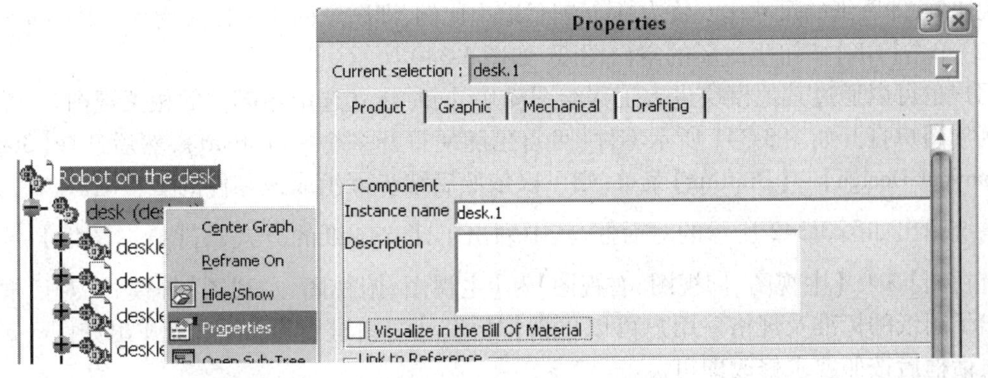

图 3-338 设定某个零部件不出现在 BoM 报告中

3.3.12 小结

本节介绍了装配模块中经常用到的主要功能，熟练掌握这些内容可以帮助读者较为系统地理解 CATIA 装配模块。其中的一些简单功能没有过多地阐述，希望读者自行尝试以便精通。

在本文的例子基础上，建议读者首先尝试设计完 Robot On the Desk 装配体缺失的零部件，以熟悉 Top-Down 设计模式；然后再附加其他的子装配体增强驾驭大型装配体的能力，比如将桌子置于一个房间，房间内再安装其他机械设备等。

3.4 工程绘图

3.4.1 产品介绍

CATIA V5 的工程绘图模块（Drafting）由创成式工程绘图（GDR）和交互式工程绘图（ID1）组成。创成式工程绘图（GDR）可以很方便地从三维零件和装配件生成相关联的工程图纸，包括各向视图、剖面图、剖视图、局部放大图、轴测图的生成；尺寸可自动标注，也可手动标注；剖面线的填充；生成企业标准的图纸；生成装配件材料表等。交互式工程绘图（ID1）以高效、直观的方式进行产品的二维设计，可以很方便地生成 DXF 和 DWG 等其他格式的文件。

3.4.2 工程图纸（Drawing）

3.4.2.1 生成新图纸

用户新建一张空白图纸的步骤是：

（1）启动 CATIA V5 后，选择【File】→【New】菜单，在弹出的对话框内选择 Drawing 即可。

系统弹出如图 3-339 所示的对话框，【Standard】下拉框中列出了绘图所基于的标准，有 ISO（国际标准化组织的标准）、ANSI（美国国家标准化组织的标准）、JIS（日本工业标准）、ASME（美国机械工程师协会的标准）等。本书所涉及的标准都是 ISO 标准。

【Format】栏列出了所选标准的图纸的尺寸型号，选择需要的图纸型号后，宽度和高度列出图纸的相应尺寸。

【Orientation】栏中的两个选项用于设置图纸摆放的方向。【Portrait】表示竖放，【Landscape】表示横放。

【Scale】用于设置图纸的绘制比例。1:1表示原值，即图纸的大小与实物的尺寸相同；n:1表示放大比例，即图纸的尺寸比实物大；1:n 表示缩小比例，即图纸的尺寸比实物小。其中 $n>1$.

（2）单击【OK】按钮生成新的空白图纸，如图 3-340 所示。

用户也可以通过其他模块进入工程绘图模块，同时建立选定零部件的相关视图。

例如用户打开如图 3-341 所示零件（可自己随便打开一个 *.catpart），然后选择【Start】→【Mechanical Design】→【Drafting】菜单，则可以依照后续步骤生成该零件的工程图。

系统弹出如图 3-342 所示的对话框，其中列出了建立图纸的方式，有【空白图纸】、【建立所有视图】，【主视图、仰视图、右视图】和【主视图、俯视图、左视图】等模式；对话框下方还列出了图纸的标准及规格。用户可以单击【Modify】按钮进行修改，系统弹出如图 3-339 所示的对话框后按照要求修改即可。

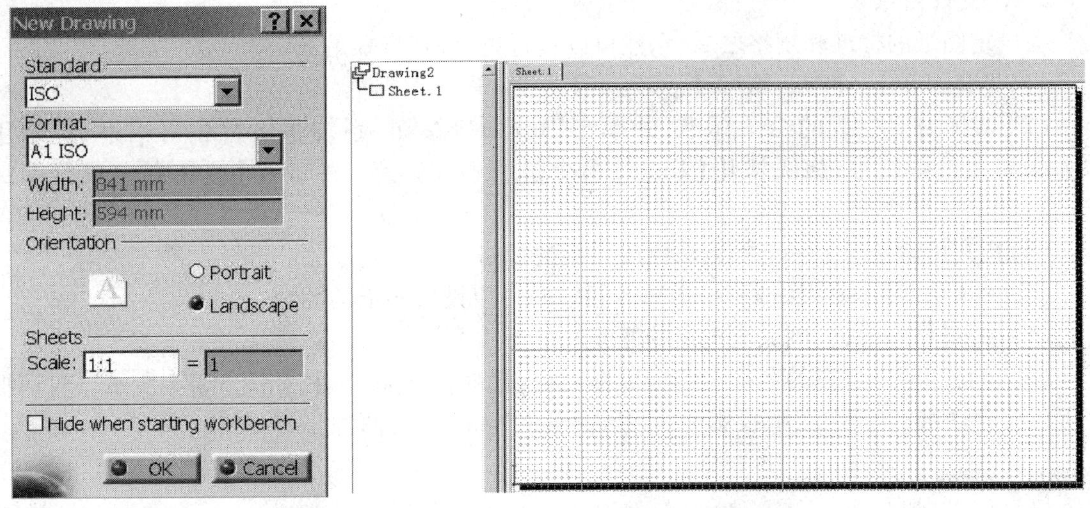

图 3-339　新建图纸参数定制对话框

图 3-340　新的空白图纸

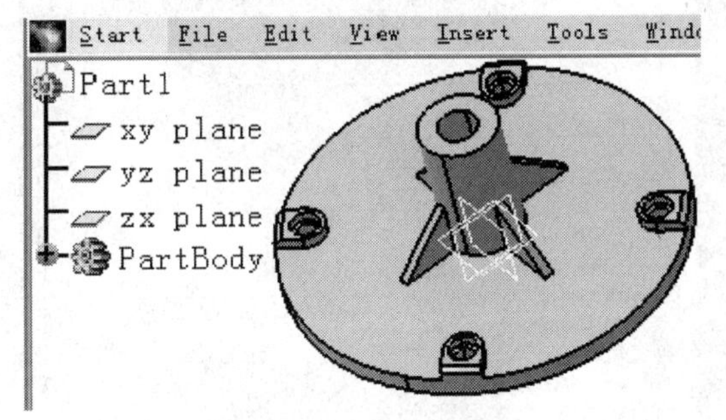

图 3-341　打开的零件样图

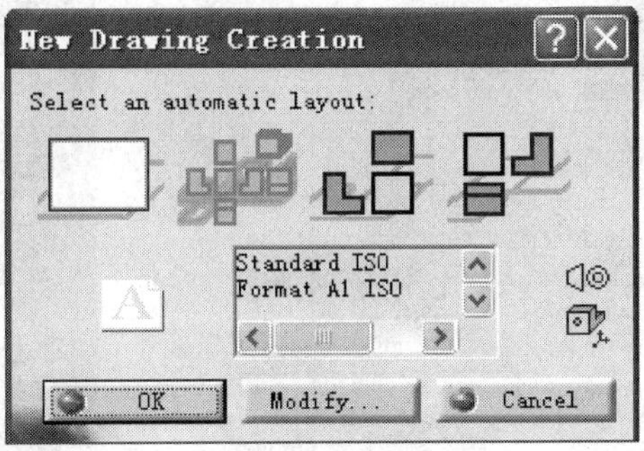

图 3-342　新建图纸的布局等参数设定对话框

设置完成后，单击【OK】按钮，进入工程绘图模块，CATIA 就自动生成如图 3-343 所示的二维工程图。该图左侧窗口是视图的特征树，右侧窗口是图纸的显示区。特征树中特征名称有下划线的是当前视图，可以进行编辑，当前视图对应显示区内带有红色虚线框的视图。

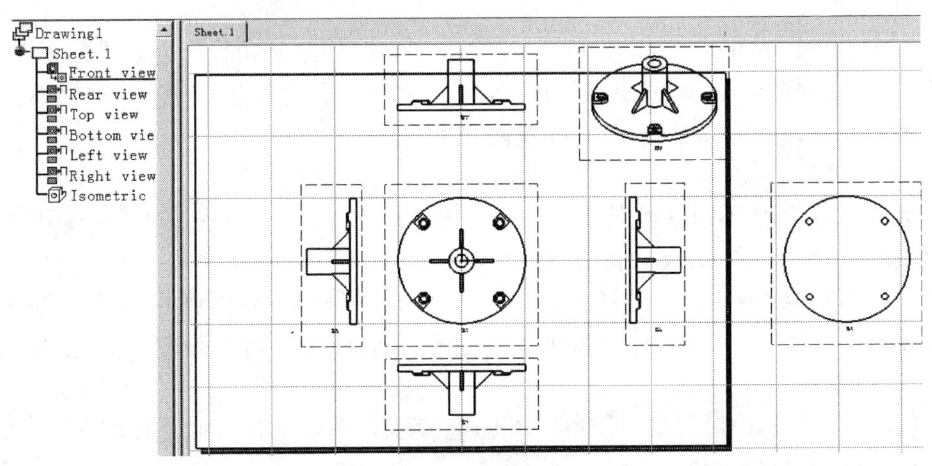

图 3-343　依照图 3-341 所示零件自动生成的二维工程图

3.4.2.2 更改图纸设置

在设定图纸的标准和规格之后，仍然可以进行更改，其步骤是

(1)选择【File】→【Page Setup】，弹出如图 3-344 所示对话框。

(2)选择需要更改的绘图标准，并单击【Update】按钮，系统弹出警告对话框，提示用户如果修改绘图标准，将无法用【Undo】命令进行恢复。单击【确定】按钮即完成绘图标准的更改。

(3)用户可以按照上一节的方法修改图纸的规格。

(4)如果单击【Insert Background View】按钮，可以设置图纸的图框。

(5)单击【OK】按钮，则完成图纸的修改。

(6)在特征树中试图的名称上单击鼠标右键，选择【Properties】，如图 3-345 所示。对话框中可以修改图纸的绘制比例，投影方式(Properties Method)有两种：

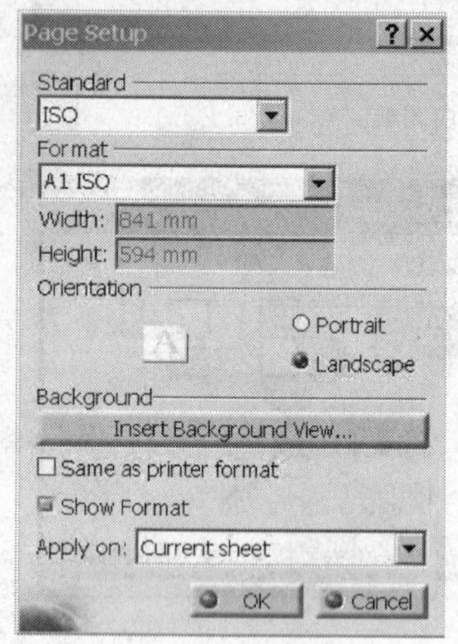

图 3-344 【Page Setup】对话框

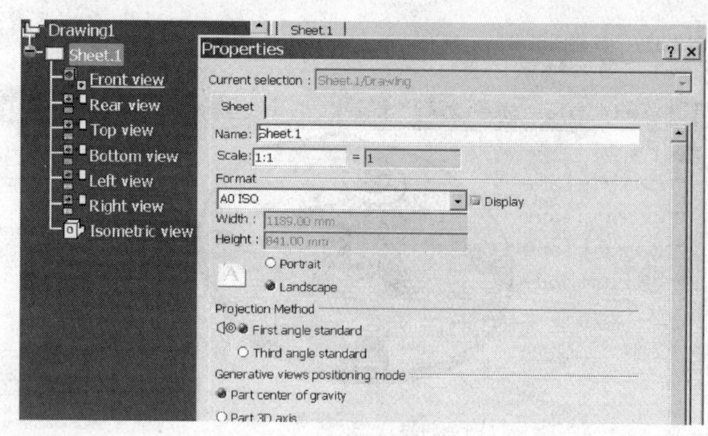

图 3-345 【视图属性调整】对话框

- Create projection view using first angle standard：用第一投影方式排列各个视图。第一投影方式是在正交视图表示法中，以主视图为中心，俯视图放置在下方，仰视图放置在上方，左视图放置在右侧，右视图放置在左侧，后试图放置在左侧或者右侧。
- Create projection view using third angle standard：用第三角投影方式排列视图，其方法是，以主视图为中心，俯视图放置在上方，仰视图放置在下方，左视图放置在左侧，右视图放置在右侧，后试图放置在左侧或者右侧。

3.4.2.3 环境设置

在创成式工程绘图(GDR)和交互式工程绘图(ID1)中，可以预先进行系统环境(Option)设置，这样在绘图中会更加方便快捷。

点击【Tools】→【Options】→【Mechanical Design】→【Drafting】，弹出如图 3-346 所示对话框，利用该对话框的【General】选项卡就可进行一般环境参数的设定。该选项卡包括如下选项：

- 【Ruler】栏：选中对话框内【Show Ruler】选项后，图纸的顶部和左侧将出现如图 3-347 所示的标尺。

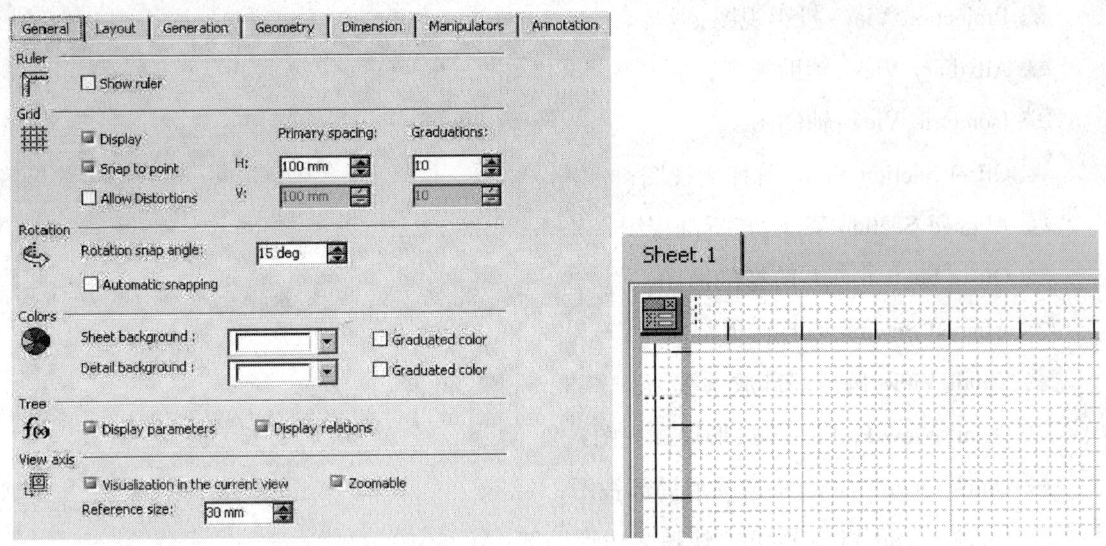

图 3-346 【Drafting】选项设置对话框

图 3-347 带标尺的图纸

- 【Grid】栏:用于图纸上网格的定制,选中【Display】则可显示网格;选中【Snap to point】则使画图时只能落在网格点上;选中【Allow Distortions】则可以定制不同的水平方向和竖直方向网格间距。
- 设置旋转的步长:【Rotation snap angle】后面的输入框用于设定用户在选择文字、图框、视图时的旋转角度步长。选中【Automatic snapping】表示在旋转时自动启动捕捉功能。
- 背景颜色设置:【Sheet background】用于设置图纸的背景颜色,默认状态是白色;【Detail background】用于设定局部视图的背景颜色。选中【Graduated color】表示颜色是渐变的。
- 特征树中参数的显示:选中【Display parameters】表示在特征树中显示绘图时的公式参数。选中【Display relations】表示在特征树中的显示关系参数。
- 视图坐标轴:选中【Visulization in the current view】表示在图纸中被激活的视图中显示坐标轴。选中【Zoomable】设置坐标轴的尺寸随着视图缩放进行缩放,即保持坐标轴与视图的比例一定,若选不中,坐标轴则与屏幕的比例保持一致。

3.4.3 图标功能介绍(基本概念、基本界面介绍)

CATIA V5 的工程绘图模块(Drafting)由视图(Views)、绘图(Drawing)、尺寸(Dimensioning)、生成(Generation)、注释(Annotations)、装饰(Dress up)、几何元素创立(Geometry creation)、几何元素修改(Geometry modification)共 8 组菜单条组成。

1)视图(Views)

视图菜单条提供了多种视图生成方式,利用它可以方便地从三维模型生成各种二维视图。

Front View:前视图;

Unfolded View:展开视图;

View From 3D:从三维模型生成视图;

Projection View:投影视图;

Auxiliary View:辅助视图;

Isometric View:轴测图;

Offset Section View:阶梯剖视图;

Aligned Section View:转折剖视图;

Offset Section Cut:阶梯剖面图;

Aligned Section Cut:转折剖面图;

Detail View:圆形局部放大视图;

Detail View Profile:多边形局部视图;

Quick Detail View:快速圆形局部视图;

Quick Detail View Profile:快速多边形局部;

Clipping View:局部视图;

Clipping View Profile:多边形局部视图;

Broken View:断开视图;

Breakout View:局部剖视图;

View Creation Wizard:视图创建模板;

Front, Top and Left:前/顶/左视图;

Front, Bottom Right:前/底/右视图;

All Views:所有的视图。

2)绘图(Drawing)

绘图(Drawing)包括新图纸的生成、定义新视图等功能。

New Sheet:生成新图纸;

New Detail Sheet:生成新的细节图纸;

New View:新的视图;

Instantiate 2D Component:二维元素示例。

3)尺寸(Dimensioning)

尺寸(Dimensioning)可以方便地标注几何尺寸和公差、形位公差。

Dimensions:标注尺寸;

Stacked Dimensions:阶梯尺寸标注;

Length/Distance Dimensions:长度标注;

Angle Dimensions:角度尺寸标注;

Radius Dimensions:半径尺寸标注;

Diameter Dimensions:直径尺寸标注;

Chamfer Dimensions:切角尺寸标注;

Thread Dimensions:螺纹尺寸标注 ;

Cumulated Dimensions:坐标尺寸标注;

Coordinate Dimensions:坐标标注;

Hole Dimensions Table:孔尺寸列表;

Create Interruption:引出线断开;

Remove Interruption:取消引出线断开;

Remove All Interruptions:取消所有断开;

Datum Feature:基准建立;

Geometric Tolerance:形状及位置公差。

4)生成(Generation)

生成(Generation):包括尺寸自动生成、装配中零件标注、材料表的生成。

Generating Dimensions:自动标注尺寸;

Generating Dimensions Step by Step:一步一步地自动标注尺寸;

Generating Balloons:在装配图中自动标注零件。

5)注释(Annotations)

注释(Annotations)包括文字注释、粗糙度标注、焊接符号标注。

Text:文字标注;

Text With Leader:引出线文字标注;

Text Replicate:文字复制;

Balloon:在装配图中标注零件;

Datum Target:基准目标建立;

Roughness Symbol:粗糙度符号;

Welding Symbol:焊接符号;

Weld:焊接位置标注。

6)修饰(Dress up)

修饰(Dress up)包括中心线、轴线、螺纹线和剖面线的生成。

Center Line:生成中心线;

Center with Reference:参考生成中心线;

Thread:生成螺纹线;

Axis Line:生成轴线;

Axis Line and Center Line:轴线中心线;

Area Fill:生成剖面线;

Thread with Reference:参考生成螺纹线。

7)几何元素创立及修改(Geometry creation & Modification)

几何元素创立(Geometry creation)包括点、直线、曲线、圆、椭圆和轮廓线的创立。几何元素修改(Geometry modification)包括轮廓的倒角、切角、裁剪、移动和约束等。这两部分的图标和以前章节的含义基本一致,这里就不再重复叙述。

3.4.4 绘图

CATIA V5 的工程绘图模块可以完成两种类型的绘图功能,一种是创成式绘图功能,一种是交互式绘图功能。创成式绘图是将已有的实体零件、装配件等转换成二维的工程图纸。交互式绘图功能是直接绘制工程图。

一张完整的图纸需要包括若干视图。用正投影法绘制的物体的图形,称为视图。视图一般只画出零部件的可见部分,必须时才画出其不可见部分。所以视图主要用来表达部件的外部结构和形状。视图通常有基本视图、向视图、局部视图和斜视图。

部件向基本投影面(XY、XZ、YZ 平面)投影得到的视图称为基本视图,一般共有 6 个:前视图(Front View)、俯视图(Top View)、左视图(Left View)、右视图(Right View)、仰视图(Bottom View)、后视图(Rear View)。利用它们可分别构建:由前向后、由上向下、由左向右、由右向左、由下向上、由后向前投影视图。

3.4.4.1 前视图(Front View)

前视图即主视图,是工程图纸中必需的。其绘制方法为:

(1)在 CATIA V5 中新建一张工程图,使用 ISO 标准;

(2)打开将要绘制工程图的零部件;

(3)利用 CATIA 的【Window】菜单中的【Title Horizontally】子菜单把两个窗口排列成如图 3-348所示的效果;

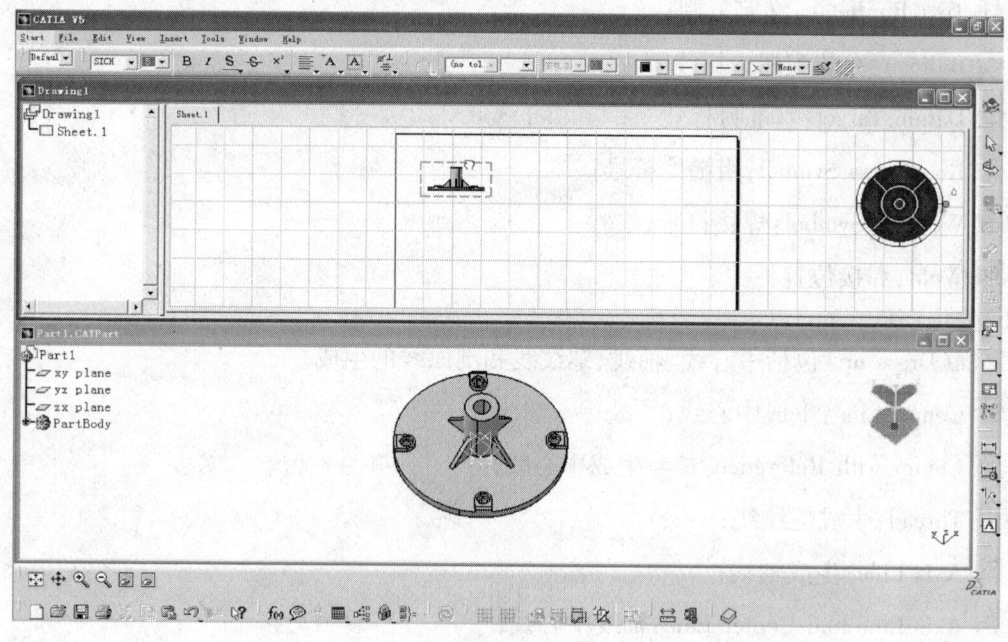

图 3-348 水平摆放零件三维模型和二维图纸视窗以实现前视图的添加

(4)选中【View】工具条中的【Front View】按钮 ,系统提示在三维零部件中选择一个投影参考平面(用户也可以选择三维零部件上的一点和一条棱线、零件上的两条不平行的棱线、三个不共线的点来确定投影参考平面)。

(5)图纸区域将会出现依照此投影参照面投影的前视图,同时图纸右半侧出现一个较大的视图操纵罗盘 ,该罗盘中有 4 个大箭头和 2 个旋转箭头等,用户可以点击这些箭头来调整视图的投影方位:大箭头旋转 90°可以选择视图方向;旋转箭头使视图在平面内旋转,默认 30°一圆。此外,用户还可以鼠标左键拖动投影视图的绿色虚框,从而将视图旋转一定角度。该角度值可以用户设定,方法是:在绿色手柄点右键,选择 set increment,在弹出的对话框内填写旋转角度;

(6)鼠标左键点击操纵罗盘的中央蓝色点或者点击图纸的空白区域即完成前视图的绘制工作。

3.4.4.2 投影视图

通过【投影视图(Projection View)】按钮 可以对已经建立的前视图来确定其对应的俯视图或者侧视图,步骤如下:

(1)在【View】工具栏中选中 按钮;

(2)激活当前视图(在边框上点击右键选择【Activate View】,或者双击边框都可以),活动视图的边框以红色表示;

(3)移动鼠标至所需视图位置(图中绿框位置),单击鼠标左键,即生成如图 3-349 所示的视图。

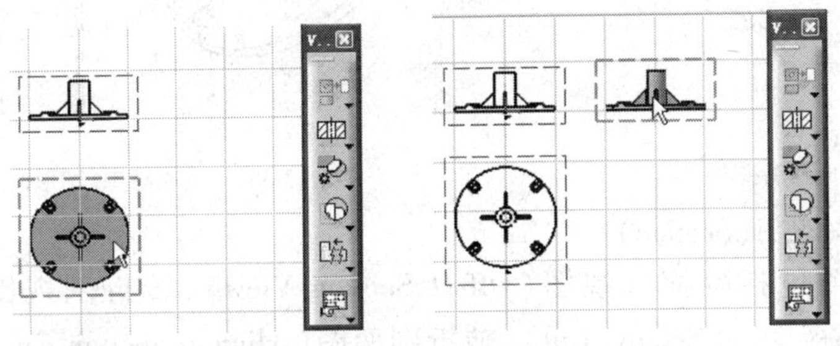

图 3-349 利用【Projection View】生成俯视图及右视图

3.4.4.3 展开视图(Unfolded View)

【Unfolded View】按钮 的功能是将钣金件展开为平面。步骤如下:

(1)单击 按钮;

(2)在三维造型区中选中所需钣金件平面或曲面;

(3)操纵视图操纵盘(View Manipulator Dial)选择所需要的主视面;

(4)在图纸(Sheet)中适当位置鼠标左键击一下,即生成所需的钣金件的展开图。

3.4.4.4 从三维模型生成视图(View From 3D)

该工具用于从三维中的某一视图生成视图。步骤如下:

(1)在视图工具条中选取 ;

(2)在三维中选取所需的某一视图;

在二维中适当位置鼠标左键击一下,即生成所需的视图。

3.4.4.5　辅助视图(Auxiliary View)

该工具用于生成特定方向的向视图。步骤如下:

(1)在视图工具条中选取

(2)确定投影平面:可做一条直线作为投影平面;如3-350图所示,图中直线为投影平面,也可选取已有视图中的边作为投影平面,在适当位置点击鼠标左键确定方向线位置。

(3)在所需位置点击鼠标左键,即生成所需的视图。

3.4.4.6　轴侧图(Isometric View)

该工具用于生成轴侧视图,生成的视图视角方向与【Part Design】窗口中零件摆放的方向是一致的。操作步骤如下:

(1)在视图工具条中点击工具图标;

(2)在【Part Design】窗口中选取零件;

(3)操纵视图操纵盘(View Manipulator Dial)至所需的视图,点击鼠标左键,即生成所需的视图,如图3-351所示。

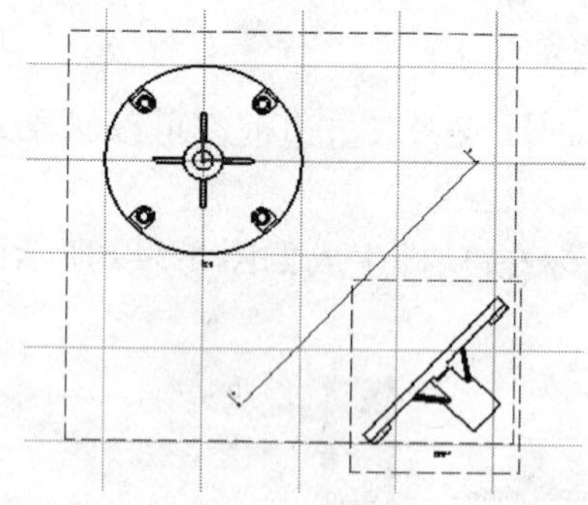

图3-350　生成辅助视图

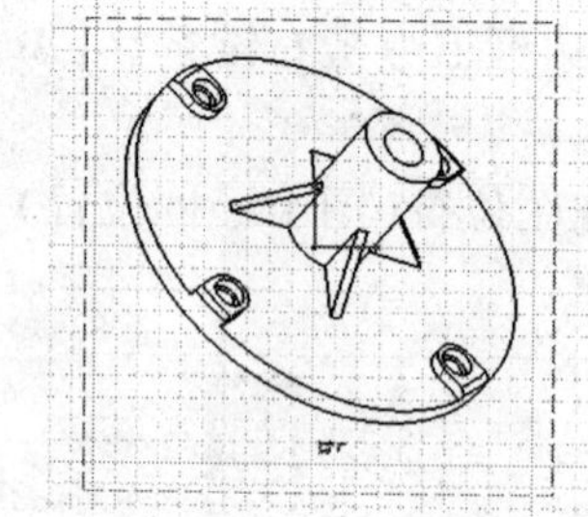

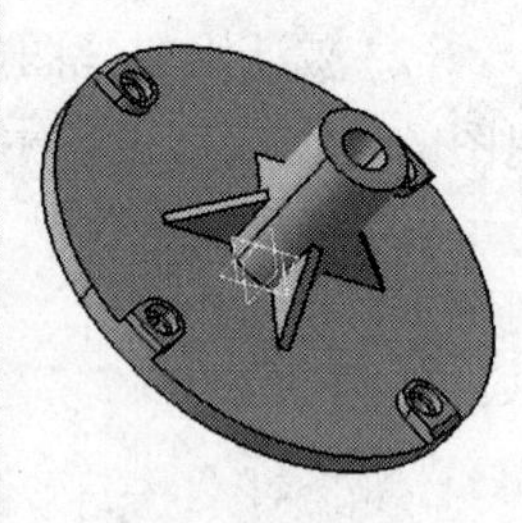

图3-351　生成与3D图形同视角视图

3.4.4.7　剖面及剖视图(Section)

剖面及剖视图包括阶梯剖视图(Offset Section View)、转折剖视图(Aligned Section View)、阶梯剖面图(Offset Section Cut)、转折剖面图(Aligned Section Cut)。在这里需要注意的是,剖视图(Section View)和剖面图(Section Cut View)是不同的,前者能够显示观察方向看到的剖面以及其后面可见的边线元素,而后者只显示剖面所在平面上的元素特征,如图3-352所示。

1)阶梯剖视图(Offset Section View)

该工具用于生成阶梯剖视图,如图3-352所示。步骤如下:

(1)在剖面及剖视图工具条中选取;

(2)以鼠标选择剖面线经过折点;

(3)双击完成剖面线的绘制;

(4)移动鼠标带动绿色框内视图至合适位置,点击鼠标左键,即生成所需的视图。

2)阶梯剖面图(Offset Section Cut)

该工具用于生成阶梯剖面图。选择图标打开工具,操作步骤同阶梯剖视图,在此不再赘述,结果如图3-352所示。

3)转折剖视图(Aligned Section View)

该工具用于生成转折剖视图,如3-353图所示。操作步骤如下:

(1)在剖面及剖视图工具条中选取;

(2)以鼠标选择剖面线经过折点,绘制剖面;

(3)双击完成剖面绘制;

(4)移动鼠标带动绿色框内视图至所需位置,点击鼠标左键,即生成所需的视图。

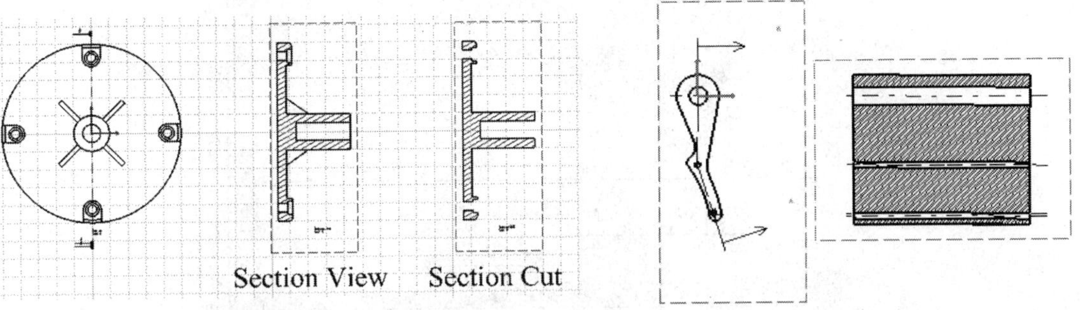

图 3-352 阶梯剖视图与阶梯剖面图

图 3-353 旋转剖视图

4)转折剖面图(Aligned Section Cut)

该工具用于生成转折剖面图。操作步骤与转折剖视图相同,只是操作结果只显示剖面所在平面的点和线条而不显示后方的元素。

3.4.4.8 局部放大视图功能(Details)

局部放大图工具条中包括圆形局部放大视图(Detail View)、多边形局部放大视图(Detail View Profile)、快速生成圆形局部放大视图(Quick Detail View)、快速生成多边形局部放大视图(Quick Detail View Profile)四个工具。

1)局部放大视图(Detail View)

该工具用于生成圆形区域的局部放大视图,如图3-354所示。步骤如下:

(1)在局部放大图工具条中选取;

(2)单击鼠标左键确定圆心;

(3)移动鼠标,调整圆的半径大小选择放大区域,单击鼠标左键确定;

(4)移动鼠标放置生成的视图,单击左键即生成圆形局部放大视图。

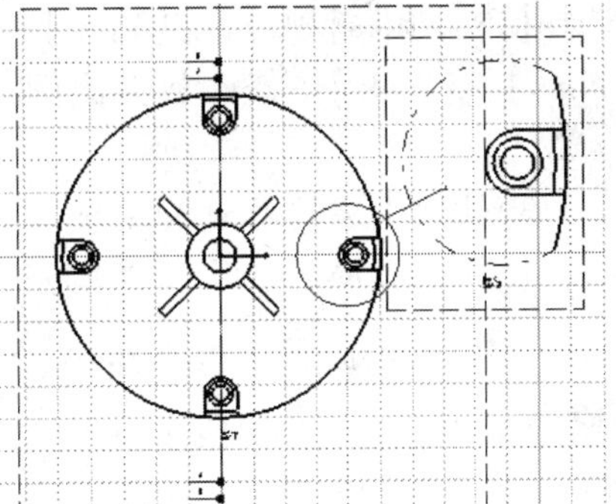

图 3-354 局部放大视图

(5)将鼠标移至圆形局部放大视图虚线方框上,或移至模型树圆形局部放大视图上单击右键,选择【Properties】项,可在【View】→【Scale and Orientation】→【Scale】下修改放大比例,如图3-355所示。放大工具的缺省放大比例为2:1。

2)多边形局部放大视图(Detail View Profile)

该工具用于生成多边形区域内的局部放大视图,如图3-356所示。步骤如下:

(1)在局部放大图工具条中选取;

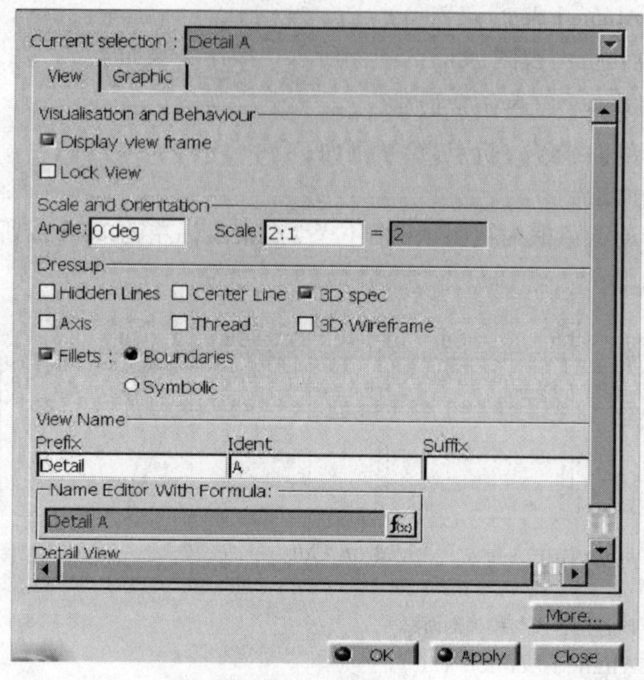

图 3-355　局部放大视图设置对话框

(2)用鼠标绘制一个封闭的并且包含欲放大区域的多边形,双击最后一点以完成多边形;

(3)移动鼠标放置生成的视图,单击左键即生成多边形局部放大视图。

(4)将鼠标移至多边形局部放大视图虚线方框上,或移至模型树多边形局部放大视图上单击右键,选择【Properties】项,可在【View】→【Scale and Orientation】→【Scale】下修改放大比例。其缺省放大比例为2:1。

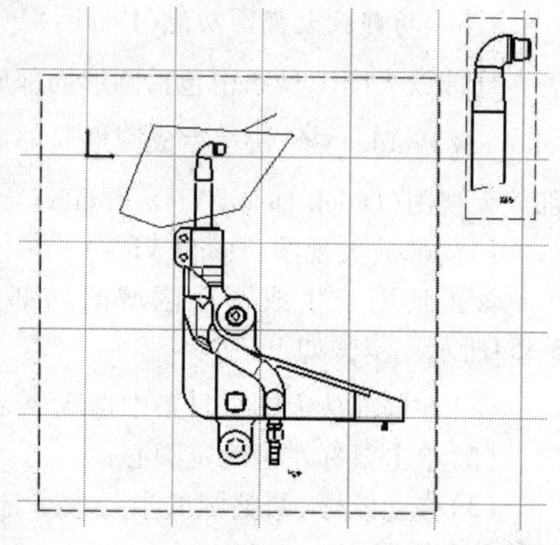

图 3-356　多边形局部放大视图

3)快速生成局部放大视图

快速生成局部放大视图圆形工具(Quick Detail View) 和多边形工具(Quick Detail View Profile) 用于快速生成圆形或多边形区域内的局部放大视图。快速生成局部放大视图由二维视图直接计算生成,而普通局部放大视图(Detail View)由三维零件计算生成,因此快速生成局部放大视图(Quick Detail View)比局部放大视图(Detail View)生成速度快。但是它们的操作步骤与普通局部放大视图是一样的。

3.4.4.9　局部视图创建功能(Clippings)

局部视图包括局部视图(Clipping View)工具和多边形局部视图(Clipping View Profile)工具。

1)圆形局部视图(Clipping View)

该工具用于生成局部视图。步骤如下:

(1)在局部视图工具条中选取 ；

(2)单击鼠标左键确定圆心；

(3)移动鼠标,使圆至适当大小,单击鼠标左键,即生成局部视图。

2)多边形局部视图(Clipping View Profile)

该工具用于生成多边形局部视图。步骤如下：

(1)在局部视图工具条中选取 ；

(2)不断单击鼠标左键并移动鼠标做多边形,最后一点双击以结束多边形,即生成多边形局部视图。

3.4.4.10　断开视图(Break View)

断开视图包括两个工具:视图(Broken View)和局部剖视图(Breakout View)。

1)断开视图(Broken View)

该工具用于生成断开视图。断开视图工具主要是对细长的零件如传动轴等使用,绘图时使用两条平行的点划线断开零件视图,省略中间一段长度,以减小视图尺寸。例如将图3-357a)所示零件断开,步骤如下：

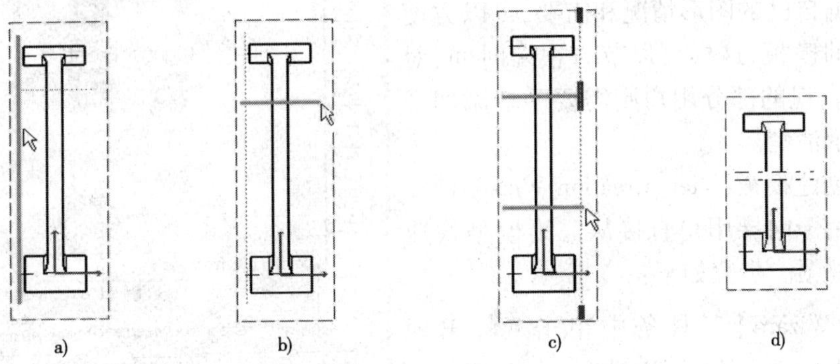

图3-357　断开视图(Broken View)操作步骤

(1)在断开画法视图工具条中选取 ；

(2)用鼠标选择两点绘制第一条断开线(断开线只能是水平或竖直的),如图3-357b)所示；

(3)再选择第二条断开线,如3-357c)所示,这两条断开线之间的视图将被省去；

(4)单击左键以完成操作,即生成断开视图,如图3-357d)所示。

2)局部剖视图(Breakout View)

该工具用于生成局部剖视图。步骤如下：

(1)在断开视图工具条中选取 ；

(2)在视图中绘制多边形:依次选择多边形各顶点,最后一点双击完成多边形创建,如图3-358a)所示,此时要注意:进行局部剖视的视图必须是活动窗口,否则不能成功选择多边形区域,这时需要双击视图边框激活视图,或者在右键中选择 activate view；

(3)系统弹出【3D Viewer】窗口,如图3-358b)所示。若选中【Animate】, 移动【3D Viewer】窗口中线至所需剖切位置, 可实时显示三维零件的剖切。

(4)在【3D Viewer】窗口选择剖切位置后,点击【OK】即产生局部剖视图,如图3-358c)所示。

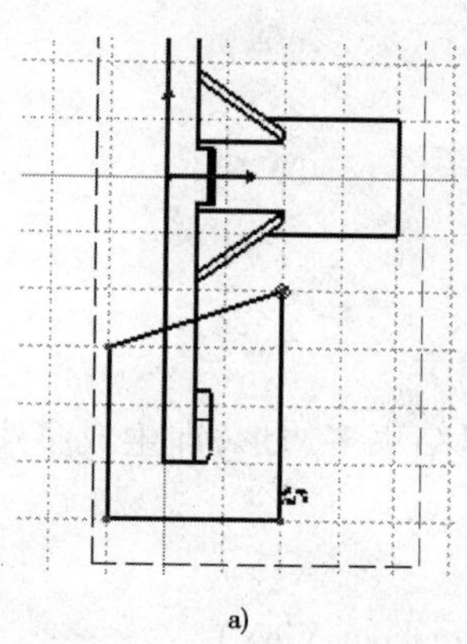

a)

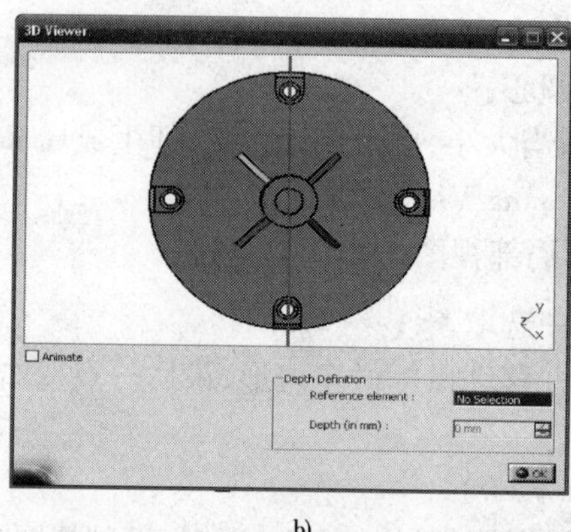

b)

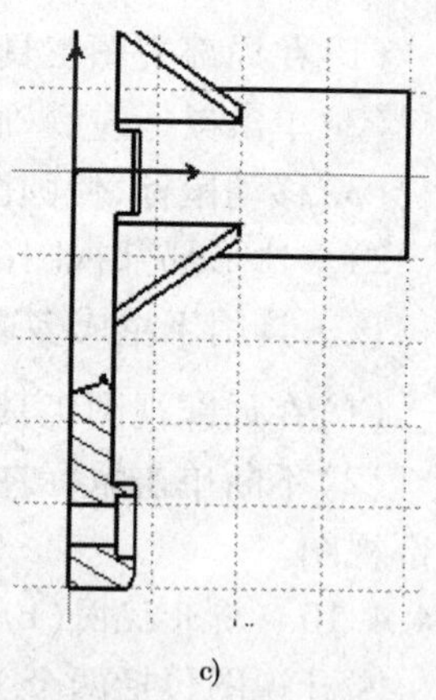

c)

图 3-358　创建局部剖视图

3.4.4.11　视图创建模板(Wizard)

除了用上述的方式手动生成所需视图以外,CATIA V5 还提供了视图创建模板(Wizard)工具。用户根据自己的图形情况和需要,可以方便地选择合适的模板,这样可以节省很多时间,对于需要特别表现的部分用户则需要手动添加视图将实体表示清楚。

1)视图创建模板(View Creation Wizard)

该工具用于向导用户直接从三维模型快速生成各基本视图。步骤如下:

(1)在【Wizard】工具条中单击 ,出现【View Wizard (step1/2) : Predefined Configurations】窗口。选择左边竖向 6 种视图生成方式之一,如图 3-359 所示,在【Preview】窗口中会出现相应的预览,其从上至下分别为:

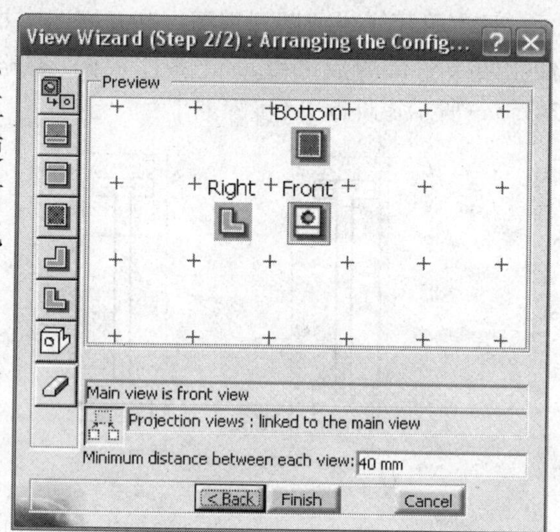

图 3-359　视图模板(View Wizard)预定义模板窗口

- 底视图、正视图和左视图;
- 底视图、正视图和右视图;
- 顶视图、正视图和左视图;
- 顶视图、正视图和右视图;
- 顶视图、底视图、正视图、右视图、左视图和轴测图;
- 顶视图、底视图、正视图、右视图、左视图、后视图和轴测图。

(2)【Minimum distance between each view】选项用于定义视图间最小间距。其缺省值为 40mm,用户可以自己设定。

(3)点击【Next】按钮,则出现【View Wizard (step2/2) : Arranging the Configuration】窗口,如图 3-360 所示。此窗口允许用户对上一步中选择的模板进行自定义,根据需要添加左侧的视图。竖向 6 种可添加的视图从上至下依次为:正视图;后视图;顶视图;底视图;左视图;右视图;轴侧图。点击相应按钮即可添加视图。

(4)用鼠标将视图拖至合适位置,在视图上点鼠标右键可删除该视图,点击【Clear Preview】按钮 则清除所有视图。

(5)单击【Finish】按钮，在零件实体上点击要作为主视图的平面，系统弹回【Drafting】窗口。

(6)操纵视图操纵盘(View Manipulator Dial)至所需的主视面出现，单击空白处或操纵盘中心点，即完成视图。

2)前视图、顶视图和左视图(Front, Top and Left)

该工具用于直接从三维模型快速生成前视图、顶视图和左视图。步骤如下：

(1)在视图创建模板工具条中选取 ；

(2)在三维模型中选取要作为主视图的平面，系统自动返回【Drafting】窗口；

(3)操纵视图操纵盘(View Manipulator Dial)至所需的主视面出现，单击空白处或操纵盘中心点，即自动生成前视图、顶视图和左视图。

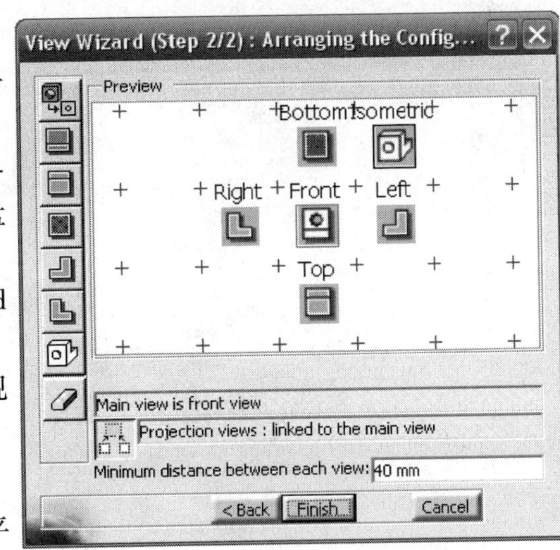

图 3-360　视图模板(View Wizard)自定义窗口

3)所有的视图(All Views)

【All Views】工具 用于直接从三维模型一次性生成正视图、后视图、顶视图、底视图、左视图、右视图和轴测图等 7 个视图。操作步骤与前视图、顶视图和左视图工具一样。

3.4.4.12　视图实例

本小节将通过一个实例，引导读者综合练习创成式绘图的方法。

(1)打开零件 bracket. CATPart，如图 3-361 所示。

(2)从零件设计工作台(Part Design)转换到工程绘图模块(Drafting)中，图纸设置选择空白视图如图 3-362 所示。用户可以单击【Modify】按钮来修改参数设置。

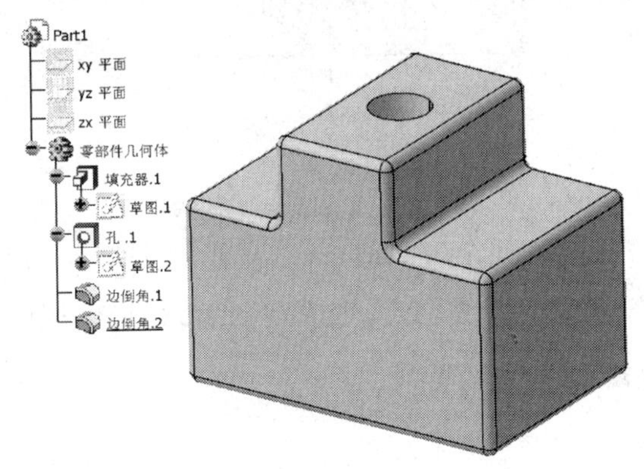

图 3-361　3D 零件实例

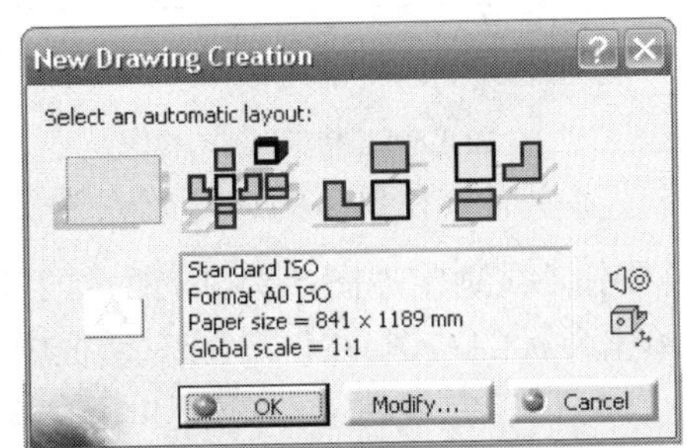

图 3-362　图纸页面设置

(3)利用视图向导，添加如图 3-363 所示的主视图、左视图、和正轴侧图，视图的间距为 40mm。

(4)单击【Finish】按钮，切换到零件设计窗口，选择主视图所在的平面，如图 3-364 所示。

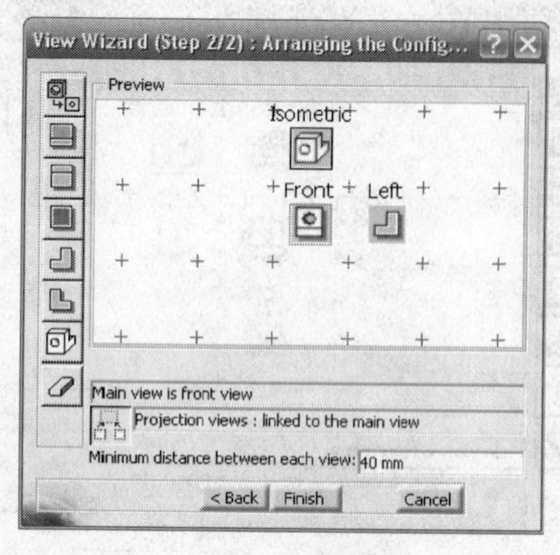

图 3-363　选择视图

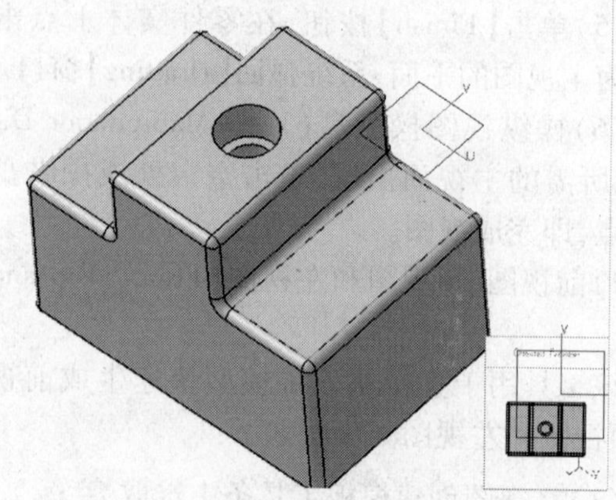

图 3-364　在 3D 零件选择主视图平面

(5)在工程绘图窗口中单击零件上平面区域生成视图,如图 3-365 所示。

(6)创建一个通过中间大孔的剖视图。点击【阶梯剖视图】按钮,在主视图中划一条通过孔中心的水平线,如图 3-366 所示,以指定剖面所在平面。用鼠标确定剖视图的放置位置,结果如图 3-367 所示。

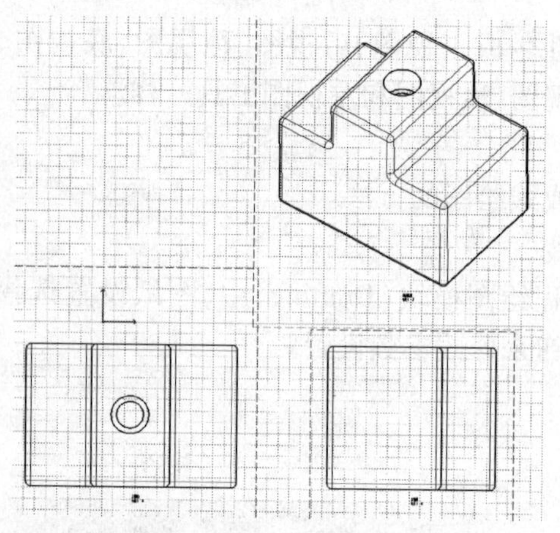

图 3-365　初步创建的视图

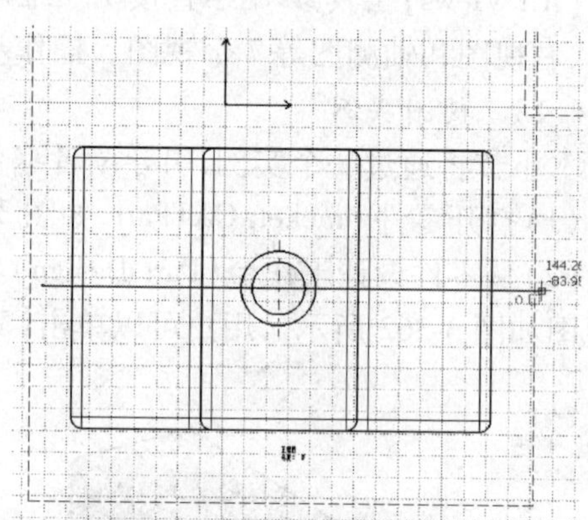

图 3-366　绘制剖面所在平面

(7)生成大孔顶部的局部放大视图。双击剖视图,使其作为激活视图,单击【圆形局部视图】按钮,确定如图 3-368b)所示的圆,确定局部视图的摆放位置,生成视图后,在局部视图上单击鼠标的右键,在【属性】对话框中将视图的比例变为 2:1。

(8)最后完成的零件图纸如图 3-369 所示。

3.4.5　标注尺寸(Dimensioning)

标注尺寸是工程图纸中的最经常使用的功能。它提供了方便的尺寸标注功能,还可修改标注尺寸以及尺寸界限,添加公差等。用户可以手动标注,也可以让系统根据部件存在的约束关系自动生成尺寸。

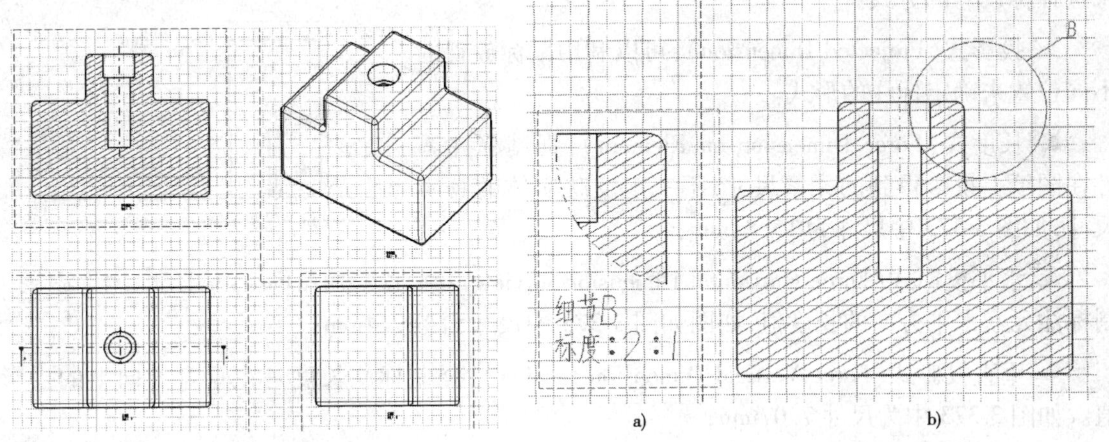

图 3-367　生成通过孔的剖视图　　图 3-368　创建局部放大视图

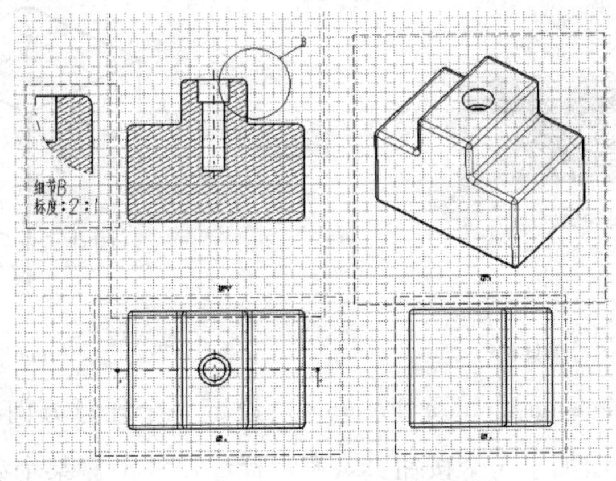

图 3-369　零件实例的工程图纸

3.4.5.1　尺寸标注(Dimensions)

【Dimensions】工具栏的作用是帮助用户手动创建并修改各种尺寸,包括长度、角度、直径、半径以及倒角等,如图 3-370 所示。

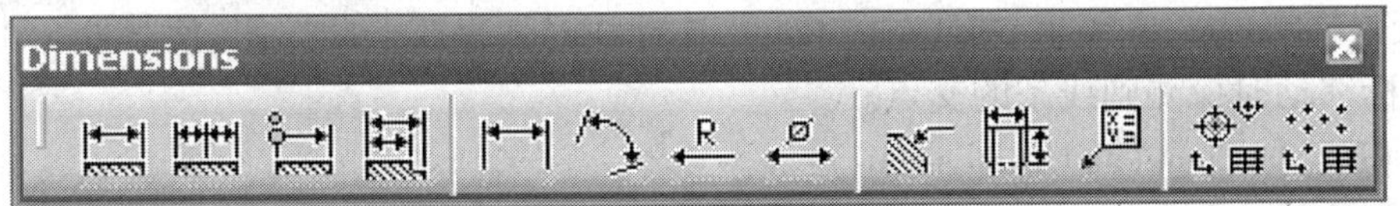

图 3-370　【Dimensions】工具栏

1)尺寸标注(Dimensions)

【Dimensions】工具是尺寸工具栏中使用最多的,它可以标注长度、角度、距离、直径等普通类型的尺寸,系统会根据选择图形的具体情况添加合适类型的尺寸标注。如图 3-371 所示,同样都是使用了尺寸标注工具,由于在图纸中选择零件的高度、角度或者圆柱的直径等不同元素,系统分别添加了 3 种不同类型的标注。

单击【Dimensions】按钮,系统会弹出一个【Tools Palette】工具栏,如图 3-372 所示,用它来选择标尺寸的方式：

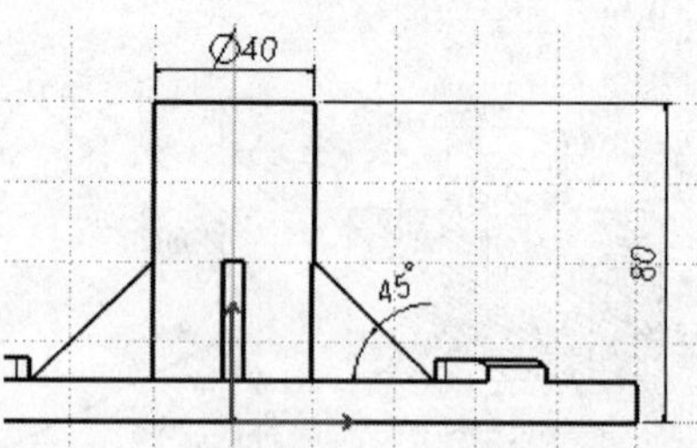

图 3-371 【Dimensions】工具标注普通尺寸

投影式(Projected Dimension)：可以利用鼠标放置的不同位置来确定标注的形式。

长度式(Force Dimension on Element)：强制标注零件在图纸上投影得到的元素尺寸，不一定反映实体的真实尺寸，如图 3-373 中尺寸为 15.81mm；

水平投影式(Force Horizontal Dimension in view)：强制标注元素水平方向的长度值，如图如图 3-373 中尺寸为 14.14mm；

垂直投影式(Force Vertical Dimension in view)：强制标注长度是在垂直方向上的投影值。如图 3-373 中为尺寸 7.07mm；

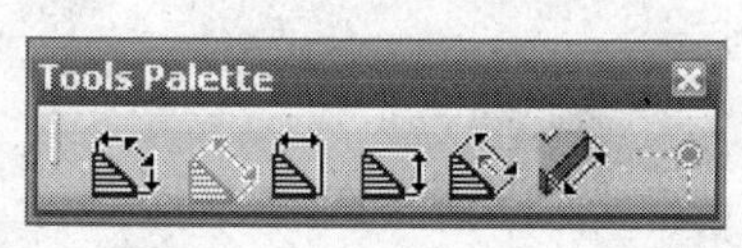

图 3-372 【Tools Palette】工具栏

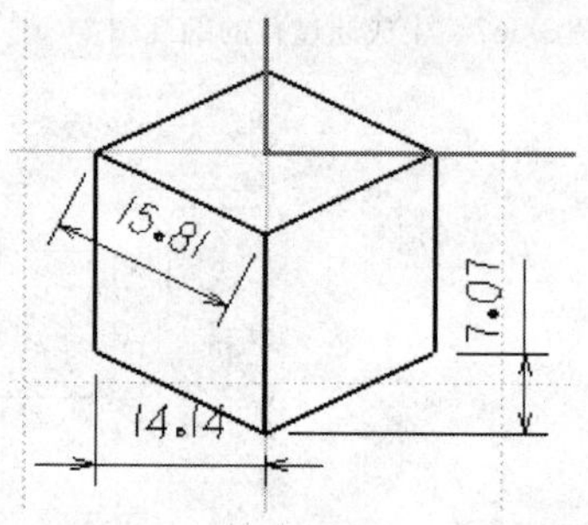

图 3-373 边长 20mm 立方体的主视图尺寸

方向式(Force dimension along a direction)：设定一个任意方向标出尺寸。选择该选项后，【Tools Palette】工具栏增加了 3 个按钮：表示标注尺寸沿着某个参考的方向进行，用户先选择一个方向，在选择需要标注的元素；表示标注方向与所选方向垂直；表示视图坐标轴成一个固定的角度，需要在工具栏中的【Angle】栏中输入指定的角度。

实际尺寸式(True length dimension)：忽略投影所产生的长度变形，标注元素在三维实体中的真实尺寸。

交点探测(Intersection point detection)：在标注时如果按下此按钮，使其处于工作状态，可以使鼠标移动时探测到线条的交点。

2)累积尺寸(Cumulated Dimensions)

累积尺寸的特点是：它可以从选择的第一个点或线开始连续标注多个相邻的尺寸，如图 3-374 所示。其操作步骤如下：

(1)在尺寸工具条中单击按钮；

(2)在视图中选择累积尺寸的起始点，如图中最左侧的边线；

(3)依次选择第二边、第三边直至最后一边；

(4)移动鼠标放置标注，单击鼠标左键，即完成累积尺寸标注。

3)阶梯尺寸标注(Stacked Dimensions)

阶梯尺寸的特点是：它可以从选择的第一点或线开始连续标注多个尺寸，而这些尺寸呈阶梯状展开，如图 3-375 所示。其操作步骤如下：

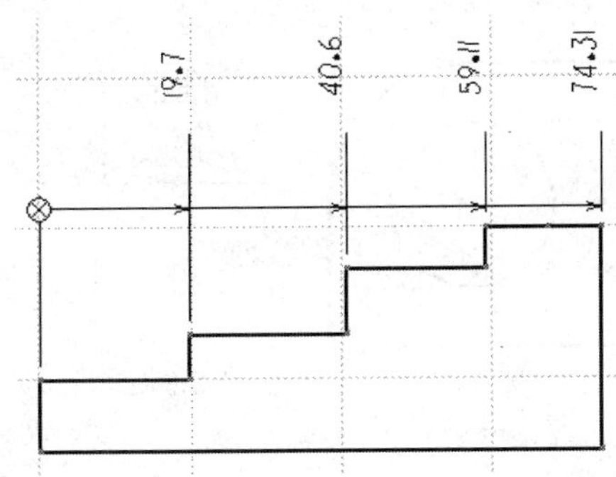

图 3-374 标注累积尺寸

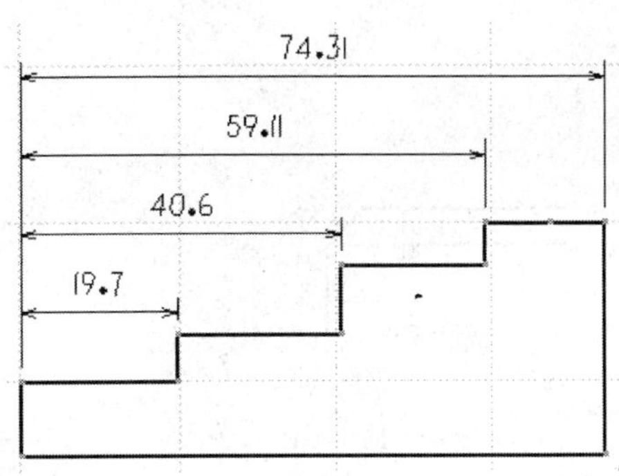

图 3-375 标注阶梯尺寸

(1)在尺寸工具条中单击按钮;

(2)在视图中选择阶梯尺寸的起始点,如图中最左侧的边线;

(3)依次选择第二边、第三边直至最后一边;

(4)移动鼠标放置标注,单击鼠标左键,即完成阶梯尺寸标注。

4)长度、距离尺寸标注(Length/Distance Dimensions)及其他

该工具与【Dimensions】工具在标注长度和距离尺寸时的功能和操作是相同的,并且只能用这两种尺寸的标注。

此外,【角度尺寸标注(Angle Dimensions)】、【半径尺寸标注(Radius Dimensions)】和【直径尺寸标注(Diameter Dimensions)】等工具也分别与【Dimensions】工具在角度、半径和直径是相同的。

5)倒角尺寸标注(Chamfer Dimensions)

此工具用于对倒角进行标注。步骤如下:

(1)在尺寸工具条中单击按钮;

(2)在视图中选择倒角边;

(3)选择标注倒角参考的两条边;

(4)移动鼠标使尺寸移到合适位置,单击鼠标左键,即完成倒角标注,如图 3-376 所示。

6)螺纹尺寸标注(Thread Dimensions)

利用此工具可以对螺纹进行标注,但是在图纸上标注螺纹前,必须保证在零件设计模块中已经设置好螺纹特征。在尺寸工具条中选中,选中螺纹线,即生成螺纹尺寸。对于剖面图,则选中两根螺纹线,即生成螺径和螺纹深度尺寸。

7)坐标标注(Coordinate Dimensions)

坐标标注工具使用 X、Y 坐标对二维平面内点的位置进行标注向坐标值,如图 3-377 所示。其操作步骤如下:

(1)在尺寸工具条中单击按钮;

(2)选择欲标注的点。单击鼠标左键,即生成一点的 X、Y 向坐标值;

(3)左键点击坐标值并拖拽,可改变坐标值的位置。

8)孔尺寸列表(Hole Dimensions Table)

该工具用于生成孔尺寸列表,可以标注孔的坐标位置及直径等。其操作步骤如下:

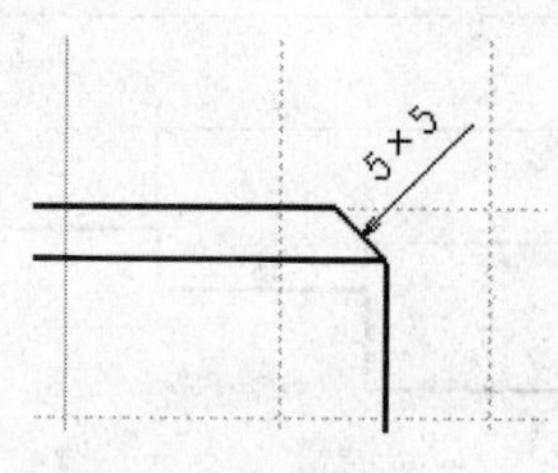

图 3-376　倒角标注

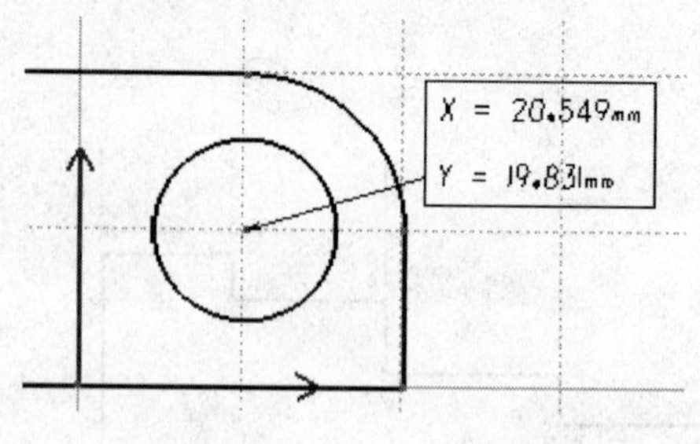

图 3-377　XY 坐标标注

（1）在尺寸工具条中单击按钮；

（2）选择要标注的孔，如果有多个孔，按住【Ctrl】键选择；

（3）系统弹出的【Table and Origin Reference Parameters】对话框，如图 3-378 所示。在其中设置参考原点和参考角度、孔的代码、列表表头的名称等参数，点击【OK】按钮；

（4）鼠标左键选择表格放置的位置，即生成孔尺寸列表，如图 3-379 所示。

3.4.5.2　编辑尺寸界线

【Extension Line Interruptions】工具栏提供对尺寸边界线的断开和修复等操作。

1）引出线断开（Create Interruption）

该工具用于断开尺寸界线。其操作步骤如下：

（1）在尺寸工具条中选中；

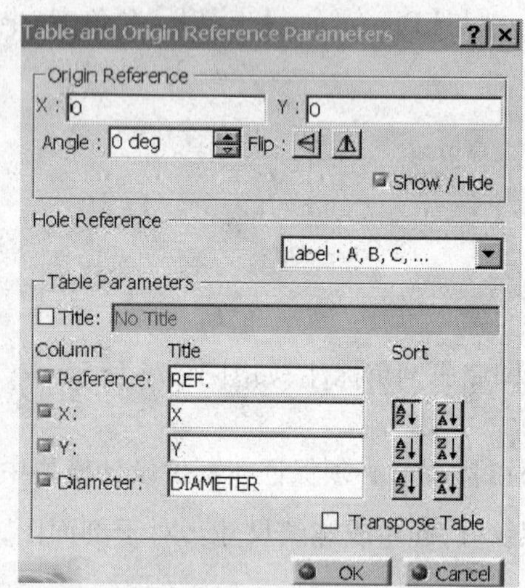

图 3-378　【参考参数】对话框

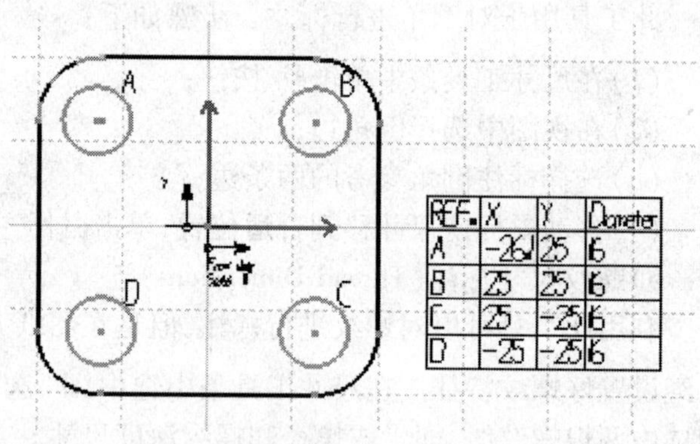

REF.	X	Y	Diameter
A	-26	25	6
B	25	25	6
C	25	-25	6
D	-25	-25	6

图 3-379　孔尺寸表格

（2）选中欲断开的尺寸界线；

（3）选择断开处的第一个点；

（4）选择断开处的第二个点，尺寸界线即断开。

2）还原断开尺寸界线（Remove Interruption）

该工具用于还原断开的尺寸界线。其操作步骤如下：

（1）在尺寸工具条中选中；

（2）选中要还原的断开的尺寸界线，断开的尺寸界线即被还原。

3)取消所有的引出线断开(Remove All Interruptions)

该工具用于还原所有断开的尺寸界线。其操作步骤如下:

(1)在尺寸工具条中选中;

(2)选中欲取消引出线断开的尺寸,引出线断开被还原。

3.4.5.3 公差

1)建立基准(Datum Feature)

该工具用于建立形位公差基准。其操作步骤如下:

(1)在尺寸工具条中选中;

(2)选择基准所在的线;

(3)移动鼠标使尺寸移到合适位置,单击鼠标左键,出现【基准特征(The Datum Feature Creation)】对话框,如图3-380所示;

(4)输入基准标志,点击【OK】,即生成形位公差基准,如图3-380所示。

2)形状及位置公差(Geometric Tolerance)

该工具用于生成形状及位置公差。其操作步骤如下:

(1)在尺寸工具条中选中;

(2)选择欲标注形状及位置公差的几何元素;

(3)移动鼠标使公差移到合适位置,单击鼠标左键,出【现形状及位置公差参数(The Geometric Dimensioning And Tolerancing Parameters)】对话框,如图3-381所示。

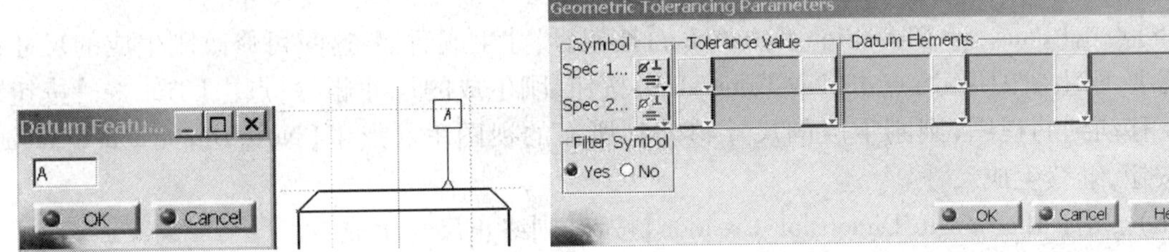

图3-380 建立特征基准标识

图3-381 【形状及位置公差参数】对话框

(4)选择形状及位置公差的种类,并给定公差值,点击【OK】,即生成形状及位置公差。

3.4.6 尺寸生成(Generation)

生成功能包括三个工具:自动标注尺寸(Generating Dimensions)、一步一步地自动标注尺寸(Generating Dimensions Step by Step)、在装配图中自动标注零件(Generating Balloons)。

1)自动标注尺寸(Generating Dimensions)

该工具用于自动标注尺寸。其操作步骤如下:

(1)在生成工具条中选中;

(2)出现【Generated Dimensions Analysis】对话框。选择欲分析的约束和尺寸,如图3-382所示。

(3)点击【OK】,即自动标注尺寸。

2)逐步自动标注尺寸(Generating Dimensions Step by Step)

该工具用于半自动标注尺寸。其操作步骤如下：

(1)在生成工具条中选中 ；

出现的【Step-by-step generation】对话框，如图 3-383 所示。

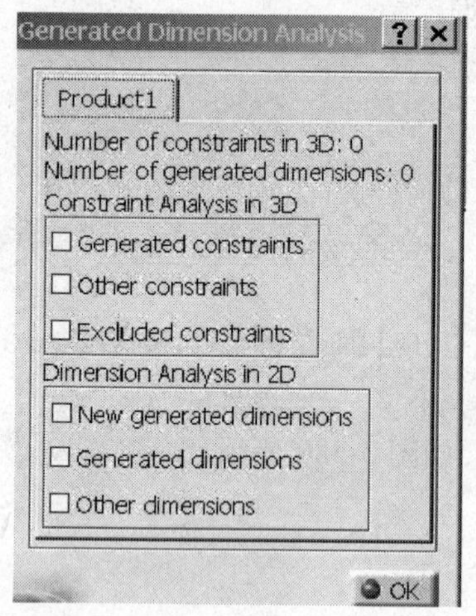

图 3-382 【尺寸生成分析】对话框

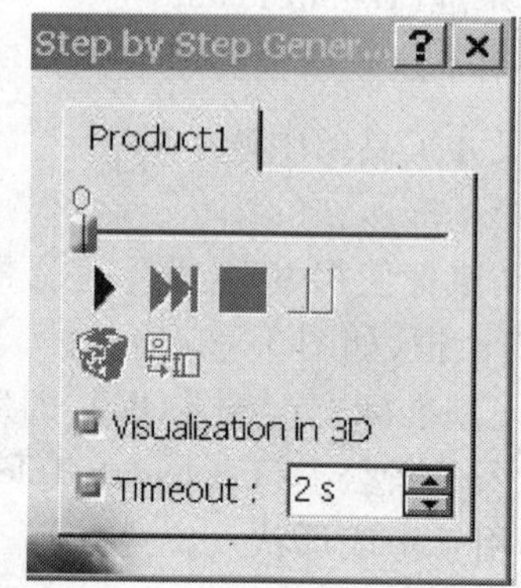

图 3-383 【逐步自动标注尺寸】对话框

(2)选择【Visualization in 3D】项，则可看见在建立尺寸时相应的约束。

(3)选择【Timeout】项，可改变每一尺寸生成的时间。

(4)点击【Next Dimension Generation】按钮，开始一个接一个的生成尺寸。

(5)点击【Pause in Dimension Generation】按钮，尺寸生成暂停：这时可修改刚生成的尺寸；若不需要 刚生成的尺寸，点击【Not Generated】按钮，刚生成的尺寸删除；点击【Transfer】按钮，选择要移动到的视图，则刚生成的尺寸移动到所需的视图里。点击【Next Dimension Generation】按钮，继续生成尺寸。

(6)点击【Abortion in Dimension Creation】按钮，则终止尺寸生成。

(7)尺寸生成结束或终止，出现【Generated Dimensions Analysis】对话框，选择要分析的约束和尺寸。

(8)点击【OK】，即一步一步地自动标注尺寸完成。

3)在装配图中自动标注零件(Generating Balloons)

该工具用于在装配图中自动标注零件。其操作步骤如下：

(1)在生成工具条中选中 ；

(2)自动标注零件；

(3)可拖拽标注以改变其位置，也可在【Text Properties】对话框中改变字型及字体大小。

4)属性修改

用户可以对标注尺寸进行属性设置，包括尺寸的形状、文字位置、文字类型等特征。在需要修改的尺寸上单击鼠标的右键，在弹出的菜单栏中选择 Properties 会弹出如图 3-384 所示的【属性】对话框。

(1)【Value】选项卡用于设置尺寸文字标注的位置，其中：

【Value Orientation】栏用于设置文字摆放的方向。

【Reference】选项用于设置文字的方向的参考物。

- Dimension Line：是设置尺寸线位置参考，Screen 以屏幕平面为参考，View 以视图平面为参考；Position 设置位置摆放的位置，Auto 是用户指定的位置，Inside 是放在尺寸线的里面，Outside 是放在尺寸线的外面，如图 3-385 所示；
- Orientation：设置文字的方向，Parallel 是文字与参考方向平行；
- Perpendicular：文字与参考方向垂直，如图 3-386a）所示；
- Fix Angle ：设置文字与参考方向成一个固定的角度，如图 3-386b）所示，图中的文字与参考方向成 30°；

Offest：设置文字与尺寸线的偏置距离；

选中【Show Dual Value】：选项可以显示两个尺寸数值。

（2）【Tolerance】选项卡用于设置尺寸的配合公差。

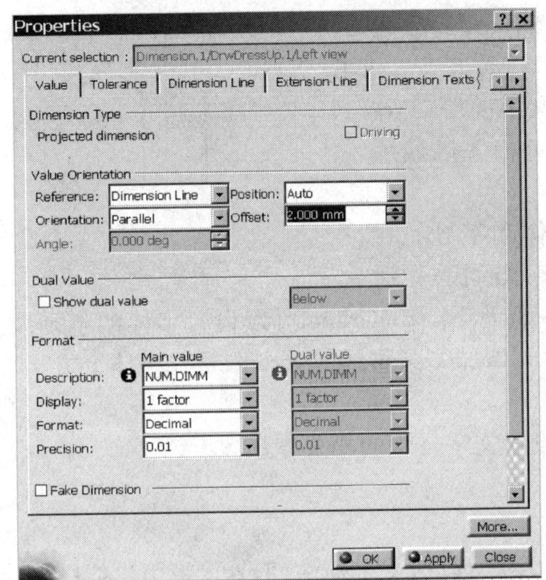

图 3-384 【尺寸标注属性】对话框

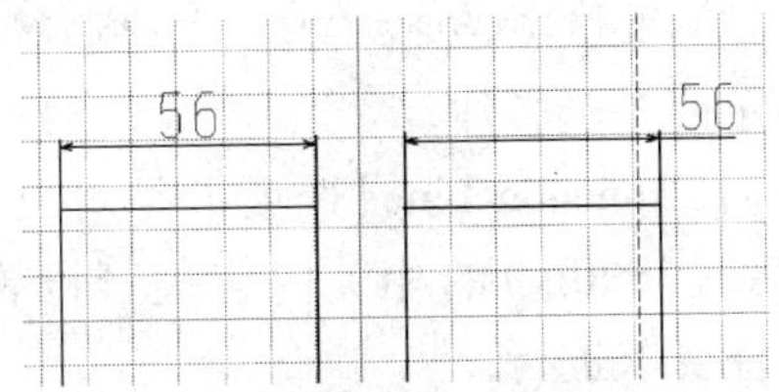

图 3-385 尺寸放置于边界线内侧和外侧

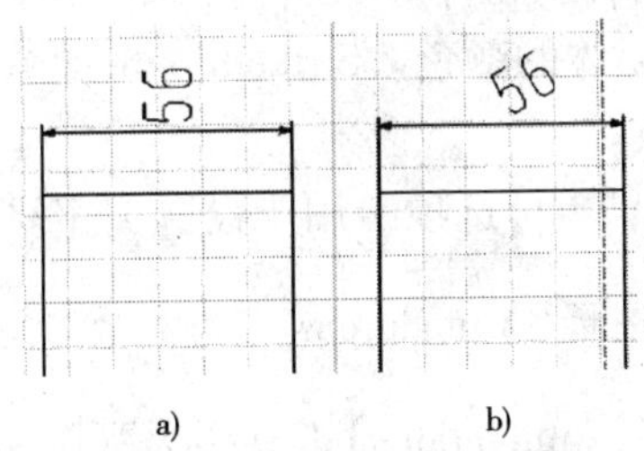

图 3-386 尺寸与边界线成角度

（3）【Dimesion Line】选项卡用于设置尺寸线的形式。【Representation】用于设置尺寸的形状：

Regular 是通常的标注方式，本章前面的标注都采用这种方式；

Two Parts 标注方式，可以在右侧的栏目中设置转折引出线的参考方向及角度；

Leader one 标注方式，可以在【Leader angle】中设置引出线的角度，图中的角度为 60°；

Leader two 标注方式，可以在对话框中设置转折线的参考方向及角度。

【Symbol】栏目可以设置尺寸线箭头的形式、颜色和线宽。

【Reversal】用于设置尺寸线箭头的位置，其中：Auto 是根据用户拖动的位置设置箭头的位置，Inside 是箭头在延长线内部，Outside 是箭头在延长线外部，如图 3-387 所示；Symbol 1 In（Out）/ Symbol 2 In（Out）是箭头的一端在延长线的内部，另一端在延长线的外部。

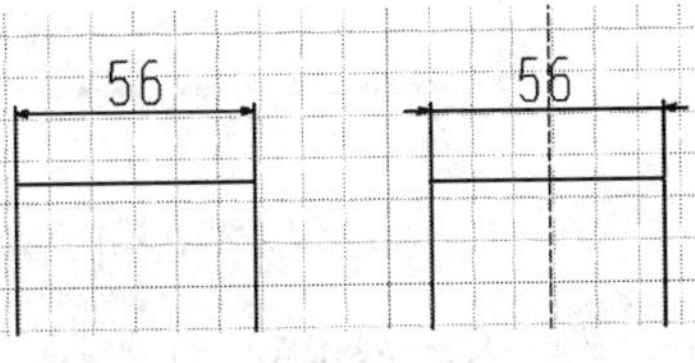

图 3-387 箭头在延长线的内部与外部

（4）【Extension Line】选项卡用于设置延长线的形式，

其中：

Color 为设置延长线的颜色；

Thickness 为设置线宽的比例；

Slant 为设置延长线的倾角；

Overrun 为设置延长线超出尺寸的长度；

Blanking 为设置延长线距离标注元素的空白距离；

选中【Funnel】选项，可以设置延长线为漏斗形式，并设置漏斗形状的高度、角度、和宽度，Funnel mode 是设置漏斗的模式，External 是向外张开，如图 3-388a）所示；Internal 是向内缩小，如图 3-388b）所示，Funnel side 中 Both side 是两边均为漏斗形状，Right or Top 和 Left or Bottom 延长线只有一边为漏斗形状；

Display first extension line 和 Display second extension line 决定是否显示两条延长线。

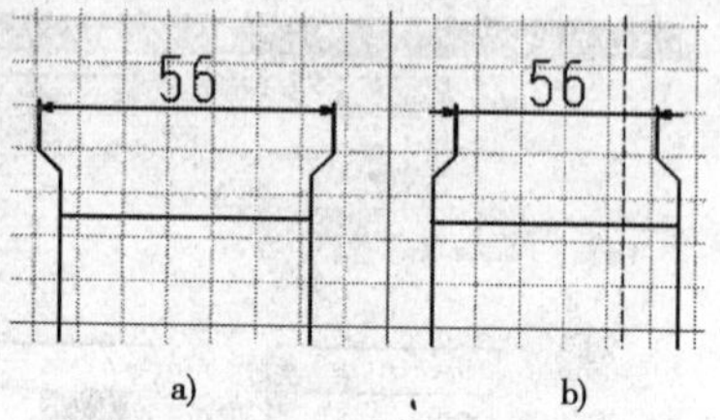

（5）【Extension Line】选项卡是对尺寸标注文字前缀（Prefix）和后缀（Suffix）的相关内容进行设置，应参考相关机械手册的标注要求进行。

图 3-388 设置延长线为漏斗形

（6）【Font】选项卡用来设置尺寸文字的字体和字号。利用【Font】栏可以选择需要的字体，Style 有四种字体形状，分别是常规、斜体、粗体和粗斜体，Size 用于设置字体的大小。Underline 可以设置字体的下划线，Color 是字体的颜色。Strikethrouth 是在字体的中间增加一条直线，Overline 是在字体上方增加一条直线。

（7）【Text】选项卡用于设置文字排版，可以设置文字排版的相关参数。

3.4.7 注释（Annotations）

注释【Annotations】工具栏为视图添加必要的注释，包括文字标注（Text）、带引出线的文字标注（Text With Leader）、文字复制（Text Replicate）、在装配图中标注零件（Balloon）、基准目标建立（Datum Target）、粗糙度符号（Roughness Symbol）、焊接符号（Welding Symbol）、焊接位置标注（Weld）等。

3.4.7.1 文字标注（Text）

1）文字标注（Text）

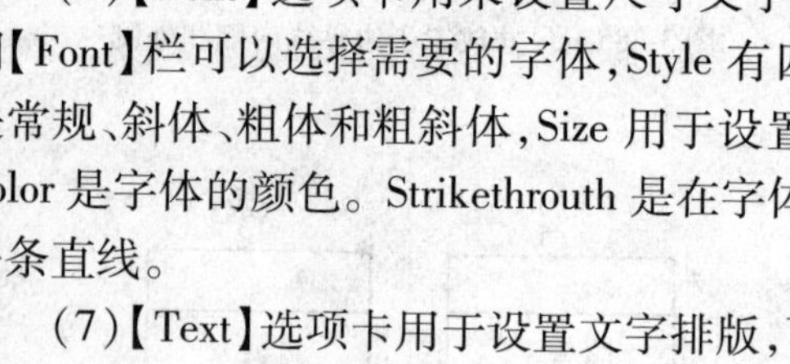

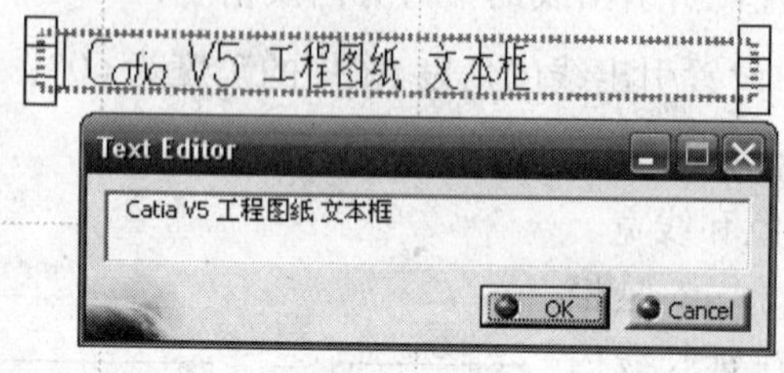

图 3-389 文本标注

【Text】工具 T 用来为视图添加文字注释。文字被放在一个宽度不受限制的框中，可以用来输入标题、说明等各种文字信息。其操作步骤如下：

（1）在注释工具条中选中 T；

（2）在视图中选择欲标注文字的位置；

（3）出现【Text Editor】对话框，如图 3-389 所示，在对话框中输入文字（可以输入汉字）。

（4）点击【OK】按钮完成文本标注。

（5）在生成的文字上点右键，选择【Properties】调整字体，字号，颜色等特征。

(6)拖拽文本边框,可改变其位置及文字排列。

2)带引出线的文字标注(Text With Leader)

该工具用于标注带引出线的文字。其操作步骤如下:

(1)在注释工具条中选中 ;

(2)选中引出线箭头所指位置;

(3)选中欲标注文字的位置;

(4)【Text Editor】对话框出现,在对话框中输入文字;

(5)点击【OK】,即标注文字;

(6)激活标注的文字,拖拽其边框,可改变其位置及文字排列。

3)文字复制(Text Replicate)

该工具用于复制文字标注。其操作步骤如下:

(1)在三维零件中选中复制目标特征(如孔、倒角等);

(2)在二维注释工具条中选中 ;

(3)选中复制源文字;

(4)选中源文字所在位置,文字复制完成。

4)在装配图中标注零件(Balloon)

该工具用于标注装配图中的零件。其操作步骤如下:

(1)在注释工具条中选中 ;

(2)选择欲标注的元素;

(3)选择气球符号所在位置;

(4)出现【Balloon Creation】对话框后,在对话框中输入文字,如图 3-390 所示;

(5)点击【OK】,标注完成。

5)基准目标建立(Datum Target)

该工具用于建立基准。其操作步骤如下:

(1)在注释工具条中选中 ;

(2)选择欲标注的元素;

(3)选择气球符号所在位置;

(4)出现【Datum Target Creation】对话框后,在对话框中输入文字,如图 3-391 所示;

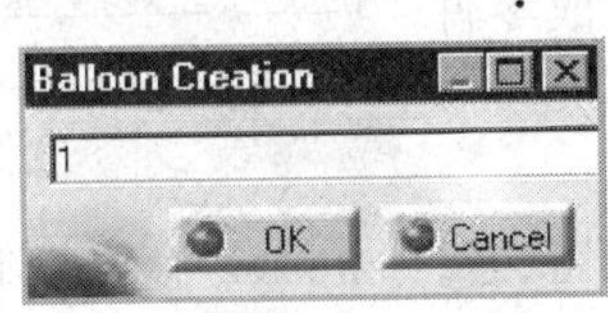

图 3-390　Balloon Creation 对话框

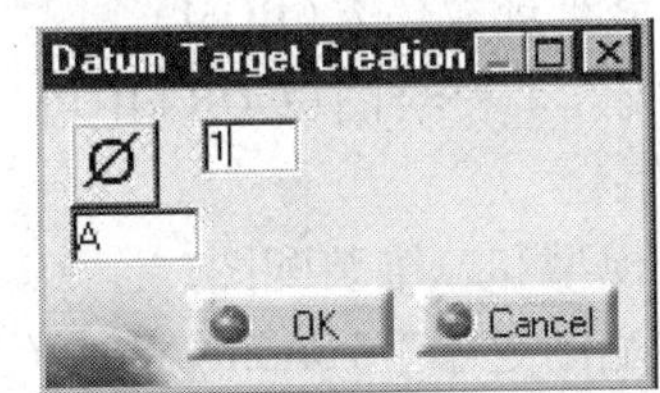

图 3-391　Datum Target Creation 对话框

(5)点击【OK】,建立基准完成。

3.4.7.2　特征符号(Symbol)

1)粗糙度符号标注(Roughness Symbol)

该工具用于标注粗糙度符号。其操作步骤如下:

(1)在注释工具条中选 ;

(2)选择粗糙度符号所在位置;

(3)出现【Roughness Symbol Editor】对话框后,在对话框中输入粗糙度的值、选择粗糙度类型,如图 3-392 所示;

(4)点击【OK】,完成粗糙度符号标注。

2)焊接符号(Welding Symbol)

该工具用于标注焊接符号。其操作步骤如下:

(1)在注释工具条中选中 ;

(2)选择焊接符号所指位置;

(3)选择焊接符号转折点所在位置;

(4)出现【Welding creation】对话框后,在对话框中输入焊接符号和数值,如图 3-393 所示;

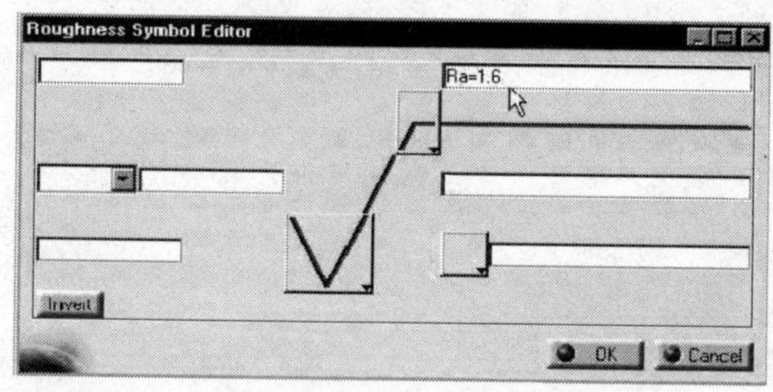

图 3-392 【Roughness Symbol Editor】对话框

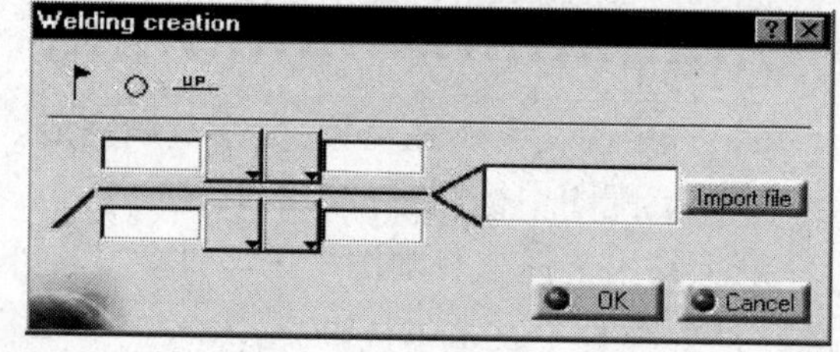

图 3-393 【Welding creation】对话框

(5)点击【OK】,完成焊接符号标注。

3)焊接位置标注(Weld)

该工具用于标注焊接位置。其操作步骤如下:

(1)在注释工具条中选中 ;

(2)选择第一个元素,如一根直线;

(3)选择第二个元素,如另一根直线;

(4)出现【Welding Editor】对话框,在对话框中选择焊接类型、输入焊接厚度和角度,如图 3-394 所示;

(5)点击【OK】,完成焊接位置标注。

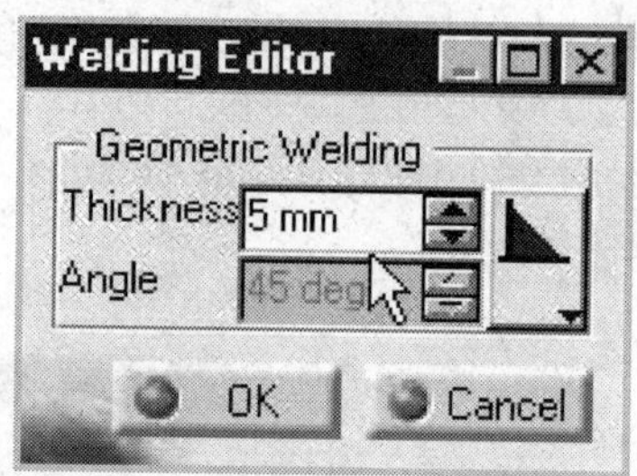

图 3-394 【Welding Editor】对话框

3.4.7.3 装配图中生成零件表(BOM)

在 CATIA 创成式工程绘图(GDR)中可以方便地生成零件表。其操作步骤为:

(1)打开三维模型和二维装配图;

(2)若二维装配图处于"Working View(工作视图)"状态,在【Insert】→【Generation】下选中"Bill of Material(零件表)";若二维装配图处于"Background(背景)"状态,在【Insert】→【Drawing】下选中"Bill of Material(零件表)";

(3)选择三维模型中的某一装配产品。(可以是总装配,也可是子装配);

(4)在二维装配图中欲放置零件表的位置点击,零件表即可自动生成。

3.4.7.4 标题栏及图框的生成功能

在二维绘图中可以根据国家标准和企业标准生成专用标题栏和图框。其操作步骤为:

(1)选择【Edit】→【Background】,进入背景中绘制标题栏和图框;

(2)若有已做好的标题栏和图框,可选择【Insert】→【Drawing】→【Frame and Titleblock】;

(3)若新做标题栏和图框,则运用绘图工具绘出标题栏和图框;

(4)选择【Edit】→【Working View】,回到工作视图中;

(5)将此图保存,以备以后调用。

3.4.8 修饰(Dress up)

【修饰】工具栏用于可以为图纸添加中心线、轴、剖面线、螺纹线等多种特殊标注符号。

3.4.8.1 轴和螺旋线(Axis and Threads)

【Axis and Threads】工具栏内的工具可以用来标注孔中心线、螺旋线、轴线等,如图 3-395 所示。

图 3-395 【Axis and Threads】工具栏

1)中心线工具(Center Line)

该工具用于标注圆中心线,生成的中心线与视图坐标系平行。

操作时,在【Axis and Threads】工具栏中单击【工具】按钮,再选择要标注的圆即可生成中心线,如图 3-396 中左下角的大圆。

2)参考其它元素生成中心线(Center Line with Reference)

该工具用于标注参考其它元素生成中心线。其操作步骤如下:

(1)在【Axis and Threads】工具栏中单击;

(2)选中要标记的圆,然后选择作为参考的元素,中心线自动生成。若参考元素为直线,则中心线分别与参考直线平行和垂直;若参考元素为圆,则中心线分别与两个圆圆心的连线平行和垂直,如图 3-396 中右上角的小圆以大圆为参考生成的中心线。

3)生成螺纹线(Thread)

该工具用于标记螺纹线。其操作步骤如下:

(1)在【Axis and Threads】工具栏中单击按钮。

(2)选择要标记的圆,在【Tools】工具条中选择内螺纹(Tap)或外螺纹(Thread),即自动生成螺纹线,如图 3-397 中左下角的大圆。

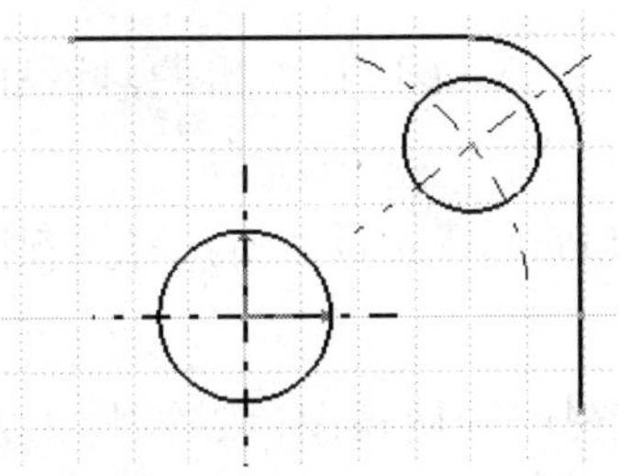

图 3-396 创建孔的中心线

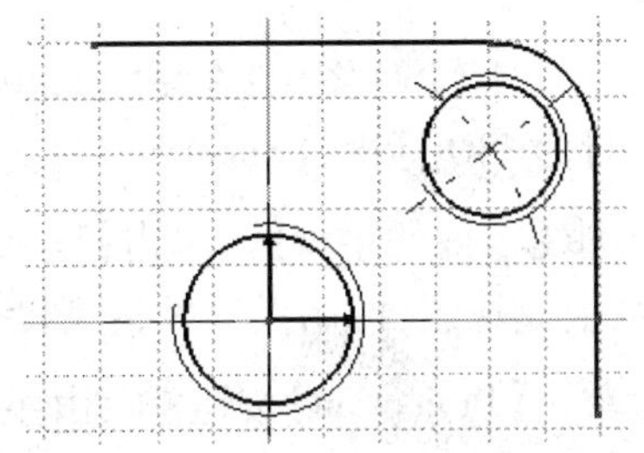

图 3-397 创建螺纹线

4)参考其它元素生成螺纹线(Thread with Reference)

该工具可参考其它元素标记螺纹线。其操作步骤如下:

(1)在【Axis and Threads】工具栏中单击按钮。

(2)选择要标记的圆,在【Tools】工具条中选择内螺纹(Tap)或外螺纹(Thread)。

(3)选择作为参考的元素,螺纹线自动生成,如图 3-397 中右上角的小圆以大圆为参考生成的螺纹中心线。

5)生成轴线(Axis Line)

该工具用于标记轴或孔的中心轴线。其操作步骤如下:

(1)在【Axis and Threads】工具栏中单击按钮;

(2)选择一或两条与圆孔或圆柱有关的直线,比如回转边,即可自动生成轴线。

6)生成轴线和中心线(Axis Line and Center Line)

该工具可以同时标记两个圆,生成它们的轴线和中心连线。其操作步骤如下:

(1)在【Axis and Threads】工具栏中单击按钮。

(2)选中两个圆,则自动生成两圆之间的轴线和中心线。

3.4.8.2 生成剖面线(Area Fill)

该工具的功能是在图纸上指定的封闭区域内添加剖面线。其操作步骤如下:

(1)在【Axis and Threads】工具栏中单击按钮。

(2)系统弹出的【Research of elements】对话框如图 3-398 所示。该对话框是用来选择填充方式的:选择【All elements in the view】,则系统会为视图内的所有元素自动添加剖面线;选择【Only displayed elements in the window】,系统为工作窗口能够完全显示的封闭图形添加剖面线,如果元素在窗口内显示的部分不完整或者不封闭,则不能标记剖面线;选择【Only selected elements】,使用鼠标在视图中手动选择要标记剖面线的区域。

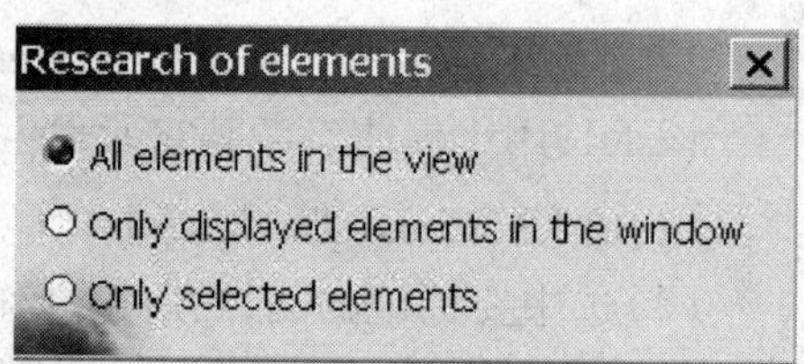

图 3-398 【Research of elements】对话框

3.4.9 汽车工程图纸实例

本节将以车辆悬置立梁零件为例,讲述三维实体生成二维工程图的操作全过程。

(1)打开零件文件,选择【Start】→【Mechanical Design】→【Drafting】进入工程图纸模块;

(2)设置 A0 ISO 图纸:在系统菜单中选择【File】→【Page Setup】,在弹出的对话框中设置【Standard】为 ISO 标准,【Sheet Style】为 A0 ISO;

(3)创建零件的主视图:单击【Front View】按钮,在【Part Design】窗口选择主视图平面,点击图纸生成视图,可用操纵罗盘帮助选择适合的方向;

(4)单击【Projection】按钮,由主视图生成零件的左视图和俯视图,然后用【正轴侧图】命令建立轴侧图,如图 3-399 所示;

(5)创建剖面图:单击【Offset Section Cut】工具按钮,在主视图中选择如图 3-400 所示 A-A 位置连线,放置 A-A 剖面图,如图 3-400 所示;

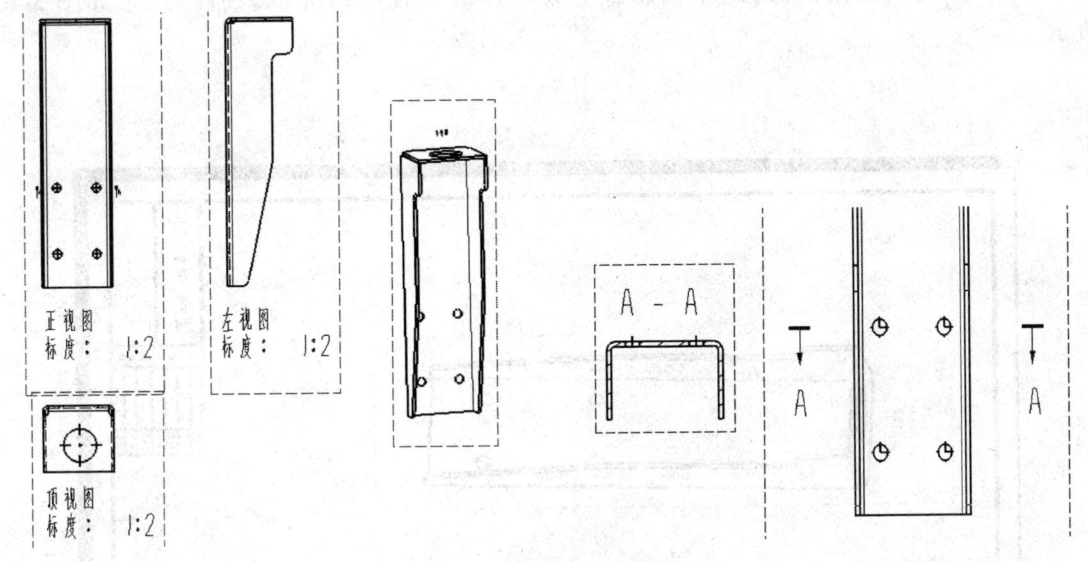

图 3-399　创建零件主要视图　　图 3-400　创建 A-A 剖面图

(6)创建局部视图：单击【Detail View】按钮，在俯视图中选中如图 3-401 所示的区域，单击左键放置生成的 B 局部视图；

(7)标注尺寸：使用【Dimensions】、【Diameters】等命令按如图 3-402 所示尺寸标注主视图和左视图各元素；

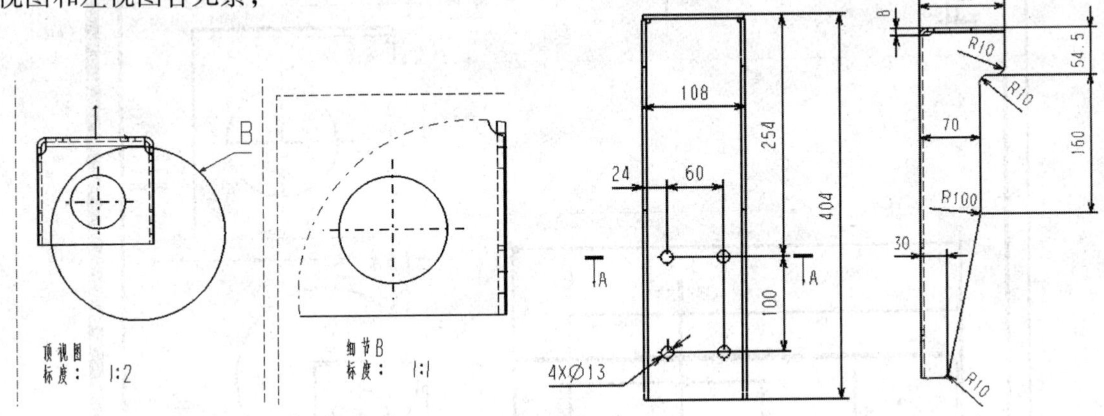

图 3-401　放大局部视图　　图 3-402　标注主视图与左视图尺寸

(8)选择菜单【Edit】→【Background】，切换到背景编辑窗口，用直线、文字标注功能建立如图 3-403 所示的标题栏；

描绘图		名称	左支架一顶盖装饰板
设计			
校对			
审核			
总布置		材料	
标准			
批准			

图 3-403　绘制标题栏

(9)切换回到绘图窗口，此车辆悬置立梁零件的工程图纸完成。所得结果如图3-404所示。

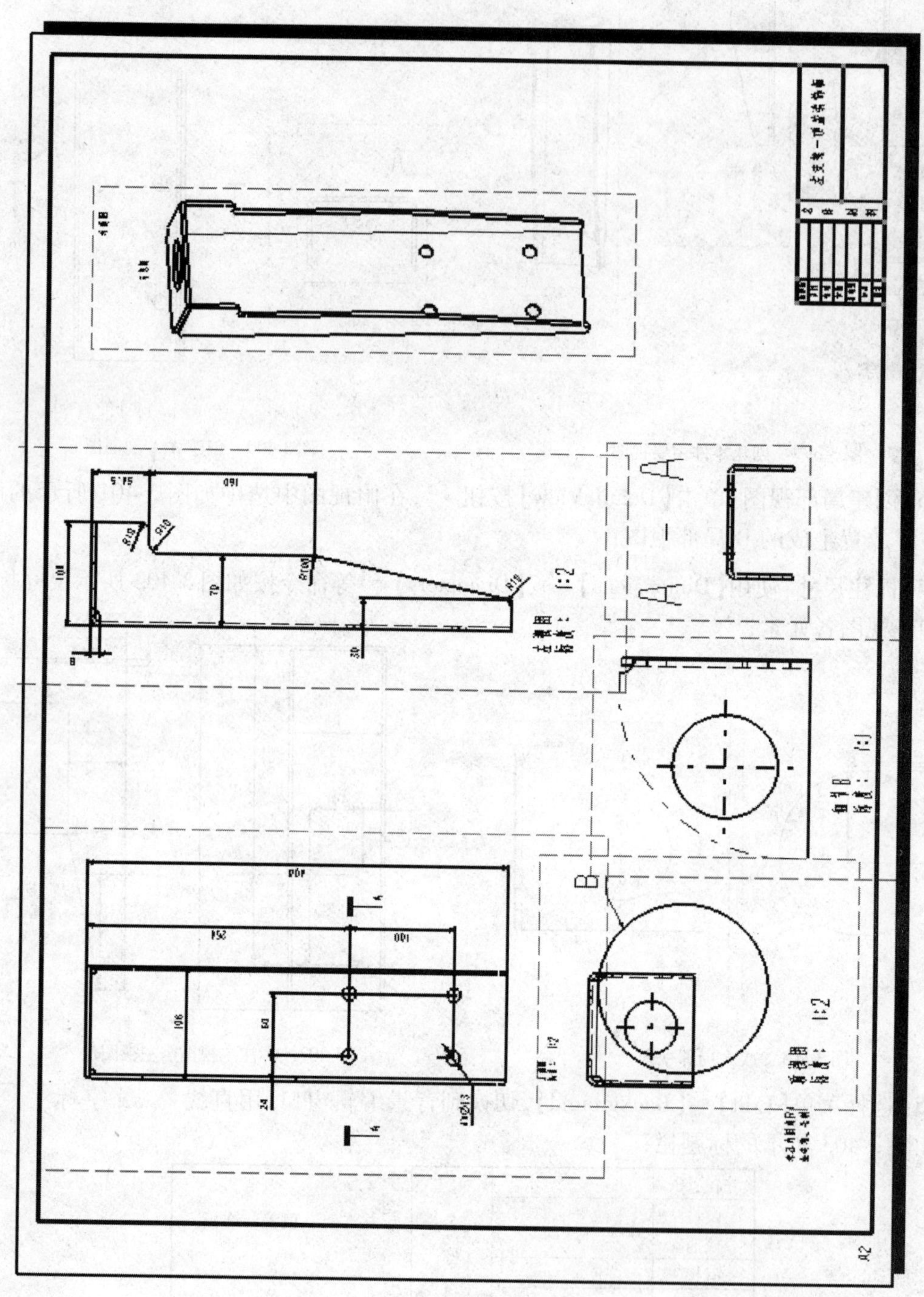

图3-404　悬置立梁工程图

3.5 钣金设计

钣金设计(Sheet Metal Design)基于特征的造型方法提供了高效和直观的设计环境,它允许在零件的折弯表示和展开之间实现并行工程。该模块可以与零件设计、装配设计和工程图生成模块等结合使用。

3.5.1 参数设置

在建立钣金件之前必须设置钣金件的相关参数,包括钣厚、弯曲半径等。其方法是:

(1)进入钣金工作界面,选择菜单【Start】→【Mechanical Design】,选择图标,则系统进入钣金设计工作台。

(2)在【Sheet metal】工具栏中单击【Sheet Metal Parameters】按钮,则弹出如图 3-405 所示的对话框。

(3)选择【Parameters】选项卡,其中【Thickness】是默认的钣厚,【Minimum Bend Radius】是允许的最小弯曲半径,【Default Bend Radius】是默认的弯曲半径。在图 3-406 所示的图形中,测量值 2mm 是默认钣厚,$R = 3\text{mm}$ 是最小弯曲半径,$R = 4\text{mm}$ 是默认弯曲半径。

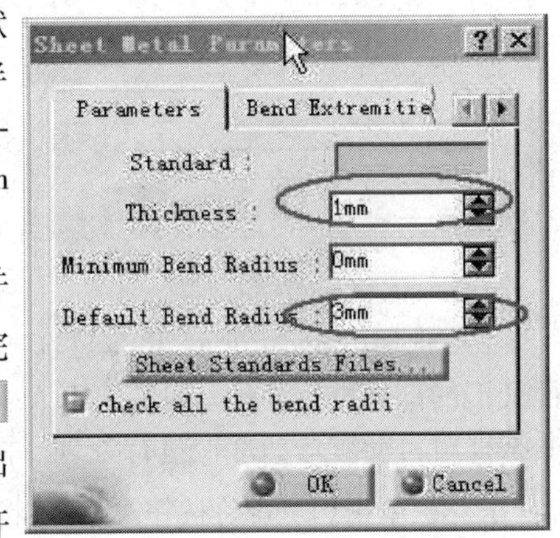

图 3-405 钣金设计参数设置对话框

(4)每一个钣金零件只能设置一个默认的参数,并在特征树中显示参数图标 Sheet Metal Parameters。完成参数设置后,在工具栏中再单击【参数设置】按钮或者在特征树中用鼠标右键单击参数特征节点,在弹出的菜单中选择 Sheet Metal Parameter.1 对象 → 定义... 可以打开【Sheet Metal Parameters】对话框,就可以 继续对相关参数进行编辑修改。参数修改后,钣金件中的默认参数也相应发生改变。例如将【Thickness】改为 5mm,【Default Bend Radius】改为 10mm,其结果如图 3-407 所示。

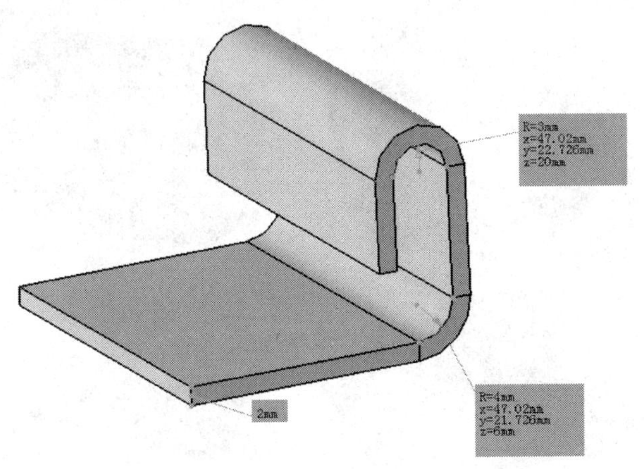

图 3-406 钣金厚度为 2mm

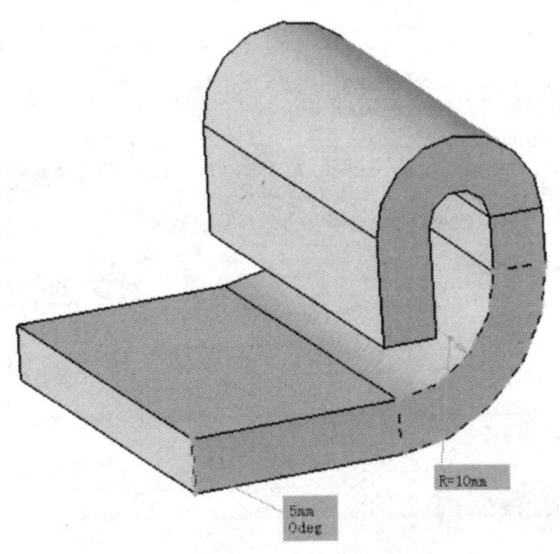

图 3-407 钣金厚度为 5mm

(5)如果选中【Check all the bend radii】,那么在修改相关参数后,系统自动检查当前存在的弯曲半径。

(6)【Bend Extremities】选项卡用于确定钣金件的弯曲部位与其他部位之间的关系。CATIA 提供了如图 3-408 所示的 6 种折弯端点模式,这 6 种模式的含义可由图 3-409 阐明,即:Minimum with no relief(不留切口的最小模式)、Square Relief(方形切口)、Round Relief(圆形切口)、Linear (线性切口)、Tangent(双切性切口)、Maximum(最大化切口)。

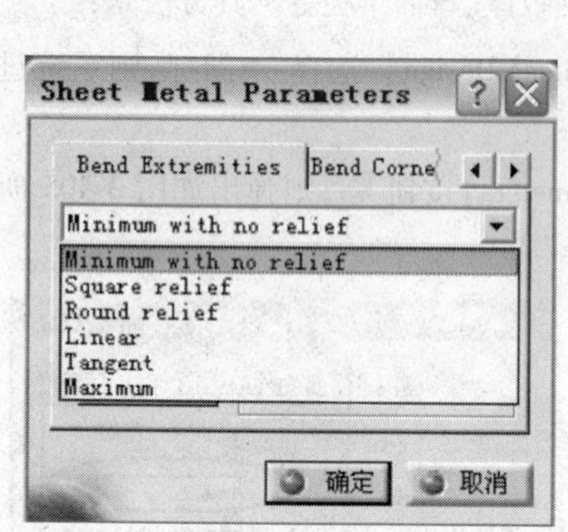

图 3-408 【Bend Extremites】选项卡

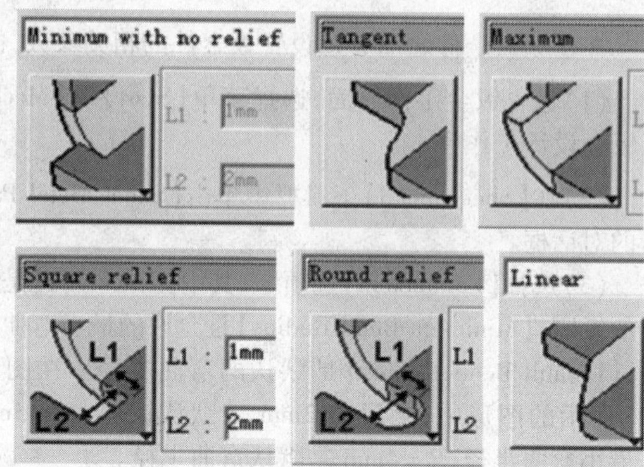

图 3-409 6 种 Relief(端切口)模式

(7)选择【Bend Corner Relief】选项卡,如图 3-410 所示,该选项页的功能是对多个弯曲特征交汇的部位进行处理。如果选中 Automatic corner relief creation,表示用户在建立钣金件的弯曲特征时自动对弯曲部位进行处理。图 3-411 为没有对弯曲部位进行处理的三维图及展开图(在工具栏单击【Unfold】按钮可以将钣金件展开;再次单击则恢复到三维状态)。单击对话框中【带圆孔的角处理】按钮,结果如图 3-412 所示(选择其后的【$f(x)$】按钮,可以参考第 2 章公式部分内容设置圆孔直径参数)。单击按钮,结果如图 3-413 所示。单击按钮,结果如图 3-414 所示。

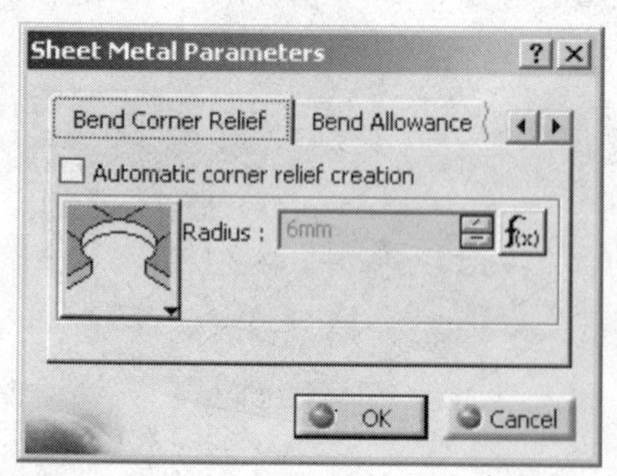

图 3-410 弯曲部位处理对话框

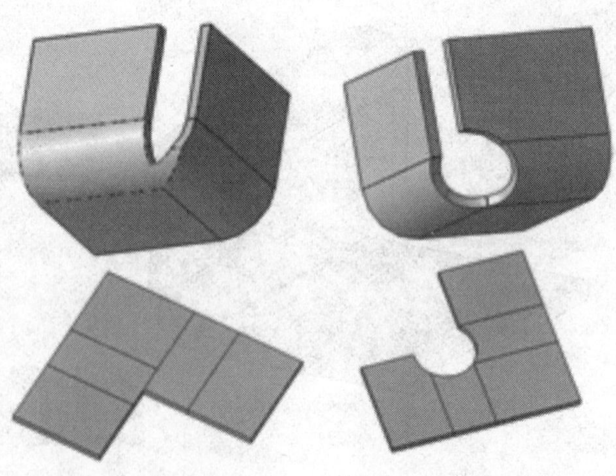

图 3-411 零件弯曲处理

图 3-412 带有圆孔的弯曲

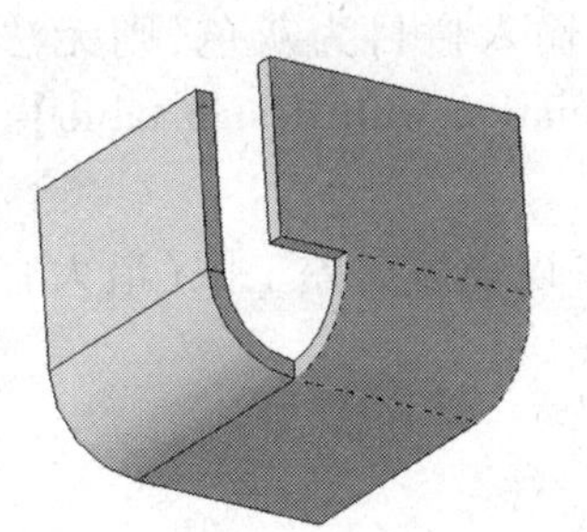
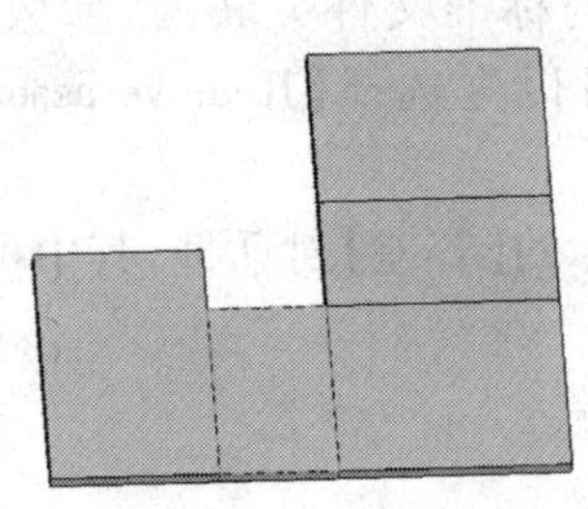

图 3-413　方形工具处理的零件

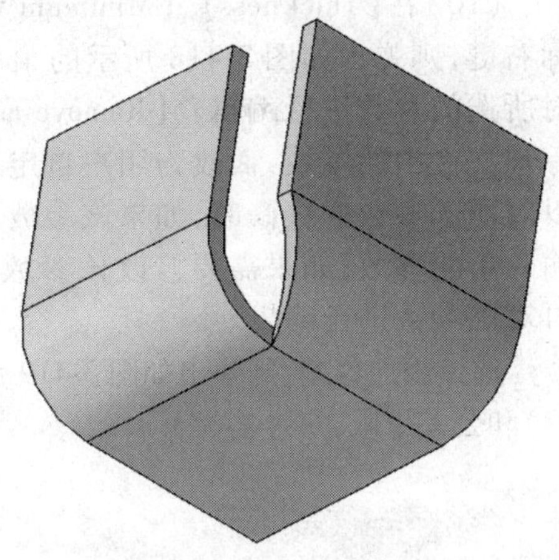

图 3-414　三角形工具处理的零件

(8)选择【Bend Allowance】选项卡,则弹出如图 3-415 所示的对话框,该对话框的功能是设置弯曲展开系数 K Factor 的数值,它用于表示计算钣金件的弯曲部位展开后的长度与部件厚度、弯曲半径、弯曲内角之间的关系。【K Factor】表示计算弯曲展开的中面的位置;L 为展开后的总长度;A、B 分别表示弯曲部位和直边在弯曲状态下的长度,T 为钣金厚度,R 为弯曲半径,α 为用弧度表示的弯曲角度,β 为用度表示的弯曲角度。弯曲展开长度 W(Bend Allowance)的计算公式为:$W=\alpha\times(R+K\times T)$。

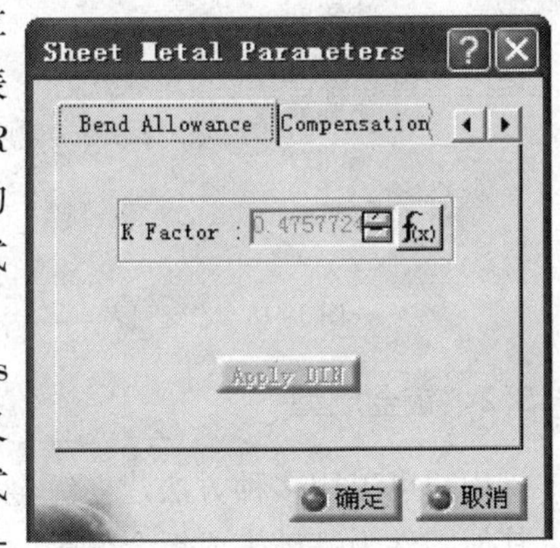

图 3-415　设置弯曲展开系数

(9)在【Parameters】选项卡中选择【Sheet Standards Files】,系统弹出【文件选择】对话框,用户可以自己定义 Excel 钣金标准文件。在 Excel 文件中需要按照指定的格式及栏目名称进行填写,才能被 CATIA V5 识别。【Sheet Metal Standard】列是参数标准的名称,选择标准文件后,对话框参数选项卡如图 3-416 所示,其中【Minimum Bend Radius】和【Default Bend Radius】栏目变为灰色,无法手动设置。【Standard】栏目中列出了当前所选择的标准名称,单击栏目后面的▦按钮,可以打开如图 3-417 所示的对话框,在该对话框可以选择其它的标准。

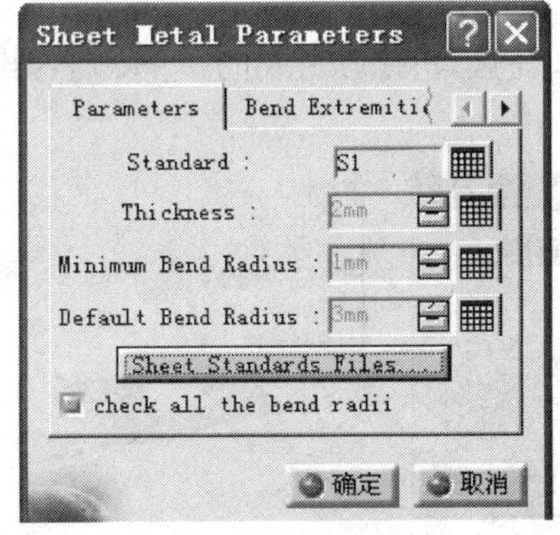

图 3-416　钣金参数对话框

图 3-417　钣金厚度设置栏

（10）在【Thickness】、【Minimum Bend Radius】和【Default Bend Radius】栏目中单击鼠标右键，则弹出如图3-418所示的菜单。选择编辑公式，弹出【公式编辑】对话框后，可以对所选的参数进行编辑。【Remove association with design table】可以移去该参数所关联的标准文件中的参数，而改为用户自定义。选择编辑，弹出【Edit Parameter】对话框后，就可以对所选参数进行修改，如果该参数是与标准文件关联的，参数输入栏目为灰色，则无法输入新的参数；如果需要修改该参数，可以先选择【Remove association with design table】，再对该参数进行编辑。

选择添加容差，则弹出如图3-419所示的【容差】对话框，其中可以设置公差上限（最大容差）和公差下限（最小容差）。

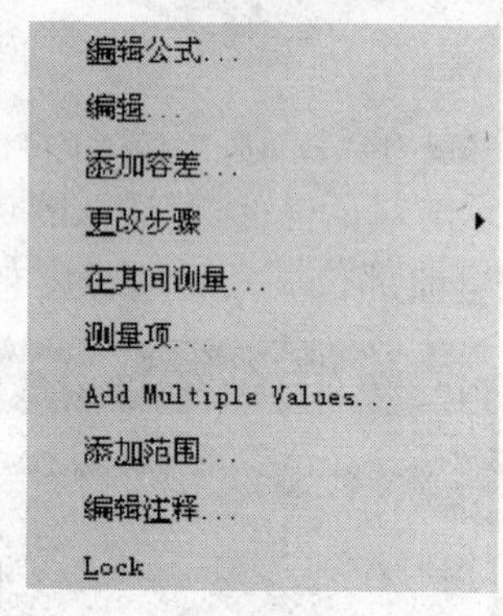

图3-418　右键列表

图3-419　【容差】对话框

3.5.2　钣金成型

用户可以用多种方法建立钣金件，例如以草图为基础生成钣金、以钣金的边线生成钣金、以其他零件为基础生成钣金件等。本节主要介绍钣金成型的各种方法。

3.5.2.1　基于草图

与零件设计工作台一样，钣金成型可以通过草图直接生成钣金。具体方法如下：

（1）单击【草图设计】按钮，进入草图设计窗口。

（2）用草图设计的功能建立钣金草图轮廓，如图3-420所示的草图。

（3）单击按钮，退出草图设计，回到钣金设计工作台。

（4）在工具栏中单击【基于草图的钣金成型】按钮，并选择刚刚完成的草图，则弹出如图3-421所示的对话框。

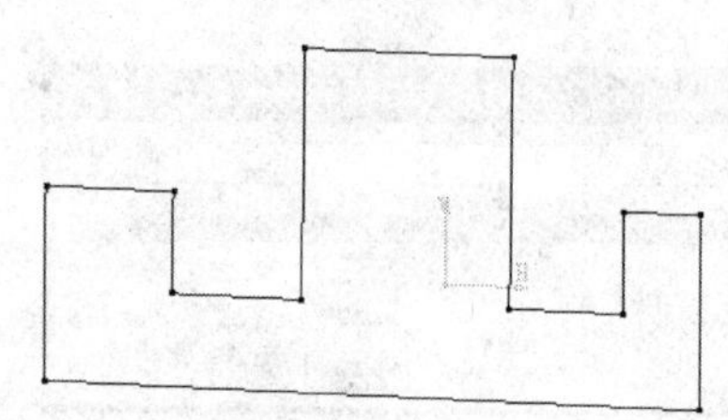

图3-420　草图设计得到的二维图形

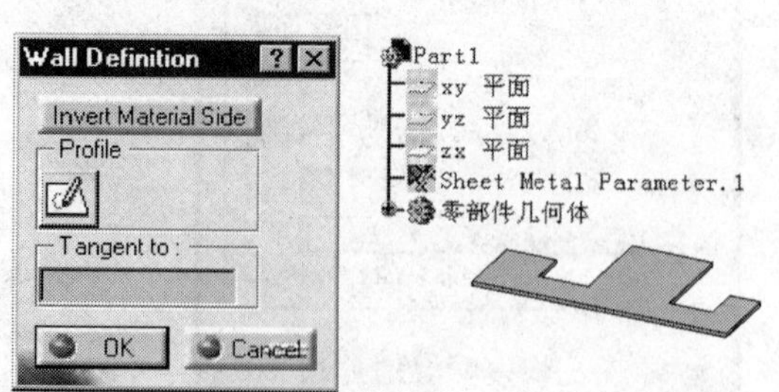

图3-421　钣金成型对话框

(5)单击【Invert Material Side】按钮可以改变钣金拉伸方向。单击按钮,可以对所选择的草图进行编辑。

(6)可以用具有内外轮廓的草图生成钣金,如图3-422所示,内外轮廓之间的部分就已形成钣金实体。

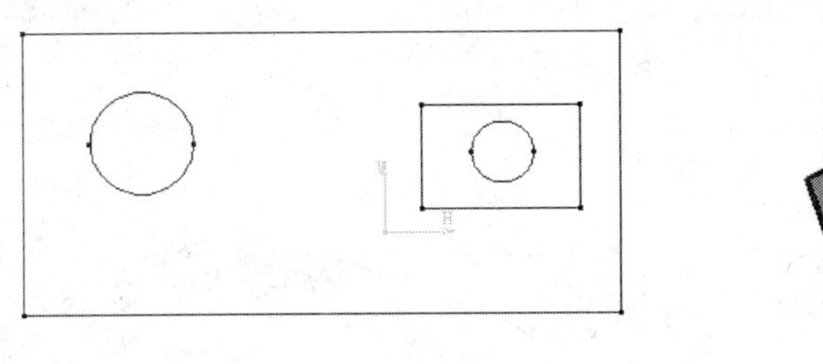
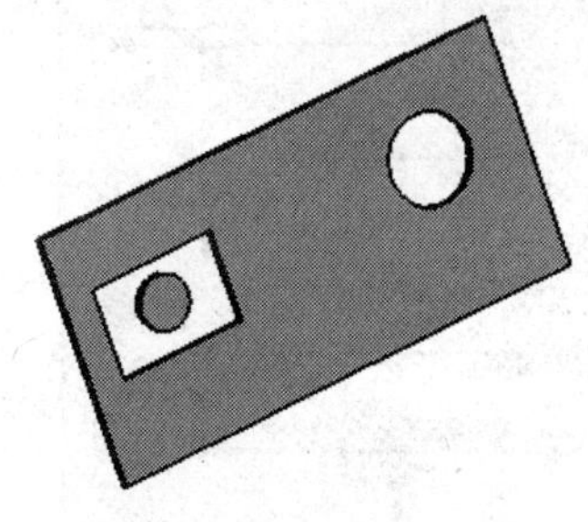

图3-422　具有内外轮廓的钣金零件

(7)生成钣金时,可以选取与其相连的钣金作为切面。选取需要作为切面的钣金面为草图设计平面,建立如图3-423所示的草图,并约束草图的一边与相连的钣金边线重合。

(8)单击【基于草图的钣金成型】按钮,并选择刚刚完成的草图,在弹出的对话框中,用鼠标激活【Tangent to】输入栏,选择与草图相连的钣金面作为相切面,结果如图3-424所示。单击【展开】按钮,将其展开如图3-425a)所示。如果没有选择切面,那么新生成的钣金面与原来的钣金面是分离的,展开如图3-425b)所示。

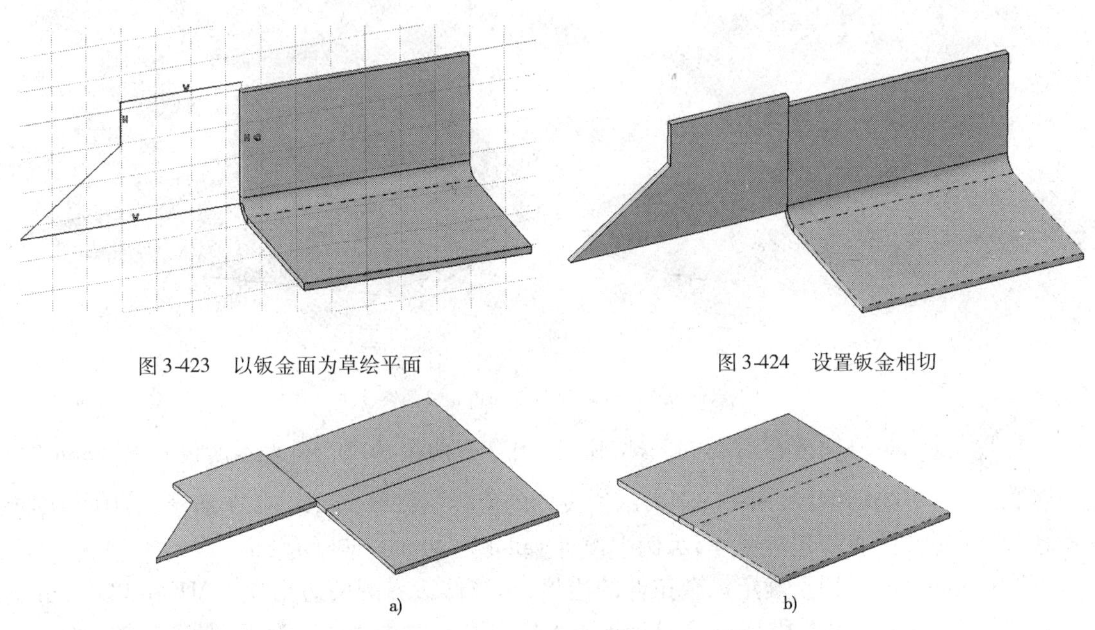

图3-423　以钣金面为草绘平面

图3-424　设置钣金相切

a)

b)

图3-425　展开钣金

3.5.2.2　基于边线

(1)如果钣金零件中已经存在钣金面,可以以边线为基础生成新的钣金面。在工具栏中单击【Wall on Edge】按钮,系统会弹出图3-426所示的对话框。

（2）选择需要生成钣金的边线。注意边线拉伸只能选择直线边线，曲线边线无法进行拉伸。本例选择圆弧相对的直边，几何显示区出现拉伸预览图，如图3-427所示。

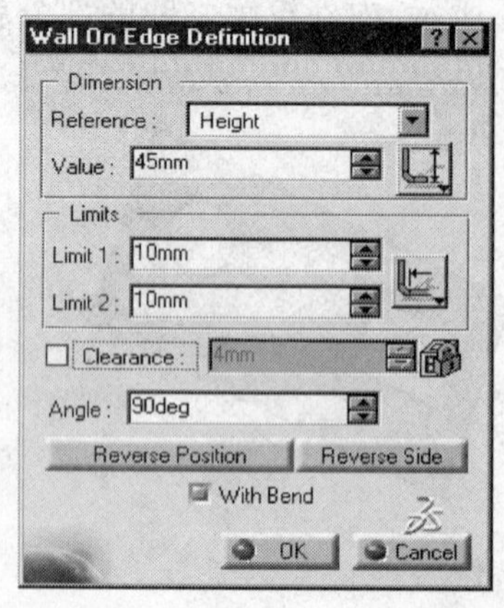

图3-426 【Wall on Edge Definition】对话框

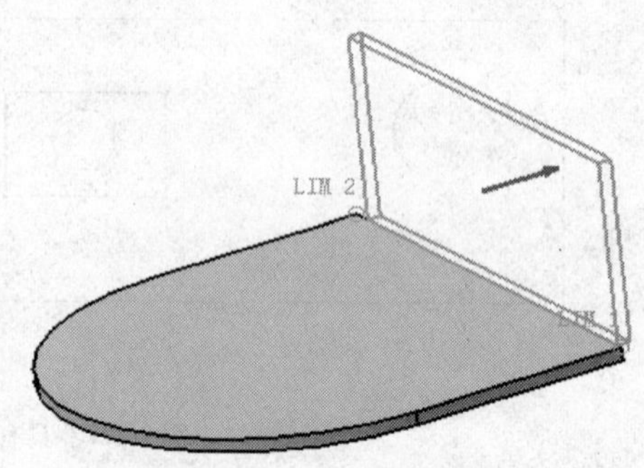

图3-427 拉伸预览图

（3）【Reference】栏目中含有两个选项，Height表示钣金的拉伸尺寸以钣金的高度来计算，即从边线所在的钣金面到新生成钣金的垂直距离，如图3-428a）所示。Length表示以钣金的长度来表示钣金的尺寸，如图3-428b）所示，两图在【Wall On Edge Definition】对话框中设置的Value均为40mm。

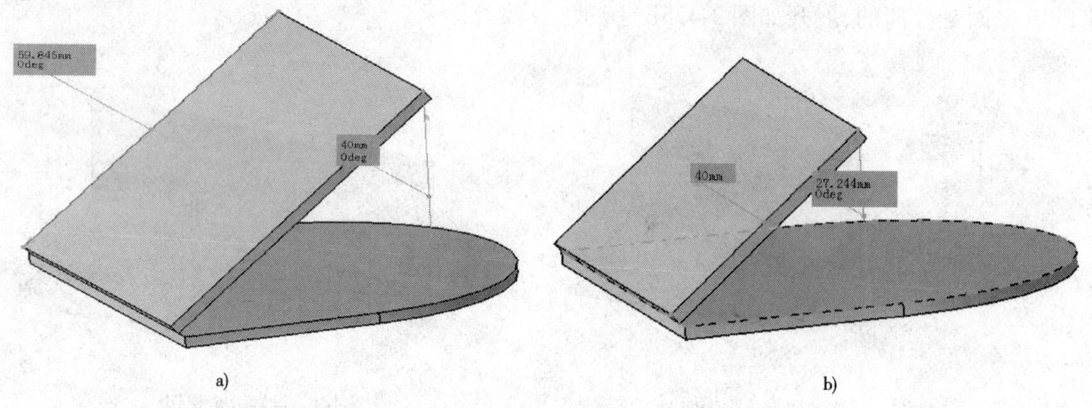

图3-428 分别由Height和Length定义的钣金件

（4）单击【Value】输入栏后面的按钮，其中含有两个选项，表示所设置的Value（高度或者长度值）不包括壁厚，而，则表示所设置的值包括壁厚，如图3-429所示，其中a）图表示不包含壁厚，b）图表示包含壁厚，示例中设置value为40mm，壁厚为8mm。

（5）【Limits】栏目用于确定钣金拉伸的边界，在拉伸边界的两边出现LIM1和LIM2，分别对应于对话框中的Limit 1和Limit 2。Limit输入栏中输入的数值如果为正，那么钣金拉伸的边线缩短，如图3-430所示，图中Limit 1为5mm，Limit 2为4mm。如果为负，钣金沿相反的方向拉伸。

（6）输入栏后面的按钮中包含了3个选项，分别表示边界延伸的参考面。表示以直边端面为参考面，表示以弯曲部位的另一边内面为参考面，表示以弯曲部位的另一边的外面为参考面。

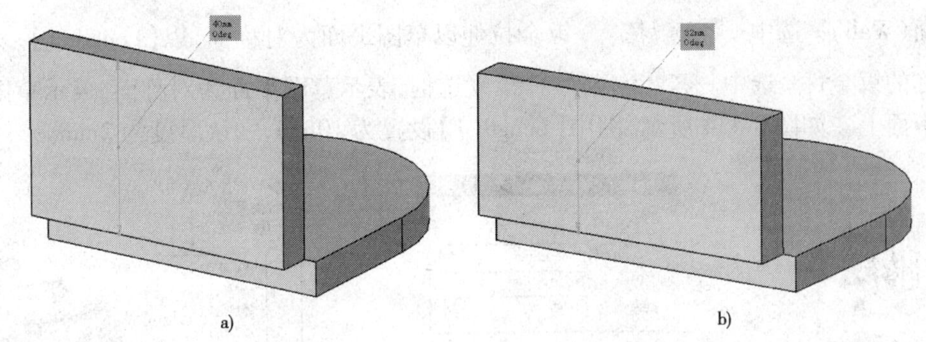

图 3-429 Value 不包含和包含壁厚的两种结果

(7)选中【Clearance】复选框,并在其后的输入栏中输入数值,表示新生成的钣金的底面和侧面距离所基于的边线为设定的数值,如图 3-431 所示。本例设置 Clearance = 10mm。

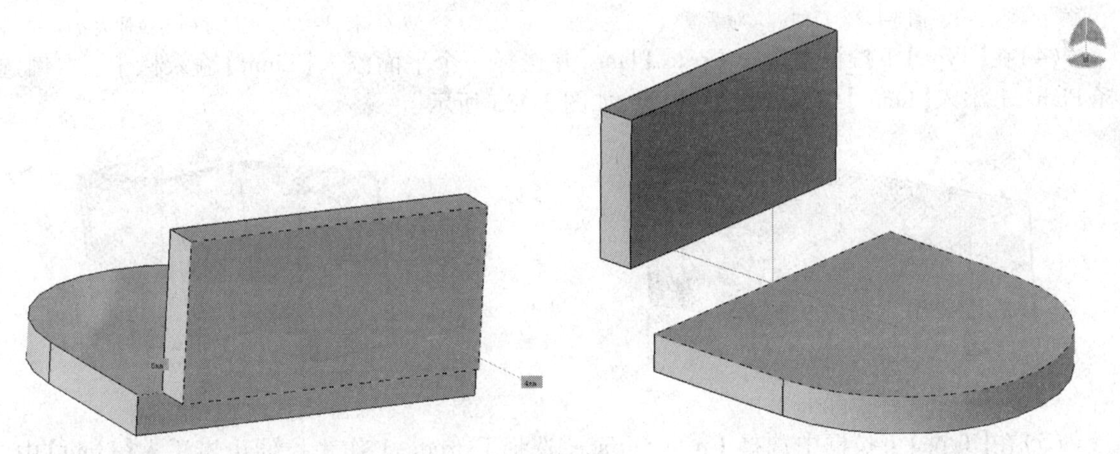

图 3-430 确定钣金拉伸的边界　　图 3-431 使新生成的钣金与基准偏移一定距离

(8)【Angle】是设置新生成的钣金面与原来的钣金面之间的角度,角度的范围是(0,180)。单击 Reverse Position 按钮可以改变角度的旋转方向,即顺时针和逆时针方向。单击 Reverse Side 按钮,可以改变钣金的拉伸方向。

(9)选中 □ With Bend 复选框,可以在两个钣金面之间生成参数设置中设定的默认半径,同时生成了钣金面和弯曲部位。

3.5.2.3 拉伸成型

拉伸成型是将包含直线、圆弧等几何元素的草图拉伸为钣金。具体操作方法如下:

(1)在钣金设计窗口中单击工具栏中的【Extrusion】按钮。

(2)选择进行拉伸的草图轮廓,则弹出如图 3-432 所示的对话框。本例选择新建立的 Sketch.1 草图。

(3) 对话框中含有两个选项卡,【First Limit】对应预览图中的 Limit 1;【Second Limit】对应预览图中的 Limit 2,两个选项卡的内容和设置方法相同。【Type】输入栏中含有 3 种确定拉伸边界的方式,Dimension 是通过设置尺寸 Length 来确定拉伸边界。如图 3-433 所示,在 First Limit 选项页设置 Length 1 为 30mm,在 Second Limit 选项页设置 Length 2 为 20mm。草图轮廓的每个组成元素,例如直线、圆弧生成单独的钣金面,图中特征树的 Extrusion 节点中包含了 5

个钣金面(Wall)。选中 Mirrored Extent 钣金拉伸以草图平面为对称面,以【Length 1】一边长度,生成对称的钣金件。选中 Symmetrical Thickness 复选框,表示草图平面为对称面,表示草图位于钣金件的中面上。如图3-434所示,图中【Length 1】设置为10mm,默认厚度为2mm。

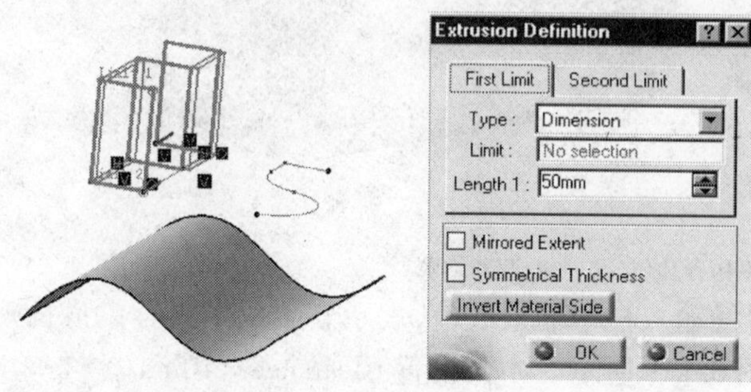

图3-432 拉伸定义对话框

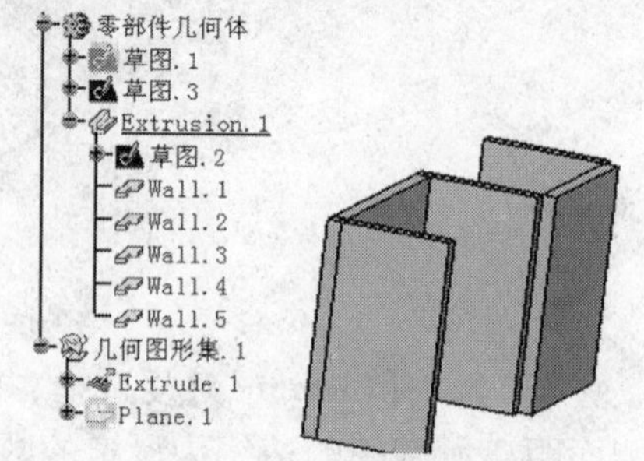

图3-433 用尺寸确定拉伸边界

(4)在【Type】下拉框中选择 Up to Plane,并选择一个平面添入【Limit】输入栏中。本例选择 Plane.1 添入【Limit】中,作为拉伸边界,如图3-435所示。

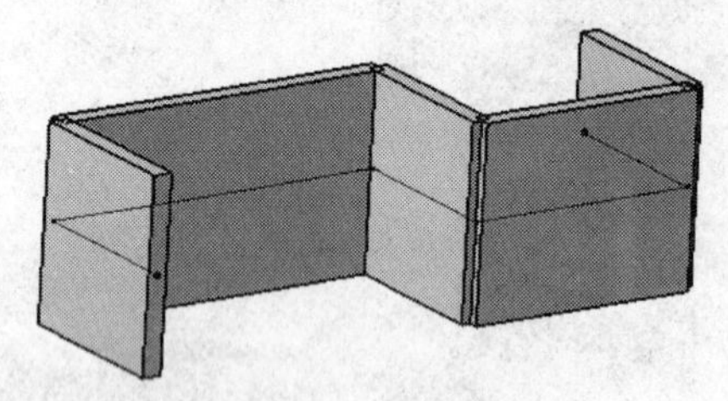

图3-434 向两侧拉伸

图3-435 设置拉伸边界

(5)在【Type】下拉框中选择 Up to Surface,选择 Extrude.1 作为拉伸边界添入【Limit】中,所得结果如图3-436所示。图中的 Limit 1 表示第一个拉伸边界。

(6)如果选择的草图轮廓含有圆弧,那么只能选择 Dimension 作为拉伸类型。本例选择 Sketch.3 进行拉伸,所得结果如图3-437所示。

图3-436 设置曲面为拉伸边界

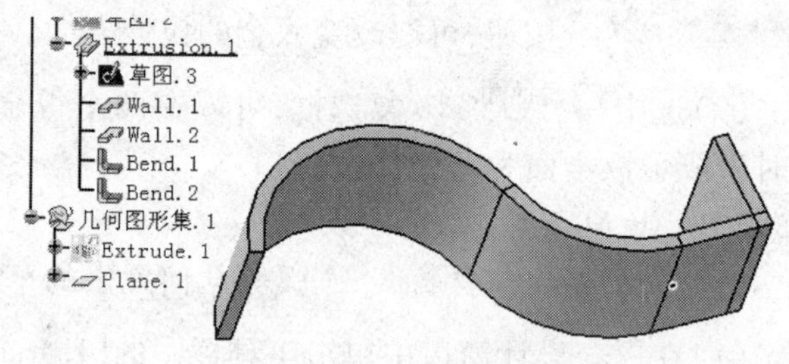

图3-437 有圆弧的拉伸

(7)可以以独立的圆弧或者封闭的圆拉伸成为圆管等钣金件。在草图设计中绘制一个圆形轮廓,并对其进行拉伸,拉伸的方式只能选择 Dimension,所得结果如图3-438所示。在特征树中用特殊的符号来表示圆形拉伸生成的钣金件。

3.5.2.4 钣金分离

对于基于边线成型和拉伸成型的钣金件,拉伸后的部件可以进行分离成为单独的钣金面,如图3-439所示。钣金分离的具体操作步骤如下:

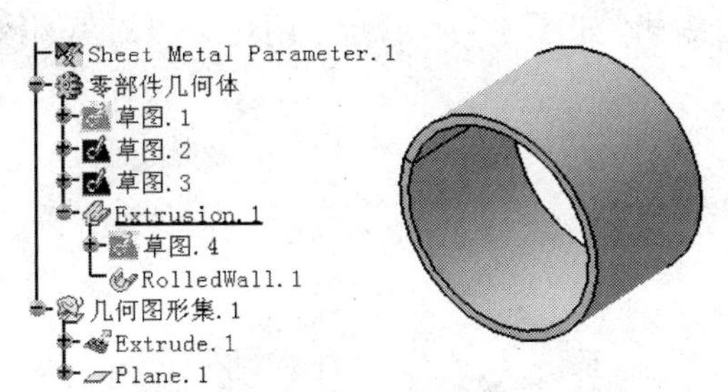

图 3-438　独立圆弧拉伸

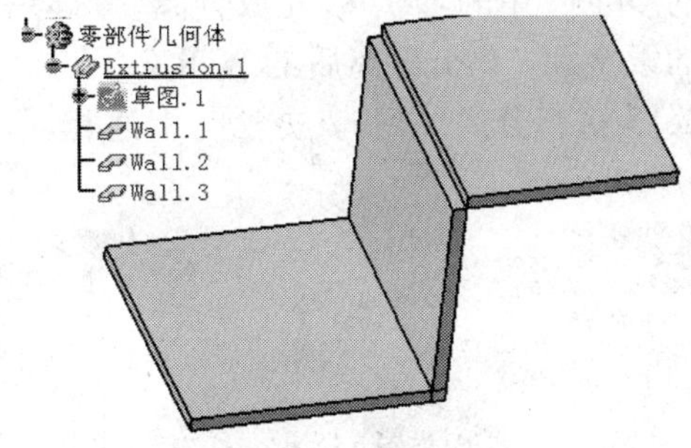

图 3-439　分离钣金

(1)在特征树中的 Extrusion.1 object,选择 Isolate,系统会弹出如图 3-440 所示的对话框,要求用户选择拉伸件中的一个钣金面作为不动的钣金面。选择 Wall.1 输入对话框,单击【OK】按钮返回,结果如图 3-441 所示。被选择作为参考面的钣金面(Wall.1)位置不变,其他钣金面的位置发生了平移。所有钣金面均生成了自己的草图和坐标系,而原来的草图轮廓独立出来(Sketch.1)。钣金面之间生成了重合约束及角度约束。

图 3-440　【隔离】对话框

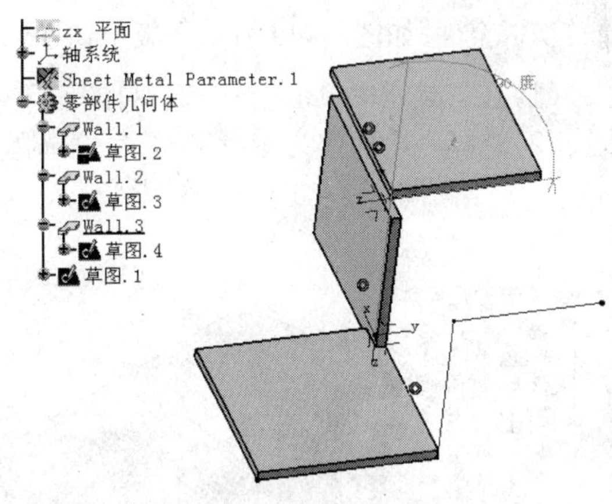

图 3-441　选择位置不动的钣金

(2)分离后的钣金面可以进行编辑。双击 Wall.1,单击 Profile 中的【草图】按钮(图 3-442),转入草图设计,编辑,退出草图设计。对其他钣金面也进行编辑修改,结果如图3-443所示。

图 3-442　钣金面定义对话框

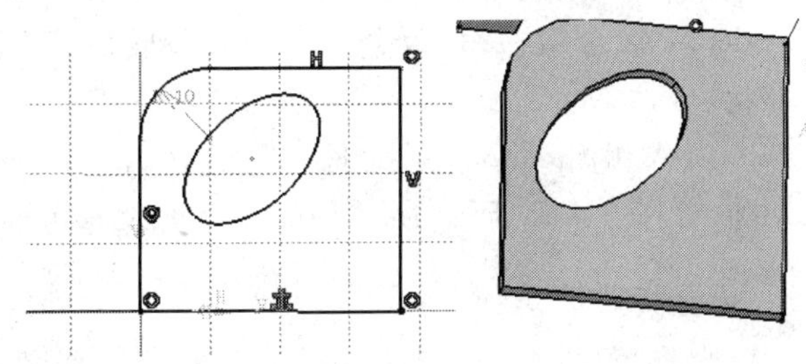

图 3-443　草绘定义钣金面

(3)基于边线的钣金成型也可以将钣金进行分离,如图 3-444 所示。

(4)在特征树中 Wall On Edge.1 上单击鼠标右键,在弹出的菜单中选择 Wall On Edge.1

中的 Object 中的 Isolate,完成分离,分离后的钣金面位置不变。Wall.2 和 Bend.1 分离成为单独的钣金面。双击分离后的 Wall.2,可以对其进行编辑,如图 3-445 所示。用户可以对 Wall On Edge.3 进行分离练习,其方法与上述相同。

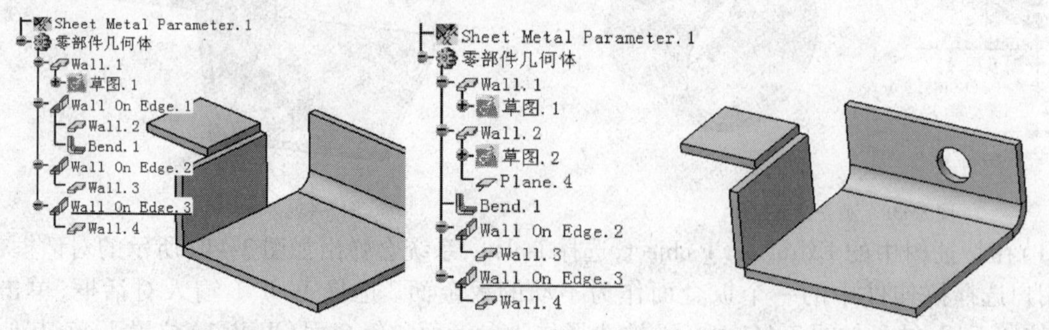

图 3-444　基于边线的钣金成型　　　　图 3-445　编辑分离后的钣金面

3.5.2.5　钣金识别

对于零件设计中生成的零件,可以利用钣金识别(Walls Recognition)将其中的零件薄壁转换钣金件,如图 3-446 所示。钣金识别的具体操作步骤如下:

(1)在工具栏中单击【钣金识别】按钮。

(2)选择一个面作为参考平面,本例选择底面作为参考面,系统弹出如图 3-447 所示的对话框。

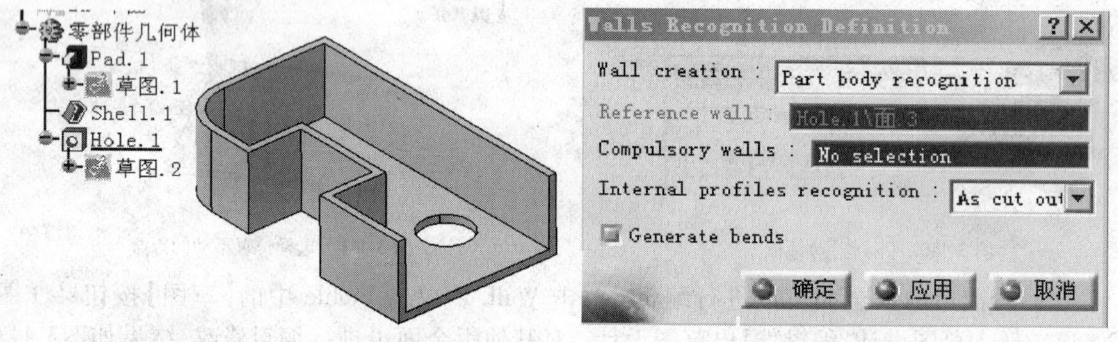

图 3-446　转换零件薄壁为钣金　　　　图 3-447　钣金识别定义对话框

(3)保持默认状态,单击【OK】按钮,完成钣金识别,结果如图 3-448 所示。生成的 Walls Recognition.1 钣金组,每个钣金面具有草图轮廓,双击草图轮廓可以对其进行编辑,修改钣金面的形状。

(4)在【Wall Creation】下拉框中选择 Only selected faces,表示只识别选中的面,将没选中的面切除,如图 3-449 所示,所选择的 3 个面及参考面转换为钣金面,其他部分移除。

3.5.3　钣金折弯

钣金折弯(Bends)是在两个钣金平面之间增加一个圆角,使得两个钣金面光滑过渡。本节主要介绍几种建立钣金折弯的方法,包括两面之间的定半径折弯 、变半径折弯、基于直线的折弯等。

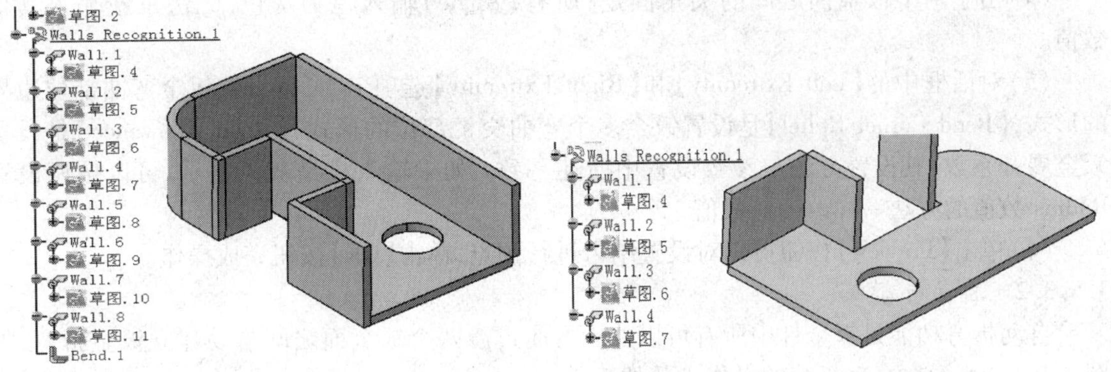

图 3-448　生成的钣金组　　　　图 3-449　只转换选中面为钣金面

3.5.3.1　两面折弯

两面折弯是在已有的两个钣金面添加一个半径过渡，如图 3-450 所示。操作步骤如下：

(1)在工具栏中单击【Bend】按钮，系统弹出【Bend Definition】对话框，单击对话框中的【More】按钮，对话框展开如图 3-451 所示。

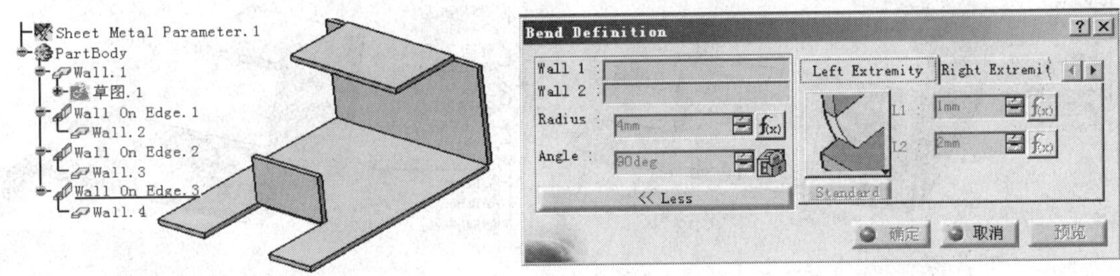

图 3-450　两面折弯实例　　　　图 3-451　弯曲定义对话框

(2)选择两个钣金面输入对话框中的【Wall 1】和【Wall 2】输入栏。本例中选择 Wall 2 和 Wall 3。几何显示区如图 3-452 所示。

(3)在默认状态下，弯曲半径是在参数设置中用户设定的半径值，而【Radius】输入栏是灰色显示，无法输入对话框无法输入其他数值。用户可以在【Radius】输入栏是灰色显示，无法输入其他数值。用户可以在【Radius】输入栏是灰色显示，无法输入其他数值。用户可以在【Radius】输入栏中单击鼠标右键，在弹出的菜单中选择 Formula Deactivate，如图 3-453 所示，此时【Radius】输入栏变为白色，可以输入任意数值。

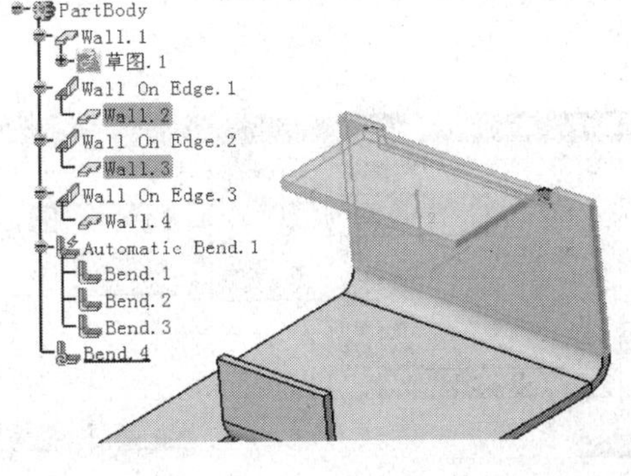

图 3-452　选择钣金面

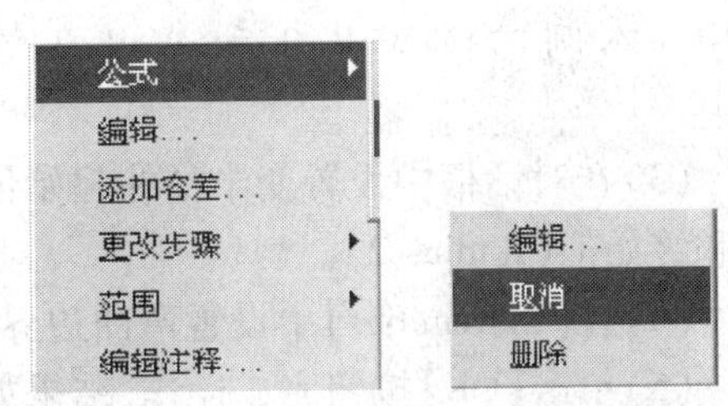

图 3-453　右键列表修改 Radius 设置

（4）由于两个钣金面之间的夹角固定，所有【Angle】输入栏为灰色，无法重新输入其他数值。

（5）对话框中的【Left Extremity】和【Right Extremity】选项卡，可以设置钣金弯曲部位边界的形式，【Bend Corner Relief】是设置钣金多个弯曲交汇部位的形式，【Bend Allowance】是设置钣金展开系数，其设置方法与参数设置中所述一致。如果输入栏是灰色显示，可以按照设置 Radius 数值的方法一样改变其数值。

（6）单击【Preview】按钮可以对设置结果进行预览，单击【OK】按钮完成操作。

3.5.3.2 自动折弯

自动折弯功能是钣金件中所有可以建立弯曲过渡两个钣金面之间自动建立钣金折弯，如图 3-454a）所示。自动折弯的操作步骤如下：

（1）在工具栏中单击【自动折弯（Automatic Bends）】按钮。

（2）系统在可以形成折弯的部位建立折弯，如图 3-454b）所示。

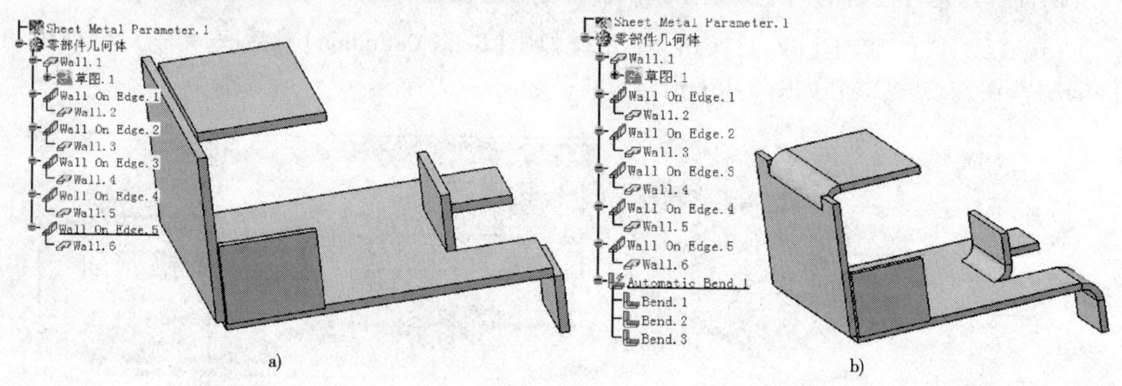

图 3-454 自动折弯命令

（3）如果存在多个弯曲交汇，那么系统不生成与弯曲交汇部位，用户需要用 3.5.3.1 节所述的方法建立折弯。

（4）可以双击自动生成的折弯，弹出【Conic Definition】对话框，按照 3.5.3.1 节对折弯进行编辑。

3.5.3.3 变半径折弯

变半径折弯（Conic Bend）功能是在两个钣金面之间建立一个变半径过渡，半径的变化是按二次曲线变化。变半径折弯的操作步骤如下：

（1）在工具栏单击【变半径折弯】按钮，系统弹出【Conic Bend Definition】对话框，单击【More】按钮，展开结果如图 3-455 所示。

（2）选择两个钣金面输入【Wall 1】和【Wall 2】栏中。本例选择 Wall. 2 和 Wall. 3 添入输入栏中。

（3）在对话框中设置变半径的起始值（Radius 1）和终始值（Radius 2）。

（4）在【Extremities】中设置弯曲边界的形式。

（5）单击【OK】按钮完成操作，结果如图3-456所示。在特征树中增加了 Conic Bend 节点。

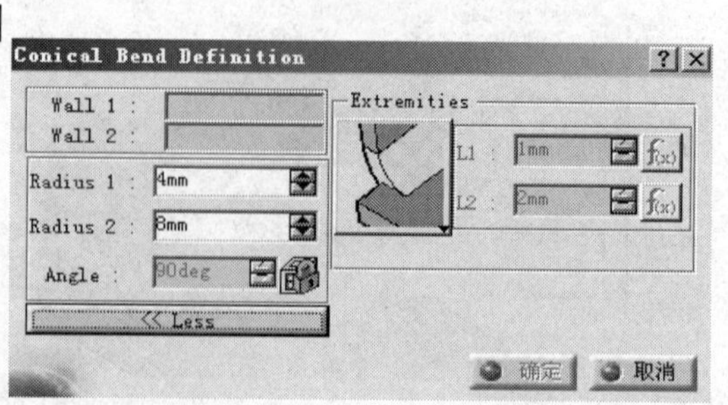

图 3-455 变半径折弯对话框

3.5.3.4 平板折弯

平板折弯(Bend from Flat)功能通过基于钣金平面的草图中的直线将平板弯曲,如图 3-457 所示。平板折弯操作步骤如下:

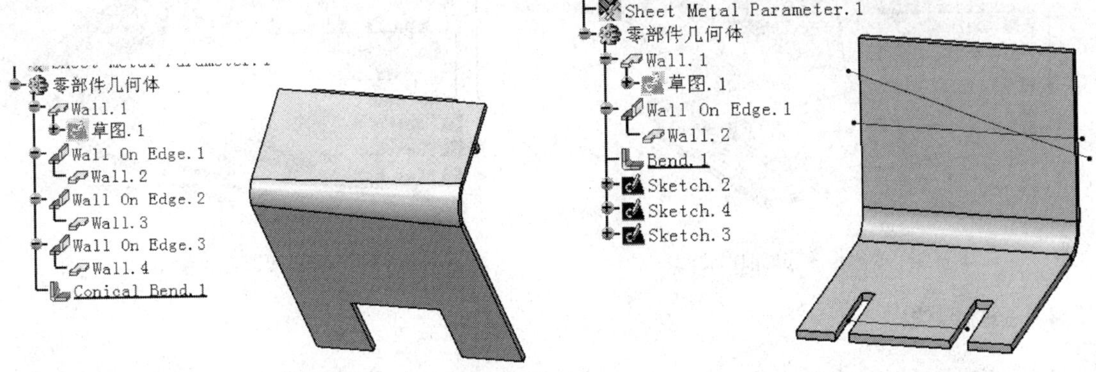

图 3-456 变半径折弯后的钣金件

图 3-457 平板折弯实例

(1)在工具栏中单击【平板折弯】按钮,系统弹出如图 3-458 所示的对话框。

(2)选择一个草图填入【Sketch】输入栏中。本例选择 Sketch.3 填入输入栏。【Sketch】中只能含有一条直线,同时不能含有其他元素。

(3)在【Sketch】输入栏后面含有两个按钮,表示折弯按照所选择草图中的直线延长到草图所基于的钣金面的范围进行;表示按照直线的实际长度进行折弯。本例选择延长折弯。

(4)【Radius】输入栏中呈现灰色的数值是用户在参数设置时设定的默认弯曲半径值,用户可以在输入栏中单击鼠标右键,弹出的菜单中选择【Formula】→【Deactivate】取消原来的设置,如图 3-459a)所示。此时用户可以在输入栏中设置任意的弯曲半径,或者再次单击鼠标右键,选择弹出菜单中各项功能设置弯曲半径,如图 3-459b)所示。

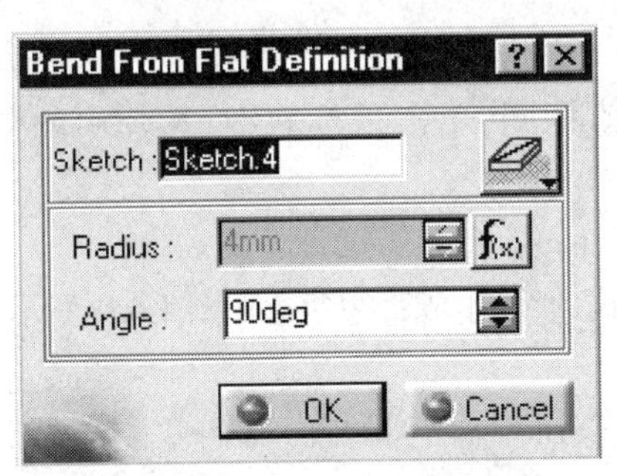

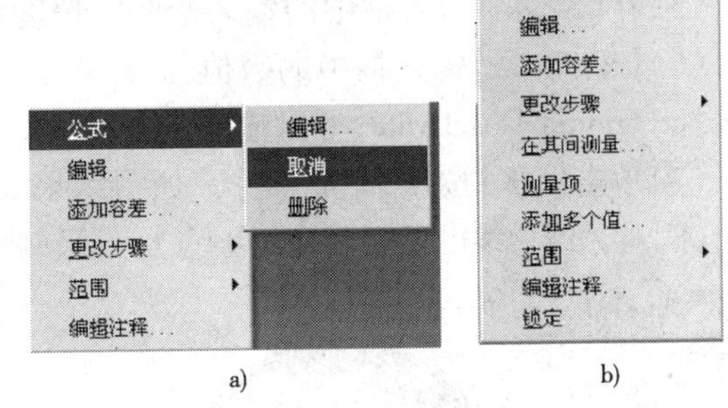

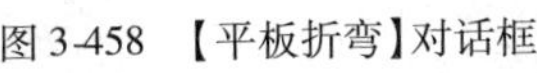
图 3-458 【平板折弯】对话框

图 3-459 取消默认 Radius 值

(5)【Angle】输入栏弯曲的角度,角度范围为(-180,180)。

(6)单击【OK】按钮完成弯曲,结果如图 3-460 所示。

(7)草图中的直线可以是任意方向。选择 Sketch.4 作为弯曲脊线,设置角度为-120°。结果如图 3-461 所示。

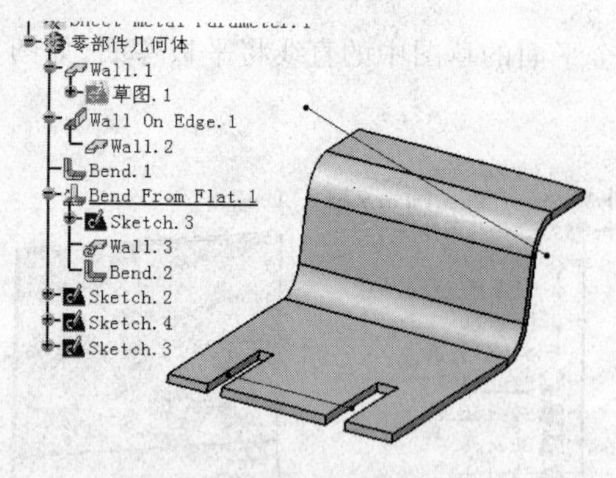

图 3-460　平板折弯完成的钣金

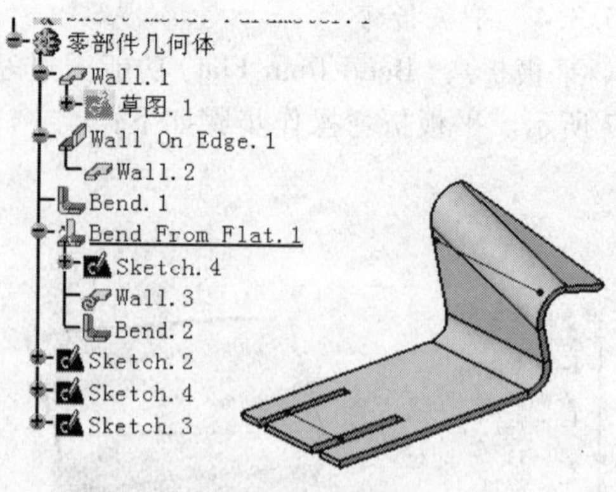

图 3-461　更改弯曲脊线

3.5.4　扫掠弯边

扫掠弯边是通过设定扫掠脊线生成弯边。弯边轮廓可以是直线、特定形状或者用户自定义形状。

3.5.4.1　直边弯边

直边弯边(Flange)，是通过指定钣金面上的边线作为脊线来建立一定角度、一定半径的直边弯边。直边弯边操作步骤如下：

(1)在工具栏中单击【直边弯边】按钮，系统弹出如图 3-462 所示的对话框。

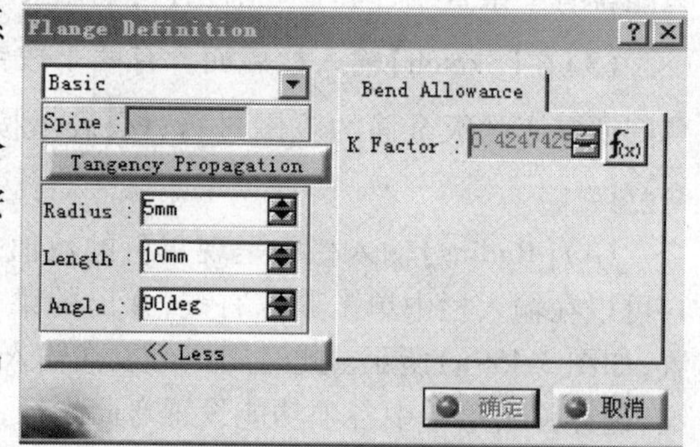

图 3-462　直边弯边对话框

(2)选择需要建立直边弯边的边线，填入【Spine】输入框中。单击 Tangency Propagation 按钮可以选择与已选择边线相切的其他边线。

(3)在【Radius】输入框中输入弯边的半径，在输入栏中单击鼠标右键，可以在弹出的菜单中选择相应的确定弯曲半径的方式。

(4)在【Length】输入框中输入直边的长度。

(5)在【Angle】输入框中的输入弯曲的角度。

(6)【K Factor】输入框中的数值与参数设置中的数值相同，单击鼠标右键，在弹出的菜单中选择 Formula Deactivate，可以输入需要的展开系数。

(7)单击【OK】按钮，完成操作。所得结果如图 3-463 所示。

(8)样条线边线也可以生成直边弯边。选择例中的样条线边线，生成直边弯边如图 3-464 所示。

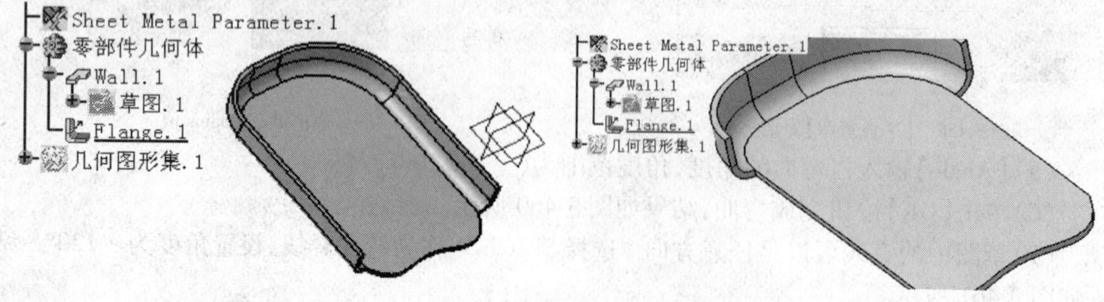

图 3-463　钣金实例

图 3-464　直边弯边

(9)不连续的边线和比相切的多条边线不能同时生成直边弯边。

(10)在对话框中选择 Relimited,对话框出现【Limit 1】和【Limit 2】两个输入栏,如图 3-465 所示,它们用于设定扫掠弯边的边界。

(11)选择两个点填入对话框中的【Limit 1】和【Limit 2】中,结果如图 3-466 所示。

(12)可以选择平面与脊线的交点作为边界,但平面与脊线的交点只能有一个,否则出错,如图 3-467 所示,选择两个平面作为扫掠边界。

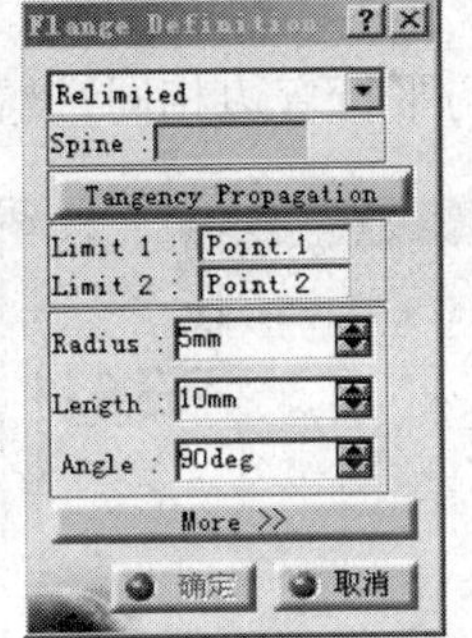

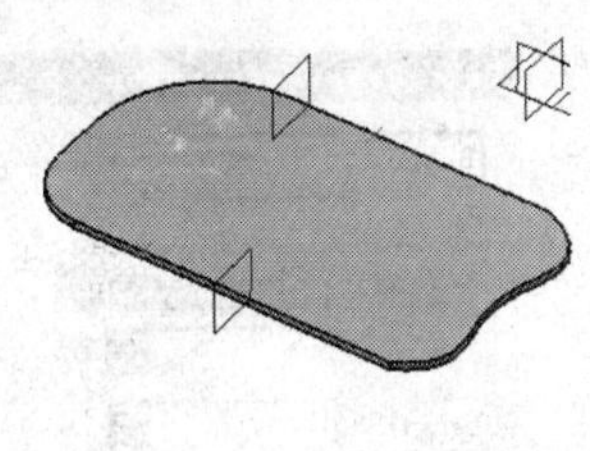

图 3-465 设定扫掠弯边的边界

3.5.4.2 平行弯边

平行弯边(Hem)与直边弯边类似,只是弯曲之后的直边与建立弯边的钣金面平行。平行弯边的操作步骤如下:

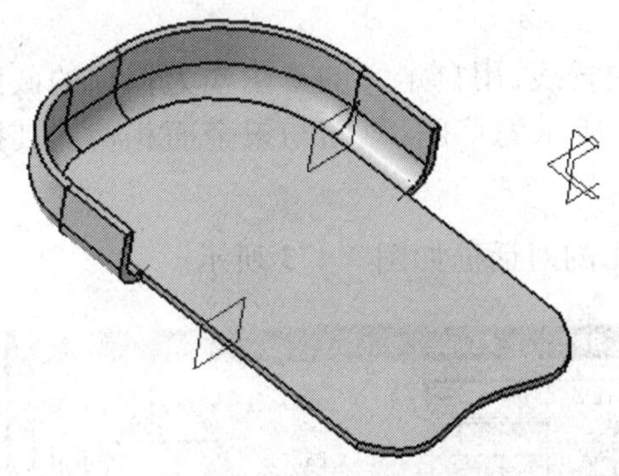

图 3-466 操作完成后的钣金

图 3-467 选择两个平面作为扫掠边界

(1)在工具栏中单击【Hem】按钮 ,弹出如图 3-468 所示的对话框。

(2)【Hem Definition】对话框的设置方法与【Flange Definition】对话框的设置方法相同。需要选择建立平行弯边的边线,设置弯曲半径(Radius)和直边长度(Lenght),平行弯边如图3-469所示。

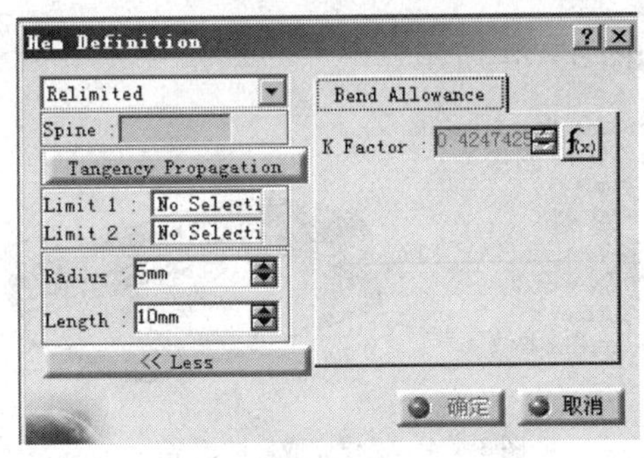

图 3-468 平行弯边对话框

图 3-469 平等弯边操作

(3)生成 Relimited 类型的平行弯边的方法与 3.5.4.1 节直边弯边的方法相同,同样可以指定脊线上的点或者平面来限制平行弯边的边界。

3.5.4.3 滴状翻边

滴状翻边(Tear Drop)是一种特殊形状的弯边,弯曲后直边与钣金面相接,其操作方法与直边弯边相同。具体操作步骤如下:

(1)在工具栏中单击【Tear Drop】按钮 ，系统弹出如图 3-470 所示的【Tear Drop Definition】对话框。

(2)对话框中的内容与平行弯边相同，设置方法也相同。滴状弯边如图 3-471 所示。

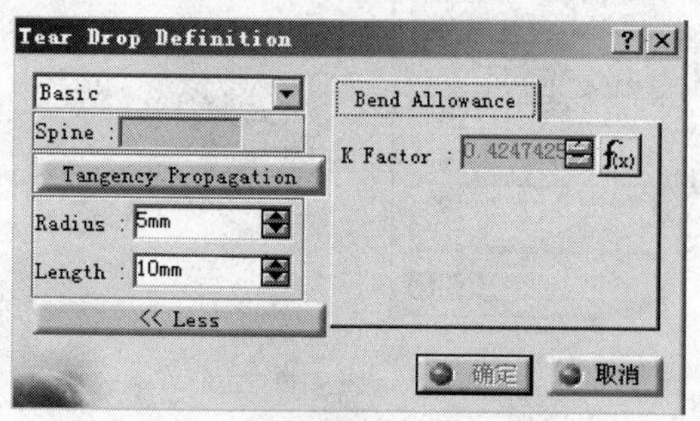

图 3-470 【滴状翻边】对话框

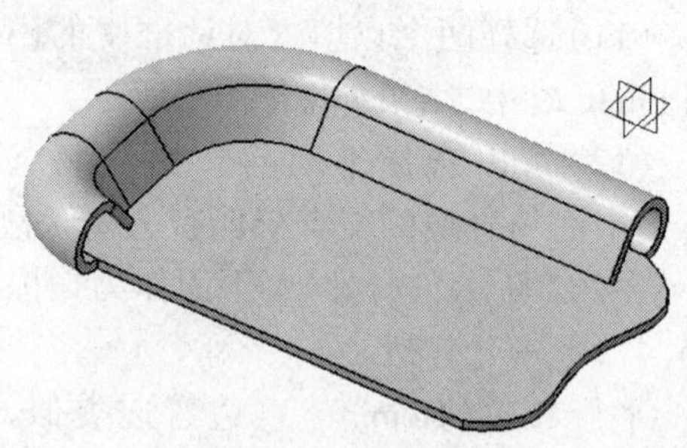

图 3-471 滴状弯边操作

3.5.4.4 自定义弯边

自定义弯边是通过指定钣金边线作为扫掠弯边的脊线，用自定义的草图作为扫掠的截面线。选定 yz 平面作为草图设计平面，建立如图 3-472 所示的草图，草图与钣金面相切。其操作方法如下：

(1)在工具栏中单击【自定义弯边】按钮 ，弹出的对话框如图 3-473 所示。

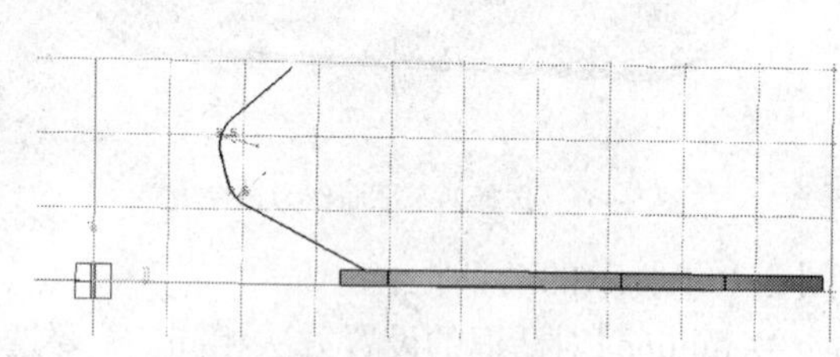

图 3-472 建立新草图

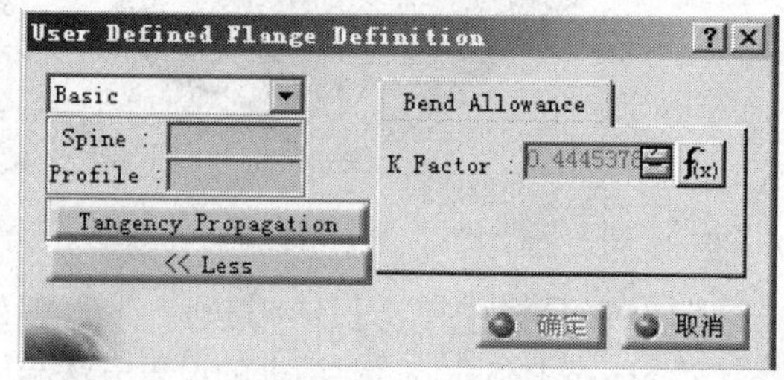

图 3-473 自定义弯边对话框

(2)选择钣金边线填入【Spine】中。

(3)选择刚刚完成的草图填入【Profile】中，结果如图 3-474 所示。

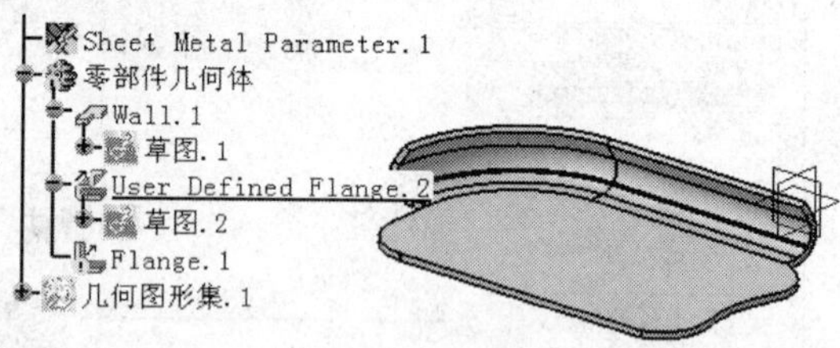

图 3-474 操作完成后的钣金

3.5.5 钣金冲压

钣金冲压是在钣金面上用冲压的方法拉伸形成各种孔、槽形状。

3.5.5.1 点冲压

点冲压(Point Stamp)功能是以点为圆心冲压生成一定半径和深度的冲压孔。点冲压的具体操作方法如下：

(1)在工具栏中单击【点冲压】按钮 。

(2)在点冲压的钣金面上单击选择冲压的位置，弹出的对话框如图 3-475 所示。

(3)在对话框中需要设置冲压的深度(Height H)、孔上部弯曲半径(Radius R1)、孔下部弯曲半径(Radius R2)、拔模角度(Angle A)和冲压最大半径(Diameter D)。单击【Apply】或者

【OK】按钮完成点冲压操作,结果如图 3-476 所示。

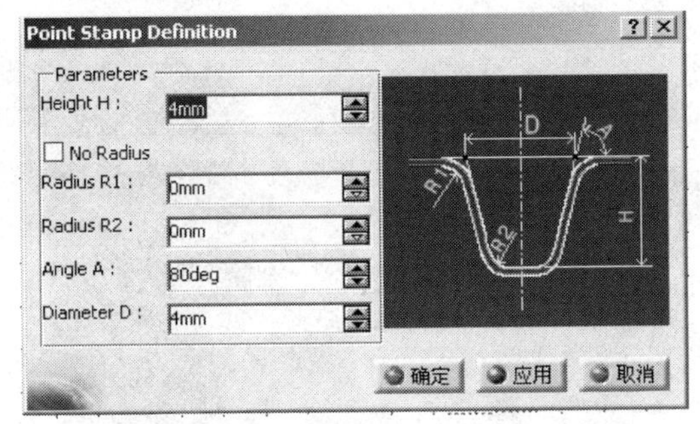

图 3-475 【点冲压定义】对话框

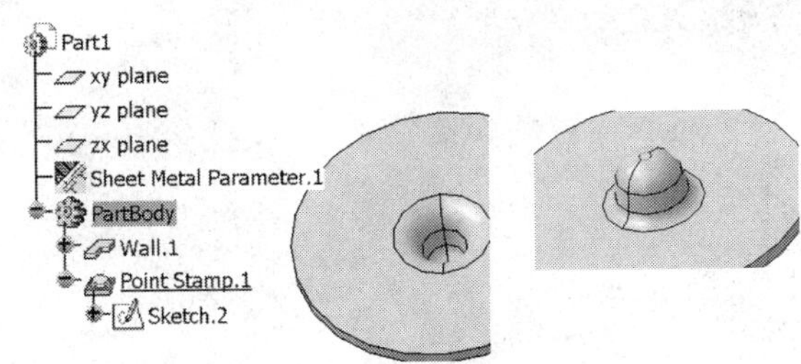

图 3-476 点冲压后的钣金

(4)在草图【Sketcher】中可以对点冲压的位置进行编辑。

(5)用户可以先在钣金面上建立草图,确定冲压位置。

(6)选中【No Radius】复选框,可以建立不含圆角的冲压孔。

(7)用户可以先在钣金面上建立草图,确定冲压位置。

(8)选中【No Radius】复选框,可以建立不含圆角的冲压孔。

3.5.5.2 冲压孔

冲压孔(Extruded Hole)功能是在钣金上冲压生成一定直径和深度的孔。冲压孔的具体操作方法如下:

(1)在工具栏中单击【Extruded Hole】按钮。

(2)在钣金面上单击孔的冲压位置,系统弹出的对话框如图 3-477 所示。

(3)在对话框中设置孔的深度(Height H)、孔与钣金面的过渡半径(Radius R)、拔模斜度(Angle A)和孔的最大半径(Diameter D)。

(4)单击【OK】按钮完成,结果如图 3-478 所示。

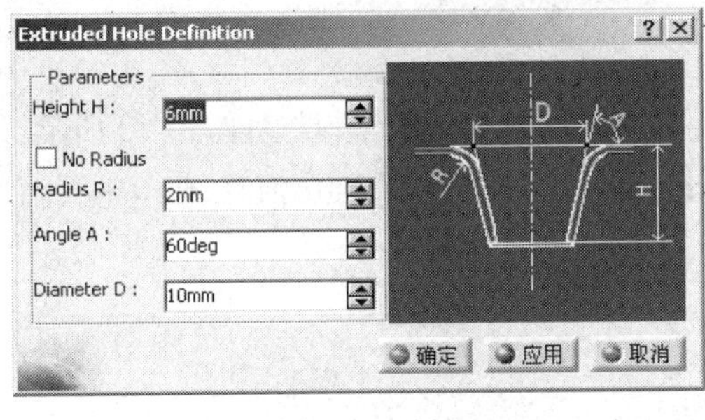

图 3-477 冲压孔定义对话框

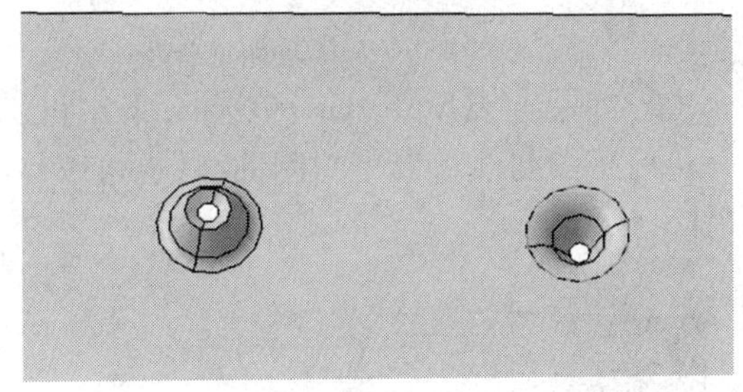

图 3-478 冲压孔操作扣的钣金

3.5.5.3 曲线冲压

曲线冲压(Curve Stamp)功能是以曲线草图为基础生成冲压部位,如图 3-479 所示。曲线冲压的操作方法如下:

(1)在工具栏中单击【Carve Stamp】按钮。

(2)如图做出需要冲压的草图。

(3)系统弹出的对话框如图 3-480 所示。

(4)在对话框中需要设置冲压深度(Height H)、冲压槽上部弯曲半径(Radius R1)、下部半径(Radius R2)、拔模斜度(Angle A)和冲压槽的宽度(Length L)样条线也可以作为冲压的基准线。曲线冲压如图 3-481 所示。

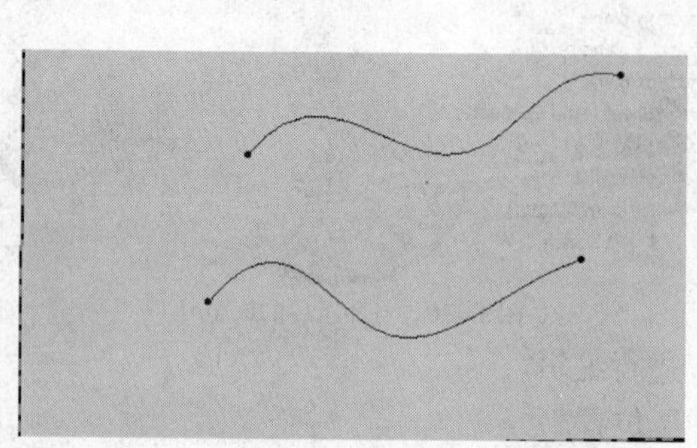

图 3-479　绘制冲压草图

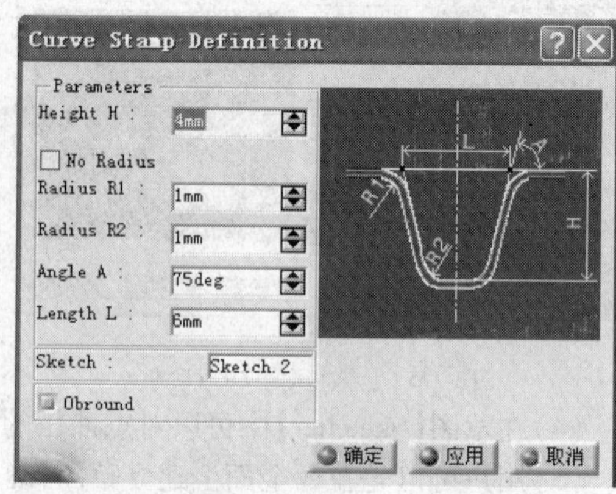

图 3-480　【曲线冲压定义】对话框

(5)如果不选中【Obround】单选框,那么冲压部位的两个端部将没有圆角,如图 3-482 所示。

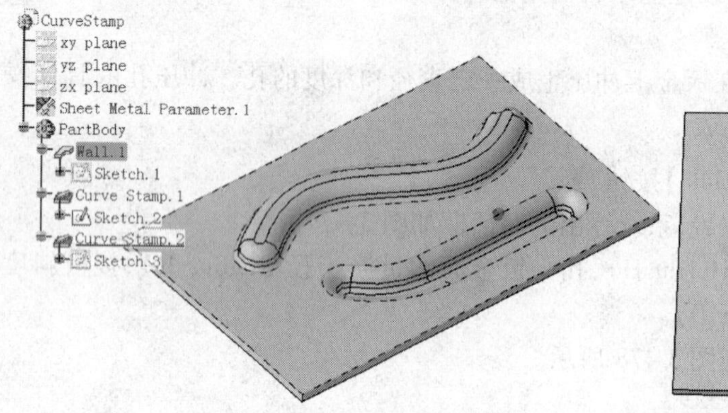

图 3-481　选中 Obround 单选框

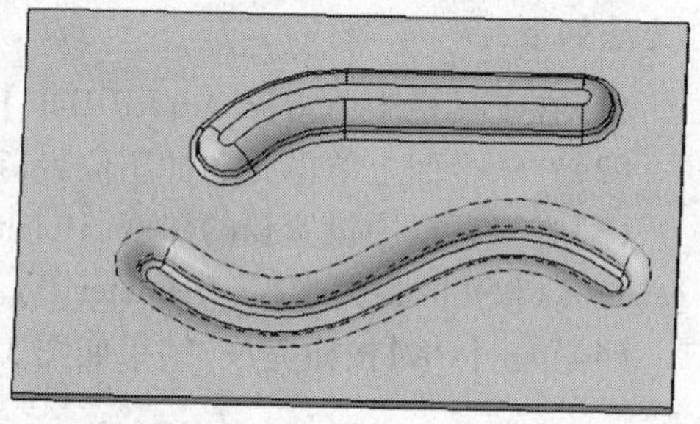

图 3-482　未选中 Obround 单选框

(6)如果选中【No Radius】单选框,那么冲压部位将直接以直边与钣金面连接,如图 3-483 所示。

(7)草图曲线可以是封闭曲线,也可以是斜率不连续的曲线,但必须几何连续。冲压结果如图 3-484 所示。

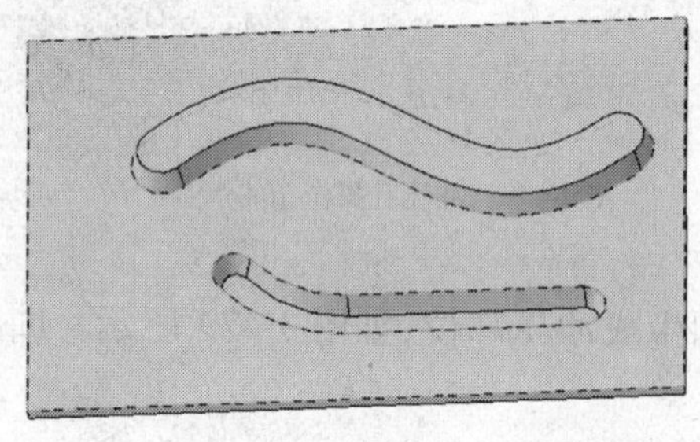

图 3-483　设置无圆角过渡

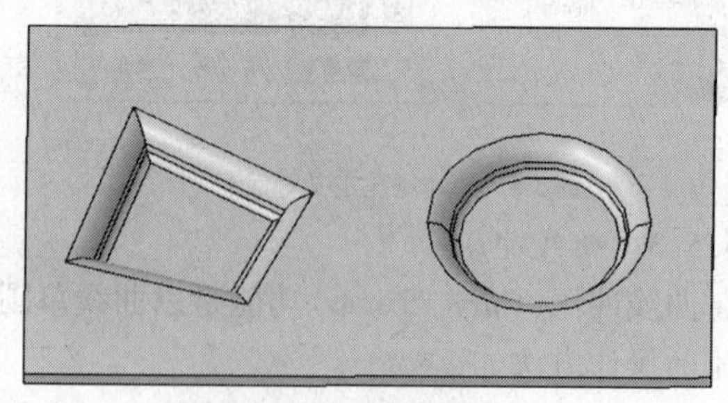

图 3-484　封闭曲线的冲压

3.5.5.4　桥接冲压

桥接冲压(Bridge)功能是在钣金面上确定一点,以该点为中心,形成桥状结构。新建一个

窗口,生成一个矩形钣金。桥接冲压的操作步骤为:

(1)在工具栏中单击【Bridge】按钮。

(2)在钣金面上单击一点,确定桥接的中心,系统弹出如图3-485所示的对话框。

(3)选择一条边填入【Angular Reference】输入栏中,作为桥接的方向。

(4)在对话框中需要去定桥接的高度(Height H)、桥接上部的弯曲半径(Radius R1)、下部的弯曲半径(Radius R2)、拔模斜度(Angle A)、桥接的宽度(Length L1)和桥接的长度(Length L2)。

(5)单击【OK】按钮完成桥接冲压,结果如图3-486所示。

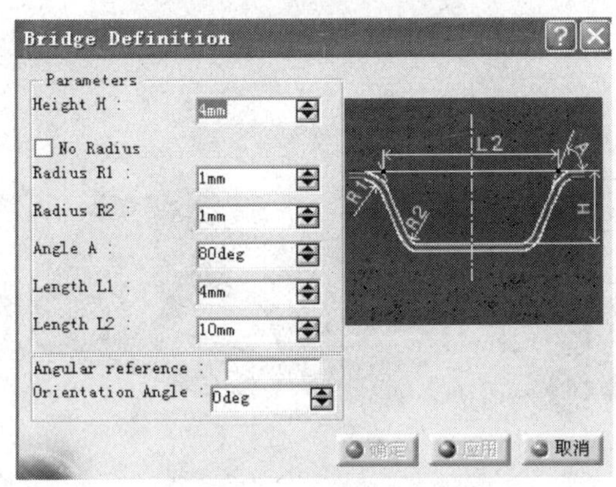

图3-485 桥接冲压定义对话框

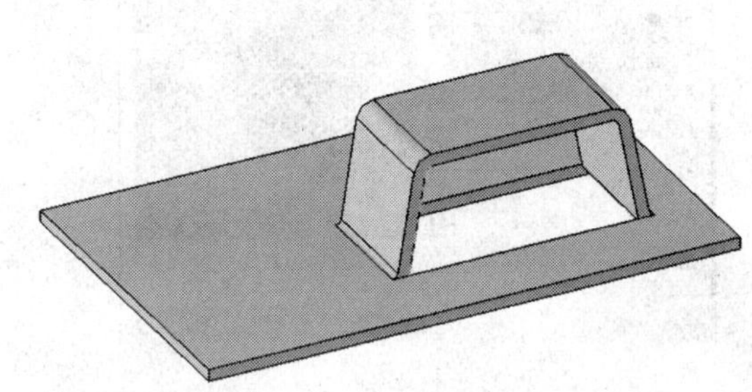

图3-486 桥接冲压的钣金

(6)在特征树中双击桥接Bridge.1节中的草图Sketch.2,可以对草图进行编辑,约束桥接的中心位置。

3.5.5.5 面冲压

面冲压(Surface Stamp)功能是以草图中封闭曲线为基础,冲压形成一个面凹槽。面冲压的操作步骤为:

(1)在工具栏中单击【Surface stamp】按钮。

(2)选择一个草图。本例选择Sketch.4。系统弹出如图3-487所示的对话框。

(3)在对话框中需要设置冲压的深度(Height H)、凹槽上部的弯曲半径(Radius R1)、凹槽下部的弯曲半径(Radius R2)和拔模斜度(Angle A)。

(4)冲压的曲线可以是斜率不连续的封闭曲线,面冲压如图3-488所示。

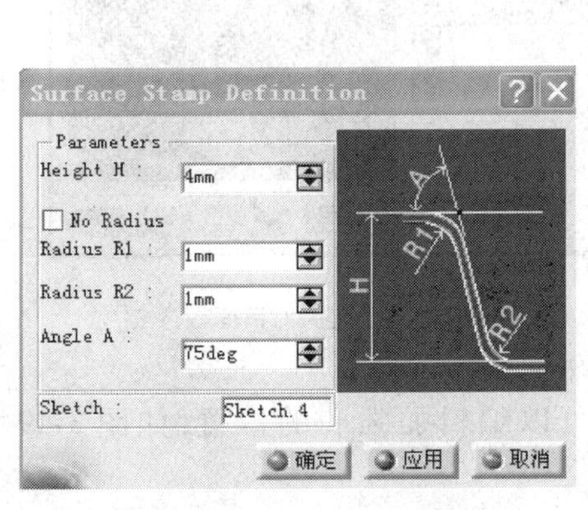

图3-487 面冲压定义对话框

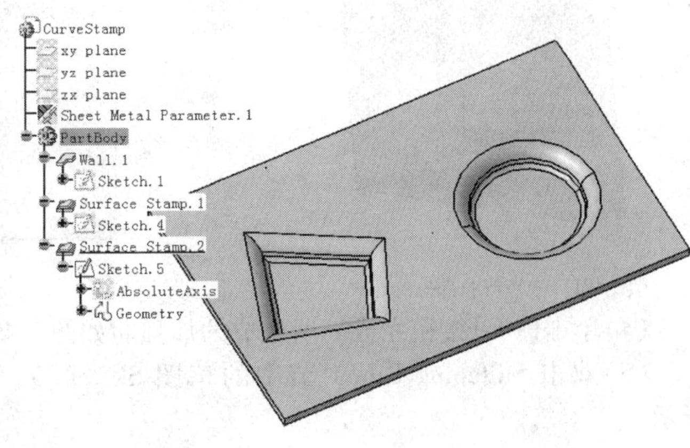

图3-488 面冲压的钣金

3.5.5.6 冲压天窗

冲压天窗(Louver)功能是以钣金面的草图轮廓为基础,建立一边开口的冲压形状。冲压天窗的操作步骤为:

(1)在工具栏中单击【Louver】按钮。

(2)选择一个草图轮廓,系统弹出如图3-489所示的对话框。

(3)对话框中需要设置冲压的最大深度(Height H)、弯曲部位的半径(Radius R1、R2)、开口部位直边的角度(Angle A1)以及与钣金相连部位的角度(Angle A2)。冲压结果如图3-490所示。

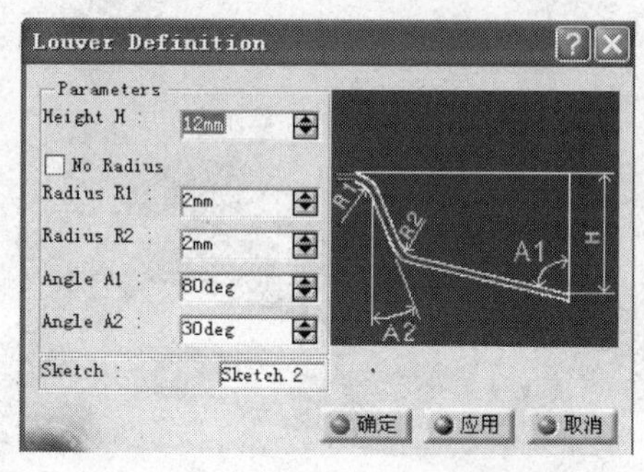

图3-489 冲压天窗定义对话框

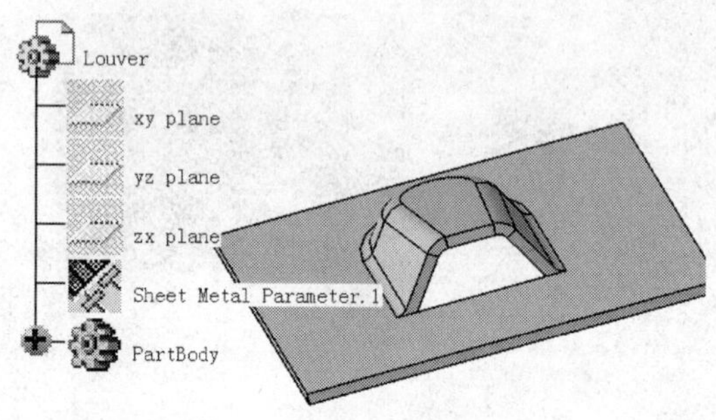

图3-490 冲压天窗后的钣金

(4)草图轮廓中存在相切关系的曲线段不能作为开口部位。

3.5.5.7 加强肋

加强肋(Stiffening Rib)功能是在钣金的折弯部位冲压形成的一个起到加强作用的肋。加强肋的操作步骤为:

(1)在工具栏中单击【Stiffening Rib】按钮。

(2)选择弯曲部位的外侧,如图3-491所示。

(3)在系统弹出如图3-492所示的对话框中,需要设置加强肋与两个钣金面的过渡圆角半径(Radius R1、R2)、加强肋的倾斜角度(Angle A)和长度(Length L)。

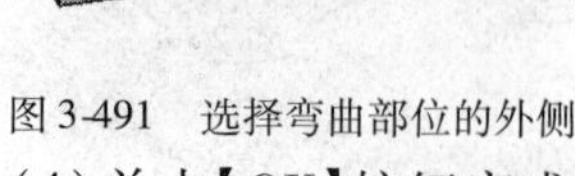

图3-491 选择弯曲部位的外侧

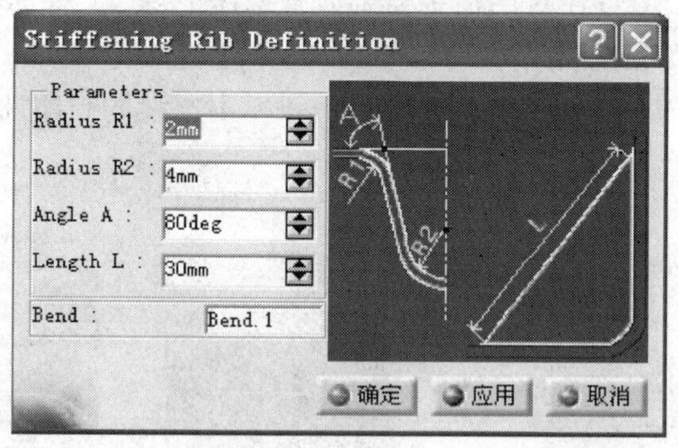

图3-492 加强肋定义对话框

(4)单击【OK】按钮完成。所生成的加强肋如图3-493所示。

(5)双击Stiffening Rib.1节中的草图Sketch.3,可以编辑加强肋的位置,如图3-494所示。

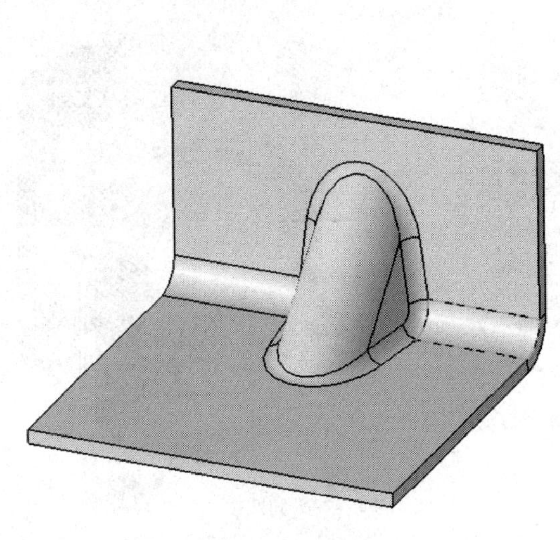

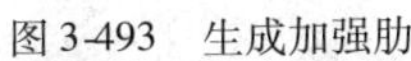

图 3-493　生成加强肋

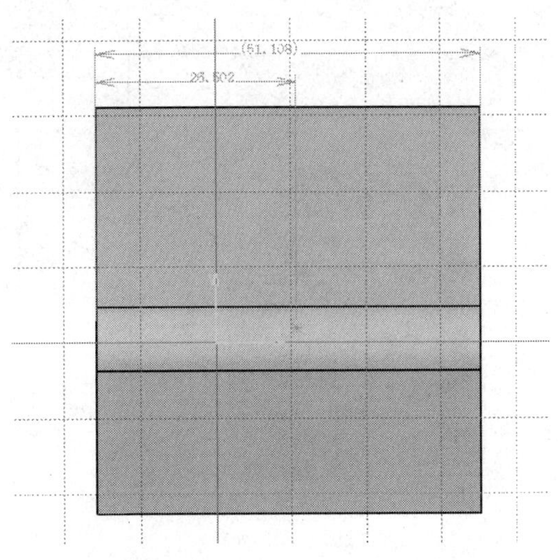

图 3-494　草绘加强肋的位置

3.5.5.8　自定义冲压

自定义冲压是指通过定义冲头(Punch)和凹模(Die)的形状,用冲头和凹模的配合来冲压形成一定形状的钣金。自定义冲压的操作步骤为:

(1)在零件设计窗口中新建一个文件,选择 Insert Body 插入一个部件实体 Punch,Punch 自动成为当前工作实体。

(2)选择 yz 平面作为草图平面,建立如图 3-495 所示的草图。

(3)用旋转功能将草图旋转生成冲头,如图 3-496 所示。冲头的方向必须与 z 轴一致。

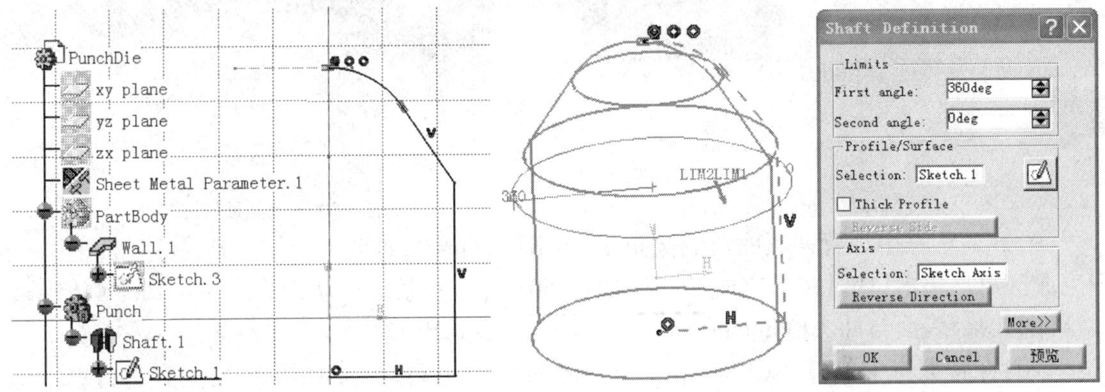

图 3-495　草绘冲压草图

图 3-496　草图旋转生成冲头

(4)按照上述方法,建立的凹模实体 Die 如图 3-497 所示。冲头和凹模的剖面图如图 3-498所示。

(5)切换到钣金设计窗口中,在【Part Body】上单击鼠标右键,在弹出的菜单中选择“Define In Work Object”,使其成为当前工作实体,然后设置钣金的参数,以给草图的钣金成型生成一个钣金面。

(6)在工具栏中单击【User Stamping】按钮。

(7)在钣金面中单击确定冲压的中心位置,系统弹出的对话框如图 3-499 所示。

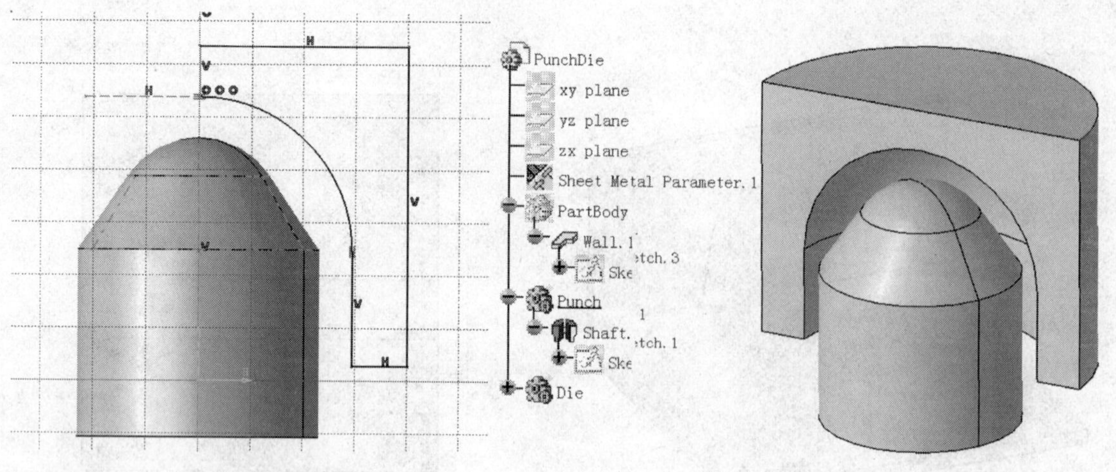

图 3-497　凹模实体　　　　图 3-498　冲头和凹模

(8)在特征树中单击 Punch 实体填入【Punch】输入框中，单击 Die 实体填入【Die】输入框中，此时几何显示了冲压的方向，如图 3-500 所示。

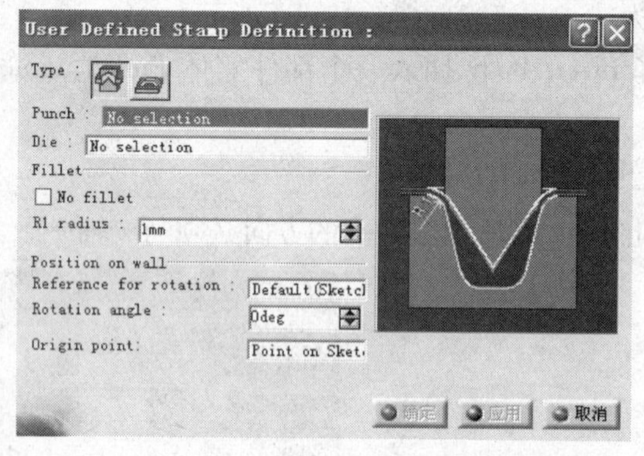

图 3-499　【自定义冲压定义】对话框

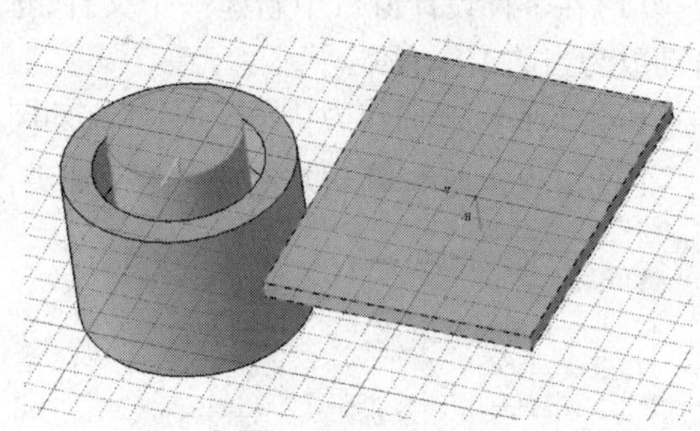

图 3-500　显示冲压方向

(9)在对话框中设置冲压的弯曲圆角半径(R1 radius)，如果选中【No Fillet】复选框，表示不生成圆角。单击【OK】按钮完成，结果如图 3-501 所示。系统自动将 Punch 和 Die 实体隐藏。冲压件的内部表面与冲头(Punch)吻合，外表面与凹模(Die)吻合。

(10)在特征树中单击 User Stamp.1 节点中的 Sketch，可以对冲压的中心位置进行编辑，如图 3-502 所示。

如果只选择冲头(Punch)，而没有选择凹模(Die)，那么冲压部位的内表面和外表面都与冲头的形状相同，如图 3-503 所示。

如果钣金比较薄，冲压时凹模就会不起到作用。将参数设置中的钣厚设置为 2mm 的结果如图 3-504 所示。

3.5.5.9　裁剪冲压

裁剪冲压(With cut out and opening)功能是指通过定义冲头(Punch)，并指定冲头中的某个面作为裁剪面裁剪去钣金中对应的部分，而冲头中比裁剪面凸出的部分冲压钣金以形成冲压形状。裁剪冲压的操作步骤如下：

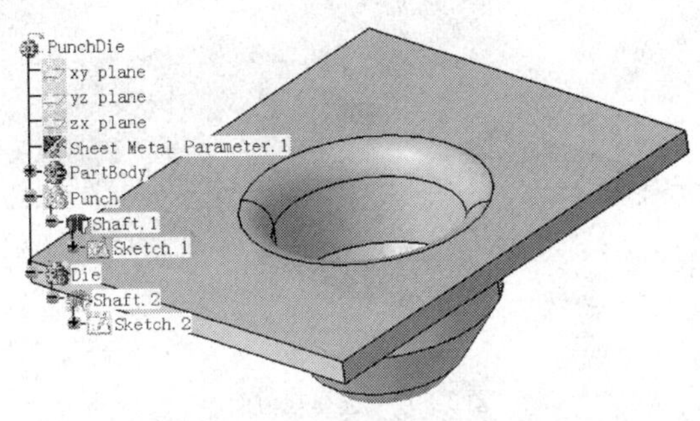

图 3-501　完成冲压的钣金

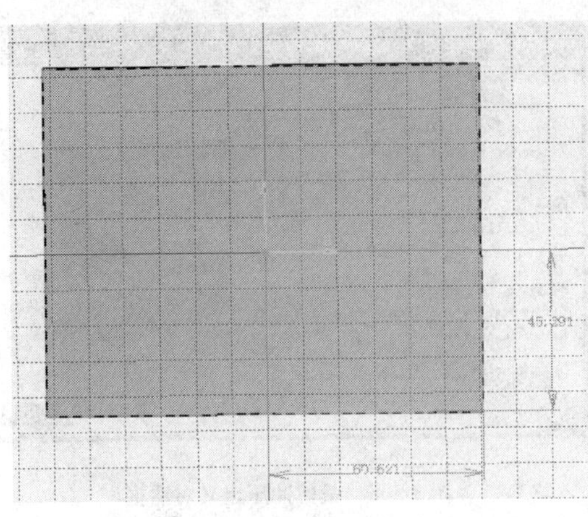

图 3-502　编辑冲压中心位置

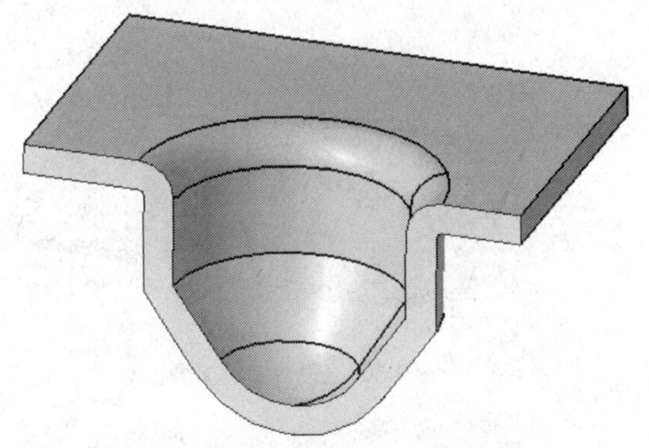

图 3-503　未选凹模的冲压结果

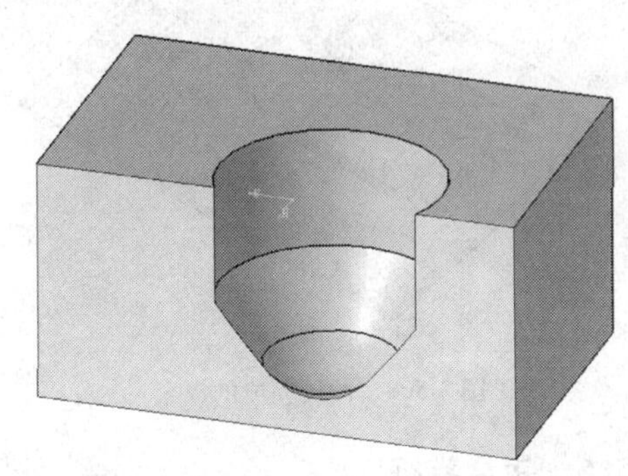

图 3-504　设置钣厚为 2mm

(1)在零件设计窗口中新建一个文件,并插入一个新的实体,命名为 Punch,设计如图 3-505所示的实体。

(2)切换到钣金设计窗口,并将【Part Body】定义为当前工作实体。设置钣金参数,并生成一个钣金面。

(3)在工具栏中单击【User Stamping】按钮。

(4)在钣金面上单击一个作为冲压的位置,系统弹出的对话框如图 3-499 所示,单击对话框中的按钮,弹出的对话框如图 3-506 所示。

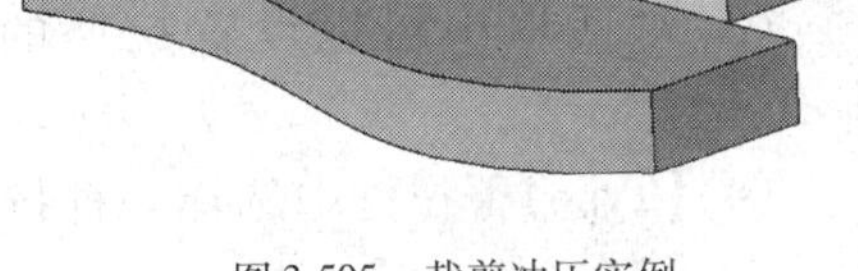

图 3-505　裁剪冲压实例

(5)在特征树中单击【Punch】填入对话框中的【Punch】输入栏中,选择需要裁剪的面填入【Face for cut out(C)】中,本例选择 Pad.1 的一个面填入输入栏中,如图 3-507 所示。在【R1 radius】中设置弯曲圆角的半径,单击【OK】按钮,结果如图 3-508 所示。

(6)对话框中的【Face for opening】设置需要开口的面。将 Pad.2 中与 Pad.1 相对的侧面选中填入【Faces for opening】中,结果如图 3-509 所示。

(7)双击 User Stamp.1 中的 Sketch,可以编辑冲压的中心。在【Rotation Angle】中设置冲压摆放的方向。

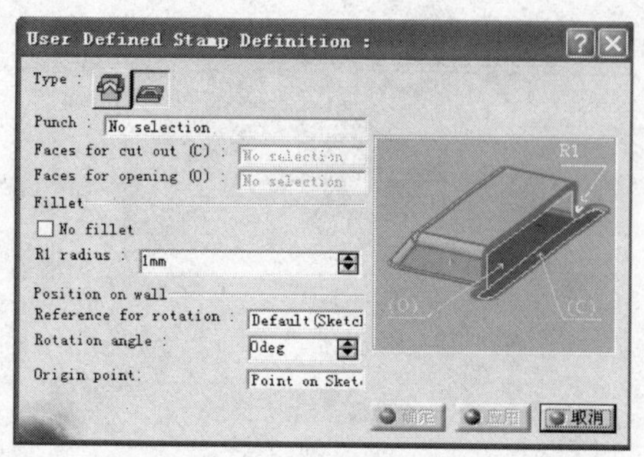

图 3-506　裁剪冲压定义对话框

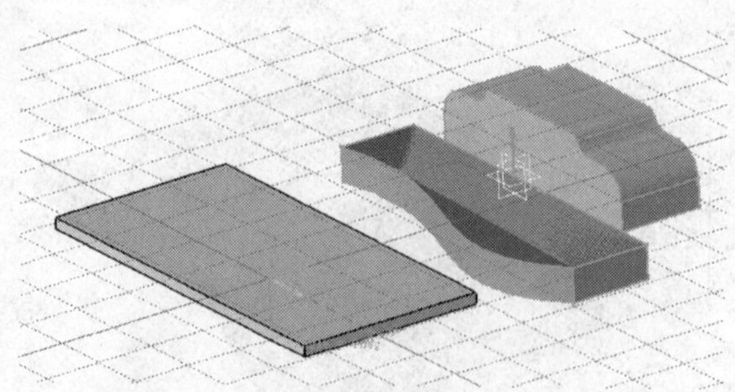

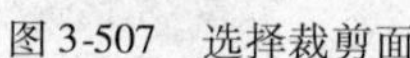

图 3-507　选择裁剪面

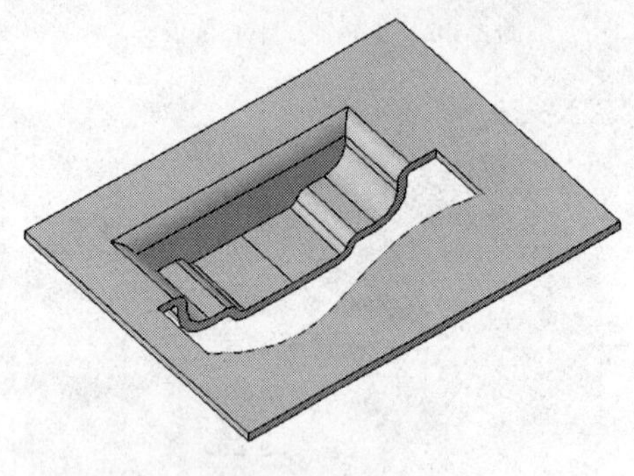

图 3-508　冲压完成的钣金

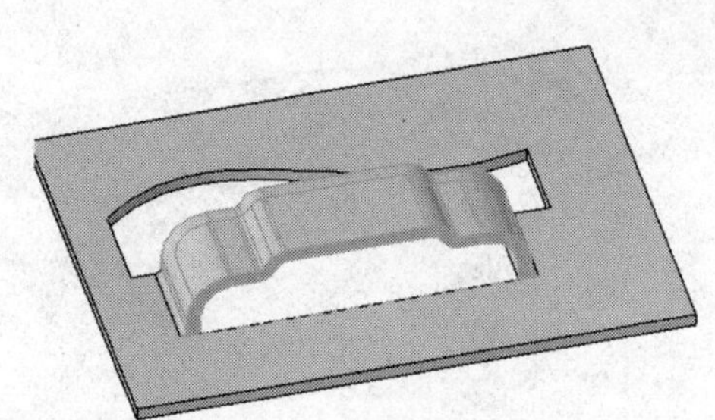

图 3-509　设置开口面的钣金

3.5.6　钣金特征

钣金特征是指在钣金中建立裁剪、阵列、倒角、倒圆角镜像等特征。

3.5.6.1　裁剪

裁剪(cutout)是指通过草图轮廓拉伸修建移去钣金件中相对应的内容,如图 3-510 所示。裁剪的操作步骤如下:

(1)在工具栏中单击【Cutout】按钮 。

(2)建立进行裁剪的草图,系统弹出的对话框如图 3-511 所示。

(3)对话框中可以设置拉伸的两个方向【First Limit】和【Second Limit】,如图 3-512 所示。

(4)【Type】下拉框中选择一种拉伸形式。其中 Dimension 是尺寸拉伸,即已知拉伸的深度,在 Length 中设定长度值,如果输入栏带有 按钮,表明拉伸长度与其它尺寸设置关联而无法重新设置。用户可以在输入栏中单击鼠标右键,在弹出的菜单中选择 Formula Deactivate 取消公式关联约束。Dimension 裁剪结果如图 3-513 所示。

(5)Up to next 裁剪方式,是指以草图所在的平面为第一个边界 Limit 1,实体的另一个面为 Limit 2,即将钣金打穿,裁剪结果与图 3-514 相同。

(6)Up to plane 裁剪方式,需要选择一个平面填入 Limit 输入栏中,该裁剪方式是以草图所在的平面为第一个边界 Limit1,以所选择的平面作为第二个边界 Limit2。

(7)Up to surface 裁剪方式,需要选择一个曲面填入 Limit 输入栏中作为第二个边界 Limit2。

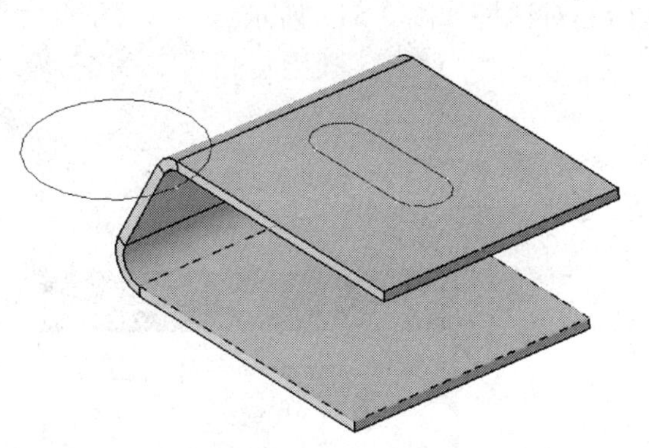

图 3-510　裁剪操作钣金实例

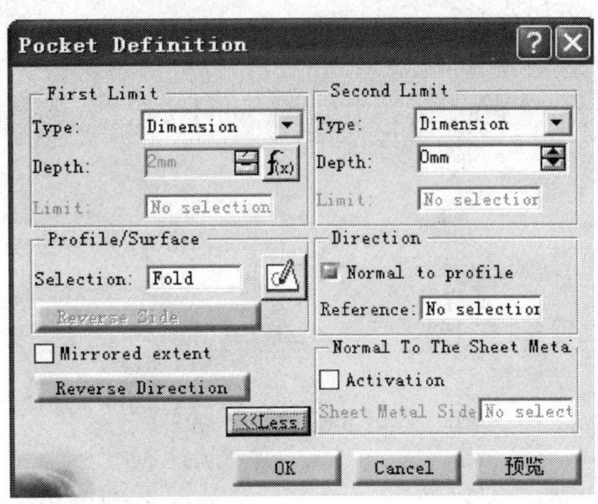

图 3-511　裁剪定义对话框

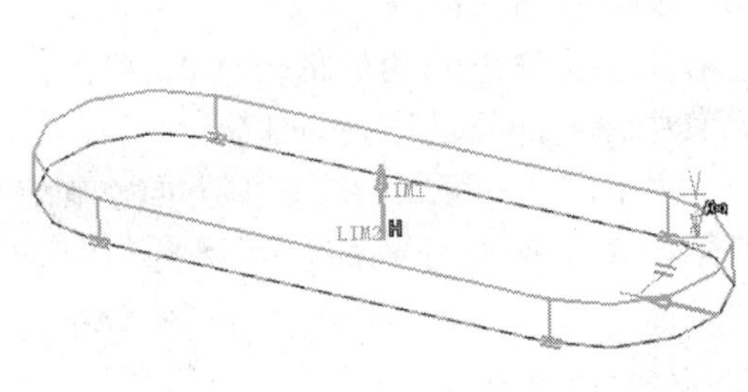

图 3-512　设置拉伸方向

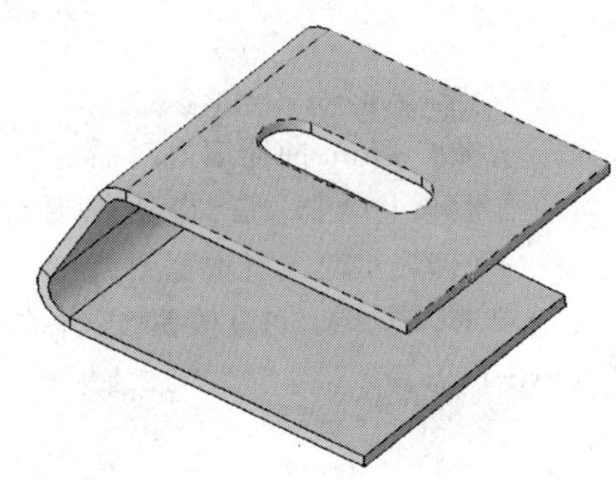

图 3-513　Dimension 式拉伸

(8)在【Direction】栏中,选中 Normal to profile 表示裁剪的拉伸方向与草图平面垂直,如果没有选中该选项,需要选择一个直线或者边线填入【Reference】输入栏中作为拉伸的参考方向。

(9)在【Normal to the sheet metal】选项中,如果选中 Activation ,并且选择钣金平面填入 Sheet metal side 输入栏中,那么表示在拉伸裁剪时与所选择的钣金面垂直。

(10)可以先将钣金展开,再进行裁剪,完成后重新折叠。在对话框中单击【Unfold】按钮,钣金展开成平面。选择 Unfold 草图作为裁剪的草图填入对话框中,裁剪后的效果如图 3-514所示。再次单击按钮,钣金重新折叠,结果与图 3-515 所示的一样。

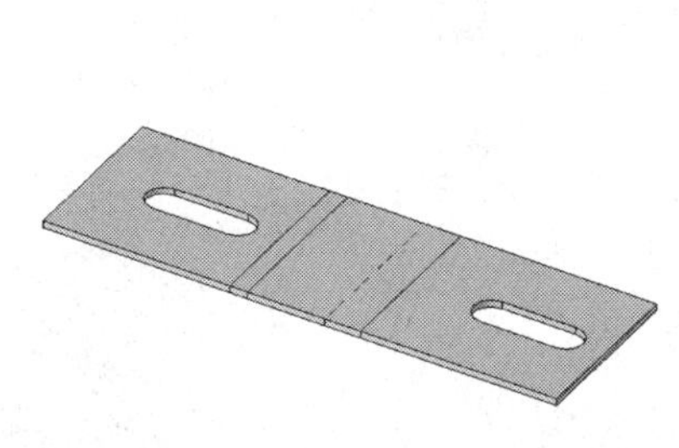

图 3-514　将钣金展开裁剪

图 3-515　拉伸到实体的另一个侧面

3.5.6.2　分割

分割(Split)功能是指利用曲面切割钣金,如图3-516所示。

(1)在工具栏中单击【Split】按钮,系统弹出的对话框如图3-517所示。

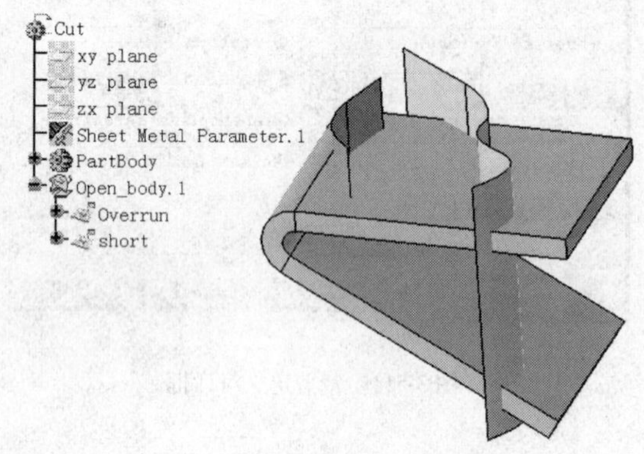

图3-516　分割钣金实例

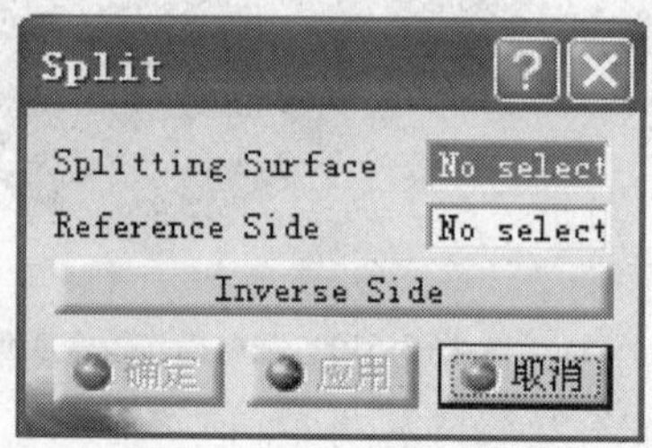

图3-517　【分割】对话框

(2)选择Overrun曲面填入对话框中的【Splitting Surface】输入框。

(3)在钣金上单击一点,确定分割保留的方向。在钣金上靠近圆角的部位单击,单击【Apply】按钮,几何显示区出现预览图,如图3-518所示,其中绿色部分是移去的部分。

(4)单击【Inverse Side】按钮,或者单击几何显示区中的箭头,可以转换切割方向。确定分割后,单击【OK】按钮完成分割,结果如图3-519所示。图中钣金分割面仍然保持与钣金面垂直。

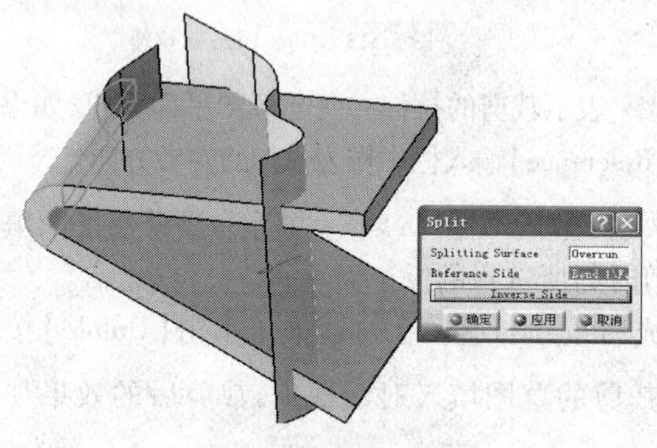

图3-518　分割预览

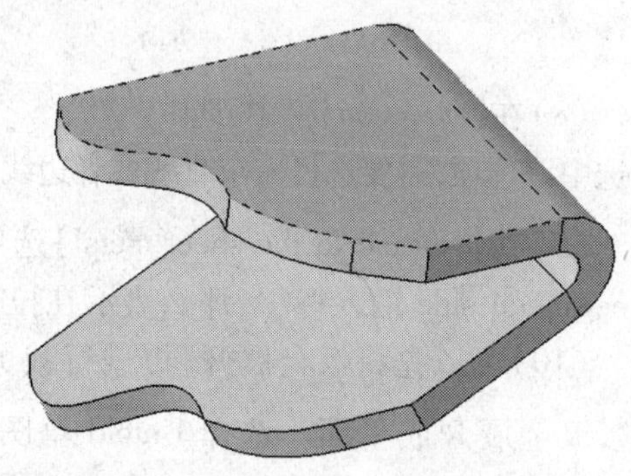

图3-519　完成分割

(5)如果分割面没有超出钣金面,那么分割面以切面延长,直到超出钣金面。选择Short分割面,分割后如图3-520所示。

3.5.6.3　阵列

阵列(Pattern)功能是指将已有的钣金特征按照某种特殊方式进行复制并排列。阵列的方式有矩形阵列、圆周阵列和自定义样式阵列3种,如图3-521所示。

1)矩形阵列

矩形阵列(Rectangular Pattern)生成的方法是:

(1)在工具栏中单击【Rectangular Pattern】按钮。

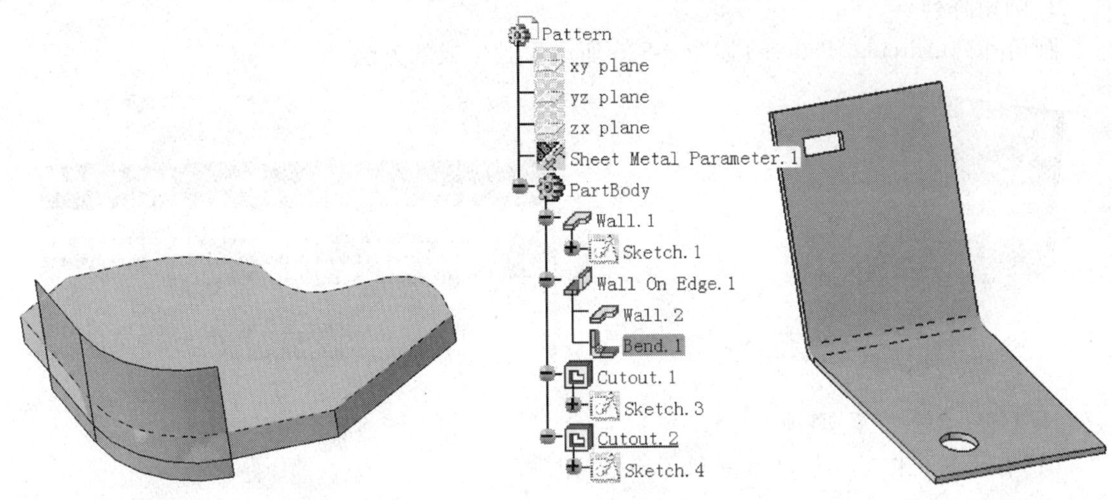

图 3-520 切面延长切割　　　　图 3-521 阵列操作实例

(2)选择需要阵列的特征。本例选择 Cutout.1 作为阵列的特征。系统弹出的对话框如图 3-522 所示。

(3)对话框中含有矩形阵列的两个方向【First Direction】和【Second Direction】的阵列参数,这两个方向的参数设置方法相同。首先在【Parameters】中选择一种确定阵列参数的方法,阵列的参数有 3 个:阵列个数(Instances)、间距(Spacing)和总长度(Length),用户需要确定其中的两个参数。接着需要选择阵列方向的参考线,可以是边线或者直线,单击 Reverse 按钮可以改变排列的方向。按照同样方法设置第二个方向(Second Direction)的参数。阵列样式如图3-523所示。

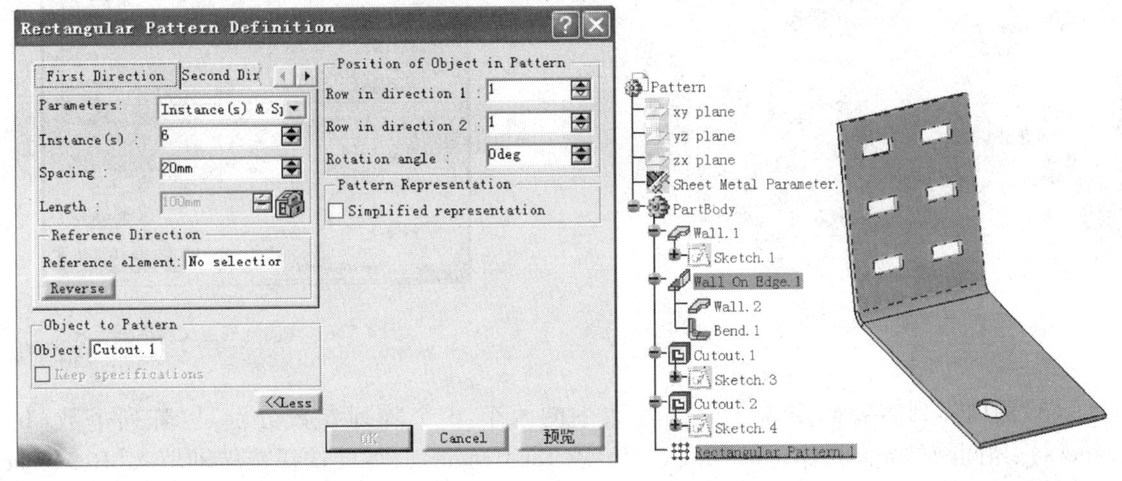

图 3-522 阵列形式定义对话框　　　　图 3-523 矩形阵列

(4)阵列只能生成在同一个平面中,而无法在转弯的钣金面上同时生成阵列,如图 3-524 所示。如果图需要同时在多个钣金面中生成阵列,那么可以首先用展开功能将钣金展开,再生成阵列。选择本例中的 Surface.1 作为阵列特征,生成的阵列如图 3-524 所示。需要注意的是在展开图中进行阵列的特征需要在钣金展开之后建立才能进行阵列操作。如果选择在折叠图中建立的特征,例如 Cutout.1,在展开图中进行阵列,系统弹出如图 3-525 所示的对话框,提示用户所选的特征不是在当前的展开视图中建立的,无法进行阵列操作。

2)圆角阵列

圆角阵列(Circular Pattern)如图3-526所示。其生成的方法是:

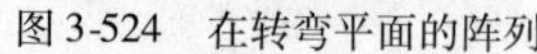

图3-524 在转弯平面的阵列

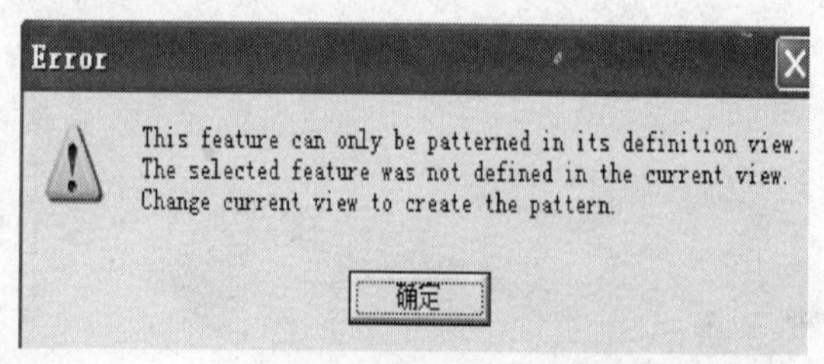

图3-525 【错误】提示框

(1)在工具栏中单击【Circular Pattern】按钮。

(2)选择需要进行阵列的特征。选择裁剪特征 Fold,系统弹出的对话框如图3-527所示。

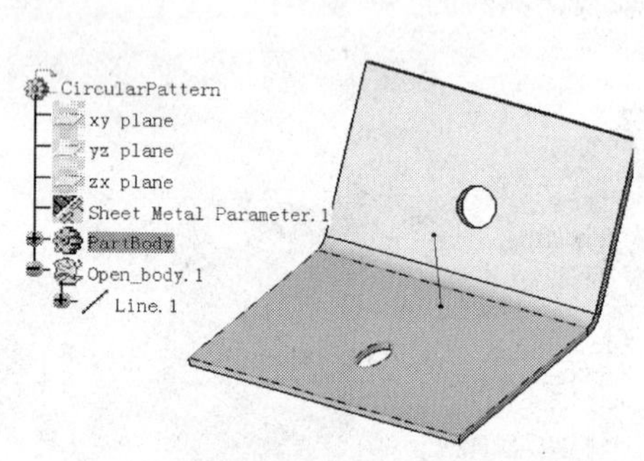

图3-526 圆角阵列

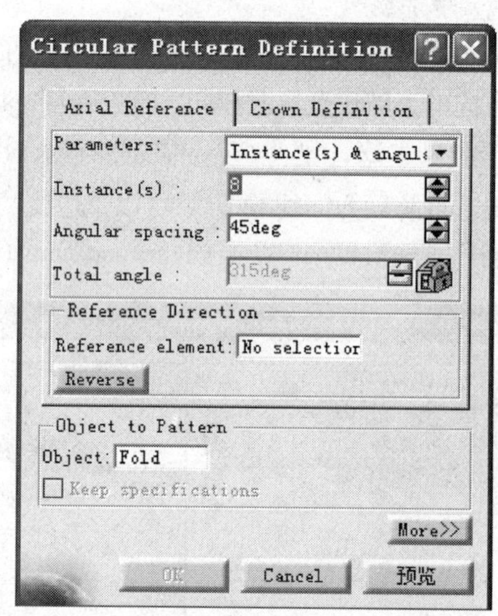

图3-527 圆周阵列定义对话框

(3)圆周阵列需要确定3个阵列参数中的两个,3个阵列参数分别是:阵列个数(Instances)、角间距(Angular spacing)和总的角度(Total angle)。需要选择旋转轴填入【Reference element】输入框中。本例选择示例中的直线Line作为旋转轴。预览图如图3-528所示,阵列结果如图3-529所示,表明圆周阵列也只能在平面中进行。

(4)如果需要在若干个钣金面中进行圆周阵列,需要先将钣金展开,接着在展开的钣金上建立需要阵列的特征,阵列完成后,再将钣金折叠。本例中选择 Unfold 裁剪特征圆周阵列的特征,阵列后如图3-530所示。

3)自定义样式阵列

自定义样式阵列(User Pattern)功能如图3-531所示。其生成的方法是:

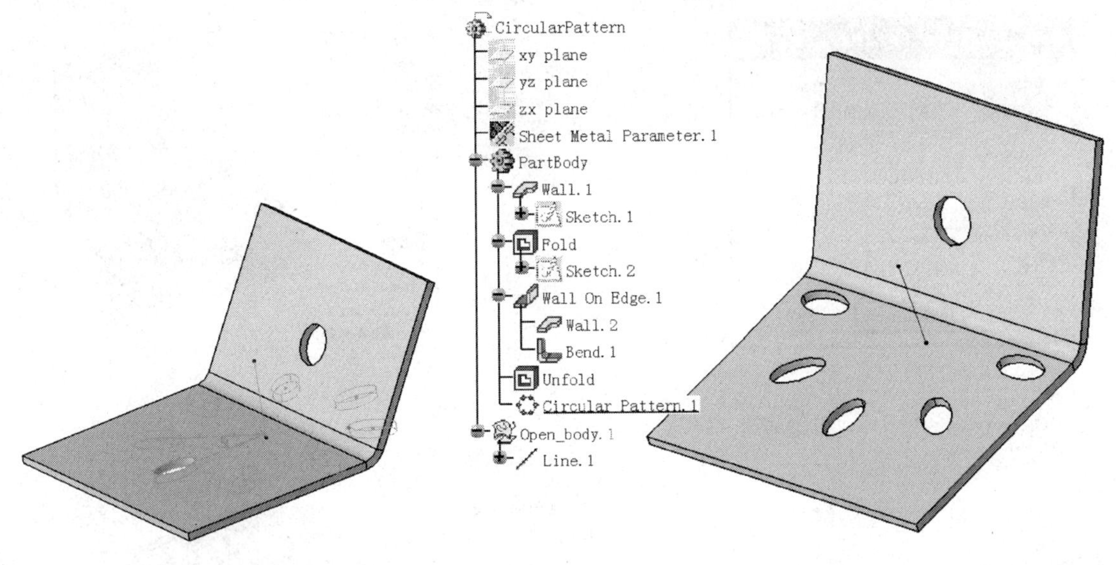

图 3-528　圆周阵列预览图　　　　图 3-529　圆周阵列图形

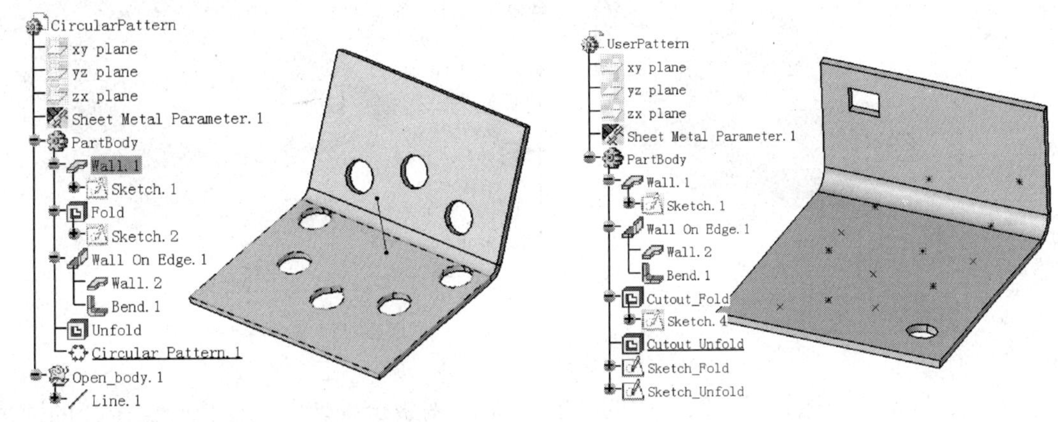

图 3-530　展开阵列再折叠的钣金　　　　图 3-531　自定义阵列实例

(1)在工具栏中单击【User Pattern】按钮。选择需要阵列的特征,本例选择【Unfold】按钮,系统弹出的对话框如图 3-532 所示。

(2)选择用草图定义的点群填入对话框中的【Positions】中,本例选择【Sketch _ Fold】按钮,几何显示出现如图 3-533 所示的预览图。用鼠标单击预览图上的特征预览,可以移除在该点的特征复制,再次单击该点可以增加特征在该点的复制。结果如图 3-534 所示。

(3)如果需要将在多个钣金面上同时生成自定义样式阵列,可以按照矩形阵列的方法进行操作。本例中,先将钣金进行展开,选择【Cutout _ Unfold】按钮作为阵列特征,选择【Sketch _ Unfold】按钮为阵列的位置,结果如图 3-535 所示。

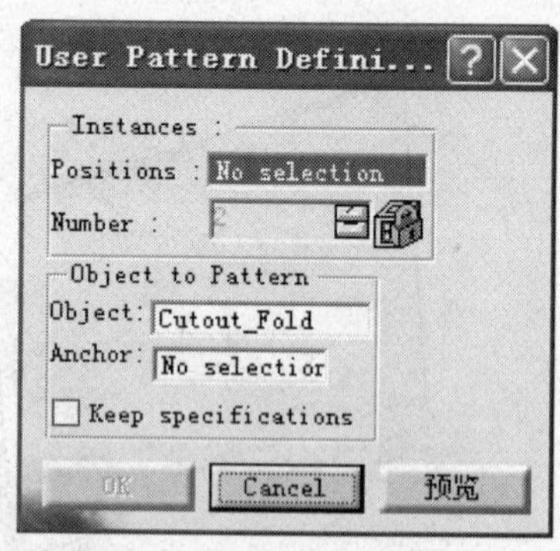

图 3-532 【自定义阵列】对话框

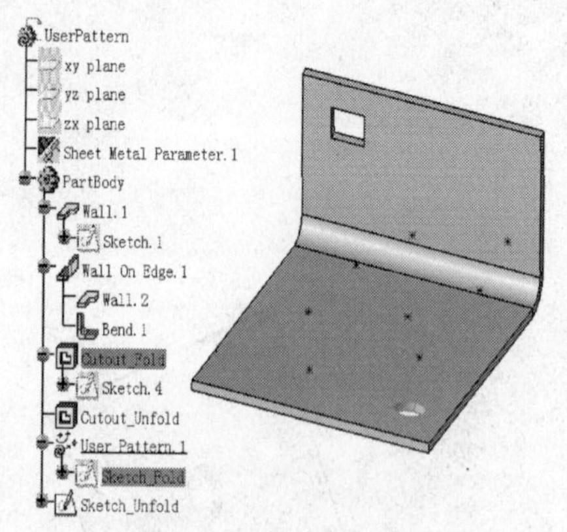

图 3-533 自定义阵列预览

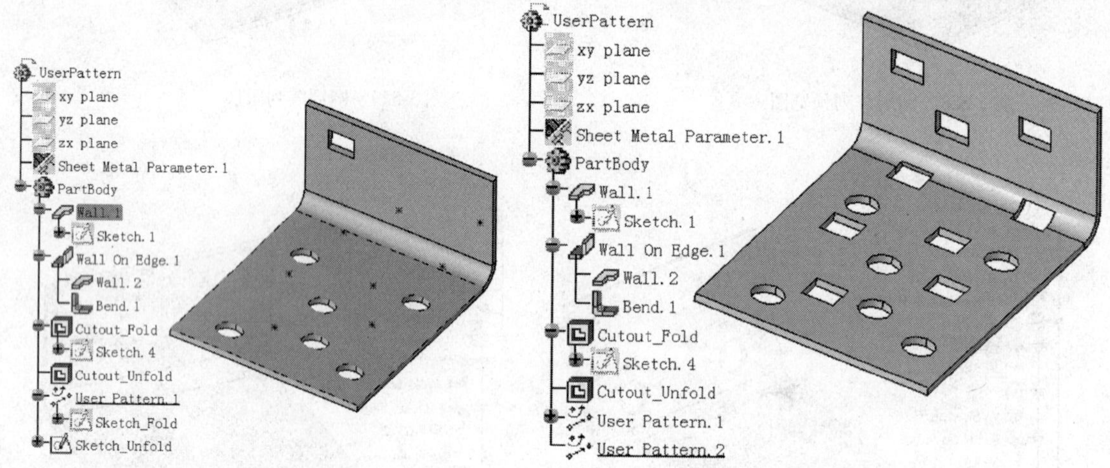

图 3-534 自定义阵列钣金　　　　图 3-535 钣金展开再阵列

3.5.6.4 倒圆角

倒圆角(Corner)功能是指在钣金中的高度方向上,对钣金的转角处生成一定半径的圆角,如图 3-536 所示。倒圆角的操作步骤如下:

(1)在工具栏中单击【Corner】按钮,系统弹出如图 3-537 所示的对话框。

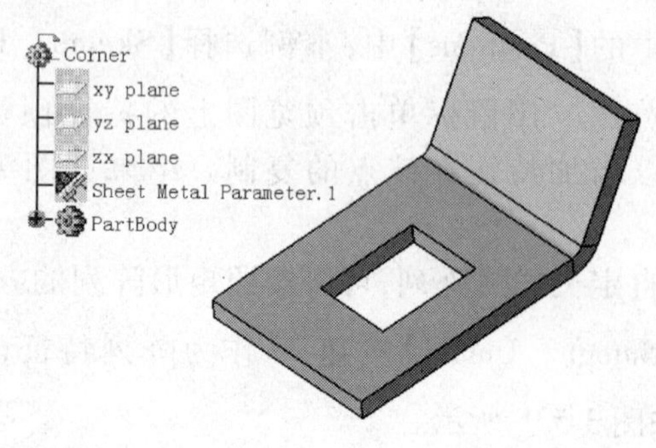

图 3-536 倒圆角实例钣金

图 3-537 倒圆角对话框

(2)选择需要倒圆角的边,注意必须是在厚度方向上。单击【OK】按钮,倒圆角的结果如图 3-538 所示。

(3)单击 Select All 按钮,可以选择对话框中符合条件的所有边线。选中 Convex Edge(s) ,表示倒圆角的边线包含凸包的外转角;选中 Concave Edge(s) ,表示倒圆角的边线包含凹陷的内转角,图 3-439a)所示为选中 Convex Edge(s) ,图 3-539b)所示为选中 Concave Edge(s) 。

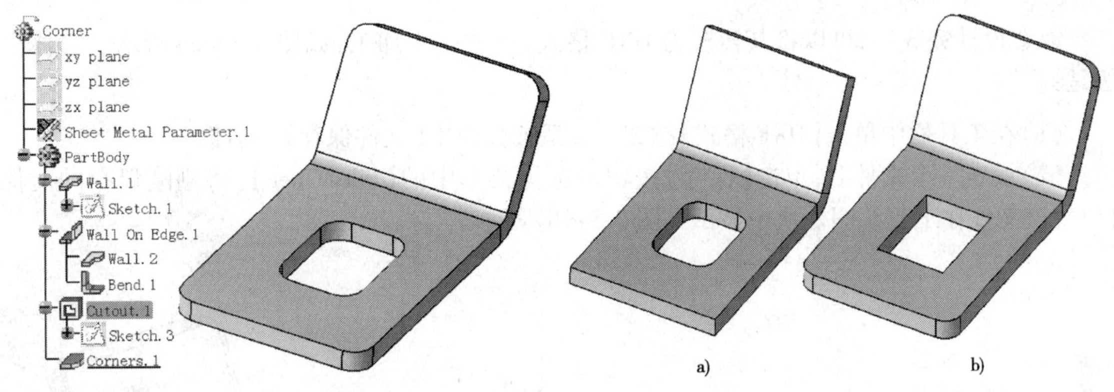

图 3-538 倒圆角操作完成

图 3-539 不同倒圆角选项的操作结果

3.5.6.5 倒角

倒角(Chamfer)功能是指在钣金的边线上生成倒角,既可以在厚度方向上建立倒角,也可以在其它边线上生成焊缝倒角。倒角操作的步骤如下:

(1)在工具栏中单击【Chamfer】按钮,系统弹出如图 3-540 所示的对话框。

(2)单击【Thickness Chamfer】按钮。在 Mode 下拉框中有两种倒角方式:一边长度和倾角(Length1/Angle),表示需要指定倒角一边切除的长度和倒角的倾斜角度;两边长度(Length1/Length2),表示指定两边的切除长度来定义倒角。对话框下方的 Convex Edge(s) 和 Concave Edge(s) 功能与倒圆角中的功能相同。完成参数设置后,单击【OK】按钮即可。厚度倒角如图 3-541 所示。

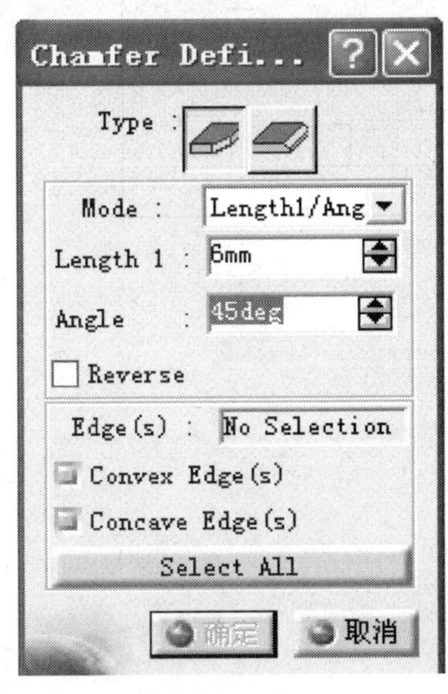

图 3-540 【倒角】对话框

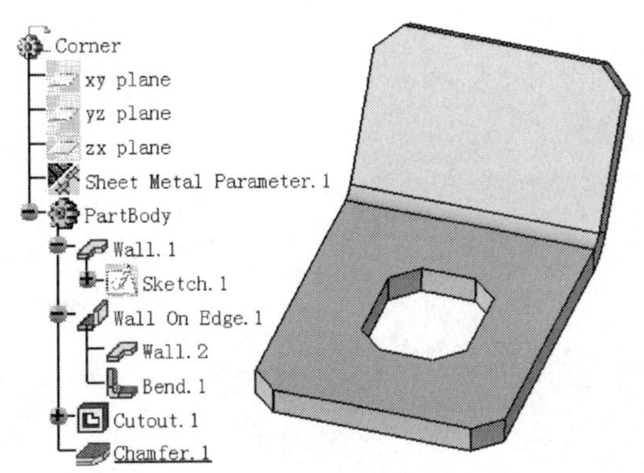

图 3-541 厚度倒角

(3)对于不等边的倒角,即倒角在两个面上切除的长度不等,需要指定第一边,如图3-542所示,用户可以单击图中的红色箭头,或者在对话框中选中 Reverse ,可以改变第一边的位置。

(4)单击【Welding Chamfer】按钮,同样需要设定倒角的参数以及选择需要倒角的边,如图3-543所示。

3.5.6.6 DXF格式

钣金设计完成后,可以将其转换为DXF格式,以进一步加工,如图3-544a)所示。具体方法是:

(1)在工具栏中单击【DXF格式】按钮,系统会弹出【文件保存】对话框。

(2)设定一个文件名,单击【保存】按钮。选择菜单中的【File/Open】,将刚刚保存的文件打开,该文件在工程绘图模块中显示如图3-544b)所示。

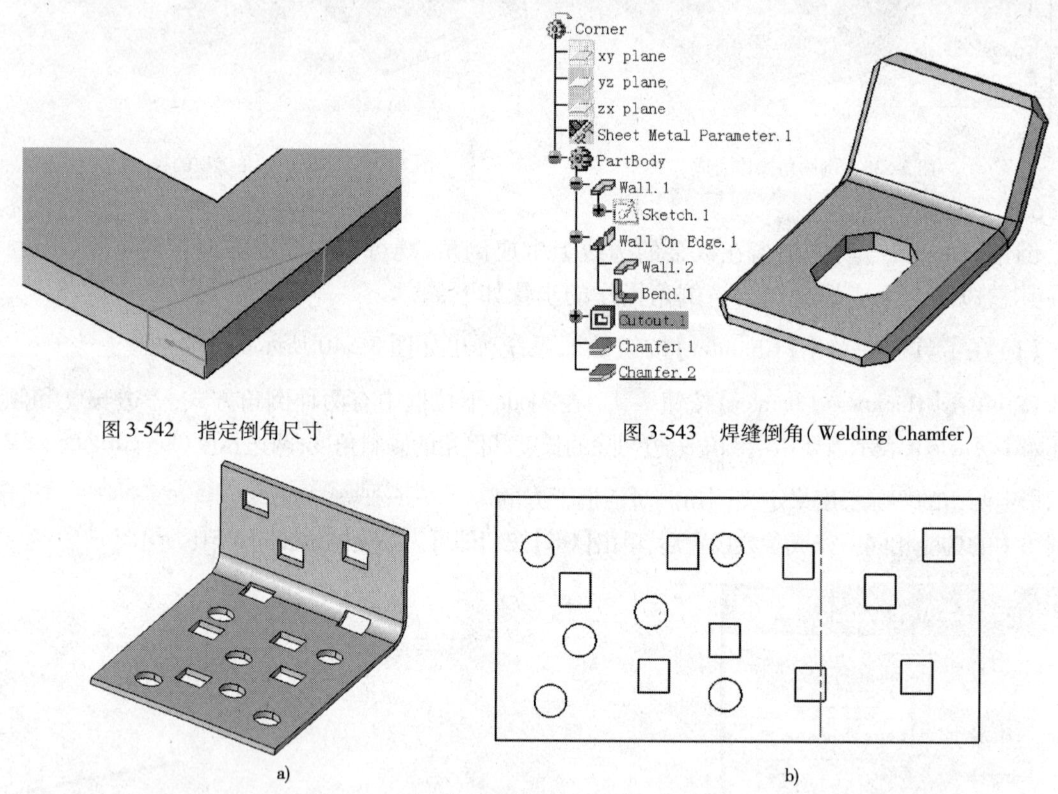

图3-542 指定倒角尺寸

图3-543 焊缝倒角(Welding Chamfer)

图3-544 将钣金保存为DXF格式

第 4 章　外形设计和曲面造型

CATIA V5 具有强大的曲面设计功能,它为使用者提供了丰富的工具,用于创建和修改各种复杂的曲面。同时,它还可以把创建的点、线和曲面等特征用于机械零件的设计。曲面设计模块组包含多个模块,本章将分节阐述创成式曲面设计平台、自由造型、数字外形编辑器、快速曲面重建、汽车 A 级曲面等模块。

4.1 创成式曲面设计平台(Generative Shape Design)

创成式曲面设计(Generative Shape Design)可以帮助设计者在线框及多种曲面特征的基础上,进行机械零部件外形设计。该模块提供了直观而高效的设计环境,用于创建和修改复杂外形设计。工作台界面如图4-1所示。进入该设计平台的典型方法为:拖动鼠标【Start】菜

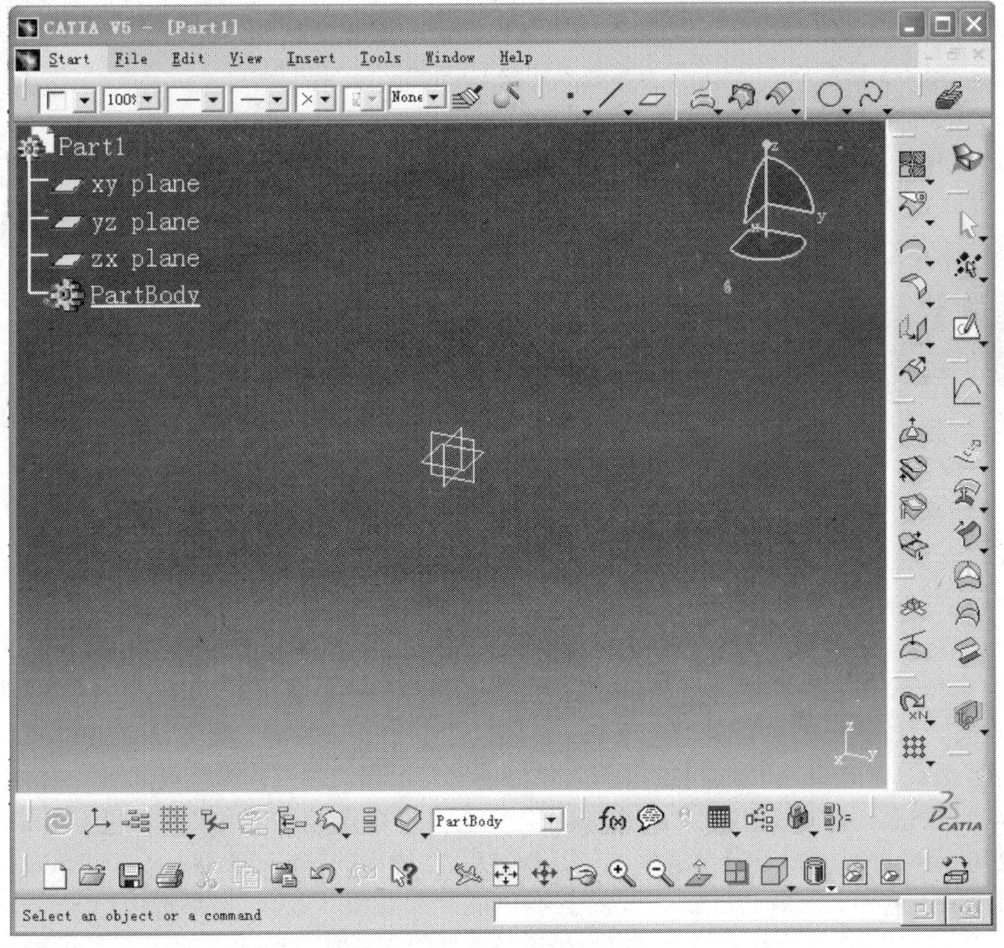

图 4-1　创成式曲面设计工作台界面

单→【Shape】→【Generative shape design】并双击。

4.1.1 生成线框几何(Creating Wireframe Geometry)

线框几何是曲面设计的基础要素,熟练掌握对复杂建模十分有利,此节将阐述【Wireframe】工具条 中的各主要功能按钮及其用法,其中 展开后为 , 展开后为 。

4.1.1.1 创建点(Creating Points)

点击 按钮,弹出的【Point Definition】对话框如图 4-2 所示。首先应选定点的创建类型,类型有:坐标指定方式(Coordinates)、点在曲线上(On Curve)、点在平面上(On Plane)、点在曲面上(On Surface)、点位于圆心(Circle Center)、与曲线相切(Tangent on Curve)、在几何元素之间(Between)。点的创建相对简单,在此,仅以前两种方式为例阐述。

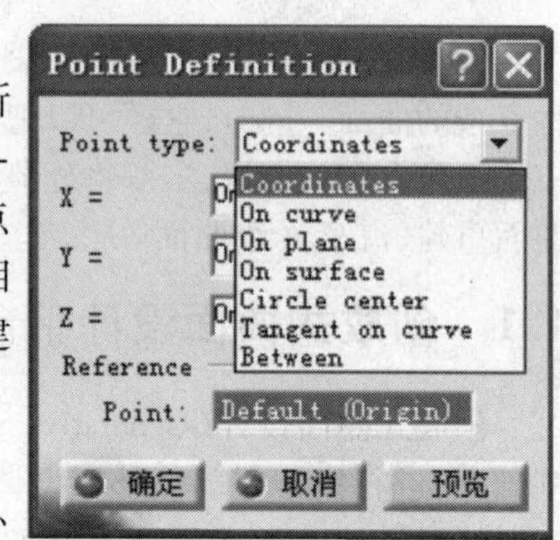

图 4-2 点的创建类型

1)坐标指定方式

在【Point type】下拉列表框中选择 Coordinates。在 X、Y、Z 三个文本框内分别输入相对于参考点 X、Y、Z 偏移分量,默认参考点(Reference)为坐标原点,也可以选择特定点作为参考点。图 4-3 是选择 point.1 作为参考点定义 point.2。

2)点在曲线上方式

选择 On Curve 类型,弹出的对话框如图 4-4 所示。

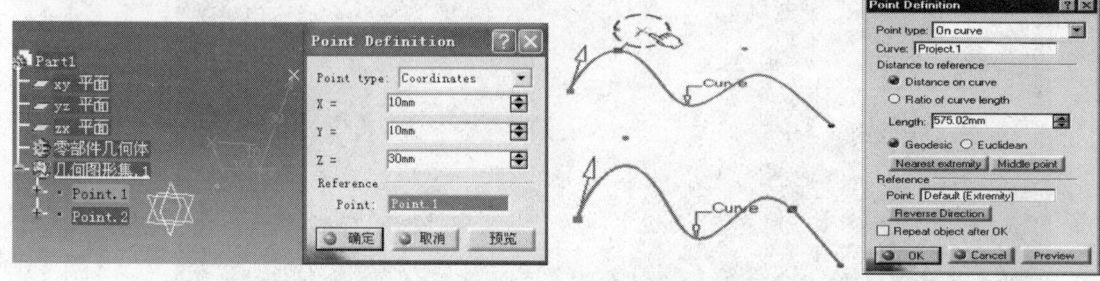

图 4-3 利用坐标方式定义点

图 4-4 利用对话框定义位于曲线上的点

(1)该对话框中的【Curve】文本框,用于选择曲线作为参考线,还可以定义参考点(Reference Point),如果该点不在曲线上,系统自动投影到曲线上,默认参考点为端点。

(2)选择生成点与参考点相对位置的方式,一是 Distance on curve,通过在【Length】文本框中设置参数,二是 Ratio of curve length,指生成点与曲线端点之间比例。【Geodesic】(几何的)指两点间沿着曲线计算的距离,而【Euclidean】指两点间的距离相对于参考点的直线距离。

(3)单击【Nearest extremity】按钮,可把离鼠标最近的曲线端点作为生成的点。单击【Middle point】按钮,则把曲线的中点作为生成点。同时可以在参考点与生成点之间生成等距点,选中【Repeat object after OK】单选框,单击【OK】后,在弹出的【Point & Planes Repetition】对话框,可以输入重复的点数(注意:生成的点不包括参考点和端点)。如果选中【Create normal planes also】复选框,那么在曲线上同时也生成各点处的法平面,如图 4-5 所示。

4.1.1.2　创建直线（Creating Line）

点击按钮，系统则弹出直线创建对话框。CATIA 提供如图 4-6 所示 6 种类型：点到点（Point to Point）、点和方向（Point and Direction）、与曲线成角度或垂直（Angle or Normal to curve）、与曲线相切（Tangent to curve）、与曲面垂直（Normal to surface）、角度等分线（Bisecting）。本书仅述前 4 种类型如下：

图 4-5　选中 Repeat object after OK 和 Create normal planes also 得到的结果

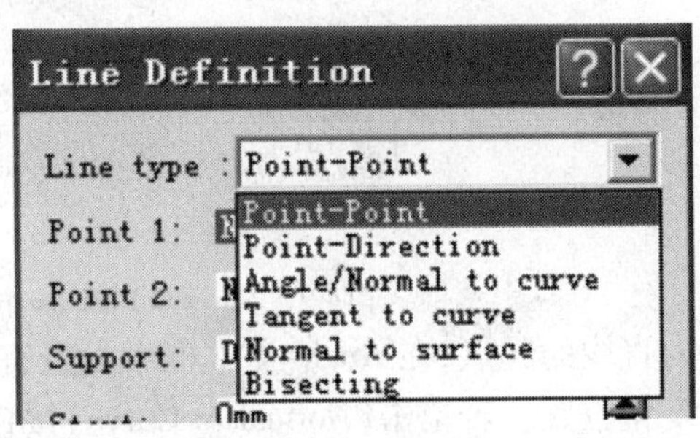

图 4-6　直线的 6 种创建类型

1）点到点（Point to Point）

该定义对话框如图 4-7 所示。首先应选择两点至 Point1 和 Point2 文本框，作为直线的起点和终点，构成直线的方向；Support 是可选操作，默认状态无须支撑，如指定一个支持面填入【Support】文本框中，那么将沿着曲面上最短距离生成直线，实际上是曲线。如图 4-8a）、图 4-8b）所示，如果选中 Infinite Start Point，那么直线将以起点向外延伸，如果选中 Infinite End Point，直线将以终点向外无限延伸；【Start】框和【End】框用于指定所创建的直线相对于起点或终点的延伸长度；选中【Mirrored extent】复选框，可以在端点两侧对称延伸。

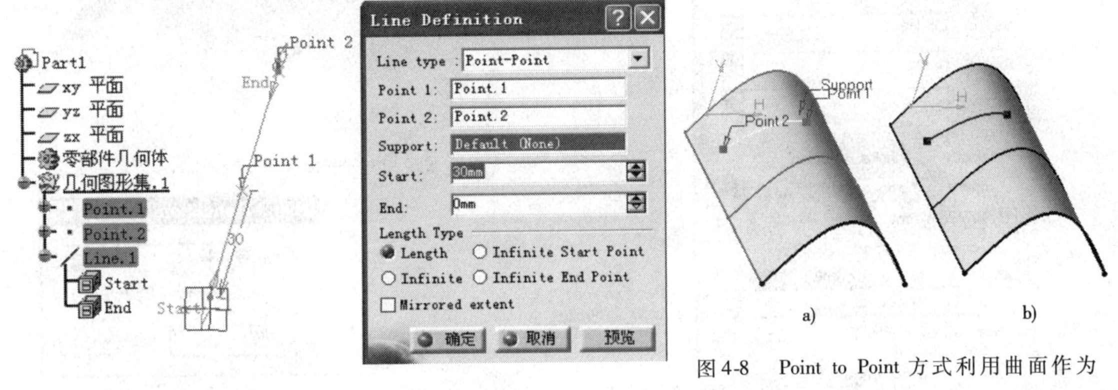

图 4-7　用 Point to Point 创建直线示例

图 4-8　Point to Point 方式利用曲面作为 Support 生成 Line

2）点和方向（Point and Direction）

该定义对话框如图 4-9 所示。选中一点至【Point】文本框，作为直线的起点。选择一个参考元素至【Direction】文本框中，作为新建直线的方向，参考元素如果是平面，则新建直线方向与之垂直，参考元素若为直线，则新建直线方向与之相同。【Reverse Direction】按钮表示把直线方向反向；【Start】、【End】及【Support】三个选项与上一方式用法相同，如图 4-9 为选定 Extrude. 1 曲面为支撑作长为 40mm 的直线。

3）与曲线成角度或垂直（Angle or Normal to Curve）

该定义对话框如图 4-10 所示。定义方法为：在【Curve】文本框中选择一条曲线，并选择一

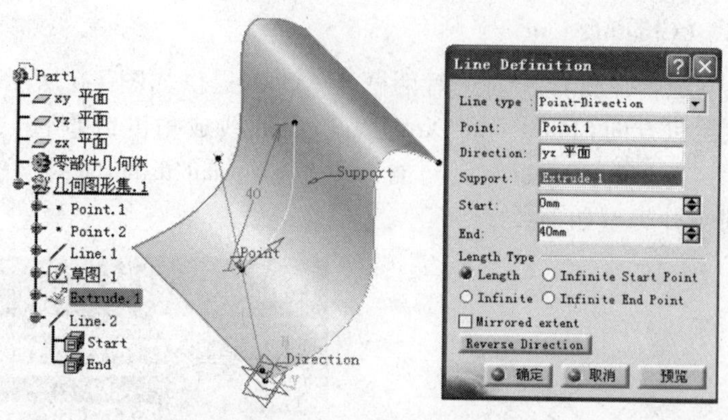

图 4-9　Point and Direction 方式利用曲面作为支撑生成的直线

点作为直线的起点;在 Angle 文本框中设置直线与曲线所成的夹角,也可以指定直线的起始位置和终止位置。若单击【Normal to Curve】按钮,则直线与曲线垂直,如图 4-11 所示。如果在对话框中选中【Repeat object after OK】复选框,那么单击【OK】后,系统会弹出如图 4-12 所示的对话框,在该对话框中可以输入需要重复生成的对象。

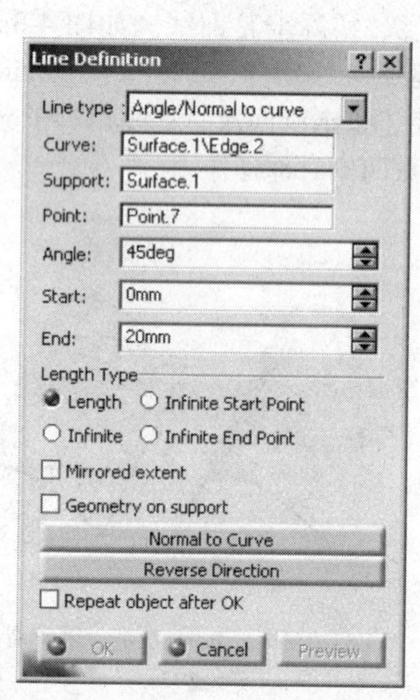

图 4-10　Angle/Normal to curve 选项定义对话框

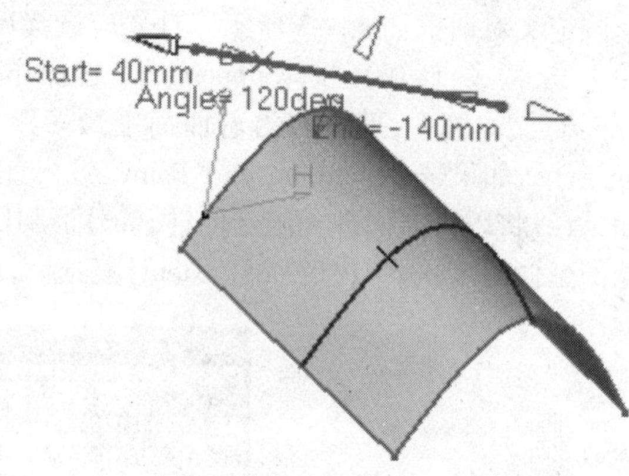

图 4 -11　选择 Normal to Curve

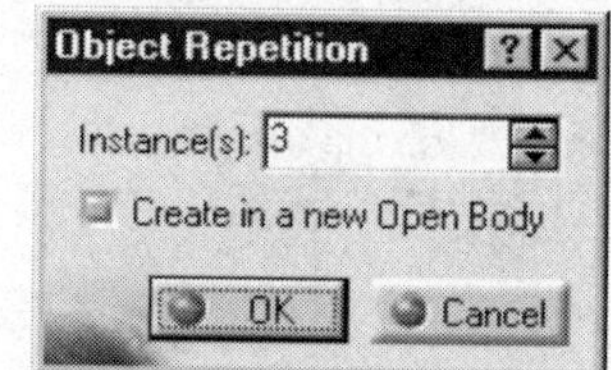

图 4-12　【Object Repetition】对话框

4)与曲线相切(Tangent to Curve)

该定义对话框如图 4-13 所示。定义方法为:先在【Curve】文本框中选择一条曲线,再选择一点至 Element 2 中,作为切线的起始点。在【Tangency options】选项区域的【Type】下拉列表框选择相切类型,若选择 Mono-Tangent 类型,则表示以【Element 2】中所选择的点为起点,以该点投影到曲线上的点所在的曲线斜率为方向生成直线,如图 4-14 所示。若选择 Bitangent 类型,则表示生成以【Element 2】中所选择的点为起始点,到曲线的切线。这种情况下会出现很多切线,可以指定方向或单击【Next solution】按钮选择需要的,如图 4-15 所示。其它情况和以上建立直线方式类似。

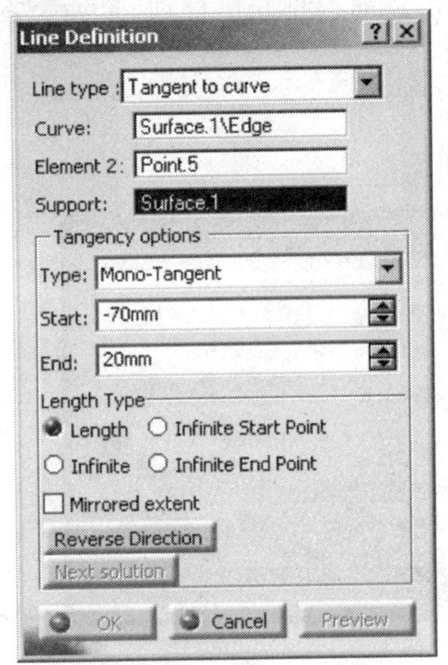

图 4-13 【Tangent to curve】对话框

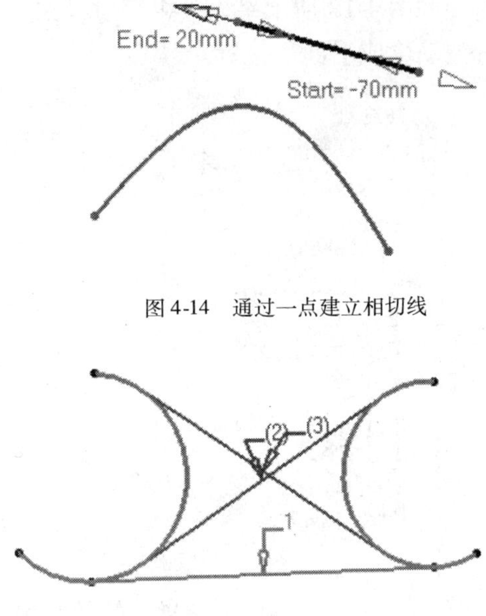

图 4-14 通过一点建立相切线

图 4-15 多个相切线

4.1.1.3 创建平面（Creating Plane）

点击按钮，系统弹出平面创建对话框，如图 4-16 所示，可见，平面的创建类型有：偏置选定平面（Offset from plane）、与选定平面成角度/垂直（Angle/normal to plane）、通过三点（Through three points）、与曲面相切（Tangent to surface）等十来种类型。限于篇幅，仅介绍四种常用类型，其他方式类似，可通过练习掌握。

1）Offset from plane（偏置平面）

该定义对话框如图 4-17 所示，Reference 框用于选择参考平面，设置偏距距离后即可完成定义。

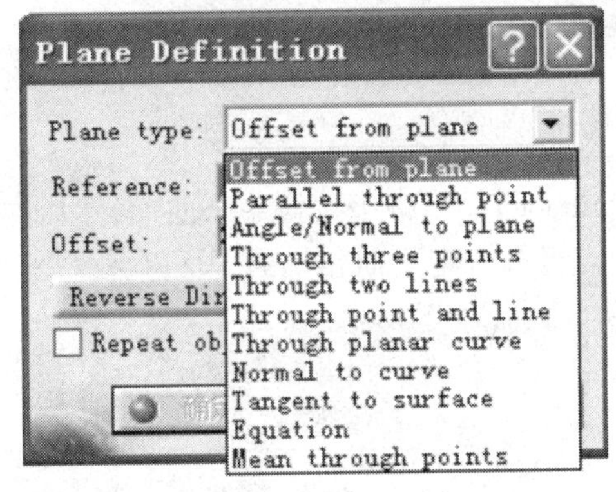

图 4-16 平面定义对话框及其包含创建类型

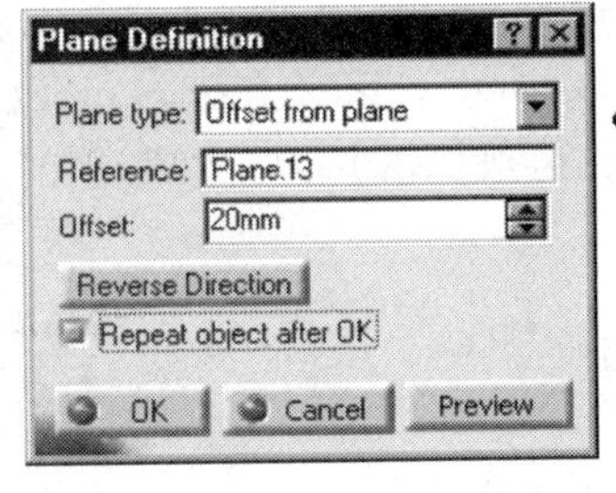

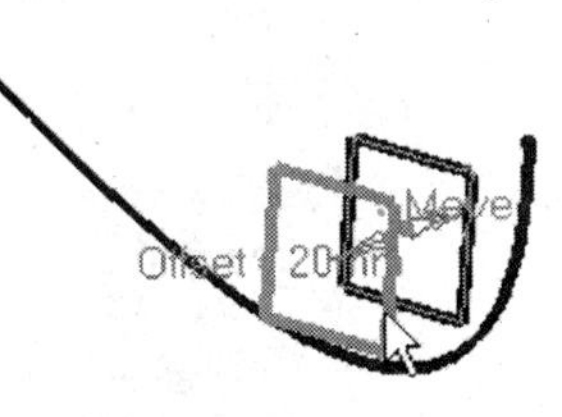

图 4-17 偏置平面的定义实例

2）与选定平面成角度/垂直（Angle/normal to plane）

该定义对话框如图 4-18 所示，定义方法为：先在【Rotation axis】文本框中选择一条直线，作为旋转轴，且新建平面通过此旋转轴；再在【Reference】文本框中选择一个已有平面。最后在【Angle】文本框中设置旋转的角度或点击【Normal to plane】按钮使新建平面与参考面垂直，

（如果选定的旋转轴与参考平面不平行，则无法建立平面）。另外，在创建参数定制好后，屏幕上将出现如图 4-18 所示平面效果预览及绿色"Move"字样，此时鼠标左键拖拽"Move"字样，可以平行拖动生成平面的位置。

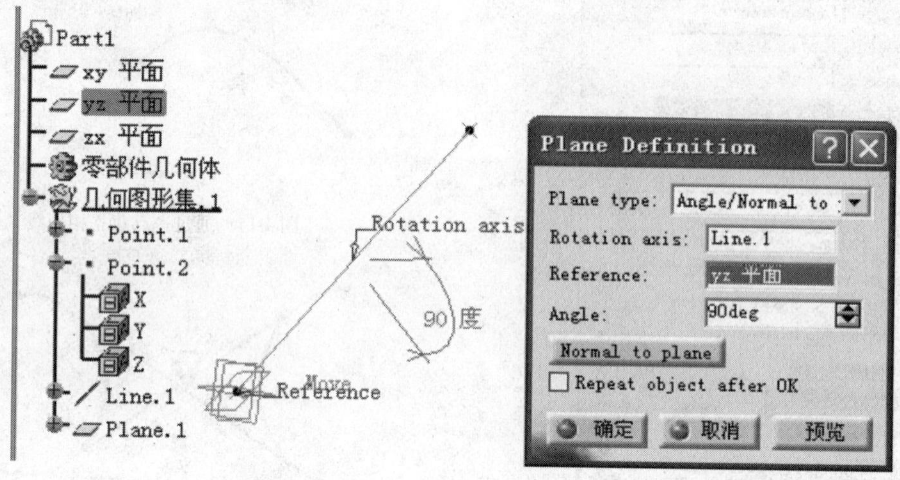

图 4-18　以与选定平面成角度/垂直方式生成平面

3）通过三点（Through three points）

该定义对话框如图 4-19 所示。定义的方法为：分别在【Point 1】、【Point 2】、【Point 3】选项内，选择三个不同的点，再按【OK】即可。

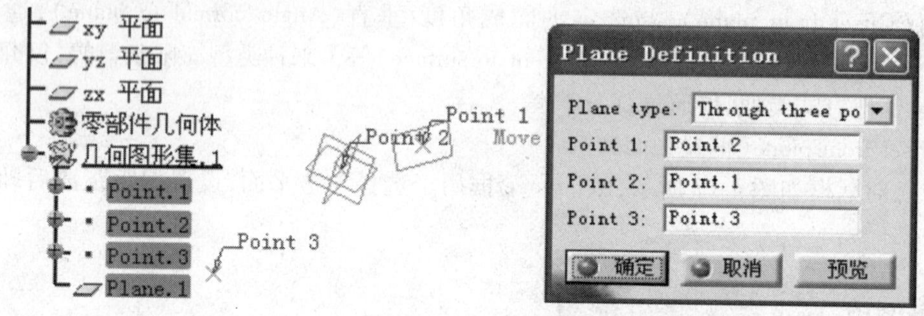

图 4-19　以过三点方式生成平面

4）与曲面相切（Tangent to surface）

该定义对话框如图 4-20 所示。定义方法为先在【Surface】文本框中选择一个曲面，然后在【Point】文本框内选择一点，再按【OK】即可生成过指定点且与选定平面相切的平面。

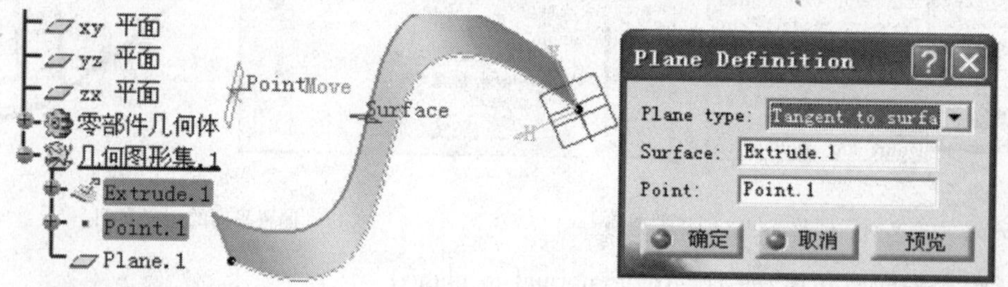

图 4-20　与曲面相切方式生成平面

4.1.1.4　曲线设计（Wireframe）

1）创建圆和圆弧（Circle）

单击 arc(圆弧)按钮，系统会弹出如图 4-21 所示的对话框。在该对话框中可见圆弧的生成类型有如下 8 种:指定圆心和半径(Center and radius)、指定圆心和确定半径的参照点(Center and point)、指定圆弧将过的两点和半径值(Two points and radius)、指定圆弧将过的三个点(Three points)、指定圆弧的两个相切元素和半径值(Bitangent and radius)、指定圆弧的两个相切元素和参照点(Bitangent and point)、指定圆弧的三个相切元素(Tritangent)、指定圆心和一相切元素以确定半径(Center and tangent)。

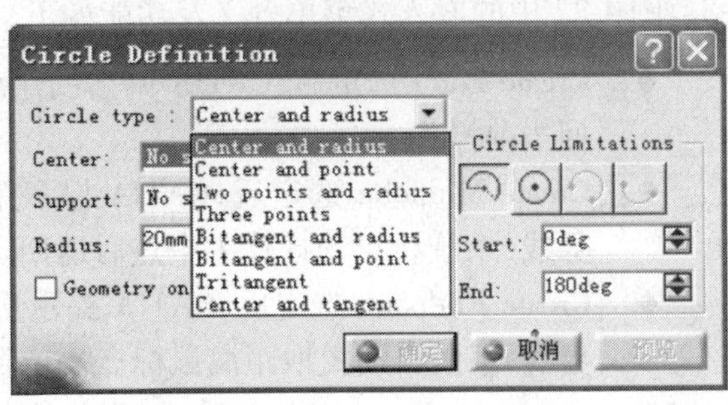

图 4-21　圆弧的创建对话框

对话框左侧元素用于按类型要求输入或选择参数,其中【Geometry on support】表示生成的圆弧或者圆将投影到支撑面上,如果圆弧或者圆超出支撑面边界,那么在支撑面之外的部分将被切除。

右侧的【Circle Limitations】栏目用于确定圆弧的限位,即圆弧的起止角度。

下面,以圆心与半径方式及两切点和半径方式为例阐述圆弧的创建方法:

(1)Center and radius(圆心与半径)

该类型创建方法为:先选定一点为圆心,并选择圆所在的支撑面(圆弧为二维对象,若不选择圆弧所在的支撑面,单靠圆心点和半径值的指定将有无数个三维空间解);然后输入半径值(或是光标直接拖曳);最后在右侧输入起始和终止角度绘制圆弧。也可以在几何显示区拖拽【Start】、【End】和【Radius】的箭头,改变圆弧的起始位置、终止位置和半径。

注意:在此,附带介绍 CATIA 的特色内容——嵌入式菜单。嵌入式菜单可以应用在其他多种创建命令过程,主要用于临时创建需求的体素作为当前创建操作的基础条件。如利用圆心和半径方式绘制圆弧时,在【Center】文本框内单击鼠标右键,弹出如图 4-22a)所示的菜单;在【Support】文本框内单击鼠标右键,弹出如图 4-22b)所示的菜单;在【Radius】文本框内单击鼠标右键时,弹出如图 4-22c)所示的菜单。可见嵌入式菜单能根据需求体素的类型自动弹出可能的菜单选项,以便于模型的快速创建,如果用户选择嵌入式菜单的某个选项,则 CATIA 自动休眠当前操作(比如绘制圆弧),而转入用户选定的嵌入菜单功能(比如创建点、面或者公

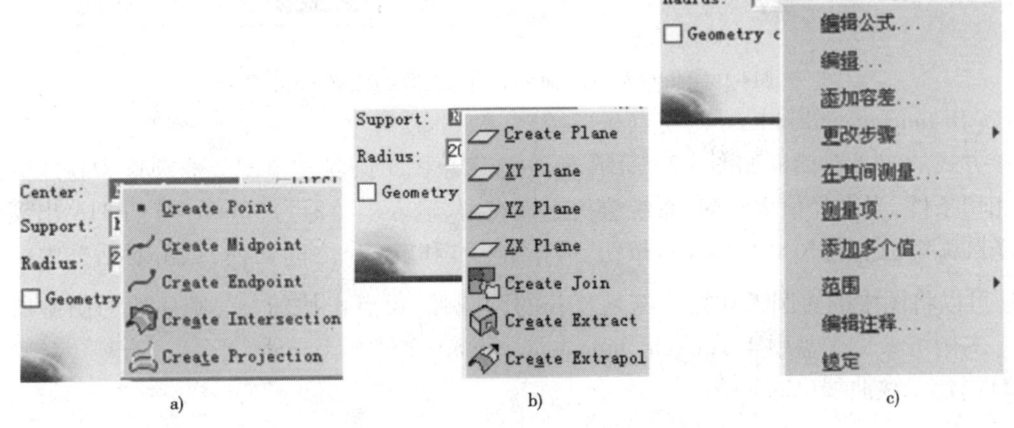

图 4-22　在绘制圆弧过程中可以使用的嵌入式右键菜单

式)，待用户完成这些操作后，CATIA 自动恢复刚才处于休眠状态的对话框。

图 4-22 中的嵌入式菜单含义及功能如下，具体操作限于篇幅不做详细介绍。

- Create Point 选定后，CATIA 调出创建点的对话框，等同于点击按钮，完成创建后返回当前操作。
- Create Midpoint 选定后，CATIA 提示用户选择一条有限长度的开环曲线或者曲面边界线，系统将自动计算中中点后返回。
- Create Endpoint 选定后，CATIA 提示用户选择一条有限长度的开环曲线或者曲面边界线，系统自动提取距离鼠标点击位置较近的端点后返回。
- Create Intersection 选定后，CATIA 弹出对话框要求用户选择两个体素，以确定交点并返回。
- Create Projection 选定后，CATIA 弹出对话框要求用户选定一个点投影到某个支撑体素(如直线、平面或者曲面)上，也可以选取投影方式等。得到投影点后自动返回。
- Create Join 选定后，CATIA 弹出【Join】对话框，要求用户选择若干曲面进行拼合，拼合后的曲面将作为支撑面。
- Create Extract 选定后，CATIA 弹出【Extract】对话框，要求用户选定欲从某个体上提取的面，所提取的面将作为支撑面。
- Create Extrapol 选定后，CATIA 弹出(Extrapolate)定义对话框，要求用户选定要延伸的面和边界，延伸后的面将作为支撑面。
- 编辑公式选定后，CATIA 弹出公式编辑对话框，用户完成公式定制后，定制的参数将作为新建圆弧的半径值。

如图 4-23 所示，创建方法为：选定曲面左边界中点作为圆心，曲面作为支撑面，虽选定绘制整圆，但由于选定 Geometry on support，超出部分仍被截去。

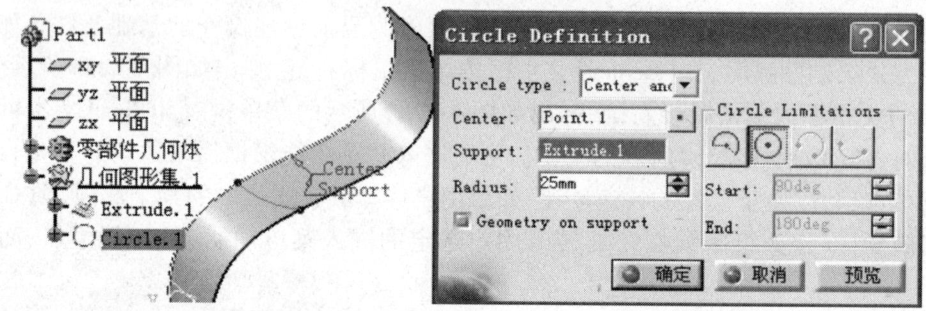

图 4-23 利用嵌入式选定曲面边界中点为圆心且被截去的圆弧

(2) Bi-tangent and radius(两切点与半径)

该方式的定义对话框如图 4-24 所示，图中选定草图 1 圆弧和草图 2 椭圆作为新建圆弧的两个相切条件，当半径值太小时，系统会提示没有解，输入半径值为 30mm，则 CATIA 出现可能的两条圆弧解，点击【Next Solution】按钮，可在解(1)和解(2)之间切换，点击对话框内的按钮，还可以将图中的短圆弧切换为与之互补的大圆弧，再点击按钮，则还原为图中所示小圆弧。实例可参见光盘中 4. 1. circle. bitangent. catpart 文件。

2) 创建二次曲线(Conics)

单击按钮的小箭头，CATIA 弹出折叠工具条，点击按钮，可以开始创建

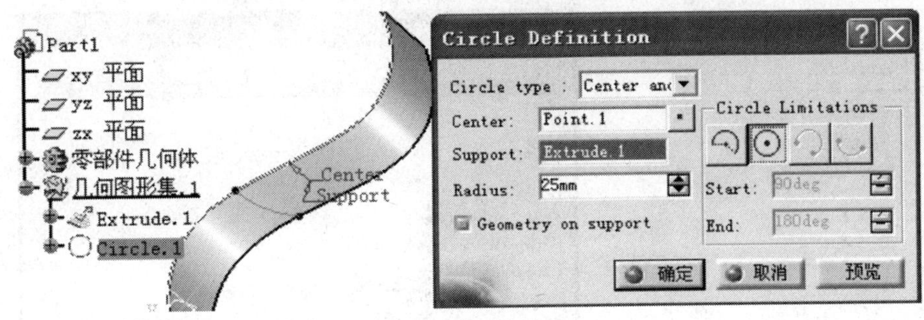

图 4-24 利用两切点与半径方式定义圆弧

二次曲线(Conics),系统弹出如图 4-25 所示的对话框。本例已有体素为草图 1 内的两条 yz 平面内直线,图中二次曲线的定义方法为:选定二次曲线的支撑面或者说隶属面为 yz 平面,选定右侧直线上顶点为曲线起点,左侧直线上顶点为终点,要求二次曲线在起点和终点分别与对应直线相切,Parameter 为 0.5 表示需求的二次曲线为抛物线(数学知识而言,Parameter = 0.5:抛物线 Parabola、Parameter < 0.5:椭圆 Ellipse、Parameter > 0.5:双曲线 Hyperbola)。此外,曲线的类型也可以通过勾掉【Parameter】左侧的单选框,然后利用选定点来定义。实例可参见光盘4.1.conic.catpart 文件。

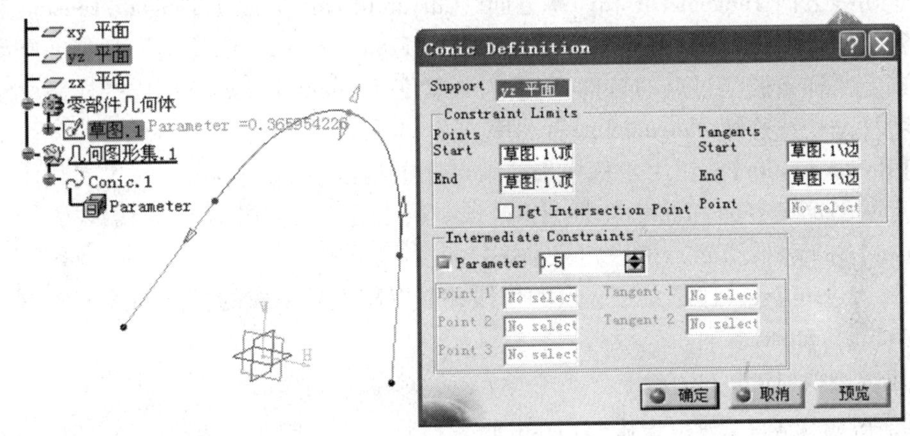

图 4-25 Conic 定义实例

3)创建三维样条线(Splines)

单击 图标,CATIA 弹出【Spline Definition】对话框,单击框内【Show Parameter】按钮后,出现如图 4-26 所示的对话框。此时,可以多次选择模型中已有的点,或者利用前面提及的嵌入式菜单临时创建需要的点。

该对话框内主要按钮及文本框用法如下:

- Add point after 表示在几何模型或者模型树上新选择的点将添加到对话框高亮显示的点后。
- Add point before 表示在几何模型或者模型树上新选择的点将添加到对话框高亮显示的点前。
- Replace point 表示新选定的点替换高亮显示的点。
- Geometry on Support 表示新建的样条曲线位于选定的支撑几何上,默认可以不选。

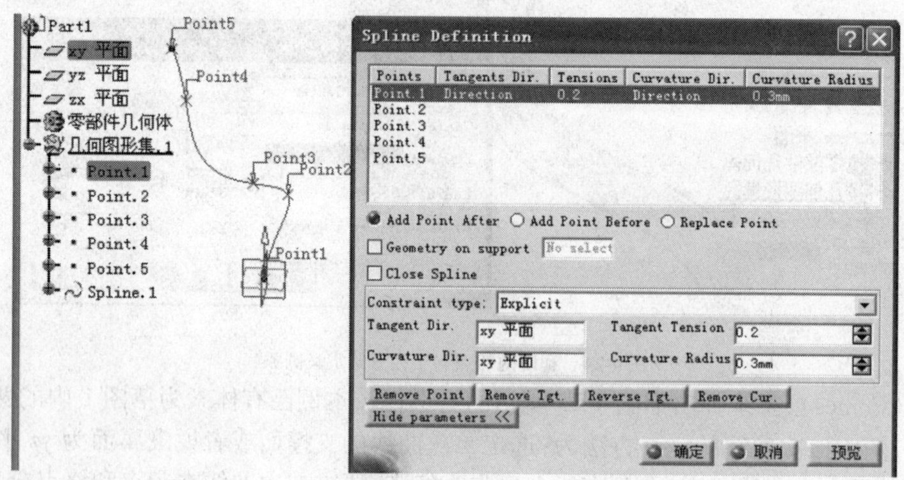

图 4-26　Spline 定义实例

- ◆ Close spline 表示创建封闭的样条曲线。
- ◆ Constraint type 用于定义样条曲线穿过某个点时的方向和曲率特性,每个点都可以单独选择两种定义模式中的任意一种,如果选择直接指定 Explicit 模式,则可以直接指定切线方向 Tangent Dir 和曲率方向、Curvature Dir、张紧度 Tangent Tension 和曲率半径 Curvature Radius;如果选择由曲线指定 From curve 模式,则需要选择一条参考曲线来定义样条曲线过点的特性,再输入张紧度 Tangent Tension,且选择样条曲线的连续特性是切线连续 Tangency 或者曲率连续 Curvature
- ◆【Remove point】按钮用于从样条曲线点序中删除某个点;【Remove Tgt】用于移除选定点的已定义方向和曲率特性;【Reverse Tgt】用于反向选定点的切线方向;【Remove Cur】用于移除选定点的已定义曲率特性。

图 4-26 为过五个点,且定义了起点的切线和曲率特性后生成的样条曲线。实例可参见光盘中 4. 1. spline. catpart 文件。

4)创建螺旋线(Helix)

单击按钮,CATIA 弹出螺旋线【Helix】定义对话框,如图 4-27 所示。对话框内参数含义如下:

- ◆ 起始点 Starting point,表示螺旋线从选定的该点开始旋转。
- ◆ 轴线 Axis,表示螺旋线将绕该选定直线呈螺旋形状。
- ◆ 节距 Pitch,用于指定螺旋线旋转一圈的高度差。
- ◆【Law】按钮,用于确定节距的法则,点击后弹出法则定义对话框,框内可以设置节距为恒定值或者呈 S 形规律变化(S Type),然后再设置起始节距和终止节距。
- ◆ 圈数 Revolution。该参数默认状态为不可选。只有采用 Law 确定节距法则时,才需要输入螺旋线的圈数,否则,螺旋线到底多少圈由 Height 参数确定。
- ◆ 高度 Height 用于确定螺旋线的高度,高度除以节距就是螺旋线的圈数。
- ◆ 方向 Orientation,用于确定螺旋线按照顺时针方向还是逆时针方向。
- ◆ 起始角度 Starting Angle,通过该参数可以调整螺旋线从起始点再过多少度开始绘制。
- ◆ 锥度角 Taper angle,该参数可以使螺旋线的半径发生变化,形成带有一定锥度的螺旋线。

◆ 锥度方式 Way。Inward 表示锥度向内,即越转越小;Outward 表示锥度向外,即越转越大。

◆ 原型曲线 Profile,用于指定螺旋线的外形,要求起始点位于选定的轮廓线上,否则出错。如果选定此选项,则锥度定义栏变灰。

◆ 【Reverse Direction】按钮,用于反向调整螺旋线的高度长出方向。

图 4-27 为利用草图 2 内的样条曲线定义螺旋线的外轮廓,节距为 10,高度为 100 的逆时针螺旋线。该实例可参见光盘内 4.1.helix.catpart 文件。

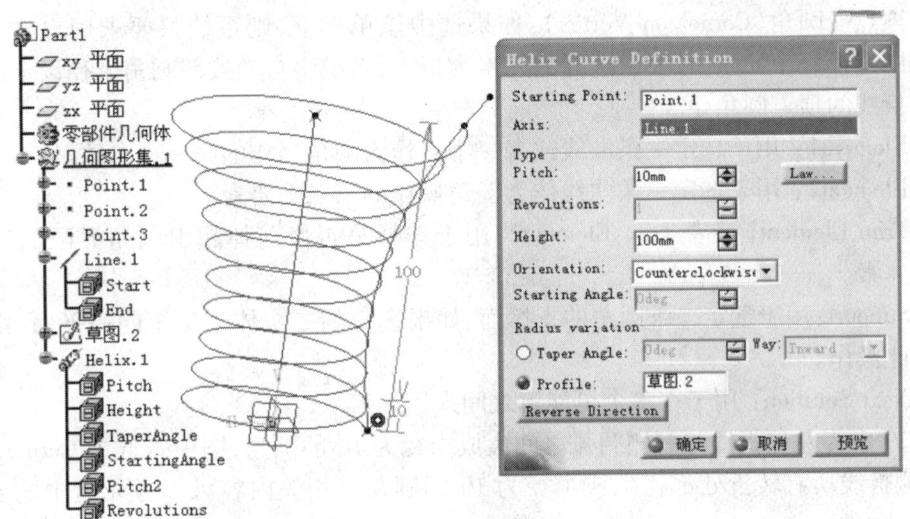

图 4-27 由原型曲线定义螺旋线外廓实例

5)定义脊线(Spine)

脊线也叫骨架线,单击按钮,从图标可以看出生成的光滑曲线与选定的截平面之间呈垂直关系。定义对话框中的按钮功能与其他功能对话框类似,这里不再详述。图 4-28 所示为利用四个体素定义的一条脊线实例,该实例参考光盘中的 4.1.spine.catpart 文件。

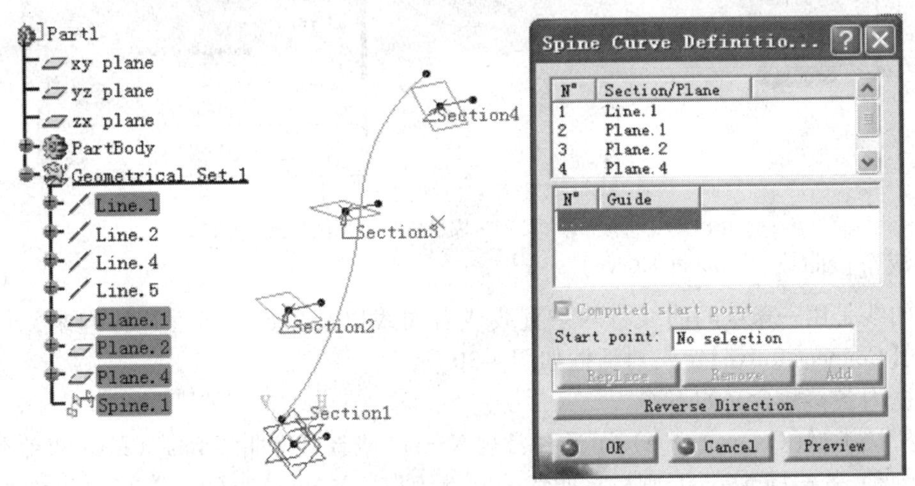

图 4-28 由四个体素定义脊线实例

6)生成曲线圆角(Corner)

点击图标,CATIA 弹出【Corner】定义对话框。

在【Wireframe】工具栏中单击【Corner(曲线圆角)】按钮,系统弹出如图 4-29 所示的对话框。

对话框内各参数及按钮含义如下:

- 圆角类型(Corner Type):可以选择为生成圆角在选定支撑面上(Corner on Support)或者三维圆角(3D Corner),若类型选定为三维圆角,则图中对话框内的【Support】栏自动变为【Direction】栏,用于要求用户输入三维圆角的方向。
- 顶点变圆角(Corner on Vertex):如果选中该单选框,则系统只要求用户在 Element1 中选择一个元素,且要求选择的元素为折线,系统将自动按照圆角半径设定值将选定折线的顶点圆角化。
- Element1:用于选定一条曲线或者一个点作为圆角操作的第一个参数。
- Element2:用于选定一条曲线作为圆角操作的第二个要素。
- Trim Element1 或者 Trim Element2:用于选择是否修剪掉超出圆角界限的原有多余体素。
- Support:用于选定二维圆角的支撑面,如果选定的二个体素位于同一平面,则无需作此操作。
- Next Solution:用于在多个可能解之间来回切换。

图 4-29 中为左侧折线与右侧圆弧之间生成半径为 10 的圆角,图中若选中 Corner On Vertex,则左侧折线所有转折处都将生成半径为 10 的圆角。相关内容可参考光盘中的 4.1.corner.catpart 文件。

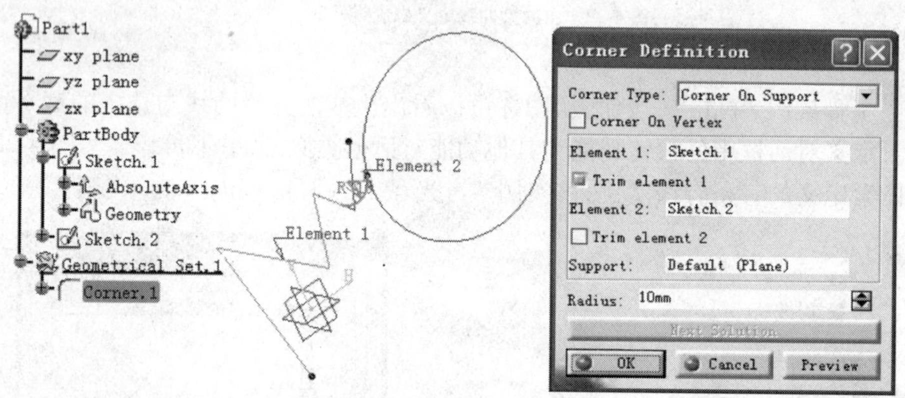

图 4-29 折线和圆弧之间生成半径为 10 的圆角预览效果

7)生成桥接曲线(Connect Curve)

桥接曲线是用一条空间曲线将两条直线或者曲线以某种连续特性连接起来,点击按钮,弹出的【Connect Curve】定义对话框如图 4-30 所示。

对话框内各参数含义如下:

- 桥接类型(Connect type):可选择常规 Normal 或者基准曲线 Base Curve 两种类型中的一种,若选择 Normal,则桥接曲线的特性由【Continuity】及【Tension】来设定连续特性和张紧度;若选择 Base Curve 类型,则桥接曲线特性由随后选定的 Base Curve 确定。
- 基准曲线(Base Curve):该框只有桥接类型为 Base Curve 时出现,Base Curve 的长度

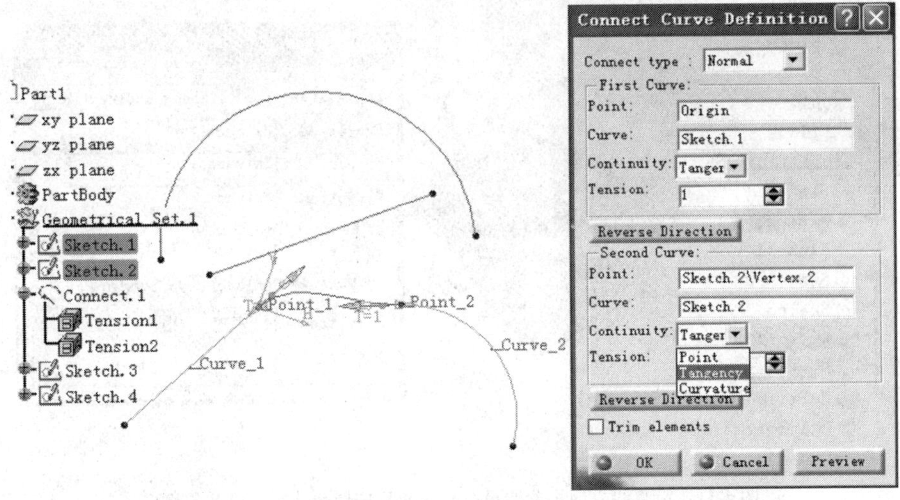

图 4-30　直线与圆弧之间切线连续的桥接实例

要保证 Point1 及 Point2 能投影其上。

- Point：用于选择两条曲线的桥接端点
- Curve：用于选择要桥接的两条曲线
- 连续特性（Continuity）：可选择点位连续（Point）、切线连续（Tangency）或者曲率连续 Curvature 三种中的一种，从而实现桥接曲线与原始曲线之间不同的连续特性。
- 张紧度（Tension）：用于调整曲线张紧度
- 反向（Reverse Direction）：用于 180°切换切线方向。
- 修剪元素（Trim Elements）：用于修剪原有体素，使桥接曲线和原有两条曲线形成新的一体化曲线。

图 4-30 为 Sketch1 中的直线与 Sketch2 中的圆弧之间切线连续的常规模式桥接预览，用户也可以尝试利用 Sketch3 的直线或者 Sketch4 的圆弧作 Base Curve 进行桥接的效果。相关内容可参考光盘中的 4.1.connectcurve.catpart 文件。

8）创建投影曲线（Projection）

Projection（投影）是将空间的点、直线、曲线按照一定方式投影到指定的曲面或者平面上，形成投影点或者线。单击按钮，系统弹出图 4-31 所示对话框，对话框内各项目含义如下：

- 投影类型（Projection type）：可以选择垂直（Normal）或者沿某一方向（Along a direction）这两种类型中的一种，如果选择（Along a direction），则还需在对话框内指定投影的方向，若选择 Normal，则直接按垂直方向投影。
- 要投影体素（Projected）：选择将要投影的体素至对话框，如果需要选择多个体素，则可单击文本框后面的按钮，在弹出对话框内查看。
- 支撑面（Support）：选择要投影至的平面或者曲面。
- 最近的解（Nearest Solution）：在可能出现多个解时保留最近的投影解。
- 光顺（Smoothing）：可以选择不光顺、一阶切线连续或者二阶曲率连续三种模式中的一种，若选择后两种，还可以通过 Deviation 指定光顺容许的最大偏差。

在图 4-31 所示的实例中，将 Extract.1 沿 Extract.2 方向投影至 Extrude.1 曲面，且按照偏差值作一阶切线连续。相关内容可参考光盘中的 4.1.2.4_projection1.catpart 文件。

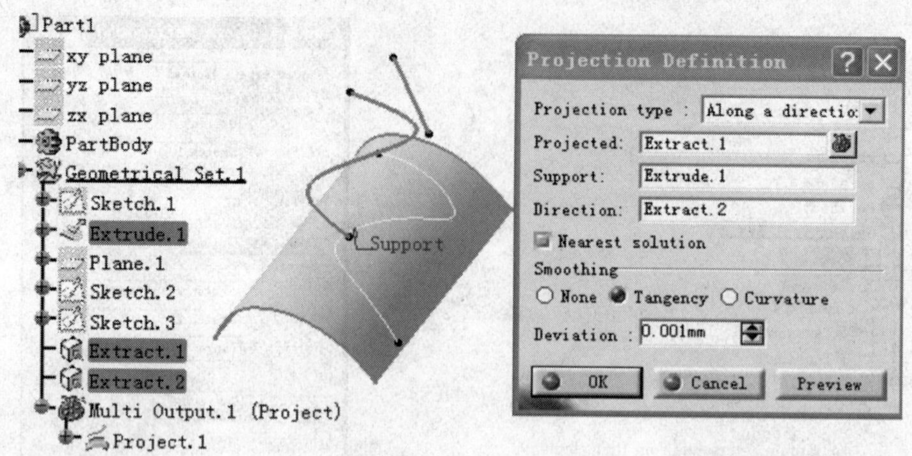

图 4-31 沿直线方向将曲线投影至曲面且按切线连续光顺效果图

9)创建相交曲线(Intersection)

Intersection(相交曲线)是求取两个或者多个体素的交点、交线或交面。单击按钮,系统弹出如图 4-32 所示的对话框(实例见光盘 4.1.2.4_Intersection1.CATPart),框内各项含义如下:

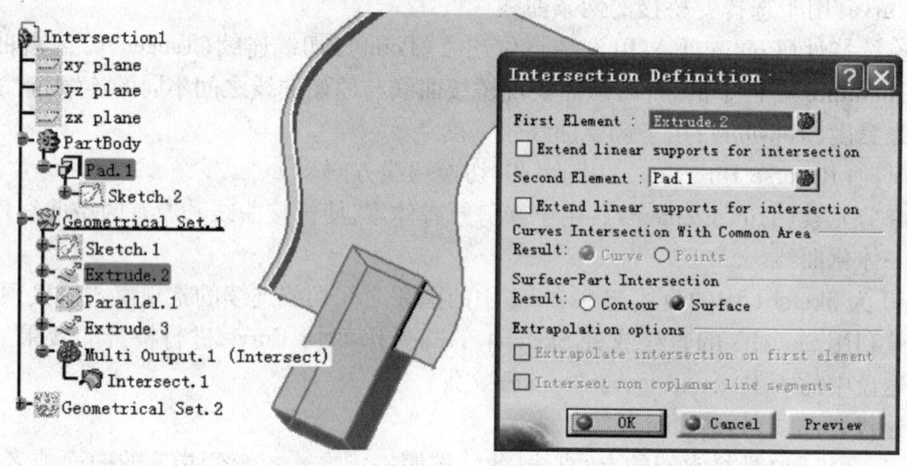

图 4-32 曲面和实体求交并选择结果为曲面

- 第一/第二体素(First Element/Second element):选择用于参与求交的两个体素,选择对象可以是曲线,曲面或者几何形体,也可以多选。
- 延伸线性支撑来求交(Extend Linear Supports for intersection):利用这个选项可以求出不相交的两个线性共面曲线交点。
- 有公共区域的曲线求交(Curves intersection with common area):此区域只当两条有公共区域的曲线参与求交时才自动呈可选状态,用于选择求交结果为曲线(Curve)或点(Point)。
- 面体求交(Surface-part intersection):此区域只当面和体求交时自动呈可选状态,用于选择求交结果为轮廓边线(Contour)或曲面(Surface)。
- 外延选项(Extrapolation options):此栏包含两个选项,Extraplate intersection on first element 用于选择两个曲面的交线是沿着第一个曲面延伸或只保留相交区域的长度,效果对比参见图 4-33。Intersection non coplanar line segments 用于两个不共面的直线段求交,求交结果是两条直线延伸后交点连线的中点,如图 4-34 所示。

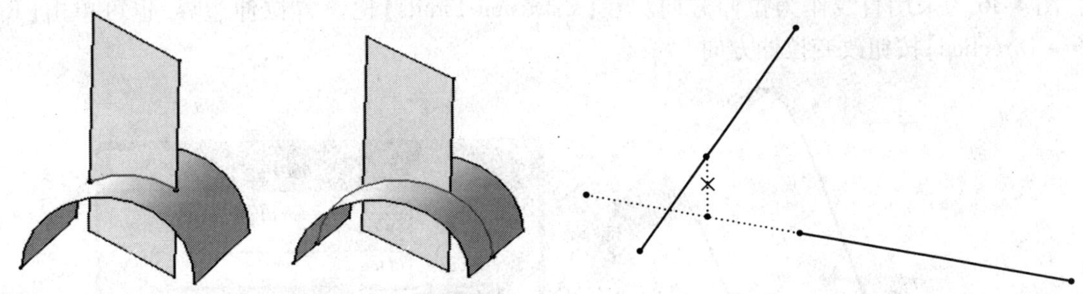

图 4-33　Extraplate intersection on first element　　图 4-34　Intersection non coplanar line segments

10)创建平行曲线(Parallel Curve)

点击按钮,系统弹出如图 4-35 所示的对话框,该对话框中选项的含义及需要进行的操作如下:

◆ 在【Curve】框中选择一条参考线,【Support】框中选择一个支撑面,如图 4-35 所示。

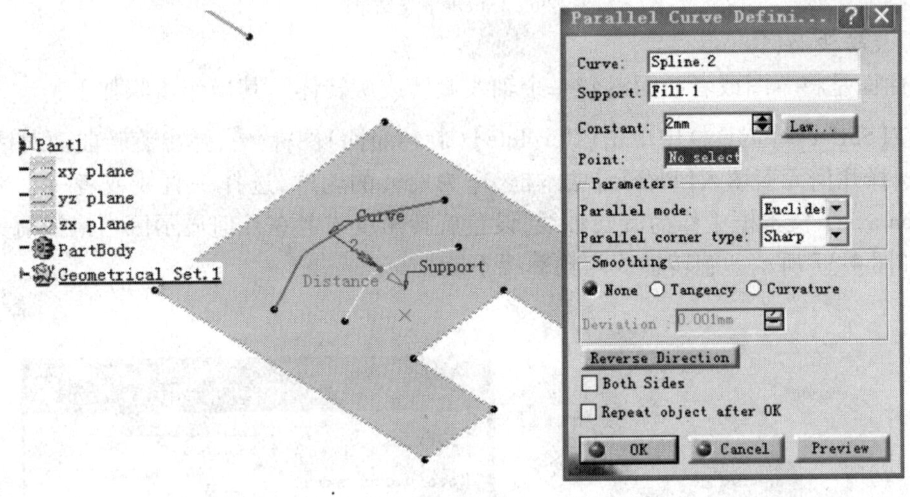

图 4-35　Parallel curve 创建实例(参见光盘 4.1.2.4_ParallelCurves1. CATPart)

◆ 有两种设置平行距离的方法:一是【Constant】,在【Constant】文本框中直接设置平行距离或者用图形操纵器直接改变;二是【Point】,选择一点填入文本框,此时【Constant】文本框变成灰色。可以在【Parameters】选项中选择一种平行模式(Parallel Mode),Euclidean 表示偏置距离是参考线与平行曲线的直线距离,Geodesic 表示偏置距离是沿着曲面的距离;

◆ Parallel corner type 是设定平行曲线的尖角。Sharp 是保留原参考线的角度,Round 则使用圆角代替不连续的尖角。

4.1.2　生成曲面(Creating Surfaces)

4.1.2.1　拉伸曲面(Extrude)

拉伸曲面是将草图、曲(直)线或者曲面拉伸成曲面。单击【Surfaces】工具栏的【Extrude】

图标 ,系统弹出对话框,然后选择需要拉伸的几何元素并将其填入【Profile】文本框,选择一直线或平面填入【Direction】文本框,作为拉伸方向。系统默认草图所在平面的法向为拉伸方向,图 4-36 为采用直线作为拉伸方向。在【Extrusion Limits】栏设置拉伸边界,也可单击【Reverse Direction】按钮改变拉伸方向。

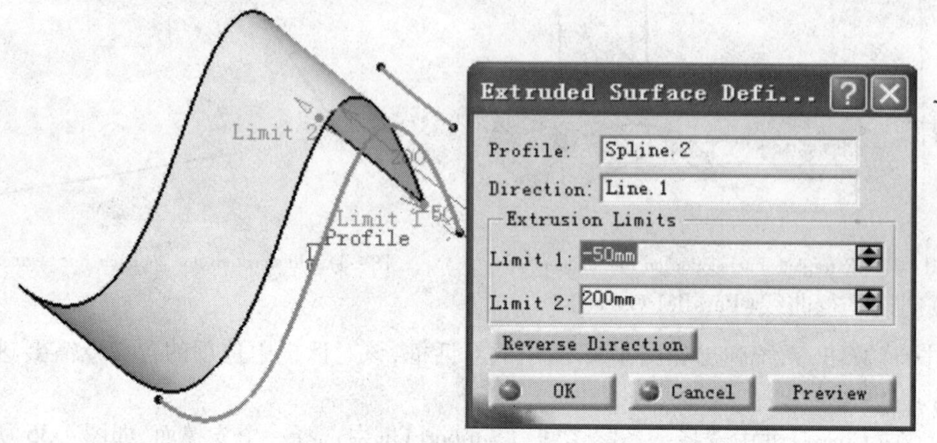

图 4-36　Extrude 预览结果图

4.1.2.2　旋转曲面(Revolve)

旋转曲面是将草图或者曲面沿着一个轴线旋转成旋转体。其操作步骤如下:

(1)在【Surfaces】工具栏中单击【Revolute】(旋转曲面)图标 ,弹出旋转曲面对话框。

(2)选择几何元素填入【Profile】文本框,作为旋转的轮廓,选择一直线或者一个平面填入【Revolution axis】文本框中作为旋转轴线,设置旋转角度或者在几何显示区内拖拽箭头改变旋转角度,如图 4-37 所示。旋转轴线与轮廓线不能相交。

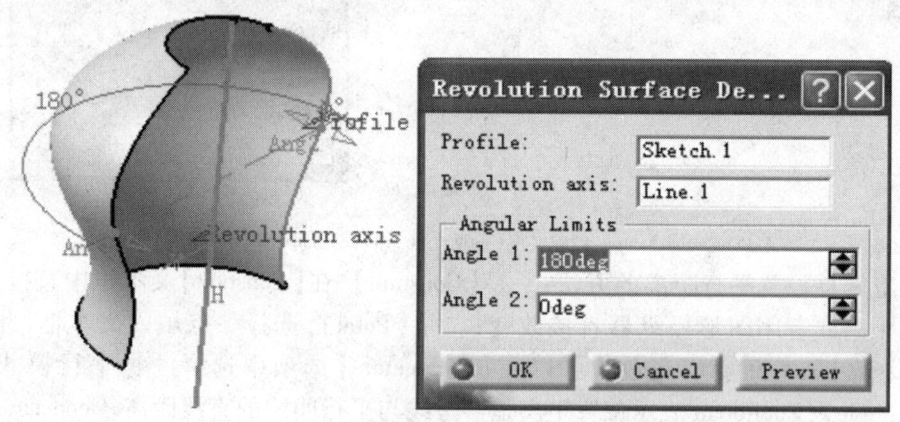

图 4-37　Revolute 的结果

(3)如果轮廓线或草图本身有默认的轴线,系统会默认该轴线为旋转轴线。

4.1.2.3　球面(Sphere)

Sphere(球面)是以空间某点为球心建立并且有一定的半径。单击【Surfaces】工具栏的【Sphere】按钮 ,弹出球面对话框。然后选择一点作为球心填入【Center】文本框中。或者利用嵌入式菜单创建球心点。在【Sphere radius】文本框中设置球的半径,预览结果如图 4-38

所示。

也可以建立一个不完整的球面,此时需要设定纬度起始角度(Parallel Start Angle)、纬度终止角度(Parallel End Angle)、经度起始角度(Meridian Start Angle)和经度终止角度(Meridian End Angle),如图4-39所示。

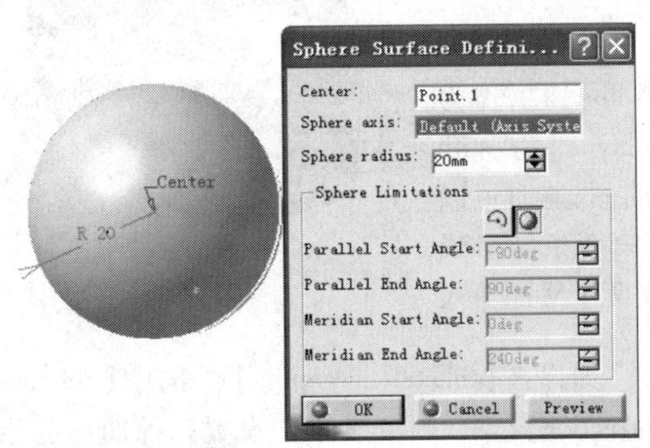

图4-38 球面预览效果图

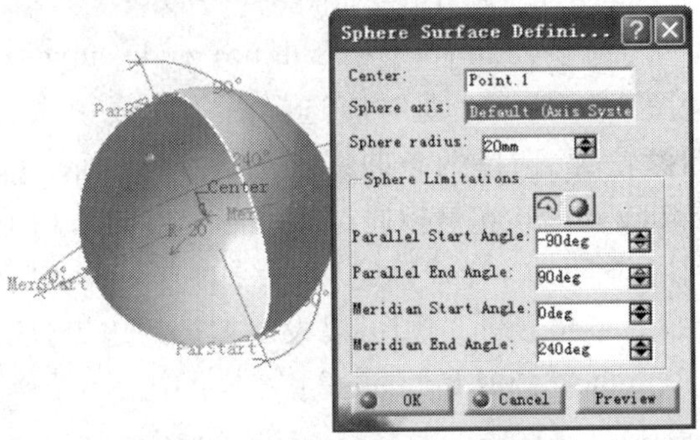

图4-39 选择Parallel Start Angle、Parallel End Angle、Meridian Start Angle和Meridian End Angle

4.1.2.4 偏置曲面(offset)

Offset(偏置曲面)是将已有曲面沿着曲面的法向向里或者向外偏置形成新的曲面。其操作步骤如下:

(1)单击【Surfaces】工具栏的【Offset】按钮,弹出【Surfaces】对话框。

(2)选择需要偏置的曲面,将其填入【Surface】文本框,设置偏置距离,若选中【Both sides】复选框,那么在被偏置曲面两侧同时生成等距的偏置面,如图4-40所示。若选定【Sub-Element to remove】选项卡,则可以将某些偏置曲面的子曲面排除在操作之外,如图4-41及图4-42所示。

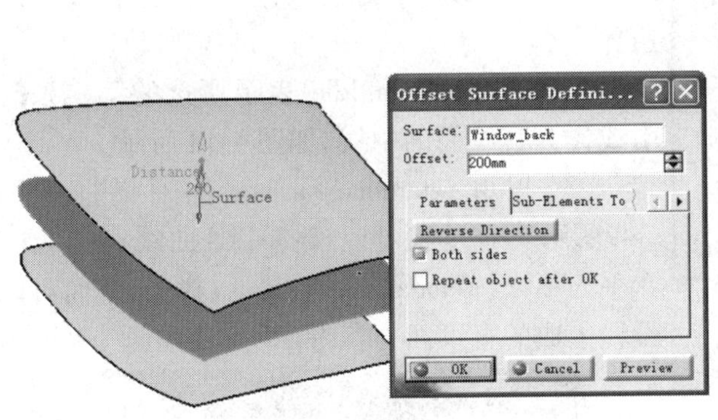

图4-40 Offset Surfaces

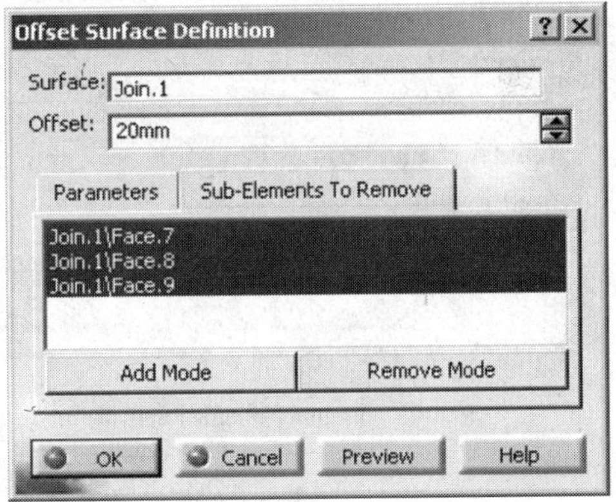

图4-41 【Sub-Element to remove】对话框

4.1.2.5 扫掠曲面(Sweep)

Sweep(扫掠曲面)是将一个轮廓沿着导引线生成新的曲面,包括四种方式:Explicit Profile(轮廓扫掠)、Linear Profile(直纹面)、Conical Profile(圆锥扫掠)。

1)Explicit Profile(轮廓扫掠)

轮廓扫掠的操作步骤为:

(1)在【Sweep】对话框中选择【Explicit Profile】,如图4-43所示,设置【Subtype】文本框。

(2)当【Subtype】为 With reference surface 时,应选择一条曲线填入【Profile】栏,作为扫掠轮廓;若在【Guide Curve】中选择曲线作为导引线,则应在【Reference】选项中选择一平面(默认为导引线所在平面),这样可以使截面线在扫掠过程中保持与支持面成一定角度,如图 4-44 所示;

(3)当【Subtype】为 With two guide curves 时出现的 对话框如图 4-45 所示。此时应选择一条曲线填入【Profile】栏,作为扫掠轮廓,选择两条曲线作为导引线;而当【Subtype】为 With pulling direction 是指通过指定一个方向来扫掠曲面,这时可以利用前面讲的脊线确定截面线的方向,默认为第一条导引线(如图 4-46 所示),则可以设定扫掠的边界,选择两个平面填入【Relimiter1】和【Relimiter2】文本框中。

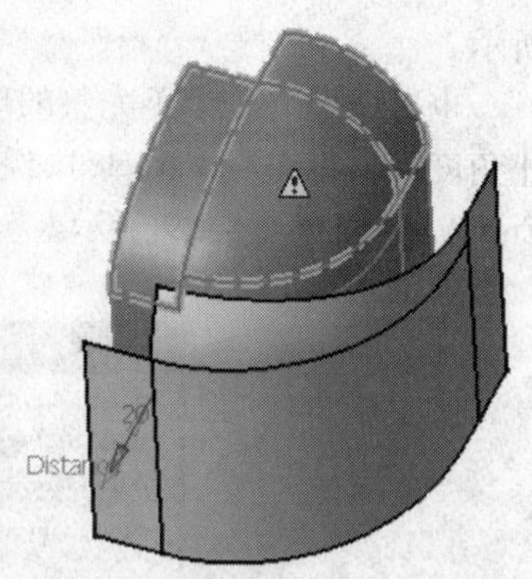

图 4-42　选择 Sub-Element to remove 的结果

Swept Surface Definition
Profile type:
Subtype: With reference surface
Profile: No selection
Guide curve: No selection
Surface: Default (mean plane)
Angle: 0deg　Law...
Optional elements
Projection of the guide curve as spine
Spine: No selection
Relimiter 1: No selection
Relimiter 2: No selection
Smooth sweeping
Angular correction: 0.5deg
Deviation from guide(s): 0.001mm
Positioning parameters
Position profile　Show parameters >>
OK　Cancel　Preview

图 4-43　【Explicit Profile】对话框

如果在【Smooth sweeping】栏选中【Angular correction】选框,则可以用于设置扫掠曲面与指定参考面之间的角度偏差范围;如果在【Deviation from guides】选框中设置参数,则可以判断扫掠面与导引线的距离偏差。

2)Linear Profile(直纹面)

直纹面是以直线为截面线扫掠生成的曲面。【Subtype】下拉列表中有多种生成直纹面的方式,它们分别是:

(1)Two limits 表示通过两条导引线生成直纹面,对话框如图 4-47 所示。选择两条曲线并填入【Guide Curve】文本框,可以设定直纹面的边界。

(2)Limit and middle 表示所选的第二条导引线作为直纹面的中线,如图 4-48 所示。

(3)With reference surface 的对话框如图 4-49所示。通过它可以选择一条曲线和曲线所在平面填入【Mandatory elements】栏中,从而可以设置生成的直纹面与参考面所成的角度,也可以

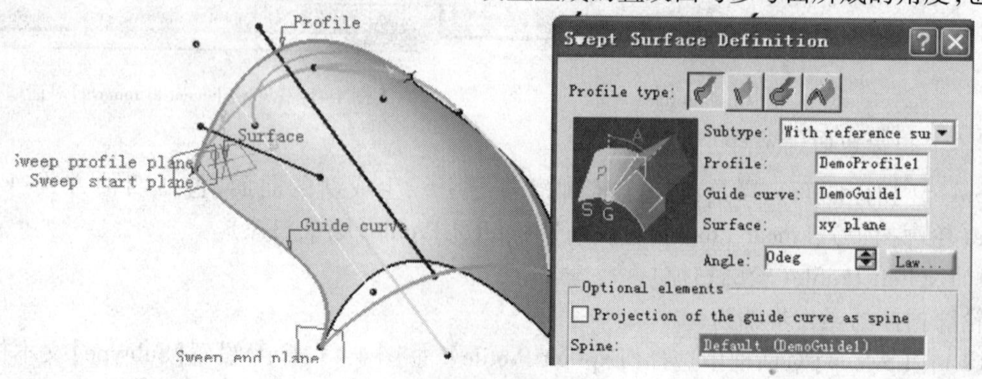

图 4-44　Explicit Profile 的结果

设置直纹面在导引线两侧的拉伸长度,如图4-50所示。

(4)With tangency surface 的对话框如图4-51所示。通过它可以选择一条曲线填入【Guide curve】文本框作为导引线,也可以选择与生成直纹面相切的曲面作相切参考平面,如图4-52所示。在该对话框中可以单击【Next solution】选择所需的曲面或者选中【Trim with tangency surface】单选框,从而可以用直纹面切去相切参考面,如图4-53所示。

(5)With draft direction 的对话框如图4-54所示。在该对话框中需要选择一条曲线填入【Guide curve】文本框中作为导引线,并且需要选择一条直线或者一个平面作为拔模方向填入【Draft direction】文本框中。

3)Circular Profile(圆弧扫掠)

在【Sweep】对话框中选择Circular Profile(圆弧扫掠)后弹出的对话框如图4-55所示。在【Subtype】下拉列表中有多种生成圆弧面的方式,它们含义和要求分别为:

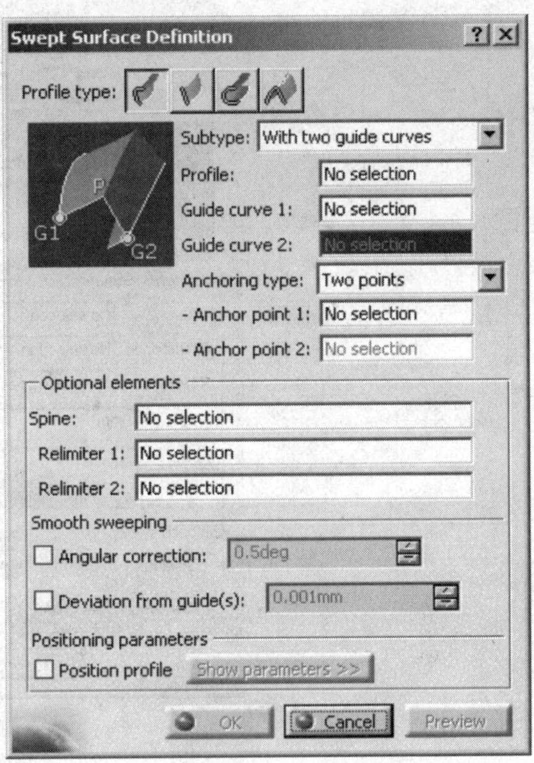

图4-45 选择 With two guide curves 弹出的对话框

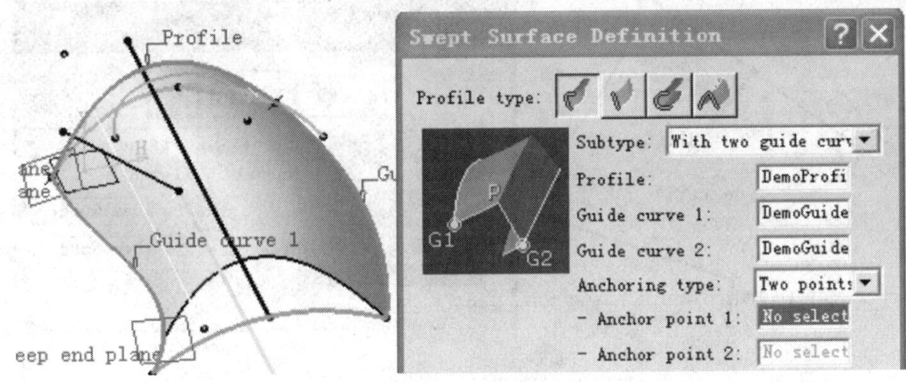

图4-46 选择 With two guide curves 的结果

(1)Three guides 方式需要选择三条曲线作为扫掠的导引线,如图4-56所示。

(2)Two guides and radius 则需要设置半径,可以单击【Other solution】选择需要的圆弧面。

(3)Center and two angles 则需要选择曲线填入【Center curve】文本框作为扫掠轴线,选择另一条曲线作为参考曲线填入【Reference Curve】文本框,并在【Angle】文本框中设置起始角度和终止角度,扫描曲面,如图4-57所示。

(4)Center and Radius 只需要设置半径和中心线。

(5)Two guides and tangency surface 方式,需要选择一条曲线作为扫掠的导引线和相切的边界线,并选择该曲线所在的曲面填入【Tangency surface】文本框,作为扫掠面的切面,而选另一条曲线作为导引线和边界,生成的曲面可能是多解的,如图4-58、图4-59所示。

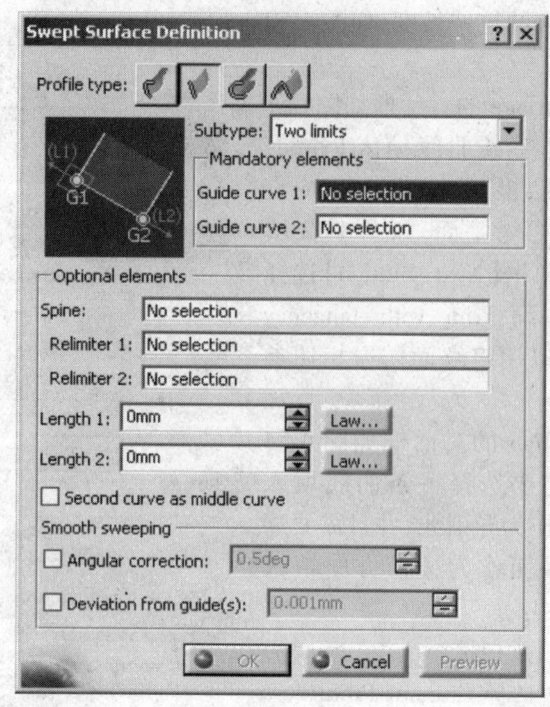

图 4-47 【Linear Profile】对话框

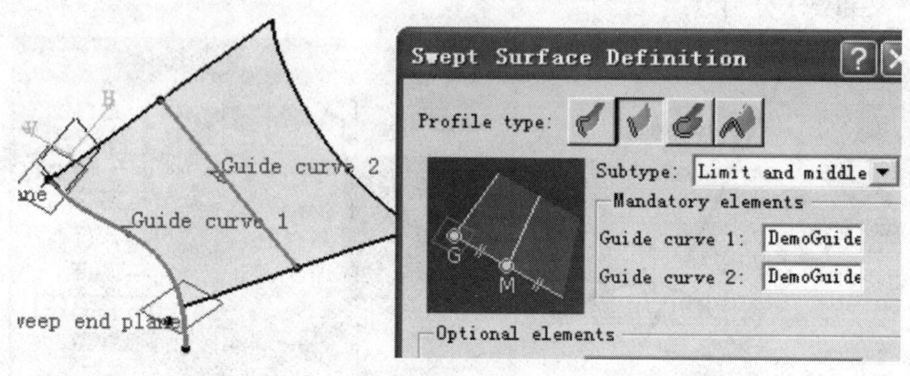

图 4-48 选择 Linear Profile 的结果

4) Conical Profile(圆锥扫掠)

Conical Profile(圆锥扫掠)是以圆锥曲线为截面线的扫掠曲面。

在【Subtype】下拉列表中有多种建立圆锥曲线的方法,它们的含义和使用要求分别为:

(1) Two guide curves 方式对话框如图 4-60 所示,使用时需要选择两条曲线以及两曲线所在曲面,并将其填入【Mandatory elements】栏中的文本框作为导引线和扫掠面的相切曲面。必要时可以在【Angle】中设置扫掠面与相应相切曲面所成的角度,也可设置圆锥曲线的类型(前面讲过),如图 4-61 所示。

(2) 选择 Three guide curve 则要求在 Two guide curves 的基础上选一条曲线填入【Guide curve 2】作为脊线生成圆锥曲面,如图 4-62 所示。

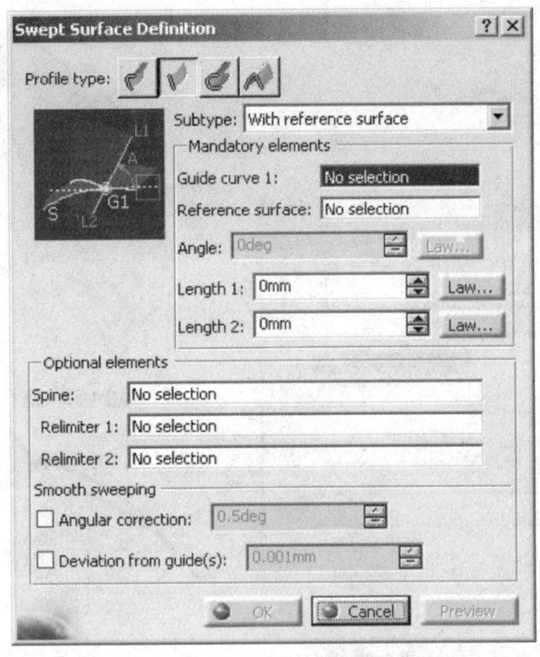

图 4-49　选择 With reference surface 弹出的对话框

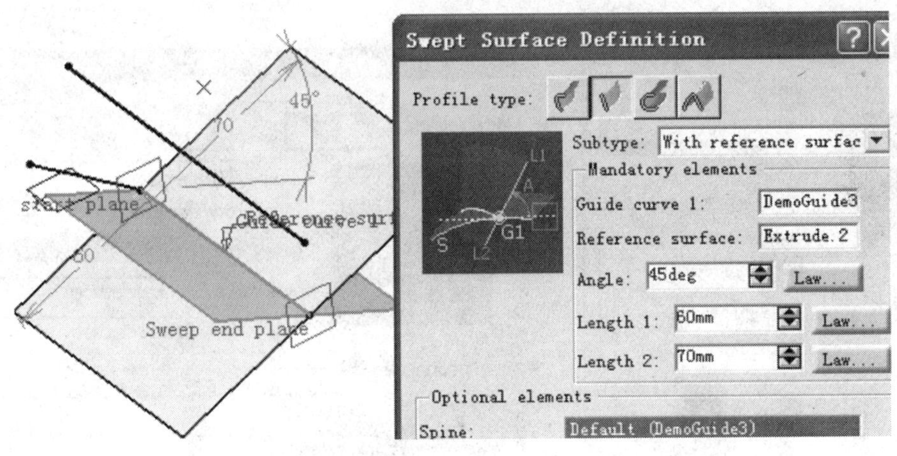

图 4-50　选择 With reference surface 的结果

4.1.2.6　填充曲面(Fill)

Fill(填充曲面)是在一组边界片断围成的封闭域中形成新的曲面。其操作步骤为:

(1)在【Surfaces】下拉列表中选择【Fill】按钮,对话框如图 4-63 所示。

(2)选择边界曲线或由曲面边界线构成的封闭域填入对话框,可以选择边界线所在曲面作为支持面,如图 4-64 所示;

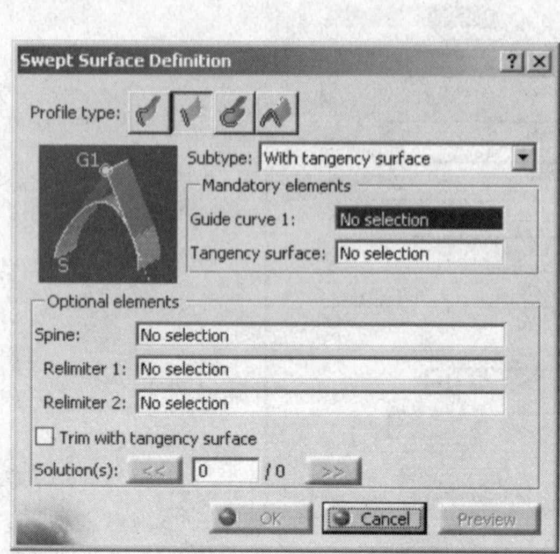

图 4-51　选择 With tangency surface 弹出的对话框

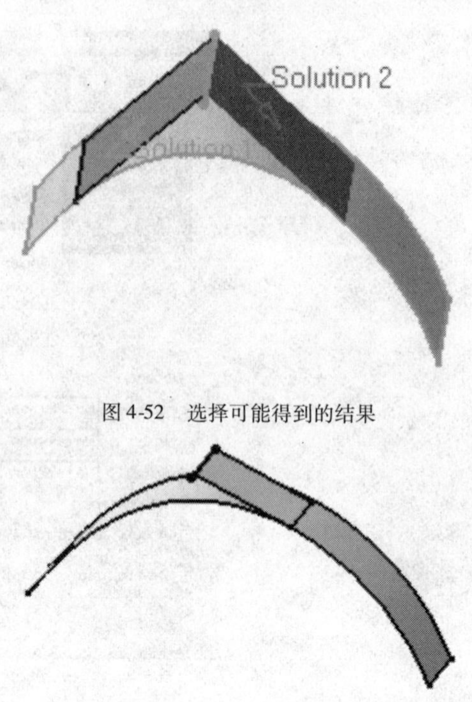

图 4-52　选择可能得到的结果

图 4-53　最终得到的结果

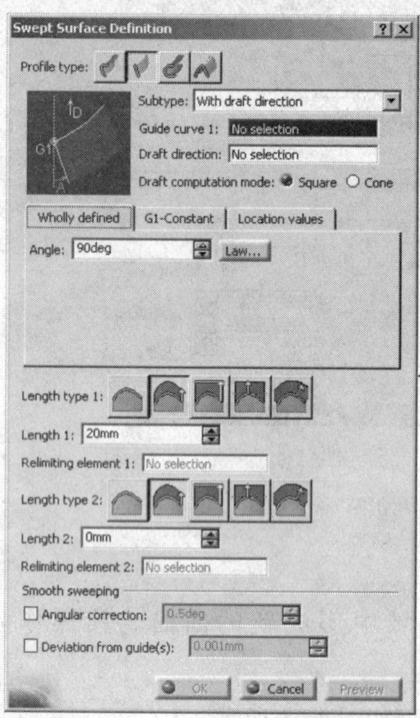

图 4-54　选择 With draft direction 弹出的对话框

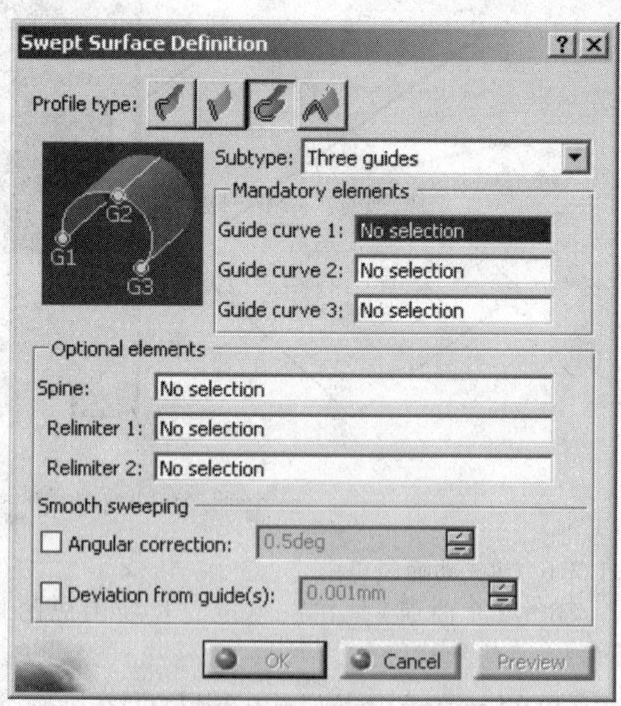

图 4-55　【Circular Profile】对话框

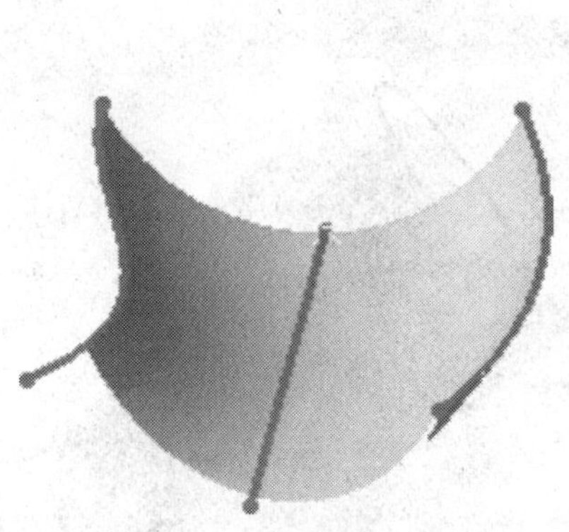
图 4-56　Three guides 方式

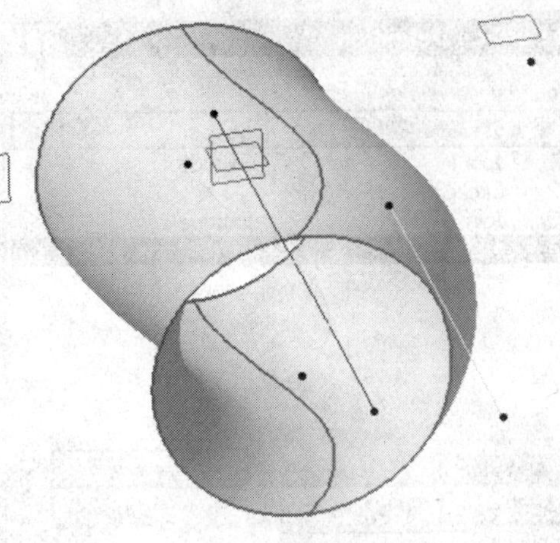
图 4-57　Center and two angles 方式

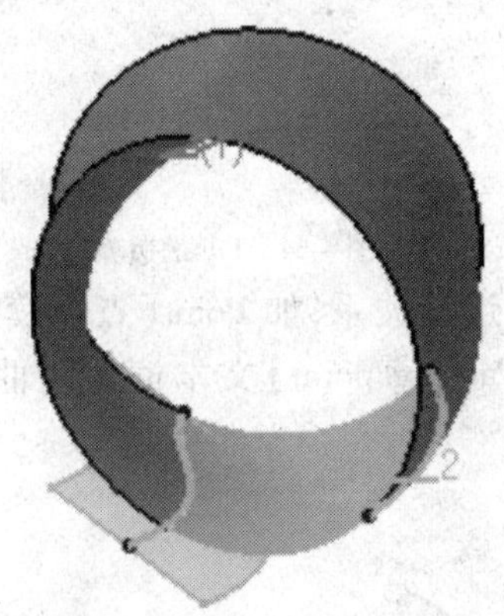
图 4-58　Two guides and tangency surface 方式

图 4-59　Two guides and tangency surface 方式

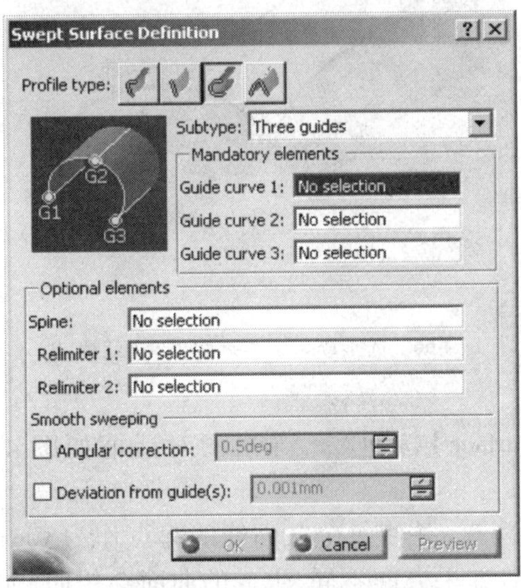

图 4-60　【Conical Profile】对话框

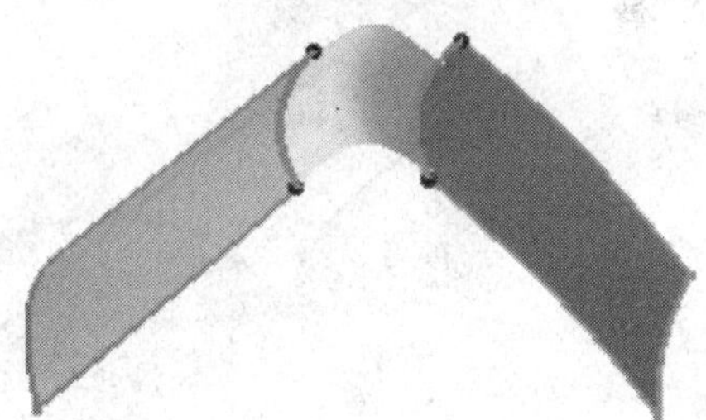
图 4-61　Two guide curves 方式

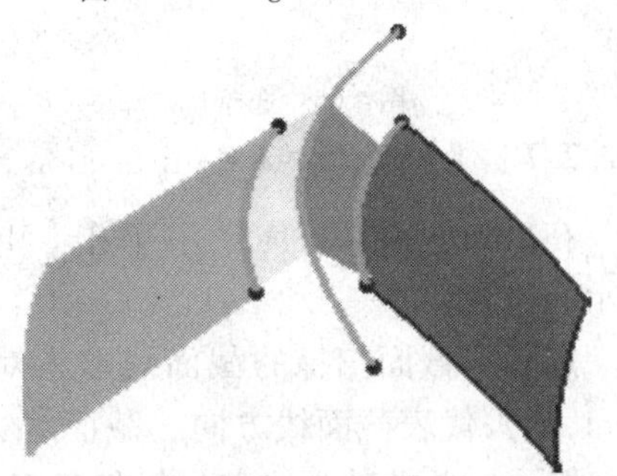
图 4-62　Three guide curve 方式

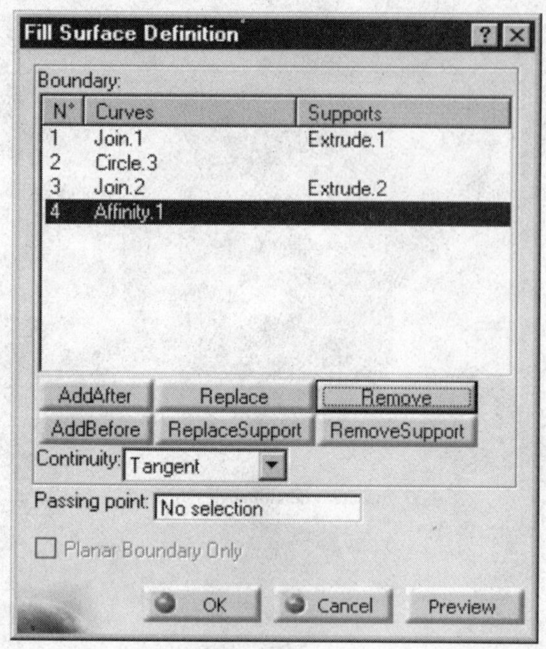

图 4-63 【Fill】对话框

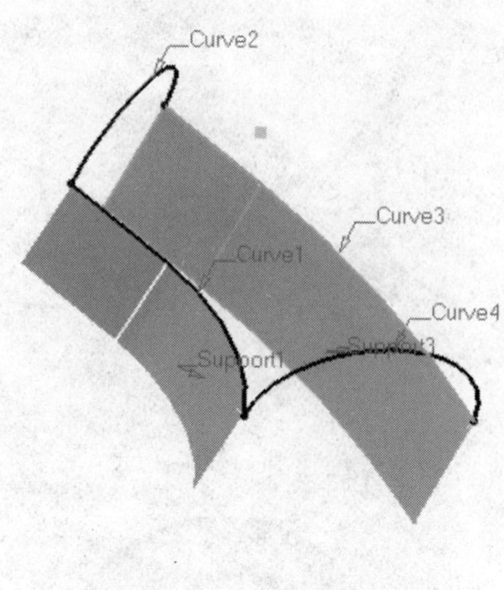

图 4-64 Fill 的边界选择

（3）根据需要在【Continuity】中设置曲面与支持面的连接关系，如 Point（点连续）、tangency（相切）、Curvature（曲率连续）；也可以选择一点填入【Passing point】文本框作为曲面上的一点，如图 4-65 及图 4-66 指定相切曲面和斜率连续。

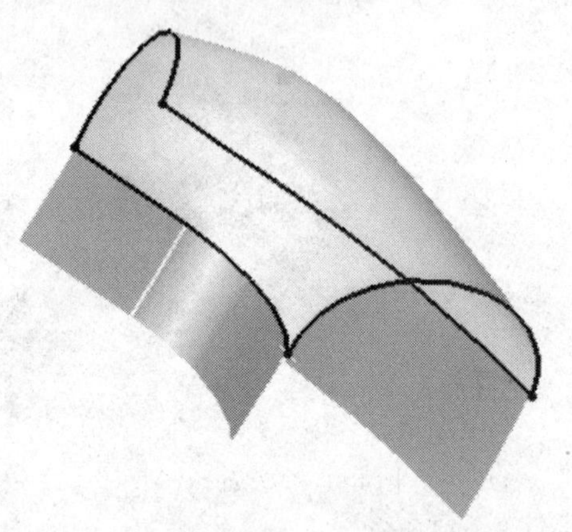

图 4-65 选择 Passing point

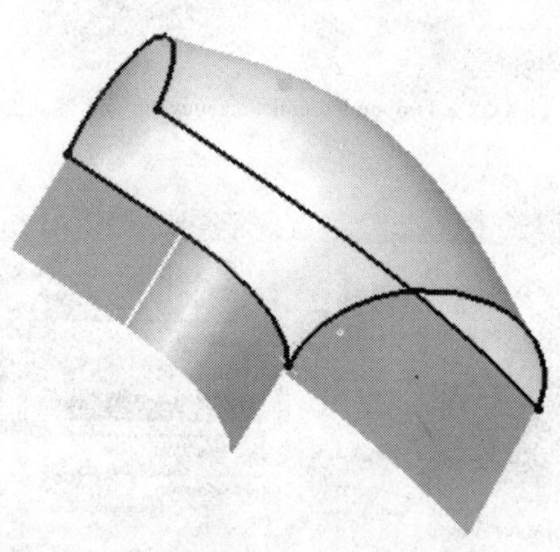

图 4-66 选择 Passing point 和边界连续性

4.1.2.7 多截面扫掠（Multi Section Surface）

在【Surfaces】工具栏中单击【Multi Section Surface】按钮，弹出的对话框如图 4-67 所示。

选择多截面扫掠的截面线填入对话框上部的列表，并使每个截面线的起点作为 Closing point，箭头代表截面线方向。截面线方向必须相同，如果方向不同，生成的曲面会扭曲，如图 4-68所示。必要时要选定与每条截面线相交的导引线，如图 4-69 所示。

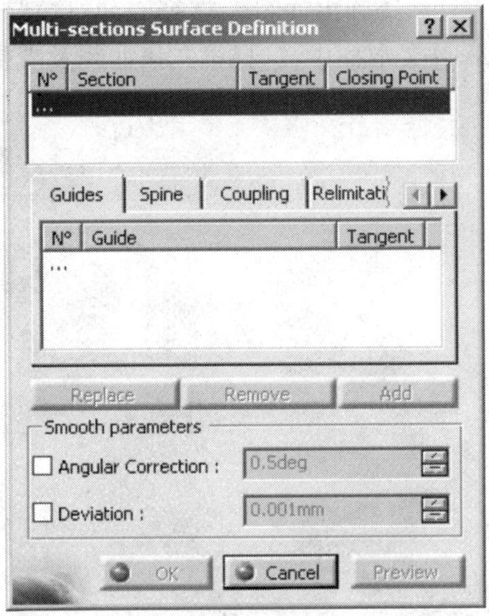

图 4-67 【Multi Section Surface】对话框

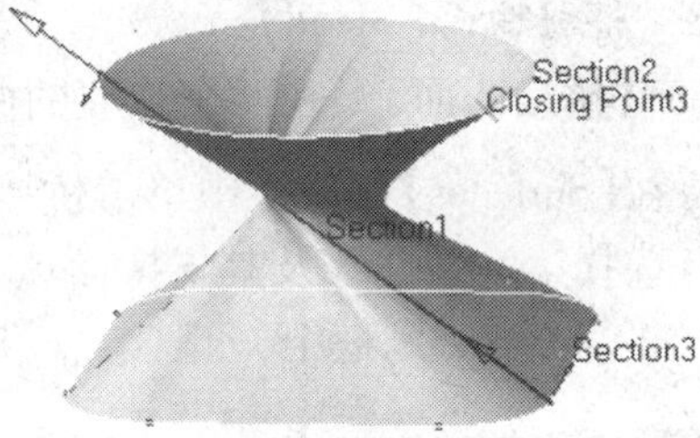

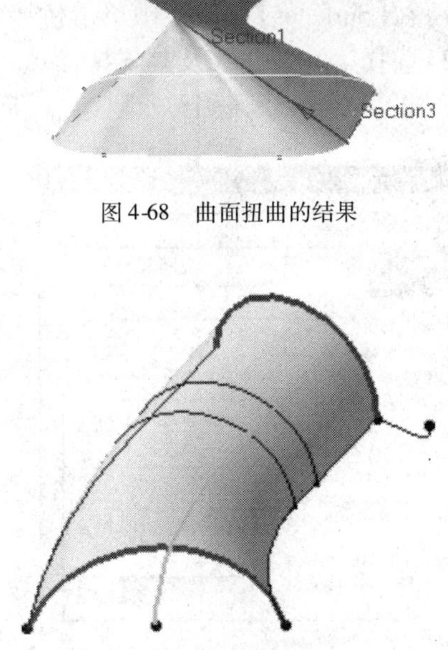

图 4-68 曲面扭曲的结果

图 4-69 两个截面线、两个导引线

在某些情况下，方向不同的截面线可能无法生成曲面。单击箭头可以改变截面线的方向，但有时仍然无法消除扭曲面，此时用户可以在对话框的截面线列表框中选择需要修改的 Closing point 位置的截面线，此时应单击右键，在弹出的快捷菜单中选择 Remove、Replace、Add 命令，修改截面线上的 Closing point ，并编辑，直至生成光顺曲面，如图 4-70 所示。

通过【Relimitation】选项卡，可以设定多截面扫掠的边界，其中：Relimited on start section 表示扫掠是以第一个截面为边界；Relimited on end section 表示曲面以最后一个截面为边界。如果没选中其中之一或者都没选中，那么扫掠将以导引线的长度作为边界，如图 4-71a)、4-71b)所示。

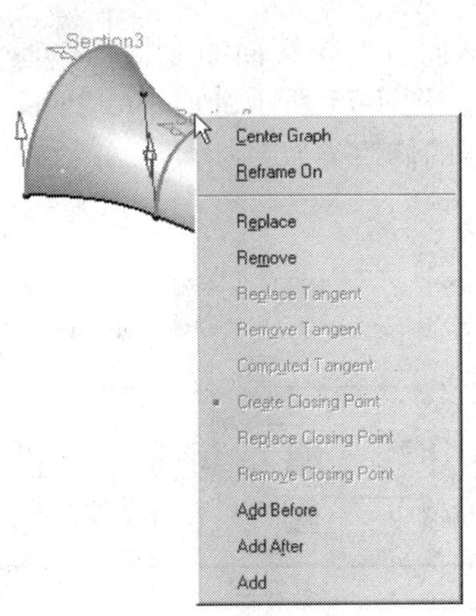

图 4-70 右键下拉菜单

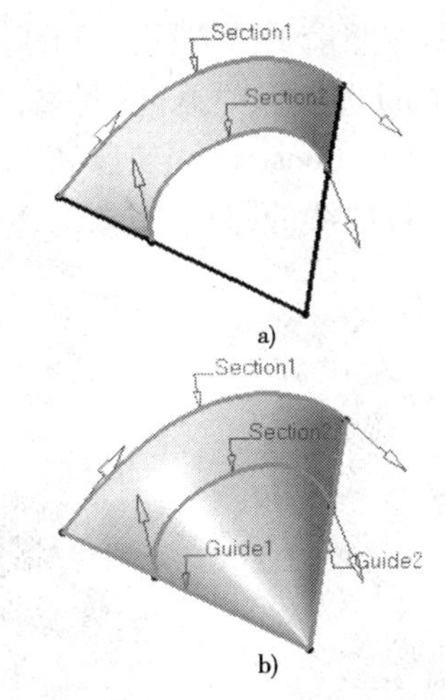

图 4-71 扫掠以导引线的长度作为边界

a)选中起始和末端截面线；b)只选中末端截面线

4.1.2.8　桥接曲面(Blend)

Blend(桥接曲面)是在两个独立的曲面或者曲线之间建立一个曲面。其操作步骤为:

(1)在【Surfaces】工具栏中单击桥接曲面按钮,系统弹出如图4-72所示的对话框。

(2)选择第一条曲线及其支持面填入【First curve】文本框中,选择第二条曲线及支持面填入【Second curve】文本框中,如图4-73所示。

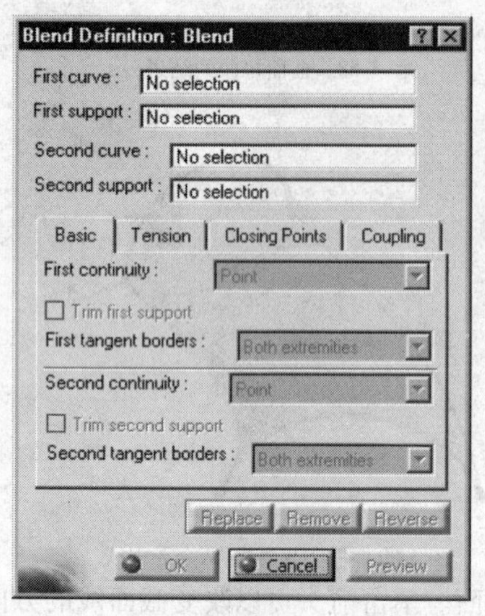

图4-72　【Blend】对话框

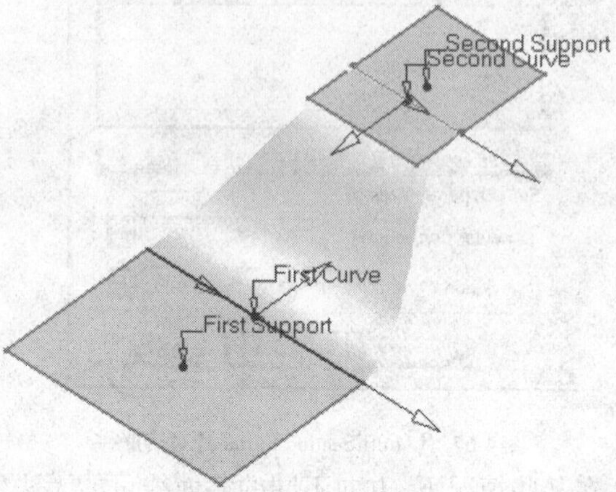

图4-73　Blend的结果

(3)在对话框的【Basic】选项卡中,【First continuity】和【Second continuity】文本框分别设置桥接面与支持面的连续方式,选中【Trim First support】和【Trim second support】选框分别表示对第一和第二支持面进行裁剪,如图4-74a)和图4-74b)所示。【First tangency borders】和【Second tangency borders】用于指定桥接面与第一个支持面和第二个支持面之间的有效区域。Both extremities表示在整条曲线的区域内都要求相切,None表示不要求相切,Start extremity only表示仅仅在起始端才要求强制相切,End extremities only表示仅仅在终止端才要求强制相切。起始端和终止端是按照箭头的方向定义的。

在【Tension】选项卡中,可以调整桥接曲面的张力,从而改变桥接面的形状。Tension(张力)的调整方式有Constant(定值)和Linear(线性)两种,如图4-75所示,【Closing Points】选项卡用于设置桥接曲线的起点,方法与多截面扫掠中桥接线的修改类似。

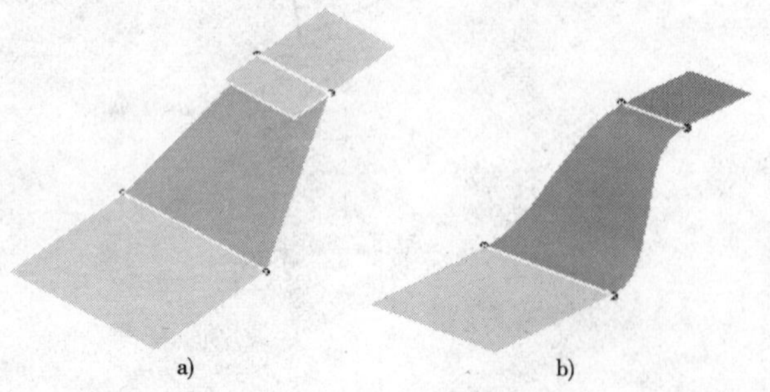

图4-74　支持面的裁剪方式

a)两限制方向上点连续;b)曲率连续并裁剪

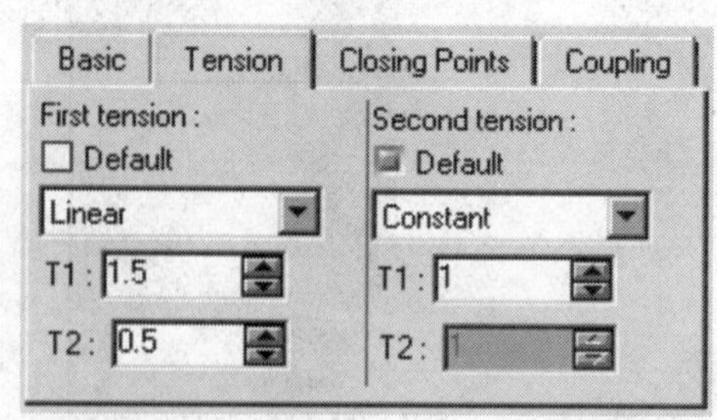

图4-75　【Tension】选项卡

通过【Coupling】选项卡可以改变桥接线之间的连接方式，该选项卡中，列出如下 4 种连接方式：Ratio 表示按照桥接线在横坐标的比例连接；Tangency 表示将桥接线的切线斜率的不连续点作为连接点，如果桥接线之间斜率不连续点的数目不同，则不能连接；Tangency then Curvature 是以桥接线的切线斜率的不连续点为先，然后再用曲率不连续点进行连接，桥接线之间曲率不连续点的数目必须相同。Vertices 是按照桥接线的顶点依次连接，选择 Ratio 连接方式曲面如图 4-76a）、Tangency 连接方式曲面如图 4-76b）所示。

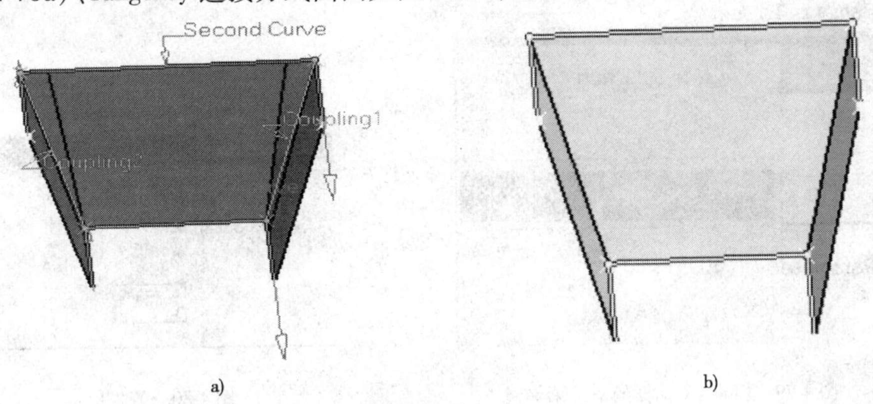

图 4-76　桥接线之间的连接方式

a）Ratio 连接方式；b）Tangency 连接方式

4.1.3　几何外形操作（Performing Operations on Shape Geometry）

4.1.3.1　合并（Join）

在【Operations】工具栏单击【Join】按钮，会弹出如图 4-77 所示的对话框，在该对话框中填入需要合并的曲面或者曲线，单击【OK】即可完成合并操作。所得结果如图 4-78 所示。

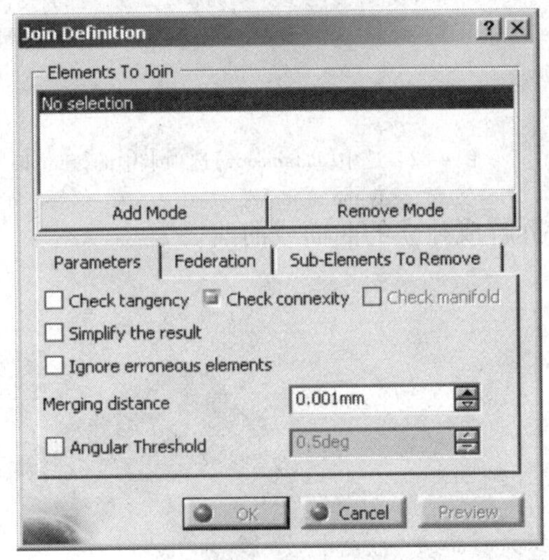

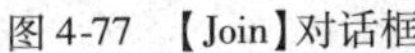
图 4-77　【Join】对话框

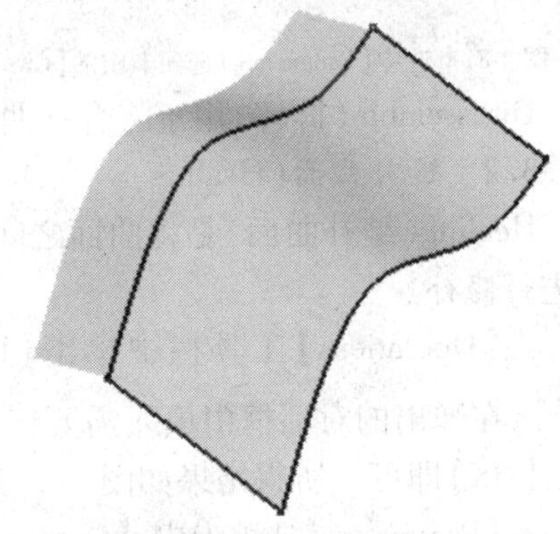

图 4-78　合并的结果

通过该对话框可以编辑合并元素。在该对话框中单击【Add Mode】\【Remove Mode】可以改变选择的合并元素。用右键单击列表框，在弹出的快捷菜单中，选择 Clear Selection 可以清除已选择的元素，而该快捷菜单中的 Replace Selection 表示用新的元素代替已有元素，Check Selection 用于列出所选的元素；选择 G0 Propagate 表示与当前选择元素点连续的其他元素也被选中,选择 G1 Propagate 表示与当前选择元素斜率连续的元素也被选中,如图 4-79 所示。

在【Parameters】选项卡中,选中【Check tangency】选项,表示对所选元素进行斜率连续检查,如果斜率不连续,则出现警告信息,如图 4-80 所示;选中【Check connexity】选项,表示对所选的元素进行连通性检查,如图 4-81 所示。

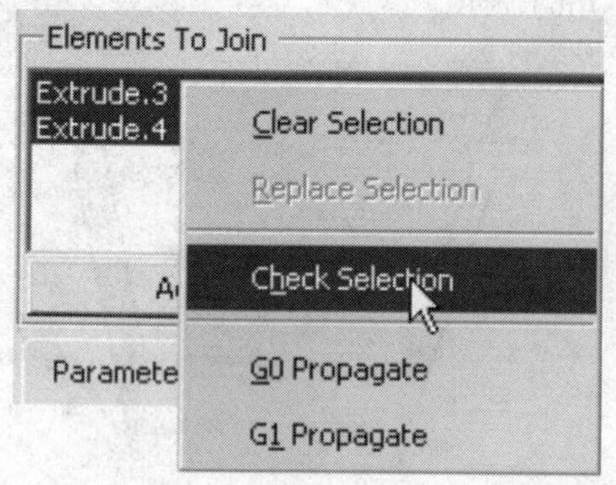

图 4-79 【Join】对话框的下拉菜单

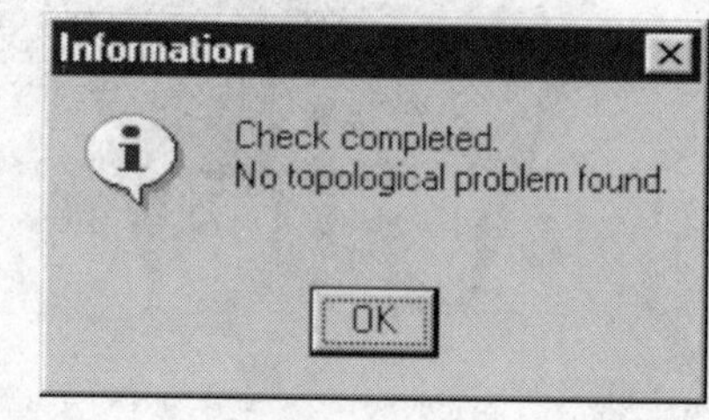

图 4-80 警告信息

选中【Simplify the result】选框,表示对合并元素进行简单化;而【Ignore erroneous elements】则表示可以忽略不符合要求的元素加入合并元素。点击【Cancel】命令,回到【Join】对话框,通过右键单击所选元素,可以选择 Propagation 类型中具有相同尺寸的元素,如图 4-82 所示。

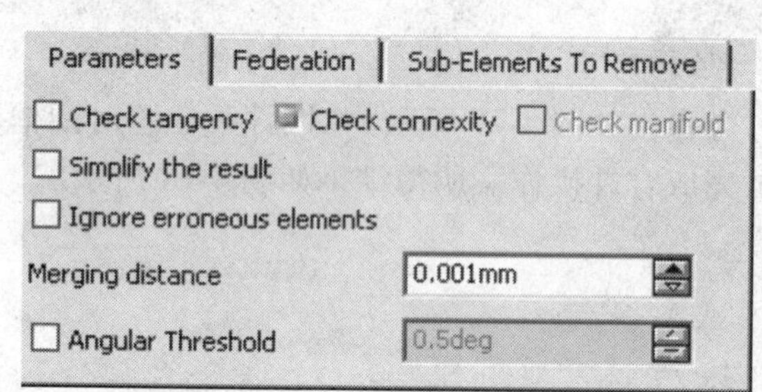

图 4-81 选中【Parameters】选项卡中的【Check connexity】

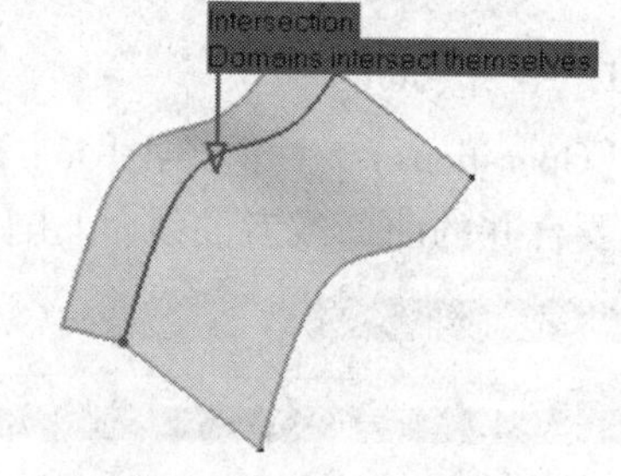

图 4-82 选中【Parameters】选项卡中的【Simplify the result】

Disassemble(拆解)用于将合并曲面或者曲线拆解成独立的曲面或曲线。

4.1.3.2 缝补曲面(Healing)

Healing(缝补曲面)是将曲面之间存在的缝隙进行修补。

在【Operations】工具栏中单击【Healing】按钮,在弹出的对话框中填入需要缝合的曲面,单击【OK】即可。所得结果如图 4-83 所示。

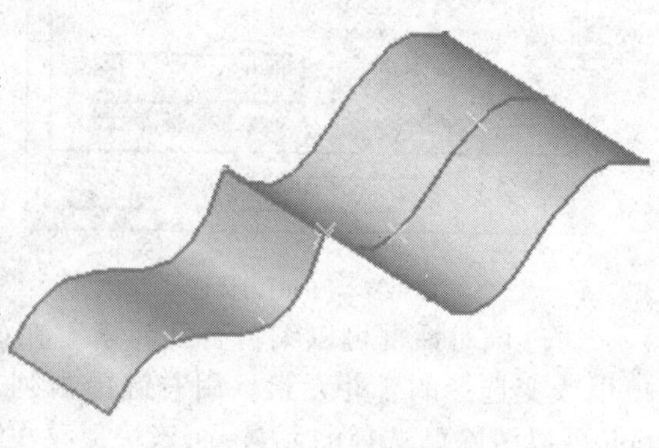

图 4-83 Healing 结果

在【Parameters】选项卡中,【Continuity】选项用于设置连接方式,【Merging distance】选项用于设置缝补的最大距离,通过该选项可对小于设定值的曲面缝隙进行缝补,而大于的则不能缝补;【Distance objective】选项用于设置缝补后曲面之间的最大距离，该值不能超过0.1mm。如果选择 Tangency 连续方式，则需要设置缝补曲面之间的最大角度值，而【Tangency objective】选项用于设置缝合后的相切最大角度的误差值，如图 4-84 所示。

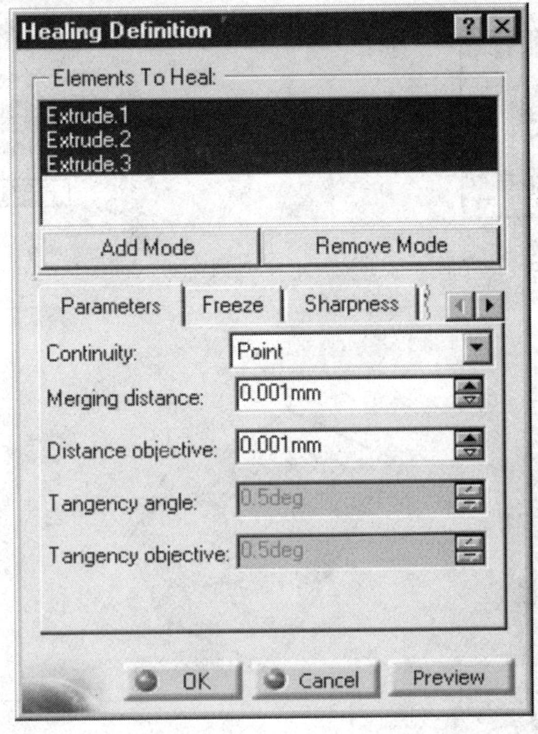

图 4-84 【Healing】对话框

在【Freeze】选项卡中，可以将要进行缝补的曲面填入列表框，使曲面在缝合过程中不受影响，如图 4-85 所示。

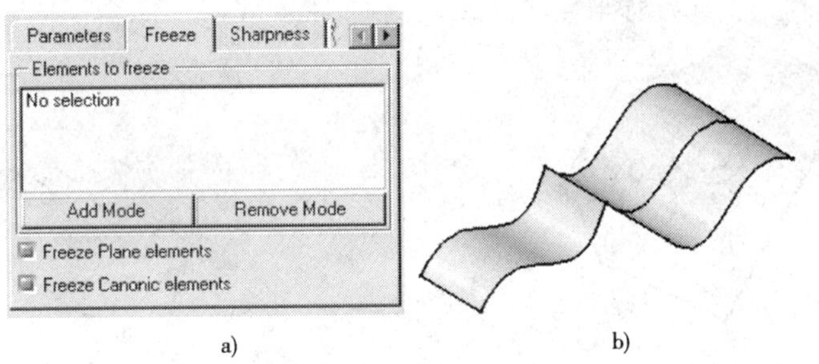

a) b)

图 4-85 Healing 曲面结果

a)【Freeze】对话框；b)冻结曲面

4.1.3.3 恢复修剪曲线曲面(Untrim Surface or Curve)

在【Operations】工具栏单击【Untrim Surface or Curve】按钮，选择被 Trim(裁剪)命令裁剪过的需要恢复的曲面或者曲线，如图 4-86 所示；点击如图 4-87 所示对话框中的【OK】按钮，系统会自动更新恢复曲面，如图 4-88 所示，恢复的曲面如图 4-89 所示。

选择被裁剪过的平面，平面会自动恢复至原始平面，如图4-90 所示。

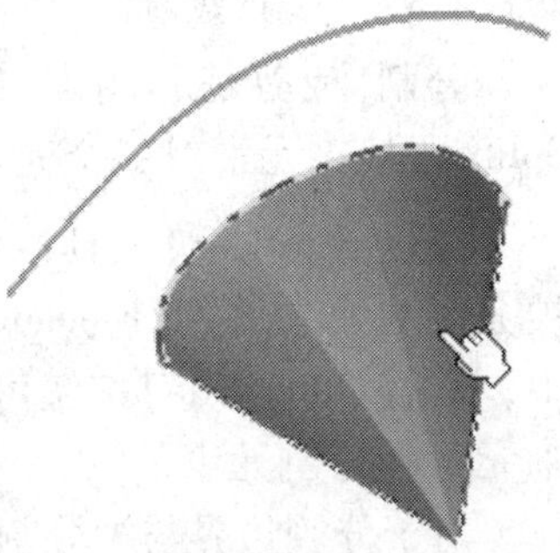

图 4-86 需要恢复的曲面或者曲线

如果选择内部边界，则只有内部的圆环恢复为原始平面，如图 4-91 所示；如果选择内部圆弧边界，则只有所选圆弧恢复为平面，如图 4-92 所示。

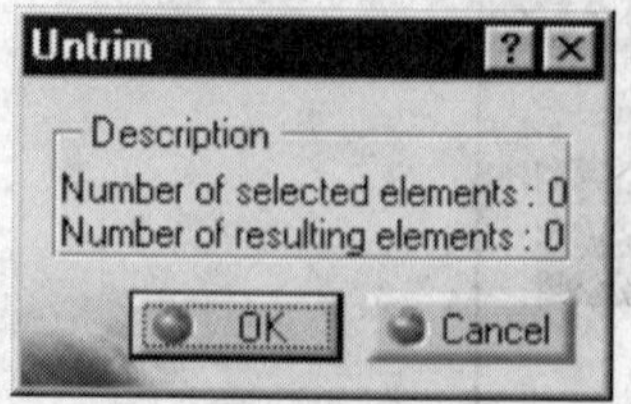

图 4-87 【Untrim Surface or Curve】对话框

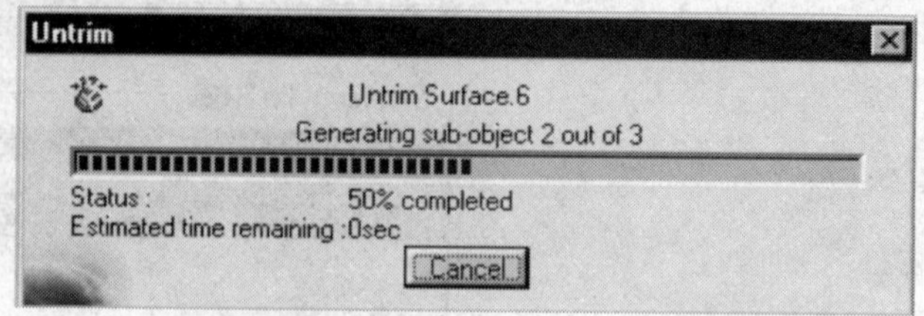

图 4-88 Untrim Surface or Curve 的恢复过程

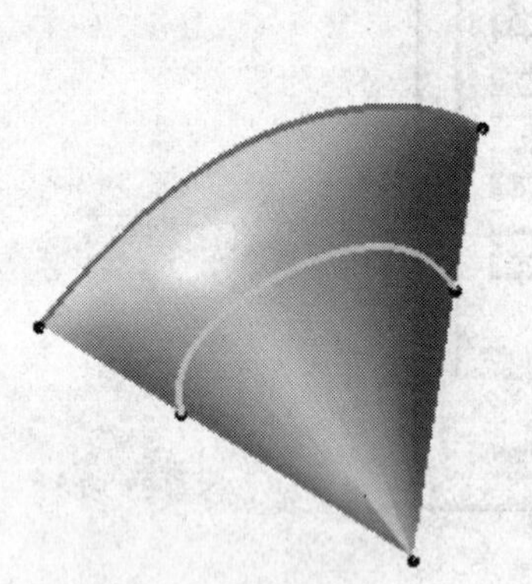

图 4-89 恢复结果

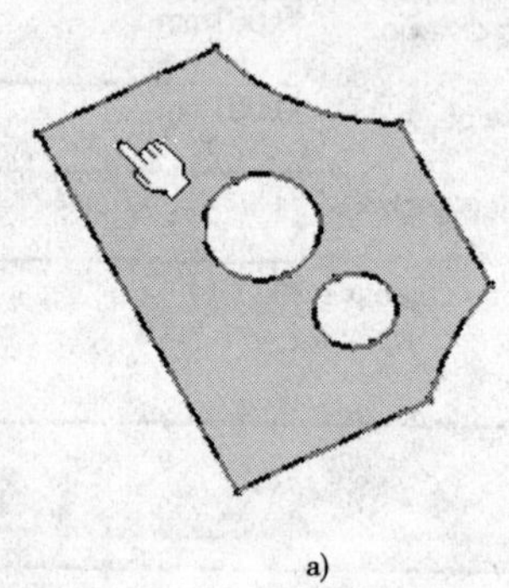

a)

b)

图 4-90 被裁剪平面的恢复

a) 被裁剪过的平面；b) 恢复至原始平面

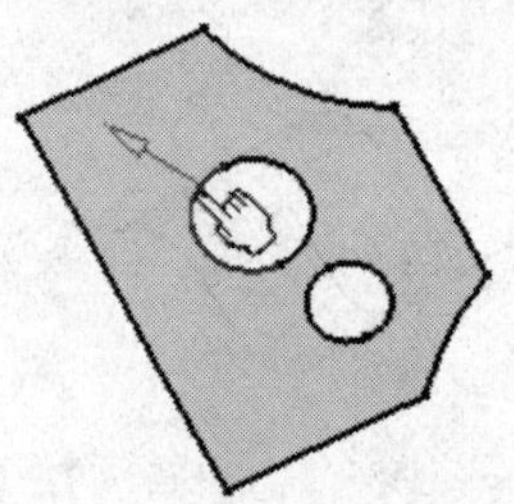

图 4-91 选择内部裁剪边界

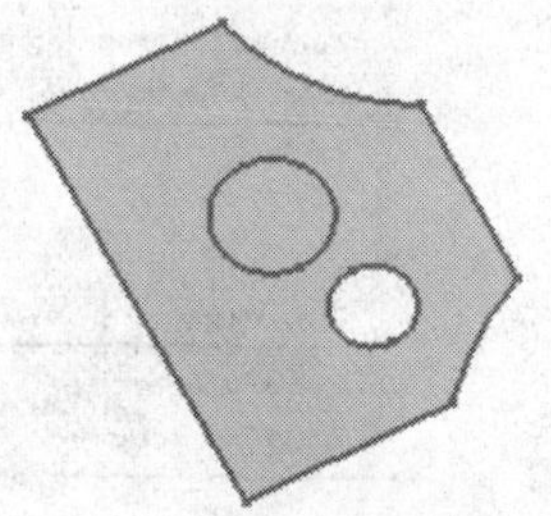

图 4-92 内部裁剪边界恢复

4.1.3.4 分割\裁剪（Split\Trim）

分割\裁剪是利用点、线、面元素对线、面进行分割\裁剪。它包含两种功能：一种是 Split，即其它元素对一个元素进行分割；一种是 Trim，即两个同类元素之间相互裁剪。

在【Operations】工具栏单击【Split】按钮，在弹出如图 4-93 所示的对话框中选择需要被分割的元素填入【Element to cut】文本框，选择分割元素，填入【Cutting elements】下拉列表中，单击【Other side】按钮可以改变被分割的部位，如图 4-94a）、图 4-94b）所示的选择被分割元素和分割元素。

对于分割边界与被分割元素有多个交线，可以指定裁去的部位填入【Element to remove】，以及留下的部位填入【Element to keep】文本框，如图 4-95a）、图 4-95b）所示。

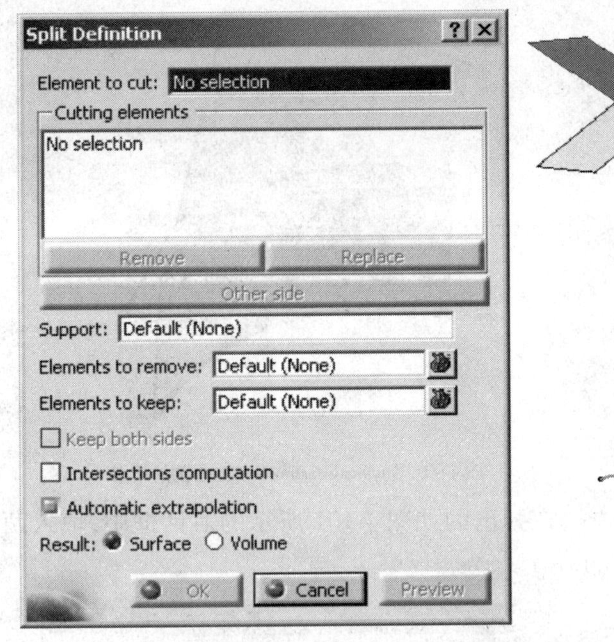

图 4-93 【Split】对话框

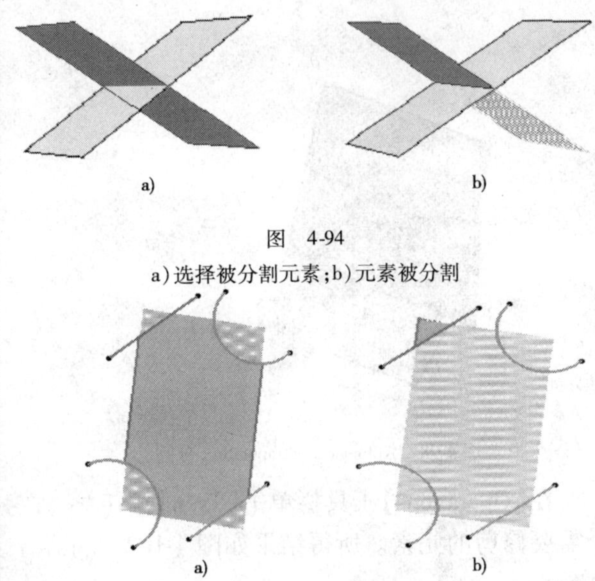

图 4-94
a)选择被分割元素;b)元素被分割

图 4-95 不同的截去部位
a)保留内侧;b)淡灰色为裁去部分

如果选中【Keep both sides】复选框,表示被分割的元素在分割边界的两边都被保留,如果选中【Intersections computation】复选框,表示计算分割元素与分割边界的交线,并显示出来。如果分割边界包含于被分割元素中,可以选择复选框,表示分割边界自动向外延伸,直至超过被分割元素,否则会出现警告信息。

对于选择曲线分割曲面,曲线必须在被分割曲面上,曲线会自动向外延伸到分割面的自由边缘将曲面分割,如图 4-96 所示。若曲面相剪切,系统会自动生成两面的交线,如图 4-97 所示,分割面如果没超过被分割曲面的边缘,单击【Automatic extrapolation】会自动沿与曲面的切向向外延伸,直至超过被分割曲面,如图 4-98 所示,生成曲面如图 4-99 所示;如果两个相切曲面进行分割,需将指定保留部位的一条边线填入【Element to keep】文本框,如图 4-100 所示。

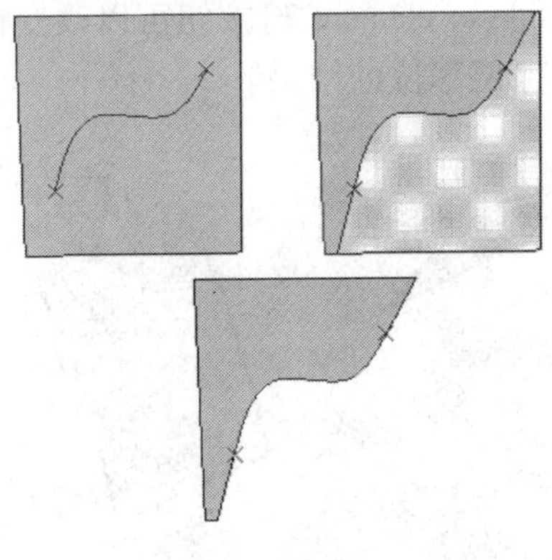

图 4-96 曲线分割曲面

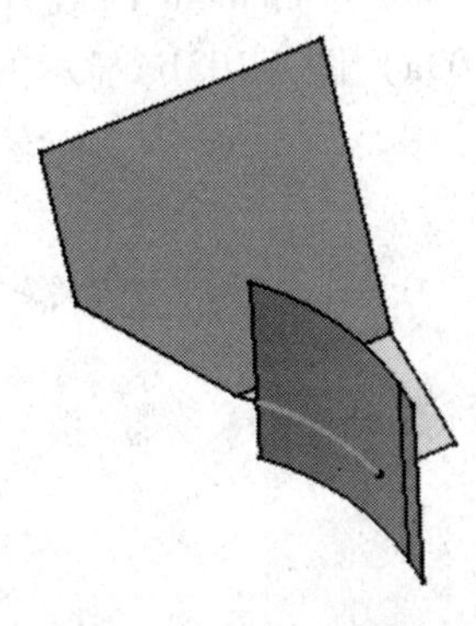

图 4-97 曲面分割曲面

Boundary
Extrapolated

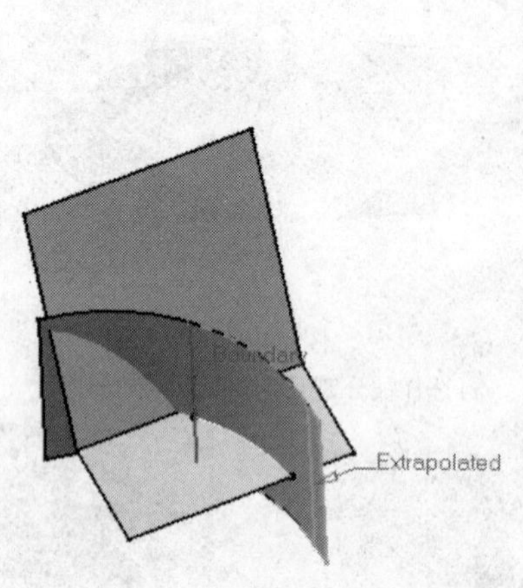

图 4-98　Automatic extrapolation 分割

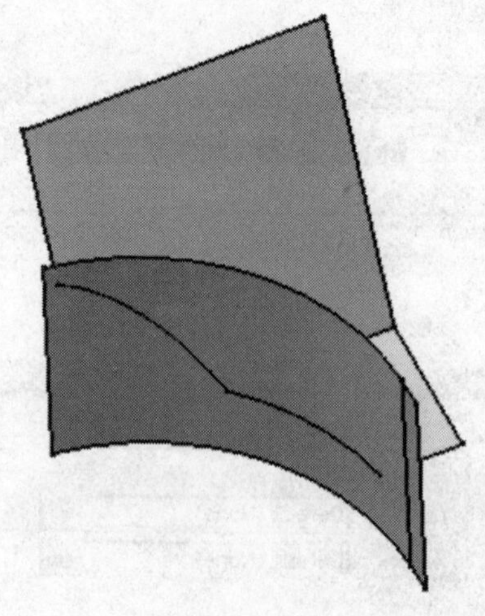

图 4-99　Automatic extrapolation 分割的结果

在【Operations】工具栏单击【Trim】按钮，在弹出的如图 4-101 所示的对话框中，填入两个需要修剪的元素。所得结果如图 4-102 所示。

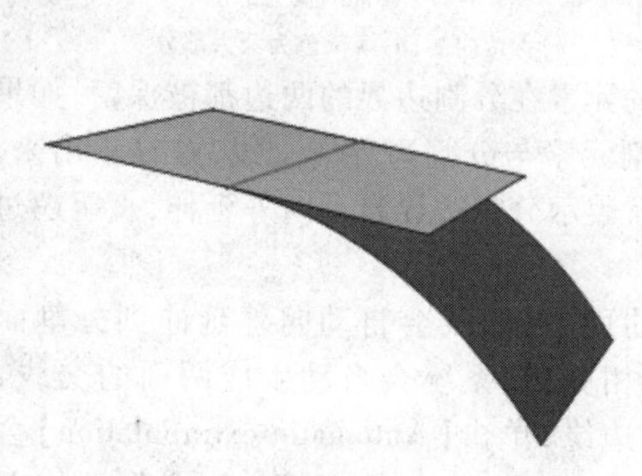

图 4-100　相切曲面分割

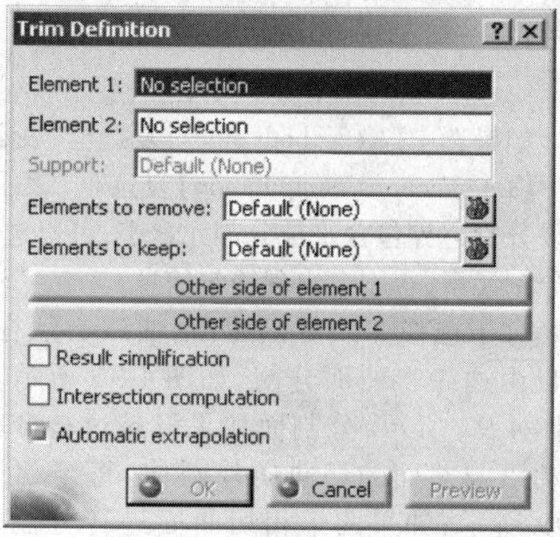

Trim Definition
Element 1: No selection
Element 2: No selection
Support: Default (None)
Elements to remove: Default (None)
Elements to keep: Default (None)
Other side of element 1
Other side of element 2
Result simplification
Intersection computation
Automatic extrapolation
OK
Cancel
Preview

图 4-101　【Trim】对话框

单击【Other side of element 1】或者【Other side of element 2】按钮可以改变裁剪元素被保留的部位。图 4-103a)、图 4-103b) 显示的为不同保留部位的结果。

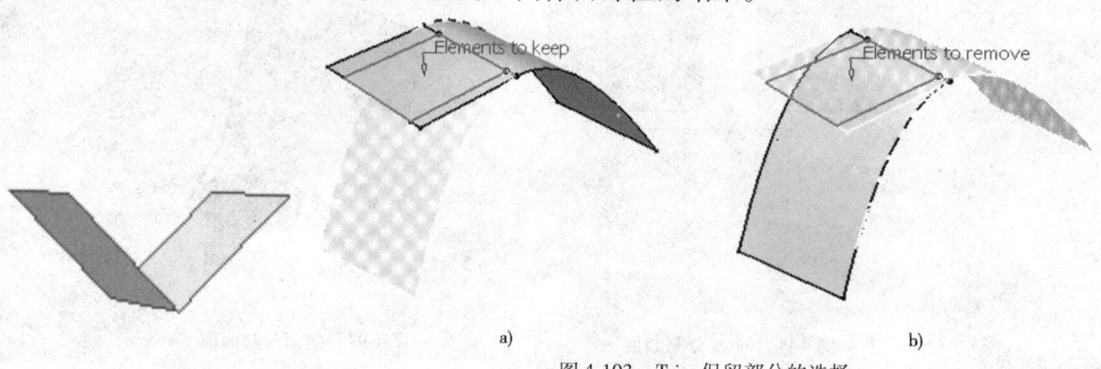

图 4-102　【Trim】结果

Elements to keep
Elements to remove

a)　　b)

图 4-103　Trim 保留部分的选择

a) 保留曲面的右侧；b) 保留曲面的左侧

如果用一线框修剪另一个线框时,先要指定一支持面。

4.1.3.5　提取元素(Extract)

提取元素是从几何体中提取需要的点、线、面等子元素。提取主要有两种功能:一是边界提取(Boundary),主要是从曲面中提取边界;一是提取子元素(Extract),是从几何元素中提取不一定是连续的子元素。

1)Boundary(提取边界)

在【Operations】工具栏中单击【Boundary】按钮,在弹出的如图4-104所示的对话框中填入需要提取的边界。如果点击曲面,则可以直接选择曲面边界,如图4-105所示。

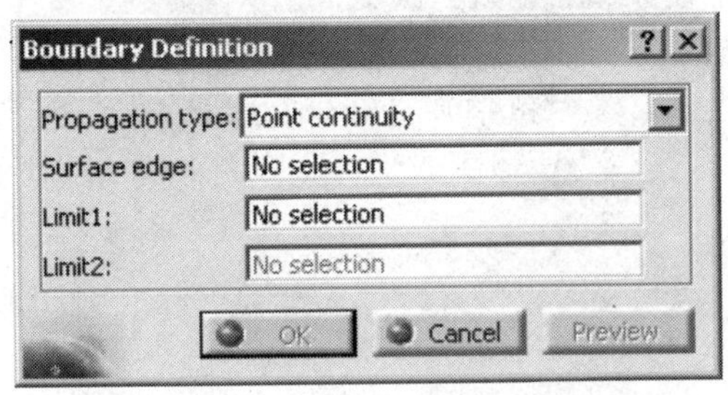

图4-104　【Boundary】对话框

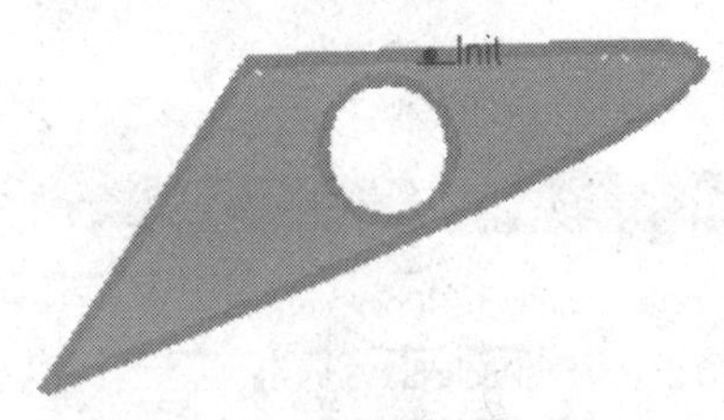
图4-105　Complete continuity

在【Propagation type】下拉框中包括如下几种类型:Point continuity 指与已选择边界具有点连续的其它曲线也被选中;Tangency continuity 指与已选择的边线具有斜率连续的元素被选中;Complete continuity 是将曲面中所有边线选中;No propagation 是只提取选中的边界,如图4-106a)、图4-106b)、图4-106c)所示。

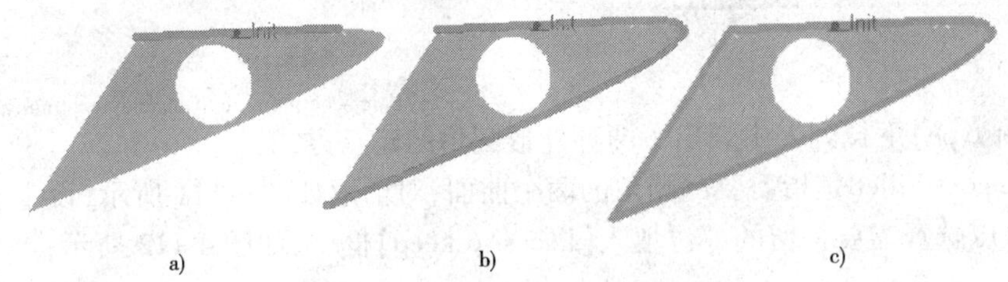

图4-106　Propagation type 包含几种类型

a)No propagation;b)Tangency continuity;c)Point continuity

也可以在对话框中设置限制点限制边界,如图4-107所示。

2)Extract(提取子元素)

在【Operations】工具栏中单击【Extract】按钮,弹出的对话框如图4-108所示。选择点、线、面等需要提取的元素填入【Extract】文本框,如图4-109所示。可以在【Propagation type】文本框中选择拓展方式,如图4-110a)、图4-110b)所示。

4.1.3.6　曲面圆角(Shape Fillet)

创成式曲面设计模板提供了多种曲面圆角的功能,可以是曲面与曲面之间的圆角,也可以是自身边线圆角,半径可以是定值,也可以是变化的。

1)Shape Fillet(外形圆角)

在【Operations】工具栏中单击【Shape Fillet】按钮,外形圆角是在两个或三个曲面上生成的圆角。

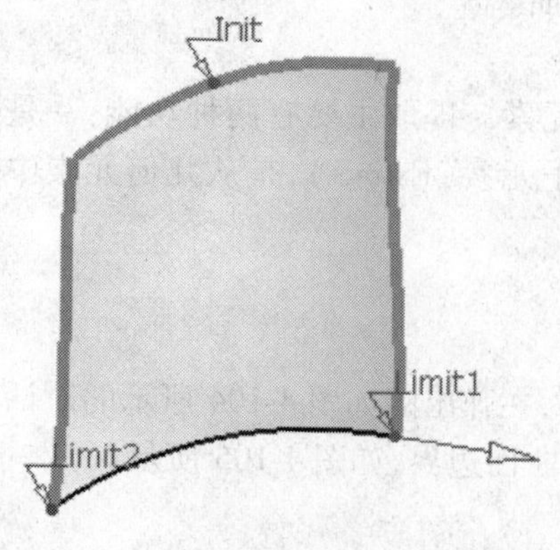

图 4-107　设置限制点

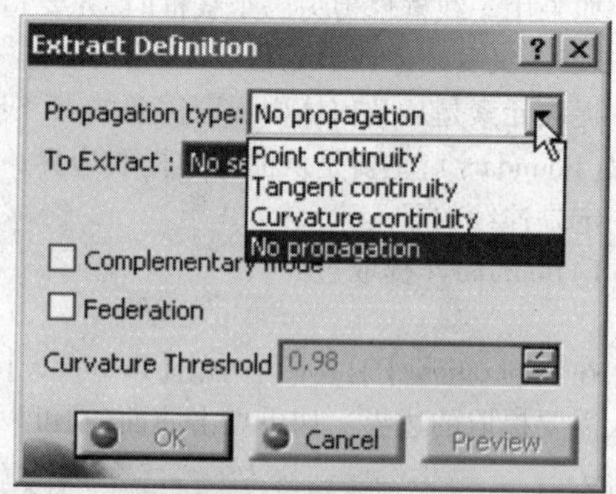

图 4-108　【Extract】对话框

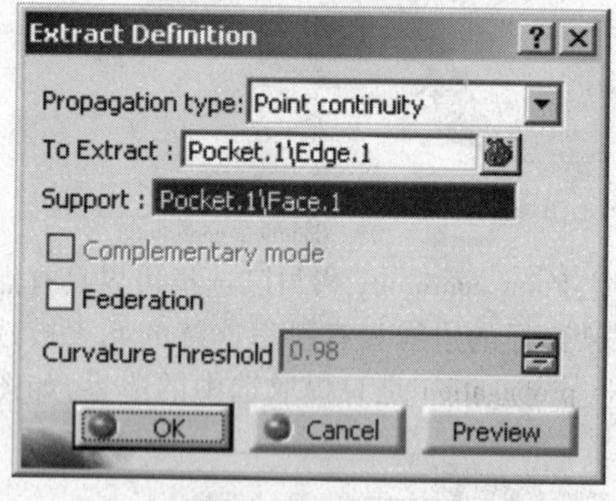

图 4-109　选择【Propagation type】

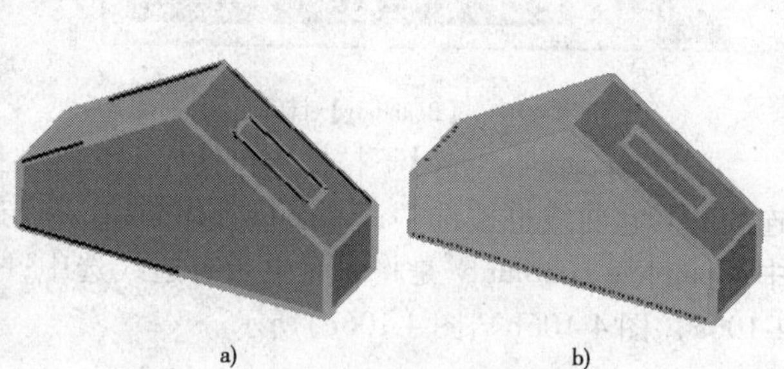

图 4-110　拓展方式

a) Point continuity; b) Tangency continuity

在【Fillet type】下拉列表中列出了两种外形圆角的建立方式：

(1) Bitangent Fillet 是指需要倒圆角的两个曲面，对话框如图 4-111 所示，设定生成曲面的圆角半径，可以选择需要保留的部位填入【Faces to keep】框中，如图 4-112 所示；

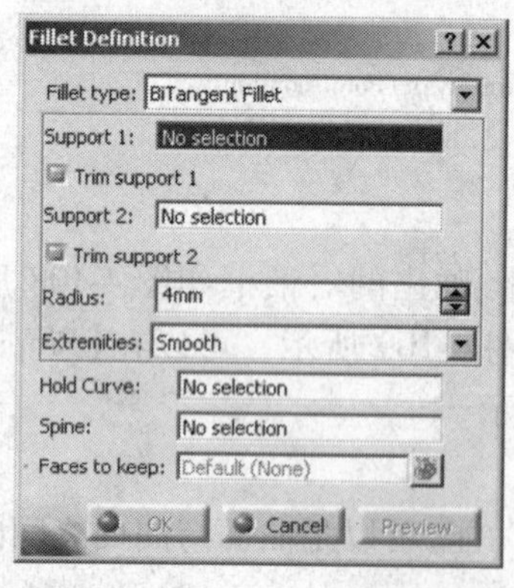

图 4-111　在【Shape Fillet】对话框选择 Bitangent Fillet

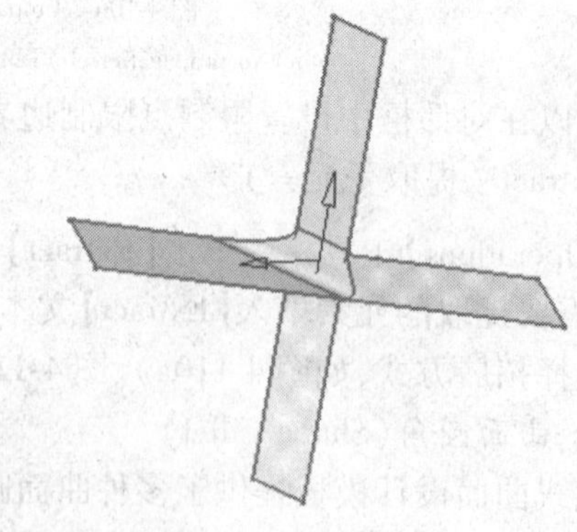

图 4-112　圆角结果

(2) TriTangent Fillet 是选择两个曲面并选择一个曲面作为曲面圆角的切面，如图 4-113 所示。选择如图所示的曲面，结果如图 4-114 所示。

图 4-113　在【Shape Fillet】对话框选择 TriTangent Fillet

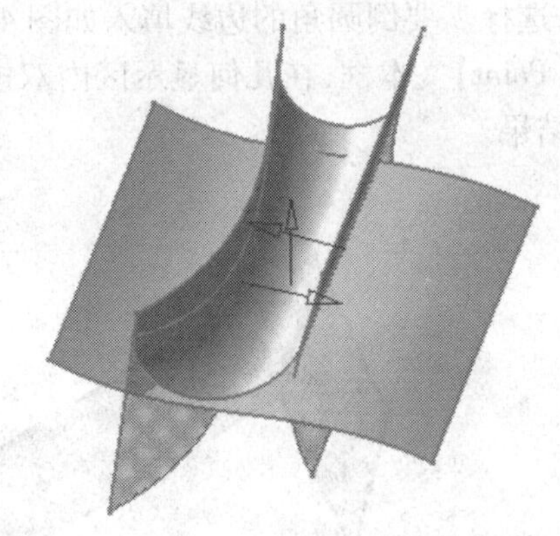

图 4-114　圆角结果

选中【Trim support】复选框，可以对相应的曲面进行裁剪，如图 4-115 所示。【Extremities】下拉列表框列出圆角边界的 4 种类型：Smooth 表示建立圆角的两个曲面边界光滑过渡；Straight 是将两个曲面的边线直接连接；Maximum 是将曲面圆角扩大到最大范围；Minimum 是将曲面圆角缩小到最小范围，如图 4-116a)、图 4-116b)、图 4-116c)所示。

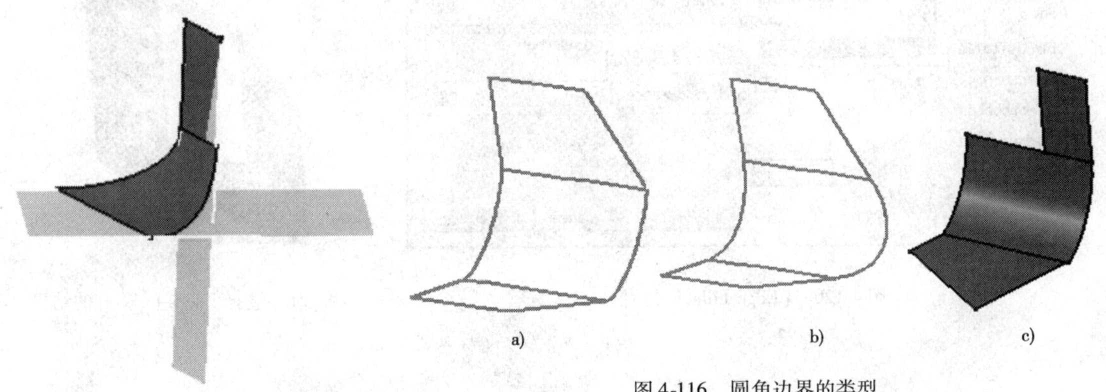

图 4-115　只有一个元素被剪切

图 4-116　圆角边界的类型
a) Straight；b) Smooth；c) Maximum

2) Edge Fillet(边线倒圆)

在【Operations】工具栏中单击【Edge Fillet】按钮，弹出的对话框如图 4-117 所示，选择需要倒圆角的边线填入【Object to fillet】文本框，可以设置半径、圆角类型及裁剪方式。图 4-118 所示的半径为 15，显示结果如图 4-119 所示。

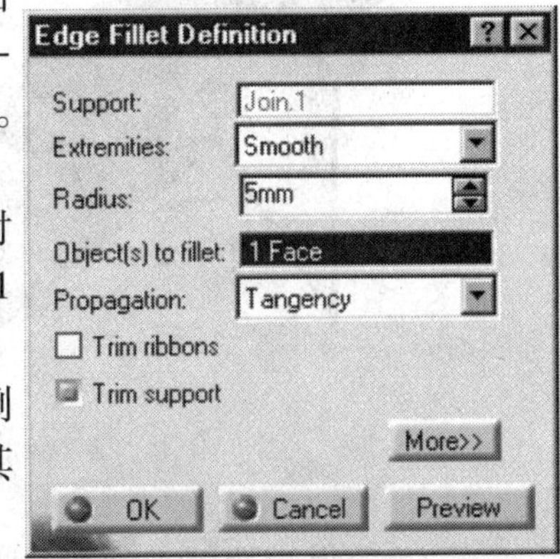

图 4-117　【Edge Fillet】对话框

单击【More】按钮，弹出的对话框如图 4-120 所示。该对话框中，Edges to keep 表示选择需要保留的边缘，如图 4-121 所示；

Limiting elements 表示可以选择一平面或者曲面限制倒圆角范围，如图 4-122 所示为选择一个平面作为限制元素，其结果如图 4-123 所示。

3) Variable Radius Fillet(变半径倒圆)

在【Operations】工具栏中单击【Variable Radius Fillet】

按钮，选择需要倒圆角的边线填入如图 4-124 所示的文本框，在边线上单击需要设置半径的点填入【Point】文本框，在几何显示区内双击尺寸线，可以设置该点半径，如图 4-125、图 4-126 所示的结果。

图 4-118　选择需要倒圆角的边线

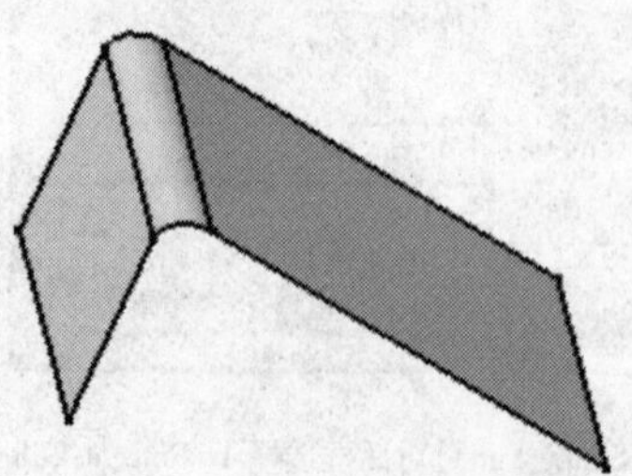

图 4-119　Edge Fillet 的结果

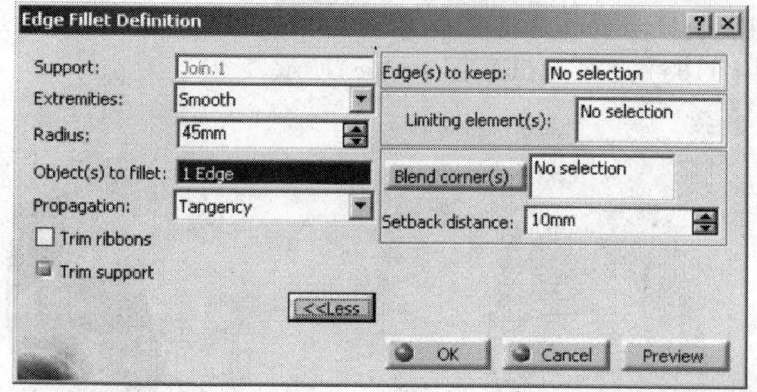

图 4-120　【Edge Fillet】对话框

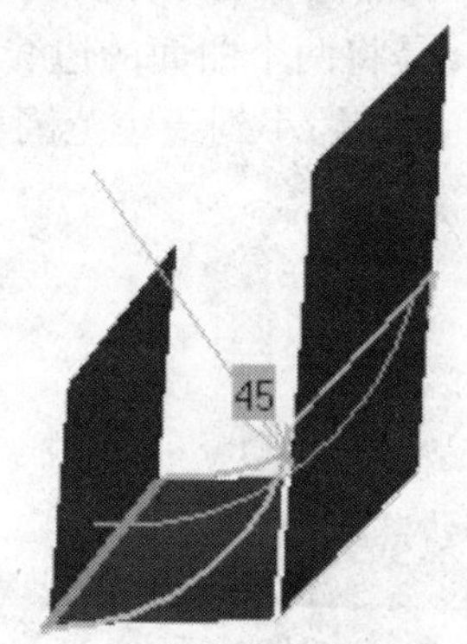

图 4-121　选择 Edges to keep 的结果

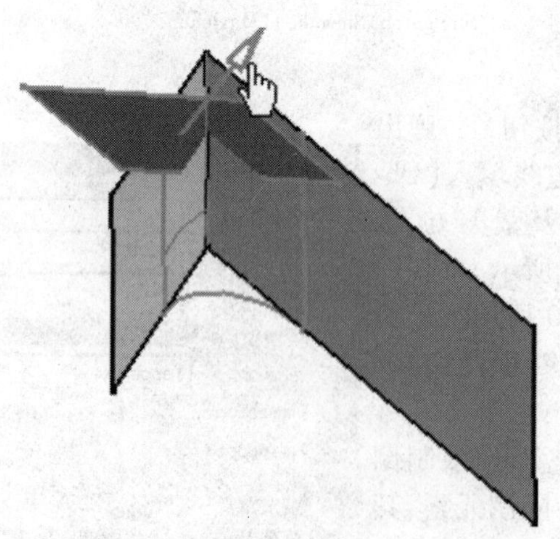

图 4-122　选择 Limiting elements

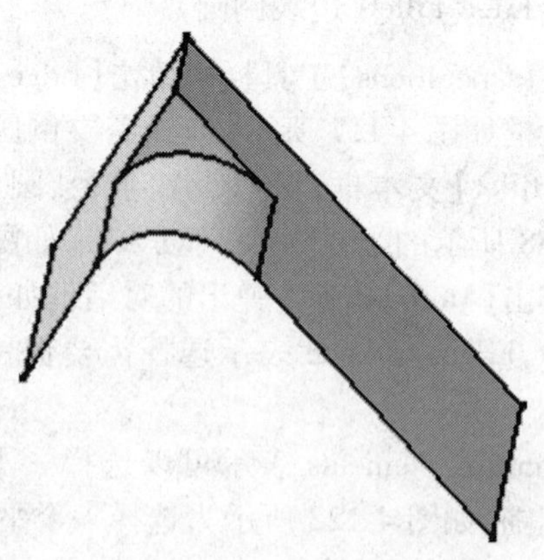

图 4-123　选择 Limiting elements 的结果

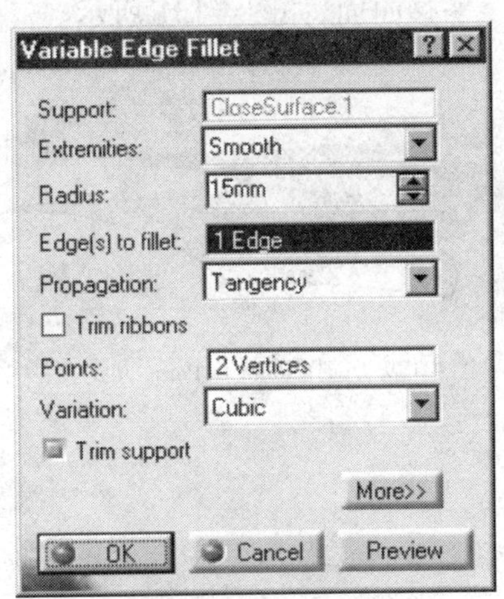

图4-124 【Variable Radius Fillet】对话框

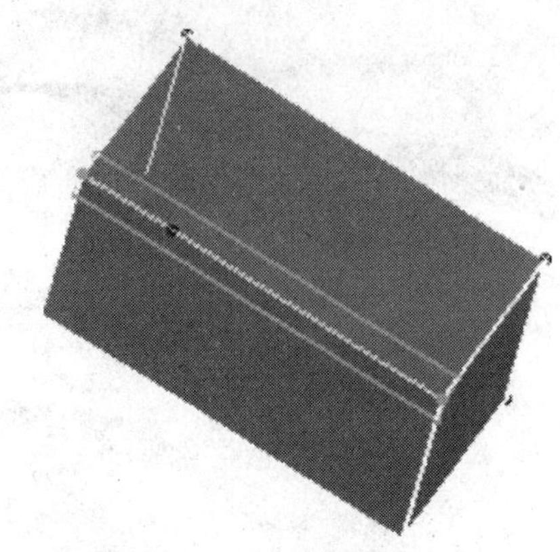

图4-125 设置半径

在【Variation】下拉列表中选择半径的计算方式：Cubic 表示以三次方的方式计算半径的变化值；Linear 表示以线性的方式计算半径的变化值。

4.1.3.7 几何变换(Transformation)

Transformation（几何变换）功能包括：Translate（平移）、Rotate（旋转）、Symmetry（对称）、Scaling（缩放）、Affinity（相关）、Axis To Axis（定位）。

1）Translate（平移）

Translate（平移）是将几何元素平移到新的指定位置。

在【Operations】工具栏中单击【Translate】按钮，弹出的对话框如图 4-127 所示，选择需要进行平移的元素填入【Element】文本框，单击按钮可以选择多个元素。

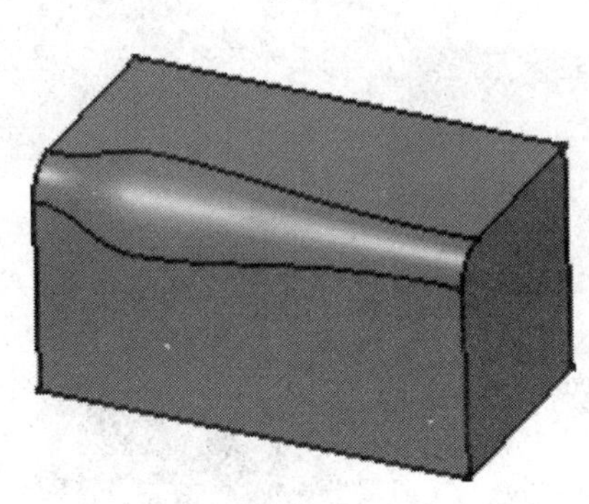

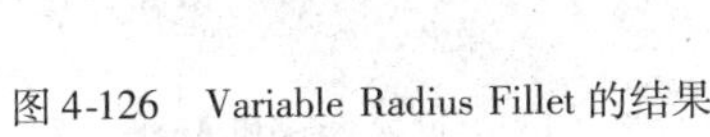

图4-126 Variable Radius Fillet 的结果

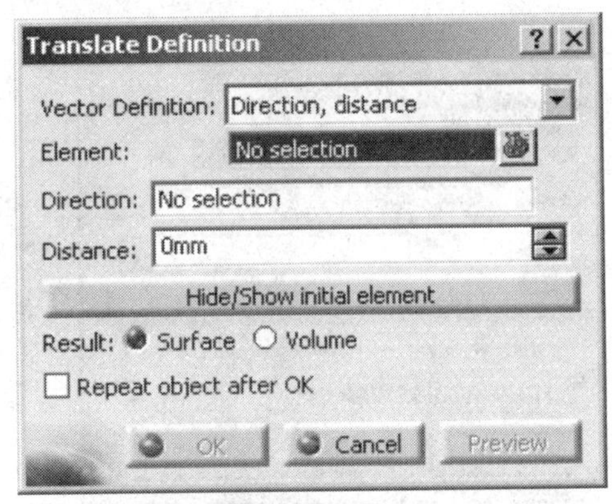

图4-127 【Translate】对话框

设置参数及其类型：【Direction】、【Distance】框中用于设置平移方向及距离参数值，如图4-128所示；选择 Point to Point 方式时应选择一点作起始点填入【Start point】文本框，选另一点作终止点填入【End point】框中，构成平移方向和平移距离，如图 4-129 所示。

选择 Coordinates 方式时需要在 X、Y、Z 文本框中确定在相应坐标轴上的平移距离，如图4-130所示。

点击【Repeat object after OK】复选框，可以创建多个平移曲面，如图 4-131 所示。

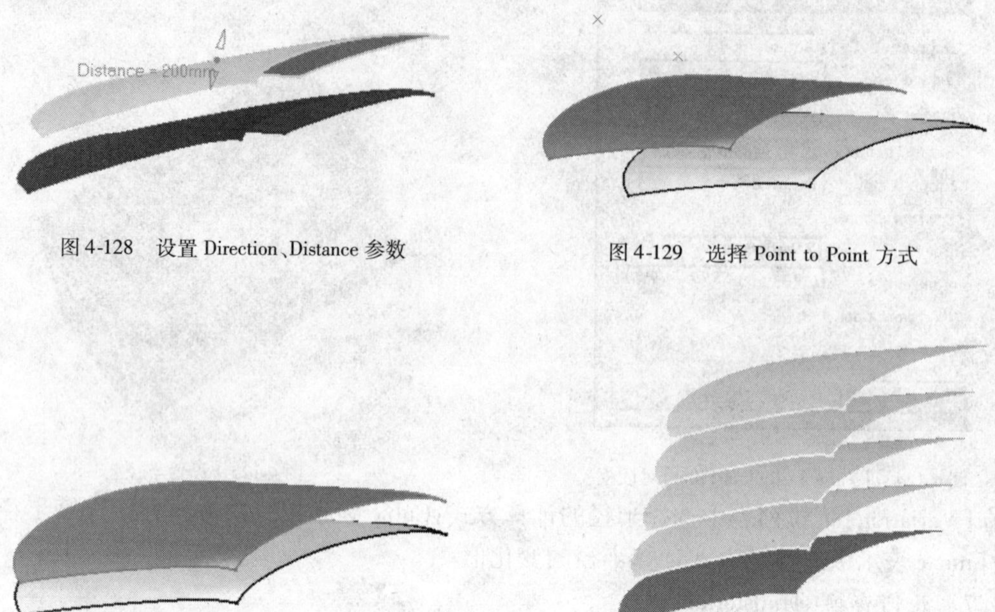

图 4-128　设置 Direction、Distance 参数

图 4-129　选择 Point to Point 方式

图 4-130　选择 Coordinates 方式

图 4-131　创建多个平移曲面

2）Rotate（旋转）

Rotate（旋转）是将几何元素绕指定的轴线旋转到新的位置。

在【Operations】工具栏中单击【Rotate】按钮，弹出的对话框如图 4-132 所示。对于该对话框，应将需要旋转的几何元素填入【Elements】框中，还要选择一个方向作为旋转的轴线，填入【Axis】中，并要在【Angle】文本框中设置旋转角度，如图 4-133 所示。

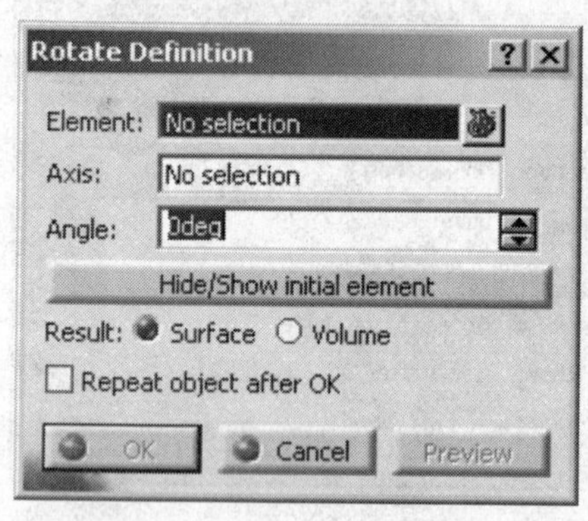

图 4-132　【Rotate】对话框

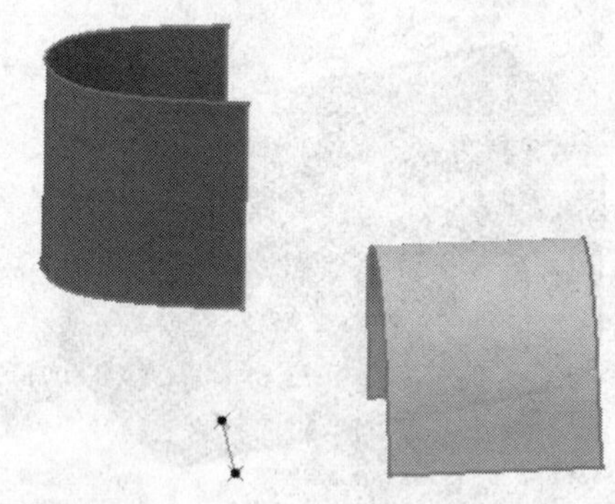

图 4-133　设置 Axis 和 Angle

3）Symmetry（对称）

在【Operations】工具栏中单击【Symmetry】，弹出的对话框如图 4-134 所示。对于该对话框，需要将进行对称变换的元素填入【Element】文本框，Reference（参考元素）可以是点或者直线，单击【Hide/Show initial element】按钮可以显示或隐藏原来的元素，图 4-135a）、图 4-135b）所示分别是以点和直线为参考元素的对称。

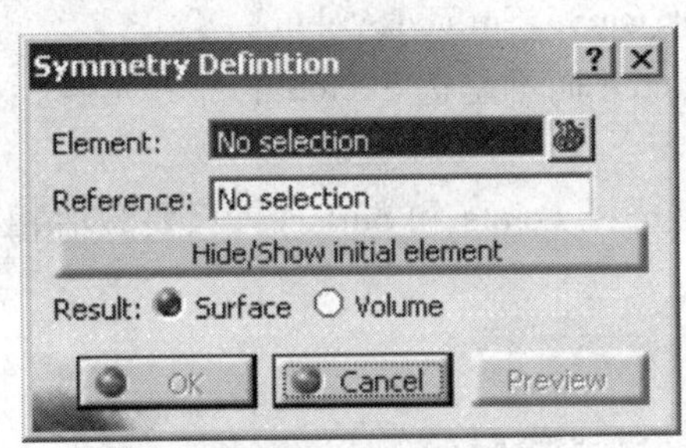

图 4-134 【Symmetry】对话框

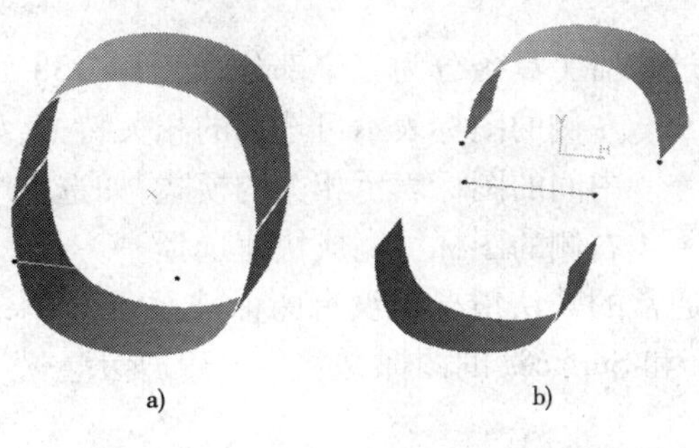

图 4-135 对称变换
a)以点为参考元素的对称变换;b)以直线为参考元素的对称变换

4)Scaling(缩放)

在【Operations】工具栏中单击【Scaling】按钮,弹出的对话框如图 4-136 所示。在该对话框中应将需要缩放的元素填入【Element】文本框中,并选择一个参考元素填入【Reference】文本框中,而且要将设置缩放比例填入【Ratio】框中,所得结果如图 4-137a)、图 4-137b)所示。

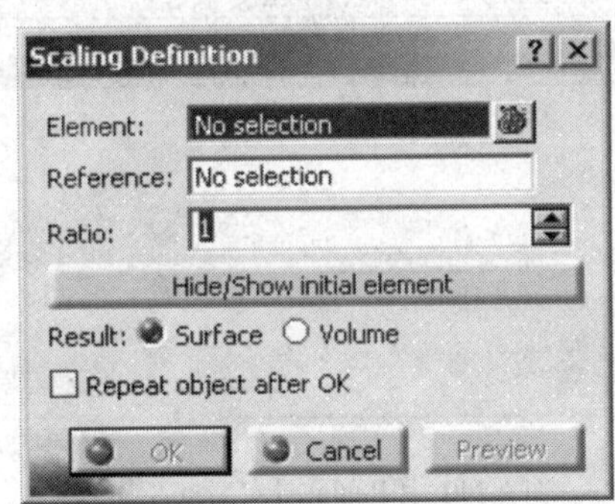

图 4-136 【Scaling】对话框

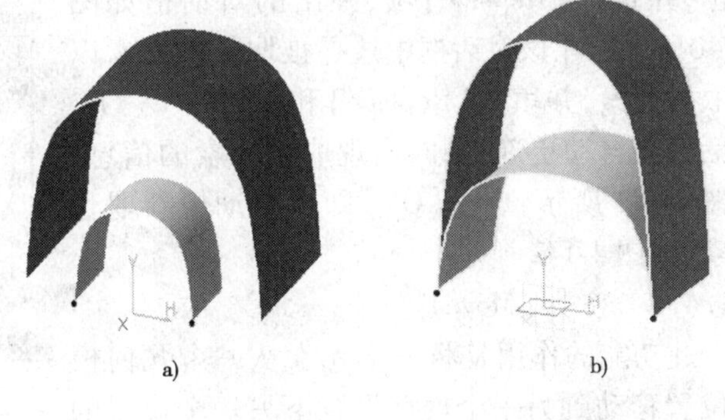

图 4-137 缩放结果
a)以点为参考元素的缩放(Ratio = 2);b)以平面为参考元素的缩放(Ratio = 2)

5)Affinity(相关)

相关变换是先指定变换的坐标系,并在不同的坐标方向上指定相应的缩放系数。

6)Axis To Axis(定位)

选位变换是将变换元素上的坐标系定位到另一个坐标系上。

4.1.4 线框和曲面编辑(Editing Surfaces and Wireframe Geometry)

4.1.4.1 编辑 (Edit)

此命令可用于编辑修改已经存在的几何元素定义。

该命令的使用方法是:双击模型树上需要编辑的元素的标识符,在弹出的相应的对话框中设置新的参数,设置结束后点击【OK】即可保留新的设置参数。

4.1.4.2 过滤器(Filter)

此命令可帮助用户为避免选择的不明确来管理和定制几何体。

该命令的使用方法是:点击【View】→【Toolbars】→【User Selection Filter】,以激活过滤

器。

过滤器工具条分为三个部分,如图 4-138 所示:

- 左侧的图标表示可选择的相关特征,如 Point、Curve、Surface、Volume 等。
- 中间的图标表示相关的模式,如选整个的 Sketch 而不是选 Sketch 的部分元素。
- 右侧的图标可完成快速选择。

通常的默认情况是没有图标被激活,如果想仅仅选择 Points 和 Surfaces,只要激活相应的 Points 和 Surfaces 的图标,如图 4-139 所示。

图 4-138 【User Selection Filter】工具条

图 4-139 选择了 Points 和 Surfaces 图标的工具条

4.1.4.3 代替(Replace)

此功能的作用是用另一个元素取代另一个几何元素。

使用时用鼠标右键在被取代的目标元素上单击,并选择【Replace】项,弹出的对话框如图 4-140所示。在该对话框中选择被取代的元素以及取代元素,并填入【Replace】和【Profile】栏下,对话框会自动更新,同时出现取代元素的信息,如图 4-141 所示,点击【OK】即可自动更新取代元素,如图 4-142 所示。

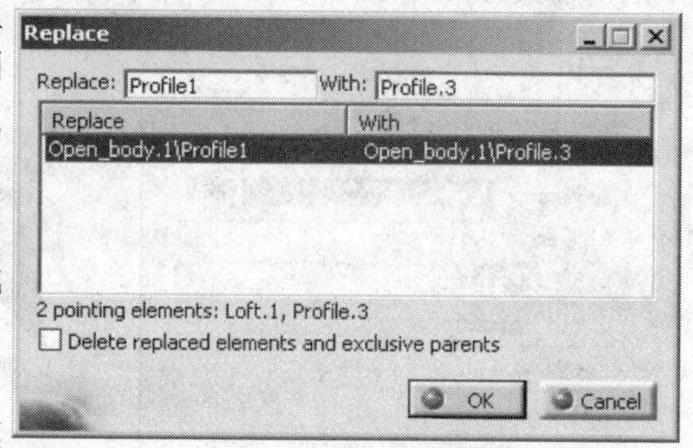

图 4-140 【Replace】对话框

4.1.4.4 移动(Move)

此功能的作用是将一个元素从一个几何模型位置移动到另一个模型设置下另一个位置的前面。具体操作步骤如下:

(1)先用鼠标在几何模型树上选择元素,然后选择 xxx. object→Change Geometrical Set 并用右键单击,会弹出如图 4-143 所示的对话框。在该对话框选择的【Destination】选项中选择 Destination Body(目标元素),如图 4-144 所示,再选择目的地元素,即将移动元素重新确定的位置,最后点击【OK】即可,如图 4-145 所示。

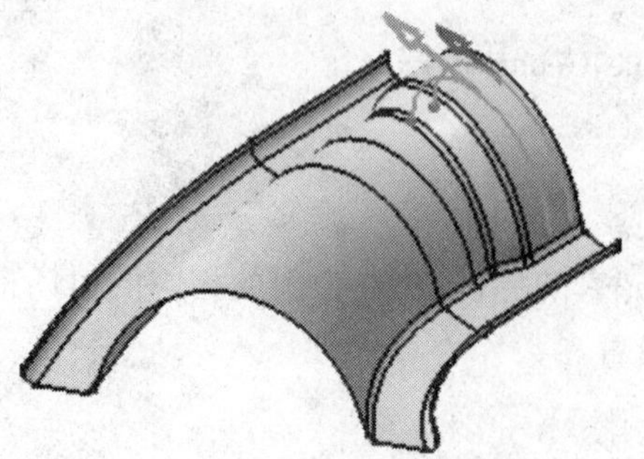

图 4-141 选择了代替的 Profile

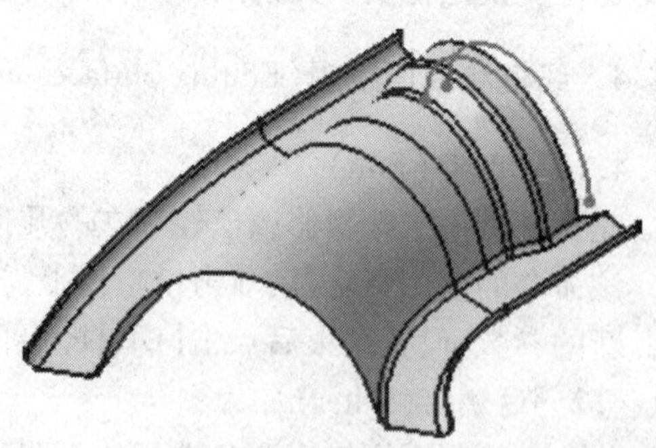

图 4-142 代替后的结果

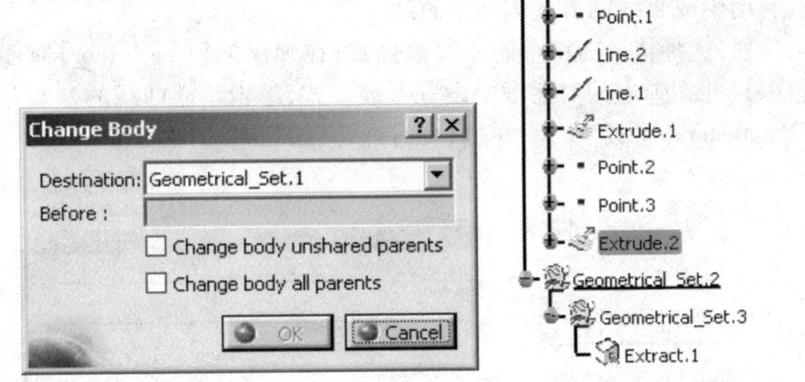

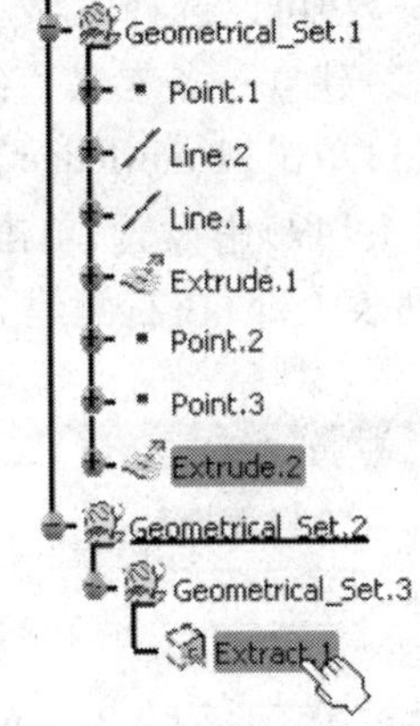

图 4-143 【Change Body】对话框　　图 4-144 选择目标元素　　图 4-145 选择目的地元素

在该对话框中,通过选择【Change body unshared parents】和【Change body all parents】可以把模型树下所有未分享的亲代和所有亲代都移动到新的位置。

4.1.4.5 复制与粘贴(Copy and Paste)

此命令具有复制与粘贴功能。使用的方法是:先点击需要复制的元素或者在模型树上直接选择,然后点击【Copy】命令,在目标模型设置下或者新的设计窗口点击【Paste】命令,即可复制新元素。

4.1.4.6 点击非激活(Deactivate)

此功能的作用是使当前某些元素处于非激活状态,以便在某些情况下利于设计元素的更新,特别是在复杂零件或者零件的一部分影响整个设计元素更新的情况下。

选择影响更新的元素,并单击右键,在右键菜单元中单击 Deactivate 后会弹出的对话框,如图 4-146 所示,如果选择的元素没有子代,则直接显示所选元素,如果选择的元素存在子代,则显示影响更新的元素,并在选中的元素旁边会出现红色括号标志,如图 4-147 所示,这时相关的几何元素就隐藏了,然后点击【OK】即可。

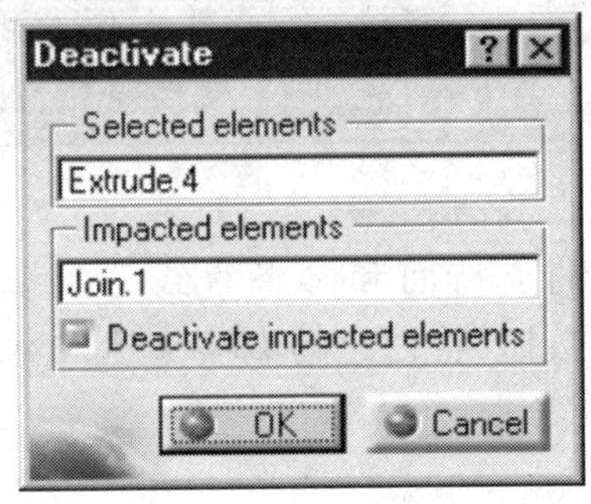

图 4-146 【Deactivate】对话框　　图 4-147 Deactivate 的显示

4.1.5 生成参数化曲线(Creating a Parameterized Curve)

生成参数化曲线(Creating a Parameterized Curve)是利用 Law 通过定义公式创建曲线。其具体操作步骤如下:

(1)选择 Work on Support 建立生成曲线的支持面,系统会自动移到该支持面上,并不改变任何参数,可以选择不显示网格,如图 4-148a)、图 4-148b)所示。

(2)建立一条参考直线,利用生成直线的方式创建一直线。

(3)单击【Knowledge】工具栏,选择【fog】命令,创建参数公式;在弹出的【Law Editor】对话框(图 4-149)中设置,单击【OK】,并在弹出的对话框中设置参数公式,编辑建立曲线的参数并填入列表上部,在右侧建立 Parameters(参数)类型,单击【OK】即可,如图 4-150 所示。

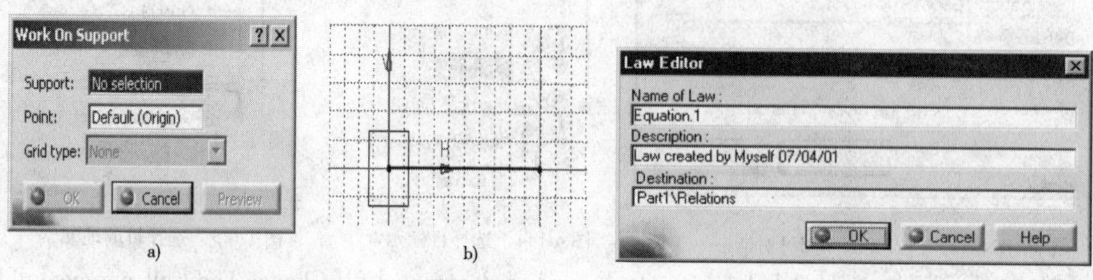

图 4-148 Work on Support

a)【Work on Support】对话框;b) Work on Support 显示网格线

图 4-149 【Law Editor】对话框

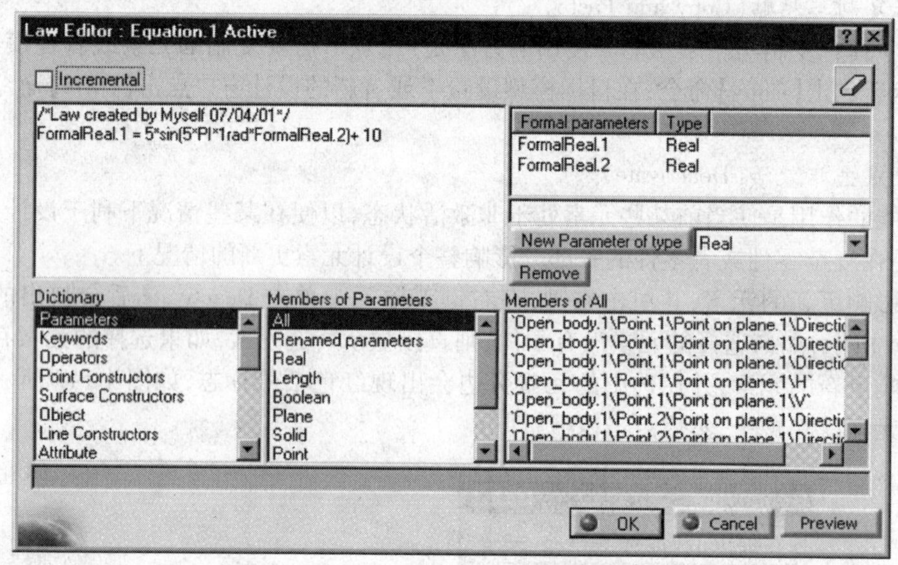

图 4-150 【Law Editor】的参数设置

(4)选择【Parallel Curve】命令;选择建立的支持面和参考直线分别填入【Support】和【Curve】文本框中,如图 4-151 所示;单击【Law】按钮,将创建的 Law. 1 填入对话框,生成一条平行于参考直线的曲线,如图 4-152 所示。

4.1.6 阵列(Pattern)

Pattern(阵列)包括两种功能:Rectangular Pattern(矩形阵列)、Circular Pattern(环形阵列)。

4.1.6.1 矩形阵列(Rectangular Pattern)

矩形阵列(Rectangular Pattern)是对几何元素在行和列两个方向上进行复制,形成一系列规则排列的复件。具体操作步骤如下:

(1)选择需要阵列的元素,在【Replication】工具栏单击【Rectangular Pattern】按钮,系统会弹出如图 4-153 的对话框。阵列需要确定方向,即设置【First Direction】和【Second Direction】文本框。

两个文本框的设置方式相同,其中可以选择两个方向的阵列参数:Instances & Length 是阵列个数和长度;Instances & Spacing 是个数和间距;Spacing & Length 是间距和长度。在【Reference Direction】栏下应选择一个方向填入【Reference element】文本框,如图 4-154 所示。

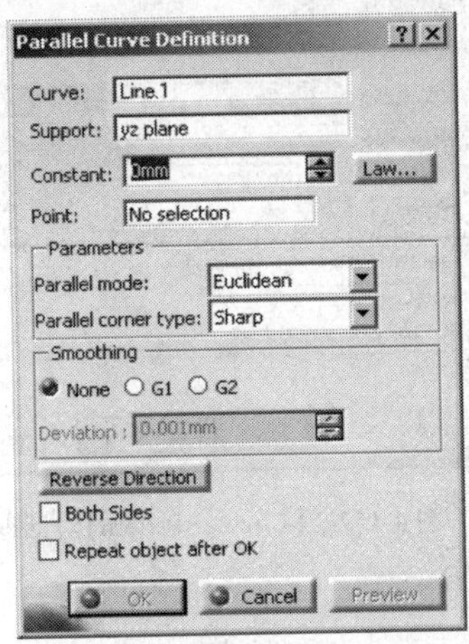

图 4-151 【Parallel Curve】对话框

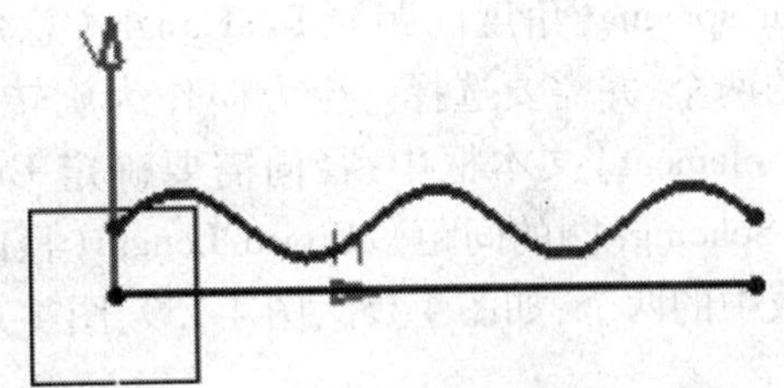

图 4-152 生成的曲线

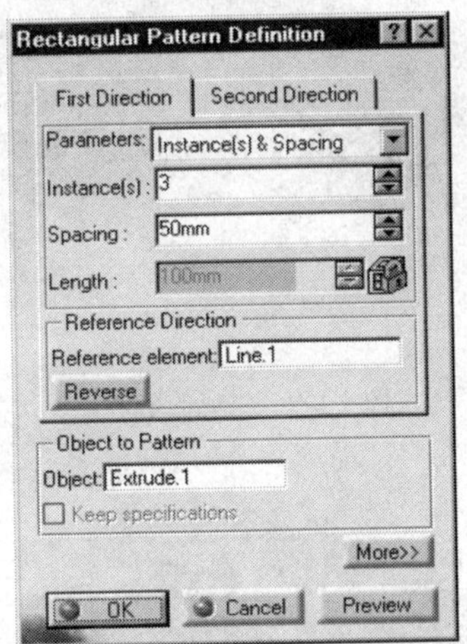

图 4-153 【Rectangular Pattern】对话框

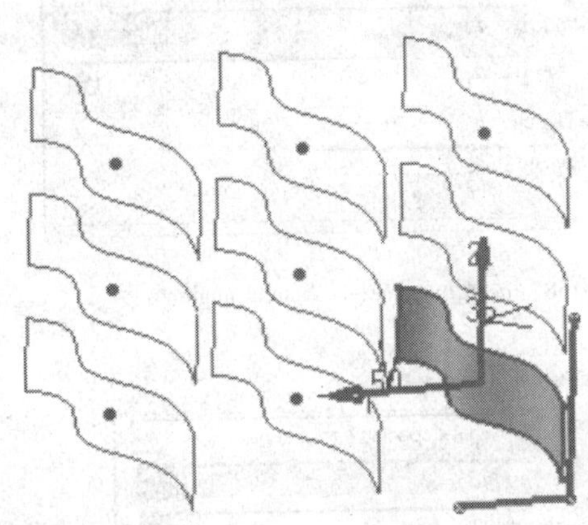

图 4-154 Rectangular Pattern 的结果

(2)单击【More】按钮,对话框如图 4-155 所示。在【Position of Object in Pattern】栏中设置阵列的原件在阵列中的位置;在【Row in direction 1】框中设置原件在阵列第一个方向所在的位置;在【Row in direction 2】框中设置原件在阵列第二个方向所在的位置;【Rotation angle】选项用于设置旋转的角度。其结果如图 4-156 所示。

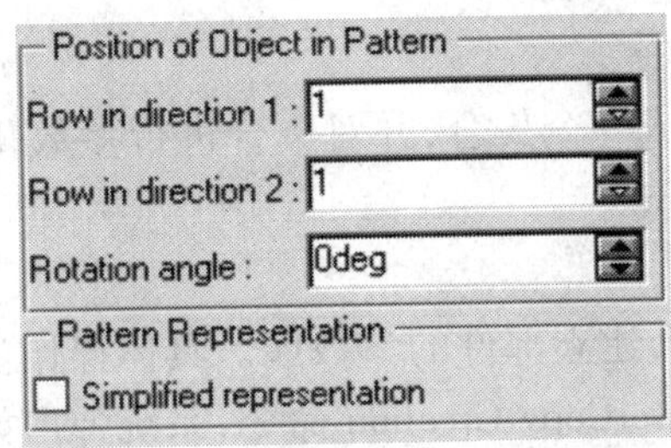

图 4-155 点击【More】显示的对话框

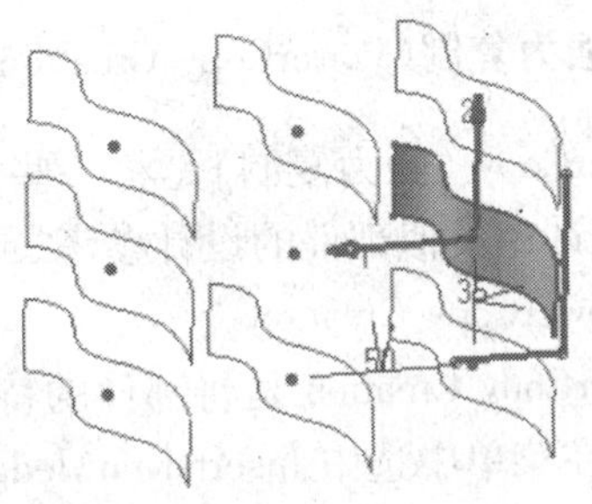

图 4-156 Rectangular Pattern 的结果

4.1.6.2 环形阵列(Circular Pattern)

Circular Pattern(环形阵列)是将几何元素在周向和径向两个方向进行阵列。其操作步骤为:

(1)选择需要阵列的元素,在【Replication】工具栏单击【Circular Pattern】按钮,弹出的对话框如图4-157所示。

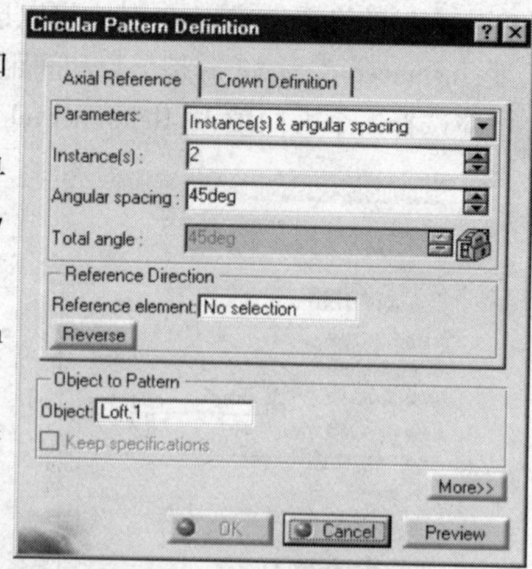

图4-157 【Circular Pattern】对话框

(2)确定Axial Reference(轴向)和Crown Definition(径向)的参数。周向需要确定阵列的Instance(个数)、Angular spacing(角度间距)、Total angle(总角度)三个参数中的两个,并需要选择一个方向作为旋转轴填入【Reference element】文本框中;径向需要确定Circle(圈数)、Circle Spacing(圈的间距)、Crown Length(径向总长度)三个参数中的两个,如图4-158、图4-159、图4-160和图4-161所示。

Axial Reference | Crown Definition
Parameters: Instance(s) & total angle
Instance(s): 5
Angular spacing: 45deg
Total angle: 180deg
Reference Direction
Reference element: Line.2
Reverse

图4-158 选择Instance(s) & total angle参数

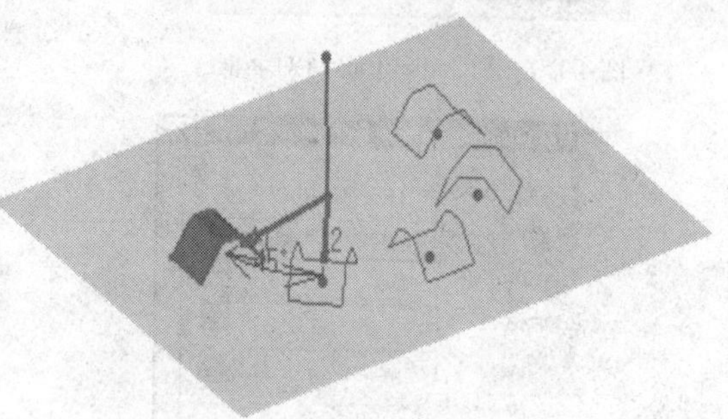

图4-159 生成的结果

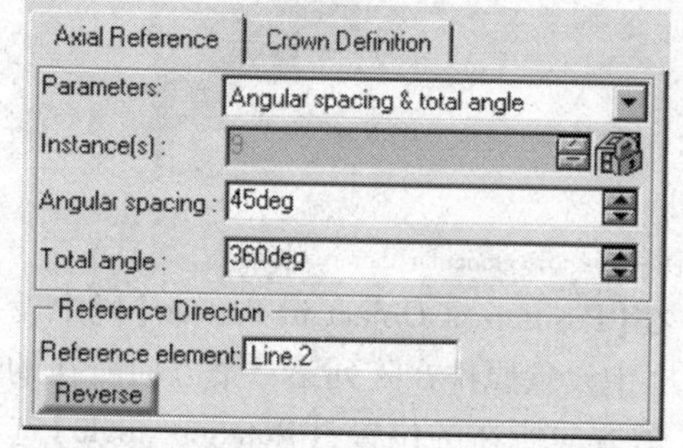

图4-160 选择Angular spacing & total angle参数

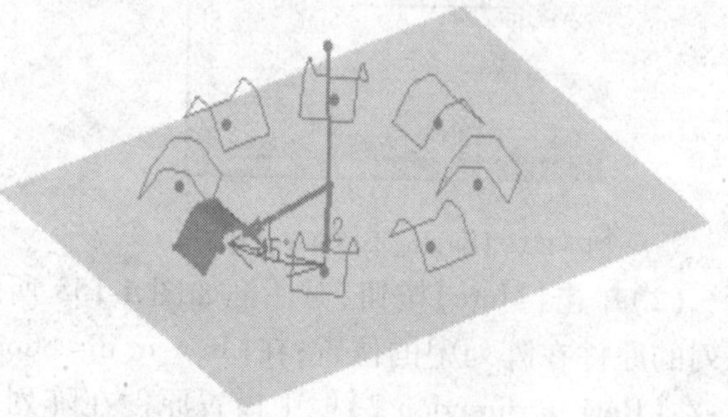

图4-161 生成的结果

4.1.7 强力复制(PowerCopy Creation)

PowerCopy(强力复制)是将一些相关的特征形成一个集合,并对集合进行参数化处理,以便以后设计中类似部件的设计参考,或者建立零件库。

1)PowerCopy Creation

PowerCopy Creation是将部件的特征转换为参数,建立部件的参数库。具体操作步骤是:

(1)在菜单中选中Insert-Knowledge-Template-PowerCopy Creation命令,系统弹出如图4-162所示对话框。

(2)在特征树中选择一个需要进行设置参数的特征,可以在【Definition】选项卡的【Name】文本框中修改零件的参数,如图 4-163 所示。

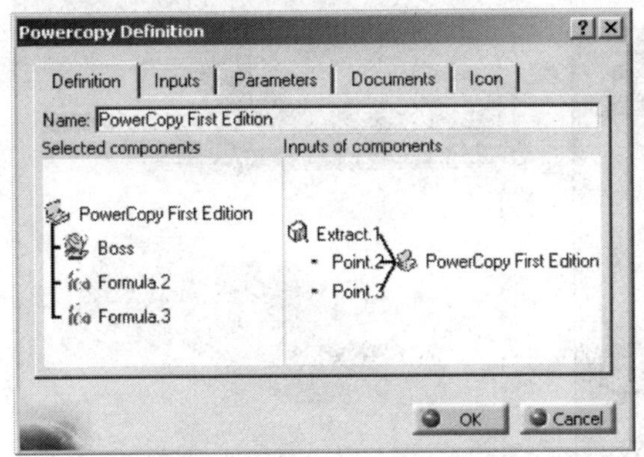

图 4-162 【PowerCopy Creation】对话框

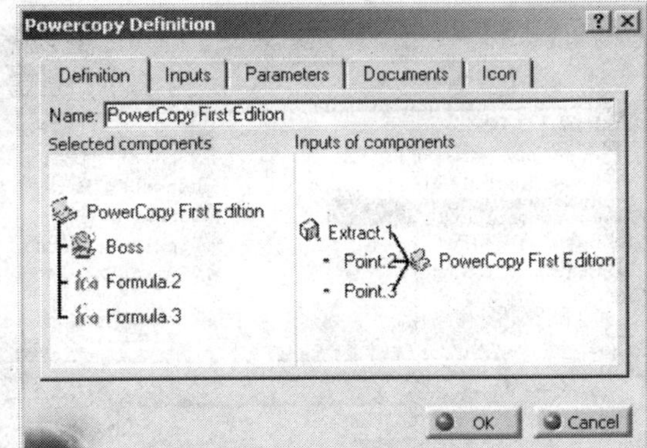

图 4-163 修改零件的参数

(3)【Inputs】选项卡用于表示特征集合与建构参考之间的关系,允许重新命名组成 PowerCopy 的参考元素,其对话框如图 4-164 所示。

【Parameters】选项卡集合了所有尺寸特征,【Published】复选框表示该尺寸特征是可以改变的,在【Name】文本框中可以改变该尺寸的名称。

【Icon】选项卡可以改变零件参数化后在特征树中的图标以及添加预览图,如图 4-165 所示。

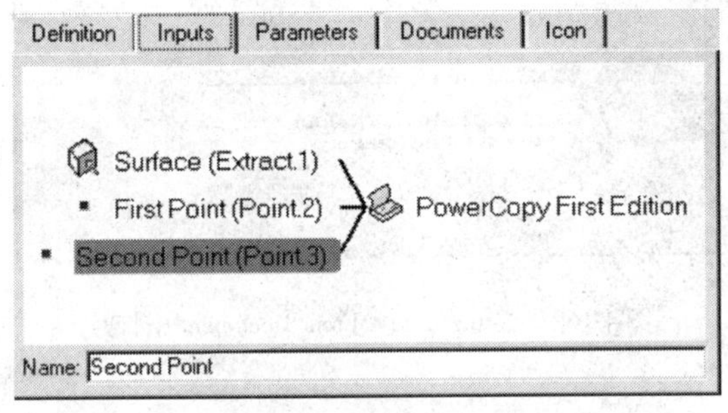

图 4-164 修改【Inputs】选项

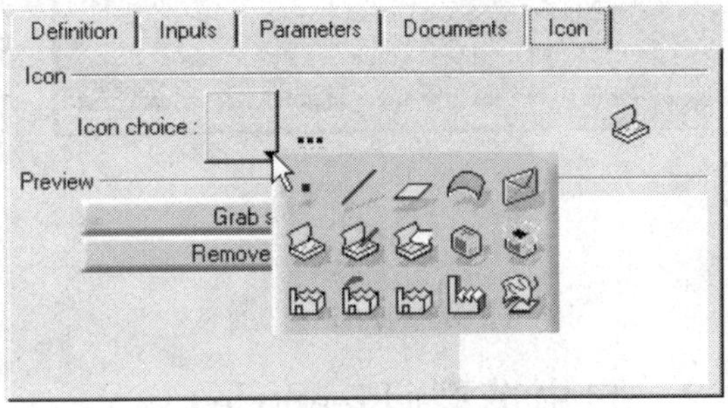

图 4-165 修改【Icon】选项

2)Instantiate From Document

Instantiate From Document 是在新的零件中插入已有的参数化部件。具体操作步骤是:

在弹出的【File Selection】对话框中选择已经参数化的零件,并填入【Reference】框中,如图 4-166 所示;选择相应的基准元素填入【Inputs】框中,单击【Parameters】按钮,在弹出的对话框中修改参数;从保存的参数化库中生成参数化部件,在【Tools】工具栏中单击【Open Catalog】按钮,选择参数化的部件,如图 4-167 所示。

3)PowerCopy Save In Catalog

PowerCopy Save In Catalog 是把已经参数化的零件保存。具体操作步骤如下:

选择需要保存的参数零件,在菜单中选择 Insert-Advanced Replication Tools-Save in a catalog命令;在弹出的如图 4-168 所示的对话框中设置保存路径及目录,以便在 Instantiate From Document 中可以打开,如图 4-169 所示,点击【Open】文件菜单即可打开。

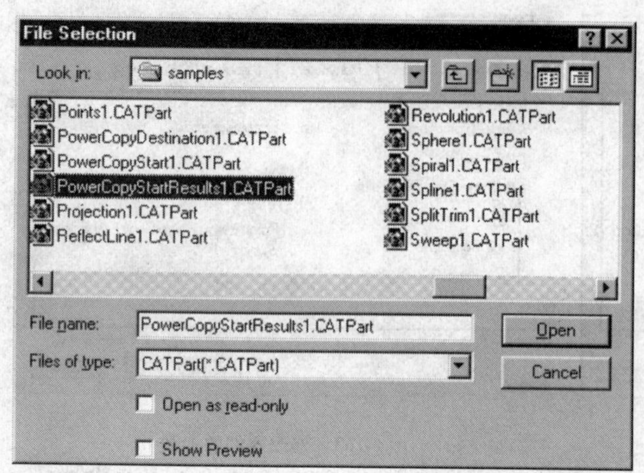

图 4-166　选择已经参数化的零件

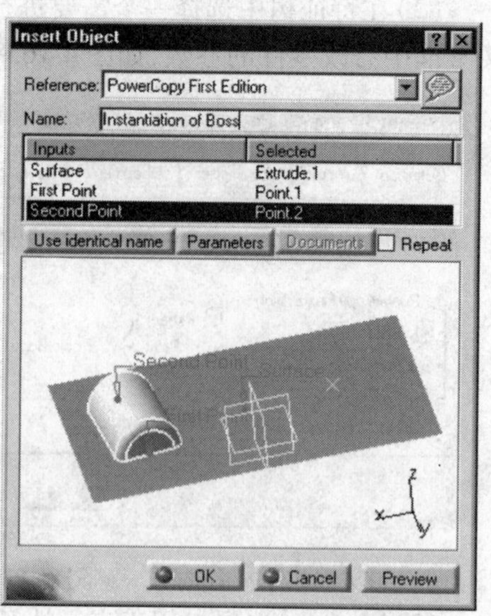

图 4-167　从保存的参数化库中生成参数化部件

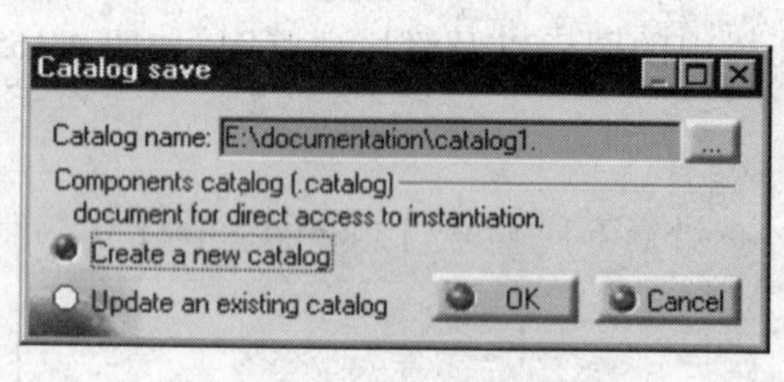

图 4-168　设置保存路径及目录

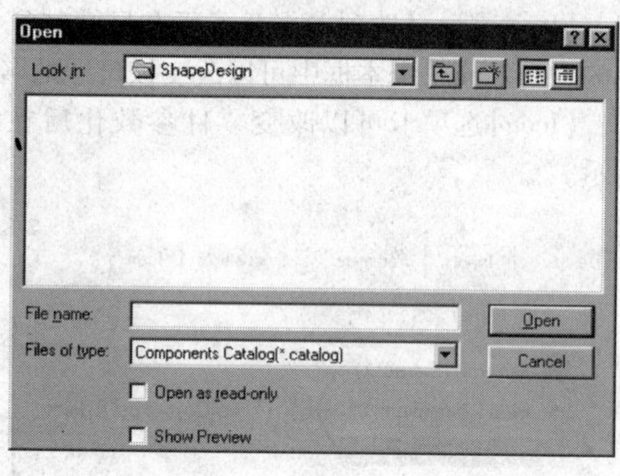

图 4-169　在 Instantiate From Document 中打开

4.2　自由造型(FreeStyle)

自由造型界面提供用户更加自由的空间,用户可以根据需要创建需要元素。界面如图 4-170所示。

4.2.1　曲线(Creating and Managing Curves)

4.2.1.1　生成 3D 曲线(3D Curves)

在【Curve Creation】工具栏选择【3D Curves】命令 ,出现如图 4-171 所示的对话框,选择需要生成曲线的类型,系统会以点划线的形式显示预览图。

- Through points 生成的曲线是通过选择点的多段圆弧,如图 4-172 所示;
- Control points 选择的点是曲线的控制点,利用这些控制点可生成样条曲线,如图 4-173所示;
- Near points 生成曲线是单个圆弧,具有设定的阶数,并且通过选择点光滑连接,可以编辑点的顺序,选择曲线并单击右键,即可在弹出的菜单中选择点的顺序。通过点击

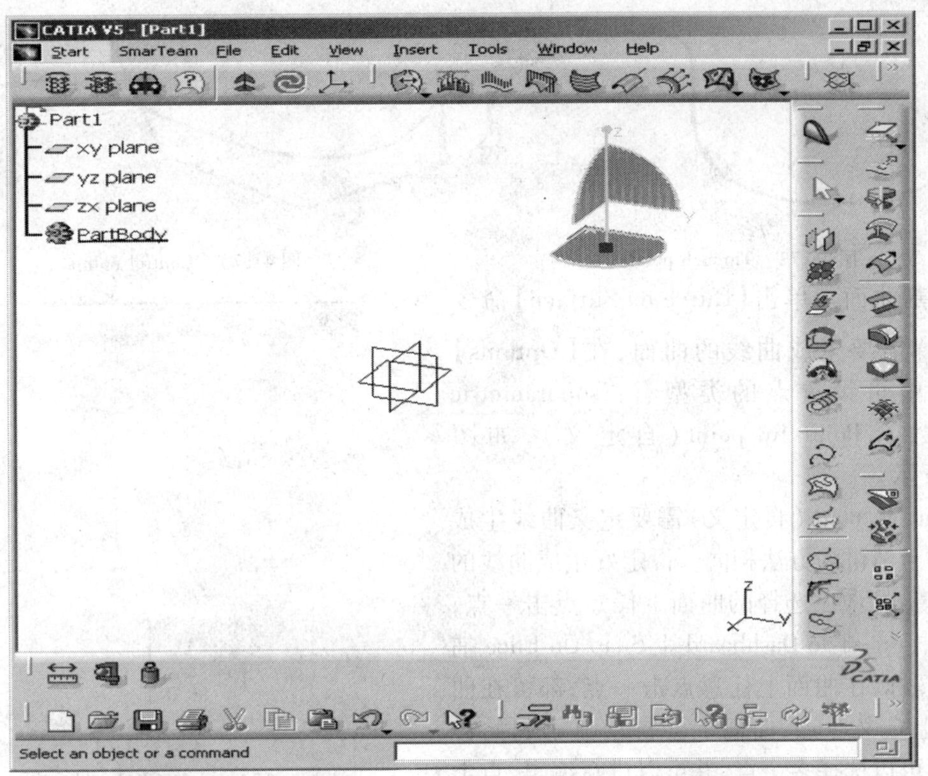

图 4-170 【FreeStyle】界面

【Freestyle Dashboard】栏内的 U、V Orders 横向、竖向切换图标改变显示方向，如图 4-174 所示。

可以在【Deviation】选项中设置曲线与控制点之间的最大偏差。【Segmentation】提供最大数量的弧限制，这些弧限制是自动插入曲线的结构限制点。

如果用右键单击曲线，则弹出曲线的右键菜单；选择其中的【Edit】子菜单，可以在弹出的【Tuner】对话框中设置控制点的坐标；选择右键菜单中的 Impose Tangency，曲线将在该点相切。

在图 4-171 所示的对话框中点击插入点图标，此时曲线被冻结，选择需要插入点的位置后，曲线回到编辑状态。选择图标，可以选择一点删除，曲线会自动重新生成，如图 4-175a)、图 4-175b)、图 4-175c)所示。

也可以利用【3D Curve】对话框在多个扫描云点上生成曲线。方法是：单击右键，选择编辑方式；可以直接选择云点，也可以单击右键，然后选择【Selection all points】选项，编辑曲线。

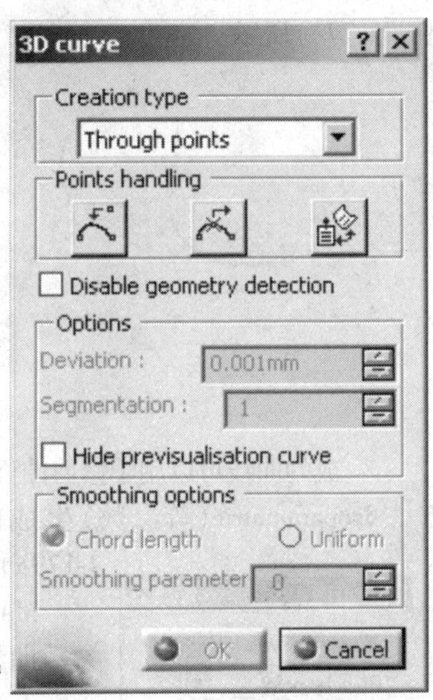

图 4-171 【3D Curves】对话框

4.2.1.2 曲面上生成曲线(Curve on Surface)

Curve on Surface 是在曲面上生成修剪的曲线。生成曲线有两种方式：

一种是通过所有选择点的自由曲线；另一种是等参数曲线。曲线要在曲面上，但不

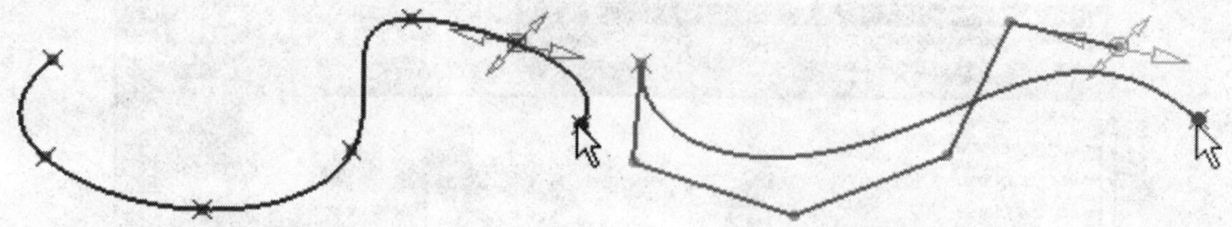

图 4-172　Through points　　　图 4-173　Control points

一定分割曲面。单击【Curve on Surface】命令，选择需要生成曲线的曲面，在【Options】对话框中可设置点的类型有：isoparametric（等参数）、Point by point（自定义），如图 4-176所示。

Point by point（自定义）需要定义曲线生成模式，与上节讲的方法相同。设定好生成曲线的类型和模式后，在选择的曲面上任意点击一点，可以点击 Freestyle Dashboard 上 Snap On Edge 捕捉棱边图标，在曲面上任意点击一点，都可在曲面边界上定义一点，曲面上会自动显示起始位置，从而可以选择多个点，并可以进行编辑，点击【OK】或者双击即可，如图 4-177a）、图 4-177b）、图 4-177c）所示。

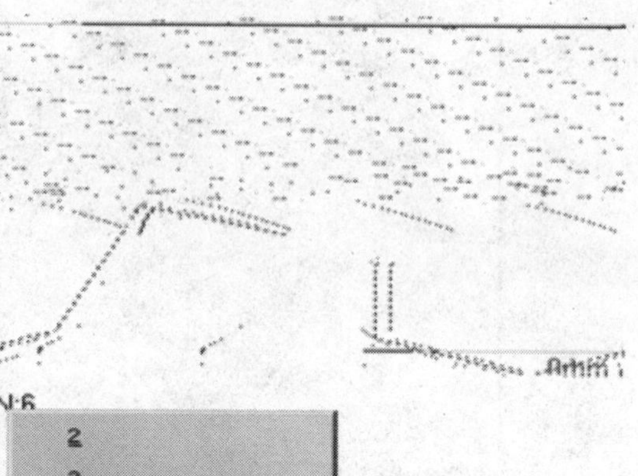

图 4-174　Freestyle Dashboard

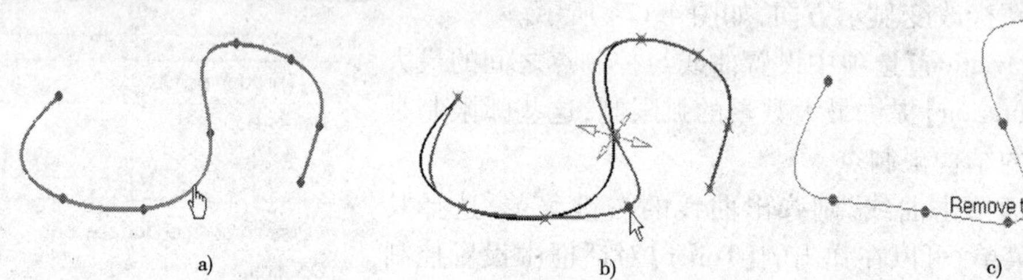

图 4-175　点的添加及移除

a）插入新点的位置；b）插入点；c）删除点

生成的曲线可以用于修剪曲面。可以选择一个由曲线限制的区域来修剪，如图 4-178 所示。

Isoparametric（等参数）生成曲线有两种模式：Manual selection、Automatic selection，如图 4-179a）、图 4-179b）所示。

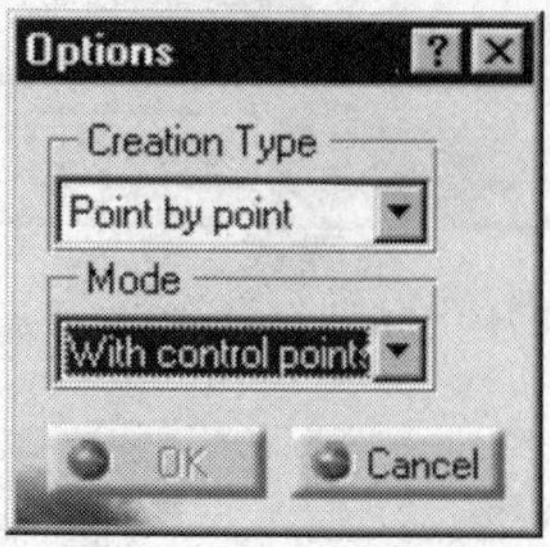

Manual selection 要求用户用鼠标点击曲面上的 U、V 方向设置等参数曲线，如图 4-180 所示；

Automatic selection 顾名思义就是用户通过设置 U、V 方向生成等参数曲线，如图 4-181 所示。

用 With control points 控制点选择曲面棱边上的点可以生成相切曲线。通过点击 Break 折断命令，使 Cut 呈高亮，选择被折断的元素，点击 Cutting 选择折断点或者线，单击【OK】即可生成折断曲面或者曲线，如图 4-182a）、图 4-182b）、图 4-182c）所示。

Options
Creation Type
Point by point
Mode
With control points
OK　Cancel

图 4-176　【Options】对话框

a)

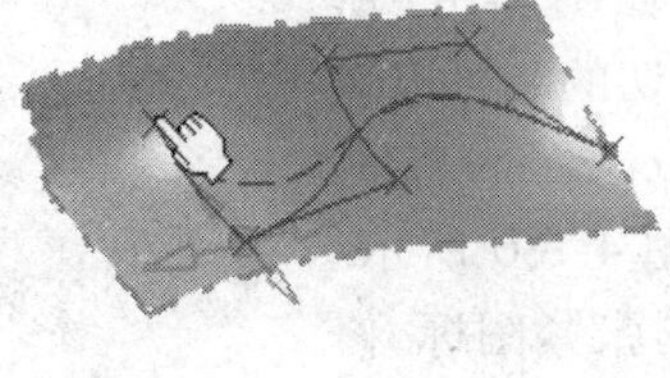

b)

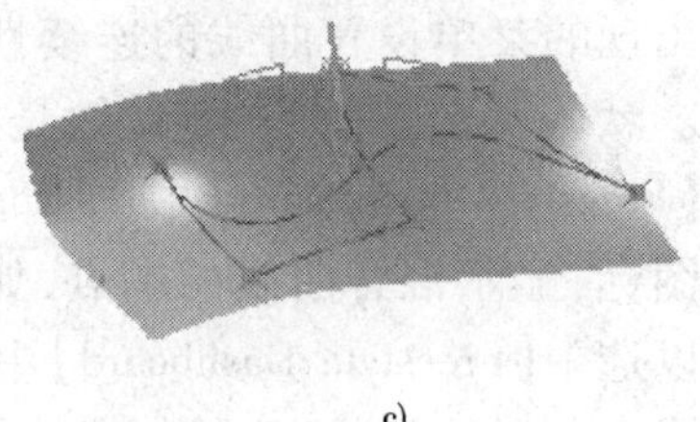

c)

图 4-177　Point by point 生成曲线

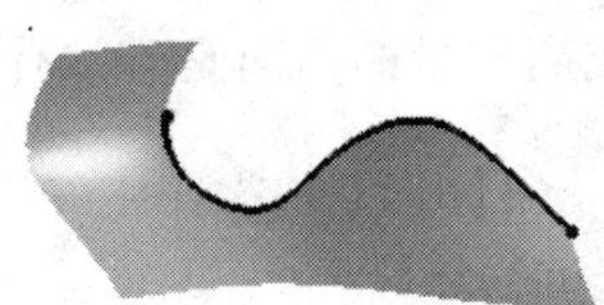

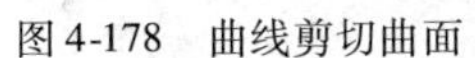

图 4-178　曲线剪切曲面

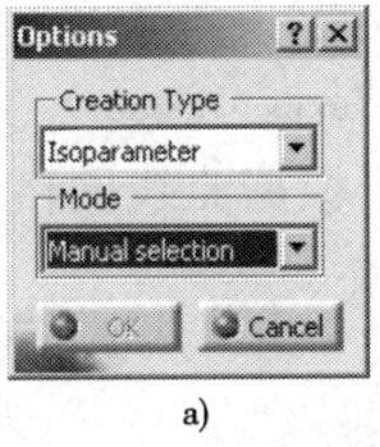

a)

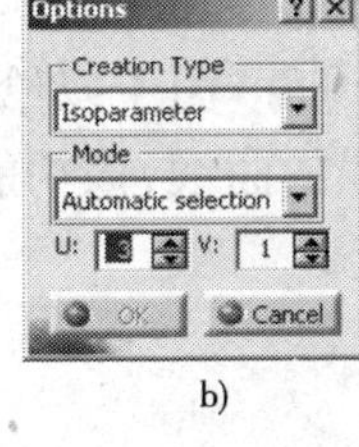

b)

图 4-179　ISO Parametric 生成曲线两种模式对话框
a）选中 Manual selection；b）选中 Automatic selection

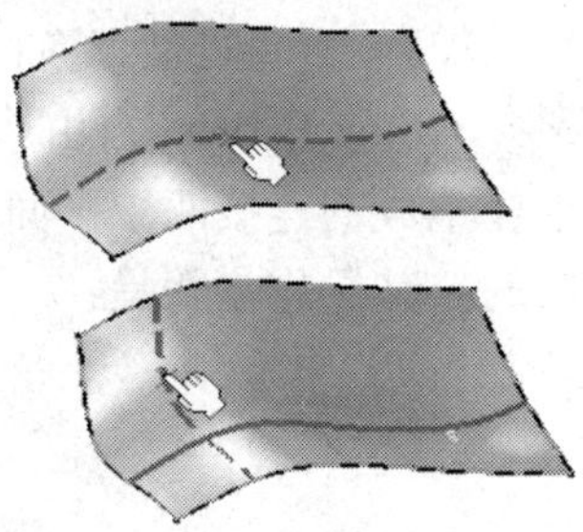

图 4-180　Manual selection

4.2.1.3　投影曲线（Project Curve）

投影曲线的操作方法是：选择需要投影的曲线，在【Curve Creation】工具栏选择【Project Curve】按钮，选择一种生成曲线的方式：Projection Normal to the Surface（垂直曲面投影）、Projection According to the Compass（根据罗盘自动投影）。按住键盘【Ctrl】键选择投影曲面，单击【OK】即可，生成的投影曲线如图 4-183a）、图 4-183b）所示。

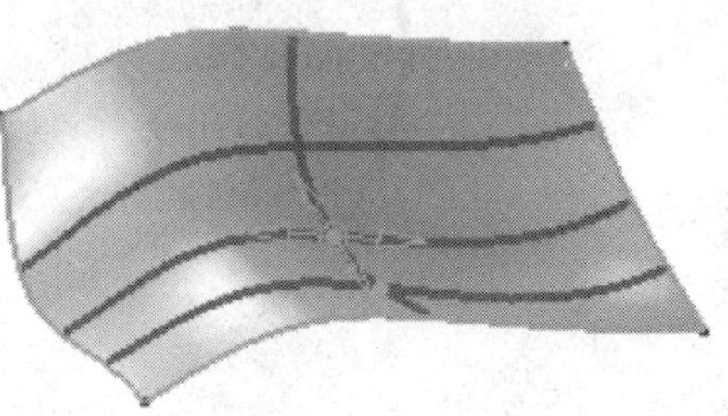

图 4-181　Automatic selection

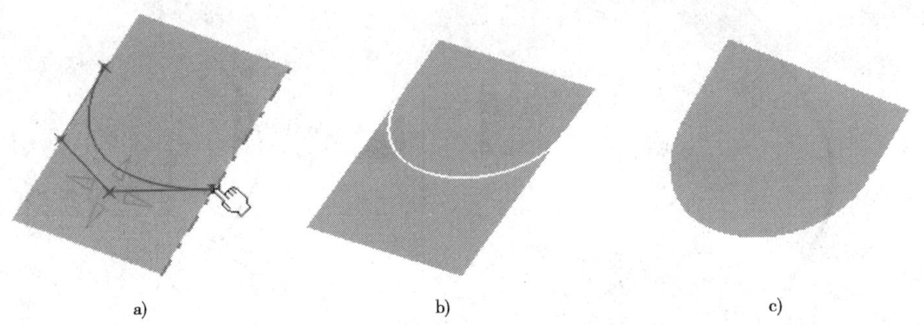

a)　　b)　　c)

图 4-182　With control points 成生曲线、剪切曲面

4.2.1.4　桥接曲线（Blend Curve）

Blend Curve 是在两条曲线间的连接曲线，称混合曲线，与 GSD 中的【Connect Curve】命令相似。具体操作方法是：

选择两条需要连接的曲线，在【Curve Creation】工具栏选择【Blend Curve】命令，混合曲线可自动以最近点连接方式显示出来，如图 4-184 所示。

选中【Freestyle Dashboard】中的 Continuity 连续性图标，然后在曲线标志符上单击右键，使用出现的菜单设置曲线的连续性，如图 4-185 所示。默认设置下曲线的连续性是相切的。可以选中【Freestyle Dashboard】中的 Contact points 接触点图标，显示混合曲线的端点，如图 4-186 所示。可以选中【Freestyle Dashboard】中的张紧图标，修改混合曲线的张紧度，绿色直线代表混合曲线端点处切线的方向和限制，如图 4-187 所示。

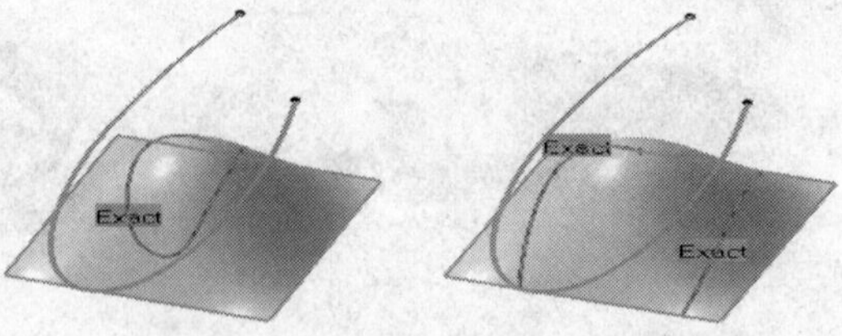

a) b)

图 4-183 投影曲线

a) Projection Normal to the Surface; b) Projection According to the Compass

4.2.1.5 自由造型圆角(Styling Corner)

Styling Corner(自由造型圆角)用于以给定的半径生成的连接两个平面曲线的曲线，该功能对于根据曲线网格生成高质量的曲面是非常有用的。其操作步骤是：

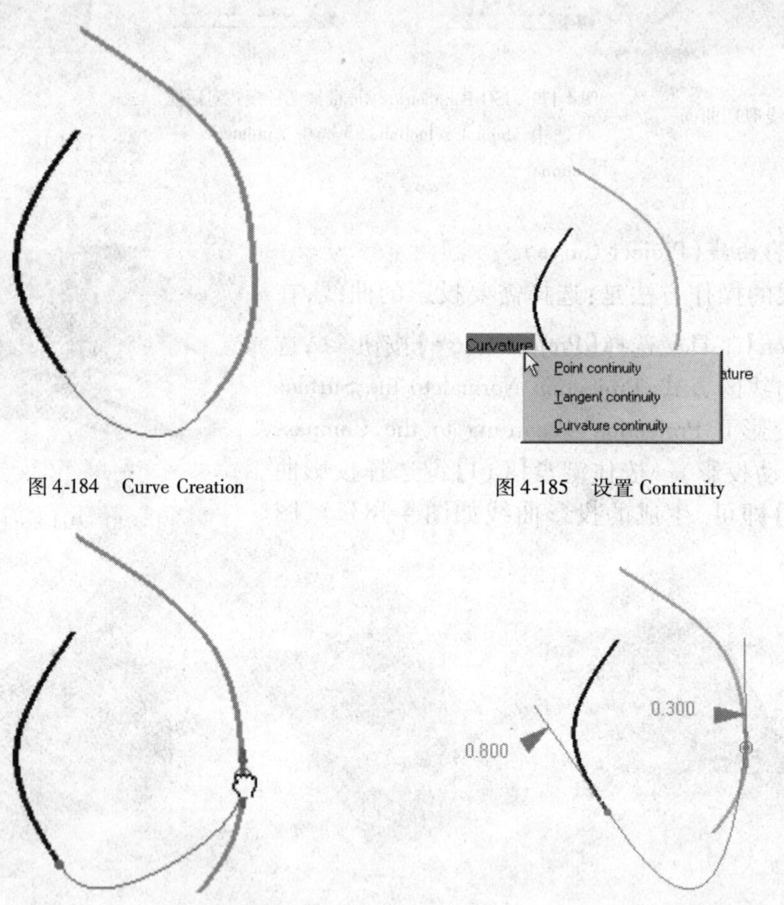

图 4-184 Curve Creation

图 4-185 设置 Continuity

图 4-186 设置 Contact points

图 4-187 设置 Tensions

在【Curve Creation】工具栏选择【Styling Corner】命令按钮，在弹出的如图 4-188 所示的对话框内，选择需要倒圆的两条曲线，设置倒圆半径，并单击【OK】。

可以对倒圆进行曲率分析，方法是：点击【Porcupine Curvature Analysis】命令，显示倒圆的曲率；通过倒圆的操作符对曲率进行修改，就可使曲率在接触点处平滑过渡，并且降低固定曲率的范围，如图 4-189a)、图 4-189b)所示。

在【Styling Corner】对话框中，可以修改【Single Segment】，对倒圆曲线限制控制点数，并可以选择生成曲线的类型，其中 Concatenation 表示与原始曲线结合在一起，生成一条曲线，如图 4-190所示。

图 4-188 【Styling Corner】对话框

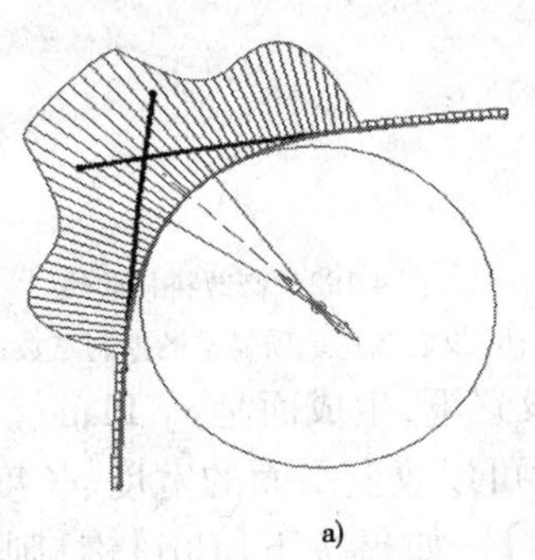

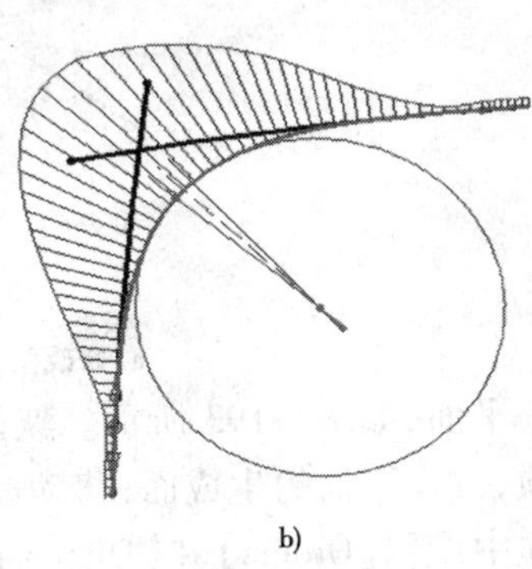

图 4-189 倒圆角分析及修改

a）对 Styling Corner 进行曲率分析；b）曲率在接触点处平滑过渡

4.2.1.6 拼接曲线（Match Curve）

Match Curve 是匹配一条曲线用给定的曲线或者曲线上的点。其使用方法为：

选择需要匹配的曲线，在【Curve Creation】工具栏中选择【Match Curve】命令按钮，选择第二条要匹配的曲线，第一条曲线会自动修改，考虑连续性设置，与第二条曲线连接起来，如图 4-191 所示。在第一条曲线上显示的数字（Nx）表示第一条曲线的控制点数。

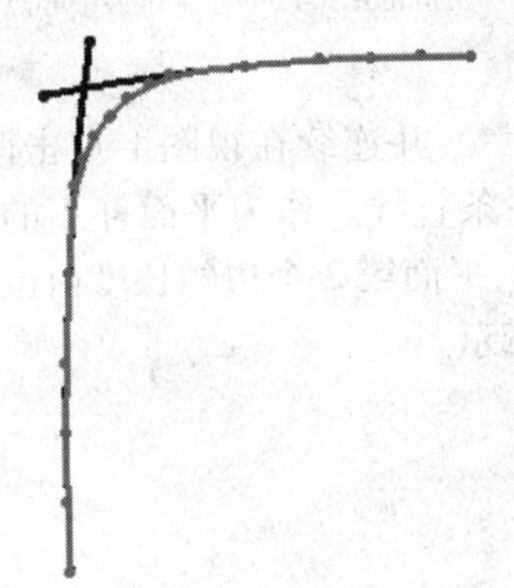

图 4-190 修改 Styling Corner 曲线的控制点数

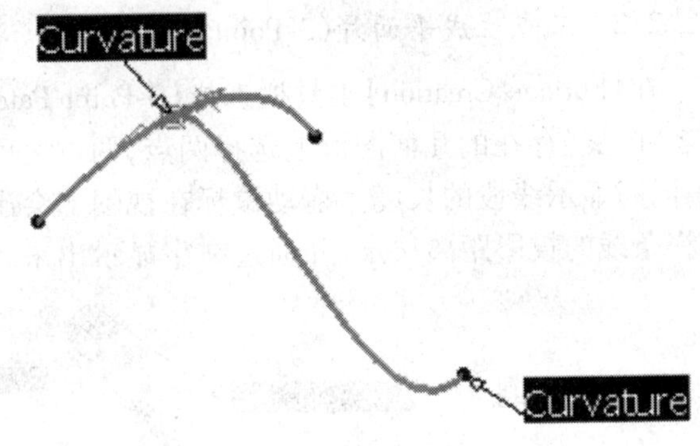

图 4-191 Match Curve

Project End Point 投影端点选项，在两个曲线之间的最小距离上通过投影原始曲线到目标曲线进行线性投影。Quick Analysis 快速分析，对匹配曲线进行合理性分析，原始阶数被保留。

选中 Freestyle Dashboard 中的 U、V orders 图标，则显示控制点数，可以在显示控制点数上点击，选择理想的控制点数；可以修改连续类型以及张紧度如图 4-192a）、图 4-192b）、图 4-192c）所示。

4.2.2 曲面（Surface Creation）

4.2.2.1 平面片（Planar Patch）

Planar Patch 生成一个平面。其使用方法为：

在【Surface Creation】工具栏选择【Planar Patch】命令按钮，在界面内单击一点即可生成

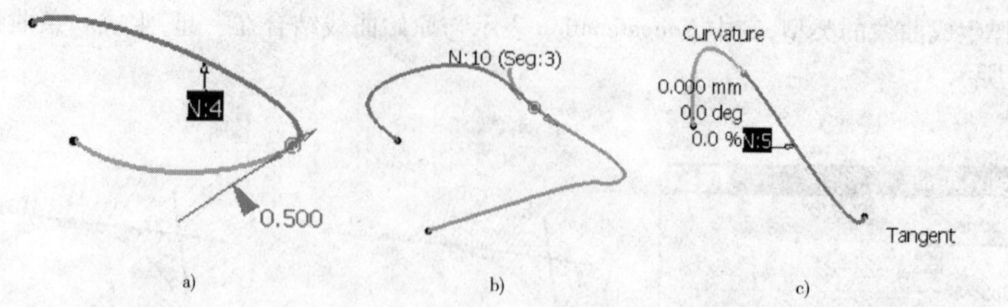

图 4-192 修改拼接曲线

a)修改张紧度;b)投影端点选项显示的控制点数;c)增加控制点数

一平面,如图 4-193 所示。默认设置下,生成面是 xy Plane。可以用右键单击罗盘,选择其他选项,改变平面的生成面;移动鼠标可以改变平面的宽度、长度;也可以单击右键,在弹出的对话框中设置【Orders】和【Dimensions】。如果按下【Ctrl】键,则生成的图形将把第一点作为中心点。默认状态下将作为平面片的一个端点,如图 4-194 所示。

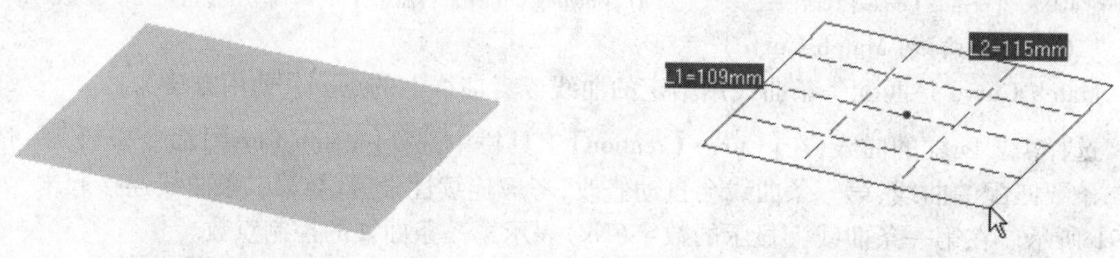

图 4-193 Planar Patch

图 4-194 生成的图形以第一点作为中心点

4.2.2.2 三点生成平面片(3-Point Patch)

在【Surface Creation】工具栏选择【3-Point Patch】命令按钮,并连续在视图上点击两点,或者在已经存在的几何图形上选择两点,两点之间就会显示一条直线。作为平面补丁的一个边,同时显示线段的长度。拖动鼠标在视图上会出现一个平面,平面第 2 个边的长度由鼠标到第一条线的投影距离决定,并通过文字显示出来,如图 4-195 所示。

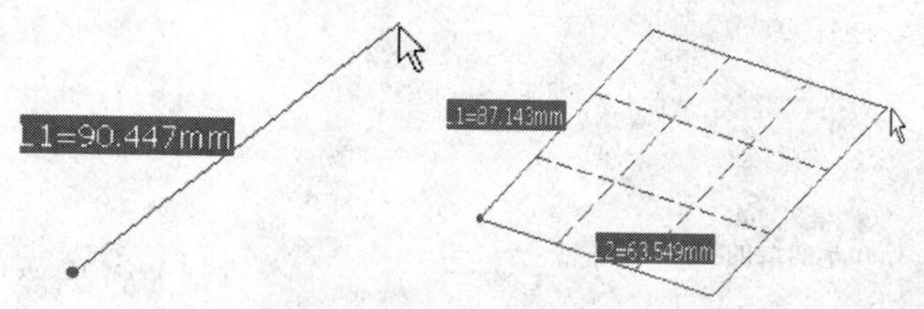

图 4-195 3-Point Patch 生成 Planar Patch

单击右键,可以在弹出的菜单中选择【Edit dimensions】,改变尺寸定义,输入确定的长度,输入完点击【OK】按钮即可。

4.2.2.3 四点生成平面片(4-Point Patch)

4 - Point Patch 通过选择 4 个点形成曲面补丁。该功能的使用方法是:

在【Surface Creation】工具栏选择【4 - Point Patch】命令按钮,并在曲线或者平面上点击一点,在已有的几何图形上再选择连续点击选择两个点,出现一个曲面的轮廓,如图 4-196a)、图 4-196b)、图 4-196c)所示。再选择第 4 点,可以在曲线或曲面上选取一点,也可以在空白处点击一点,形成由开始三个点确定的平面,如图 4-196d)所示。

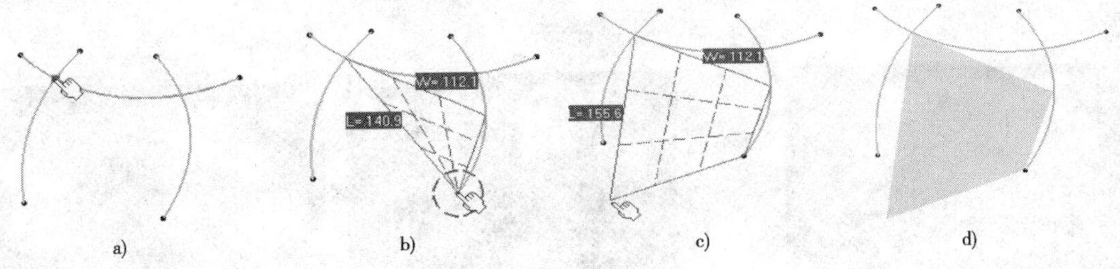

a)　b)　c)　d)

图 4-196　4 - Point Patch 生成 Planar Patch

4.2.2.4　提取几何体(Geometry Extraction)

Geometry Extraction 功能用于在已经存在的曲面上提取生成一个新的平面。该功能的使用方法是:

在【Surface Creation】工具栏选择【Geometry Extraction】按钮，在曲面上点击一点，选择的点将是新生成曲面的一个顶点，如图 4-197 所示，按住【Ctrl】键，则生成的曲面将是以初始曲面的中心点作为对称点。在视图上拖动鼠标，就会在初始曲面上显示新的曲面;点击鼠标，生成新的曲面，如图 4-198 所示。可以通过编辑控制点对曲面进行编辑，改变初始曲面的形状，新生成的曲面也随着自动改变，如图 4-199 所示。

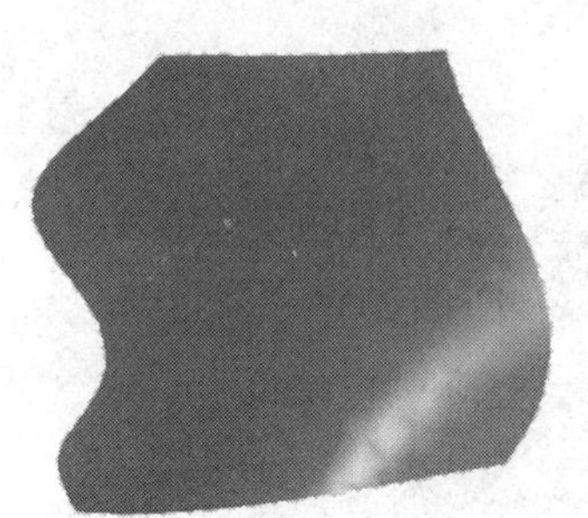

图 4-197　曲面上点击一点

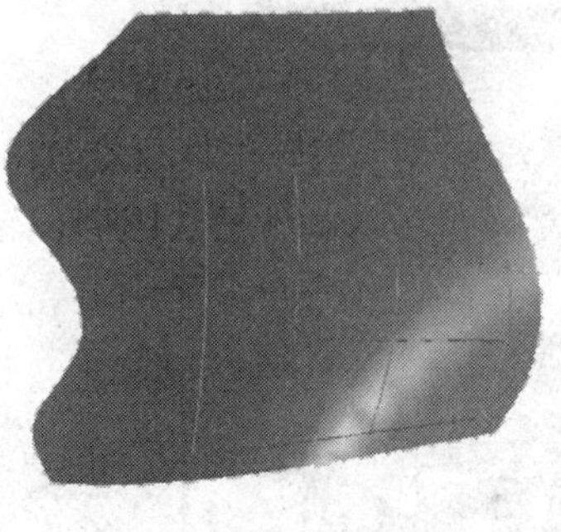

图 4-198　拖动鼠标

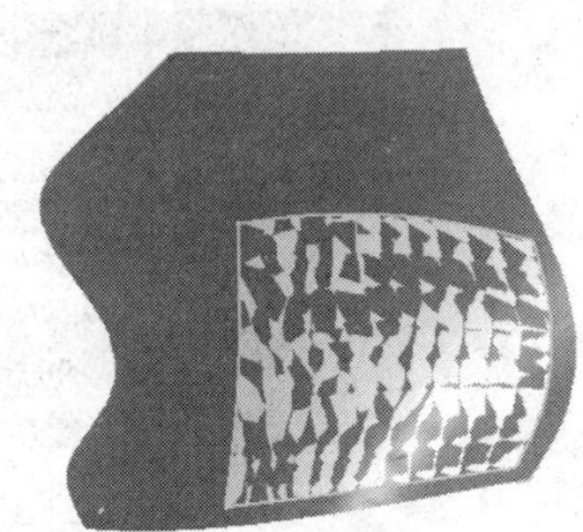

图 4-199　新生成的曲面

4.2.2.5　造型外推(Styling Extrapolate)

Styling Extrapolate 功能用于在原始曲面的基础上考虑连续限制条件添加一个延展曲面。该功能的使用方法是:

在【Surface Creation】工具栏选择【Styling Extrapolate】命令，选择一个曲面的边界，弹出的对话框和显示的结果如图 4-200a)、图 4-200b)所示。

在【Extrapolation】对话框中的【Type】栏有两个类型，其中:

Tangential 表示相切，曲面以给定的距离沿着选定边界的切向进行外推，G1 连续;

Curvature 表示曲率，曲面以给定的距离考虑曲面的曲率进行外推，G2 连续，没有操作符显示。

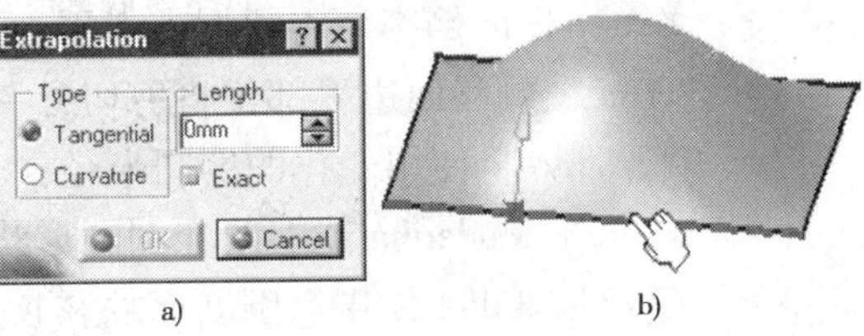

a)　b)

图 4-200　Styling Extrapolate

a)【Styling Extrapolate】对话框;b)选择一个曲面的边界

单击【OK】即可生成外推曲面，选中【Exact】精确选项，可以进行精确的外推。如果选中【Exact】精确选项时，计算是解析计算，得到的曲面保留与原始曲面同样的阶数;不选中【Exact】时外推将根据几何形状进行计算，如图4-201、图

4-202 所示。

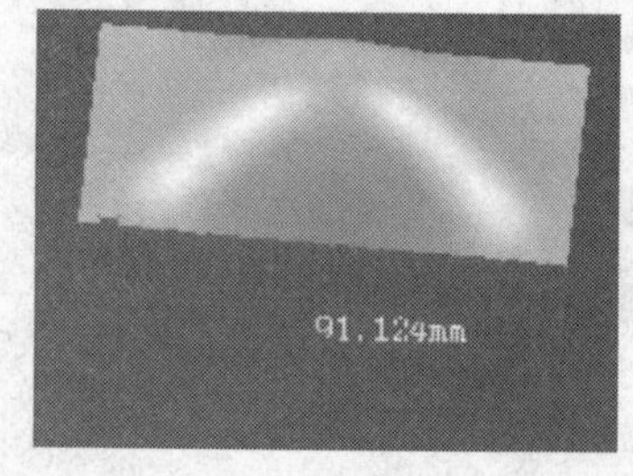

图 4-201　未选中 Exact

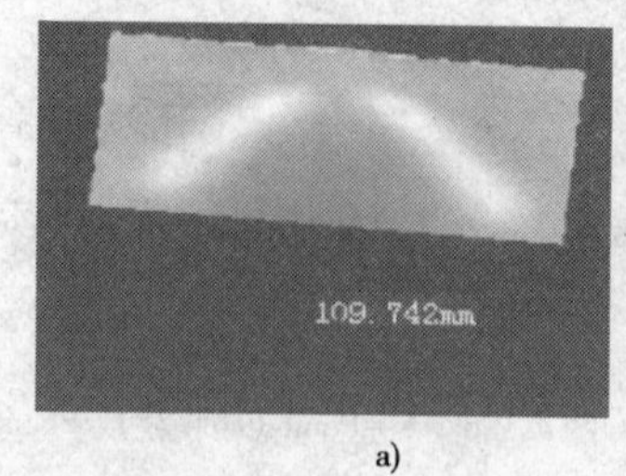

a)

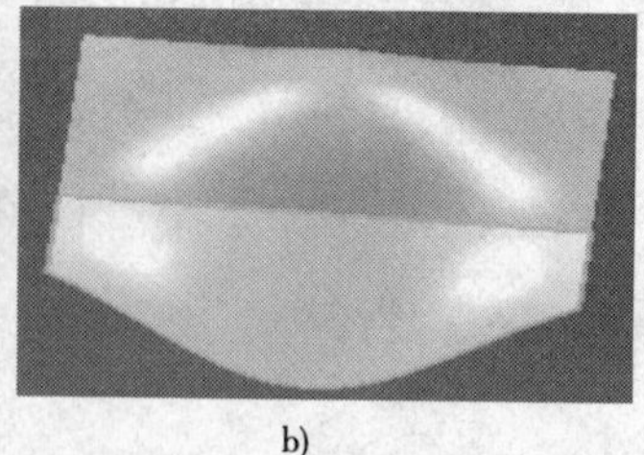

b)

图 4-202　选中 Exact

4.2.2.6　圆角(Fillet)

该命令是在两个曲面之间生成倒角。其使用方法是：

在【Surface Creation】工具栏选择【Fillet】命令，出现的【Fillet】对话框如图 4-203 所示。如果在几何图形上选择需要生成倒圆的两个棱边，选择后会出现两个向量和连续符号，并显示倒圆，如图 4-204 所示。如果选中最小半径，将出现一个新的向量，以设置中间倒圆部分的最小半径。【Fillet】对话框还可以进行其他设置：

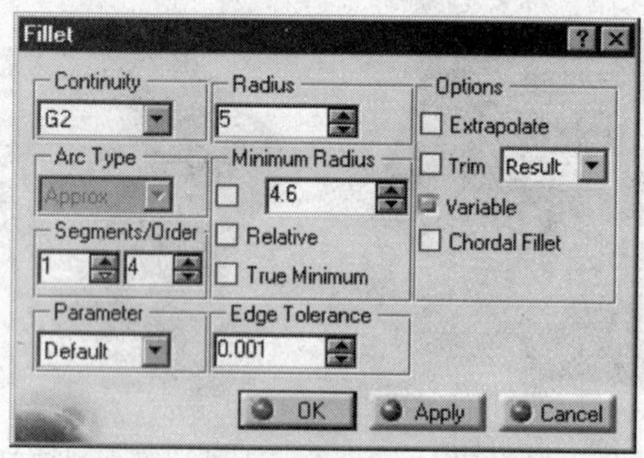

图 4-203　【Fillet】对话框

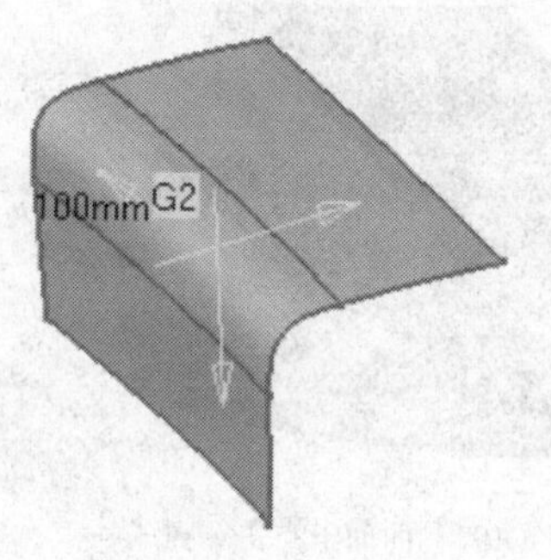

图 4-204　Fillet

- Continuity 在倒圆和参考平面之间的连续性；
- Segments/Orders 在公共边上的段数和阶数；
- Radius 进行相应的半径设置。

Options 选项：

- Extrapolate 倒圆面将根据参考平面进行外推；
- Trim 在倒圆面边界部位将剪切参考平面；
- Variable 将使用变化的倒圆半径；
- Feature Modeling 能够改变倒圆形状；
- Chordal Fillet 使用倒圆断面的弦长进行定义。

4.2.2.7　填充(Fill)

Fill 与 GSD 中的 Fill Surface 相似，用于填充 3 个或者多个曲面之间的空间。该功能的使用方法是：

在【Surface Creation】工具栏选择【Fill】命令，出现的如图 4-205 所示的对话框，可以定义变形方向为 Compass Direction 或 Normal to the Surface Direction。选择第一个曲面的边界及

相邻的边界后，如果不是相邻边界不能生成填充曲面。选择后会自动生成曲面，单击右键可以设置曲面的连续性。单击【OK】即可填充如图 4-206a)、图 4-206b)、图 4-206c)所示的由 3 个或者更多轮廓边组成的开放轮廓。点击【Apply】按钮，会生成一条协调曲线，使轮廓封闭如图 4-207a)、图 4-207b)所示。

图 4-205　【Fill】对话框

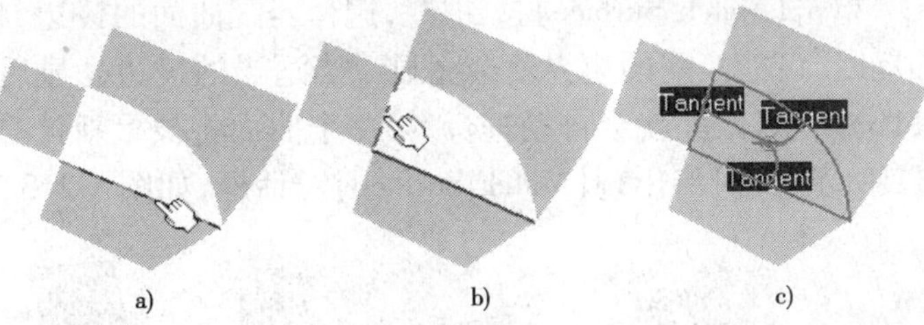

图 4-206　填充的操作过程

4.2.2.8　控制点(Control Points)

在【Shape Modification】工具栏选择【Control Points】命令按钮，会弹出如图 4-208 所示的对话框。利用该对话框就可以修改曲线或者曲面。

选择需要编辑的曲线时，控制点和控制线就会显示出来，默认的选择是所有控制点和网格都被选中。可以选择曲面上的一个点，将鼠标移到一个点或者一条线上，根据【Control Points】控制点对话框内的【Support】和【Law】选项显示箭头。Support 选项定义变换类型，Law 规则选项定义选择多点时的变形类型，如图 4-209 所示。

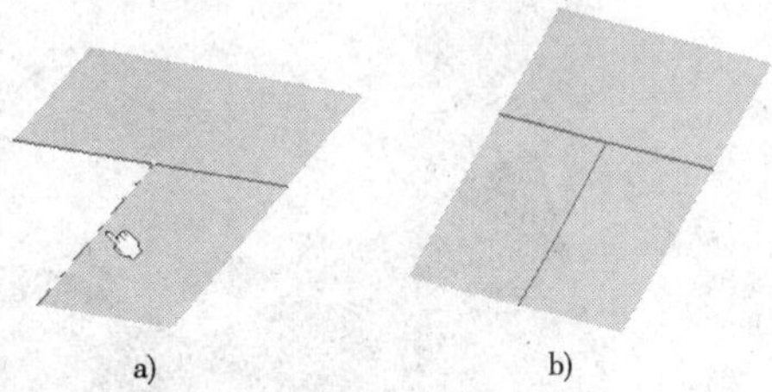

a)　　b)

图 4-207　开放轮廓的填充作过程

通过在【Run】对话框中调整光滑度，可以对曲线进行光滑处理，并对曲线进行重复处理。点击【More】按钮，在【Select】栏不点击几何图形时，使用【Select All】全部选中图标和全部不选中图标来选择控制点。使用【Harmonize】命令，可以控制点在整个曲面上的光滑传播，均匀分布。【Freeze】栏可以使变形只能在某些点和某些允许方向上进行。

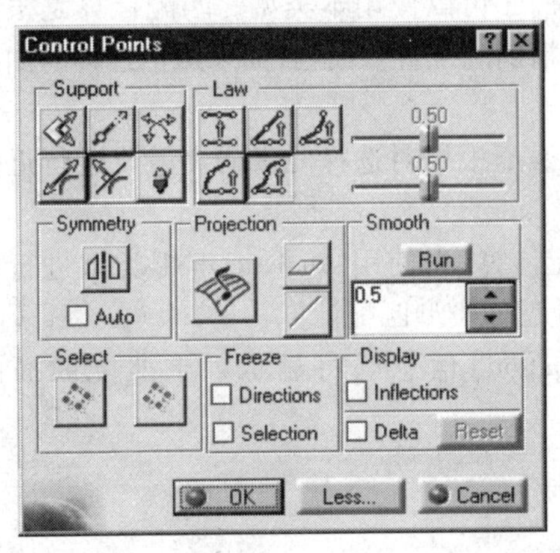

图 4-208　【Control Points】对话框

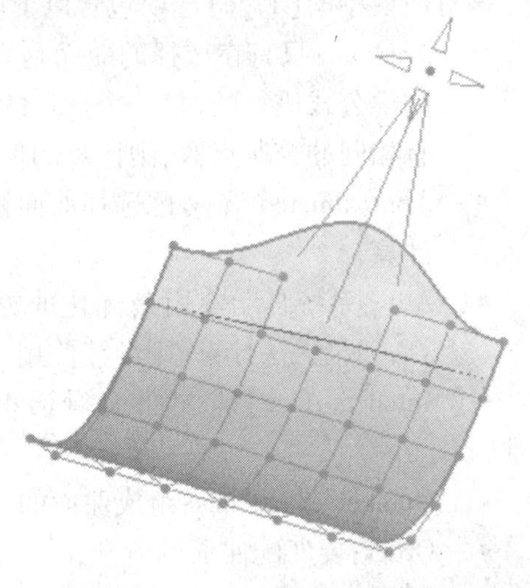

图 4-209　Control Points

也可以利用【Control Points】命令调整曲面边界，如图4-210所示。

4.2.2.9 曲面匹配(Match Surface)

匹配两个曲面或者匹配曲面和曲线，即将曲面延伸连接到另外的元素，在连接时考虑两个元素之间的连续性。该功能的使用方法是：

单击【Match Surface】按钮，选择匹配曲面的棱边，将鼠标移动到第二个曲面上，当鼠标移动时，可能匹配的边界就会亮显。当适当的棱边亮显后，点击选择曲面，如图4-211a)、图4-211b)所示，匹配就会自动进行，第一个曲面将被重新计算，并与第二个曲面连接起来，如图4-212所示，此时将出现【Match Surface】对话框，如图4-213所示。

图4-210 利用【Control Points】命令调整曲面边界

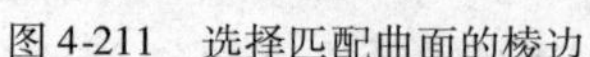

图4-211 选择匹配曲面的棱边

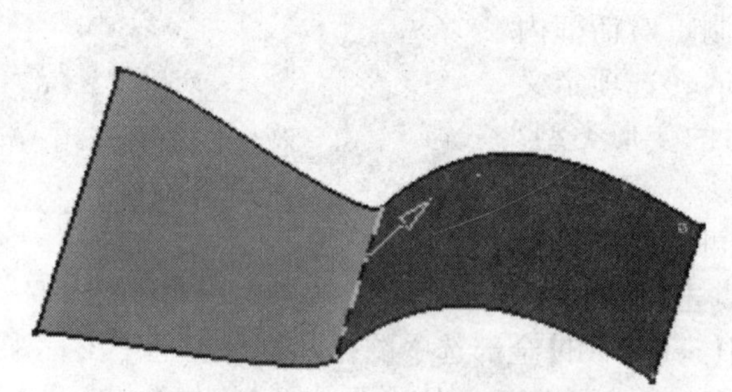

图4-212 Match Surface

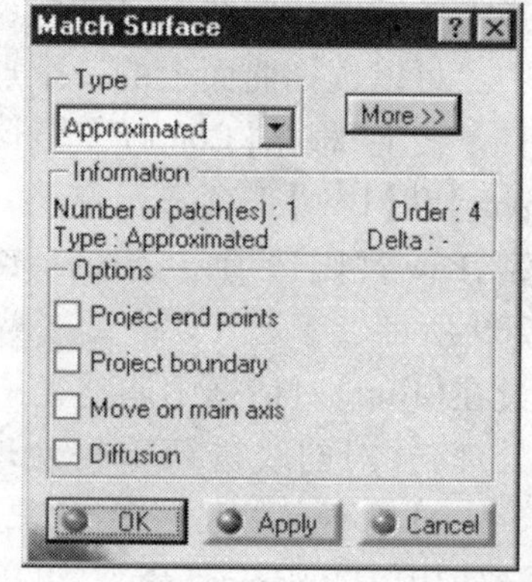

图4-213 【Match Surface】对话框

该对话框中的【Type】选项包含以下曲面匹配类型：

- Analytic：只有在选择的曲面是等参数曲面时，才可以使用本类型。匹配计算是根据数学公式进行的，每一个选择的控制点都有精确的位置。而且，如果两个选择的曲线有相同的控制点数，则计算的偏差为0；
- Approximated：不考虑选择曲面棱边的类型，匹配根据对选择元素的离散化进行近似计算；
- Auto：系统自动使用最优化的方法进行匹配计算，先使用Analytic解析类型进行计算，如果无法计算，则继续使用Approximated近似类型匹配计算。

在【Match Surface】匹配曲面对话框内，【Information】信息区将显示以下匹配曲面的参数：

- Number of patches：组成曲面的片数；
- Order：要匹配曲面的阶数；
- Type：匹配的类型，在自动模式时此显示非常有用；
- Delta：原始曲面的δ值。

在【Dashboard】上点击【Contact Points】接触点图标,在接触处就会出现操作符号。此时可以编辑接触点,单击右键在出现的菜单中选择【Edit】选项,也可以使用 Snap on Geometry捕捉几何图形上的点选项。

在仪表盘上点击连续图标,显示连续类型标识符。在标识符上单击右键,在出现的菜单中选择合适的选项,可以编辑匹配曲面与目标曲面边界的连续性限制。

可用的连续类型有:

- Point(点连续):表示曲面共享公共边界上的每一个点,即在两个曲面之间没有间隔存在;
- Tangent(相切连续):表示在曲面的连接处,曲面共享一个公共的目标平面(法线方向);
- Curvature(曲率连续):表示曲面共享一个公共曲率和切向平面;
- Proportional(比例连续):表示与相切连续一样,曲面共享一个公共的目标平面(法线方向)。当纵向点之间的变化是光滑的,系统自动重新分配在匹配曲面上的控制点位置。这个模式对两个曲面都是自动设置的。
- Free(自由):表示对曲面的控制点不加任何控制。

如果连续类型导致矛盾出现,将在曲面上显示一个消息,提示用户修改连续类型。

选中【Quick connect and orders】(快速连接检查和阶数选项),根据连续类型的不同,可以设置距离、角度、每个曲面的阶数以及曲率;选中【Control Points】控制选项,可以修改曲面,重新生成曲面;

4.2.2.10 多边匹配曲面(Multi-Side Match Surface)

Multi-Side Match Surface 功能将一个独立组成的没有重新限制的曲面与最少 2 个、最多 4 个曲面进行匹配,并将曲面的边界变形,与目标曲面上的曲面连续匹配。该功能的使用方法是:

在【Shape Modification】工具栏选择【Multi-Side Match Surface】按钮,会出现如图4-214所示的对话框。在该对话框中选择需要匹配曲面的第一个边界,选择第一个曲面边界的目标棱边,如图 4-215a)、图 4-215b)所示。只有完整曲面才能被匹配,目标曲线可以是曲面的边界线,也可以是等参数曲线,而且必须位于曲面上,不能使用空间曲线。选择完成后单击【OK】即可生成如图 4-216 所示连续性的曲面。

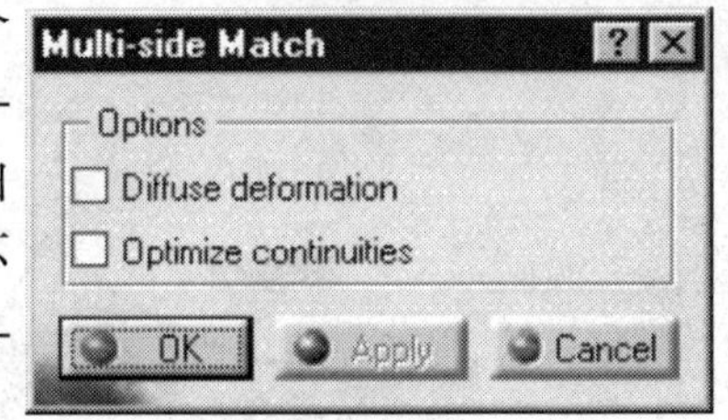

图 4-214 【Multi-Side Match Surface】对话框

4.2.2.11 延伸(Extend)

Extend(延伸)功能可以对曲线或者曲面进行延展修改,可以通过设置正、负值参数使曲线或者曲面拉长或者缩短,也可以对曲线单独增加一节。该功能的使用方法是:

单击【Extend】工具按钮,选择需要延展的元素,弹出的【Extend】对话框如图 4-217 所示。该对话框中的【Keep Segmentation】选项用于保持分割,使用操作符定义曲线或者曲面的延展;如果不选中【Keep Segmentation】,则延展时会考虑曲线或者曲面的曲率连续性,按住【Ctrl】键即可生成一个对称的延展如图 4-218a)、图 4-218b)所示。当设置结束后点击【OK】即可。

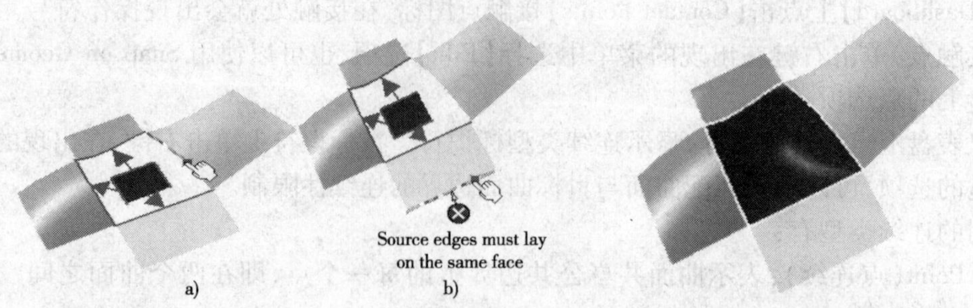

图 4-215　选择第一个曲面边界　　　　图 4-216　生成的曲面

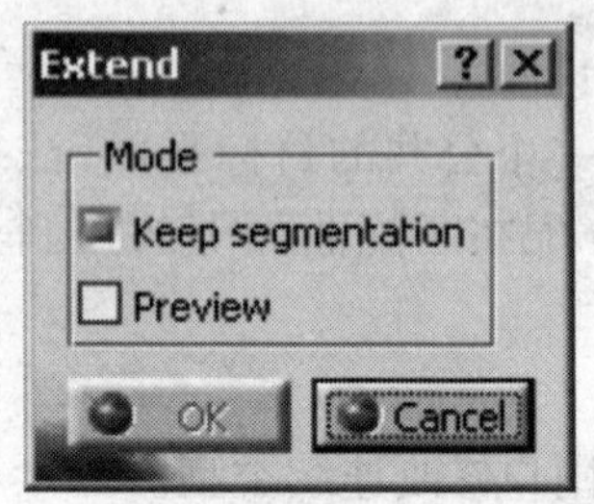

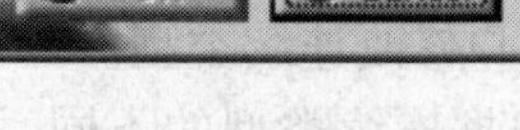

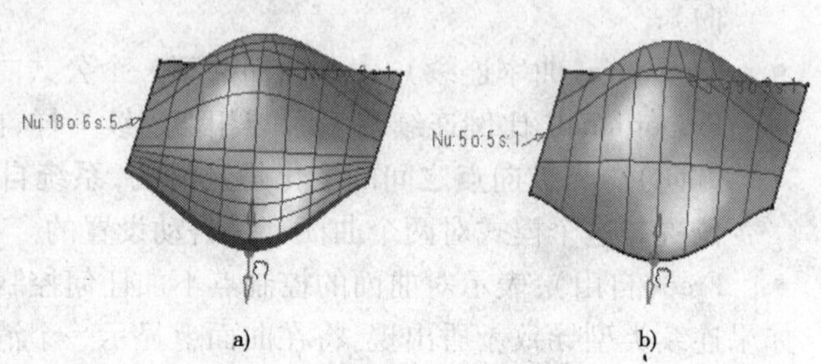

图 4-217　【Extend】对话框　　　　图 4-218　延伸

4.2.2.12　转换器向导(Converter Wizard)

【Converter Wizard】命令用于将其他模式创建的任何曲面转化成 Freestyle 模式可以编辑的 NUPBS 曲面,并可以重新创建曲面。

当利用【Control Points】编辑曲面时,如果曲面可以编辑,则不出现【Converter Wizard】对话框,如果曲面出现 Cv,如图 4-219 所示,则表示曲面不是 NUPBS 曲面,需要【Converter Wizard】通过定义 Tolerance 等参数进行转化,如图 4-220 所示。

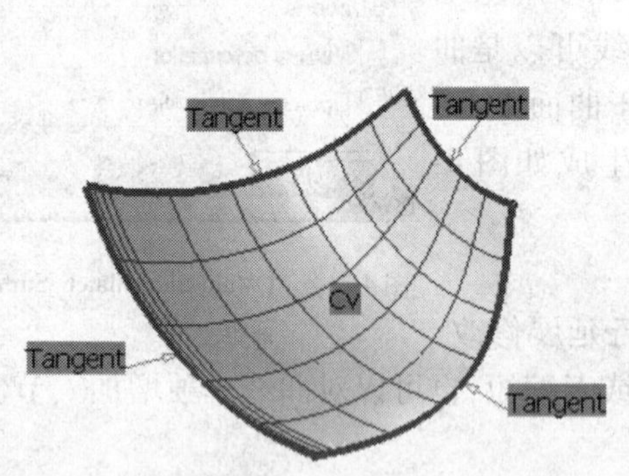

图 4-219　【Control Points】编辑曲面出现 Cv　　　　图 4-220　【Control Points】对话框

4.2.2.13　复制几何参数(Copy Geometric Parameter)

该功能的使用方法是:

在【Operations】工具栏选择 Copy Geometric Parameters,弹出的对话框如图 4-221 所示,选择一条曲线作为模板曲线,控制点和分割参数会自动显示出来;选择一个或者多个目标曲线,单击【OK】即可将模板曲线参数复制成目标曲线参数，如图 4-222 所示。

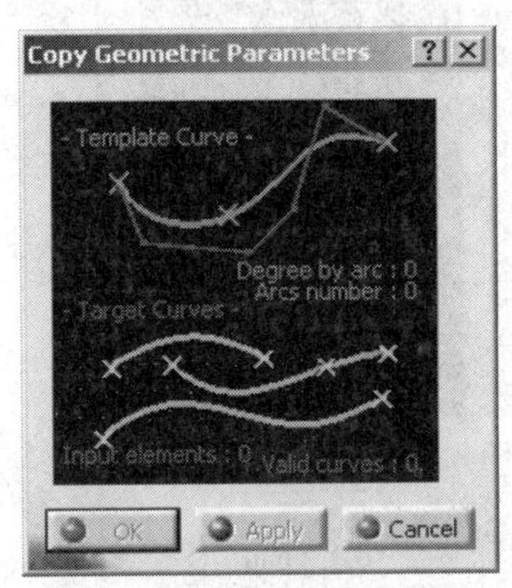

图 4-221 【Copy Geometric Parameters】对话框

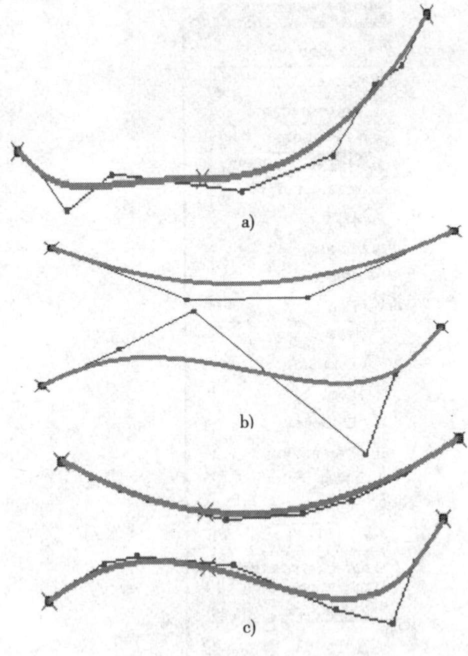

图 4-222 Copy Geometric Parameters 操作过程

4.2.3 分析曲线和曲面(Analyzing Curves & Surfaces)

4.2.3.1 连接检查(Connect Checker)

Connect checker 可以对混合、匹配以及填充曲面相连接的两个曲面进行分析。该功能的使用方法是：

选择需要分析的曲面，单击【Connect checker】命令，弹出的对话框如图4-223所示，同时会出现另一个对话框，用颜色指示分析结果的最大值和最小值，如图 4-224 所示。

在【Connect Checker】对话框中可以选中【Internal edges】，对内部的连接进行分析，分析类型包括如下三种：

- Distance，单位 mm；
- Tangency，单位角度；
- Curvature，单位是百分比。

在【Maximum gap】栏内设置最大的不分析间隙，超过设定值认为是不连续的；

在【Display】栏内可以选择显示不同的分析结果。Display 栏内选项的含义是：

- Comb：显示间隙分布图；
- Envelope：在间隙分布图上加轮廓曲线；
- Information：显示最大间隙和最小间隙值。

其显示结果如图 4-225、图 4-226 所示。

单击【Quick】按钮，出现的【Quick Violation Analysis】对话框如图 4-227 所示。通过该对话框可以选择不同的选项进行分析，但各项的最大值一直显示，也可以设置间隙的公差范围。还可以选择【Curve Connect Checker】对曲线进行分析，分析过程与曲面分析类似，如图 4-228 所示。图 4-229、图 4-230 是 Curve Connect Checker 的结果。

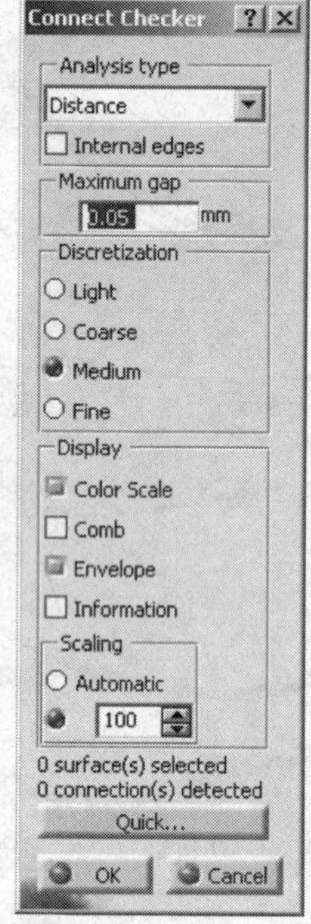

图 4-223 【Connect Checker】对话框

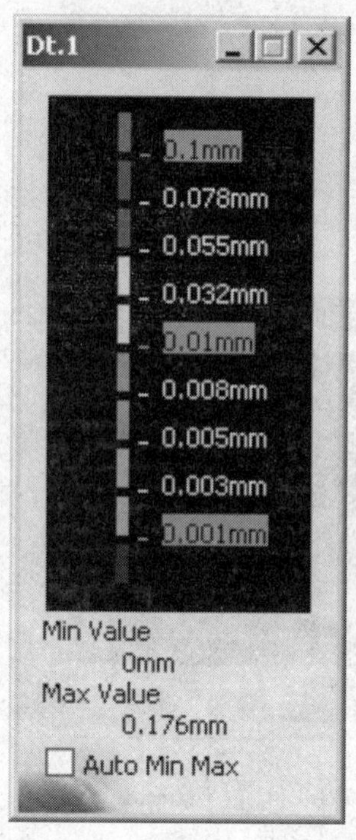

图 4-224 用颜色指示分析结果的对话框

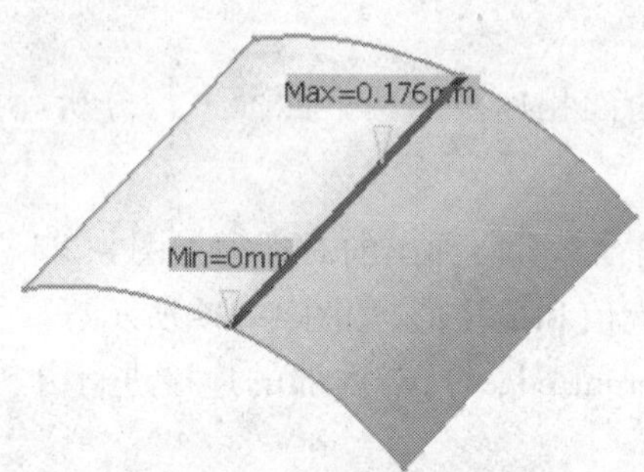

图 4-225 显示最大最小间隙

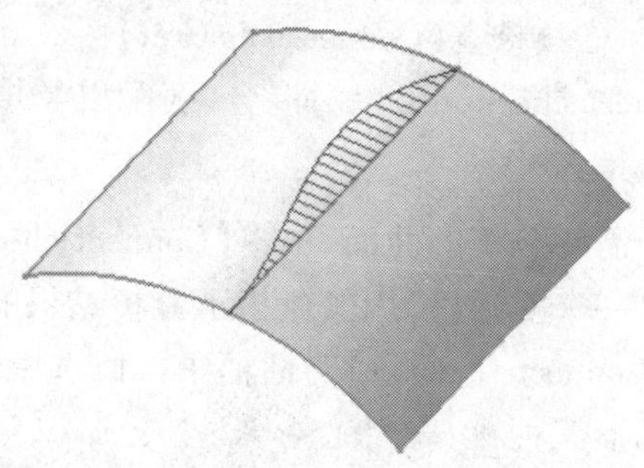

图 4-226 显示间隙分布

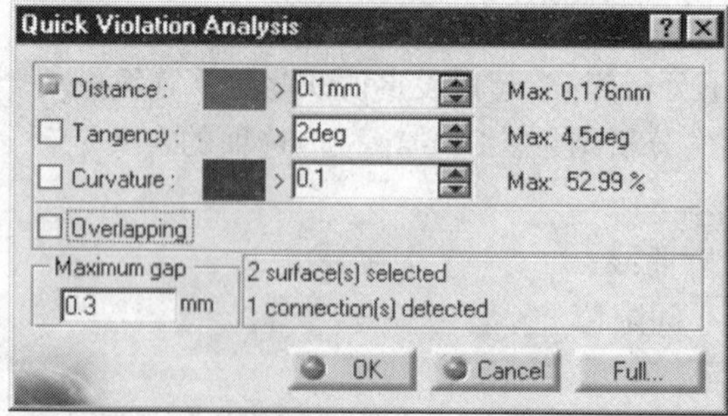

图 4-227 【Quick Violation Analysis】对话框

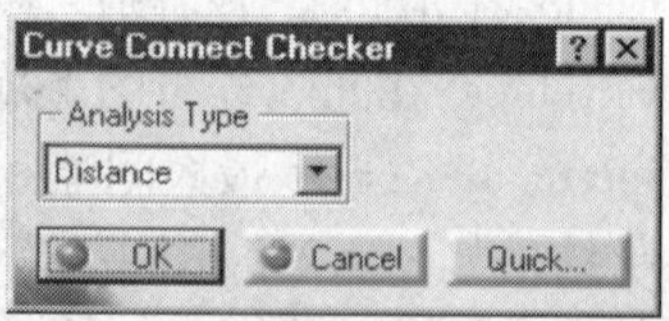

图 4-228 【Curve Connect Checker】对话框

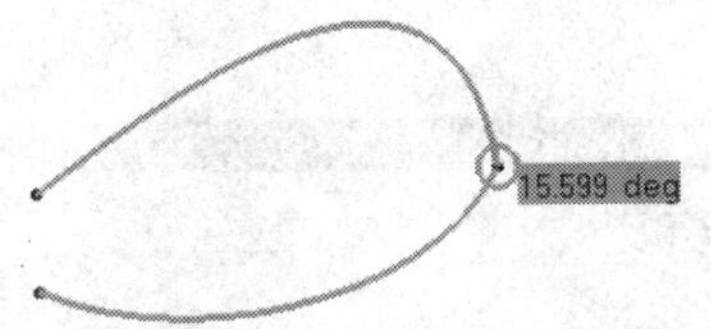

图 4-229 Tangency(相切连续)

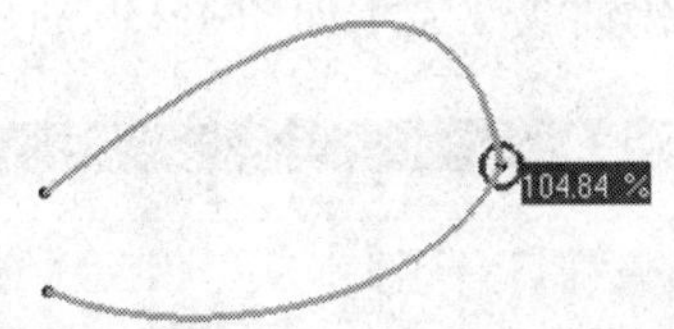

图 4-230 Curvature(曲率连续)

4.2.3.2 分布曲率分析(Porcupine Curvature Analysis)

Porcupine Curvature Analysis 可以对曲线和曲面的边界的曲率进行分析。分析时如果选中的是整个曲面,则对整个曲面边界进行曲率分析,如图 4-231 所示;如果选中某曲面的边界,则对该边界进行曲率分析,如图 4-232 所示。该功能的使用方法是:

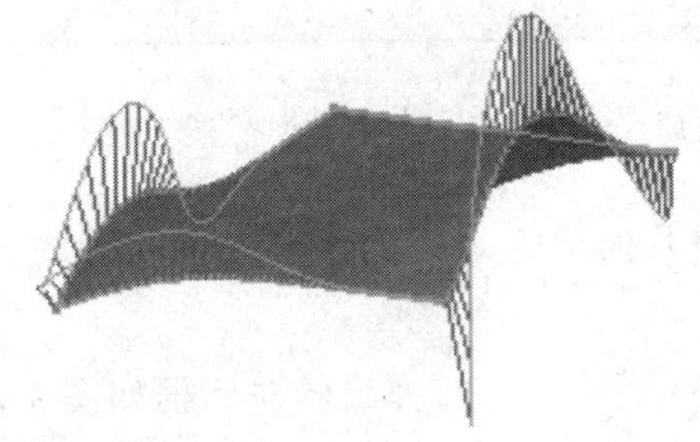

图 4-231 整个曲面的 Porcupine Curvature Analysis

图 4-232 单个边界的 Porcupine Curvature Analysis

选择需要进行分析的元素,单击【Porcupine Curvature Analysis】 ,自动出现的分析对话框如图 4-233 所示。点击【More】按钮,可以进行定参数,【Automatic】可以优化分布线的长度,【Project On Plane】用于分析曲线投影到参考平面的投影曲率;如果不选中【Project On Plane】,分析将沿着曲线的方向上进行;选中【Particular】可以在任何时候显示最大和最小曲率或者半径值,【Inverse Value】表示显示相反的数值,即在曲率和半径之间切换。

【Density】栏用于改变分析的密度,即显示的线条数;点击 ,可以显示曲率变化图,分析曲线变化的轮廓和幅值。

- Same vertical length:不考虑比例,所有曲线以高度显示,如图 4-234 所示;

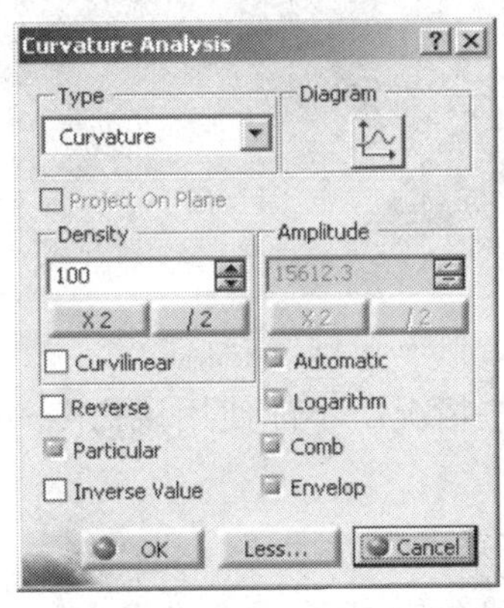

图 4-233 【Porcupine Curvature Analysis】对话框

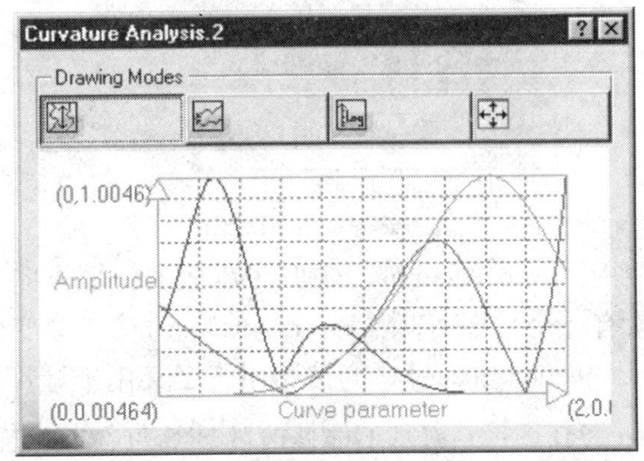

图 4-234 Same vertical length

- Same origin:所有曲线根据 Amplitude 幅值轴的原点位置显示,如图 4-235 所示;

Vertical logarithm scale:所有曲线根据 Amplitude 幅值轴的对数进行显示,Curve Parameter

曲线参数轴仍然线性显示如图 4-236 所示。

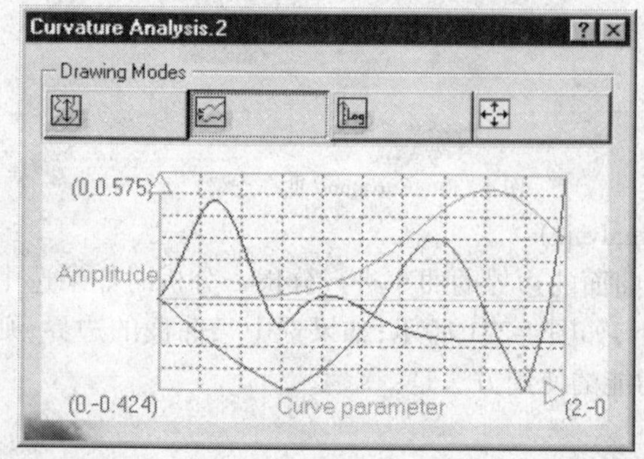

图 4-235　Same origin

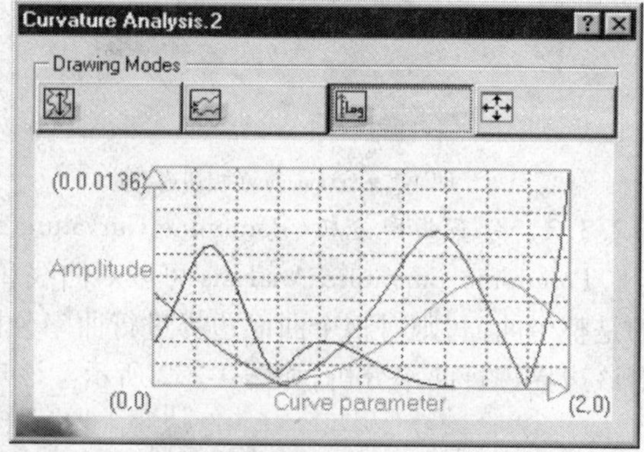

图 4-236　Vertical logarithm scale

4.2.3.3　距离分析(Distance Analysis)

Distance Analysis 功能用来分析两个或者两组几何元素之间的距离。该功能的使用方法是：

在【Shape Analysis】工具栏选择【Distance Analysis】命令，弹出的对话框如图 4-237 所示。点击【First Set】，选择一个元素，点击【Second Set】，选择第二个元素。分析结果如图 4-238 所示，其中每个颜色代表两个距离之间的离散化的点。

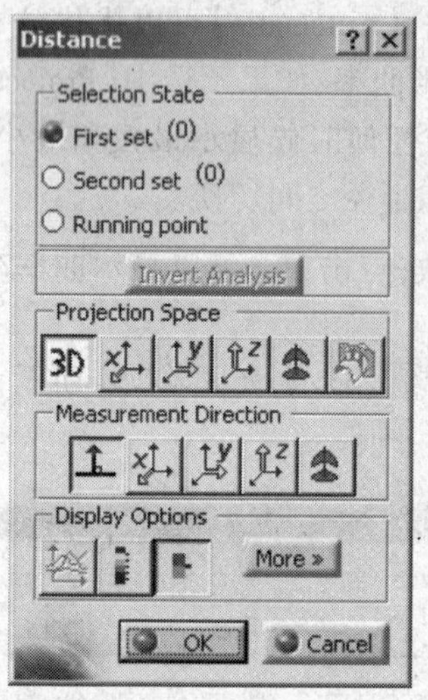

图 4-237　【Distance Analysis】对话框

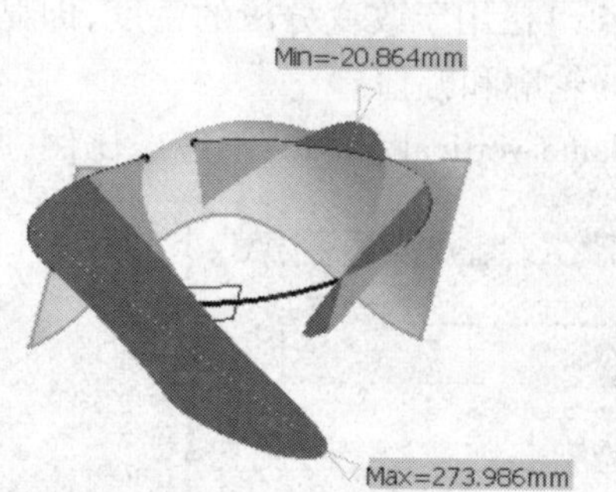

图 4-238　Distance Analysis 结果

使用【Invert Analysis】按钮，可以改变计算方向，但在某些情况下不能使用该命令，比如选择元素有一个是平面，则【Invert Analysis】按钮会变成灰色。

【Projection Space】栏的按钮用于定义用于计算的插入元素的预处理。

- 3D ：元素是不能修改的计算只在原始元素之间进行；
- Projection according to the X ，Y ，Z ，axis：根据给定的投影方向沿着 X、Y、Z 轴方向进行计算距离；
- Planar distance：根据曲线和包含该曲线的平面与曲面的相交线之间的距离计算

距离；

当计算两条曲线之间的距离时，距离值都为正，不同于曲面同其他元素的距离分析。激活【Full color range】图标，提供完整的分析，可以看到在选择元素上距离是如何变化的。Limited 激活【Limited color range】图标，只提供简单的分析。

点击【More】按钮，可以显示选项和离散化选项：

- Color scale：显示【Color scale】对话框，可以更改颜色；
- Min/Max values：在几何图形上显示最大值和最小值及其位置；
- Points：以点的形式显示距离分析结果。

4.2.3.4　*切割平面*（Cutting Planes）

Cutting Planes 功能利用平行切割平面对曲面进行切割，并使切割平面与曲面的交线在曲面上显示出来。从这些曲线上，可以进行曲率分布分析，分析是动态的，即可以随时调节一系列参数以精确调整分析结果。该功能的使用方法是：

选择需要分析的曲面，在【Shape Analysis】工具栏选择【Cutting Planes】按钮，则显示一个平面作为缺省切割平面，同时显示选择曲面对应的投影，并弹出【Cutting Plane】对话框，如图 4-239 所示。显示结果如图 4-240 所示。

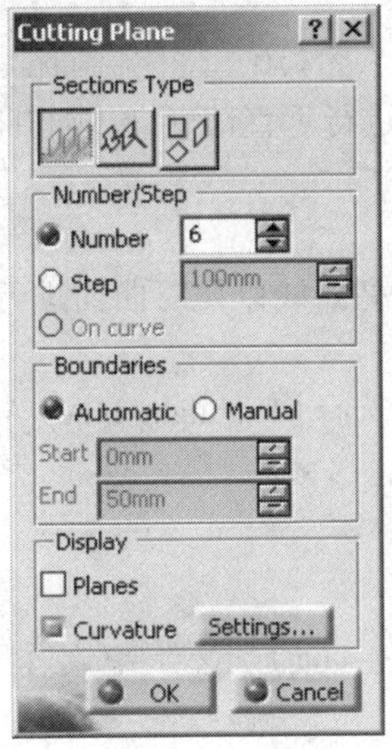

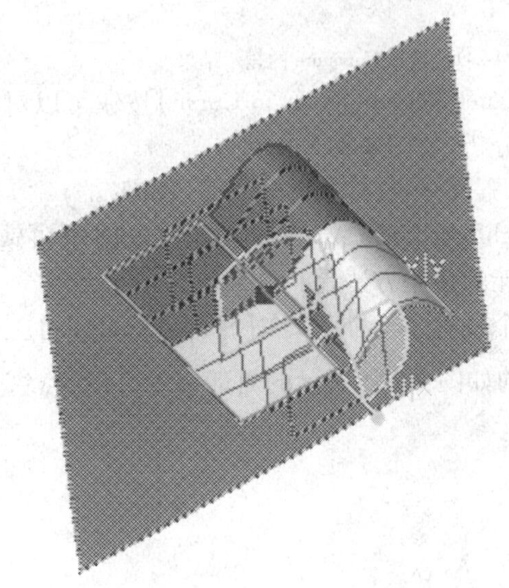

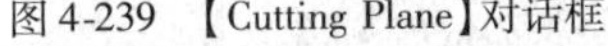
图 4-239　【Cutting Plane】对话框　　　　图 4-240　显示结果

在该对话框中可以定义如下的参数：

（1）定义切割平面有 3 个图标：Parallel Planes（平行平面），Planes Perpendicular to Curves（与曲线垂直平面），Independent Planes（独立平面）。平面组的边界，只在 Parallel Planes 才可以使用。

- Automatic：根据所有选择的曲面边界进行分析，切割平面均匀分布，在设置 Step 步长栏后，将有一个切割平面位于参考平面上。
- Manual：分析区域根据【Start】和【End】两个选项定义的值进行。
- Number/Step：选择切割平面的数量或者两个平面间的距离。
- Start/End：在手动设置模式，定义第一个切割平面和最后一个切割平面与局部平面参考轴的距离。

(2)帮助观察分析结果的选项：

- Plane：激活或者隐藏切割平面。
- Curvature：激活显示曲线曲率分布，如图 4-241 所示，点击【Settings】按钮，则出现【Curvature Analysis】对话框。其设置方法与对曲线进行曲率分析一样，请参阅前面的内容。

点击【Parallel Planes】图标按钮，罗盘移到参考平面的中心，故可以操作参考面，如图4-242所示。

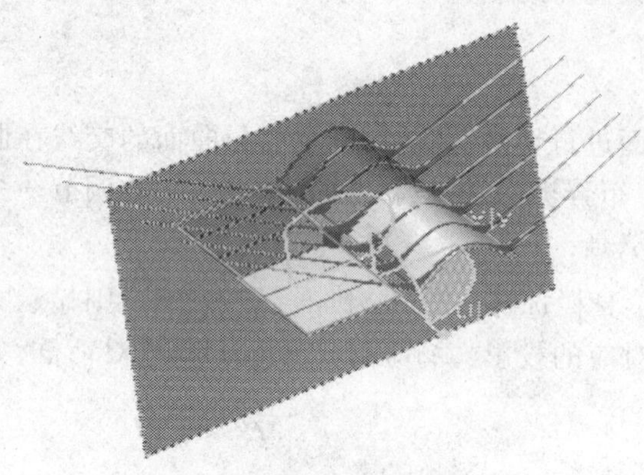

图 4-241　选择 Curvature 的显示结果

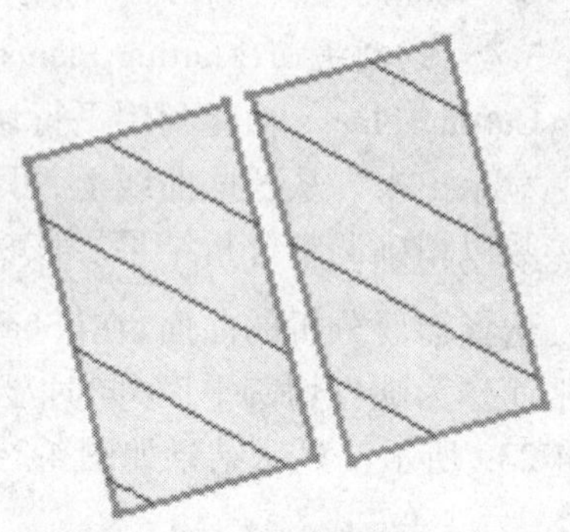

图 4-242　点击【Parallel Planes】的显示结果

点击【Planes Perpendicular to Curve】按钮可以对曲线进行垂直切割，形成与曲线垂直切割平面的曲率分析，如图 4-243 所示。

4.2.3.5　高亮线分析(Highlight Lines Analysis)

利用 Highlight Lines Analysis 功能可以创建和显现高亮曲线以便对曲面进行形状和曲率分析。该功能的使用方法是：

选择一个或者多个曲面，在【Shape Analysis】工具栏选择【Highlight Lines Analysis】命令，在出现的如图 4-244 所示的对话框中可设置高亮类型：

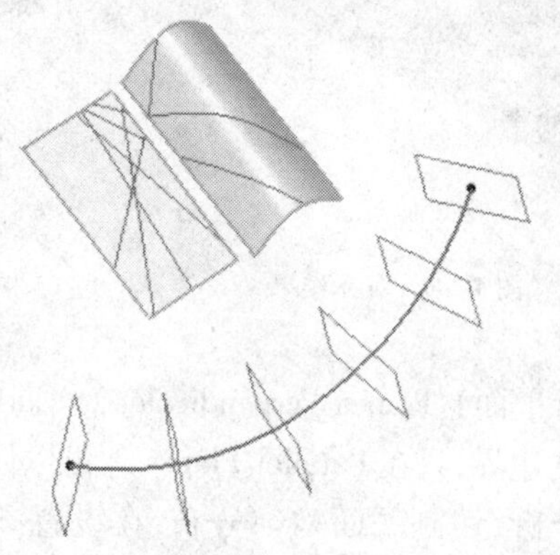

图 4-243　点击【Planes Perpendicular to Curve】的显示结果

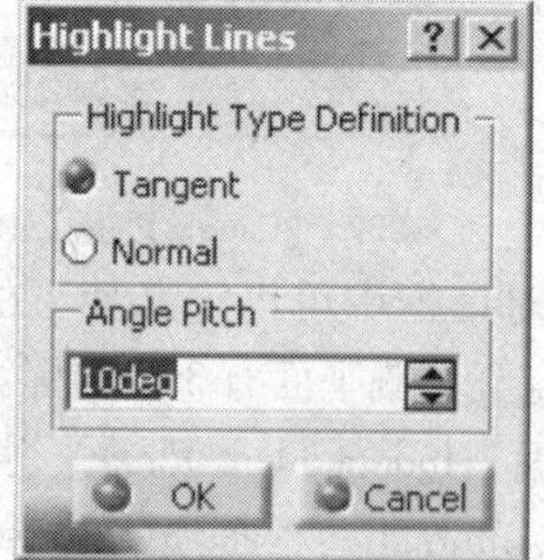

图 4-244　【Highlight Lines Analysis】对话框

- Tangent：在给定点罗盘平面插入需要生成高亮线的曲面中，与插入点相切的高亮线可自动计算出来，因此设置的角度即是从罗盘第一个方向和插入切线之间的计算角度，如图 4-245 所示。
- Normal：计算角度是以罗盘 Z 方向和曲面垂直面之间的角度计算的，如图 4-246 所示。

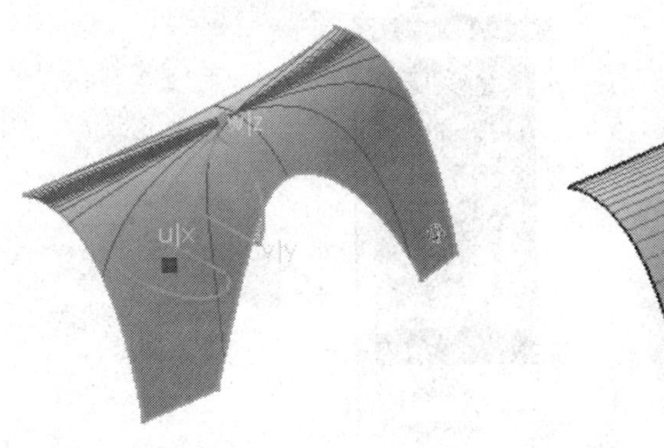

图 4-245　Tangent 显示

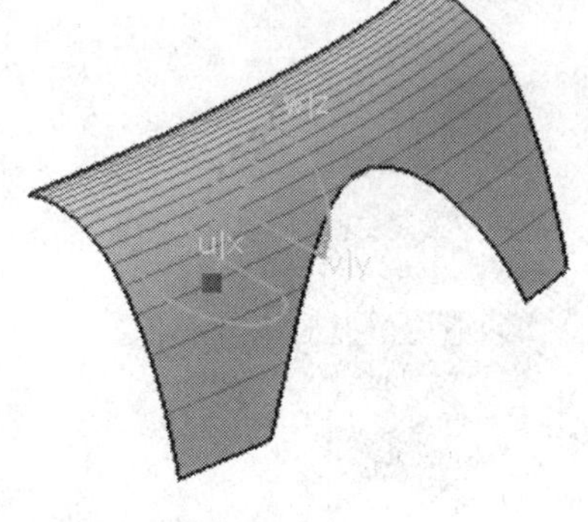

图 4-246　Normal 显示

在【Angle Pitch】框中可以设置角度。设置完成后单击【OK】即可。

4.2.3.6　曲率影射(Curvature Mapping)

Curvature Mapping 功能不能用于 GSD 曲面,主要用于进行曲面影射曲率分析。显示模式必须是 Shading with Texture and Edges。离散化选项应该设置为 Maximum(最大)。分析结果必须在 Materials 情况下才可以在选择元素上看到分析结果,否则只能看到一个警告信息。该功能的使用方法是:

选择需要分析的曲面,在【Shape Analysis】工具栏选择【Curvature Mapping】命令,出现的曲面曲率分析对话框如图 4-247 所示,同时在选择的元素上自动出现分析结果。

选择分析类型:Gaussian 表示分析结果和颜色比例尺,如图 4-248 所示;Minimum/Maximum 表示显示最小/最大曲率值;Limited 表示快速修改半径值。

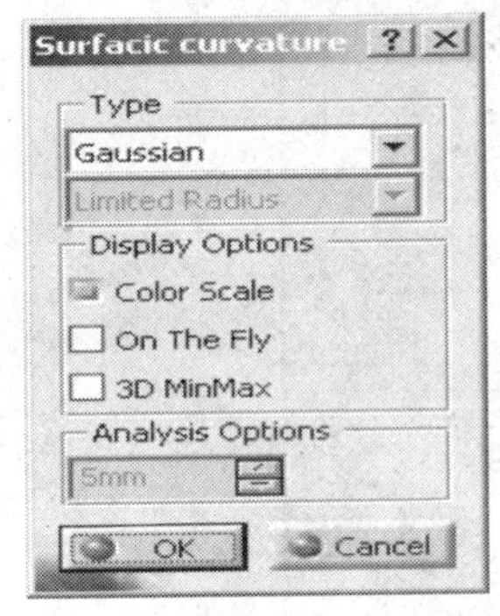

图 4-247　【Curvature Mapping】对话框

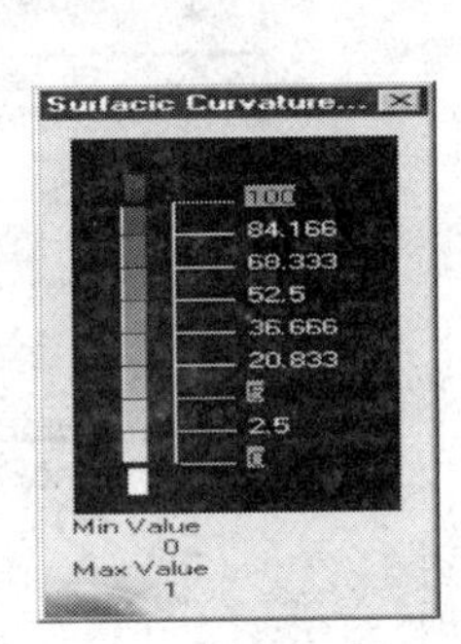

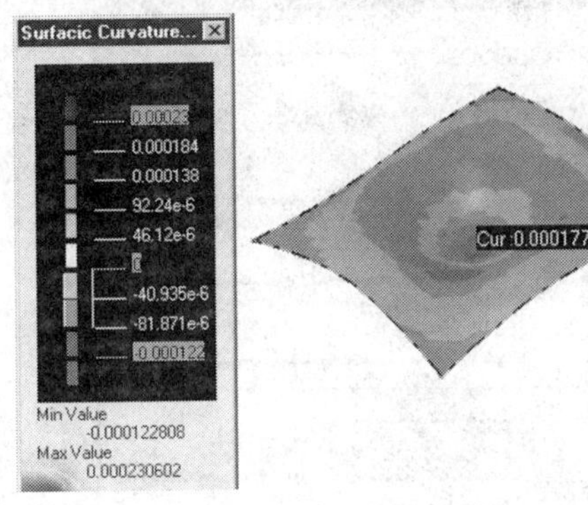

图 4-248　Gaussian 高斯分析结果显示

激活【On the fly】选项,在曲面上移动鼠标,可以对局部进行分析。曲率和半径显示在鼠标下面,如图 4-249 所示。在曲面上移动时,显示动态更新,可以单击右键,在弹出的菜单中修改点,如图 4-250 所示。

4.2.3.7　汽车 A 级曲面强光照射分析(ACA Highlight)

ACA Highlight 功能通过阴影照射强光对曲面的质量进行分析,用于分析曲面法线方向和预先定义的方向之间的角度,并根据这个角度,设置曲面在当前位置的颜色,使所有具有同样角度的区域都显示同样的颜色。此功能必须在 Materials 情况下显示。该功能的使用方法是:

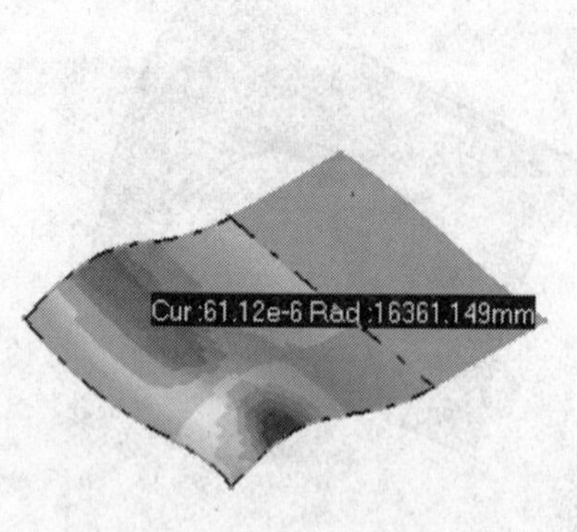

图 4-249　显示结果

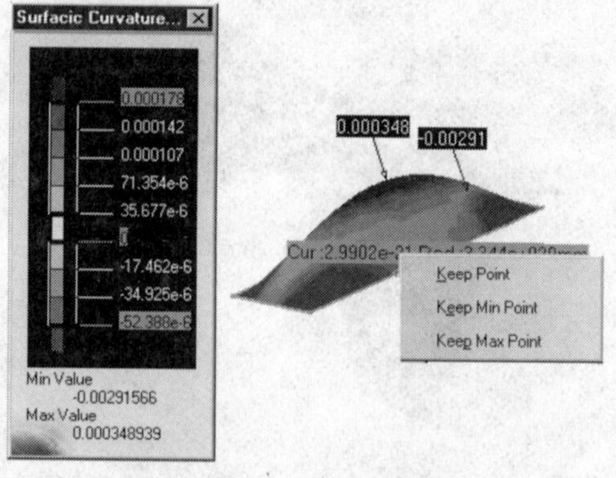

图 4-250　动态显示结果

（1）单击【ACA Highlight】命令，出现如图 4-251 的对话框后，就可对整个曲面进行分析。

在该对话框内包括如下设置选项：

- Grid：两个预先确定的曲面上条纹线的方向；如果不选中 Grid 网格自动切换到 Stripes（条纹线）模式，平面工具的法线方向作为预先定义的方向。
- Global：一个零件被强光照射。
- Angle：在每个角度上分布强光。

（2）在参考平面工具上单击右键就会弹出【Highlight Properties】对话框，如图 4-252 所示。

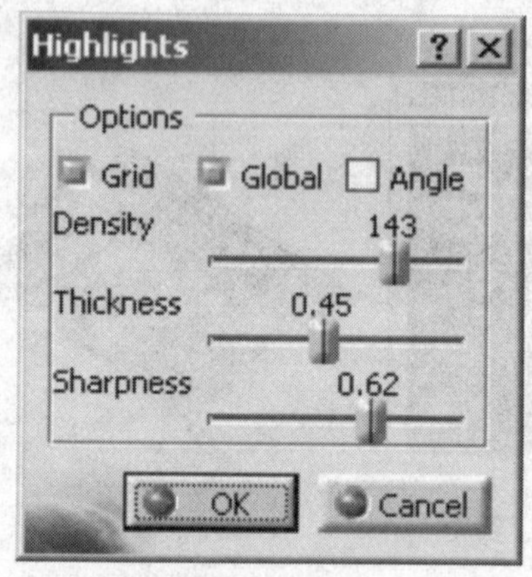

图 4-251　【ACA Highlight】对话框

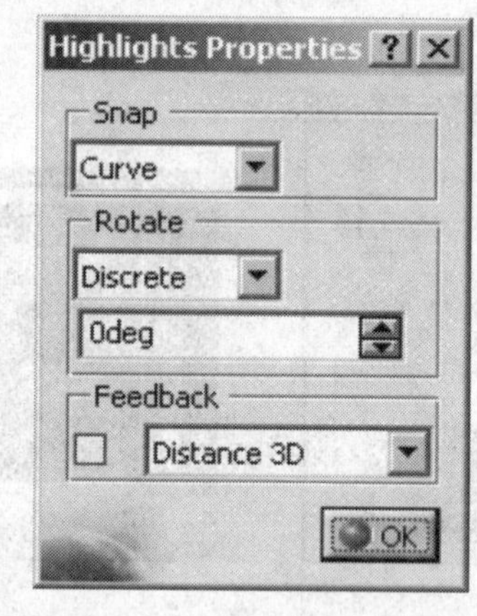

图 4-252　【Highlight Properties】对话框

该对话框中【Snap】栏内包括如下选项：

- Off：没有捕捉。
- Vertex：平面工具捕捉最高点，该点取决于曲面倒圆，或者 3D Curve 的端点，该点方向是与曲面垂直或者曲线相切相对应的。
- Curve：平面工具捕捉曲线或者曲面边界。结果是垂直平面工具的轮廓线在条纹模式下通过最初平面工具的边缘。
- Surface：平面工具捕捉曲面或者与垂直面相适应。结果是在 Grid 模式下，平面工具轮廓线的 U 和 V 方向上在平面工具处交叉。

对话框中【Rotate】栏可以定义 3D 工具旋转模式，其中所包含的选项为：

- Dynamic：正常动态旋转模式。
- Discrete：旋转捕捉某个相对的网格角度。
- Static：旋转由鼠标点击对应的旋转操作符来定义专门的旋转方向，并且可以通过输入角度定义旋转角度。

对话框中【Fecdback】可以定义 3D 工具的数值，其中所包含的选项为：

- Distance 3D：当前位置点的与开始旋转位置点的直线距离。
- Distance XYZ：以 X、Y、Z 方向计算距离。
- Coordinates：绝对位置。

(3)单击【OK】，出现的分析结果如图 4-253 所示。

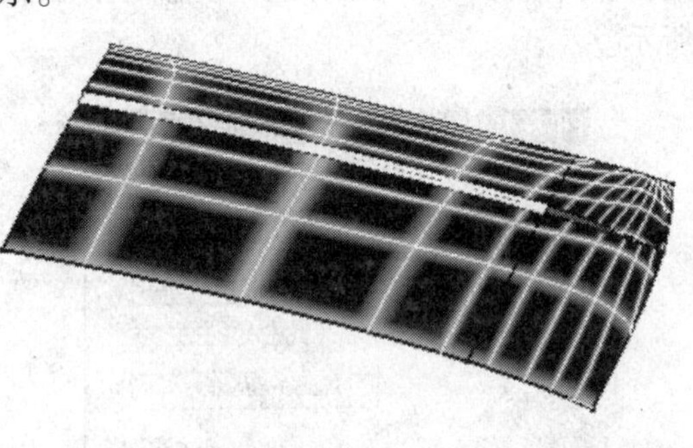

图 4-253 显示结果

4.2.4 自由造型优化(FreeStyle Optimizer)

4.2.4.1 反射线(Reflection Lines)

Reflection Lines 功能用于在曲面上形成反射线，以便进行分析。该功能的使用方法是：

选择一个或者多个曲面，单击【Reflection Lines】命令，罗盘会自动移到曲面上，并显示由红色线组成的网格，如图 4-254 所示。在如图 4-255所示的对话框中可以设置如下参数：

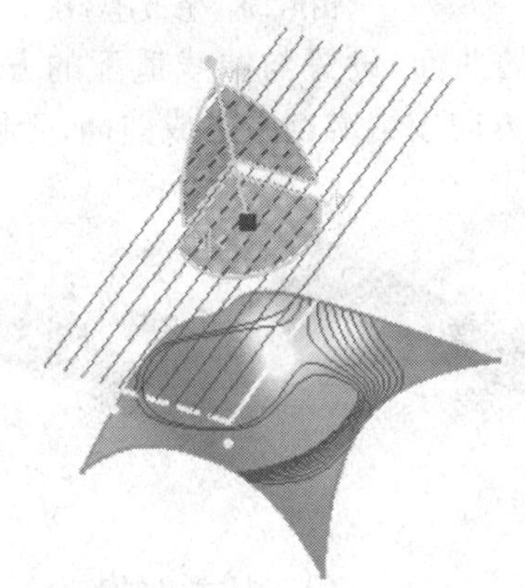

图 4-254 Reflection Lines 显示结果

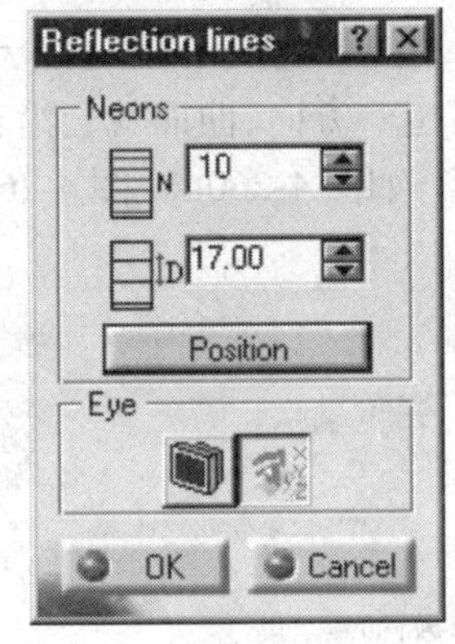

图 4-255 【Reflection Lines】对话框

- N：霓虹灯的数量。
- 【Position】按钮：根据曲面自动计算霓虹灯网格的位置。

【Eye】栏包括如下图标按钮：

- ：根据当前三维视图，使用相机操作符，反射线重新计算。
- ：根据用户定义视图，反射线不移动，但可以改变观察角度。

4.2.4.2 拟合到几何体(Fit to Geometry)

Fit to Geometry 功能只是在自由造型优化中很有用，是将一条指定曲线适配到点云上。该功能的使用方法是：

选择一条想要把它适配到点云上的曲线，如图4-256所示；在【Shape Modification】工具栏上单击【Fit to Geometry】命令按钮，弹出的对话框如图4-257所示；选择曲线适配的点云时，可以按住【Ctrl】键选择多个元素，也可以在如图4-257所示的对话框中设置Fitting参数，点击定义曲线的张紧度，点击，设置曲线的光滑度。当曲线与点云相适配时，点击曲线上的Free或者Nx菜单可以修改曲线的连续性或者阶数，或者单击右键修改连续性，如图4-258所示。【Fit】按钮用于显示适配的几何曲线。选择【Automatic trap】方式，当目标元素包括很多点云时，可以减少考虑的点云的数目。单击【OK】可显示适配曲线，如图4-259所示。

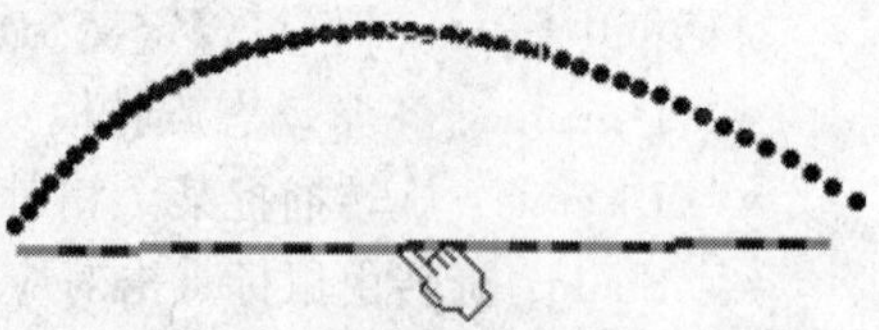

图4-256　曲线 Fit to Geometry

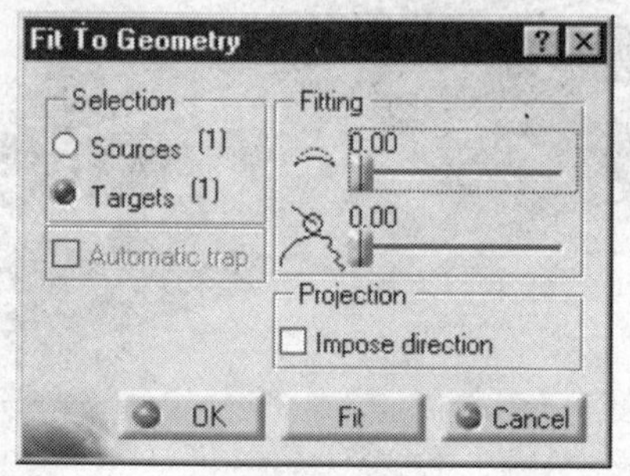

图4-257　【Fit to Geometry】对话框

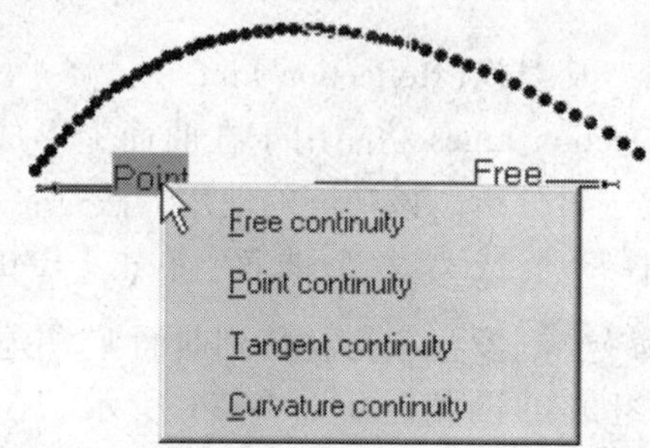

图4-258　修改连续性

选择曲面与点云适配，生成与给定点云相配的曲面，设置与曲线适配的方法相同，点击【Impose direction】指定一方向，曲面就会沿着指定方向按给定点云生成曲面，否则曲面会沿着原始曲面的法向投影，如图4-260a)、图4-260b)所示。

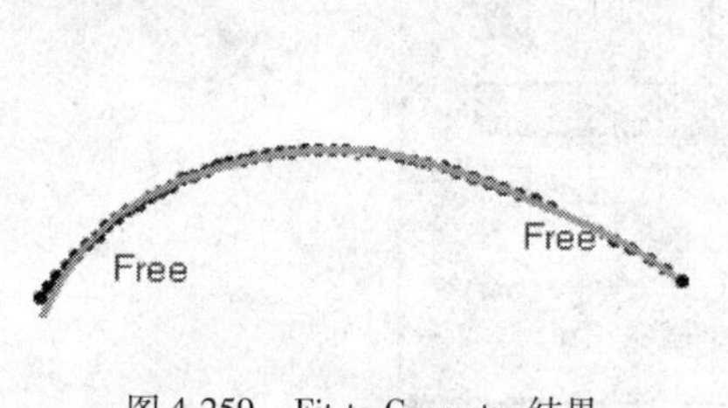

图4-259　Fit to Geometry 结果

图4-260　拟合到几何体

a)选择强制配合方向形成的曲面；b)不选择强制配合方向形成的曲面

4.2.4.3　整体变形(Global Deformation)

Global Deformation 功能可以对一组曲面在同一操作中进行变形。该功能的使用方法是：

按住【Ctrl】键，选择需要变形的一组曲面，单击【Global Deformation】，命令按钮，弹出的对话框如图4-261所示。在对话框【Type】栏内可以设置定义变形类型：Intermediate surface use(使用中间面)和User-defined axis(用户定义坐标)。点击对话框中的【Run】按钮，出现带控制点和网格线的透明补丁面表示中间控制面，运行后出现的【Control Points】对话框，利用该对话框所做的整体变形如图4-262a)、图4-262b)所示。使用该命令对曲面进行修改控制，曲面会根据原始补丁面的变形动态变形。

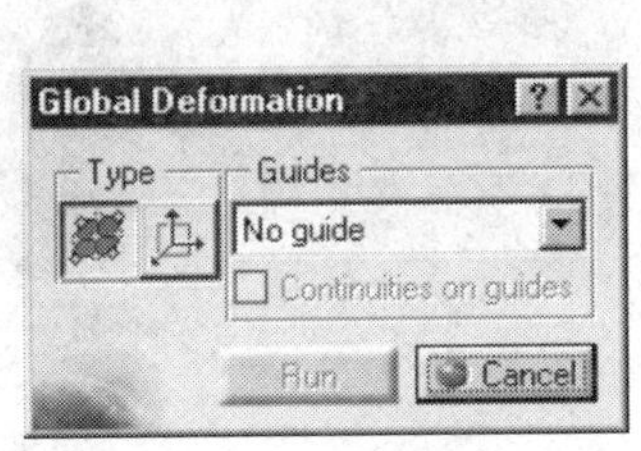

图4-261 【Global Deformation】对话框

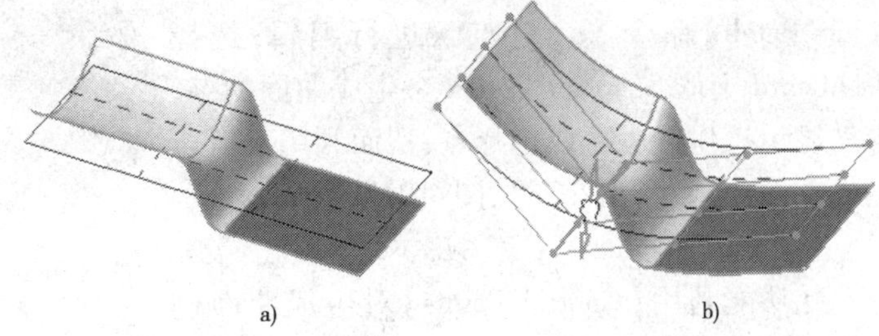

图4-262 利用 Control Points 做整体变形

【Guide】栏用于设置导向参数选项，其下拉列表中包括如下选项：No Guide，(无导向)；1 Guide(一个导向)；2 Guide(两个导向)。点击【Global Deformation】对话框中的【Run】按钮，选择一个导向曲面，出现【Control Points】对话框后，设置变形，曲面变形就沿着导向元素的方向进行，如图 4-263 所示。

4.2.4.4 变形线(Inflection Line)

利用 Inflection Line 功能可在曲面上生成变形线以便分析使用。变形线是曲率值为 0 的曲线。在与罗盘定义的平面平行的平面内，系统能自动生成所有曲率为 0 的点的连接线。该功能的使用方法是：

选择需要分析的曲面，单击【Inflection Line】命令，罗盘会自动定位到选择元素上，并且出现如图 4-264 所示的对话框。

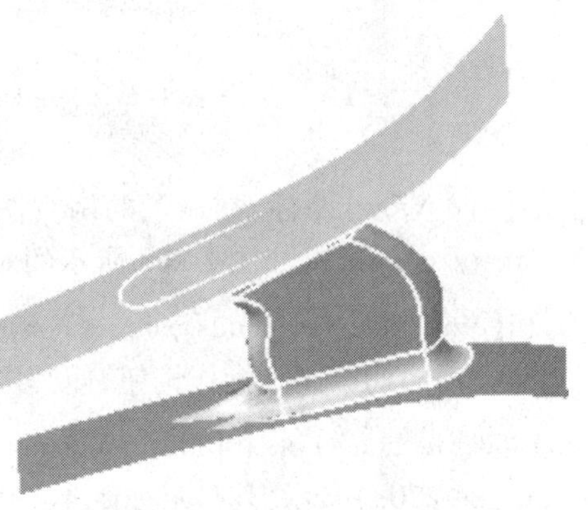

图 4-263 整体变形结果

通过该对话框可以定义在曲面上计算变形线的参考平面，其中：Compass Plane 为罗盘的基础平面；Parametric 为曲面参数定义的方向；改变罗盘方向，可以改变基础平面的方向，变形线也随着改变，如图 4-265a)、图 4-265b)所示。

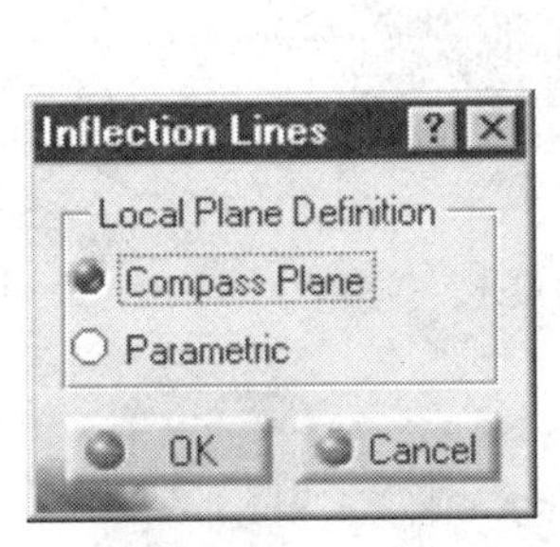

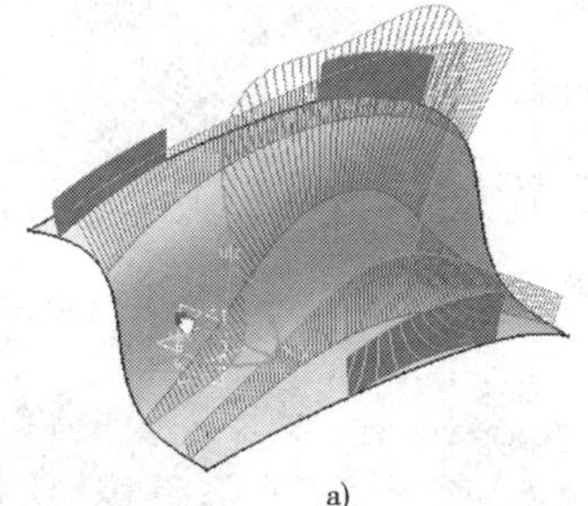

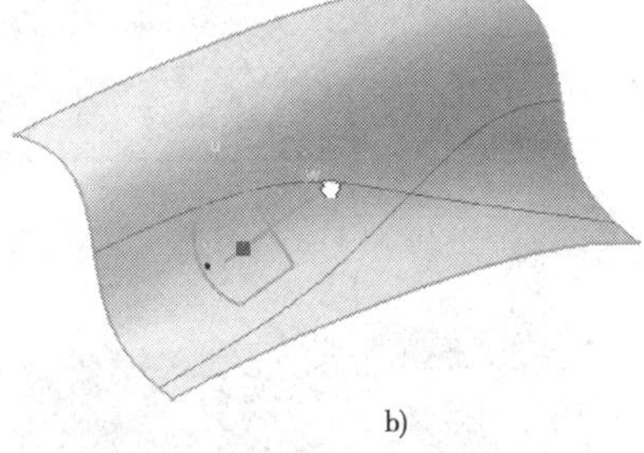

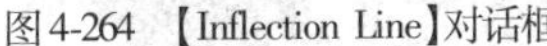

图4-264 【Inflection Line】对话框

图 4-265 显示结果

4.2.5 自由造型与优化的协同操作(Interoperability FreeStyle & Optimizer)

下面举例说明在实践中如何操作自由造型与优化的命令来创建需要模型。

1) Four-Points Patch

插入如图 4-266 所示的模型，单击【Four-Points Patch】命令，对点云进行编辑；选择 Dashboard 上的 Snap on Vertex 来生成曲面的点，自动显示操作符也可以选择点，从而利用 4 点可生成平面片，如图 4-267a)、图 4-267b) 所示。

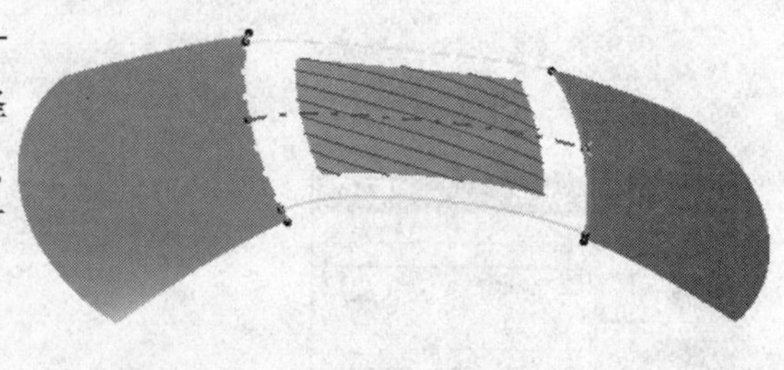

图 4-266　模型

2) Control Points

此功能利用【Control Points】对生成曲面进行编辑控制，可以选择【Show/Hide】(显示/隐藏) 图标隐藏曲率分析结果。选择【Dashboard】上的【Top View】图标，在显示的俯视图上进行控制点编辑，点击【Control Points】对话框中的 Symmetry，在弹出的如图 4-268 所示的对话框中单击【OK】，点击【Translation along mesh lines】和【Move selected points using a convex law】对平面片进行编辑，并利用【Shift】键选择移动；选择前面的控制点操作按钮，使其接近橘黄色参考线，如图 4-269 所示；点击【Translation along local tangents】和【Move selected points identically】按钮，可以对前后网格线进行控制，如图4-270a) 所示，其显示如图 4-270b) 所示。

a)　　b)

图 4-267　利用 Four-Points Patch 命令的选点和生成结果

a) 选点；b) 生成 Four-Points Patch

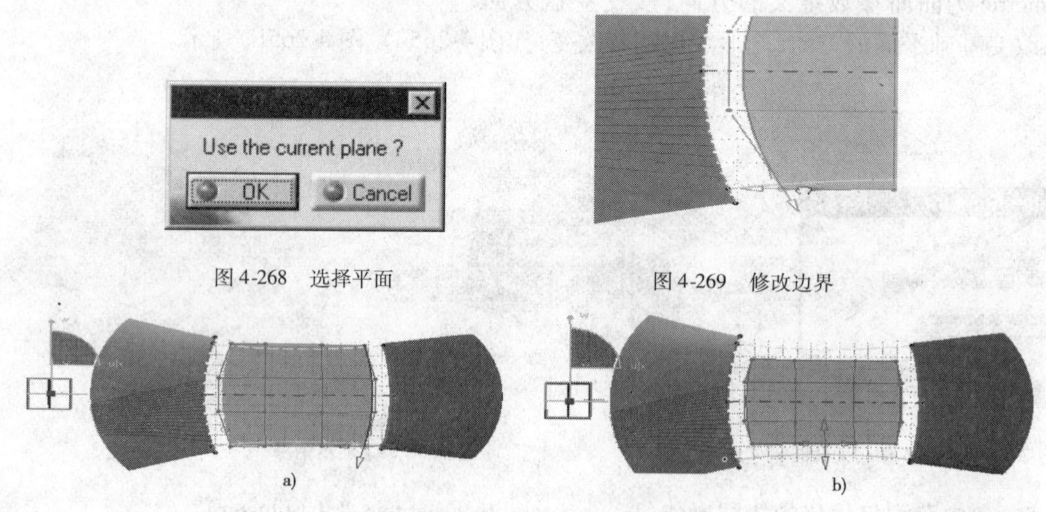

图 4-268　选择平面

图 4-269　修改边界

a)　　b)

图 4-270　修改边界

3) Fit to Geometry

选择上一步生成的平面片,单击【Fit to Geometry】按钮,同时在【Dashboard】上的选择 Continuity,显示曲面的连续性,以更改曲面连接的连续性;在如图 4-271 所示的对话框中设置 Tension 为 0.5,Smoothing 为 0.3,以保证生成曲面沿着法向方向生成;选择点云,单击【OK】即可生成如图 4-272 所示的曲面。

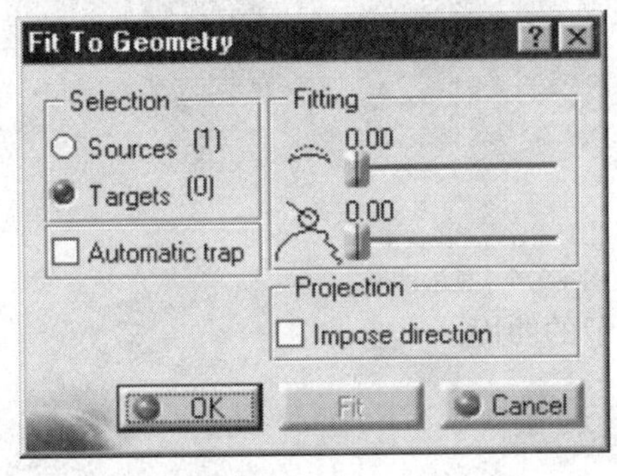

图 4-271 【Fit to Geometry】对话框

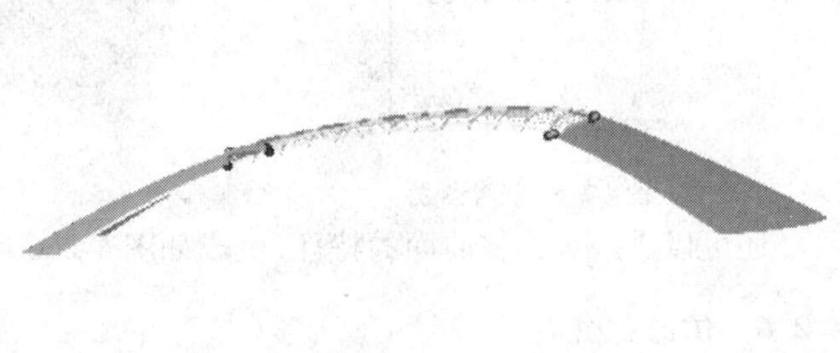

图 4-272 Fit to Geometry 的结果

4) Distance Analysis

选择被适配曲面,即蓝色曲面为 First set,选择 Normal distance 和 Limited color range,点击【More】按钮,选择【Color scale】、【Min/Max values】以及【Points】按钮;选中【Spikes】栏,但不点击下面附属对话框,选择 Second set,点击点云面,单击【OK】显示分析结果如图 4-273 所示。其中蓝色点表示曲面在点云上,红色表示曲面在点云下。此时还需要进一步设置光滑度,使其进一步接近绿色点显示的曲面结果。

点击【Reflection Lines】,移动罗盘至适配曲面上,如图 4-274 所示,并设置 N:21,D:150;点击【Eye】图标,在操作符上用右键单击,在弹出如图 4-275 所示的对话框内设置 0,1850,3000,点击【Close】按钮。单击【OK】即可生成如图 4-276 所示的影射曲面。

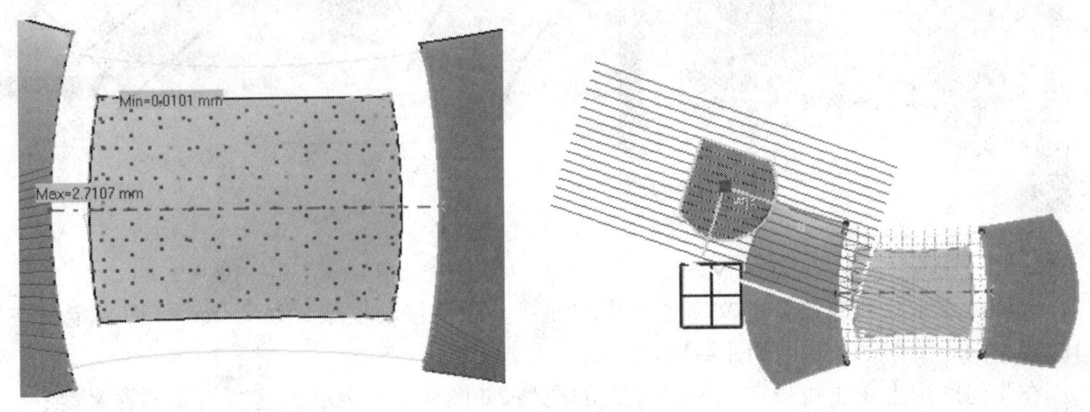

图 4-273 显示结果

图 4-274 设置 compass

5) Geometry Extraction

在使用 Geometry Extraction 功能之前可以利用【Control Points】对生成曲面进行调整。单击【Geometry Extraction】命令,在曲面上选择绿色的点显示的曲面边界,并优化所选曲面边角,从而生成提取曲面,如图 4-277 所示。

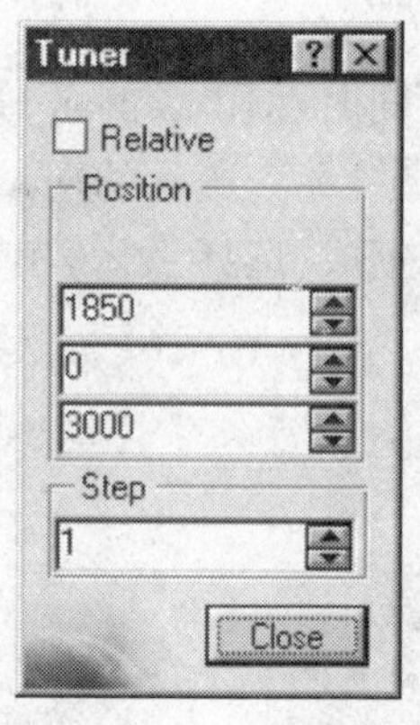

图 4-275　设置参数

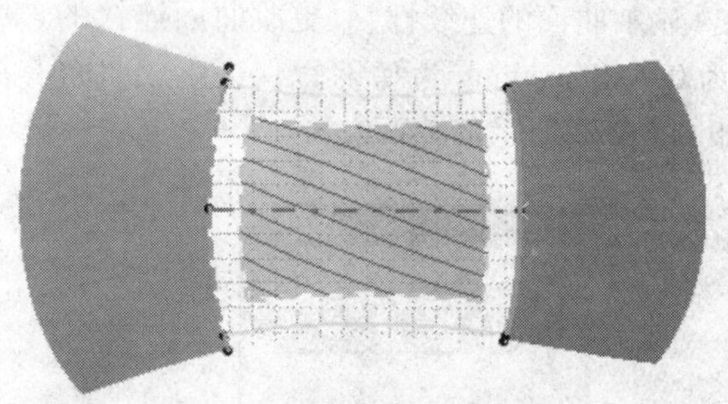

图 4-276　显示结果

还可以进一步调整曲面的特性,生成如图 4-266 所示的曲面。

4.2.6　仿形自由造型

1) Net Surface

Net Surface 功能是根据已有的导引线和轮廓线生成曲面。

对于如图 4-278 所示网格线,单击【Net Surface】按钮 出现如图 4-279 所示的对话框。点击呈高亮的 Guides(0),并按住【Ctrl】键选择如图 4-278a)所示的连续曲线作为导引线,点击 Profiles 文字;然后在几何图形上连续选择轮廓曲线,如图 4-278b)所示的第一条导引线和轮廓线后面则显示有(d),代表该曲线为 dominant(支配)曲线,曲面的分割将根据这两条曲线进行。

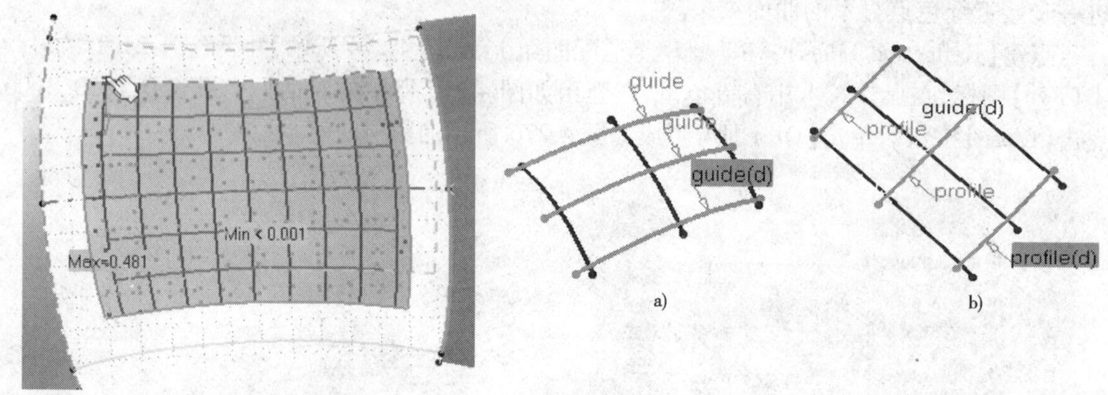

图 4-277　生成提取曲面　　　　图 4-278　选择网格线

也可以点击其他曲线旁的文字更改支配曲线。激活移动框架(Move frame)用来定义在导向曲线方向轮廓线的位置,如图 4-280 所示。

在几何图形上单击可以改变移动框架的类型,如图 4-281 所示。这些类型的含义是:

- Perpendicular to the dominant guiding curve:与支配导向曲线垂直;
- Pseudo-Perpendicular to the dominant guiding curve:与支配导向曲线假象垂直;
- Two guiding curves and perpendicular to the dominant:两个导向曲线与支配导向曲线垂直;
- Parallel to plane:与平面平行。

点击【Apply】可以显示生成曲面;也可以更改导引线与轮廓线,修改曲面。点击【OK】则确认生成曲面,生成的曲面如图 4-282 所示。

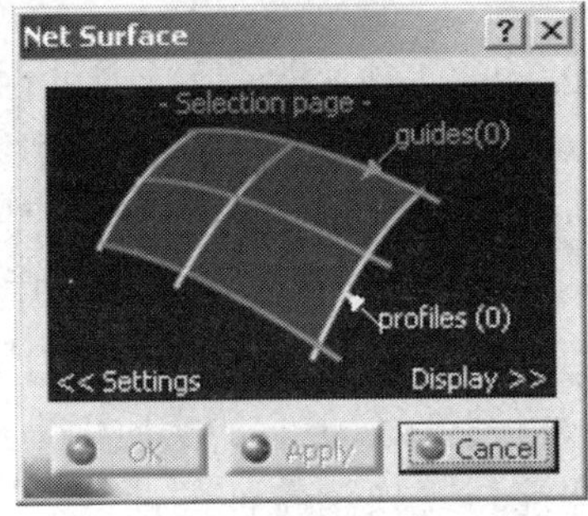

图 4-279 【Net Surfac】对话框

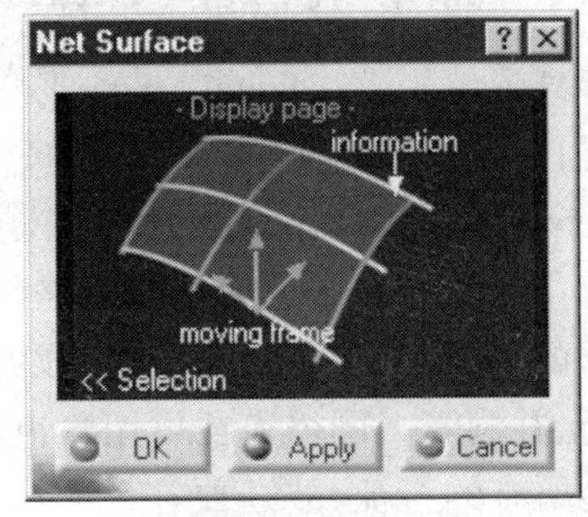

图 4-280 Move frame

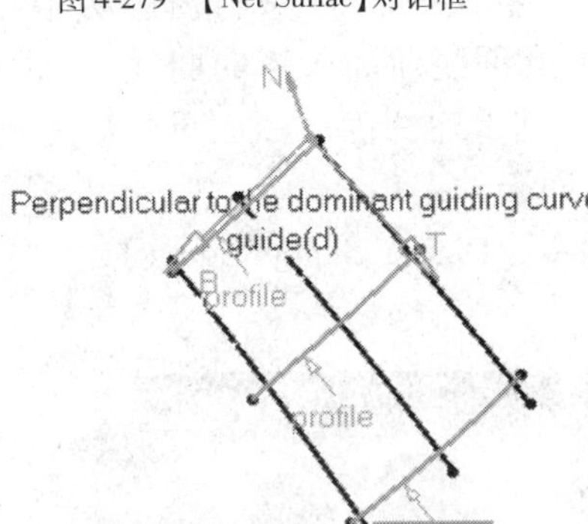

图 4-281 改变移动框架的类型

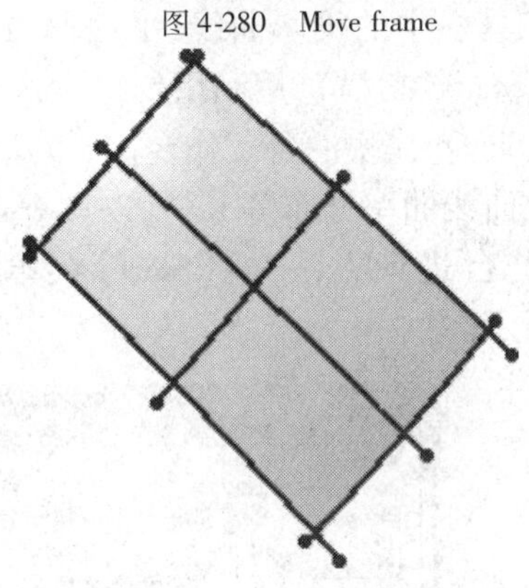
图 4-282 生成的曲面

2)Styling Sweep

Styling Sweep 功能作用是基于给定轮廓沿着导引线创建一个扫描曲面。

单击【Styling Sweep】按钮,在弹出的如图 4-283 所示的对话框中可选择生成曲面的类型,这些类型的含义分别是:

- Simple:创建曲面基于给定的轮廓线和脊线。
- Sweep & snap:创建曲面基于给定的三条线(导引线、脊线、轮廓线)。
- Sweep near profiles:创建曲面基于至少 4 条曲线。

点击 Settings 可以设置 U、V 方向上的最大值以及最大偏差。

选择完成后点击 OK 即可生成扫描曲面,如图 4-284 和图 4-285 所示。

图 4-283 【Styling Sweep】对话框

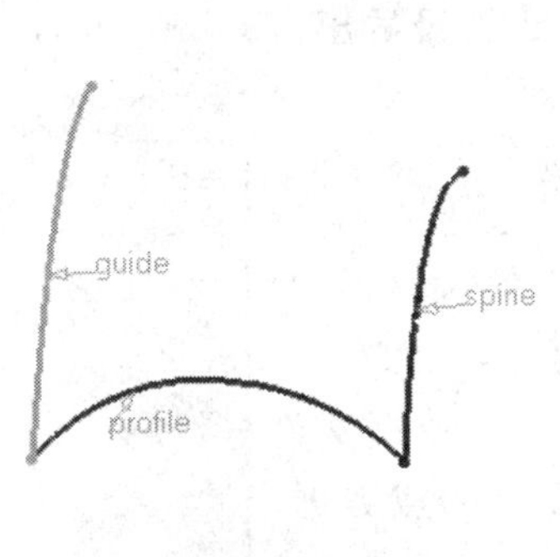

图 4-284 选择 guide 和 profile

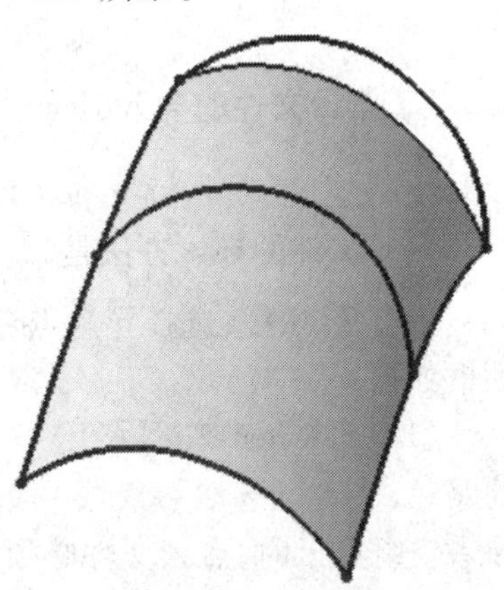
图 4-285 生成的曲面

4.3 数字外形编辑器(Digital Shape Editor)

数字外形编辑器(Digital Shape Editor)是一个逆向设计的工作平台,设计者可在这里导入三维扫描仪扫描原型得到的点云数据。在此工作台可对点云做预处理,包括删除(Remove)、过滤(Filiter)等,并将处理过的点云三角网格化(Tessellation)。三角网格化的目的是将海量的无序的点都与参数域中一个均匀网格的顶点对应,这样系统便可计算每个由点云中的点组成的三角形的法矢。在这里也可对生成的网格进行预处理,如:网格偏置、翻转棱边、网格光顺、网格分析、补洞等。网格点云可用着色反光的模式渲染,可视性好,但它的实质仍是点,不具备三维模型所有的特征,故还要在网格点云的基础上创建能体现模型特征的曲线。可用 Scan-Creation 工具栏中的投影曲线、平面截点云、在点云上生成扫描、生成自由边功能得到实质仍为点群的 Scans(扫描),用利用扫描生成曲线功能生成创建曲面所需的曲线,至此,用户可在 CATIA 的 Shape 模块的各工作台内,以这些曲线为基础重建曲面。曲面重建后还可作曲面与点云间距、曲线曲率分布等分析,以检查重建曲面与原云的差距。

该工作台进入方法为:【Start】菜单→【Shape】→【Digital Shape Editor】,主要工具条如图4-286 所示。

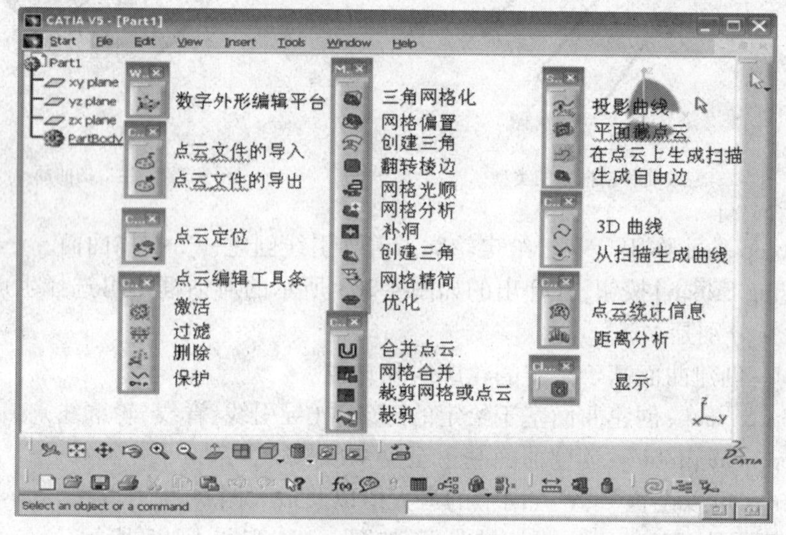

图 4-286 【Digital Shape Editor】常用工具条简介

4.3.1 点云文件的导入(Import Files)及导出(Export Files)

4.3.1.1 文件的导入(Import Files)

点云文件的导入方法是:

单击按钮,选择导入点云文件,弹出的对话框如图 4-287 所示。

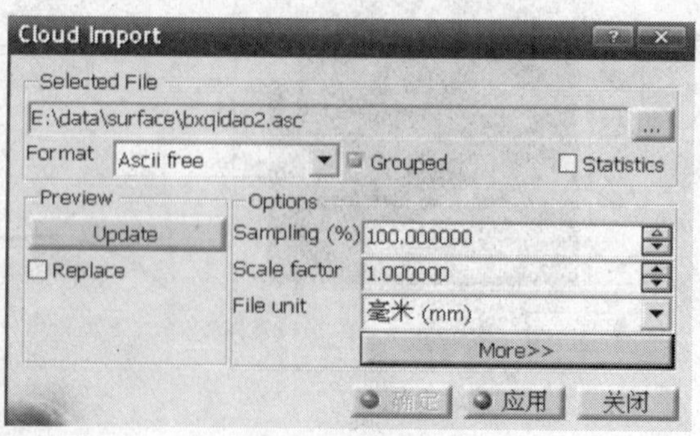

图 4-287 【Cloud Import】对话框

(1)【Selected File】栏用于选择点数据文件的路径,一次可选取一组或一组以上的点数据。导入一组点云时,点云文件必须满足有相同的格式和保存在相同目录下,选择多个文件,弹出的对话框如图4-288所示。若选中【Grouped】选项,所有文件将作为一个云点图同时被导入,并在左边的模型树上添加一个命名为 Cloud Import. 1;不选中【Grouped】选项,则各文件独立导入,则在左边模型树上添加各点云文件名。

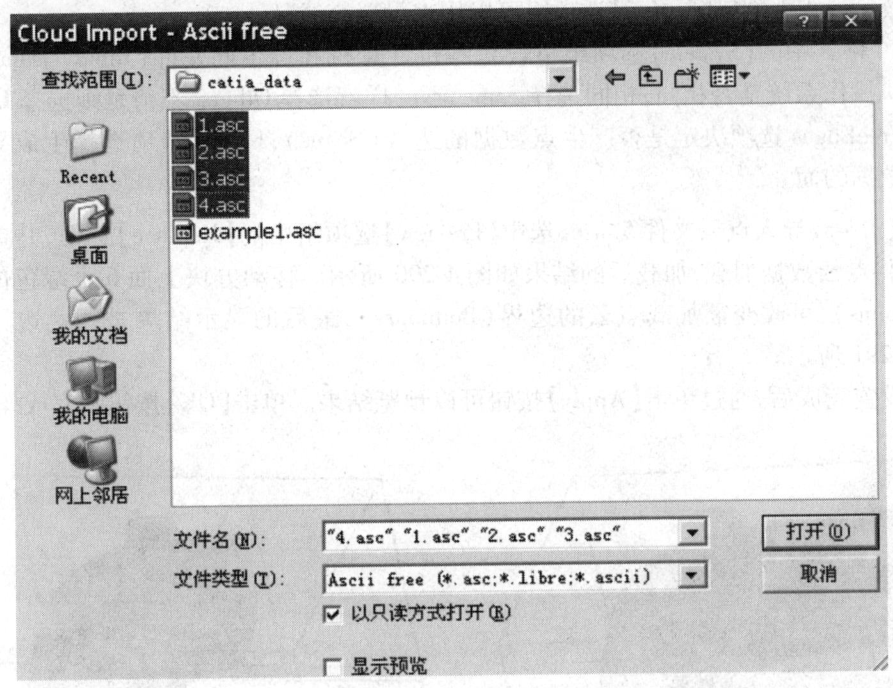

图4-288 【Import Files】对话框

(2)【Format】选项为点数据格式,其中可选的格式有:Ascii free、Atos、Cgo、Iges、Stl 等。

(3)选中【Statistics】复选框会显示点数据加载时的信息。

(4)【Options】栏中有几个选项:

- Sampling:设置取样比例,即加载的点云原来点数据的百分比;
- Scale Factor:改变交线尺寸的比例;
- File Unit:设置导入点数据的单位。

(5)单击【More】按钮出现对应于不同点数据格式(Format)的选项对话框,如图4-289所示。其中:

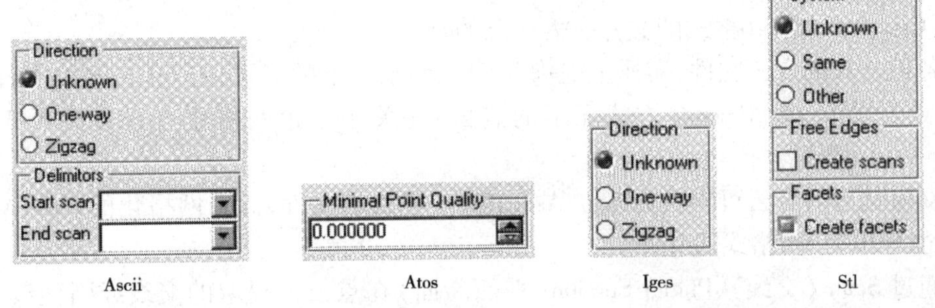

图4-289 各数据格式的选项对话框

- Ascii Free 格式中的【Direction】和【Delimiters】选项可以依照点数据文件的信息进行设置交线(Scans)。

- Atos 格式中的【Minimal Points Quality】选项可以用来清除 Atos 文件格式中无效的点(Invalid Points),点的质量数值从 0 ~255(低到高)。选择一个数值后,则忽略小于该值的所有点。
- Iges 格式中的【Direction】选项组可以用来设置交线(Scans)。
- Stl 格式中的【System】选项组可设置本机计算机和产生此文件(Binary Data)的计算机操作系统是否相同,相同选择 Same,不一样就选择 Others,不清楚则选择 Unknown。FreeEdges 选项决定是否产生点数据的边线(Scans);Facets 选项选择生成导入云点数据的面。

(6)点击 ,导入点云文件 5. asc,选中【Preview】选项组中的【Replace】选框,并单击【Update】按钮将点云数据加载,加载后的结果如图 4-290 所示。移动方块上面 6 个绿色的控制点(Control Points),可改变欲加载点云的边界(Boundary),最后的显示结果是绿色边界内的云点,如图 4-291 所示。

全部设置完成后,通过单击【Apply】按钮可以预览结果。单击【OK】按钮则完成操作。

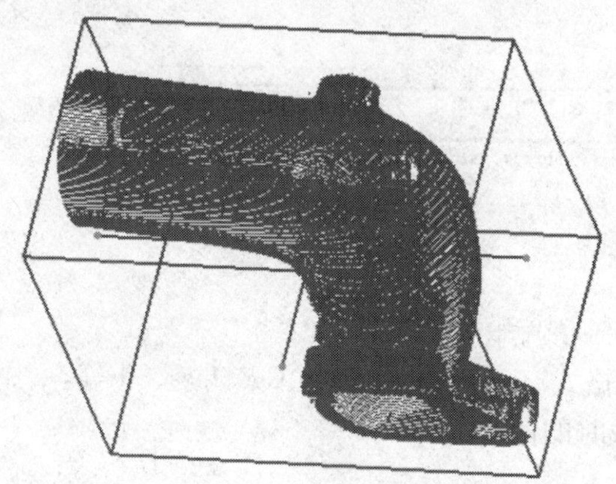

图 4-290　调整边界前的点云

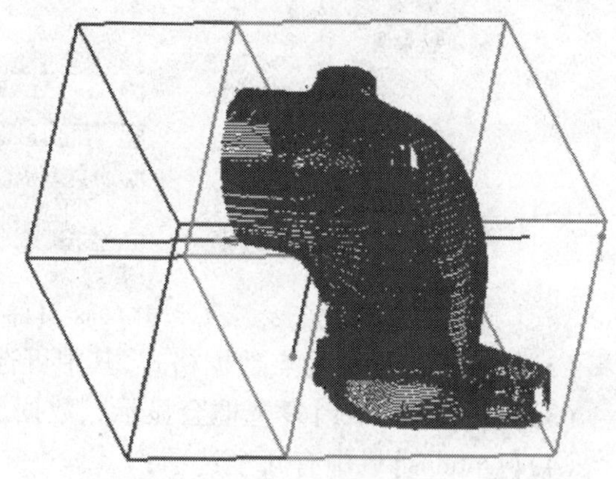

图 4-291　调整边界后

4.3.1.2　文件的导出(Export Files)

点云文件的导出方法是:

单击 按钮,选取欲导出的对象,在弹出的对话框中选择导出文件路径及格式。选择对象可以是点云、部分点云、Scan (交线)、Planar Section(平面断面)及 Tessellation (网格)数据,可输出为 Cgo、Asci 或 Stl 格式的文件。需注意的是:

(1)各种格式的点云文件,实质上是海量的三维坐标下的点群,但 Stl 格式的文件则是网格化后的点云以 Shade、Smooth 方式显示的点云。(关于三角网格化点云参见 4. 3. 4. 1 节内容。)

(2)网格化后的点云可导出为 Cgo、Asci 或 Stl 格式的文件,而未网格化的 Cgo、Asci 格式的点云不能导出为 Stl 格式的文件。

(3)通过 Scan (交线)、Planar Section(平面断面)在点云上提取的交线或断面线,实质上也是点群,可以单独选择导出为 Cgo、Asci 文件。(关于 Scan、Planar Section 功能参见 4. 3. 5. 2 节内容。)

(4)激活的部分点云、网格也可导出。

例如：打开文件 planesection1. CATpart，如图 4-292a）所示，在网格化后的点云 Mesh Creation. 1 上用 Planar Setions 功能取截面群 Planar Sections. 1，选取 Planar Sections. 1，点击按钮，输出其为. asc 文件，然后再调入。其显示如图 4-292b）所示。

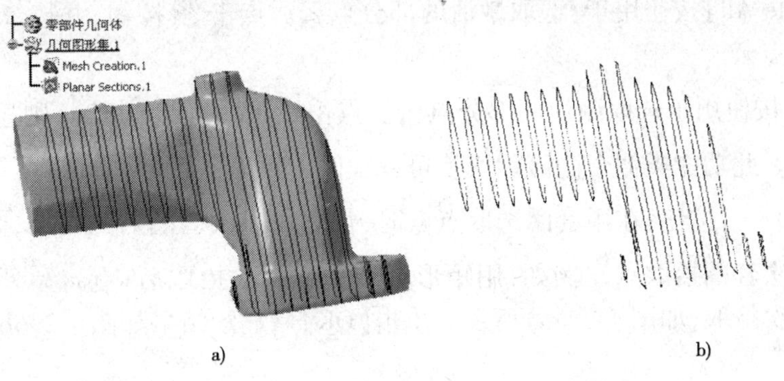

图 4-292　点云文件的导出

4.3.2　点云编辑

4.3.2.1　激活点云（Activate）

此功能可选择部分点云作为工作对象。若计算机配置不高，操作庞大点云文件时会有迟滞现象，影响工作效率，故只激活当前使用的部分点云，则会使操作顺畅。点击【Activate】按钮，弹出如图 4-293 所示的对话框。

- 【Selection Mode】栏有两个单选项：拾取（Pick）、套圈工具（Trap）。【Level】栏用于选择拾取的元素为点（Point）、交线（Scan）、单元（Cell）（点云的子元素）或者点云（Cloud）。例如：选中目标点云，点击按钮，选中【Pick】及 Point，这时鼠标左键在点云上拾取的是点，点击【OK】后，显示结果如图 4-294 所示。

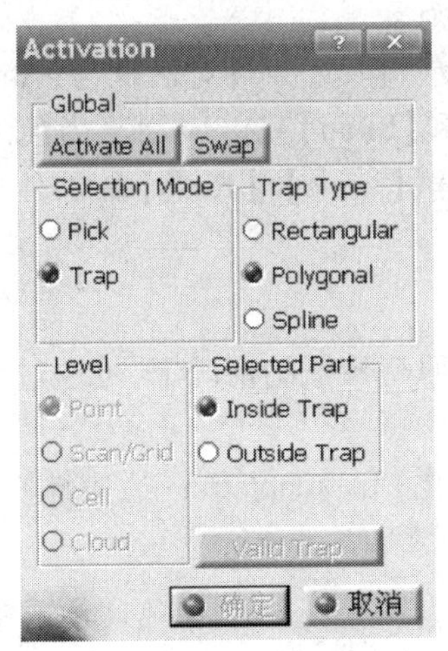

图 4-293　【Activate】对话框

图 4-294　激活拾取的点

- 【Trap Type】栏有矩形（Rectangular）、多边形（Polygonal）、样条曲线（Spline）三个选项在【Select Part】栏有 Inside Trap（套圈内）和 Outside Trap（套圈外）两个选项。例如：点击按钮，选中目标点云，依次选中 Trap、Polygonal、Inside Trap，用鼠标左键在点

云上选取所要的多边形,则多边形内的所有点将被激活。这里的多边形是立体多边形,旋转后的显示结果如图 4-295a)所示。点击【OK】后显示结果如图 4-295b)所示。

- 【Activate All】按钮用于:选取激活的部分点云。点击按钮,并按 Activate All ,则显示全部点云。
- 【Swap】按钮用于选取激活的部分点云。点击按钮,点 Swap ,则显示其余未激活的点云。此功能类似于隐藏后交换可视空间。
- 【Valid Trap】按钮:在用套圈选取点云时,每完成一次套圈后点击 Valid Trap ,可进行下一次套圈拾取点。例如,用矩形套圈完成一次拾取后,点 Valid Trap ,再分别进行两次拾取,如图 4-296a)所示。单击【OK】后显示结果如图 4-296b)所示。

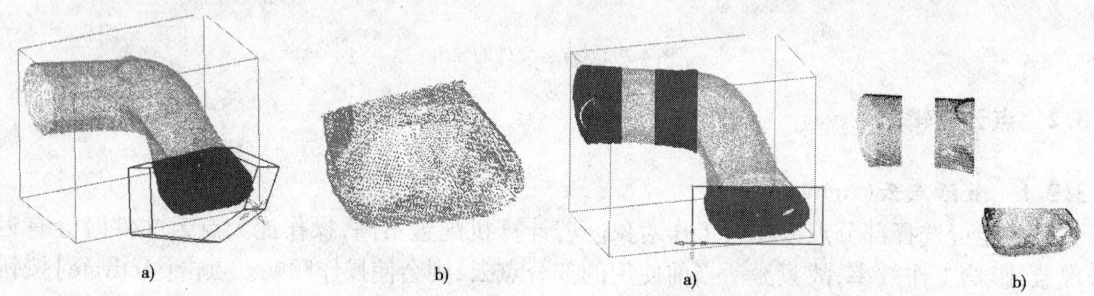

图 4-295　激活套圈选取的点云　　图 4-296　激活多个套圈选取的点云

注意:激活点云后,不能通过【Undo】显示原点云,只能通过【Activate All】才能显示原点云。所有对点云的操作,同样可以用于网格化后的点云。

4.3.2.2　删除点云(Remove)

通过外围设备扫描得到的点云,往往有很多杂点,使得网格化点云时有很大的误差,因此要删除这些杂点,当然,重建曲面时根据需要,要删除部分点云。

Remove 是将部分点云移走,并且使移走的点不能恢复。【Remove】对话框与【Activate】对话框类似,如图 4-297 所示,但是稍有差别。【Select All】和【Swap】只能应用于当前的删除动作,不能恢复已经被有效删除的点。与 Activate Cloud 一样,【Undo】/【Redo】命令对此操作不可用。

4.3.2.3　过滤点云(Filter)

庞大的点云对计算机的速度是一个考验,通常在保证原型特征的情况下,可通过过滤功能减少点云的点数。

过滤功能有两种可以选择的方法:Homogeneous(均匀化)和 Adaptative(适应性)。该功能的使用方法是:

单击,则出现如图 4-298 所示的对话框。此时,几何图形上显示绿色球体。单击鼠标可以改变球体的位置,同时可以改变球体的半径以及过滤比例。从第一个遇到的点出发,球体穿过云点,所有球体内部的点就都被隐藏。选中对话框中的【Homogeneous】选项,设置参数(球体的半径)为 1.03mm,点击【Apply】。【Statistics】栏显示过滤结果,保留原点云 25% 的点,其结果如图 4-299 所示。

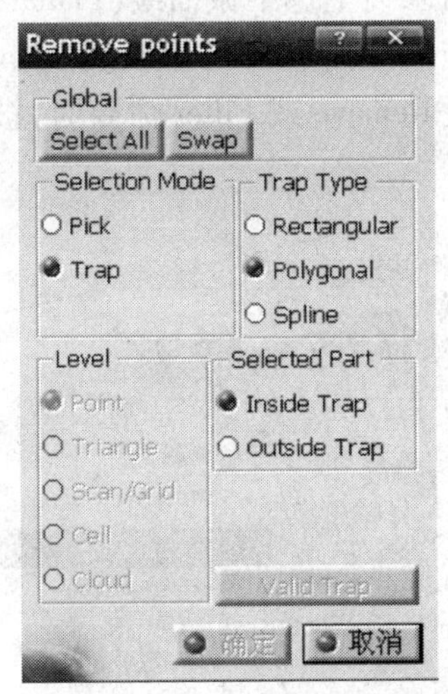

图 4-297 【Remove 点云】对话框

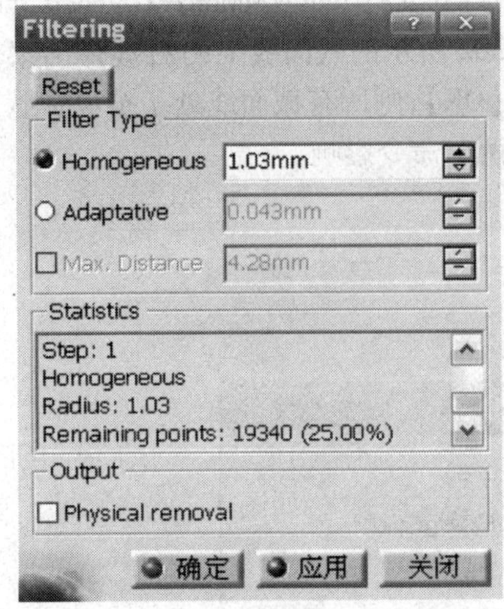

图 4-298 【Filter】对话框

Homogeneous 的过滤是一种平均算法，这样过滤后的结果是数据点少了，但曲率变化较大部分会因去除了过多的点而不能清楚地表达特征。Adaptative 过滤是根据点与点之间的弦偏差量，将某偏差量以内的点都过滤，数值越大代表容许的偏差越大，滤掉的点越多。利用 Adaptative 会使曲面变化小的地方滤除较多的点，而变化大的地方滤除较少的点，使特征变得更明显。输入的值代表局部弦长偏差。选择【Adaptative】，将参数设为 0.04，点击【Apply】，则可见同样保留原点云 25% 的点，其显示结果如图 4-300 所示。

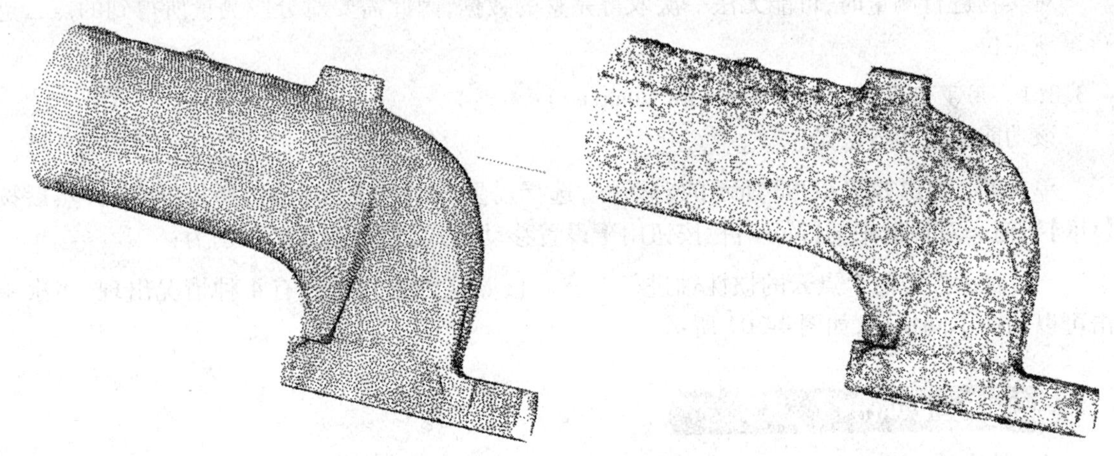

图 4-299 Homogeneous 过滤　　　　图 4-300 Adaptative 过滤

点击【Physical removal】选项，可以删除过滤的点，否则过滤的点只是被隐藏。但使用该选项过滤后，过滤掉的点不能用 Undo 恢复。

作为例子，读者可导入点云 5. asc 并做以上操作。

4.3.2.4 保护(Protect)

该功能的作用是在过滤和删除过程中保护特征线或子点云。使用方法是：

单击【Protect】，出现【Protect cells】对话框，如图 4-301 所示；选择需要保护的类型：Cell(单元)或者 Scan/Grid(扫描/栅格)这里要注意的是 Scan/Grid 的实质都是点群)。

例如：打开文件 planesection2. CATpart，点击 ，在目录树上选中截面线(Planar Sections)，在如图 4-302 所示的截面线上的右键弹出菜单上选择 Protect all scans(默认为 Unprotected 状态)，点击【OK】，则所有截面线处于被保护状态。当使用 Remove 或 Filter 命令时，被保护的元素不受这两个命令影响。

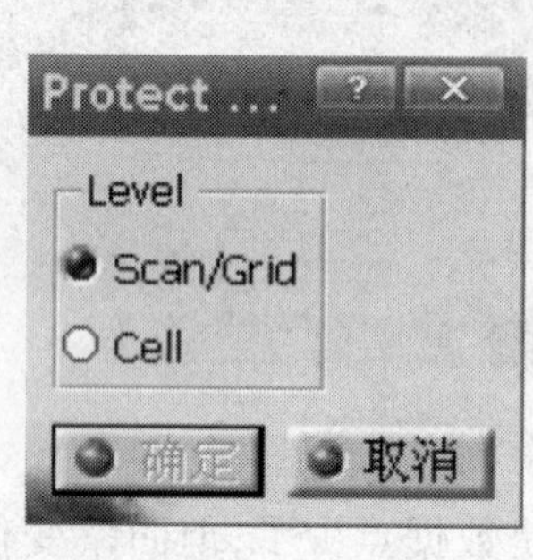

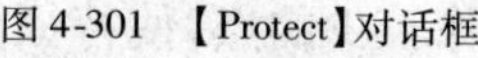
图 4-301 【Protect】对话框

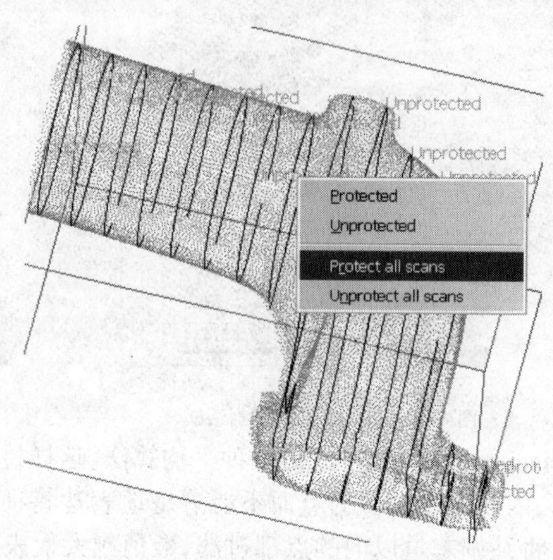

图 4-302 【Protect】截面线

4.3.3 点云定位(Align)

对实物进行测量时，可能无法一次取得完整的数据，因此需要对分段测量所得到的点云进行重新定位。

4.3.3.1 用罗盘定位(Alignment with Compass)

该功能的使用方法是：

单击 ，弹出如图 4-303 所示的对话框，选择需要移动的点云，再选择目标点云，然后按【OK】按钮。对话框中的【Move】栏按钮用于设置移动方式，它们的含义分别为：

：表示按照两个点云的惯性轴进行对齐。按照这种方式对齐有 4 种情况出现，多次单击可以切换不同情况，如图 4-304 所示。

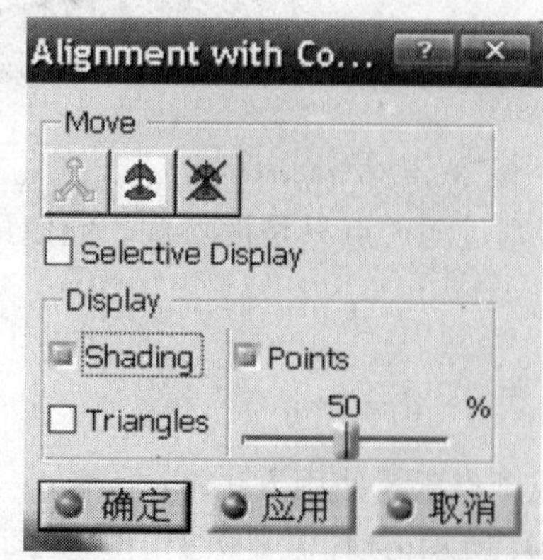

图 4-303 【Alignment with compass】对话框

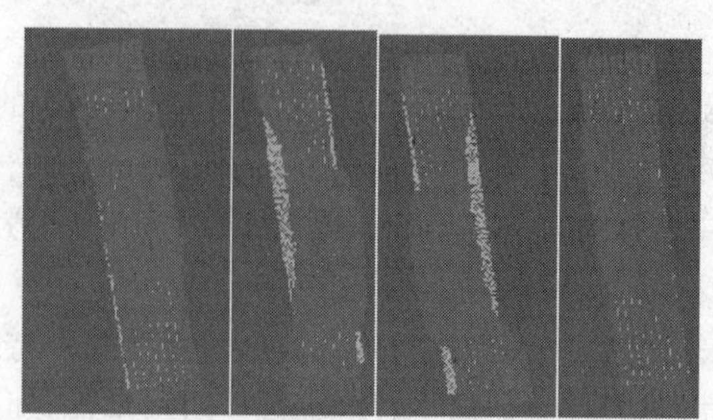

图 4-304 按照两个点云的惯性轴对齐

:利用拖动罗盘使点云对齐,可以先选择一合适的惯性轴,如图 4-305 所示。

:取消按钮,可以将点云恢复到上一次有效的移动。

4.3.3.2 用约束定位(Align with Condtraints)

Align with Condtraints 是通过指定基本的几何元素,例如:点、直线、圆柱、球等来完成点云的重定位。该功能的使用方法是:

打开文件 cloudAlign. CATpart,单击 ,出现如图 4-306 所示的对话框;选择需要移动的点云 6. asc,单击【Add】按钮,选择在 6. asc 上建立的一个辅助平面 Plane. 1,再选择 YZ 平面,按【OK】按钮就得到如图 4-307 所示的结果。

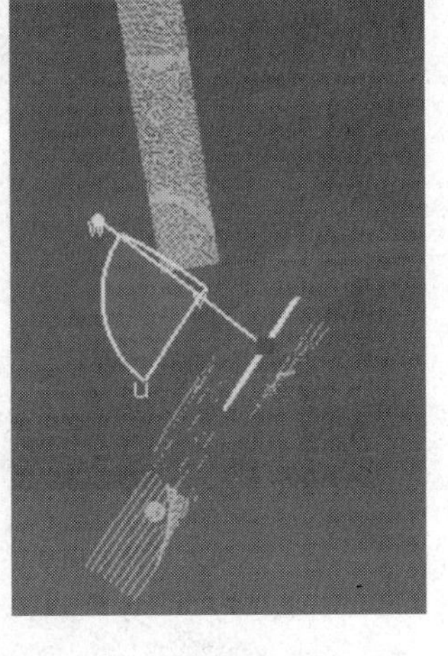

图 4-305 拖动罗盘使点云对齐

4.3.3.3 用点云定位(Align with Clouds)

Align with Clouds 是指利用另一组点云对当前点云进行排列重新定位。

每个需要重新定位的点云都有数字化过程中生成的球形标签,单击 ,出现如图 4-308 所示的对话框;选择需要移动的点云,再选择目标点云,每个点云都可以利用激活圈套工具选择对齐部位,但每次圈套调整后必须点击【Valid Trap】按钮,使定义生效;点击【OK】按钮,会弹出一个确认的信息框,其中 Yes 表示数字化编辑器会排列中心和惯性轴,然后重新定位每个部分;No 表示数字化编辑器只排列每个零件的位置;确认以后,输入的点云被复制到目标点云上,在模型树上添加一个索引号以及两个坐标系,图 4-309 为显示计算过程中点云的显示结果。

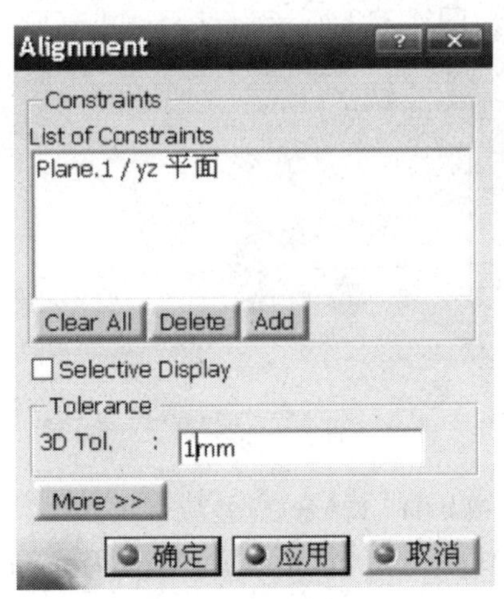

图 4-306 【Align Constrains】对话框

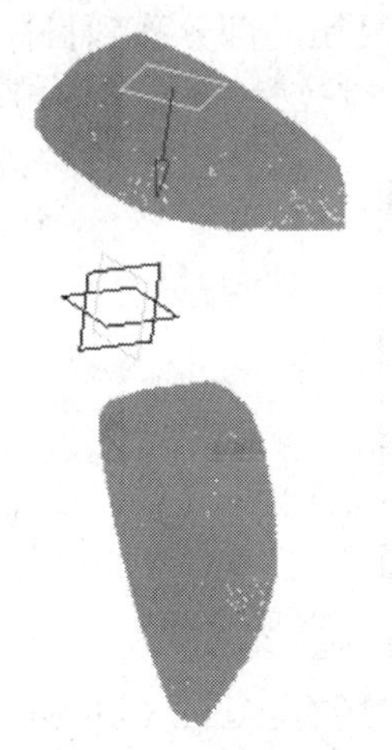

图 4-307 Align with Condstraints

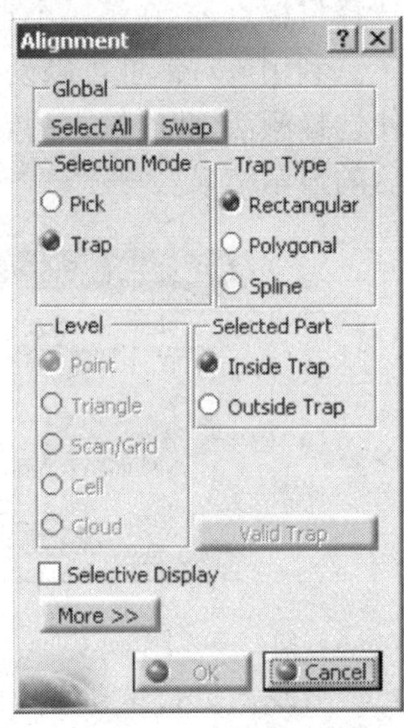

图 4-308 【Align with Cloud】对话框

4.3.3.4 用球面定位(Align using Sphere)

该功能使用球形识别,将点云与其它点云重新定位。其使用方法是:

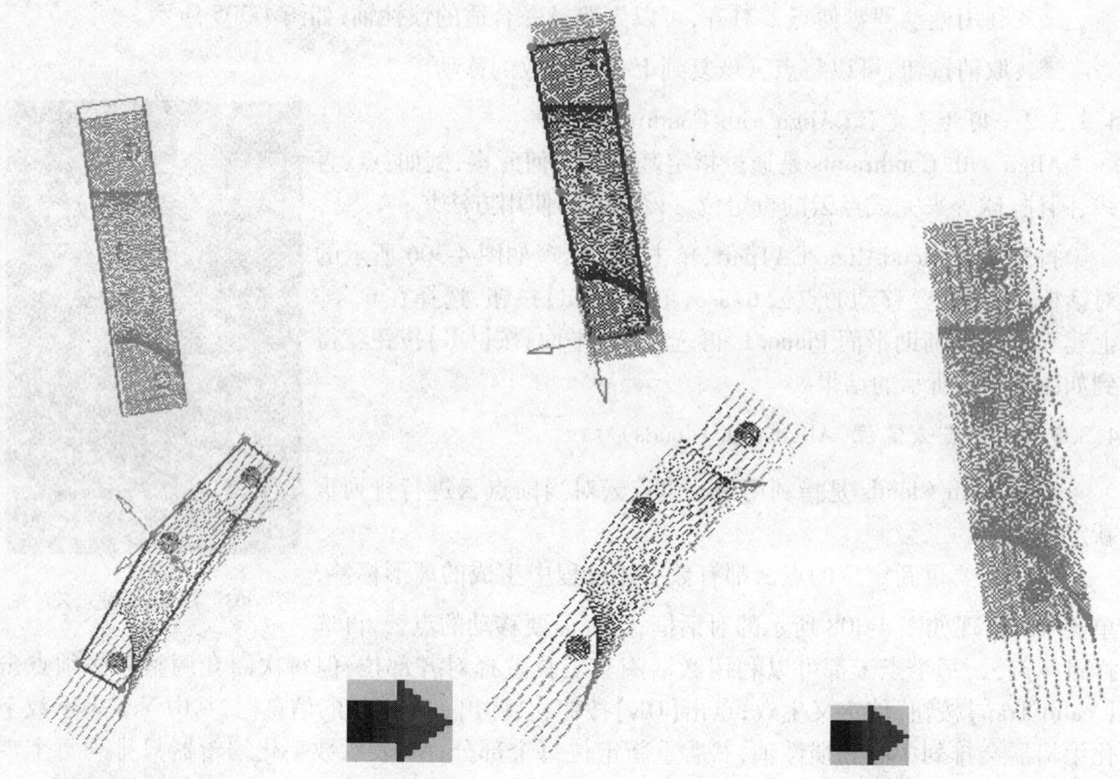

图 4-309　计算过程中点云显示结果

单击【Align Using Sphere】,出现如图 4-310 所示的对话框后,选择需要移动的点云,然后选择目标点云,在第一个点云上点击选择球形,并单击【OK】按钮。

利用该对话框可以设置如图 4-311 所示的球形半径,也可以设置其它球形。点击【OK】可使选择激活,此时输入的点云被复制的部分移到目标点云上,图 4-312 所示为点云被重新定位后的显示结果。

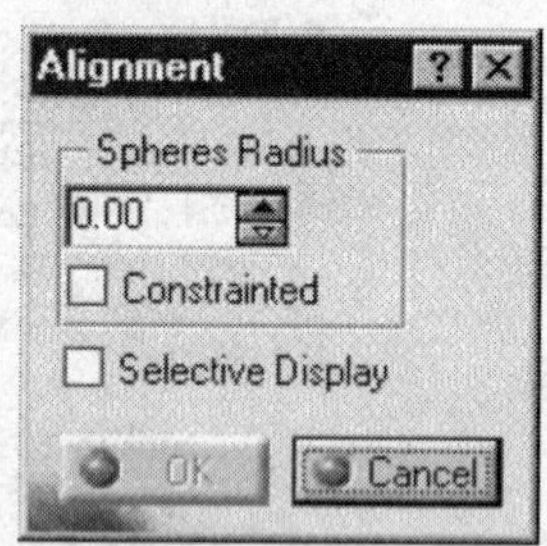

图 4-310　【Align Using Sphere】对话框

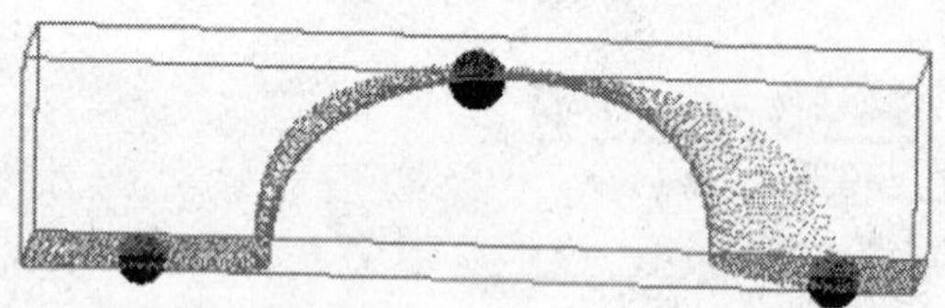

图 4-311　设置球形半径

对点云进行重新定位的方式还有:Align with Surfaces 、Align with Points、Use Align Transformation,用户可以参照以上介绍自己尝试。

4.3.4　点云的网格化及相关操作

4.3.4.1　点云网格化(Mesh Creation)

随机扫描方式获得的点云呈现散乱无序状态,网格化是将点云中的所有点都与参数域中

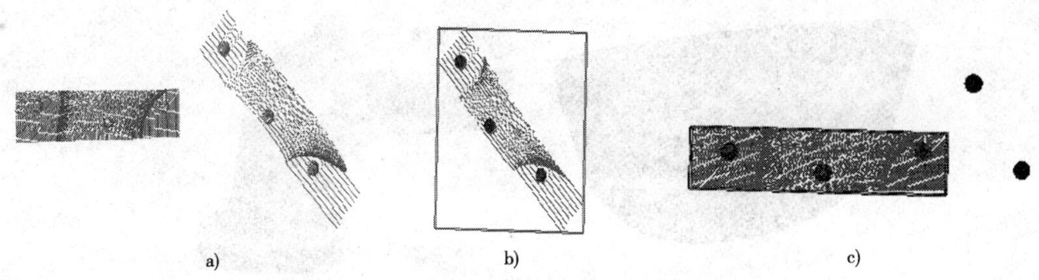

图 4-312　点云重新定位

a)点云模型;b)选择参考球形和点云;c)点云重新定位后的显示结果

一个均匀网格的顶点对应,即进行网格化插值,得到网格点云,则系统可确定每个三角网格的法矢方向。点云网格化功能的使用方法是:

点击按钮,弹出如图 4-313 所示的对话框。

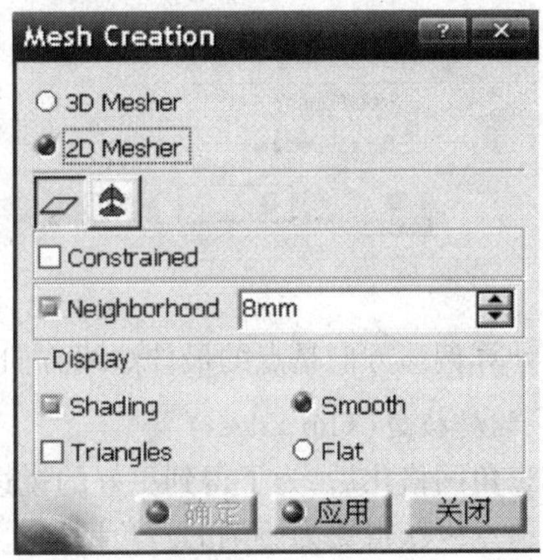

图 4-313　【Mesh Creation】对话框

该对话框提供 3D 和 2D 两种网格化的方式,3D 模式适用于结构形状复杂的点云,生成的网格不能简单地投影到一个平面上。给定垂度值(Sag)可减少在点云上生成的三角形的数量,通过先过滤点云再三角网格化也可达到相同的效果。2D Mesher 用于结构不很复杂地点云,生成的网格能够投影到一个平面上。当处在主平面状态时,可选取一平面为投影平面;而面当处在罗盘状态时,罗盘会自动附在投影平面上,并可用罗盘改变投影平面的位置。

Nighboorhood 参数是显示的三角形的最大边长,以绿色小球显示。单击鼠标可改变小球的位置。

【Display】栏有 Triangles、Shading、Smooth 和 Flat 四个选项。图 4-314 所示分别为 2D、3D 模式下三角网格化后的点云以 Triangle 、Shading & Smoothing 显示。

【Constrained】选项的作用是:当网格上有孔洞时可向网格上加点,这时选用 Constrained 再生网格,可使加的点和原孔洞边缘的网格连接上。

4.3.4.2　网格点云的偏置

该功能的作用是偏置点云,以生成一个新的网格点云。其使用方法是:

点击,出现如图 4-315 所示的对话框后,选择网格点云,给定偏移量 10,若输入负值,则生成的偏移网格方向相反。点击【Apply】按钮,结果显示如 4-316 所示。其中的 Create Scans

a)　　b)

图 4-314　三角网格后的点云

a)2D 模式下 Triangle 显示;b)3D 模式下 Smoothing& Shading

(创建自由边)功能如同 (可参见 4.5.3.5 节)。

图 4-315　网格点云的偏置

系统计算偏移方向是点的最佳法线方向,偏移量不可过大,否则偏移后的网格效果不佳。

4.3.4.3　翻转棱边(Flip Edges)

点云三角网格化后,为了得到更好的锐边,使用此功能,系统通过翻转三角形的公共边而不改变其顶点以获得更为协调的三角网格。图 4-316 为翻转棱边前后的网格。该功能的使用方法是:

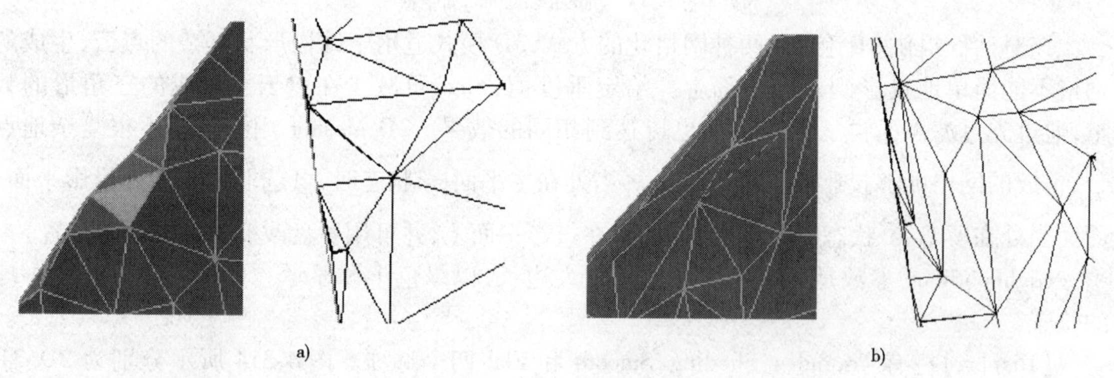

a)　　b)

图 4-316　Flip Edges 前后的网格

a)翻转前钝边;b)翻转后锐边

点击 ,出现【Flip Edge】对话框。其中 Depth 值决定重整三角网格的幅度,范围从0 ~ 10。

4.3.4.4　Mesh Smoothing

由于多种原因,导入的点云可能包含噪声点,而噪声点往往会影响生成的三角网格的质量。为了降低或消除噪声对后续建模和特征提取的影响,就要对点云进行滤波。Mesh Smoothing 功能即可消除一定的噪声影响，平滑网格点云。该功能的使用方法是：

点击，则弹出如图 4-317 所示的对话框。该对话框内提供两种平滑模式：单效（Single effect）、双效（Dual effect）；Coefficient（系数）范围为 0 ~ 10；MaxDeviation（最大偏差）选项用于设置允许的最大偏差量。图 4-318 为单效模式系数为 1 平滑前后的效果对比。

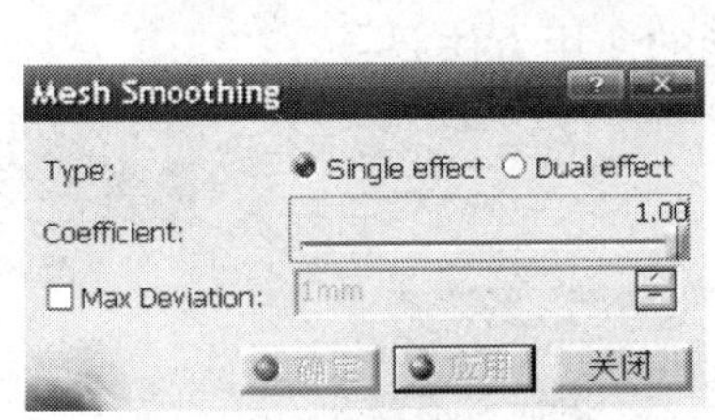

图 4-317 【Mesh Smoothing】对话框

图 4-318 Mesh Smoothing 后的效果

4.3.4.5 Mesh Cleaner

Mesh Cleaner 功能可检查生成的三角网格的质量，并删除坏的三角、边、顶点或重新计算三角网格的方向。该功能的使用方法是：

点击，则弹出如图 4-319 所示的对话框，【Deletion】选项卡可检查以下各项，它们的含义分别为：

- Corrupted Triangles：两个顶点重合的三角；
- Duplicated Triangles：三个顶点重合的三角；
- Inconsistent Orientation：方向不一致的三角；
- Non-manifold Edges：两个以上三角形共享的边；
- Non-manifold Vertices：两个或多个单元共享的顶点；
- Isolated Triangles：属于小块的连接单元的三角。选择该选项所得结果如图 4-320 所示。

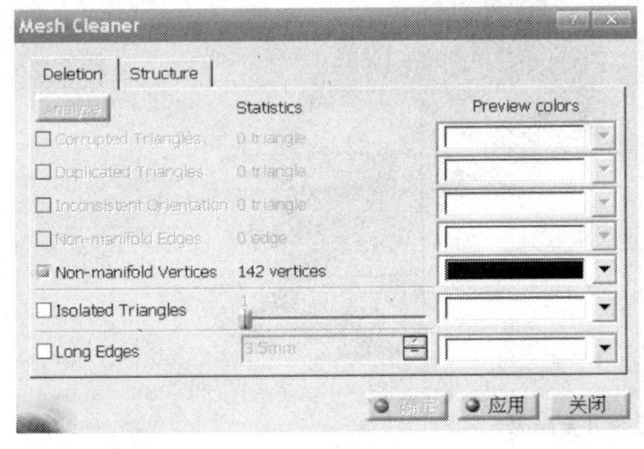

图 4-319 【Mesh Clean】对话框

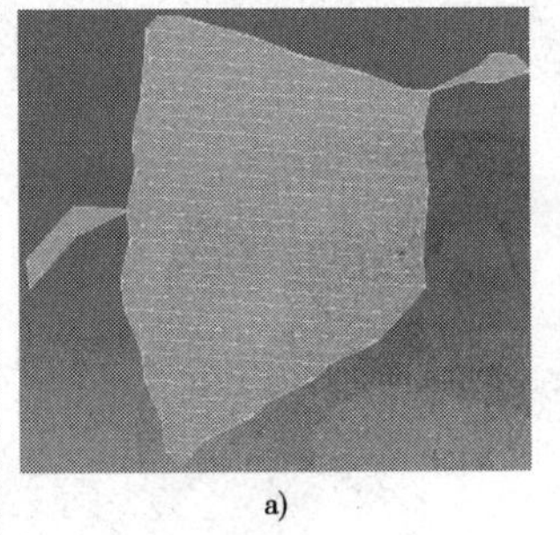

a)

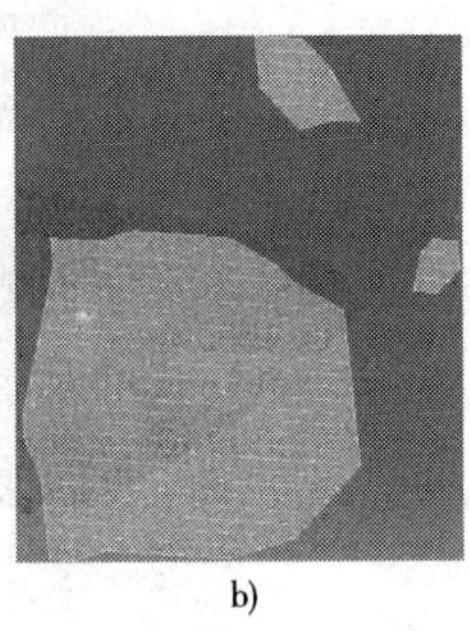

b)

图 4-320

a) Isolated Triangles；b) Disconnected Zones

- 【Long Edges】选项：所有边长大于给定值的三角将被删除。

点击【Apply】按钮就可删除，亦可在【Preview colors】选项内选择其他颜色显示。

选中欲选的网格点云，点击 Analyze，如图 4-319 所示，检查得 142 个 Non-manifold Vertices，并以黑色显示；点击【Apply】则删除。读者可用 Triangles 方式显示网格点云，以方便观察。

【Structure】选项卡中:有以下各项:

- Orientation:系统可重新计算三角的法矢方向;
- Split in Connected Zones:系统适时计算 Connected Zones 的数量并在对话框中显示,分离 Connected Zones 时可选择 Distinct 或 Grouped 两种方式。

4.3.4.6 Fill Holes

Fill Holes(补洞)功能可将三角网格上的洞补上。该功能的使用方法是:

点击,则弹出如图 4-321 所示的对话框。

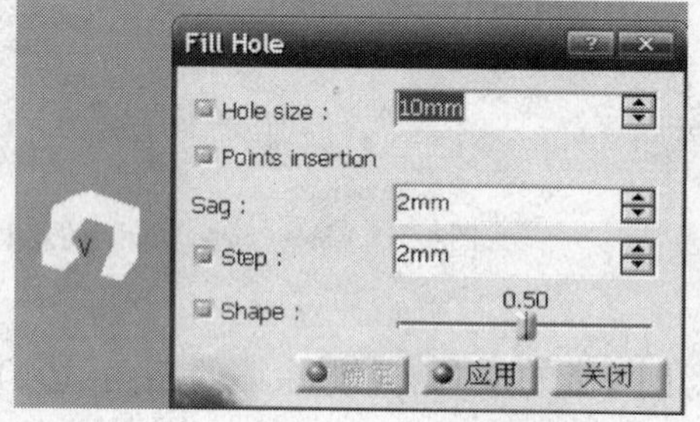

图 4-321 【Fill Hole】对话框及效果图

4.3.5 点云操作(Operation)

4.3.5.1 合并点云(Merge Clouds)

Merge Clouds 功能可将点云合并,并在特征树创建一个文件。该功能的使用方法是:

点击,则弹出如图 4-322 所示的对话框。选择点云 uCloud1、uCloud2、uCloud3,按【OK】铵钮,得到如图 4-322 所示的合并点云,在特征树上为 Clouds Union.1。如果想移走云点,先选中云点名称,然后单击【Remove】选项。

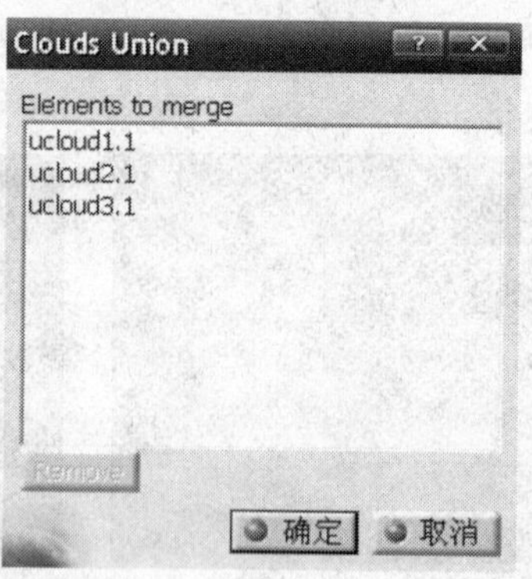

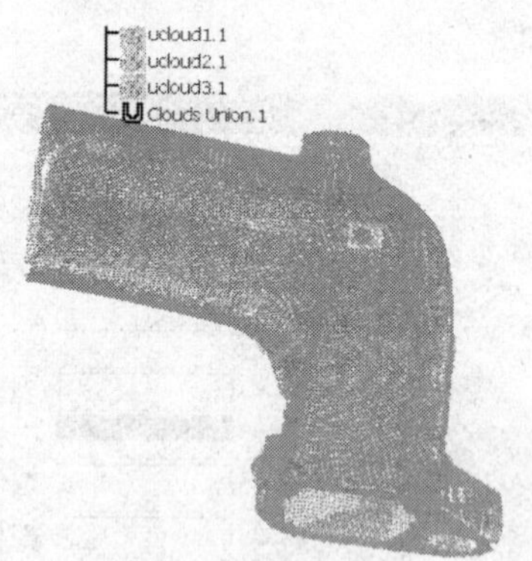

图 4-322 点云合并及结果

也可在【Import Files】中导入多个云点时,选择【Group】合并它们,详见 4.3.1 节内容。

4.3.5.2 合并网格

Merge Meshes(合并网格)功能用于合并两个网格,对于有限制网格(Constrained)划分得到的网格,此命令可以去掉由限制网格划分生成的裂缝。该功能的使用方法是:

打开 MergeMeshes.CATPart 文件,点击,则弹出如图 4-323 所示的对话框;选中 1、2 两个网格,按【OK】,就得到如图4-324所示的结果。

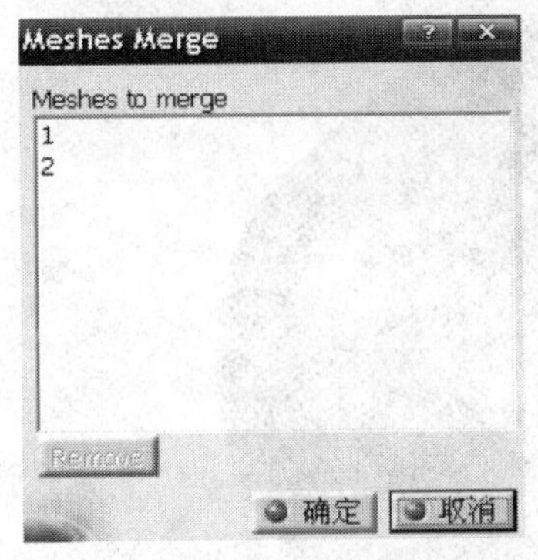

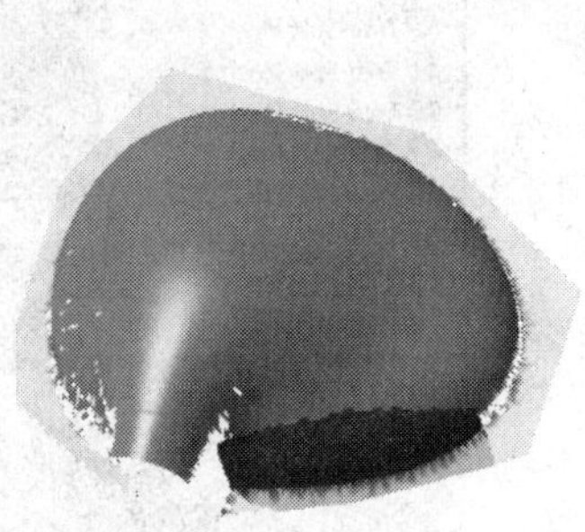

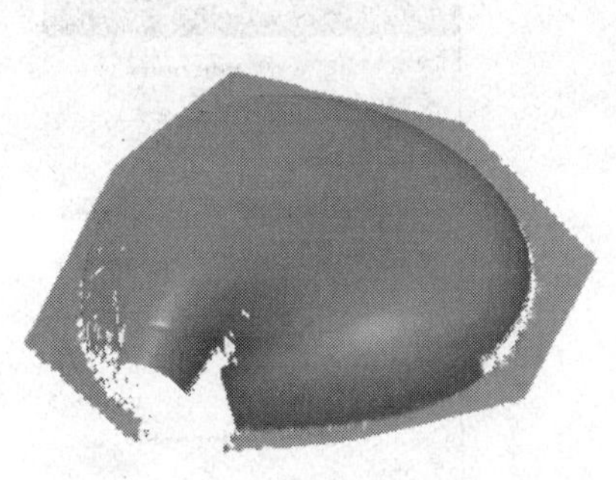

图4-323 【Meshes Merge】对话框　　图4-324 合并网格结果

4.3.5.3 裁剪(Split)网格或点云

此功能是将一个网格或者点云分割为两个网格或者点。其使用方法是:

打开文件SplitMesh.CATpart,单击,则弹出如图4-325所示的对话框。这对话框的含义类似于激活、删除点云对话框,这里不再赘述。选择网格或点云,用套圈(Trap)实现欲分割的部位,按【OK】,即得到如图4-326所示的结果,并在模型树上体现出两个独立的网格SplitMesth.1、SplitMesth.2。

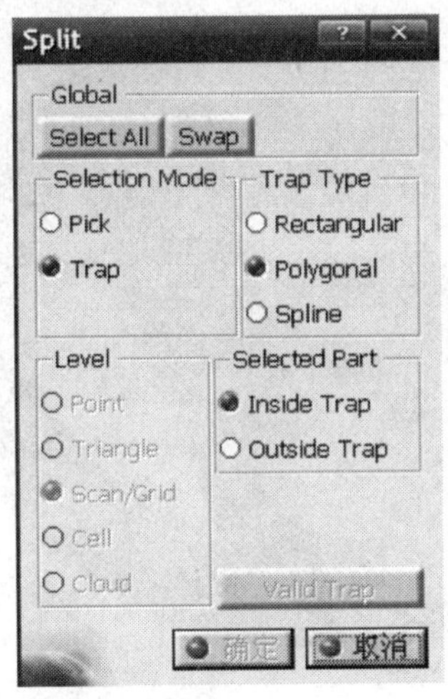

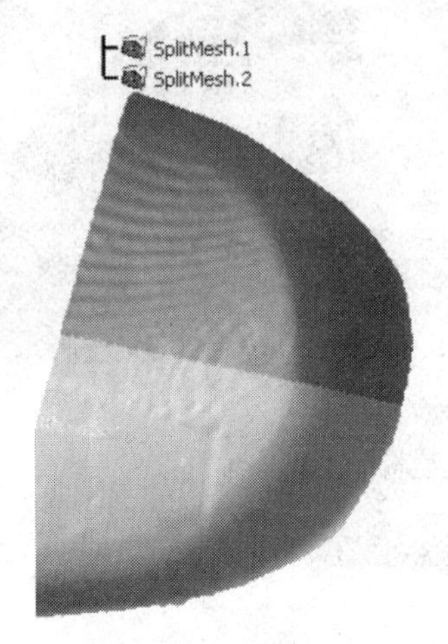

图4-325 【Split】对话框　　图4-326 结果

4.3.5.4 裁剪(Trim/Split)

此功能可将网格分割成几块独立的网格或分割并裁剪掉。裁剪的元素可以是平面、曲线、曲面、网格。其使用方法是:

打开文件SplitTrimMest.CATpart,点击,则弹出如图4-327所示的对话框。选择Mesh1为对象,选择3DCurve.1、Planar Section.1、Surface1、Plane.1为裁剪元素,选择【Split】、【Keep Intial】、【Distinct】选项,就可得到如图4-328所示的结果(更改各块颜色属性便于观察)。

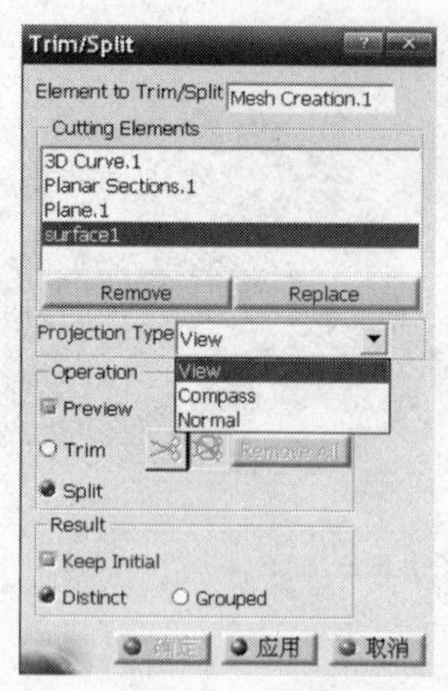

图 4-327 【Trim/Split】对话框

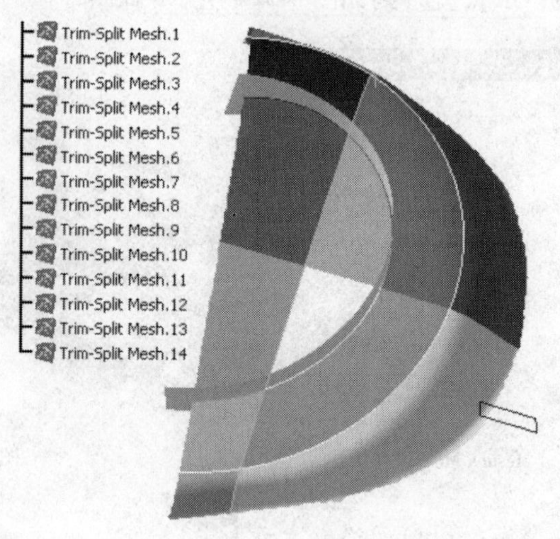

图 4-328 Split 结果

选择【Trim】,点选（保留）或（裁剪）,在预览模式(Preview)下单击欲选择的部分,网格上会出现剪刀图样,如图 4-329 所示;可在剪刀图样上单击右键修改,按【Apply】后可得到如图 4-330 的结果。

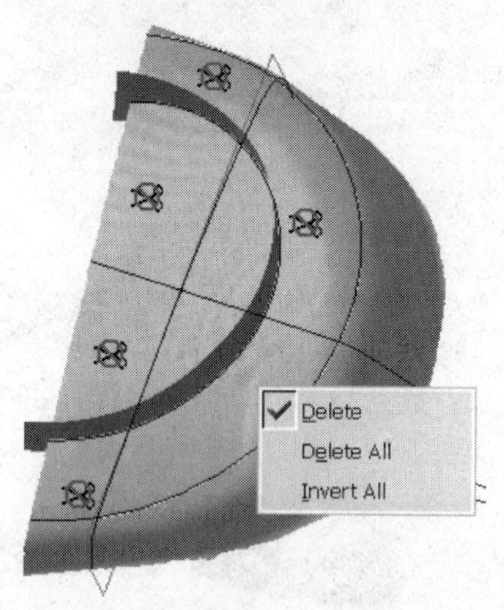

图 4-329 Trim 过程

图 4-330 Trim 的结果

当用不在网格上的曲线或 Scan 作为裁剪元素时,系统为了计算交点,需把曲线或 Scan 投影到网格上确定交点,Projection Type(投影模式)可设为 View、Compass、Normal。

4.3.6 生成 Scans(Scan Creation)

4.3.6.1 投影曲线(Project Curves)

此功能是将曲线投影到点云或网格化后的点云(以下简称为网格点云)上,得到扫描(Scan)或曲线。系统将欲投影的曲线离散化,每个离散点按投影方向投影到点云上或多边形上,取工作距离内最近的点为投影点。该功能的使用方法是:

单击 ,弹出如图 4-331 所示的对话框,选择需要投影的曲线、目标点云或网格点云。对话框中【Direction】选项用于确定投影方向,可在输入框处单击右键选择 X、Y、Z、Compass 方向;垂度(Sag)是用多边形逼近曲线时,曲线上的点到弦上的最大距离,如图 4-332,即 Sag 值越小,多边形越逼近曲线。工作距离(Working distance)是计算投影点时,投影点周围要考虑的距离。

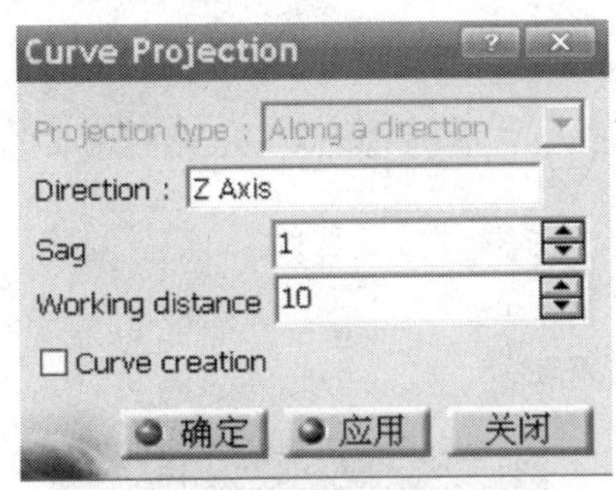

图 4-331 【Curve Projection】对话框

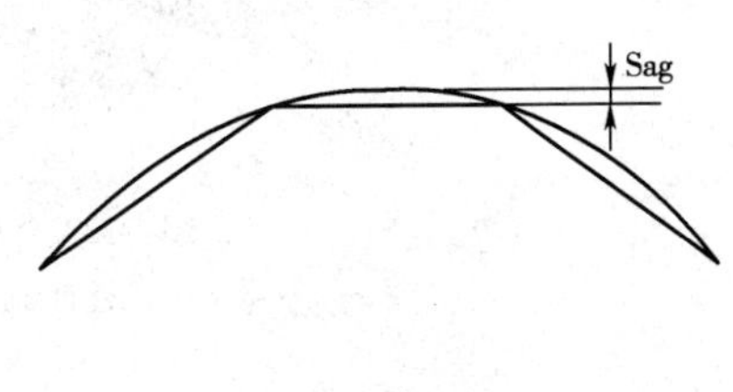

图 4-332 垂度(Sag)

例:打开文件 Project1. CATpart,将螺旋线投影在点云上,垂度为 1 和 5,工作距离均为 10 时的效果如图 4-333。向三角网格化后的点云投影,则不会出现此现象;当工作距离为 5 时,系统在计算最近点时取的点更符合生成曲线的要求。

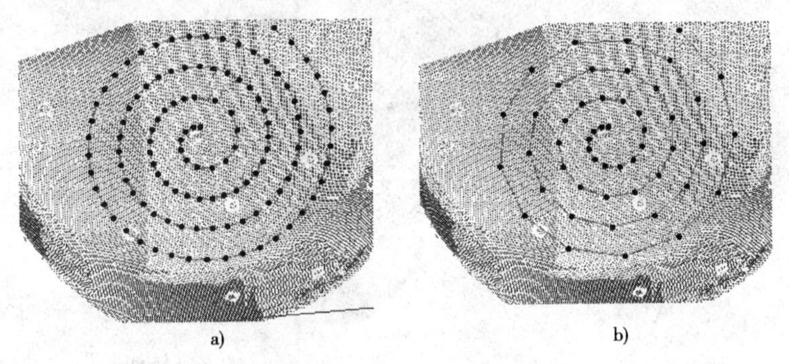

图 4-333 Project Curves 的效果 1

a)垂度为 1;b)垂度为 5

打开文件 Project2. CATpart,将一段圆弧投影在点云上,垂度为 1,工作距离分别为 1 和 5 时的效果如图 4-334 所示 。这是因为点云上有洞,工作距离为 1 时,系统在计算最近点时取了洞下方的点,如果选中如图 4-331 所示的对活框中的曲线生成选项(Curve Creation),则系统将曲线投影所得的扫描(Scan)生成曲线,此功能与“从扫略点生成曲线(Curve from Scans)” 相同,详见 4.3.7.2 节的内容。

可以同时选中多条曲线投影,将得到的 Scan 作为一个点群,则得到的曲线是分开的独立曲线。

4.3.6.2 平面截点(Planar Sections)

此功能是用单个平面或一系列平面去切点云或网格点云,取落在平面上的点云为点群,即 Planar Sections,亦可以这些点群为基础生成曲线。该功能的使用方法是:

单击 按钮,选择点云或网格点云,则弹出如图 4-335 所示的对话框。其中:

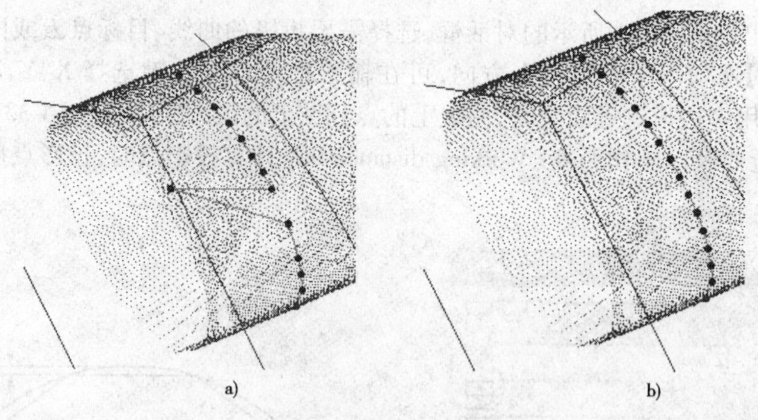

图 4-334　Project Curves 的效果 2
a)工作距离为 1;b)工作距离为 5

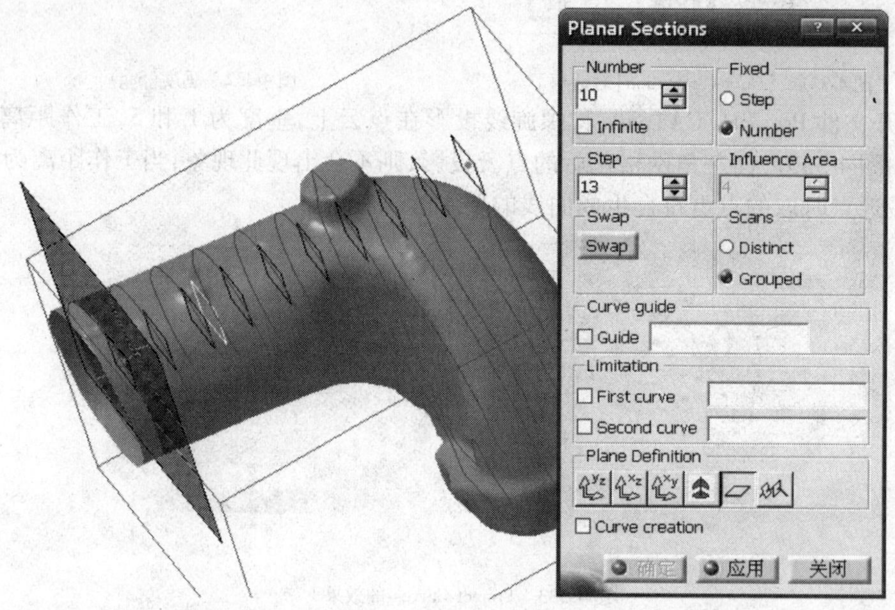

图 4-335　【Planar Sections】对话框及效果图

- Number:分割云点的平面数目。选中【Infinite】选项,可以沿着起点上下分布无限多个平面,此时不需输入数值。在起始平面和终止平面的中点有两个绿色箭头,可拖动两个改变起始平面的位置和数目,也可在此单击右键,在弹出菜单中编辑。
- Step:平面和平面之间的距离。
- Fixed:有【Number】与【Step】两个单选项。【Number】指固定平面数目,调整【Step】可增加平面距离;【Step】指固定平面间距离,调整平面数目以得到想要的 Planar Section。
- Swap:改变平面延伸的方向。
- 【Scans】栏中的【Distinct】选项将每个切面所形成的点群作为个体,即有几个平面与点云相交就有几个点群(Planar Sections);【Grouped】选项则将所有切面切出的点群作为一个点群。

- 工作面积(Influence Area):若选择的是点云的点密度不大,当平面去截点云时,可能局部与点云没有交点。定义的工作面积为如图 4-336 所示的阴影面积(黑线为平面),并且系统会考虑此面积内的点,用内插值点作为最终的取用点。当平面去截网格点云时,平面是和网格相交的,这样能得到更为精确的点,如图 4-337 所示。工作对象为网格点云时,【Influence Area】不可选。

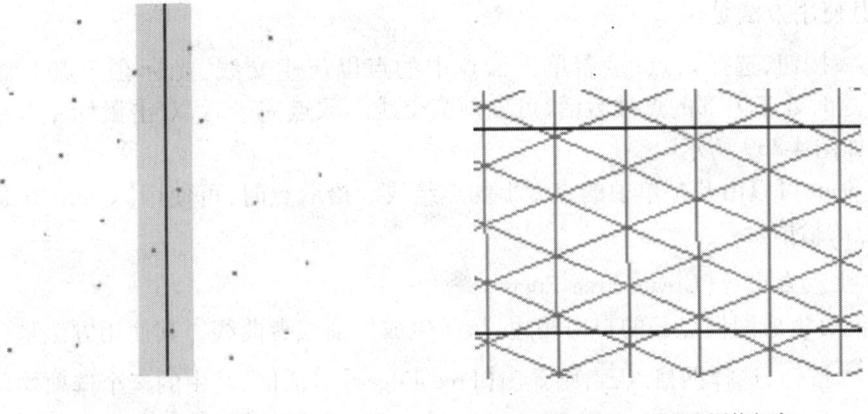

图 4-336　Influence Area　　　　图 4-337　平面和网格相交

- 定义平面(Plane Definition):选择需要的参考平面,可以是 YZ 平面、 XY 平面、 ZY 平面、 用罗盘锁定参考面、 已存在的平面、 导引线。例如:选择已存在平面为参考平面,平面数为 20,Step 为 15,截网格点云得 Planar Sections。选择曲线为导引线,则与导引线垂直的一系列平面截网格点云得 Planar Sections 如图 4-338 所示。

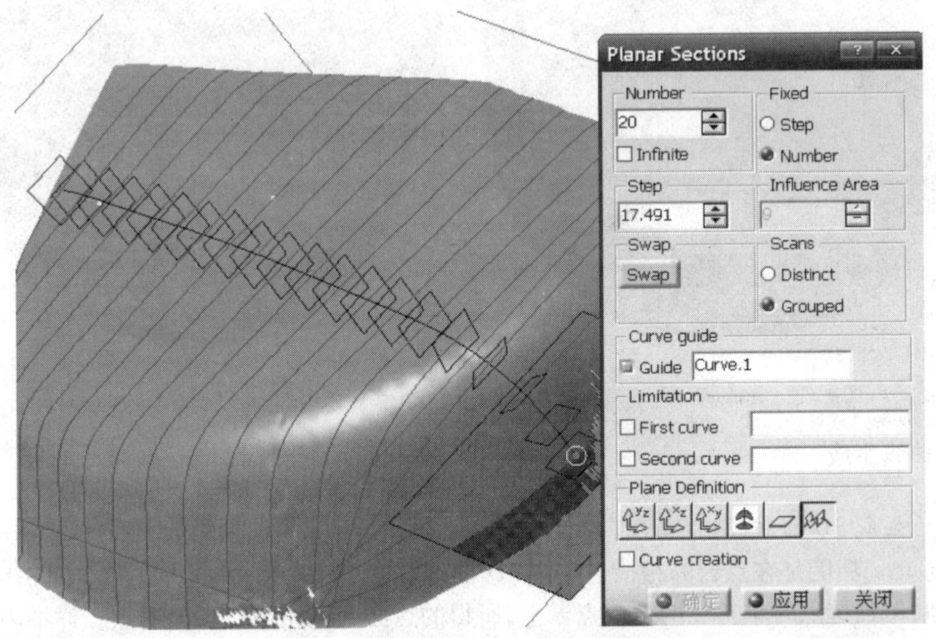

图 4-338　Curve Guide 时的 Planar Sections

- Limitation:必要时可以选择一条或者两条限制曲线,此限制曲线必须在点云或者多边形上,导引线可以作为第二限制线(Second Curve),但不可以作为第一限制线

(First Curve)。

- 选中【Curve Creation】项,可将得到的 Planar Sections 生成曲线。该选项的含义与 Curve from Scans)相同。

4.3.6.3 在点云上生成扫描(Scan on Clouds)

此功能可拾取点云中的点生成扫描,即使用手动的方式绘制曲面的特征线(Characteristic Lines)。其使用方法是:

单击按钮,选择云点;接着单击云点中的点以产生交线,光标在云点上移动时,按着【Ctrl】键,这时处于内部的点被激活,可以预览交线。取点完毕后,双击鼠标左键结束,生成的扫描结果如图 4-339 所示。

一个 Scan 可以由几个单独的点云上的点组成。拾取点时,可使用【Undo/Redo】(取消/回复)上一点的拾取。

4.3.6.4 生成自由边(Create Free Edges)

此功能可生成网格点云的自由棱边,从而生成扫描或者曲线。其使用方法是:

单击按钮,选择网格点云,则弹出【Free Edges】对话框,其中的三个选项均前述相同,同时在几何图形上出现扫描,如图 4-340 所示,网格点云上的所有自由边有绿色边界及显示,若有不需要生成自由边的孔洞,可在其右键弹出菜单中选择 Not Selected 即可。

生成自由边仅对网格点云适用,生成的 Scan 可生成曲线,方法与【Curve from Scans】相同。

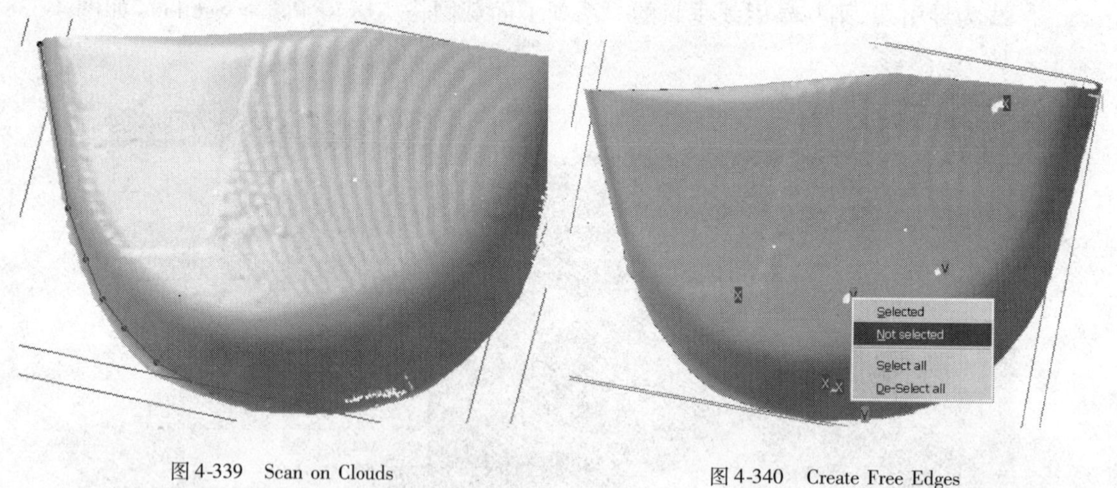

图 4-339 Scan on Clouds　　图 4-340 Create Free Edges

4.3.7 曲线生成

4.3.7.1 生成 3D 曲线(3D Curve)

3D Curve 功能是在点云的扫描上生成 3D 曲线。生成 3D Curve 的方式和空间 3D 曲线的生成类似,但当选点时单击在网格或点云上,所得的点必为网格或点云上的点。详细内容可参见 4.2.1.1 节。

4.3.7.2 从扫略点生成曲线(Curve from Scans)

此功能可将不同方式得到的扫描转化为曲线。其使用方法是:

单击按钮，则弹出如图4-341所示的对话框。其中：

【Creation mode】栏中【Smoothing】选项在两个分割点之间对所有的点进行光滑处理；【Interpolation】选项用于在扫描点中得到内插值点形成曲线。生成的Smoothing曲线的参数如图4-341所示，两种模式下生的曲线如图4-342所示。

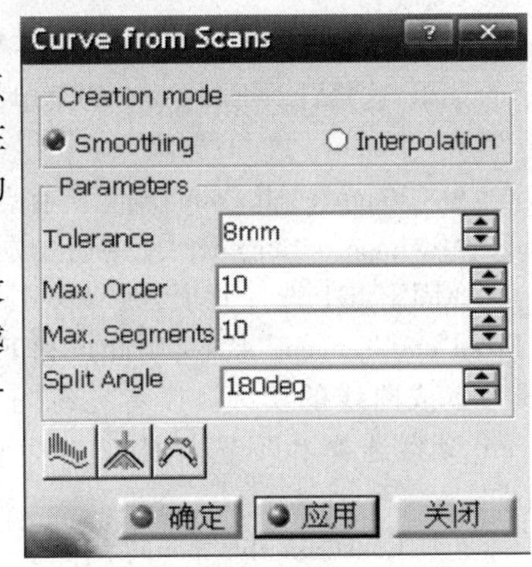

图4-341 【Curve from Scans】对话框

【Parameter】栏中的【Tolerance】（容差）选项用于设置生成曲线和点之间的最大距离。容差值越小，精度越高，曲线越逼近Scan，图4-343为图4-342所示的Smoothing曲线的容差值为0.5mm时生成的曲线。

其他选项的含义分别为

- Max. Order（最大阶数）：允许的曲线的最大阶数；
- Max. Number（最大段数）：允许的组成的曲线的段数最大值；

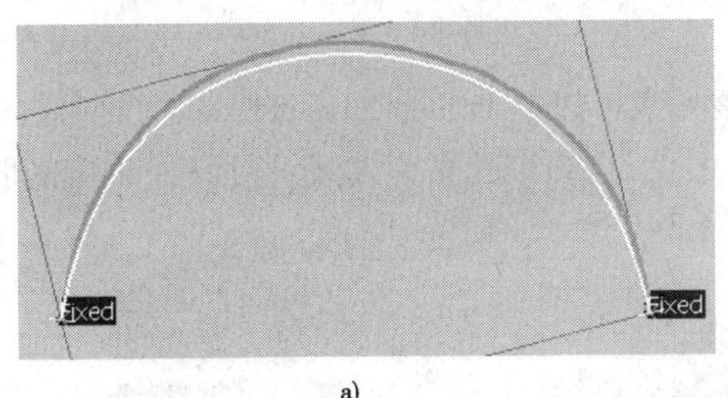

a)

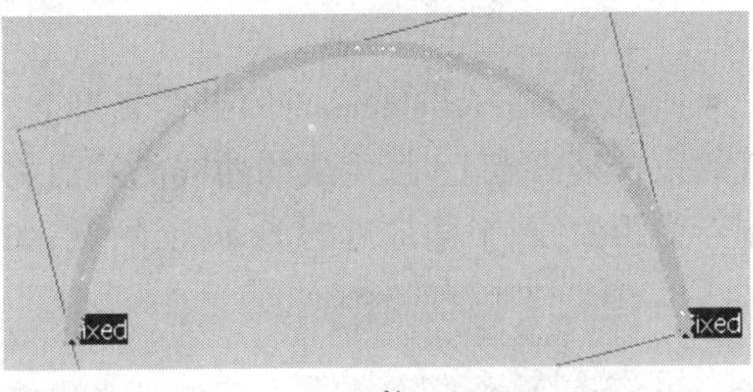

b)

图4-342 两种曲线模式下的效果

a) Smoothing；b) Interpolation

- Split Angle（分割角度）：系统生成的曲线达到设置角度，则将曲线分割为两条，显示分割点并显示两条曲线；系统生成曲线时优先考虑容差，若满足容差，则曲线以白色显示，否则以红色显示曲线，这时需要调整Max. Order、Max. Number值，以生成满足容差值的曲线。在设定的阶次和曲线段数最大值范围内，系统尽量生成阶次小段数少且满足容差的曲线。
- ：曲率分析按钮；

  ：显示最大距离按钮；

  显示阶次和段数按钮。

例如：如图4-343所示，显示生成的Smoothing曲线的曲率、在生成曲线和Scan的最大距离处显示Max = 0.4100、阶次为10和段数为5（O：10N：5）；如图4-344显示生成的Interpolation曲线的曲率，可见Interpolation曲线的曲率变化不如Smoothing曲线的平滑。

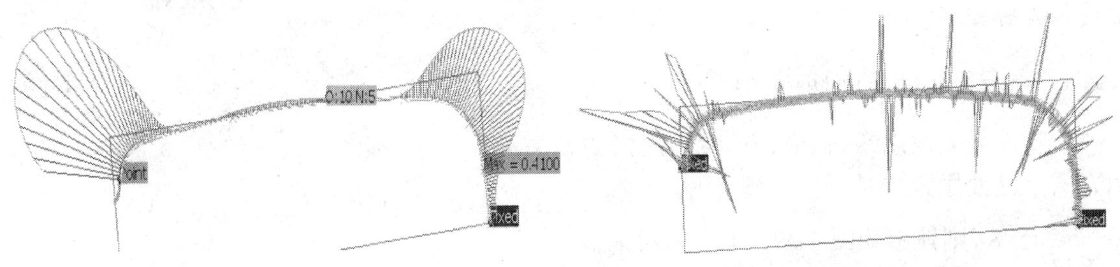

图4-343 Smoothing曲线

图4-344 Interpolation曲线

生成曲线时,可对 Scan 上的点进行选择和修改。在 Fixed 上单击右键,弹出如图 4-345 所示的菜单,这是针对 End Point 的菜单, Point 点的右键弹出菜单只有前三项。其选项包括:

- Remove Point:删除点。
- Remove All Point:删除所有点。
- Impose Tangency:使用切线方向。

在固定点上选择此项,则"Fixed"状态改为"Fixed and Tangent"状态,则此点和下一点的连线为生成曲线的切线。读者在练习时可放大 Scan 观察选择和不选择此项时生成曲线的不同。

- Constrain this point:约束此点。如图 4-345右侧的点未选中此项,便从 Fixed(固定)点状态变为 Free(自由)点状态。

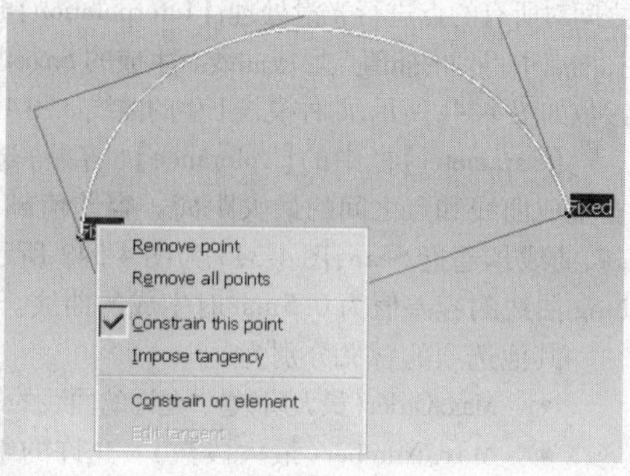

图 4-345　选择、修改 Scan 上的点

- Constrain on element:约束在元素上。该元素可以是 Point、Curve、Plane。当把 Scan 的端点约束在某一点上时,生成的曲线的端点为约束点;当约束元素为曲线、平面时,生成的曲线的端点为距曲线、平面最近的 Scan 上的点,如图 4-346 所示。

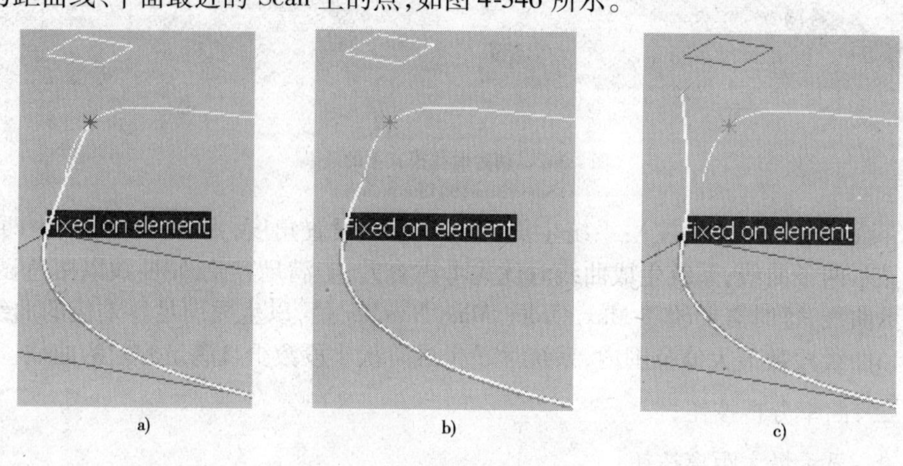

图 4-346　End Point 的约束

a) Fixed on Point; b) Fixed on Curve; c) Fixed on Plane

从 Scan 生成曲线时,可在 Scan 上拾取点,则生成以拾取的点为分裂点的曲线,如图 4-347 所示,生成 4 条独立的曲线,并在模型树上显示。

读者可打开文件 planesection3. CATpart,按上述步骤练习。

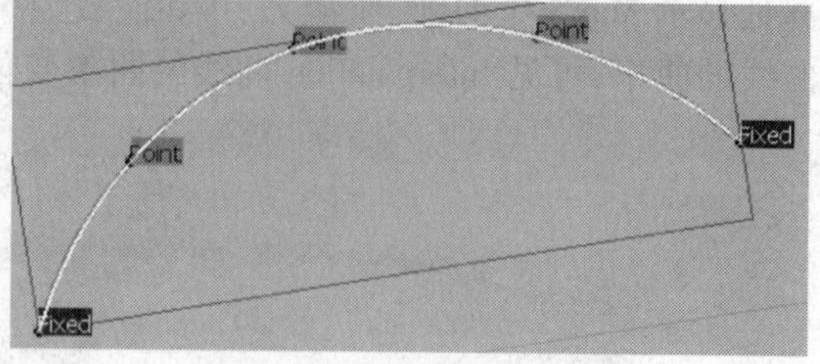

图 4-347　在 Scan 上拾取点

4.3.8　点云显示(Cloud Display)

此功能是更改点云、扫描(Scans)、网格的显示方式。其使用方法是:

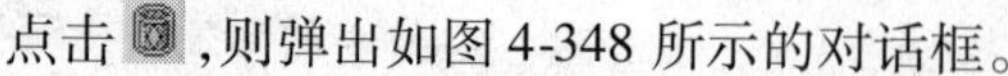
点击 ,则弹出如图 4-348 所示的对话框。

对于点云,可设置点云取样数目的百分比(Sampling);对于 Scans/grids,可设置为线条(Polyline)、点两种形式;对于网格,可设置为:三角形(Triangles)显示、显示网格的顶点(Vertex)、显示自由边缘(Free Edges)、显示 Non-manifod Edges、平面渲染(Flat)、光顺渲染(Smooth)等。

注意:平面渲染(Flat)、光顺渲染(Smooth)二者只能选其一,而其它项可多选。如图 4-349 将一网格同时以 Triangles 和 Smooth 的方式显示,但要保证定制视图显示时为带材料着色。图 4-350,为 Plane Section 和 Mesh 合并的点云,以网格 Smooth 方式显示,Plane Section 以点的形式显式,并设取样比例 Sampling 为 20。

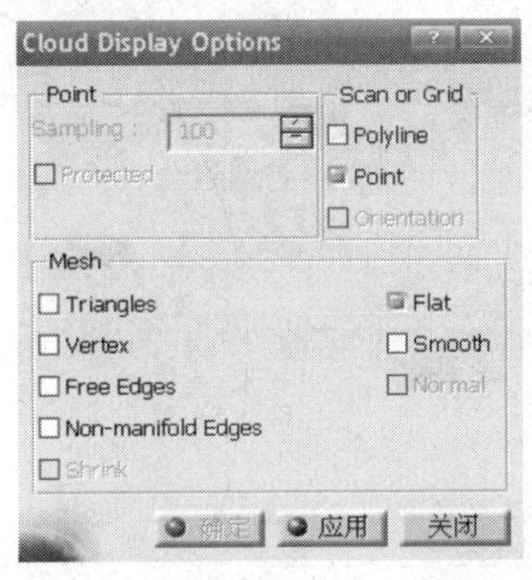

图 4-348 【Cloud Display Qptions】对话框

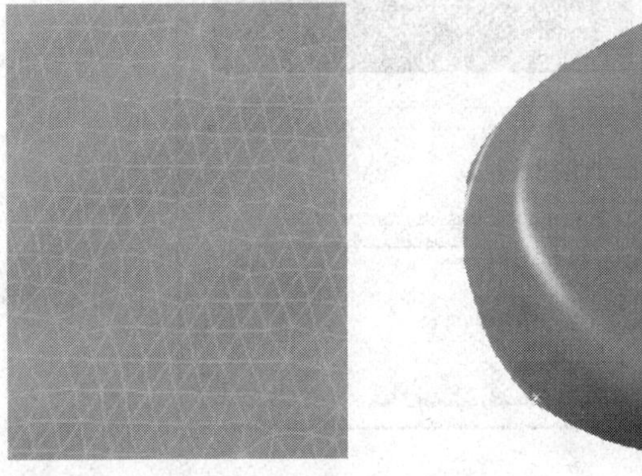

图 4-349 Triangles Smooth

图 4-350 显示模式

点、网格等颜色显示需在属性(Properties)里的图形选项卡里设置。

4.4 快速曲面重建(Quick Surface Reconstruction)

快速曲面重建平台工作界面如图 4-351 所示。

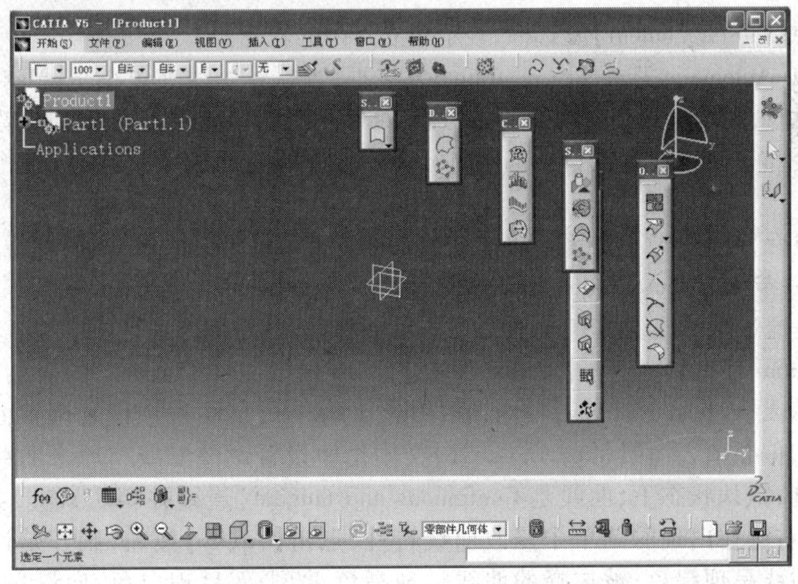

图 4-351 Quick Surface Reconstruction 界面

4.4.1 生成轮廓线(Contour Creation)

4.4.1.1 整理(Clean Contour)

此功能是通过选择一组棱边或者曲线,有序或无序,将曲线修剪成为一个或开放或封闭的轮廓。该功能的使用方法是：

单击【Domain Creation】工具栏选择【CleanContour】，则弹出如图4-352所示的对话框；选择曲线填入对话框上部，然后单击【Apply】按钮，修剪后的轮廓如图4-353所示。可以在几何显示区

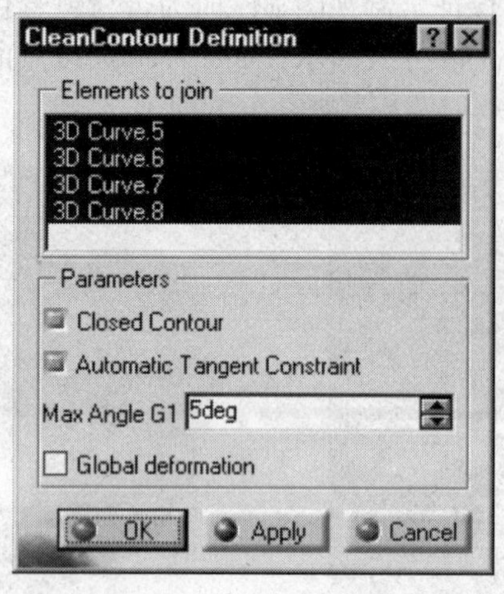

图4-352 【CleanContour】对话框

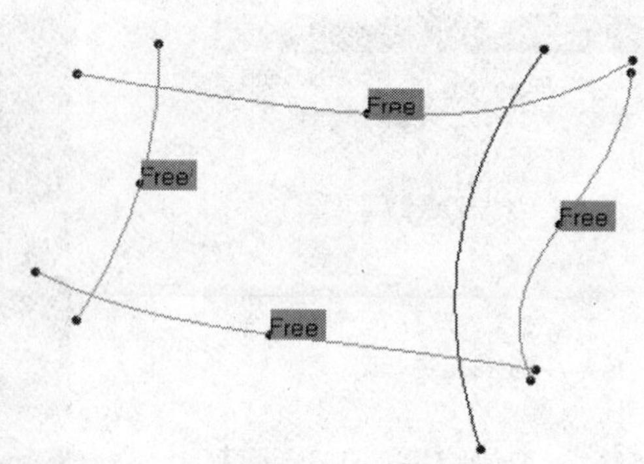

图4-353 CleanContour

的曲线上所标的Free上单击右键，改变曲线类型，Fixed固定曲线不被新的曲线替代，而是直接整合到轮廓上。在生成的轮廓时，系统会自动设置曲线的顺序以生成轮廓线，在某些情况下如长曲线存在时，连接可能有多个结果，因此需要切断曲线或者轮廓。

如果选择一个曲面切断的棱边，则原来限制条件并不自动考虑进来，单击右键就可以编辑使其恢复。

如果选中【Closed Contour】复选框，表示建立封闭的轮廓。

如果选中【Automatic Tangent Constraint】复选框，当端点切线夹角小于【Max Angle G1】框中设置的夹角时，在端点处会自动强制相切，即两条曲线在相应端点处增加斜率连续约束；默认状态下变形是局部的，点击【Global deformation】全局变形选项，变形在整个曲线上均匀分布。

设置完成后，点击【OK】按钮，视图上出现命名为CleanContour. xxx的轮廓线。

4.4.1.2 调整节点(Adjust Node)

此功能是通过调整曲线的节点，使曲线连续、相切。其使用方法是：

在【Operations】工具栏选择【Adjust Node】，则弹出如图4-354所示的对话框；选择需要调整的曲线填入【Selected curves】栏内，在【Max deviation】文本框中设置调整曲线与原来曲线之间的最大偏差值，并在【Max Angle G1】文本框中设置调整曲线与原来曲线之间的最大相切偏差角度；默认状态下，曲线是Continuous and tangent(连续并相切)的。如图4-355所示，可以单击右键在出现的菜单中修改曲线特性，点击【Apply】按钮，则开始计算变形。此时被修改的曲线呈现绿色；被选择的曲线呈现亮色；切平面呈现白色，向量呈现粉红色；最大变形曲线上显示最大偏差值，但不一定是最大节点。图4-356所示显示的是对节点调整的结果。

4.4.1.3 曲线网络(Curves Network)

Curves Network(曲线网格)功能通过网格作为支持面对一组曲线进行修改，以形成封闭的网络曲线。该功能用于后续介绍的【Surface Network】命令中，其使用方法如下：

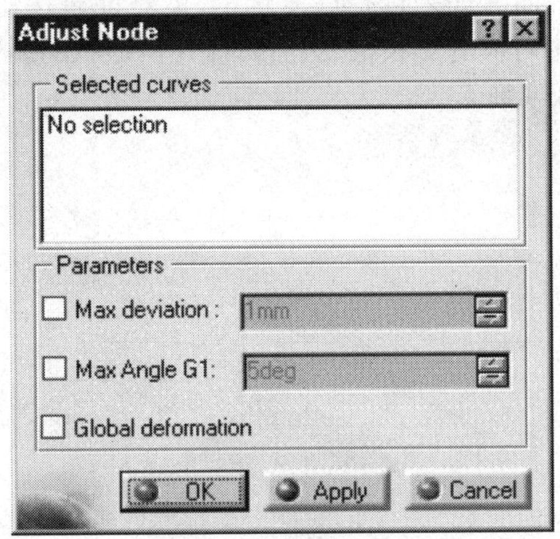

图 4-354 【Adjust Node】对话框

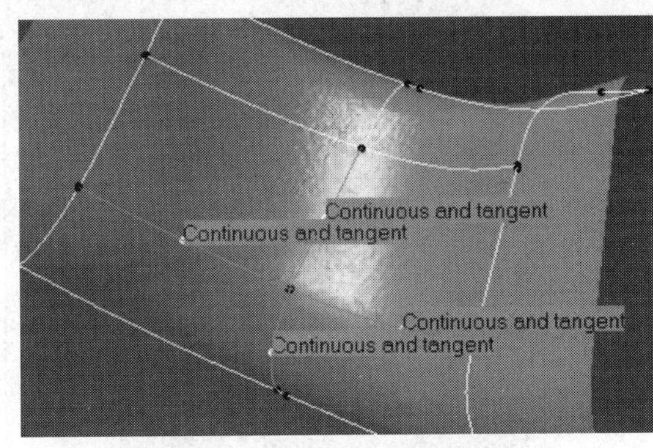

图 4-355 调整曲线与原曲线的最大偏差

在【Domain Creation】工具栏中单击【Curves Network】,弹出的对话框如图 4-357 所示。选择一组曲线填入对话框上部,并选择一网格面填入【Support】栏,【Parameters】用于设置参数。点击【Constraints】选项卡,设置【Node tolerance】文本框,设置两条曲线共点最大值,该值应该大于【Max distance】中的数值。选择【Automatic tangent】设置曲线斜率约束最大值;【Projection on support】是将曲线网格投影到支持面上。

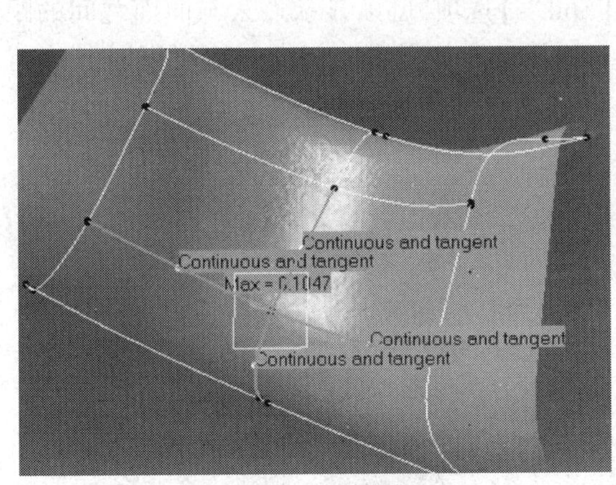

图 4-356 显示对节点调整的结果

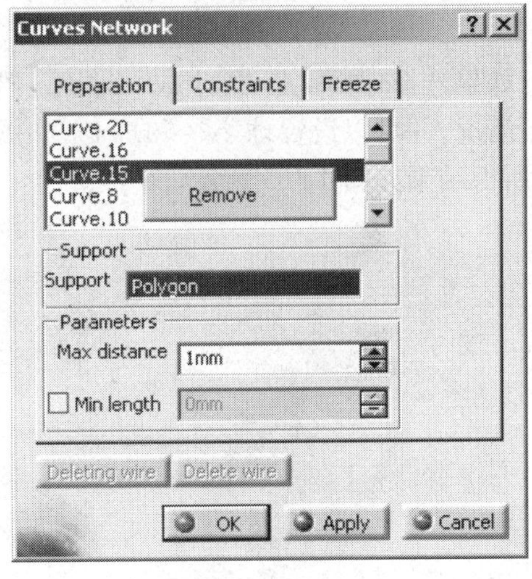

图 4-357 【Curves Network】对话框

4.4.2 曲面重建(Surface Creation)

4.4.2.1 基本曲面识别(Basic Surface Recognition)

此功能是曲面重建中很重要的功能,可以在点云上自动识别生成平面、球面、圆柱面、圆锥面等基本曲。其使用的方法是:

在【Surface Creation】工具栏选择【Basic Surface Recognition】,弹出如图 4-358 所示的对话框,在该对话框中,可以选择不同的方式生成曲面,并可以选择需要进行曲面重建的点云进行编辑。

如果选择【Automatic】,则可以指定最大错误平面。如果选择此复选框,就不能直接修改几何形状的特征,一旦识别出具体的形状,可以选中对应的形状栏,然后修改几何形状的属性,参数修改完后点击【Apply】按钮,所得结果如图 4-359 所示。

图 4-358 【Canonic Surface From Clouds】对话框

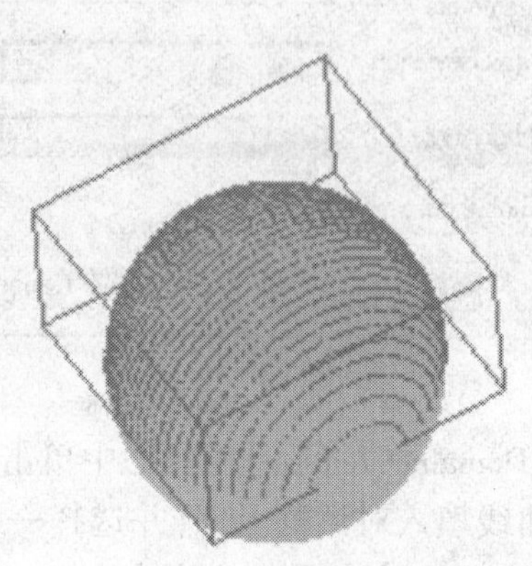

图 4-359 识别曲面为球面

如果选中【Plane】复选框,点击【Apply】按钮,则出现一条垂直于平面的法线,可以在【Axis】和【Center】中设置曲面的法向和平面中心,点击【OK】即可完成曲面的重建,如图 4-360 所示。

如果选择球面重建,则生成一球面。选中【Spikes】选项,可以显示点云与曲面之间的距离分布情况,并可以设置球半径和球心,如图 4-361、图 4-362 所示。双击球面可以对其进行编辑,所得结果如图 4-363 所示。

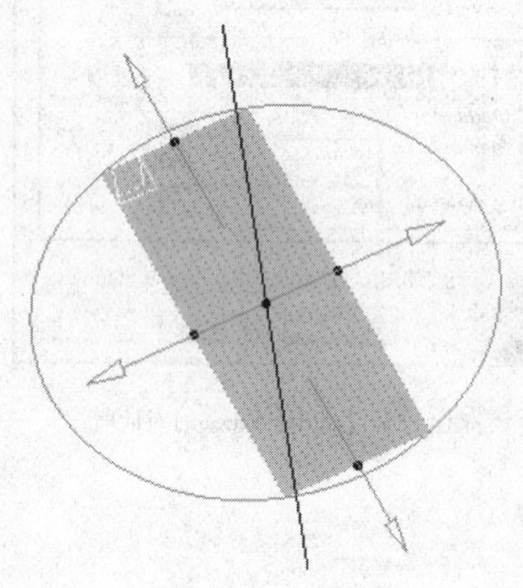

图 4-360 识别曲面为平面

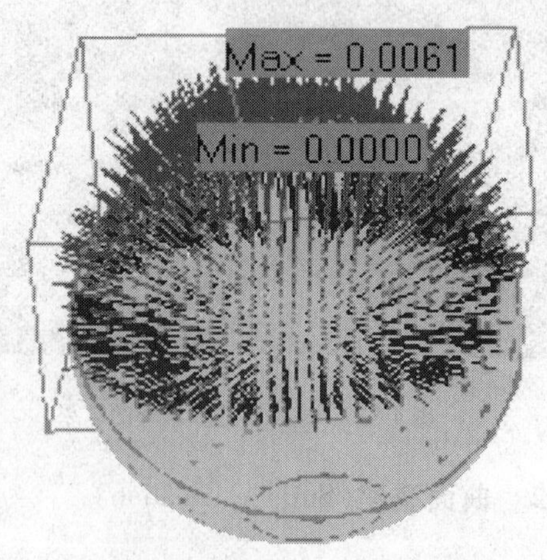

图 4-361 点云与曲面之间的距离分布

同样可以选择其它方式进行曲面重建,点击图 4-358 中的【More】按钮,可以显示表面识别过程的统计结果。

4.4.2.2 强力拟合(PowerFit)

PowerFit(曲面拟合)是通过指定边界调节,在网格点云或者网格面上生成满足条件的曲面。该功能的使用方法是：

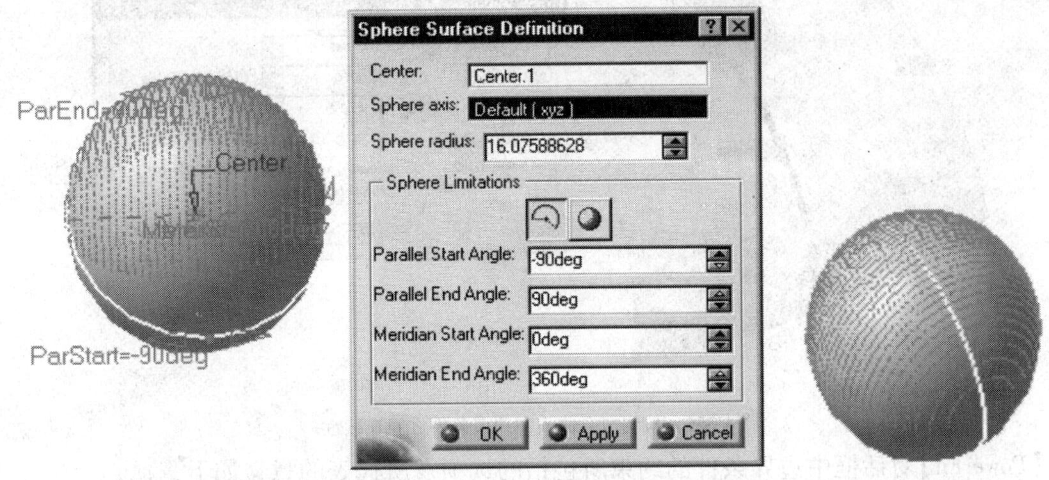

图 4-362　设置球心和半径　　　　图 4-363　得到的球面

在【Surface Creation】工具栏中选择【PowerFit】命令，弹出如图 4-364 所示的对话框。选择点云或者网格面作为支持面，并选择一组曲线或者曲面的边界作为边界的约束条件，设置曲面的约束条件，拟合生成的曲面就是 NURBS 曲面。在参数选项卡中设置阶数和分割段数，选中【Advanced】选项，设置【Order】文本框的 U、V 方向的阶数和段数的乘积，即设置指定方向上的控制点数和控制段数。

设置【Gap G0】文本框中的拟合曲面与边线之间的最大误差距离，并在【Gap G1】中设置拟合曲面与约束曲面之间的斜率连续最大误差值；必要时可以设置曲面的张紧度和半径，点击【Apply】按钮显示计算结果所得结果，如图 4-365 所示。

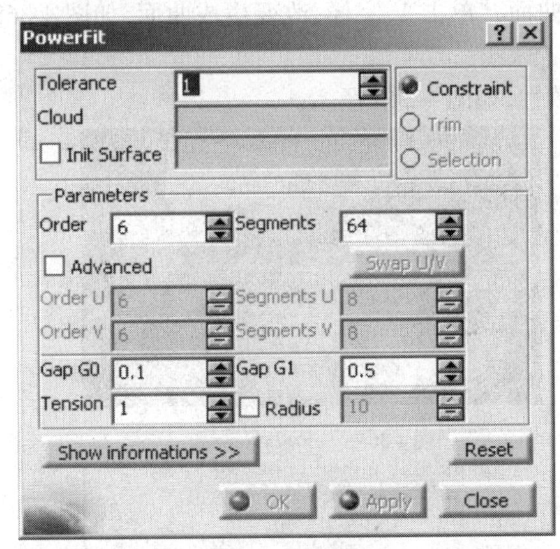

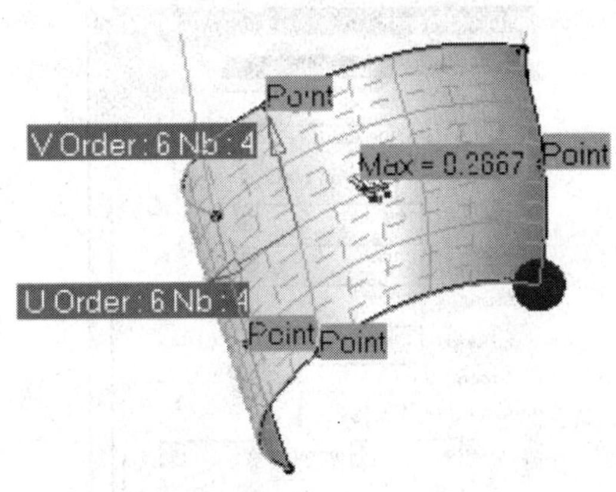

图 4-364　【PowerFit】对话框　　　　图 4-365　PowerFit 结果

选中【Connect Checker】选项，可以检测拟合曲面和约束条件之间连续性。单击弹出的如图 4-366 所示的对话框中【Full】按钮，可以进行连续性分析。

如果拟合的点云有很大的偏差，就很难生成拟合曲面，则可以设置半径修改点云。

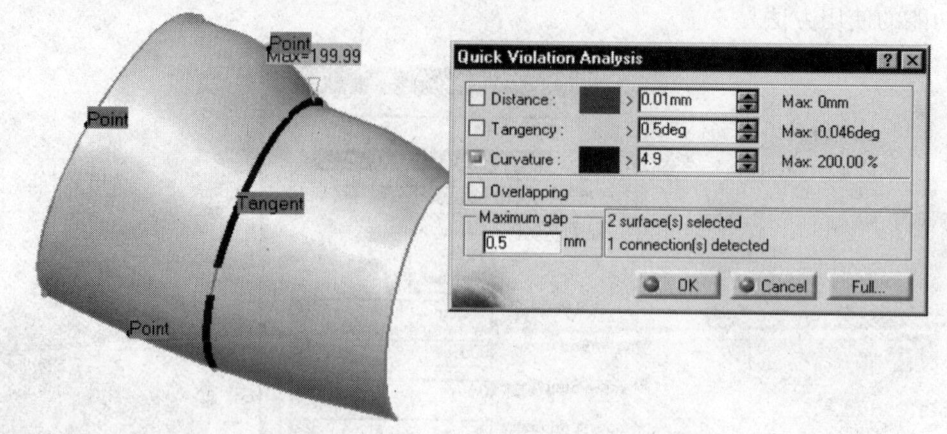

图 4-366　检测拟合曲面和约束条件之间连续性

【PowerFit】对话框中边界条件的约束所包括的选项及所代表的意义如下：

- Constraint：拟合曲面通过边界；
- Trim：先在点云上拟合曲面，并将边界投影到拟合曲面，以使用投影曲线修剪拟合曲面；
- Selection：曲面拟合在所选择的边界的点云上进行。

使用该功能也可以使用不封闭边线进行拟合。

4.4.2.3　曲面网络(Surfaces Network)

此功能是基于曲线网络(Curve Network)在点云或者曲面上生成拟合曲面。其使用方法是：

在【Surface Creation】工具栏中选择【Surfaces Network】，弹出如图 4-367 所示的对话框；选择一个网格曲线填入对话框中，选中【Cloud】选项，并选择一个网格面或者点云填入相应的选项，使每个封闭边界都生成一个标有 V 字样的曲面。单击 V 字样，改变生成曲面，如图 4-368 所示。

单击右键，可以修改曲面与曲线的边界连续性，如图 4-369 所示。

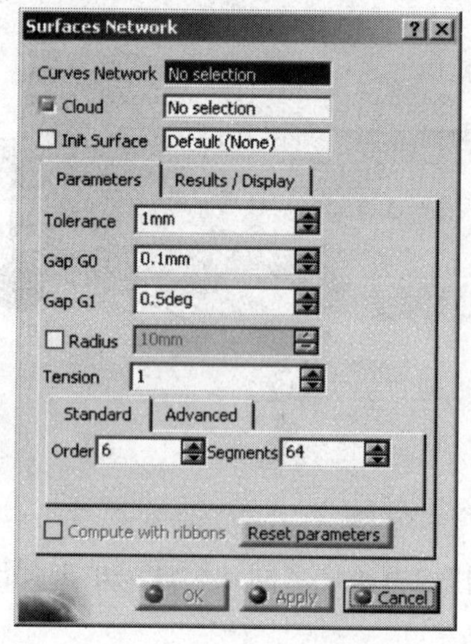

图 4-367　【Surfaces Network】对话框

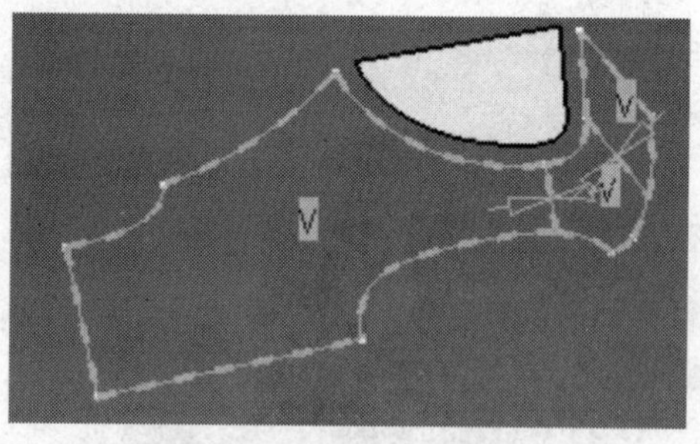

图 4-368　Surfaces Network

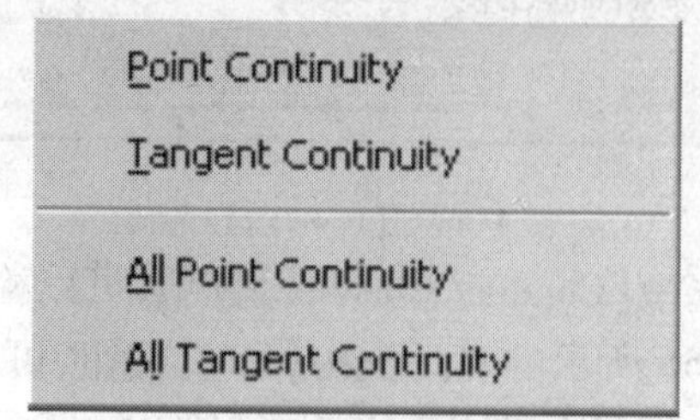

图 4-369　修改曲面与曲线的边界连续性

设置拟合曲面的参数,包括阶数和段数、偏差、连续性、张紧度,并点击【Apply】按钮,系统会自动更新,如图4-370所示。

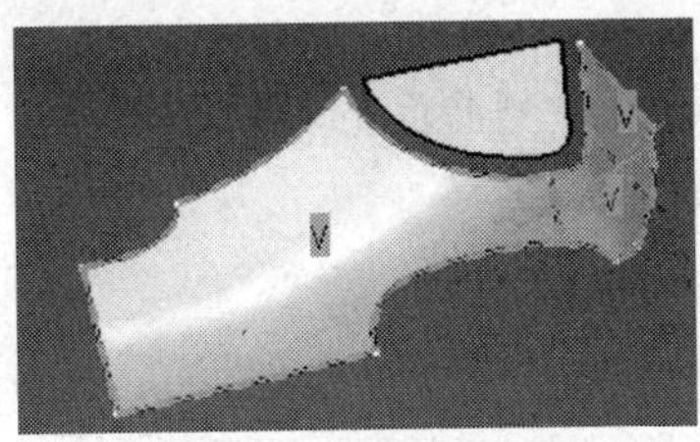

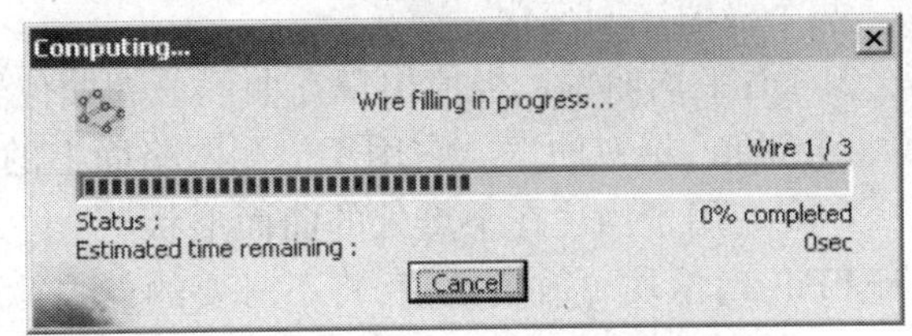

图4-370　设置拟合曲面的参数

利用【Result/Display】选项卡,可以列表显示拟合曲面后的基本信息。选中【Segmentation】选项,可以将拟合曲面的阶数和段数显示出来,如图4-71所示。

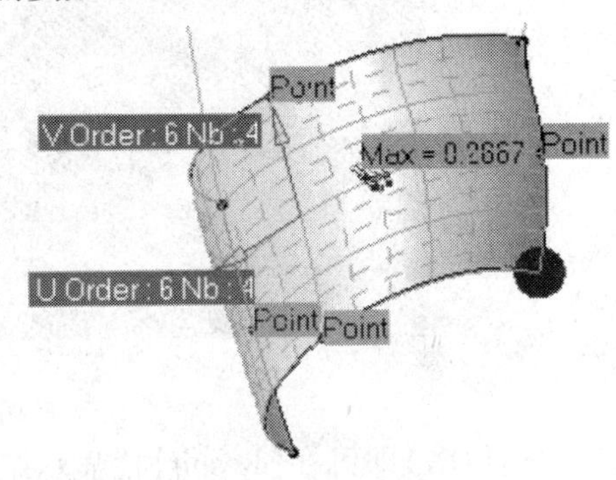

图4-371　拟合曲面的阶数和段数显示

4.4.3　分割(Segmentation)

4.4.3.1　用曲率规则分割(Segment by Curvature Criterion)

此功能是按照曲率或者曲率半径方向上定义多边形区域,或者在云点上生成交线(Scans)或将点云分割。该功能的使用方法是:

在【Segmentation】工具栏单击【Segmentation by Curvature Criterion】,弹出如图4-372所示的对话框。选择一个网格面,在网格面上移动鼠标可以显示该点的曲率,点击该点显示具有与该点相同曲率的所有点连成的交线。

该对话框的【Type】栏用于选择测量方式,其中选项的含义是:

- Curvature:等曲率;
- Radius:等曲率半径。

图4-373所示为显示鼠标所到处的曲率值。

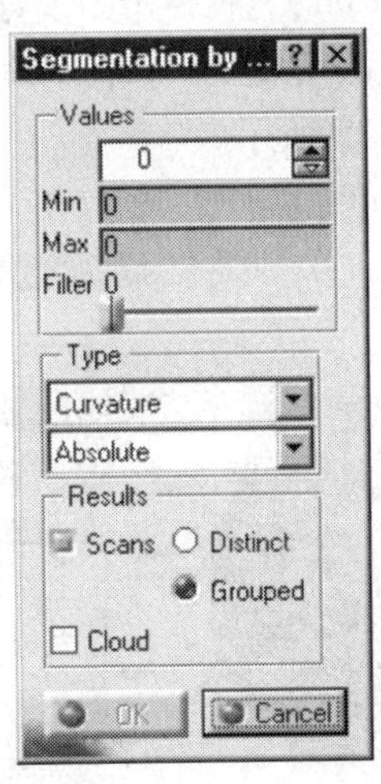

图4-372　【Segmentation by Curvature Criterion】对话框

图4-373　显示鼠标所到处的曲率值

在Curvature(等曲率)条件下,可以选择不同的曲率形式:

- Maximum/Minimum：最大/小曲率。它用于在给定的与曲面垂直的方向形成一个平面，此平面在给定点以给定的曲率沿着曲线切割，如果平面沿着垂直轴旋转，曲率在两个极值之间变化。
- Mean：平均曲率。极值出现在曲面最翘曲位置，可以检测曲面的不规则性。
- Absolute：绝对曲率。它用于检测网格面上的规则部分。
- Guass：用于描述在某点处的曲面形状。

调整【Filter】滑块可改变数值，将不必要的点去掉，如图 4-374 所示。

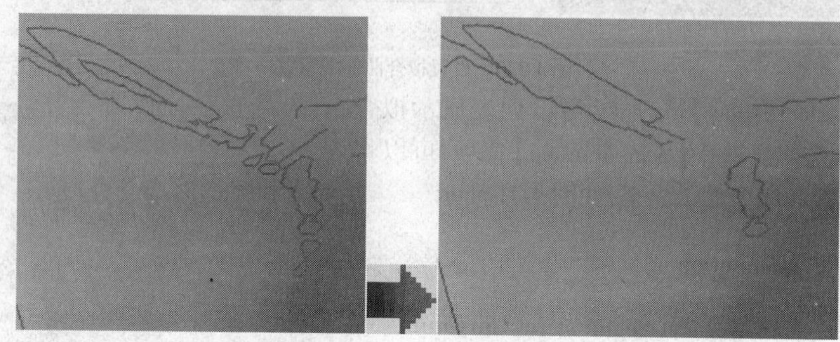

图 4-374　调整参数值

单击【OK】即可在【Result】栏显示结果。

其中的选项的含义为：

- Scans：扫描类型；
- Distinct：分开的；
- Grouped：成组的。

【Cloud】选项，表示可以将网格面按照设定的等曲率值进行分割。

4.4.3.2　用斜率规则分割(Segmentation by Slope Criterion)

此功能是根据指定的值，通过设置网格面法线或罗盘 W 方向夹角，对斜率进行分析，在斜率范围内对分析元素上的直线进行识别。该功能的使用方法是：

在【Segmentation】工具栏单击【Segmentation by Slope Criterion】，弹出如图所示的对话框。选择一个网格面或多边形，罗盘就自动位于所选元素上。当默认角度为 0，即 Z 轴给出视图方向，此线是分析元素法线方向与视图正交方向的区域，如图 4-375 所示。

设置偏差角度后，可以改变法线与正交视图的角度偏差，如图 4-376 所示。

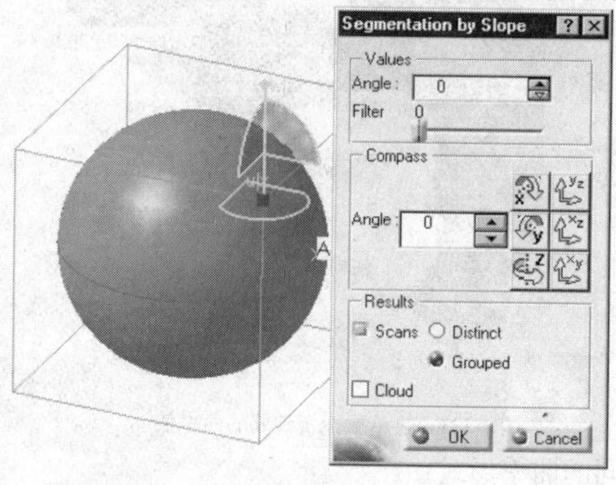

图 4-375　分析元素法线方向与视图正交方向的区域

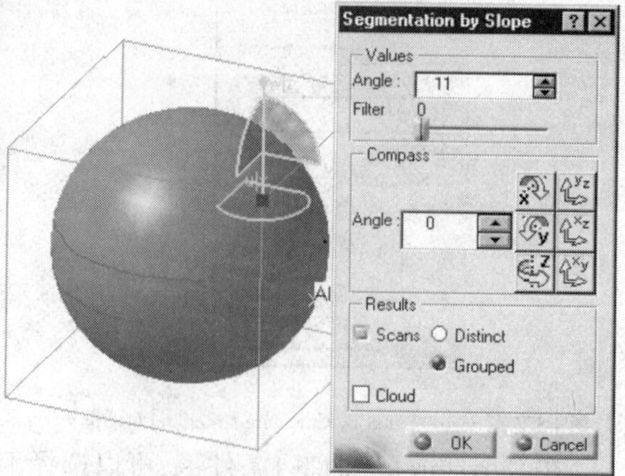

图 4-376　设置偏差角度

改变罗盘方向及角度值设置数值,也可以使用右侧罗盘操作功能进行调整。

调节【Filter】滑块减少线上点的数目,点击【OK】即可,在结果区同样可以显示选择不同类型的结果。

4.5 汽车 A 级曲面(Automotive Class A)

汽车 A 级曲面的工作平台如图 4-377 所示。

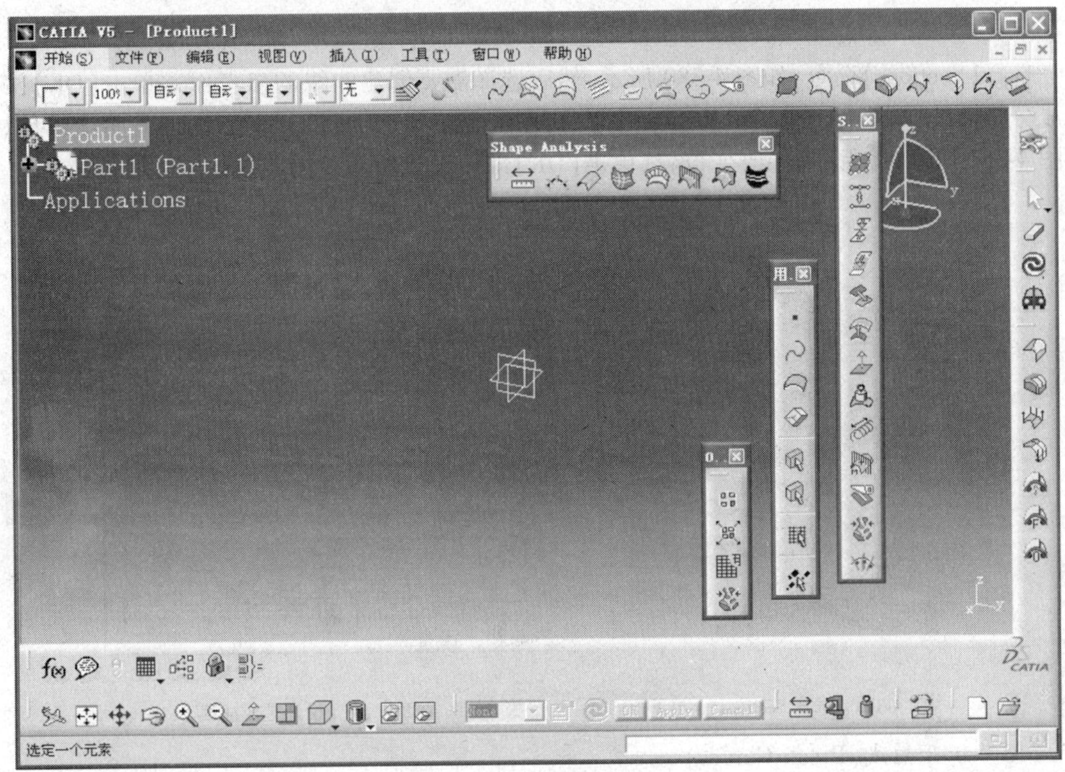

图 4-377 Automotive Class A 界面

4.5.1 生成曲线(Creating Curves)

4.5.1.1 等参数线(Iso-Curve)

Iso-Curve 功能是用于在曲面标准线上创建 3D NURBS 曲线。通过在曲面上点击一点创建标准曲线。该功能的使用方法是:

在【Curve Creation】工具栏中选择【Iso-Curve】命令,选择创建曲线的参考平面,然后点击曲面,出现一参考点,移动参考点可以改变曲线位置,如图 4-378 所示。单击右键,可以选择【Change Direction】或者【Selection】创建其它曲线。点击【OK】即可显示曲线。单击【Update】按钮,然后点击【OK】即可显示创建的标准曲线。

点击【2D Curve】可以创建 2D Curve 曲线,其对话框如图 4-379 所示。

4.5.1.2 曲线分析(Curve On Analysis)

此功能是基于分析曲面基础上创建 3D NURBS 曲线。该曲线是基于 Sections、Reflections、Inflections or SSI 等方式创建的分析基础上所建立的曲线。该功能的使用方法是:

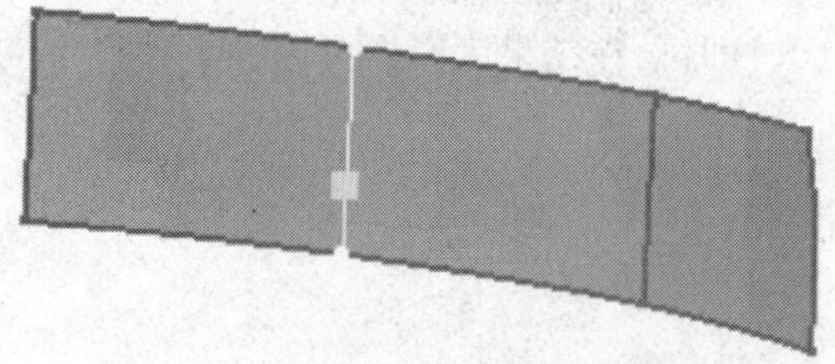

图 4-378　Iso-Curve

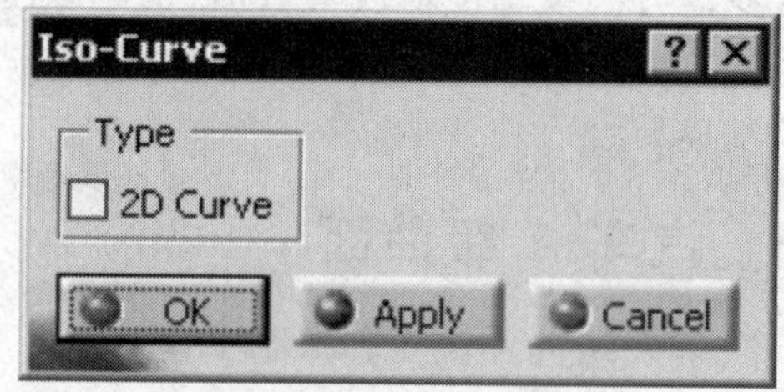

图 4-379　创建 2D Curve 曲线

选择【Sections】命令，如图 4-380 所示，然后选择需要创建曲线的参考面并单击【OK】按钮生成分析曲线；单击【Curve On Analysis】命令，在出现的 Sections 曲线上点击一条曲线，可以在如图 4-381 所示的对话框中改变设置，单击【OK】即可生成所需要的曲线。

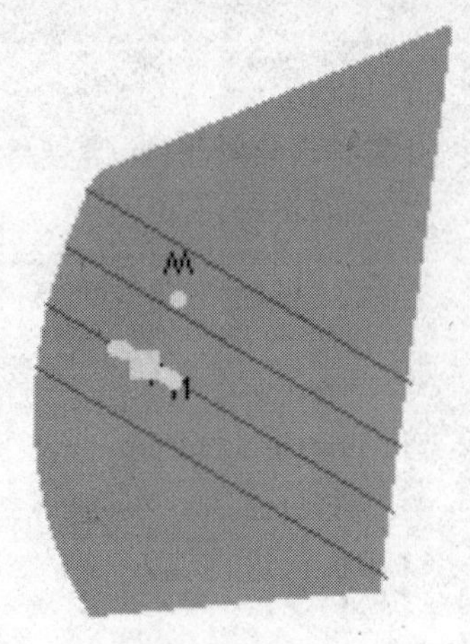

图 4-380　选择 Sections

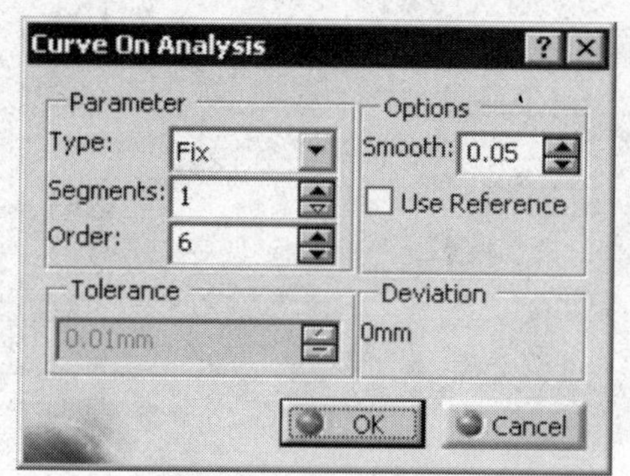

图 4-381　改变设计生成曲线

4.5.1.3　断开曲线(Break Curves)

此功能是通过打断命令创建曲线，例如显示、隐藏或者相交点。可以选择一个或者多个 NURBS 曲线，或者任意多的曲线、曲面作为参考，例如相交面或相交点。其使用方法是：

单击【Break Curves】命令，出现如图 4-382 所示的对话框；选择一条曲线，会出现标有"Break"的红色操作符，同时显示星形符号，显示打断位置，如图 4-383 所示。单击【Break】图标，并单击【OK】即可生成曲线，如图 4-384 所示。

按住【Ctrl】键移动星形符号至相交线上，就可断开曲线，如图 4-385 所示。

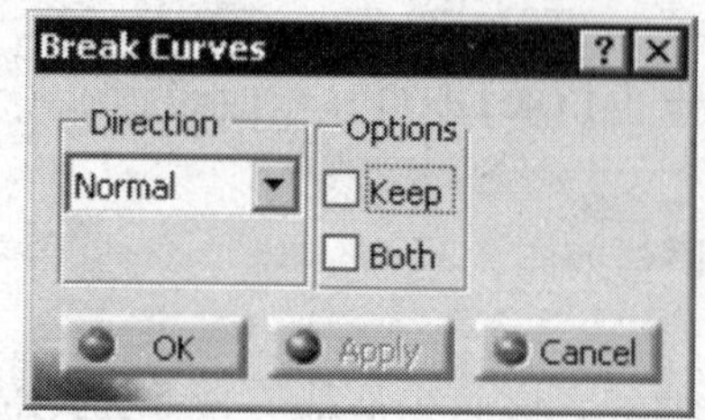

图 4-382　【Break Curves】对话框

图 4-383　Break Curves

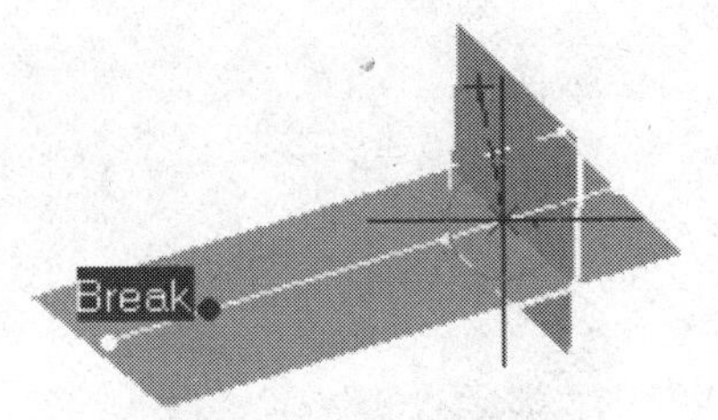

图 4-384　生成曲线

图 4-385　曲线打断

在【Break Curves】对话框中可以设置曲线的类型及生成方式：

【Direction】栏用于设置：曲线不相交时的投影方向。其中：

- Normal：垂直于两曲线最小距离；
- Plane：垂直于平面工具 Z 方向的平面。

【Options】栏中包括以下选项：

- Keep：保留原始曲线；
- Both：保留打断曲线的两部分。

4.5.2　生成曲面(Creating Surfaces)

4.5.2.1　法兰(Flange)

此功能是基于曲线、直线或者曲面边界建立法兰或者曲面边缘。法兰包括长度和角度两个参数：长度沿着整个法兰都是连续的，而且两侧法兰边缘长度和角度可以不同。当然，法兰的生成取决于参考曲线内部的点，可以通过改变法兰边缘的两个向量来改变法兰的长度和角度。该功能的使用方法是：

在【Surface Creation】工具栏选择【Flange】工具按钮，弹出如图 4-386 所示的对话框；选择曲面的边界或者需要生成法兰的曲线，视图上就会显示控制点以及两个向量，如图 4-387 所示。

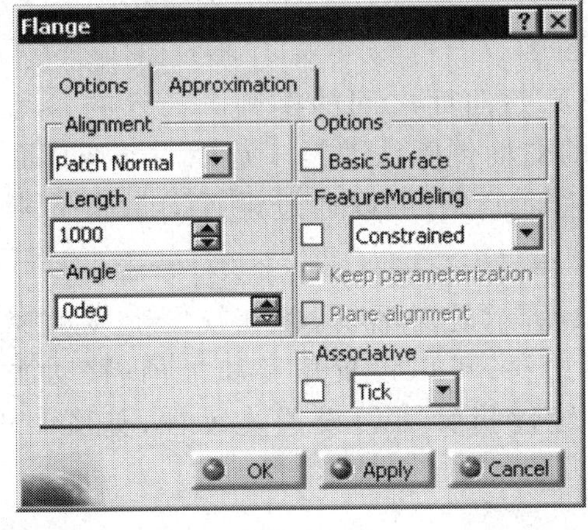

图 4-386　【Flange】对话框

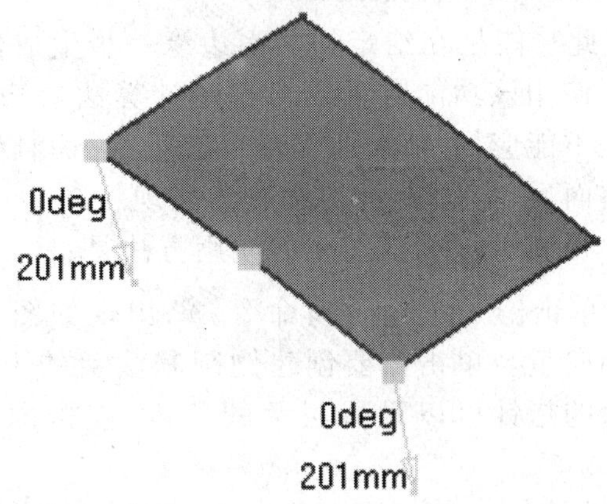

图 4-387　Flange

通过拖拽向量的最高点指针可以设置法兰的长度，如图 4-388 所示。

同时改变向量的旋转圆可以设置法兰的角度，如图 4-389 所示。

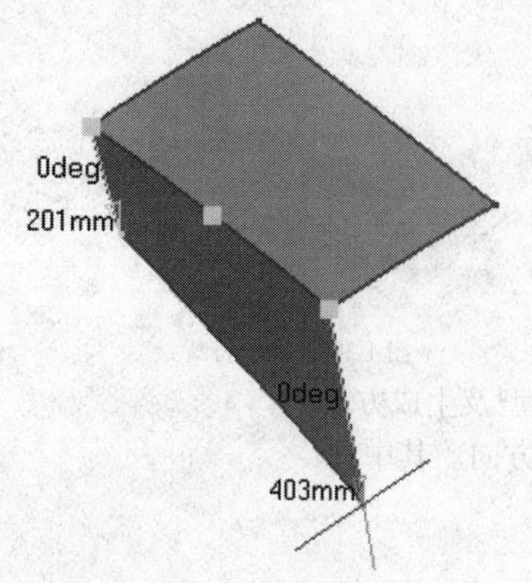

图 4-388　设置 Flange 的长度

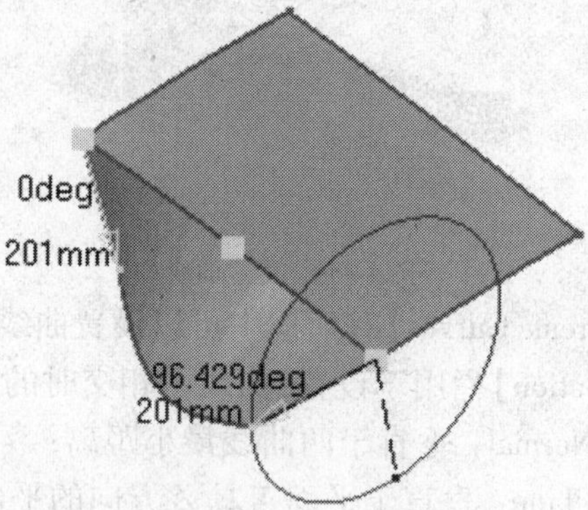

图 4-389　设置 Flange 的角度

也可以在如图 4-386 所示的对话框中设置长度和角度。该对话框中的其它参数包括：

- Patch Normal：法兰边缘的参考方向垂直于整个曲面；
- Plane Normal：法兰边缘的参考方向是通过平面工具给定的，投影垂直于脊线的切线方向；
- Plane Fix：法兰边缘的参考方向是通过平面工具给定的；
- Basic Surface：法兰基于基准平面的边缘建立；
- Feature Modeling：栏包含两个选项：
- Constrained：法兰边缘的修改是有限的；
- Free：自由修改法兰边缘。

在如图 4-390 所示的对话框中还可以设置其他参数，单击【OK】即可创建法兰。

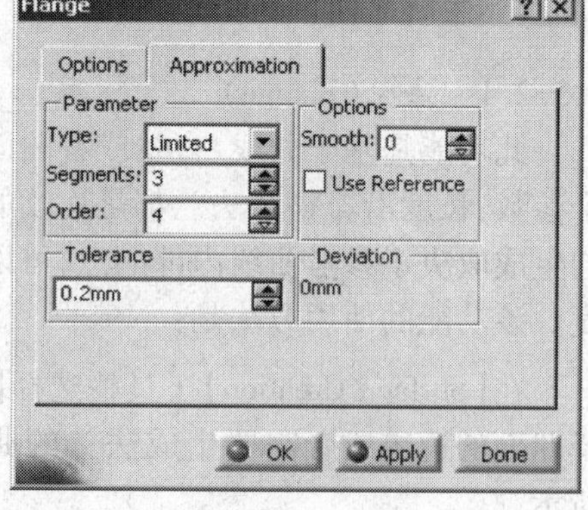

图 4-390　设置参数

4.5.2.2　圆角(Fillet Flange)

此功能是在给定的曲面边缘一步生成倒圆和法兰。使用该功能时系统会自动计算法兰边缘与原始曲面之间的倒圆。插入的参考曲面是不能应用 ACA 曲面命令编辑的，而且生成的曲面倒圆法兰是多选择的。选择需要的曲面后，在选择的点附近会出现一条生成法兰的脊线，可以通过设置向量指针来设置半径和角度。该功能的使用方法是：

单击【Fillet Flange】命令，出现如图 4-391 所示的对话框，并在视图上显示控制点和向量。单击需要创建倒圆和法兰的平面片边缘，可以设置角度和半径；移动法兰边缘的指针可以设置法兰的角度；点击向量连续性指针可以设置连续性，如图4-392 所示。

单击【Apply】按钮就可以显示倒圆及法兰。

通过对话框可以设置倒圆法兰参数。【Options】选项包括：

- Silhouette：法兰的起始曲线是由平面工具定义的倒圆的轮廓线。
- Chordal：设置法兰弦参数。
- Variable：设置半径参数。此时【Tolerance】框被激活。

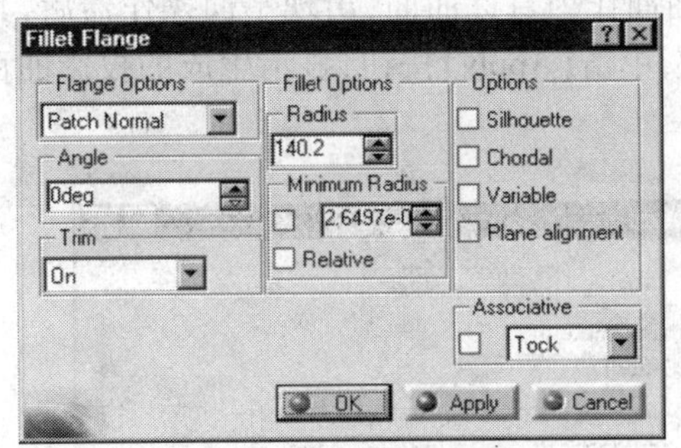

图 4-391 【Fillet Flange】对话框

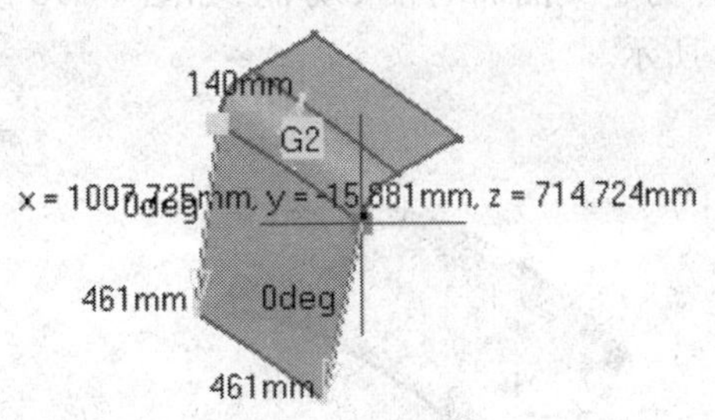

图 4-392 Fillet Flange

- Plane alignment:特征模型的特殊选择。它表示法兰垂直于参考线的曲线的等高线应该是平面的。

4.5.2.3 扫略曲面(Sweep)

此功能是根据给定的曲线创建 NURBS 曲面。曲线有导引线、轮廓线、脊线组成,导引线和轮廓线必须相交,相交偏差在 0.001mm 之内。该功能的使用方法是:

单击【Sweep】命令,弹出如图 4-393 所示的对话框;选择生成扫描曲面的轮廓线,点击【Profile】按钮,选择与此曲线相交的曲线作为导引线,如图 4-394 所示;点击【Apply】按钮,即可显示生成,如图 4-395 所示的曲面。

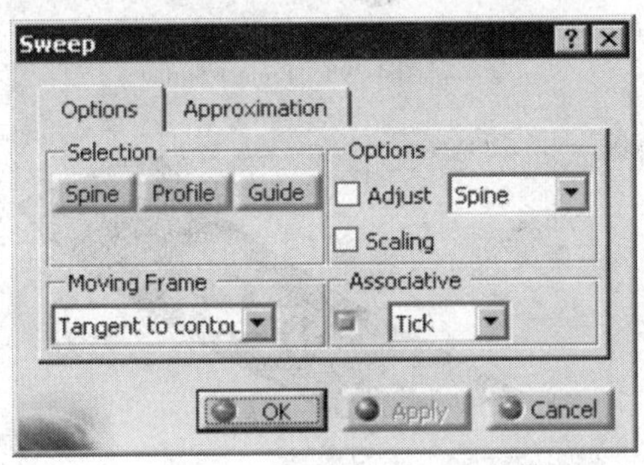

图 4-393 【Sweep】对话框

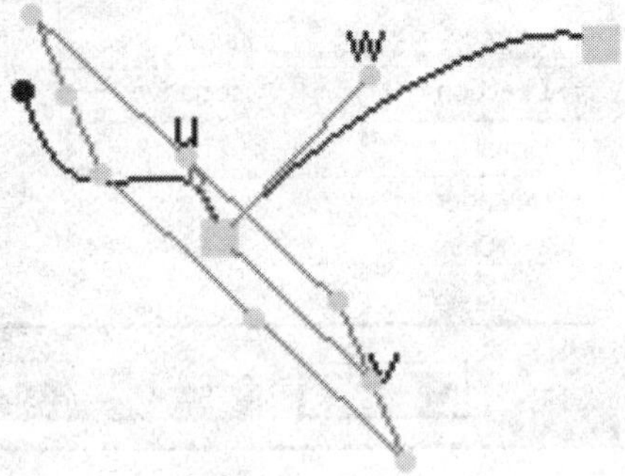

图 4-394 选择曲线

该对话框中的【Moving Frame】栏用于当沿着脊线移动时对轮廓线的定位。其中包括如下选项:

- Translation:轮廓线沿着脊线平移,无旋转。
- On contour:轮廓线的移动沿着脊线既有平移又旋转,且脊线与轮廓线之间的角度是连续的当沿着脊线移动的。
- Fixed direction:轮廓线的方向是平面移动工具的 X 方向。
- Tangent to contour:平面工具的 Z 方向是脊线的相切方向。

利用如图 4-396 所示的【Approxionation】选项卡还可以设置一些其他参数。

4.5.2.4 投影曲面(Project Surfaces)

此功能是在另一个曲面上建立一个曲面的投影曲面。该功能的使用方法是:

单击【Project Surfaces】命令,弹出如图 4-397 所示的对话框。单击【Source】按钮,选择一个被投影曲面;单击【Target】按钮,选择一个曲面作为目标曲面,出现平面操作器后,其Z轴方向即为定义曲面的投影方向,如图4-398所示,单击【Apply】按钮,显示生成的投影曲面如图4-399所示。

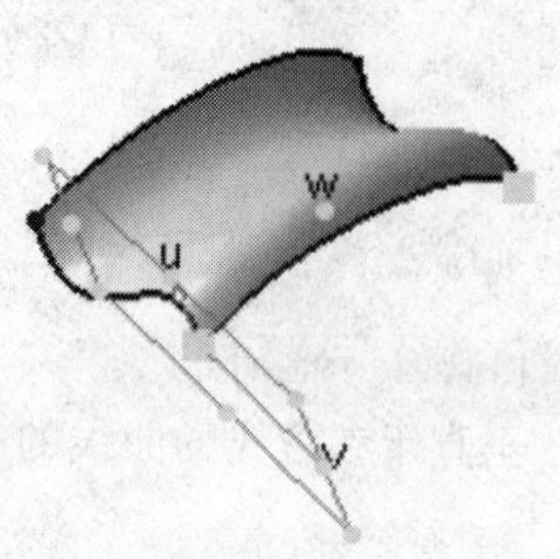

图4-395 生成的曲面

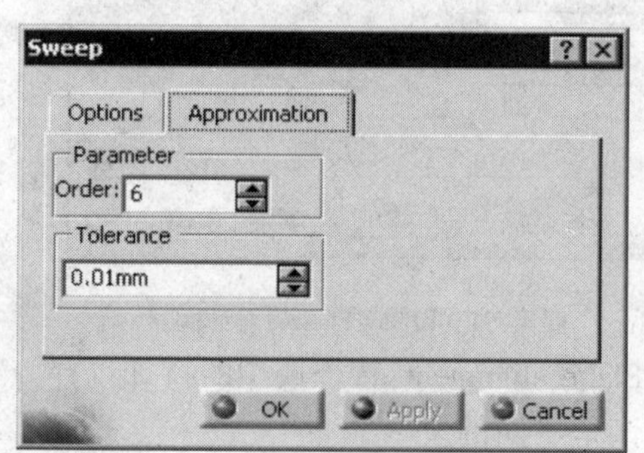

图4-396 设置参数

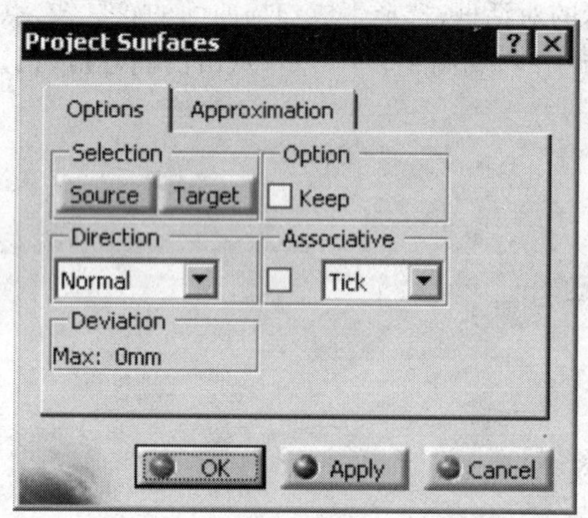

图4-397 【Project Surfaces】对话框

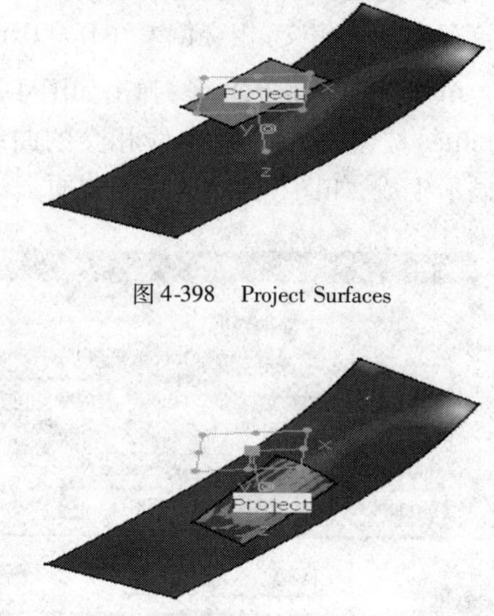

图4-398 Project Surfaces

图4-399 生成的曲面

4.5.3 修改曲线曲面(Modifying Curves and Surfaces)

4.5.3.1 移动(Move)

此功能是通过平移或者旋转平面工具修改3D NURBS曲线或者曲面。其使用方法是:

选择需要移动的曲面,单击【Shape Modification】工具栏选择【Move】命令,通过移动平面工具将曲面移动到合适位置及角度,如图4-400a)、图4-400b)所示。在弹出的如图4-401所示的对话框中可以设置【Translate】和【Rotate】参数,也可以利用鼠标直接在屏幕上设置移动参数。

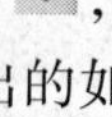

4.5.3.2 光顺(Smoothing)

此功能用于光顺NURBS曲线或者曲面。光顺方式有:Interactive smoothing、Numerical smoothing。

- Interactive smoothing:通过单击控制点或拖拽控制符改变圆半径,来修改曲面的光顺

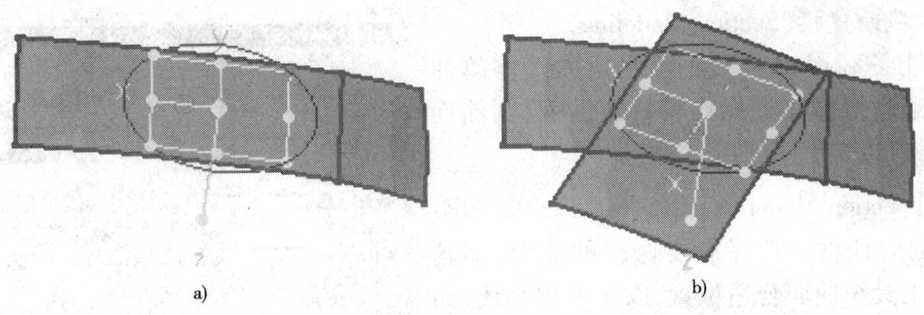
a) b)

图 4-400 Shape Modification

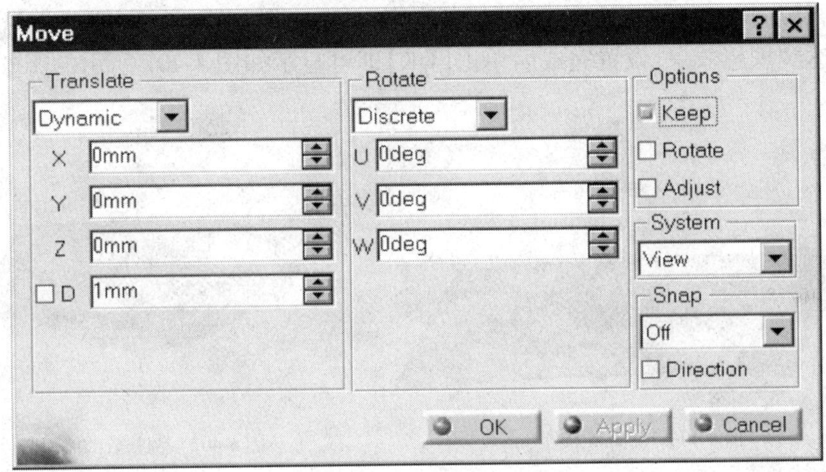

图 4-401 【Move】对话框

性，如图 4-402 所示；

- Numerical smoothing：通过在对话框设置光顺值。

此功能还可以冻结曲面边缘，且一次可修改多个曲面。另外此功能还可以检查最初几何图形与修改曲面之间的最大偏差。该功能的使用方法是：

单击【Smoothing】命令，弹出如图 4-403 所示的对话框。也可单击【All】选项，选择多个曲面或者曲线，可以利用上面介绍的方法修改光顺值，也可以单击【Freeze】按钮，在弹出的菜单中修改曲面的连续阶数，如图 4-404 所示，最后单击【OK】按钮即可生成所需的光顺曲面。

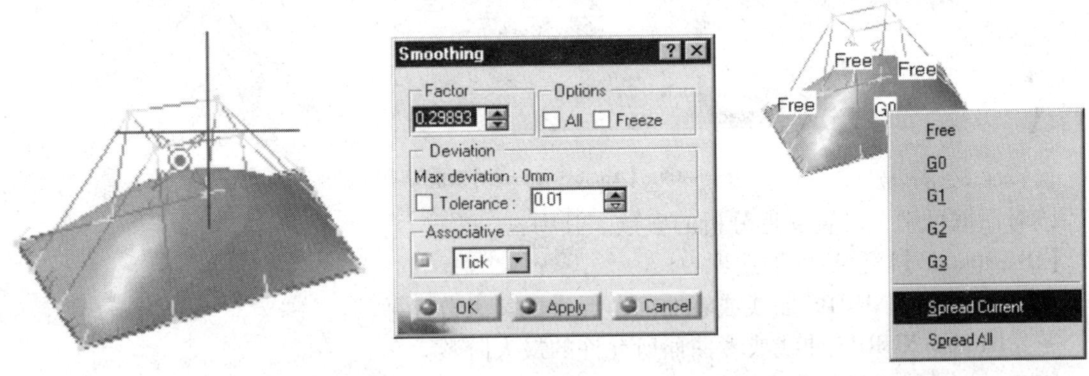

图 4-402 Smoothing　　图 4-403 【Smoothing】对话框　　图 4-404 修改曲面的连续阶数

4.5.3.3 截面建模(Section Modeling)

此功能是利用相交平面建立的曲线修改曲面。如果通过操作相交操作符修改曲面,则曲面会自动修改。该功能的使用方法是:

单击【Section Modeling】命令,弹出如图 4-405 所示的对话框。选择需要修改的曲面,移动平面操作工具至曲面合适位置,以显示相交线,如图 4-406。接着通过设置对话框中各项参数来创建理想曲面,然后操作相交线上的控制点来改变曲面形状以达到理想效果,设置完成后单击【OK】即可显示如图 4-407 所示的调整曲面。

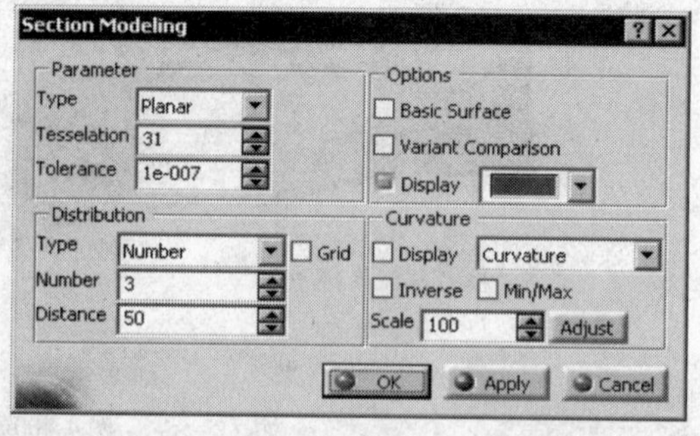

图 4-405 【Section Modeling】对话框

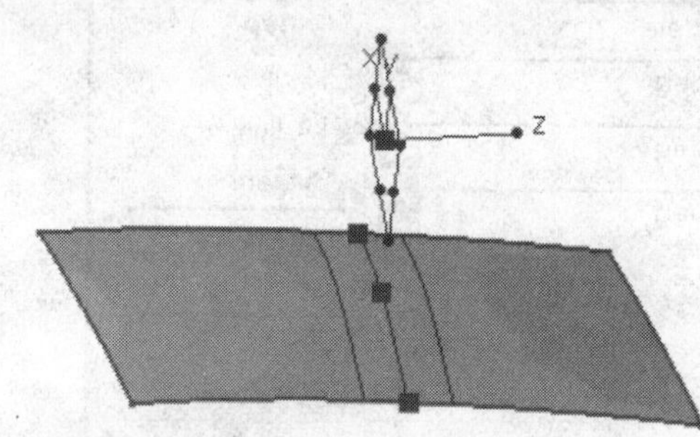

图 4-406 Section Modeling

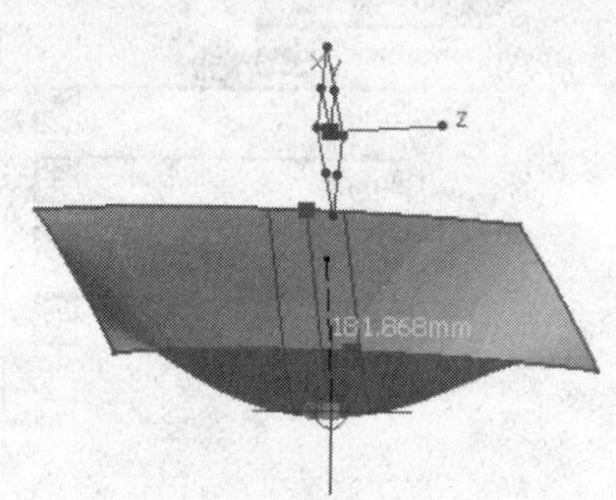

图 4-407 调整后的曲面

4.5.4 分析曲面(Analyzing Surfaces)

4.5.4.1 逼近分析(Approximation)

此功能是修改投影曲线之间的逼近值。其使用方法是:

单击【Project Curves】按钮,选择曲线和投影曲面建立投影曲线,如图 4-408 所示。然后单击【Approximation】命令,在弹出的如图 4-409 所示的对话框中设置阶数。曲线可自动调整为新生成曲线,如图 4-410 所示。

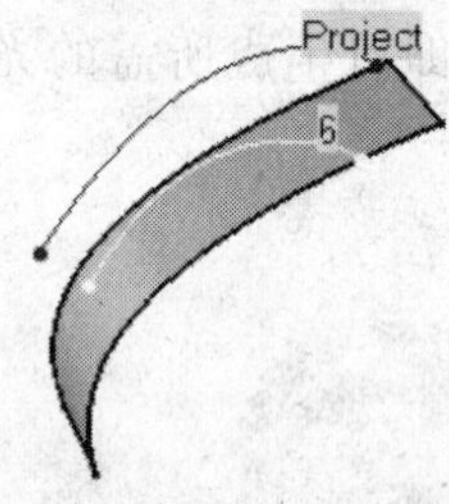

图 4-408 设置阶数

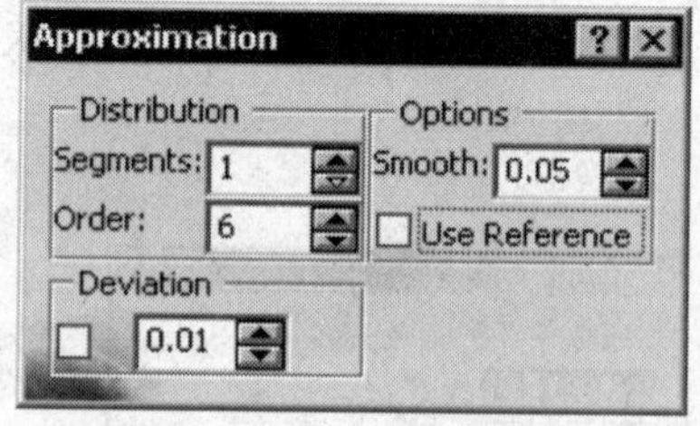

图 4-409 【Approximation】对话框

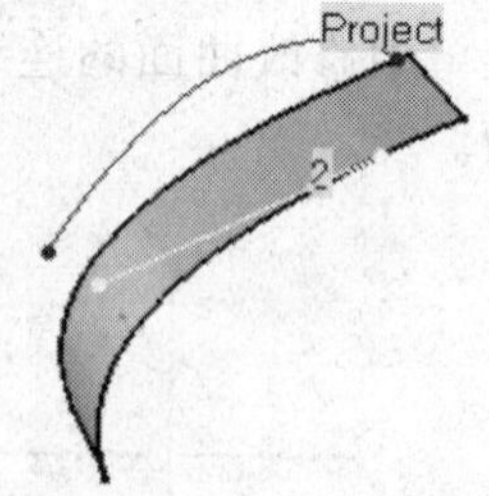

图 4-410 生成曲线

该对话框可用于设置逼近分析的参数。其中:

【Distribution】栏包括如下选项:

- Segments:NURBS 曲线或者曲面所允许的最大分段数。
- Orders:NURBS 曲线或者曲面所允许的最大阶数。

【Deviation】栏包括如下选项:

Switch:当【Switch】按钮呈现 Off 状态时,显示最大分段数和阶数条件下,所允许的最大距离；当呈现 On 状态时，显示所允许的最大距离。

Value：设置允许最大距离值。

【Options】栏的【Smooth】选项用于设置光滑度因数。

4.5.4.2　等参曲率（Iso Curvature）

此功能在 Iso-Curves 的点上显示曲面曲率分析。该曲面曲率分析的显示必须是 Iso/Curves 基础上建立的曲线。该功能的使用方法是：

单击【Iso Curvature】命令，选择一个曲面，在如图 4-411所示的【Parameter】对话框中可设置如下参数：

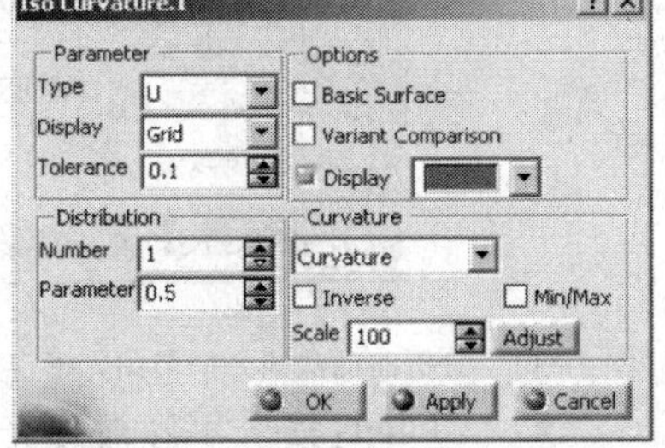

图 4-411　【Iso Curvature】对话框

- Type：U、V 方向的参数类型。

Display：显示方式。

Tolerance：偏差，如图 4-412 所示。

【Distribution】栏用于设置 Iso-Curves 的类型。

【Options】栏用于定义额外以及一般常用参数。其中

- Basic Surface：在有曲面的情况下，在基本曲面上建立分析。
- Variant Comparison：变量对比，计算不同几何变形的分析。
- Display：显示间隙分布图和轮廓。

【Curvature】栏用于设置控制样条线的显示参数。

设置完成后点击【OK】即可，其显示结果如图 4-413 所示。这时需要说明的是：该分析只显示当前，使用下一个命令时就不显示。

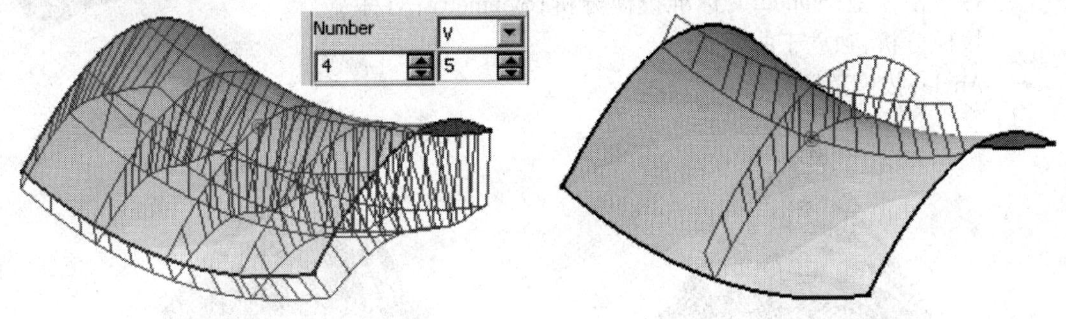

图 4-412　设定参数　　　　图 4-413　显示结果

4.5.4.3　高亮分析（Highlights）

此功能是利用阴影高亮线分析曲面。Highlights（高亮线）是一种全面分析曲面质量的工具，类似于反射线分析，在整个阴影曲面上起作用。

在一般情况下此功能在【Costom view】模式下显示结果。如图 4-414 所示，它用于分析曲面法线方向与预先指定方向之间的夹角。分析结果的显示取决于角度，如果法线方向与预先指定的方向相同，显示相同的阴影颜色；如果角度是 90°，则所显示的条纹是与预先指定的方向相关的轮廓线。该功能的使用方法是：

单击【Highlights】命令，选择一个需要分析的曲面，设置如图 4-415 所示的对话框，其中的【Option】栏包括如下选项：

- Grid：两个预先确定的曲面上条纹线的方向；如果不选中 Grid 网格自动切换到 Stripes 条纹线模式，平面工具的法线方向作为预先定义的方向；

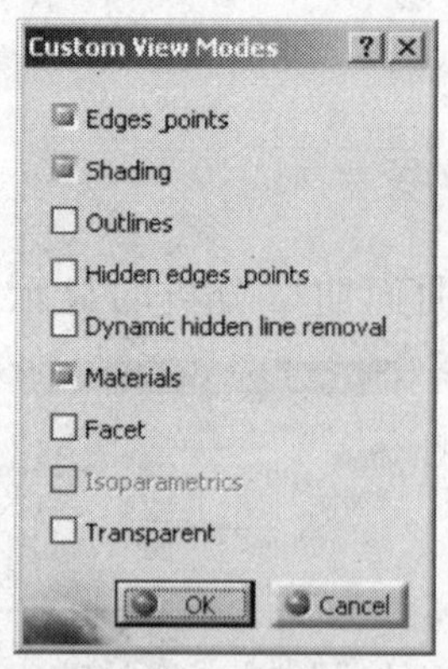

图 4-414　分析曲面法线方向与预先指定方向之间的夹角

图 4-415 【Highlights】对话框

- Global：整个零件被强光照射。
- Angle：在每个角度上分布强光。

在【Option】栏中还可以设置 Density（密度）、Thickness（厚度）、Sharpness（硬度）参数，所得结果如图 4-416 所示。如果分析曲面是圆锥曲面，高亮线则沿着圆锥母线分布，如图 4-417 所示。

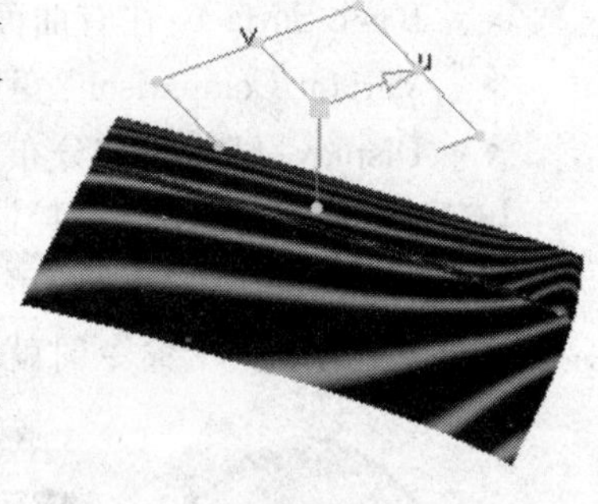

图 4-416　设置参数

【Draft】选项框用于拔模设置，其中：

- Draft Mode Combo Box：设置拔模模型间隙分布图，选择拔模模型；Standard，标准拔模分析；Symmetry，对称拔模分析，独立于曲面方向。
- Angle：拔模角度分析。

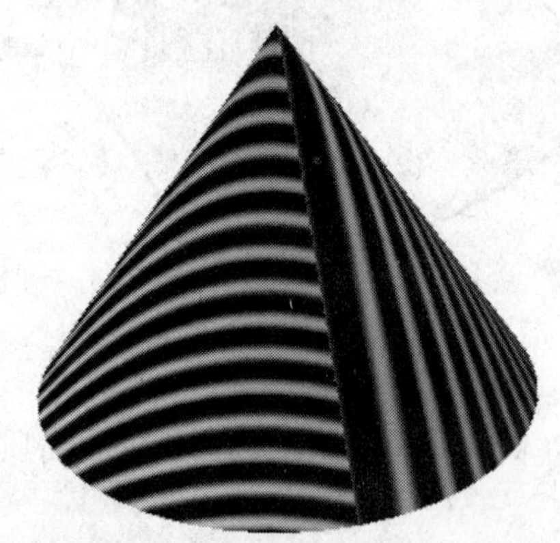

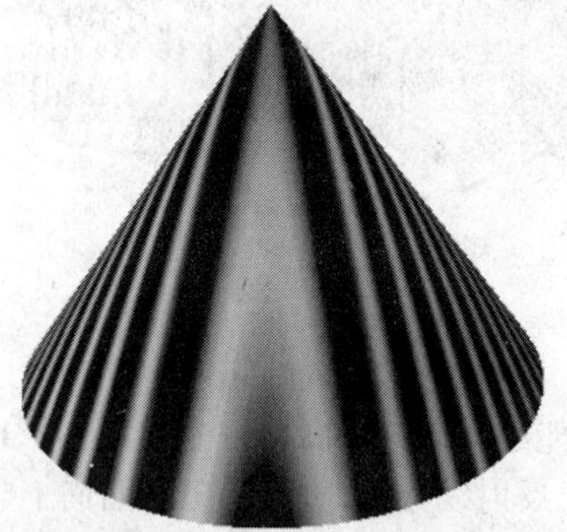

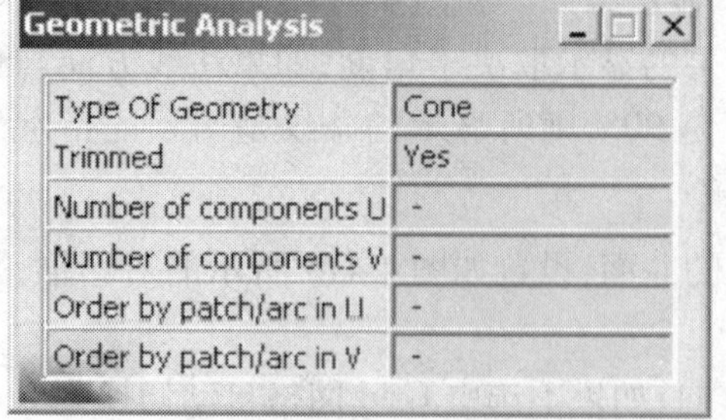

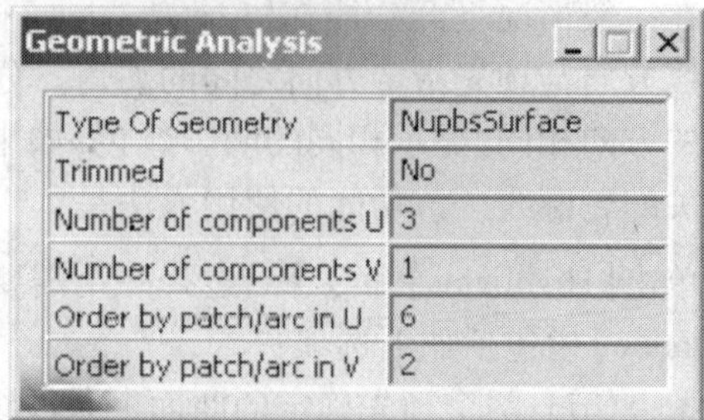

图 4-417　分析结果

4.5.4.4　SSI

此功能是对两个曲面在相交处分析。其使用方法是：

单击【SSI】命令，弹出如图4-418所示的对话框。选择需要分析的两曲面，呈现两曲面的相交线，如图4-419所示；设置分析参数，相交线立即更新。点击【OK】即可显示分析结果，如图4-420所示。

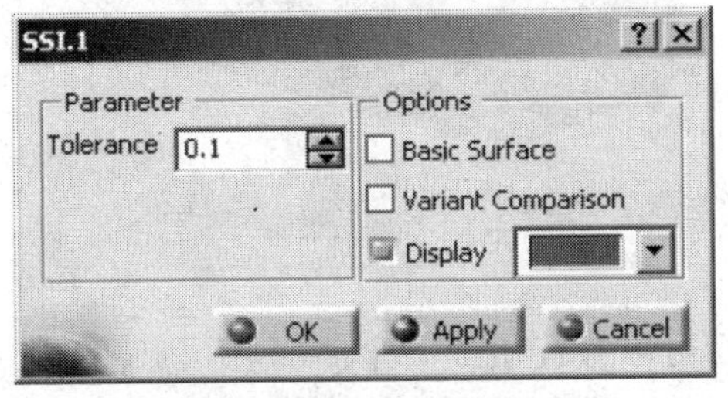

图4-418　【SSI】对话框

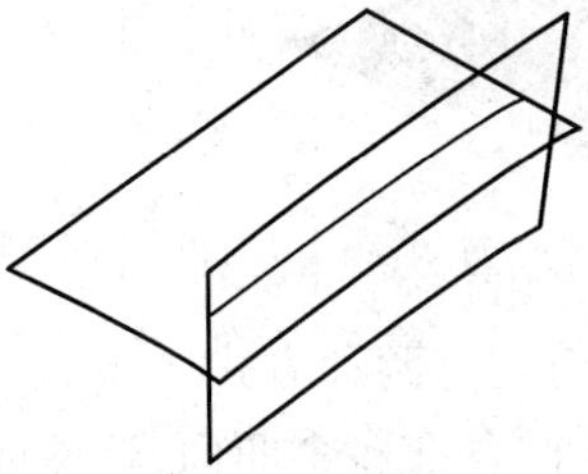

图4-419　选择两曲面

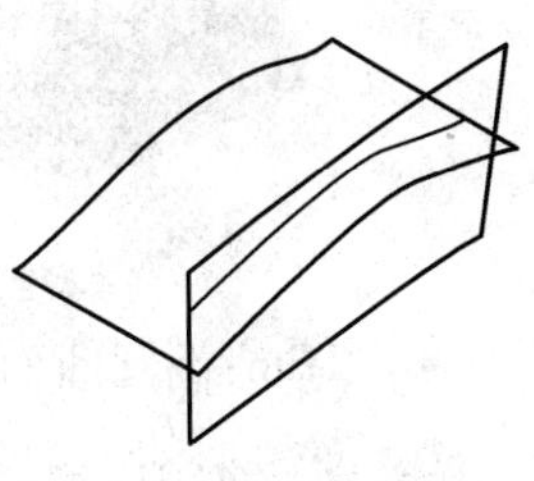

图4-420　显示分析结果

该对话框中其他参数为：

- Parameter：定义整个分块数/偏差参数。
- Tolerance：分段点和分段平面之间的最大允许距离。
- Options：定义额外以及常用参数。

4.5.5　外形优化（Shape Optimizer）

4.5.5.1　拓扑圆角（Topo Fillet）

此功能是在两个插入的NURBS曲面单元之间创建倒圆曲面，在倒圆曲面边界插入曲面被剪切。使用该功能时用户需要插入两个曲面单元，在两个曲面之间显示一个标有半径标签的滚动球，该半径即为倒圆曲面半径。其使用方法是：

单击【Topo Fillet】命令，出现如图4-421所示的对话框。选择曲面单元并单击【Apply】按钮，如图4-422所示；然后选择另外两个曲面，并确保指针垂直于这两个曲面，单击向量指针可以改变方向。单击【OK】即可显示倒圆结果，如图4-423所示。

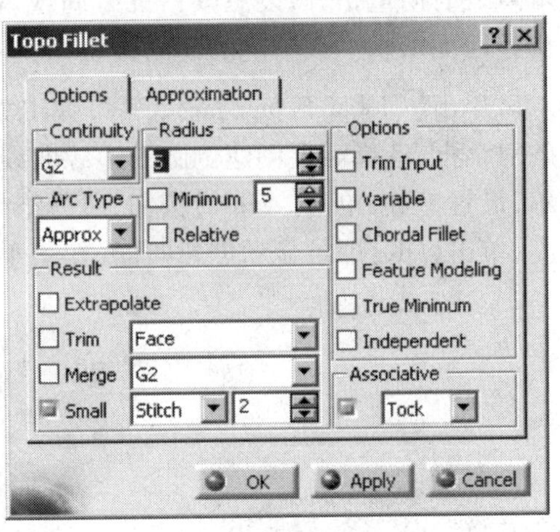

图4-421　【Topo Fillet】对话框

在对话框中可以设置参数，各参数意义如下：

- Continuity：倒圆与参考曲面之间的连续性阶数。
- Arc Type（only for G1）：该选项只在倒圆方向上影响倒圆曲面。
- Blend：在倒圆与参考曲面之间创建桥接曲面。
- Approx：创建贝塞尔接近圆弧。
- Exact：创建有真实圆弧分段的有理曲面。
- Edge Tolerance：检测到可见边缘的偏差。

【Radius】栏选项用于倒圆半径。

【Result】栏选项的包括：

- Extrapolate:倒圆曲面在参考曲面的延伸面上。

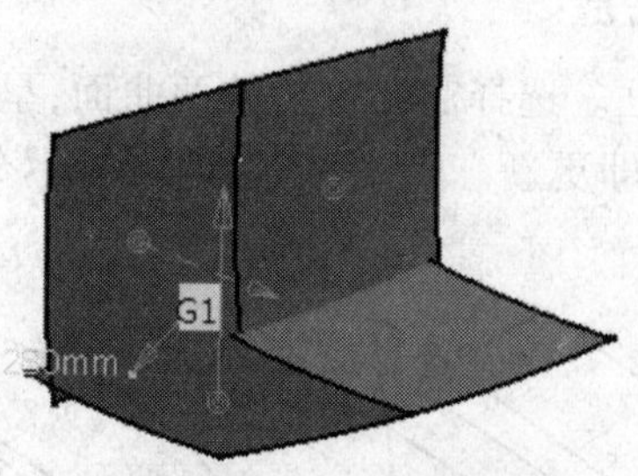

图 4-422　选择曲面

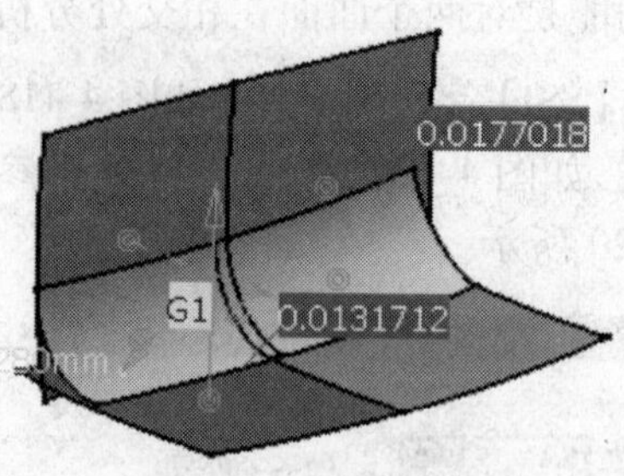

图 4-423　倒圆结果

- Trim:倒圆曲面的剪切有两种方式。
- Merge:如果倒圆曲面存在多个曲面,这些曲面可以被连接成一个曲面。
- Small:如果插入的曲面多于一个,且曲面边界在相同位置不是精确的,结果以小曲面为准。
- Stitch:缝合,小曲面自动缝合在其中临近曲面上。
- Rip:小曲面沿着对角线被分割成两个曲面。

4.5.5.2　整体法兰(Global Flange)

此功能是利用已经给定的一系列曲线建立与曲线连接的边缘曲面。用户可以选择一系列曲线,这些曲线可以是曲面的边缘或者独立曲线,而且生成的边缘曲面端点处有向量指针,以更改指针方向或者调整向量半径调整曲面形状。该功能的使用方法是:

单击【Global Flange】命令,弹出如图 4-424 所示的对话框,选择需要创建倒圆的边缘曲线,如图 4-425 所示;设置参数,单击【Apply】按钮,所得结果如图 4-426 所示,点击向量指针,可以改变角度和长度,单击【OK】即可显示创建曲面,如图 4-427 所示。

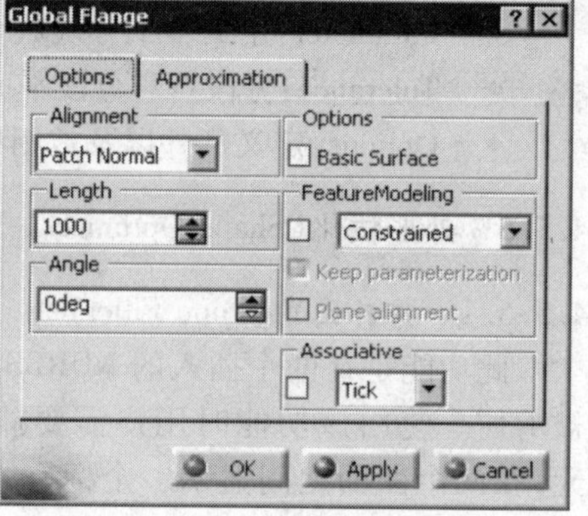

图 4-424　【Global Flange】对话框

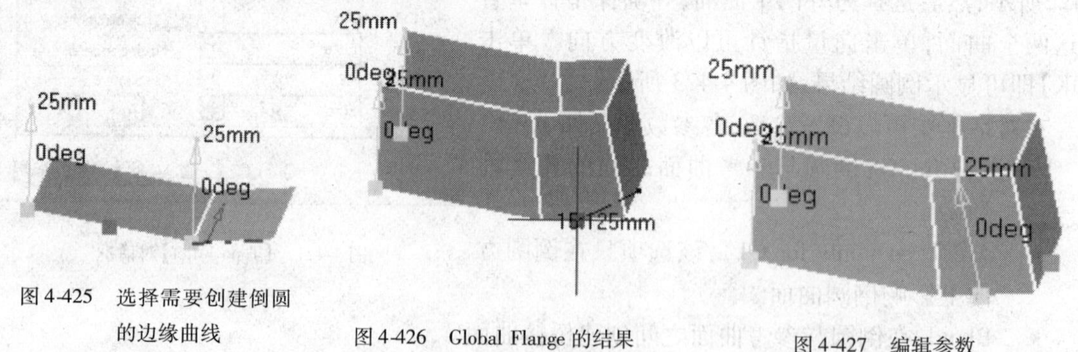

图 4-425　选择需要创建倒圆的边缘曲线

图 4-426　Global Flange 的结果

图 4-427　编辑参数

该对话框中还包括如下选项:

【Alignment】栏用于整个法兰定位,其中:

- Patch Normal:法兰边缘的参考方向垂直于整个曲面。
- Plane Normal:法兰边缘的参考方向是通过平面工具给定的,投影垂直于脊线的切线方向。

- Plane Fix：法兰边缘的参考方向是通过平面工具给定的。

【Basic Surface】选项用于建立基于其准平面边缘的法兰。

【Feature Modeling】中包括如下选项：

- Constrained：法兰边缘形状修改是有限的。
- Free：法兰边缘形状修改是自由不受限制。

4.5.5.3 外形建模(Shape Modeling)

此功能是利用一个单独参考曲面修改3D NURBS曲线或者曲面。用户可以通过修改一个已经存在或者单独创建的参考曲面来修改一系列曲面，其中曲面的设置必须投影到参考曲面上，外形曲面必须能够投影到导引曲面上。

单击【Shape Modeling】命令，弹出的对话框如图4-428所示。选择参考曲面，这里选择如图4-429所示的曲面；单击【Reference】按钮，这里选择模型树显示的参考曲面是为了方便理解，然后单击【Shape】选择模型树上【DS-Logo】按钮下所有曲面作为外形进行修改。单击【Ref Guide】选择参考导引，通过【Move】命令将参考曲面移到右侧，如图4-430所示，外形曲面会自动移到导引曲面上。也可以通过【Control Points】修改外形曲面，如图4-431所示，最后单击【OK】即可。

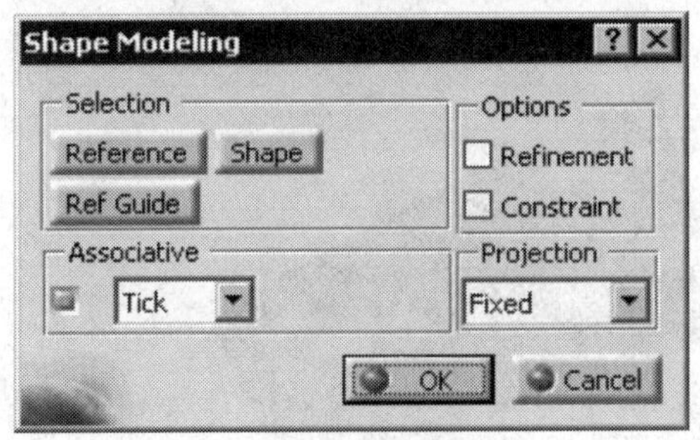

图4-428 【Shape Modeling】对话框

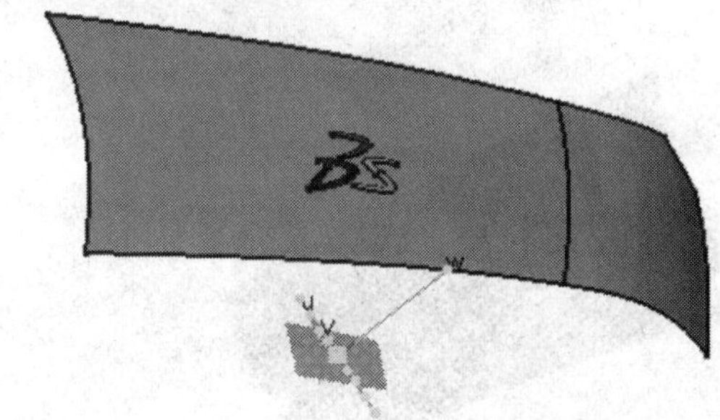

图4-429 选择参考曲面

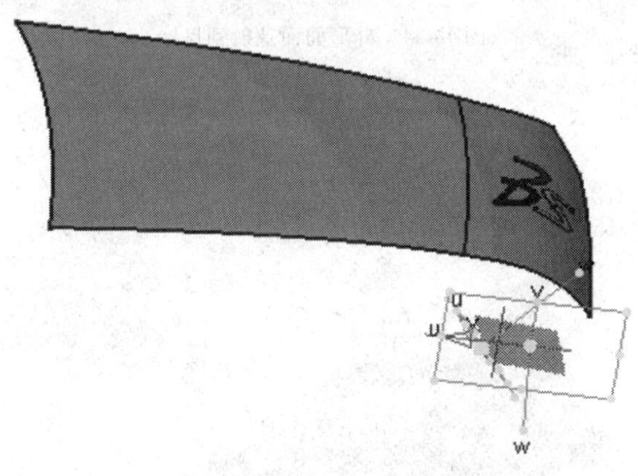

图4-430 选择Ref Guide

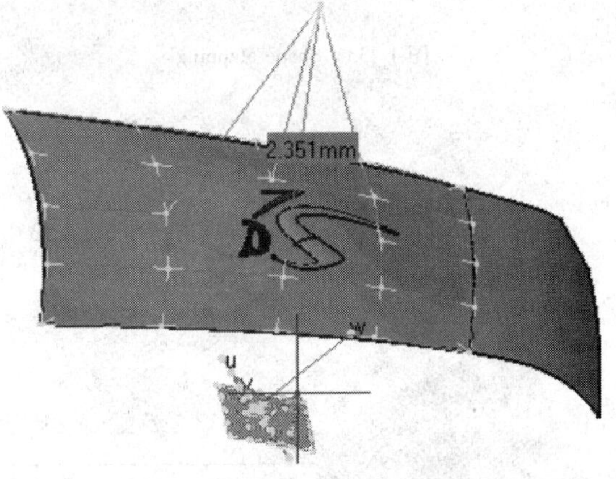

图4-431 修改外形曲面

4.5.5.4 外形映射(Shape Mapping)

此功能是根据参考曲面和目标曲面来修改或者移动曲面，通过映射参考曲面到目标曲面以及在所选择的外形曲面上运用平移转换，来对3D NURBS曲线或者曲面进行造型设计。其中整个曲面必须投影到参考曲面上，平移前后映射可以通过导引曲面进行控制，并保留与导引曲面之间的相关位置，外形曲面要能够投影到导引曲面上。该功能的使用方法是：

单击【Shape Mapping】命令，弹出如图4-432所示的对话框。这里选用给定的例子进行说明该命令的用法，以便于理解，如图4-433所示。

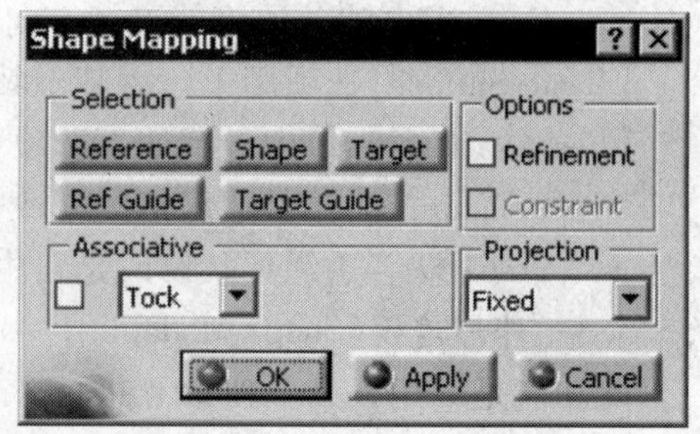

图4-432 【Shape Mapping】对话框

依次按照模型树上的名字按钮对【Selection】栏选项框进行设置，单击【Apply】按钮，外形曲面会映射到目标导引曲面上，如图4-434所示。修改目标曲面和目标导引曲面，外形曲面会自动更改，如图4-435所示。也可以修改参考曲面和参考导引曲面，单击【Apply】按钮，外形曲面会恢复至参考导引曲面上，而且随着参考曲面和导引曲面的修改自动更改，如图4-436所示。最后调整满意后单击【OK】即可映射外形。

图4-433 Shape Mapping

图4-434 外形曲面映射到目标

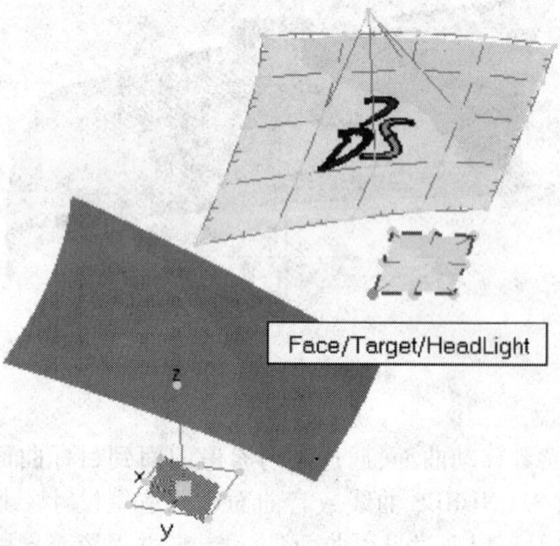

Face/Target/HeadLight

图4-435 外形曲面修改

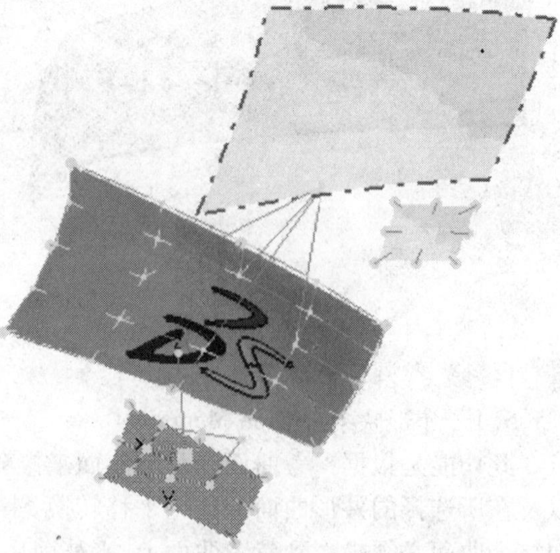

图4-436 调整后的映射外形

对话框中的其他选项包括：

- Reference：选择参考曲面。
- Shape：选择需要修改的几何形状。
- Target：选择目标区面。
- Reference Guide：选择与参考曲面适应的参考导引曲面。
- Target Guide：选择与目标曲面适应的目标导引曲面。
- Refinement：修改几何形状的阶数和段数使其与达到最佳精确性外形相适应。
- Constraint：保留修改外形的边缘控制。
- Projection：定义投影到参考曲面上的方向。
- Normal：垂直于参考曲面。
- Fixed：使用平面工具给定的方向。
- Associative：相关形状。

4.5.5.5　挤压（Overcrowning）

此功能是利用指定点修改曲面，通过使单个的曲面控制点变形来修改曲面。该功能的使用方法是：

单击【Overcrowning】命令，弹出的对话框如图4-437所示。选择需要修改的曲面，在曲面上单击一点定义修改曲面的参考点，如图4-438所示的曲面上会出现平面工具；移动平面工具，所有选择的曲面会自动修改，如图4-439所示。单击【OK】即可修改曲面，如图4-440所示。

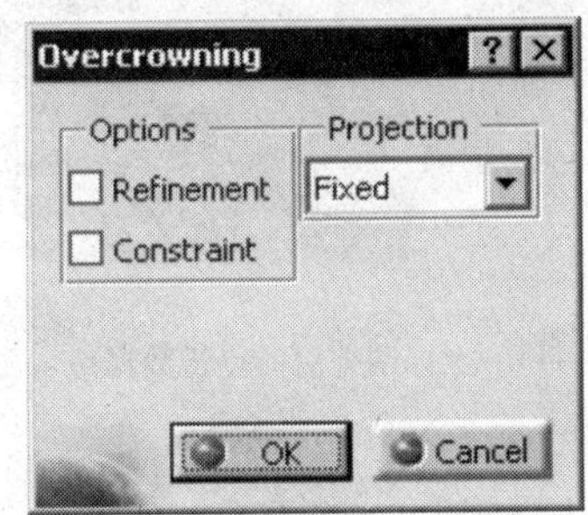

图4-437　【Overcrowning】对话框

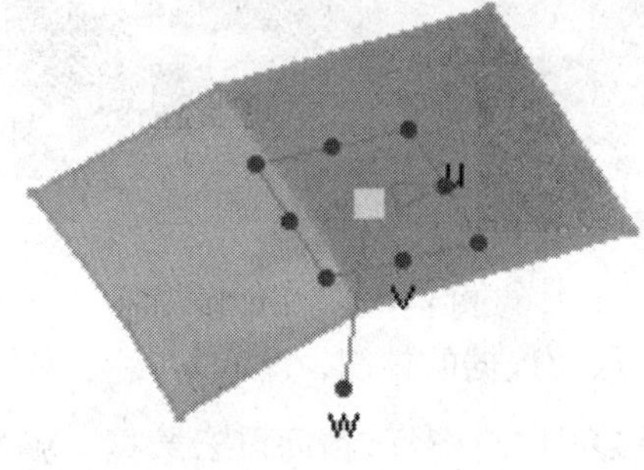

图4-438　定义修改曲面的参考点

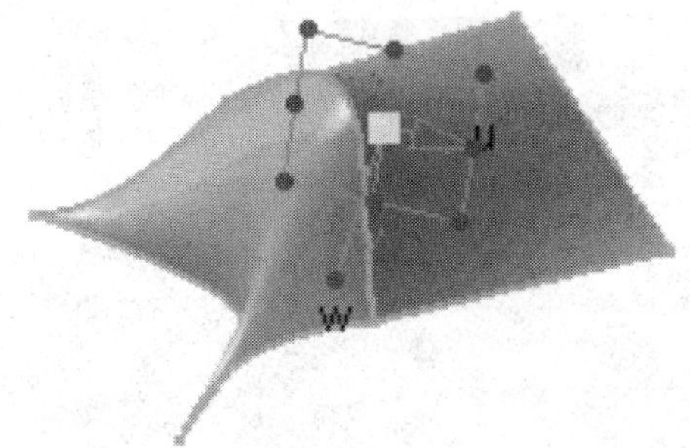

图4-439　修改曲面

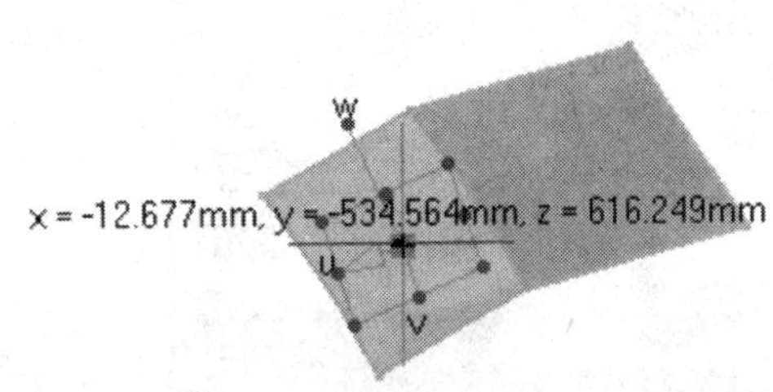

图4-440　修改之后的结果

4.6　应用实例

1）读入点云

（1）单击【Start】→【Shape】→【Digitized Shape Editor】进入Digitized Shape Editor工作台。

(2)单击【File】→【New】生成新文件。

(3)单击图标,在如图 4-441 所示的【Cloud Import】对话框中选定参数,如格式为 ASCII 等,并读入点云数据。

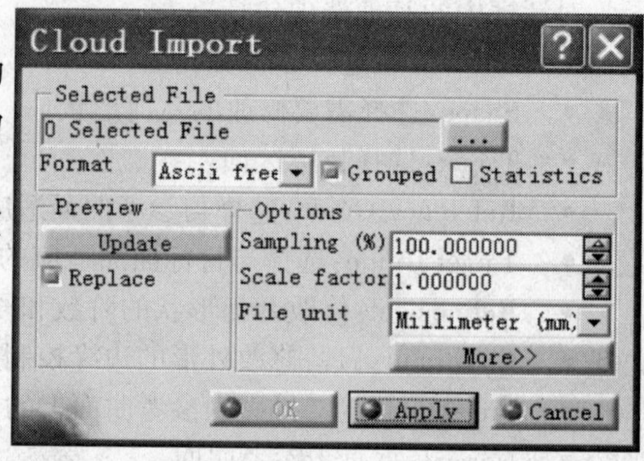

图 4-441 【Cloud Import】对话框

图 4-442 所示为货车驾驶室门内装饰板、空调通道及扶手等的点云数据。

2)点云数据的定位与对齐

(1)点击图标,编辑点云数据。

(2)应用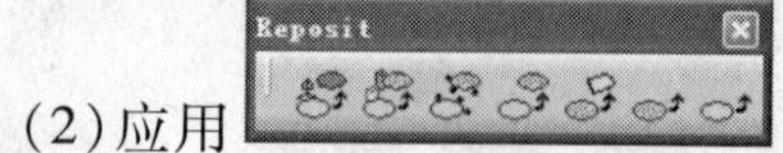

等功能,和已知的零件坐标位置对齐点云数据,并调整点云到车身坐标系。图 4-443 所示为坐标调整后的点云数据。

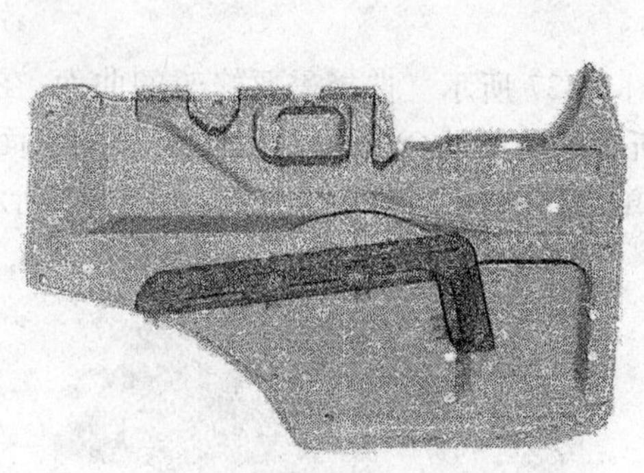

图 4-442 点云数据

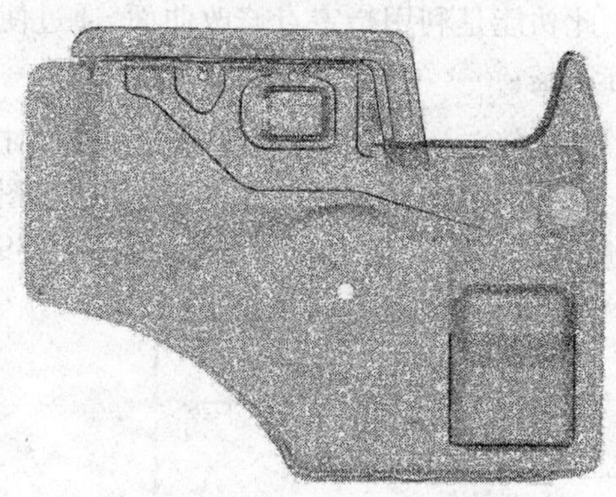

图 4-443 坐标调整后的点云数据

3)点云数据的精简

(1)单击图标,精简点云数据。弹出的【Filtering】对话框如图 4-444 所示。

(2)点云数据精简后的数据如图 4-445 所示。

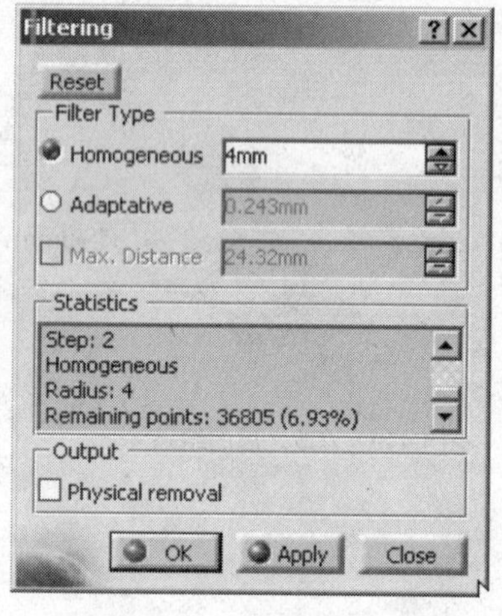

图 4-444 【Filtering】对话框

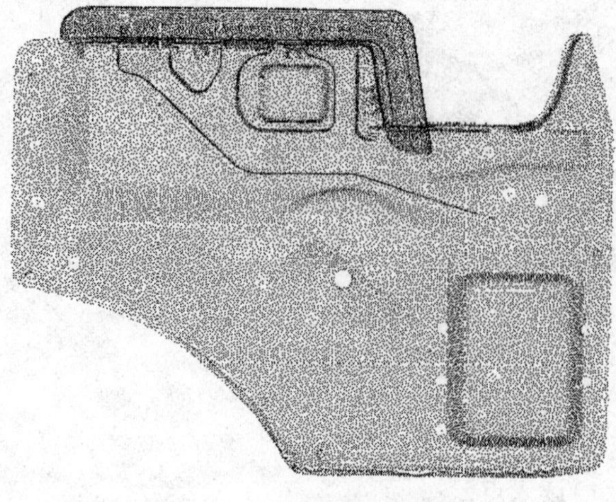

图 4-445 精简后的点云数据

4)点云数据的网格化

单击图标,在如图4-446所示的对话框输入相应的参数。图4-447为网格化显示的点云数据。

5)用GSD、FSS和QSR等工具生成曲面,得到最终的数字模型

(1)应用Quick Surface Reconstruction的点信息和、等图标生成特征曲线。

(2)应用QSR的图标可根据点云信息生成Plane、Sphere、Cylinder等基本特征。

(3)应用QSR的图标可以生成光顺的自由曲面。

(4)应用【Generative Shape Design】工具生成Wireframe和Surfaces,并编辑修改剪切。

(5)应用【FreeStyle Shaper】图标修改Control Points,并修改曲线曲面的光顺性。

(6)最终生成光顺的符合工程要求的数字模型,如图4-448所示。

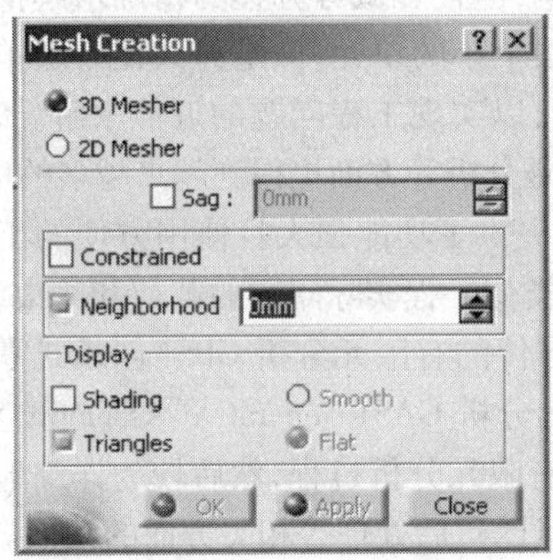

图4-446 【Mesh Creation】对话框

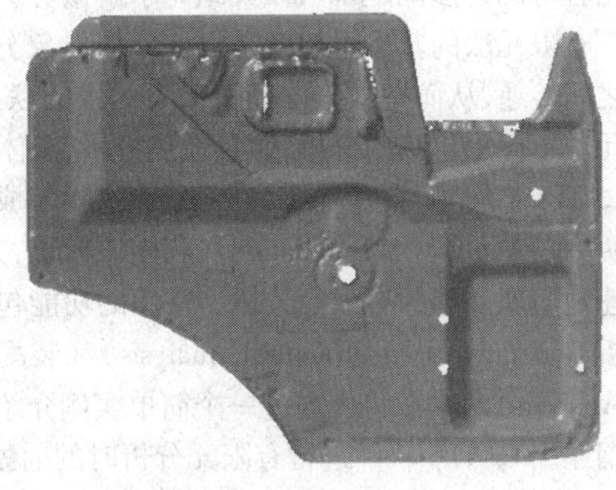

图4-447 网格化显示的点云数据

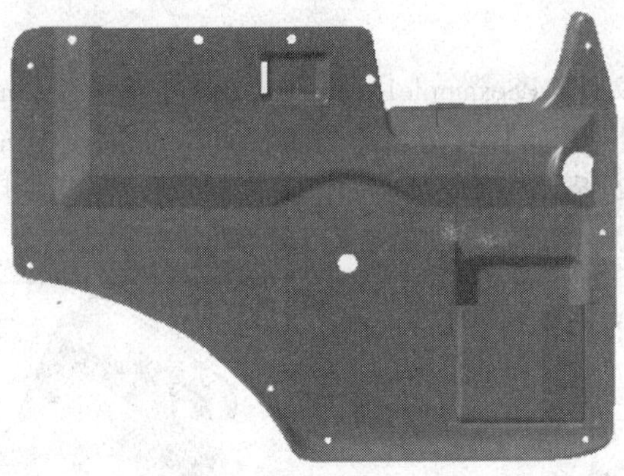

图4-448 最终的数字模型

第5章　工程分析

新颖的创意和细致的结构设计是良好工程设计的前提，深入的工程分析能提前预测工程设计的性能和瑕疵所在，所以工程设计中的一项重要工作是计算零部件和装配件的强度、刚度及其动态特性，从而得出所设计的产品是否满足工程需求。常用的分析方法是有限元法（Finite Element Method）。

工程上的许多问题都可以归结为求解微分方程的问题，但很多微分方程的精确求解都比较困难。有限元法的基本思想就是将被分析对象分割成有限个小的单元，假定力只在有限单元的节点之间传递，从而把微分方程简化为对应的联立方程组，以实现工程问题的近似求解。现在，有限元法不仅用于结构分析，而且在热分析、流体分析、电磁分析等方面也得到越来越多的应用。

CATIA V5 软件是一个 CAD/CAE/CAM 集成软件，它提供了功能强大且使用方便的工程分析模块——Analysis & Simulation。利用该模块，只需定义类似工程实际问题的载荷和约束，就可以快速地实现基本的有限元分析。常用的功能包括单个零件的有限元分析 GPS（创成式零件结构分析 Generative Part Structural Analysis）和装配件有限元分析 GAS（Generative Assembly Structural Analysis）。本章将先通过一个简单实例介绍 CATIA 有限元分析过程，然后较为详细地配合实例阐述用 CATIA 软件进行有限元分析时的前处理、求解计算、后处理等相关方面的知识。

5.1　GPS 入门实例

1）进入 GPS 模块

打开附盘内零部件文件 GPSexample1. catpart，或自行创建一 25mm × 25mm 的方形截面零件，然后如图 5-1 所示点击【开始】→【分析与仿真】→【Generative Structural Analysis】进入分析模块，系统将弹出如图 5-2 所示的两个对话框。图 5-2a）所示对话框用于选定将要进行的分析

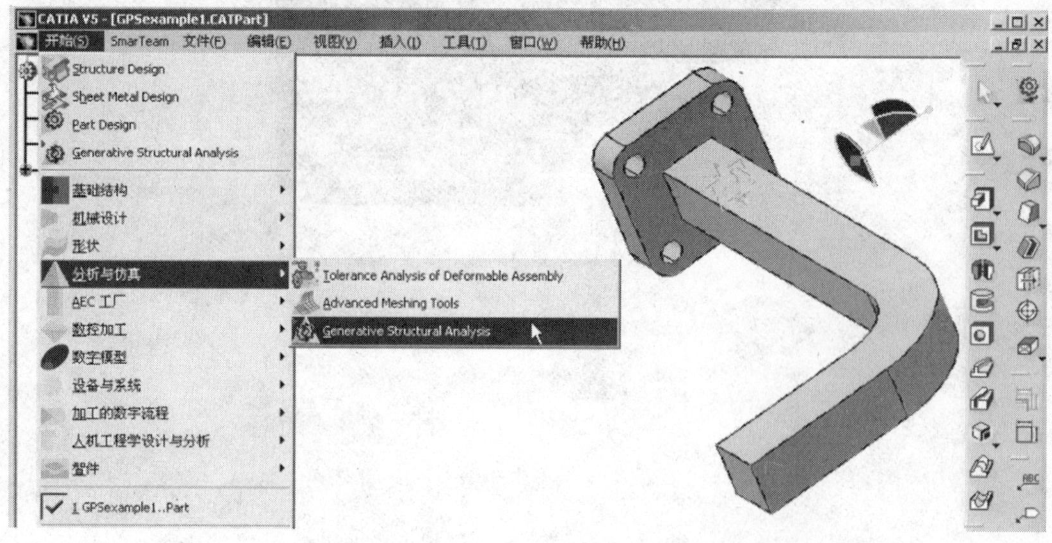

图 5-1　通过【开始】菜单获取分析模块

类型，此例选定 STATIC ANALYSIS，然后按【确定】；图 5-2b）所示警告对话框表示没有指定零件材料（如已指定材料，则无此警告框）。

图 5-2 分析类型选定和无材料警告对话框

2）指定材料（Material）

单击工具栏图标来指定零件材料（默认状态工具栏可能有双箭头图标存在，这表示有些图标摆放不开而被遮蔽，可以通过用鼠标左键单击工具条并拖动重新摆放来避免），系统可能会弹出如图 5-3 所示的对话框，提示没有中文材料库，此时只要单击【确定】即可；当弹出如图5-4所示的对话框时，先左键点击AnalysisManager模型树内part1，然后点击材料库对话

图 5-3 无中文材料库报警告对话框

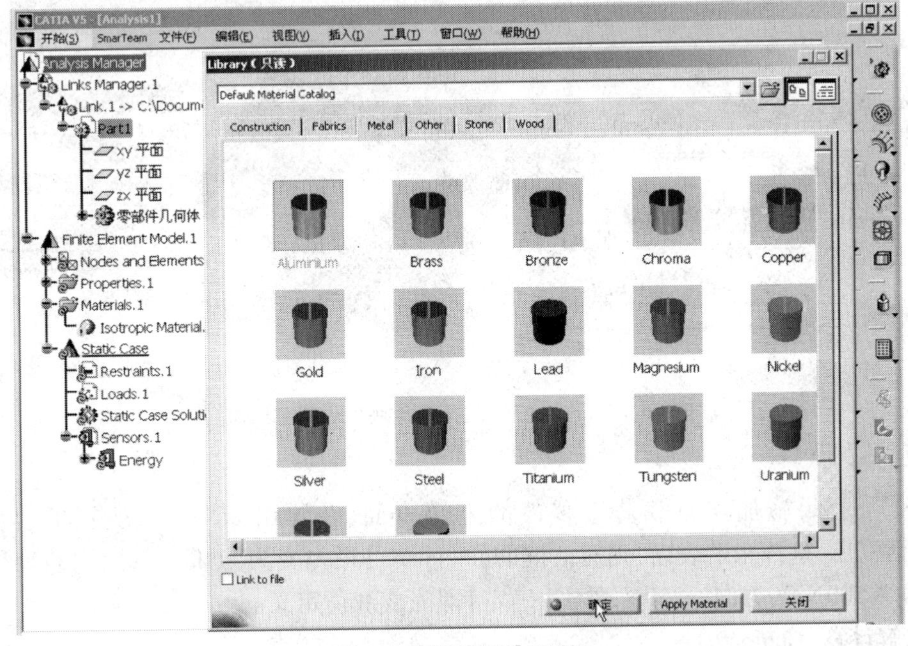

图 5-4 【材料指定】对话框

框内【Metal】选项卡下的 aluminium，单击【确定】则完成材料指定。

3）网格划分（Nodes and Elements）

CATIA 软件的网格划分是自动进行的，只要转到有限元模块，程序就会自动确定划分方案，只有对于复杂的模型才需要手动对局部网格进行划分。当然，用户可双击模型树中的 OCTREE Tetrahedron Mesh.1 : Part1 来调整单元划分参数，此时则会弹出如图 5-5 所示的四面体网格密度定义对话框。输入图中所示数值，即完成网格参数修正（参数含义将在 5.2 节中详细阐述）。

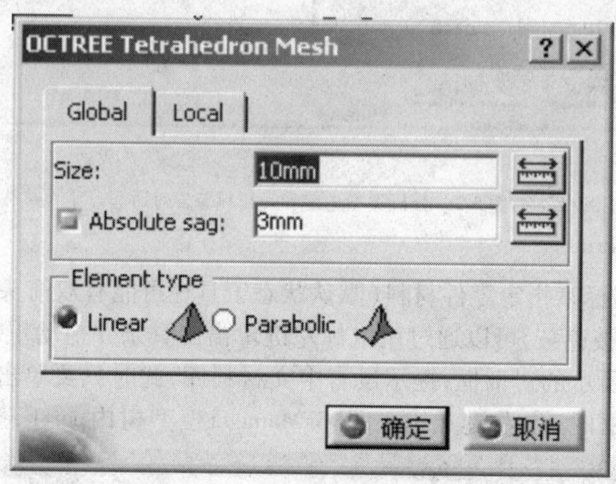

图 5-5　网格划分密度定义对话框

4）定义约束（Restraints）

样例零件用底座 4 个螺栓孔安装固定，可以用 4 个底座孔的完全固定来模拟分析。点击图标，会弹出如图 5-6a）所示的 CLAMP（夹紧）定义对话框，此时选择图 5-6b）所示的 4 个底座孔的内表面，并单击【确定】即完成约束定义。

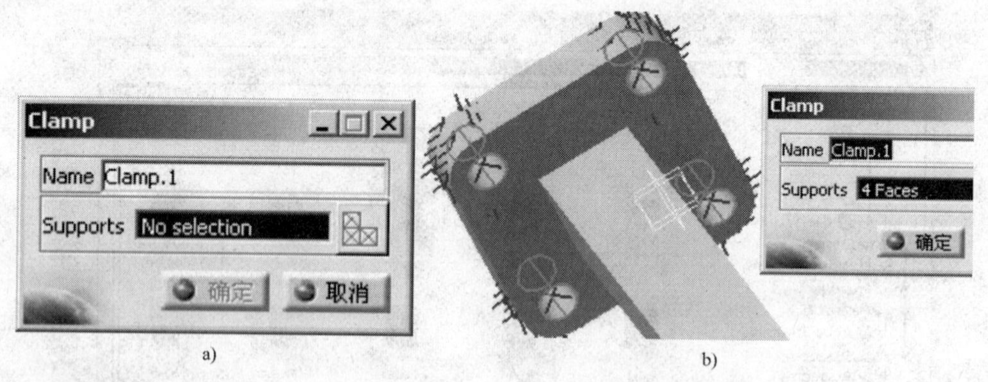

a)　　b)

图 5-6　Clamp 定义框和选择 4 个底孔内表面对话框

5）定义载荷（Loads）

点击图标，施加均布载荷于零件的末端表面，在弹出如图 5-7 所示的【Distributed Force】对话框后，选择末端表面，则对话框的【Supports】栏内变为“1 face”，定义载荷数字大小为：X 方向 −500N，Y 方向 −250N，单击【确定】即完成载荷定义。

6）求解计算（Compute）

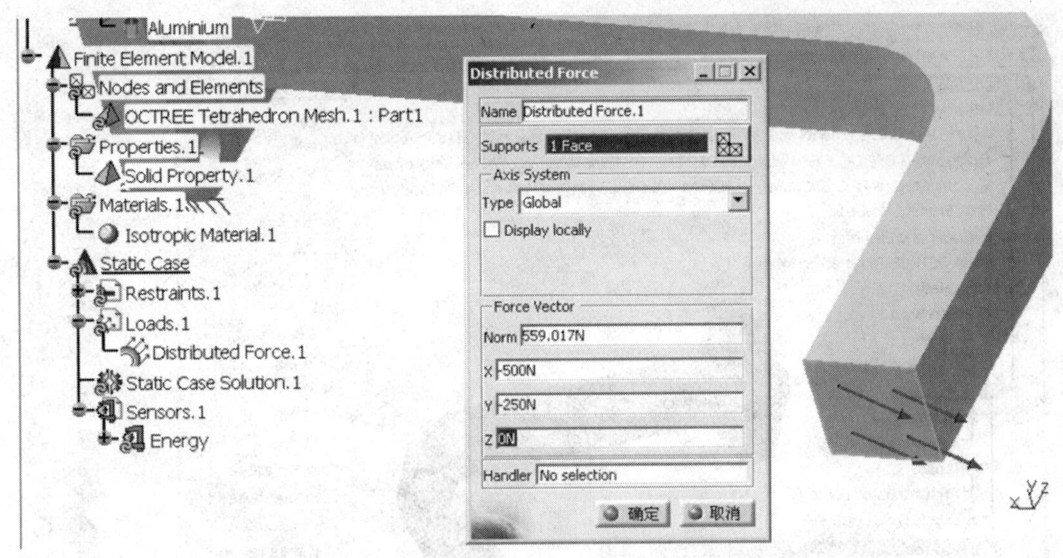

图 5-7　均布力载荷(Distributed Force)定义

完成上述工作后,可着手进行计算:点击【Compute】图标,系统会弹出如图 5-8a)所示的计算对话框;单击【确定】之后,系统会弹出 5-8b)所示计算所需资源估算对话框;点击【Yes】继续计算,由于单元节点数不多,计算可很快完成。

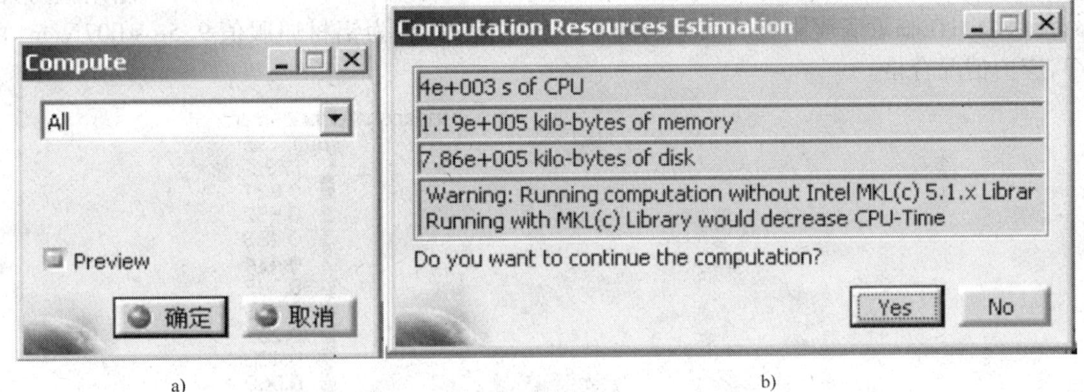

图 5-8　计算对话框和计算所需资源估算对话框

7)结果显示(Visualize the Results)

CATIA 提供了丰富的图形化结果显示功能,用户可方便地调整至所偏好的方式。此入门实例处仅以默认方式查看网格划分情况及应力应变图。

用鼠标右键点击左侧模型树中的 Nodes and Elements,在弹出的右键菜单中点击 Mesh Visualization,则在模型树【Nodes and Elements】中多出 Mesh 子项,网格划分效果呈现在 CATIA 窗口中,如图 5-9 所示。注意:如果看不到网格效果,则用鼠标点击图 5-9 所示【视图】工具条中的定制视图参数图标,按照图中列出的选项调整弹出的【定制视图方式】对话框内容,单击【确定】即可(注:CATIA 虽然自动确定网格划分方案,但仍然需要计算之后才能显示网格的划分效果)。当用鼠标在零件上划过,CATIA 将显示相应的单元格数值;另外在 Mesh 的右键菜单中点击 Report,可看到网格划分为 2144 个单元。

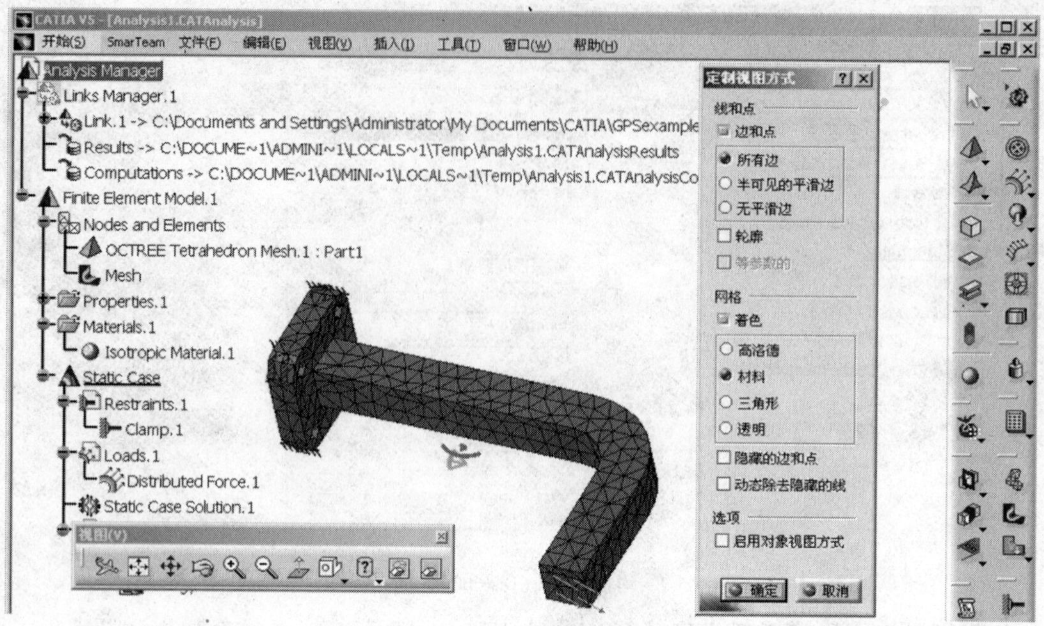

图 5-9 单元划分效果初览

点击图标,可得到如图 5-10 所示的位移图形,结果表明在施加的载荷作用下,末端最大位移约为 0.69mm。点击图标,可得到如图 5-11 所示的 Von Mises Stress(米塞斯应力)图形,结果表明在临近底座附近的支座内侧承受较大应力,约为铝材屈服值 9.5e +007N/m^2 的 1/3,应力情况合格。

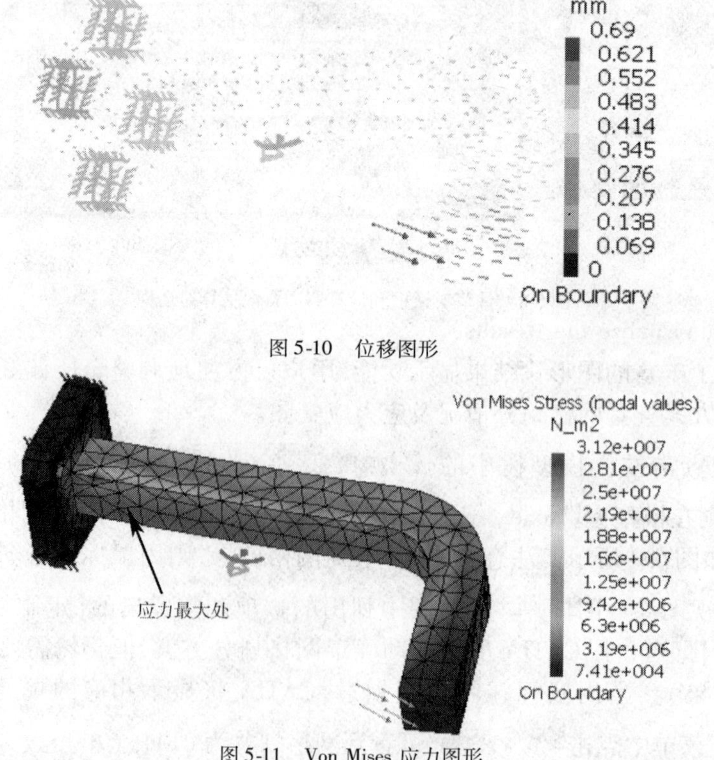

图 5-10 位移图形

图 5-11 Von Mises 应力图形

8)小结

通过一个简单的示例,就可以知道用 CATIA 软件进行有限元分析的大致步骤为:首先建立零件模型并导入分析模块,并完成以下前处理(Preprocessing)任务:指定材料、保持 CATIA 自动划分的网格参数或进行适当调整、定义约束、定义载荷;接着就可进行求解计算,计算完成后进行可视化的分析结果数据显示(后处理 Post Processing),然后,根据应力分布和结果数据确定结构上的危险部位,判断零件设计是否能满足工程应用的强度、刚度要求,当发现问题后需要调整结构设计方案,则再次进行分析,如此循环直到满足需求为止。当然,计算过程中还需要注意有限元分析方法的正确性和分析结果的有效性,盲目依赖往往是很危险的。

5.2 前处理(Preprocessing)

所谓前处理就是计算求解之前的各项准备工作,通常包括确定零件材料、网格划分、定义约束和载荷。约束和载荷有时利用辅助工具添加更为真实方便,这就需要利用虚拟零件。

5.2.1 网格划分(Meshing Parts)

单元划分是有限元分析的第一项重要工作。进入 GPS 平台之后,CATIA 就已自动定义了网格和属性(Mesh&Properties),且数量和几何体尺寸对应,体现在模型上的图标有 ,双击此图标会弹出图 5-5 所示的对话框。该对话框用于调整网格参数,其中有如下 3 个选项:

Size:表示每个单元的平均尺寸,取值越小则分析精度越高,但使计算工作量增大;

Absolate sag:表示在几何模型和将要定义的网格之间容许的距离偏差最大值,这个参数对弯曲的形体有效(例如网格化圆孔的逼近精度,含义参见图 5-12),对直线形体没有任何意义,通常 SAG 值越小则划分的网格越逼近真实几何体;

Element type:决定采用 Linear(线性)直边单元或采用 Parabolic(抛物线)棱边单元,抛物线棱边单元能带来更好的精度。

此外还可以通过图 5-12 所示对话框中的【Local】选项卡,调整局部网格细密程度和参数,带来更合适的分析精度。(注:全局网格划分越细密或采用抛物线棱边单元同样能提高精度,但同时计算耗时增加)。

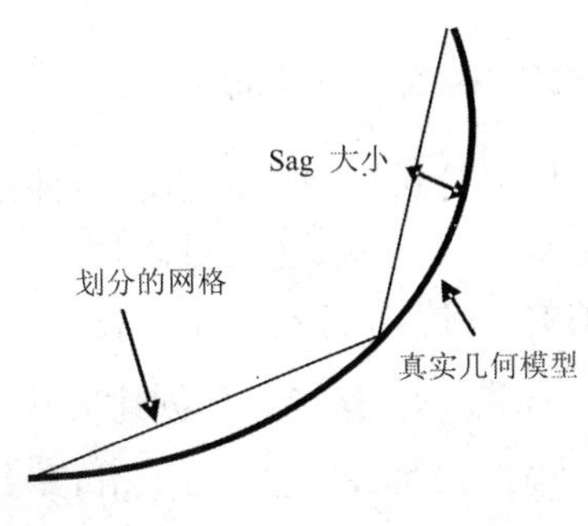

图 5-12 局部网格调整对话框和 Sag 含义示意图

网格和属性还可以通过模型管理工具条 来自行定义。其中:

图标:用于给实体(Solid)模型定义四面体单元;

图标:用于给曲面(Surface)模型定义三角形单元,如果用户决定把实体模型当作薄壳

模型来处理,也可以用于实体模型;

图标:表示对线框(Wireframe)几何进行梁单元网格划分,要求对象是在 Generative Shape Design 或 Wireframe and Surface Design 中生成的部件,或者在 Structure Design 环境下生成的梁(不能对 Sketch 对象进行网格划分),且划分出的网格是一维的。

每一种网格都需要指定相应的物理属性(Physical Property),依据网格类型不同,相应地可以指定 Solid Property 实体属性、Shell Property 薄壳属性、Beam Property 梁属性,相应的定义对话框见图 5-13。对话框参数定义要点如下:

图 5-13　实体、壳和梁属性定义对话框

(1)选择相应的几何或者网格 Mesh 赋给在话框的【Supports】栏;

(2)Material 自动显示为选定 Support 的材料值,也可以点击 User-defined isotropic material 选择一种用户自定义的各向同性材料;

(3)Shell Property 还要定义一个和零件几何厚度对应的 Thickness;

(4)Beam Property 要指定梁截面的形状 Section、方向 Orientation Point 和变截面系数 Variable Beam Factors。

模型管理工具条的另外两个图标。【Model Checker】用于检测模型的一致性,一般在计算之前检查模型是否建立完整正确;【Isotropic Material】则用于自定义一种各向同性材料,限于篇幅,不再赘述。

5.2.2　虚拟零件(Virtual Part)

虚拟零件是分析模块中创建的一种没有几何形体为背景的特殊结构,用于跨距离传递动作(质量、约束、载荷等),通常可以理解为刚体(弹簧虚件强加柔度除外)。虚件没有质量,但能按指定的特性传递各种动作,在前处理工作中经常被采用。CATIA 提供了 6 种虚件,其特点和创建方法如下:

1)柔性虚件(Smooth Virtual Part)

柔性虚件是把操作点和支撑几何联系起来的一个虚拟刚体,它将施加于操作点的动作传递到与之相连的支撑几何(Supports)上,同时保持支撑几何的柔性变形特性,支撑几何可选定为曲线/边/面/曲面,Handler 也可以保持默认空白状态,则操作点相当于选定支撑几何的心部。打开附盘内的文件 GPS-VIRTUAL PART. CATPART 并进入 GPS 平台,如图 5-14 所示夹紧零件的左侧面,通过按钮定义柔性虚件于零件内孔面。【Handler】项的默认值为 No selection,单击【确定】完成定义。再点击添加如图 5-14b)所示的均布力于所定义的虚件上,点击完成计算后再点击按钮,所得结果如图 5-15a)所示。可见,柔性虚件没有影响内孔的弹性变形特性。

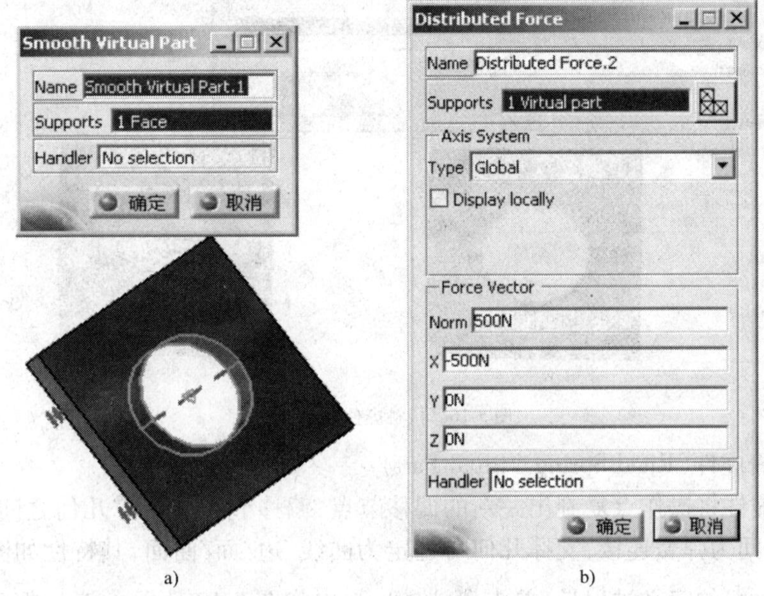

图 5-14 柔性虚件定义示例和施加均布力于柔性虚件

2)刚性虚件(Rigid Virtual Part)

刚性虚件与柔性虚件不同之处在于刚性传递动作,支撑几何(Supports)将被认定为刚体而忽略其弹性变形,按照上图同样的流程操作,唯一不同的是以刚性虚件取代柔性虚件定义于内孔,变形结果如图 5-15b)所示,此时内孔为不变形的刚性状态。

图 5-15 柔性虚件变形效果和刚性虚件变形效果

3)接触虚件(Contact Virtual Part)

接触虚件将支撑几何(Supports)的每一个节点复制出一个偏移节点,偏移节点和原节点之间为接触单元,与操作点(Handler)之间通过虚拟的刚性三角架传递动作,如图 5-17a)所示。接触虚件阻止与实体之间的互相穿透,但允许支撑几何产生弹性变形。打开 GPS _ VIRTUALPART. CAT PART,左侧夹紧,建立接触虚件于内孔面,Handler 选定为模型几何中的 Point1。施加同上的均布力于接触虚件;再点击定义高级约束于 Point1,限定 X 轴平移之外的所有自由度。计算之后结果如图 5-16 所示。

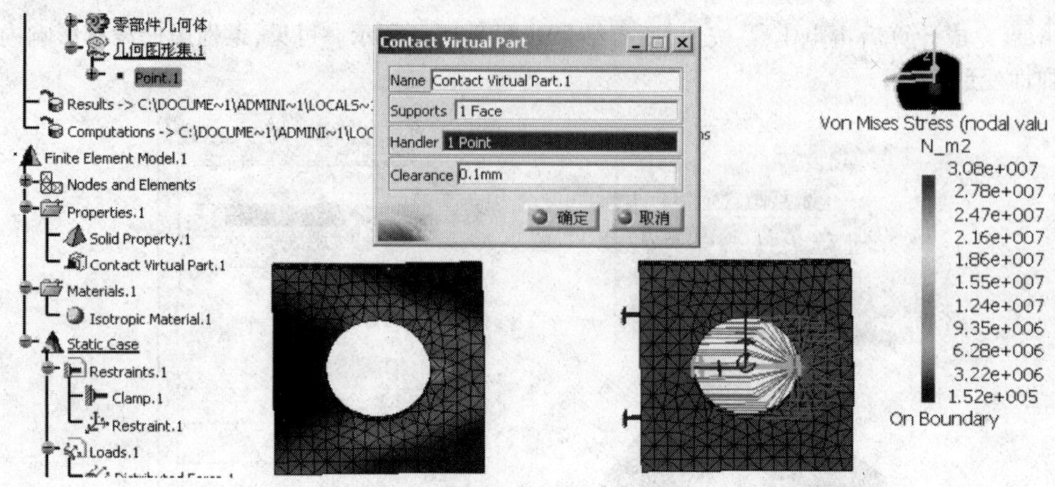

图 5-16　接触虚件定义示例

4）刚性弹簧虚件（Rigid Spring Virtual Part）

刚性弹簧虚件将操作点复制出一新的偏移节点，偏移节点和支撑几何之间相当于刚性虚件，与操作点之间为弹簧连接，支撑几何可选定为曲线/边/面/曲面，其特性如图 5-17b）所示。刚性弹簧虚件一般的定义过程是：单击按钮，弹出如图 5-18 所示的对话框后，选定支撑几何，在【Handler】栏内选择操作点或者使用默认值；【Axis System】中选择定义弹簧方向的坐标系为全局坐标系或者局部自定义坐标系，最后在轴向刚度【Translation Stiffness】和扭转刚度【Rotation Stiffness】栏内输入弹簧参数，最后单击【确定】即可。

5）柔性弹簧虚件（Smooth Spring Virtual Part）

柔性弹簧虚件与刚性弹簧虚件唯一的不同在于偏移节点和支撑几何之间相当于柔性虚件，其特性如图 5-17c）所示。

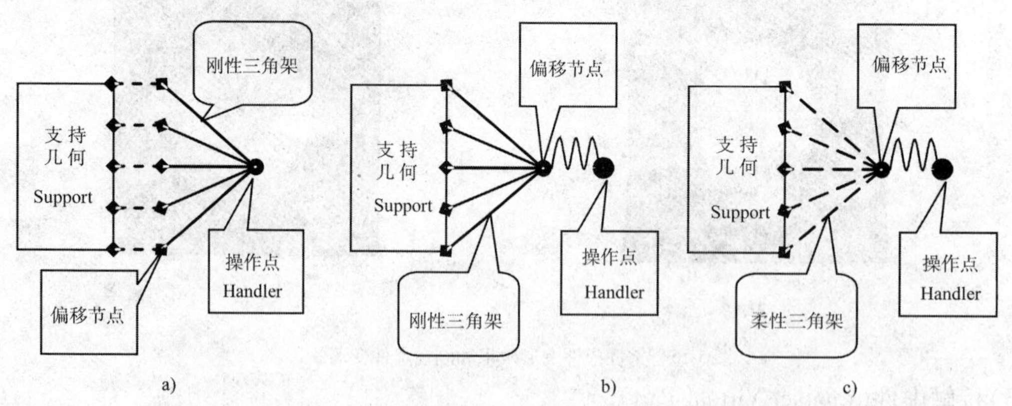

图 5-17　接触虚件、刚性弹簧虚件及柔性弹簧虚件

6）周期性对称条件（Periodicity Condition）

周期性对称条件可以让用户节省分析时间，针对呈周期性特征的整个部件，仅需分析代表其特性的局部实体截段即可获取整个部件的分析数据。CATIA 有两种周期性对称情形：圆周

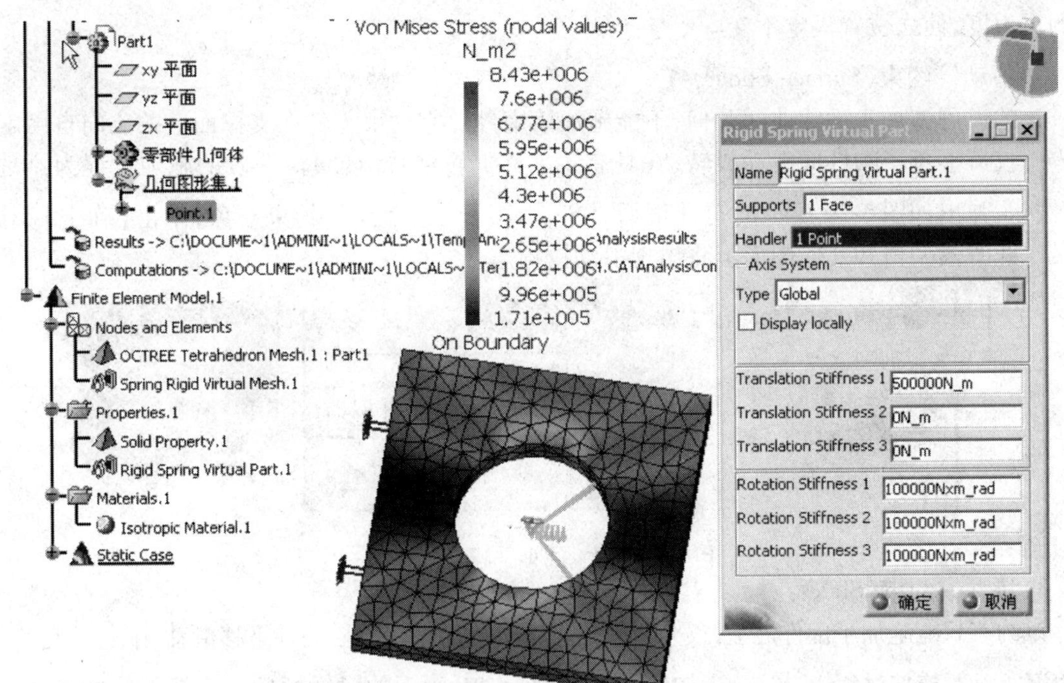

图 5-18　刚性弹簧虚件建立示例

对称和线性对称，如图 5-19 所示。

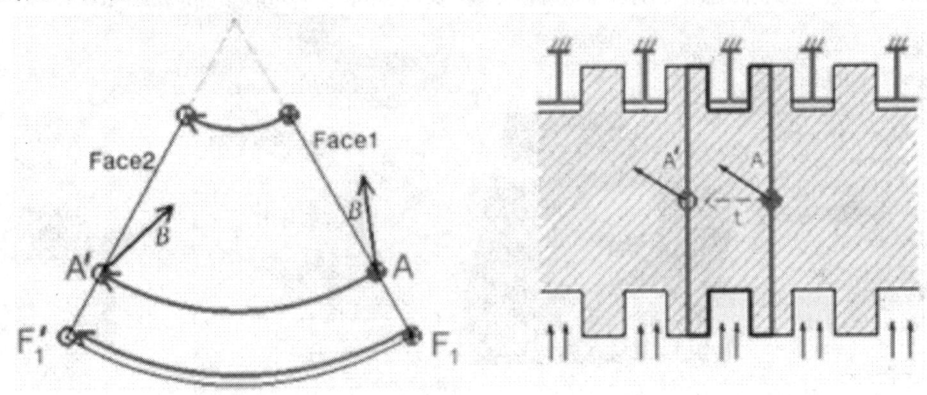

图 5-19　两种对称情形

5.2.3　定义约束(Restraints)

CATIA 定义约束和载荷的方式和其它有限元软件略有不同，约束和载荷不是定义在网格(单元和节点)之上，而是直接定义于几何元素(如点、线、面)之上，当计算时，CATIA 再自行将施加于几何元素之上约束和载荷转加于网格单元和节点。

CATIA 提供的定义约束工具条为 ，其中运动副约束(Mechanical Restraints) 展开后为 ；高级约束(Advanced Restraints) 展开为 。下面分别介绍各个约束的特性和创建方法。

1)夹紧(Clamps)

夹紧约束施加于实体的外表面、边界、顶点、虚件或者用户定义的类型组上，它限定全部节点的自由度,使之位置固定不变。

2)滑动铰约束(Surface Slider)

该约束可施加于面或曲面几何,不能施加于虚件。它约束零件在支撑面上的法向自由度,使零件仅可平行于刚性面滑动或转动(具有 2 平移 1 转动自由度)。一般的施加过程为:单击按钮,弹出如图 5-20 所示的对话框后,【Supports】栏选择几何约束对象,单击【确定】完成定义。此时模型树和几何图形上将出现滑动铰标志。

图 5-20 Surface Slider 约束定义示例

3)棱柱铰约束(Slider)

该约束只能施加于虚件之上,仅允许被约束的对象沿指定放松的轴平移滑动,限制其它 5 个自由度。一般施加过程为:单击按钮,弹出如图 5-21 所示的对话框后。选择虚件加于【Supports】栏,选择使用的坐标系,并在需要放松的轴线方向输入 1。单击【确定】即完成定义。如针对图 5-16 所示的接触虚件示例,用加于虚件的取代施加于 Point1 的高级约束,结果相同。

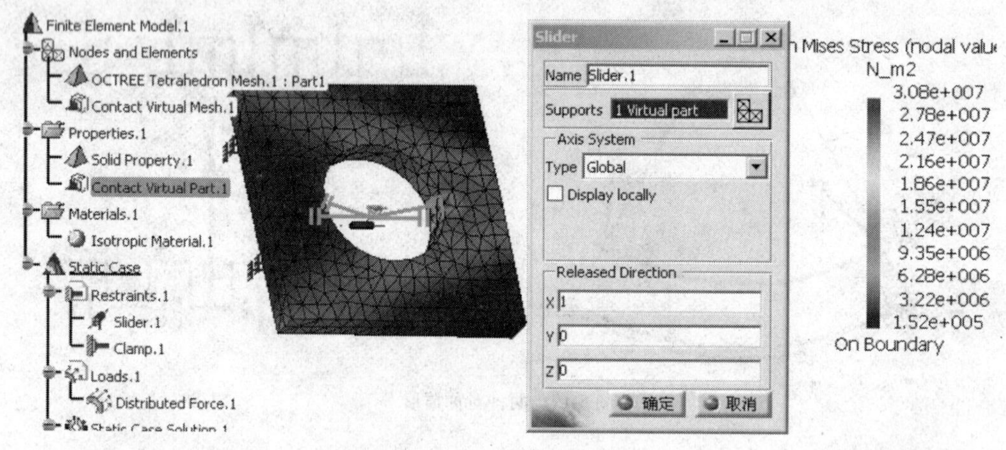

图 5-21 Slider 约束定义示例

4)圆柱铰约束(Sliding Pivot)

该约束只能施加于虚件,允许被约束对象相对指定放松的轴线转动和平移,限制其它 4 个自由度。施加方法类似棱柱铰约束。

5)球铰约束(Ball Joints)

该约束可以施加于虚件或者点/顶点(Point/Vertex)上,允许刚体绕选定点的 3 个方向转动而限制其 3 个平移自由度,如图 5-22a)所示。

6)圆锥铰约束(Pivot)

该约束施加于虚件,允许刚体绕指定放松的轴转动,限制其它 5 个自由度。施加方法类似棱柱铰约束,如图 5-22b)所示。

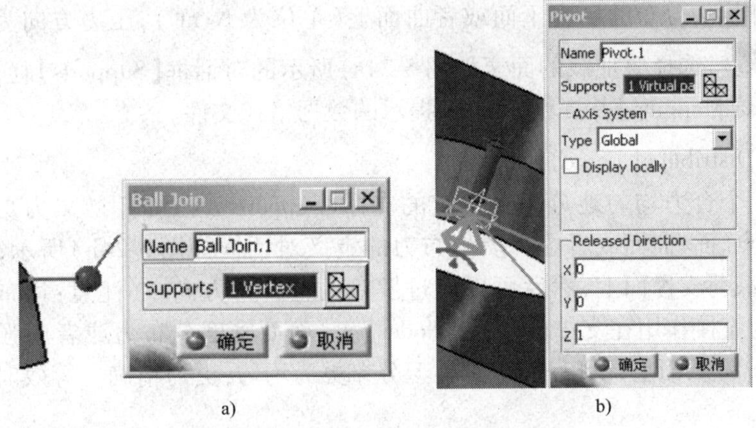

a) b)

图 5-22 球铰加于顶点和圆锥铰施加于虚件

7)高级约束(Advanced Restraints)

高级约束可以施加于点/顶点、边/曲线、面/曲面、组(Group)和虚件。用户可以先根据图 5-23a)对话框选定坐标系,再决定限制或放松对象的任意自由度。

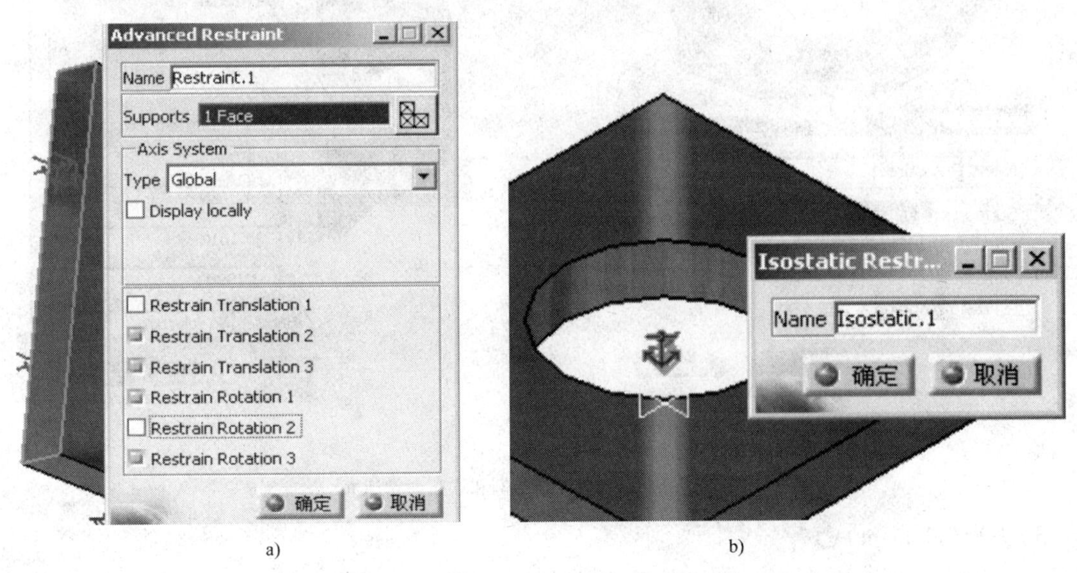

a) b)

图 5-23 高级约束定义和 Iso-static 约束定义

8)等静态约束 Iso-Static

该约束自动在几何模型上较为均匀地选择 3 点,依次限制 3-2-1 个自由度,实现模型的完全约束,如图 5-23b)所示。

5.2.4 定义载荷(Loads)

CATIA 提供的加载工具条为 ,其中 展开为 ; 展开为 ; 展开为 。下面分别介绍各按钮的特性和定义方法。

1)压力载荷(Pressure)

该按钮施加均匀分布的压力于面或者曲面上(单位为 N/m^2),压力方向为表面法向。施加方法为:点击,选择要加载的面至如图 5-24a)所示的对话框【Supports】栏,然后输入压力值或者选择【Data Mapping】并提供 CATIA 提示的数据格式文件。

2)均布力(Distributed Force)

均布力把一个合力均匀地分布到选定的支撑(Supports)上,作用效果力矩为零。该力可以施加于点/顶点、面/曲面或者虚件。均布力的定义对话框如图 5-24b)所示,且从图可以看出,把罗盘拖至载荷支撑面上,然后可以通过罗盘调整合力方向。(注意:均布力和均布力矩在求解时解释为直接作用在支撑的节点(Nodes)上,而面密度分布力或者压强解释为作用到有限元网格(Mesh)的面上,所以,后一种类型分布更为均匀,更为精确。等效时应该采用后一种类型加载。)

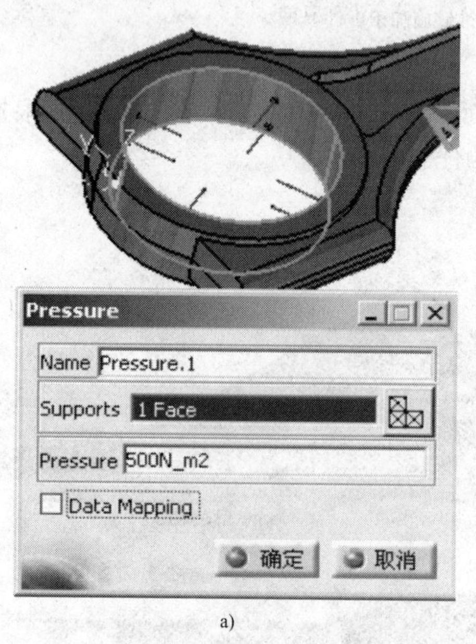

a)

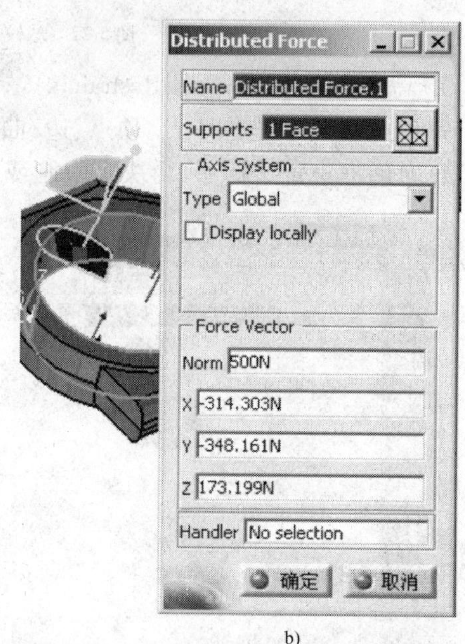

b)

图 5-24 压力载荷加载示例和均布力对话框

3)力矩(Moment)

该按钮将一个合力矩均匀地分布到选定的支撑上,而合力为零,可以施加于点/定点,面/曲面或者虚件上;也可以用罗盘调整方向,如图 5-25a)所示。

4)轴承载荷(Bearing Load)

轴承载荷模拟作用到圆柱侧面上的力,可以施加于圆柱形的曲面或者旋转面;也可以施加于旋转形虚件。但直接加载比先生成虚件然后再加载要快,计算时间也短。轴承载荷可以灵活地改变作用力所在区域扇形的角度,也可以改变轮廓分布类型。如图 5-25b)所示,通过【ForceVector】指定合力的大小和方向,但计算中只考虑与旋转轴垂直的接触力学分量;通过【Angle】指定分布力的角度范围,模型上会有预览效果;通过【Orientation】选择【Radial】或者【Parallel】,选择径向则所有作用在网格节点上的力都垂直于作用表面,选择平行则所有作用在网格节点上的力都与旋转轴垂直平面内合力方向一致;通过【Type】指定轴承密度力按照

"Sinusoidal(正弦)"、"Parabolic(抛物线)"或者"Law(自定义规则)"其中一种随角度分布。

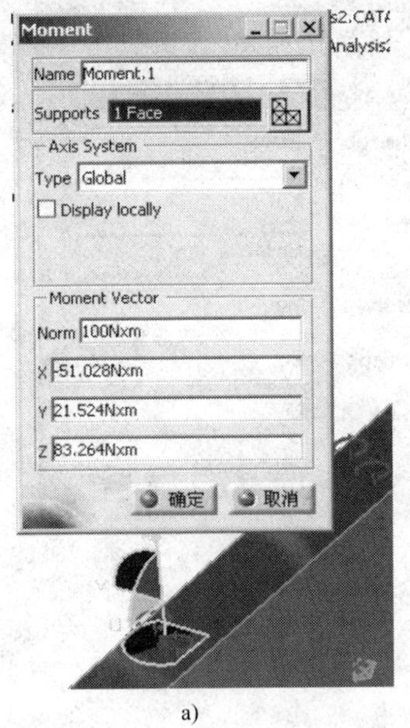

a)

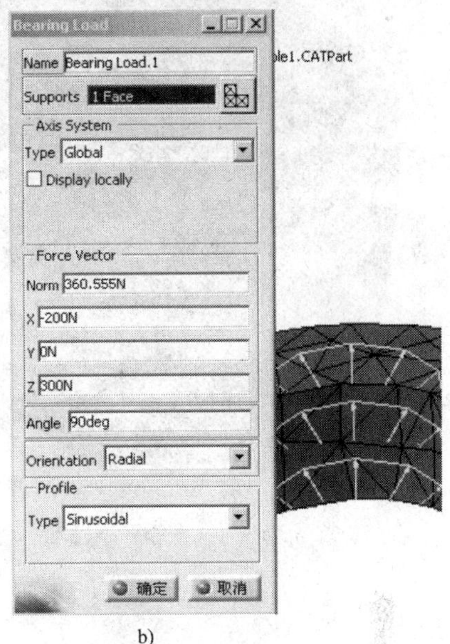

b)

图 5-25 力矩定义于一平面和径向轴承载荷作用于一柱面

5)导入力和导入力矩

该按钮从文本文件或者 EXCEL 文件将力或者力矩数据导入映射到零件上,使用本功能必须安装 ELFINI Structural Analysis 程序。

6)加速度(Acceleration)

加速度是均匀作用在整个零件体积场上的力,可以施加于体(Body)、面(Surface)或者类型组(Group)上。加速度载荷只在有质量的模型中才有效。

7)旋转惯性力(Rotation Force)

该按钮对有质量的选择对象施加旋转惯性力,或者说离心力;可以施加于体(Body)、面(Surface)或者类型组(Group)。定义时需在对话框内指定旋转轴线、旋转角速度,角加速度。

8)密度力(Force Density)

线密度力是均匀的作用在边或曲线上的力场,单位 N/m。

面密度力是均匀的作用于曲面上的力场,单位 N/m^2。

体密度力是均匀作用在整个零件体积上的力,单位 N/m^3。

向量密度力是用向量的方法施加密度力,可以施加于线、面或者体上,实际上是前 3 种密度力的合成。这 4 种力定义方法都较为简单,不多赘述。

9)强制位移(Enforced Displacement)

强制位移是作用在基础几何形状上的载荷,可在约束对象上指定非零位移。它施加在约束(Restraints)上,等价于在实体的表面施加了载荷,如图 5-26 为底座夹紧约束添加强制位移。

10)温度场(Temperature Field)

为零件添加温度场,也可以看作是一种因热胀冷缩引起的载荷。

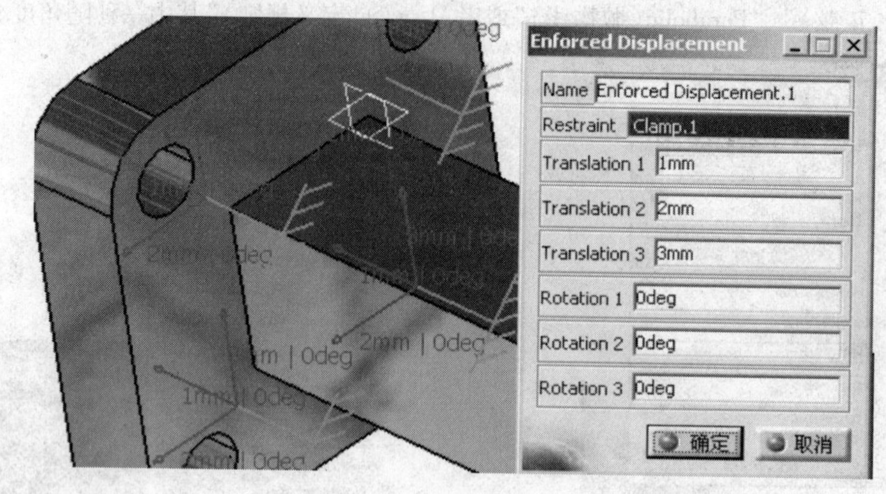

图 5-26 夹紧约束添加强制位移

5.2.5 类型组(Group)

定义包含一定单元组的目的是为了在计算完成后,用户可以方便地获取组内单元的结果数据图形。组的定义可以在计算之前,也可以在计算之后,CATIA 不会因为组的定义要求用户重新计算。

组图标展开为,依次为点组、线组、面组、体组、方框组和球体组。其中方框组和球体组可以通过点击对话框内的【Active Box】或者【Active Sphere】激活组大小和位置的调整功能,调整方法为:转动罗盘调整方向、拖动罗盘中心调整位置,或者将鼠标置于红色控制点等到出现双向黄色箭头再拖动调整大小。也可以通过点击【Select an Extremum】按钮再利用模型树选择一极点数据来定位,如图 5-27 所示。

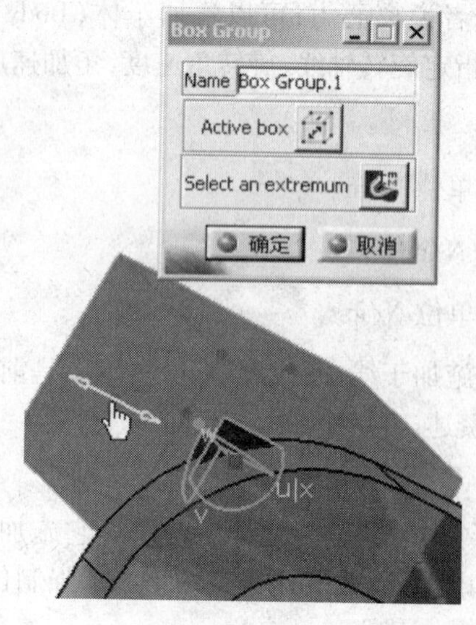

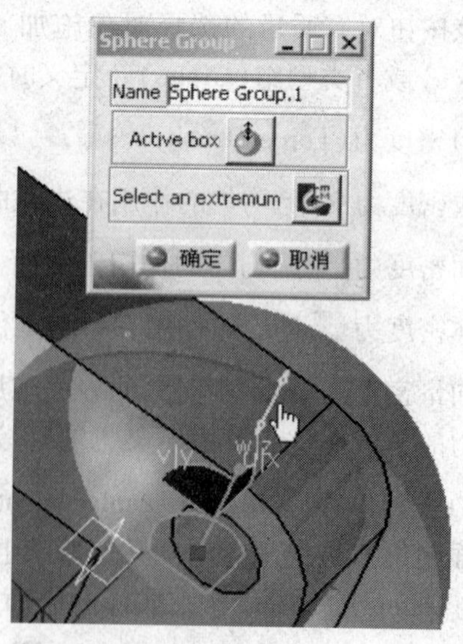

图 5-27 通过罗盘调整方框组和球组的大小位置

5.3　求解和后处理(Computation & Post Processing)

5.3.1　求解

完成前处理后,就可以着手进行求解计算,CATIA 提供的计算求解工具为 ,其中 为常规计算,默认状态可选;自适应计算 默认状态不可选,只有通过 定义了自适应体之后,才可以使用。下面分别进行介绍:

点击 按钮后,系统将弹出图 5-28a)所示的对话框,Preview 选项决定是否给出图 5-8b)所示的计算开支预算。本次计算的内容由下拉框中 4 个选项决定:

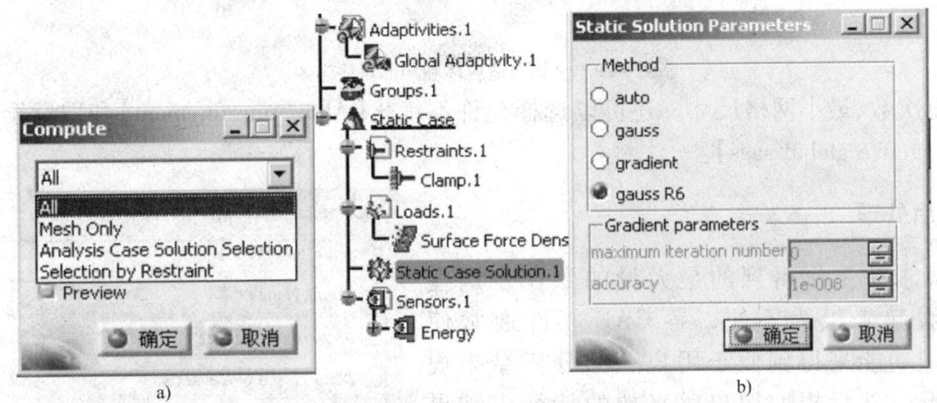

图 5-28　计算对话框和计算方法选取对话框

- 全部都算(All);
- 只求解网格划分效果(Mesh Only);
- 模型树上用户选定的某一分析案例(Analysis Case Solution Selection);
- 通过模型树上选定的约束集选择相应的分析案例(Selection by Restraints)。

另外,双击模型树上的分析案例【Case Solution】,弹出的如图 5-28b)所示的对话框用于定义求解方法。CATIA 提供 4 种静力学分析方法:

(1)高斯法(Gauss):直接求解法,推荐用于中小型模型求解。

(2)梯度法(Gradient):迭代求解,省内存不省时间,推荐用于较大模型,需要补充定义最大重复数和精度。

(3)高斯 R6 法(Gauss R6):快速高斯法,默认方法。推荐用于大尺寸模型。

(4)自动采用(Auto):自动选用上述 3 种中合适的方法。

所谓自适应计算 就是在用户设定要求的结果误差范围和重复计算次数之后,系统自动在重复次数之内调整网格的细化程度争取将分析结果数据的误差降至设定的误差范围之内。

如要采用自适应计算,则需先点击 按钮,创建全局自适应体,如图 5-29a)所示。【Supports】需选择模型树上的网格 Mesh,再设定目标误差即可。建立了全局自适应体之后,还可以通过右键点击模型树上的【Global Adaptivity】,再从右键菜单选择【Local Adaptivity】来创建局部自适应体,局部自适应体的【Supports】可以选择顶点、边、面或者组(图 5-29b)选择球组。

定义好自适应体之后,可以点击 进行自适应计算,弹出的对话框如图 5-30 所示,需要

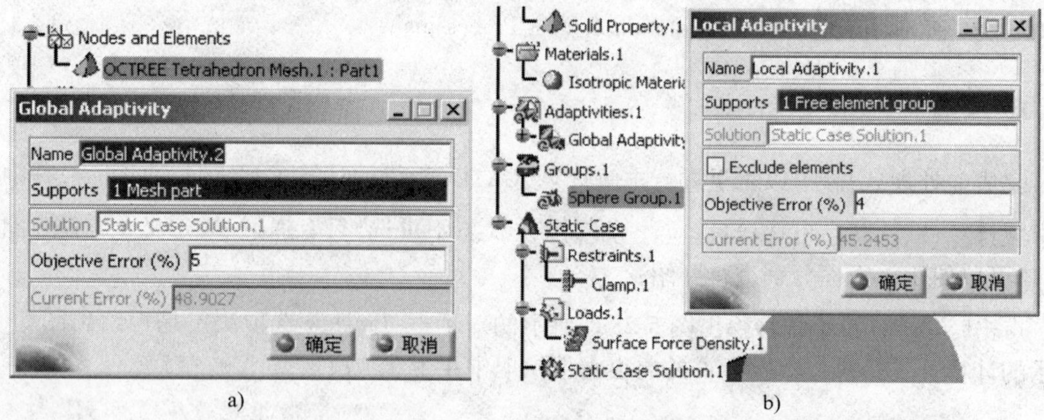

图 5-29　全部自适应体和局部自适应体

输入重复次数、最小网格尺寸。还可以选择允许不优化【Allow unrefinement】和取消全局垂度限制【Desactive global sags】。

5.3.2　后处理

计算求解工作得到的是大量的数据，这些数据查看起来极为不便，各 CAE 软件通常使用后处理功能来得到便于用户总结分析结果规律的图形，然后提取用户感兴趣的特征点结果数据。CATIA 提供了功能强大的结果数据后处理功能，包括创建结果图形工具条；结果图形分析工具条；结果分析工具条。此外，结果图形的显示模式调整等相关处理还可通过模型树上图形对象的右键菜单来实现。下面分别进行介绍：

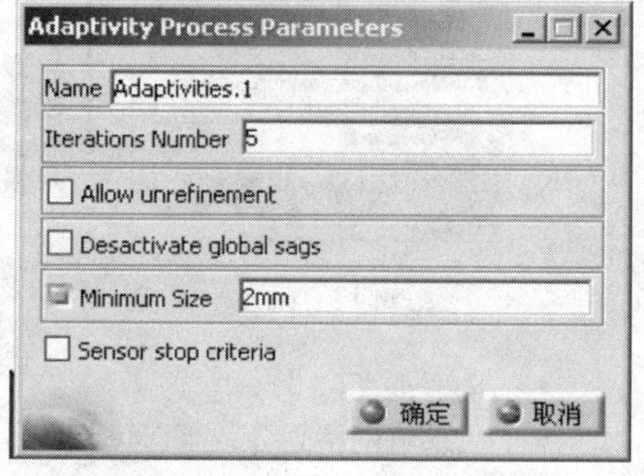

图 5-30　自适应计算参数输入框

1）创建结果图形

该组按钮用户生成相应分析案例（Analysis Case）的结果图形，在没有求解之前呈灰色不可选状态。

（Deformation）：用于显示静力学分析（Static Analysis）结果的变形或者模态分析的对应模态变形。

（Von Mises Stress）：用于显示米塞斯（Von Mises）等效应力云图。

（Displacement）：显示位移图，位移是结果评价的重要内容。

（Principal Stress）：显示主应力。

（Precision）：显示有限元分析的能量误差图，用于评价结果的有效性。

2）结果图形分析

该组按钮用于对已经生成的结果图形进行操作和信息提取。没有生成结果图之前呈灰色不可选状态。

(Animate):以动画方式显示结果图形,并可通过对话框调整速度和帧数。

(Cut Plane Analysis):显示结果的某一切面,并通过罗盘调整截面方位。

(Amplification Magnitude):调整结果显示的放大倍数。各软件在图形化结果数据时通常都进行了合适的夸张放大。

(Image Extrema):创建极值点。它用于在选定结果图形中创建指定数量的极值点,创建完成后,在模型树和图形上都有相应的标示。如图5-31所示,在米塞斯应力图上创建1个全局极值点和3个局部极值点。几何模型上极值点标示球的颜代表对应点处应力值大小,也可双击模型树上的【Local Maximum. 1】等来获取对应点的值及定位极值点所在。

图5-31 Extrema(极值点)创建示例

(Information):在弹出对话框内显示选定结果图形的相关信息。

(Images Layout)排布结果图:用于排列多项处于激活(Active)状态的结果图形。图5-32所示为按照 Z 轴方向排布4项处于激活状态的结果图。

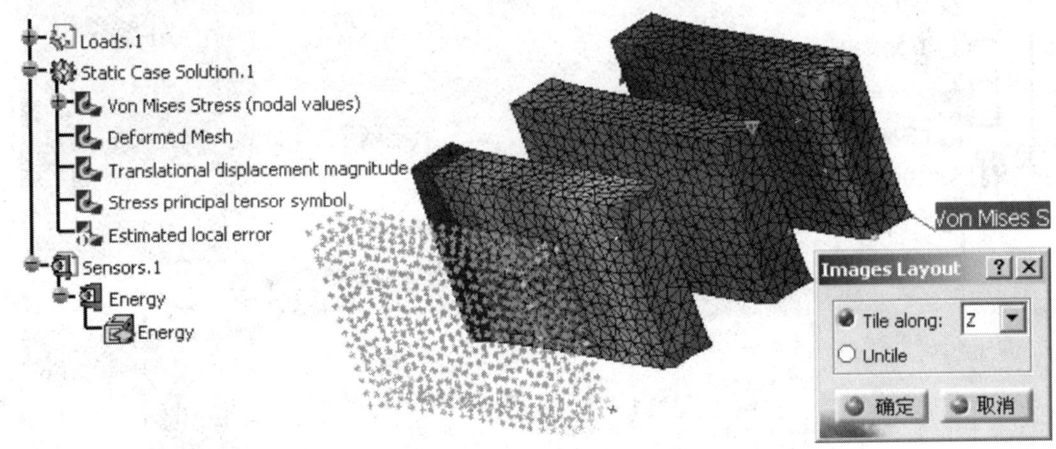

图5-32 Images Layout(排布)4项处于激活状态结果图

Simplified Representation:模型树上选择一项结果图简化表示以加快显示速度。它通常用于巨型模型。

3)分析报告

Basic Analysis Report:自动生成基本分析报告,点击后生成一个包含有限元模型、求解信息、分析结果的 *. html 格式报告文件,保存在缺省的存储目录。

Advanced Report:用于生成用户定制的报告。在弹出的第一个对话框中,用户可以选择【Output Directory】、【Title of Report】、【Choose the Analysis Case】;第二个对话框中,用户可以双击鼠标展开对话框左侧的模型树,然后通过中部的<->图标将感兴趣的内容定制到对话框右侧用于输出,再单击【Launch Browser】浏览或者【OK】生成报告。

Historic of Computations:允许用户比较两次计算的特点,需要至少进行过两次计算(Computation)。

4)右键菜单高级操作

通过鼠标右键点击模型树上的图形对象,利用弹出处理相应图形对象的右键菜单(如图5-33所示),用户可对右键菜单进行【定义...】、激活/非激活(Active/Deactive)、数据输出(Export Data)、存为新模板(Save As New Template)、生成报告(Report)操作。其中【定义...】功能也可以通过鼠标左键双击模型树上图形对象来获取,负责每一种图形的高级定制;激活/非激活则是让选定的图形处于活跃状态(可显示、可操作)或非活跃状态(不显示、不可操作)。下面较为详细地介绍【定义...】功能。

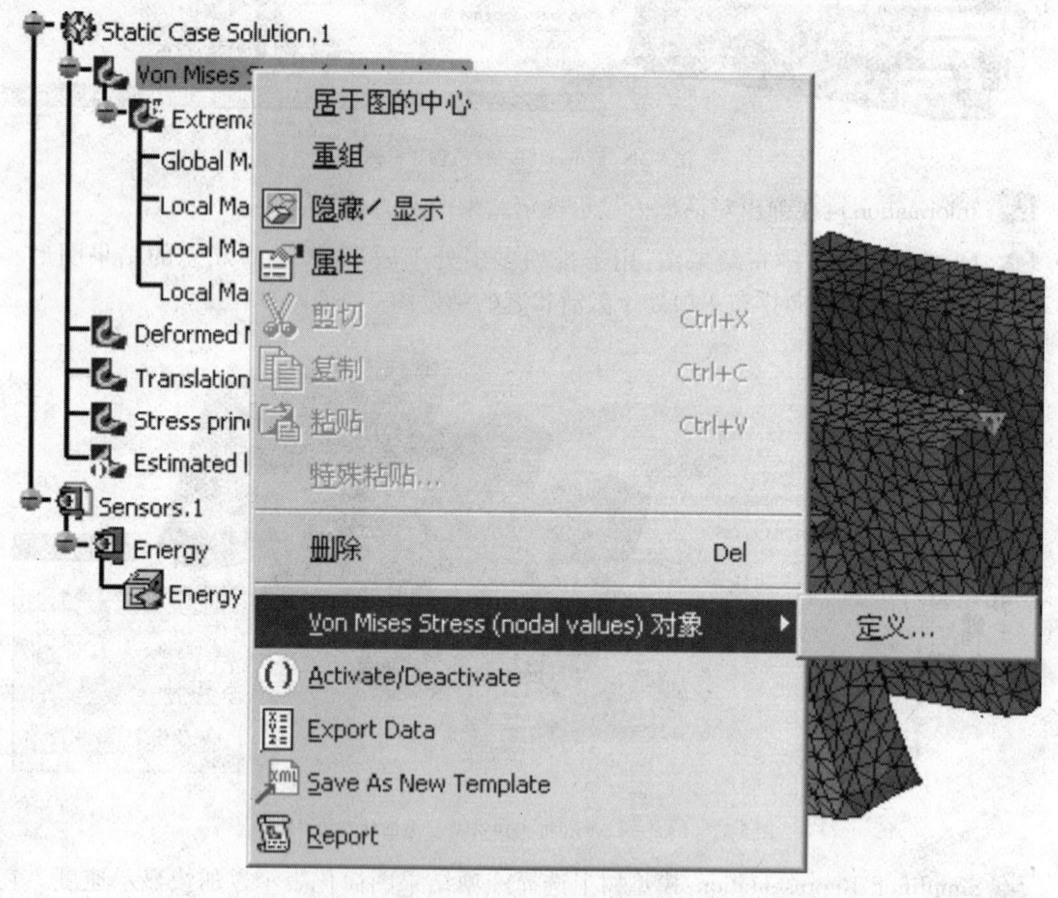

图5-33 图形对象的右键菜单

变形图、米塞斯应力图、位移图、主应力图、误差估计图等图形的定义对话框和可定制选项不尽相同,但基本参数大同小异,本文仅以米塞斯应力图为例,其它图形的定制效果用户可自行测试。图5-34为米塞斯应力的定制对话框,有3个选项卡:【Visu】、【Filters】、【Selections】。其中【Visu】卡片用于定制图形显示类型(Type)、显示准则(Criteria)和是否在变形后的网格上显示应力(Display on Deformed mesh)。其中显示类型可以是如下四选一:AVERAGE-ISO 为平滑应力颜色图(颜色代表应力大小,且网格之间颜色变化平滑均匀化处理);DISCONTINUOUS-ISO 为间断应力颜色图(颜色不作平滑化处理,不同网格之间颜色可以突变);TEXT 为数字文本(直接用数字表示应力大小);SYMBOL 为符号(用符号表示应力大小)。各种类型图形都可通过按【Options...】对弹出的对话框进一步选择显示选项。【Selections】控制选定显示全部的内容或者指定的网格、载荷、约束。

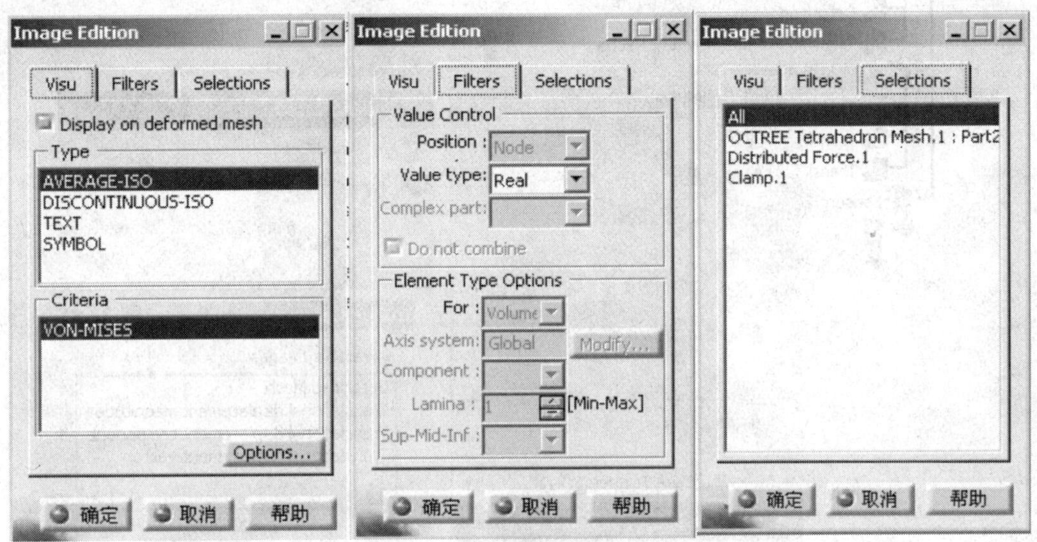

图 5-34 米塞斯应力图形定制对话框包含的 3 个选项卡

5.4 CATIA 的分析类型

CATIA 提供了多种分析方法,基本分析类型包括如下 4 种:静态分析(Static Analysis)、屈曲分析(Buckling Analysis) Buckling Case、频率分析(Frequency Analysis)、自由频率分析(Free Frequency Analysis)。从图形标示大致可以看出,Static Analysis 主要用于分析零部件在一定约束和载荷作用下的静力学应力应变;Buckling Case 主要用于分析零部件何时发生屈曲;Frequency Analysis 主要用于分析零部件在一定约束下的频率响应;Free Frequency Analysis 则用于自由状态下(不加约束)零部件的频率响应。前面几节较为完整地介绍了 Static Analysis 的知识点,下面介绍其余类型以及各组合分析类型。

5.4.1 屈曲分析(Buckling Analysis)

当结构所受的载荷达到某一特定值时,若再增加一微小的增量,则结构的平衡构形将发生很大的改变,这种过程称为屈曲(Buckling)或者失稳(Lost Stability),相应的载荷称为屈曲载荷或者临界载荷。在很多情况下,屈曲将导致构件失效,这种失效称为屈曲失效(Failure by Buckling),由于屈曲失效往往具有突发性,且易产生灾难性后果,因此工程设计中需要认真加以考虑。屈曲分析就是一种用于得到结构屈曲载荷和屈曲模态形状(结构发生屈曲响应时的特征形状)的技术。

CATIA 只有在进行了静态分析定义之后才能插入屈曲分析案例(Buckling Case)。打开附盘内 GPS _ Buckling _ part. catpart 文件,然后点击【开始】→【分析与仿真】→【Generative Structural Analysis】→【Static Analysis】进入静态分析功能，定义夹紧约束于零件左端面，在右端面加载 -500N 的 Y 方向载荷。定义好静态的约束与载荷之后，就可以分析此工况下的屈曲模态，具体操作如下：点击 CATIA 窗口顶部的【插入】菜单（见图 5-35 右上角）在静态分析中插入屈曲分析，然后可以点击 进行求解。

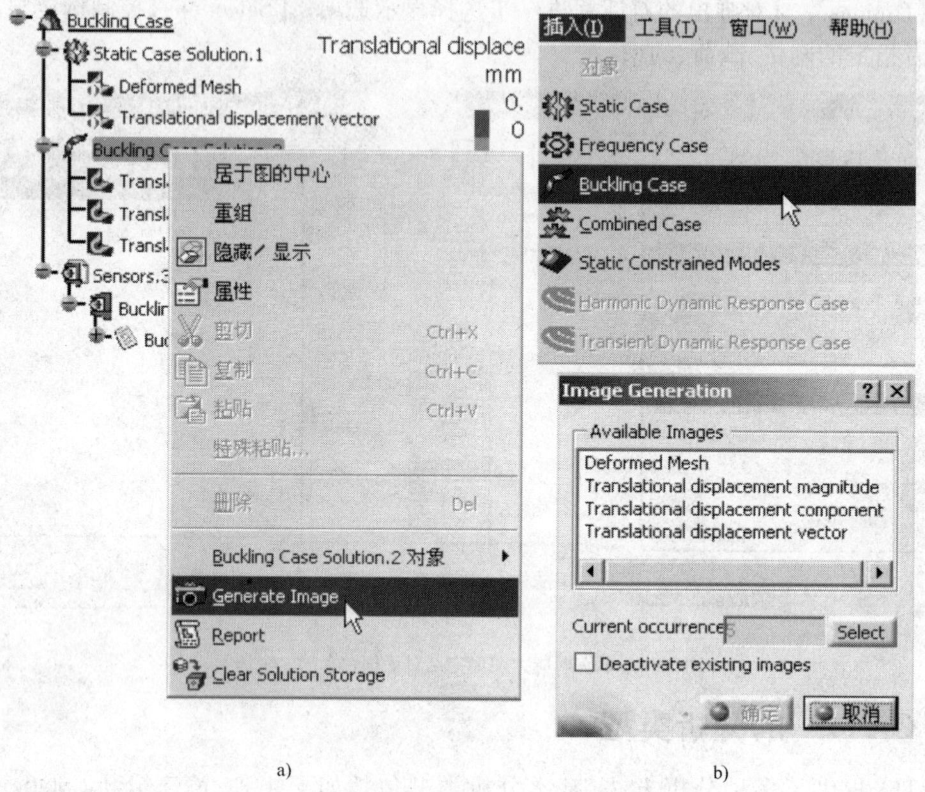

图 5-35 Buckling Case 的【插入】菜单和【图像生成】菜单对话框

求解完成后，在模型树上点击图 5-35a）所示 Buckling Case Solution. 2 右键菜单中的 Generate Image 进行屈曲模态可视化处理，则弹出图 5-35b）所示【Image Generation】对话框。选定一种图形类型，再点击【Select】按钮，在 5-36 所示【Buckling Factors】对话框中选择相应的模态，可做出多种模态下的图形，图 5-36 所示分别为一阶，三阶，五阶模态图。

5.4.2 频率分析(Frequency Analysis)

频率分析用于分析模型的频率特性和模态，分为添加约束的频率分析（Frequency Analysis）和无约束的频率分析（Free Frequency Analysis）两种。频率分析中，用户只能添加约束（Restranits）和质量密度（Mass Density ），不需要也不能添加载荷（Loads）。在此，首先讲解质量密度的添加方法，然后阐述频率分析的基本过程。

1）质量密度（Mass Density）

分布质量（Distributed Mass）：分布质量用来建立纯惯性系统特性（比如说附加装置）的模型。该按钮可将指定的质量均布于虚件（Virtual Part）或者选定的几何之上，相当于集中质量施加于特定点（质心）。

线质量密度（Line Mass Density）：施加质量密度于指定曲线/边，单位为 kg/m。

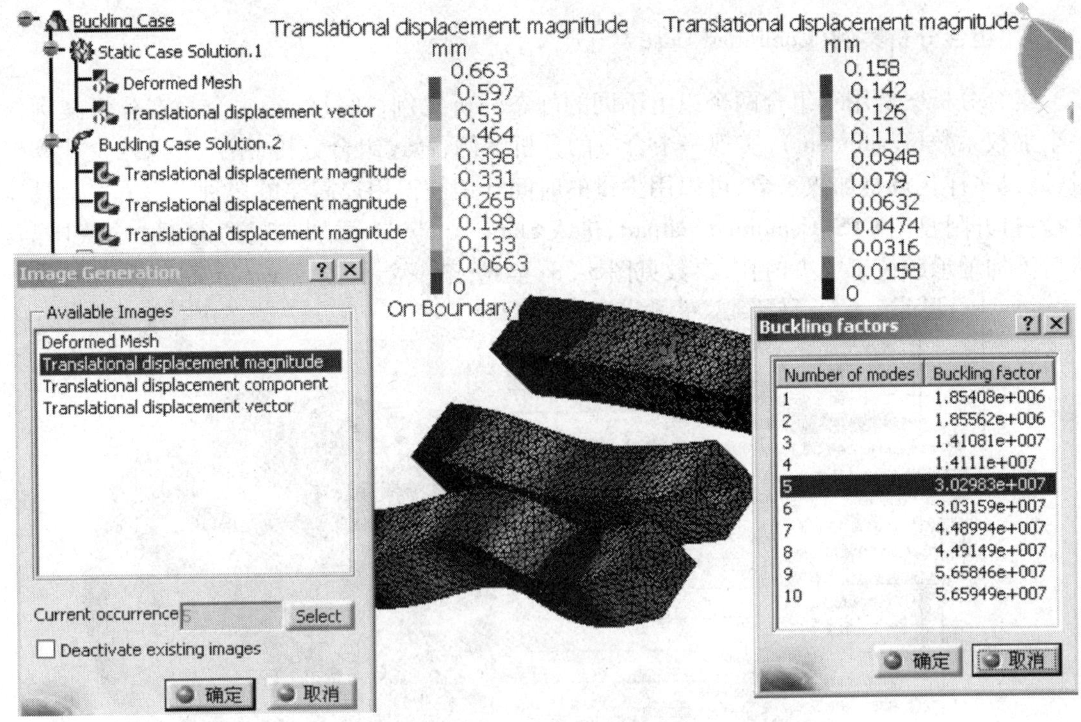

图 5-36 Buckling Case 模态选择对话框和多阶模态图示例

面质量密度(Surface Mass Density) :施加于面/曲面,单位为 kg/m^2。

2)分析过程(Frequency Analysis)

有两种方法创建分析案例:可直接从图 5-1 所示的【开始】菜单开始,然后在如图 5-2a)所示对话框选取 Frequency Analysis 创建频率分析案例;或者先进入 Static Analysis,再利用图5-35所示【插入】菜单中的 Frequency Case 插入一个频率分析案例到已有的分析模型中。

例如,打开附盘内的 GPS _ frequency1. catpart 文件,通过【开始】菜单【分析与仿真】→【Generative Structural Analysis】→【Frequency Analysis】进入分析模块开始频率分析。此时,必须添加约束,可以选择添加质量密度,然后计算即可。图 5-37 是例子文件添加了左端面夹紧约束,然后计算得到的四阶模态米塞斯应力图和位移图(注:可以通过双击模型树上图形项目调整图形显示哪阶模态)。

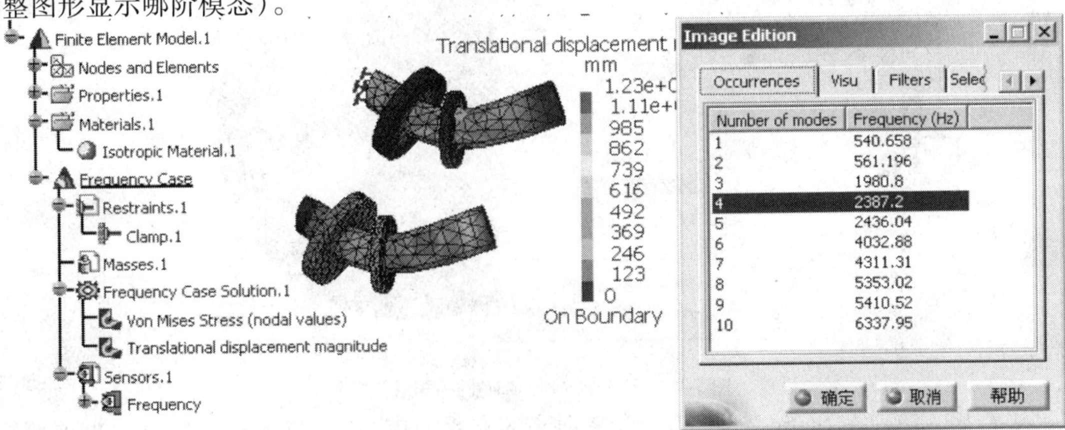

图 5-37 简单轴类零件模态分析示例

5.4.3 组合分析案例(Combined Case)

组合分析案例用于组合两个以上不同的静态分析案例,通过给每一个静态分析案例指定一个加权系数(Coefficient),实现一个合成的分析案例,通过组合分析,用户可以减少计算工作量,通过多样化调整加权系数,可以用少量的时间开销获得用户需要的多种求解方案。具体做法是:打开附盘内 GPS_Combined. catpart,进入 Static Analysis,添加夹紧约束于 4 个底座凸台,然后添加轴承载荷于中央内孔,参数见图 5-38,至此,第一个 Static Case 定义完毕;

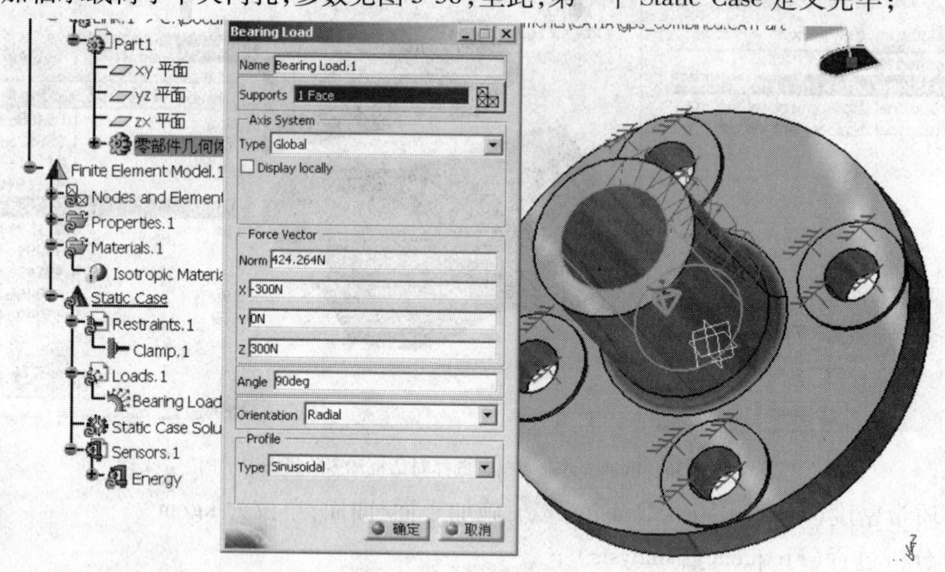

图 5-38 第一个 Static Case 的轴承载荷定义

接着点击顶部【插入】菜单的 Static Case,插入第二个【Static Case】,在弹出的【Static Case】对话框中,选择参考(Reference)原来的夹紧约束(需鼠标选择模型树上的 Clamp. 1),新建)Loads(载荷)和 Masses(附加质量),接下来定义第二个案例的载荷为施加于中央外表面的 Y 方向力矩 400N · m(图 5-39)。

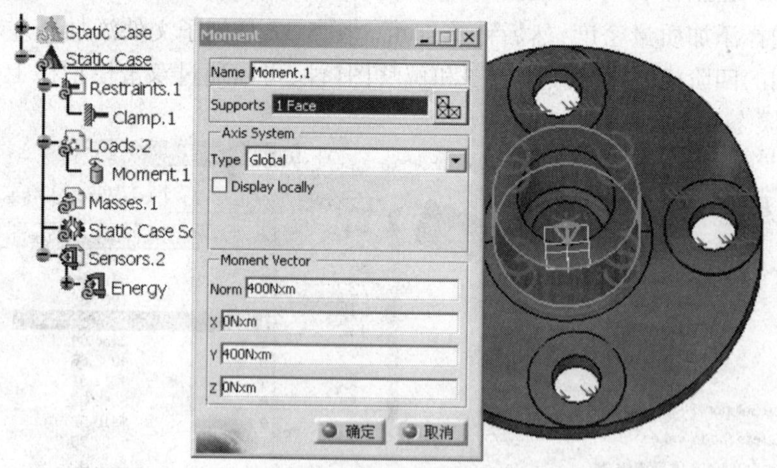

图 5-39 第二个 Static Case 的力矩载荷定义

接着插入第三个 Static Case,仍然参考原来的夹紧约束,新建载荷为施加于中央顶部的 Y 向 $-500\mathrm{N} \cdot \mathrm{m}^2$ 面密度力(Surface Force Density)。定义好三个静态分析案例之后,点 进行求解。求解完毕，点击 CATIA 顶部插入菜单的 Combined Case 建立组合分析案例，模型树上出现 Combined Static Case Solution.2，双击进行组合案例的详细定义，弹出如图 5-40 所示的定义对话框，选择模型树上 Static Case Solution.3 至对话框的【Selected Solution】栏，且输入系数为 0.3，

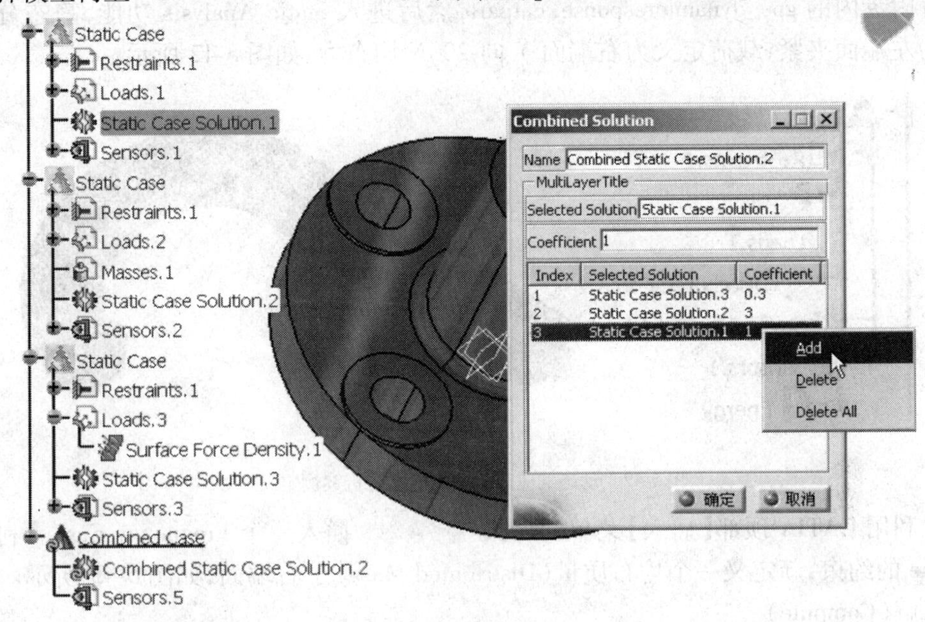

图 5-40 组合分析案例的详细定义对话框

然后在对话框内列表栏项目条上点击鼠标右键，选择右键菜单中的 ADD 实现添加，接着添加 Static Case Solution.2，系数为 3，和 Static CaseSolution.1，系数为 1。至此，Combined Solution 定义完毕。再点击 进行计算，不过这时候计算过程相当快（因为组合分析案例只是加权组合各子案例的结果，所以基本不消耗时间）。然后可以可视化后处理（米塞斯应力如图 5-41 所示），最重要的是用户可以调整各加权系数快速实现多种载荷组合状态下的应力应变结果。

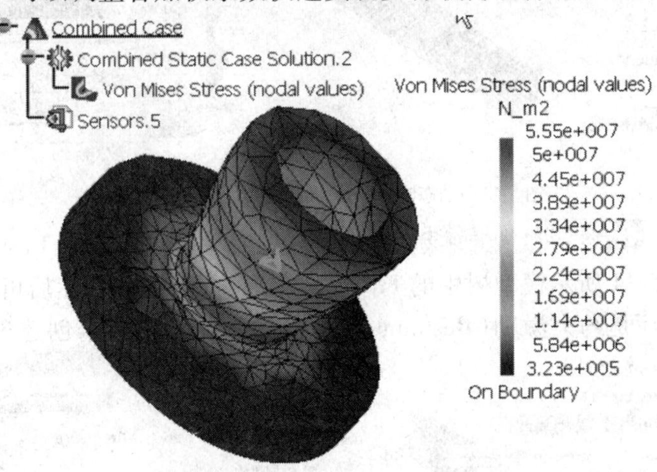

图 5-41 三个静态分析案例合成的组合案例米塞斯应力图

5.4.4 动态响应分析（Dynamic Response Case）

动态响应分析是静态分析和频率分析的合成，在定义动态响应之前，用户必须已经拥有计算

完成的一个静态分析案例(Static Case)和频率分析案例(Frequency Case)。动态响应分析将综合考虑一定约束和载荷下的静态特性和频率响应特性,分为 Harmonic Dynamic Response Case 和 Transient Dynamic Case(频域分析和时域分析)。下面,通过一简单示例演示创建过程。

打开附盘内的 gps_dynamicresponse. catpart,然后进入 Static Analysis 功能,静态分析的约束定义为左端面夹紧,载荷定义为右端面 Y 向-200N 均布力,如图 5-42 所示。

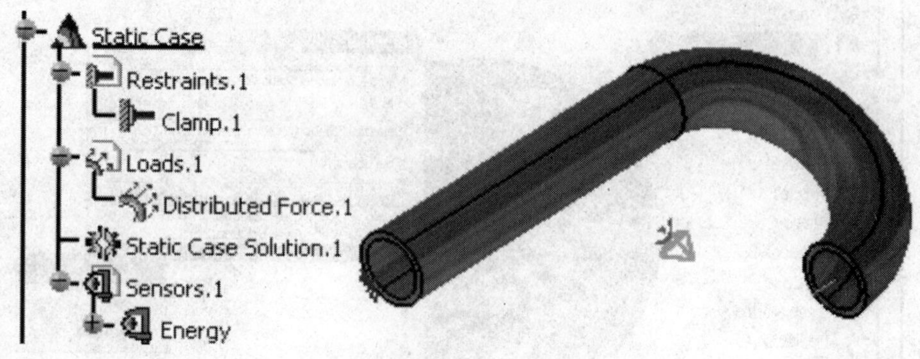

图 5-42　动态响应分析中的静态分析案例定义

然后利用 CATIA 顶部【插入】菜单的 Frequency Case 插入一个 Frequency Case。利用原来 Static Case 的约束,新定义一个均布质量(Distributed Mass)于右端面,如图 5-43 所示。然后全部计算求解(Compute)。

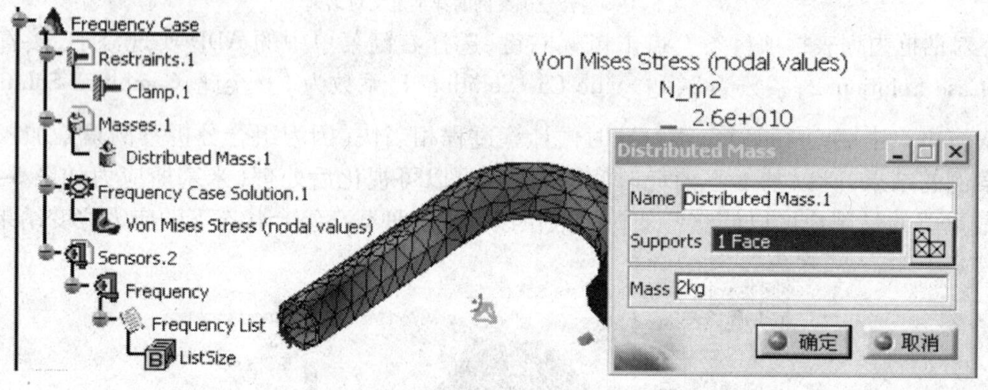

图 5-43　动态响应分析中的频率分析案例定义

至此,可以通过 Harmonic Dynamic Response Case 插入一个 Dynamic Response Case。在弹出的对话框中选择图 5-44 所示模型树中的 Frequency Case Solution. 1,然后可以选择新建载荷激励(Load excitation)还是约束激励(Restraint excitation)(此例中尚未创建过类似激励,所以只

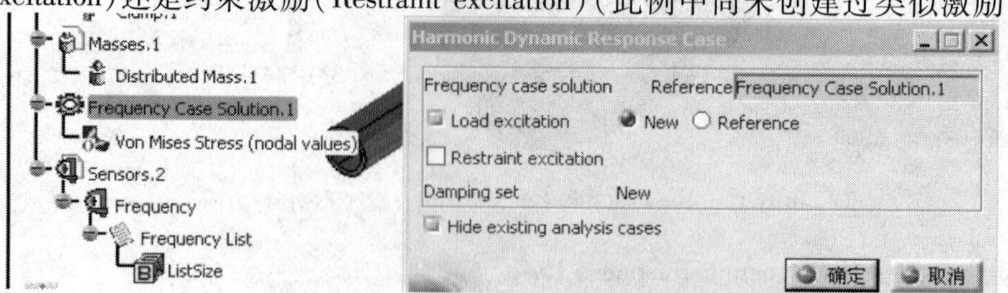

图 5-44　如何新建 Harmonic Dynamic Response Case

能选择【New】)。从图 5-45 所示模型树中可以看出动态响应分析需要用户定义激励载荷和阻尼。而在定义激励载荷之前,用户必须预先定义了白噪声调制(White Noise Modulation 常值调制)或者从文件引入调制(Modulation from a file),因为激励载荷的定义需要用户提供调制(Modulation)。双击模型树上的 Load Excitation.1 弹出如图 5-45 所示的激励载荷定义对话框,用户需要选定载荷集、调制、调制系数和相位。

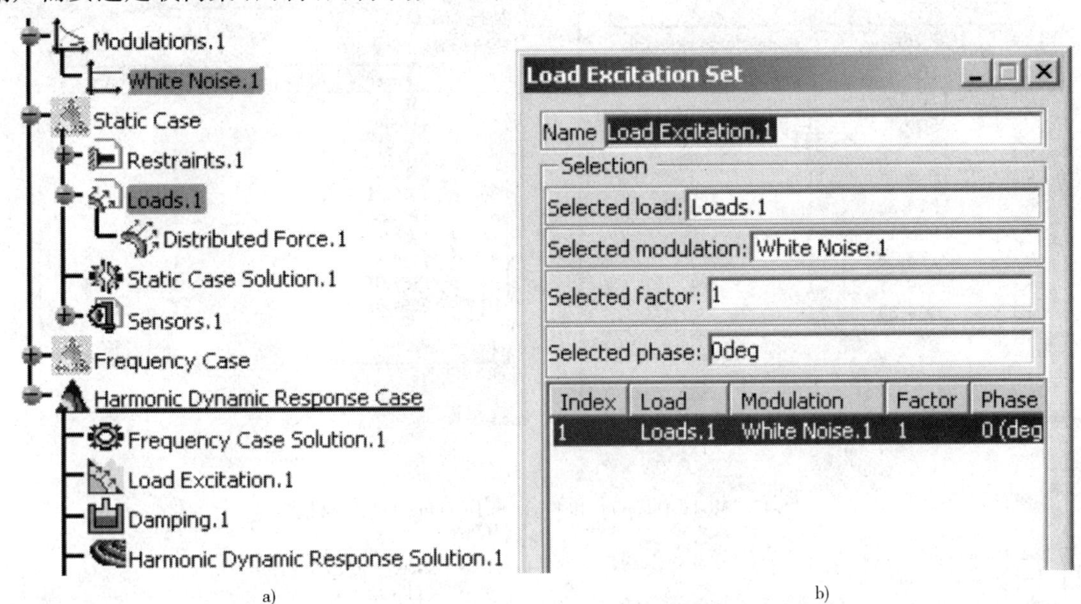

图 5-45　动态响应模型树图示和激励载荷定义对话框

CATIA 自动定义默认阻尼,用户可以双击 Damping.1 弹出如图 5-46 所示的对话框来修改。从对话框中可见存在两种类型阻尼:Modal damping(模态阻尼)和瑞利阻尼(Rayleigh damping)。计算公式分别为 $C_r = 2\sqrt{mk}$、$[C] = \alpha[M] + \beta[K]$。其中 m 表示系统质量,k 表示刚度。选定类型后,可以点击对话框中的图标在接着弹出的对话框中(图 5-47a)为 Modal,图 5-47b)为 Rayleigh)定义阻尼系数。用户可以一次性为 10 阶模态指定同一个系数,也可以通过选中 Definition mode by mode 来给每个模态单独指定不同的系数。

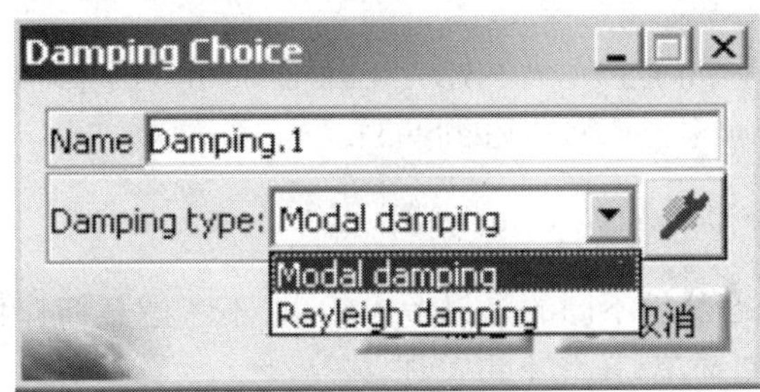

图 5-46　阻尼选择定义对话框

定义好激励载荷和阻尼之后,双击模型树中 Harmonic Dynamic Response Solution.1,在弹出的对话框(如图 5-48 所示)中指定模型的工作频段和分析步数,然后求解;求解之后,可以利用查看感兴趣的结果图形。双击模型树上的结果图形,可以在弹出的对话

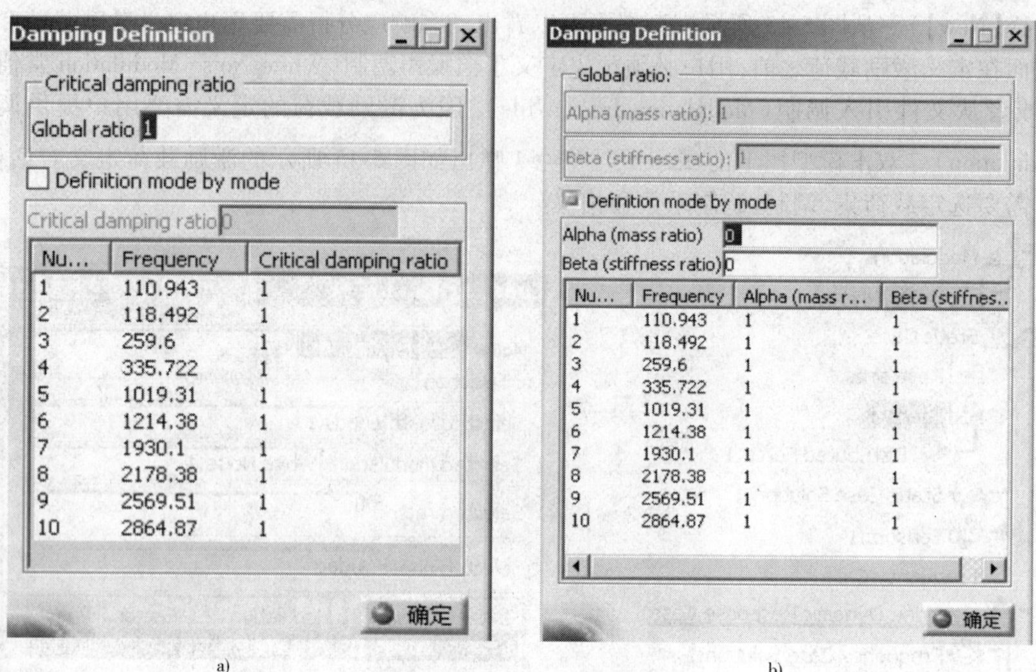

图 5-47 Modal Damping 和 Rayleigh Damping 系数定义框

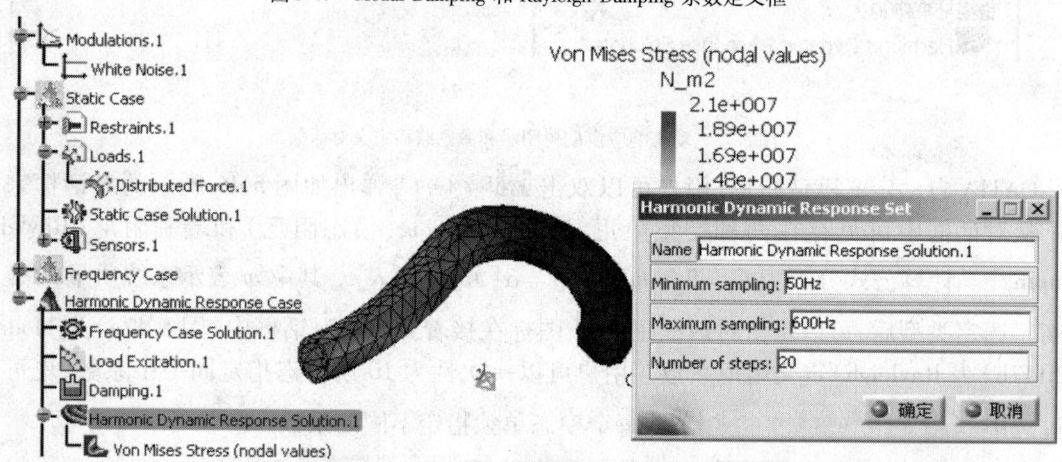

图 5-48 工作起止频段及步数设定对话框和 132.5Hz 处米塞斯应力图

框中定制希望显示的工作频率(或者对应的 Step)。

5.4.5 静约束模态(Static Constrained Analysis)

静约束模态分析和静态分析不同的是只考虑约束,不考虑载荷作用。它同样利用顶部的【插入】菜单获取,过程相对简单,在此不再赘述。

5.5 装配件有限元分析 GAS 简介

装配件的有限元分析和零部件有限元分析的获取方法及分析方法(前处理、计算、后处理)基本上是一致的,唯一的不同在于需要建立有限元分析专用的连接特性(Connection Property)来明确各零部件之间的连接特性(包括相互位置关系、力的传递关系等),从而保证载荷和应力应变在部件之间通过连接特性进行有效传递,达成装配件的一体化分析。而连接特性的创建必须以一定的连接关系为基础,所以,本节先介绍连接关系和连接特性,然后举例说明。

5.5.1 创建连接关系

连接关系不能直接用于有限元分析,连接关系的创建是为定义连接特性做准备,零件之间的连接关系通常可为如下两种:

1)装配件设计模块中指定的约束

通过装配件设计(Assembly Design)模块中定义的约束(Constraints)确定零件之间的连接关系,其中尤以重合(Coincidence)和表面接触约束(Surface Contact)两种连接特性定义过程应用较多。

2)利用分析模块工具条定义连接关系

CATIA 分析模块中提供了 Analysis Connection 工具条用于定义零部件之间的连接关系。General Analysis Connection 为通用连接,用于在装配模型中连接两个任意几何形状,不在乎几何元素的类型。连接建立后在模型树的 Analysis Connection Manager.1 中显示; Point Analysis Connection 为点连接关系,分别用于模拟两个零件之间和一个零件内的焊点连接; Line Analysis Connection 为线连接关系,分别用于模拟两个零件之间和一个零件内的焊缝连接。后面的例子中用到时再配图阐述。

5.5.2 创建连接特性

前面建立的连接关系以及在装配件中建立的零件之间约束都只是说明了零件之间的连接关系,必须将这些连接关系转化为有限元能够认知和接受的连接特性,才能进行装配件有限元分析。CATIA 提供的连接特性工具条,展开后为。下面对它们进行详细阐述。

1)滑动连接特性(Slider Connection Property)

滑动连接限定两个零件在接触边界法线方向上一起运动,而允许在接触边界的切线方向上存在相对运动,且该连接考虑相互作用弹性变形的影响。一般选定 Surface contact. 或者作 General Analysis Connection. 为支撑,建立完成后在模型树的 Properties.1 中将出现新特性标示 Slider Connection Property.1。图 5-49 所示是利用螺栓与法兰之间的面接触约束作为支撑而定义的滑动连接特性。

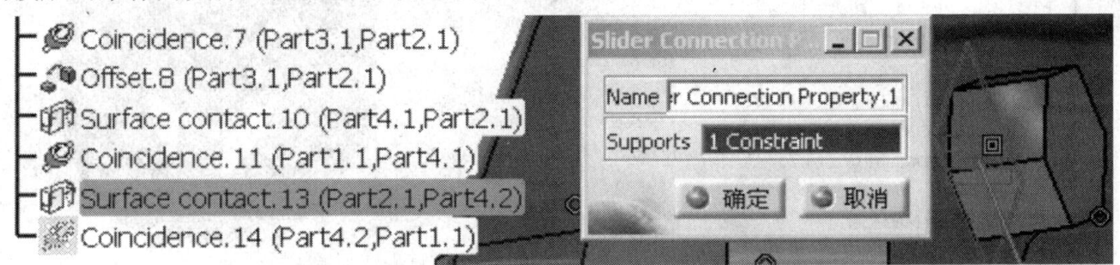

图 5-49 利用面接触约束作支撑建立滑动连接特性

2)接触连接特性(Contact Connection Property)

接触连接限定两个实体在公共的边界之上不相互穿透,在用户定义的接触间隙(Clearance)之外,两个零件可以任意运动。它们接触后仍然可以分开,或者沿切向运动,但不能减小法向间隙,该连接也考虑了相互作用弹性变形的影响。一般选定 Surface contact. 或者 General Analysis Connection. 作为支撑,完成后模型树 Properties.1 中出现新特性标示 Contact Connection Property.。定义方法详见下面实例。

3)扣紧连接特性(Fastened Connection Property)

扣紧连接将两个零件在公共边界上固定在一起,像一个零件一样地工作,同时考虑两个零件相互作用产生的弹性变形,其分析方法基本同上。

4)扣紧弹簧连接特性(Fastened Spring Connection Property)

扣紧弹簧连接将两个零件弹性扣紧,用户可以设定弹簧的三维线性刚度和扭转刚度。

5)压力配合连接特性(Pressure Fitting Connection)

它一般用来连接两个通过过盈配合连接在一起的零件。根据 Overlap 值确定是过盈配合或者间隙配合,能较为精确地反映出相互作用产生的应力状态。(注:即使零过盈量仍能有效传递力矩)。详细定义过程可参见后面实例。

6)螺栓紧定连接特性(Bolt Tightening Connection Property)

它用于在两个零部件之间建立螺栓连接,可设定预紧力(Tightening Force)。支撑通常可选定为接触 Contact 或者同心 Coincidence。详见后面实例。

7)刚性连接特性(Rigid Connection Property)

它用于将两个零件在公共边界上刚性固定在一起,假定公共边界有无限大的刚度,即不考虑相互作用的弹性变形影响。连接之后就像在两个实体之间连接了一个完全刚性的虚拟零件一样。该连接可以用于处理两个不一致的零件网格;支撑通常可选定为 Coincidence 同心、Offset 偏移、Angle 夹角、General Analysis Connection 等。图 5-50 为一刚性连接特性建立实例。

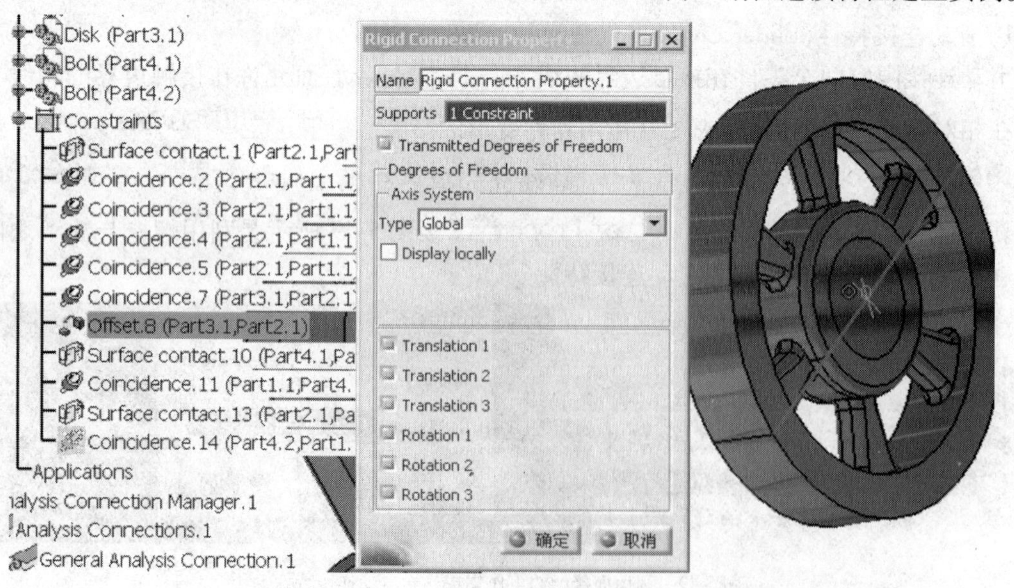

图 5-50 以 Offset 约束为支撑建立盘和轴之间的刚性连接特性

8)柔性连接特性(Smooth Connection Property)

柔性连接将两个零件在公共边界上固定在一起。该连接考虑界面上的弹性变形能力，就像在两个零件之间连接了一个柔性虚拟零件一样。定义过程和方法基本同上。

9)虚拟螺栓紧定连接特性(Virtual Bolt Tightening Connection Property)

虚拟螺栓紧定连接模拟前面提到的螺栓紧定连接，但不用建立螺栓，而是通过虚拟螺栓来替代，作用基本相同。可选定同心 Coincidence 约束或者通用连接关系作为支撑。定义过程可见后面实例。

10)虚拟弹性螺栓紧定连接特性(Virtual Spring Bolt Tightening Connection)

它和上一个连接特性略有不同的是采用弹性螺栓，可以定义三维线性刚度和扭转刚度。图 5-51 为利用两个内孔面之间的 General Analysis Connection 作为支撑定义出虚拟弹性螺栓。

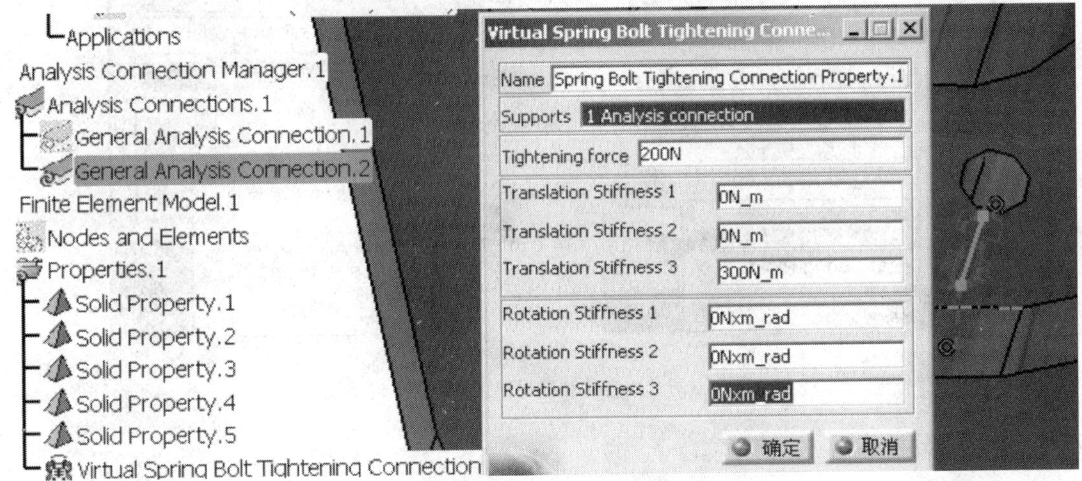

图 5-51　利用 General Analysis Connection 定义虚拟弹性螺栓

11)用户自定制距离连接特性(User-Defined Distant Connection Property)

用户自定制距离连接特性具有极大的通用性和灵活性，用户根据自己的需要定制连接关系，一般来说，通过该按钮能定义任意连接关系。其定义界面如图 5-52 所示，可以选定距离位置约束作为支撑。该连接依次通过起始部分(Start)、中间部分(Middle)、终止部分(End)这 3 个虚拟环节将两

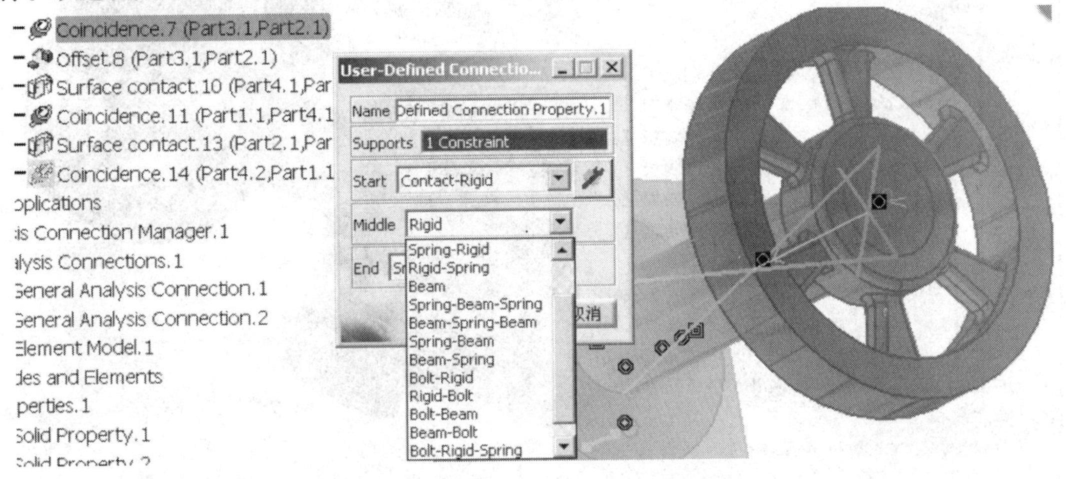

图 5-52　用户自定制距离连接特性定义

个零件连接起来,可在对话框中选定这3部分的类型,类型可能为:刚性、梁、螺栓、弹性和刚性、刚性和弹性、梁和弹性、螺栓和梁等。选择相应类型后,还可以利用 进一步定制。

12)点焊连接特性(Spot Welding Connection Property)

通常选择焊点连接关系作为支撑,建立焊点连接特性,类型可以依照图5-53所示的5种进行选定,选定相应类型后还可以利用 进一步定制。

13)缝焊连接特性(Seam Welding Connection Property)

通常选定焊缝连接关系作为支撑来建立缝焊连接特性。类型可依照图5-53所示7种进行选定,选定相应类型后还可以利用 进一步定制。

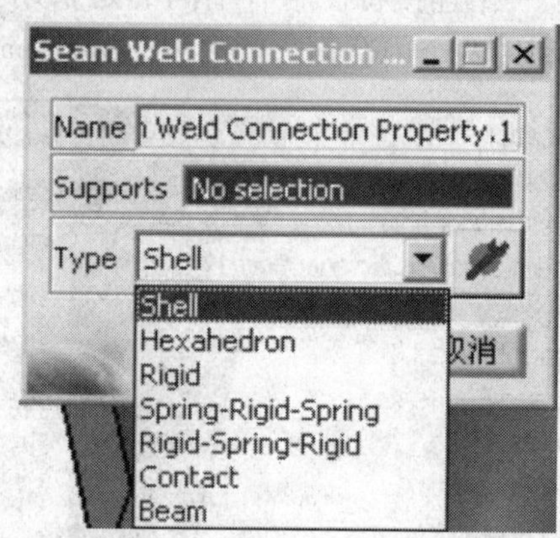

图5-53 点焊连接特性和缝焊连接特性定义对话框

5.5.3 装配件分析实例

打开附盘内装配件 gps _ product. catpart,且进入静态分析(Static Analysis)模块,如图5-54

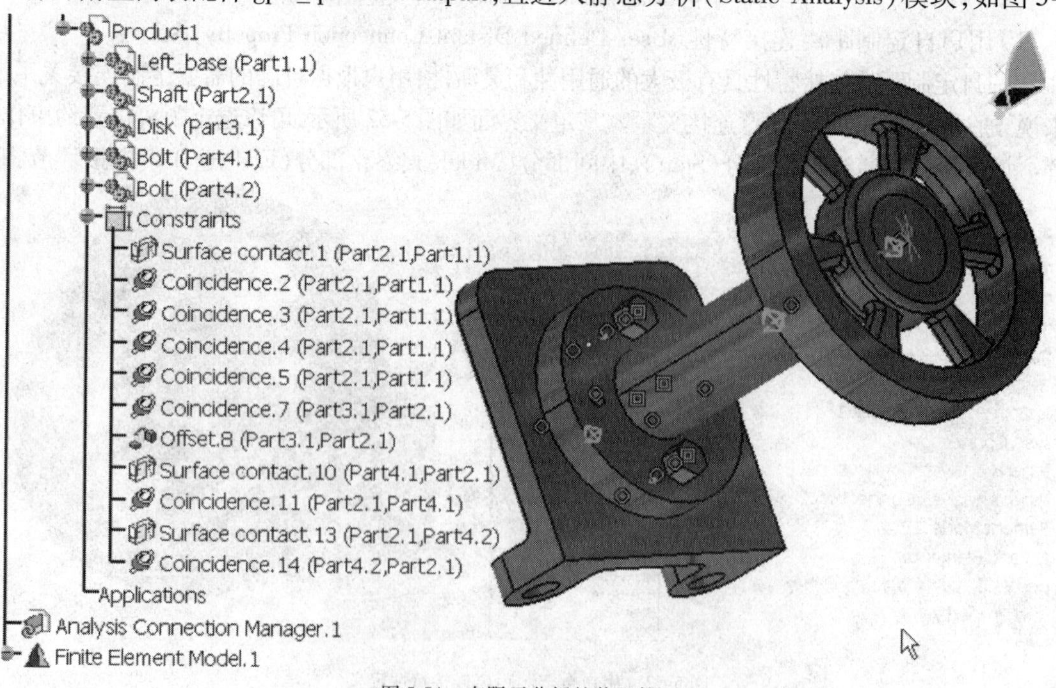

图5-54 有限元分析的装配件

所示的装配图上包括5个零部件，左侧为基座，带法兰的轴利用两个螺栓固定在左侧基座，还有两个空的螺栓孔是预留给将来定义虚拟螺栓（Virtual Bolt Tightening）的，轴端右侧过盈安装一盘状零件。材料指定如下：Left_base 和 Bolt 为 iron，Shaft 为 Steel，Disk 为 Bronze。从图5-54可以看出，已在装配件设计中定义了一系列约束，接下来的连接特性创建过程中可以利用这些约束，也可以从头创建连接关系，然后利用连接关系创建连接特性。

1）建立左侧基座与法兰轴之间的接触连接特性

点击【Contact Connection】，弹出如图5-55所示的定义对话框，选定模型树上的 Surface Contact.1 作为支撑，单击【确定】完成左侧基座与法兰端面之间的接触连接特性定义。打开模型树中 Properties.1，就可见 Contact Connection Property.1列表项。

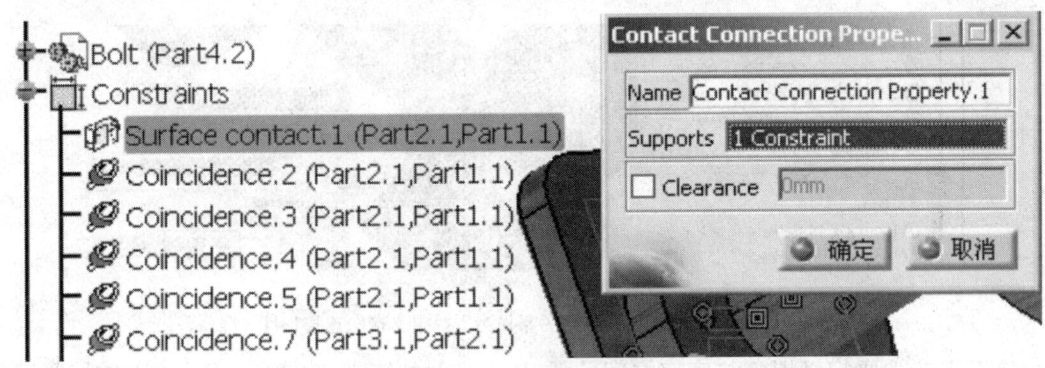

图5-55 左侧基座与法兰端面的接触连接特性定义

2）两个螺栓与法兰及底座之间的连接特性

螺栓与底座之间的连接特性定义，不单需要通过螺栓连接来限定两者之间的轴向绑定，还需要定义螺栓与法兰面之间的接触特性来限定螺栓与轴端法兰轴向不能穿透，用螺栓外圆面与法兰孔面之间的接触特性来限定两者之间圆周方向不会窜动；而这两个接触特性的定义需要用到约束或者连接关系，在装配件设计过程中，没有定义螺栓外圆面与法兰孔面之间的接触约束（只定义了轴线重合），这样就需要先利用【General Connection】创建二者之间的通用连接，其步骤如下：

点击，弹出如图5-56所示的【General Analysis Connection】定义对话框，选择螺栓外表

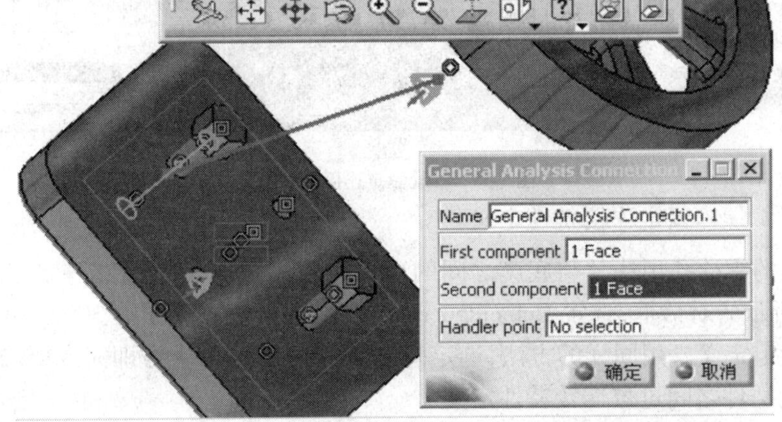

图5-56 螺栓外表面和法兰内孔的连接关系定义及按钮利用

面为【First component】,对应法兰内孔面为【Second component】,单击【确定】完成定义(注意:由于二者装配在一起,相互遮挡,可能不好选择,此时可利用鼠标右键或按钮隐藏法兰轴,然后利用按钮交换可见空间来交替选择法兰轴内孔和螺栓外圆面。图5-56中就隐藏了法兰轴)。

同样的步骤重复第二个螺栓外表面和法兰内孔的连接关系定义。

接下来,可以利用上述通用连接关系和装配约束创建需要的4个接触连接特性,点击,在弹出对话框中选定刚创建的 General Analysis Connection 作为支撑,实现两个接触连接特性的定义,再选定装配件约束中的 Surface Contact. 10 和 Surface Contact. 13 作为支撑定义另外两个接触连接特性。其结果如图5-57所示。

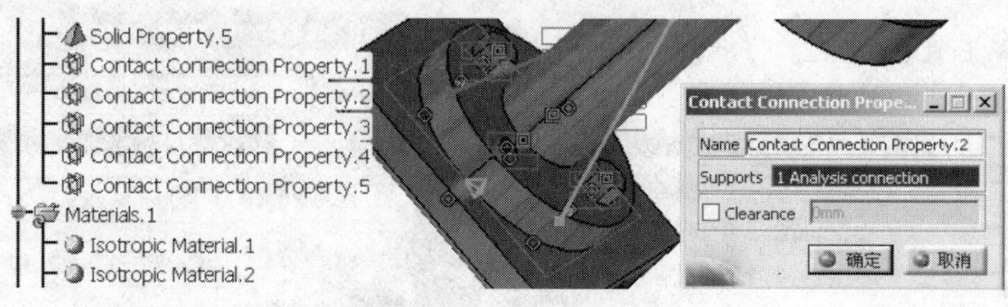

图5-57　利用通用连接关系作为支撑定义接触连接特性

接下来就需要定义螺栓与底座之间的 Bolt Tightening Connection Property 螺栓紧定连接特性。点击按钮,选定 Coincidence. 14(注:螺栓与底座之间为重合,这样建立的螺栓配合前面的接触连接特性才能将螺栓、法兰、底座三者有效地连接起来,如果重合是螺栓与法兰之间的,则仅能将螺栓与法兰螺栓连接),输入预紧力300N,通过调整【Orientation】确保螺栓标示如图5-58所示。用同样的方法可实现第二个螺栓紧定连接特性定义,此时,支撑应选定为 Coincidence. 11。

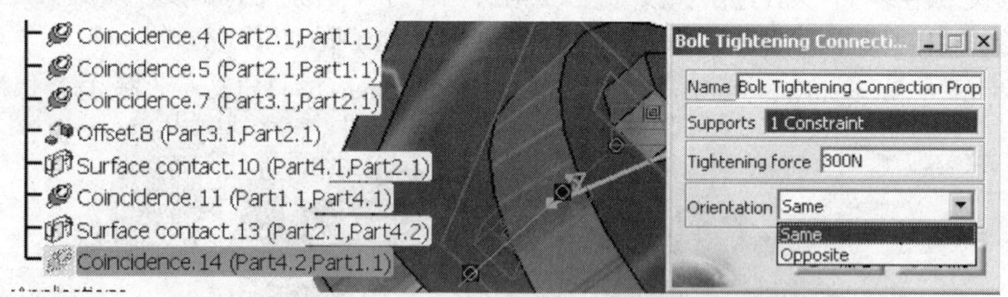

图5-58　螺栓紧定连接特性定义

3)两个虚拟螺栓紧定连接特性定义

两个空缺的螺栓孔用法兰与底座之间的虚拟螺栓紧定连接定义。点击按钮,会弹出如图5-59所示的对话框;选定 Coincidence. 3 作为支撑,输入预紧力300N,单击【确定】即完成一个虚拟紧定定义。用同样的方法,选定 Coincidence. 4 作为支撑即完成第二个定义。

4)轴和盘类件之间过盈连接特性定义

点击按钮,弹出【Pressure Fitting Connection Property】定义对话框(如图5-60所示);选定 Coincidence. 7 作为支撑,在【Overlap】中输入假定的过盈量0.3mm,单击【确定】即完成过盈

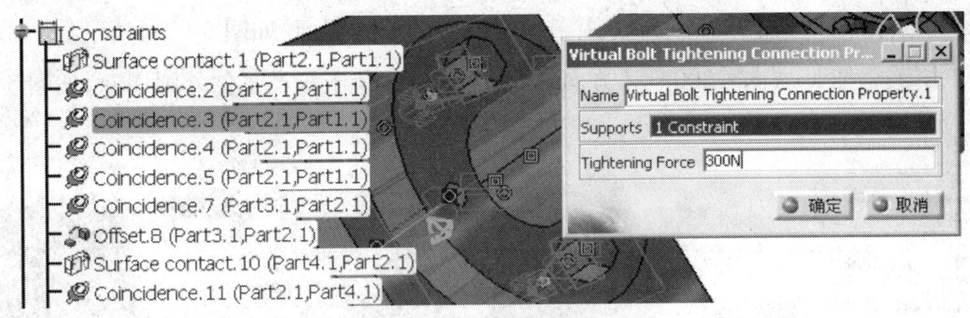

图 5-59　虚拟螺栓紧定连接特性定义

连接特性定义。

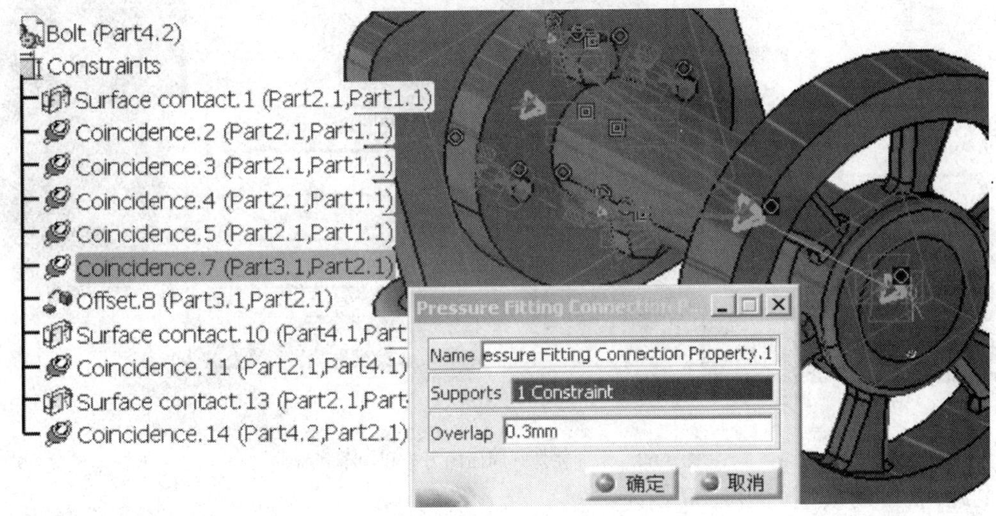

图 5-60　轴和盘类件之间过盈连接特性定义

5）左侧基座的约束定义

通过约束限定左侧基座的 6 个自由度，其操作步骤如下：

点击 Surface Slider 约束基座的两个内孔面，再点击 Advanced Restraints 约束基座底面的 Y 方向平移自由度，如图 5-61 所示。

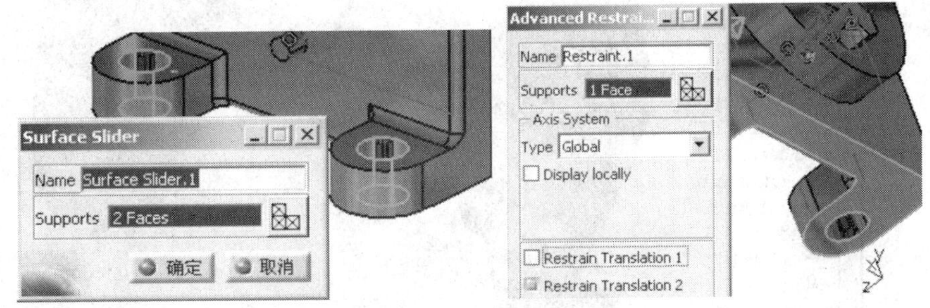

图 5-61　利用 Surface Slider 约束内孔和利用 Advance Restraints 约束底面

6）载荷添加

所有载荷全部添加于盘类零件，以承受力矩和轴向力。

点击添加 Z 方向 300N · m 力矩于盘类零件的外圆周面，如图 5-62a)所示。

点击添加 Y 方向 -200N，Z 方向 -300N 均布载荷于盘类零件外圆周面，如图 5-62b)所示。

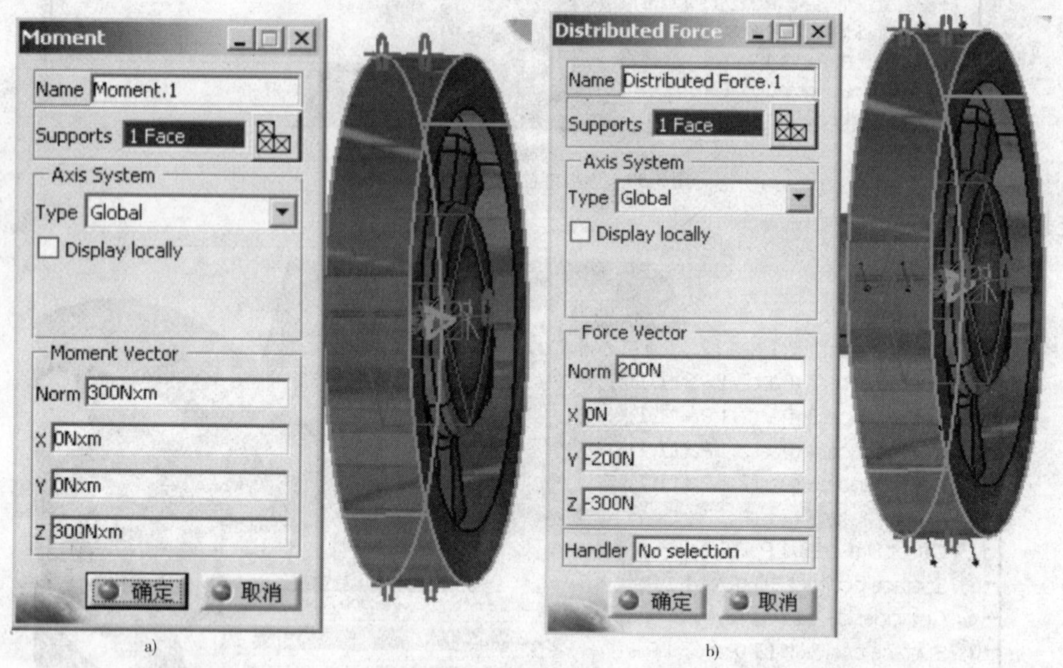

图 5-62　添加在外圆周面的力矩和均布载荷

至此，获得的模型如图 5-63 所示。

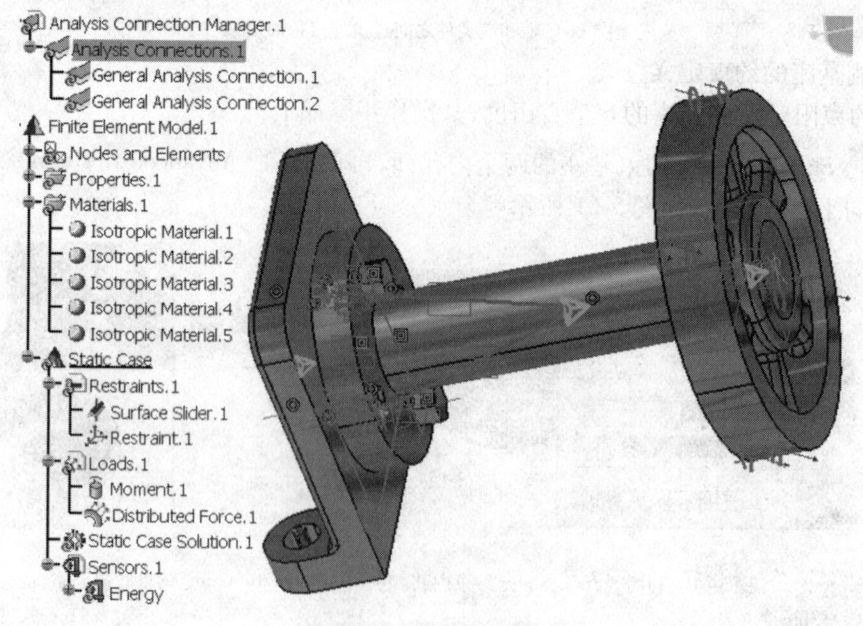

图 5-63　定义完成的装配件有限元模型

点击进行计算，计算完成后通过和可以得到米塞斯应力云图和位移图；利用按钮沿 X 方向排布两个结果图（图 5-64），至此可见应力最大区域在过盈配合区；双击模型树 Properties.1 内的 Pressure Fitting Connection Property.1 将过盈量改为 0mm，结果如图 5-65 所示。

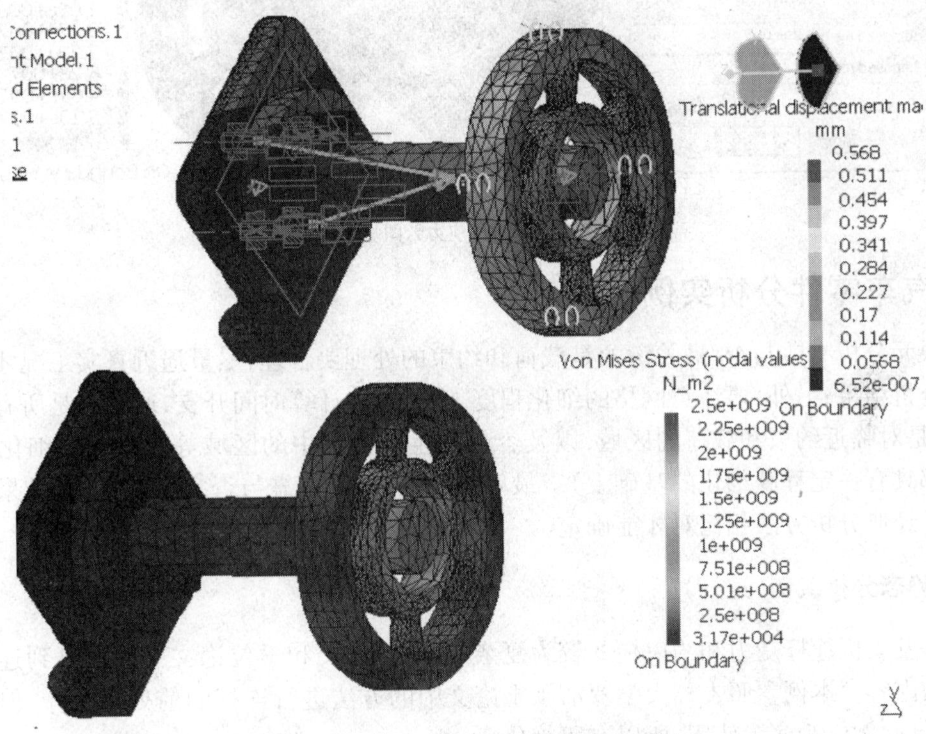

图 5-64　0.3mm 过盈时米塞斯应力图和位移图

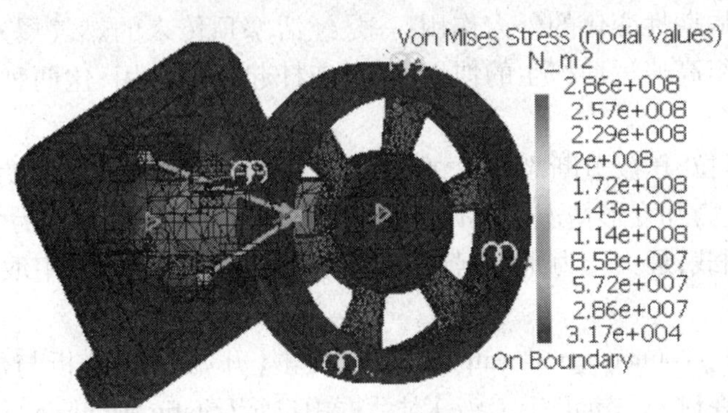

图 5-65　0mm 过盈时米塞斯应力图和位移图

此外，还可以定制色带图，方法是：双击图 5-65 中 Von Mises Stress 色带区或文字，会弹出如图 5-66 所示的色带图编辑对话框，其中【Number of Colors】用于指定色带图划分为多少个区段；【Smooth】用于指定色带变化是否平稳；【Inverse】用于以反转冷暖色调代表应力的低高情况；【Imposed max】表示强制指定应力云图显示的最大值；【Imposed min】用于强制指定应力云图显示的最小值。

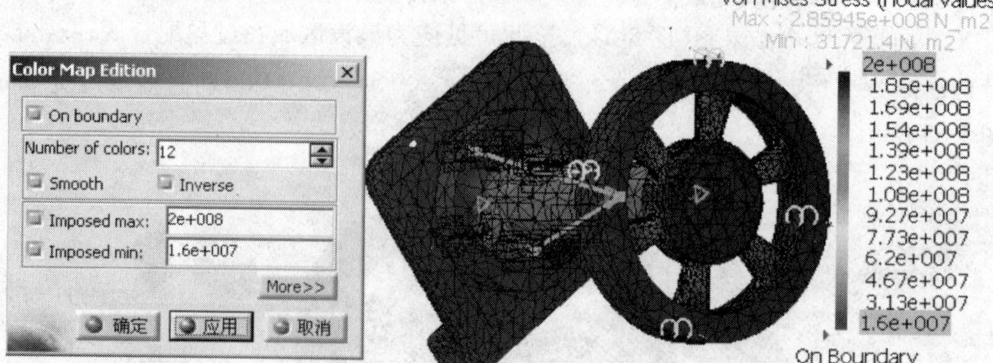

图 5-66 装配件应力云图的定制

5.6 汽车零件分析实例

有限元分析有效与否，最关键的是载荷和约束的处理要合理，尽量逼近真实工况才能得到有效的分析结果；另外，要注意网格的细化程度，为了节省计算时间开支，通常不是所有网格都细化，而是对临近约束和载荷的区域，以及容易产生应力集中的区域等进行局部细化，(在整体网格都具有一定程度细化的基础上)。最后，分析的结果可靠与否，必须与试验结果或者经过验证的经典分析方法相比对才能确定。

5.6.1 静态分析实例(连杆)

汽车发动机连杆受力和约束模式较为复杂，在期刊论文和学位论文中经常见到连杆有限元分析的内容。本例参照吉林大学罗洁硕士论文中的方法进行连杆的前处理工作，但由于模型不同，且此例仅为演示使用，所以有所简化。

发动机连杆上连活塞销，下连曲轴；工作时，曲轴高速转动，活塞高速直线运动，且连杆工作时，主要承受两种周期性变化的外力作用：一是经活塞顶传来的燃气爆发力，对连杆起压缩作用；二是活塞连杆组高速运动产生的惯性力，对连杆起拉伸作用，这两种力都在上止点附近发生。

连杆失效主要是拉、压疲劳断裂所致，所以通常分析连杆仅受最大拉力以及仅受最大压力两种危险工况下的应力和变形情况。具体分析时，最大拉力取决于惯性力，所以取最大转速时对应的离心惯性力加载；最大压力则根据燃气压力和惯性离心力的作用取标定工况或者最大转矩工况。

打开附盘内 GPS _ connect _ rod. catpart 文件，点击【开始】→【分析与仿真】→【Generative Structural Analysis】，在【New Analysis Case】对话框中选定【Static Analysis】作静态分析，模型如图 5-67 所示。

(1)先双击模型树中 OCTREE Tetrahedron Mesh.1 : Part1，并按照如图 5-68 所示的对话框修改网格参数，以拥有较为合适的计算精度。

(2)最大拉力工况分析：

假定发动机最大转速为 5000r/min，可认为连杆整体绕曲轴中心以这个圆周速度运动，此部分力用【Rotation Force】来添加。

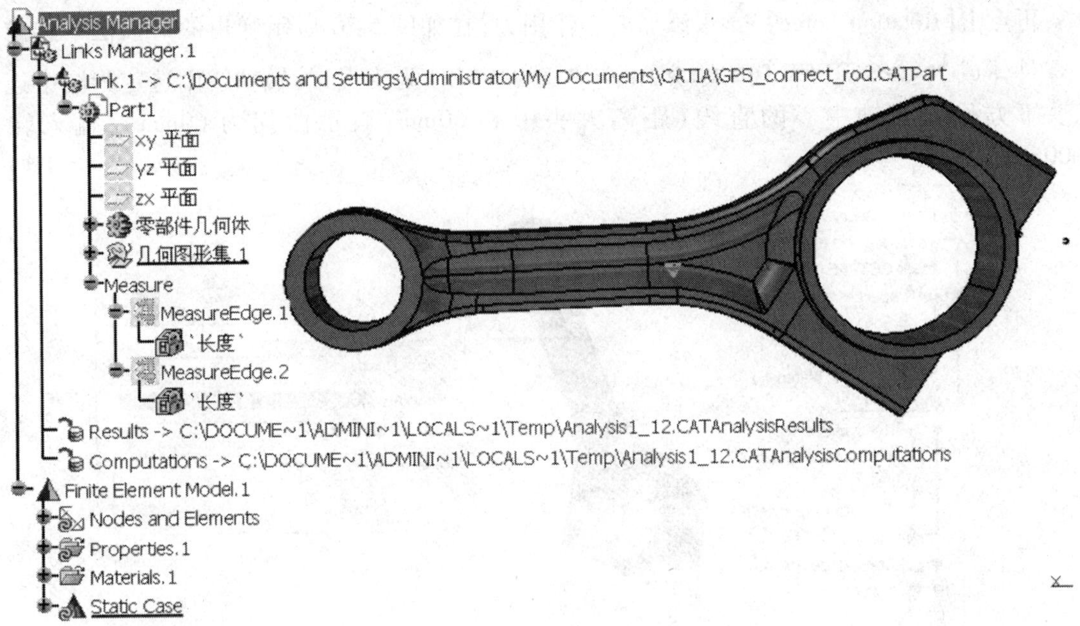

图 5-67　一体化连杆有限元模型

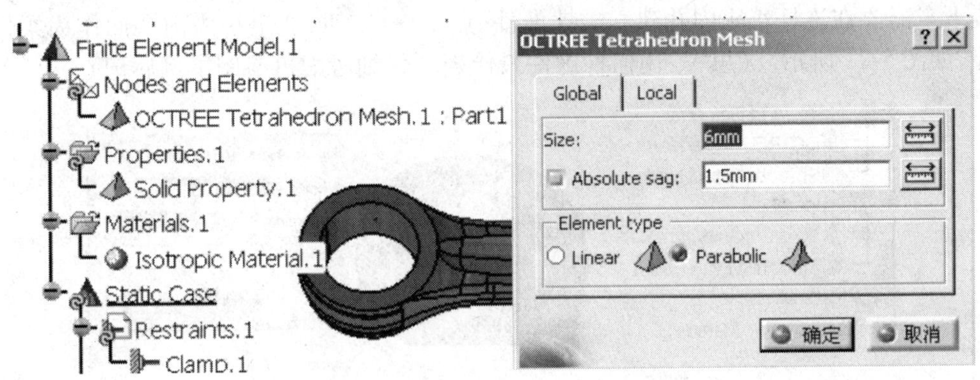

图 5-68　网格划分参数调整

另外，活塞组的惯性力通过活塞销作用于连杆小头内孔，此力可通过计算，然后利用柔性虚件添加至小头内孔。

至于约束情况，可以假定连杆大头内孔夹紧。下面依次添加。

点击 添加夹紧约束于连杆大头内孔，如图 5-69 所示。

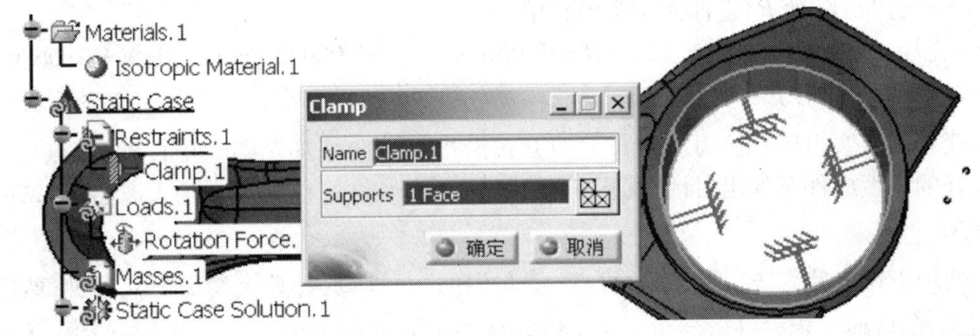

图 5-69　夹紧连杆大头内孔

再点击【Rotation Force】来添加离心作用力，在如图5-70所示弹出的对话框中选定整个零件体或 OCTREE Tetrahedron Mesh.1 : Part1作为支撑，旋转轴线则选定为图中连杆大头下方代表曲轴中心的直线（距离大头中心60mm，表示曲拐为60mm），输入转速5000r/min。

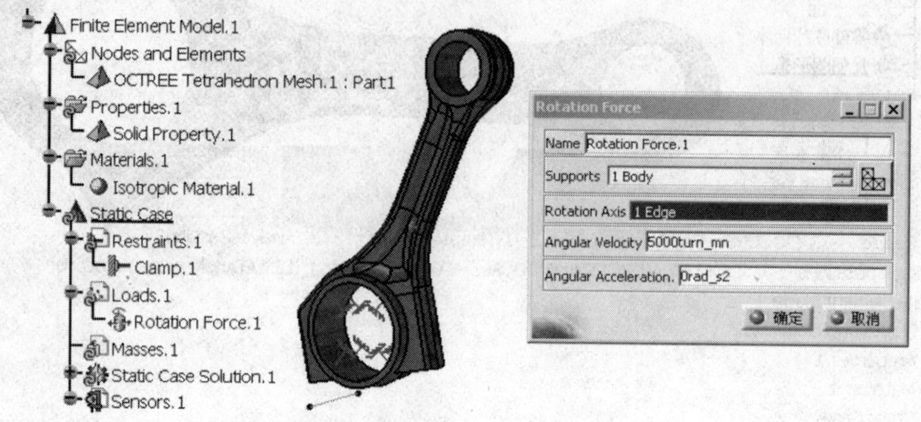

图5-70　添加连杆离心力

接下来需要在连杆小头内孔建立柔性虚件；点击按钮，选定小头内孔面作为柔性虚件的支撑，如图5-71所示。（思考：用何种虚件最恰当？仔细考虑再参阅本例后记）。

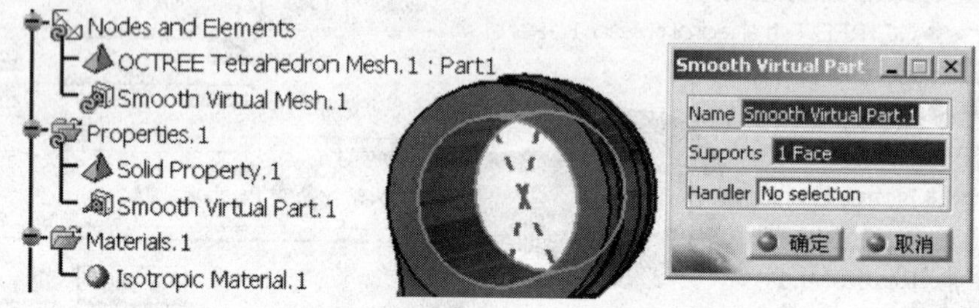

图5-71　柔性虚件定义于小头内孔

再利用刚定义的柔性虚件添加活塞组的离心拉力，此力可依照如下公式计算：

$$p = m \cdot R \cdot \omega^2 (1 + \lambda)$$

式中：m——活塞组质量；

R——曲轴的曲柄半径；

ω——单位换算成rad/s的转速；

λ——连杆比，即R/连杆大小头内孔中心距。

代入假定的活塞组质量1.56kg，$R = 0.06\text{m}$，$\omega = \pi \times 5000/30 = 523.6$，$\lambda = 0.06/0.21 = 0.2857$，可得离心拉力$p = 32992\text{N}$。

将获得的活塞组离心拉力以均布力的方式沿指定方向添加至柔性虚件即可，点击，选择定义好的柔性虚件至弹出对话框（图5-72）的【Supports】栏，在X方向输入离心力32992N即完成定义。

前处理工作至此完毕。接下来，可点击按钮进行计算，计算大约需要几分钟，然后可通过按钮可查看计算结果。点击，显示米塞斯应力图；再点击显示位移图。然

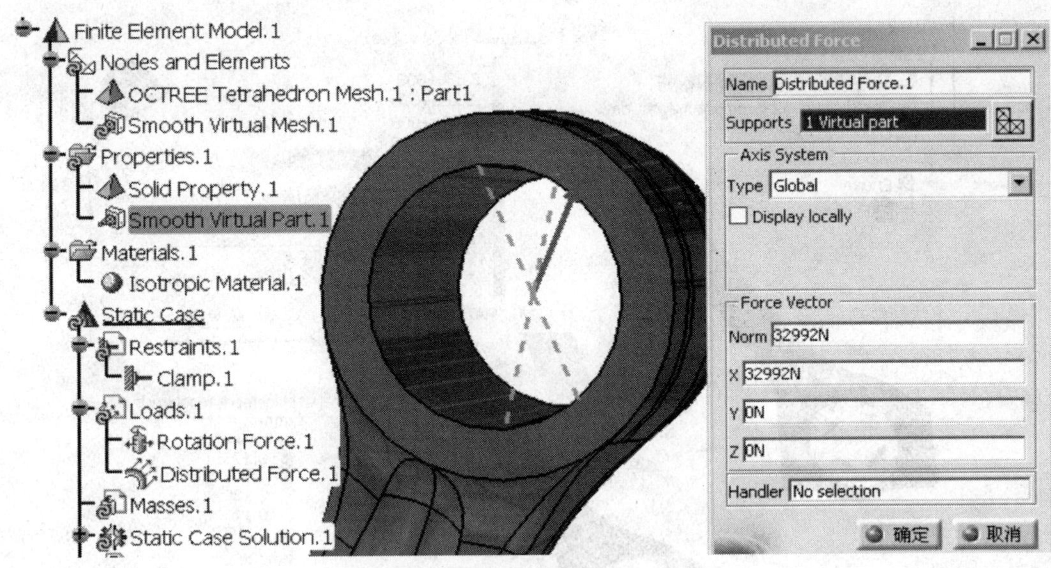

图 5-72 添加活塞组离心力至柔性虚件

后点击 沿 Y 方向布置这两个图形(注意:两个图形都需要通过右键菜单中 Activate/Deactivate 的激活),即可得到结果如图 5-73 所示。此图看上去非常夸张,好像连杆小头已经彻底拉垮了,其实通过位移图可以看出,最大位移也不过 0.194mm。这种现象可以通过点击(Amplification Magnitude)按钮,在弹出的如图 5-74 所示的对话框中调节放大系数来修正。

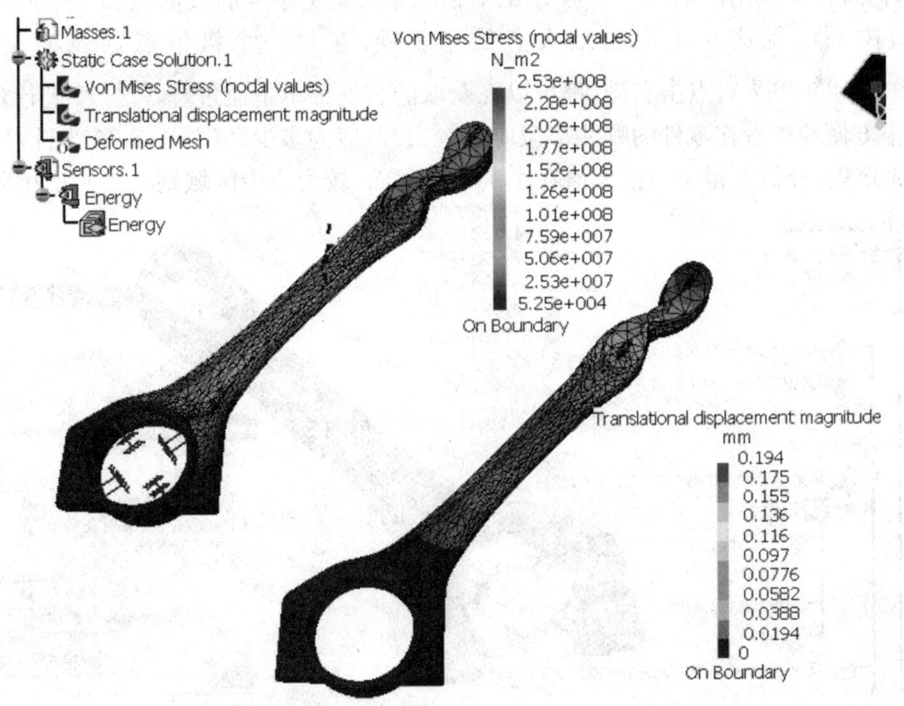

图 5-73 最大拉力工况下米塞斯应力和位移图

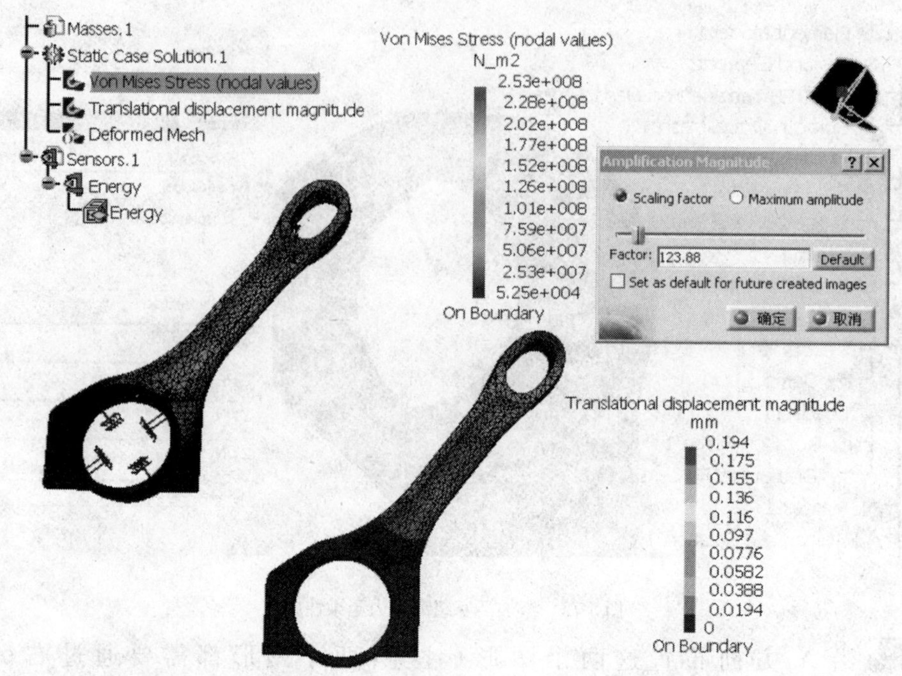

图 5-74　调整了放大系数之后的连杆应力图和位移图

从分析结果可以看出最大应力约为 2.53e^{+8} N/m^2。这接近甚至超过了钢的屈服值，是很危险的，需要进行结构改进才能适应工况需求。

也可以利用 (Image Extrema) 按钮来分析图形中的极值点和应力较高区域，针对应力图形进行分析：在弹出的如图 5-75 所示的对话框中设定 1 个全局极值点和 3 个局部应力较高点，模型树上可见这 4 个应力最大点的列表项，在每一个极值点列表项上（比如说：Local Maximum.1），点击右键，都可以在获取的右键菜单中通过 Focus On 进行定焦。这样就可以很方便地查看在零件的哪些部位应力较大，取值为多少。（如图 5-76 为针对 Local Maxiumum.3 定焦，分析可得应力最大值在小头中间截面，较为集中区域则在大头凹槽附近）。

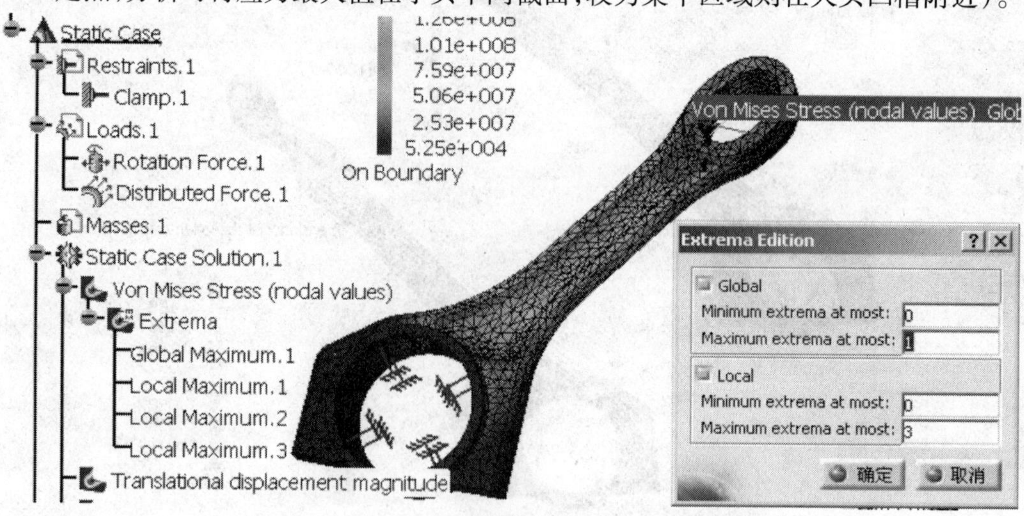

图 5-75　利用【Image Extrema】定义和编辑极值点分析需求

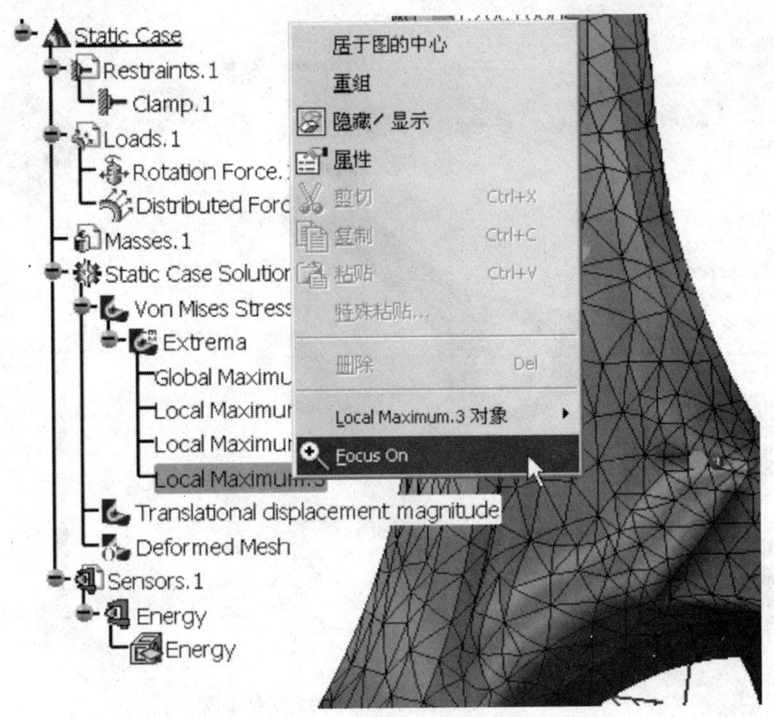

图 5-76 对 Local Maxiumum.3 定焦可见连杆大头凹槽附近应力较为集中

(3)最大压力工况分析：

最大压力工况时，可将活塞顶传来的燃气爆发力按照上面的柔性虚件模式添加，取最大转矩时对应转速进行分析。

添加到柔性虚件上的力可按下面公式计算：

$$P_{压} = \frac{\pi \cdot D^2}{4} P_{ZMAX} - P_{活塞离心}$$

比如最大燃气压力 114.9×10^5Pa，此时转速为 2600r/min。取活塞直径为 0.1m，则可算得 $P_{压}$ 为 $90196.5 - 8927 = 81269$N。

利用 CATIA【插入】菜单中的 Static Case，插入一个新的静态分析实例到现有文件中；在弹出的菜单中选择参照现有约束，并选定 Restraints.1 至右侧灰色的参照约束指定框中；同时选择参照现有载荷，用同样方法选定 Loads.1 至右侧灰色载荷指定框中，然后单击【确定】。进入新的静态分析案例之后，只需双击新案例模型树中的 Distributed Force.1，将加在小头柔性虚件上的均布力改为 -81269N 即可进行计算，计算后得到的结果如图 5-77 所示。同理，该结构连杆不适合在此工况下工作，因为最大应力为 $2.93e^{+8}$N/m²，超过钢材屈服值。

后记：

(1)本例没有进行疲劳分析，完整的分析流程应该还有改进结构设计并进行重新分析，然后根据新得到的应力值进行疲劳寿命计算以校验零件设计是否可行。本例也没有进行自适应分析，或者改进网格划分方案以提高分析的精度。这些工作都留给读者自己尝试。

(2)事实上，本例的连杆小头加载方式有明显不恰当的地方。柔性虚件并不是最合适的加载方式，活塞组的惯性质量通过活塞销作用于连杆小头，连杆小头与活塞销之间最合适的传

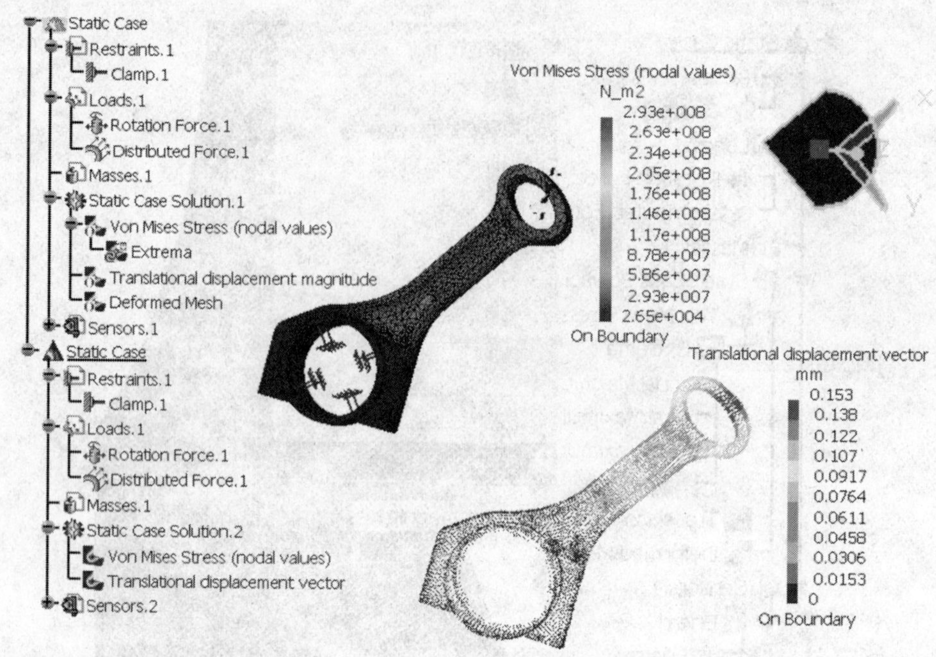

图 5-77　最大压力工况下的分析结果图

递方式应该是接触虚件,即集中载荷作用于接触虚件,再由接触虚件传递至连杆小头内孔,当然也可利用轴承载荷直接加载于连杆小头内孔。(接触虚件定义时,【Supports】选定为小头内孔,【Handler】选定为小孔圆心点。需要利用高级约束限定选定的【Handler】操作点除 X 轴向平移以外的所有自由度,然后将计算所得的活塞组惯性力加于接触虚件,以这种模式来替代柔性虚件较为合理。相应模型参见附盘中的 gps_connectrod_contactvirtual. catanalysis 文件,该文件提供了这两种加载模式的模型:接触虚件和轴承载荷。从分析结果来看,这两种模型结果较为接近。连杆小头中间截面均为危险截面,应力值比柔性虚件分析模式更大,如果计算条件允许,读者还可通过优化网格来获取分析精度更高的分析结果。)

5.6.2　模态分析实例(曲轴)

本例利用汽车发动机曲轴模型进行自由模态分析和约束模态分析。自由模态分析时通过刚性虚件加两个代表前后附件的质量,约束模态分析时加以一定约束同时附加活塞组质量。

打开附盘内零件 gps _ crankshaft. catpart,点击【开始】→【分析与仿真】→【Generative Structural Analysis】,在【New Analysis Case】对话框中选定【Free Frequency Analysis】作自由模态分析,模型如图 5-78 所示。

先定义第一个刚性虚件(Rigid Virtual Part)于装飞轮的法兰盘,点击,在弹出的对话框中选定【Supports】如图 5-79 所示的法兰端面,【Handler】控制点选定为 Translate. 3 这个点。

接下来定义第二个刚性虚件于右侧有两处铣平的轴段:点击,在弹出对话框中选定【Supports】如图 5-80 所示的轴段两个侧面(选两次),【Handler】控制点选定为 Translate. 2 这个点。

然后就可以利用这两个虚件添加附加质量:点击,选定法兰虚件至对话框(如图 5-81 所示)的【Supports】栏,在【Mass】中输入 2. 46kg,完成第一个质量添加;用同样的方法定义第二个质量,【Supports】选定为轴段虚件,Mass 为 1. 8kg。

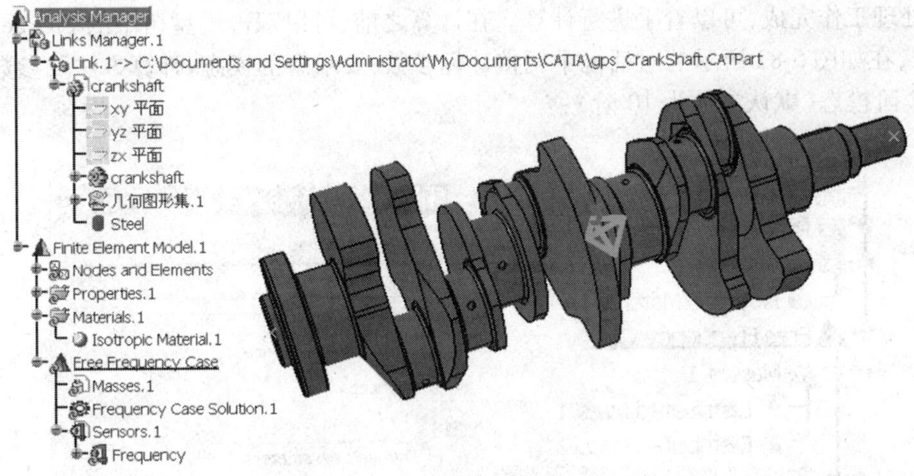

图 5-78 曲轴自由模态分析模型

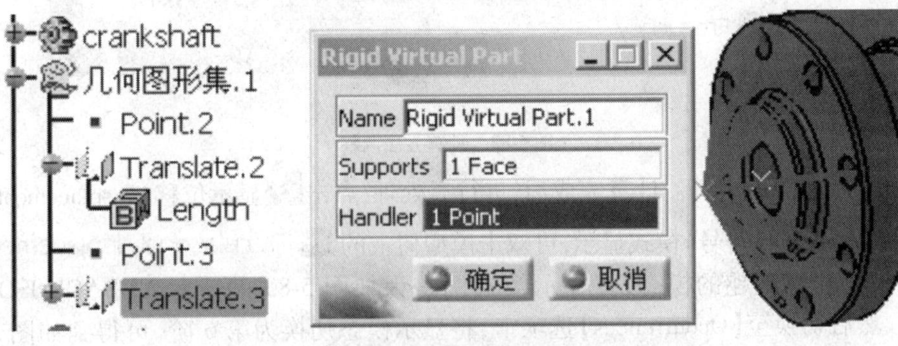

图 5-79 法兰断端刚性虚件的定义

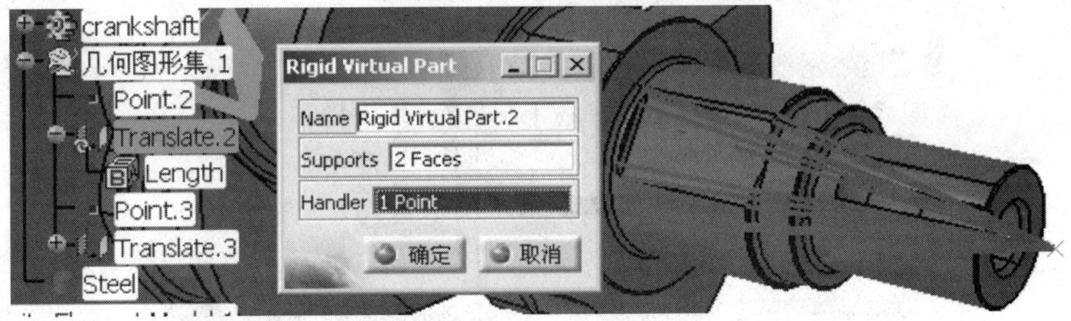

图 5-80 铣平轴段刚性虚件的定义

图 5-81 利用刚性虚件定义附加质量

至此,前处理工作完成,可以着手进行计算。在计算之前,可以双击模型树中的 Frequency Case Solution. 1,在如图 5-82 所示的对话框中调整计算参数:要求解的模态、计算方法及参数。下面求解前 12 阶模态(默认参数为 10 阶):

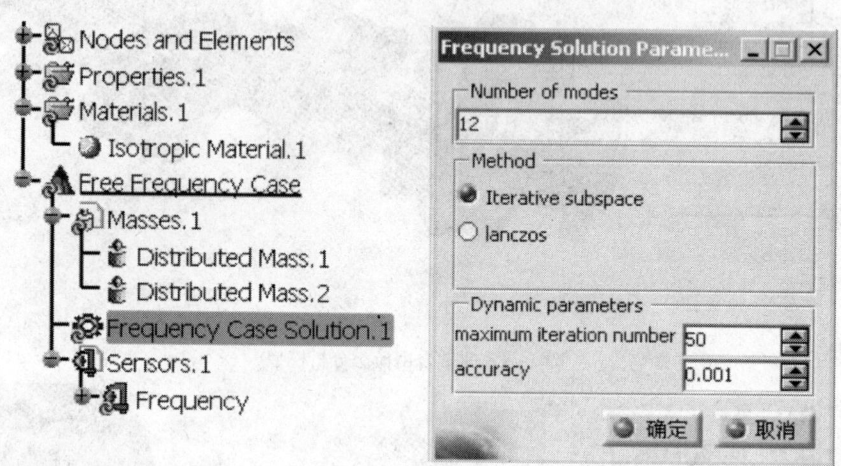

图 5-82　计算方法调整

点击▦,点击【All】计算。计算完成后,进行后处理:点击▦显示位移(Displacement)图,默认状态下图形以 Symbol(符号)模式显示,可双击模型树上的▦ Translational displacement vector 调整显示模式和感兴趣的模态,将显示模式调整为如图 5-83 的所示 VERAGE-ISO 和 NORMALIZE。然后切换至【Occurrences】选项卡,将显示模态切换为第 6 阶,可得到如图 5-84 所示的对话框。从结果可以看出前 3 阶模态是刚体模式,(频率为零)。

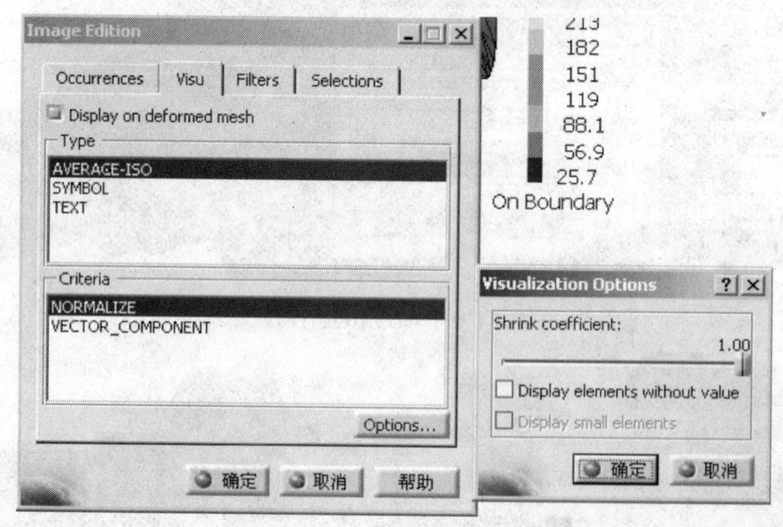

图 5-83　显示模式调整

接下来尝试进行约束模式模态分析:点击 CATIA【插入】菜单中的 Frequency Case ,插入一个约束模态分析至现有分析中,系统会弹出如图 5-85 所示的对话框,在对话框中选定【Reference】为原来的附加质量 Masses. 1 以及【New】为新建约束集,并单击【确定】。

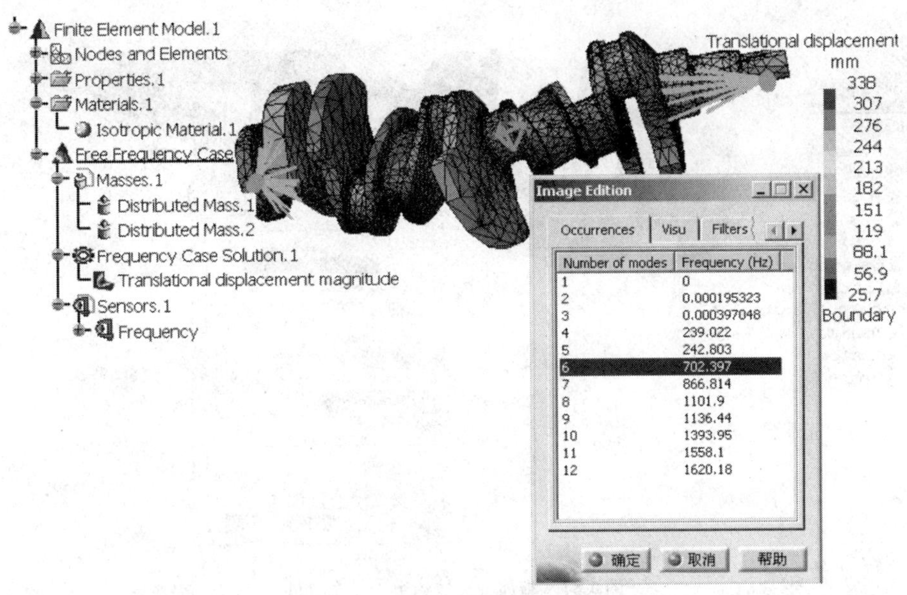

图 5-84 调整显示模态

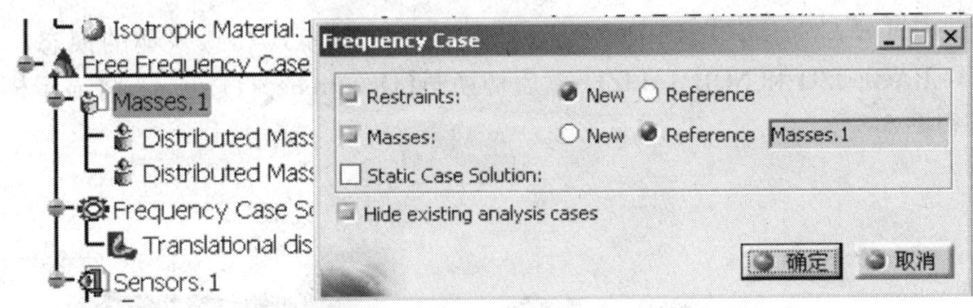

图 5-85 插入【Frequency Case】对话框

假设将要设定的约束为:仅松开发动机缸体和曲轴 4 个接触轴段之间的转动自由度,而限定其它 5 个自由度,则可以利用圆锥铰约束(Pivot)约束来限定相应的 5 个自由度。前面阐述过圆锥铰约束只能添加于虚件,所以,需要建立 4 个刚性虚件于相应轴段,然后再添加圆锥铰约束。选择依次定义 4 个刚性虚件于图 5-86 中的 4 个轴段。

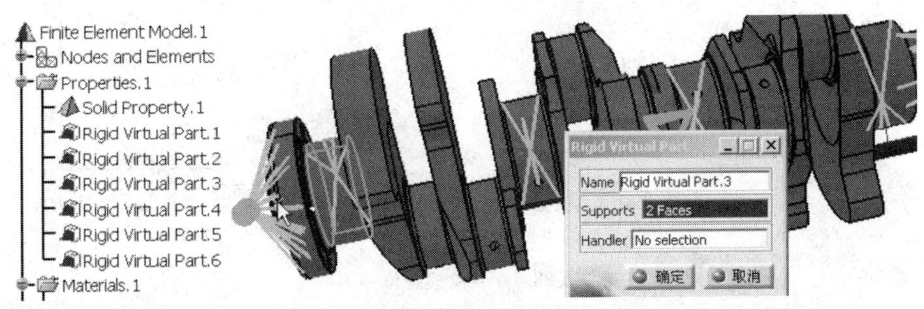

图 5-86 定义 4 个刚性虚件于图示轴段

点击按钮依次添加 4 个圆锥铰约束于刚定义的虚件,松开 Y 方向转动自由度,如图

5-87所示。

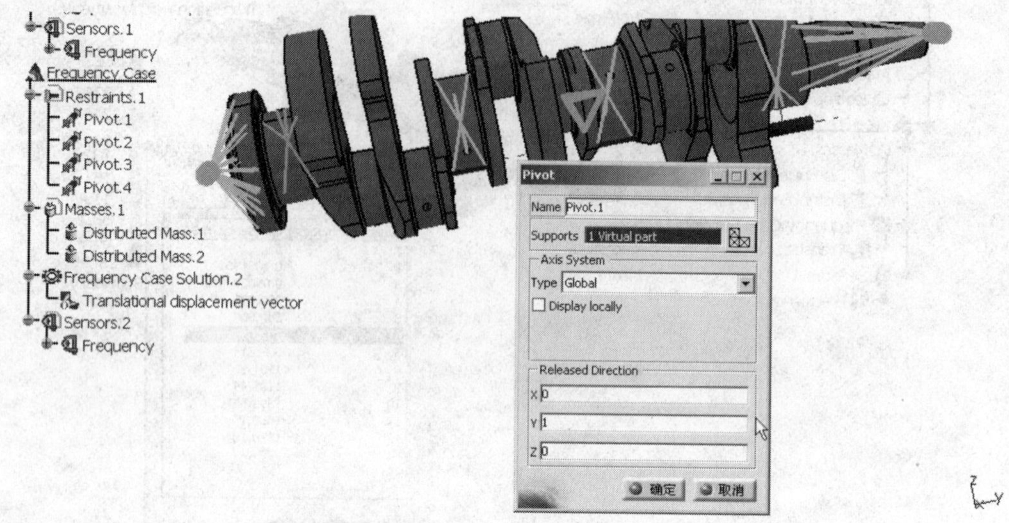

图 5-87　施加圆锥铰约束于 4 个虚件

接下来计算求解并进行后处理：点击显示 Displacement（位移）图，双击模型树上的 Translational displacement magnitude 调整显示模式和感兴趣的模态。将显示模式调整为 VERAGE-ISO 和 NORMALIZE；然后切换至【Occurrences】选项卡，将显示模态切换为第 4 阶，即得图 5-88。

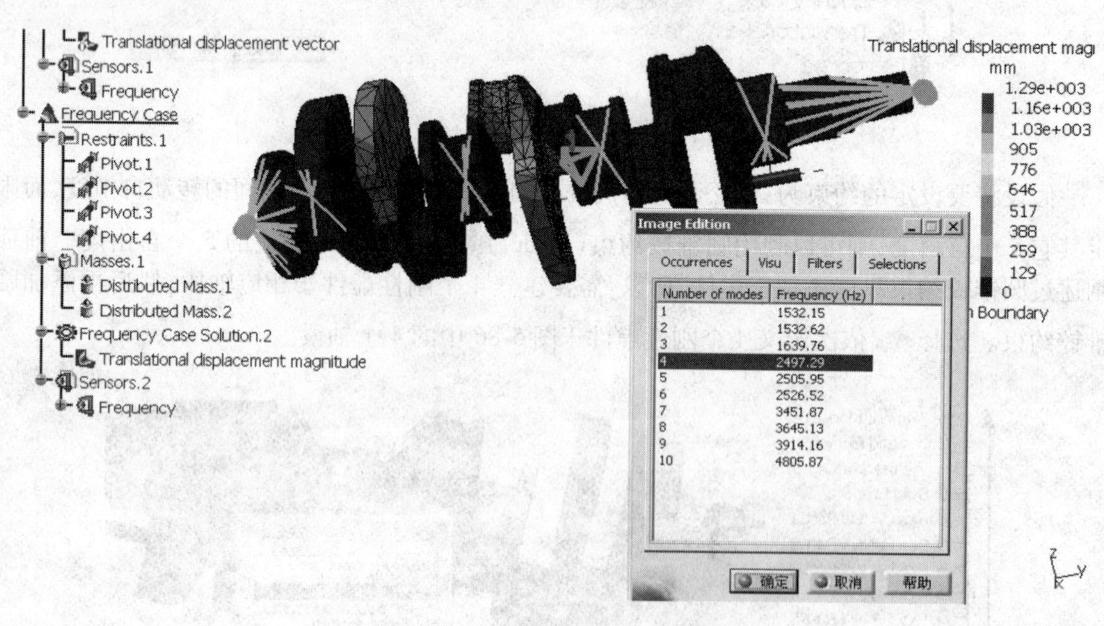

图 5-88　第 4 阶模态位移图

本例中没有添加 6 个活塞组的质量，读者可以自行尝试 6 个添加柔性虚件，然后利用虚件添加假定质量 1.56kg，再分析模态结果（参附盘内 gps _ crankshaft. catanalysis 文件，结果如图 5-89 所示）。

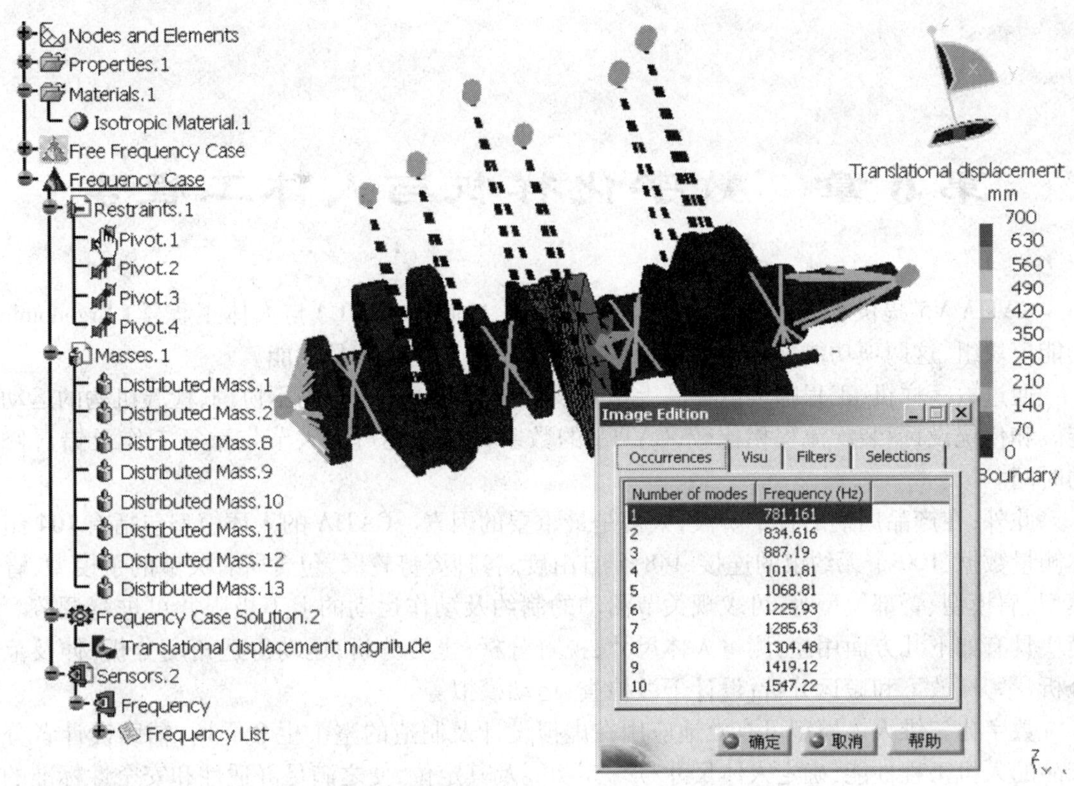

图 5-89　添加活塞附加质量后第 1 阶模态位移图

5.7　本章小结

本章先用一个简单的入门实例使读者对 CATIA 的有限元分析有一个初步的了解；然后较为详细地阐述了 CATIA 如何实现有限元分析的 3 个环节：前处理、计算、后处理，掌握这些知识才能进行一般的静力分析。接下来应该掌握的是 CATIA 多种分析类型的特点和用途，针对不同的工程需求，采用相应的分析类型来获取结果。

本章还以实例方式讲解了装配件整体有限元分析的方法、连杆的静力有限元分析和曲轴的模态分析，通过 3 个实例能比较好地促进读者理解 CATIA 如何理想化模型且进行分析。但有限元分析水平的提高尚有待用户进一步学习约束、载荷和模型的理想化技术，多查阅借鉴工程分析实例来增强分析经验。

CATIA 提供的分析模块还有 Tolerance Analysis of Deformable Assembly 装配变形的公差分析平台和 Advanced Meshing Tools 高级网格划分工具，限于篇幅，本章没有讲；此外，有些后处理的技巧也没有过多提及，需要用户多练习多尝试。

第 6 章　数字化样机与人体工程学

CATIA V5 提供了强大的数字化样机(Digital Mockup, DMU)与人体工程学(Ergonomics)功能模块组,这两项功能可以很好地帮助工程师校验及优化产品性能。

通过数字样机,工程师可以在其上检查及修改设计中的干涉与不协调,检验机构的运动性能。和传统设计/装配流程相比较,CATIA 的数字样机功能可大大节省重复工作及错误修改的时间。

此外,在产品周期的各个阶段,人都是最重要的因素。CATIA 的人体模型包括有 104 组人体测量数据、100 个无约束的连接、148 个自由度、各种姿势轮廓,包含所有关节的手模型、脊椎模型、肩模型、臀部模型等;可表现关节活动的制约及动作运动的上下极限并可进行调节。此模块具有如下几方面用途:测量人体尺寸;视野分析;坐姿分析;运动舒适角度分析;伸及范围分析;举升、放下和搬运分析;设计干涉检查;运动模拟等。

数字化三维人体模型可有效地应用在虚拟设计及制造的整个生命周期,辅助设计者分析产品的人机工程性能,确定人体尺寸/形态/功能及其定位,使之满足舒适性和安全性标准的要求。如:利用数字人体和数字样车进行可操作性、舒适性、可视性等重要设计要素,从而提高设计效率和设计质量,改善安全性及人机工程学性能,减少物理样机的制造及验证工作和周期。

本章将依次介绍数字化样机功能和人体工程学方面各三个模块的主要功能,内容包括:DMU 导航器(DMU Navigator)、DMU 空间分析(DMU Space Analysis)、DMU 运动学(DMU Kinematics)、人体构建(Human Builder)、人体尺寸编辑(Human Measurement Edit)、人体姿态分析(Human Posture Analysis)。

6.1　DMU 导航器

DMU 导航器(DMU Navigator)是为了支持数字样机 DMU 开发设计的模块,它主要用于完成数字模型漫游、装配、运动分析、空间分析等功能。该模块使用户可以通过功能强大的观察导航和交流功能实现协同的 DMU 检查,它提供的大量工具(如添加注释、超链接、制作动画、发布及会议功能)使得所有涉及 DMU 检查的团队成员可以很容易地进行协同工作。

本节主要介绍 DMU 审阅创建(DMU Review Creation),如图 6-1 所示。其余导航功能请读者利用已有知识练习掌握。

图 6-1　数字样机(DMU)审阅管理工具条

6.1.1　进入 DMU 导航器模块

进入 CATIA 的 DMU 导航器(DMU Navigator)操作步骤为:

(1)载入 CATIA Product 文件

(2)点击【Start】菜单,选择【Start】→【Digital Mockup】→【DMU Navigator】,如图 6-2 所示。

也可以不执行步骤(1),直接进入 DMU Navigator 模块,此时需要将现存的零部件加入到当前装配中。

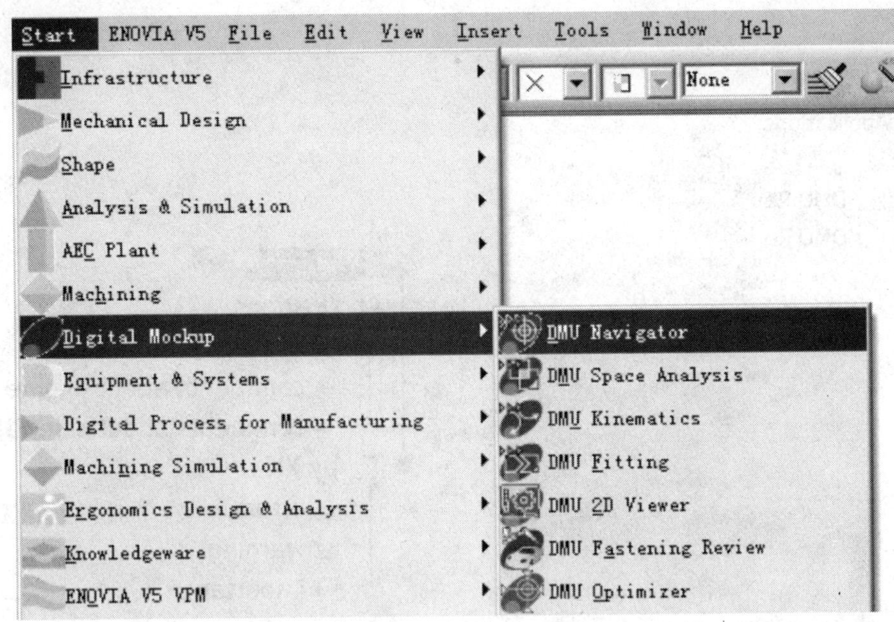

图 6-2　进入 DMU 导航器步骤

6.1.2　建立 Review

不同的设计和检查人员将会对同一个装配的不同区域作出各种注释,为了区分和管理这些注释,有必要进行归类,将某些相关的注释作为节点归属到某个特定的 Review 下面。

点击【Review】按钮,一个名为 DMU Review.1 节点将加入到 Product 树上(后缀序号随 Review 的新建自动增加)。选中 Product 树上的一个 DMU Review 节点,单击右键,在弹出菜单中选择【Review Actived】,将当前节点设为激活状态,那么,再次点击【Review】按钮,新生成的 Review 便作为一个子节点加入到指定的 Review 节点下。也可以在 Review 节点上点击右键,选择 Create Child Review 来添加子节点,如图 6-3 所示。

为了更加直观,选中一个 Review 节点,单击右键,选择【Properties】菜单,或者直接使用 Alt + Enter 组合键,在弹出的属性对话框中更改为 Review 节点的名称,使之更利于理解。图 6-4 所示的为一个两级的 Review 结构。

用户后续添加的各种注释都可以作为一个子节点加入到指定的 Review 节点下面。

6.1.3　建立 Annotated View

利用【Create An Annotated View】功能可以建立并保留一个特定的视图来描述工程师所关注的区域。例如,工程师在一个复杂的装配中,发现某个区域有问题,就可以把这个区域放大并调整到易于观察和理解的位置,并将此时的视图记录下来,并在这个视图上添加各种文字和图形说明,以便其他相关人员参考。具体步骤如下:

(1)在主窗口中,将所关注的区域放大并旋转到恰当的位置;

(2)点击图标;

(3)如果此时有激活状态的 Review,那么一个新的 View 节点将加入其下;如果没有设定 Review 或者没有激活的 Review，那么它将自动加入到【Applications】→【Annotated Views】节点下面；

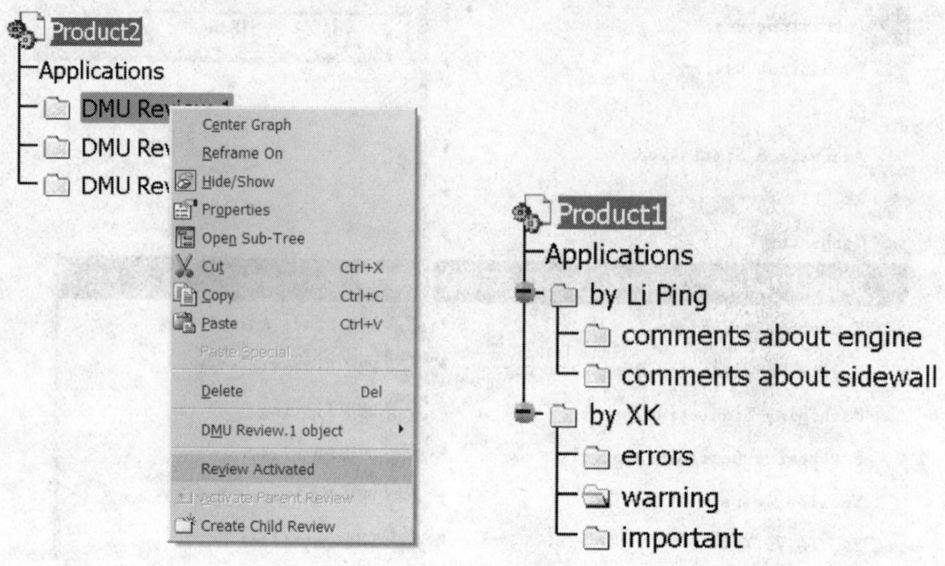

图 6-3　Review 节点的右键菜单

图 6-4　两级 Review 结构示意图

(4)在 View 节点上单击鼠标右键，选择属性菜单，更改节点名称，使之易于理解。

这时，在图形窗口上将出现如图 6-5 所示的【DMU 2D Marker】工具条：

图 6-5　【DMU Marker】工具条

用户可以使用工具条上面的各种注释功能添加注释，最后点击【DMU 2D Maker】上的【退出】按钮，退出 Annotated view 功能。

任何时候只要双击 View 节点，主窗口将自动切换到该节点所对应的视图位置，并显示所有的注释，如图 6-6 所示。

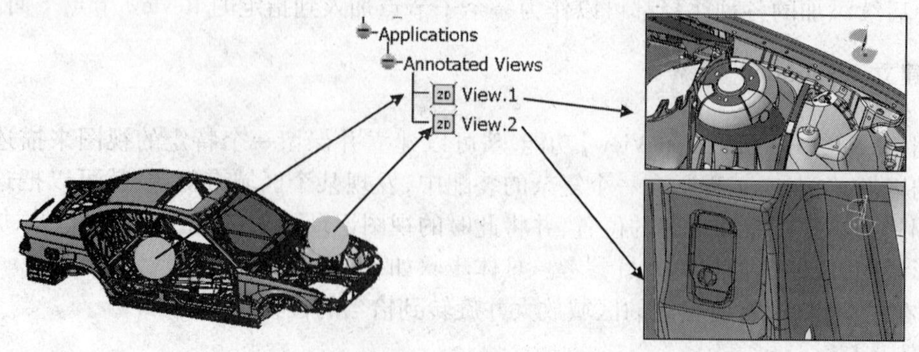

图 6-6　View 节点效果示意图

6.1.4 生成注释文字 3D Annotation

3D annotation 用于生成一段附着在几何体上的注释性文字，如图 6-7 所示。操作方法如下：

（1）点击 3D annotation 图标；

（2）在图形窗口中选择要加注释的几何体，点、线、边界、曲面等；

点击【确定】后，将出现如图 6-8 所示的文字输入和格式设定对话框，其中，【Text Properties】对话框用于设定字体和文字高度，点击 可以输入形位公差等特殊符号；【Annotation Text】对话框用于输入文字。

图 6-7　3D Annotation 效果示意图

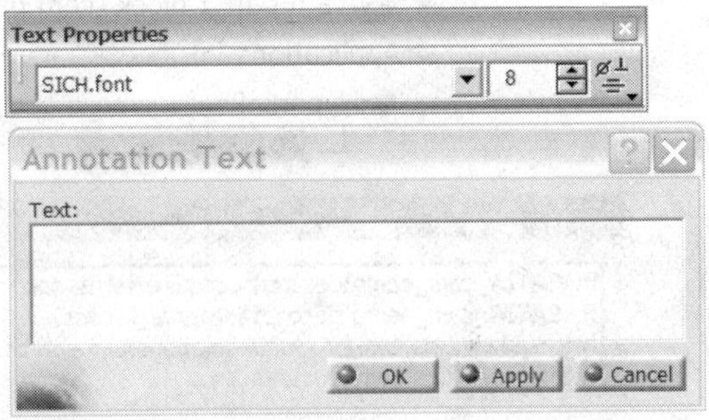

Text Properties
SICH.font
8
Annotation Text
Text:
OK
Apply
Cancel

图 6-8　3D Annotation 输入对话框

6.1.5 生成超级链接（Hyperlink）

在很多情况下，每一个零部件可能对应一些相关的技术文档。因而，设计工程师往往希望能够在零件和相关文档之间建立某种关联性，此时可以使用超级链接（Hyperlink） 功能将这些文档作为超级链接附着在零件上。

操作方法如下：

（1）单击在【DMU Review Creation】工具条上的 Hyperlink 按钮。

（2）选择目标物体（Object），超级链接将依附于其上。

（3）物体（Object）选择完成后，会弹出【Hyperlink Manager】对话框，如图 6-9 所示。

图 6-9　超级链接管理对话框

（4）单击【Browse...】按钮，在弹出的【文件选择】对话框中选择要链接的文档。文档可以为任何一种类型，如 Word 或者 Excel 等。当点击【Open】按钮关闭【文件选择】对话框后，该文件的完整路径被添加到【Link to File or URL】列表框中。也可以在 URL 后面的文本框中直接输入网络链接。

在【Manage Hyperlink】中可以加入多个链接，这些链接即可以指向文件，也可以指向特定的网络地址。

使用【Remove】和【Edit】按钮可以删除和修改链接，【Goto】按钮可以直接打开链接。

Hyperlink 的使用方法如下：

双击在 Product 树上的 Hyperlink 节点，将弹出如图 6-10 所示的【Open Hyperlink】对话框，双击列表框中的任一链接，即可打开该链接对应的文档或者网络地址。

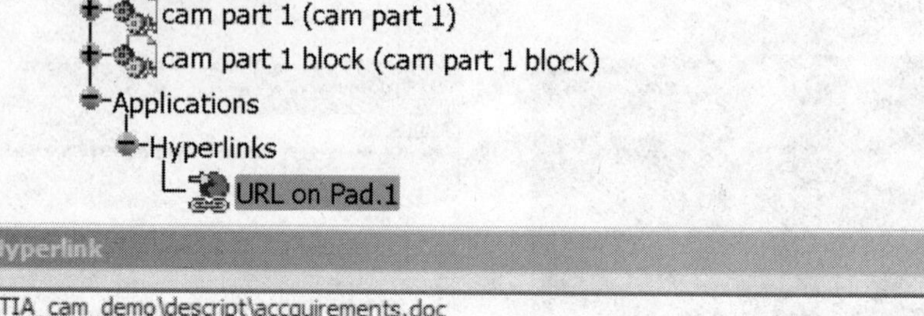

图 6-10　打开超级链接示意图

6.1.6　生成组（Group）

Group 功能用于将当前装配中的一些 Product 归为一组。点击【DMU Review Creation】工具条上的【Group】按钮，将弹出如图 6-11 所示的两个空白对话框，其中【Edit Group】对话框用于定义 Group，在该对话框中，选择 Product 或者 Part，被选中的 Part 或者 Product 将显示在【Edit Group】对话框中的列表中，所有这些选中的零部件将作为一个 Group。【Preview】对话框用于预览当前的 Group，其效果参见图 6-11。

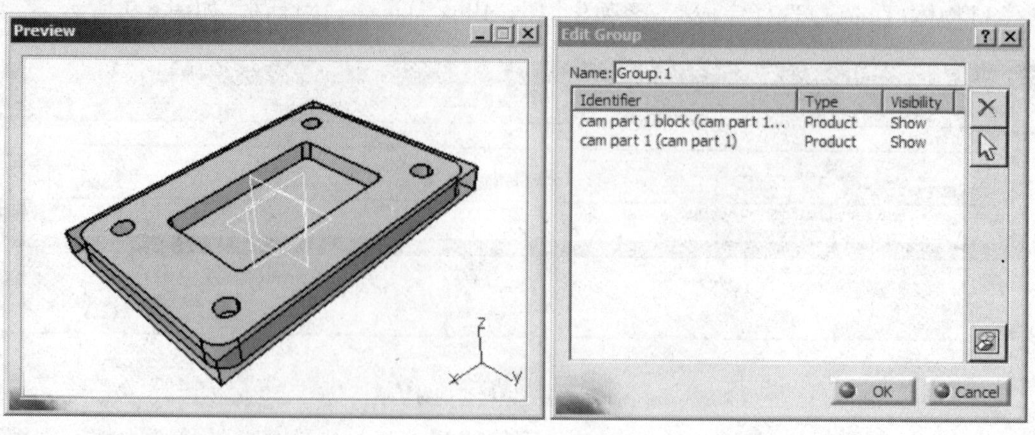

图 6-11　添加对象后组的预览效果

6.1.7 生成(Enhanced Scene)

对于一个复杂的装配件,很多时候工程师和设计者需要制作爆炸图;或者对于某些运动机构,存在着很多个运动状态,设计师可能需要把这些状态下的装配结构保持下来;类似的需求是很多的。能否在不破坏装配件原始状态的情况下,实现这些功能呢? CATIA V5 的 Enhanced Scene 功能即可满足上述要求。

具体使用方法如下:

(1)单击【DMU Review Creation】工具条上的【Enhanced Scene】按钮,将弹出如6-12 所示的对话框,点击【OK】按钮,将生成一个 Enhanced Scene,而且在 Product 树上,Application 的 Scenes 下面生成一个 Scene 节点对应于当前的 Scene。

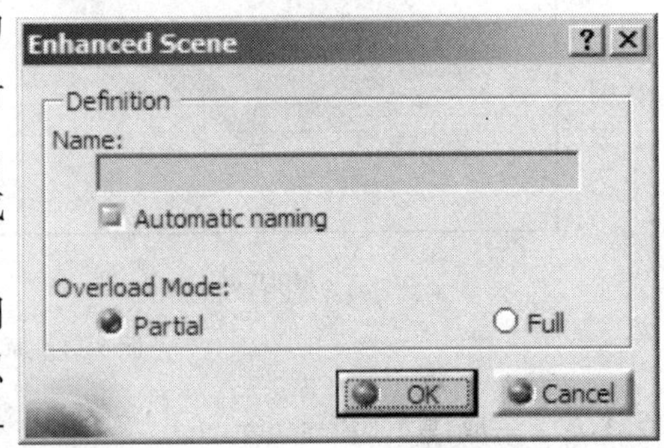

图 6-12 【Enhanced Scene】对话框

(2)此时图形窗口的背景色变为深绿色,表明已经处于 Enhanced Scene 状态,在此状态下,可以对各个装配件的位置进行调整,其过程类似于 CATIA V5 的装配过程。比如:可以将罗盘拖动到某个零件之上,通过罗盘调整该零件的位置。装配件的当前状态将存储于当前 Scene 中。

(3)当零部件调整结束后,使用鼠标右键单击 Product 树上的 Scene 节点,在弹出的菜单中选择【Scene. 1 Object】→【Exit Scene】退出 Scene(如图 6-13 所示),回到初始的装配状态。

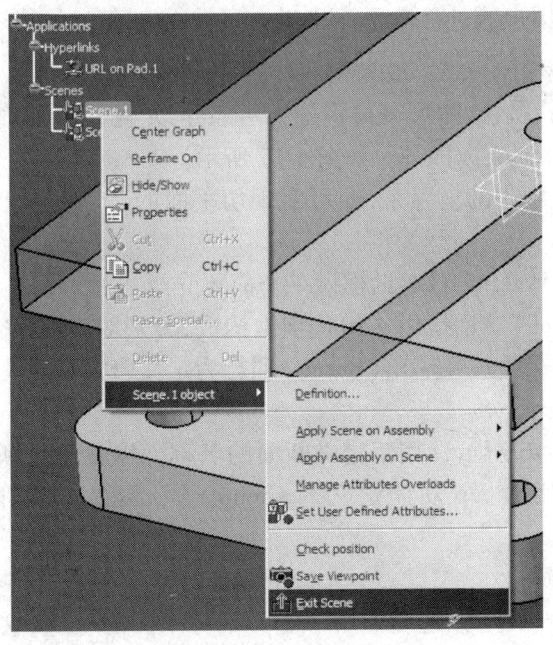

图 6-13 利用 Scene 右键菜单退出

当用户需要查看 Scene 时候,只需要在 Product 树上面双击对应的【Scene】图标,即可进入 Scene 状态,如图 6-14 所示。

在【DMU Navigator】中可以创建多个 Scene,用以描述复杂的装配情形。

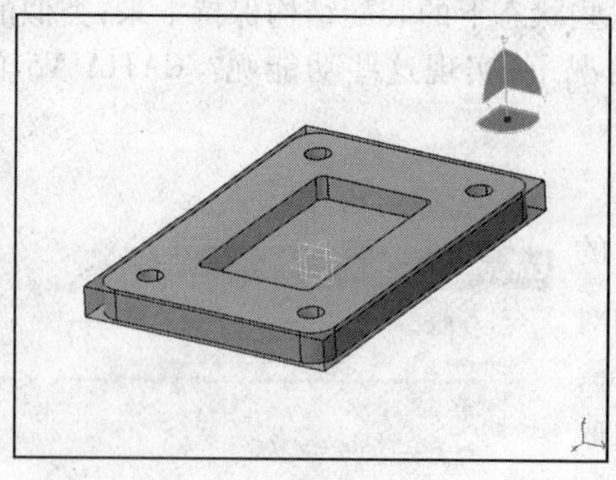

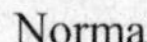

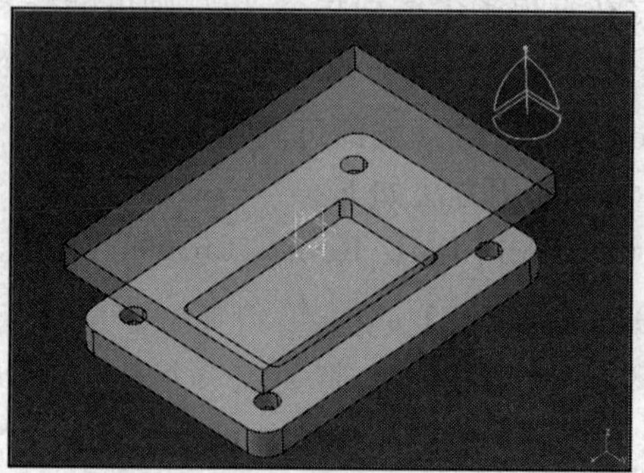

图 6-14　原始视图与 Scene 效果对比

6.1.8　生成演示(Presentation)

如果在当前的 Product 中存在 Review,并且 Review 中包含了 Annotated View,该功能可以组合这些 View 成为一个幻灯片。其使用方法为:

点击【Presentation】按钮,在弹出的对话框中选择期望加入的 View,便生成演示幻灯片。

6.1.9　断面分析(Sectioning)

Sectioning 允许用户通过移动平面来动态的生成剖面,通过该功能用户能够快速直观的分析断面形状从而迅速的发现装配问题。其使用方法为:

点击【Sectioning】按钮,图形窗口将分为两部分:左侧是断面窗口,右侧是零件窗口,同时弹出【Sectioning Definitions】对话框,如图 6-15 所示。

通过拖动右侧装配图中的坐标系,即可实现切平面的运动,左侧的 Section 视图也随之动态更新。

下面对【Sectioning Definition】对话框做一个简要介绍:

【Sectioning Definition】对话框由 4 组选项卡构成,分别对应断面定义(Definition)、断面位置定义(Positioning)、结果生成及输出(Result)和行为定义(Behavior)。

1)【Definition】选项卡

该选项卡(如图 6-16 所示)用于定义断面的名称,以及进行断面检查的零部件,既可以是 Product 也可以是用 Group 功能定义的 Group。同时也定义了断面的方式以及显示模式。

2)【Positioning】选项卡

如图 6-15 中对话框所示,该选项卡用于定义剖分平面的位置,它提供了多种平面定义模式。

3)【Result】选项卡

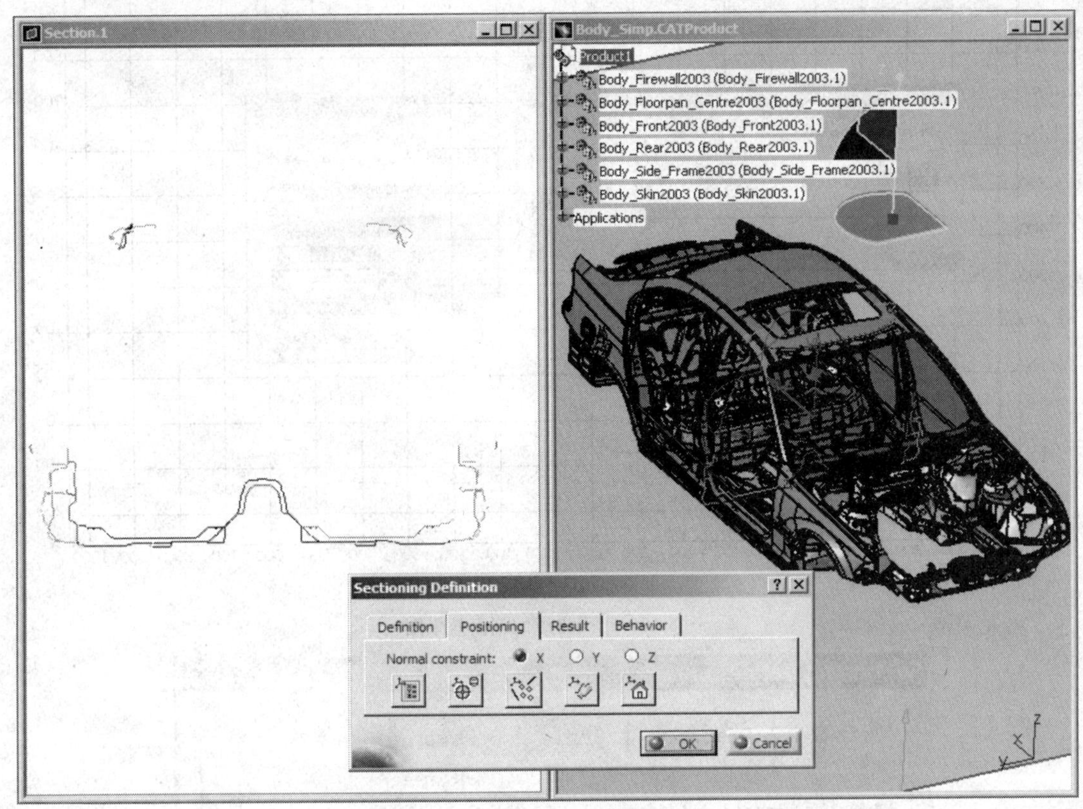

图 6-15　断面分析实例图

如图 6-17 所示,该选项卡用于断面结果的显示和输出。

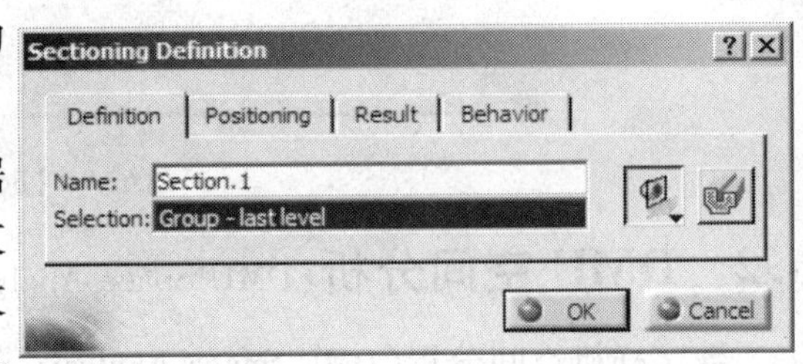

图 6-16　【Definition】选项卡

其中,用于将断面结果输出成 CAD 数据文件,其中包含 CATIA 的 Part 文件和 Drawing 文件、DWG 文件、DXF 文件、IGES 文件和 STEP 文件等数据格式;和用于在 Section 窗口中设定和显示网格线,其效果如图 6-18 所示。

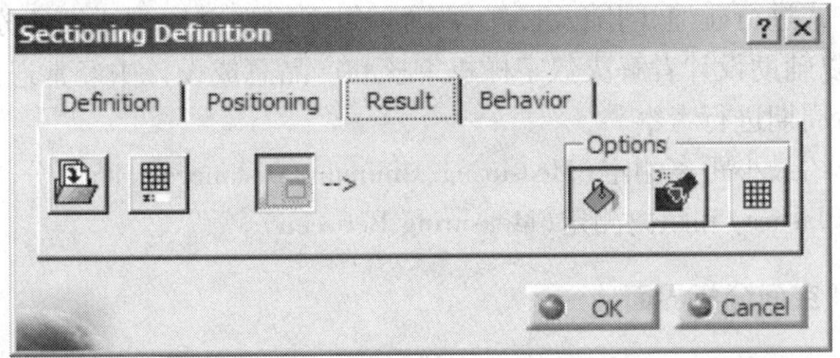

图 6-17　【Result】选项卡

4)【Behavior】选项卡

如图 6-19 所示,该对话框用于设定 Product 更新的方式。

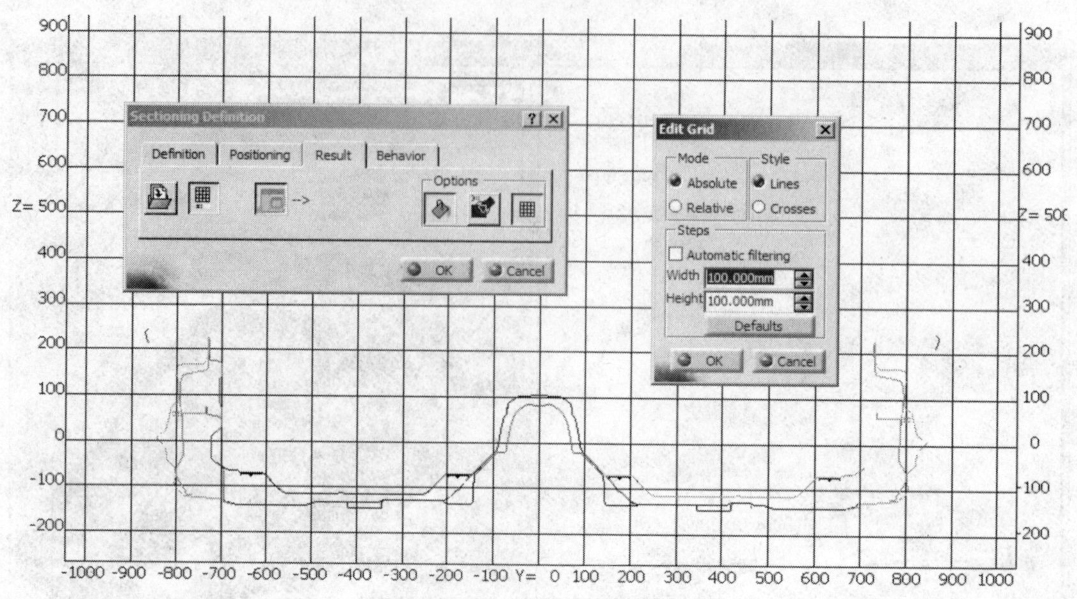

图 6-18　带网格线的剖面效果图

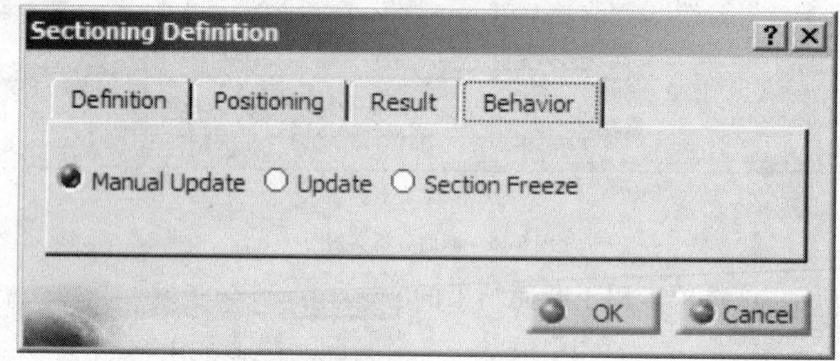

图 6-19　【Behavior】选项卡

6.2　DMU 空间分析(DMU Space Analysis)

数字样机空间分析(DMU Space Analysis,SPA)设计使用先进的干涉检查与分析工具、高级的断面分析工具、测量工具、距离分析工具和 3D 几何对比工具等进行 DMU 校验。SPA 以交互式或批处理方式进行碰撞、间隙及接触等干涉检查计算,并得到详细的分析结果。SPA 的先进校验功能,可以辅助设计者解决数字样机审核和产品总成设计中经常遇到的各种问题,能对产品的整个生命周期进行考察。

本节将着重介绍最小距离测定(Measuring Minimum Distances)、断面分析(Sectioning)、冲突检测(Detecting Clashes)和距离测定(Measuring Between)。

6.2.1　进入 DMU 空间分析界面

点击【Start】→【Digital Mockup】→【DMU Space Analysis】, DMU SPA 的界面如图 6-20 所示:

在 PPR 树上选择 Product,单击右键,在弹出的菜单上选择【Components】→【Existing Component...】,为当前 Product 添加零部件,如图 6-21 所示。对于大规模的装配,为了降低系统负担,通常会采用 CGR 格式描述零部件。

图 6-20 空间分析模块工作界面

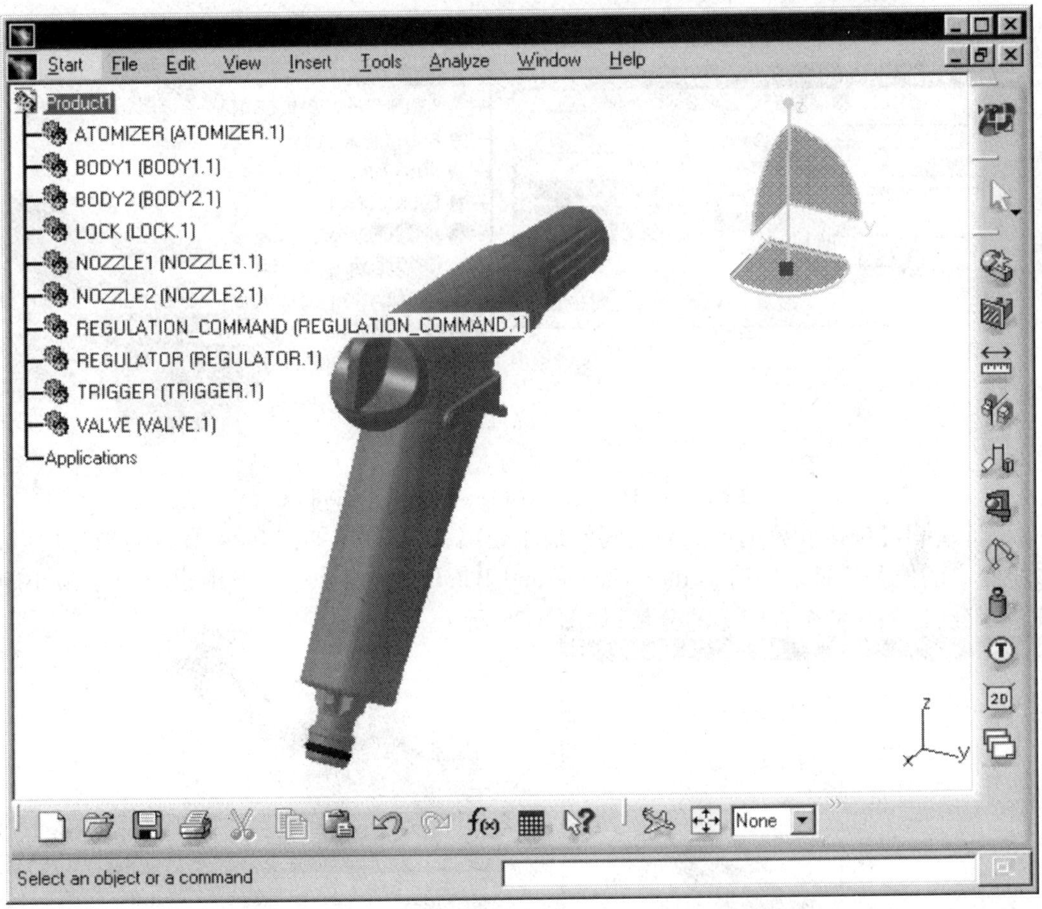

图 6-21 加入零部件的空间分析模块

有时还应该预先设定显示单位：点击菜单【Tools】→【Options...】，将弹出选项【Options】对话框，点击【General】下的【Parameter and Measure】选项卡，接着点击【Unit】标签。然后将单位设成期望的值，如第 2 章图 2-80 所示。

6.2.2 最小距离测定(Measuring Minimum Distances)

该功能用于测定两个 Product 零件的最小距离。使用方法如下：

点击【DMU Space Analysis】工具条上的【Measuring Minimum Distances】按钮，将弹出如

图 6-22 所示的【Edit Distance and Band Analysis】对话框：

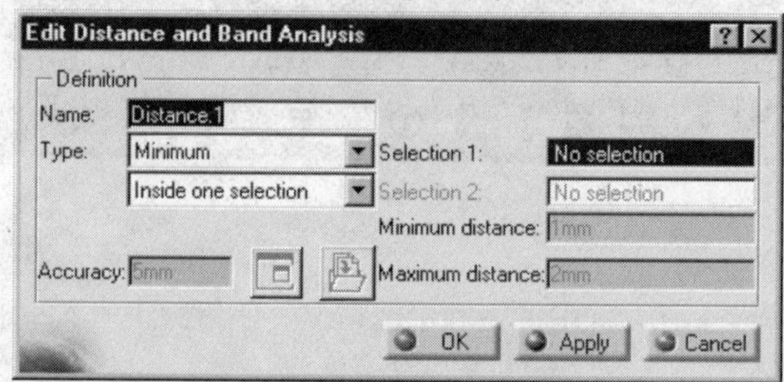

图 6-22 距离和区域分析对话框

点击 Selection 1，选择一个 Product；

点击 Selection 2，选择另外的 Product，也可以多选，如图 6-23 所示：

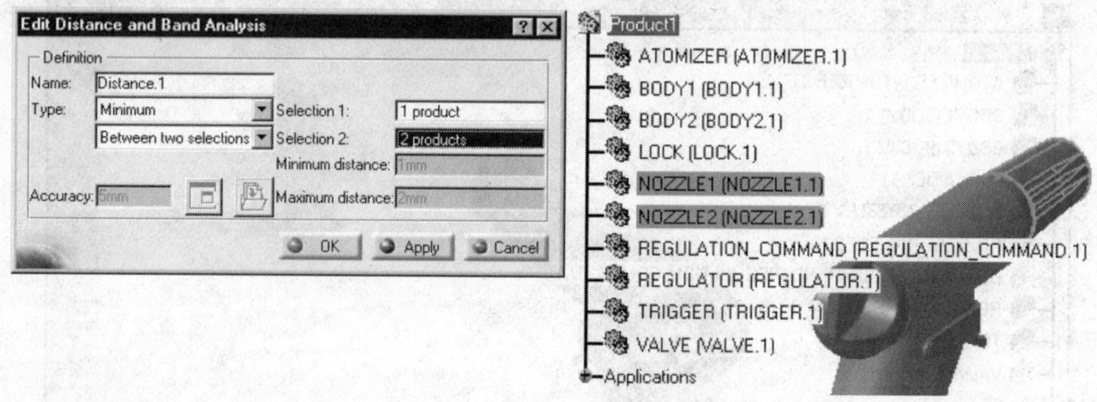

图 6-23 【Edit Distance and Band Analysis】对话框

点击【Apply】按钮计算选定产品之间的最小距离，此时弹出如图 6-24 所示的预览窗口，显示最小距离的值和位置。同时【Edit Distance and Band Analysis】对话框中也将显示最小距离的细节情况，比如在各个方向上的分量，如图 6-25 所示。

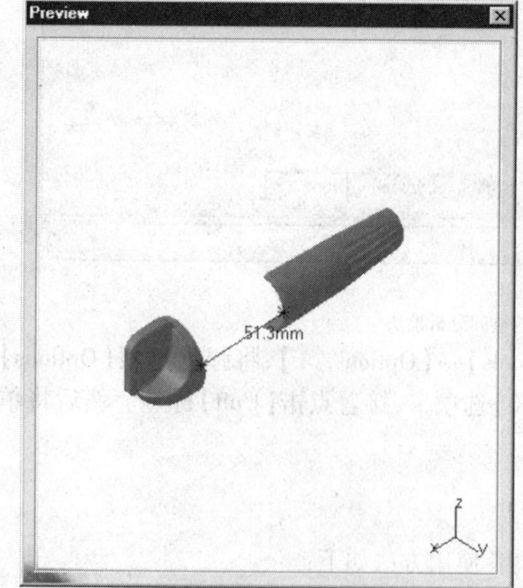

图 6-24 最小距离预览图

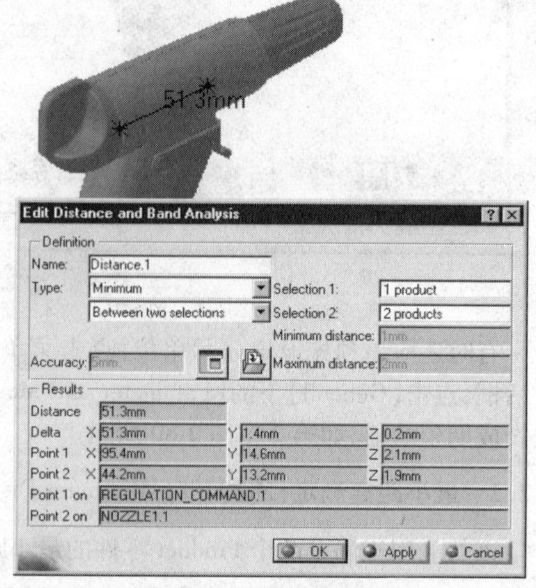

图 6-25 距离细节参数设定

6.2.3 断面分析(Sectioning)

在 DMU Space Analysis 工具条上点击【Sectioning】按钮,即可启动该功能。该功能与在上一节 DMU Navigator 中的 Sectioning 功能是一致的,在此不重复。

6.2.4 冲突检测(Detecting Clashes)

该功能用于检测装配件之间的冲突和干涉情况。使用方法如下:

点击【DMU Space Analysis】工具条上的冲突检测(Detecting Clashes)按钮,即可启动该功能,如图 6-26 所示的【Check Clash】对话框也将同时弹出。

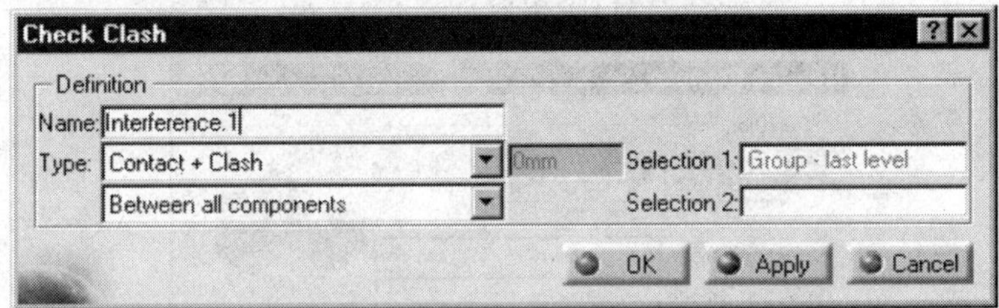

图 6-26 冲突检测对话框

【Type】下拉框用于选择分析类型,Contact + Clash 选项用于检测是否存在干涉情况,接触情况也包含进来。点击【Apply】进行检测,检测结果显示在【Check Clash】对话框下面,如图 6-27 所示。

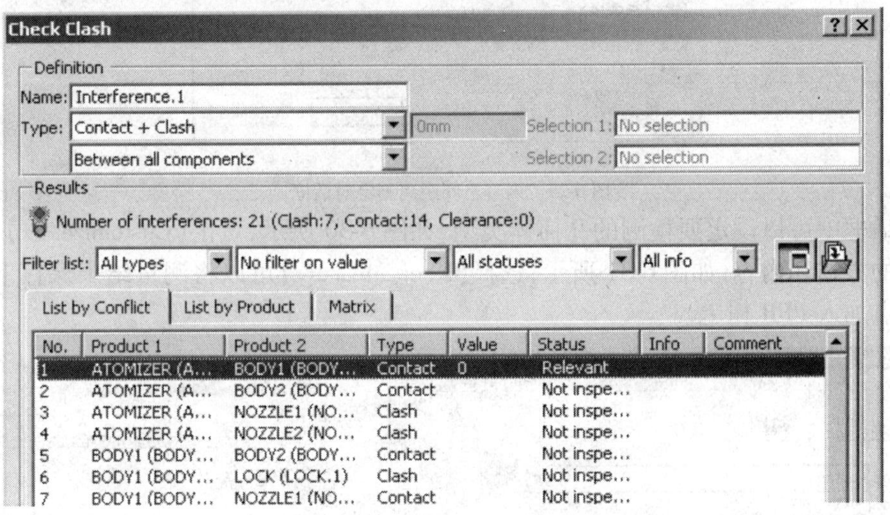

图 6-27 冲突分析结果示意图

在结果列表中双击任何一个冲突结果,将生成【Preview】对话框,显示相关的两个零部件和冲突位置,如图 6-28 所示。

6.2.5 距离测定功能(Measure Between)

该功能用于测定两个几何体之间的距离,几何体可以是点、线、边界、曲面、实体等。

在【DMU Space Analysis】工具条上点击【Measure Between】图标,将弹出如图 6-29 所示的【Measure Between】对话框:

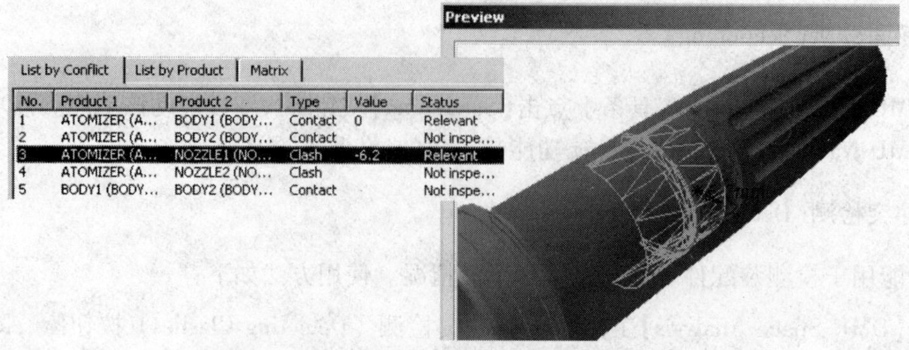

图 6-28　两个部件之间的冲突状况预览

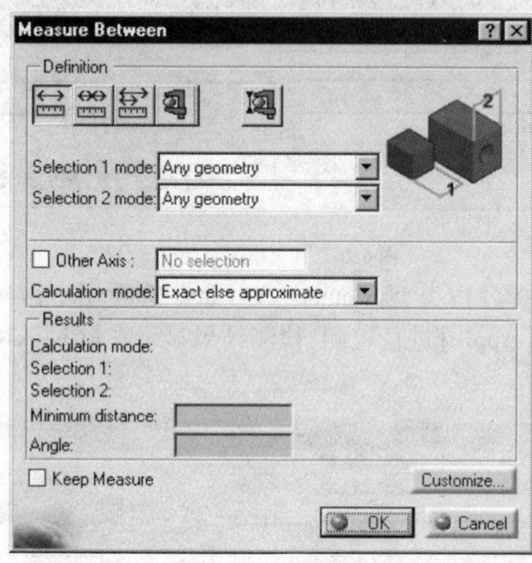

图 6-29　两者之间距离测定对话框

在对话框中可以设定要检测的几何体类型，如图 6-30 所示；点击【Customize...】按钮可以设计测量的方式和内容，如图 6-31 所示；选择【Keep Measure】可以将测量结果保存下了，并作为一个节点加入 PPR 树上。

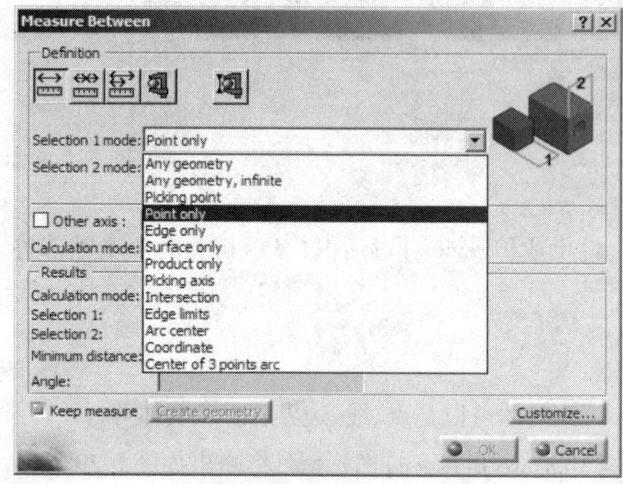

图 6-30　测量方式选择

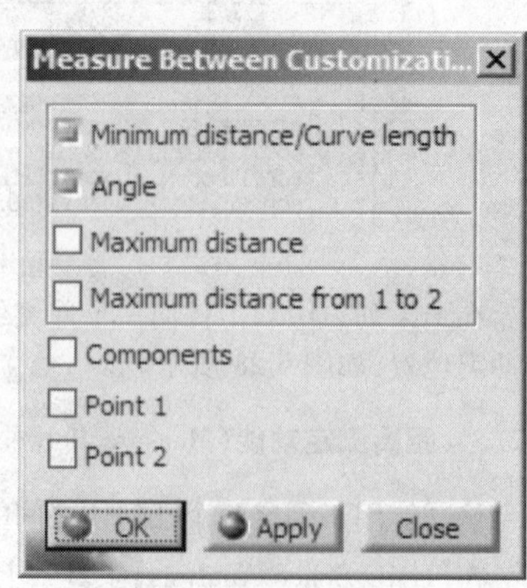

图 6-31　定制测量对话框

Measure Between 的分析结果如图 6-32 所示。

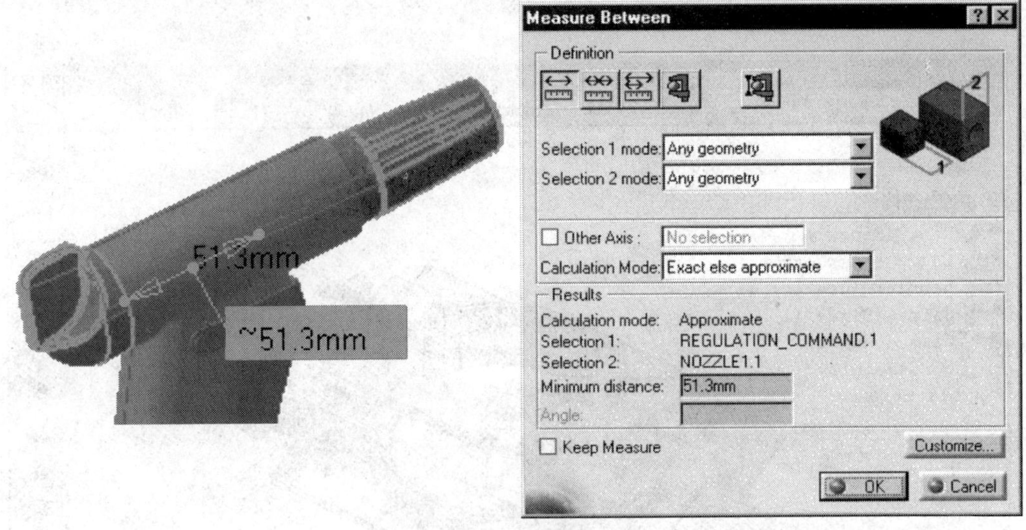

图 6-32　测量结果示意图

6.3　DMU 运动机构模拟(DMU Kinematics)

数字样机运动机构模拟(DMU Kinematics),是通过调用已有的多种运动副或者通过自动转换机械装配约束条件而产生的运动副,对任何规模的数字样机进行运动机构定义;通过运动干涉检验和校核最小间隙来进行机构运动分析;可以生成运动零件的轨迹、扫掠体和包络体以指导未来的设计。它还可以通过与其它产品的集成做更多复杂组合的运动仿真分析,能够满足从机械设计到功能评估各类工程设计人员的需要。

本节利用两个实例阐述 Kinematics 模块的运用和主要知识点。

6.3.1　进入 DMU 运动机构模拟(DMU Kinematics)

点击【Start】→【Digital Mockup】→【DMU Kinematics】, 即可进入 DMU Kinematics 界面,打开光盘中的 jigsaw_with_constraints. CATProduct 文件,界面如图 6-33 所示。

6.3.2　创建运动机构及运动副

点击【DMU Kinematics】工具条上的【旋转运动副】按钮,将弹出如图 6-34 所示的【旋转运动副创建】对话框:

点击【New Mechanism】按钮则可弹出如 6-35 所示的对话框来定义运动机构的名称。

1)定义旋转运动副

选择 Case 零件用于固定 Cog-whell 零件的圆柱孔中心线至 Line1;Cog-whell 零件的圆柱中心线至 Line2。此两条直线作为旋转运动副定义所需的两条直线,选择 Case 与 Cog-whell 接触的平面作为旋转运动副定义所需的第一个平面,选择 Cog-whell 与 Case 接触的平面作为旋转运动副定义所需的第二个平面完成旋转运动副的定义。两条直线与两个平面的选择见图 6-36。

同理,选定图 6-37 所示的要素,用相同的方法定义 Ring 零件与 Cog-whell 零件之间的旋转运动副。

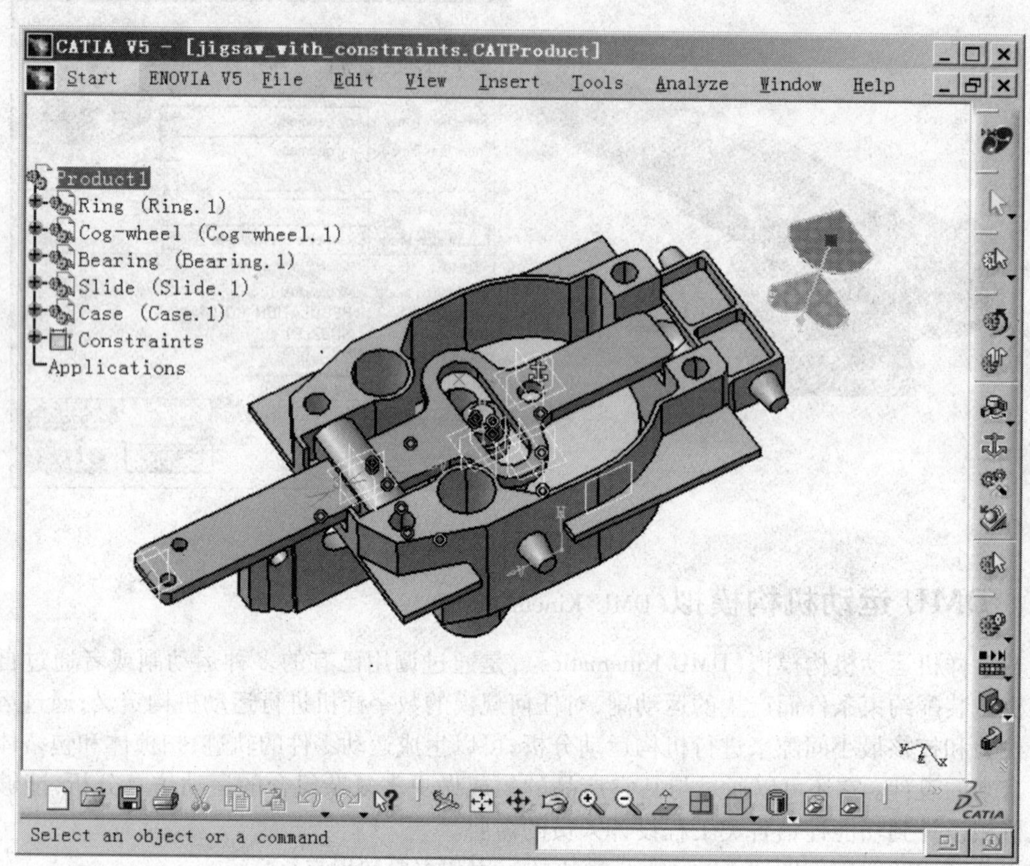

图 6-33 调入运动机构数据

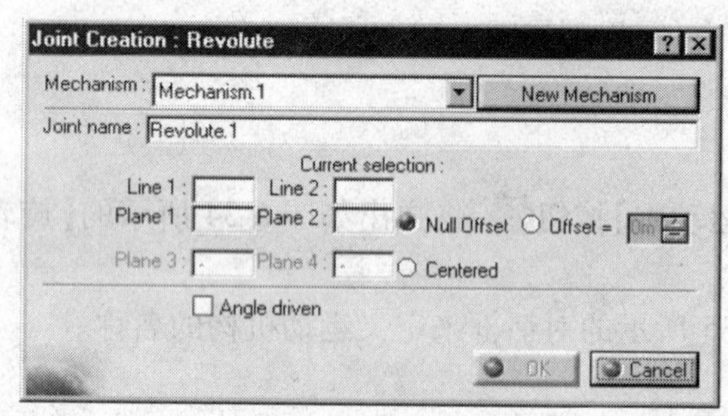

图 6-34 【旋转运动副创建】对话框

Mechanism Creation
Mechanism name : Mechanism.1
OK Cancel

图 6-35 【运动机构】对话框

2）定义 Bear 零件与 Slide 零件之间的滑动运动副

点击【DMU Kinematics】工具条上的【滑动运动副】按钮，将弹出如图 6-38 所示的【滑动运动副】（滑动但不能转动）定义对话框。

然后按图 6-39 选择滑动运动副定义所需的两条直线和平面，完成滑动运动副的定义。

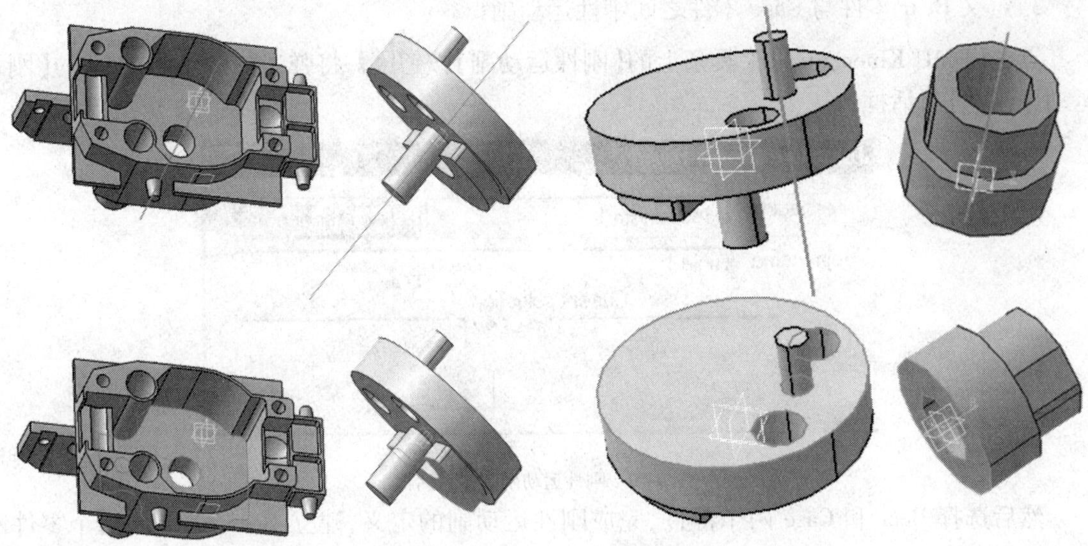

图 6-36　第一个旋转运动副的定义要素选择　　　　图 6-37　第二个旋转运动副的要素选择

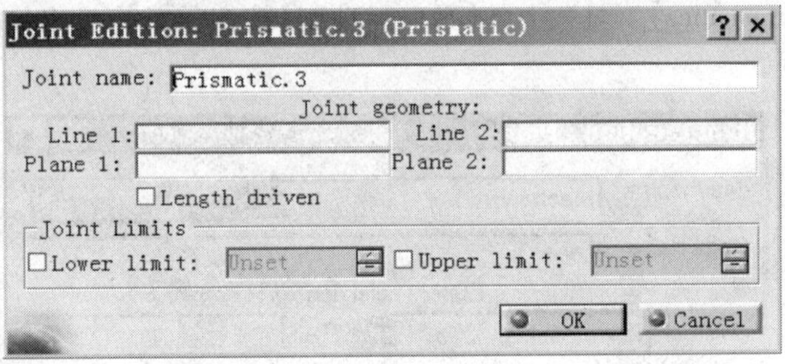

Joint Edition: Prismatic.3 (Prismatic)

Joint name: Prismatic.3

Joint geometry:

Line 1:　　Line 2:

Plane 1:　　Plane 2:

☐Length driven

Joint Limits

☐Lower limit: Unset　☐Upper limit: Unset

OK　Cancel

图 6-38　【滑动运动副】对话框

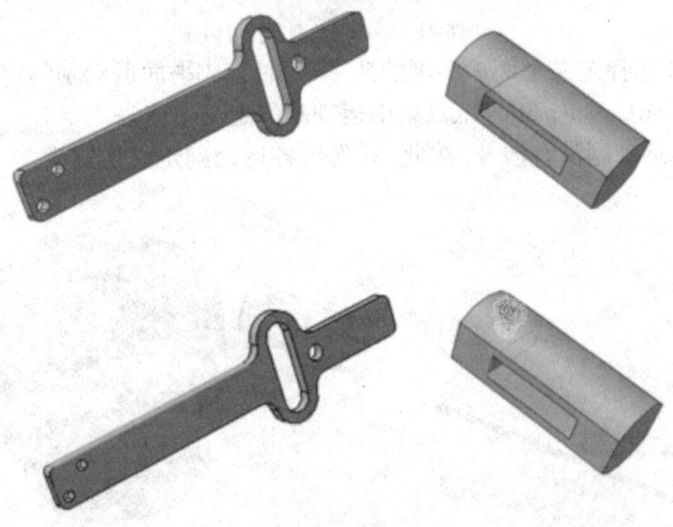

图 6-39　滑动运动副的要素选择

3)定义 Bear 零件与 Case 零件之间刚性运动副

点击【DMU Kinematics】工具条上的【刚性运动副】按钮,将弹出如图 6-40 所示的【刚性运动副创建】对话框:

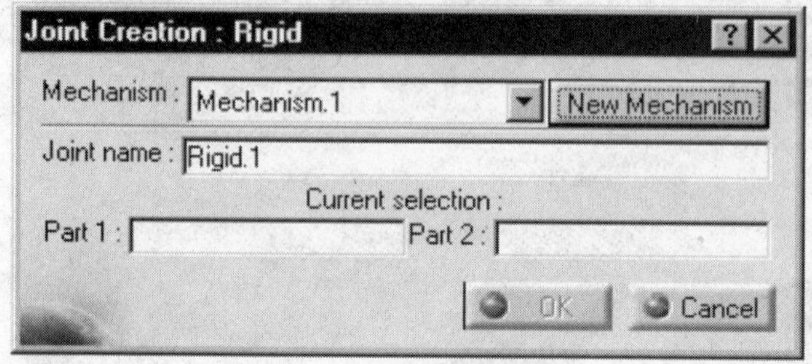

图 6-40 刚性运动副创建对话框

然后选择 Bear 和 Case 两个部件,完成刚性运动副的定义,建立 Bear 和 Case 两个零件刚性连接关系。

4)建立 Slide 零件与 Ring 零件之间平面运动副

点击【DMU Kinematics】工具条上的【平面运动副】按钮,将弹出如图 6-41 所示的平面运动副创建对话框。

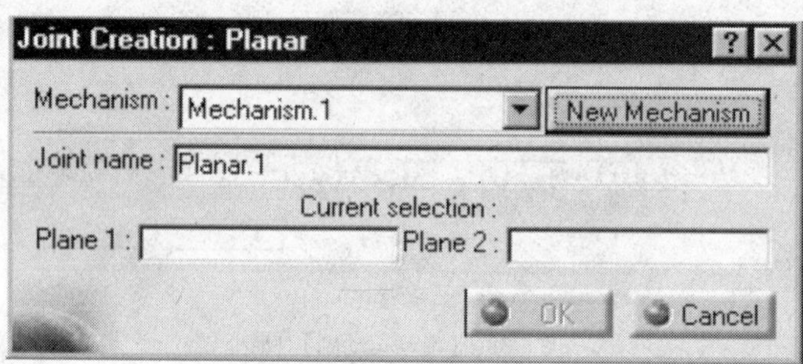

图 6-41 平面运动副创建对话框

然后按图 6-42 选择定义平面运动副的两个平面,完成平面运动副的定义。

5)CATIA V5 DMU Kinematics 工具条中运动副的定义一览表

本书还有许多运动副没有涉及,在此,只列出各运动副定义所需要素一览表,如表 6-1 所示。

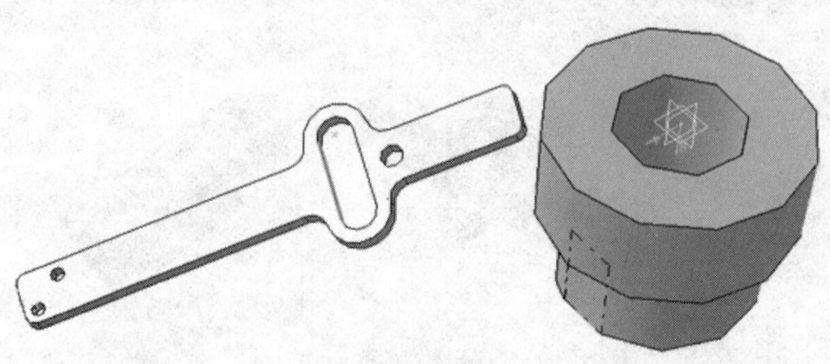

图 6-42 平面运动副的选择

DMU Kinematics 工具条中运动副定义的要素　　表 6-1

运动副类型		定义运动副的几何元素				比率	选择方法
		选择 1	选择 2	选择 3	选择 4		
旋转运动副		线 1	线 2	平面 1	平面 2	无	1、2、3
滑动运动副		线 1	线 2	平面 1	平面 2	无	1、2、4
圆柱运动副		线 1	线 2			无	1
球铰运动副		点 1	点 2			无	1
平面运动副		平面 1	平面 2			无	1
刚性运动副		Part1	Part1			无	1
曲线滚动运动副		曲线 1	曲线 2			无	1
曲线滑动运动副		曲线 1	曲线 2			无	1
点与曲线运动副		点 1	曲线 1			无	1
点与曲面运动副		点 1	曲面 1			无	1
万向节运动副		线 1	线 2	线 3		无	1
齿轮运动副		旋转运动副 1	旋转运动副 2			有	6
螺纹运动副		线 1	线 2			有	1
绳索运动副		滑动运动副 1	滑动运动副 2			有	6
齿轮齿条运动副		滑动运动副 1	旋转运动副 1			有	6
CV 运动副		万向节运动副 1	万向节运动副 1			无	6、7

注:选择方法:

1. 选择方法 1 选取的几何元素与选择方法 2 选取的几何元素是两个不同零件的几何元素;
2. 选择方法 3 选取的几何元素是选择方法 1 或选择方法 2 选取的两个零件其中之一的几何元素,选择方法 4 则是另外一个零件的几何元素;
3. 在相同零件中,线与平面垂直;
4. 在相同零件中,线在平面上;
5. 选择方法 3 的几何元素与选择方法 1 的几何元素在同一个零件里,并且相互垂直;
6. 选择基础运动副构建和定义复合运动副;
7. 具有相同的输入角和输出角。

6.3.3　定义命令

在 PPR 树上选择第一个旋转运动副(如图 6-43 所示)并双击,在弹出【旋转运动副定义】对话框菜单上激活【Angle driven】按钮,在【Joint Limits】栏中填写 0deg 和 360deg,完成命令设置。具体操作如图 6-44 所示。

命令设置也可以在旋转运动副定义过程中直接定义。当定义命令时,在几何图形出现绿色或蓝色的箭头线（如图6-45所示），表示运动的方向，如果与机构实际运动的方向不同，可以点击该箭头更改运动的方向。

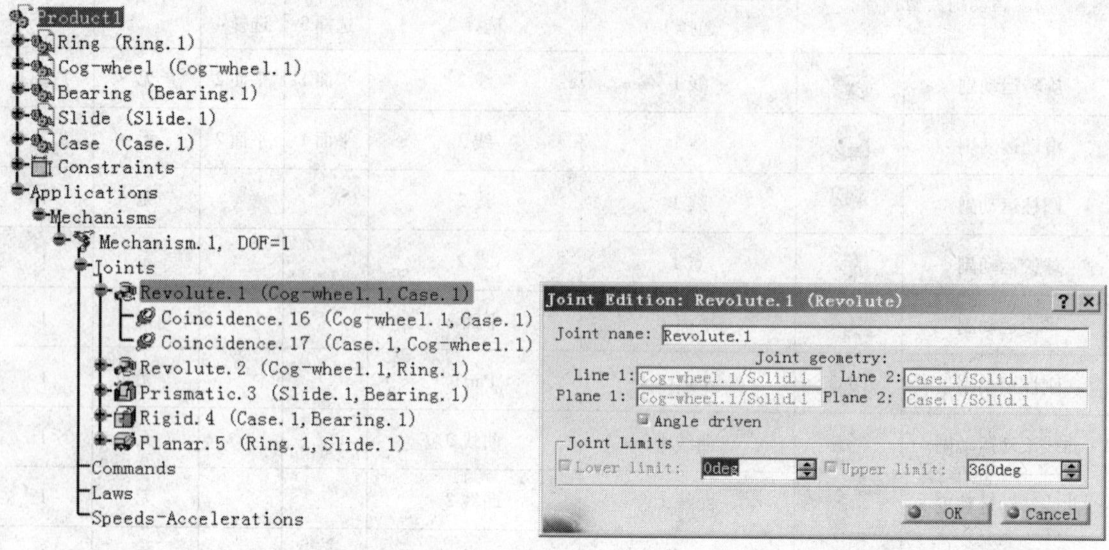

图6-43　PPR树上选择需要命令的旋转运动副

图6-44　命令设置

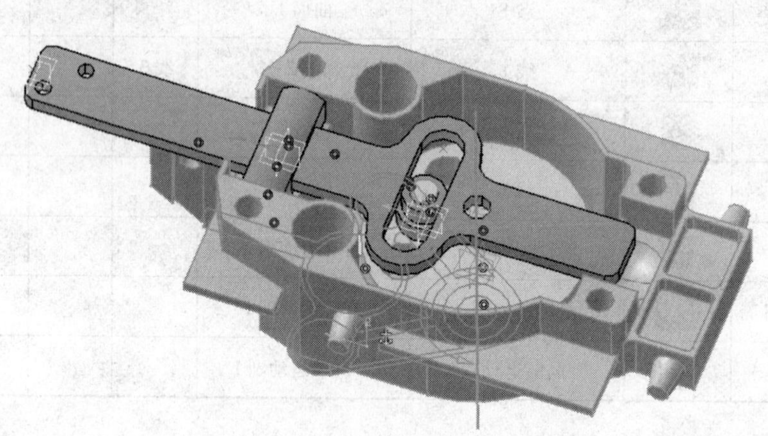

图6-45　表示运动方向的命令设置绿色的箭头线

6.3.4　定义固定部件

所有的机构分析都需要定义位置固定不动的部件。方法是：点击图标，弹出【固定部件定义】对话框如图6-46所示，在模型树上选择零件Case，完成固定部件的设置。

6.3.5　机构运动模拟

点击DMU Kinematics工具条中命令仿真按钮，弹出【命令仿真】对话框如图6-47所示。CATIA V5的命令仿真提供两种方式：一种方式，实时驱动，另外一种是命令驱动。在【Simulation】区域中激活【Immediate】选项，将仿真设置成实时

图6-46　【固定部件定义】对话框

驱动方式,此时拖动【Command.1】区域的滚动条,运动机构随着滚动条移动开始实时运动,或者将鼠标放置到命令所在运动副的从动部件上或主动部件上(主动部件不是固定部件)按住鼠标左键后出现箭头,根据箭头方向也可以进行实时的模拟分析。在【Simulation】栏中激活【On request】选项,将仿真设置成命令驱动方式,同时将仿真最终位置通过【Command.1】区域的滚动条或滚动条后数值栏设定好,再定义【Number of steps】仿真的步数后就可开始仿真。

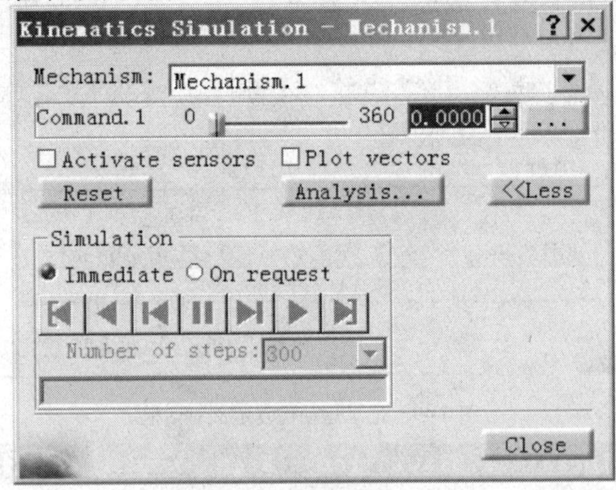

图6-47 【命令仿真】对话框

6.3.6 记录运动仿真

点击DMU【Generic Animation Toolbar】工具条中【记录运动仿真】按钮,弹出命令记录运动仿真【选择】对话框(图6-48),选择Mechanism.1后点击【OK】按钮,出现【记录运动仿真定义】对话框(图6-49)和【机构模拟】对话框(图6-50)。在【机构模拟】对话框将Command.1设置成360°,在记录运动仿真定义对话框中点击【Insert】按钮;点击【OK】按钮,则完成记录运动仿真。

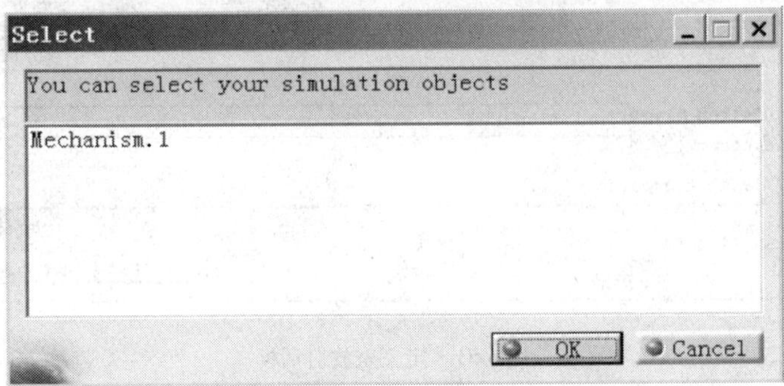

图6-48 【选择】对话框

6.3.7 定义重放

点击DMU【Generic Animation Toolbar】工具条中【定义重放】按钮,弹出如图6-51所示的【定义重放】对话框。

如果激活【Generate a replay】选项,选择时间步,点击【OK】,则生成重放。也可以激活【Generate an animation file】选项,点击【File name】指定文件存储地址及名称,生成.avi格式的录像文件。

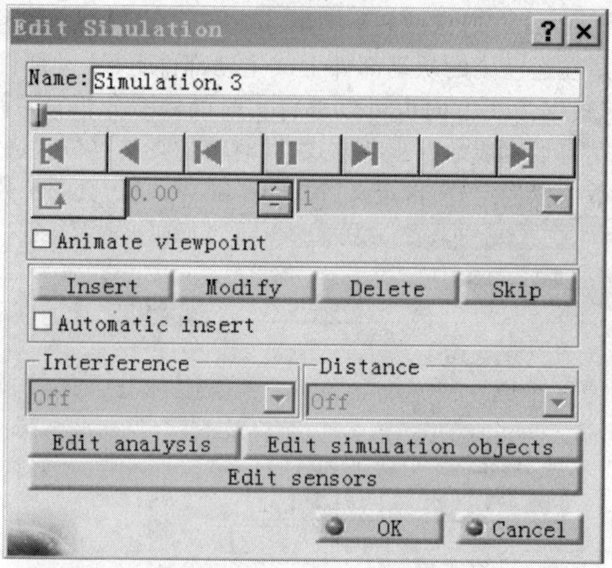

图 6-49　记录运动仿真定义对话框

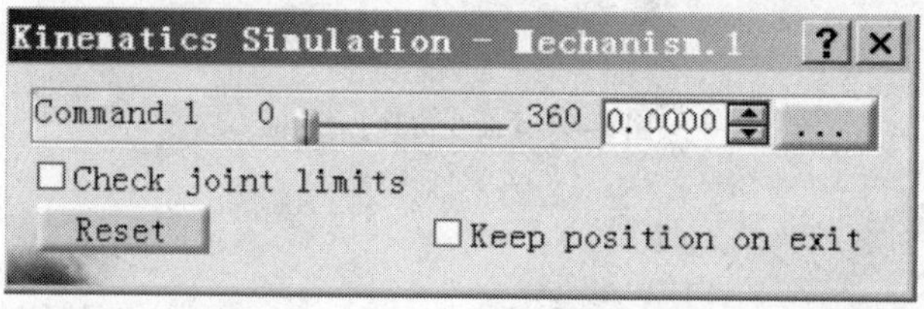

图 6-50　【机构模拟】对话框

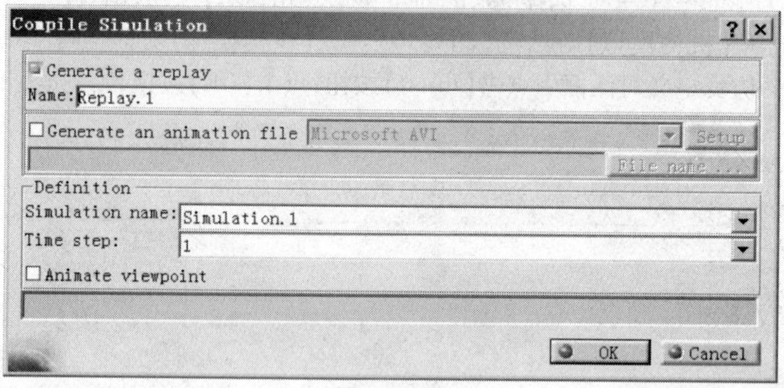

图 6-51　定义重放对话框

6.3.8　重放模拟

点击 DMU【Generic Animation Toolbar】工具条中【重放模拟】按钮，弹出如图 6-52 所示【重放模拟】对话框，点击【播放】按钮开始重放。

6.3.9　干涉检查

点击 DMU【Generic Animation Toolbar】工具条中【干涉检查】按钮中右下角黑色箭头，则会弹出 3 种干涉检查模式图标。第一个图标表示在运动仿真时不开始干涉检查功

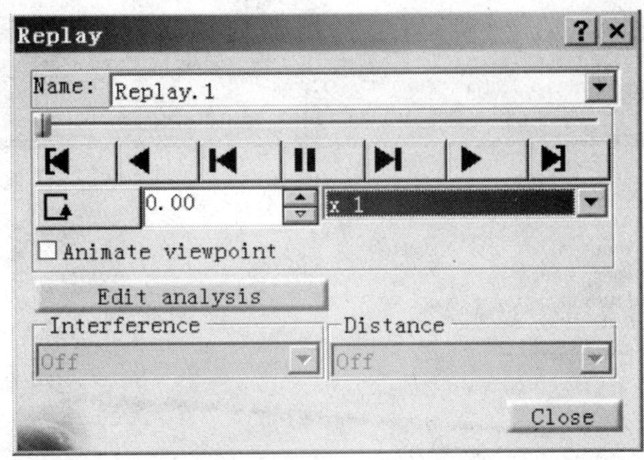

图 6-52 【重放模拟】对话框

能;第二个图标表示在运动仿真时开始干涉检查功能,以红线表达干涉,但运动过程不终止;第三个图标表示在运动仿真时开始干涉检查功能,以红线表达干涉,但运动过程终止。

打开已经记录的运动仿真(Simulation),点击【干涉检查】模式,三者任选其一,开始放运动仿真并检查干涉,如果选择了第二种和第三种方式,就能看到干涉的区域。

6.3.10 轨迹

在完成重放定义的基础上点击图标,则弹出轨迹定义对话框(图 6-53),选择 Slide 零件中 Point2 几何元素,然后点击【OK】按钮,弹出的已经计算出的点的轨迹窗口如图 6-54 所示,此时可以根据需要的文件格式,保存数据。

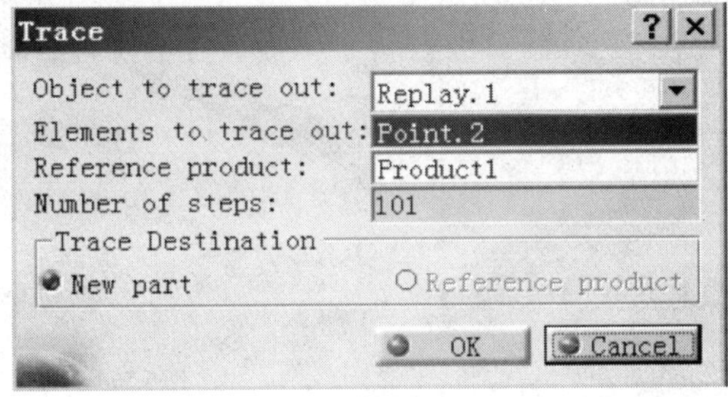

图 6-53 轨迹定义对话框

6.3.11 扫掠体

在完成重放定义的基础上点击图标,弹出扫掠体定义对话框(图 6-55),由于【Product to sweep】的默认选项是除固定部件外的所有零件,所以点击【Product to sweep】后的 ... 按钮,在这里选择 Slide 零件,然后点击【Preview】按钮,弹出已经计算出的扫掠体预览窗口如图 6-56 所示,再根据自己需要的文件格式,保存数据。

6.3.12 汽车应用实例

本例将以一个车门运动实例来说明 CATIA V5 运动机构模拟的具体应用。

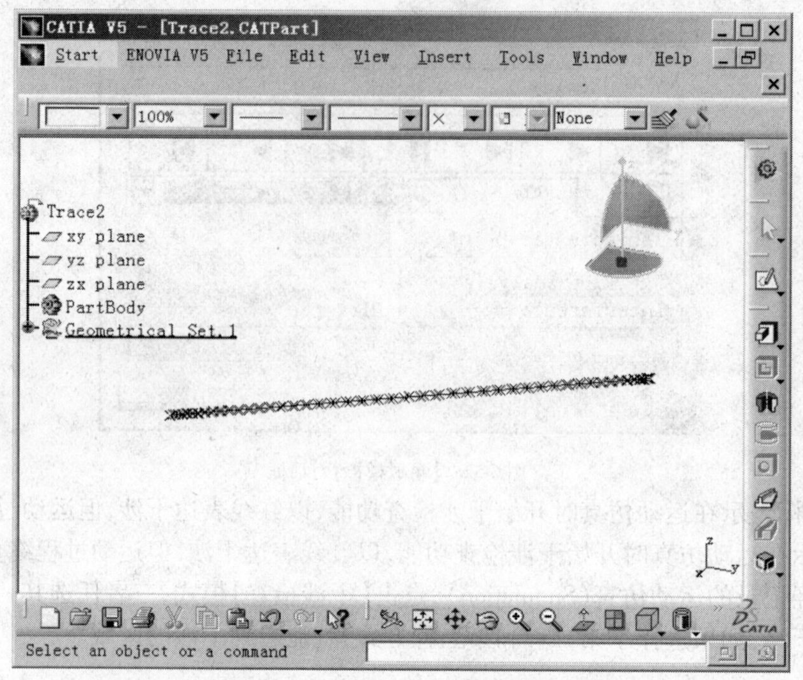

图 6-54 计算完成后点的轨迹形状

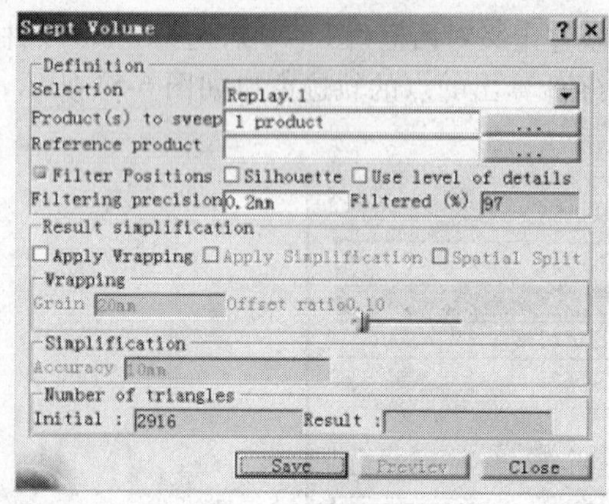

图 6-55 扫掠体定义对话框

图 6-56 扫掠体预览窗口

打开 CATIA V5，点击【Start】菜单，选择【Start】→【Digital Mockup】→【DMU Kinematics】，进入 DMU Kinematics 模块；打开光盘中 door-kin. CATProduct 文件，该模型包含 4 个零件：车门、侧围、车门铰链固定侧围的零件及车门铰链固定车门的零件。车门、侧围为 CGR 文件；车门铰链 1（固定侧围的零件）及车门铰链 2（固定车门的零件）为. CATPart 文件，模型如图 6-57 所示。

1）创建运动机构及运动副

点击【DMU Kinematics】工具条上的【旋转运动副】按钮，将弹出如图 6-34 所示的【旋转运动副】对话框，点击【New Mechanism】按钮定义运动机构的名称（图 6-35）。

选择 Gemel-1 零件和 Gemel-2 零件中红色的线和面定义旋转运动副。

点击【DMU Kinematics】工具条上的【刚性运动副】按钮，选择 Gemel-2 与 Door 建立刚性运动副，选择 Gemel-1 与 Body 建立刚性运动副。

2）定义命令

在 PPR 树上选择旋转运动副并双击，在弹出的旋转运动副定义对话框菜单上激活【Angle driven】按钮，在【Joint Limits】栏中填写 0deg 和 90deg，旋转方向如蓝色箭头所示，则完成命令设置，具体操作如图 6-58 所示。

3）定义固定部件

点击图标，弹出固定部件定义对话框后，在模型树上选择 Body，即完成固定部件设置。

4）机构运动模拟

点击【DMU Kinematics】工具条中【命令仿真】按钮，则弹出【命令仿真】对话框模拟运动。当旋转角度大于 87°时，车门铰链 1 正好与车门铰链 2 的限位销接触，这说明车门的开启角度为 87°，如图 6-59 所示。

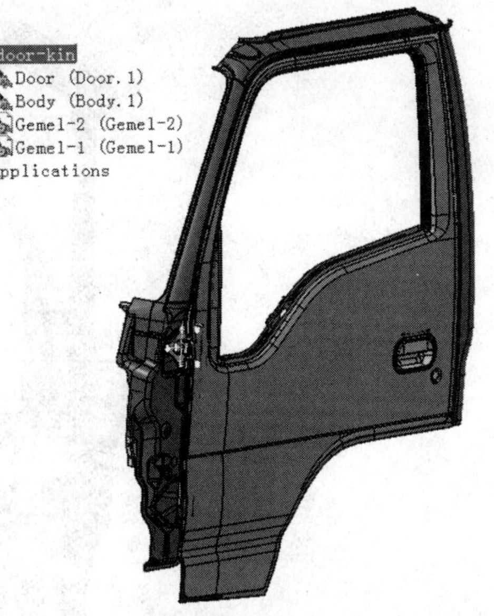

图 6-57　车门运动机构模型

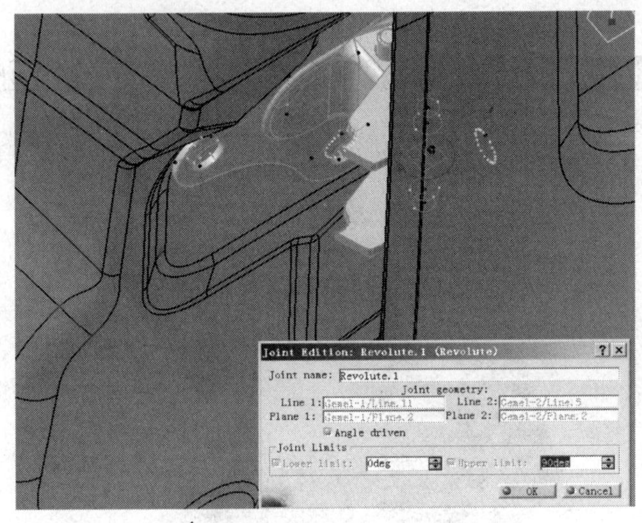

图 6-58　命令设置

点击【Measuring Minimum Distances】按钮，选择 Body 和 Door 两个部件进行测量，最小距离为4.361mm，如图 6-60 所示。

5）记录运动仿真

点击【记录运动仿真】按钮，弹出【记录运动仿真选择】对话框，选择 Mechanism.1 后点击【OK】按钮，出现记录运动仿真定义对话框和【机构模拟】对话框。在【机构模拟】对话框将 Command.1 设置成 87°，在记录运动仿真定义对话框中点击【Insert】按钮，点击【OK】按钮，则完成记录运动仿真。

打开已经记录的运动仿真(Simulation)，点击【干涉检查】模式，开始播放运动仿真，察看运动过程中是否存在干涉问题。

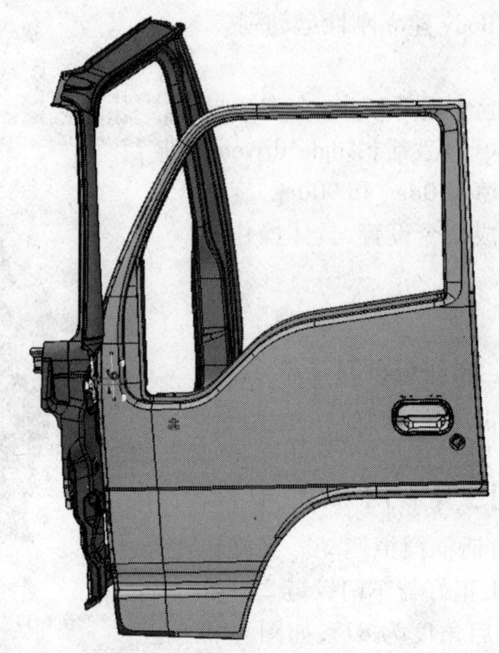

图 6-59　车门开启 87°

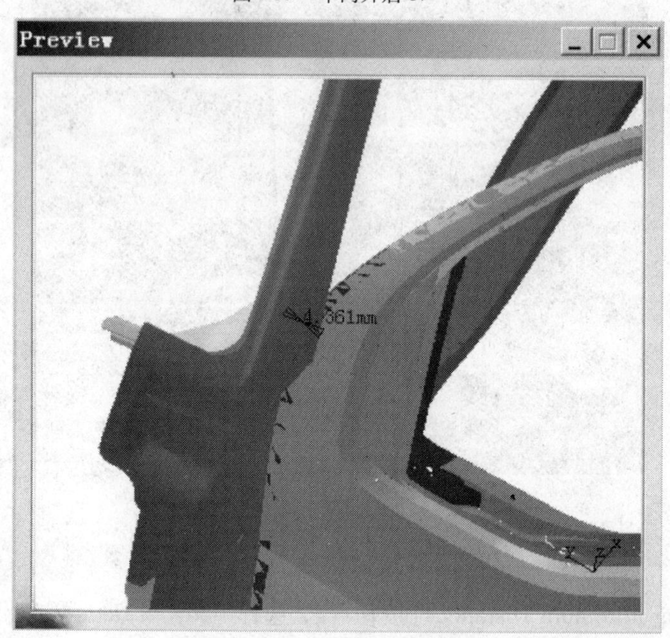

图 6-60　车门与车体的最小距离

DMU Kinematics 模块提供“传感器”的高级功能，也能够察看运动过程中是否存在干涉问题，并能实时提供距离显示，限于篇幅所限，在这里就不介绍了。

6.4　人体构建(Human Builder)模块

人体构造模块用于在虚拟环境中，构造数字化的人体模型。在该模块中，用户可以生成并编辑人体模型。

6.4.1 进入人体构建模块

点击【Start】菜单，选择【Ergonomics Design & Analysi】→【Human Builder】，如图 6-61 所示。

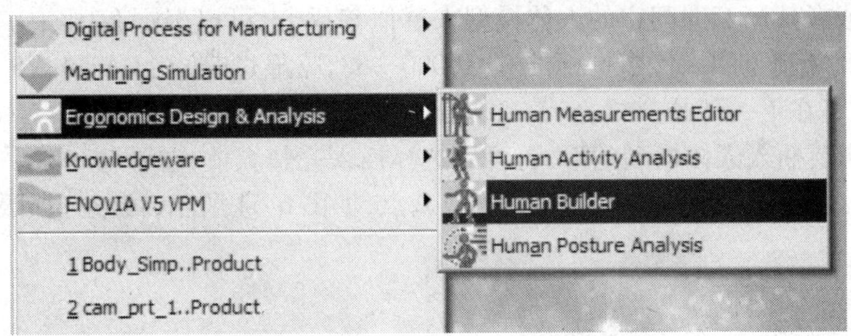

图 6-61 人机工程模块组

6.4.2 加入人体（New Manikin）

点击【Manikin Tool】工具条上的 Insert Manikin 按钮，弹出如图 6-62 所示的对话框。

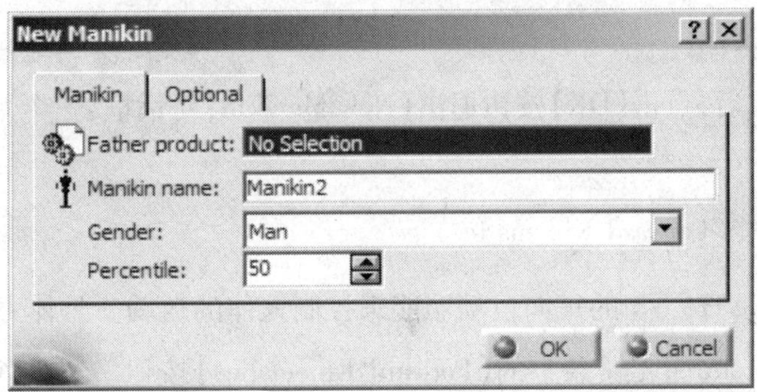

图 6-62 新建人体对话框

其中：Father Product：用于指定人体要加入的 Product，用户可以在 PPR 树上点选一个，作为人体的父节点。同时选定的 Product 名称也出现在 Father Product 后面的文本框中。

Manikin name：用于指定人体的名称。

Grander：用于指明人体的性别，点击【Grander】后面的下拉菜单为人体指明性别，不同的性别对应不同的人体尺寸和参数。

Percentile：指定人体的百分位（Percentile），百分位是一个人体工程学的术语，其定义如下：

百分位表示具有某一人体尺寸和小于该尺寸的人占统计对象总人数的百分比。大部分的人体测量数据是按百分位表达的，如以身高为例：第 5 百分位的尺寸表示有 5% 的人身高等于或小于这个尺寸。换句话说就是有 95% 的人身高高于这个尺寸。第 95 百分位则表示有 95% 的人等于或小于这个尺寸，5% 的人具有更高的身高。

在设计上满足所有人的要求是不可能的，但必须满足大多数人。所以必须取用能够满足大多数人的尺寸数据作为依据，一般用 5% 百分位代表矮小身材，95% 百分位代表高大身材。如产品设计要满足 90% 的人，则通常设定为满足 5% ~95% 百分位的区域。当然，具体的产品设计需要满足的人群有所不同，会有特定的相应设计要求。

点击【New Manikin】对话框上的【Optional】标签，出现如图 6-63 所示的选项卡。

其中：

Population：用于指定人体数据所对应的人群。目前 CATIA V5 的数据库中包含美国、加拿大、法国、日本、韩国 5 个国家人群的人体数据，尚未包含中国的人体数据，在具体分析过程中可以选用日本或者韩国亚洲国家的人体模型来近似替代，也可以根据我国官方的人体数据资料（我国于 1988 年制定的人体数据标准 GB10000—88，略显过时）在 CATIA V5 中定制中国人的人体，该过程将在下一部分介绍。

Model：指明要插入人体模型的形式，可以选择插入完整人体、左手臂和右手臂 3 种模式；

Referential：用于指明人体模型的参考点或基点，如图 6-64 所示，可以选择眼点、跨点等。

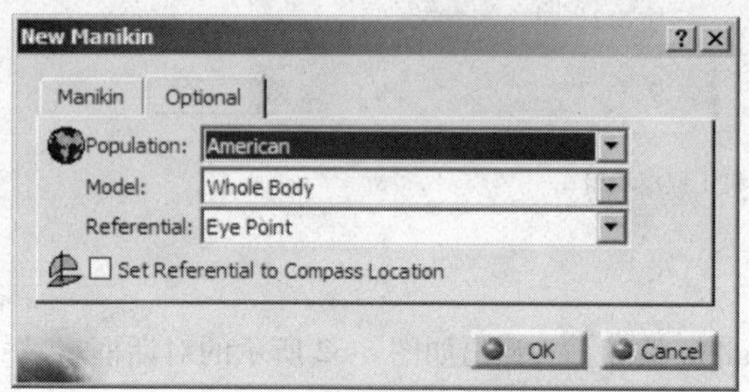

图 6-63　人体模型新建对话框的选项卡片

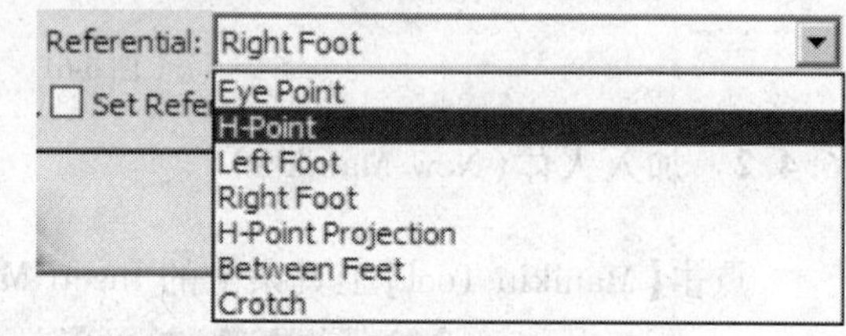

图 6-64　人体模型基本选择

当所需设定完成后，点击【OK】按钮退出【New Manikin】对话框，一个新的人体出现在主窗口中，如图 6-65 所示。

6.4.3　正向运动功能（Forward Kinematics）

用户可以使用 CATIA V5 的正向运动功能来控制人体的运动。具体方法如下：

点击【Manikin Posture】工具条上的【Forward Kinematics】按钮，注意此时正向运动图标将高亮显示，用户可在此状态下，建立人体动作，当操作完成后，再次点击正向运动按钮即可退出正向运动功能。

当进入正向运动状态后，点击期望移动和调整的肢体，然后用鼠标左键拖动旋转选定肢体，如图 6-66 所示。对于大腿等具有多个自由度的肢体，可以在其上点击右键，利用图 6-67 所示右键菜单选定将要运动的自由度，再行左键操作。

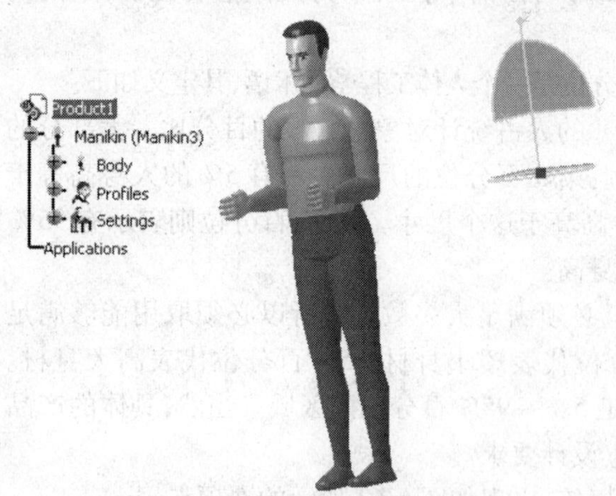

图 6-65　插入的人体模型效果图

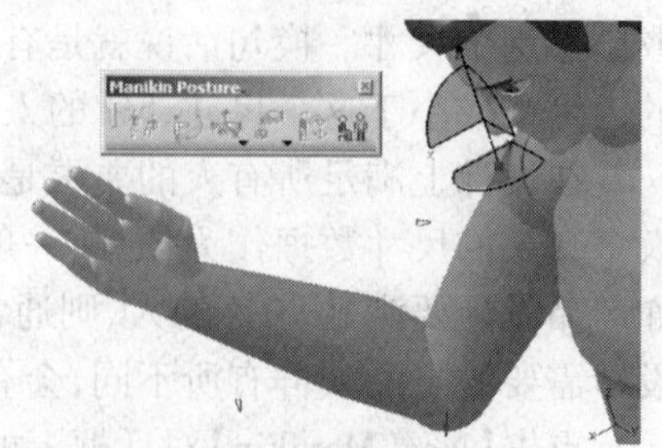

图 6-66　左键移动实现肢体运动

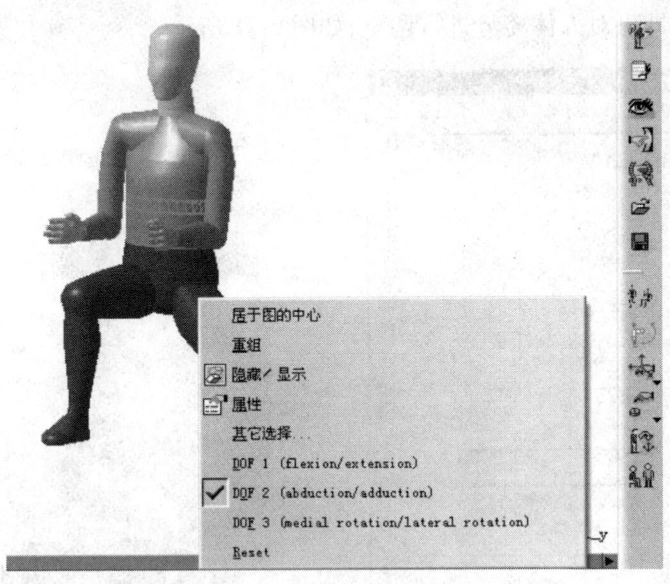

图 6-67 利用右键菜单在多个自由度之间切换运动

6.4.4 姿态编辑器(Posture Editor)

利用姿态编辑器(Posture Editor)可以对人体的关节进行更加精确的调整。

点击【Manikin Posture】工具条上的【Posture Editor】按钮,然后在图形窗口上点击需要调整的肢体,此时将弹出如图 6-68 所示的【Posture Editor】对话框。

该对话框分为 7 个部分:Segments、Hand filter、Side、Degree of Freedom、Value、Display、Predefined Postures。其中:

Segments 部分是肢体的列表;

Hand filter:用来设定是否调制手指,还是将手掌作为一个整体调整;

Side:用于指明所要调制的是左侧肢体还是右侧肢体;

Value:显示当前调整的数值;

Display:用于设定显示状态,其中 Angular Limitations 用于显示肢体运动的范围,如图 6-69 所示;Animate Viewpoint 用于动态切换视角;

Predefined Postures:它包含了多种标准的姿势供选择,分别为初始状态、站立状态、标准坐姿、标准跪姿以及双臂伸展等状态。

6.4.5 操作者逆向运动(Inverse Kinematics (IK) Worker Frame Mode)

操作者逆向运动(Inverse Kinematics (IK) Worker Frame Mode)允许用户使用罗盘拖动人体的某一部分,人体其余的部分随之产生自然的运动。尤其适合于验证类似汽车仪表板等的人体工程学设计。对于这种分析,如果用正向运动功能,则需要非常复杂的调整,而且其合理性也很难得到保证。

具体使用方法如下:

点击【Inverse Kinematics (IK) Worker Frame Mode】按钮,点击需要移动的肢体,比如手掌,绿色的罗盘将出现在手掌的位置,如图 6-70 所示。

此时拖动罗盘即可对人体姿势进行调整，如图 6-71 所示。

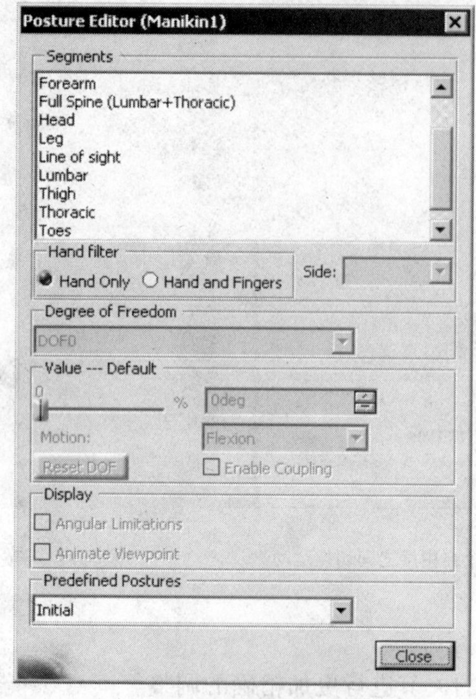

图 6-68　姿态编辑对话框

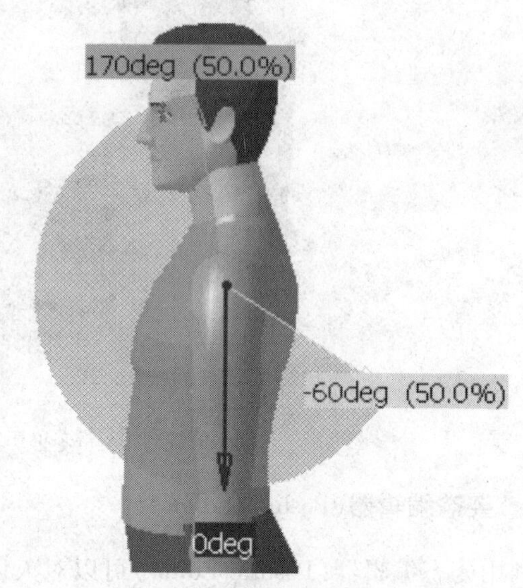

图 6-69　肢体运动范围设定

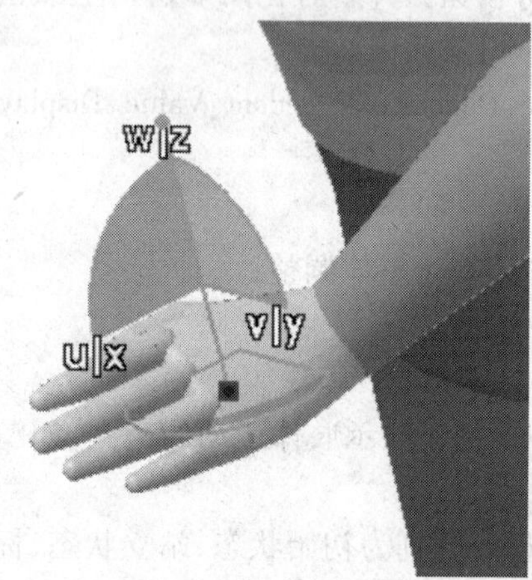

图 6-70　点击【IK】按钮，罗盘自动置于选定对象

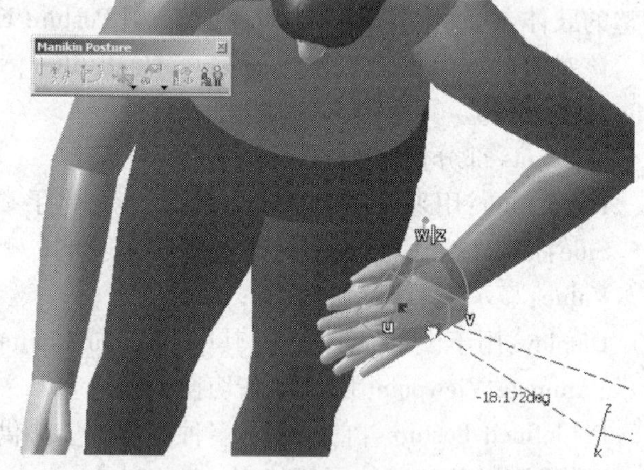

图 6-71　利用罗盘操作实现姿态运动

6.5　人体尺寸编辑(Human Measurement Edit)

该模块用于定制人体的各个尺寸，各种人群和年龄段的人体尺寸是有很大差别的，该模块允许用户构建特定尺寸的人体模型。这是影响人体工程学分析结果的一个重要的因素。

6.5.1　进入人体尺寸编辑(Human Measurement Editor)模块

点击【Start】菜单，选择【Ergonomics Design & Analysis】→【Human Measurement Editor】，此时系统将弹出图 6-72 所示的【New Manikin】对话框，点击【OK】关闭对话框，则进入人体尺寸编辑模块。

进入 Human Measurement Editor 模块后，图形屏幕上将出现一个带有尺寸的人体模型，如图6-73所示。

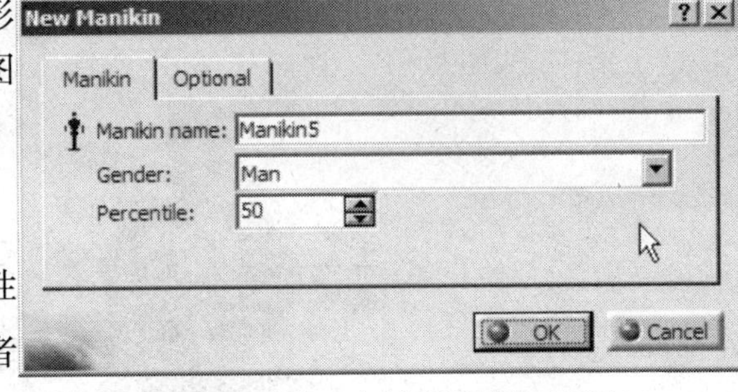

图 6-72　人体尺寸编辑模块默认对话框

6.5.2　更改人体性别

点击【Anthropometry Editor】菜单条上的性别更改按钮，Switch gender to male ♂ 或者 Switch gender to female ♀。如果点击 Switch gender to female 按钮♀，模型将变为女性人体，如图 6-74 所示。

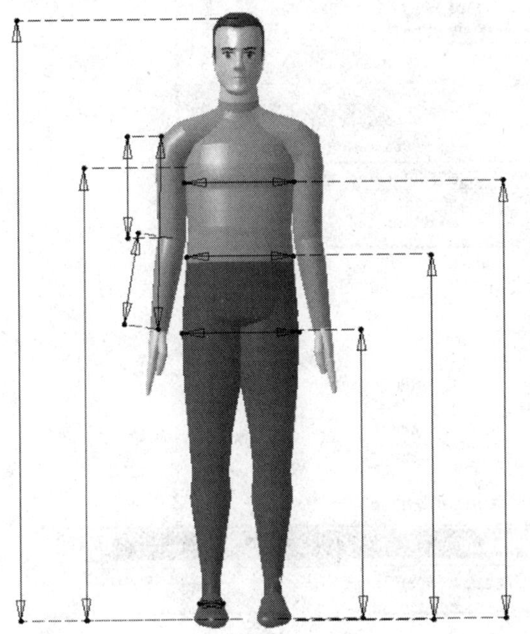

图 6-73　带尺寸的默认人体模型

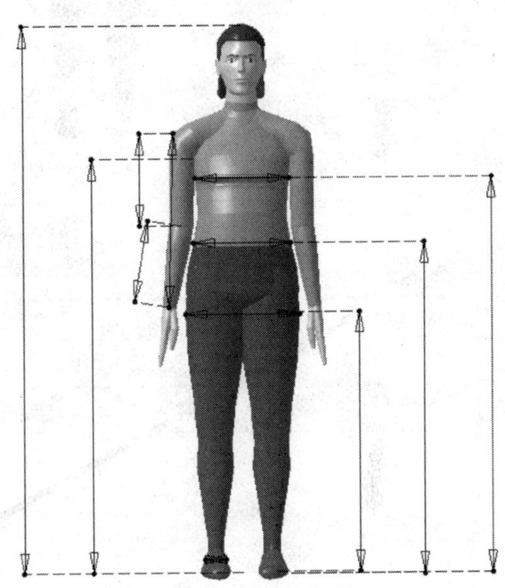

图 6-74　变为女性人体模型

6.5.3　人体尺寸编辑

在图形窗口中，双击模型上的任意尺寸，即可弹出如 6-75 所示的【Variable Edition】对话框，对各种尺寸进行编辑。

也可以直接点击【Anthropometry Editor】工具条上的【Display Variables List】按钮，调出【Variable Edition】对话框进行编辑。具体编辑流程如下：

(1) 在变量对话框中点击需要调整的变量；

(2) 在【Management】一栏里面，将尺寸由自动方式（Automatic）变为手动设定(Manual)，此时【Value】一栏将由只读状态变为可编辑状态，如图 6-76 所示；

(3) 在【Value】一栏里面输入百分位和对应的尺寸。

6.5.4　控制人体尺寸显示的滤波器(Anthropometric Filter)

Anthropometric Filter 用于控制图形窗口中人体模型的尺寸显示。点击【Anthropometric

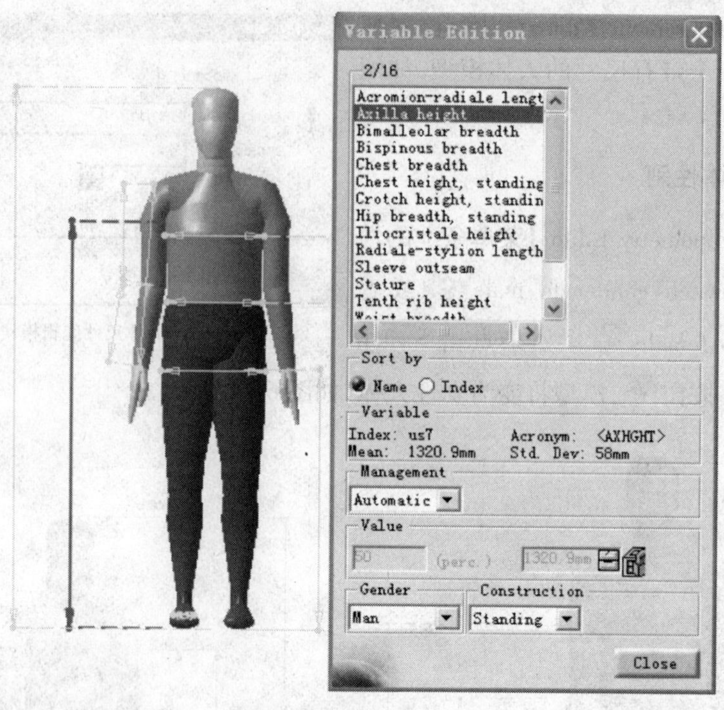

图 6-75　人体尺寸编辑

图 6-76　手动管理方式的尺寸自定义

Filter】按钮，将弹出【Anthropometric Filter】对话框，用户可以在对话框中选择显示哪些尺寸。如图 6-77 所示，这是一个显示所有尺寸人体模型。

6.5.5　控制人体模型的显示（Display）

【Display】按钮可以控制人体模型的显示，比如渲染方式、是否显示视野或者重心等。点击【Display】按钮将弹出如图 6-78 所示的【Display】对话框，在对话框中选中所要显示的内容。图 6-79 为显示视野的人体模型。

6.5.6　退出人体尺寸编辑模块

点击【Anthropometry Editor】工具条上的【退出】按钮，即可退出当前的人体尺寸编辑模块。返回到上级设计环境，如人体构建（Human Builder）。

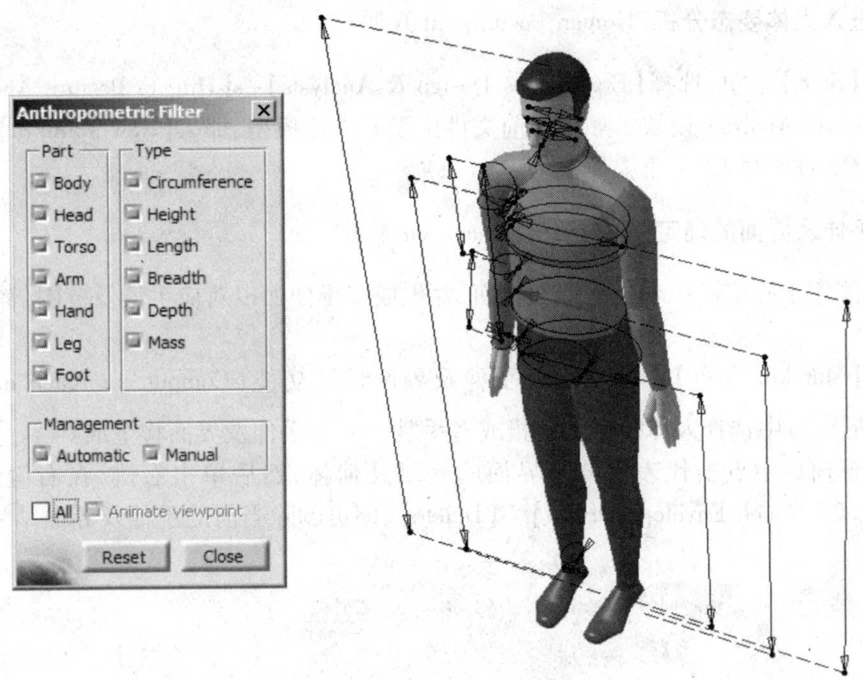

图 6-77　人体尺寸显示过滤

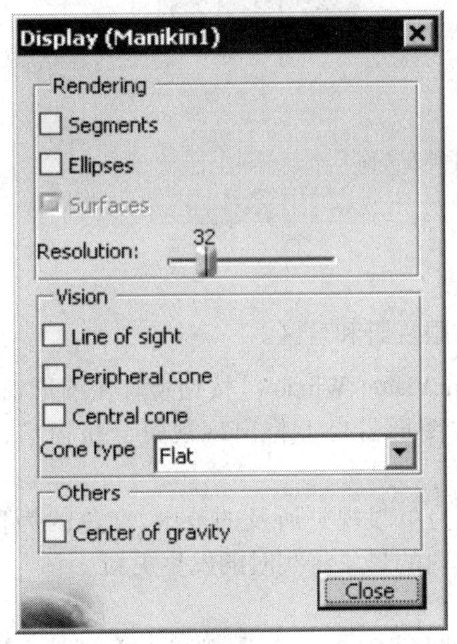

图 6-78　显示设定对话框

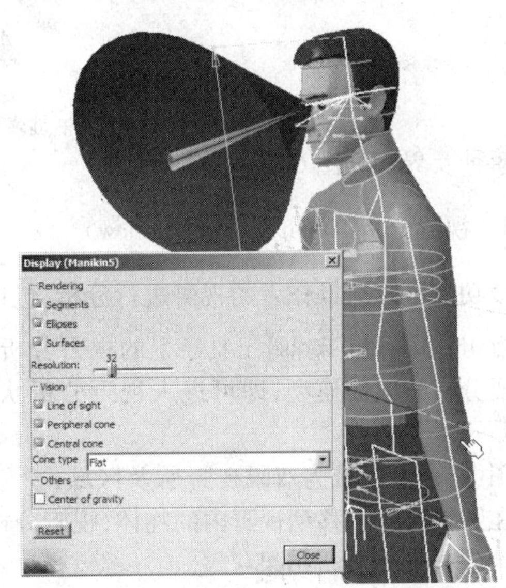

图 6-79　选定项目的人体显示效果

6.6　人体姿态分析(Human Posture Analysis)

人体姿态分析(Human Posture Analysis)模块,可以对人体各种姿态进行分析,并给出对视野和手伸及面的分析。

6.6.1 进入人体姿态分析(Human Posture Analysis)

点击【Start】菜单,选择【Ergonomics Design & Analysis】→【Human Posture Analysis】,进入Human Posture Analysis 模块。如果当前文件中没有人体模型,那么【New Manikin】对话框将出现,点击【OK】即可加入一个人体模型。

6.6.2 手伸及界面的确定(Computer a reach envelop)

该功能用于确定操作者的手伸及界面,并生成三维曲面以对应手伸及范围,辅助工程师进行设计。

点击【Manikin Tools】工具条上的手伸及界面计算功能(Computer a reach envelop)按钮,在图形窗口中选择人体模型的手指或者手掌。一个手伸及界面将生成。

在图形窗口中点击代表手伸及界面的封闭几何体,然后单击右键,在右键菜单中选择【Right (Left) Reach Envelope Object】→【Delete】,即可删除当前的手伸及界面结果,如图6-80所示。

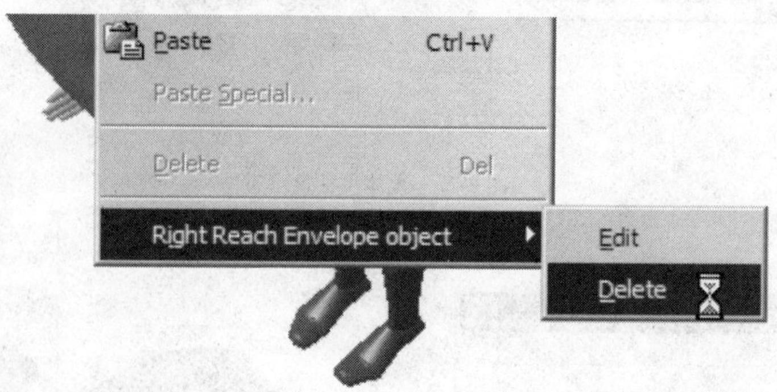

图6-80 右键菜单删除手伸及界面

手伸及界面如图6-81 所示。

6.6.3 视野分析(Open Vision Window)

该功能可以对操作者的视野进行分析,包括左右眼视野和盲区。

点击【Manikin Tools】工具条上的视野分析(Open Vision Window)按钮,在图形窗口中选择要分析的人体模型,即可进入视野分析状态,在图形窗口上将出现视野分析窗口,如图6-82所示。

图中,白色区域为双眼视野所及区域,粉色区域为单眼视野所及的范围,红色的为盲区。此时在图形窗口上移动视野内的物体,视野分析窗口内的景象将实时的发生更新。

1)输出视野分析结果

在【视野分析】窗口上点击右键,在弹出菜单上选择【Capture...】,则弹出【Capture】对话框,用户可以使用各种捕捉功能将视野内容保存成位图或者矢量文件给相关人员参考,如图6-83 所示。

2)视野分析设定

在【视野分析】窗口上点击右键,在弹出菜单上选择【Edit】,则弹出【Vision Window Display】对话框,用户可以在此设定视野窗口的特性,如图6-84 所示。

图 6-81　手伸及界面效果图

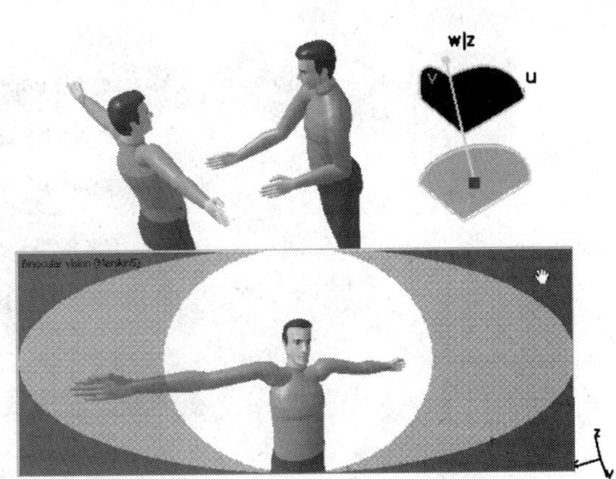

图 6-82　视野分析效果

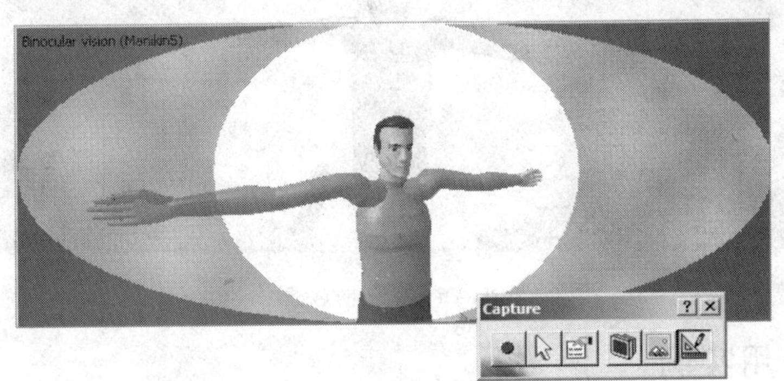

图 6-83　视野分析捕捉

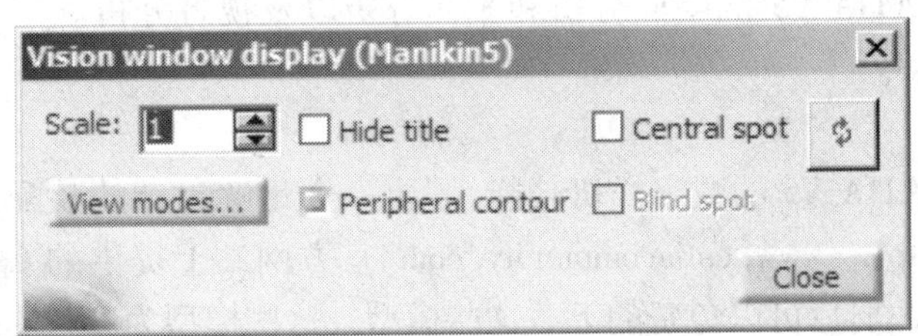

图 6-84　视野显示设定

点击【View modes...】按钮，弹出【Customize View Mode】对话框，用户可以在这个对话框中设定视野窗口的显示模式，如图 6-85 所示。

【Vision Window Display】对话框中，Central Spot 用于显示视野的焦点，如图 6-86 所示。

3）关闭视野分析对话框

在【视野分析】窗口上点击右键，选择【Close】，即可关闭当前视野窗口。

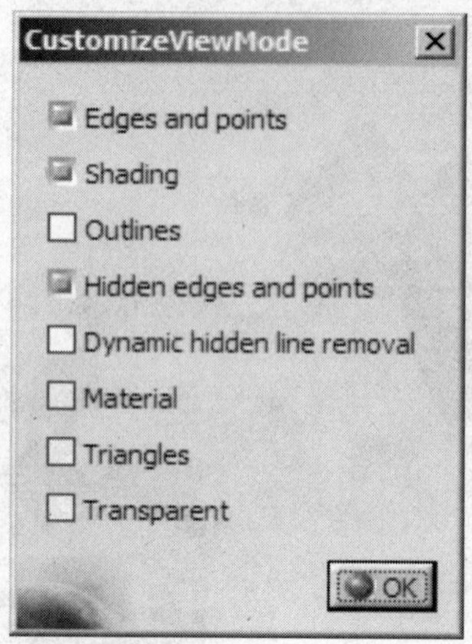

图 6-85 定制视野模式

图 6-86 视野焦点效果

6.7 汽车应用实例

本例将以一个复杂的车身装配实例来说明 CATIA V5 的数字样机和人体工程学分析的应用。例中主要说明 CATIA V5 的空间分析和截面分析以及视野分析。

6.7.1 模型准备

为了充分发挥 CATIA V5 的数字样机功能,需要一个足够复杂的装配模型。本例中所使用的车身模型来自于 http://www. catiacommunity. com/官方网站上提供的 CATIA Benchmark 测试模型,任何访问者,在注册后可以免费的下载这些模型。这些模型为 ZIP 压缩格式,解压即可。

6.7.2 生成装配模型

(1)打开 CATIA V5。

(2)点击【Start】菜单,选择【Start】→【Digital Mockup】→【DMU NavigaGor】,进入 DMU Navigator 模块。

选中 PPR 树上的 Product 节点,单击右键,选择【Properties】菜单,在【Properties】对话框中修改当前 Product 的名称为 autobody_test。

在 autobody _ test 节点上单击右键,在弹出菜单中选择【Components】→【Existing Component...】,并在随后弹出的文件选择窗口中选择指定的文件。本例中,选择 Body_Simp. CATProduct 加入。Body_Simp. CATProduct 由 6 个 CGR 文件组成,分别对应车身上的各个总成,模型如图 6-87 所示。

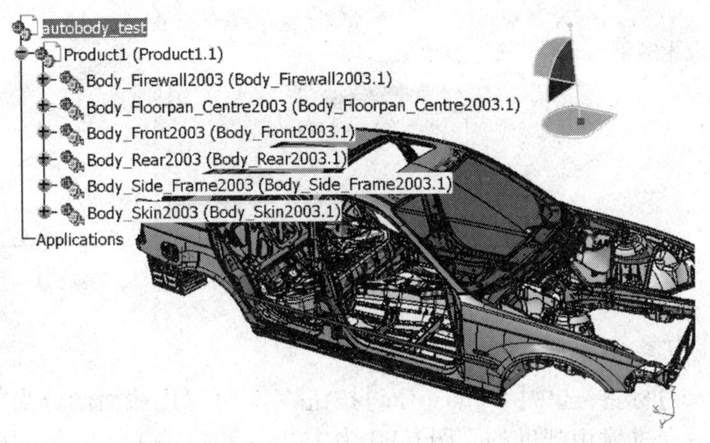

图 6-87 车身总称实例图

6.7.3 断面分析(Sectioning)

点击【Sectioning】按钮,图形窗口将分为两部分:左侧是断面窗口,右侧是零件窗口,同时弹出【Sectioning Definitions】对话框,如图 6-88 所示。黄色区域为切平面。用鼠标在切平面中央的坐标系标识上拖动,切平面的位置将发生相应的变动,左侧的断面分析窗口也将自动更新。

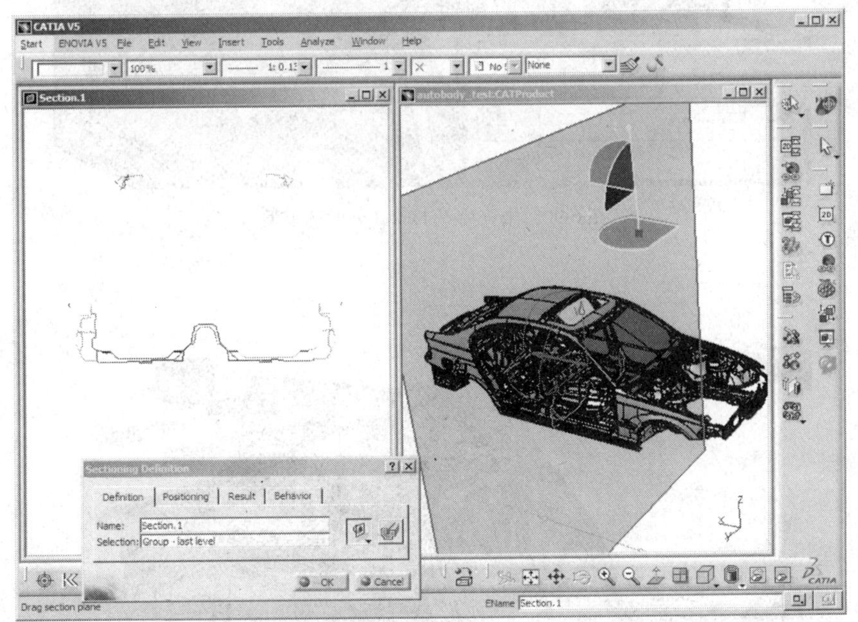

图 6-88 实例断面分析效果

在【Sectioning Definition】对话框中,点击【Positioning】标签,修改切平面的方向为 Y 方向。如图 6-89 所示,截面窗口中将显示车身纵方向的界面。

此时点击【Result】标签,单击,保存当前截面为 CATIA Drawing 格式文件,该文件可以

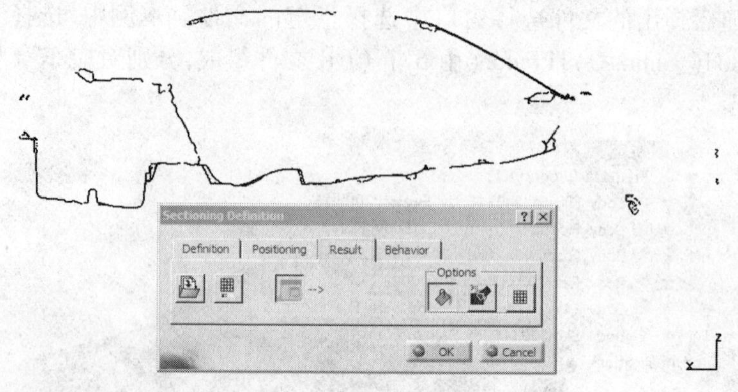

图 6-89 断面方向的切换

提交给相关人员作为参考。

点击【Definitions】标签，选中【Volume Cut】按钮。可以用截面剖分当前模型，对于研究和观察复杂模型，这是非常由帮助的。图 6-90 为未开启 Volume Cut 时候的模型显示状态，图 6-91 为开启 Volume Cut 时候的模型显示状态。

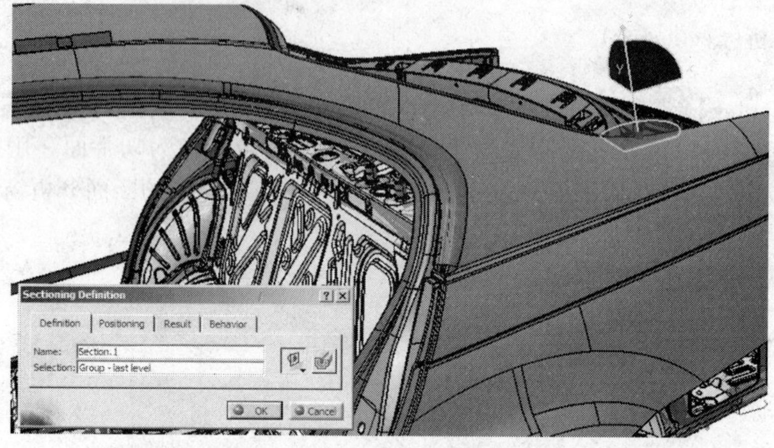

图 6-90 未开启 Volume Cut 时的模型

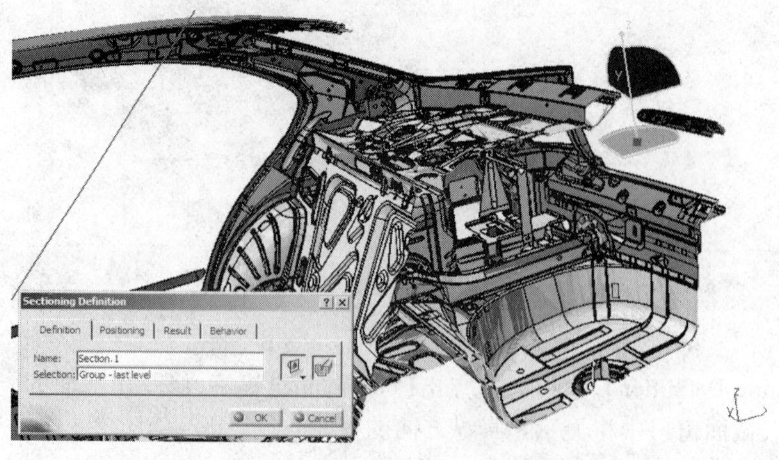

图 6-91 未启 Volume Cut 时的模型

6.7.4 人体模型加入

点击【Start】菜单，选择【Ergonomics Design & Analysis】→【Human Posture Analysis】，进入 Human Posture Analysis 模块。

【New Manikin】对话框将弹出，在 PPR 树上选择根节点 autobody _ test 作为人体模型的父节点，然后点击【OK】，新的人体模型将加入到当前 Product 中，如图 6-92 所示。

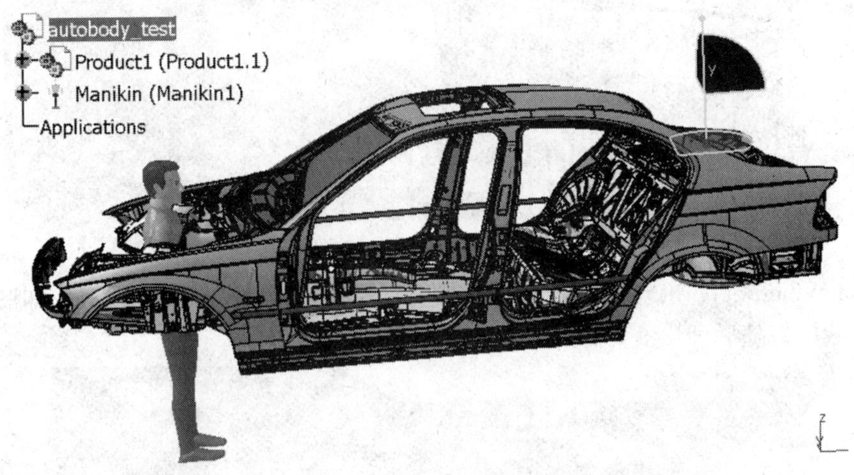

图 6-92　加入人体模型的车身装配图

6.7.5 人体模型定位

在当前模型中，人体处于一个不正确的位置，可以将罗盘附着在人体模型上，通过罗盘操作，将人体模型移动到相对正确的工作位置，如图 6-93 所示。

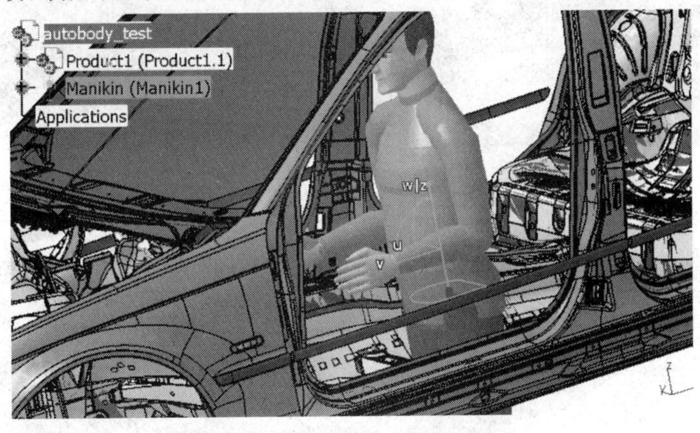

图 6-93　利用罗盘调整人体模型位置

6.7.6 人体姿态的调整

进入 Human Builder 模块，多次使用各种人体姿态调整的功能将人体模型调整为工作状态，如图 6-94 所示。

6.7.7 视野分析

进入人体姿态分析（Human Posture Analysis）模块。点击【Manikin Tools】工具条上的

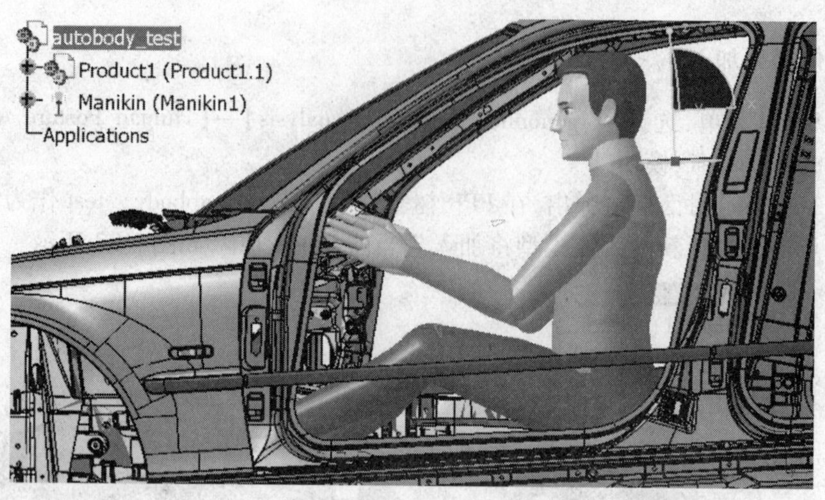

图 6-94　人体姿态调整图

【Open Vision Window】按钮，在图形窗口中选择已调整好姿态的人体模型。如图 6-95 所示的视野分析窗口将随后弹出。

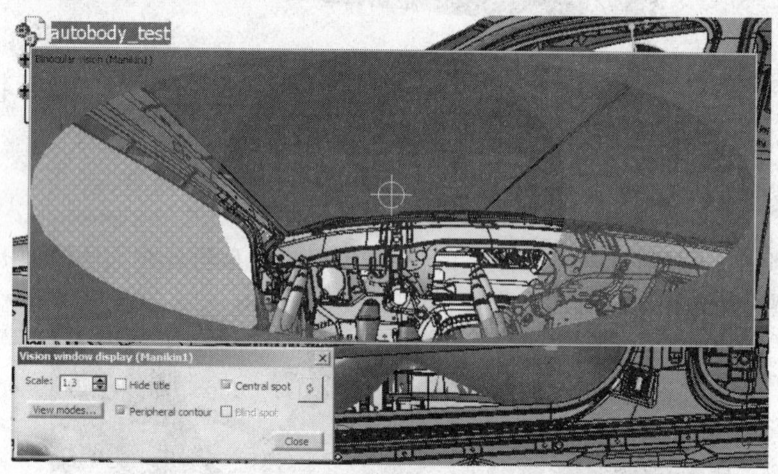

图 6-95　视野分析效果

图 6-96 为去掉双眼视区显示的视野。

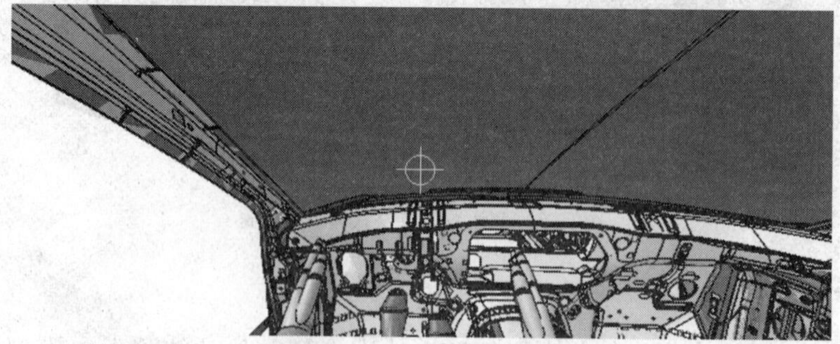

图 6-96　去掉双眼视区后的视野

此时使用【Forward Kinematics】按钮，调整人体头部的观察角度和位置，视野中的图像也将随时更新，如图 6-97 所示。

在视野分析窗口中点击右键，选择【Close】关闭当前视野窗口。

图 6-97　视野随头部调整变化

6.7.8　手伸及界面的确定

点击【Manikin Tools】工具条上的手伸及界面计算功能(Computer a reach envelop)按钮，在图形窗口中选择人体模型的手指或者手掌，一个手伸及界面将生成，如图 6-98 所示。

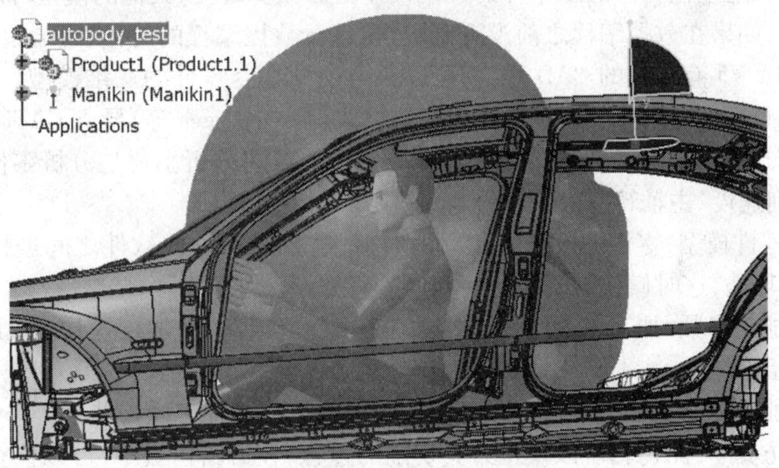

图 6-98　手伸及界面分析示意图

6.8　本章小结

CATIA V5 的数字样机和人体工程学模块，对于复杂的装配系统，尤其是车身、飞机等，能够大幅度的提高设计效率，使得产品的验证、分析更加快捷、迅速，同时，将产品的几何功能、性能等数据全面集成，实现对产品的虚拟设计、分析制造、使用和维护，并最终实现完整的数字化虚拟样机。

第 7 章　数控加工技术

数控加工技术集成控制技术、测量技术、信息处理技术、机电技术、计算机技术等。数控加工技术大大提高了劳动生产率和加工精度,并降低了工人的劳动强度。数控编程就是把设计的产品在计算机中按照一定的加工方式,设置相应的加工参数,并生成加工代码。这些加工代码可以输入数控机床进行加工。

对于数控加工,一般分为如下几个步骤:

(1)建立零件的模型:数控加工技术一般都是从零件的模型开始的,因此零件的三维模型是整个数控加工的基础。零件的三维模型包括要加工零件的三维模型、零件的毛坯模型、夹具的三维模型。在这些模型中加工零件的三维模型是必须要有的,其他的模型可以不建立,像零件的毛坯模型,如果在数控编程之前没有制定,在进行数控编程的时候,可通过建立毛坯命令来补充。CATIA V5 有强大的 CAD 系统,可以很方便地建立零件的三维模型。零件的模型也可以通过其他 CAD 软件建立,再转换为公共的格式(像 step、iges 等)导入 CATIA 即可。

(2)工艺分析:工艺分析对于数控编程至关重要。工艺分析主要是分析零件的加工工序、使用刀具、切削速度、主轴转速等。

(3)检查零件模型:零件的模型在建立的时候,特别是在不同软件之间进行格式转换时,可能会有一些坏面,这时候就需要对这些坏面进行修补。

(4)设置加工参数:加工参数主要包括加工对象、机床参数、加工操作、加工刀具、进退刀路径、刀具路径等。

(5)生成加工刀路:加工参数设置完成后,可以设置生成加工的刀路。

(6)刀路仿真:刀路仿真可以模拟刀具切削的过程,在刀路仿真中,可以检查出切削情况,是否有过切或者加工不到位,还可以对加工余量进行分析。

(7)生成数控程序:CATIA V5 可将生成的刀路输出为标准格式的数控文件,这些数控文件用来输入到数控设备中进行数控加工。

如第 2 章所述,CATIA V5 提供了强大的数控编程模块,限于篇幅,本章主要介绍数控铣加工、曲面加工、快速成型 3 个模块。

7.1　入门实例

本节将以一个简单的汽车法兰盘为例介绍数控加工的基本过程。

打开附带光盘中"第 7 章　入门实例"的 Example.CATProduct 文件,如图 7-1 所示。

(1)进入数控铣模块:在主窗口中单击【Start】→【NC Machining】,在弹出的子菜单中选择【Prismatic Machining】,进入 2.5 轴铣削模块。

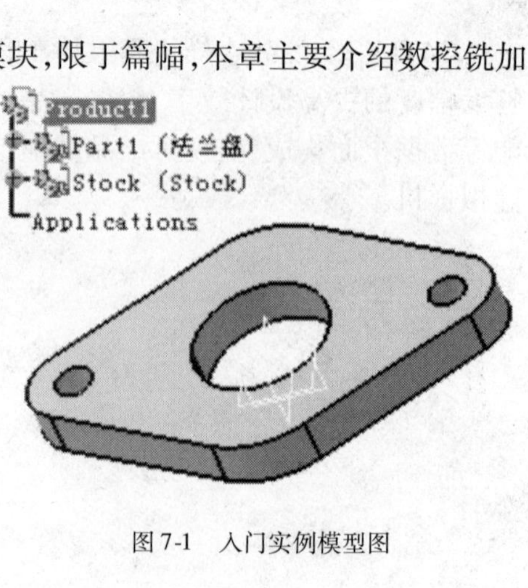

Product1
Part1 (法兰盘)
Stock (Stock)
Applications

图 7-1　入门实例模型图

(2)设置零件操作参数:在 P. P. R 模型树上双击 Part Operation.1 节点,弹出如图 7-2 所示的对话框。

(3)设置机床参数:在【Part Operation】对话框中,单击按钮,在弹出的对话框中选择如图 7-3 所示的机床,其他选项为默认值,单击 OK 按钮,返回到【Part Operation】对话框中。

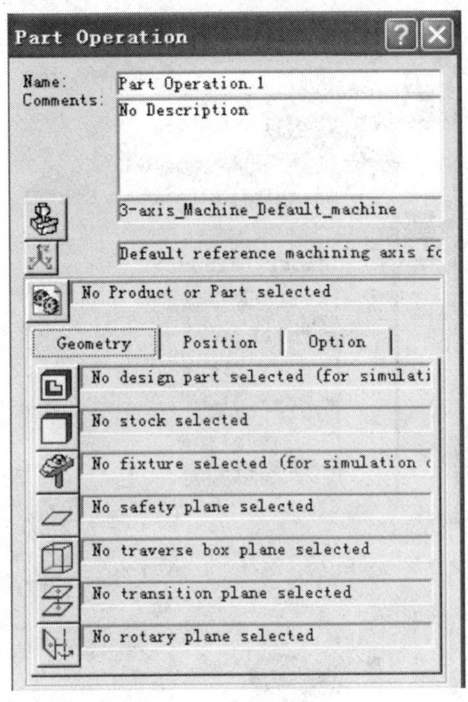

图 7-2 【零件操作】对话框

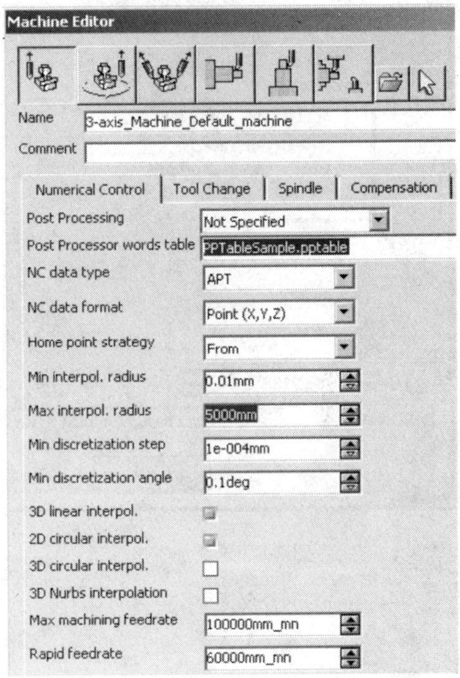

图 7-3 机床参数定义对话框

(4)设置加工坐标系:在【Part Operation】对话框中,单击按钮,弹出坐标系定义对话框,如图 7-4 所示,系统会自动默认零件的坐标系为加工的坐标系。对话框中单击 OK 按钮,返回到【Part Operation】对话框。

(5)选择要加工的零件:单击按钮,对话框消失,在模型树中选择法兰盘的【Part】节点,如图 7-5 所示。【双击】该节点,返回到对话框中。

(6)选择零件毛坯:单击按钮,对话框消失,在几何显区中的毛坯上,【双击】鼠标左键,返回到对话框。

(7)选择并偏置安全平面:单击按钮,对话消失后,选择毛坯的上表面,在选择的面上会出现【Safety plane】字样,在该字样上单击鼠标右键,在弹出的菜单中选择【Offset】选项,如图 7-6 所示。在弹出的菜单中输入 10mm。单击【OK】按钮,返回【Part Operation】对话框,在【Part Operation】对话框单击 OK 按钮,完成零件操作参数设置。

(8)插入轮廓铣操作:单击模型树中节点 Part Operation.1 前的“+”号展开该节点,选择 Manufacturing Program.1 节点,在工具栏中单击按钮,弹出【Profile Contouring】对话框。

(9)选择加工零件的上平面:在对话中选择选项卡,在选项卡的【Mode】下拉选项中选择【Between Two Planes】选项，在下面的感应区中选择如图 7-7 所示区域，对话框消失，在几何显示区中双击毛坯的上表面，返回到【Profile Contouring】对话框。

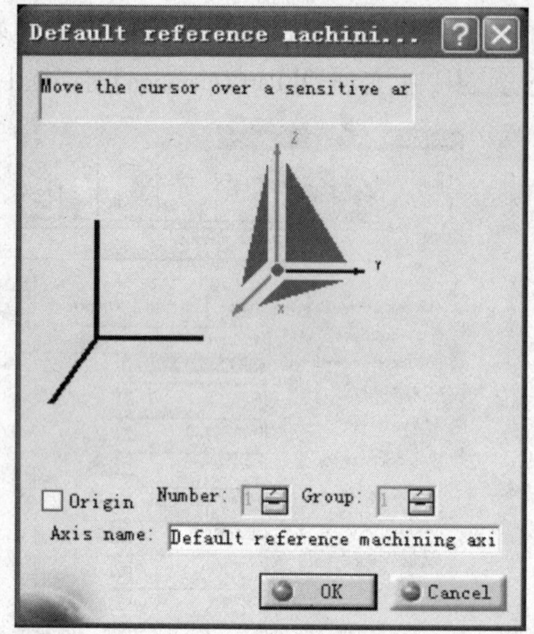

图 7-4 定义加工坐标系

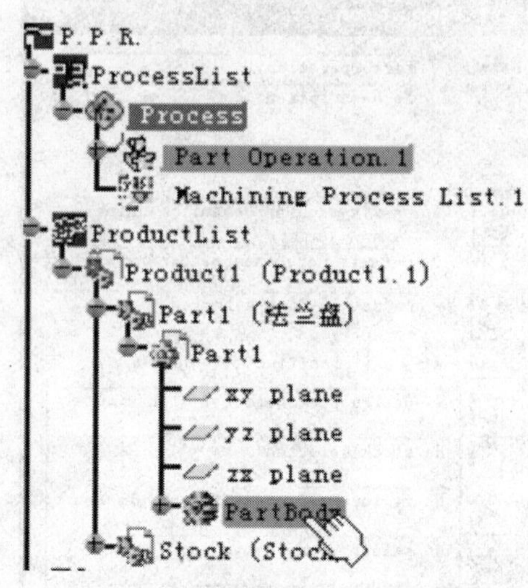

图 7-5 选择加工零件节点

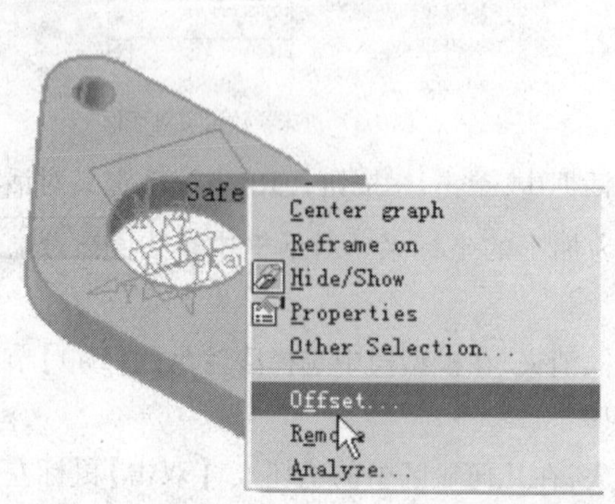

图 7-6 偏置安全平面

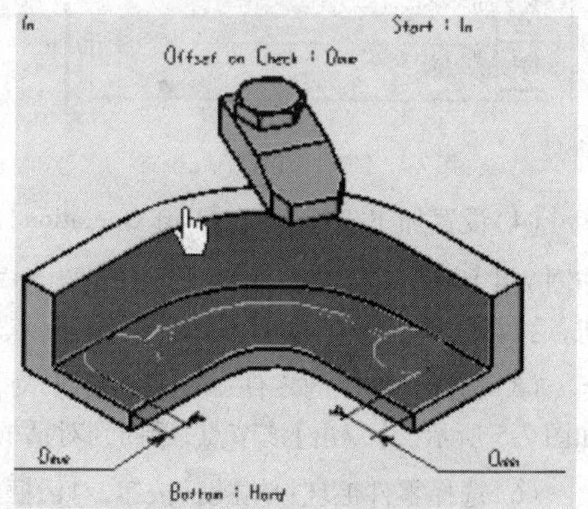

图 7-7 选择上表面感应区

(10)选择加工零件的底面：单击如图 7-8 所示的感应区，对话框消失后在几何显示区中双击法兰零件的下表面，返回到【Profile Contouring】对话框中。

(11)设置刀具与底面偏移的距离：在感应区中双击【Offset On Bottom】选项，在弹出的参数设置对话框中输入：-5mm，单击 OK 按钮。

(12)设置刀具路径：单击刀具路径选项卡图标，【Stepover】选项卡如图 7-9 所示。

(13)设置轮廓铣刀具参数：单击刀具参数选项卡图标，选择立铣刀图标，在【Name】文本框中输入“T1 End Mill D 10”，单击 More>> 按钮，在展开的对话框(图 7-10)中设置。

(14)设置刀具参数：在工具栏中单击【Face Mill Tool Change】按钮，在弹出的刀具定义对话框中，设置刀具参数如图 7-11 所示，在【Name】选项输入“T2 Face Mill D 30”。在特征树的 ResourcesList 节点下会出现一个名为【T2 Face Mill D 30】面铣刀后，单击 OK 按钮。

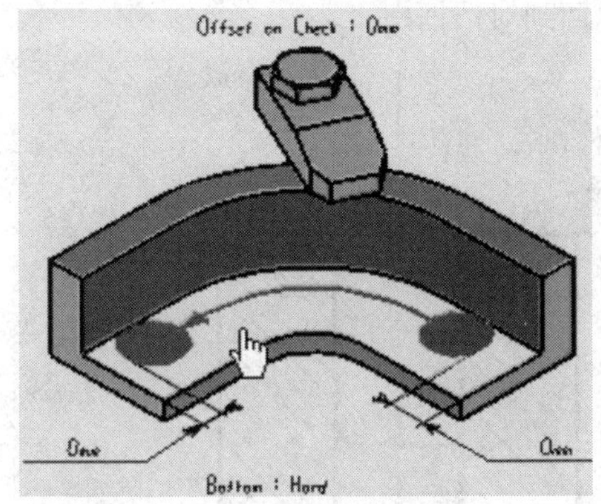

图 7-8　选择底面感应区

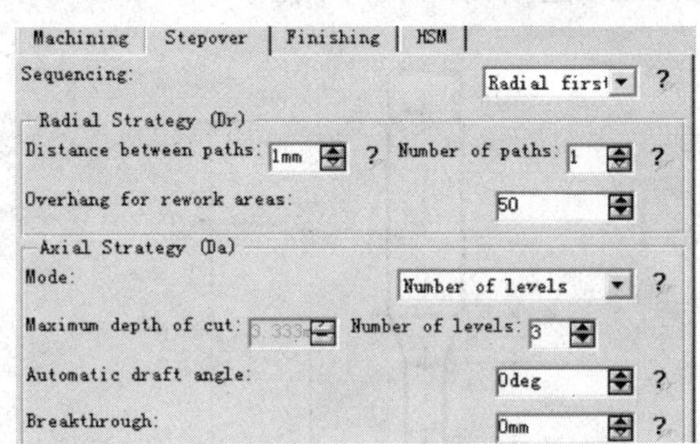

图 7-9　【Stepover】选项卡

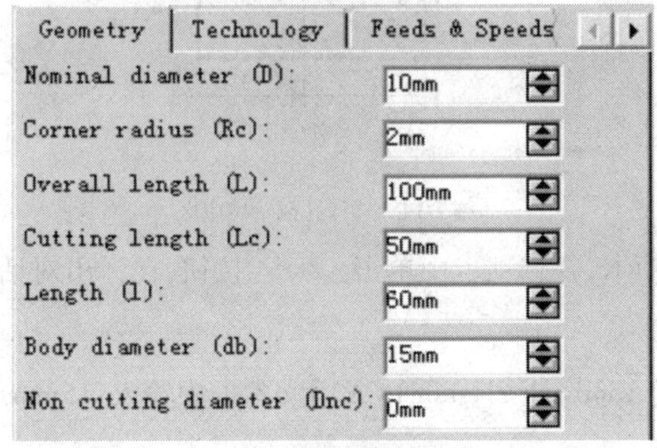

图 7-10　轮廓铣刀具参数

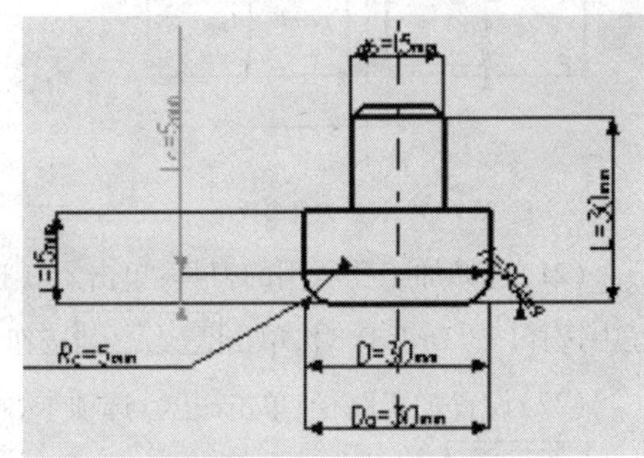

图 7-11　定义刀具参数

(15)插入平面铣操作：在工具栏中单击按钮，在特征树上选择 Manufacturing Program.1 节点，会弹出【Facing】对话框。

(16)设置平面铣刀具路径：在选项卡中，单击如图 7-12 所示的感应区，在几何显示区中选择零件的上表面后返回到对话框。

(17)选择平面铣刀具：单击选项卡，在选项卡中单击 ... 按钮，在弹出的对话框中选择【T2 Face Mill D 30】，单击按钮，在弹出的对话框中单击 OK 按钮，返回到【Facing】对话框，单击 OK 按钮。

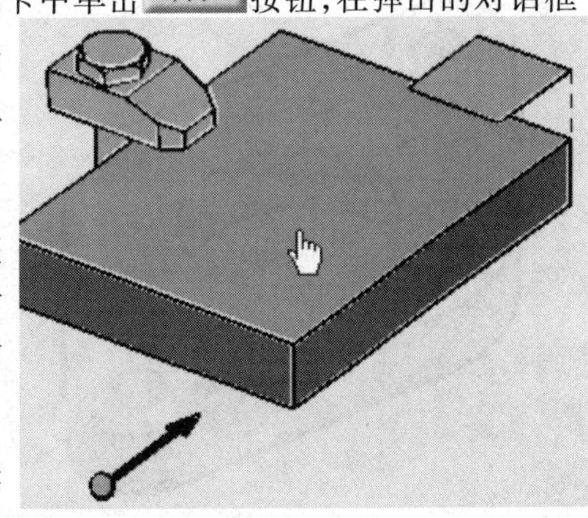

图 7-12　选择上平面感应区

(18)添加刀具：在工具栏中单击按钮，在特征树上选择【ResourcesList】节点，在弹出的刀具定义对话框中，设置刀具参数如图 7-13 所示，在【Name】中输入“T3 Drill D 8”，单击 OK 按钮。

(19)插入钻孔操作：在工具栏中单击按钮，然后在特征树上选择 Manufacturing Program.1 节点，弹出【Drilling】对话框。

(20)设置加工孔区域：在对话框的选项卡中，单击如图 7-14 所示的感应区，在几何显示区中选择零件中的两个孔，如图 7-15 所示，双击返回到对话框中。

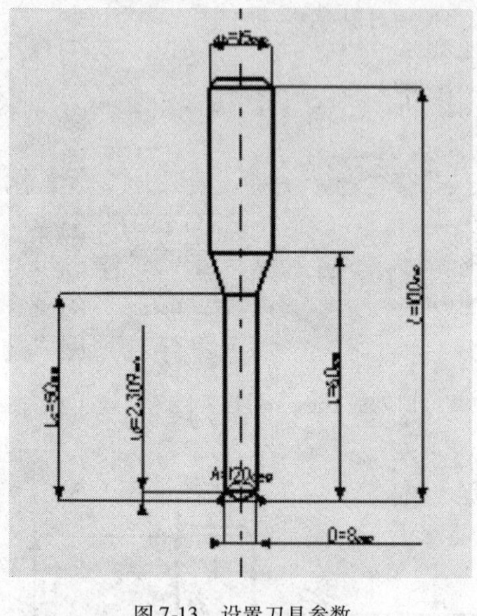
图 7-13　设置刀具参数

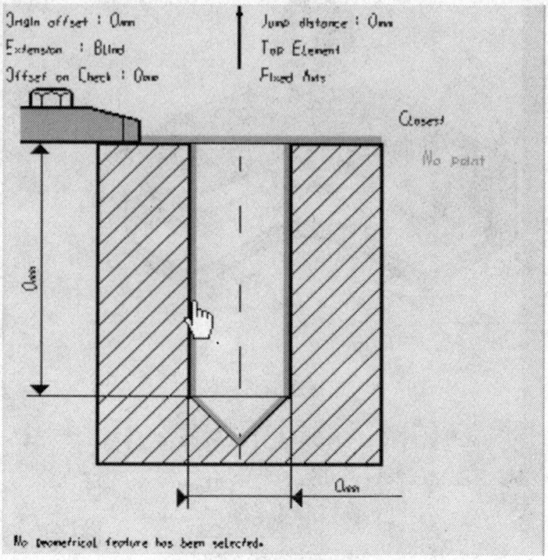

图 7-14　选择孔侧壁感应区

(21)选择加工孔所用的刀具：单击选项卡，在选项卡中单击按钮，在弹出对话框中选择【T3 Drill D 8】，单击按钮。

(22)设置加工路径：单击选项卡，在【Approach clearance(A)】文本框中输入：15mm，单击按钮

(23)插入型腔铣操作：在特征树上选择上一步建立钻孔操作特征，在工具栏中单击按钮，弹出【Pocketing】对话框。

(24)选择加工区域：在对话框中选择选项卡，在如图 7-16 所示的感应区中单击【鼠标右键】，在弹出的菜单中选择【Island Detection】选项，单击【Bottom：hard】和【Open Pocket】选

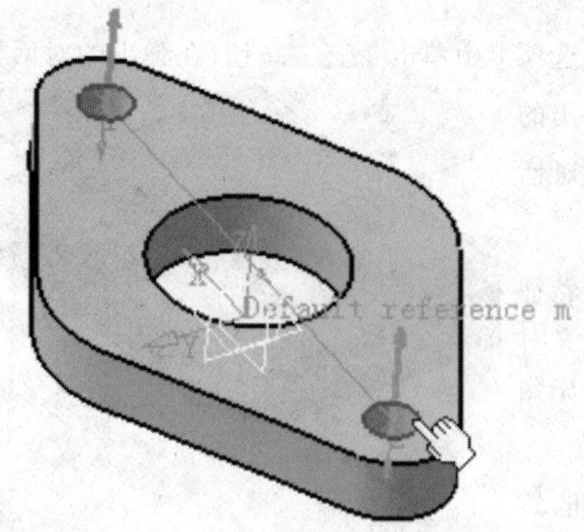

图 7-15　选择孔的侧壁

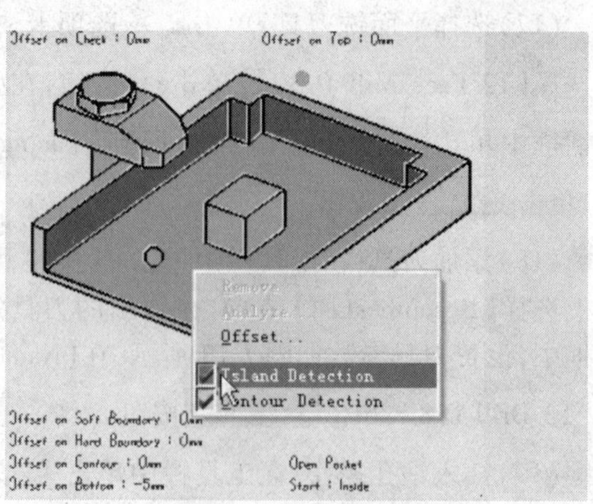

图 7-16　取消岛屿自动侦测

项，再单击如图 7-17 所示的感应区，对话框消失；在几何显示区中选择中心圆孔的边界，如图 7-18 所示，双击返回到对话框。

(25)设置加工的底面：单击如图 7-17 中感应区右边的平面感应区，对话框消失后，在几何显示区中单击零件的底面，在几何显示区空白处双击返回到对话框。双击【Offset On Bottom】选项，在弹出对话框中输入：-5mm，单击 OK 按钮，返回到【Pocketing】对话框。

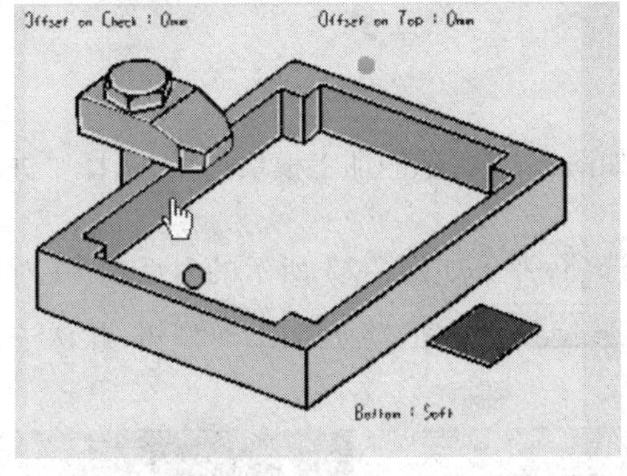

图 7-17　选择侧壁感应区

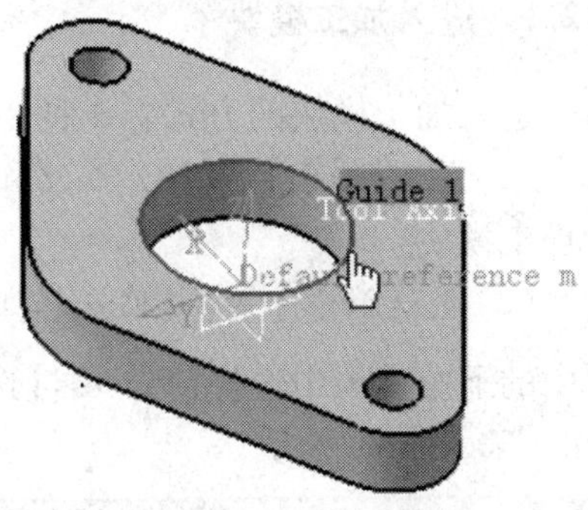

图 7-18　选择加工导引线

(26)设置型腔铣刀具路径：在对话框中单击 选项卡，其中【Axial】选项卡如图 7-19 所示，单击 OK 按钮。

(27)生成加工刀路：在特征树上选择上面建立的加工操作，在工具栏中单击 按钮，生成的刀路如图 7-20 所示。

(28)生成数控程序：在工具栏中单击 按钮，在弹出的对话框中设置如图 7-21 所示，单击 Execute 按钮，会出现一个【DOC】对话框，表明正在生成数控加工文件，生成的文件可以

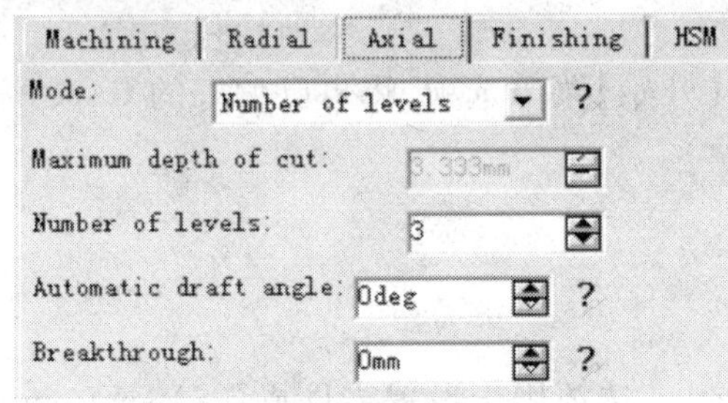

图 7-19　【Axial】选项卡

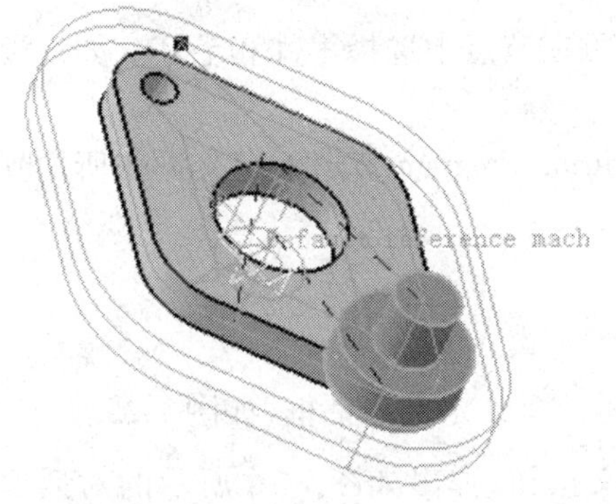

图 7-20　生成的加工刀路

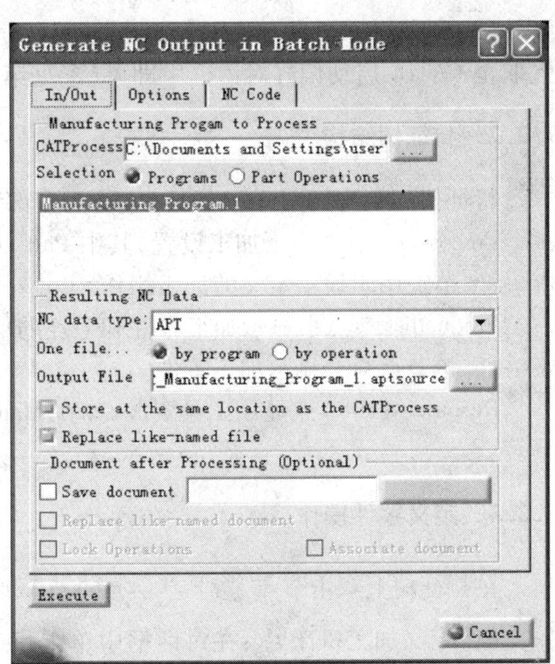

图 7-21　生成数控程序对话框

用记事本打开。

7.2 数控加工基本设置

在 CATIA 数控加工操作中,有许多设置是基本相同的,本节将介绍数控加工操作中基本要素的设置,以促进读者对 CAM 的共性认识。

7.2.1 进入加工模块

进入加工模块的方式有 3 种:

(1)单击【Start】→【NC Machining】菜单,出现如图 7-22 所示的加工模块选项,选择要进入的加工模块。

(2)在菜单栏中单击【File】菜单,选择【New】选项,弹出如图 7-23 所示的对话框,在对话框中的下拉选项中选择【Process】选项,然后单击 OK 按钮,生成加工模型树,默认进入 Lathe Machining 模块。

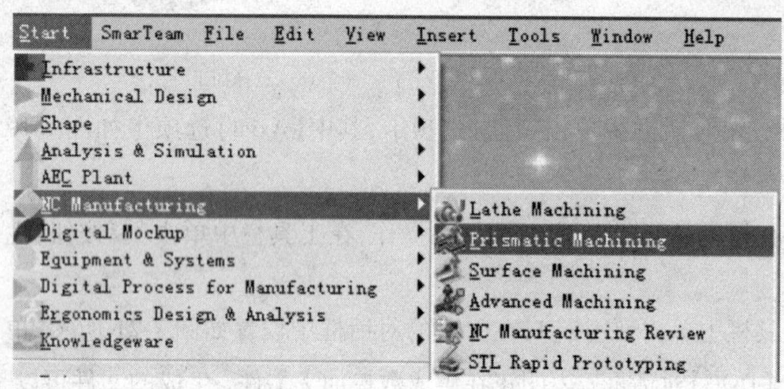

图 7-22 进入加工模块

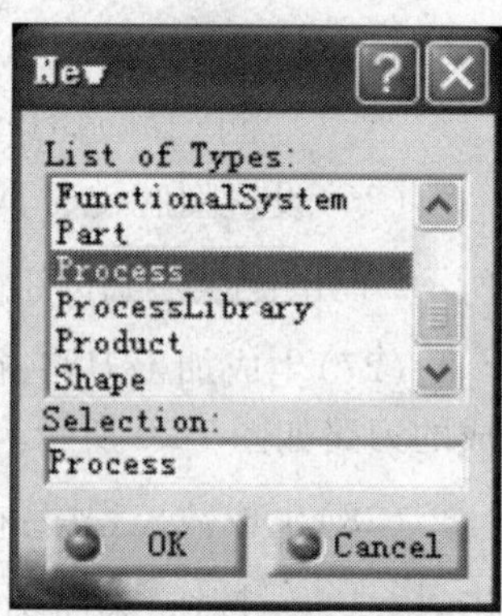

图 7-23 新建文件

(3)利用【工具】菜单中的【定制】子菜单定制【开始】菜单选项,将自己偏好的 CAM 模块提取至 CATIA 启动偏好对话框中即可(参见第 2 章)。

7.2.2 特征树结构

特征树的结构如图 7-24 所示,它分为 3 部分:

ProcessList 节点用于加工设置,其中 Part Operation 选项用于设置零件操作;Manufacturing Program 节点用于显示定义的加工操作。

Productlist 节点下显示加工零件和毛坯的信息,可在节点中选择零件和毛坯。如果没有定义毛坯,该节点只会显示加工零件。

ResourcesList 节点显示工具资源,如在 Manufacturing Program 节点下定义操作所用到的刀具等。

7.2.3 定义零件操作

在特征树上双击节点 Part Operation.1,弹出零件操作定义对话框,如图 7-25 所示。

(1)定义加工机床:在对话框中单击机床定义按钮,弹出如图 7-26 所示的对话框。在【Name】选项中可以选择机床的类型。系统提供了 6 种机床可以选择:3 轴机床、4 轴机床、5

轴机床、卧式车床、立式车床、组合车床。用户也可以自己定义一种机床，定义完成后可以保存，以后应用时再利用按钮调用。

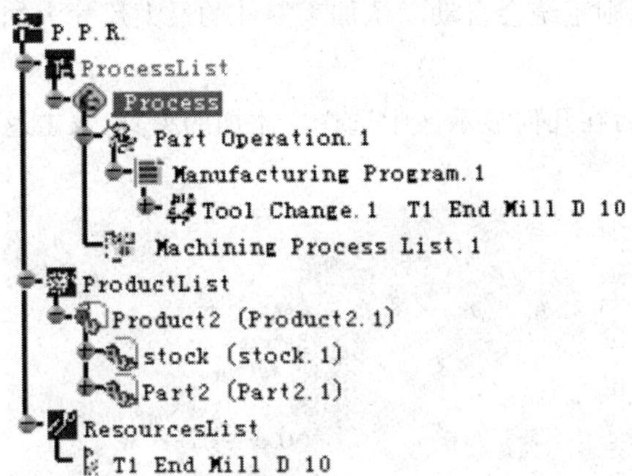

图 7-24 特征树

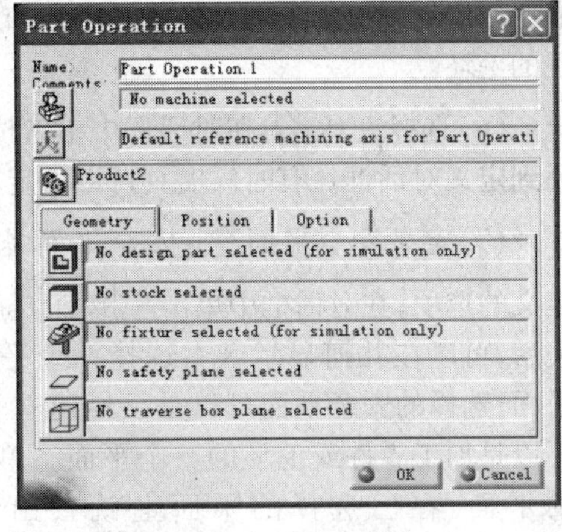

图 7-25 【Part Operation】对话框

(2)定义加工坐标系：在对话框中单击此按钮，弹出如图 7-27 所示的对话框，利用它可以定义加工的坐标系。在对话框中选择原点以及坐标轴的感应区，然后在几何显示区中选择对应的元素。加工坐标系也可以不指定，系统会默认零件的坐标系为加工坐标系。

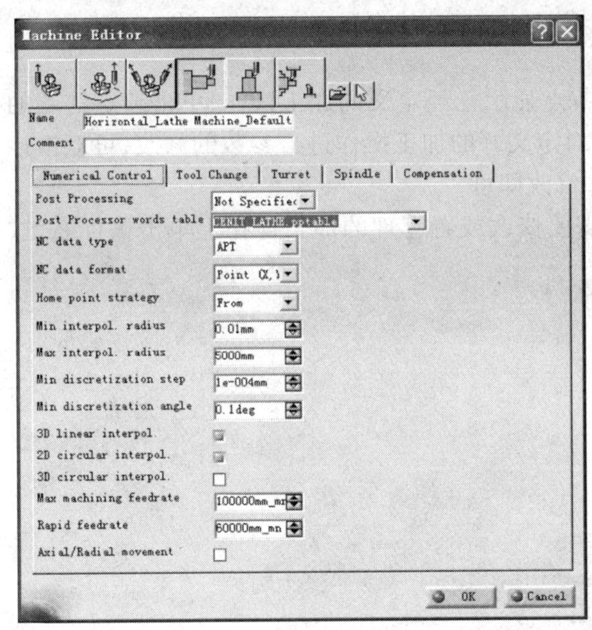

图 7-26 机床定义对话框

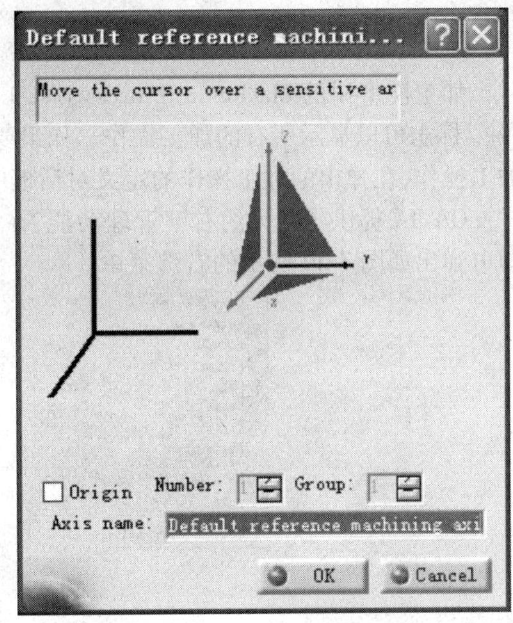

图 7-27 坐标系定义对话框

(3)添加加工零件：单击此按钮可以添加加工的零件，在弹出的对话框中选择要添加的【Part】或者【Product】；加工零件也可直接添加，如用 CATIA 打开 *.Part 或者 Product 文件，再切换至加工模块，则零件自动添加于特征树上。

(4)选择加工的零件：单击按钮零件操作对话框会消失，可以在几何显示区中或者加工特征树上选择要加工的零件。选择时，在要加工的零件上双击鼠标左键，则对话框重新出现，同时选定的加工零件将出现在对话框对应选项中。在零件操作定义对话框中，加工零件是必须要进行定义的。

(5)选择加工毛坯：同选择加工零件类似，选择加工毛坯时，单击按钮，然后在几何显示区中选择加工毛坯。如果不定义加工毛坯，则系统会自动默认加工零件的最大尺寸为加工的毛坯。

(6)选择夹具：在对话框中单击按钮，然后在几何显示区中选择要添加的夹具，双击返回到定义对话框。有时候夹具可以不定义。

(7)定义安全平面：安全平面是一个必须定义的选项，在对话框中单击按钮，待对话框消失后，可以在几何显示区中选择一个平面为安全平面；选择的安全平面可以是已经建立的平面，也可以是加工零件或毛坯的一个平面。单击要选择的平面，在已选择的平面上就会出现【Safety plane】字样。也可以对安全平面进行偏移，在【Safety plane】字样上单击鼠标右键，待弹出如图7-28所示的菜单后，选择【Offset】选项，并在弹出的定义对话框中输入安全平面偏移的距离。

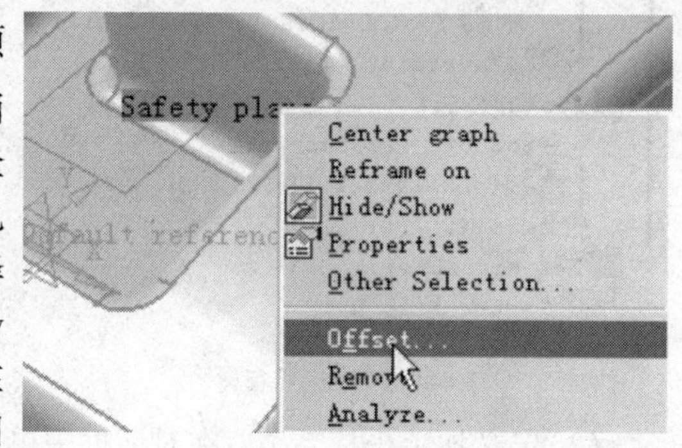

图7-28　安全平面右键菜单

7.2.4　加工操作管理

加工模型树的 Machining Process List. 1 节点显示已经定义的加工操作，单击节点前端的"+"标志可以显示所有的加工操作。如果要对定义好的加工操作进行参数的修改，可双击该加工操作，在弹出的加工操作的定义对话框中修改即可。

CATIA 提供了强大的右键管理功能，在需要修改或者管理的加工操作上单击鼠标右键，即可弹出如图7-29所示的右键菜单。

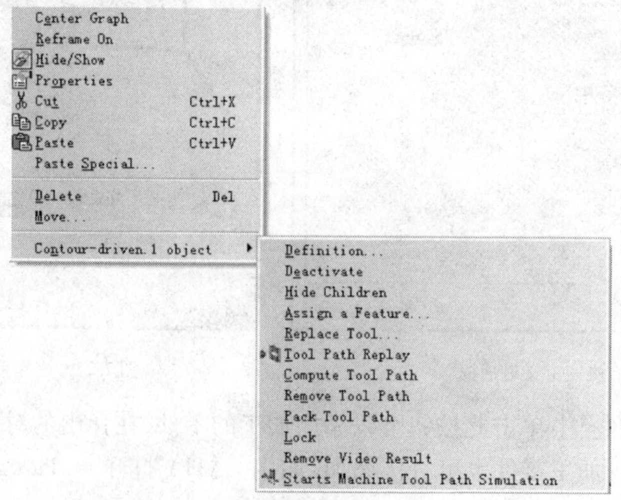

图7-29　右键菜单

在右键菜单中，可以通过【Definition】选项对加工操作的参数进行设置。【Deactivate】选项可以使已经定义的加工操作变为无效，即对加工零件不进行该操作，同理可使用【Activate】选项来激活处于无效状态的加工操作。

在右键菜单中选择【Tool Path Replay】选项可以预览加工刀路。

在预览加工刀路之前，可以先选择【Compute Tool Path】选项对定义的加工操作的刀路进行计算，刀路计算完成后，模型树中出现如图 7-30 所示的图标。

可以选择【Remove Tool Path】选项删除已经已经计算好的刀路，也可以在模型树中选择刀路图标，再利用键盘上的【Delete】键删除。

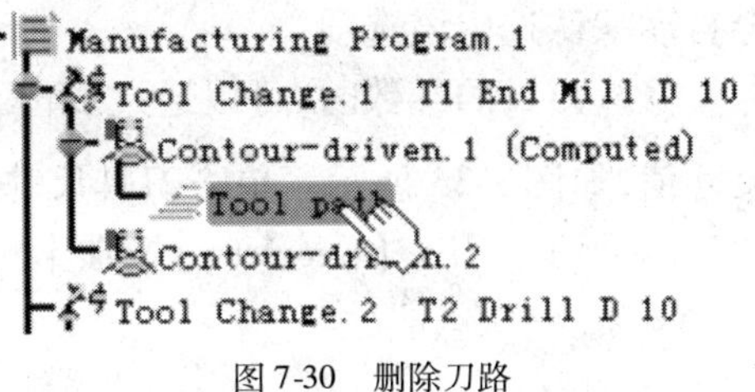

图 7-30 删除刀路

7.2.5 刀具管理

在每种加工操作中，刀具都是必须定义的，刀具的定义一般利用刀具参数定义对话框的刀具选项卡实现，如图 7-31 所示。

在创建刀具时，可以在刀具选项卡列出的刀具中选择已有刀具，也可以通过如图 7-32 所示的【Tool Change】工具栏来创建需要的刀具。创建完成的刀具会自动添加到【ResourcesList】节点下。

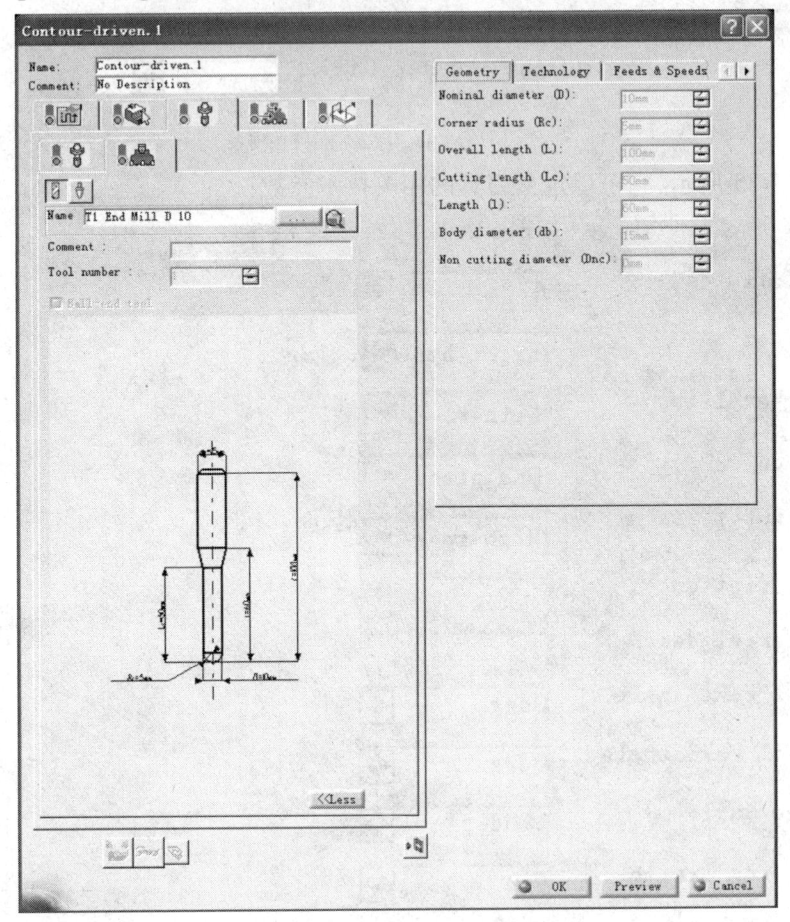

图 7-31 刀具参数对话框

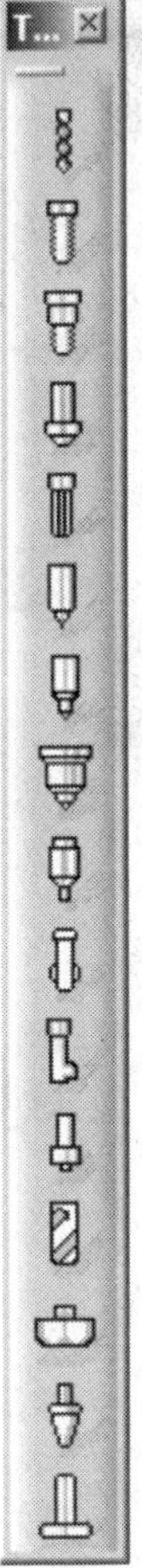

图 7-32 【Tool Change】工具栏

在选项卡中【Name】文本框中可以输入建立刀具的名称，一般命名的时候会按照刀具的类型进行自动命名，也可以进行修改。在编号时，T 代表刀具在刀具库中的编号，D 代表刀具的直径，R 代表刀具的下半径。在【Comment】文本框中可以对刀具进行文字说明。在【Tool number】选项中可以对刀具进行编号。

选中【Ball-end tool】复选框可以使刀具的下半径为刀具直径的一半。在选择铣刀时，系统会自动默认选中该选项。

修改刀具的参数时，可以通过双击刀具的尺寸线，在弹出的编辑对话框中，输入要修改的尺寸值，如图 7-33 所示。单击刀具尺寸线右下角的 More >> 按钮，展开刀具参数对话框，如图 7-34 所示。其中【Geometry】选项卡可以对刀具的一些具体参数进行编辑。

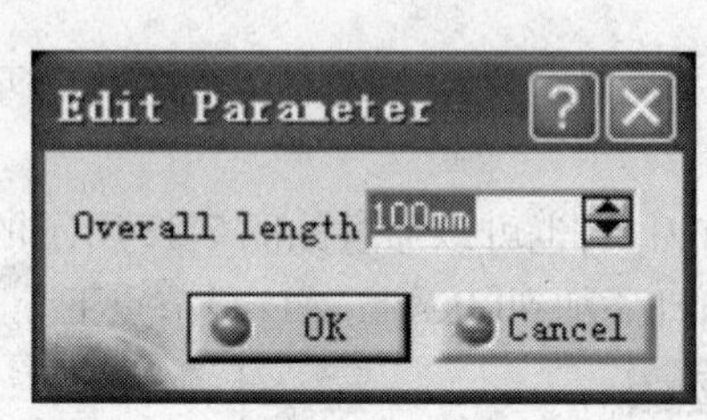

图 7-33 修改尺寸对话框

Geometry | Technology | Feeds & Speeds

Nominal diameter (D): 10mm
Corner radius (Rc): 5mm
Overall length (L): 100mm
Cutting length (Lc): 50mm
Length (l): 60mm
Body diameter (db): 15mm
Non cutting diameter (Dnc): 0mm

图 7-34 【Geometry】选项卡

【Technology】选项卡如图 7-35 所示，它可以定义刀具的相关技术参数：

Geometry | Technology | Feeds & Speeds

Number of flutes : 4
Way of rotation : Right hand
Machining quality : Either
Composition : One piece
Tooth material : High speed
Tooth description :
Tooth material desc. :
Axial tool rake angle : 0deg
Radial tool rake angle : 0deg
Max plunge angle : 120deg
Max machining length : 0mm
Max life time : 0s
Coolant syntax :
Weight syntax :

图 7-35 【Technology】选项卡

- Number of flutes:可以设置刀具的切削刃数。
- Way of rotation:可以设置刀具的旋转方向。
- Machining quality:主要定义切削的精度,Rough 是粗加工,Finish 是精加工,Either 是不限制。
- Composition:用于定义刀具的组成,其中:One piece 表示刀具是一个整体,Insert holder 表示组合刀具。
- Tool material:可以定义刀具的材料。
- Tool description:选项后面的文本框可以对刀具进行描述。
- Axial tool rake angle:设置刀具的拔模角,指的是刀具的侧边与轴线的夹角。拔模角可以为正值,也可以为负值,正值时刀具外形为上粗下细,负值时刀具外形为上细下粗,拔模角为零时,刀具的轴线与侧边线平行。
- Radial tool rake angle:可以设置刀具的顶角,是指刀具的顶部与垂直于刀具轴线方向所成的角度。
- Max plunge angle:可以设置刀具的最大俯角。

【Feeds & Speeds】选项卡可以定义刀具的切削速率和进给速率,如图 7-36 所示。其中【Finishing cutting speed】选项可以定义精加工的切削速度。

也可以对已经定义的刀具进行修改。在加工模型树的【ResourcesList】节点下双击要编辑的刀具,会弹出【Tool Definition】对话框,通过该对话框可以对刀具的参数进行修改。

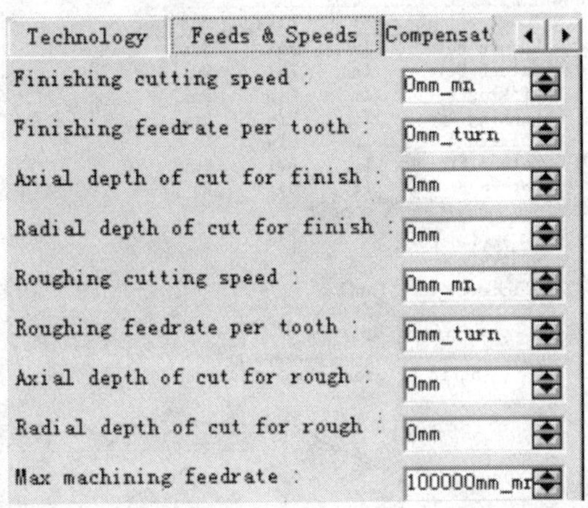

图 7-36 【Feeds & Speeds】选项卡

在刀具定义选项卡中,也可以直接调用已经定义好的刀具,在刀具定义选项卡中单击图标,会弹出【Search Tool】对话框,在对话框中选择要调用的刀具后,单击 OK 按钮,把刀具添加到加工操作中。

7.2.6 进退刀设置

进退刀设置是每种加工操作必须设置的项目,并且不同的加工操作的进退刀设置基本是相同的。在这里以型腔铣加工操作的进退刀选项卡来介绍进退刀设置方法。进退刀选项卡如图 7-37 所示。

【Macro Management】选项区域主要用于定义不同的进退刀方式,该选项区域包括如下选项:

- Approach:表示开始进刀,即加工操作开始时刀具的运动方式。
- Retract:表示终点退刀,即刀具在加工操作完成时刀具的运动方式。
- Return in a Level (Retract)Approach:表示同一层刀路中刀具的进刀和退刀方式,可以使同一刀路层中的不连续的刀路连接起来。
- Return between Levels Approach(Retract):可以设置多层道路中间的进退刀,主要是定义不同刀路的连接。

- Linking Approach(Retract):用于设置进退刀的连接。
- Clearance:可以使刀具在完成一层刀路后返回到安全平面,在进刀到下一刀路,主要是为了避免刀具与夹具发生碰撞。
- Return finish pass Approach(Retract):用于设置精加工的进退刀。

选择需要定义的进退刀方式,单击鼠标右键,在弹出菜单中选择【Activate】选项可以激活该进退刀方式,如图 7-38 所示。如果要取消某种进退刀方法,可以在该选项上单击右键,在弹出的菜单中选择【Deactivate】选项。

在选择进退刀方式的时候,可以通过【Current Macro Toolbox】选项框定义进退刀的路线,如图 7-39 所示。

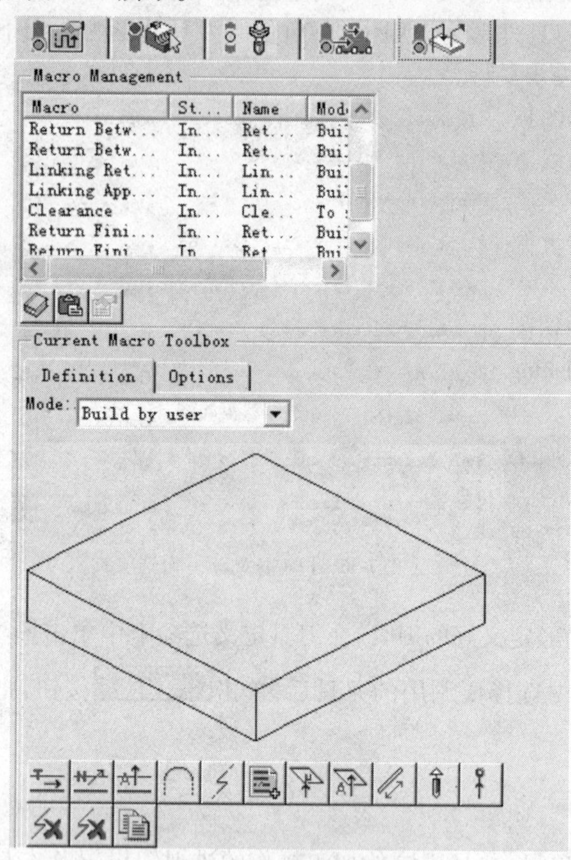

图 7-37 进退刀选项卡

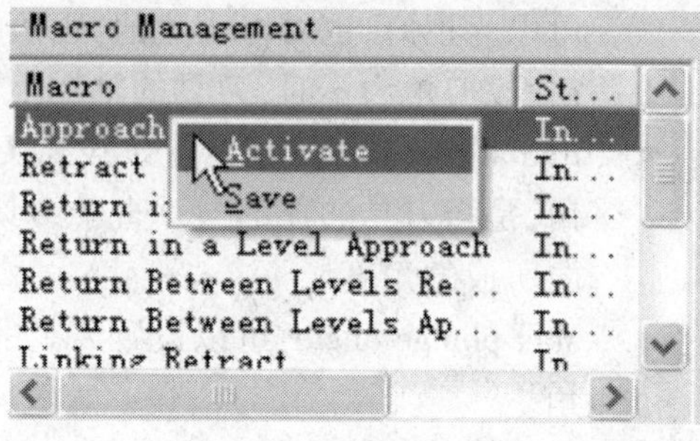

图 7-38 激活进退刀方式

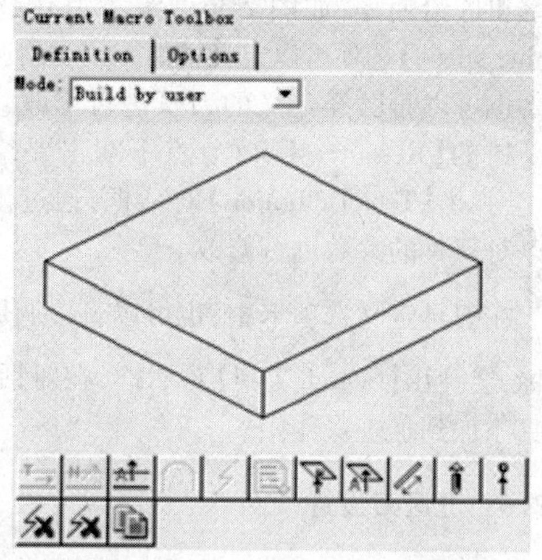

图 7-39 【Current Macro Toolbox】选项框

下面以【Approach】方式在【Mode】选项的下拉菜单中选择一种进退刀的定义形式,主要包括以下几种:None、Build by user、Horizontal Horizontal axial、Axial、Ramping Approach 等几种方式:

- None 选项:表示不设定进退刀路线。
- Build by user 选项:表示刀具的进退刀路线由用户来制定。
- Axial:表示按照轴线方向进退刀。
- Horizontal Horizontal axial 选项:表示刀具按照两个相切运动或者两个垂直运动外加一个轴向运动。
- Ramping Approach 选项:表示刀具按照斜线方向进刀。

几种进退刀方式如图 7-40 所示。

下面以【Build by user】选项说明进退刀路线的设置过程。在【Mode】选项下拉菜单中选择【Build by user】选项。

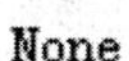

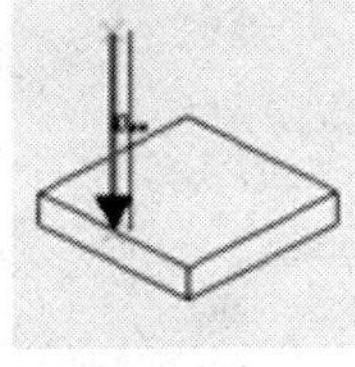

Axial

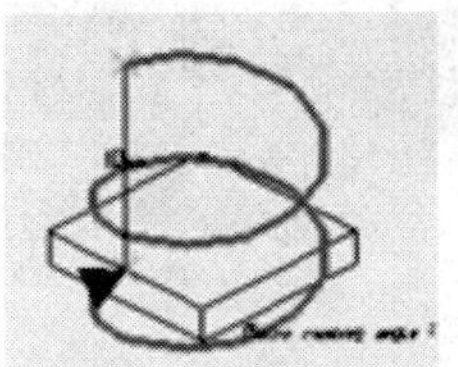

Ramping Approach

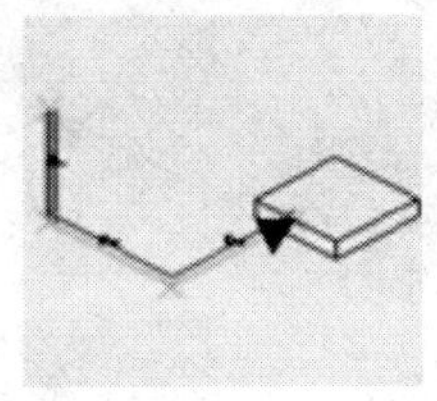

Horizontal axial

图 7-40　进退刀方式示意图

按钮用于增加一个相切运动，这个相切运动是与加工零件的表面相切的，如图 7-41 所示。在示意图中，双击尺寸线，会弹出如图 7-42 所示的对话框，通过它可以编辑刀具的运动距离。双击切线方向线，弹出如同 7-43 所示的对话框，在对话框中可以编辑刀具运动的距离，还可以定义刀具运动时与水平方向和垂直方向的夹角。

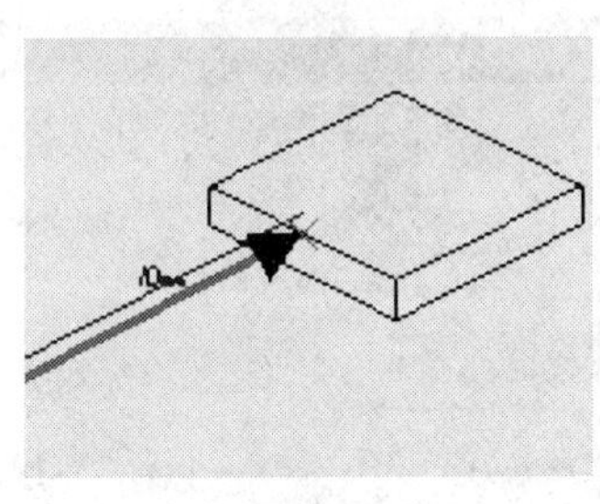

图 7-41　按钮示意图

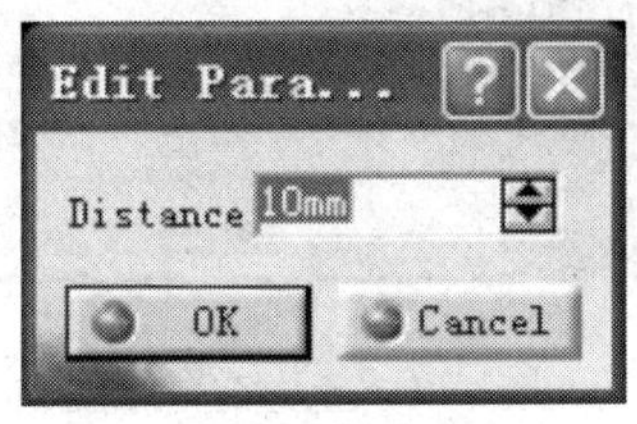

图 7-42　【Edit Parameter】对话框

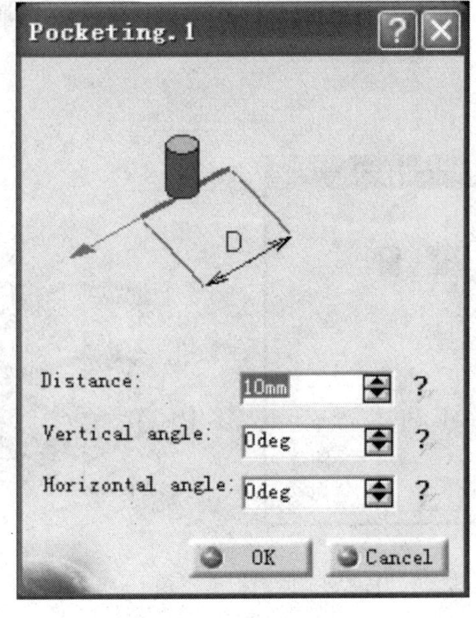

图 7-43　参数定义对话框

按钮用于增加一个垂直运动，该垂直运动是垂直于前一步增加的刀具运动路线，如图 7-44 所示。也可以修改运动的距离和运动与水平和垂直方向的夹角，修改的方法与按钮相同。

按钮用于增加一个沿刀具轴线的运动，如图 7-45 所示，在定义该运动后，有些按钮变为不可编辑。该运动只可以修改运动距离，双击尺寸线，弹出【Edit Parameter】定义窗口后，即可在窗口中修改运动距离。

按钮用于增加一个圆弧运动，圆弧运动与前一运动相切，如图 7-46 所示。双击尺寸线可以修改圆弧运动的半径，双击圆弧运动示意曲线，弹出对话框如图 7-47 所示。其中【Angle sector】选项用于定义圆弧运动的圆心角度；【Angular orientation】选项用于定义圆弧所在的平面与水平面的夹角；【Radius】选项用于定义圆弧运动的半径。

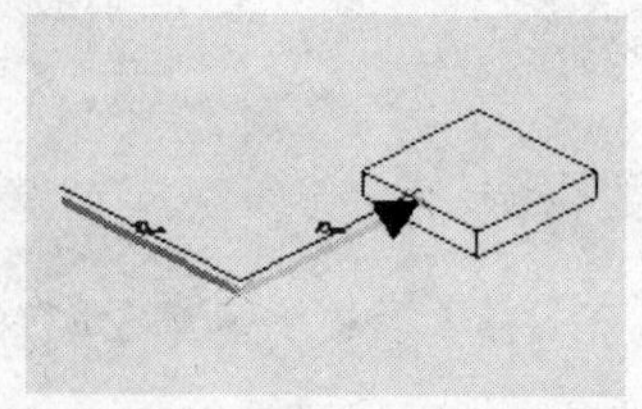

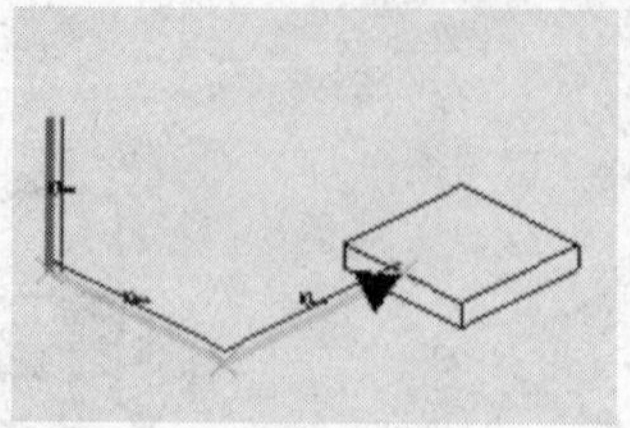

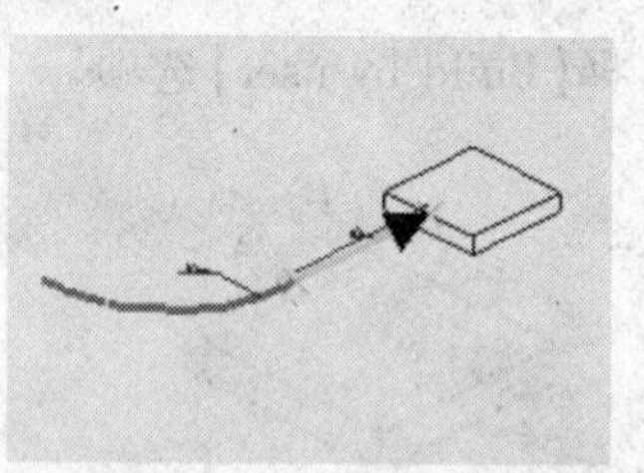

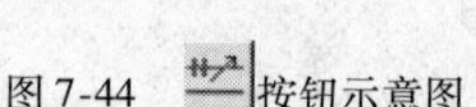

图 7-44　按钮示意图　　图 7-45　按钮示意图　　图 7-46　按钮示意图

按钮可以增加一个斜线运动,该斜线运动与水平面成一定的角度。示意图如图 7-48 所示,双击运动方向曲线,弹出如图 7-49 所示的对话框,其中【Horizontal safety distance】选项定义刀具在水平方向运动的距离;【Vertical safety distance】选项可以定义刀具在轴线方向上运动的距离;【Ramping angle】选项用于设置斜线运动的倾斜角度。如果选中【Intermediate】选项则【Maximum depth by level】和【Retract Distance】选项变为可编辑,其中【Maximum depth by level】选项表示螺旋运动是螺距;【Retract Distance】选项表示螺旋运动时的退刀距离。该运动方式与【Ramping Approach】模式的进退刀过程非常相似。

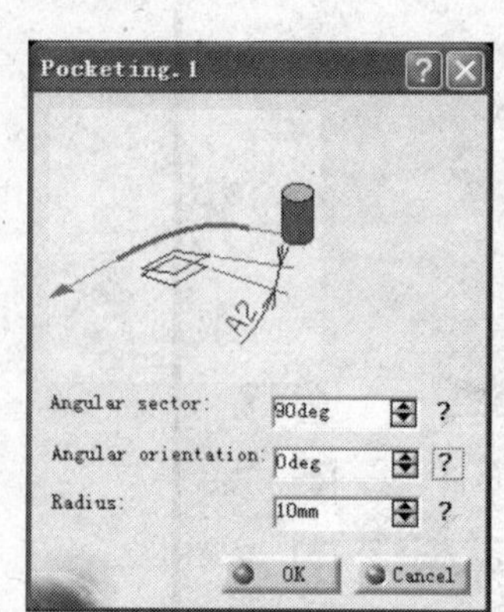

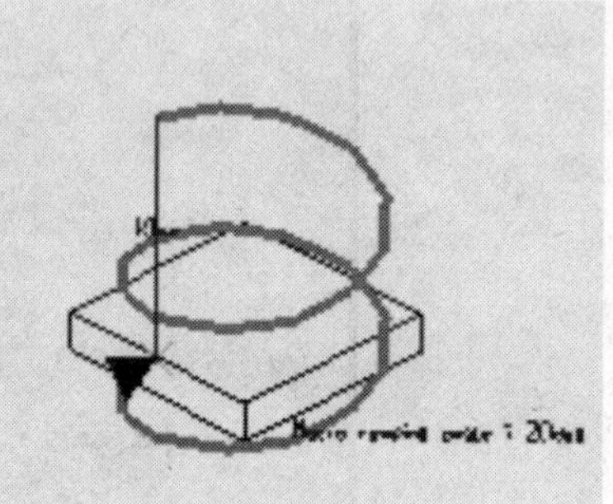

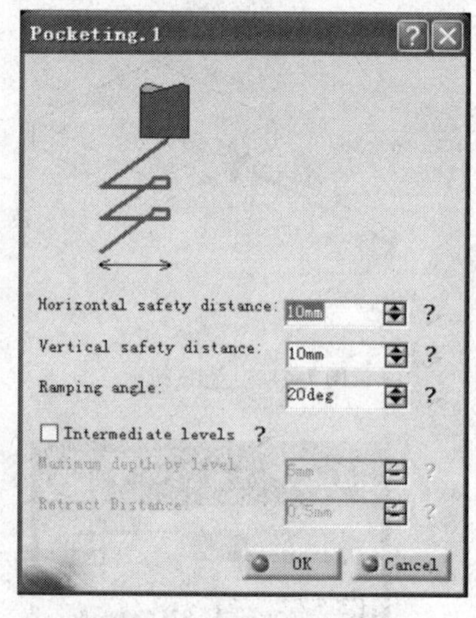

图 7-47　按钮定义对话框　　图 7-48　按钮示意图　　图 7-49　按钮定义对话框

按钮可以增加一个直线进退刀运动,该运动方向与指定的平面垂直,其示意图见图 7-50。在示意图中选择平面时,对话框会消失,在几何显示区中选择一个平面后,对话框会重新出现,从而可建立一个垂直于该平面的进退刀运动。如果要修改刀具在选择平面法线方向的运动距离可以在示意图的平面上单击鼠标的右键,在弹出的菜单中选择【Offset】选项就可以偏置选择的平面,从而改变刀具在选择平面法线方向的运动距离,如图 7-51 所示。

按钮可以增加一个从指定的平面开始的轴线方向运动。其设置方法与按钮相同。

按钮增加一个按指定方向的运动,如图 7-52 所示。在示意图中双击尺寸线可以修改直线运动的距离。直线运动的方向是必须指定的,在示意图中选择方向定义线(最短的线),会弹出方向定义对话框,通过对话框定义运动方向。

按钮用于设置一个平行刀具轴的直线运动,示意图如图 7-53 所示。在示意图中选择箭头,对话框消失后,则可在几何显示区中选择刀具轴线的方向。该按钮一般是与其他的按钮一起是用来建立进退刀的路线。

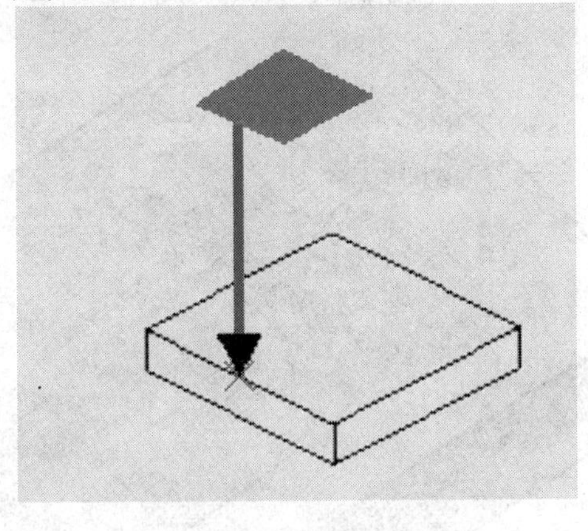

图7-50 按钮示意图

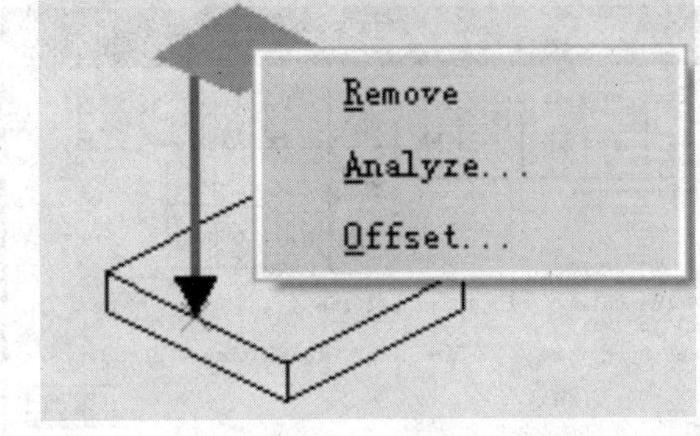

图7-51 偏置平面

按钮可以增加一个从指定点的直线运动，如图7-54所示。设置指定点时，在示意图中单击点的感应区，对话框消失后，就可在几何显示区中选择一个点作为指定的参考点。

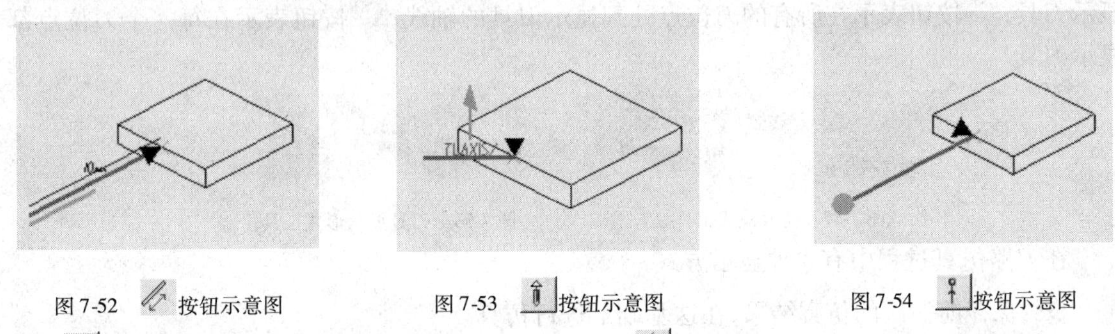

图7-52 按钮示意图　　图7-53 按钮示意图　　图7-54 按钮示意图

按钮用于删除已经建立的所有进退刀路线。按钮可删除选择的进退刀路线。

7.2.7 刀路仿真与切削检验

刀路仿真功能用于模拟机床加工的过程，用户通过查看刀具切削的仿真过程，可以很方便地检查出加工过程中产生的问题。

切削检查可在模拟刀具切削的过程同时计算出加工余量，且以不同的颜色显示不同数量的加工余量。下面以附带光盘"第7章曲面加工/等高线粗加工"目录下的Rough-result. CATProcess为例说明刀路仿真的过程。

打开Rough-result. CATProcess文件，双击粗加工节点Roughing.1，在弹出的对话框右下角有刀具仿真的按钮，单击该按钮，系统会自动对刀路进行计算。计算完成后，弹出如图7-55所示的【刀路仿真】对话框，在对话框中单击按钮，则按钮变为可编辑。单击按钮，则刀路仿真结果如图7-56所示。

在【刀路仿真】对话框中内，按钮可设置刀路仿真的播放模式。单击该工具右下角的箭头，会弹出如图7-57所示的工具栏。其中表示刀路不停的连续播放；表示刀路按照刀路层来显示；表示刀路播放按照刀具运动的不同速率进行播放，当进刀、退刀、切削加工时刀路的加工速率不同时可以分开显示；表示刀具逐段播放，但运动到刀位点时会停止，单击按钮后会继续播放。

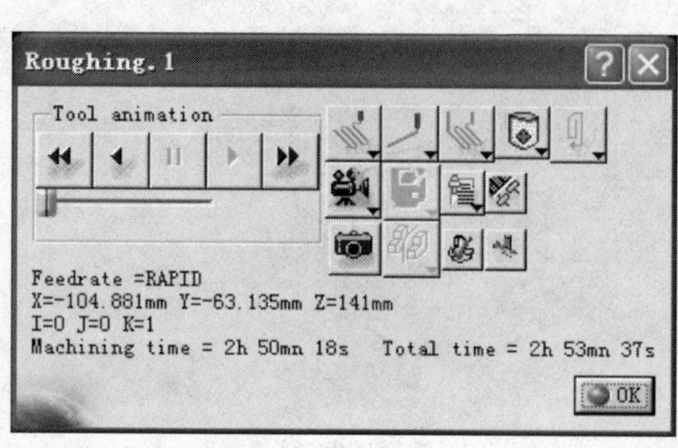

图 7-55 【刀路仿真】对话框

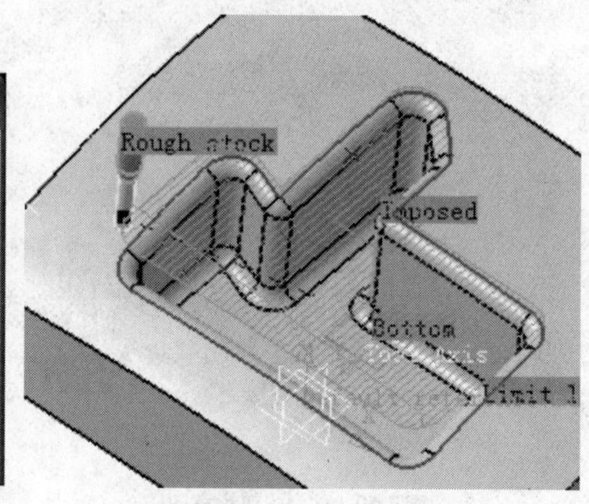

图 7-56 刀路仿真结果

按钮可以设置刀具的显示形式,工具栏如图 7-58 所示。按钮表示只在当前的位置显示刀具;按钮表示在所有的刀位点处到显示刀具的轴线;按钮表示在每一个刀位点都显示刀具。

图 7-57 播放模式工具栏

图 7-58 刀具显示形式工具栏

在刀路仿真过程中有 3 种显示方式:

:保存前一次的仿真结果,在这基础上进行仿真。

:对整个加工过程进行仿真。

:动态显示该操作的加工过程,该加工之前的加工操作只显示结果。

在切削过程仿真之后就可以对切削进行分析,单击按钮,会弹出如图 7-59 所示的【Analysis】对话框,在【Type】选项中有两个复选框,如果选中【Remaining Material】选项,可以定义按照剩余加工零件材料的厚度显示颜色;如果选中【Gouge】复选框可以检验材料是否过切。

当进行多个加工操作或者进行整个零件的刀路仿真时,可以先在模型树中选择要仿真的操作,然后单击鼠标右键,选择刀路仿真按钮进行仿真。

7.2.8 后处理

后处理是加工操作完成后,生成数控机床能够识别的数控程序。CATIA 提供了两种生成数控程序的方式:

- :批处理模式,可以在处理当前加工零件的过程中选择其它零件并输出数控程序。
- :交互处理模式,只能处理当前窗口的数据。

两种生产数控程序的方式基本相同,下面以批处理模式为例介绍后处理的一般方法。

在工具栏中单击批处理模式按钮,会弹出如图 7-60 所示的对话框。对于批处理模式,在【In/Out】选项卡的【CATProcess】选框可以通过右边的 ... 按钮,选择要进行后处理的 CATProcess 文件。而在交互式处理模式下该选项是不可编辑的。在【CATProcess】选项中选择要后处理的加工文件,在这里选择 Rough. CATProcess 文件。

【Selection】选项包括两个复选框:【Programs】和【Part operations】。【Programs】选项表示对所有的加工操作进行后处理生成数控加工程序,且在下面的空白框中显示所有的加工操作;【Part operations】选项系统会按照加工的先后次序生成数控加工程序。

在【Resulting NC Data】选项框中,【NC data type】选项可以定义生成的加工程序的文件格式,其中包括 4 种文件格式:APT(刀具位置文件)、CLF(刀位源文件)、NC Code(NC 程序)和 In Process Model(CGR)。如果选中【Store at same location as the CATProcess】则输出的文件都储存在原加工文件相同的文件夹中。如果没有选中该选项则【Output File】选项变为可编辑,单击右边的 ... 按钮选择储存的文件目录。

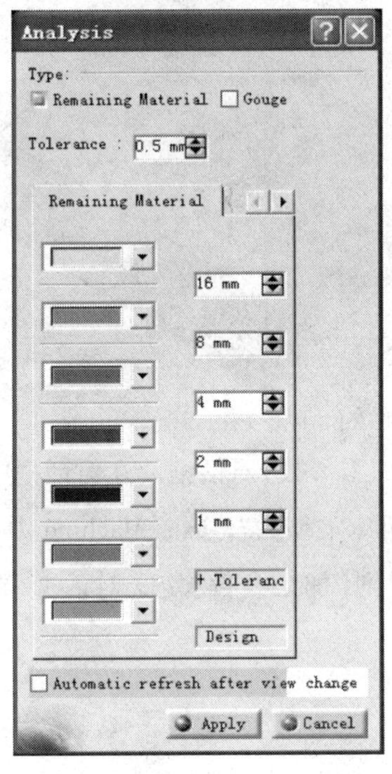

图 7-59 Analysis 对话框

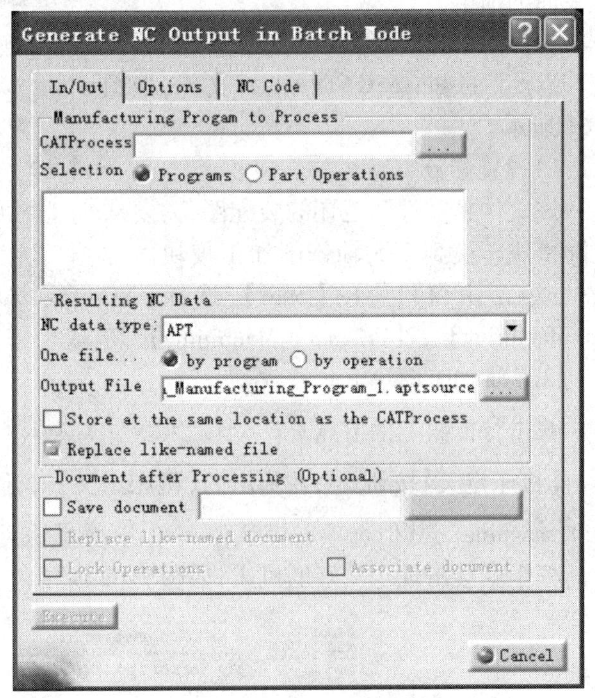

图 7-60 批处理对话框

【One file...】选项主要定义数控文件的生成方法。如果选中【by program】复选框,则会按照所选择的加工程序组的不同生成不同的数控程序;如果选中【by operation】复选框,则会按照不同的加工操作生成数控程序。

如果选中【Replace like-named file】复选框可以在输出数控程序的时候,把已有的相同文件名的文件覆盖掉。

【Document after Processing(Optional)】选项框用于定义生成加工程序的文件的一些设置。如果选中【Save document】选项框则会在生成加工程序后保存原文件,单击后面的 ... 按钮可以改变文件保存的位置。只有选中【Save document】选项框下面的复选框才能变为可编辑。

在【Option】选项卡中,【Circular interpolation】选项主要是定义圆弧插值方式。

设置完成后,在对话框中单击 Execute 按钮,系统会弹出【Doc】窗口生成数控程序,生成的数控程序可以用记事本打开。

7.3 2.5 轴铣加工(Prismatic Machining)

对于现在的机床来说,2.5 轴铣已占了很大的比重。CATIA V5 在数控加工中的两轴半铣加工(Prismatic Machining)模块主要包括:平面铣削、型腔铣削、轮廓铣削、曲线加工、钻孔加工等。某一零件可能利用其中一种方式加工,也可能利用某几种方式组合加工。下面分别介绍各加工方式特点和应用方法。

7.3.1 平面铣削加工(Facing)

平面铣加工方式主要是对水平切削层进行铣削加工。这种切削方式主要用于外平面、内直平面的加工。

打开附带光盘"第 7 章 2.5 轴铣/平面铣"目录下的 Plane. CATProduct 文件,如图 7-61 所示。

1)设置参数

该文件是零件和毛坯的装配图,需要从装配模块转换到 2.5 轴铣削加工模块。方法是:单击主窗口中的【Start】,选择【NC Manufacturing】→【Prismatic Machining】,切换到 2.5 轴加工模块下。

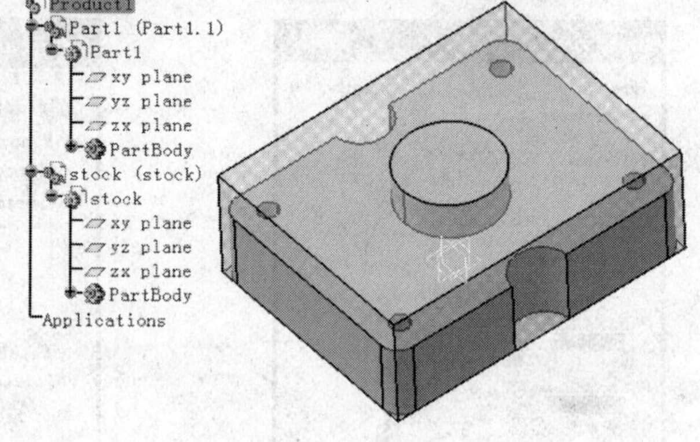

图 7-61 打开文件

双击特征树上的节点 Part Operation.1,会弹出【加工参数】对话框。在对话框中单击【机床定义】按钮,在弹出的【机床定义】对话框中选择机床类型为"3-axis_Machine_Default_machine",其他选项取默认值。单击 OK 按钮,返回到【加工参数】定义对话框,在对话框中就会出现定义好的机床,如图 7-62 所示。

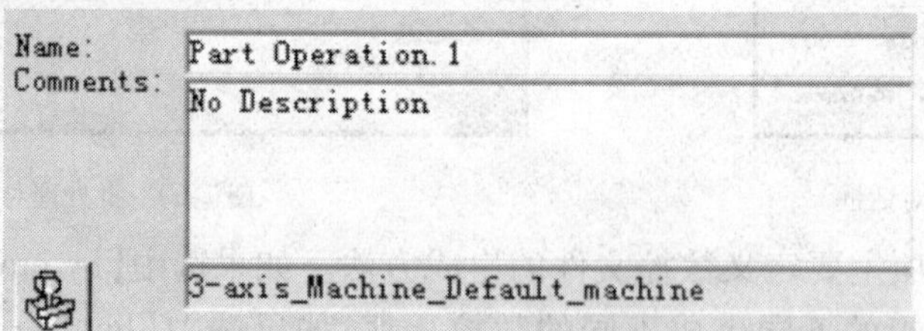

图 7-62 机床参数

单击【加工参数定义】对话框中的按钮,会弹出【加工的坐标系定义】对话框。加工坐标系是一个很重要的设置,有时候可以应用默认坐标系,即用加工零件的坐标系作为加工坐标系。通常情况下,通过【加工坐标系定义】对话框来定义坐标系。单击对话框中的【坐标原点感应区】,在加工毛坯上选择顶点作为加工坐标系的原点,再单击【Z 轴和 X 轴感应区】,选择毛坯的两条边作为坐标轴,选择完成后单击 OK 按钮,建立的坐标系如图 7-63 所示。

单击【加工参数定义】对话框中的【加工零件】按钮,在特征树上,双击【Part】节点上的零件实体【PartBody】,完成后会返回到加工参数定义对话框。

单击【加工参数定义】对话框中的【加工毛坯】按钮，并在特征树上双击【Stock】节点中的零件实体【PartBody】，返回到对话框。

选择加工零件和加工毛坯时也可以在几何显示区中选择，同样在几何显示区中双击选择的实体。

单击【安全平面】按钮，在几何显示区中选择毛坯零件的上表面，会在零件上表面出现“Safety plane”字样。在“Safety plane”字样上单击鼠标右键，选择【Offset】选项，如图7-64所示。在这里，我们选择偏移距离为10mm。单击 OK 按钮返回到【加工参数定义】对话框后，单击【加工参数定义】对话框中的 OK 按钮，完成加工参数设置。

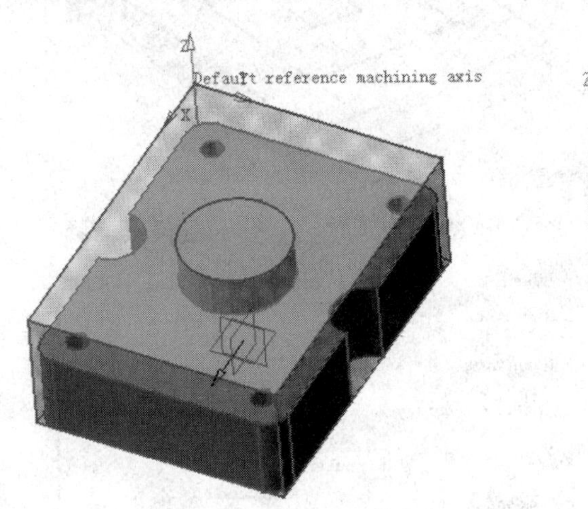

图7-63 建立坐标系

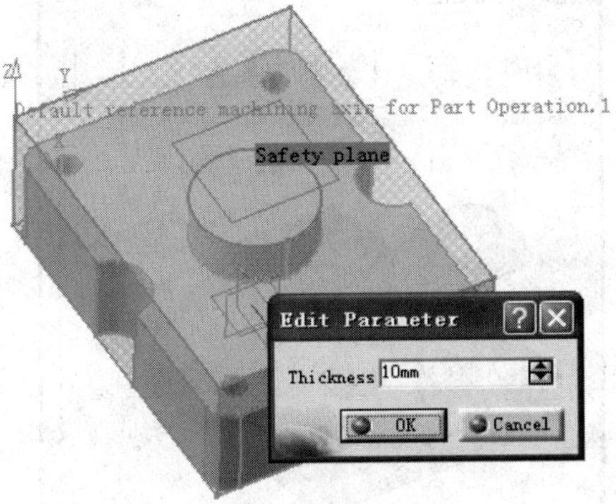

图7-64 偏移安全平面

在特征树中选择 Manufacturing Program.1，如图7-65所示。在工具栏中单击【平面铣削】工具按钮，弹出如图7-66所示的【平面铣削】定义对话框。该对话框主要包括刀具路径设置、切削要素设置、刀具管理、机床管理、进退刀路径设置等几个标签。

2）设置刀具路径

单击【平面铣削定义】对话框中的刀具路径标签，出现的【刀具路径】定义选项卡如图7-67所示。

【Tool path style】包括的选项的功能是：

- Inward helical：螺旋切削。
- Back and forth：往复切削。
- One way：同向切削。

在这里我们选择螺旋切削。

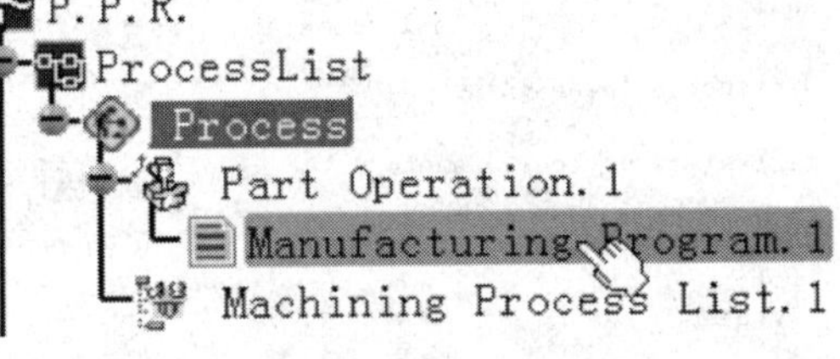

图7-65 选择节点

在【Maching】选项卡的【Direction of cut】选项中选择“Climb”，只有应用“Inward helical”的时候才能选择【Direction of cut】选项。

单击【Radial】选项卡，会出现参数定义选项。在【Mode】选项中可以选择两条刀路之间的参数，当选择某一类型时，选项卡下面的一些选项就变成可编辑状态，以输入参数。其选项含义如下：

- Distance between paths：刀路之间的距离（刀具中心的距离）。

- Percentage of tool diameter：刀具直径之间的比例。
- End of path：刀路终点处的刀具位置。
- Tool side approach clearance：超出工具间隙。

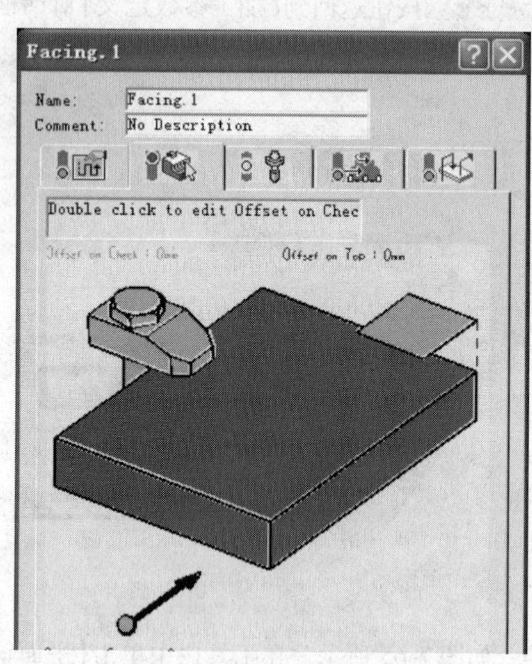

图 7-66 平面铣对话框

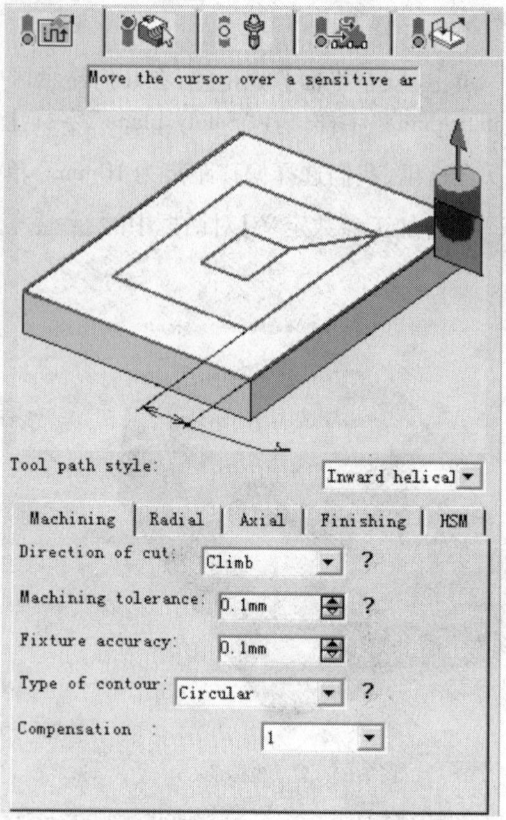

图 7-67 【刀具路径】选项卡

在这里我们选择如图 7-68 所示参数。

单击【Axial】选项卡，设置加工的轴线方向的参数，参数选项如图 7-69 所示。在【Mode】选项的下拉菜单中可以选择加工的层数和每层的深度模式，各种模式含义如下：

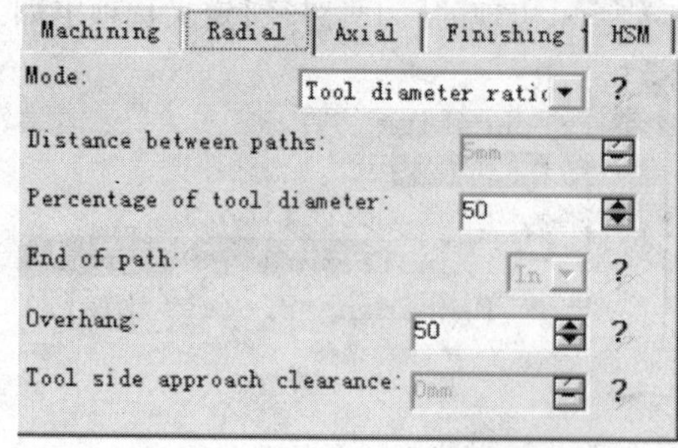

图 7-68 【Radial】选项卡参数

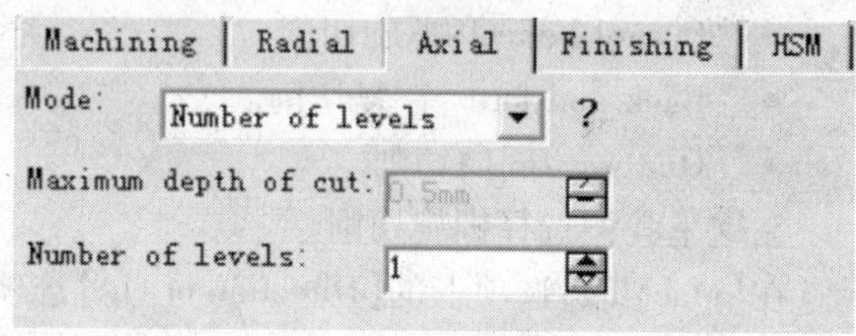

图 7-69 【Axial】选项卡

- Number of levels：刀路的层数。
- Maximum depth of cut：切削的最大深度。
- Number of levels without top：最上层的切屑深度及刀路层数。

Maximum depth of cut：可以设置切削的最大参数，当选择【Number of levels】模式时，该选

项不起作用。

Number of levels：可以设置刀路的层数，当选择【Maximum depth of cut】模式时，该选项为不可编辑。在这里选择【Number of levels】模式，在【Number of levels】选项中输入3。

单击【Finishing】选项卡，可以进行精加工设置，如图7-70所示。

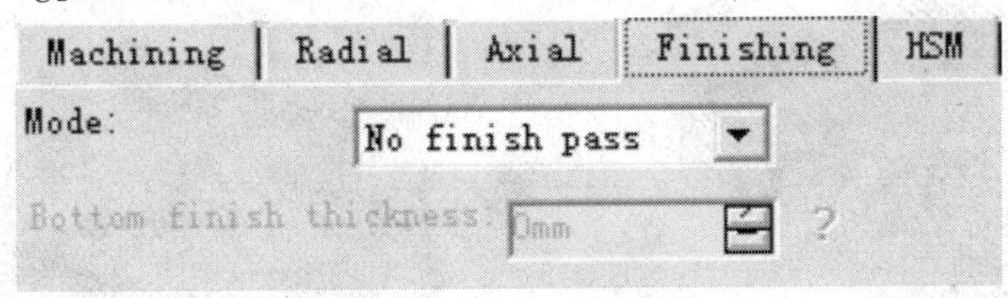

图7-70 精加工选项卡

在【Mode】选项的下拉菜单中分为两种模式，其中No finish pass模式指的是没有精加工道路，Finish bottom only选项是在切削的最后一层之后增加一层精加工刀路，精加工的厚度可以通过Bottom finish thickness选项进行设置。在此实例中，不需要精加工。

单击【HSM】选项卡，可设置高速铣削的参数，如图7-71所示。选中【High Speed Milling】复选项就可以进行相关设置。

在【Corner】选项卡中，【Corner radius】文本框可以输入转角的半径；【Limit angle】是过渡圆角的大小，【Extra segment overlap】是圆角延伸长度。

在【Transition】选项卡中，如图7-72所示，【Transition radius】选项可以设置转换半径，【Transition angle】选项可以设置转换角度，【Transition length】选项用来设置转换长度。

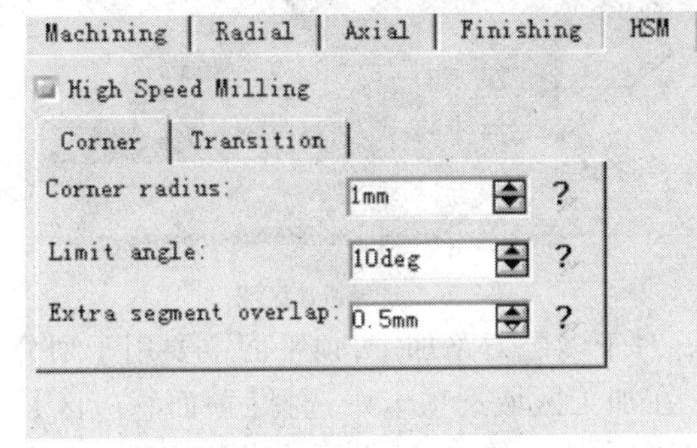

图7-71 【高速铣削】选项卡

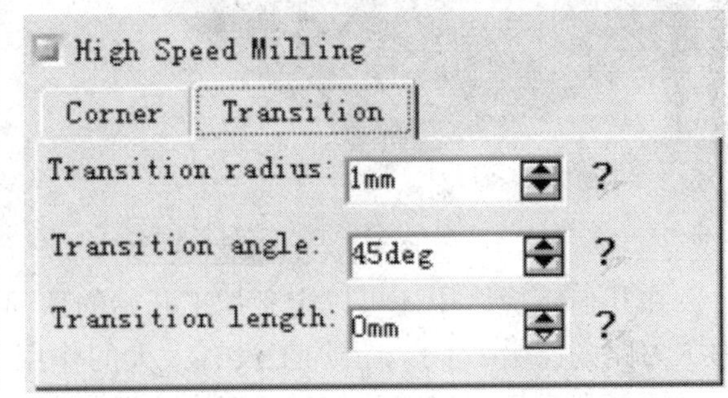

图7-72 【Transition】选项卡

3）加工区域设置

在平面铣削定义对话框中单击 按钮，进入设置【加工区域】选项卡，如图7-73所示。在该选项卡中可以对需要加工的对象进行设定。选项卡中的图形是可感应的，即可以用鼠标单击该感应区，然后到几何显示区选择对象。

在感应区中单击【加工对象感应区】，对话框会消失，并隐藏上半部分毛坯；在几何显示区中选择如图7-74所示的平面，双击返回到对话框中，几何感应区则变成绿色。如果要重新选择加工平面，可以在平面感应区中单击鼠标右键，在弹出的菜单中选择【Remove】选项，则几何感应区变回红色，表明加工平面已经取消。在选择【Offset】选项时，会弹出一个偏置对话框，对话框中的输入值可以对加工平面进行偏置。如果选中【Contour Detection】选项，则系统可以自动检测出加工的边界。加工平面是必须设置的，其他的选项可以不设置，要视情况而定。

在几何感应区中单击【避让区域感应区】（如图7-75所示），对话框消失后，可在几何显示区中选择需要避让的区域。在本实例中,选择如图 7-76 所示的部分,选择完成后单击【Face Selection】工具栏中的 OK 按钮返回到对话框中即可。

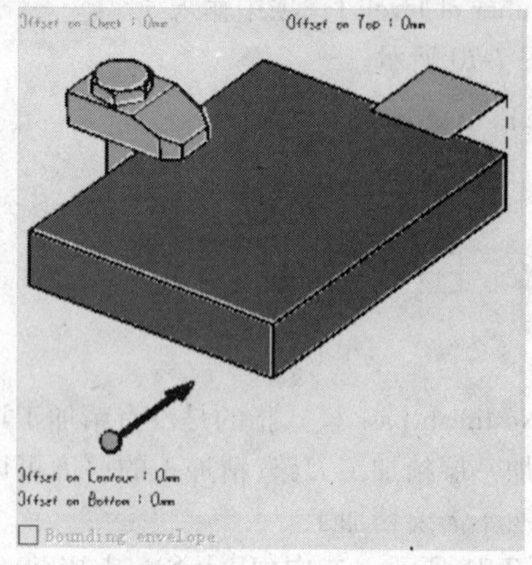

图 7-73 【加工区域】选项卡

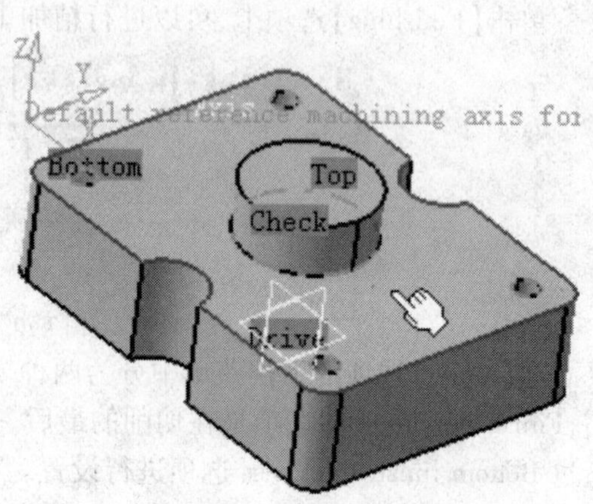

图 7-74 选择加工平面

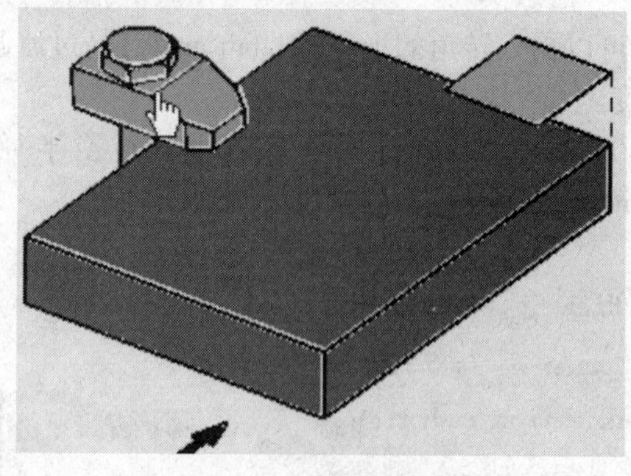

图 7-75 选择避让区域感应区

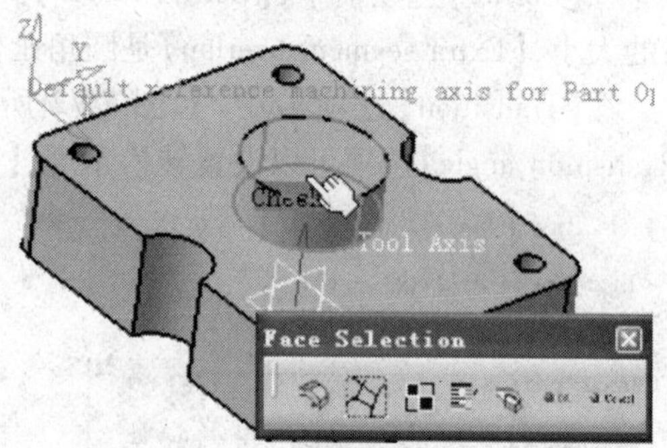

图 7-76 选择避让区域

在几何感应区中还可以定义加工开始的顶面。对于多层刀路加工,顶平面主要用于划分加工刀路的层数,对于单层加工没有太大的作用。在加工区域选项卡中选择【顶面感应区】,当对话框消失后可以在几何显示区中选择一个平面作为加工的顶面,也可以通过该平面偏置得到加工的顶面,设置方法与加工平面偏置相同。

在加工区域感应区中还可以定义加工刀路的方向,在加工区域显示区中选择【方向感应区】(如图 7-77 所示),在几何显示区中选择刀路的方向。

在加工区域感应区中,双击【Offset on Check】选项可以在弹出的对话框中编辑刀具与避让区域的偏置距离。通过它可以输入正值和负值,正值表示刀具与避让区域留有一定的距离;负值表示刀具切过避让区域一定的距离;零表示避让区域为刀具的切削面。如果要使加工顶面偏置一定的距离,双击【Offset on Top】选项,在弹出的【参数定义】对话框中输入要偏置的距离即可。如果要在加工的底面留有一定的加工余量,双击【Offset on Bottom】选项,在弹出的对话框中输入加工

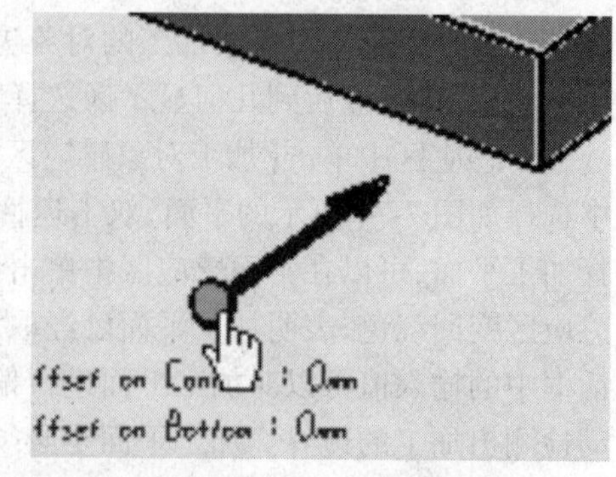

图 7-77 刀路方向感应区

余量值即可。【Offset on Bottom】选项用于偏置加工的边界，在默认的情况下，加工的边界是加工平面的边界。通过该选项可以对加工边界进行放大或缩小。

4）设置刀具参数

单击【刀具参数设置】选项卡图标 ，刀具各参数设置如图 7-78。设置方法参看基本设置中的刀具参数设置。

5）设置进退刀路径

单击【进退刀】选项卡图标 ，出现【进退刀定义】对话框后，在【Macro】选项框的在【Approach】选项上单击鼠标右键，并在弹出的菜单中选择【Activate】激活该选项。同样的方法可以激活【Retract】选项。

选择【Approach】选项，设置进刀路径如图 7-79 所示。

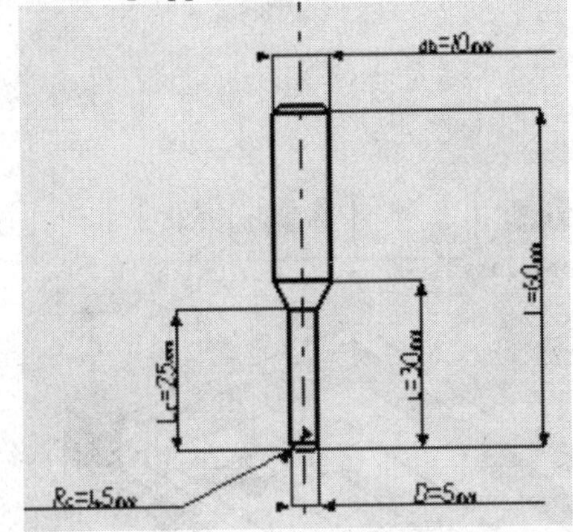

图 7-78　刀具参数

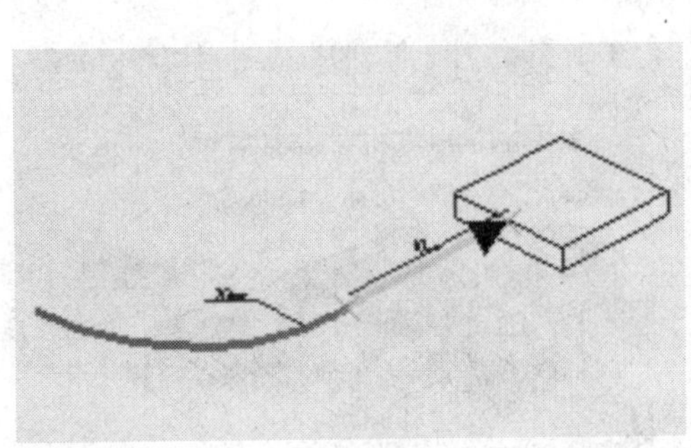

图 7-79　进刀路径

选择【Retract】选项，设置退刀路径如图 7-80 所示。

6）刀路仿真

完成设置后，单击对话框右下角的按钮 ，会出现刀路计算进度条。计算完成的刀路过程如图 7-81 所示。

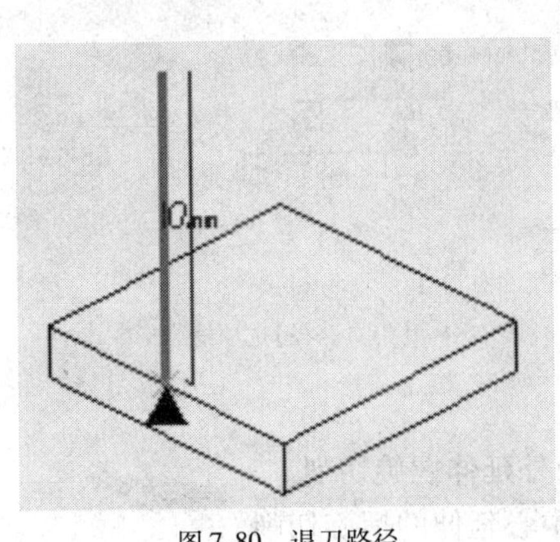

图 7-80　退刀路径

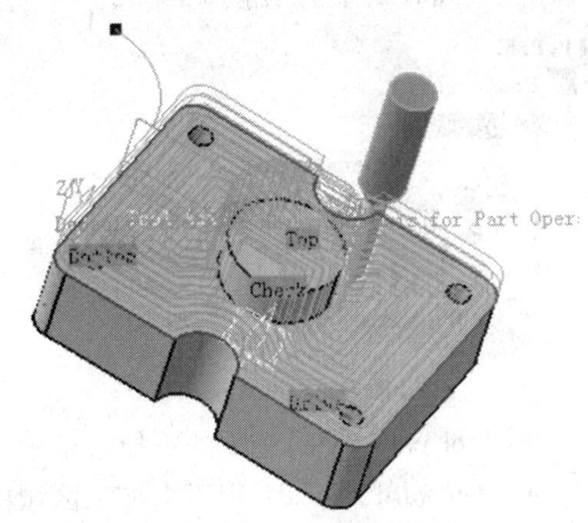

图 7-81　生成的刀路

7.3.2　型腔铣削（Pocketing）

型腔铣削是一种非常重要的加工形式，主要用于加工零件的直壁内型腔。相对于平面铣削加工方式,零件操作定义是相同的,详细内容可参考上一节。在这一节,我们主要是通过一个简单实例,介绍型腔铣削的一般过程和参数设置方法。

打开附带光盘中的“第7章2.5轴铣/型腔铣”中的Pocketing. CATProuct文件,切换到2.5轴铣模块下,首先按照前面的介绍进行零件操作定义。

在工具栏中单击【型腔铣削】按钮,在模型树上选择 Manufacturing Program.1,弹出的【型腔铣削】定义对话框如图7-82所示;在模型树的 Manufacturing Program.1 节点下会出现下级菜单,如图7-83所示。

1)加工刀路设置

在【型腔铣削】对话框中单击刀路设置选项卡图标,出现的【刀具路径】选项框,如图7-84所示。

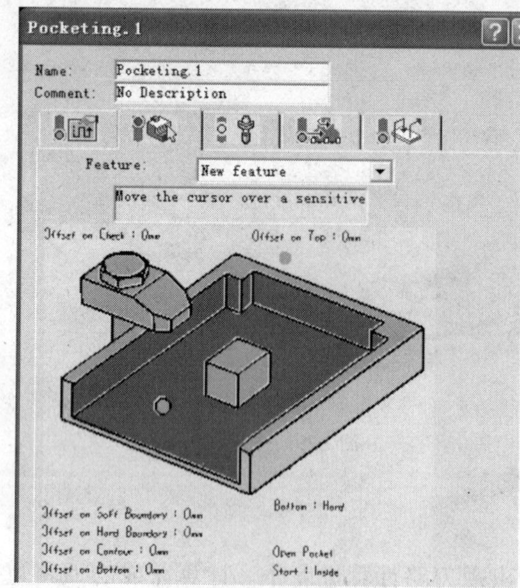

图7-82 【型腔铣削】对话框

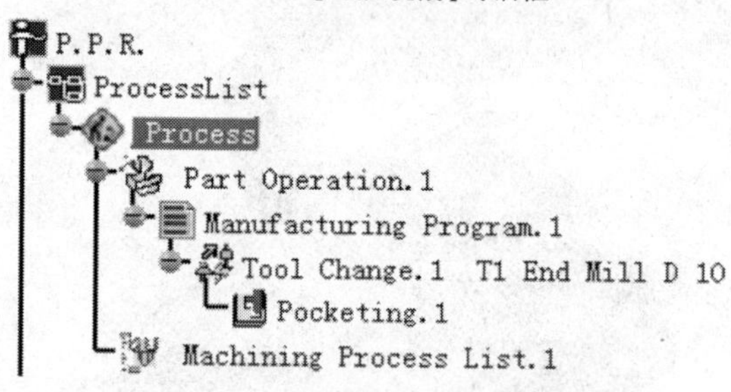

图7-83 模型树

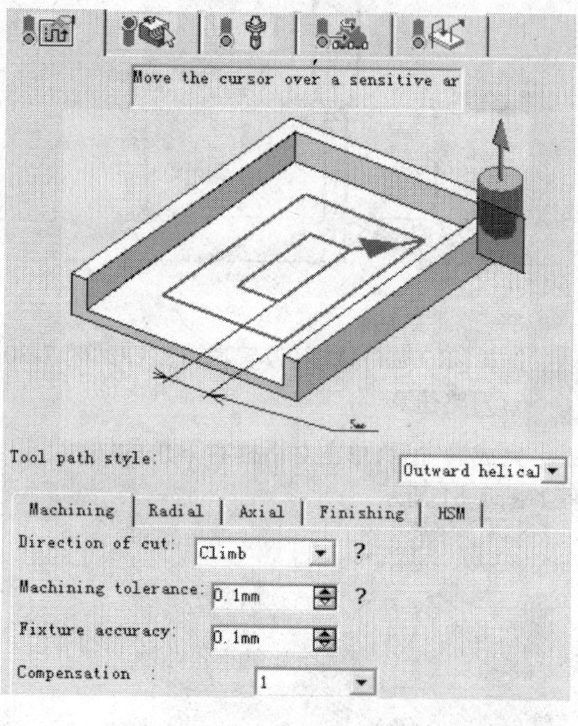

图7-84 【刀具路径】选项框

在【Tool path style】选项的下拉菜单中有3种形式:

- Outward helical:用于由加工区域中心开始的向外延伸螺旋切削。
- Inward helical:用于由加工区域最外面开始向中心延伸的螺旋切削。
- Back and forth:用于在加工中心进行的往复切削。

3种切削方式如图7-85所示,在该实例中选择为【Outward helical】方式。

(1)在【Machining】选项卡中的【Direction of cut】选项中,可以设置刀具相对于零件的旋转方向，其中“Climb”表示零件运动方向与刀具旋转方向相同；“Conventional”表示零件运动方向与刀具旋转方向相反。在该实例我们选择逆铣。

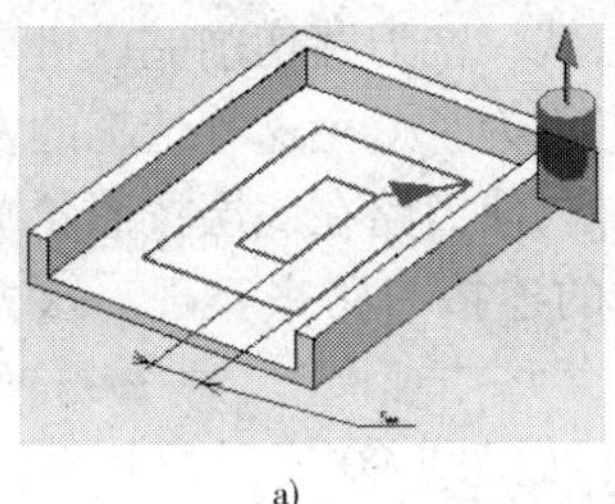
a)

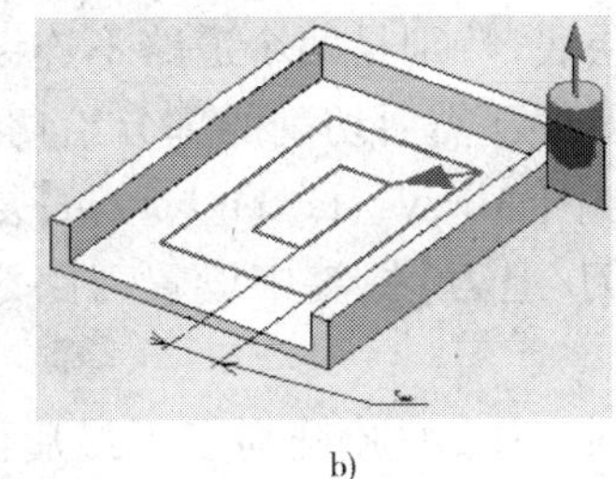
b)

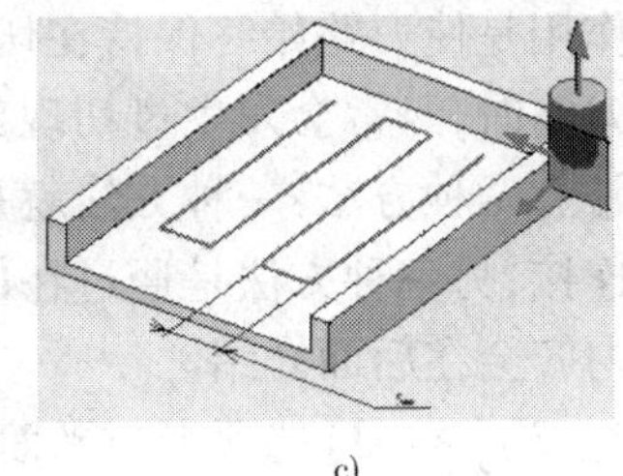
c)

图 7-85 切削方式示意图

a) Outward helical 方式；b) Inward helical 方式；c) Back and forth

其他几个选项含义如下：

- Machining tolerance：加工公差。
- Fixture accuracy：混合精度。
- Compensation：补偿。

（2）单击【Radial】选项卡，如图 7-86 所示。在【Mode】选项中有 3 种模式：Tool diameter ratio、Maximum distance 和 Stepover ratio 三种，各种模式的含义与平面铣相同。对于【Truncated transition paths】和【Scallop pass】选项只有在刀路形式为往复切削时才起作用，如图 7-87 所示。

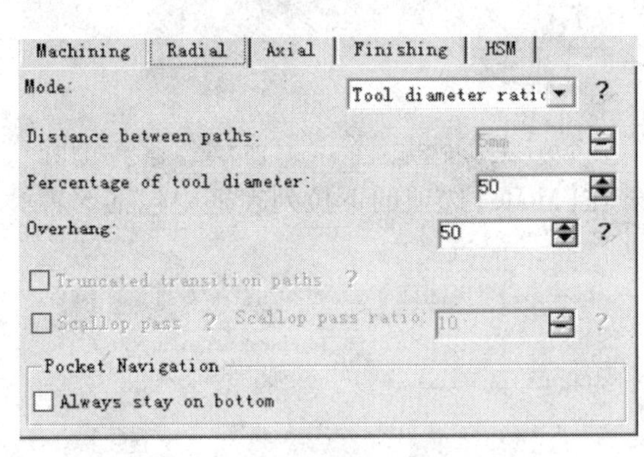

图 7-86 【Radial】选项卡

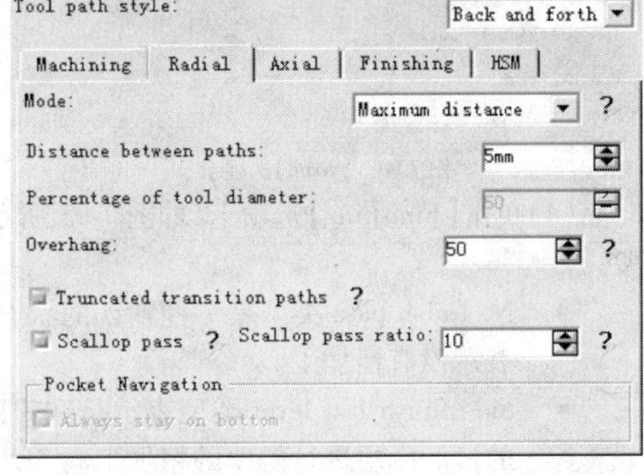

图 7-87 参数设置

如果选中【Truncated transition paths】复选项，当刀路遇到斜面时，两条刀路以短的一条进行连接，反之以长的一条进行连接，其连接情况如图 7-88 所示。对于【Scallop pass】复选框主要用于往复切削切削结束后，在沿着切削轮廓的方向上在单独铣削一周，用于清除剩余的材料，示意图如图 7-89 所示，也可以通过【Scallop pass ratio】文本框设置刀路与刀具直径比值，从

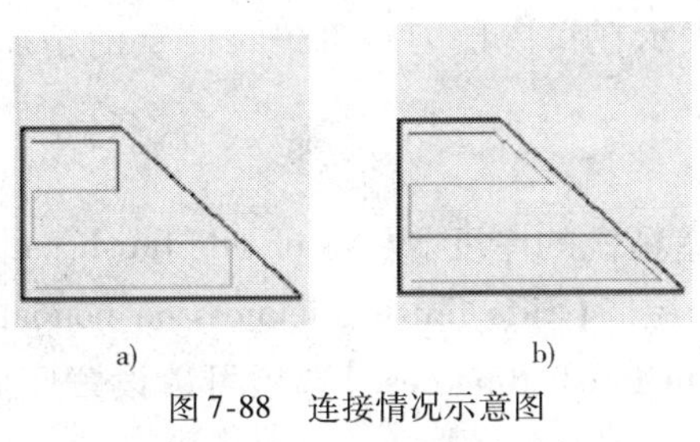
a) b)

图 7-88 连接情况示意图

a) 选中复选框；b) 未选中复选框

图 7-89 【Scallop pass】复选框示意图

而设置切屑量。

对于【Always stay on bottom】复选框，只有在两种螺旋切削时才会起作用。该复选框主要的作用是使刀路始终保持在切削层底，特别是两个道路不连续时，从一个刀路切削完成进入另一刀路时，经常会发生过切现象，即把不需要切削的部分给切掉了。为了避免这种情况的发生通常有两种方法：一种方法就是选中【Always stay on bottom】复选框，使刀路在底层按照轮廓进行连接；另一种方法是通过在【进刀/退刀】标签中设置刀路之间的连接刀路来实现。这方面的内容会在后面介绍。

(3)【Axial】选项卡与平面铣削相比，型腔铣削多了最后两项，如图 7-90 所示。其中【Automatic draft angle】文本框可以用于设置自动拔模角度，对于多层刀路而言，它可以使多层刀路在轴线方向上成一角度，特别是在铣模具型腔时会很方便，如图 7-91 所示。【Breakthrough】文本框通常在加工无底型腔时才起作用。通常情况下，刀路的最后一层是加工无底型腔的底面，由于我们所用的刀具都是有圆角的，所以可能在切削完成后留有一定的切削余量，通过【Breakthrough】文本框输入一定的数值，能使刀路在进行最后一层切削时，相对于底面，整个刀路偏移一定的距离，使刀具越过底面，以达到清除余料的目的，如图 7-92 所示。

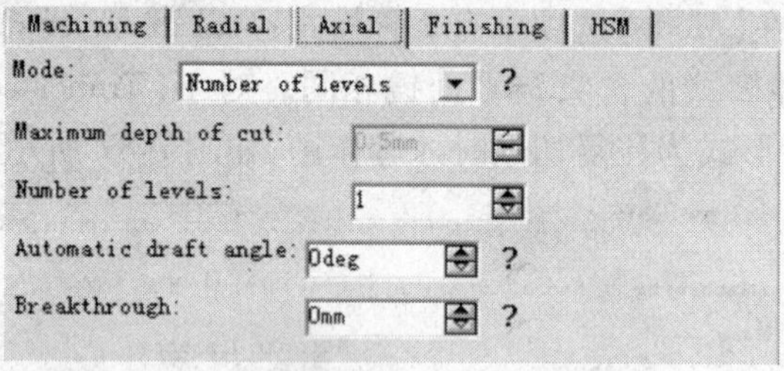

图 7-90 【Axial】选项卡

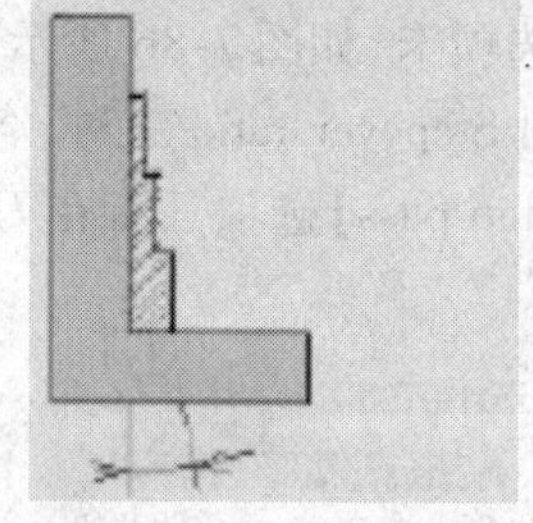

图 7-91 自动拔模示意图

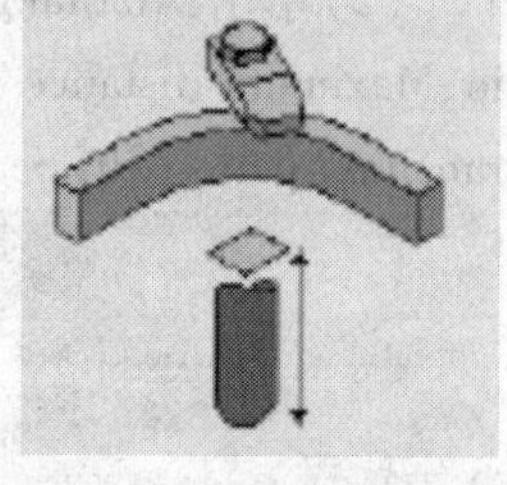

图 7-92 穿透示意图

(4)单击【Finishing】选项卡，如图 7-93 所示。在【Mode】选项的下拉列表框中包括 5 种类型：

- No finish pass 类型是一种默认的状态，表示没有精加工。
- Side finish last level 类型表示是在刀路的最后一层进行侧壁的精加工。
- Side finish each level 类型表示是在每一层刀路都进行侧壁的精加工。
- Finish bottom only 类型表示在切削的完成后再增加一层刀路，对底层进行精加工。

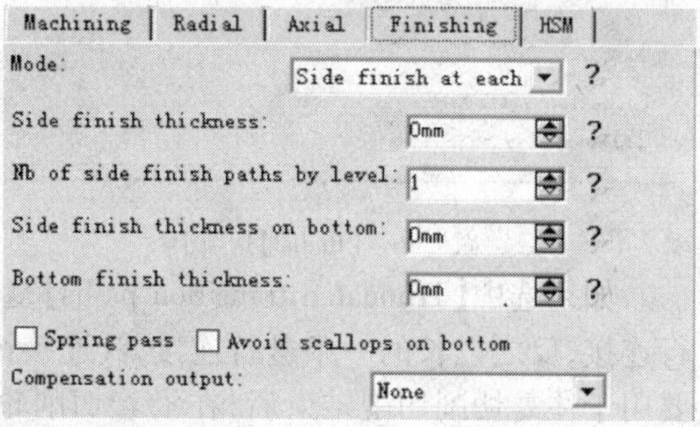

图 7-93 【Finishing】选项卡

- Side finish at each level & bottom 类型表示在每一层刀路都进行侧壁的精加工，同时在最后也进行底层的精铣。

各种模式的示意图如图 7-94 所示。

【Side finish thickness】选项可以用于设置侧壁精铣的厚度。【Nb of side finish paths by level】选项用来设置侧壁精铣的层数，类似于刀路分层。【Side finish thickness on bottom】选项可以设置当底面精加工时侧壁精铣的厚度。【Bottom finish thickness】选项可以设置底面精加工的厚度。

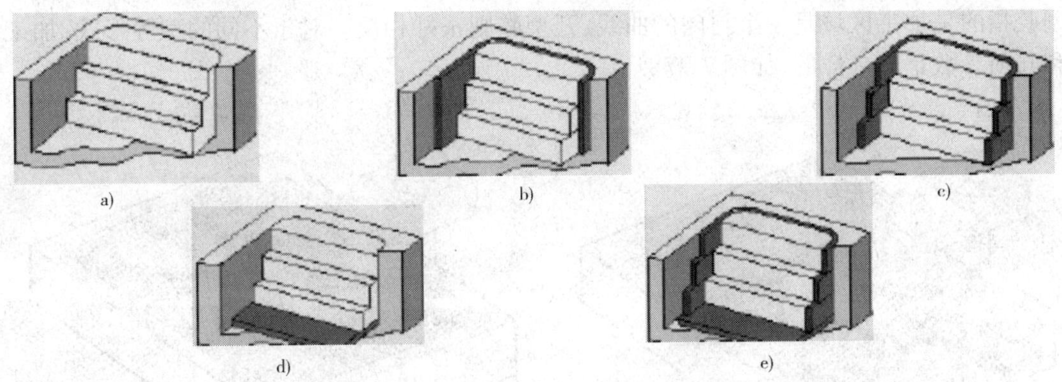

图 7-94　选项示意图

a) No finish pass; b) Side finish last level; c) Side finish each level; d) Finish bottom only; e) Side finish at each level & bottom

(5)单击【HSM】选项卡,会出现如图 7-95 所示的参数定义选项。该选项卡的作用基本与平面铣削相同,具体设置过程可参看前一部分。

2)加工对象设置

在【型腔铣削】对话框中单击加工对象设置选项卡图标,出现加工对象设置选项框,如图 7-96 所示。

在加工对象设置选项卡上有几何参数的示意图,其中的几何图形是感应式的,可以在选项卡中单击某一部分,然后到几何显示区中选取。对于型腔铣,一般分为两种:闭型腔和开型腔。

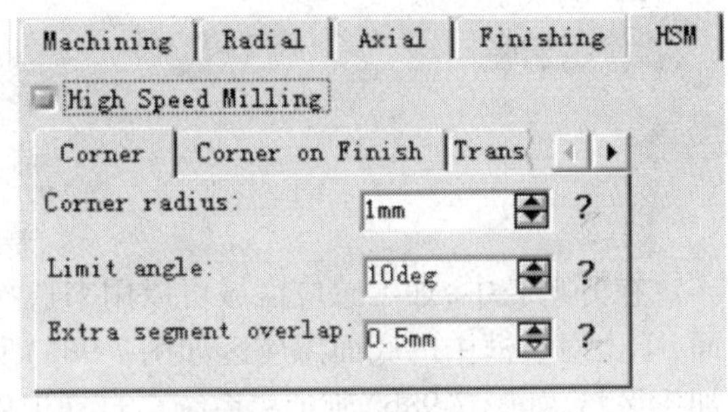

图 7-95　【HSM】选项卡

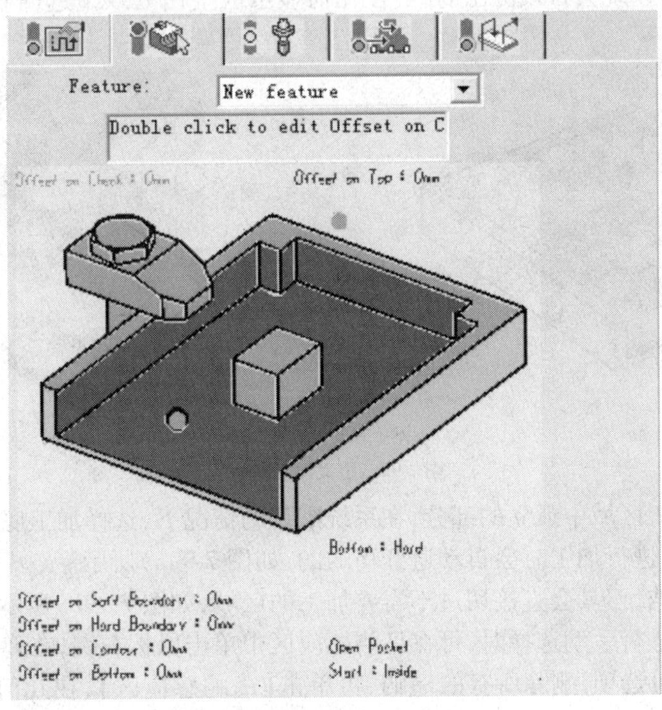

图 7-96　型腔铣加工对象选项卡

闭型腔指的是加工区域是一个封闭的曲线，开型腔则正好相反。对于不同的型腔形式，加工区域和几何参数是不一样的，如图7-97所示。

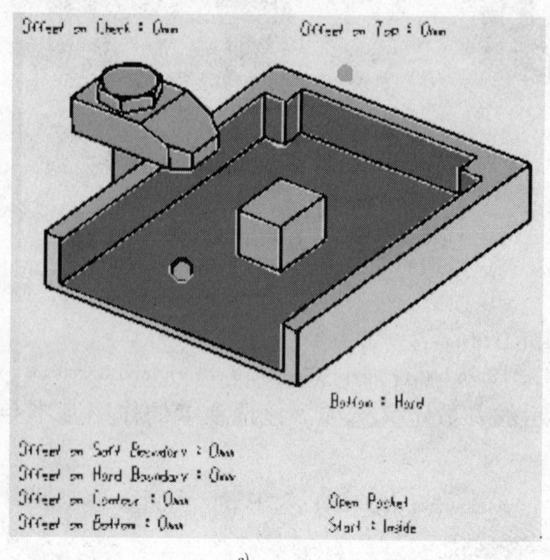

a)

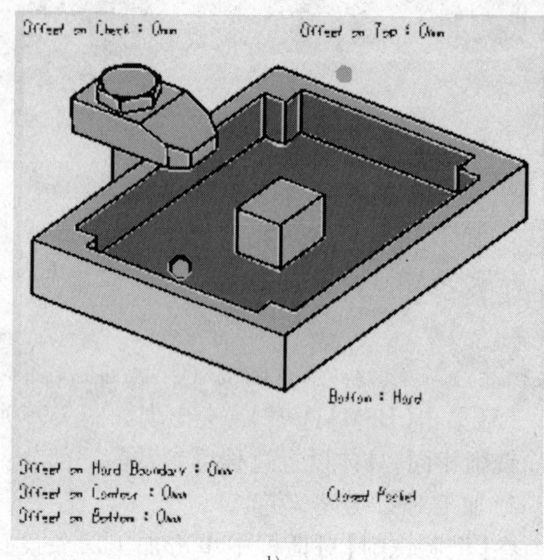

b)

图7-97　型腔铣削类型

a）开型腔；b）闭型腔

在开型腔中，加工感应区域可以用来选择加工对象，方法是：首先定义加工零件的加工底面，单击对话框中的底面感应区如图7-98a）所示；待定义对话框消失后，在几何显示区中双击加工区域，如图7-98b）所示。系统会自动识别底面和边界，在几何显示区中会出现"Guide"和"Bottom"字样，同时系统会自侦测出岛屿，在几何显示区空白处双击返回到对话框，即可完成加工区域的设置。

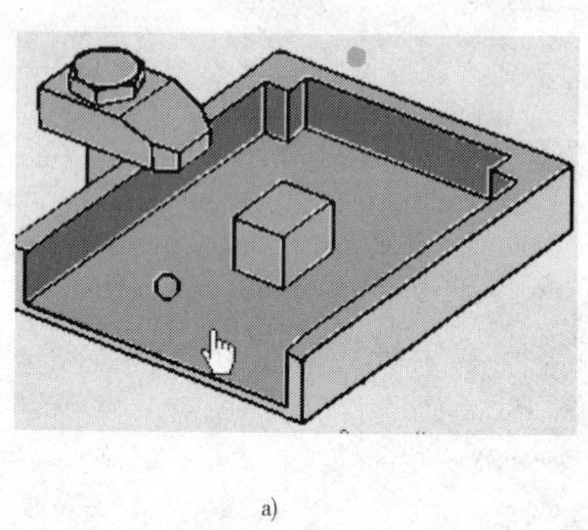

a)

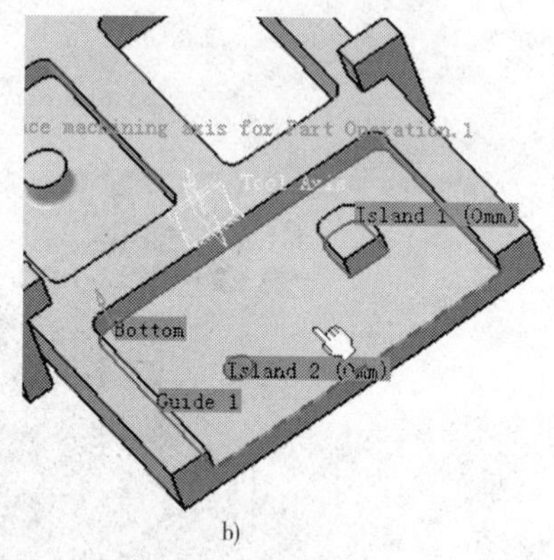

b)

图7-98　定义加工底面

岛屿是指在加工区域中孤立的部分，在系统默认的情况下，选择加工底面时是会自动侦测出岛屿的，在对底面进行加工时会自动避开岛屿的，如图7-99a）所示。

如果不选择岛屿，刀具会直接切过不需要加工的区域，如图7-99b）所示。

如果要对岛屿进行手动选择时，可在岛屿感应区中单击鼠标右键，在弹出的对话框中选择【Remove All Islands】选项，删除所有的岛屿，再单击【岛屿感应区】，在几何显示区中，选择要避开的岛屿。有的时候系统在自动侦测岛屿时，会把一些不需要避让的区域默认为岛屿，这时就需要把这些部分去掉，如图7-99b）所示的孔，系统会默认是岛屿。取消该岛屿时，在几何显示区需要删除的“Island”字样上单击鼠标右键，在弹出菜单中选择【Remove Island】选项，删除该岛屿。如果要取消岛屿的自动侦测功能，可以在对话框的加工区域感应区单击鼠标右键，在弹出的菜单中选择【Island Detection】选项，如图 7-100 所示，使该选项前面的对钩去除就可以取消岛屿的自动检测功能。

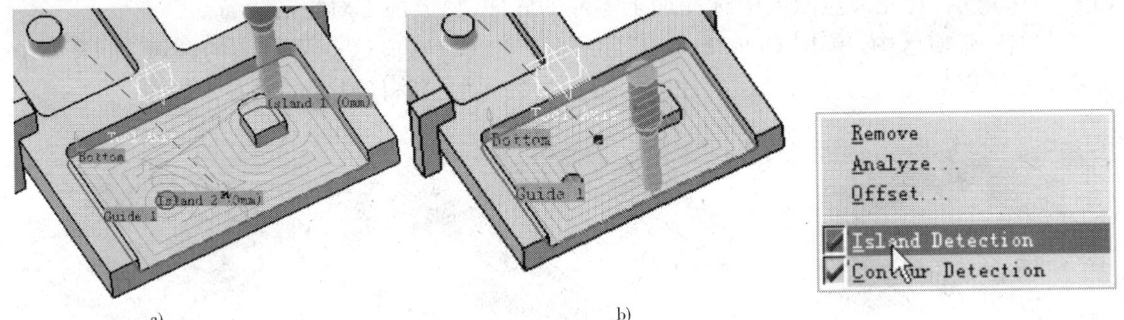

a) b)

图 7-99 岛屿刀路

a)有岛屿刀路；b)无岛屿刀路

图 7-100 取消【岛屿侦测】

型腔铣的加工区域侧壁也可以在选择加工底面的时候自动侦测出来，取消这动侦测功能的方法与岛屿相同。对于型腔铣加工，加工底面和侧壁是必须定义的。

在型腔铣中还可以定义避让区域、切削的起点和加工的顶面。定义避让区域时，在几何显示区中单击避让区域感应区，如图 7-101 所示的区域，然后在几何显示区中选择避让的区域，如图 7-102 所示，在几何显示区空白处双击左键，或者在【Face Selection】工具栏中单击

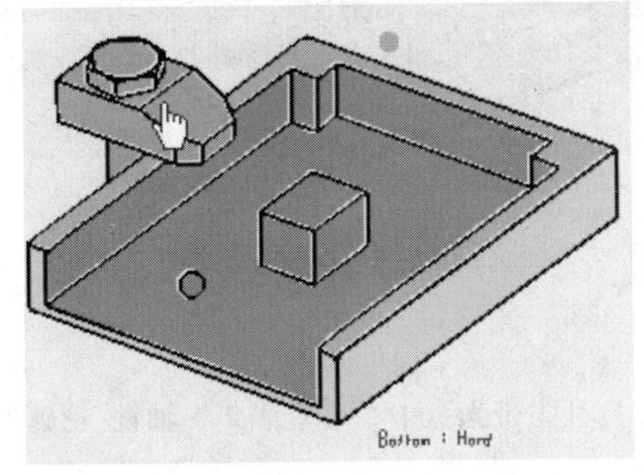

图 7-101 选择避让感应区

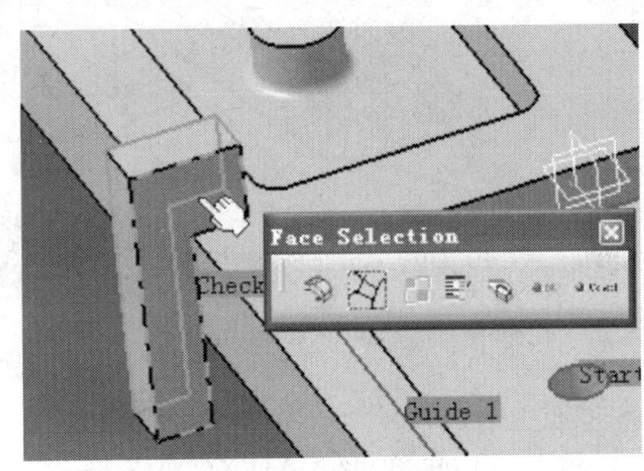

图 7-102 选择避让区域

OK 按钮返回到对话框。在定义加工区域的上表面时，单击加工顶面感应区，再在零件的几何显示区中选择零件的上表面，并双击该表面，如图 7-103 左图所示，则在图 7-103 右图上表面会变成绿色，表明该表面已经选择完成。

在型腔铣中的加工区域感应区中单击【Bottom：Hard】选项后该选项变为【Bottom：Soft】，则加工区域

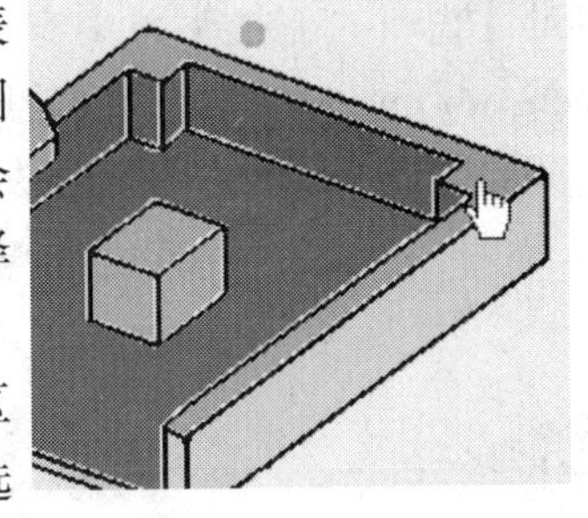

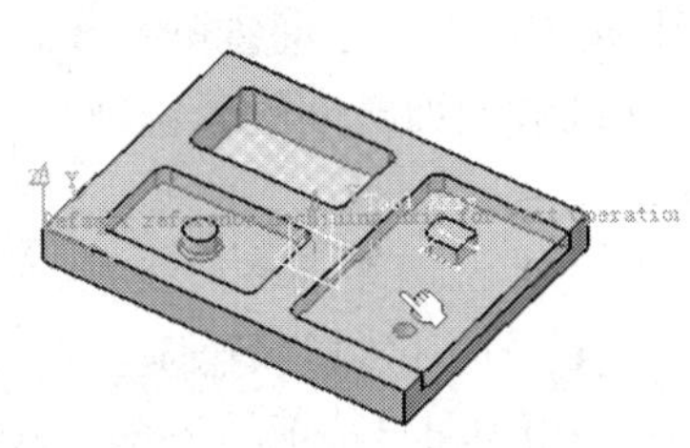

图 7-103 定义加工顶面

感应区变为如图7-104所示的无底形式。该种形式可加工无底形式的零件，设置时在加工区域感应区中选择感应区的内壁，如图7-105所示；对话框消失后，在几何显示区中选择如图7-106所示的边线作为加工的导引线，在【Edge Selection】工具菜单中单击 OK 按钮返回到对话框中。在感应区中，加工的底面是必须定义的。在加工区域感应区中单击底面感应区，如图7-107所示，在几何显示区中选择加工零件的底面，完成加工对象的设置。

在加工感应区中，单击"Open Pocket"字样，加工区域感应区变为封闭的区域，如图7-108所示。加工区域设置方法与开型腔相似。刀具参数和加工路径设置参看基本设置。

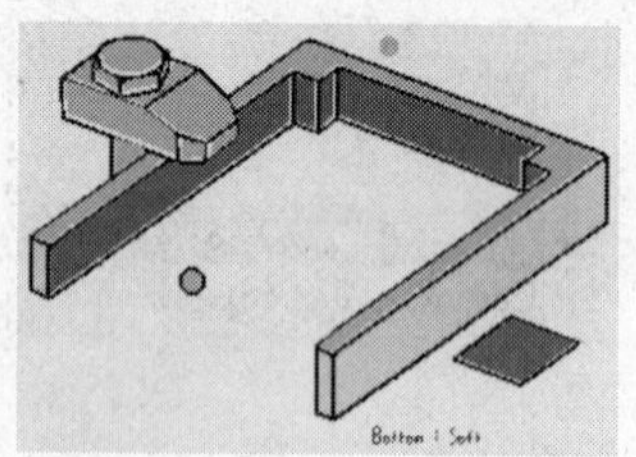

图7-104 无底感应区

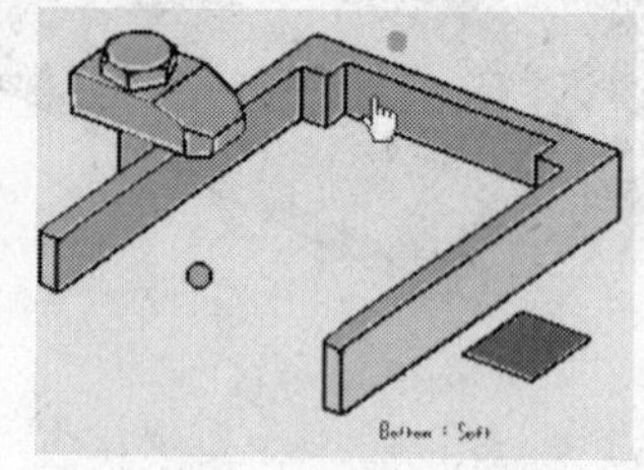

图7-105 选择侧壁感应区

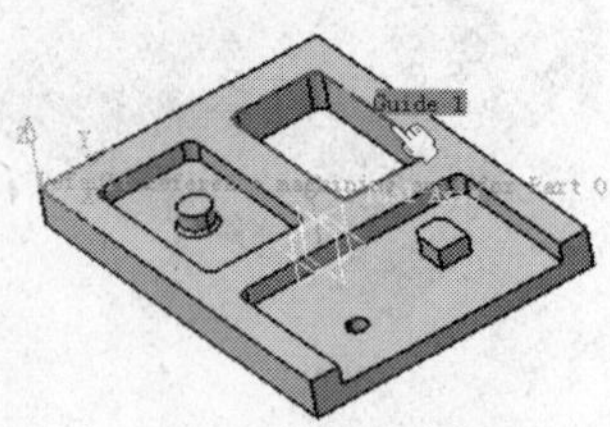

图7-106 选择加工导引线

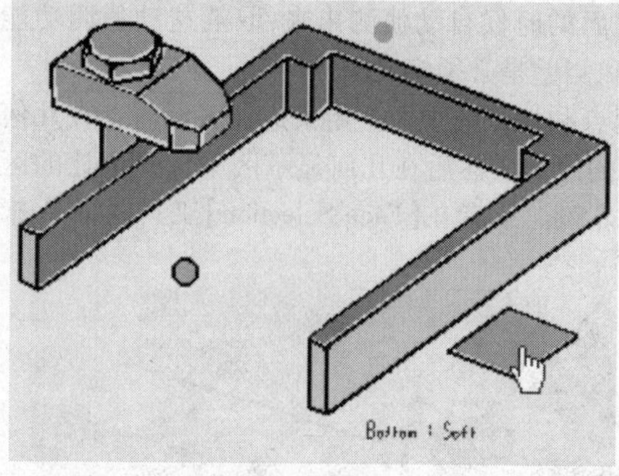

图7-107 选择底面感应区

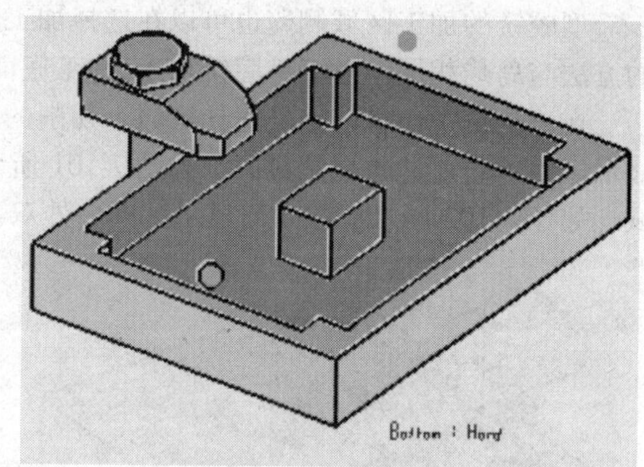

图7-108 闭型腔

7.3.3 轮廓铣削(Profile Contouring)

轮廓铣削主要对零件的外部轮廓进行加工。打开附带光盘中"第7章2.5轴铣/轮廓加工"目录下的Contouring. CATProcess文件。

切换到2.5轴铣模块下，在工具栏中单击轮廓铣削按钮，选择节点 Manufacturing Program.1，弹出如图7-109所示的对话框。

在【加工区域】选项卡的【Mode】选项的下拉菜单中有4种模式，它们分别是：Between two planes(两平面之间铣削)、Between two curves(两曲线间轮廓铣削)、Between curve and surfaces(曲线和曲面之间轮廓铣削)、By flank contouring(端平面铣削)。下面我们逐个进行介绍。

7.3.3.1 两平面之间铣削

1)加工区域设置

在【Mode】选项的下拉菜单中选择"Between two planes"，则加工区域感应区如图7-110所示。在加工区域感应区中必须定义加工底面(Bottom)和侧面轮廓(Guide)，其他的可以不定义。

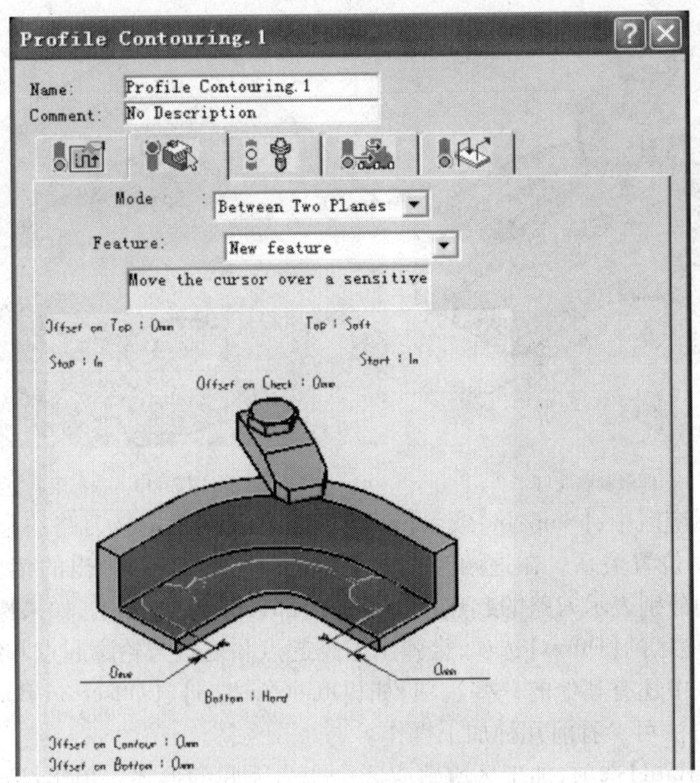

图 7-109 轮廓铣削对话框

在加工区域感应区中单击底面感应区,对话框消失;在几何显示区中选择如图 7-111 所示的面作为加工的底面。如果启动了轮廓自动诊断工具,则在选择加工底面的时候会自动地识别侧面轮廓。如果要取消选择的几何轮廓线,则在选择加工区域感应区中单击鼠标右键,在弹出的菜单中选择【Remove】选项,可以删除已经选择的轮廓。

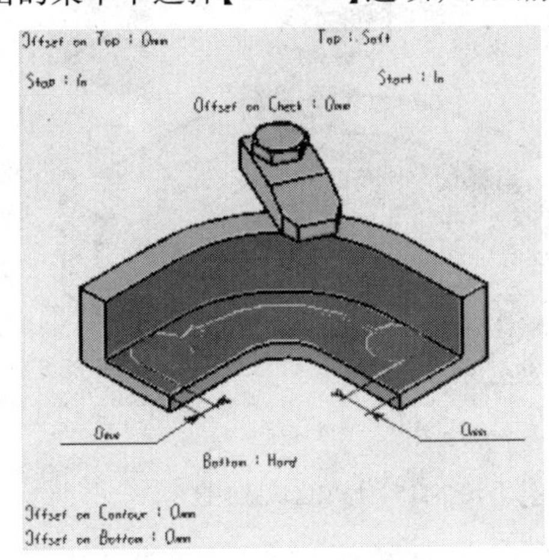

图 7-110 加工区域感应区

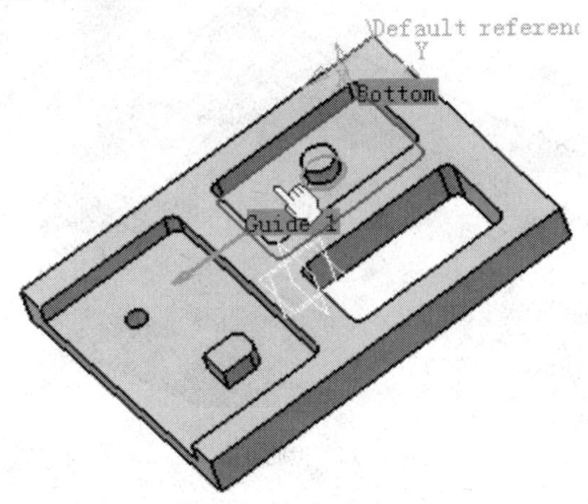

图 7-111 选择加工的底面

在加工区域感应区中还可以定义避让区域、加工的顶面,其设置的方法与平面铣相同。轮廓铣还可以铣削不是封闭的曲线,在定义的时候需要定义限制条件。

在感应区中选择限制感应区如图 7-112 所示,对话框消失后在几何显示区中选择如图 7-113所示的边线。单击【刀路仿真】按钮,生成的刀路如图 7-114 所示。

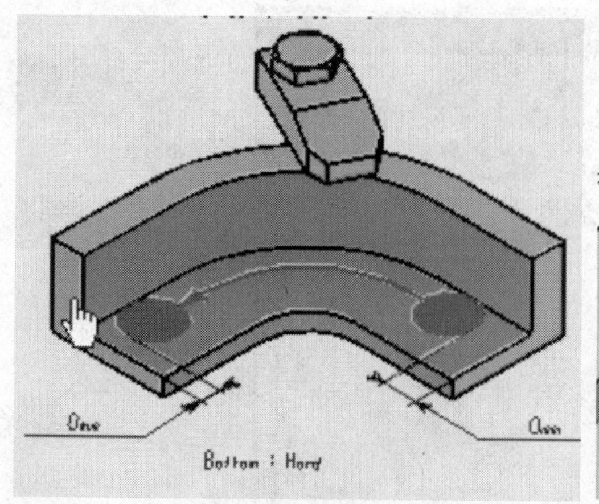

图 7-112　选择限制感应区

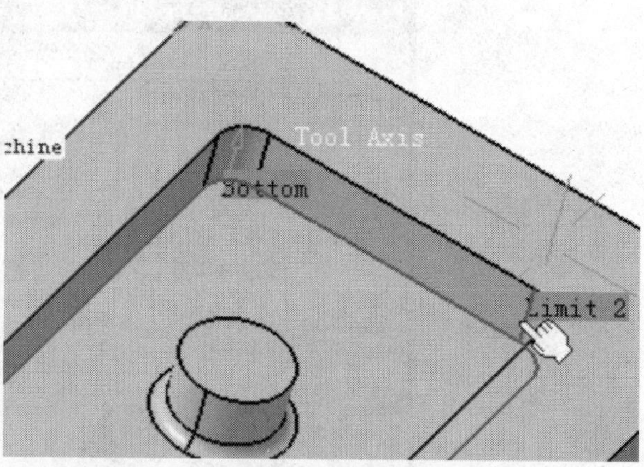

图 7-113　选择限制边线

在加工区域感应区中,【Stop:In】或者【Stop:Out】选项用于定义刀路的起点和终点与轮廓的限制边线的相对位置关系。在这两个选项上单击鼠标的右键,弹出的菜单中包括有 3 项:In、Out 和 On,它们分别表示刀路的起点在边界的内部、外部和边界上,如果选择的是 In 和 Out 形式,可以双击感应区的【Offset】选项,会弹出刀路起点和终点与轮廓起点和终点的距离。

在几何显示区中还有其他的一些选项,如【Offset on Top】、【Offset on Bottom】和【Offset on Contour】,其设置方法可参看前几种加工操作。

单击【Bottom:Hard】选项,加工区域感应区会变为无底的形式。单击【Top:Soft】选项加工区域感应区会变为如图 7-115 所示的形式。

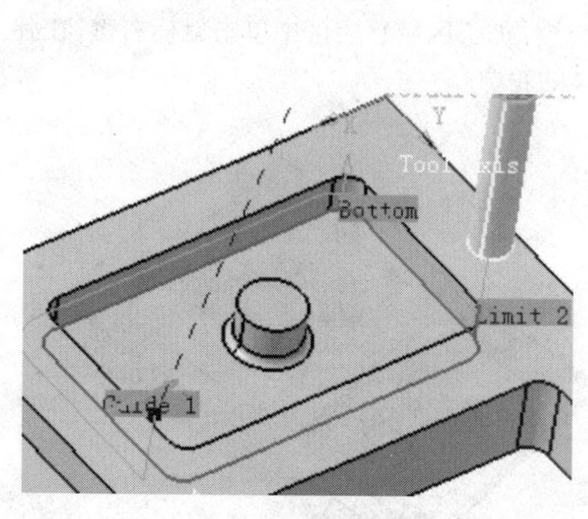

图 7-114　生成刀路

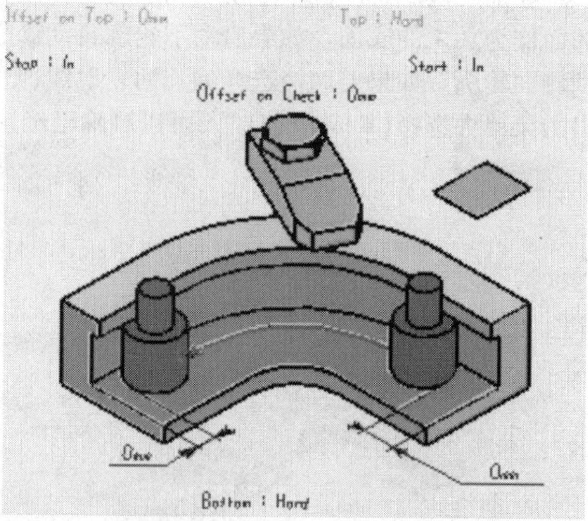

图 7-115　加工区域感应区

2)加工刀路设置

两平面之间铣削的【刀具路径】选项卡如图 7-116 所示,使用者可以在【Tool path style】选项的下拉菜单中选择刀路的形式,其中 Zig zag 表示往复切削,One way 表示单项切削,两种形式如图 7-117 所示,其中图 7-117a)是 Zig zag 形式,图 7-117b)是 One way 形式。

在【Machining】选项卡中,如果选中【Close tool path】选项可以使开放的刀路变为一个封闭的刀路,只是几何感应区中的设置的限制条件会失效;也可以在【Direction of cut】选项的下拉菜单中选择顺铣(Climb)或者逆铣(Conventional)。【Type of contour】选项用于定义刀路在转角处的过渡方式。

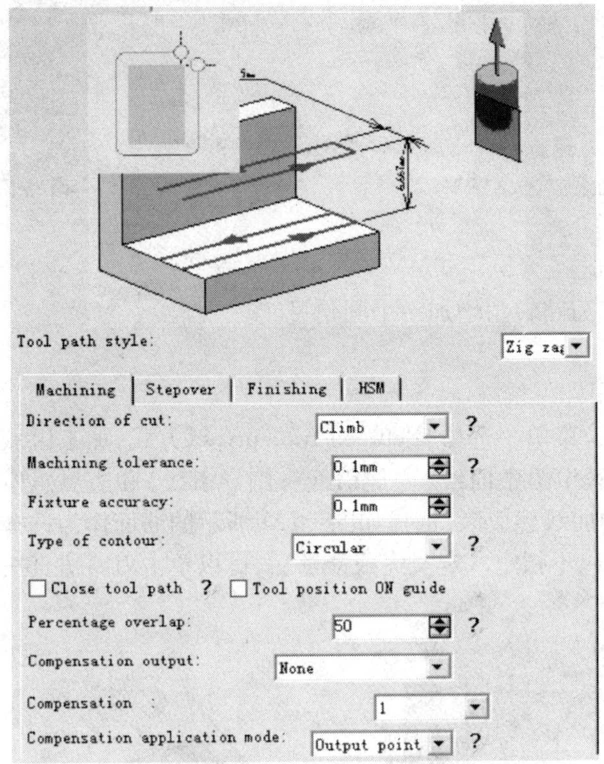

图 7-116 【刀具路径】选项卡

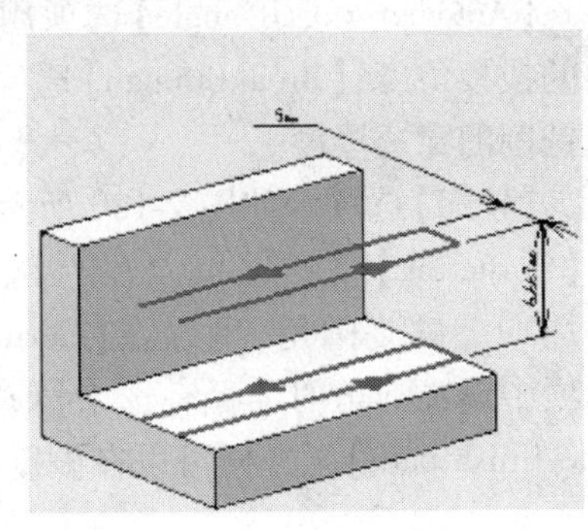

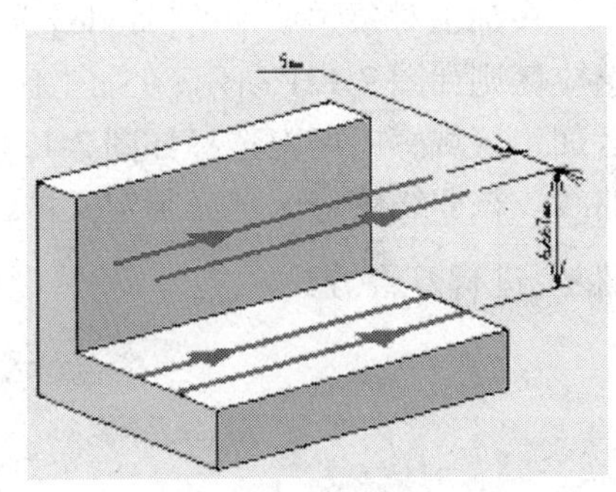

图 7-117 刀路形式示意图

【Stepover】选项卡如图 7-118 所示。在【Sequencing】选项的下拉表中选择加工的优先级,主要包括两种:Radial first(径向优先)和 Axial first(轴向优先)。径向优先切削是按照等高线进行切削,切削时从该层刀路的径向的最大尺寸开始,直到该层刀路切削完成;该层刀路完成后,再沿轴线运动,进行下一层切削。轴线优先是先切削刀路的最外层,沿着轴向切削完成后,再沿径向运动。径向优先切削如图 7-119a)所示,轴向优先切削如图 7-119b)所示。

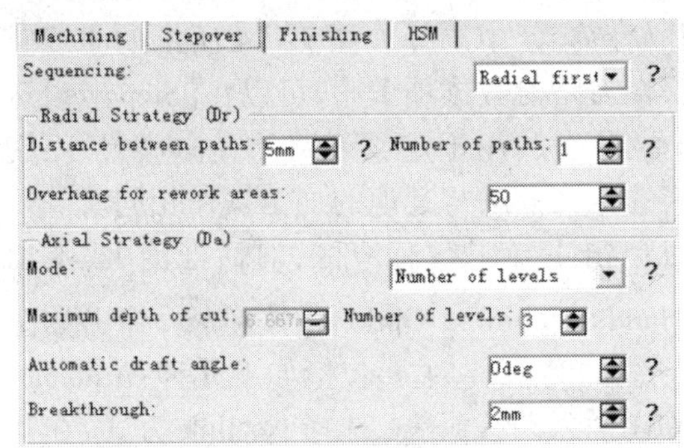

图 7-118 【Stepover】选项卡

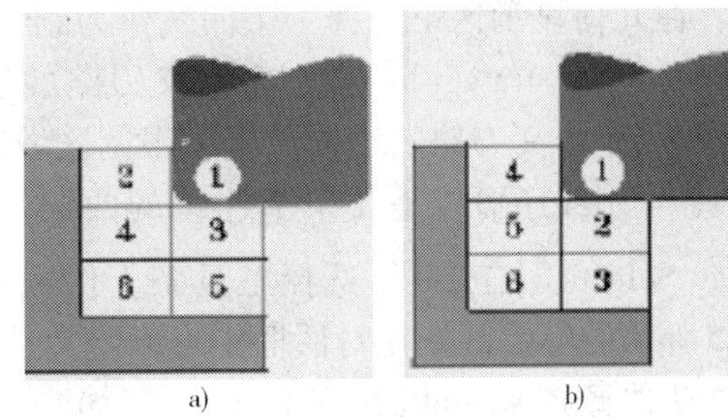

图 7-119 加工优先示意图

在【Radial Strategy】选项框中,可以定义径向参数。【Distance between paths】文本框中设置相邻两条等高刀路的间距。【Number of paths】选项用于定义每层刀路的刀路数。

【Axial Strategy】选项框用于定义刀路的轴线参数,使用者可以【Mode】选项的下拉列表框中选择刀路轴向参数定义方式,其中【Number of levels】选项表示刀路的总层数;【Maximum depth of cut】选项表示每一层的最大切削深度；【Number of levels without top】是设置最上一层厚度和其他部分切削深度的刀路层数。

【Automatic draft angle】选项用于设置轴向的拔模角度；【Breakthrough】选项用设置无底铣削的穿透厚度。

【HSM】选项卡如图 7-120 所示。如果选中【Cornering】复选框可以在刀路的转角处增加一个过渡圆角，可以在【Corner radius】选项中设置圆角的半径。选中【Cornering on side finish path】复选框可以在侧壁精加工的刀路转角增加一个圆角过渡。

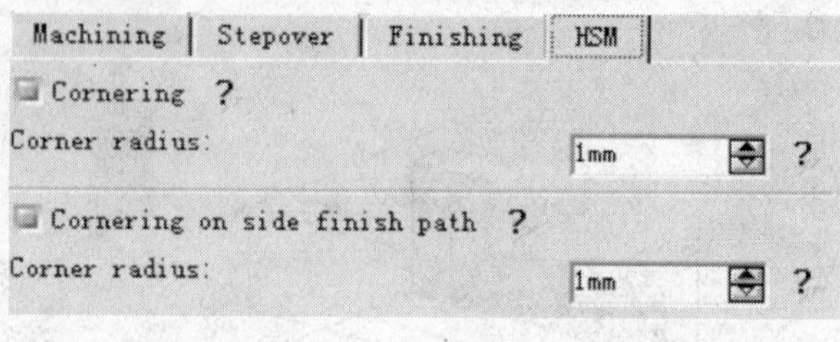

图 7-120 【HSM】选项卡

7.3.3.2 两曲线间轮廓铣削

在加工对象选项卡的【Mode】选项的下拉菜单中选择“Between two curves”方式，加工区域感应区则如图 7-121 所示；在加工区域感应区中两条曲线（主导引线和副导引线）和边界感应区加工区域感应区中选择如图 7-122 所示的曲线感应区，选择如图 7-123 所示的曲面作为选择曲线。该曲线感应区是必须定义的，其他可以不指定。定义完成能够后，可以单击刀路仿真按钮进行刀路仿真。

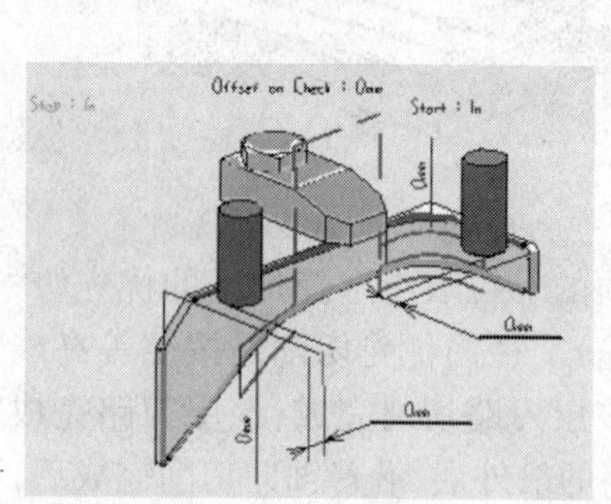

图 7-121 加工区域感应区

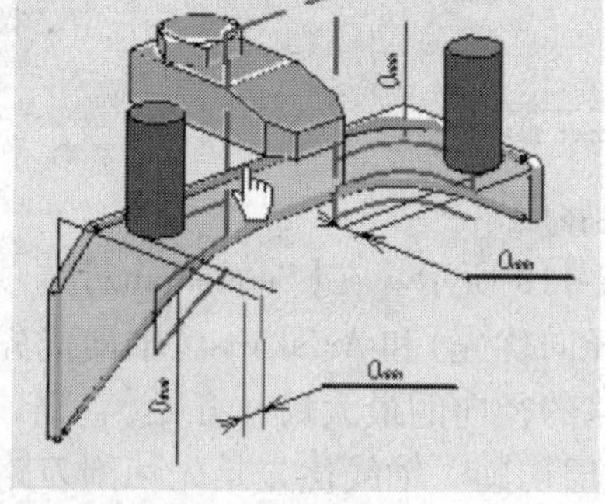

图 7-122 选择曲线感应区

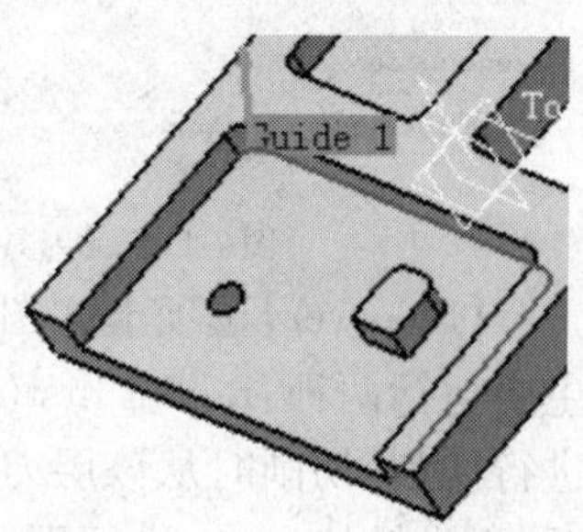

图 7-123 选择导引曲线

如果要把刀路分层，就需要定义副导引线，在几何感应区中选择如图 7-124 所示的曲线感应区，在几何显示区中选择一条曲线作为副导引线，在刀路参数选项卡中，可以在【Stepover】选项卡的【Axial strategy】选项框中定义刀路的层数。主导引线用于定义刀路的径向位置，而副导引线用于定义刀路的轴向位置。限制区域感应区的定义方法与其他的加工操作相同。

主导引线还可以是几条不连续的曲线，设置时单击主导引线感应区，对话框消失，弹出【Edge Selection】工具栏，选择工具条上【Opposite Hand Machining Options】按钮，弹出如图 7-125所示的对话框。在对话框中可以定义选择主导线的类型，它主要包括如下几种：Automatic（自动选择）、No link（选择曲线不连续）、Link insert（插入曲线）等。选择 No link 方式，在几何显示区中选择几条不连续的曲线，在选择完成后曲线上会出现“Guide1”、“Guide2”等字样，如图 7-126 所示；选择完成后单击 OK 按钮，返回到对话框中。

需要注意的是在进行刀路仿真的时候可能会出现过切的现象，如图 7-127 所示。

为了避免过切，需要在进退刀路径选项中定义不连续刀路的连接。方法是：单击【进退刀路径】标签，在【Macro Management】选项框中选择【Linking Retract】选项；单击鼠标右键，在弹出的菜单中选择【Active】选项，如图 7-128 所示；同时在下面的进退刀路线设置，单击按钮，使刀路在完成一段后，按照刀具轴线返回到安全平面，再从安全平面沿刀具轴线运动到下一刀路，设置完成后刀路仿真如图 7-129 所示。

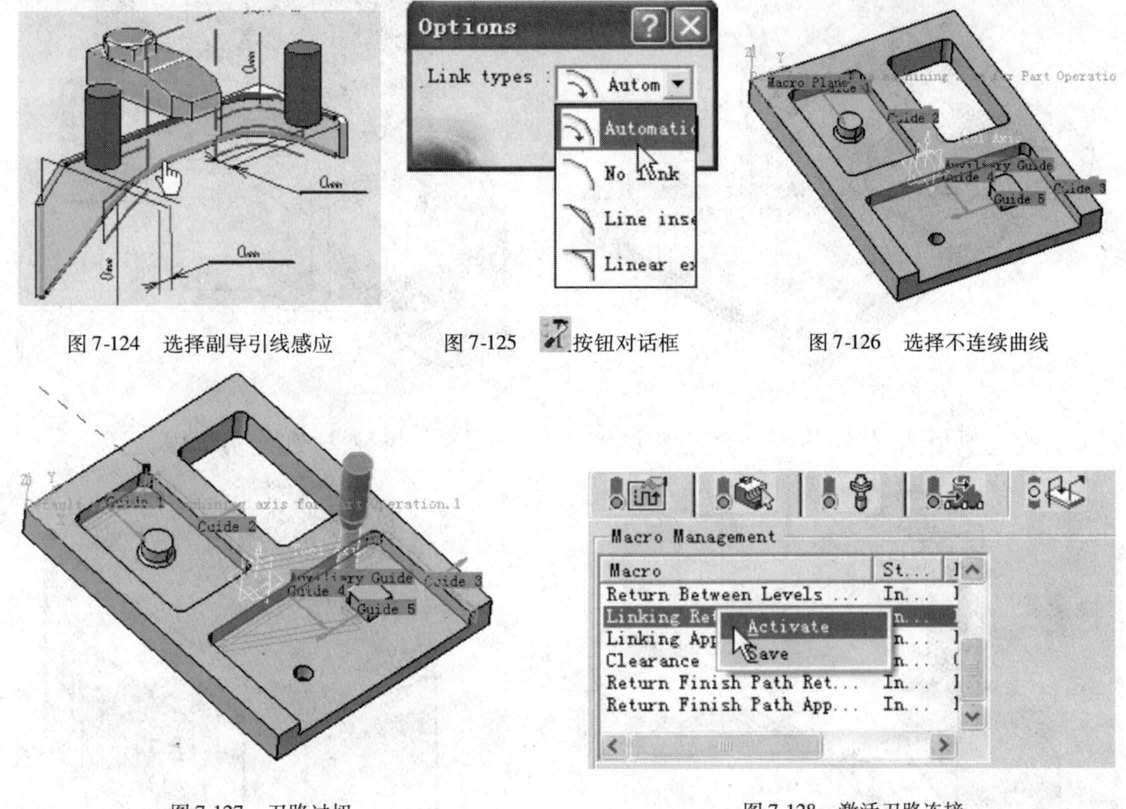

图 7-124　选择副导引线感应　　图 7-125　按钮对话框　　图 7-126　选择不连续曲线

图 7-127　刀路过切　　图 7-128　激活刀路连接

7.3.3.3　曲线和曲面之间轮廓铣削

在【Mode】选项的下拉列表框中选择“Between Curve and Surfaces”，则加工区域感应区如图 7-130 所示。在加工区域感应区中能够定义导引曲线、底平面、避让区域和限制区域。其中导引曲线和底平面是必须要定义的。导引线也可以选择一些曲线作为导引线，导引线可以是连续的，也可以是不连续的。单击底平面感应区，如图 7-131 所示，在几何显示区中选择平面作为加工的底面。选择底平面可以是多个平面。

与两曲线间轮廓铣削方式相同，在选择多条不连续曲线作为导引线时要注意刀路过切现象，设置方法参看两曲线间轮廓铣削方式。

7.3.3.4　端平面铣削

端平面铣削主要是指对与刀具轴线平行的壁面进行铣削。

在【Mode】选项的下拉菜单中选择“By Flank Contouring”，加工区域感应区如图 7-132 所示。具体操作方法是：在感应区中单击平面感应区，在几何显示区中选择一个端平面作为加工的端平面，双击返回到对话框中即可。在加工区域感应区中，只有端平面是必须定义的，其他的选项可以不定义。

在定义端平面的时候也可以定义多个平面，但必须是平面，曲面是不能定义的。

在这种加工方式中，当加工不连续区域时同样要注意过切问题。

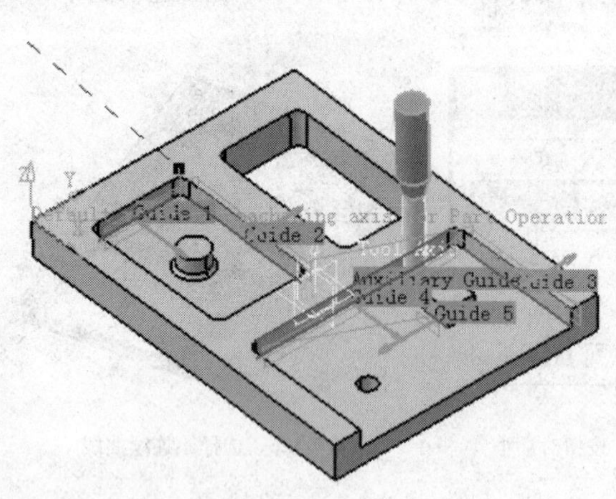

图 7-129　刀路连接后的刀路

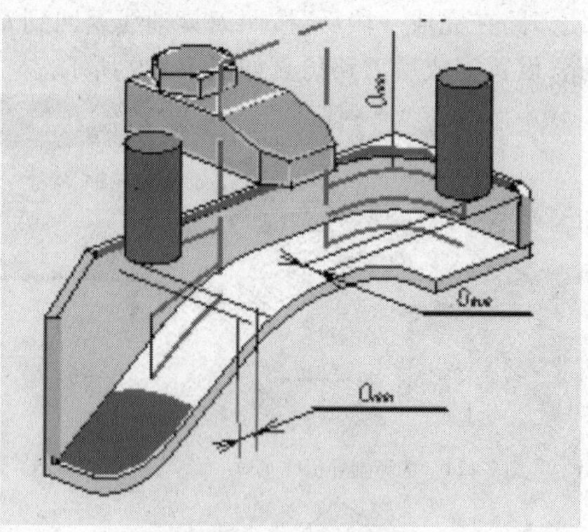

图 7-130　加工区域感应区

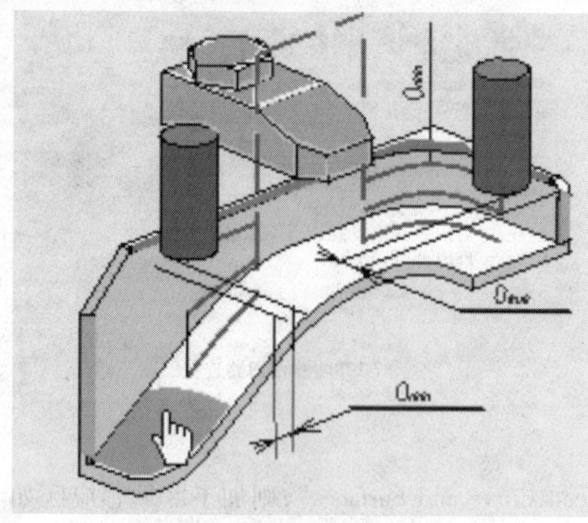

图 7-131　选择底面感应区

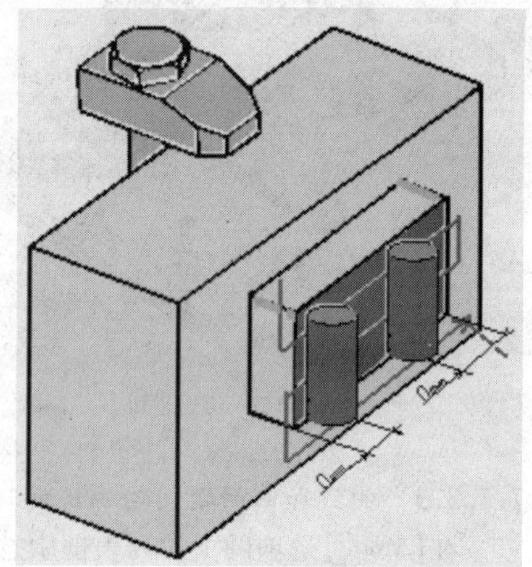

图 7-132　加工区域感应区

7.3.4　曲线铣削(Curve Following)

曲线铣削工具可以使刀具按照曲线对零件进行加工，曲线可以是连续的，也可以是不连续的。打开附带光盘中的“第 7 章 2.5 轴铣/曲线铣”目录下 CurveFollowing. CATProcess 文件，如图 7-133 所示。

在工具栏中选择【曲线铣削】图标，会弹出如图 7-134 所示的【曲线铣削】对话框。

在加工区域选项中，刀具的导引线是必须定义的。设置的方法是：在几何感应区中选择导引线的感应区，当对话框消失后在几何显示区中选择导引曲线（导引线可以为不连续的曲线，如图 7-135 所示），选择完成后双击即可返回到对话框。

在加工区域感应区中有“0mm”字样，双击该字样，如图 7-136 所示，会弹出【参数定义】对话框，在对话框中可以输入正值或者负值。如果是正值表示刀路向上偏，如果是负值表示刀路向下偏，这里输入值是 -5。单击仿真按钮，仿真结果如图 7-137 所示。

图 7-133　零件模型

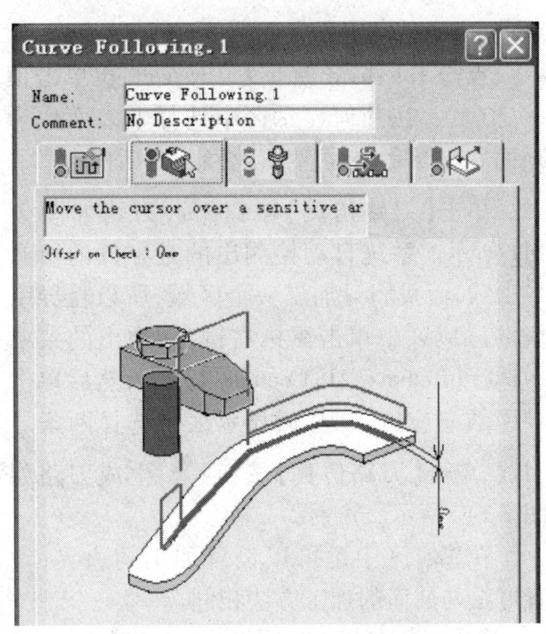

图 7-134　【曲线铣削】对话框

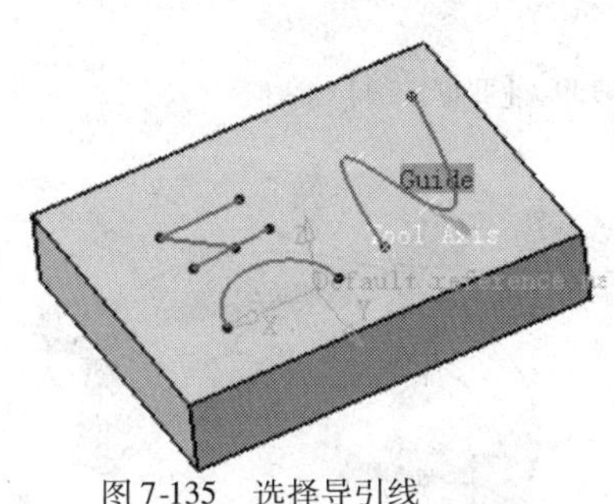

图 7-135　选择导引线

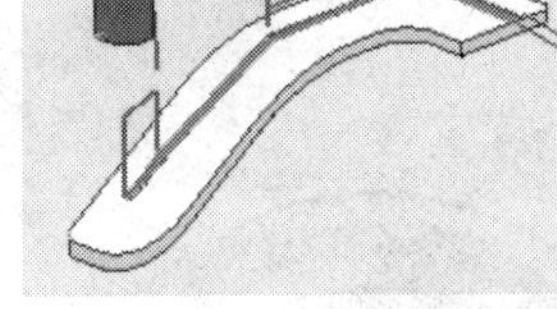

图 7-136　设置偏移距离

图 7-137　刀路仿真

7.3.5　凹槽铣削(Groove Milling)

利用【凹槽铣削】按钮可以在加工零件上加工出凹槽。

下面通过一个具体的例子来说明,首先打开附带光盘中的"第 7 章 2.5 轴铣/凹槽铣削"中的 Groove Milling. CATProcess 文件,如图 7-138 所示。

在工具栏中单击【凹槽铣削】按钮,在模型树中选择一个插入位置,则弹出如图 7-139 所示的对话框。

在加工区域选项中可以定义的选项包括:加工的底面、加工的导引线、避让区域、顶面和限制边界。其中加工的底面、加工的侧壁和顶面是必须要定义的。

在感应区中单击底面感应区,同时在几何显示区中选择加工的底面如图 7-140 所示。选择完成后会在平面上增加"Bottom"字样,同时系统会自动检测出加工的导引线;双击返回到对话框中,在加工区域感应区的底面和侧壁感应区变为

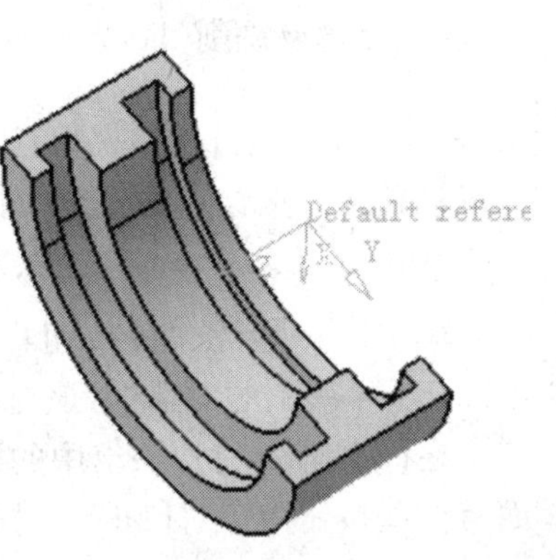

图 7-138　零件模型

绿色,表示已经定义完成。

点击 Top:hard 使变为 Top:soft,再单击顶面感应区,在几何显示区中选择上表面作为顶面。选择完成后,双击返回到对话框中。

单击【刀路仿真】按钮,刀路如图 7-141 所示。系统自动检测出的是零件的所有导引线,而我们只加工一个区域,所以在导引线的感应区中单击鼠标右键,在弹出的菜单中选择【Remove All Contours】选项,然后单击导引线感应区,在几何显示区中选择两条导引线,单击【刀路仿真】按钮,生成刀路如图 7-142 所示。

在感应区中也可以设置加工的边界,设置方法与前面的加工方法相同。

在【刀具路径】选项卡中,选择【Stratgy】选项卡,利用【Machining direction】选项的下拉列表框可以定义刀具的切削方向,其中“TOP/Bottom”表示自上而下切削,“Bottom/TOP”表示自下向上切削。

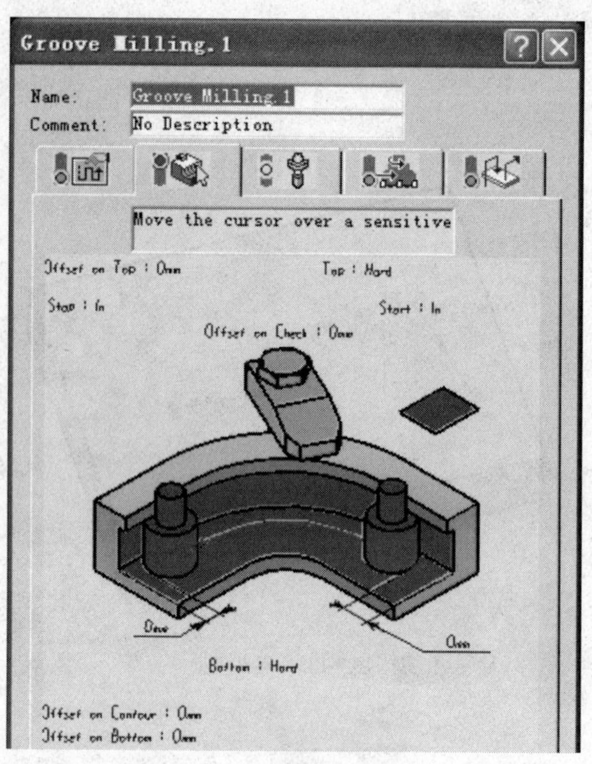

图 7-139 【凹槽铣削】对话框

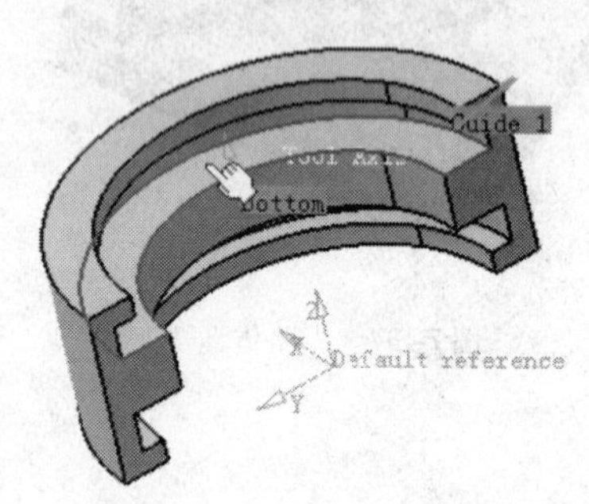

图 7-140 选择加工底面

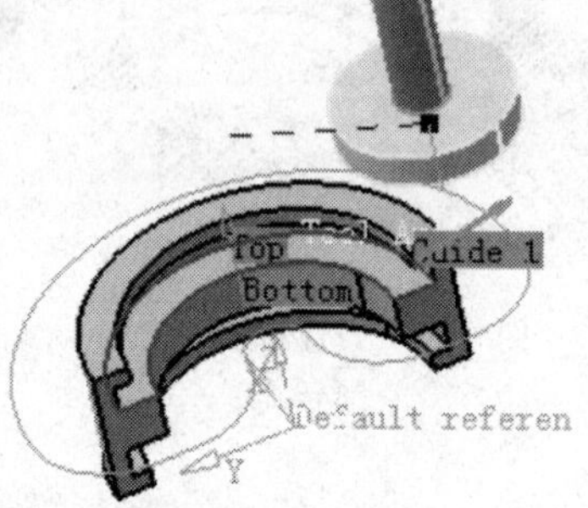

图 7-141 刀路仿真

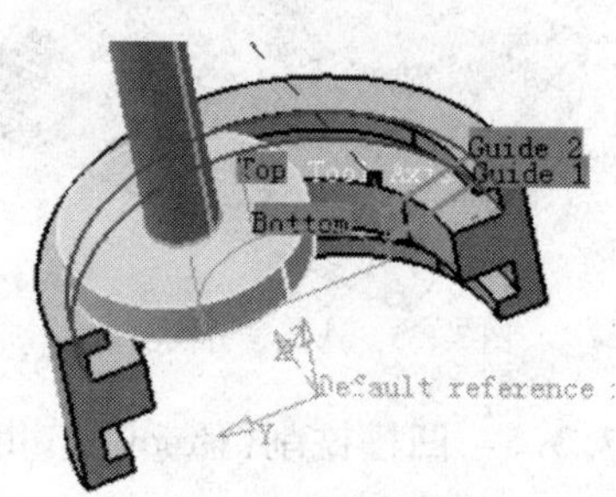

图 7-142 刀路仿真

其他选项的内容与前面的加工基本相同。

7.3.6 点到点铣削(Point to Point)

【点到点铣削】按钮可以使刀具按照一些点进行切削,这些点作为加工的刀位点,刀具的运动路径是点与点的直线。打开附带光盘中“第 7 章 2.5 轴铣/点到点铣削”目录下 Point to Point Milling.CATProcess 文件,如图 7-143 所示。

单击【点到点铣削】按钮,在模型树中选择 Manufacturing Program.1 节点,会弹出如图 7-144 所示的对话框,该对话框中没有加工区域设置选项卡。

在【刀具路径】选项卡中的【Motions】选项卡用于选定一些点来引导刀路。该选项卡的下面有一些按钮用于对【Motions】选项的点进行编辑。

按钮用于增加几何点。如果要在【Motions】选项空白中增加几何点,首先要单击按钮,然后在几何显示区中选择几何点,则在【Motions】选项下会出现几何点,如图 7-146 所示。单击【刀路仿真】按钮,生成的刀路如图 7-145 所示。

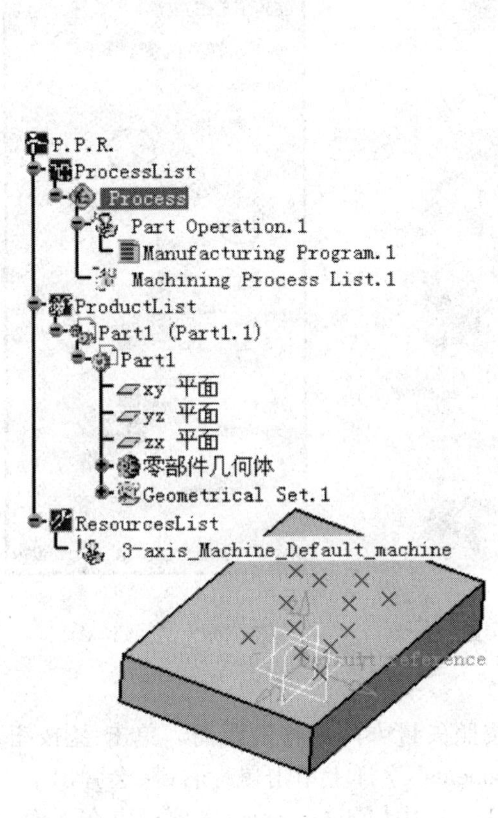

图 7-143　零件模型

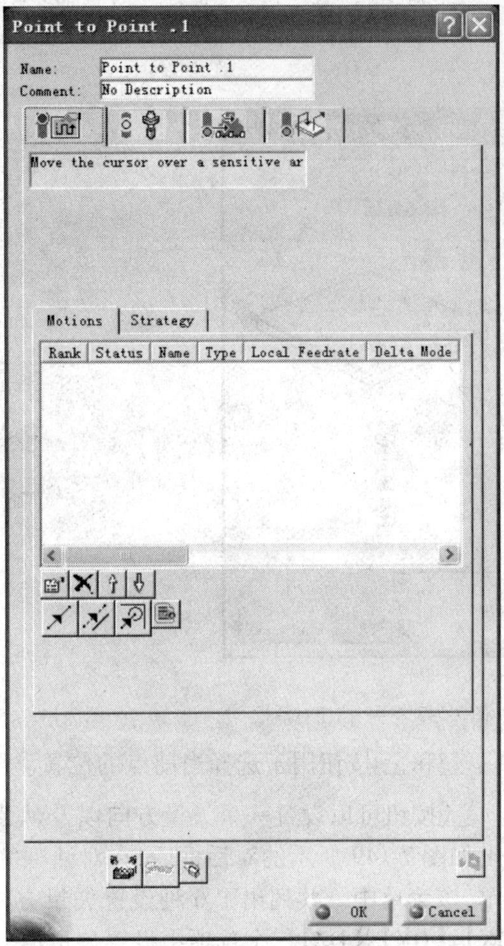

图 7-144　点到点铣削定义对话框

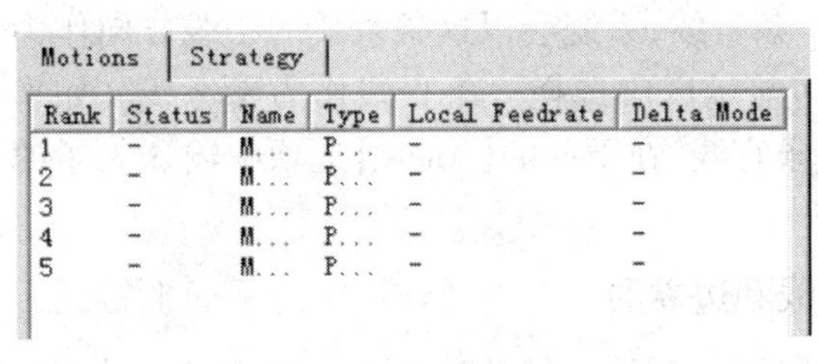

Motions | Strategy

Rank	Status	Name	Type	Local Feedrate	Delta Mode
1	-	M...	P...	-	-
2	-	M...	P...	-	-
3	-	M...	P...	-	-
4	-	M...	P...	-	-
5	-	M...	P...	-	-

图 7-145　【Motions】选项卡

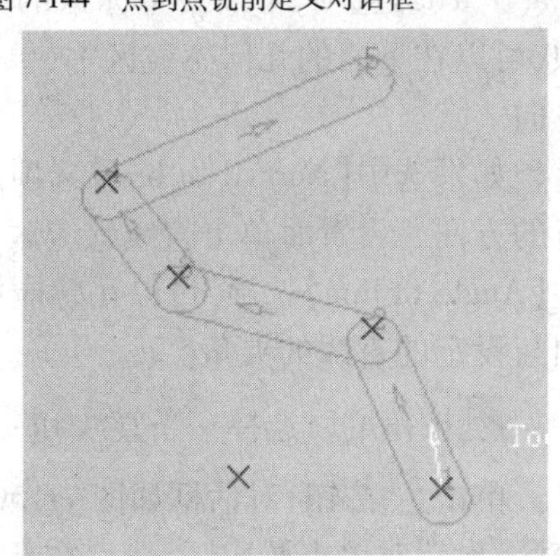

图 7-146　生成的刀路

按钮用于删除几何元素。在【Motions】选项中选择要删除的点,单击按钮,即可完成删除。

按钮用于编辑几何元素。在【Motions】选项中选择一个点,单击按钮,会弹出如图

7-147 所示的对话框；在对话框中可以通过修改当前点的坐标值，修改当前点的位置。把坐标值设为 $X=-35, Y=10, Z=50$，单击 OK 按钮，返回到对话框中。单击【刀路仿真】按钮，修改后的刀路如图 7-148 所示。

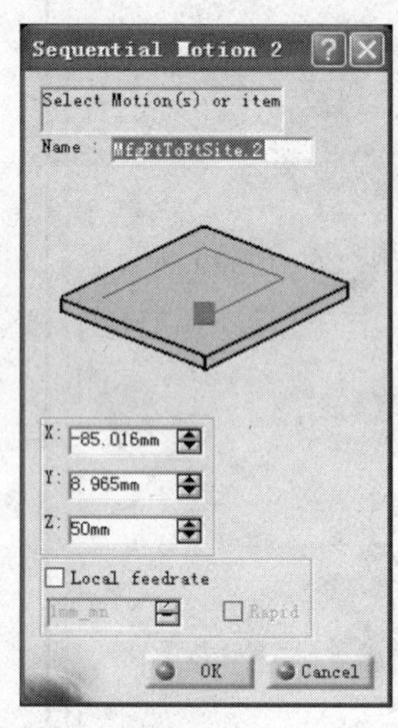

图 7-147 按钮对话框

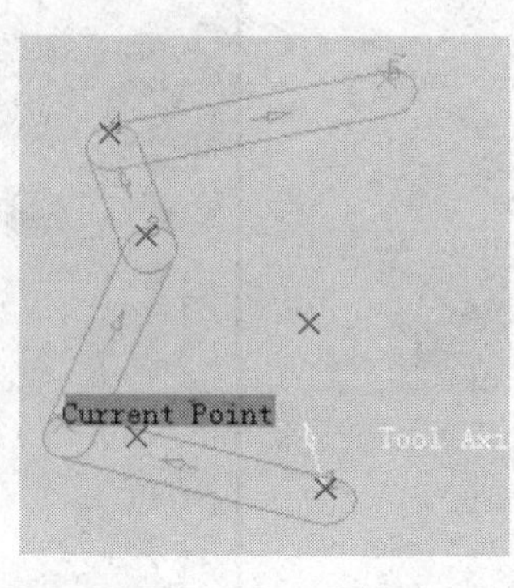

图 7-148 修改后的刀路

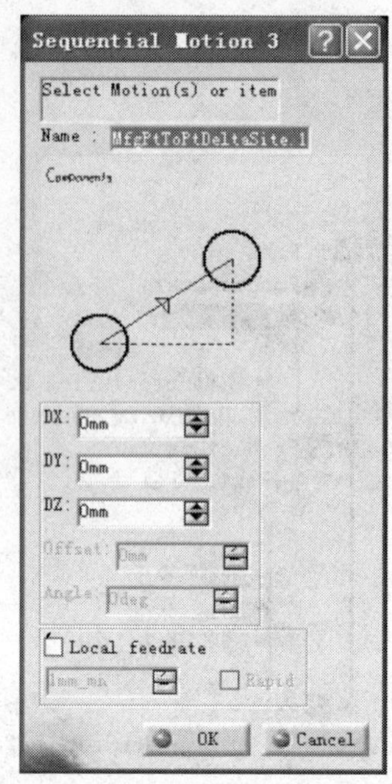

图 7-149 按钮对话框

和按钮用于选择当前点的位置。

按钮可以设置一个矢量方向以及从当前点按照矢量方向偏移的距离。单击按钮，弹出如图 7-149 所示的对话框后，在对话框的“Components”字样上单击鼠标右键，会弹出下拉菜单，该菜单中一共列出了 6 种设置矢量方向的方法。选中【Components】选项可以在下面的【DX】、【DY】、【DZ】三个选项中设置分量值，从而确定矢量的方向。选中【Along X axis】和【Along Y axis】选项，可以使坐标系的 X 轴或者 Y 轴作为矢量的方向。选中“Parallel to line”选项，可以在下面的几何感应区中，单击直线感应区，在几何显示区中选择一条直线作为矢量的方向。

如果选中【Normal to line】选项，可以选择一条直线，系统会以这条直线的法线方向作为矢量的方向。设置时单击直线感应区，然后在几何显示区中选择一条直线作为参考线。如果选中【Angle to line】选项，可以在感应区中设定一条直线，在下面的【Angle】选项中输入矢量的方向与设定的直线的夹角。

按钮可以选择一条直线和一条边界，直线和边界的交点投影到指定的平面上得到刀位点。单击按钮，对话框如图 7-150 所示。在加工区域感应区中有直线、边界和投影面的感应区，设置时单击感应区，然后在几何显示区中选择几何元素。该对话框中，【Part thickness】选项用于设置刀位点到投影平面的距离，在默认状态下为 0mm。如果为正值，表明刀位点在平面上面；如果为负值，表明刀位点在平面下面。【Position on drive】选项可设置刀位点与驱动直线的位置关系，其下拉菜单中有 3 项：To、On 和 Out。【Offset on drive】选项用于设置刀路与驱动直线的距离。【Offset on check】选项用于设置刀路与边界的距离。

刀具路径的【Strategy】选项卡如图7-151所示。【Offset along axis】选项用于设置刀具的切削深度,其中正值表示刀具在切削面的上方,负值表示刀具在切削面的下面,切削深度为输入的值。

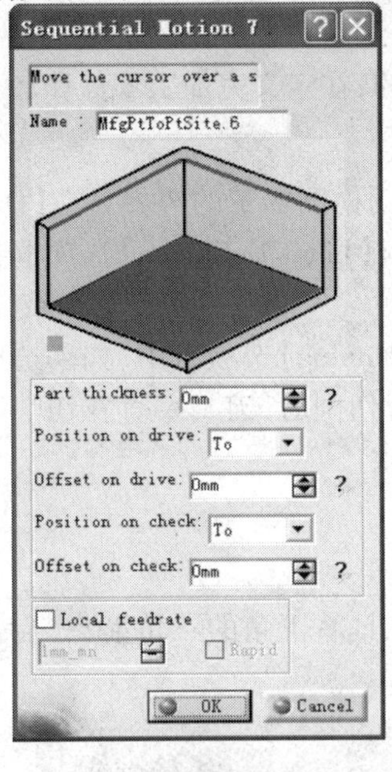

图7-150 按钮对话框

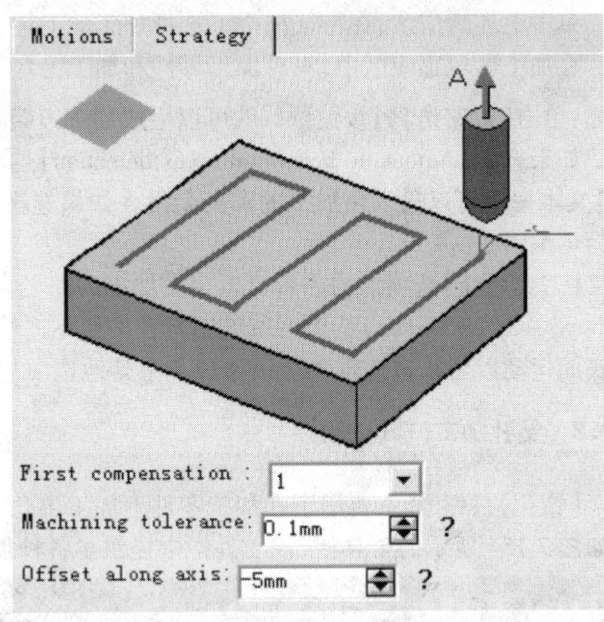

图7-151 【Strategy】选项卡

7.3.7 粗加工(Prismatic Roughing)

【粗加工】按钮主要用于对毛坯进行加工,除去毛坯的大部分多余材料。打开附带光盘"第7章2.5轴铣/粗加工"中的Prismatic Roughing. CATProcess文件,如图7-152所示。

在加工模型树中选择要插入的位置,单击【粗加工】按钮,会弹出如图7-153所示的对话框。

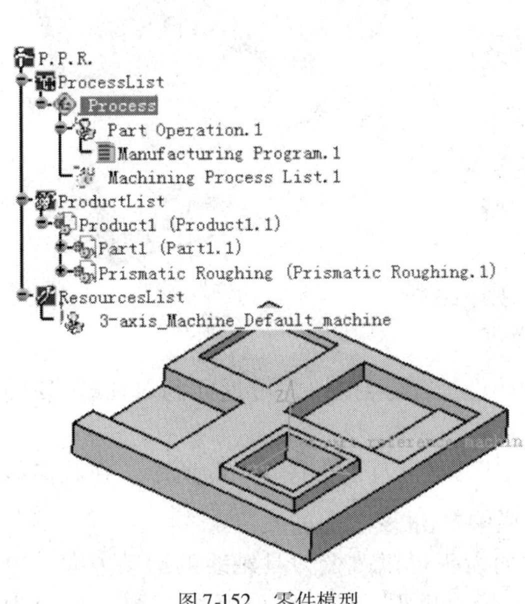

图7-152 零件模型

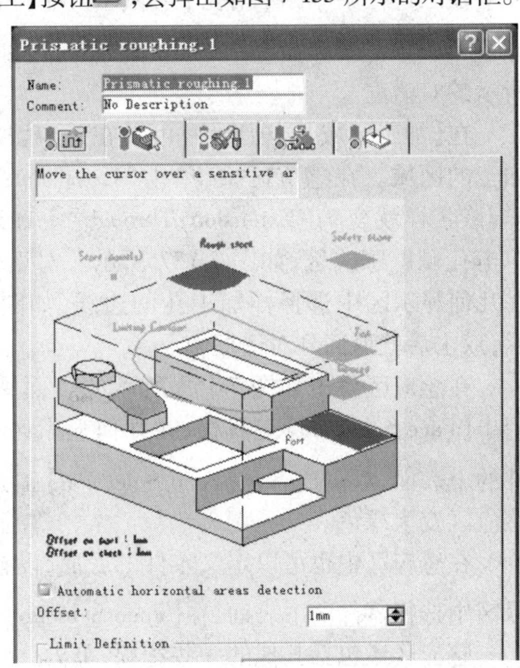

图7-153 【粗加工】对话框

在【加工区域】选项卡中，有加工区域的感应区，单击加工零件感应区，对话框消失，在几何显示区中选择加工的零件，在空白处双击返回到对话框，则完成加工零件的设置。

单击毛坯感应区，在特征树中下选择加工的毛坯，双击可返回到对话框。

在加工区域感应区中，只有加工零件和加工毛坯是必须定义的，在定义完加工零件和加工毛坯，单击【刀路仿真】按钮，就可以生成加工刀路。

如果选中【Automatic horizontal areas detection】选项系统会自动检测加工的边界。在【Offset】文本框中可以输入粗加工的加工余量。如果选择了限制条件，【Limit Definition】选项框就变为可编辑。

【刀具路径】选项卡的内容可以定义加工刀路的路径，在【Machining】选项卡中，如果选中【Always stay on bottom】选项可以使刀具在按照不连续刀路的进行切削时，刀具一直在切削层的底面运动以防止过切现象。该选项卡中其他选项与型腔铣相同。

7.3.8 钻孔加工(Drilling)

【钻孔】按钮主要用于在加工零件上加工出孔，单击钻孔工具右下角的三角箭头，会弹出如图7-154所示的工具栏，该工具栏中提供了各种加工孔的操作。

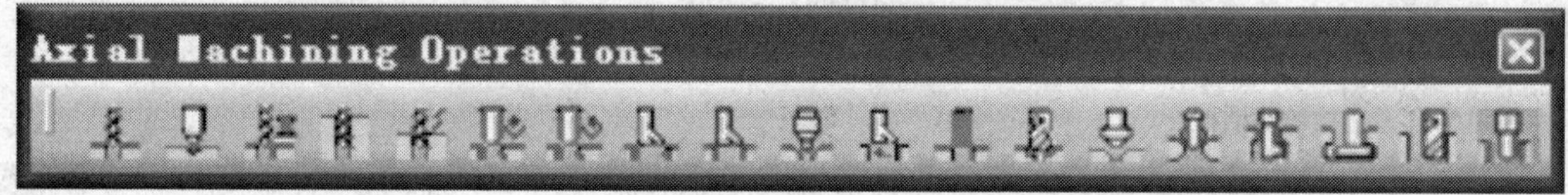

图7-154 【钻孔】工具栏

钻孔操作的设置方法基本相似，下面以【钻孔】按钮为例说明设置方法。打开附带光盘中的"第7章2.5轴铣/钻孔加工"中的Drilling. CATProcess文件，如图7-155所示。

在工具栏中单击【钻孔】按钮，在特征树上选择 Manufacturing Program.1 ，就会弹出如图7-156所示的对话框。

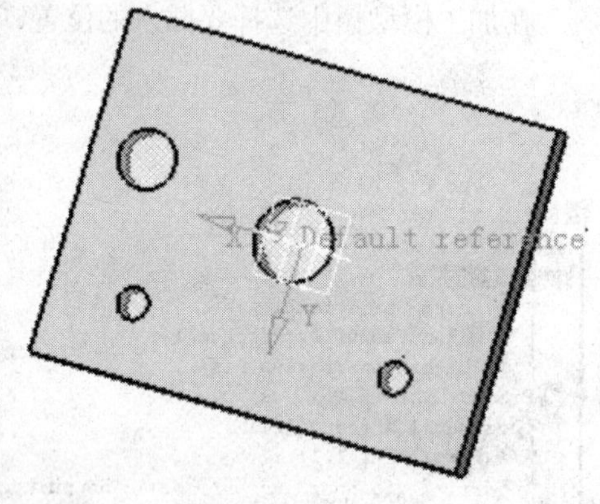

图7-155 零件模型

在【加工区域】选项卡中，可以在感应区中定义要加工的区域。在感应区中，单击"Extension：Blind"字样，该字样就变为"Extension：Through"。在感应区中单击孔侧壁感应区，如图7-157所示。对话框消失后在几何显示区中选择样加工孔的边线，如图7-158所示，双击后就返回到对话框中。

在感应区单击如图7-159所示的顶面感应区，则弹出【Face Selection】工具栏；在几何显示区中选择零件的上表面，双击或者在【Face Selection】工具栏单击 OK 按钮则可返回到对话框，顶面感应区变为绿色。

在感应区中也可以定义零件的底面，设置时单击底面感应区，如图7-160所示。在几何显示区中选择零件的下表面，在【Face Selection】工具栏中单击 OK 按钮。

感应区还包括其他的一些选项，单击感应区中的箭头可以改变刀具轴线的运动方向。单击"Extension：Through"字样，该字样则变为"Extension：blind"，同时感应区中的图形也变为盲孔。

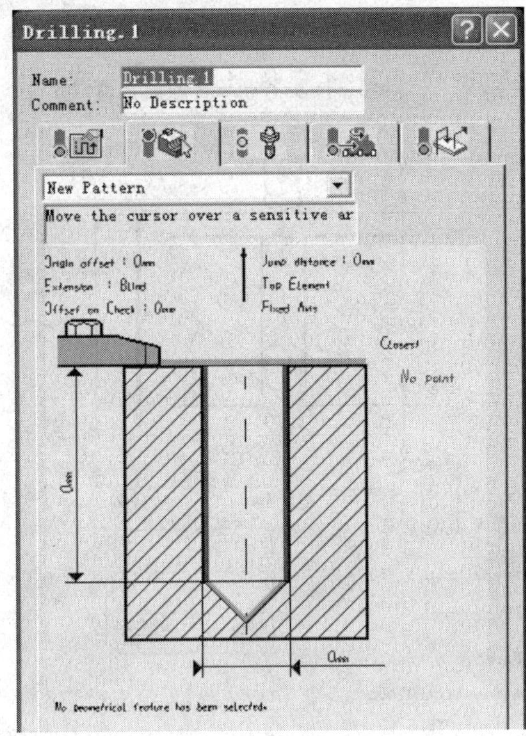

图 7-156 【钻孔】对话框

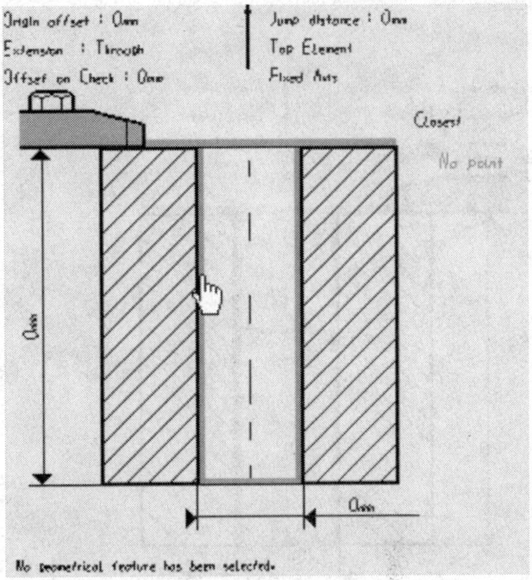

图 7-157 选择孔侧壁感应区

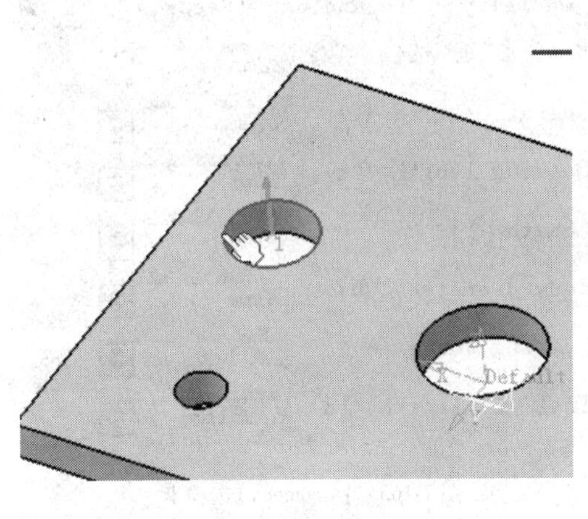

图 7-158 选择孔的边线

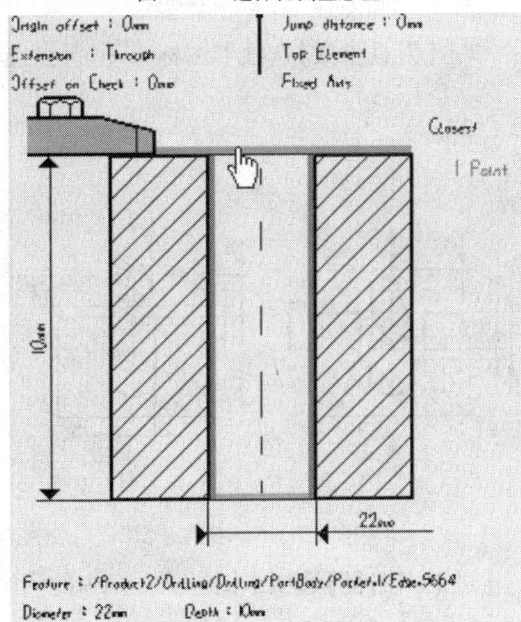

图 7-159 选择顶面感应区

选择【刀具路径】标签 ，【刀具路径】选项卡如图 7-161 所示。在选项卡中的【Approach clearance(A)】选项用于定义进刀的距离。【Depth mode】选项用于定义计算孔深的模式，其中 By tip(Dt)表示按照孔的顶点来计算孔深；By diameter(Bd)表示按照孔的上部分宽度和刀具的角度来计算。Breakthrough(B)选项用于定义刀具顶点越过底面的距离。在【Plunge mode】选项的下拉选项中可以选择如下刀具的插入模式：By tip(Dt)和 By shoulder(Ds)。By tip(Dt)模式示意图如图 7-162a)所示，By shoulder(Ds)模式如图 7-162b)所示。

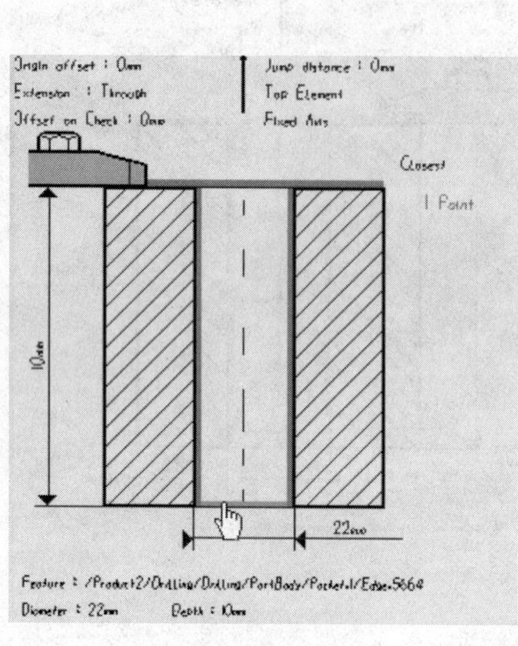

图 7-160　选择底面感应区

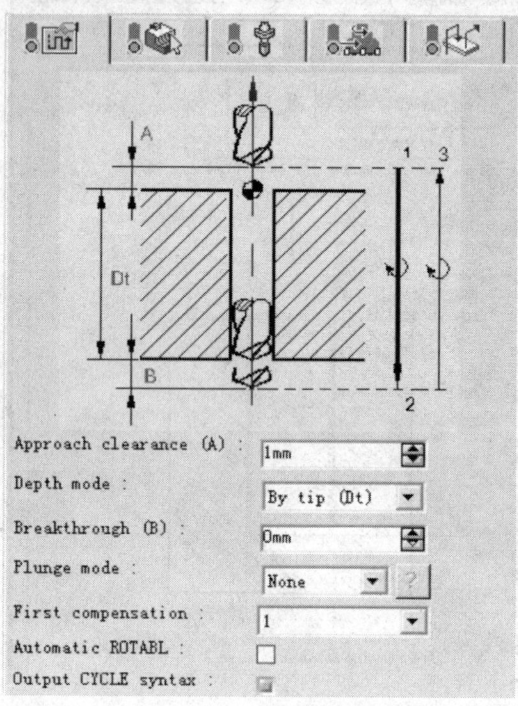

图 7-161　【刀具路径】选项卡

单击【刀具参数】选项卡图标，在选项卡中设置刀具参数如图 7-163 所示。

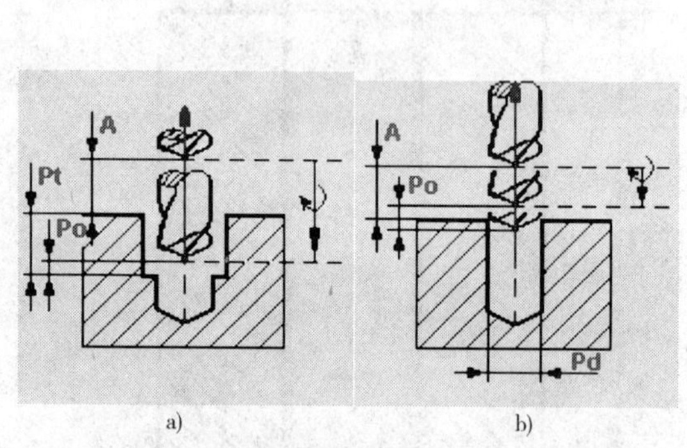

a)　　b)

图 7-162　刀具插入模式示意图

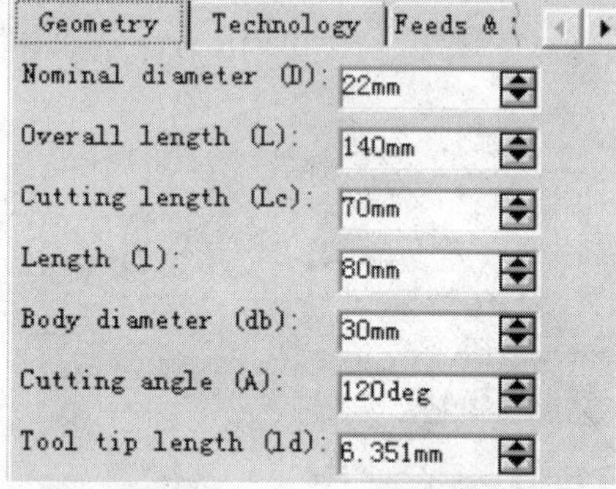

图 7-163　【Geometry】选项卡

【进退刀路径】选项卡图标中的内容的操作方法与其他的加工操作相同。

单击【刀路仿真】按钮，生成刀路。

如果选择钻多个孔时，可以设置不连续刀具的连接。设置时激活【进退刀路径】选项卡中的【Linking Retract】和【Linking Approach】选项，并设置刀路连接的路径。

7.3.9　应用实例

下面将通过一个汽车轴承盖的综合实例，介绍 2.5 轴铣数控加工的基本过程。

打开附带光盘中“第 7 章 2.5 轴铣/应用实例”文件夹下的 Prismastic. CATProduct 文件，如图 7-164 所示。

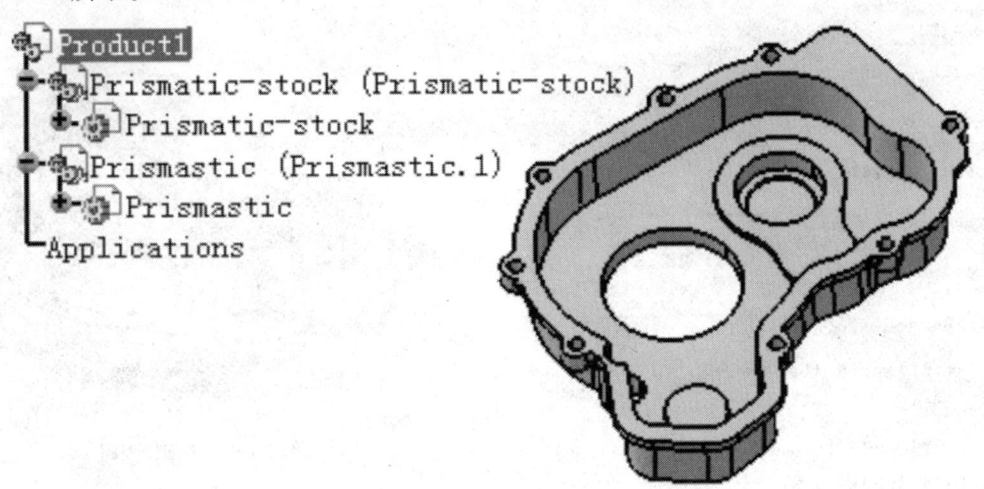

图 7-164　零件模型

1）模块切换

从装配模块切换到 2.5 轴铣模块下。

2）零件参数设置

在特征树上双击 Part Operation.1 节点，弹出【Part Operation】对话框后，单击按钮，选择【3-axis_Machine_Default_machine】。单击按钮，在弹出的坐标系定义对话框中选择默认值。单击按钮，在特征树上双击 Prismastic 零件的 Part 节点。单击按钮，在特征树上双击 Prismastic-stock 零件的 Part 节点。单击按钮，在几何显示区中选择零件的上表面，并向上偏置 20mm。单击 OK 按钮，即完成加工零件设置。

3）设置要加工孔

在工具栏中单击按钮，在模型树中选择 Manufacturing Program.1 节点。在加工区域选项卡中，单击“Extension：Blind”字样使感应区变为通孔的形式。单击孔侧壁感应区，在几何显示区中选择要加工的孔，如图 7-165 所示。

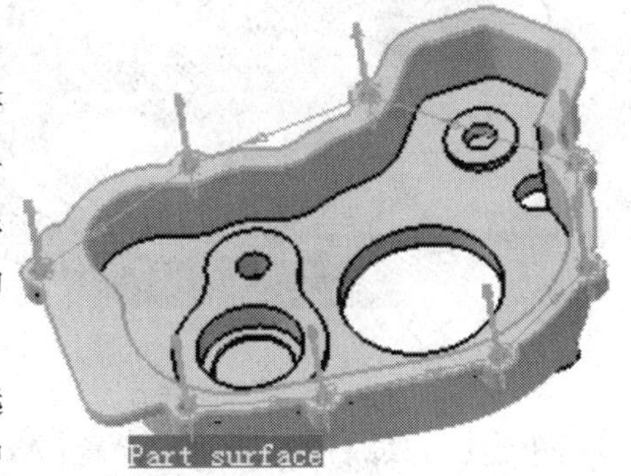

图 7-165　选择要加工的孔

在【刀具路径】选项卡中，【Approach clearance】选项的文本框中输入：5mm。在【Breakthrough】文本框中输入：5mm。

单击【刀具参数】选项卡，新建一把名为“T1 Drill D9”的刀具，刀具参数如图 7-166 所示。

在【Drilling】对话框中单击 OK 按钮，完成钻孔设置。

4）对顶平面进行平面铣

在特征树上选择上一步建立的钻孔操作，单击【平面铣】图标，则弹出【Facing】对话框。在【加工区域】选项卡中，单击底面感应区，在几何显示区中选择加工零件的上表面。在【刀具参数】选项卡中，新建一把面铣刀，命名为 T2 Face Mill D50，刀具参数使用默认值。单击按钮，刀路如图 7-167 所示。

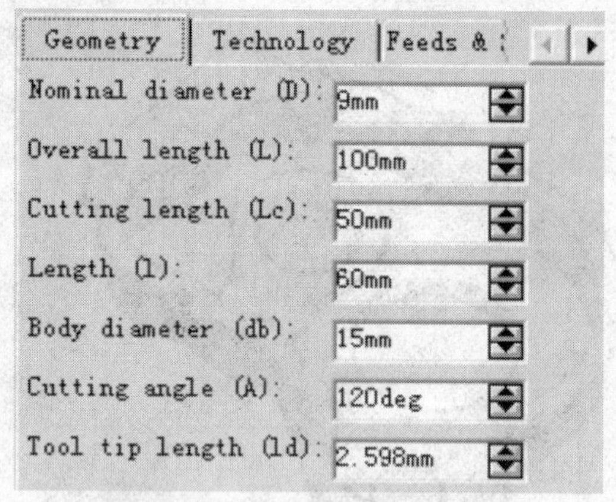

图 7-166 【Geometry】选项卡参数

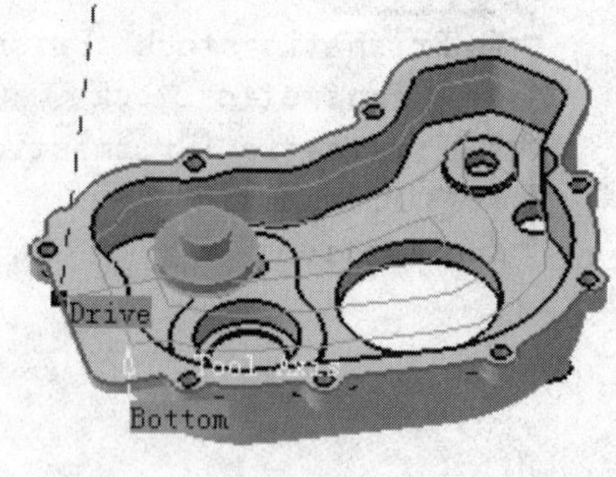

图 7-167 平面铣刀路

5）粗铣内型腔

单击【型腔铣】按钮，弹出【Pocketing】对话框后，在对话框中单击“Open Pocket”字样，使型腔变为闭型腔。在加工区域感应区中单击顶面感应区，在几何显示区中双击零件的上表面。单击底面感应区，在几何显示区中选择如图 7-168 所示的面，在几何显示区中，在“Island”字样上单击鼠标右键，选择【Remove All Island】，双击返回到对话框。选择侧面感应区，单击鼠标右键，选择【Remove ALL Contours】选项，再单击侧面感应区，在几何显示区中选择如图7-169 所示的曲线。双击【Offset on Bottom】选项，输入：1mm。

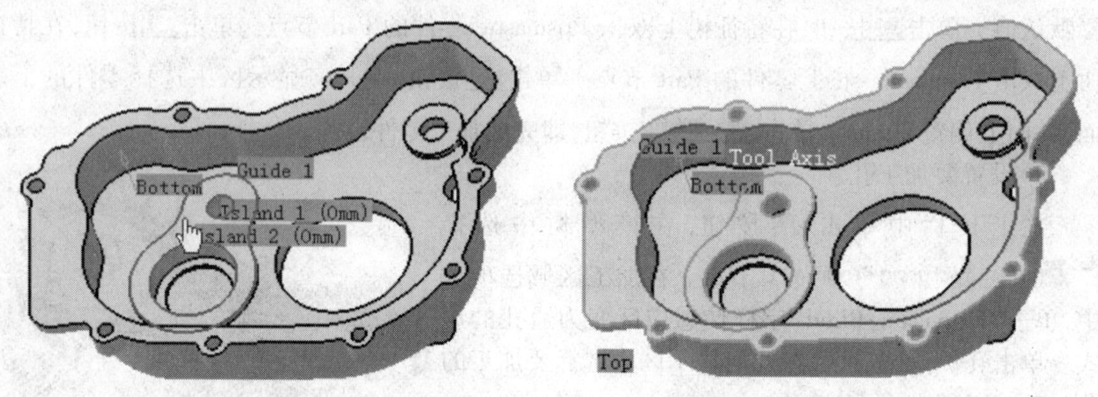

图 7-168 选择底面

图 7-169 选择导引曲线

单击【刀具路径】选项卡，设置【Axial】选项卡，如图 7-170 所示。

在【刀具参数】选项卡中，新建一把刀具，命名为“T3 End Mill D 10”，参数为默认值。

单击 OK 按钮，刀路仿真如图 7-171 所示。

6）精铣内型腔

单击【型腔铣】按钮，弹出【Pocketing】对话框，使型腔变为闭型腔。在加工区域感应区中单击顶面感应区，在几何显示区中双击如图 7-168 所示的凸台；单击底面感应区，并在型腔的底面双击，取消图 7-172 中鼠标所指的岛屿，在“Guide”字样上单击鼠标右键，选择【Remove All Contours】选项，删除所有的导引线。单击侧壁感应区，在几何显示区中选择到零件上表面的内边缘作为导引线，选择结果如图 7-173 所示。

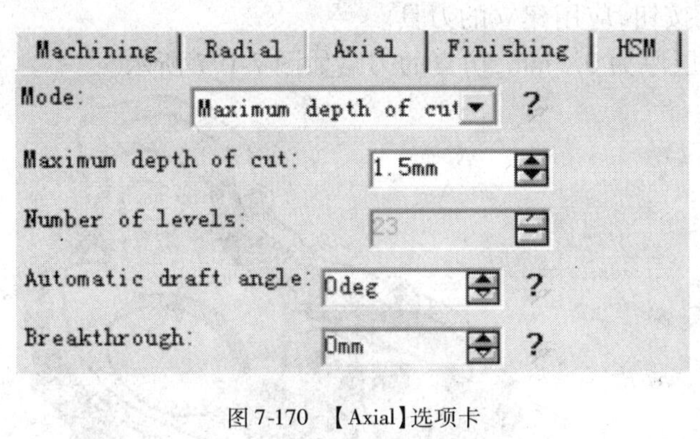

图 7-170 【Axial】选项卡

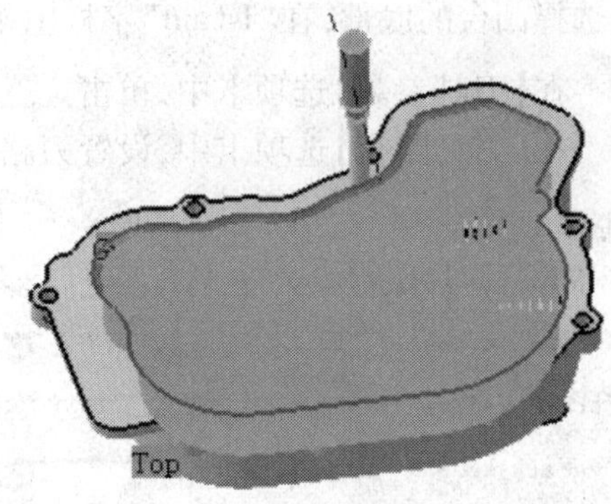

图 7-171 生成刀路

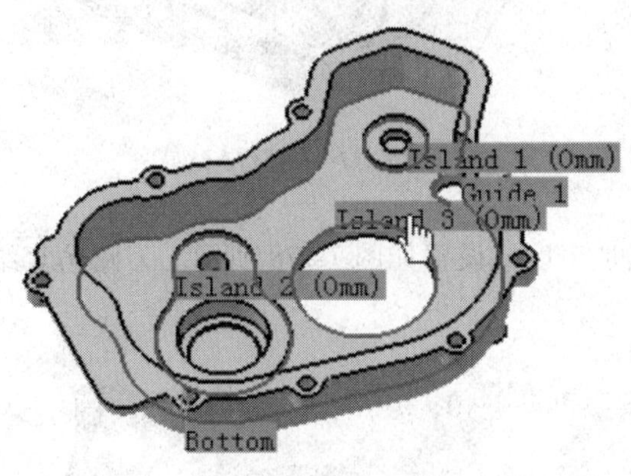

图 7-172 选择岛屿

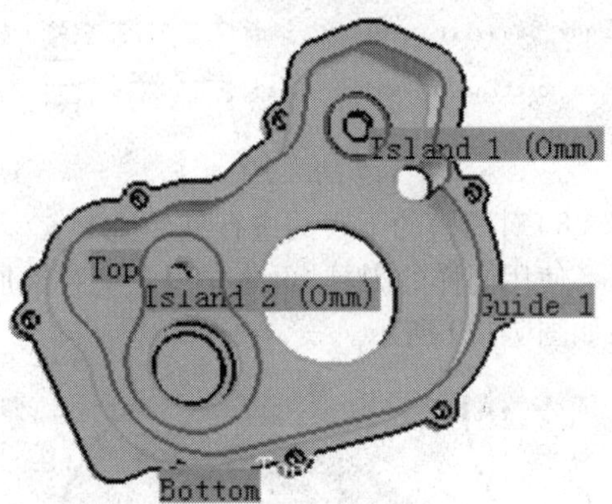

图 7-173 选择导引线

单击【刀具路径】选项卡，在【Radial】选项卡中选中【Always stay on bottom】复选框。【Axial】选项卡如图 7-174 所示。

在刀具参数定义选项卡中，建立一般刀具在【Name】文本框中输入“T4 End Mill D 8”，单击 More>> 按钮，在【Nominal diameter(D)】选项中输入:8，其他选择默认值。单击 OK 按钮，完成设置，仿真结果如图 7-175 所示。

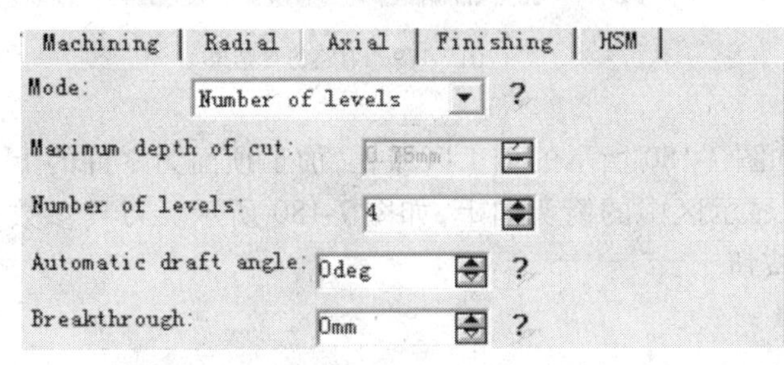

图 7-174 【Axial】选项卡

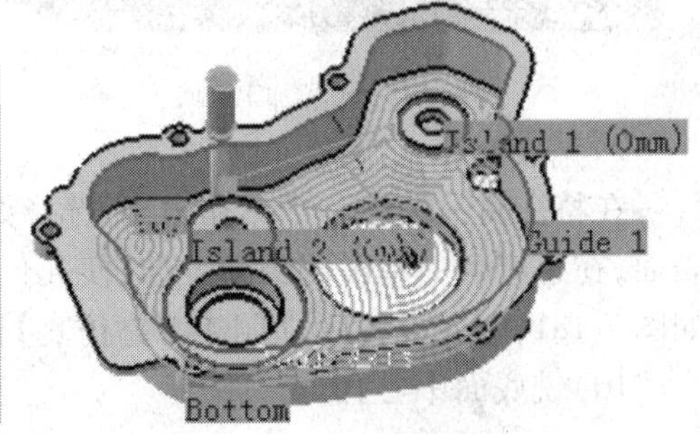

图 7-175 刀路仿真

7)对凹槽进行型腔铣

在特征树选择 ResourceList 节点，建立一把新刀具，名称为“T5 End Mill D 5”，刀具参数如图 7-176 所示。在工具栏中单击【型腔铣】按钮，弹出【Pocketing】对话框后，在加工区域感应区中单击顶面感应区，选择如图7-168所示的凸台并双击。单击底面感应区，在几何显示区中选择凸台的底部，在“Island”字样上单击鼠标右键，选择【Remove All Islands】选项。

在【刀具参数】选项卡中，单击 ... 按钮，应用建立的刀具。

在【刀具路径】选项卡中，设置刀路的层厚为0.5mm，仿真的刀路如图7-177所示。

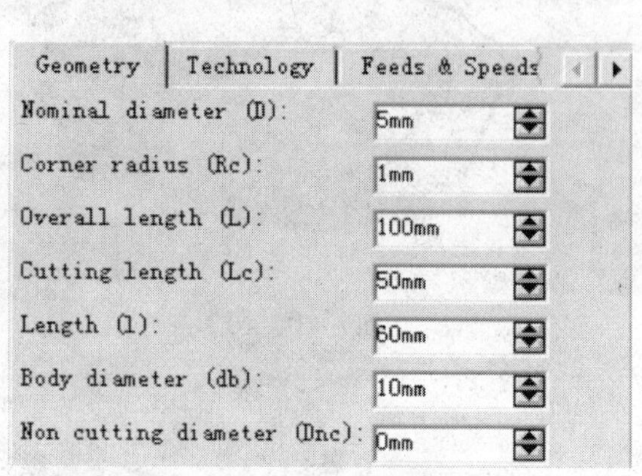

图7-176　刀具参数

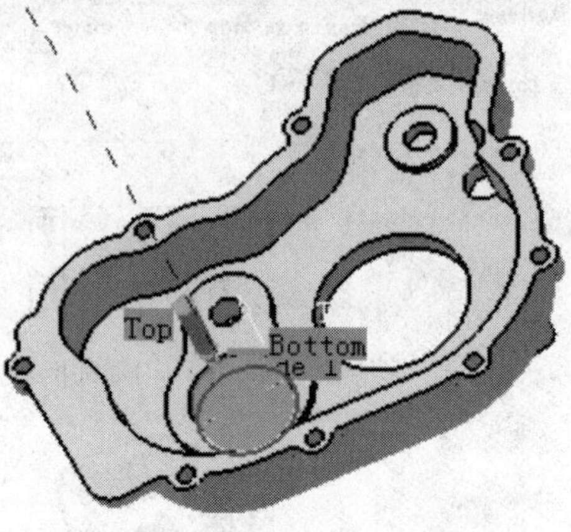

图7-177　刀路仿真结果

8）对凹槽的下底面进行型腔铣

使用同样的刀具，再建立一个型腔铣加工区，加工区域设置如图7-178所示。刀路仿真结果如图7-179所示。

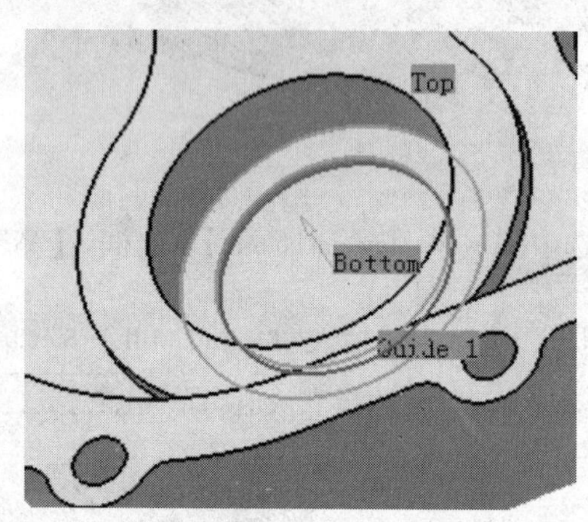

图7-178　设置加工区域

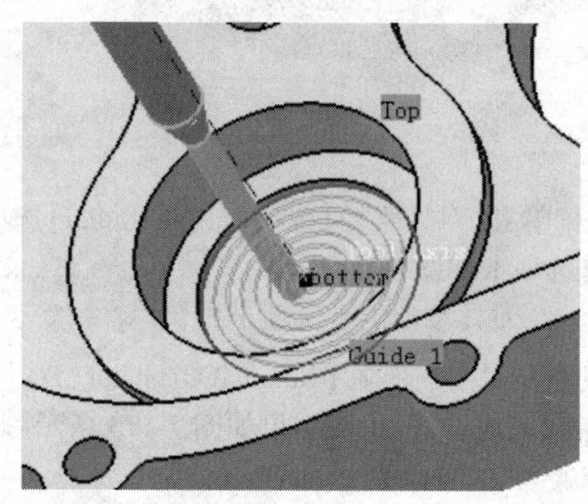

图7-179　刀路仿真结果

9）钻底面孔

在特征树上建立一个钻孔操作，选择如图7-180所示的加工区域孔，加工顶面为零件的上表面，在感应区中单击箭头的方向，使几何显示区中的箭头向上，如图7-180所示。刀具参数如图7-181，完成设置后，单击【刀路仿真】按钮。

10）铣底面中心孔

在特征树上利用增加一个无底闭型腔铣操作功能，选择顶面、导引线和底面如图7-182所示。在【Axial】选项卡的【Breakthrough】文本框中输入：5mm。在【刀具参数】选项卡中，新建一把刀具，命名为“T7 End Mill D 5”，刀具参数如图7-183所示，刀路仿真结果如图7-184所示。

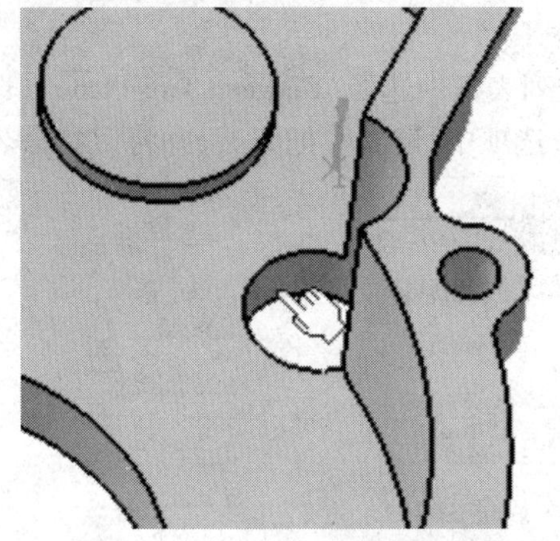

图 7-180　选择要加工的孔

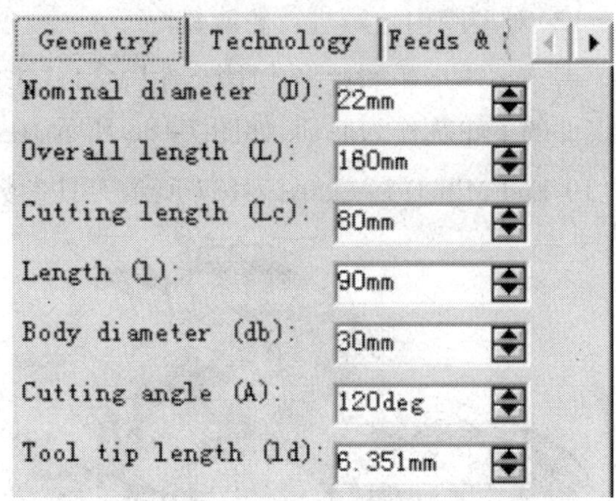

图 7-181　刀具参数

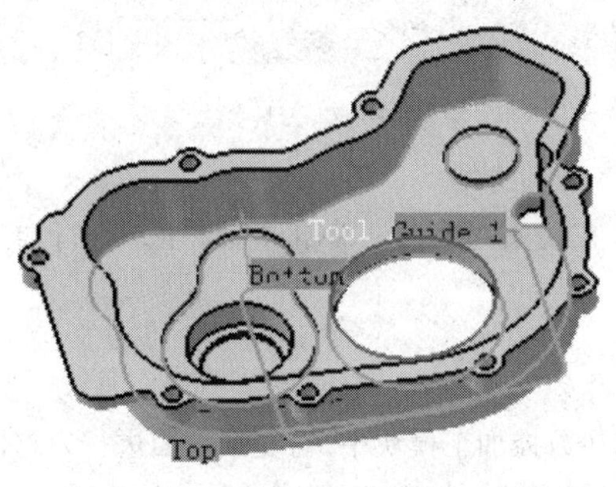

图 7-182　选择加工区域

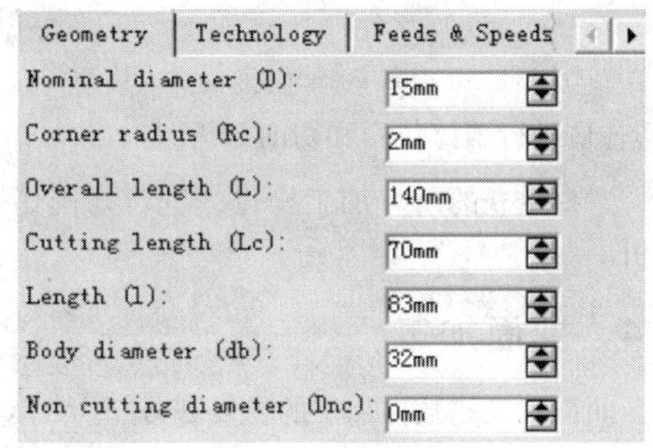

图 7-183　刀具参数

11)在中心孔铣一个凹槽

插入一个操作,选择导引线和底面。刀具参数取默认值。设置完成后,将进行刀路仿真,如图 7-185 所示。

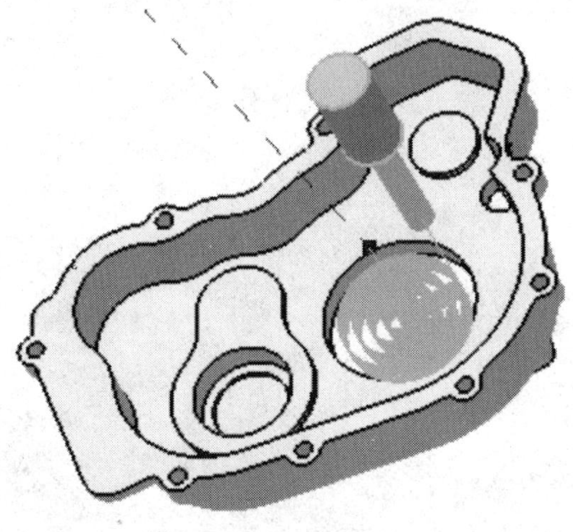

图 7-184　刀路仿真

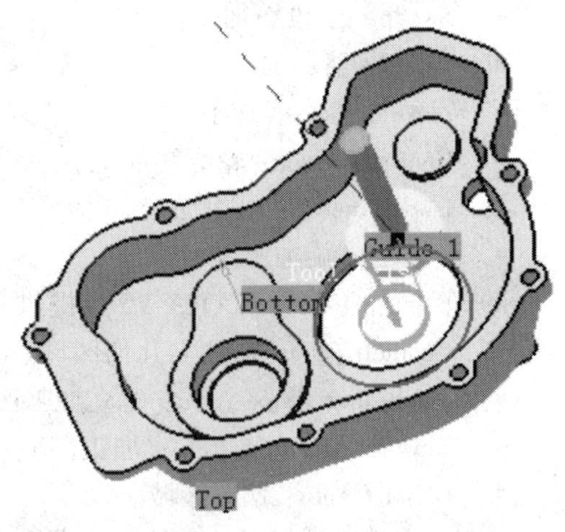

图 7-185　凹槽铣刀路仿真

12）对型腔内轮廓进行轮廓铣

再增加一个轮廓铣操作 ，在【Mode】选项的下拉列表框中选择“Between Two Plane”，选择零件的下轮廓作为底面，如图 7-186 所示，在刀具参数选项中，建立一把刀具，并将刀具命名为“T9 End Mill D 8”，如图 7-187 所示刀具参数，然后单击 OK 按钮。

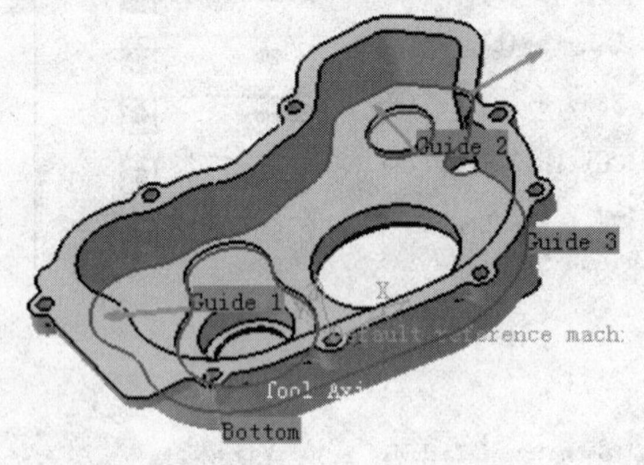

图 7-186　选择下轮廓

Geometry	Technology	Feeds & Speeds
Nominal diameter (D):	10mm	
Corner radius (Rc):	0mm	
Overall length (L):	125mm	
Cutting length (Lc):	80mm	
Length (l):	87mm	
Body diameter (db):	13mm	
Non cutting diameter (Dnc):	0mm	

图 7-187　刀具参数

13）进行刀路仿真和切削分析

选择建立的所有加工操作，进行切削仿真，在仿真过程中，单击 按钮，进行加工分析。

7.4　曲面加工

曲面加工是数控加工的重要部分。CATIA V5 在数控加工模块中，对复杂曲面进行刀路模拟，生成加工刀路，同时通过后处理生成加工代码。对于曲面加工，一般有两种加工方法：面向加工操作（Operation-oriented）和面向加工区域（Area-oriented）。

在曲面加工模块中，CATIA V5 提供了多种曲面加工的工具，主要包括：

- Sweeping rough：投影粗加工。
- Rough：等高线粗加工。
- Sweeping：投影加工。
- Pencil：清根加工。
- Zlevel：等高线加工。
- Contour-driven：轮廓线加工。
- Isoparametric：沿面加工。
- Spire：螺旋加工。

关于面向加工区域，CATIA V5 也提供多种工具，包括：

- Geometrical zone：建立几何区域。
- Machining/Slope Area：建立加工区域。
- Rework Area：建立二次加工区域。
- Offset Group：偏置区域。

本节将介绍各种加工方式的基本设置方法，其中型腔铣、轮廓铣、钻孔加工在上一节已经介绍过，有些选项与 2.5 轴铣削加工相同，这里不再赘述。

7.4.1 面向加工基本操作

1）等高线粗加工（Rough）

Rough（等高线粗加工）是以 Z 轴为刀路平面的法线，每层刀路的平面都垂直于 Z 轴。打开附带光盘的“第 7 章 曲面加工/等高线粗加工”目录下的 Rough. CATProcess 文件。

（1）在工具栏中单击【等高线粗加工】按钮，在模型树中选择 Manufacturing Program.1，会弹出【等高线粗加工定义】对话框，如图 7-188 所示。

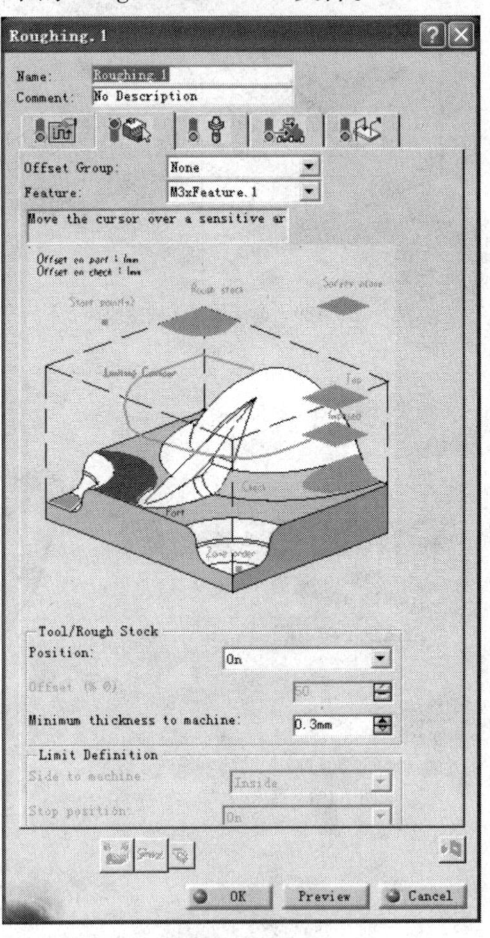

图 7-188 【等高线粗加工】对话框

（2）在对话框中，单击选项卡，会出现加工区域定义选项。单击对话框中的加工区域感应区，如图7-189所示，使对话框消失；在几何显示区中双击加工零件的加工面，弹出对话框后，对话框中的加工区域感应区变成绿色。在几何感应区中只有加工区域是必须指定。

在几何感应区中选择【Rough stock】（粗加工毛坯）感应区，如图 7-190 所示。对话框消失后，在模型树上双击毛坯实体，毛坯感应区变为绿色。

如果要选择某个面作为加工平面，在加工区域感应区中单击鼠标右键，会弹出如图 7-191 所示的菜单。选择【Remove】选项，放弃已经选择的部分。选择【Select faces】选项，可以选择要加工的曲面，加工曲面可以是一个也可以是多个。在加工感应区中还包括其他的选项：

①Limiting Contour（加工边界）：通过该感应区可以选择加工区域的边界。选择时单击该感应区，然后在几何显示区中选择加工的边界线，如图 7-192 所示。

②Safety plane（安全平面）：利用它可以选择刀具的安全平面，主要是为进刀和退刀做准备。

③Top 和 Bottom（顶面和底平面）：利用它可以设置加工零件的高度，主要是为刀路分层作准备。刀路分布在顶面和地面之间如图 7-193 所示。图 7-193a）为选择的底面，图 7-193b）是刀路。

④Check（避让区域）：利用它用于选择夹具，防止刀具在加工中与夹具发生干涉。

⑤Zone order（加工排序区）：利用它可以对加工区域按加工的前后顺序进行排序。设置时，单击加工排序感应区，然后依次选择加工区域，如图 7-194 所示。选择完成后双击可结束选择。

⑥Imposed（强制加工区）：在加工过程中，由于刀路平面是一个个垂直 Z 轴的平面，可能有些要加工的面没有加工，这时需要对这些面进行强制加工。设置时，单击感应区，然后在几何显示区中选择强制加工的区域。

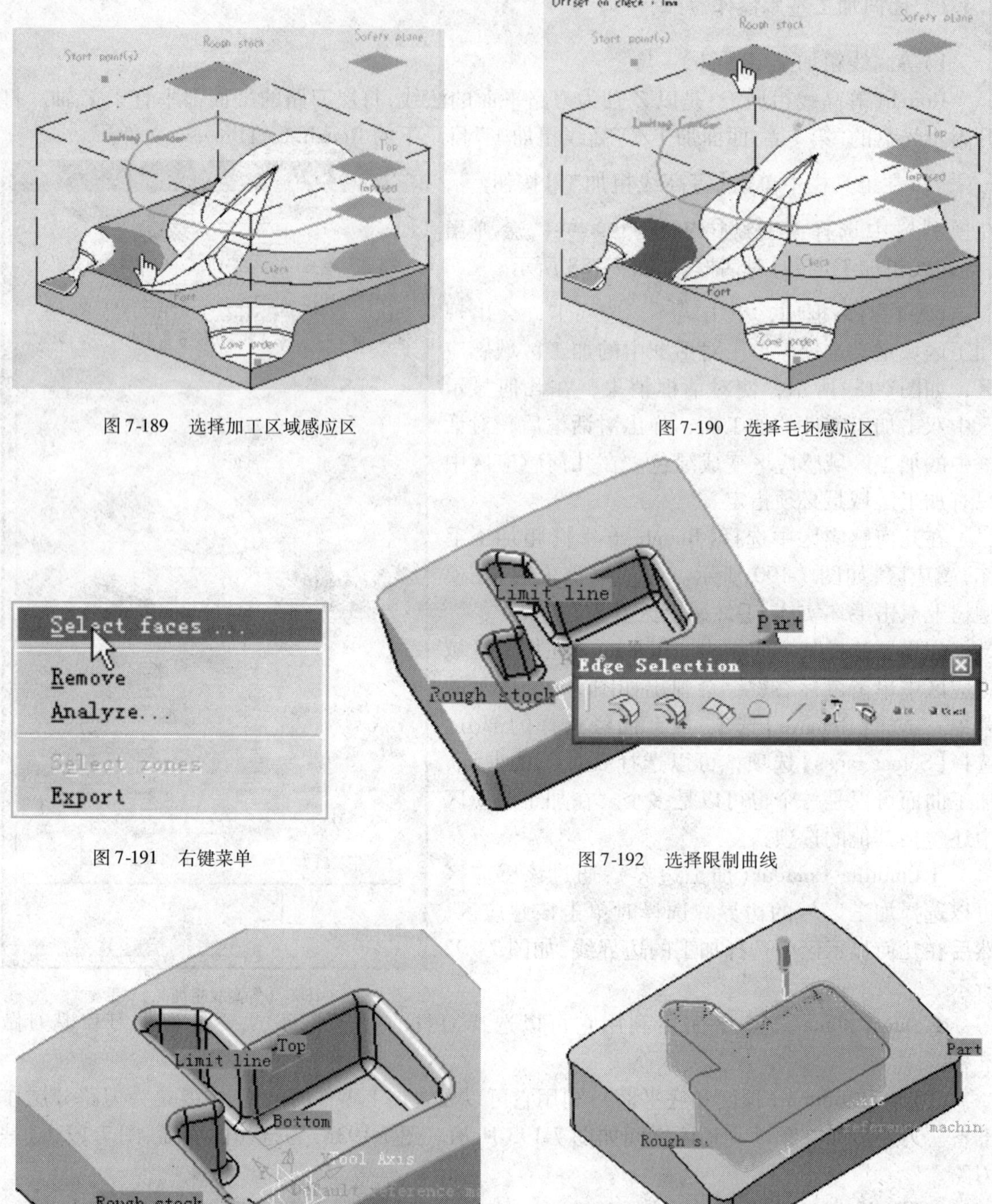

图 7-189　选择加工区域感应区

图 7-190　选择毛坯感应区

图 7-191　右键菜单

图 7-192　选择限制曲线

图 7-193　加工区域设置和刀路仿真

⑦Offset on part(零件偏移):它主要用于设置粗加工的加工余量。修改的方法是:双击该感应区,在弹出的【编辑参数】对话框中修改【Offset on part】的值,就可以更改加工余量。

⑧Offset on check(夹具偏移):它用于设置刀路与夹具之间的距离。修改方法与 Offset on part 相同。

在加工区域感应区中还有一个免除加工区域感应区。当零件上有一些坏面或者残缺面时，可以先单击免除加工区域感应区，再选择坏面，把这些面给剔除。

在 选项卡中，还包含其他的一些选项，其功能如下所示：

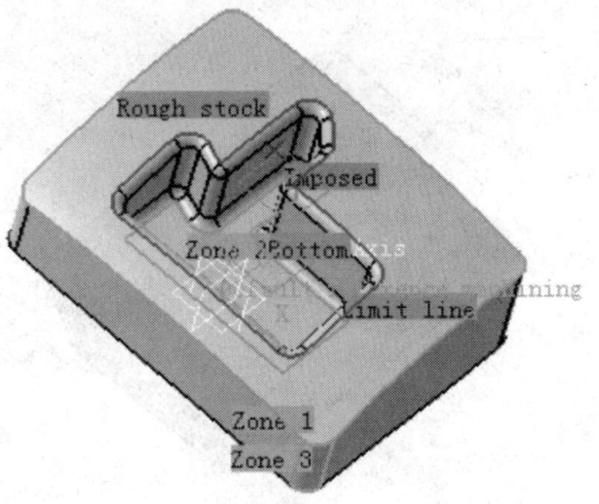

图 7-194　选择加工先后顺序

- Position：刀具与毛坯的相对位置，其中 Inside 表示刀路范围比毛坯小；Outside 表示刀路范围比毛坯大；On 表示刀路范围在毛坯边界上。3 种情况如图 7-195 所示。
- Offset：偏移的百分比。当【Position】选项选择的是 Inside 或 Outside 时分别表示设置刀具与毛坯边界与刀具直径的百分比。
- Minimum thickness to machine：刀路切削的最小厚度。

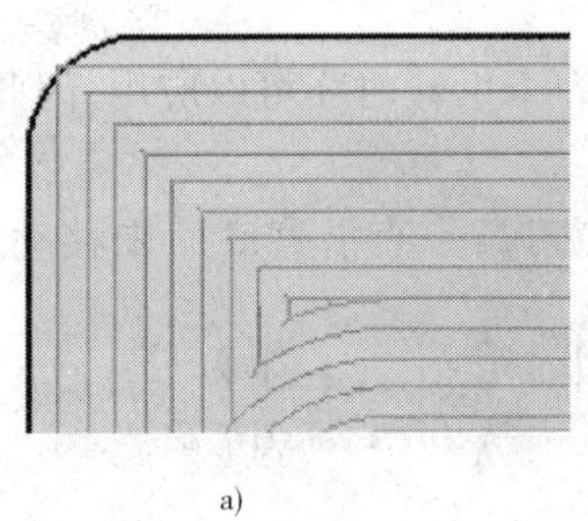
a)

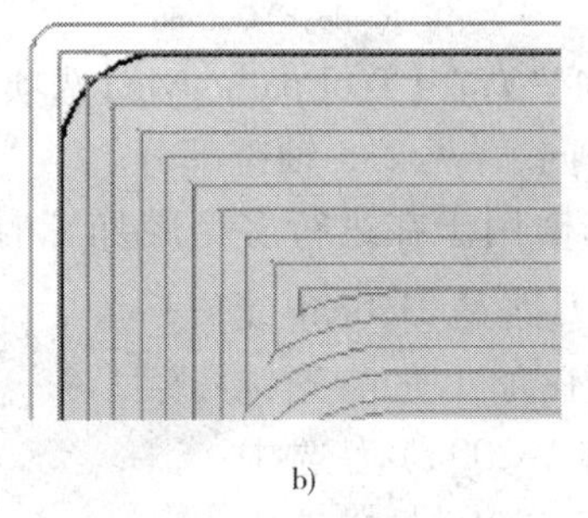
b)

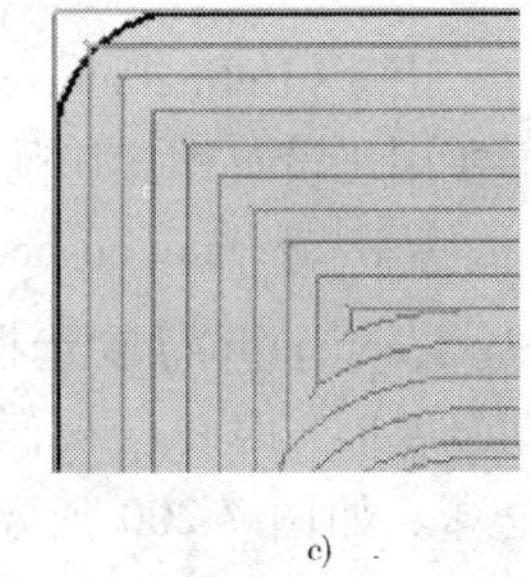
c)

图 7-195　选项示意图

a) Inside；b) Outside；c) On

- Side to machine：加工区域的选择。其中 Inside 表示加工区域在选择的区域内；Outside 表示加工区域在选择的区域之外，如图 7-196 所示。
- Stop position：道具停留的位置。其中 On 表示刀具做往返运动时，刀具的起点和终点都在边界上；Out 表示刀具的起点和终点在边界外；In 表示刀具的起点和终点在边界内。

(3)单击 ，则出现【刀具路径】选项卡，如图 7-197 所示。

在【加工参数(Machining)】选项卡中，【Tool path style】选项用于设置刀路的形式，其中 One-way next 表示单向切削，刀具切削完后运动到下一条刀路的起点，运动轨迹是斜线。One-way same 也表示单向切削，但是回刀时先回到当前刀路的起点，再移动到下一刀路的起点。Zig-zig 表示往复切削。Spiral 表示螺旋切削，Helical 表示环绕切削，Contour only 表示只切削边界，Concentric 表示同心圆切削。几种切削方式如图 7-198 所示。

【Machining tolerance】选项可以设置加工公差。【Cutting mode】用于设置铣的方式，它包括两种方式：顺铣(Climb)和逆铣(Conventional)。

在【Machining mode】下拉列表框中，有两种形式：By Area 和 By Plane。By Area 表示是按照各个加工区域一个个进行加工；By Plane 表示是按照刀路平面进行加工。两种方法的示意图如图 7-199 所示。在右侧的下拉列表框中，还包括如下 3 种形式：Pockets only、Outer part 和

Outer part and Pocket。Pockets only 表示只加工形腔;Outer part 表示只加工零件的外轮廓;Outer part and Pocket 表示既加工零件的外轮廓,也加工型腔。

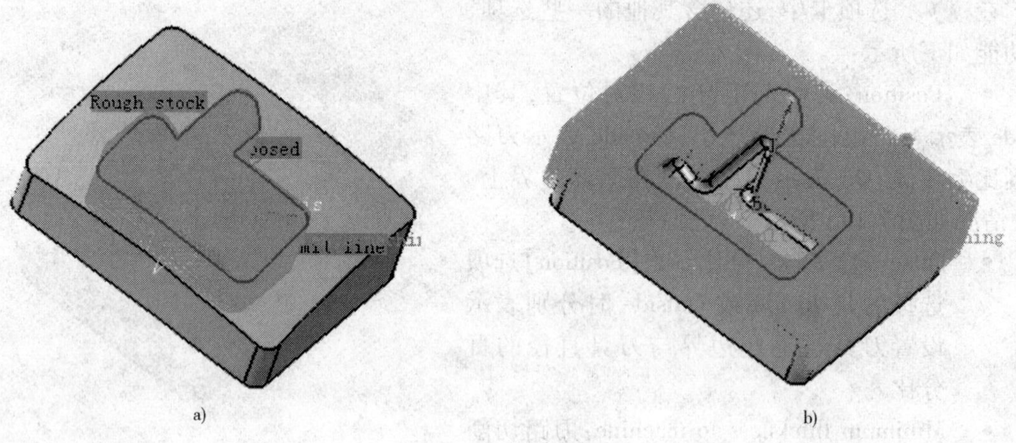

图 7-196 刀路模拟

a) Inside;b) Outside

由于【Helical movement】选项只有在【Tool path style】选项选择 Helical 时才可以应用,因此主要用于设置螺旋切削的刀路方向,详见 2.5 轴铣部分。

【Always stay on bottom】复选框用于在进行多型腔加工时,使刀具一直沿着底面来移动。

【Part contouring】复选框只有在刀路是 Helical 或 Zig-zig 形式时才会被激活,表示在加工之前先铣轮廓。如图 7-200 所示,其中图 7-200a)为选中【Part contouing】选项的情况,图 7-200b)是未选中的情况。

【径向参数】选项卡如图 7-201 所示,其中选项的内容与 2.5 轴铣相同,具体设置方法参看上一节。

在【轴向参数】选项卡中有一选项"Maximum cut depth",它用于设置刀路平面之间的厚度,如图 7-202 所示。

【加工区域】选项卡如图 7-203 所示,选中【Small pass filter】选项,【Tool section】选项就可以编辑。

【底面参数】选项卡如图 7-204 所示,其中【Automatic horizontal areas detection】能自动探测出加工的底面,示意图如图 7-205 所示。【Same Offset on bottom as on part】选项表示自动探测出的底面的加工余量,与几何感应区中设置的底面加工余量相同,示意图见图 7-206。【Offset on areas】选项可以设置自动探测出的底面的加工余量,该

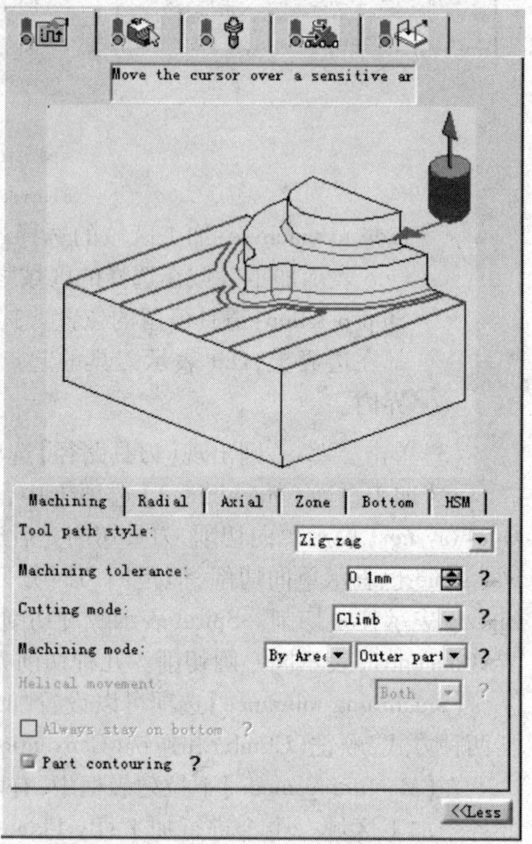

图 7-197 【刀具路径】选项卡

选项只有在不选中【Same Offset on bottom as on part】选项时才起作用。

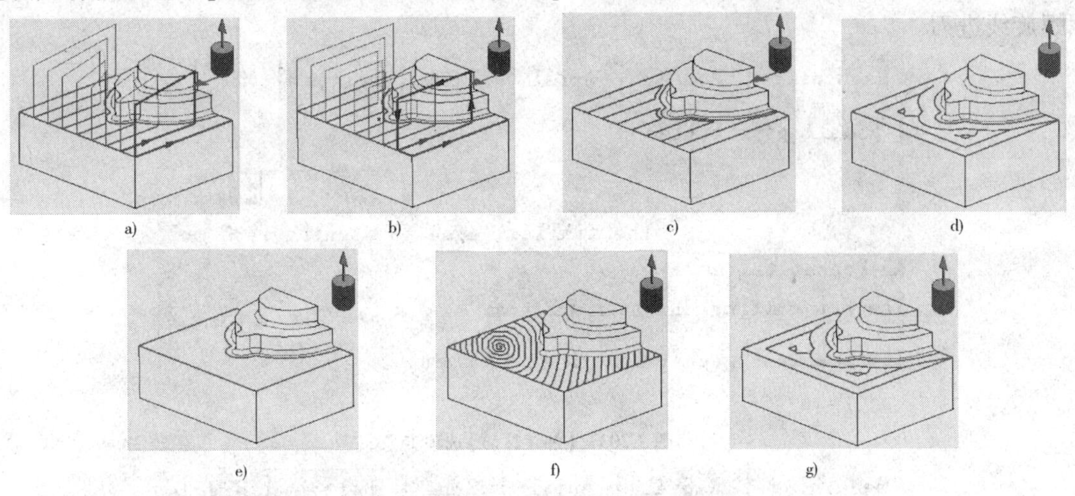

图 7-198　刀路形式示意图

a) One-way next; b) One-way same; c) Zig-zig; d) Spiral; e) Contour only; f) Concentric; g) Helical

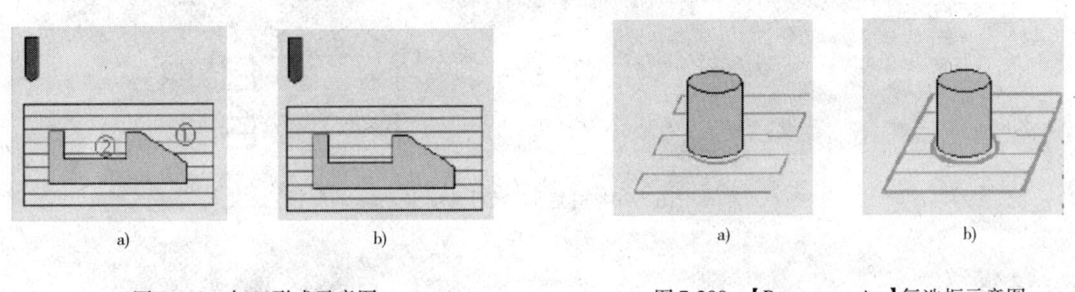

图 7-199　加工形式示意图

a) By Area; b) By Plane

图 7-200　【Part contouring】复选框示意图

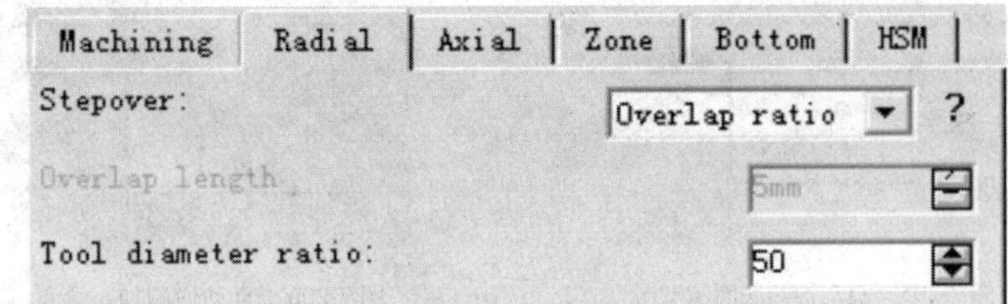

图 7-201　【径向参数】选项卡

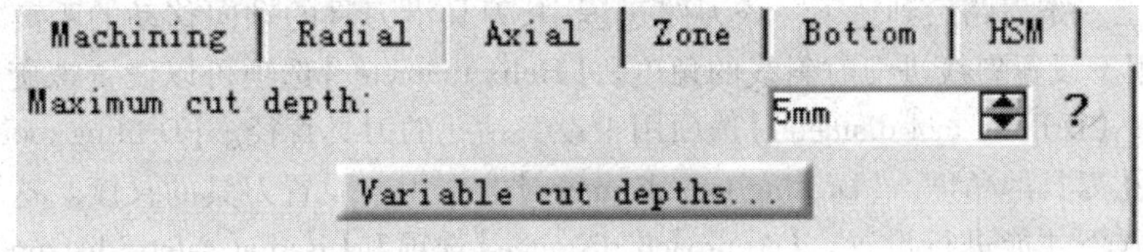

图 7-202　轴向参数选项卡

高速铣削内容与 2.5 轴铣相同，这里不再介绍。

(4) 单击【进刀/退刀】选项卡，内容如图 7-207 所示。选择【Automatic】选项表示该选项设置自动进刀和退刀，在【Current Macro Toolbox】选项栏中会出现【Mode】选项卡，选项卡中包括 4 种方式：Plunge、Drilling、Ramping 和 Helix。Plunge 表示下刀时，刀具沿着 Z 轴方向进刀;Drilling 表示刀具下刀到已经加工的孔中;Ramping 表示刀具按斜线进刀;Helix 表示刀具按照螺旋线进刀。

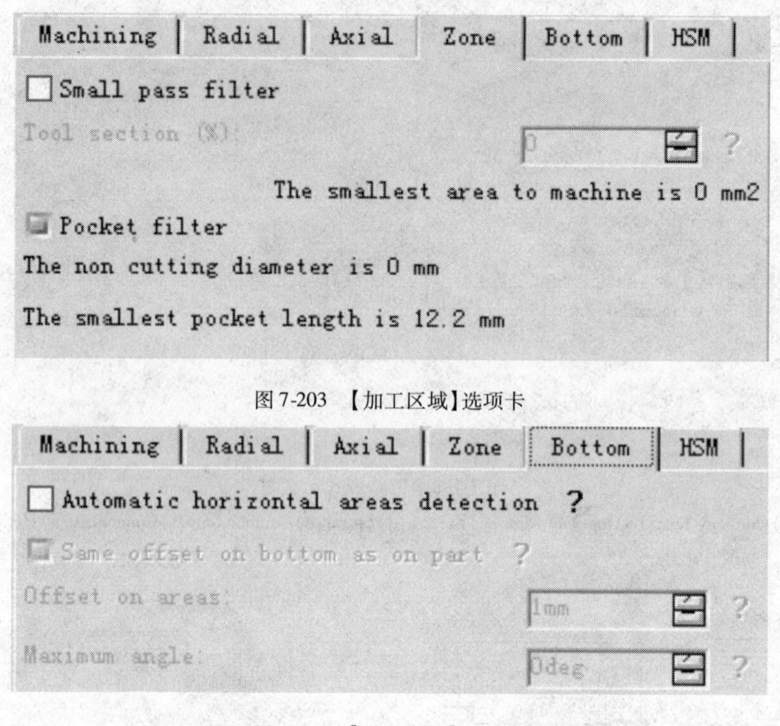

图 7-203 【加工区域】选项卡

图 7-204 【底面参数】选项卡

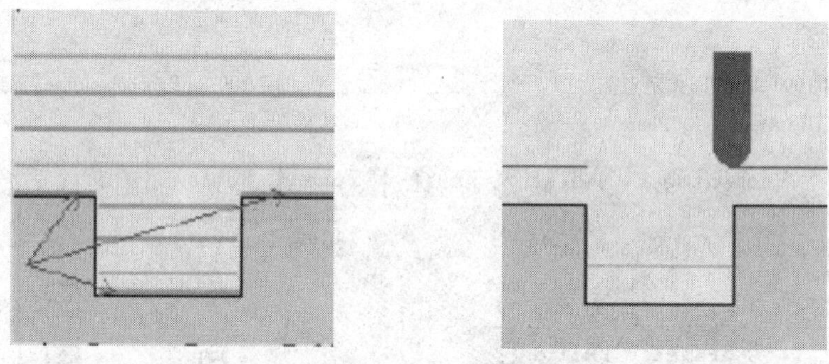

图 7-205 自动侦测底面示意图

图 7-206 自动侦测加工余量

【Optimize retract】选项用于系统自动计算最优化退刀路径。【Axial safety distance】选项表示刀具在加工一条刀路后到达下一条刀路过程中,刀具沿刀具的轴向移动的距离。【Ramping angle】选项用于设置斜线进刀时斜线的角度。【Helix diameter】选项可以设置螺旋进刀时的螺旋线的直径。【Drilling tool diameter】选项用于设置钻孔的刀具直径。【Drilling tool angle】选项用于设置钻孔刀具的角度。【Drilling tool diameter】选项用于设置刀具的长度。这些参数只有在相应的模式下才能进行设置。【Approach distance】选项和【Radial safety distance】选项是在任何模式下都可以进行设置,其中【Approach distance】选项表示进刀过程经过的距离,【Radial safety distance】选项表示刀具的径向安全距离。

在【Macro Management】选项框中还有【Pro-motions】选项和 Post-motions 选项:

- Pro-motions 用于设置刀具从安全平面到开始切削之前的运动轨迹。
- Post-motions 用于设置切削完成后回到安全平面的运动轨迹。

该运动轨迹可以通过线面显示的按钮进行设置,设置方法参见“2.5 轴铣削加工”一节的内容。

(5)单击对话框右下角的【刀路仿真】按钮,则可生成如图 7-208 所示模拟刀路。

2)投影粗加工(Sweeping rough)

Sweeping rough(投影粗加工)是一种粗加工方式,刀路按照某一平面生成,而且最后生成的刀路所在的平面与该平面平行。其操作方法是:打开附带光盘的“第 7 章 曲面加工/投影粗加工”目录下的 Sweeping rough. CATProcess 文件。

(1)单击【等高线粗加工】按钮,在模型树中选择【Manufacturing Program】,弹出的【等高线粗加工】定义对话框,如图 7-209 所示。

(2)单击【加工区域】选项卡图标,加工区域感应区如图 7-210 所示。加工区域感应区的选项基本和等高线粗加工的加工区域感应区的选项相同,不同的是在投影粗加工的感应区中没有加工排序区(Zone order)和毛坯(Stock)感应区,其他感应区的设置方法,与等高线粗加工相同。在这里,单击加工区域感应区(Part),在几何显示区中选择零件。注意在几何感应区中,加工区域感应区是必须指定的,其他的也可以不指定,要视具体情况而定。

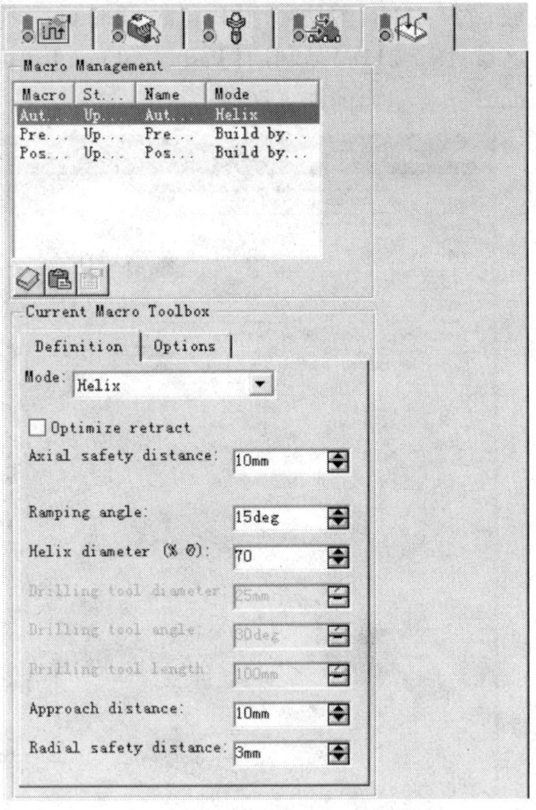

图 7-207 【进刀/退刀】选项卡

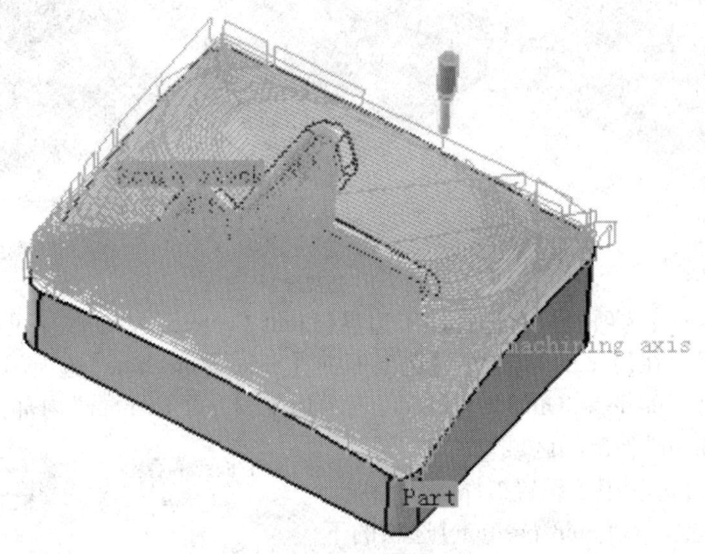

图 7-208 刀路仿真

如果选中【Part autoLimit】选项,系统对自动检测零件的边界,加工的刀路不会超过零件的边界。该选项只能限制零件的边界,而【Limit Contour】选项可以限制零件的任意边界。图 7-211a)所示,是利用【Limit Contour】选项来限制,要求加工“Limit Contour”边界里面的加工区域;图 7-211b)图是利用【Part autoLimit】选项来限制,要求加工“Limit Contour”边界里面的加工区域;图 7-211c)是利用【Part autoLimit】和【Limit Contour】选项来限制,要求加工“Limit Contour”边界里面的加工区域。

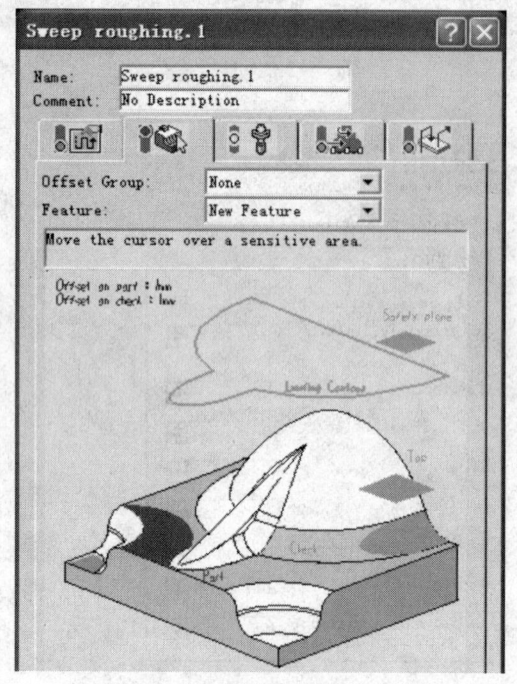

图 7-209 【等高线粗加工】定义对话框

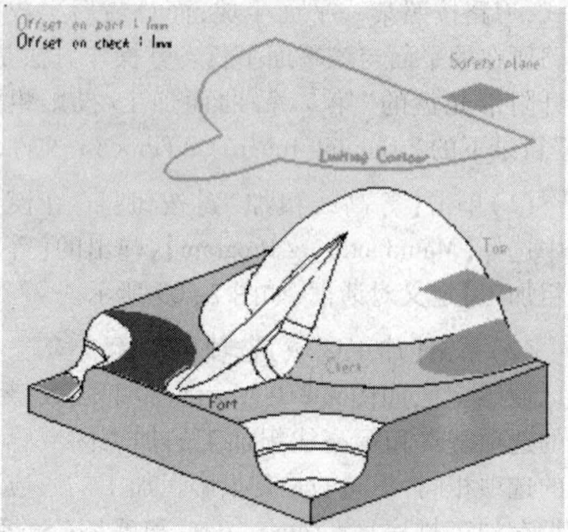

图 7-210 加工区域感应区

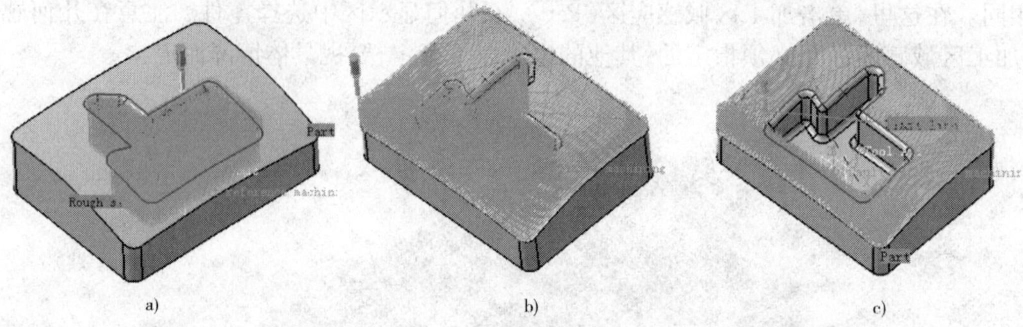

图 7-211 边界限制

【Limit Definition】选项框只有选择加工边界(Limit Contour)的时候才可以进行设置,选项框如图 7-212 所示。在【Limit Definition】选项框中,【Side to machine】选项用于设置加工区域,其中包括两个选项:Inside 和 Outside。Inside 表示加工“Limit Contour”内部的区域;Outside 表示加工“Limit Contour”外部的区域。

【Stop position】选项用于设置刀路加工完成后,刀具停止的位置。在【Stop position】选项的下拉列表框中包括以下 3 项:

- On:表示刀具停止在加工边界上。
- Inside:表示刀具停止在加工边界内。
- Outside:表示刀具停止在加工边界外。

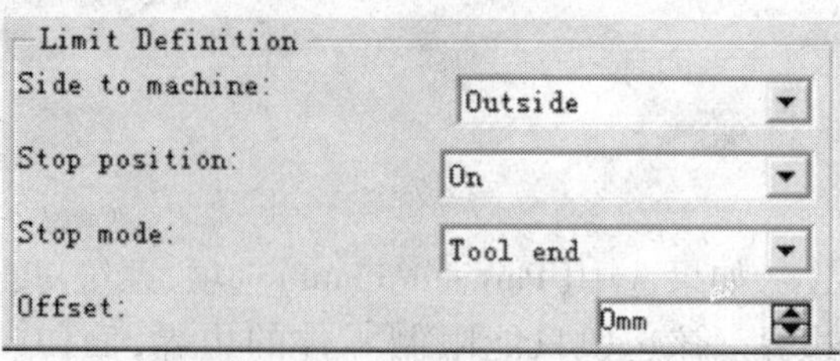

图 7-212 【Limit Definition】选项框

【Stop Mode】选项用于设置刀具停留的模式，其中下拉列表框选项有如下两项：

- Tool end：表示刀具停止的位置，根据刀尖的位置来判断。
- Contact point：表示刀具停止的位置，根据刀具与材料接触的位置来判断。

【Offset】选项可以设置加工边界的偏移距离，即定义的加工边界偏移一定的距离后，形成新的加工边界。如果输入的值是正值时，加工边界向外偏移；如果输入的值是负值时，加工边界向内偏移。

(3)在等高线粗加工定义对话框中，单击【刀具路径选项卡】按钮 ，如图7-213所示。

【Roughing type】(粗加工类型)选项中定义有3种粗加工类型：

- Zoffset：每层刀路沿着 Z 轴偏移一定的距离，如图7-214a)所示。
- Zplane：刀路平面垂直于 Z 轴，如图7-214b)所示。
- ZProgessive：系统根据加工零件表面和毛坯上表面理论值自动计算，得到加工刀路，如图7-214c)所示。

在【加工参数】选项卡中，【Tool path style】选项用于设置刀路形式；【Machining tolerance】选项用于设置加工公差。

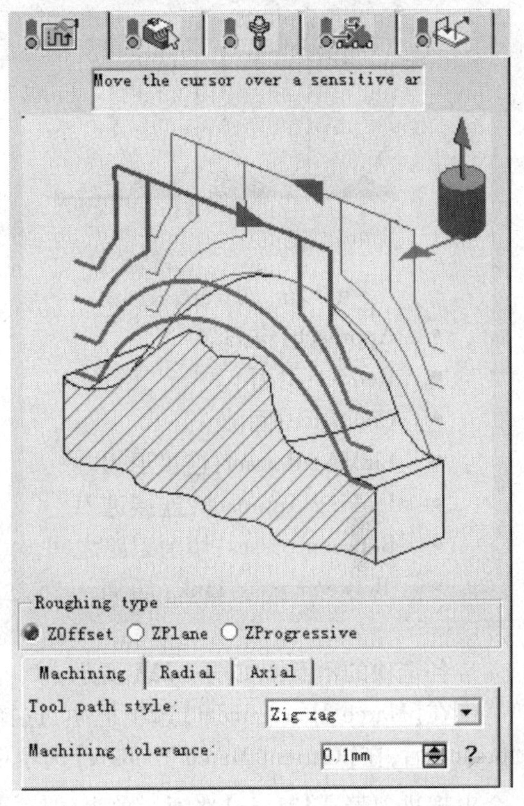

图7-213 【刀具路径】选项卡

在【径向参数】选项卡中，【Max. distance between pass】文本框用于设置刀路平面间距，距离值是两刀具的中心线距离，如图7-215所示。【Stepover Side】选项的用于设置加工时刀路与刀具的相对位置，有Left(刀具在右)和Right(刀具在左)两种形式。

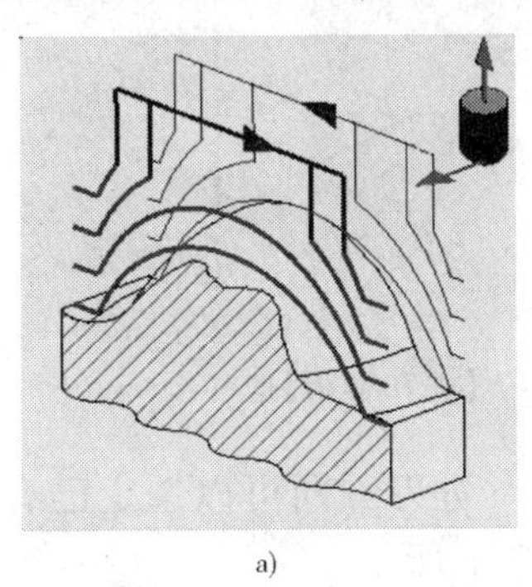

a)

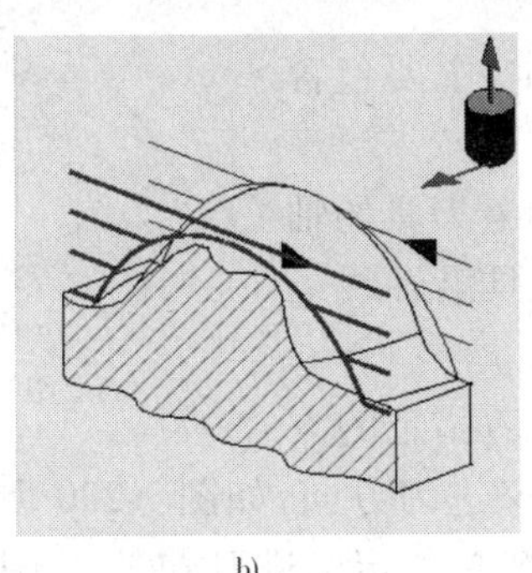

b)

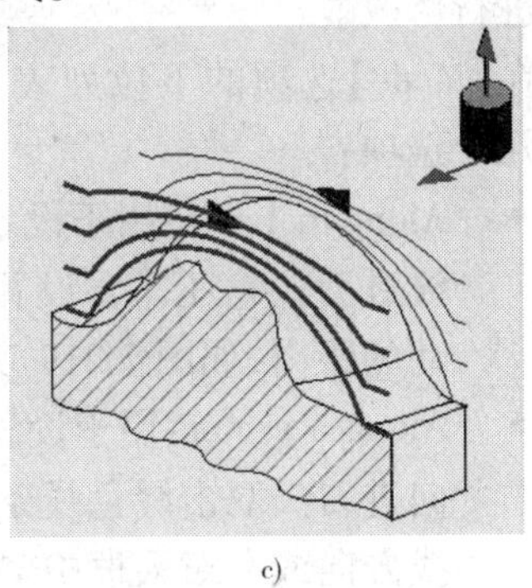

c)

图7-214 粗加工示意图

在【轴向参数】选项卡中包含【Maximum cut depth】选项，该选项主要用于设置刀具的最大切削深度，如图7-216所示。

(4)单击【进刀/退刀】选项卡标签，出现的【进刀/退刀】选项卡如图7-217所示。在该选项卡的【Macro Management】选项框中，包含有如下几项：

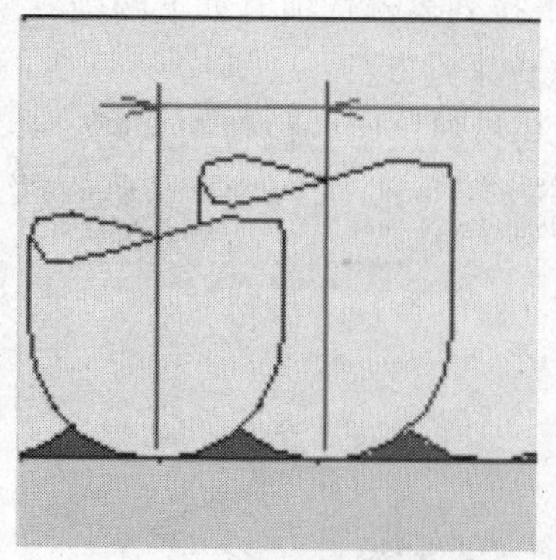

图 7-215　刀具距离示意图

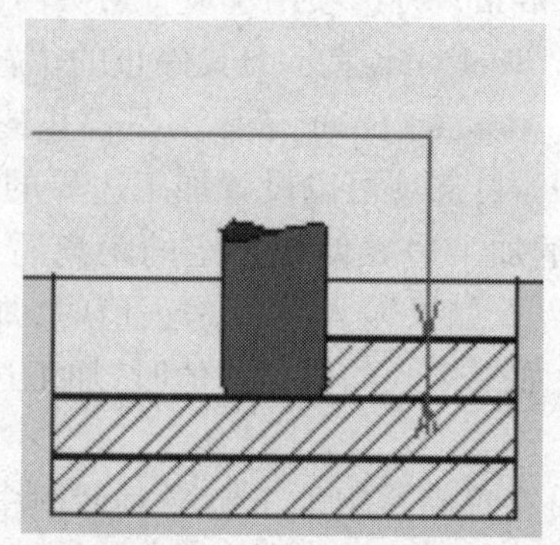

图 7-216　最大切削深度示意图

- Approach:进刀。
- Retract:退刀。
- Clearance:间隙。
- Linking Retract:连接退刀。
- Linking Approach:连接进刀。
- Between passes:切削刀路之间。
- Between pass Link:切屑刀路之间连接。

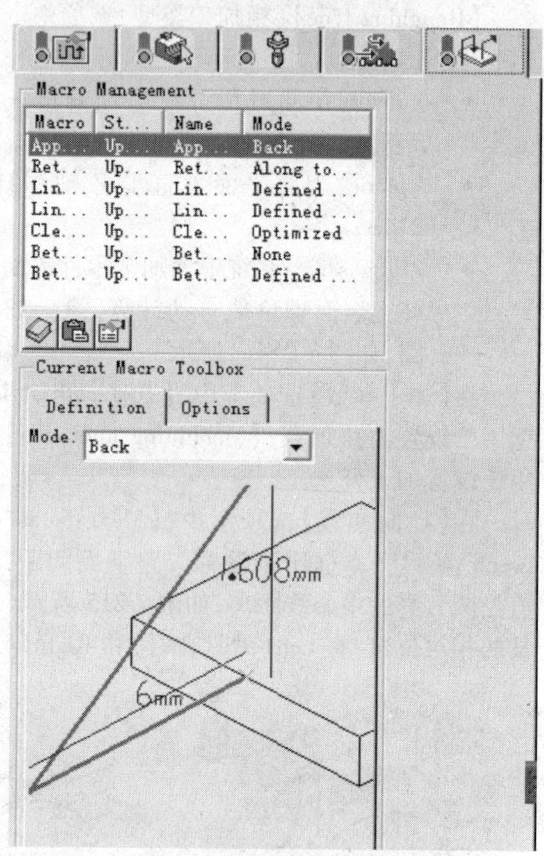

图 7-217　【进刀/退刀】选项卡

各选项的示意图如图 7-218 所示。

在【Marco Management】选项框中,选择 Approach 后,在【Current Marco Toolbox】选项框中,会出现进刀形式【Mode】选项。单击图标,在对话框的下半部分会出现【Mode】选项中当前形式的参数,从而可以在相应的选项中进行参数修改。该参数也可以通过双击尺寸线或粉红色线条进行修改。

在【Mode】选项的下拉列表框中,主要包含如下几个选项:

- Along tool axis:用于设置沿着刀具的轴线进刀。它还需要设置刀具沿轴线运动的距离,如图 7-219 所示。
- Along a vector:用于设置沿着指定的方向进刀。双击绿色线条定义进刀方向,如图 7-220 所示。进刀方向可以选定已有直线方向或在对话框中输入坐标值定义进刀方向,如图 7-221 所示。
- Normal:用于设置沿加工表面的法线进刀,如图 7-222 所示。
- Tangent to movement:用于设置沿着刀具运动方向的切线进刀,需要编辑刀具运动的距离、与直线的夹角以及与水平线的夹角,如图 7-223 所示。
- Back:用于设置刀具按与刀路反向的方向进刀。如图 7-224 所示,需要设定的参数是进刀起始点到刀路起点的高度和沿刀路移动的距离。

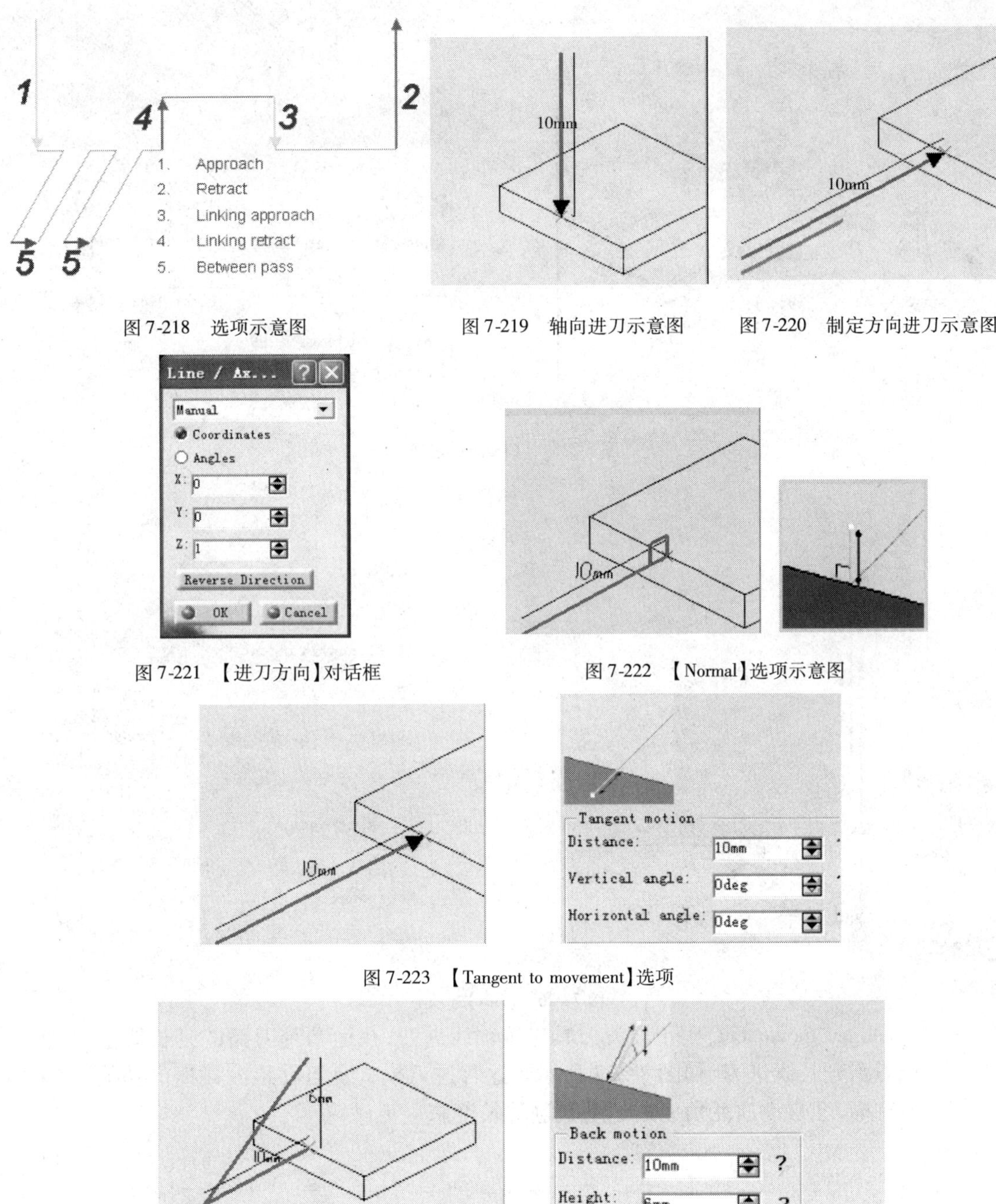

图 7-218　选项示意图

图 7-219　轴向进刀示意图

图 7-220　制定方向进刀示意图

图 7-221　【进刀方向】对话框

图 7-222　【Normal】选项示意图

图 7-223　【Tangent to movement】选项

图 7-224　【Back】选项

- Circular:用于设置刀具沿轴向运动一段距离,然后沿一个圆弧形运动,最后与刀路相切。如图 7-225 所示,在参数设置中,【Distance】表示轴向移动的距离;【Angular sector】表示圆弧运动的角度;【Angular orientation】表示圆弧运动的平面与加工平面的角度;【Radius】表示圆弧运动的半径。
- Box:用于设置刀具先沿着刀具的轴向进刀,在沿着加工面的法向进刀,最后按照刀路的切向进刀,如图 7-226 所示。

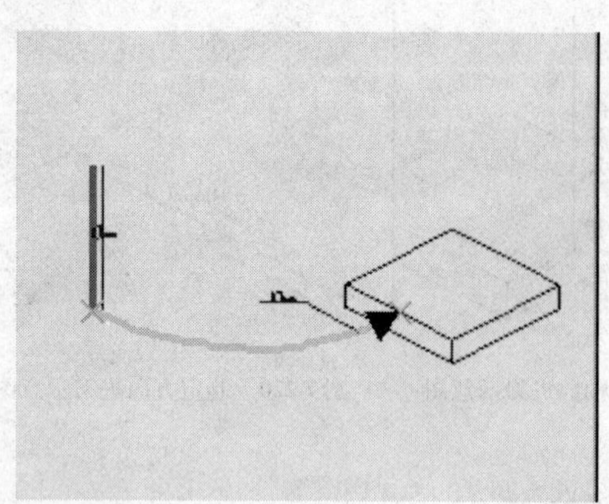
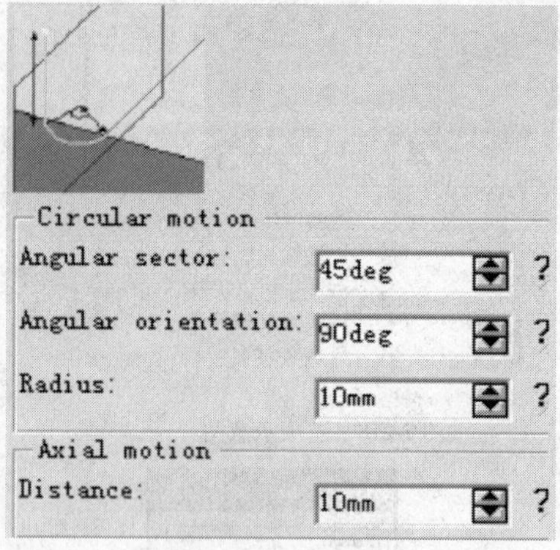

图 7-225 【Circular】选项

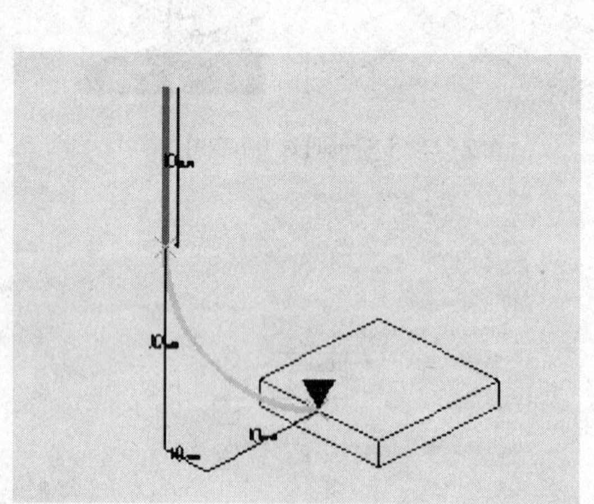
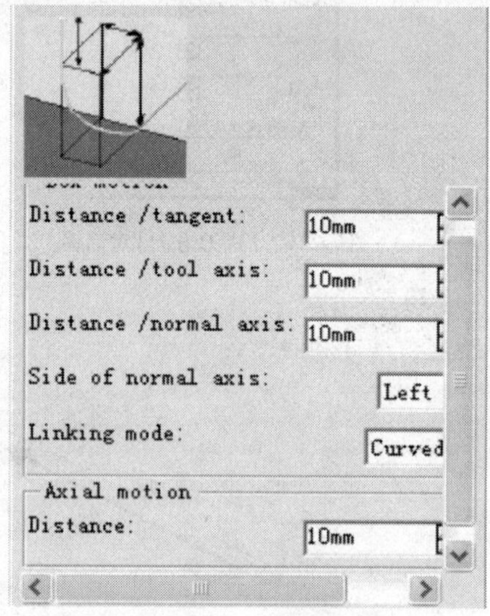

图 7-226 【Box】选项

- Prolonged movement：用于设置刀具先按轴线进刀，在运动到刀路的延长线上时，再按照刀路延长线进刀，如图 7-227 所示。这种进刀模式有自动检测碰撞的功能，如果检测碰撞，会自动改变角度或运动轨迹的长度来避免碰撞。

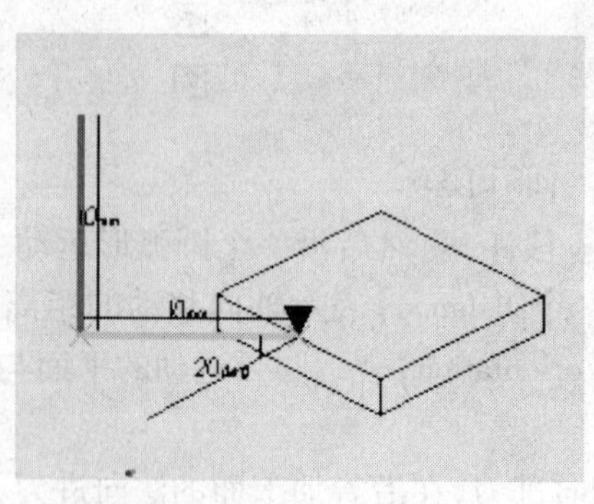

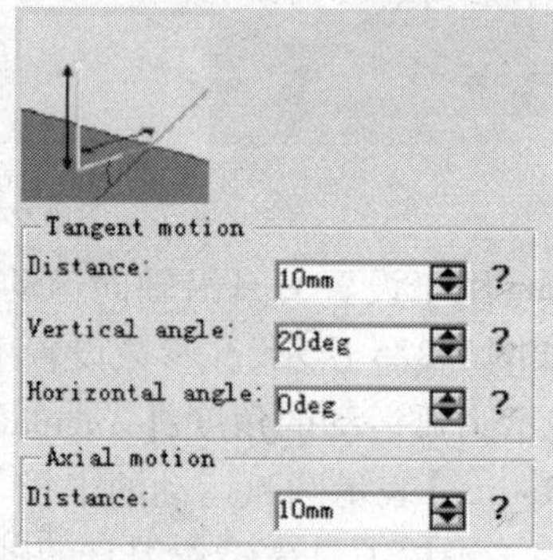

图 7-227 【Prolonged movement】选项

(5)单击【刀路仿真】按钮即可生成加工路径,如图7-228所示。

3)投影加工(Sweep)

图7-228 刀路仿真

Sweep(投影加工)是一种精加工和半精加工方式,一般是粗加工的下一道工序。投影加工的刀路平面与刀路的轴线相平行。其操作方法是:打开附带光盘的“第7章 曲面加工/投影加工”目录下的Sweep.CATProcess文件。

(1)在模型树中选择 Sweep roughing.1 (Computed),同时在工具栏中单击投影加工按钮,弹出【投影加工】定义对话框,如图7-229所示。

(2)在对话框的选项卡中的加工区域感应区如图7-230所示。在几何参数感应区中单击加工区域感应区,然后在几何显示区中双击要加工的零件,系统会自动地将整个零件作为加工区域。如果想要单独选择加工一个或者几个曲面时,先在加工区域感应区单击鼠标右键,会弹出下拉菜单;在菜单中选择【Select faces】,然后在几何显示区选择要加工的曲面,如图7-231所示。

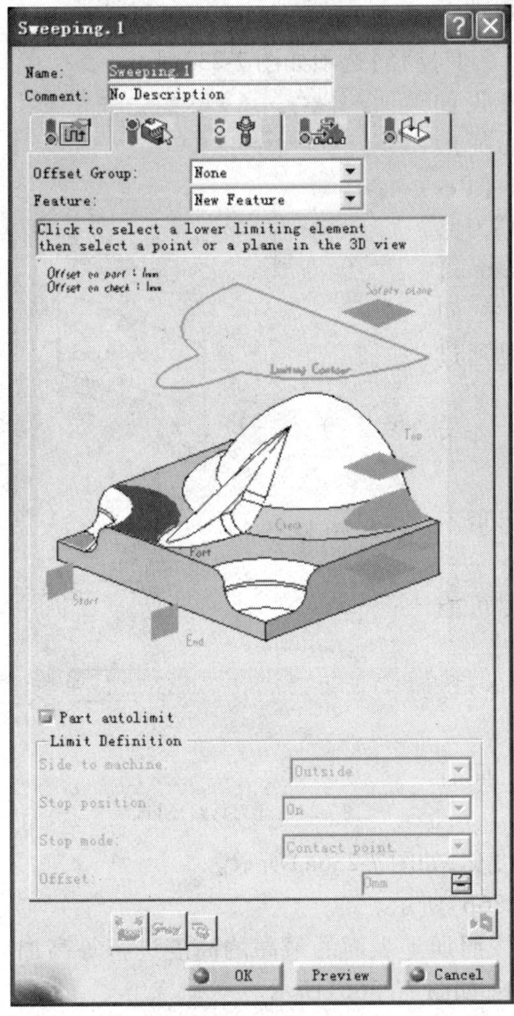

图7-229 【投影加工】对话框

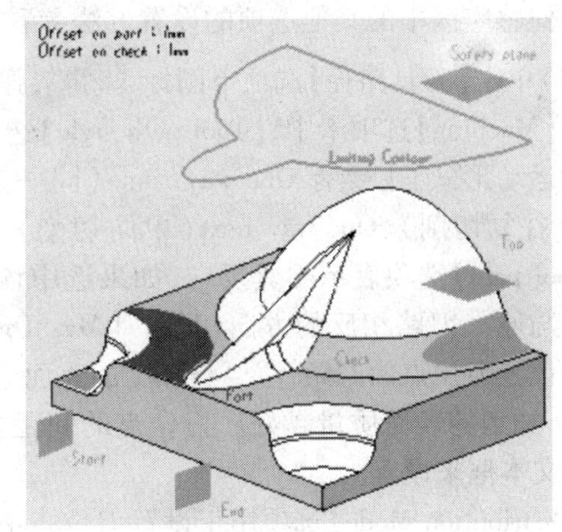

图7-230 加工区域感应区

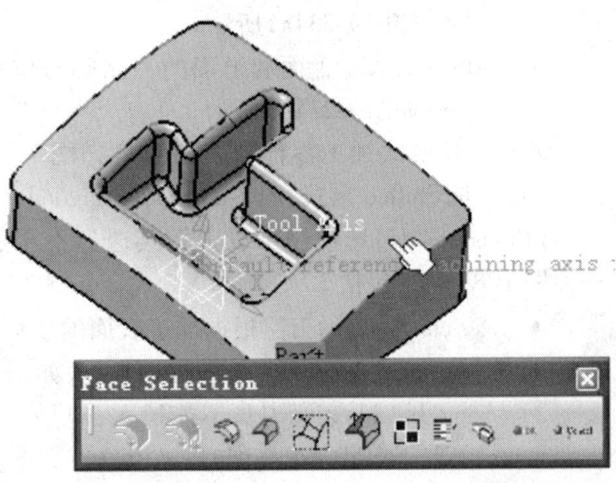

图7-231 选择加工曲面

在几何感应区中还有“Start”和“End”感应区。Start 和 End 感应区主要用于确定加工的起始和终止平面。设置时，单击“Start”或者“End”感应区，然后选择一个点，系统会自动认为过这一点与刀路垂直的平面是起始和终止平面，加工刀路如图 7-232 所示。

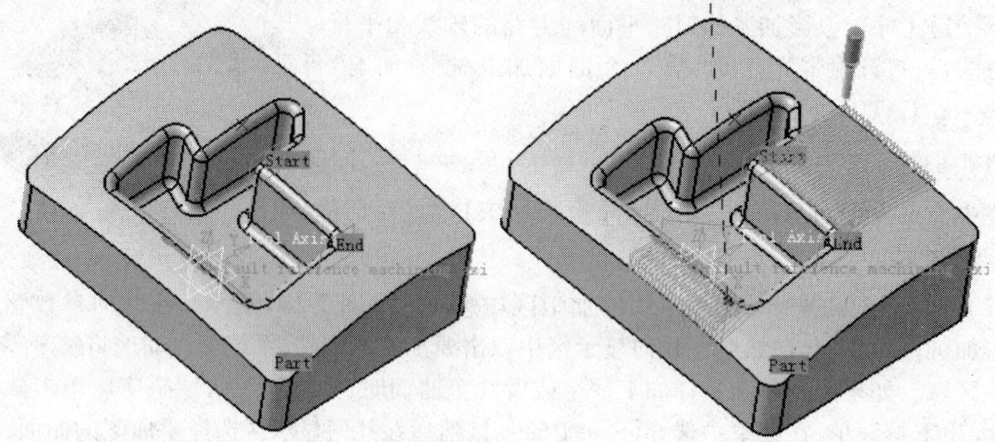

图 7-232　加工刀路

几何感应区中的其他选项的设置方法参看投影粗加工。

(3)单击【刀具路径】选项卡图标，弹出的【刀具路径】选项如图 7-233 所示。

在【Maching】选项卡中，【Tool path style】选项用于设置刀具的运动形式，主要有 One-way same(同一方向切削)、Zig-zig(往复切削)、One-way next(单向切削)三种。【Reverse tool path】选项表示刀具反向，如果选中该选项，刀路会按照与原来刀路相反的方向切削。【Max Discretization】选项是设置刀位点的间距，主要与加工的表面质量有关，间距越小，加工的表面质量越好。刀位点的间距主要是通过【Step】文本框来设置。

【Distribution Mode】选项用于设置刀位点的形式，在下拉列表框中包括两种形式：

- Shifted：表示上面和下面的刀路的刀位点尽量不对齐，如图 7-234a)所示。
- Aligned：表示上面和下面的刀路的刀位点尽可能对齐，如图 7-234b)所示。

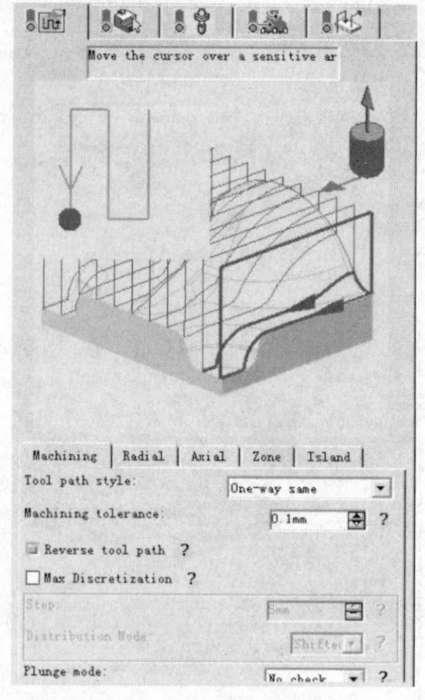

图 7-233　【刀具路径】选项卡

两种刀位形式加工零件的表面质量如图 7-235 所示。图 7-235a)是 Shifted 形式，图 7-235b)是 Aligned 形式。

【Plunge mode】选项用于设置刀具遇到不平加工面时的刀路形式，其中包括 3 项：

- No check：表示刀路根据加工表面的变化而变化，如图 7-236a)所示。
- No plunge：表示刀具不能插入加工，如图 7-236b)所示。
- Same height：表示刀具不能插入，但是刀具按照加工表面的最高的高度进行等高加工，当遇到另一个高度时，又以这一高度加工，如图 7-236c)所示。

【径向参数】选项卡如图 7-237 所示。【Stepover】选项可以设置刀具径向步进的形式，其中

Constant 选项表示刀路平面是一组等距的平面，Via scallop height 是通过计算残余材料的高度来计算刀具的径向步近距离。【Scallop height】文本框用于设置残余材料的高度。【Maxi. distance between pass】文本框可以设置刀具径向距离的最大距离。【Mini. distance between pass】文本框可以设置刀具径向距离的最大距离。【Stepover side】选项用于设置刀具径向步进与刀路的位置关系。两种形式示意图如图 7-238 所示。

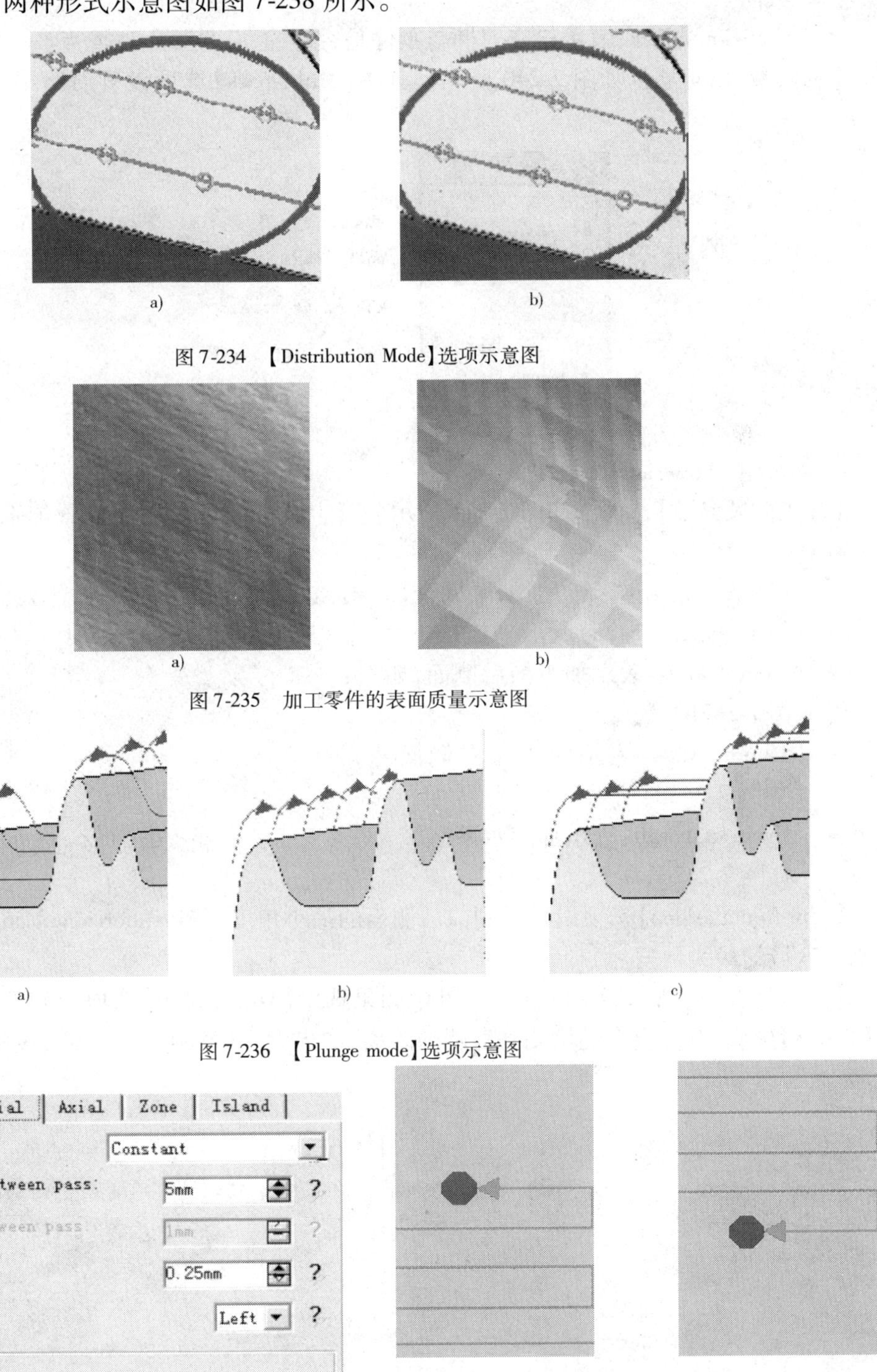

图 7-237 【径向参数】选项卡

图 7-238 【Stepover side】选项示意图

【View Direction】选项框中包括 3 个选项：

- Along tool axis：表示刀具轴线作为投影方向。
- Other axis：表示指定一条直线或者矢量作为投影方向，如图 7-239 所示，可以单击单独出现的箭头，弹出投影方向选择对话框后，可以指定已经存在的直线或者输入矢量方向。
- Collision check：表示检查刀柄与零件是否碰撞，并且显示碰撞点。

【轴向参数】选项卡如图 7-240 所示。其中【Multi-pass】选项设置刀路层数和切削深度形式。

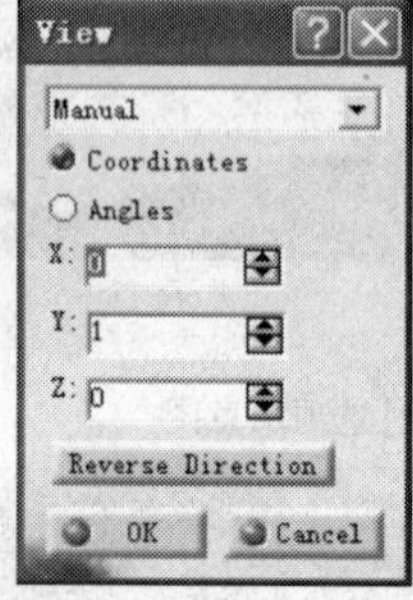

图 7-239 【Other axis】选项示意图

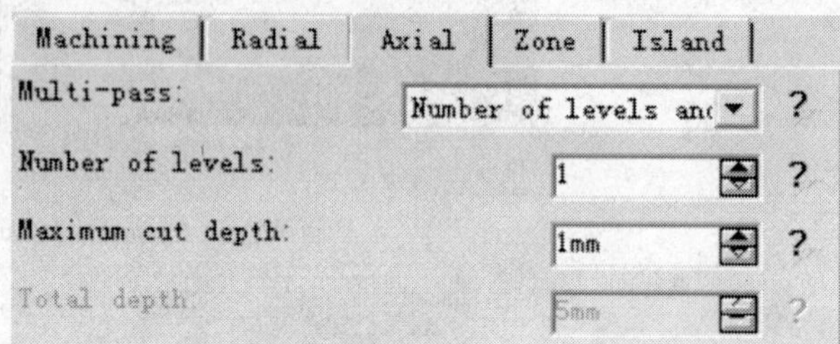

图 7-240 【轴向参数】选项卡

【加工区域参数】选项卡如图 7-241 所示。其中【Zone】选项用于设置加工区域模式，包括 4 种类型：

- All：表示已经选择的加工区域全部加工，如图 7-242a）所示。
- Frontal walls：表示加工前后侧面，如图 7-242b）所示。
- Lateral walls：表示加工左右侧面，如图 7-242c）所示。
- Horizontal wall：表示加工水平区域，如图 7-242d）所示。

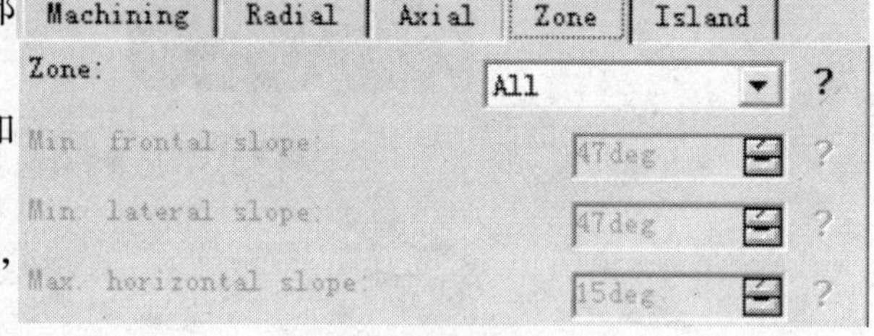

图 7-241 【Zone】选项卡

【Min frontal slope】选项设置辨别前后侧面的最小角度，【Max. horizontal angle】选项设置辨别水平区域的最大角度。

【Island】选项卡如图 7-243 所示。其中如果选中【Island skip】选项会使刀路经过岛屿；选中【Direct】选项，系统会自动检测到岛屿的距离，如果大于【Feedrate length】设置的值，会经过

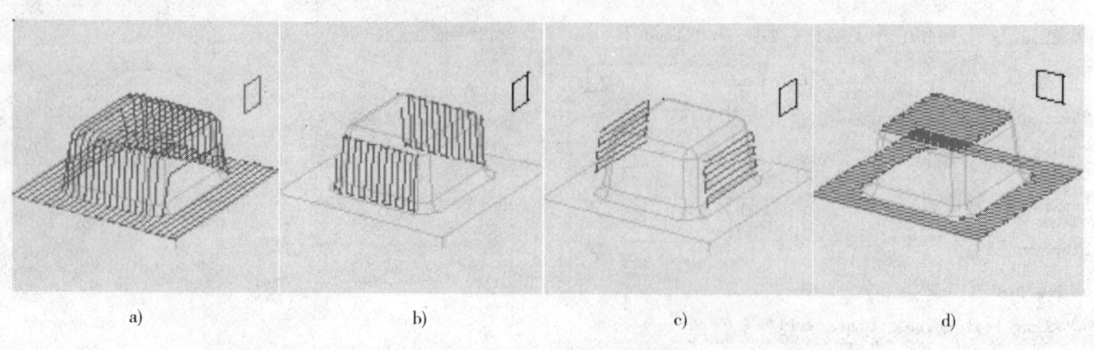

a) b) c) d)

图 7-242 【Zone】选项示意图

岛屿进刀。

(4)单击【刀路仿真】按钮,生成加工路径,如图 7-244 所示。

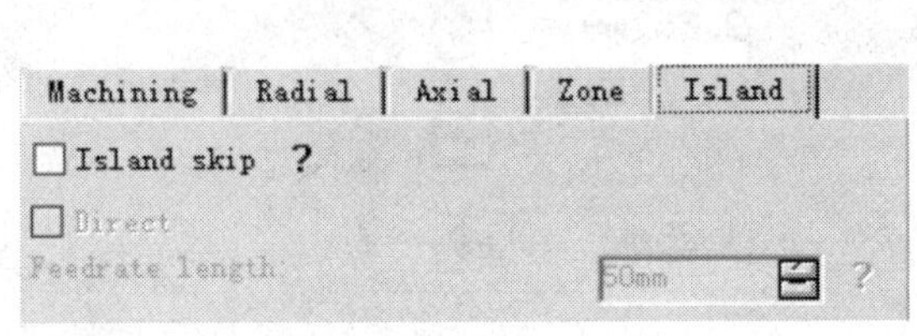

图 7-243 【Island】选项卡

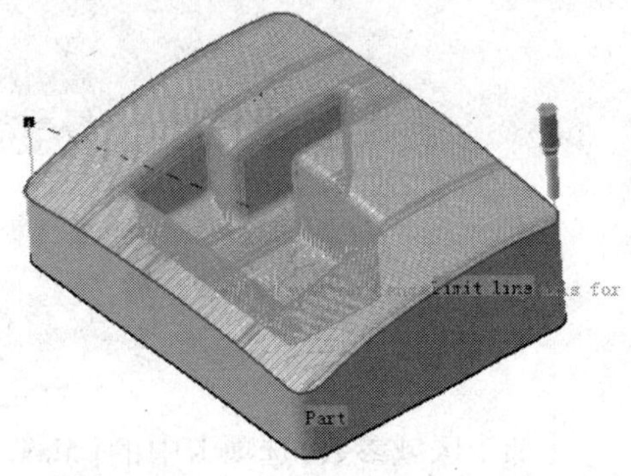

图 7-244 生成加工刀路

4)等高线加工(Zlevel)

Zlevel(等高线加工)是以垂直于 Z 轴的平面为刀路平面。打开附带光盘的“第 7 章 曲面加工/等高线加工”目录下的 Rough. CATProcess 文件。

在特征树上选择 Sweep roughing.1 (Computed),在工具栏中单击【等高线加工】按钮,会弹出【等高线加工】对话框;在模型树上也会出现等高线加工图标。

【加工区域】选项卡如图 7-245 所示,利用它可以在几何感应区中选择加工区域。

单击【刀具路径】选项卡标签,即可出现【刀具路径】选项卡,如图 7-246 所示。【Machining】选项卡中的【Pass overlap】选项用于设置刀路起点和终点重叠的长度。【轴向参数】选项卡如图 7-247 所示。其中的【Stepover】选项用于设置刀具的轴向进刀形式。该选项中包括如下选择:Constant(等距进刀)和 Via scallop height(按照残余料高进刀)。【Max. distance between pass】和【Min. distance between pass】用于定义刀路间的最大和最小距离。【Scallop height】选项

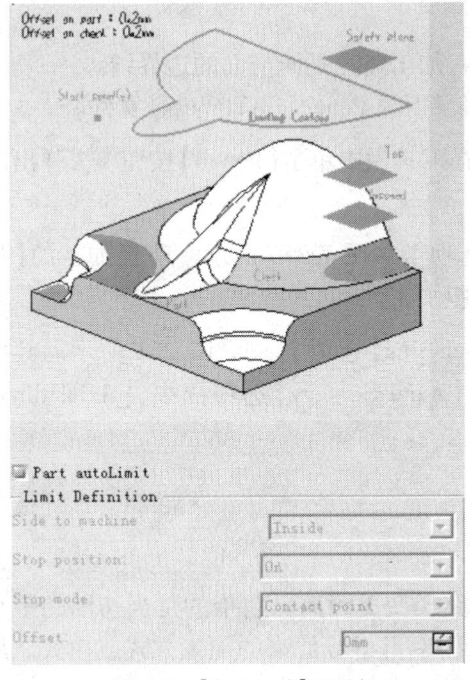

图 7-245 【加工区域】选项卡

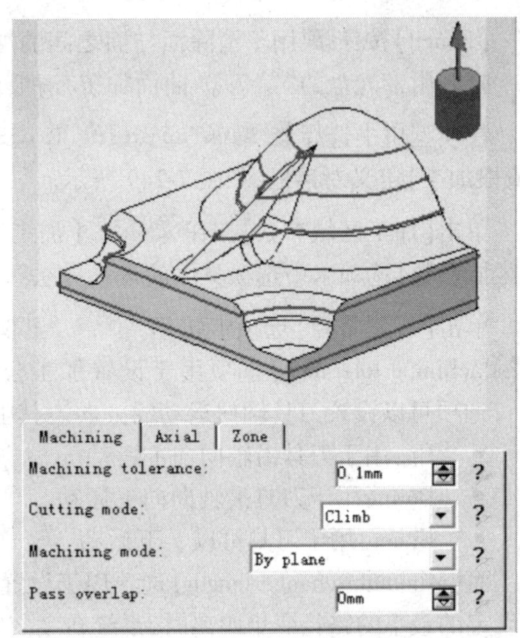

图 7-246 【刀具路径】选项卡

用于定义残余料高。

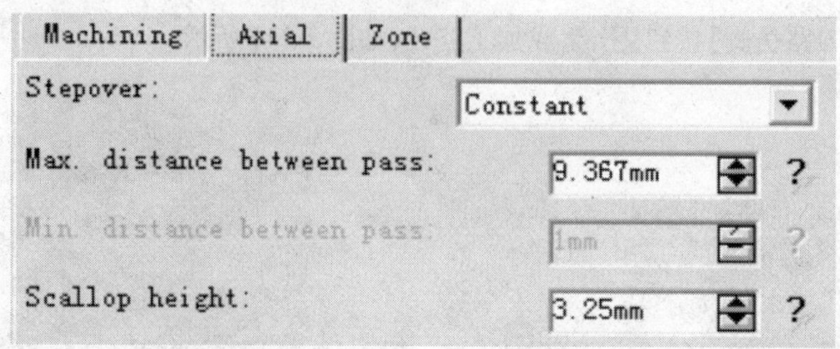

图 7-247 【轴向参数】选项卡

【加工区域参数】选项卡中的【Max. horizontal slope】文本框用于设置角度,系统则根据该角度判断是不是水平面。如果该平面与水平面的夹角小于该选项设置的角度值,就认为是水平面。如图 7-248 所示为 Max. horizontal slope = 2 和 Max. horizontal slope = 10 的刀路情况。

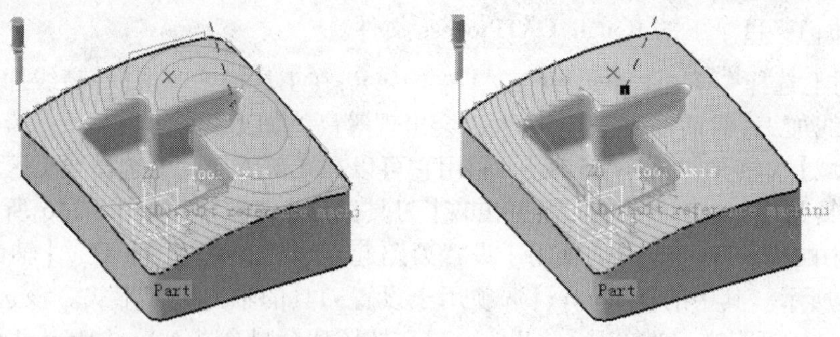

图 7-248 刀路仿真

5)清根加工(Pencil)

【Pencil】按钮用于清除面与面之间的加工残料,加工路径是面与面的边界线。

打开附带光盘的“第 7 章 曲面加工/清根加工”目录下的 Pencil. CATProcess 文件。

在模型树中选择 Manufacturing Program. 1,在工具栏中单击【Pencil】按钮,弹出的【清根加工】定义对话框,如图 7-249 所示。

单击【加工区域参数】按钮,【加工区域】选项卡如图 7-250 所示。清根加工的【加工区域参数】选项卡中选项具体的设置方法参照投影粗加工。

单击【刀具路径】选项卡按钮,出现的【Machining】选项卡,如图 7-251 所示。其中的【Machining tolerance】选项用于设置加工公差。在【Axial Strategy】选项框中,【Axial direction】选项可以设置刀具轴向运动的方向。其中有如下选择:

- Up:用于刀具沿轴向向上运动。
- Down:用于刀具沿轴向向下运动。
- Either:用于刀具可以上下运动。

而【Minimum change length】选项用于设置最小的路径变更距离。它指的是当切削间距小于设定的最小的路径变更距离时,系统自动忽略这段距离,并继续原来的加工方式或模式。最小的路径变更距离一般包括两个方向:轴向(Axial)和径向(Radial)。

【Axial】选项卡如图 7-252 所示。它主要是用于设置刀路的层数和切削深度。具体设置方法,参看其他加工方法。

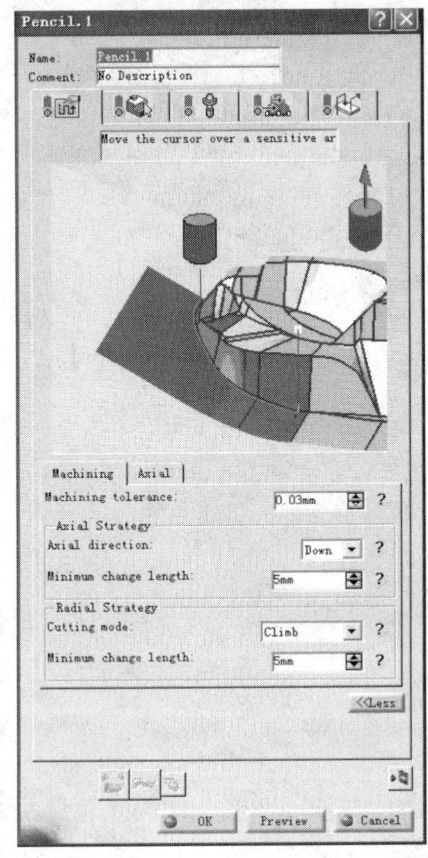

图 7-249 【清根定义】对话框

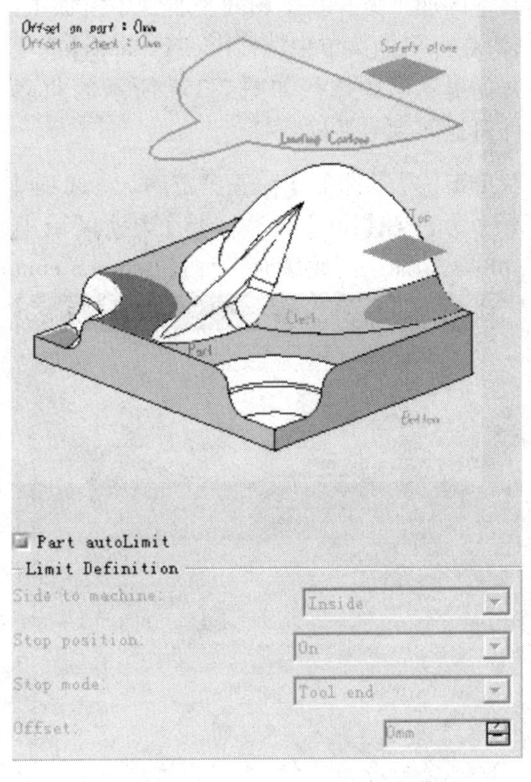

图 7-250 【加工区域】选项卡

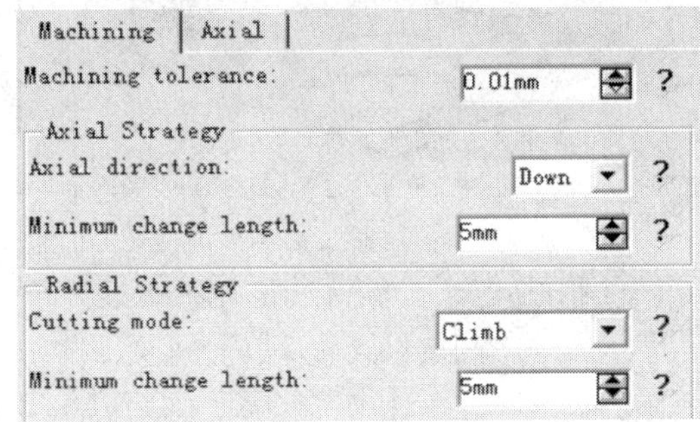

图 7-251 【Machining】选项卡

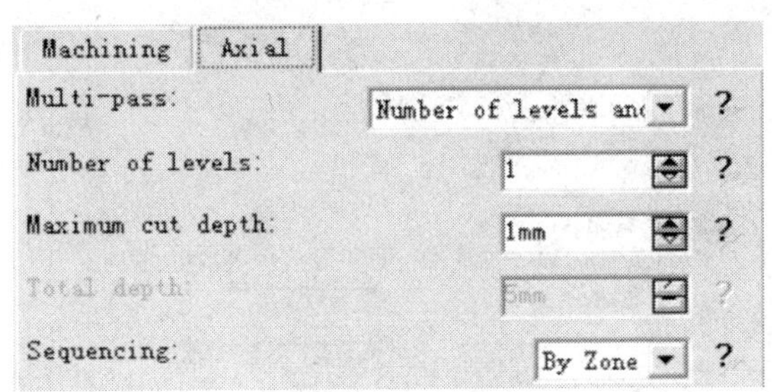

图 7-252 【Axial】选项卡

单击【刀路仿真】按钮,生成的加工路径如图 7-253 所示。

6)轮廓驱动加工(Contour-driven)

【Contour-driven】按钮的作用是以轮廓线来到导引刀具进行切削。

打开附带光盘的“第 7 章 曲面加工/轮廓驱动加工”目录下的 Contour-driven. CATProcess 文件。

在模型树中选择 Manufacturing Program. 1,在工具栏中单击【轮廓驱动加工】图标,弹出的【轮廓驱动加工】定义对话框,如图7-254所示。

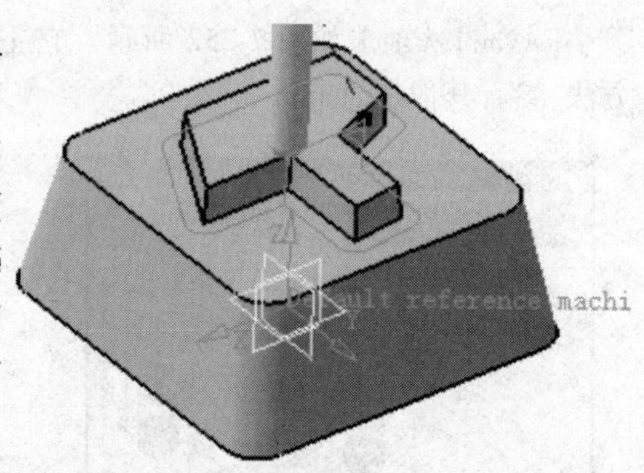

图 7-253　刀路仿真

单击【加工区域】选项卡,加工感应区如图7-255所示。在几何选项卡中,几何感应区以及设置选项与其他的加工方式基本相同。右键单击加工区域感应区,在弹出的菜单中选择【Select faces】选项,然后在几何显示区中选择如图 7-256 所示的曲面,双击零件可返回到对话框。

单击【刀具路径】标签 ,该选项卡如图7-257所示。在【Guiding strategy】选项区域中,可以选择的驱动加工的轮廓有 3 种:【Between contours】、【Parallel contour】和【Spine contour】。

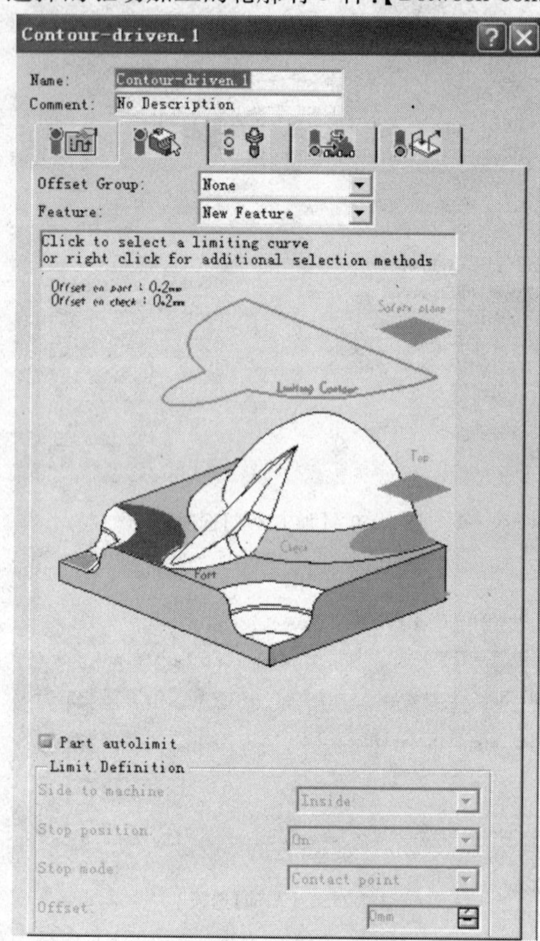

图 7-254　轮廓驱动对话框

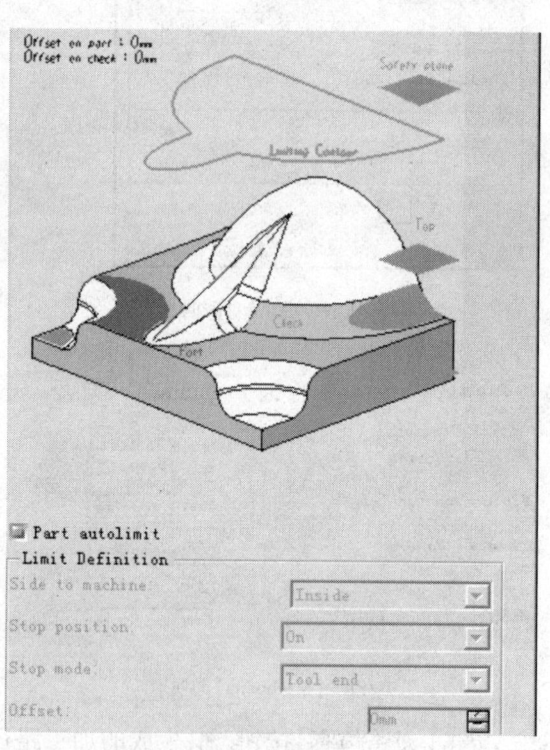

图 7-255　加工感应区

(1)【Between contours】方式表示通过两条曲线驱动刀具加工。两条曲线可以通过两种形式来定义:【4 open contours】(在开放曲线上 4 点)和【4 points on a closed contour】(在闭合曲线上 4 个点)。【4 open contours】定义方式感应区如图 7-258 所示,在感应区中,“Guide1”和“Guide2”是两条驱动曲线的感应区;“Stop1”和“Stop2”感应区用于限制加工刀路的边界,这两项也可以不指定,系统会自动默认两条开放曲线的边界为加工刀路的边界,加工区域是两条曲线中间的区域，导引线和加工路径如图 7-259 所示。

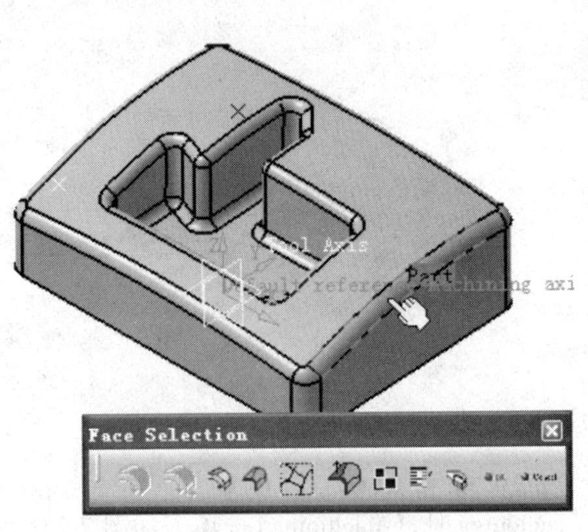

图 7-256 选择加工的曲面

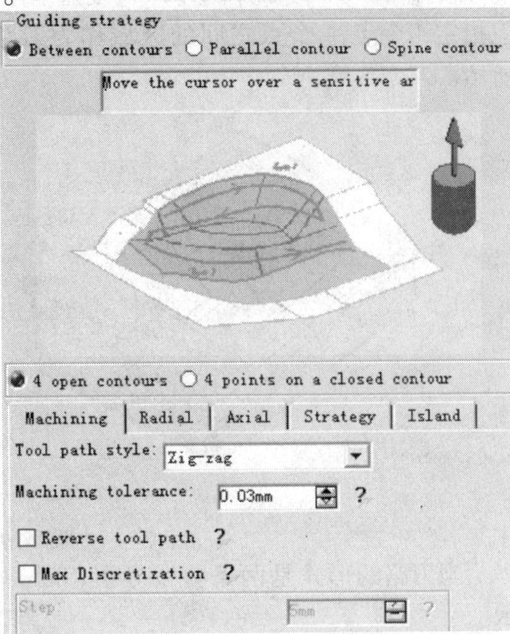

图 7-257 【刀具路径】选项卡

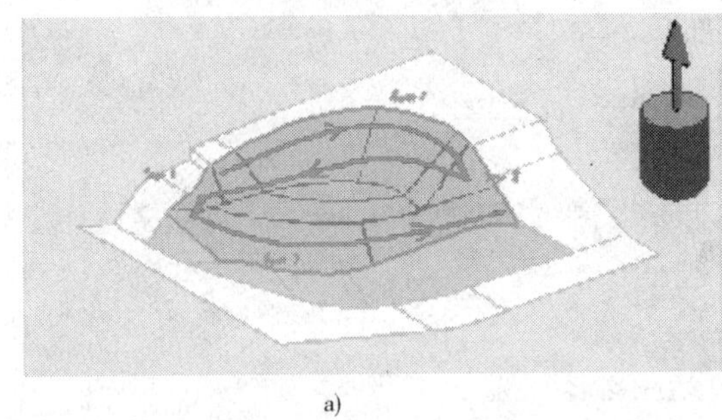

a)

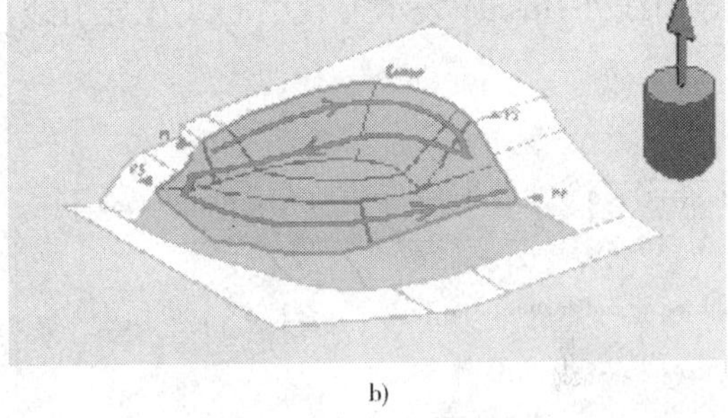

b)

图 7-258

a)【4 open contours】定义；b)【4 points on a closed contour】定义

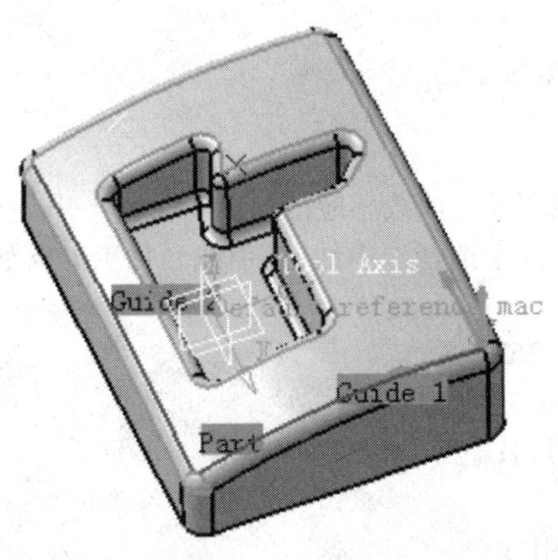

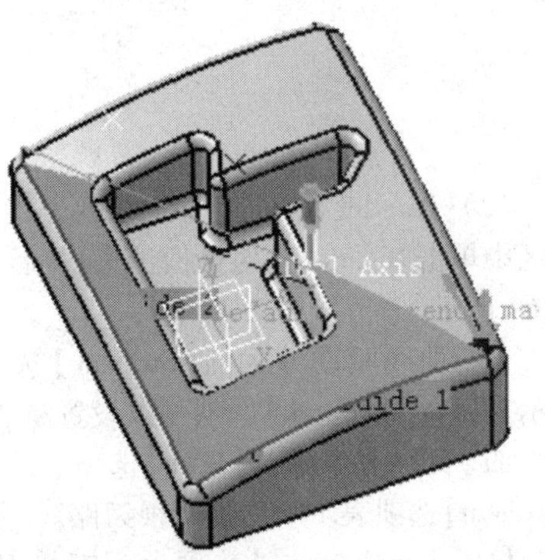

图 7-259 导引线和加工路径

【4 points on a closed contour】复选框用于选择一条封闭曲线作为导引线,同时需要在曲线上指定 4 个点,4 个点之间的区域作为刀路的驱动曲线和边界线,导引线和刀路如图 7-260 所示。

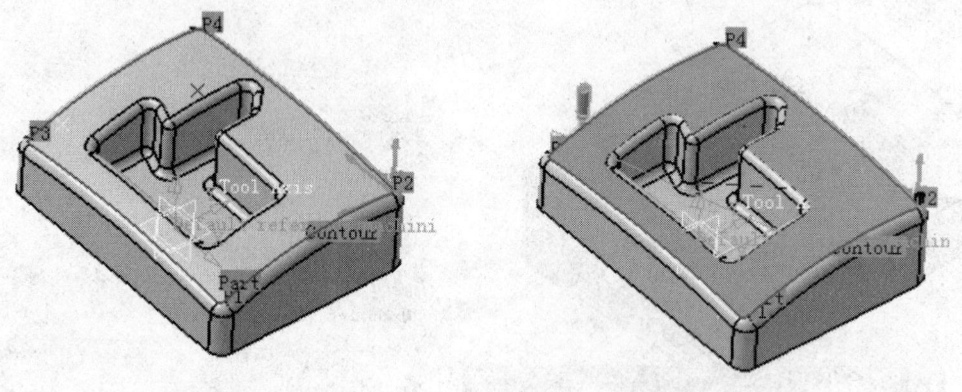

图 7-260 导引线和刀路

当刀路的形式是两条曲线导引(Between contours)时,【Machining】选项卡如图 7-261 所示。

【Radial】选项卡如图 7-262 所示。【Position on guide1】和【Position on guide2】选项用于设置刀具与导引线的位置关系。其中 On 表示刀具中心线在导引线上;Outside 表示刀具中心线在导引线外;Inside 表示刀具中心线在导引线内部。

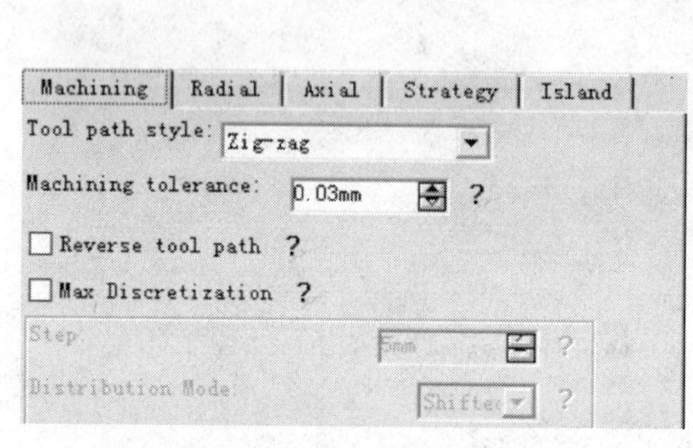

图 7-261 【Machining】选项卡

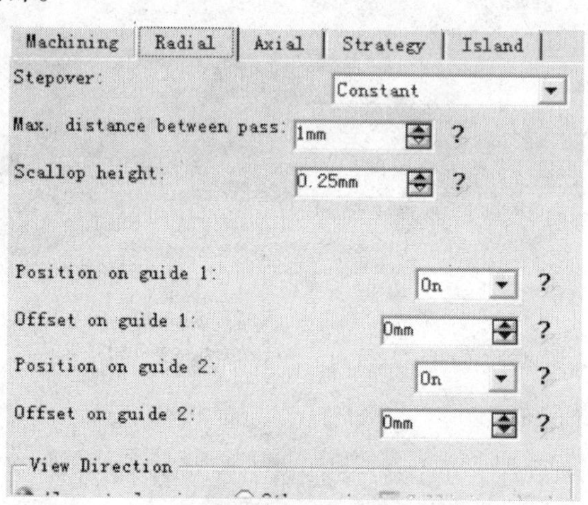

图 7-262 【Radial】选项卡

(2)【Parallel contour】方式表示刀路用平行曲线驱动。曲线感应区如图 7-263 所示。在感应区中单击"Guide1",对话框消失,然后在几何显示区中选择导引线,导引线和加工刀路如图 7-264 所示。

平行曲线驱动方式的【Strategy】选项卡如图 7-265 所示。【Pencil rework】选项可以设置是否在轮廓加工之后增加一层清根刀路。【With】选项表示增加清根刀路;【Without】选项表示不增加清根刀路。

【Offset on contour】选项表示起始刀路偏离导引线的距离。

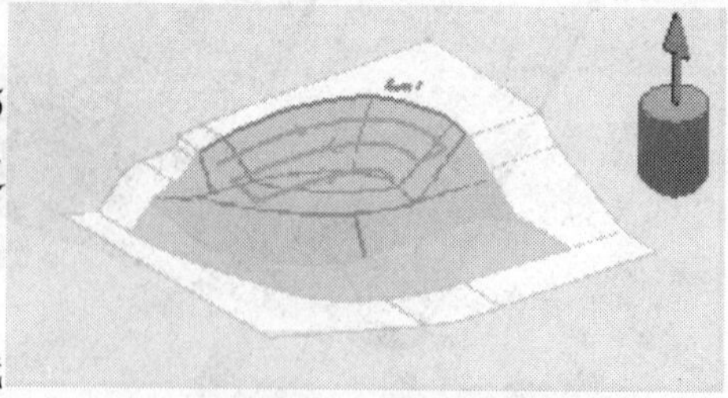

图 7-263 曲线感应区

【Maximum width to machine】选项设置加工区域的最大范围。可以从【Direction】选项的下拉列表框中选择一种加工方向。其中“To contour”表示沿着导引线的方向步进加工，“From contour”表示步进加工方向与导引线的方向相反。导引线的方向会在几何显示区中显示出来，如图7-266所示，鼠标所指的方向即为导引线方向。

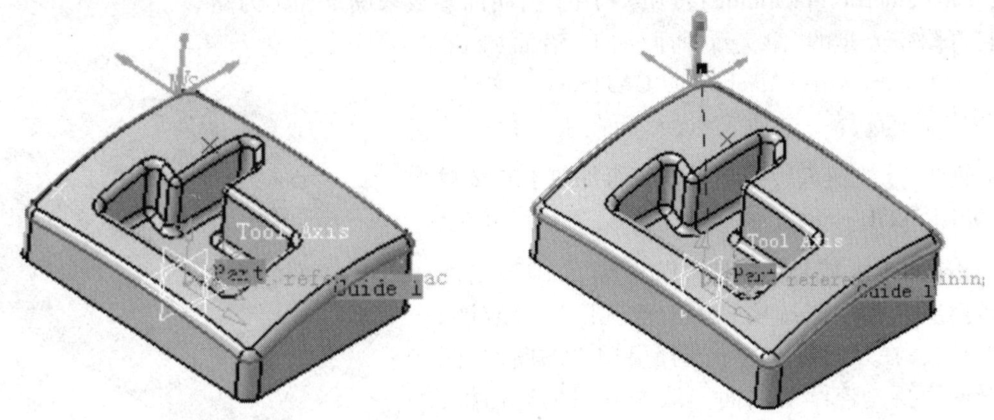

图7-264　导引线和加工刀路

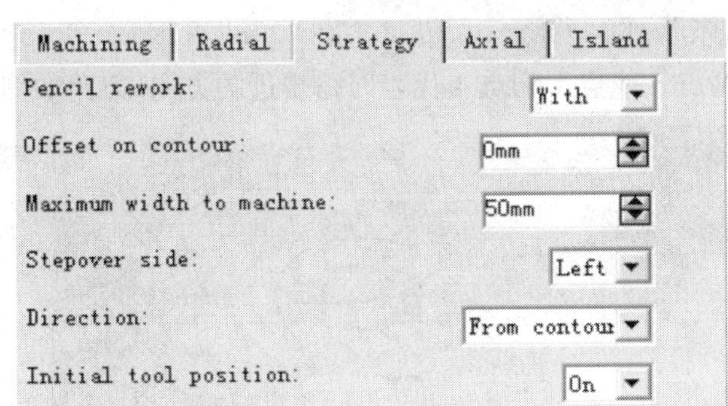

图7-265　【Strategy】选项卡

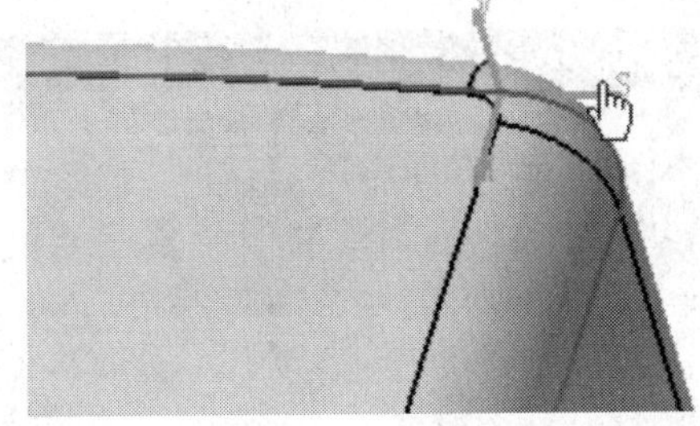

图7-266　导引线方向

【Stepover side】选项用于设置加工时刀路步进的方向，其中“Left”表示加工导引线左边的区域；“Right”表示加工导引线右边的区域。

【Initial tool position】选项可以设置开始加工时刀具的位置。

(3)脊线驱动(Spine contour)方式表示刀路用一条或多条曲线驱动。刀路按照脊线的方向步进(图7-266)，刀路与导引曲线相垂直(图7-267)。脊线驱动感应区如图7-268所示。

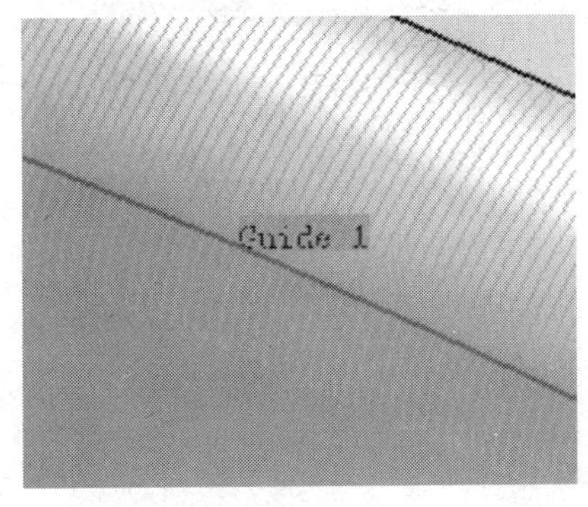

图7-267　刀路形式

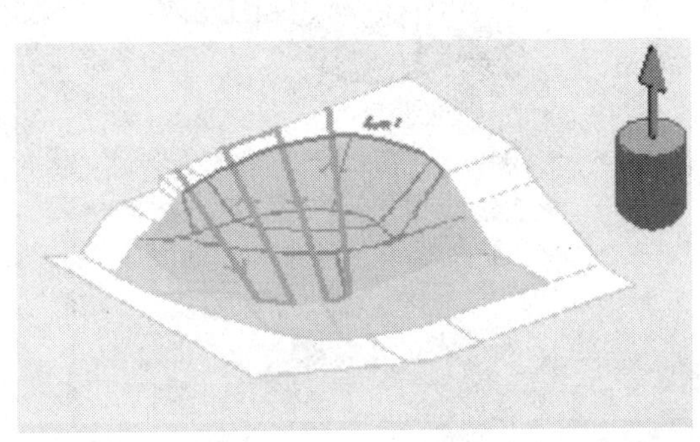

图7-268　脊线驱动感应区

定义导引脊线时，单击其感应区，然后在几何显示区中选择曲线，在加工零件上双击可返回到对话框。单击【刀路仿真】按钮，加工刀路如图 7-269 所示。

7）沿面加工（Isoparametric Machining）

【Isoparametric Machining】按钮用于由曲面参数来确定加工刀路。

打开附带光盘的“第 7 章 曲面加工/沿面加工”目录下的 Isoparametric Machining. CATProcess 文件。

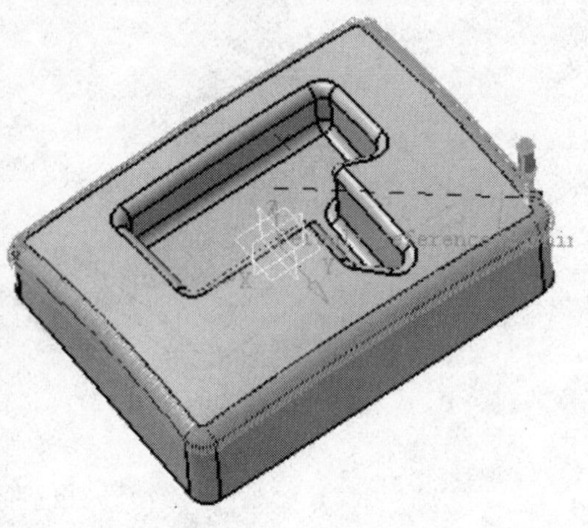

图 7-269 刀路仿真

在特征上选择一个插入点，然后在工具栏中单击【沿面加工】按钮，弹出的【沿面加工】定义对话框，如图 7-270 所示。

单击【加工区域】选项卡按钮，则弹出加工区域感应区和定义选项。单击加工区域感应区，对话框消失；在几何显示区中选择要加工的曲面，注意选择曲面要是连续的曲面。双击返回到对话框，再单击感应区中的 4 个端点，然后在几何显示区中选择要加工曲面的端点，4 个点会按照选择的先后顺序分别命名为 1、2、3、4，如图 7-271a）所示。其中由 1 点到 2 点代表加工刀路的方向，点 1 到点 3 或点 1 到点 4 代表刀路步进的方向，刀路如图

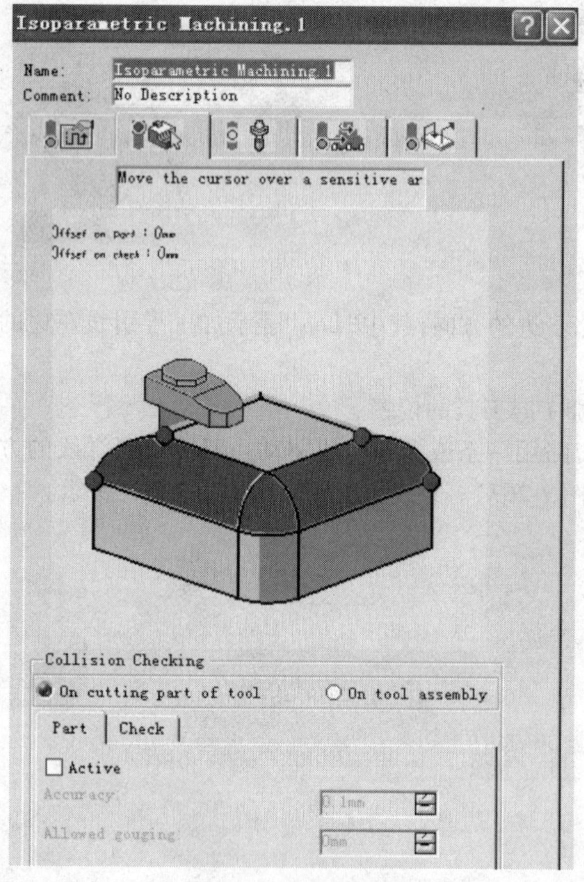

图 7-270 【沿面加工】对话框

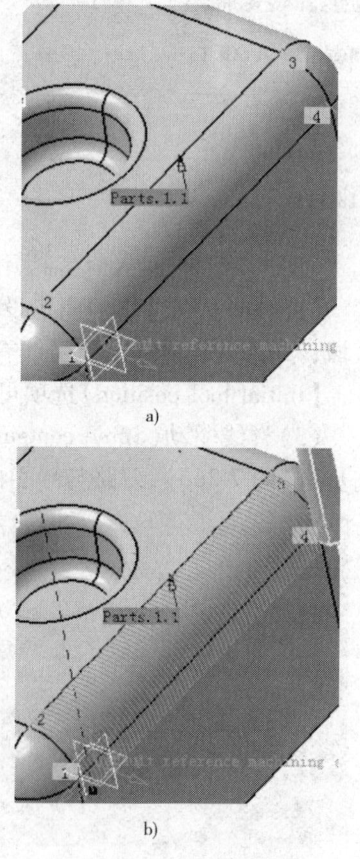

图 7-271 选择加工区域

7-272b)所示。选择完成后,双击返回到对话框。

在加工区域选项卡中,【Collision checking】选项区域包括两个复选框:

- 【On cutting part of tool】用于检查刀具的切削刃是否与加工零件碰撞。
- 【On tool assembly】用于检查刀具的整体是否与加工零件碰撞。

在【Part】和【Check】选项卡中,【Accuracy】选项用于设置加工的精度值;【Allowed gouging】选项用于设置加工允许过切的距离。

单击【刀具路径】选项卡图标,出现的选项卡内容如图7-272所示。在【Machining】选项卡中,【Max. discretization step】选项可以设置两个连续的刀位点最大距离,如图7-273a)所示;【Max. discretization angle】选项用于设置两个连续的刀位点最大角度,如图7-273b)所示。

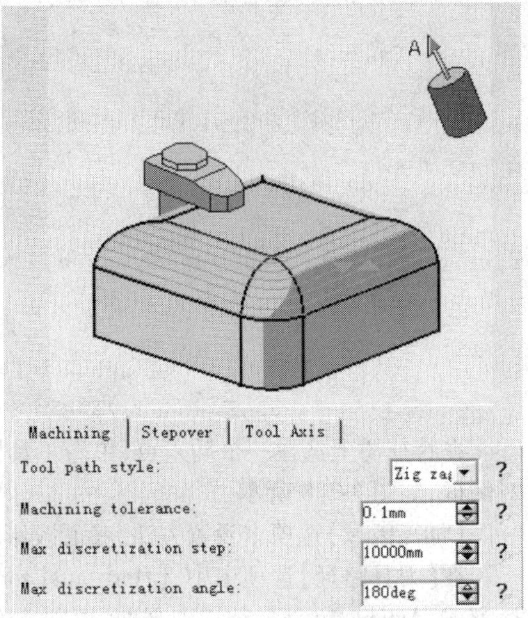

图7-272 【刀具路径】选项卡

【Stepover】选项卡如图7-274所示。该选项卡中【Radial strategy】下拉框用于设置径向进刀的策略。其中"Distance on part"选项通过设置刀路径向的距离来确定进刀策略,【Distance between paths】文本框用于设置刀路间的距离;【Scallop】选项通过设置残余料高来确定进刀策略,残余料高通过【Scallop height】文本框来设定;【Numbers of paths】选项通过设置刀路数量来确定进刀策略,刀路数量通过【Number of paths】文本框来设定。

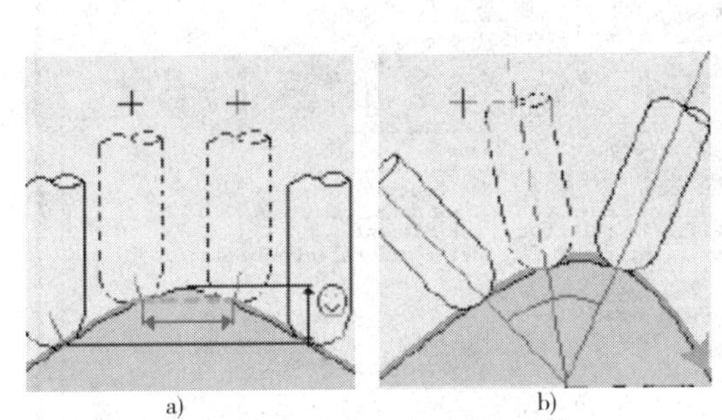

图7-273 【Max. discretization step】选项示意图

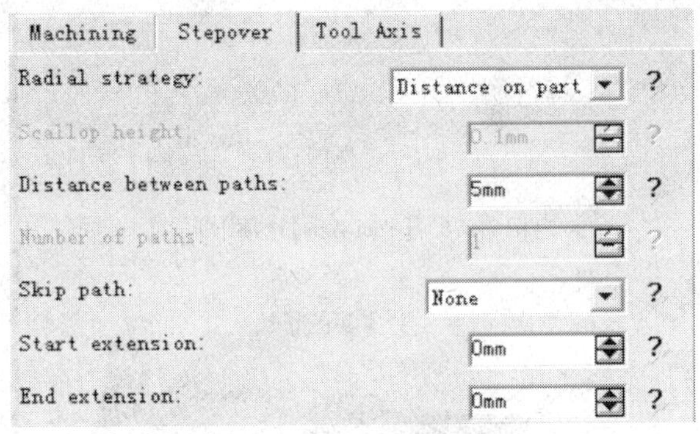

图7-274 【Stepover】选项卡

【Skip path】选项可以设置跳过的刀路形式,其中包括4种:"None"(不跳过任何刀路)、"First"(跳过第一条刀路)、"Last"(跳过最后一条刀路)和"First and Last"(跳过第一条和最后一条刀路)。几种形式示意图如图7-275所示。

【Start extension】和【End extension】选项用于设定起始和终止刀路的向外延伸的距离。

【Tool Axis】选项用设定加工时刀具的轴线,如图7-276所示。

参数设置完成后,单击【刀路仿真】按钮,加工刀路如图7-277所示。

8)螺旋加工(Spiral)

Spiral(螺旋加工)是精加工的一种加工方法。它可以在不采用特定小刀具的前提下,对平面进行加工，并得到很高的表面质量。系统会通过设定角度值，识别是不是平面。打开附带光盘的“第 7 章 曲面加工/螺旋加工”目录下的 Spiral. CATProcess 文件。

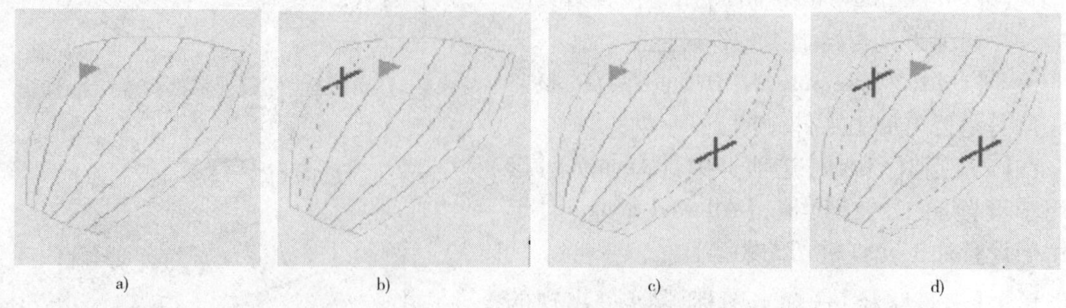

a)　b)　c)　d)

图 7-275 【Skip path】选项示意图

a) None; b) First; c) Last; d) First and Last

在特征树上选择一个插入点，单击工具栏中的【螺旋加工】按钮，弹出【螺旋加工】定义对话框，如图 7-278 所示。

【加工区域】选项卡设置方法，参看投影粗加工。

在【刀具路径】选项卡中，【Horizontal zone selection】选项的下拉列表框可以选择平面的选择方式，Automatic 是自动识别平面，识别平面的角度在【Zone】选项卡的【Max. frontal angle】选项中设置，当小于该角度时，系统会认为是平面；Manual 是用户指定平面作为加工平面。设定方法类似于几何感应区的【Limit contour】选项。这里要注意的是：动识别平面（Automatic）方式会自动把小于【Max. frontal angle】选项设置角度值的平面认为是加工平面，如果要单独加工某个平面，需要单独制定，如图 7-279 所示。

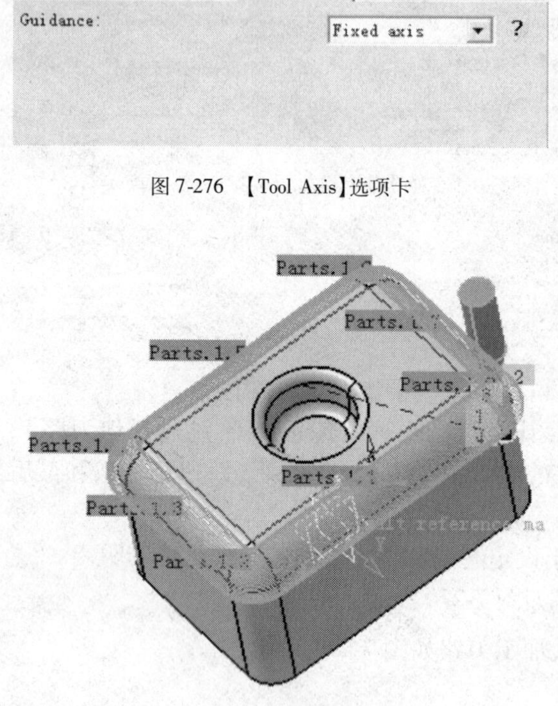

图 7-276 【Tool Axis】选项卡

图 7-277 刀路仿真

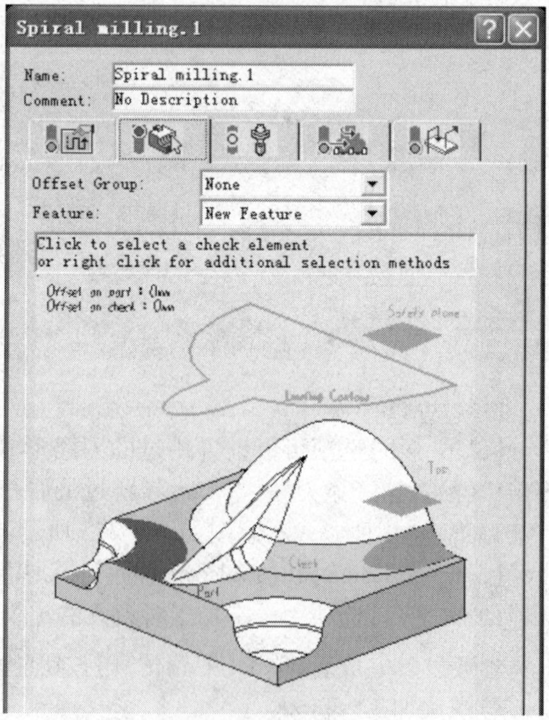

图 7-278 【螺旋加工】定义对话框

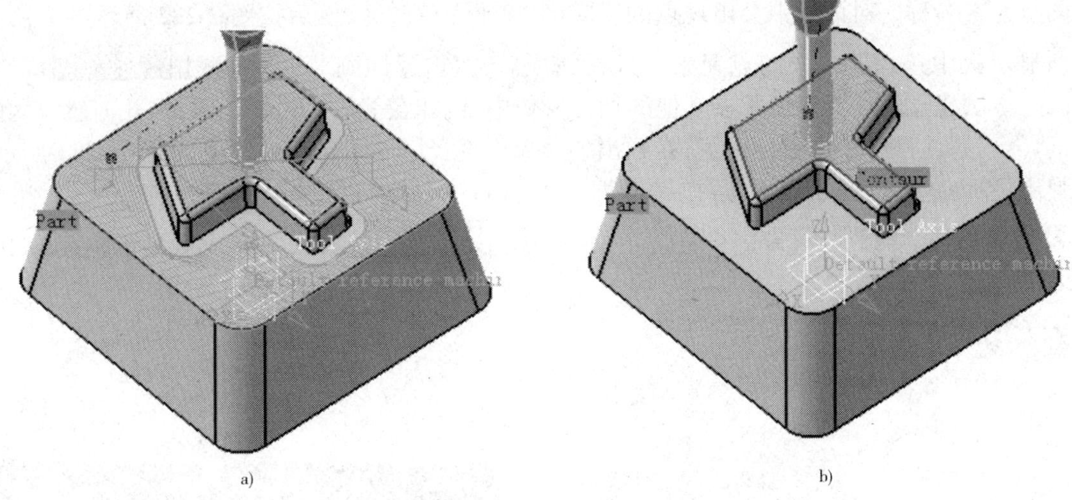

图 7-279 【Horizontal zone selection】选项的刀路

a) Automatic; b) Manual

7.4.2 加工区域定义基本操作

7.4.2.1 建立几何区域(Geometrical zone)

Geometrical zone 功能可以在加工零件上建立点、线、面(曲面和平面)等几何元素,这些几何元素会在定义加工操作中使用到。例如在加工中,要定义约束曲线(Limit Contour),就可以选择建立的几何元素。打开附带光盘的"第 7 章 曲面加工/螺旋加工"目录下的 Spiral. CATProcess 文件。

在工具栏中单击【建立几何区域】按钮,弹出如图 7-280 所示的对话框。在对话框中【Name】选项可以设置建立几何元素区域的名称。【Type】选项中包括 4 个按钮: 图标是建立点元素。 图标建立平面。 图标是建立一组曲线。

1)建立点元素

单击【建立点元素】按钮 ,弹出的对话框如图 7-281 所示。在【Name】选项用于输入建

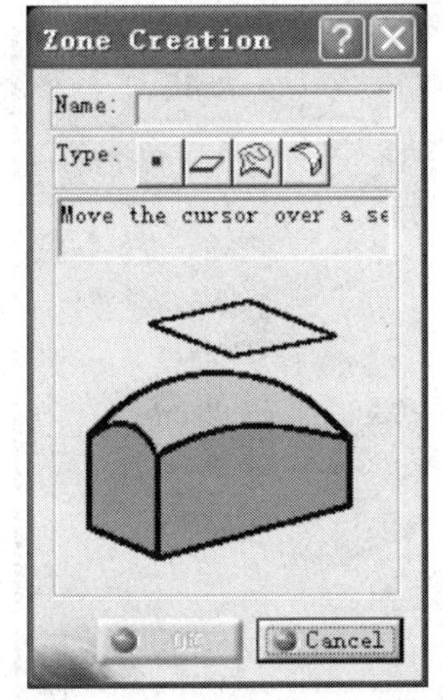

图 7-280 【建立加工区域】对话框

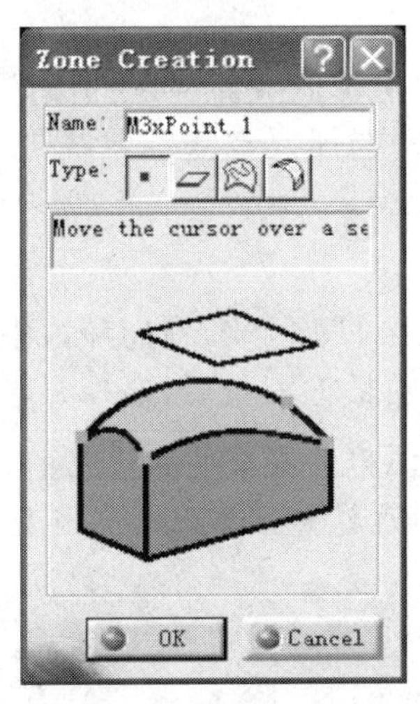

图 7-281 【建立点元素】对话框

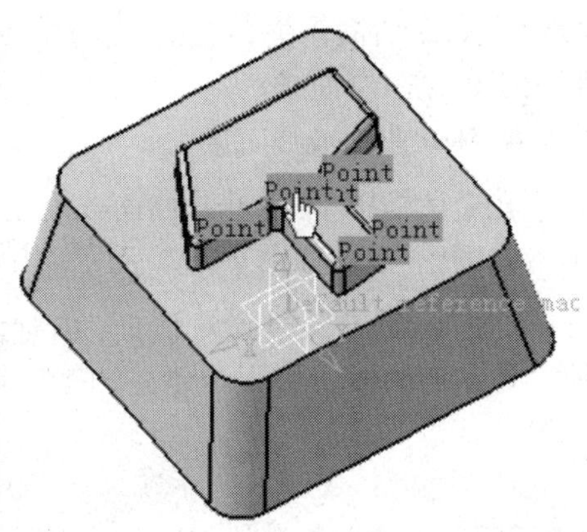

图 7-282 选择要建立的点

立的点元素名称。对话框中会出现点的感应区，单击点感应区，然后按图 7-282 所示的方法在几何显示区中选择要建立的点元素。选择完成后，双击返回到对话框，单击 OK 按钮。用以上方法建立的点元素可用在其他的加工操作中，例如在等高线粗加工中，在几何感应区的"Start(s)"感应区中单击鼠标右键，在弹出的菜单中选择【Select zones】选项，如图 7-283 所示，则弹出【Zones Selection】对话框，在对话框中的【Not selected】栏目中选择要选择的点，单击 -> 按钮，点集会添加到【Selected】选项框中，单击 OK 按钮，即完成点集的应用，如图 7-284 所示。

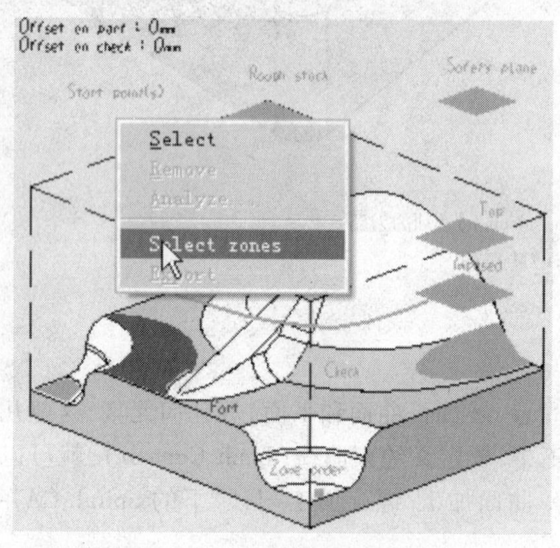

图 7-283 选择【Select zones】选项

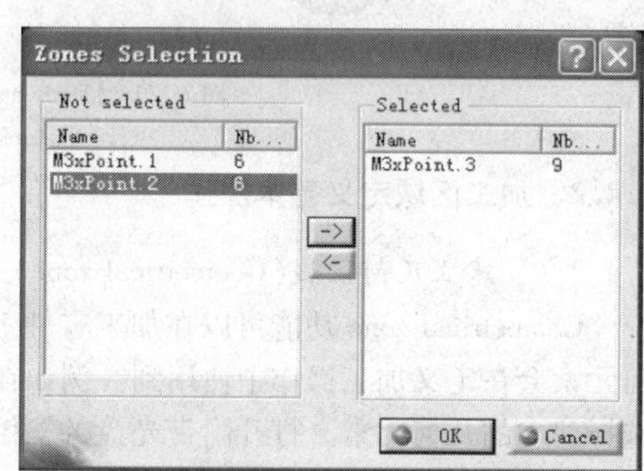

图 7-284 添加几何元素

2）建立平面

单击【建立平面】按钮，同时在感应区中单击平面感应区，如图 7-285 所示。在几何显示区中选择要建立的平面，双击返回到对话框，单击 OK 按钮，则完成平面选择。建立的平面，可以作为安全平面、底面、顶面、起始面、终止面等，设置方法参照建立点的方式。

3）建立曲线区域

单击【曲线】按钮，在感应区中单击曲线感应区如图 7-286 所示，对话框消失，在几何显示区中选择要建立的曲线，主要用于建立限制曲线。

4）建立曲面或加工区

在对话框中单击【建立曲面或加工区】图标，在感应区中单击曲面感应区，如图 7-287 所示。当对话框消失后，选择要建立的曲面。双击返回到对话框，在对话框中单击 OK 按钮。建立的曲面主要用于建立加工区域、检查区域和不加工区域等。

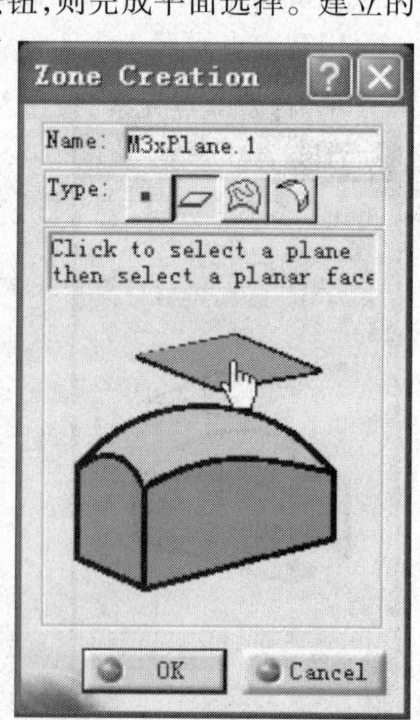

图 7-285 选择平面感应区

7.4.2.2 定义加工区域(Machining/Slope)

Machining/Slope（定义加工区域）功能可以在加工零件上建

立加工区域，然后可以为该加工区域定义加工操作。打开附带光盘的“第 7 章 曲面加工/等高线粗加工”目录下的 Rough. CATProcess 文件。

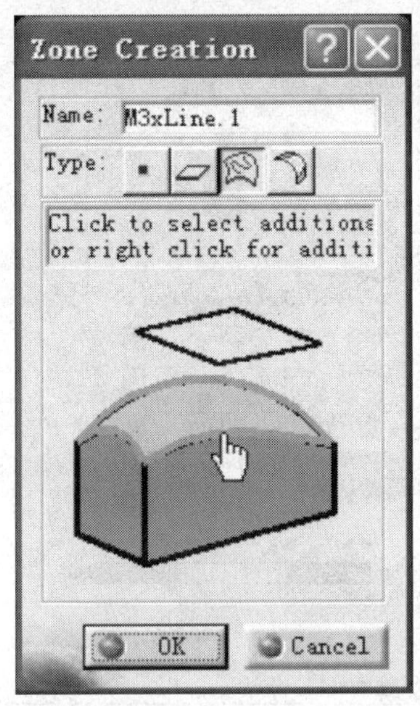

图 7-286 选择曲线感应区

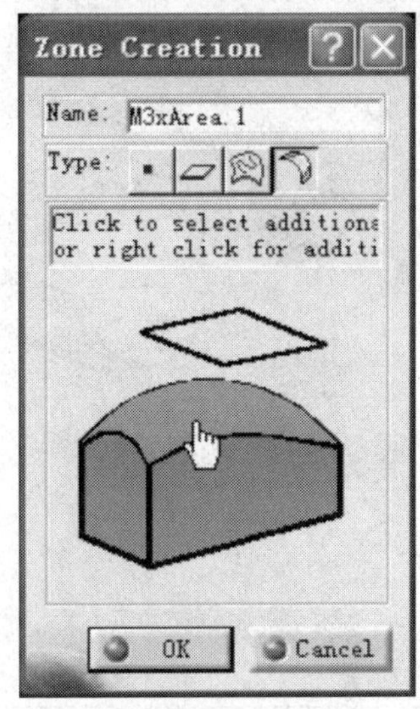

图 7-287 选择曲面感应区

在工具栏中单击【定义加工区域】按钮，弹出如图 7-288 所示的对话框。在对话框中，【Name】选项用于定义加工区域的命名，【Geometry】选项卡包含有“Part(加工对象)”、“Limit contour(限制曲线)”、“Check(检查区域)”、不加工区域等的感应区，其定义的方法和其他的加工操作相同。

如果选择【Slope Area】复选项，则【Slope Area】选项卡和【Operations】选项卡会被激活。

【Slope Area】选项卡如图 7-289 所示，【Offset Group】选项可以选择已经偏置的区域。在刀具的示意图中有刀具轴向感应区，单击感应区可以定义刀具的轴向。【Tool】选项区可以设置刀具的参数，设置有两种方式：如果已经定义了加工刀具，可以在【Reference】选项的下拉菜单中选择；也可以重新设置刀具，设置时，在【Reference】选项中选择“None”，然后在【Entry diameter】选项和【Corner radius】选项设置刀具的直径和圆角。

在【Tolerance】选项中可以设置加工的精度。【Offset on part】文本框可以设置加工余量，在【Overlap】文本框中设置不同加工区的重叠大小。【Angle】选项区可以设置加工区的分类：蓝色是水平区，通过【Lower】选项来设置；黄色区域是斜面区，通过【Lower】和【Upper】选项来定义；红色是竖直区域，用【Upper】来定义。在加工区域定义完成后，可以对加工区域进行计算。

单击【Operation】选项卡，如图 7-290 所示。在【Operation】选项卡中可以对不同的加工区域定义不同的加工操作，如等高线粗加工等。定义时，在模型树中选择一个加工操作插入点，则出现【Operation】选项卡。如图 7-291 所示，选项卡的下半部分为【Assign Operation】选项框，其中【Area】选项用于显示当前选中的加工区域，在【Assign】选项的下拉列表框中可以选择当前加工区域的加工操作。在【Step Over】选项中可以定义刀具步进的距离。单击 OK 按钮完成设置，则模型树上会出现如图 7-292 所示的节点。

如果要对加工操作进行编辑，可以在特征树上选择双击要编辑的加工操作，在弹出的对话框中进行重新的设置。

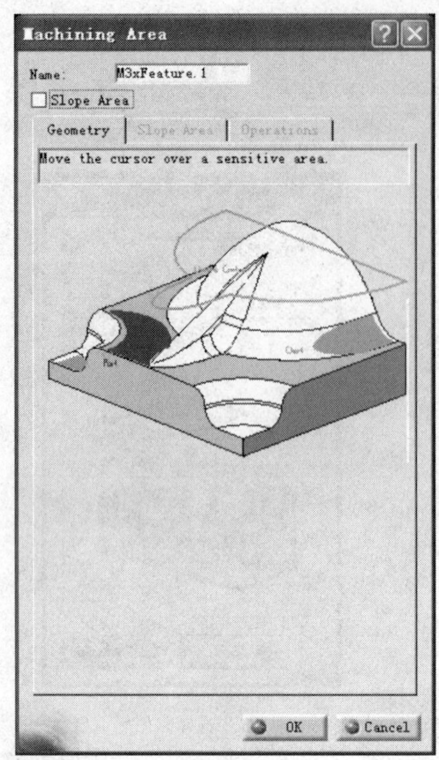

图 7-288 【定义加工区域】对话框

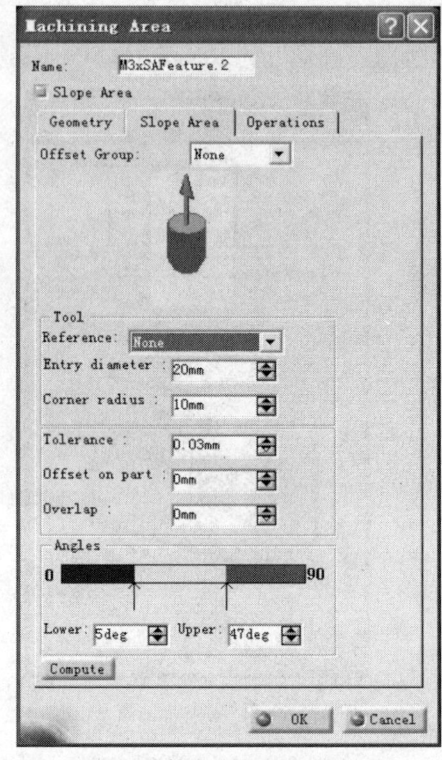

图 7-289 【Slope Area】选项卡

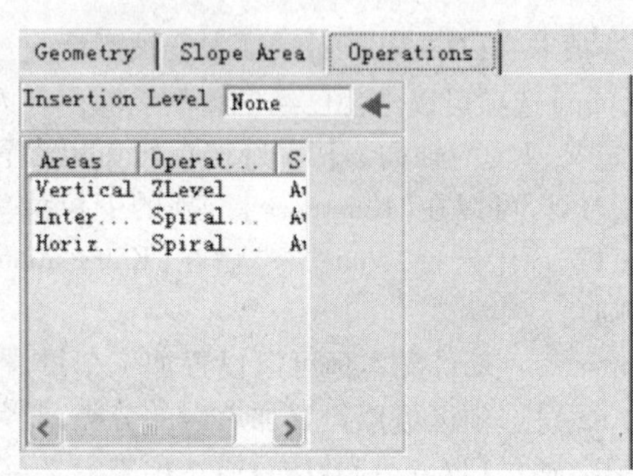

图 7-290 【Operation】选项卡

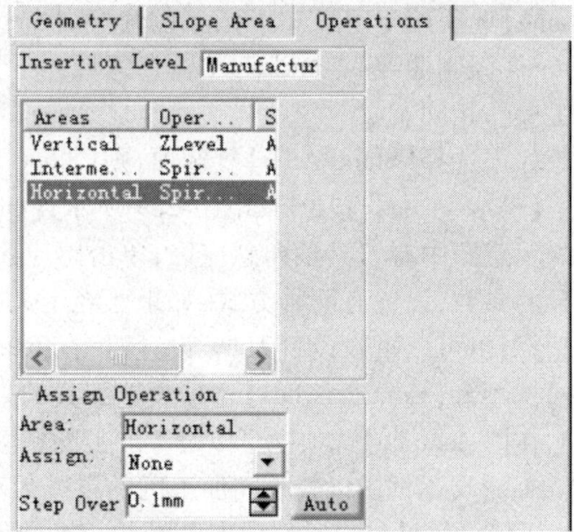

图 7-291 【Slope Area】选项卡

7.4.2.3 二次加工区域(Rework)

Rework(二次加工区域)功能可以计算出定义的加工区域中没有加工的区域,并在该区域再定义加工操作,这样的话可以避免重复加工,能节省加工时间。

打开附带光盘“第 7 章 曲面加工/二次加工区域” 文件夹下的 Rework. CATProcess 文件,如图 7-293 所示。

在工具栏中单击【二次加工区域】按钮,则弹出如图 7-294 所示的对话框。对话框中的 Load from 按钮,可以在模型树上选择要导入的加工操作。例如在该实例中,单击 Load from 按钮,在模型树上选择已经建立的加工操作,在实例中选择"Sweeping"加工操作,则二次加工区域的主窗口的【Tool】选项卡变为如图 7-295 所示的形式。【Other】选项卡如图 7-295 所示。

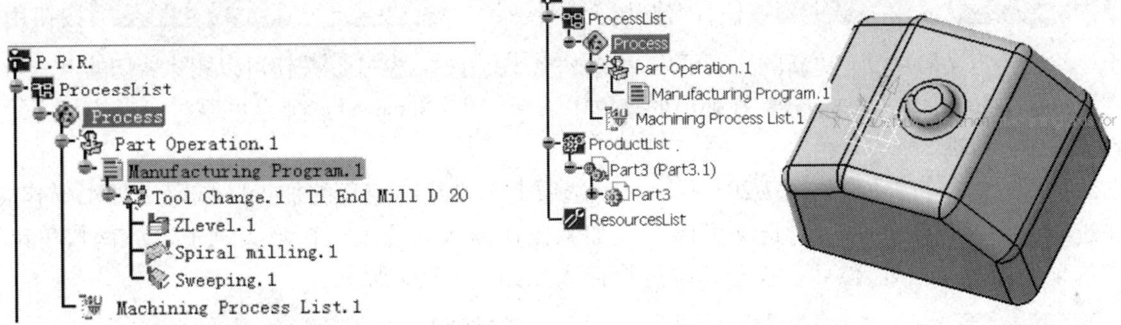

图 7-292　模型树中新增节点

图 7-293　零件模型

【Other】选项卡如图 7-296 所示。在该选项卡中,【Tolerance】选项表示加工的公差;【Overlap】选项表示刀具加工时超过边界的比率,一般用刀具直径的百分率来表示。【Offset on part】选项表示加工刀路表面与加工零件表面的距离。【Minimum depth】选项表示系统可以忽略的最小深度,即加工的深度小于该值时,可以认为不需要加工了。

【Edit】选项卡如图 7-297 所示。该选项卡主要用于在没有导入加工操作时,可以通过该

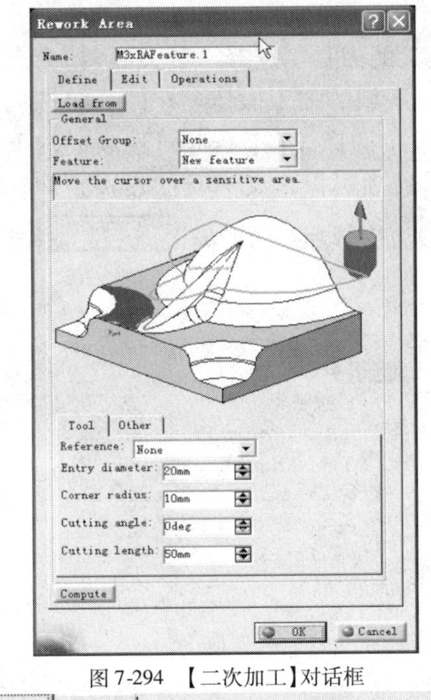

图 7-294　【二次加工】对话框

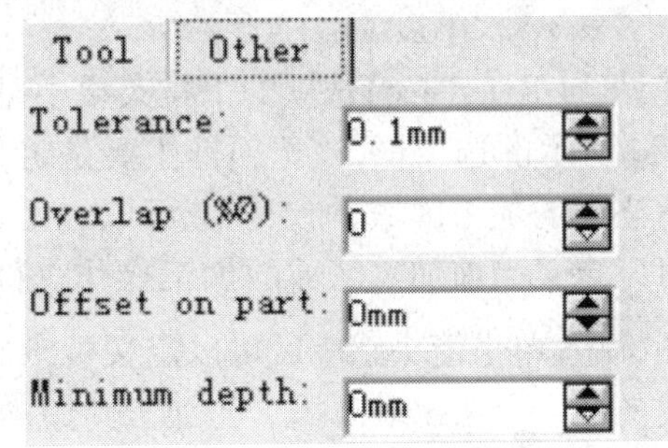

图 7-296　【Other】选项卡

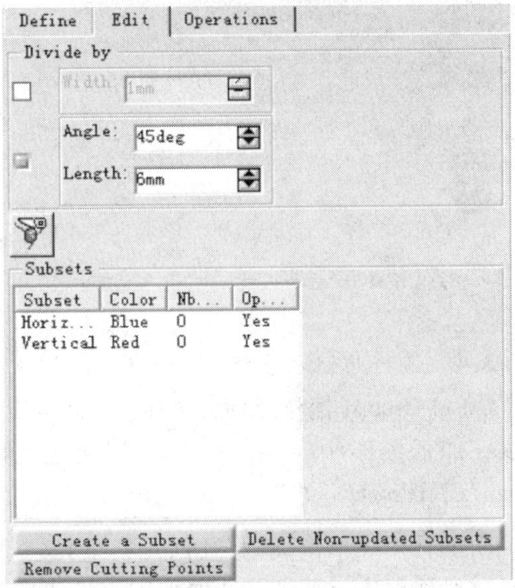

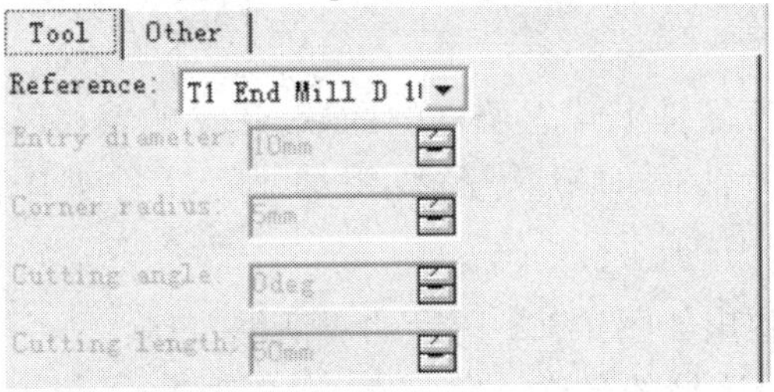

图 7-295　【Tool】选项卡

图 7-297　【Edit】选项卡

选项卡设置加工操作。【Angle】和【Length】选项用于定义加工的几何元素子集。在【Subsets】选项框中显示水平和垂直几何元素子集信息,在默认的状态下显示的是水平和垂直的信息。可以通过单击 Create a Subset 按钮,创建几何元素子集。Delete Non-updated Subsets 按钮用于删除已经定义但是没有更新的元素子集。Remove Cutting Points 按钮可以删除剪切的点。当在【Subset】选项中单击鼠标右键,在弹出的菜单中选择【Add/Remove】选项也可以对定义的几何元素子集进行编辑。

【Operations】选项卡如图 7-298 所示。该选项卡主要是给定义的加工区域定义加工操作。在选项卡中,【Insertion level】选项可以设置加工操作插入的位置。在该实例中,设置时,单击该选项后面的空白处,然后在模型树中选择插入点如图 7-299 所示。

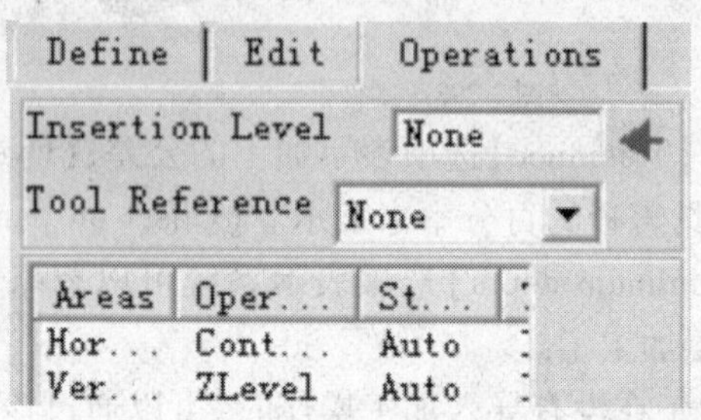

图 7-298 【Operations】选项卡

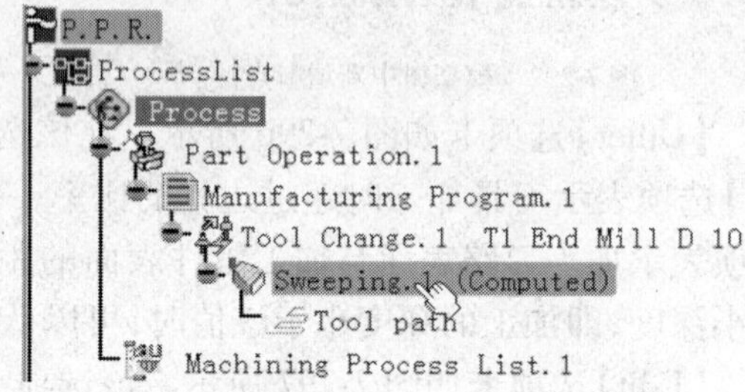

图 7-299 插入加工操作

在【Tool Reference】选项的下拉菜单中可以选择定义的刀具。选择一种刀具时,会出现如图 7-300 所示的选项框,该选项框主要是定义二次加工区域的加工操作。在【Area】选项中可以显示当前的加工区域,加工区域可以在上边的选项框中选择。在【Assign】选项框的下拉菜单中可以定义当前加工区域的加工操作。【Step Over】选项可以定义刀具的步进距离。在下方的图标中,单击箭头感应区可以定义机床的 *Z* 轴。设置完成后,可以单击 OK 按钮,在模型树的插入点会出现要插入的加工操作,如图 7-301 所示。

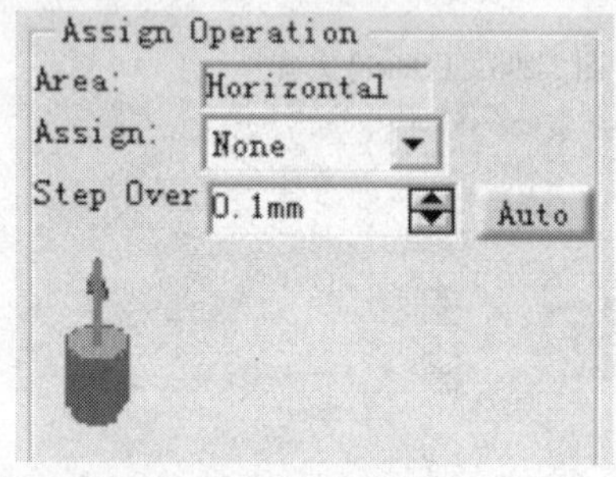

图 7-300 选择刀具

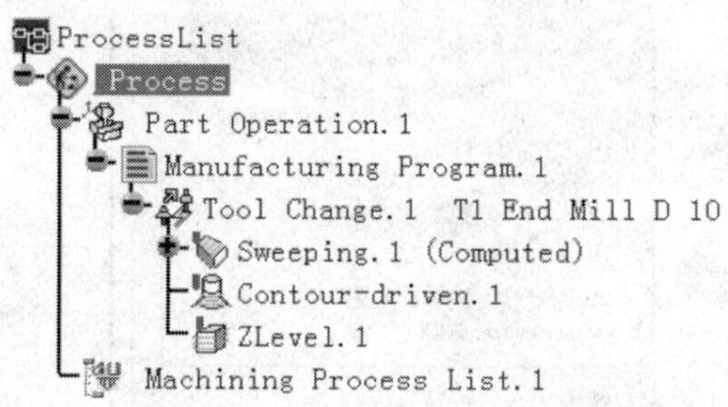

图 7-301 插入操作

7.4.2.4 偏移几何元素组(Offset Group)

Offset Group(偏移几何元素组)工具可以在加工零件上建立偏移的区域,建立的偏移区域可以在加工操作中应用。打开附带光盘“第 7 章 曲面加工/等高线粗加工” 文件夹中的 Rough. CATProcess 文件。

在工具栏中单击【偏移几何元素组】按钮,弹出如图 7-302 所示的对话框。

在对话框中,【Name】选项用于定义建立的偏置区域的名称。在【Create】选项卡中,【Offset local】选项可以设置偏置的距离,在下面的颜色下拉菜单中可以为建立的偏置区域设置颜色。

在选择几何区域时，在对话框中单击加工区域感应区，然后到几何显示区中选择几何区域。可以选择一个区域，也可以选择多个区域。在选择多个区域时，如果各个区域的偏置距离不相同时，可以选择偏置距离相同的区域，然后单击【Apply】按钮，再修改偏置距离和颜色，再重新选择，如此重复直到选择完毕。

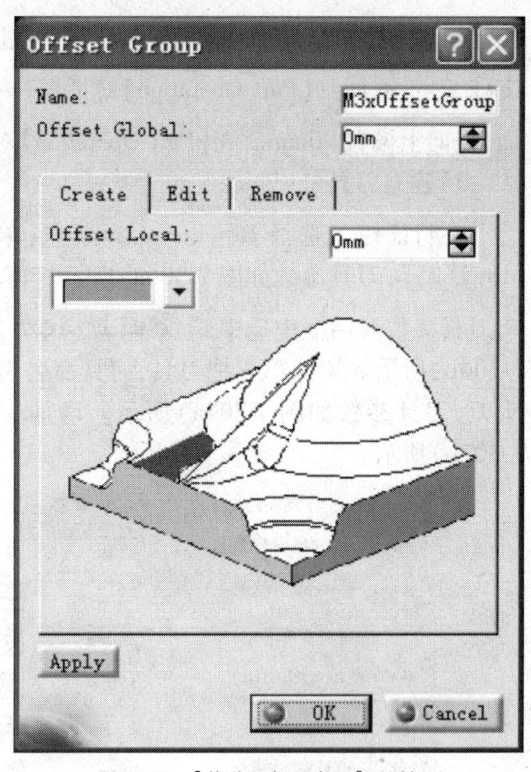

图 7-302 【偏移几何元素组】对话框

当在建立加工操作时，建立的偏置区域会自动添加到【Offset Group】选项的下拉菜单中，如图7-303所示。

7.4.3 综合应用实例

下面将通过某款汽车油箱模具型芯的加工，介绍曲面加工的一般过程。

打开光盘中的"第7章 曲面加工/应用实例"文件夹下的 TankCore. CATProduct 文件，如图 7-304 所示。

1）切换工作台

把工作台从装配模块切换到曲面加工模块。

图 7-303 【Offset Group】选项的下拉菜单

2）零件设置

在特征树上选择 **Part Operation.1** 节点，双击该节点，弹出加工零件设置对话框后，在对话框中单击按钮，选择【3-axis_Machine_Default_machine】，单击 OK 按钮返回，单击按钮，建立的坐标系如图 7-305 所示，单击 OK 按钮返回；单击按钮，在几

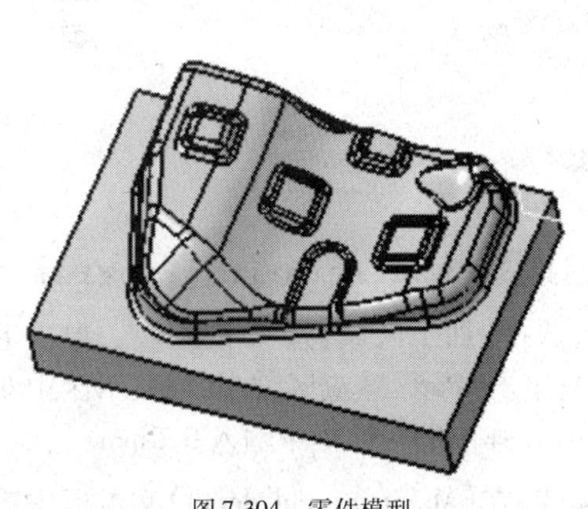
图 7-304 零件模型

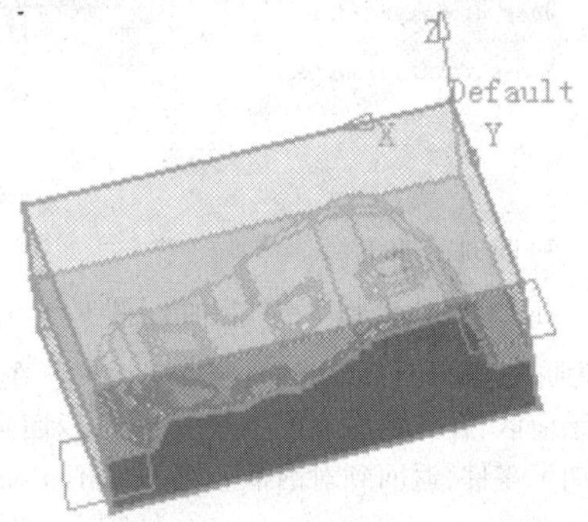

图 7-305 建立加工坐标系

何显示中双击加工零件，返回到对话框；单击按钮，在特征树上选择毛坯的零件的节点，双击该节点，返回到【Part Operation】对话框；单击按钮，在几何显示区中选择零件毛坯的上边面，并向上偏置20mm。在【Part Operation】对话框中，单击 OK 按钮，则完成设置。

3）建立刀具

在特征树上选择 ResourcesList 节点，单击工具，添加一把刀具，刀具名称为“T1 End Mill D 25”，刀具参数如图7-306a）所示。再添加另一把刀具，刀具名称为“T2 End Mill D 20”，在刀具参数对话框中选中 Ball-end tool 复选框，该刀具变为球头刀，刀具参数如图7-306b）所示。增加第三把刀具，刀具命名为“T3 End Mill D 10”，修改刀具直径为10mm的球头刀，刀具参数如图7-307a）所示。增加一把刀具命名为“T4 End Mill D6”，刀具参数如图7-307b）所示。

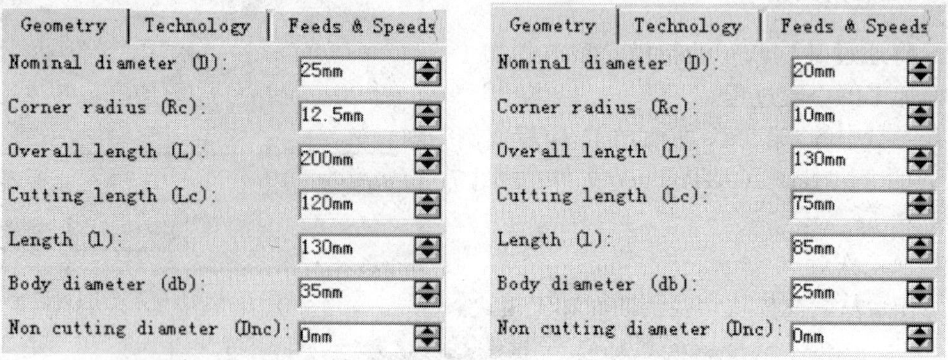

图7-306　刀具参数

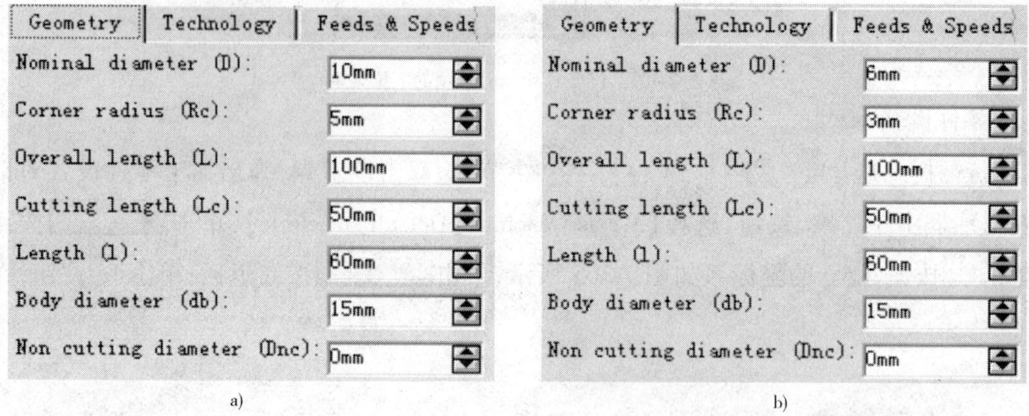

图7-307　刀具参数

4）曲面粗加工

在工具栏中，单击【等高线粗加工】按钮，在特征树上选择 Manufacturing Program.1 作为插入点，弹出【Roughing】定义对话框。在对话框中，选择【加工区域】选项卡，单击毛坯感应区，在几何显示区中双击毛坯，返回到对话框中；单击“Part”感应区，在几何显示区中双击加工零件，返回到对话框。双击“Offset on part”字样，在弹出的对话框中输入0.5mm。

单击【刀具路径】选项卡，选择【Axial】选项卡，在【Maximum cut depth】文本框中输入 3mm,其他选项保持默认值。

选择 按钮,单击 按钮,在弹出对话框中选择“T1 End Mill D 25”的刀具。

单击【刀路仿真】按钮,则仿真刀路如图 7-308 所示。

5)整个曲面半精加工

在特征树中选择上一步建立的等高线粗加工操作,单击工具栏中的【等高线加工】按钮,弹出【等高线加工】对话框,在加工区域选项卡中,单击加工区域感应区,在几何显示区中双击整个零件,返回到对话框中。双击“Offset on part”字样,在弹出的对话框中输入 0.2mm。

单击【刀具参数】选项卡按钮 ,选择已经建立的“T2 End Mill D 20”刀具;单击 OK 按钮,则完成设置。

单击【刀路仿真】按钮,生成的刀路仿真如图 7-309 所示。

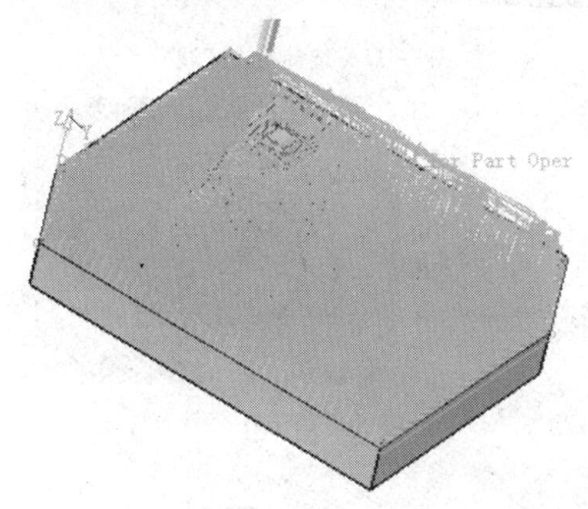

图 7-308 粗加工刀路仿真

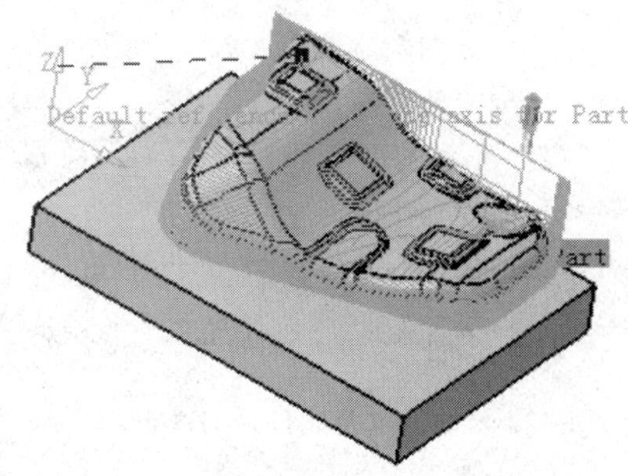

图 7-309 半精加工刀路仿真

6)凹槽精加工

在工具栏中单击【轮廓驱动】按钮,同时在特征树中选择上一步建立的等高线加工操作,在弹出的对话框中,选择【加工区域】选项卡 ,在加工区域感应区上单击右键,在弹出的菜单中选择【Selection Faces】选项,对话框消失,在弹出的【Face Selection】工具栏中单击按钮,在工具栏中单击图标下拉菜单里的按钮。用鼠标绘制如图 7-310 所示的多边形,双击则完成选择。在【Face Selection】工具栏中单击 OK 按钮。在感应区中单击“Check”感应区,对话框消失,在加工零件上选择如图 7-311 所示的区域作为检查区,双击“Offset on part”字样,在弹出的对话框中输入 0。单击 OK 按钮。

选择【刀具路径】选项卡 ,在【Guiding Strategy】选项中选择“Spine contour”。在下面的感应区中单击“Guide1”字样,选择导引线。设置【Radial】选项卡,如图 7-312 所示。在【Axial】选项卡中设置刀路层数为 3。

在刀具参数选项中,选择刀具“T3 End Mill D 10”。

单击【刀路仿真】按钮,结果如图 7-313 所示。

7)另一凹槽精加工

单击工具栏中的按钮,按照步骤 6)进行设置。选择加工区域如图 7-314 所示。在加工区域的外面选择检查区域,如图 7-315 所示。

切换到【刀具路径】选项卡中,【Guiding Strategy】选项中选择“Spine contour”,选择导引线如图 7-316 所示。

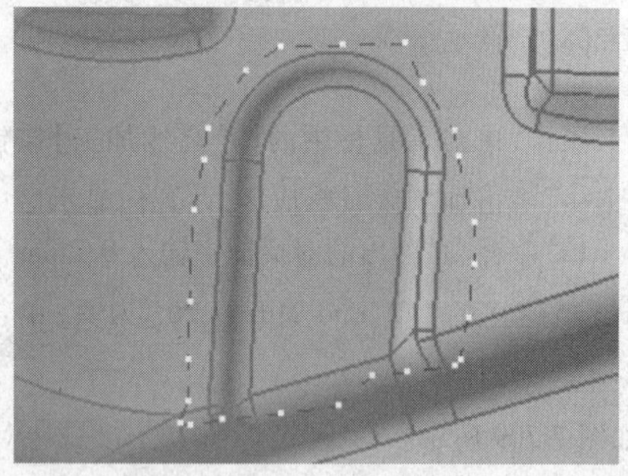

图 7-310　绘制多边形

Part
Check

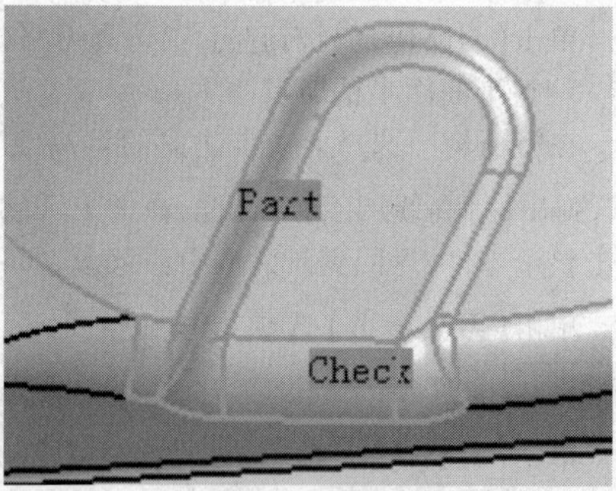

图 7-311　选择检查区域

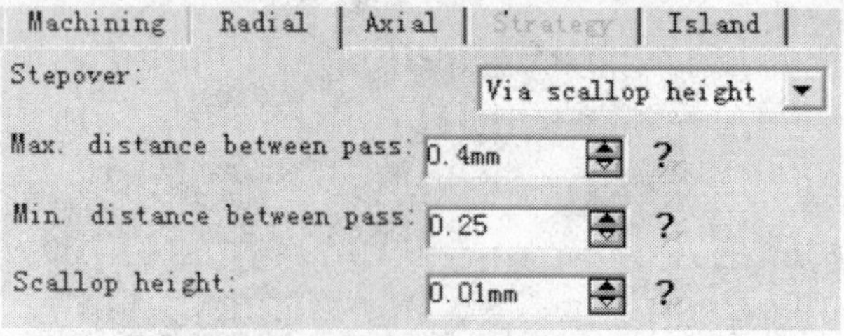

Machining
Radial
Axial
Strategy
Island
Stepover:
Via scallop height
Max. distance between pass:
0.4mm
?
Min. distance between pass:
0.25
?
Scallop height:
0.01mm
?

图 7-312　【Radial】选项卡

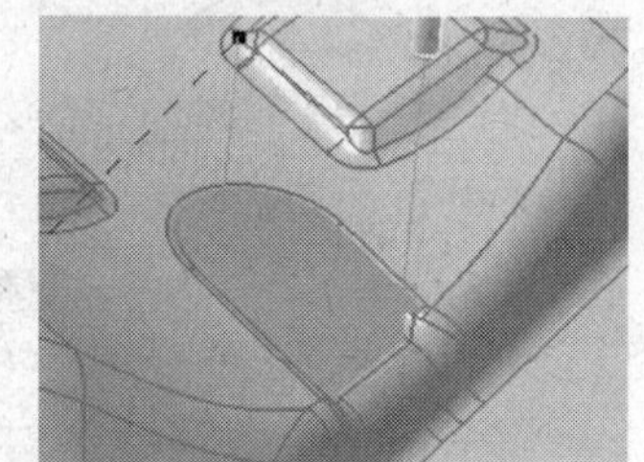

图 7-313　刀路仿真

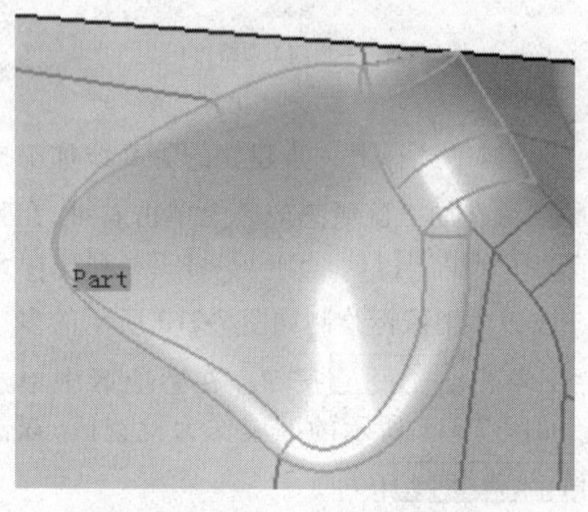

Part

图 7-314　选择加工区域

Part
Check

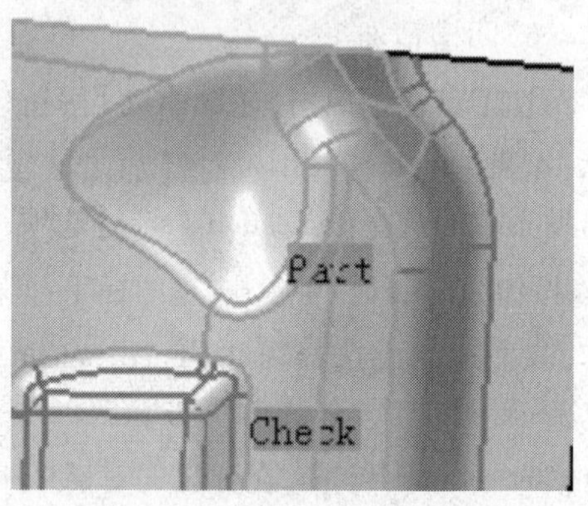

图 7-315　选择检查区域

其他设置与步骤 6)相同,单击按钮,结果如图 7-317 所示。

8)残料清根加工

在工具栏中单击【二次加工区域】按钮,在弹出的对话框中单击 Load from 按钮,在特征树上选择 ZLevel.1 (Computed)节点,单击 Compute 按钮,计算出残余的材料,如图 7-318 所示。

单击【Operations】选项卡,单击【Insert Level】文本框,在特征树中选择 Contour-driven.2 (Computed)节点,该节点作为新建加工的插入位置,在下面的

【Horizontal】选项中增加一个 Contour-driven 加工操作，在 Vertical 方向选择“None”，单击 OK 按钮，则在 Contour-driven.2 (Computed) 节点节点后面增加了 Contour-drive 加工操作。在特征树上选择增加的 Contour-driven.3 操作，在工具栏中单击按钮，生成刀路仿真如图 7-319 所示。

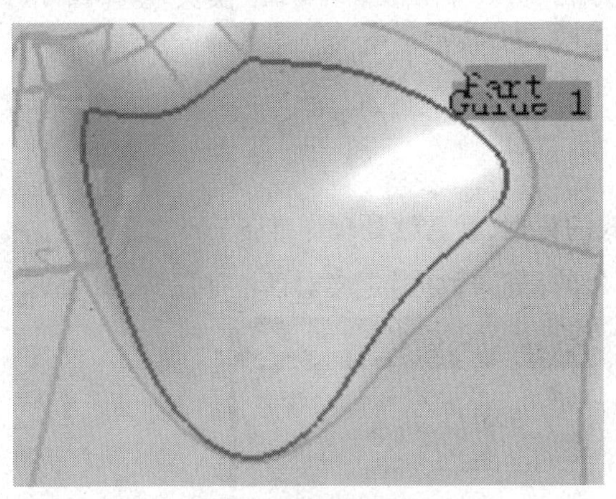

图 7-316　选择导引线

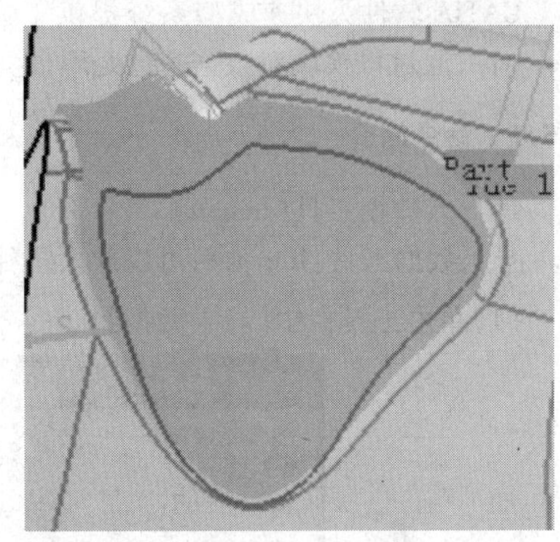

图 7-317　刀路仿真

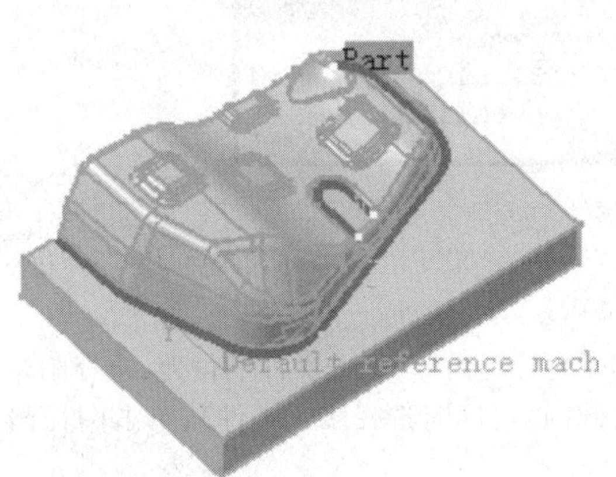

图 7-318　计算出残余的材料

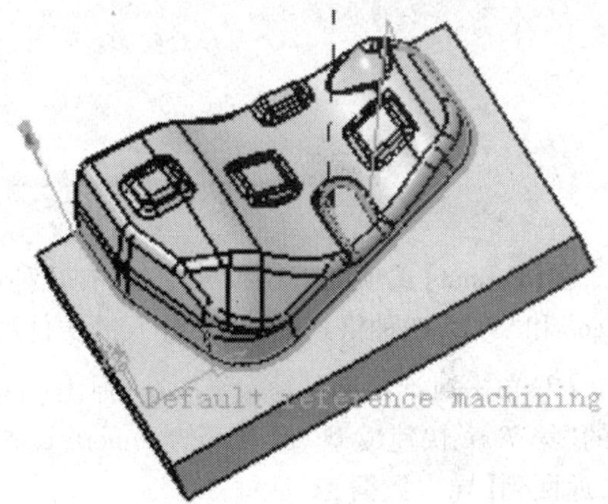

图 7-319　刀路仿真

9)整个曲面精加工

在工具栏中单击【投影加工】按钮，在【加工区域】选项卡中，单击【Part】选项，在几何显示区中选择整个零件作为加工区域。

在【刀具路径】选项卡中，【Axial】和【Radial】选项卡的内容与步骤 6）相同。

在【刀具参数】选项卡中，选择刀具为“T4 End Mill D6 R3”。

单击按钮，结果如图 7-320 所示。

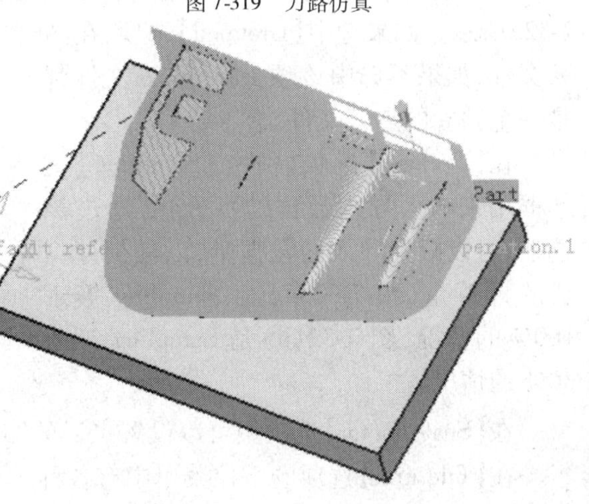

图 7-320　精加工刀路仿真

7.5 快速成型(STL Rapid Prototyping)

快速成型技术是一种先进的制造技术,现在应用工业的各个领域。对于快速成型系统来说三维数据很重要,快速成型系统一般要求 STL 数据格式。

CATIA 软件为快速成型系统提供了强有力的支持,单独设计了一个模块——STL Rapid Prototype,通过该模块对数据进行处理,生成所需的 STL 模型。下面介绍各命令用法。

7.5.1 命令简介

1)导入数据工具(Import)

导入数据工具(Import),可以导入多种格式的数据,为后续处理作准备。

(1)单击工具栏中【导入数据】按钮,弹出的【导入数据】定义对话框如图 7-321 所示。

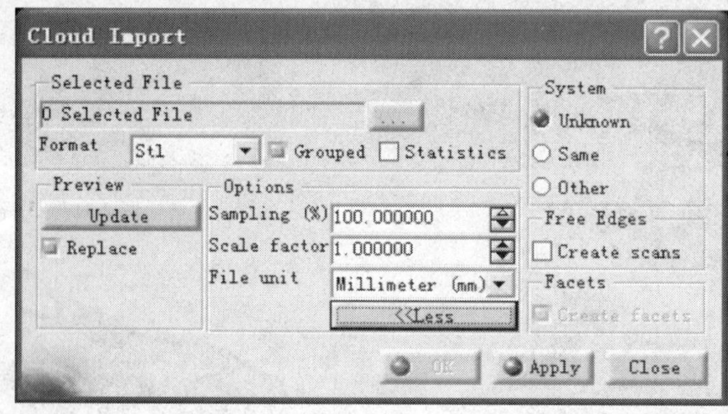

图 7-321 【导入数据】定义对话框

在【Format】选项的下拉菜单中的,有几种可以识别的文件格式,包括"Ascii free"、"Iges"、"Cgo"和"STL"四种格式,选择要导入的文件的格式。

(2)单击对话框中的 ... 按钮,弹出【打开文件】对话框,浏览文件的位置,选择附带光盘的"第 7 章'快速成型"目录下的 Import. asc 文件(也可同时选择多个文件),单击【打开】按钮,返回到【导入数据】对话框。

在对话框中选中【Statistics】选项,则在对话框下方的方框中显示数据的详细信息,如图 7-322所示。如果选中【Grouped】选项,在同时导入多个文件时,这些点云文件将合并为一个点云文件,如果不选中该项,每个点云文件都是一个独立的点云文件。

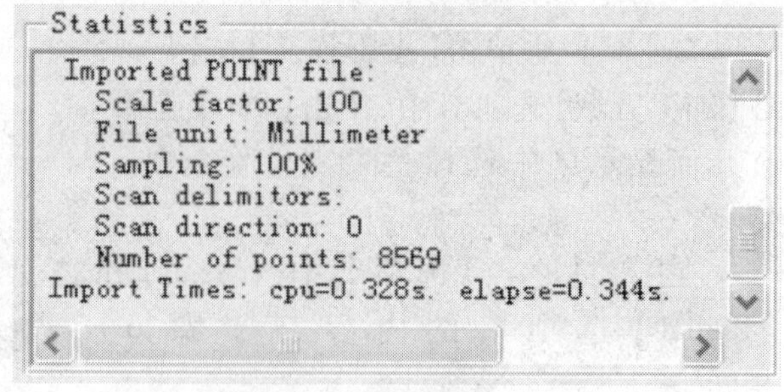

图 7-322 【统计】选项

在【Options】选项区中,【Sampling】文本框用来输入导入数据的百分比,通过该选项,可以减少导入的数据量,以减少计算机的计算量,图 7-323a)为 Sampling 等于 100% 的情况,图 7-321b)是 Sampling 等于 30% 的情况。

在【Scale factor】选项中可以设置点云的缩放比例。

在【File unit】选项的下拉菜单中有各种单位,可以通过该选项选择导入数据的单位。

(3)单击对话框中的【Update】按钮,会在几何显示区中显示要导入点云的图形,同时出现

6 个控制点，如图 7-324 所示。有鼠标拖动控制点，可以改变导入数据的区域，在控制点范围之外的点不被导入。

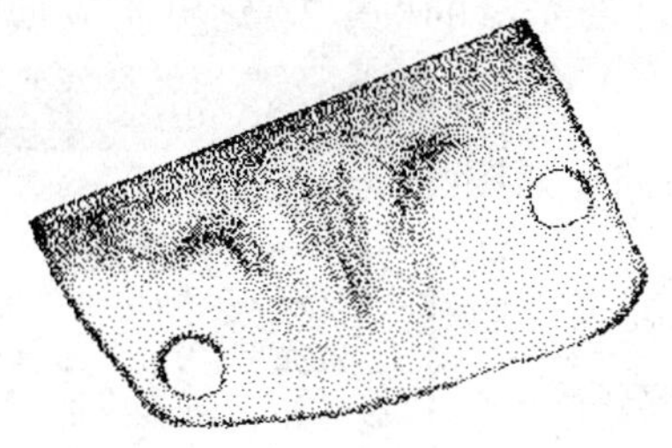
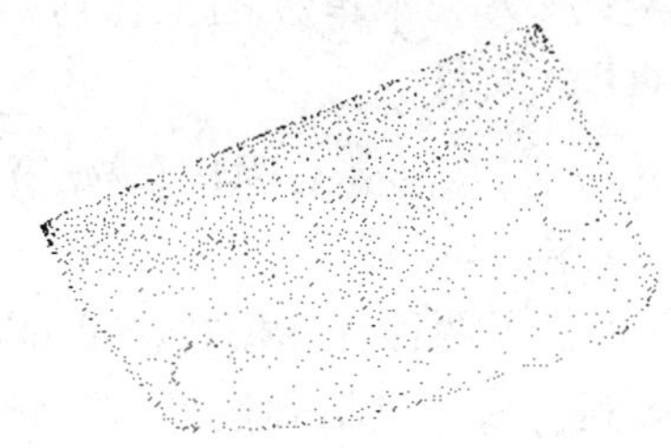

图 7-323　点云的形式

在对话框中，单击【More】按钮，会出现扩展选项。对于不同数据类型，扩展选项是不同的，如图 7-325 所示。

- 【Direction】和【Delimitors】用于设计云点的交线。
- 【Minimal Point Quality】用于消除 Atos 文件格式中无效的点。
- 【System】用于不同操作系统间产生二进制代码，相同的操作系统选择“Same”。
- 【Free Edges】用于建立云点的交线。
- 【Facets】用于建立点云网格面。

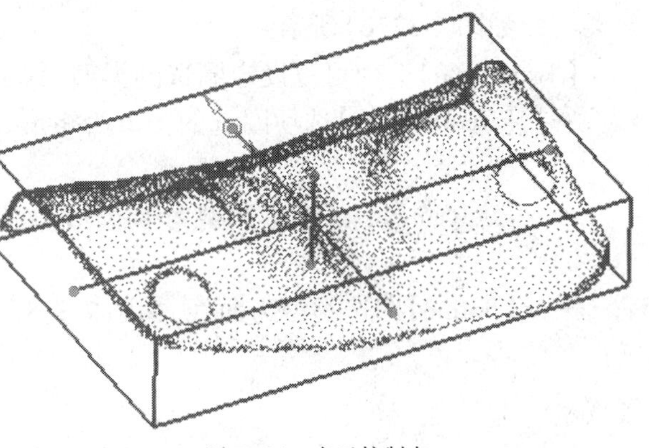

图 7-324　点云控制点

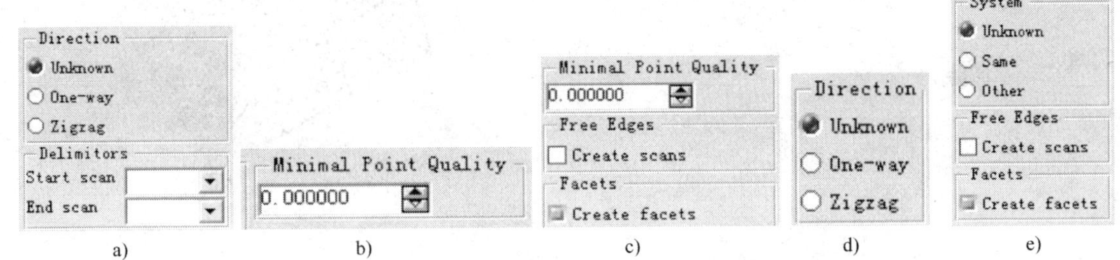

图 7-325，不同数据类型选项

a) Ascii free 格式；b) Atos 格式；c) Gom-3d 格式；d) Iges 格式；e) STL 格式

2）导出数据工具（Export）

通过导出数据工具，可以把三维网格导出，生成快速成型需要的 STL 格式文件。打开附带光盘的“第 7 章 快速成型”目录下的 Export. CATPart 文件。

（1）单击【导出数据】按钮，在几何显示区中选择要导出的三维模型，弹出导出数据定义对话框。

（2）在【保存类型】选项的下拉菜单中选择一种文件格式，在【文件名】文本框中的输入要保存的文件名称。

（3）在【保存在】选项中，选择要保存的文件目录，然后单击【保存】按钮，完成数据的导出。

3)激活工具(Activation)

使用激活(Activation)工具可以激活几何元素的某个区域或元素(例如点云中的点等),使该区域或元素变成为一个单独的工作区域。打开附带光盘的“第7章 快速成型”目录下的Activation. CATPart文件。

(1)单击【激活】按钮,弹出【激活】定义对话框,如图7-326所示。

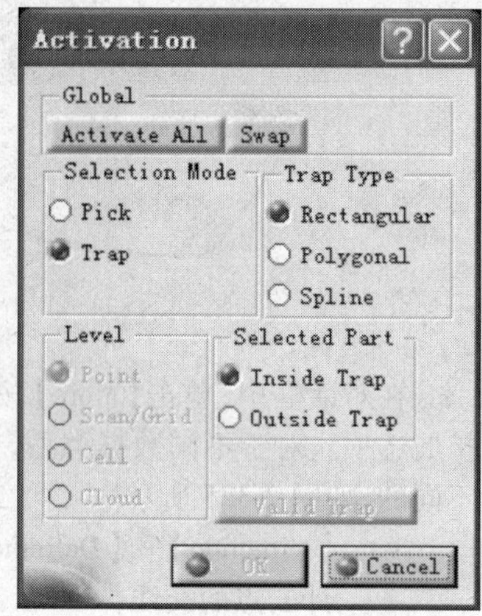

图7-326 【激活】定义对话框

该对话框提供了两种选择模式(Selection Mode):

- Pick:这种模式是精确选择,在点云中一次选择一个点,如图7-327a)所示。
- Trap:这种模式是圈选,通过鼠标选定一定的区域,如图7-327b)所示。

【Trap Type】选项可以设定圈选的类型,其中:

- 【Rectangular】选项圈选的类型为矩形,如图7-328a)所示。
- 【Polygonal】圈选的类型为多边形,如图7-328b)所示。
- 【Spline】圈选类型为曲线,如图7-328c)所示。

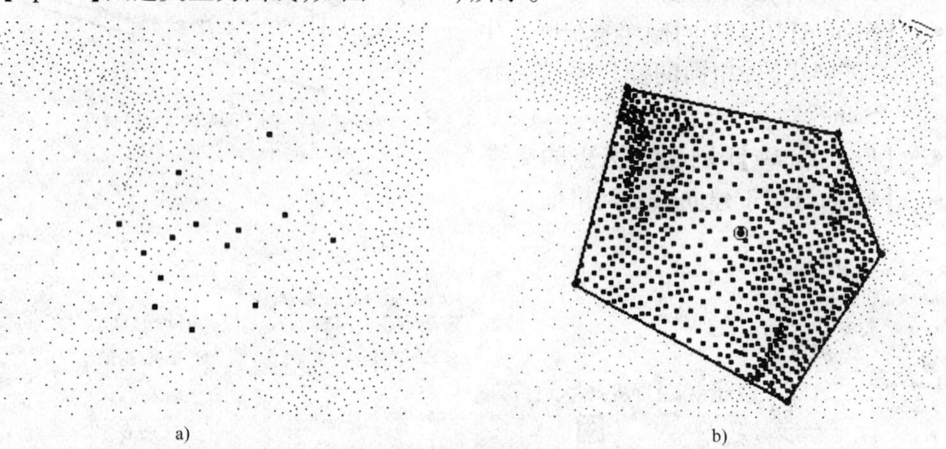
a) b)

图 7-327

a)【Pick】选择模式;b)【Trap】选择模式

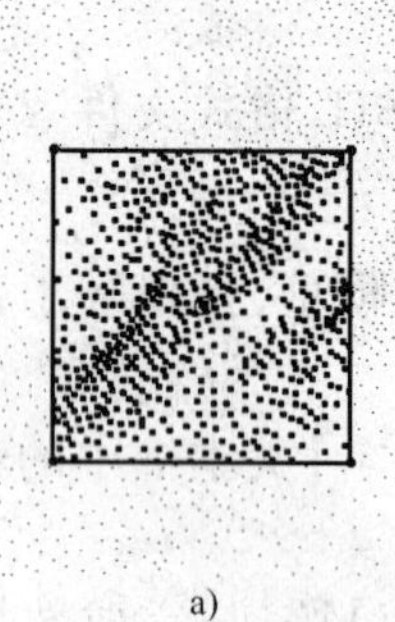
a)

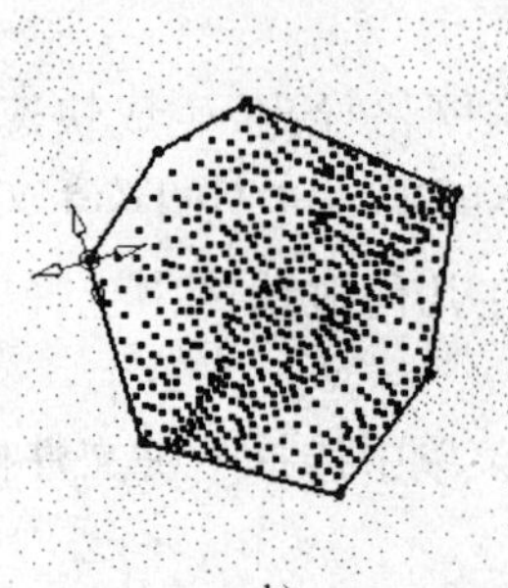
b)

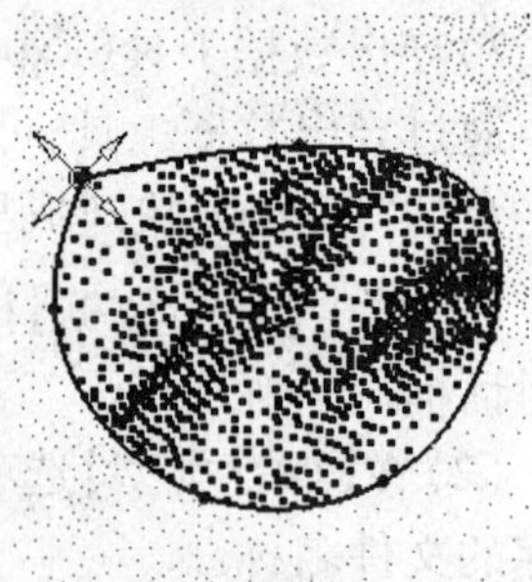
c)

图7-328 【Trap Type】选项中的3种类型

【Level】选项可以设置精确选择的类型,其中:

- 【Point】选项用于选择点云中的单个点。
- 【Scan/Grid】选项用于选择单个的栅格。
- 【Cell】选项用于选择点云中的一个单元(点云由几块点云组成)。
- 【Cloud】选项用于选择整个点云。

【Selected Part】选项包括如下两项:

- 【Inside Trap】选项用于选择圈选内部的元素,如图 7-329a)所示。
- 【Outside Trap】选择圈选外部的元素,如图 7-329b)所示。

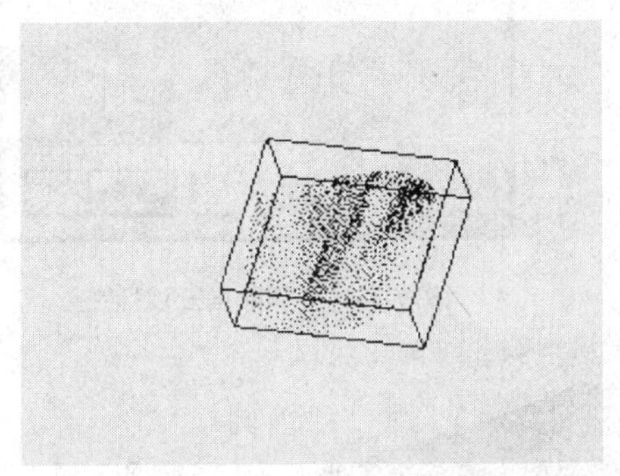

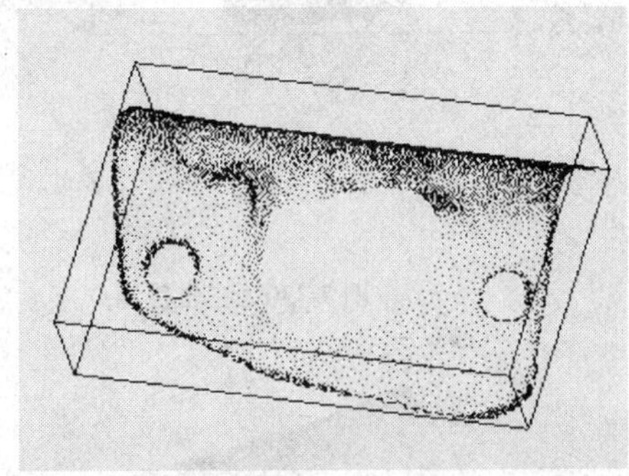

图 7-329 【Selected Part】选项

在对话框中,还有一个 Valid Trap 按钮,这个按钮的作用相当于其他窗口中的【预览】按钮。单击该按钮,可以预览选择的集合元素。单击 Swap 按钮可以切换选择区域,如果单击 Swap 按钮,就可以选择未圈选的所有元素。单击 Activate All 工具按钮,可以激活所有的元素。

注意:(1)在圈选几何元素时,一般在三维空间中进行的。在圈选时,可以转动几何元素,会出现三维的圈选控制点,如图 7-330 所示;通过调整控制点可以改变圈选几何元素的多少。

(2)如果要在点云中多次圈选,可以通过圈选完成后,单击 Valid Trap 按钮,然后继续圈选,完成全部圈选后,单击 OK 按钮。

4)删除点云(Remove)

删除点云工具,可以对点云进行编辑,去除几何元素中的噪声点。打开附带光盘的"第 7 章 快速成型"目录下的 Remove. CATPart 文件。

(1)单击工具栏中的【删除点云】按钮,则弹出如图 7-331 所示的对话框。

(2)在点云中选择要删除的点或者区域,如图 7-332 所示。在选择模式中【Pick】选项一般是和【Level】选项配合使用的;【Trap】选项一般是和【Trap Type】选项一起配合使用的,其具体的操作方法可参照激活点云工具。选择完成后,单击 OK 按钮。

对于圈选这种方式,一般默认的是平面的形状选择,如矩形、多边形、曲线等,也可通过旋转几何元素,拉伸控制点实现三维空间的点云删除,如图 7-333 所示。

如果单击 Select All 按钮,可以选择所有的几何元素,如图 7-334 所示。

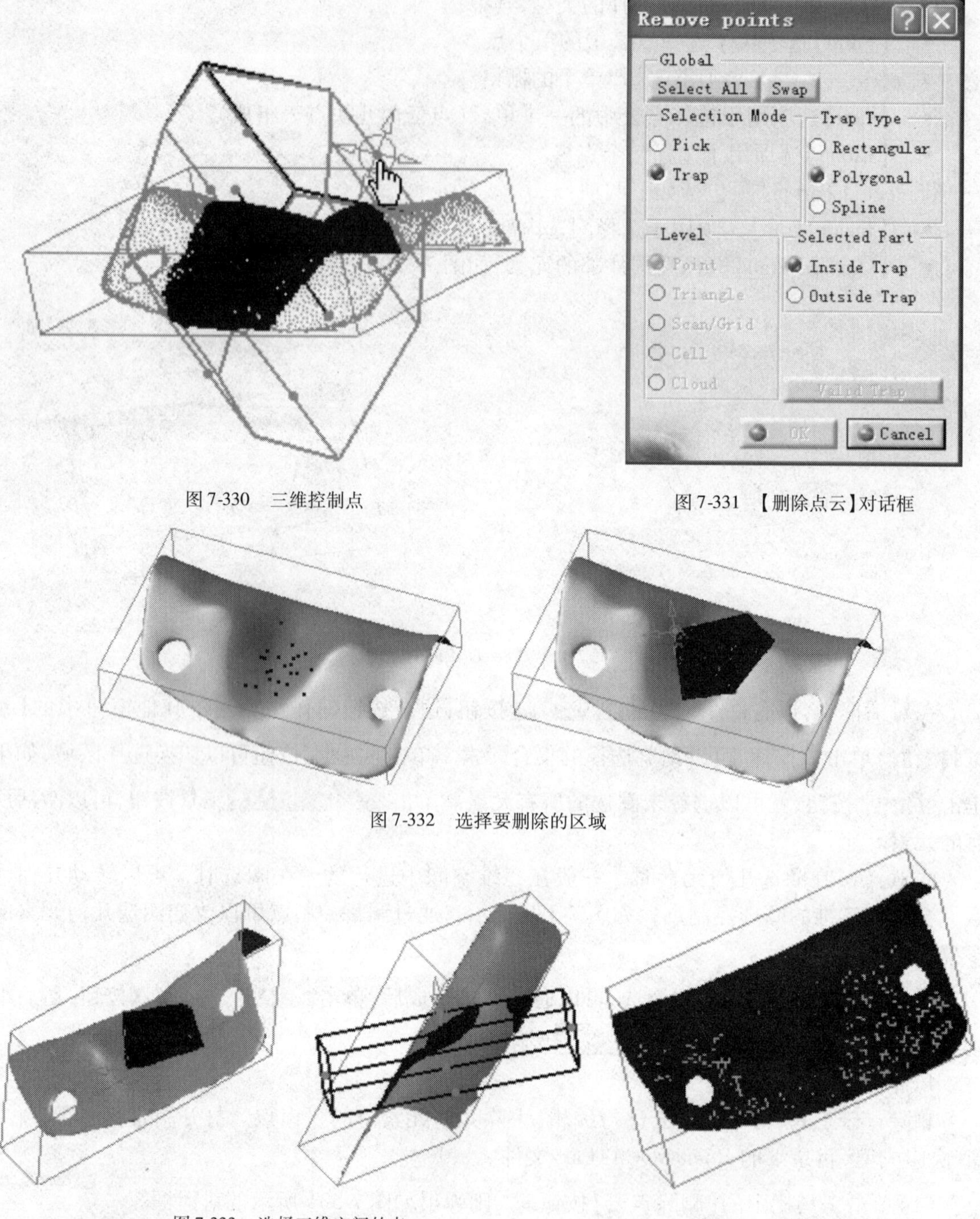

图 7-330　三维控制点

图 7-331　【删除点云】对话框

图 7-332　选择要删除的区域

图 7-333　选择三维空间的点

图 7-334　删除所有元素

5)生成网格(Mesh)

利用生成网格功能可以在已有的三角网格或者点云的基础上,生成新的三角网格。但是要注意的是:生成网格只能在选取一部分网格的基础上进行。

打开附带光盘的“第 7 章 快速成型”目录下的 Mesh. CATPart 文件。

(1)单击【圈选】按钮,在整个网格中选择需要重建的部分,选择结果如图 7-335 所示。

(2)单击工具栏中【生成网格】按钮,弹出如图 7-336 所示的【生成网格】定义对话框。

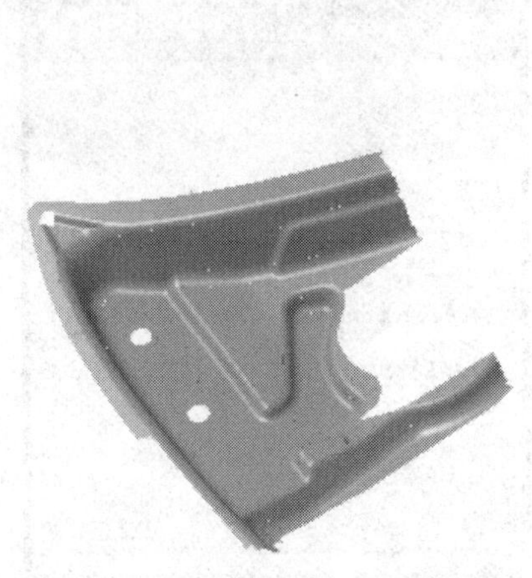

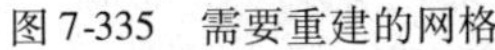

图 7-335　需要重建的网格

图 7-336　【生成网格】定义对话框

(3)在几何显示中,选择第一步激活的部分网格,在对话框中,有两种网格的生成形式:【3D Mesher】和【2D Mesher】。如果选中【3D Meshesr】选项,建立的是三维网格;如果选中的是【2D Mesher】选项,建立的是投影到某个面上的网格。默认状态为【3D Mesher】选项。

如果选择【3D Mesher】选项,会在所选的网格上出现一个绿色的小圆球,小圆球的直径可以通过选中【Neighborhood】复选框进行修改。在文本框中输入半径值,小圆球的直径就改为输入的值。半径越大,生成网格越密,如图 7-337 所示。

在【Display】栏中,有 4 种显示方式:

- 【Shading】选项用于显示网格面打光。
- 【Triangles】选项可使网格面三角化。
- 【Flat】选项可使网格面光线方向与三角面法向垂直。
- 【Smooth】选项可使网格面光滑。

选中【Shading】选项时,还可以选择【Flat】或【Smooth】。如图 7-338 是选中【Shading】和【Smooth】的情况。选中【Triangles】选项的结果如图 7-339 所示。当选择【Triangles】选项后也可以选择【Shading】选项。

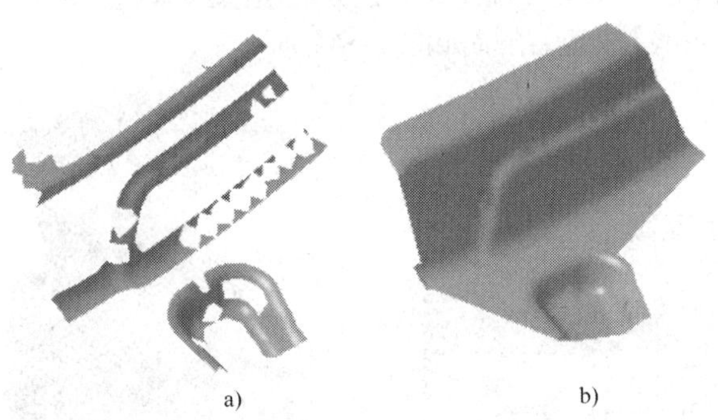

图 7-337　生成的网格

a) Neighborhood = 500mm; b) Neighborhood = 2000mm

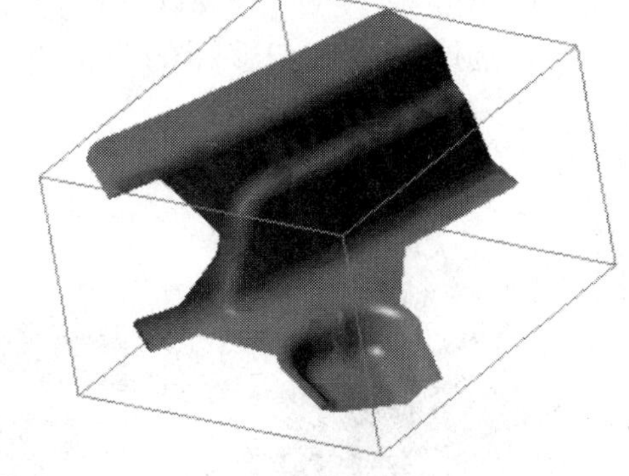

图 7-338　【Shading Smooth】网格

如果选中【2D Mesher】选项后,则弹出的对话框如图 7-340 所示。建立二维网格一般通过两种方法:其一是在对话框中选择▱按钮,然后在几何显示区中指定一平面为投影平面,如图 7-341a)所示;其二是在对话框中选择按钮,通过指南针调节投影平面的位置,如图7-341b)所示。

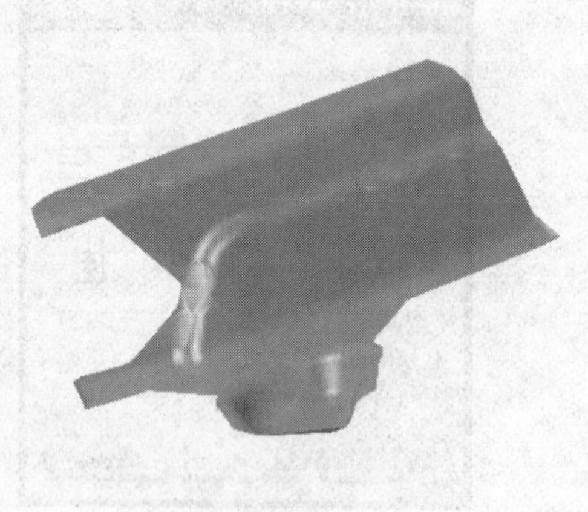

图7-339　选中【Triangles】选项

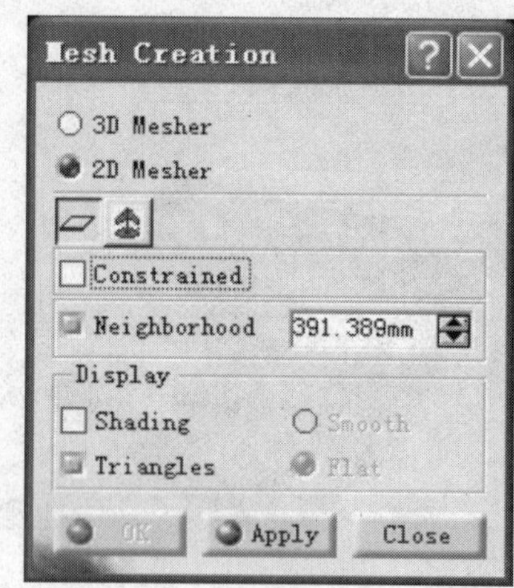

图7-340　【2D Mesher】选项生成网格

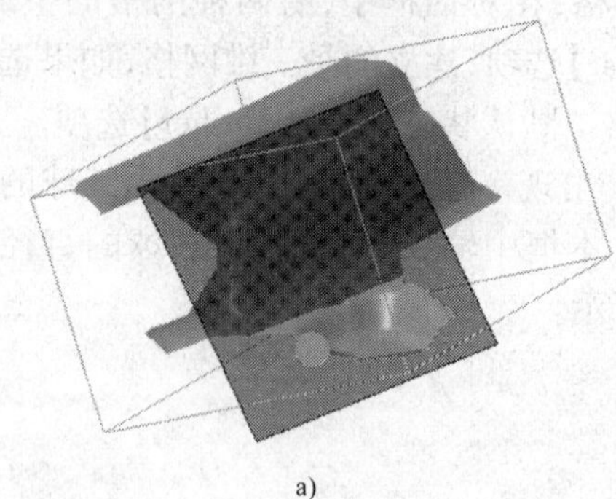

a)

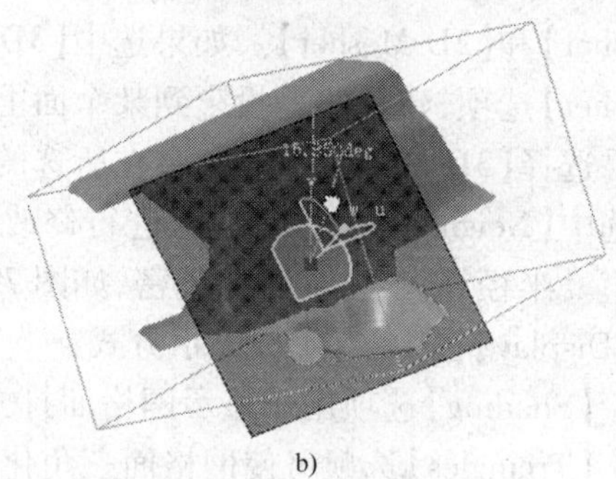

b)

图7-341　选择投影平面

6)曲面网格化(Tessellation)

曲面网格化功能可以将曲面或者实体生成三角网格。

打开附带光盘的"第7章 快速成型"目录下的Tessellation. CATPart文件,如图7-342所示。

(1)单击工具栏中【曲面网格化】按钮,系统弹出如图7-343所示的定义对话框。

(2)选择如图7-342所示的曲面,单击【Apply】按钮,结果如图7-344所示。

图7-342　打开文件

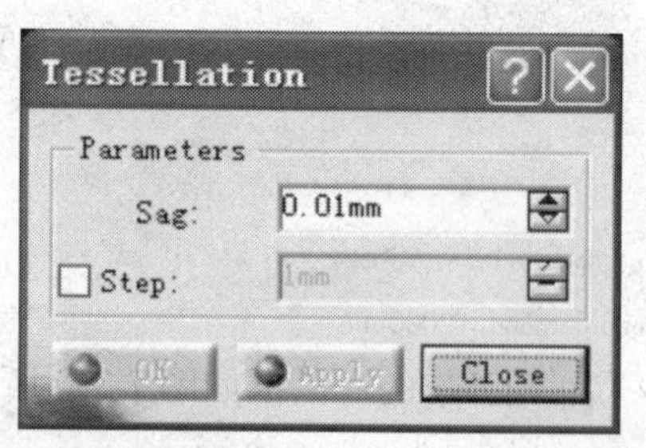

图7-343　【曲面网格化】定义对话框

图7-344　生成网格

可以通过改变【Sag】值的大小，使生成三角面的疏密度发生变化，如图 7-345 所示（参见 5.2.1 节及图 5-12）。

【Step】选项可以设置三角面的长度，如图 7-346 所示。

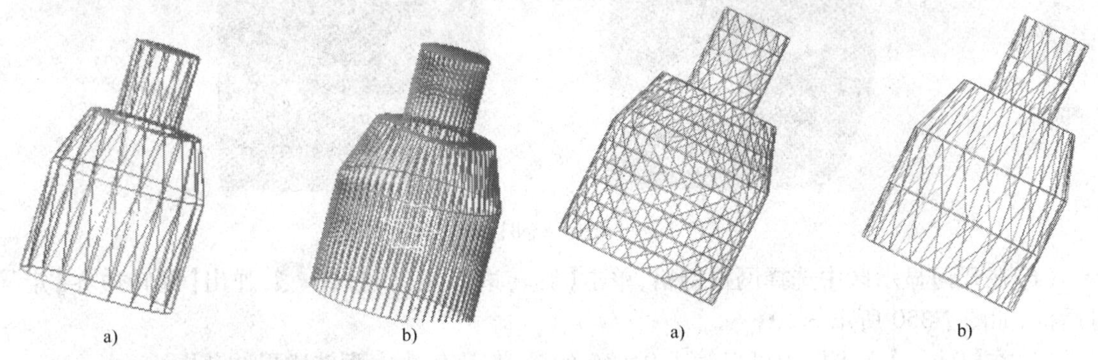

图 7-345 改变 Sag 值得到的结果
a) Sag = 0.5mm; b) Sag = 0.05mm

图 7-346 改变 Step 值
a) Step = 10mm; b) Step = 30mm

（3）单击 OK 按钮完成三角化。

7）偏置网格面（Offset）

偏置网格面工具可以把网格面偏置，形成一个封闭的网格面。

打开附带光盘的“第 7 章 快速成型”目录下的 Offset. CATPart 文件。

（1）在工具栏中单击【偏置网格面】按钮，弹出如图 7-347 所示的对话框。

（2）在几何显示区中选择网格面，在对话框【Offset Value】选项中输入偏置距离，单击【Apply】按钮，所得结果如图 7-348 所示。

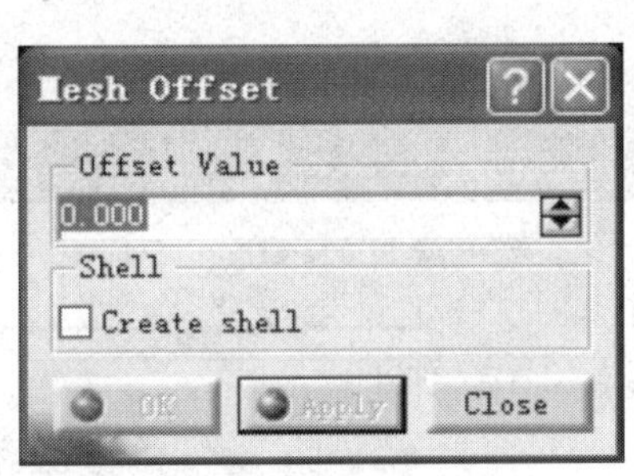

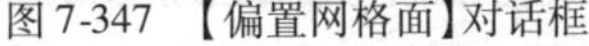
图 7-347 【偏置网格面】对话框

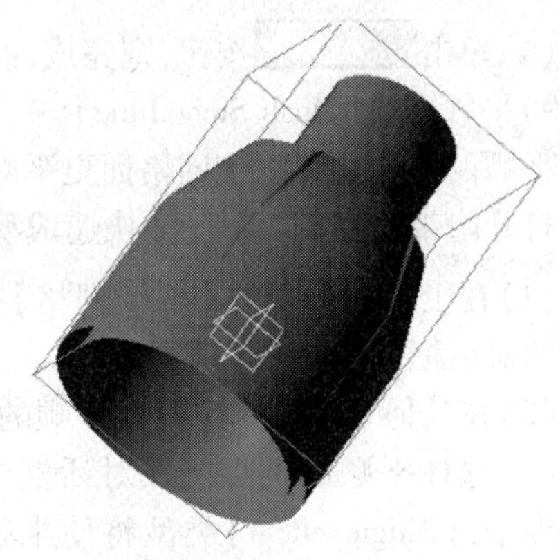
图 7-348 偏置网格面

如果选中【Create Shell】选项，可以生成一个全封闭的网格偏置面。如图 7-349a）是选中【Create Shell】选项，图 7-349b）是没有选中【Create Shell】选项的偏置面。

（3）单击 OK 按钮，即完成偏置网格面。

8）翻转边界（Flip Edges）

翻转边界功能可以在不改变三角网格的极点的情况下，旋转公共边来翻转边界。这个功能可以使三角网格的边界更平滑。

打开附带光盘的“第 7 章 快速成型”目录下的 Flip Edges. CATPart 文件。

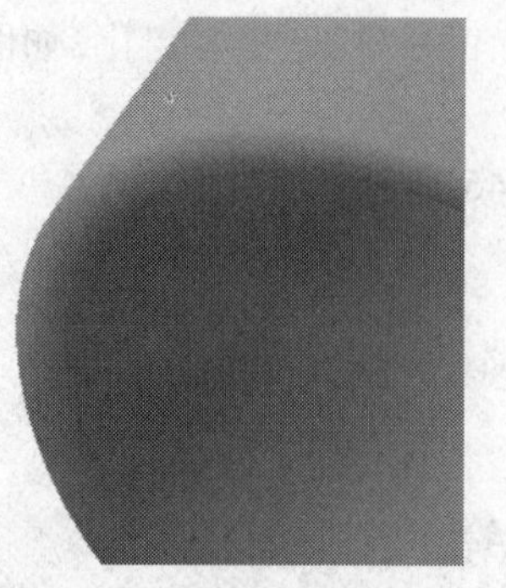 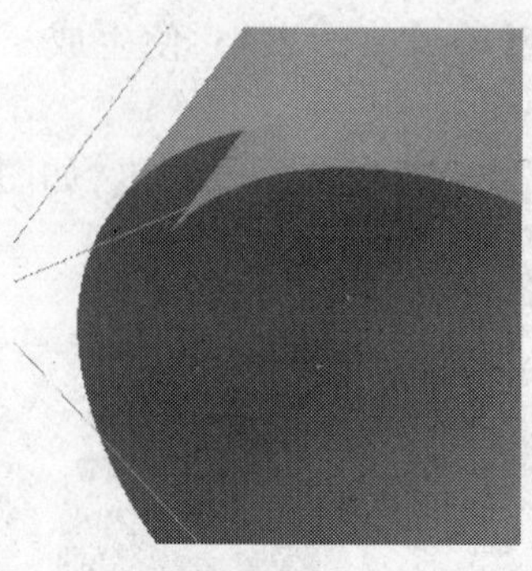

图 7-349 【Create Shell】选项的影响

(1)在几何显示区中选择网格网格,单击【翻转边界工具】按钮,弹出【翻转边界】定义对话框,如图 7-350 所示。

(2)在【Depth】文本框中可以输入 0 ~ 10 的数值,该值决定翻转边界的范围。

(3)单击【Apply】按钮,显示翻转边界效果,如图 7-351b)所示,图 7-351a)为未翻转边界。单击【Apply】按钮再次翻转边界,多次重复有效。

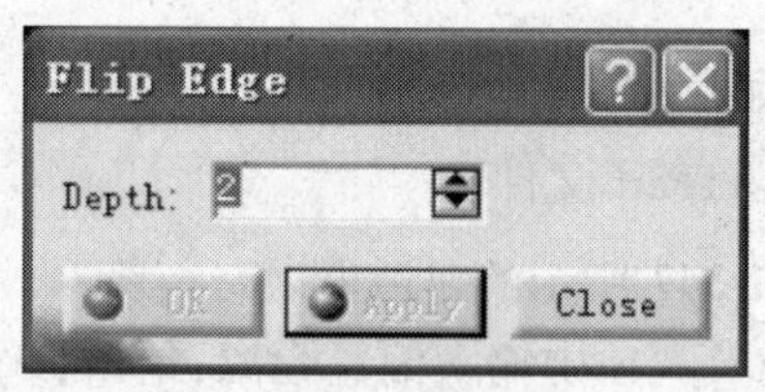

图 7-350 【翻转边界】对话框

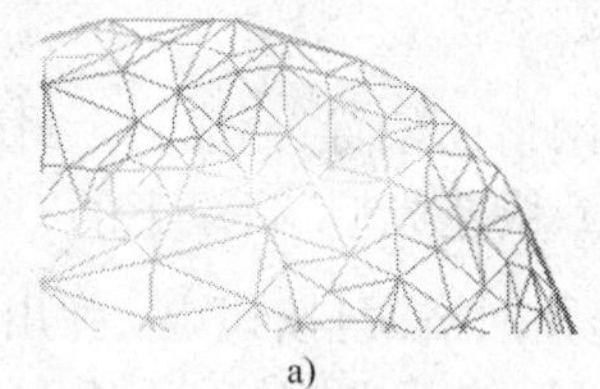

a)

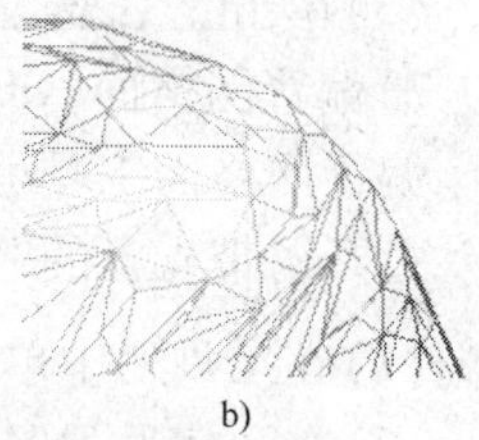

b)

图 7-351 翻转边界效果

(4)单击 OK 按钮,则完成翻转边界。

9)平顺网格(Mesh Smoothing)

平顺网格功能可以使网格面更平顺。

打开附带光盘的"第 7 章 快速成型"目录下的 Mesh Smoothing. CATPart 文件。

(1)在工具栏中单击【平顺网格】按钮,弹出的对话框如图 7-352 所示。

(2)在几何显示区中选择要平顺的网格。

(3)选择平顺的类型。在对话框中有两种平顺类型:【Single effect】类型将使半径小的网格面去除,同时网格的体积会减小;【Dual effect】类型可以减少网格面上的突起或者凹坑,同时也会使网格的体积减少。

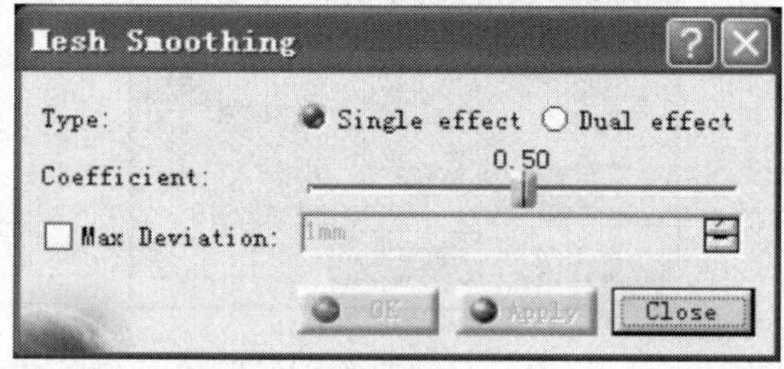

图 7-352 【平顺网格】对话框

通过【Coefficient】选项的滑块可以调节平顺系数。如图 7-353a)所示是原始网格,图 7-353b)所示是 Coefficient 等于 0.5 的网格。

【Max Deviation】选项可以设置允许平顺的最大距离值。

可以通过多次单击【Apply】按钮,对网格面进行多次平顺。

10)清理网格(Mesh Cleaner)

导入的网格或者是重新生成的网格经常会出现不规则的情况,也有可能会出现结构上的

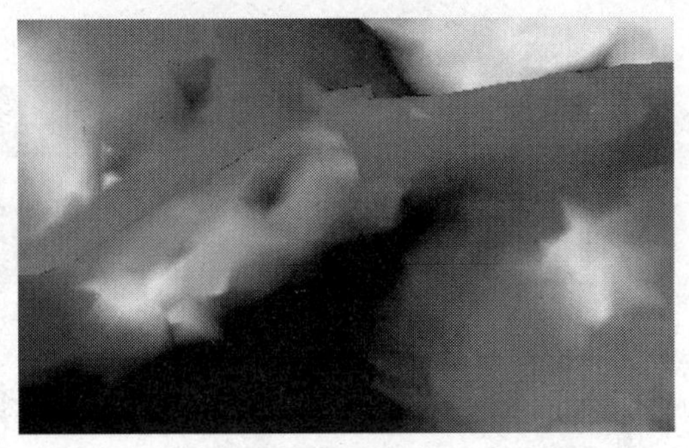
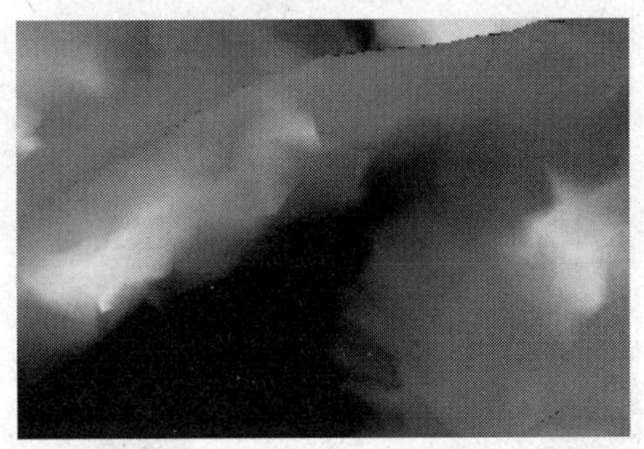

图 7-353　调节平顺系数

问题,如几块三角面都是独立的三角面等,清理网格功能可以删除不规则的网格,对于结构有问题的网格,可以重新生成或者剪切。

打开附带光盘的"第 7 章 快速成型"目录下的 Mesh Cleaner. CATPart 文件。

(1)单击工具栏中的【清理网格】按钮,则弹出【清理网格】定义对话框。

(2)在几何显示区中选择要清理的网格,再在对话框中选择【Deletion】选项卡,单击【Apply】按钮,如果系统监测到需要清除项目,会在对话框中出现分析的结果,如图 7-354 所示,并在【Non-manifold Vertices】选项中检测出 4 项。

Analyze	Statistics
Corrupted Triangles	0 triangle
Duplicated Triangles	0 triangle
Inconsistent Orientation	0 triangle
Non-manifold Edges	0 edge
Non-manifold Vertices	4 vertices

图 7-354　分析结果

也可以显示有问题的部分:在每一选项的后面有一个【Preview color】选项,在默认的情况下,该选项是白色的,可以通过更改该项的颜色来显示有问题的部分,如图 7-355 所示。

【Isolated Triangles】选项用于设置可以检测到的孤立网格的最大数量,如果把该选项设为某一值时,该值以内数量的孤立网格会被发现,并被删除。【Long Edges】选项可以定义三角网格的长度范围,如果三角网格的边长大于该值时,系统会删除该网格。

(3)单击【Structure】选项卡,【Orientation】选项用于使三角网格的方向反向(只用于三角网格的方向有问题的情况)。同时,在【Direct Triangles】和【Indirect Triangles】选项中可以调节三角网格的颜色。【Split in Connected Zones】选项可以剪切相互联结的区域。

(4)单击 OK 按钮,则完成网格的清理。

11)修补网格(Fill Holes)

在生成网格过程中,可能在生成的网格面上有一些洞,通过修补网格功能,可把修补网格上的洞。

打开附带光盘的"第 7 章 快速成型"目录下的 Fill Hole. CATPart 文件。

(1)单击工具栏中的【修补网格】按钮,弹出如图 7-356 所示的对话框。

(2)选择要修补的网格面,如图 7-357 所示。在图中有"V"标记表示该洞已经被选中,"X"标记表示未被选中。也可以更改洞的选择,"V"或"X"上单击右键,弹出如图 7-357b)所示下拉菜单,更改选择。

(3)在【Hole size】选项中,可以设置洞的最大尺寸。网格上的洞的尺寸小于该值时,系统会自动选取,进行修补,如图 7-358 所示。

(4)如果选中【Point insertion】选项,并且网格的边长大于【Sag】值时,会在修补的网格上增加节点。

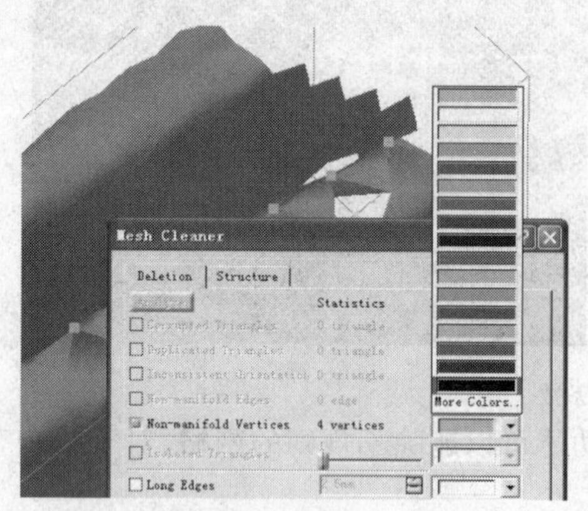

图 7-355　改变显示颜色

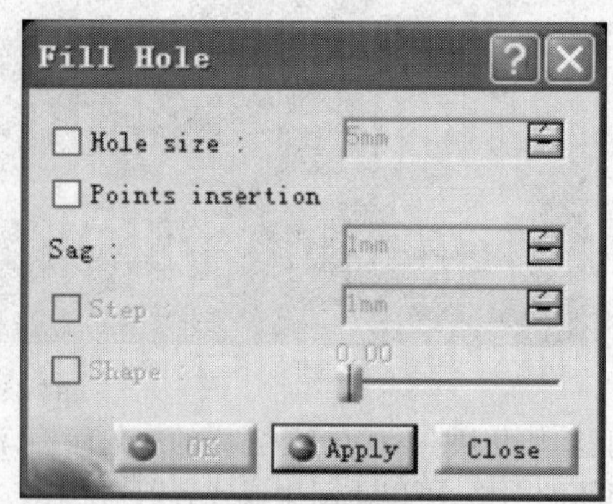

图 7-356　【修补网格】对话框

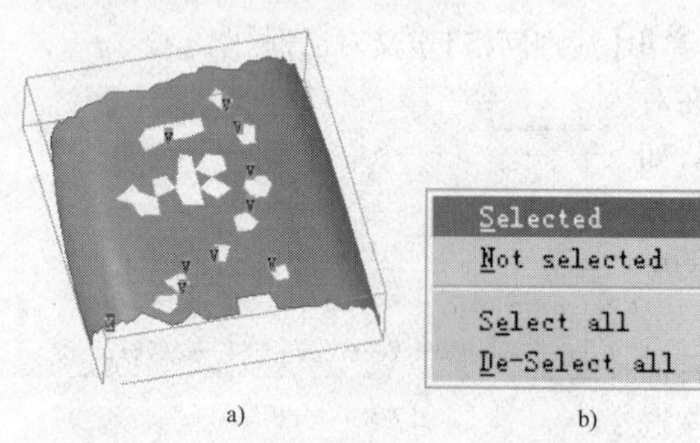

图 7-357　选择要修补的洞

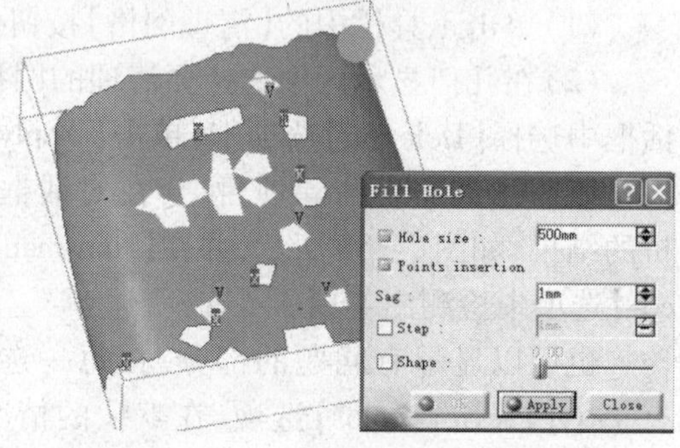

图 7-358　设置洞的尺寸

(5)选中【Shape】选项,可以使修补的网格按照一定的曲率进行修补。曲率的大小可以通过滑块来调节,如图 7-359a)是没有选中的情况;图 7-359b)是选中该选项。

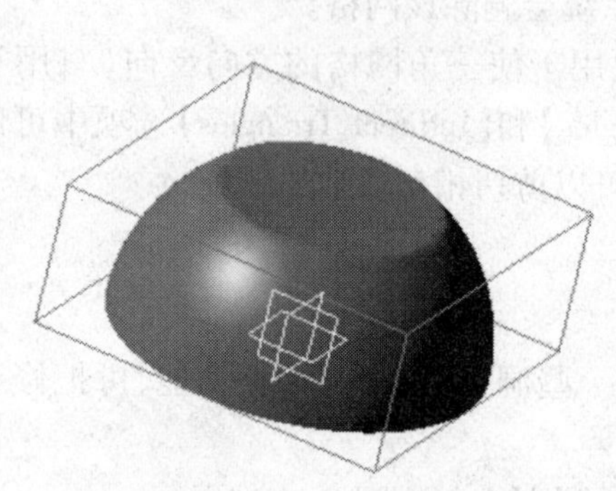

图 7-359　【Shape】选项影响

12)降低网格密度(Decimation)

在生成的网格中,经常会出现网格的数据量很大,这主要是网格过密造成的。通过降低网格密度可以减少网格的数据量,减少计算机的负担。

打开附带光盘“第 7 章 快速成型”目录下的 Decimate. CATPart 文件。

(1)单击工具栏中的【Decimate】工具按钮,弹出如图 7-360 所示的对话框。

(2)在对话框中有两种降低网格密度的方法:

- 【Chordal Deviation】可以在保护网格曲率的情况下,降低网格密度。

- 【Edge Length】可以去除很小的边,得到一致的三角面。但有时降低网格的精度。

【Minimum】选项可以设置最小值,对于【Chordal Deviation】方式当网格的弦值小于【Minimum】选项设定值时会被删除,如图 7-361 所示。对于【Edge Length】方式,当网格的长度小于【Minimum】选项设定值时会被删除,如图 7-362 所示。

【Target Percentage】选项可以用来设置百分率,如图 7-363 是该选项取值为 20% 时所生成的网格。

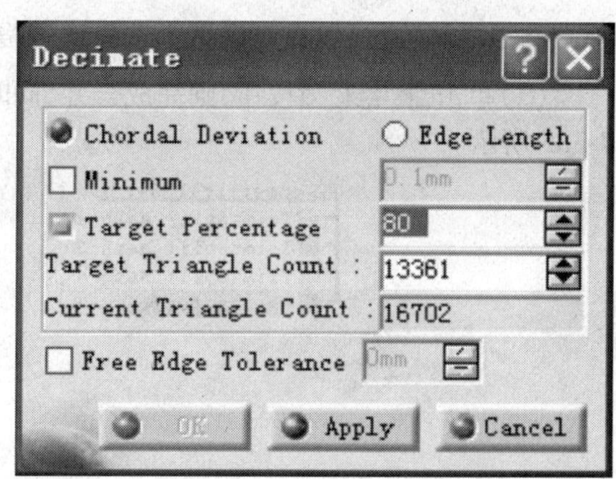

图 7-360 【Decimate】对话框

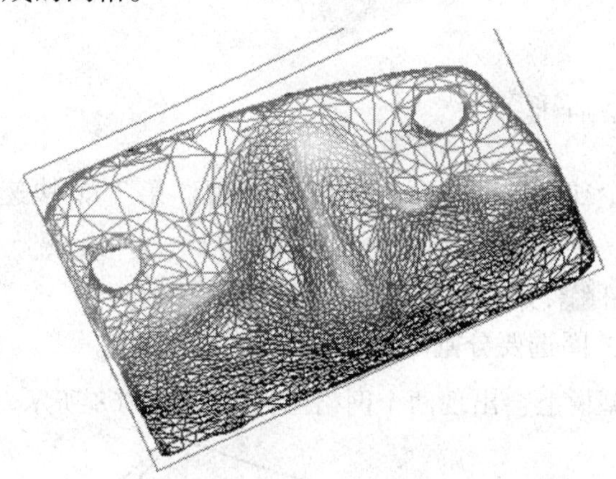

Minimum = 10mm

图 7-361 Chordal Deviation 方式

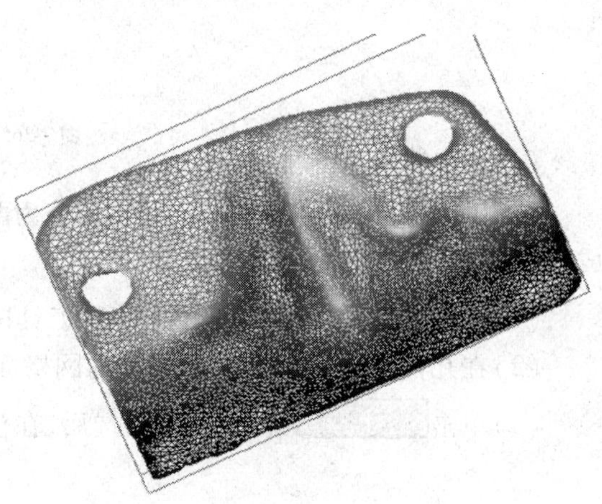

Minimum = 10mm

图 7-362 Edge Length 方式

13)合并网格(Merge)

合并网格功能可以把两个或者多个单独的网格面合并成一个网格面。打开附带光盘“第 7 章 快速成型”目录下的 Meshes Merge. CATPart 文件,如图 7-364 所示。

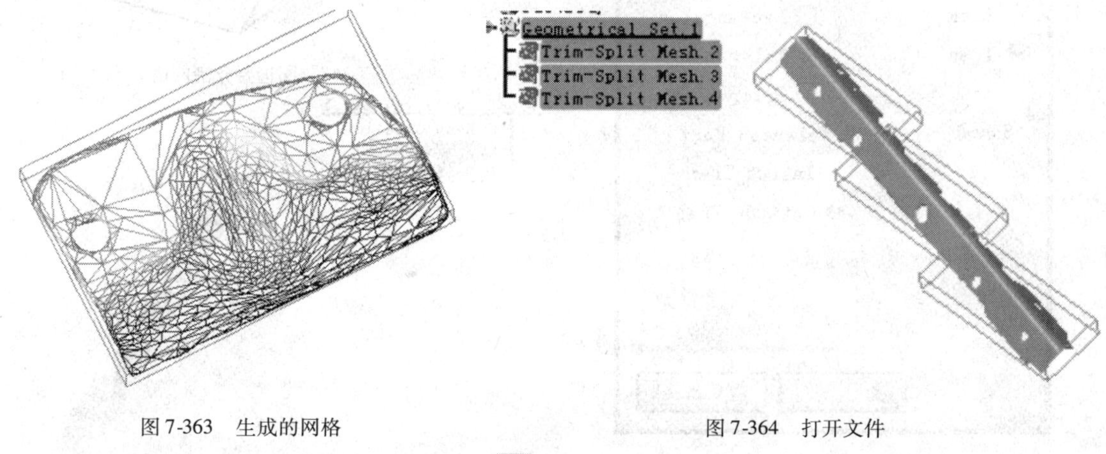

图 7-363 生成的网格 图 7-364 打开文件

(1)单击工具栏中的【合并网格】按钮,会弹出【Meshes Merge】对话框。

(2)选择要合并的网格面,已选择的网格面会在对话框的空白处显示。如果要把已经选择的网格面删除，可以在对话框中选择该网格面，再单击【Remove】按钮。

(3)单击 OK 按钮，则完成合并，同时会在模型树中出现 Meshes Merge.1 图标，如图7-365 所示。

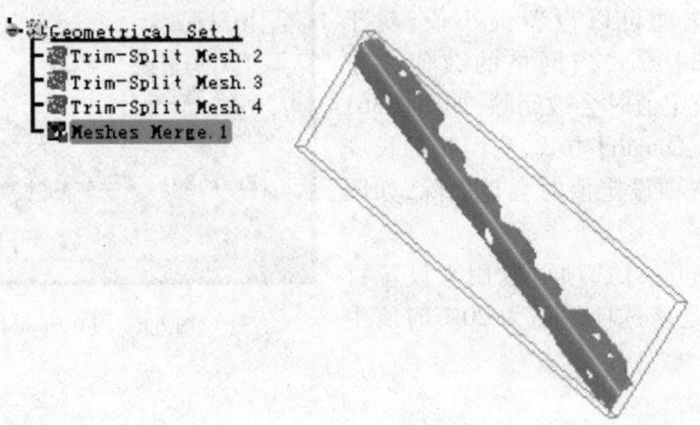

图 7-365　合并网格

14)分割网格面(Split a Mesh)

分割网格面工具可以把一个网格面分为两个独立的网格面。打开附带光盘“第 7 章 快速成型”目录下的文件 Split. CATPart。

(1)在工具栏中单击【分割网格面】工具按钮，弹出的对话框如图 7-366 所示。

(2)在几何显示区中选择要分割的网格面，并圈选要分割的部分，如图 7-367 所示。

(3)单击 OK 按钮，完成圈选后，在模型树上会出现两个网格图标，如图 7-368 所示。

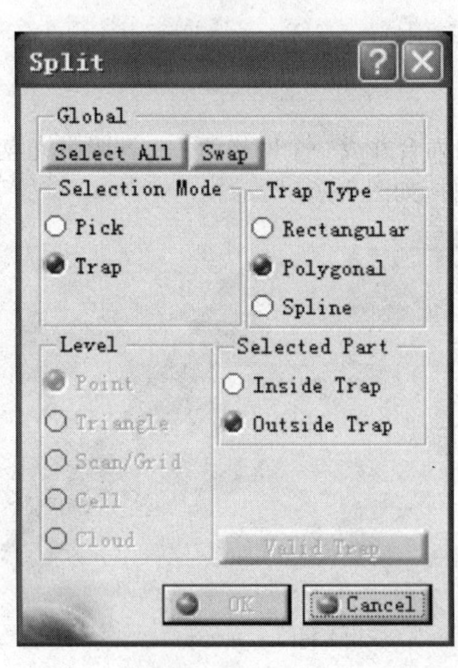

图 7-366　【分割网格】对话框

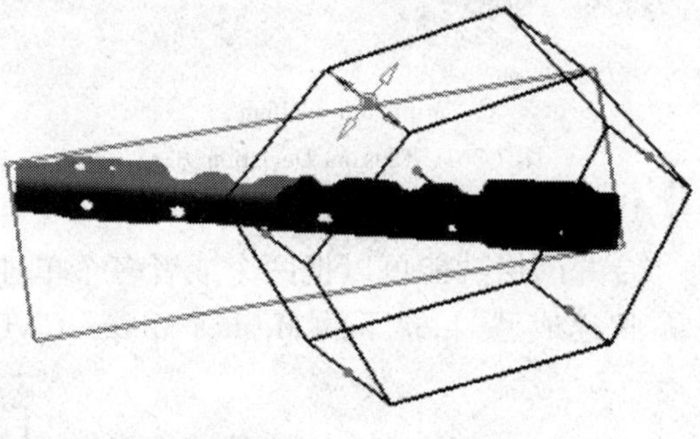

图 7-367　圈选要分割网格

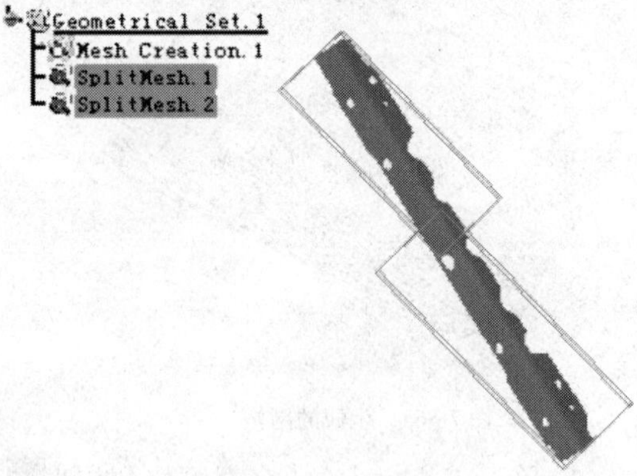

Geometrical Set.1
Mesh Creation.1
SplitMesh.1
SplitMesh.2

图 7-368　完成网格分割

7.5.2 应用实例

本节以一个摩托车侧围板为例，讲解快速成型处理的一般过程。

1）打开文件

打开附带光盘"第7章 快速成型"目录下的文件 Example. CATPart，把 CATIA 切换到 Generative Shape Design 模块下，方法如图 7-369 所示。

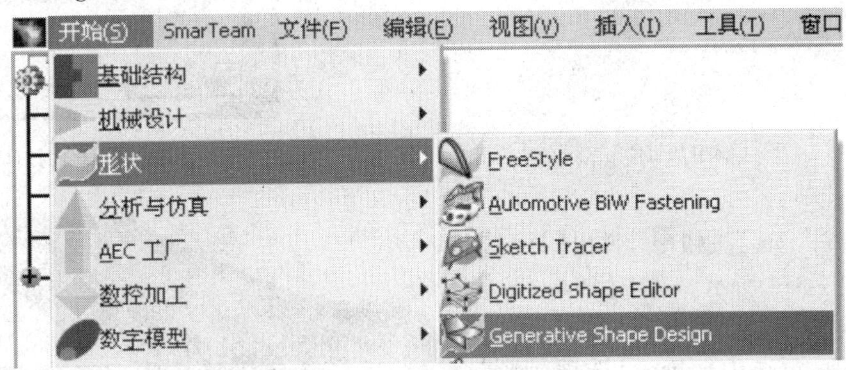

图 7-369 切换模块

2）合并曲面

在工具栏中，单击【合并】工具按钮，选择几何显示区中的所有曲面，填入合并定义对话框中，如图 7-370 所示。单击 OK 按钮，完成曲面合并。

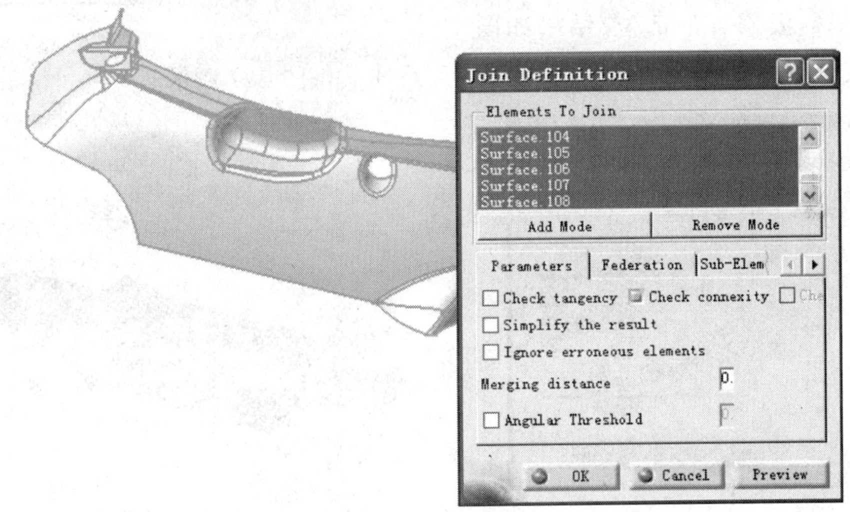

图 7-370 合并曲面

3）插入开放几何体

在 CATIA 主窗口中选择【Insert】→【Geometrical set】，插入一个开放组件，如图 7-371 所示；在弹出的定义对话框中的【Name】文本框中输入"STL"，如图 7-372 所示。

4）切换到快速成型模块

把 CATIA 切换到 STL 工作界面下。

5）生成网格面

单击工具栏中的【生成网格面】按钮，选择前面合并的曲面，在弹出的【生成网格】定义对话框中设置网格参数：Sag = 0.5，Step = 10。单击【Apply】按钮，如图 7-373 所示；单击

![OK]按钮，生成网格面。

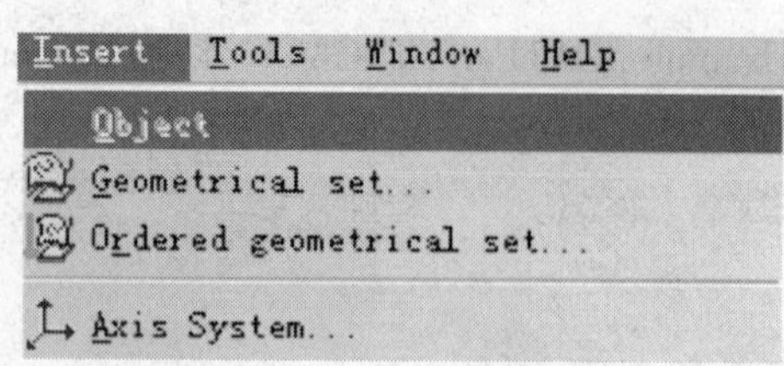

图 7-371　插入开放组件

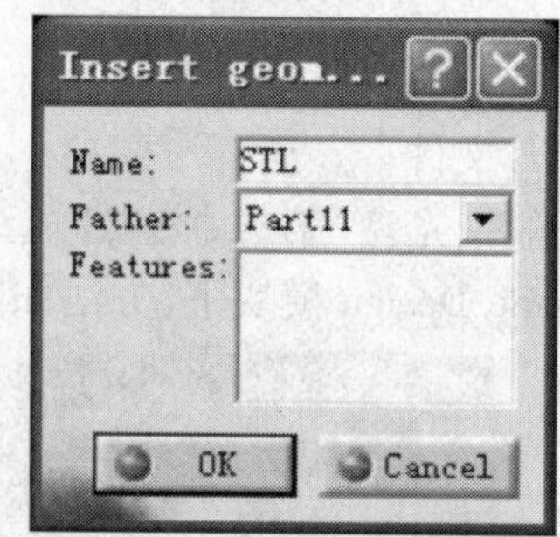

图 7-372　【插入开放组件】对话框

6）进行补洞

单击【修补工具】按钮，弹出【补洞】对话框，如图 7-374 所示。选中【Hole size】选项，在文本框中输入 40mm。选中【Points insertion】选项，再选中【Shape】选项，调节滑块，使其值为0.5；选择整个曲面，结果如图 7-375 所示。

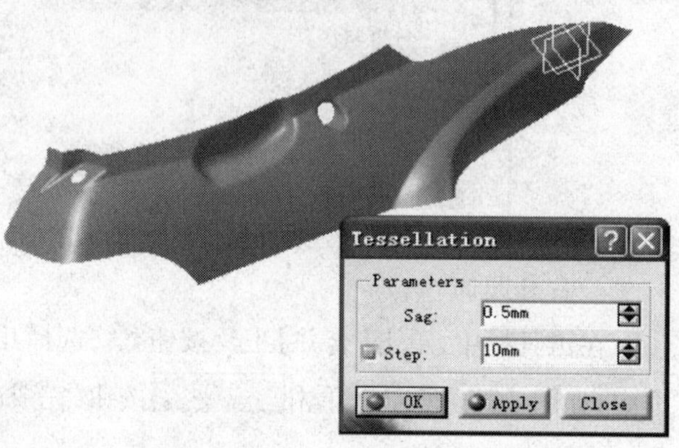

图 7-373　生成网格面

7）选择修补的区域

在三角网格上的“V”和“X”标记上单击右键，编辑需要修补的部位，结果如图 7-376所示。单击 OK 按钮，则完成三角面修补，如图 7-377 所示。

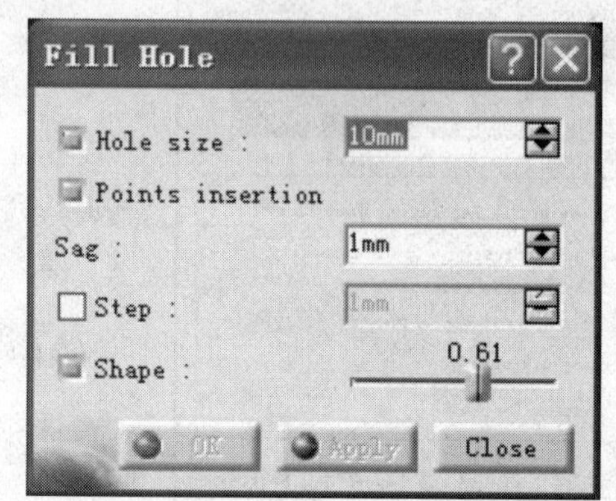

图 7-374　【补洞】对话框

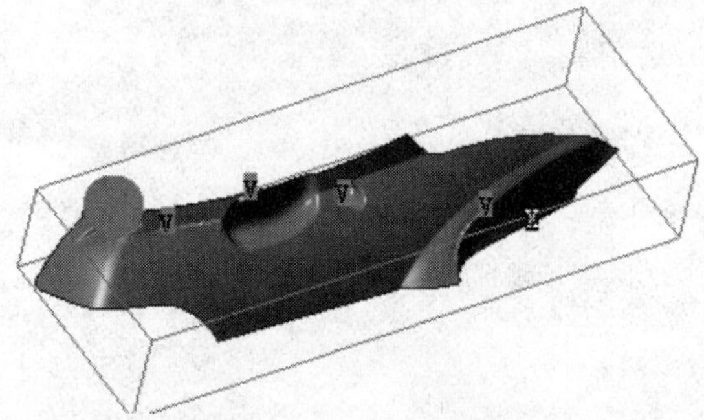
图 7-375　修补网格

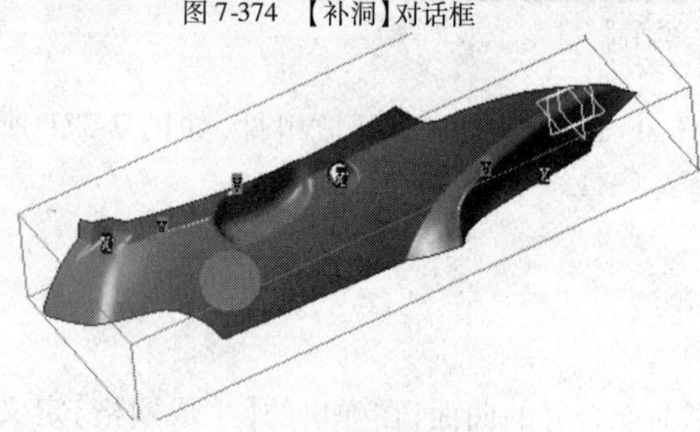
图 7-376　选择修补区域

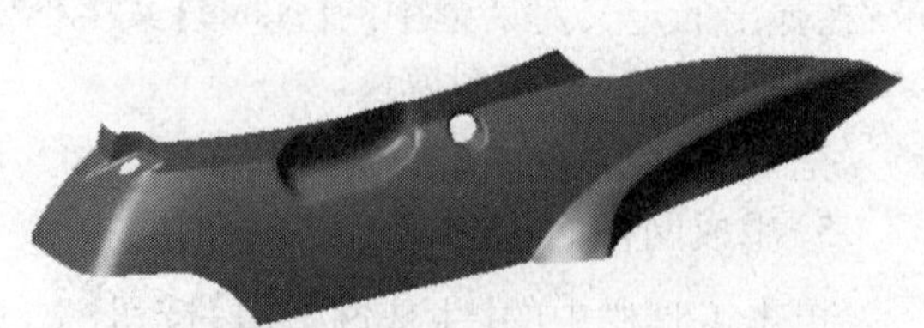
图 7-377　完成网格修补

8）显示三角面

单击显示方式按钮，设置选项如图 7-378 所示。单击 OK 按钮，则网格以三角面来显示，如图 7-379 所示。

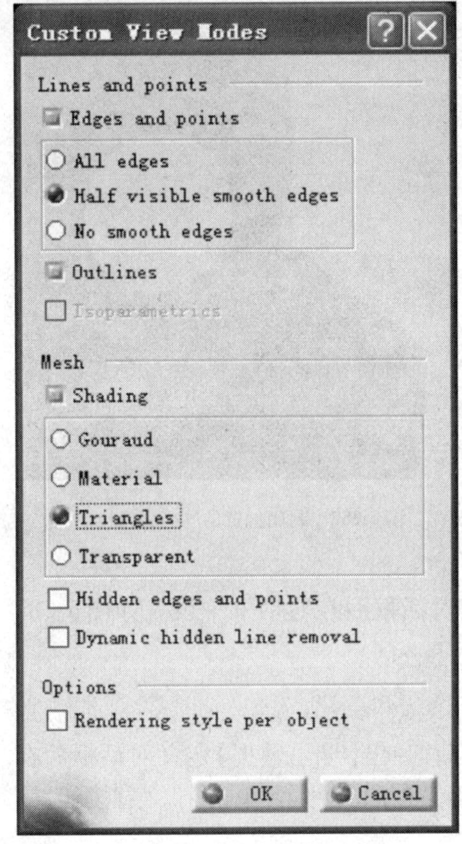

图 7-378 【显示模式】对话框

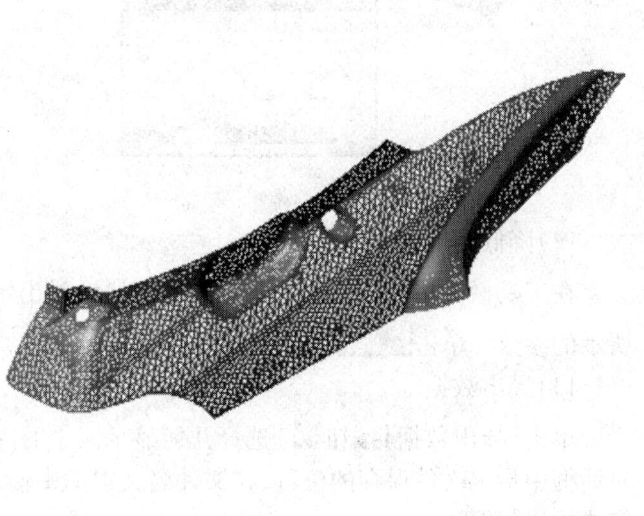

图 7-379 显示三角面

9）翻转边界

在工具栏中单击【翻转边界】工具，则弹出【翻转边界】对话框，在对话框中输入 Depth = 2，单击【Apply】按钮，如图 7-380 所示。其中图 a）为原图，图 b）为翻转边界后的情况。

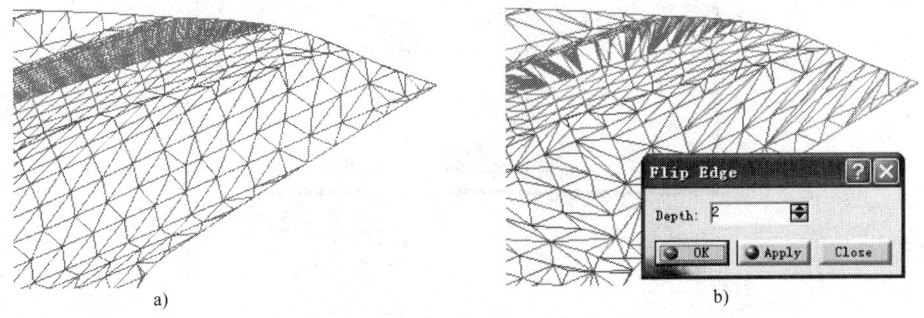

a) b)

图 7-380 翻转边界

10）改变显示方式

单击显示方式，选择显示方式。

11）偏置网格

单击工具栏中的【偏置网格】按钮，会弹出【偏置网格】定义对话框。在【Offset Value】选项的文本框中输入2mm，同时选中【Create shell】选项，如图7-381所示。单击OK按钮，使网格面变成封闭的，如图7-382所示。

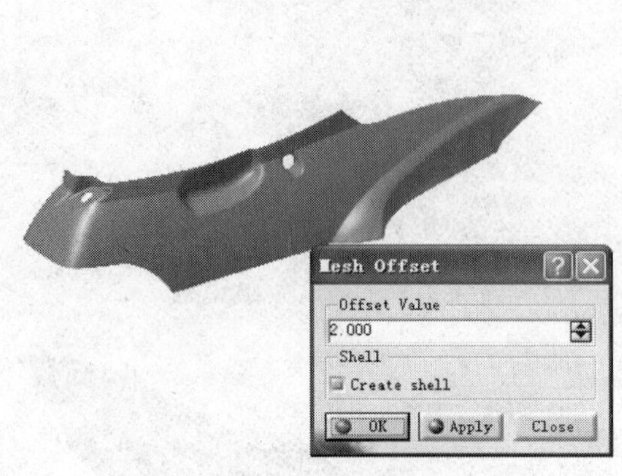

图7-381　偏置网格

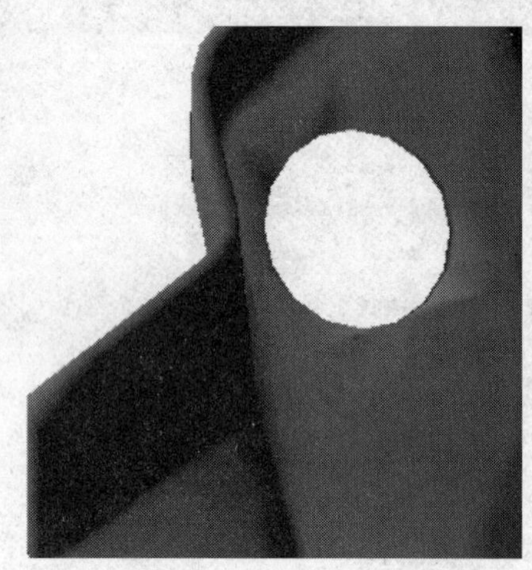

图7-382　封闭偏置的网格

12）降低网格密度

在工具栏中单击【降低网格密度】按钮，弹出定义对话框后在对话框中设置如图7-383所示的参数。单击OK按钮，则完成降低网格密度。

13）导出数据

单击【导出数据】按钮，选择几何显示区中的网格面，弹出【导出数据】定义对话框后在对话框中指定文件保存的位置，在文件名文本框中输入要保存的文件名，单击【保存】按钮，则完成导出数据。

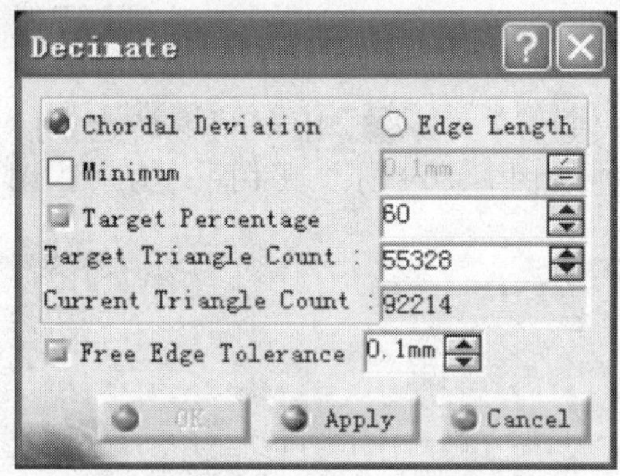

图7-383　【降低网格密度】对话框

第 8 章　汽车零部件设计综合应用实例

8.1　汽车等速驱动轴设计实例

8.1.1　滚针设计

滚针轴承中的滚针是一个等截面圆柱体，用 CATIA 对其进行结构设计较简单，设计中的主要操作过程是生成拉伸体，具体设计过程如下：

1）进入 Part Design 工作台

在操作系统双击 CATIA 图标，进入 CATIA 界面。选择【File】→【New】→【Part】，创建新零件；或者选择【Start】→【Mechanical Design】→【Part Design】，进入零件设计模式。

2）设计草图

在 CATIA 窗口中选中如图 8-1 所示的模型树（Specifications）上的“yz plane”，作为草绘（Sketch）的基准平面，再点击工具条中的草绘图标进入草绘工作模式。在工具条选择图标作圆，绘制如图 8-1 所示直径为 2mm 的圆，点击图标退出剖面工作台，返回零件设计模式。

3）生成模型

以刚绘制的草图作为零件设计的剖面，在工具条上选择【Pad】图标。并在如图 8-2 所示的弹出对话框中输入拉伸长度（Length）为 10.7mm。生成的滚针模型如图 8-3 所示。

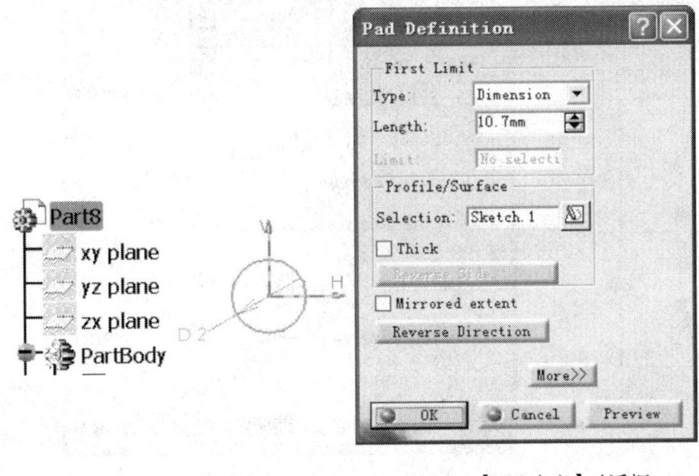

图 8-1　滚针截面　　图 8-2　【Pad 定义】对话框

Part8
xy plane
yz plane
zx plane
PartBody
Pad.1
Sketch.1

图 8-3　滚针模型

8.1.2　球环设计

球环实体的外部轮廓为鼓状，内部为圆柱孔，是一个回转实体，球环设计的操作过程是训练如何生成旋转体，具体设计步骤如下：

(1)进入 Part Design 工作台(方法同 8.1.1 节)

(2)设计草图

在模型树(Specifications)上选择"yz plane",作为草绘(Sketch)的基准平面,再到工具条中选择【草绘】图标进入草绘工作模式。应用如图 8-4 所示的【Profile】工具条提供的工具绘制截面曲线轮廓,应用如图 8-5 所示的【Operation】工具修剪轮廓,应用如图 8-6 所示的【Constraint】工具约束轮廓。尤其注意应该利用【Axis】图标绘制旋转体所需的旋转轴线。得到的截面轮廓如图 8-7 所示。

图 8-4 【Profile】工具条

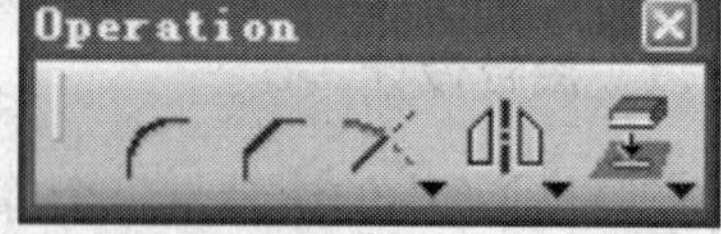

图 8-5 【Operation】工具条

完成后退出草绘环境,返回 Part Design 界面。

(3)生成旋转体

选择如图 8-8 所示的【Sketch-based Features】工具条中的【旋转体】图标。选定刚刚做好的球环截面轮廓,系统弹出的【Shaft Definition】对话框如图 8-9 所示。CATIA 图形区域出现图形如图 8-10 所示。最终的球环模型如图 8-11 所示。

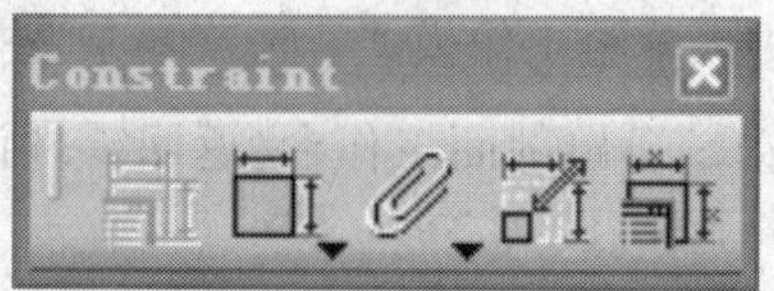

图 8-6 【Constraint】工具条

图 8-8 【Sketch-based Features】工具条

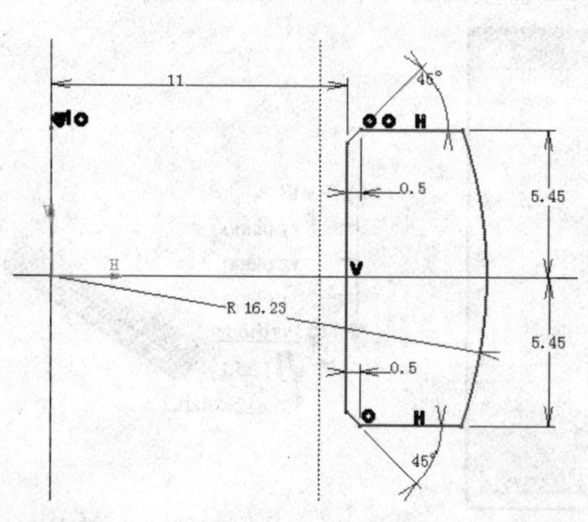

图 8-7 球环的截面轮廓

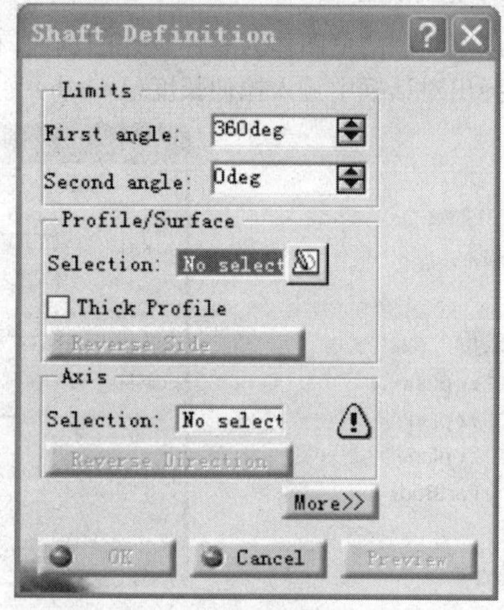

图 8-9 【Shaft Definition】对话框

8.1.3 弹性挡圈设计

圆环形弹性挡圈是一个带有切口的圆环形等截面回转体,其设计过程除了要生成旋转体外,还要进行剪切操作。

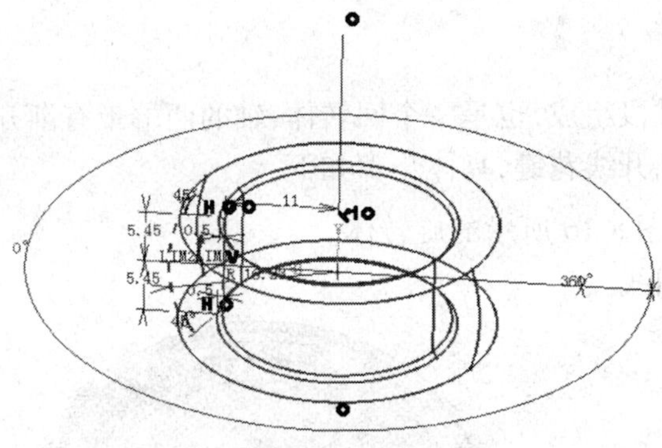

图 8-10　球环生成图

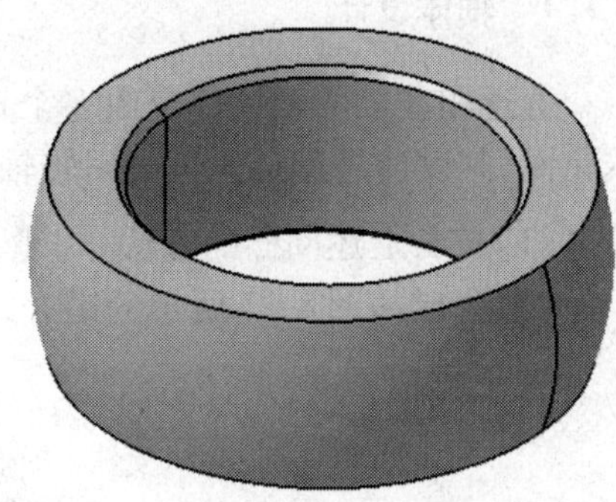

图 8-11　球环的模型图

(1)进入 Part Design 工作台(方法同 8.1.1 节)

(2)设计草图

生成如图 8-12 所示的草绘截面轮廓。应用工具生成旋转体如图 8-13 所示。

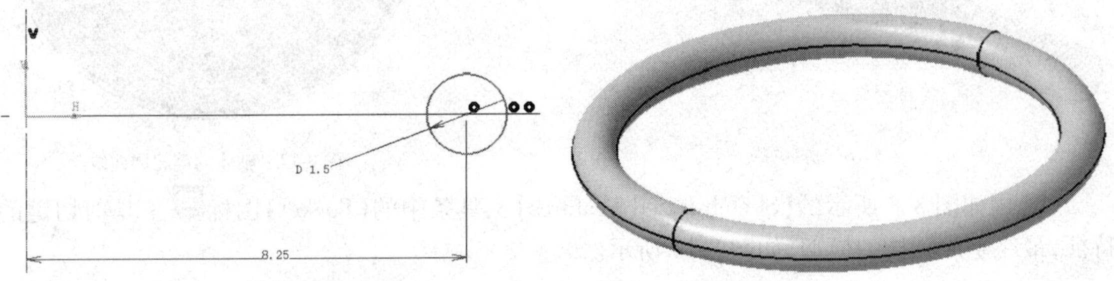

图 8-12　挡圈的截面轮廓图　　　　图 8-13　旋转体

(3)生成剪切

生成的草绘轮廓如图 8-14 所示。应用如图 8-8 所示的【Sketch-based Features】工具条的【Pocket】图标工具剪切,最终得到的挡圈模型如图 8-15 所示。

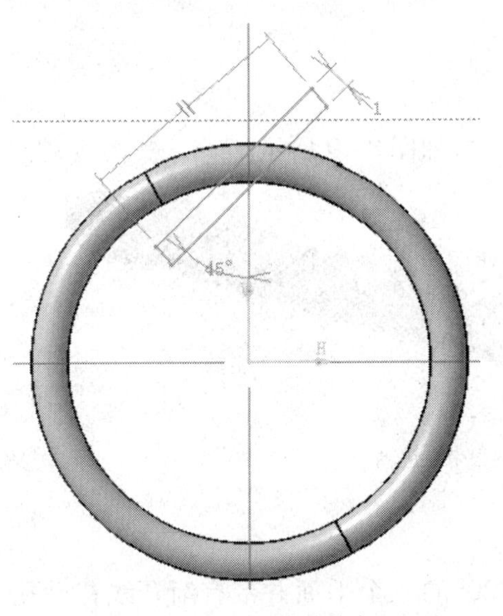

图 8-14　剪切草绘轮廓

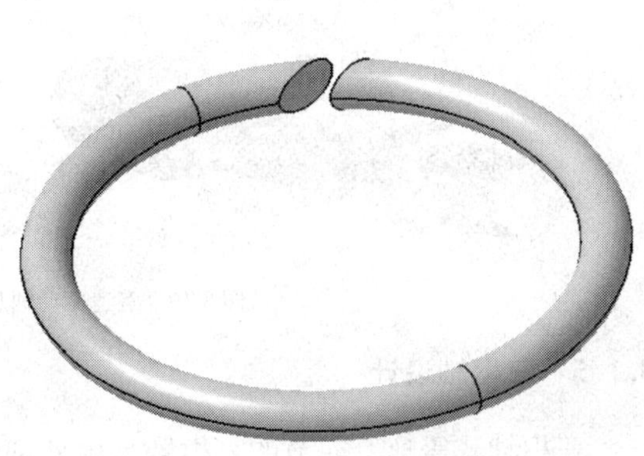

图 8-15　弹性挡圈模型

8.1.4 轴体设计

等速驱动轴的轴体部分由多个直径不等的轴段组成，也是一个回转体，轴的两端带有渐开线花键，其设计过程是先生成回转轴体，再生成渐开线花键，具体步骤如下：

(1)按与上述同样的方法，用工具生成如图 8-16 所示的旋转体。

(2)生成如图 8-17 所示的键开线花键轮廓曲线。

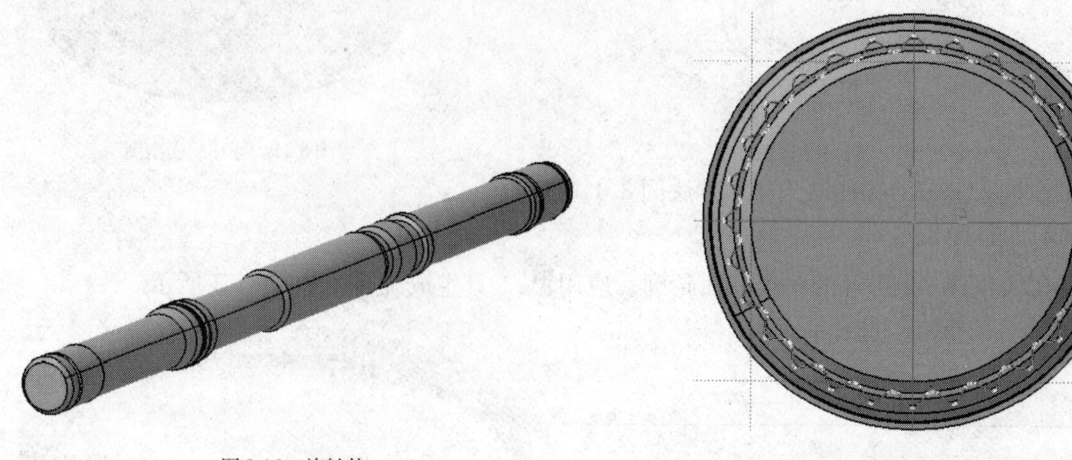

图 8-16　旋转体　　图 8-17　轴体的键轮廓曲线

(3)用如图 8-8 所示的【Sketch-based Features】工具条中的【Pocket】图标工具剪切键的特征，最终生成轴体的模型，如图 8-18 所示。

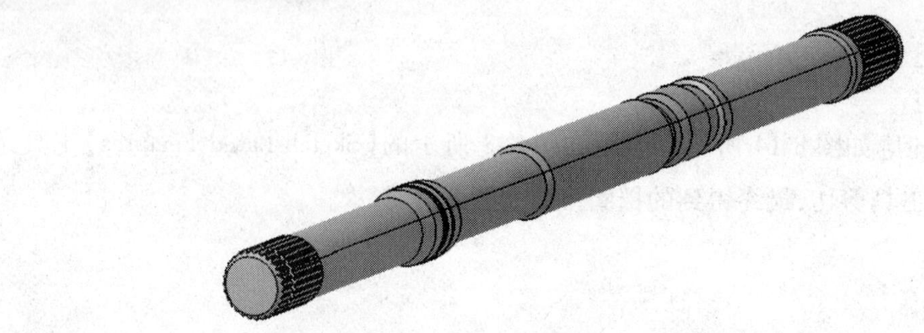

图 8-18　轴体模型

所设计的等速驱动轴总成中还有两个类似的轴体零件，如图 8-19 所示。

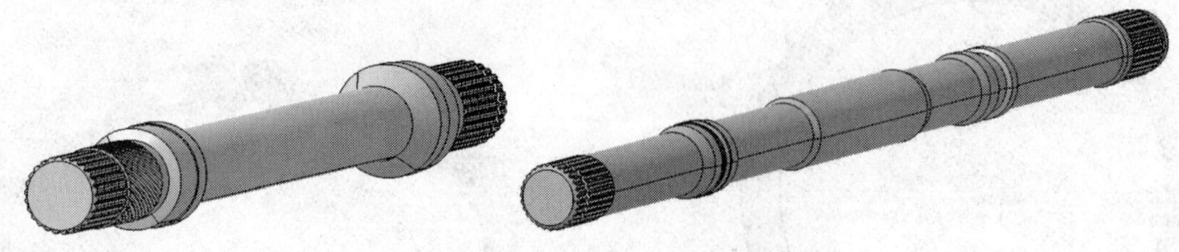

图 8-19　等速驱动轴总成中的另外两根带花键轴

8.1.5 三枢轴设计

三枢轴式等速万向节的三枢轴是由外部切有互成 120°的三个平面并带有渐开线花键孔的球环体，以及分布在每个平面上互成 120°角径向布置的三个枢轴组成，三枢轴的设计步骤为先设计中间的球环体,再设计三个枢轴,如图 8-20 所示。

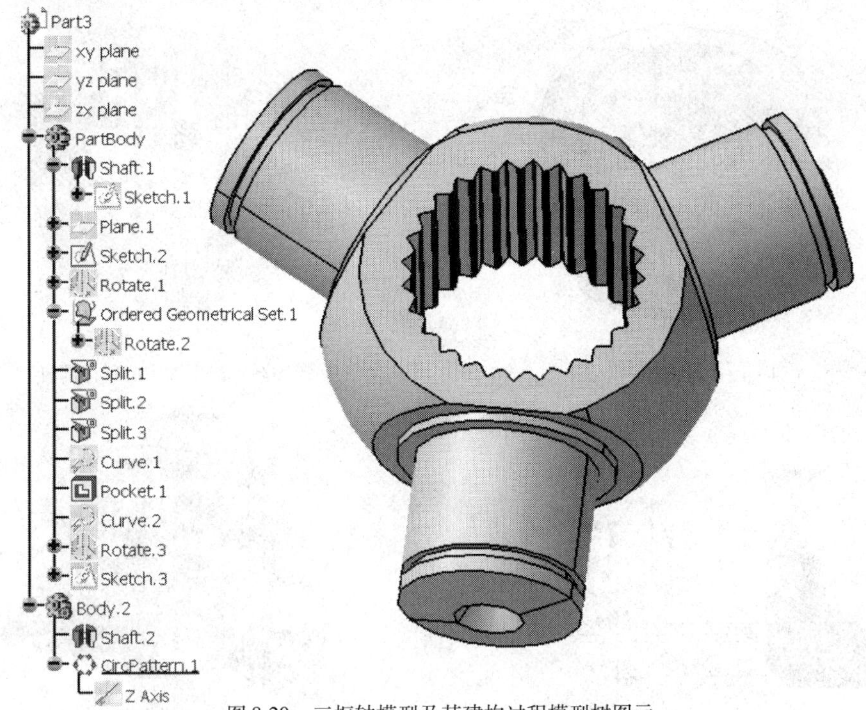

图 8-20 三枢轴模型及其建构过程模型树图示

(1)设计三枢轴中心球环体部分

按与上述相同的方法绘制如图 8-21 的草绘轮廓,用工具旋转生成如图 8-22 的球环体。

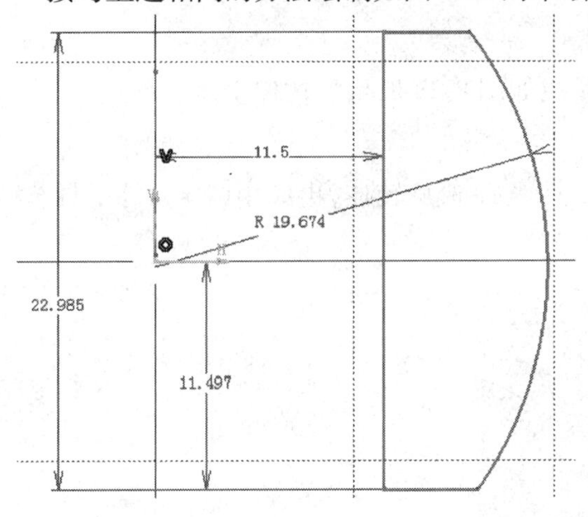

图 8-21 三枢轴中心球环部分的草绘轮廓

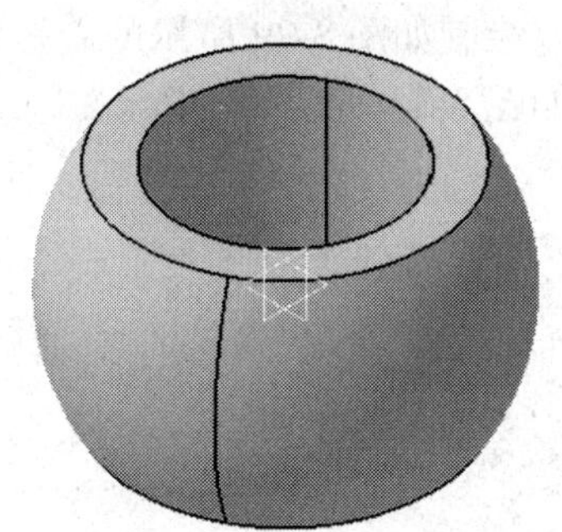

图 8-22 三枢轴中心球环部分

用 GenerativeShapeDesign 模块的【Plane】工具生成平面,再用【Rotating】工具,以 Z 轴为轴线旋转 120°生成 3 个平面,再用 Part Design 中的【Split】工具,生成如图 8-23 所示的实体。

用 Part Design 的【Pocket】工具,生成如图 8-24 所示的三枢轴中心球环体部分。

(2)生成枢轴

绘制如图 8-25 所示的草绘轮廓,在【Insert】→【Body】下,用工具生成旋转体,再用环形阵列【Pattern】工具生成如图 8-26 所示的三枢轴体。

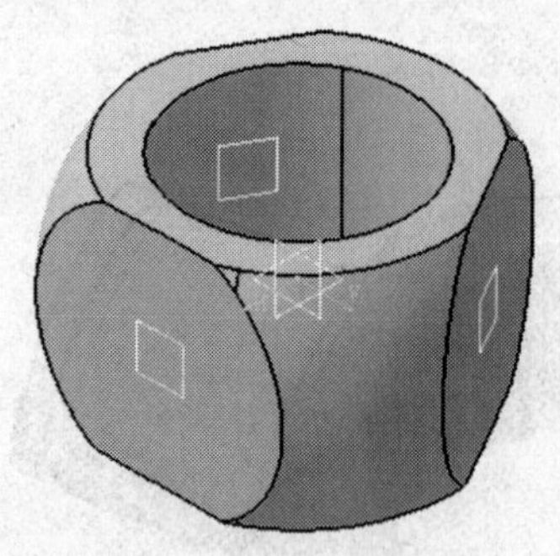

图 8-23　三个切面

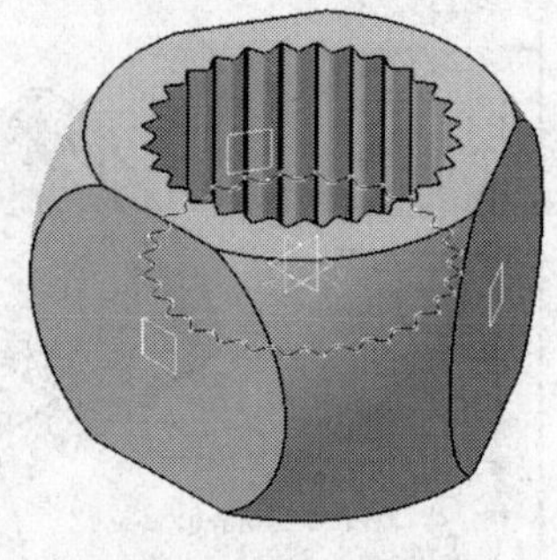

图 8-24　三枢轴中心球体部分

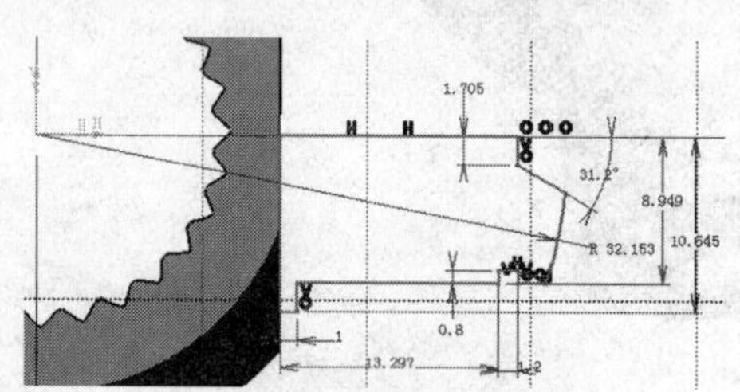

图 8-25　枢轴的草绘轮廓

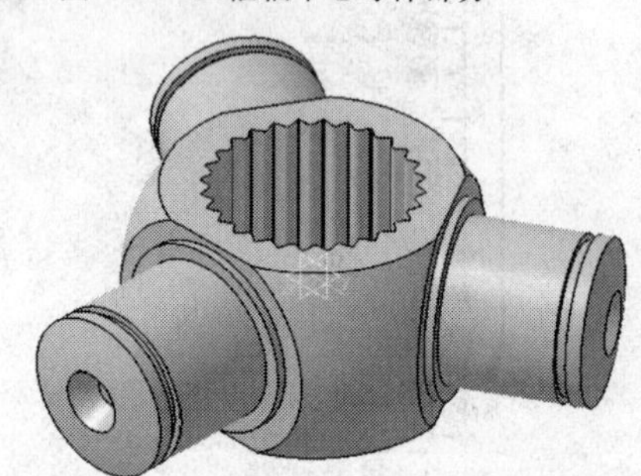

图 8-26　最终的三枢轴模型

8.1.6　三柱槽壳设计

(1)生成形拉伸体

绘制如图 8-27 所示的拉伸截面轮廓,拉伸生成如图 8-28 所示的拉伸实体。

(2)生成拉伸体底部的结构

绘制如图 8-29 所示的旋转截面轮廓,应用工具生成旋转体,再应用【Pocket】工具生成如图 8-30 所示的实体。

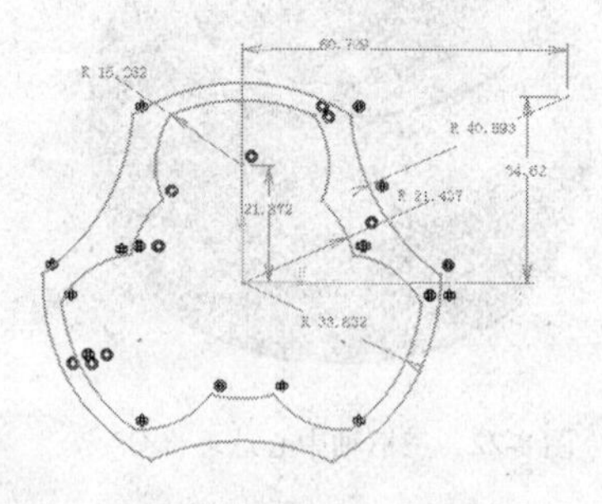

图 8-27　深截面轮廓

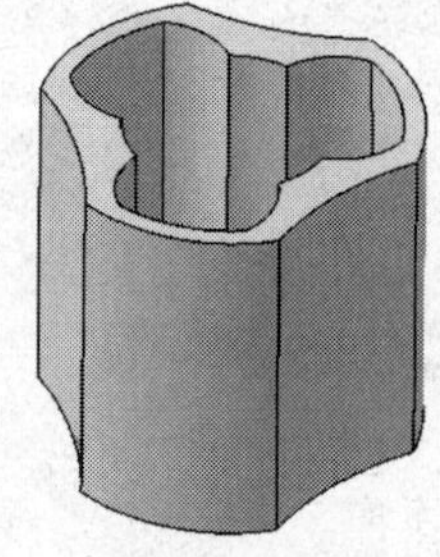

图 8-28　拉伸实体

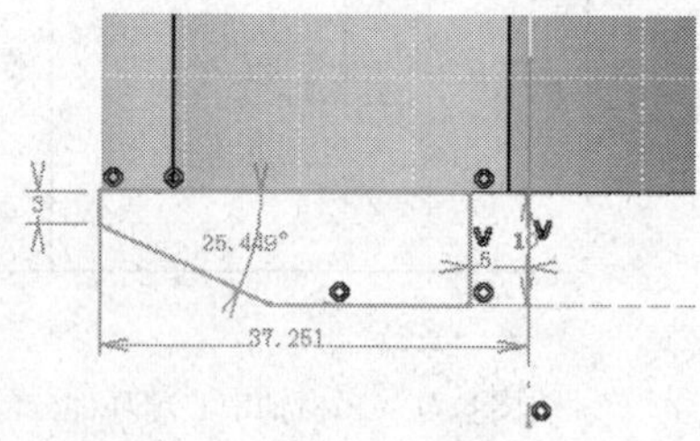

图 8-29　底部旋转体截面轮廓

(3)对于另一不同结构的三枢轴,应用工具生成壳体下部的旋转体,再用【Pocket】工具生成键特征,如图 8-31 所示。

(4)用【Pocket】工具生成壳体的剪切结构,再用如图 8-32 所示的【Fillets】工具条中的工具倒圆角。最终得到如图 8-33 所示的三柱槽壳模型。

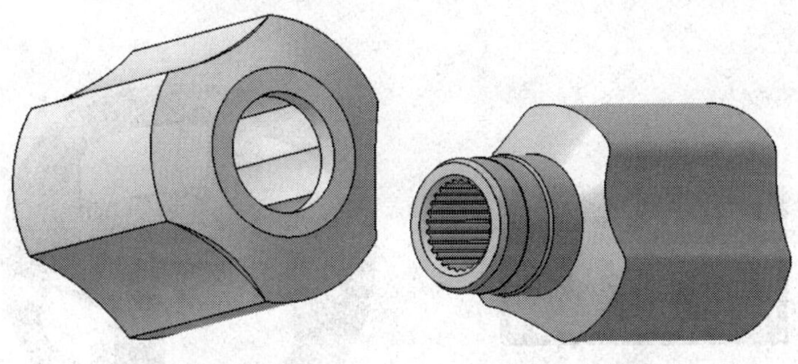

图 8-30　底部结构　　图 8-31　键的生成

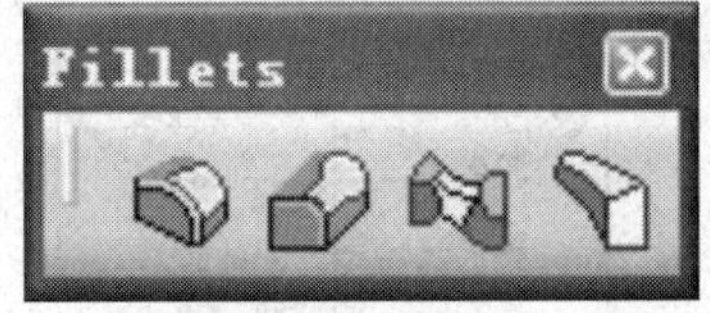

图 8-32　【Fillets】工具条

8.1.7　钢球设计

绘制如图 8-34 所示的回转截面轮廓，再用工具生成如图 8-35 所示的钢球。

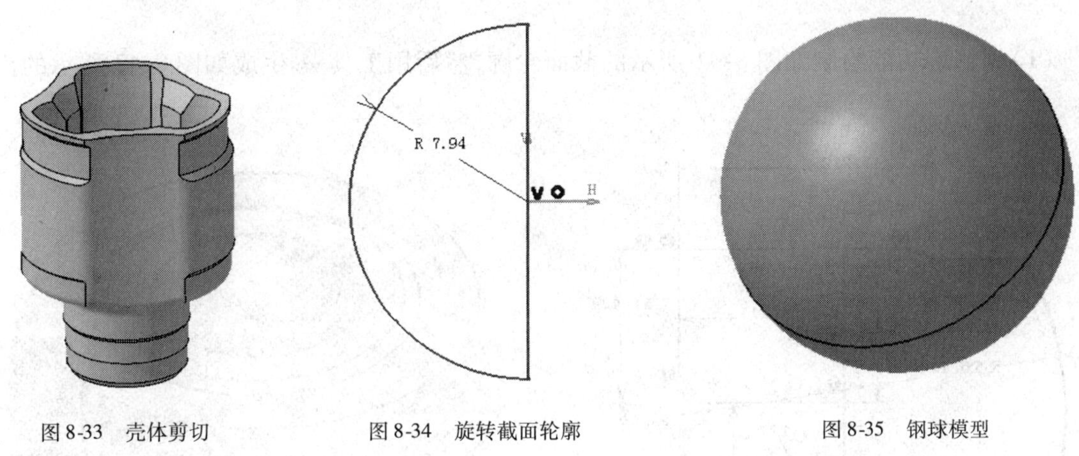

图 8-33　壳体剪切　　图 8-34　旋转截面轮廓　　图 8-35　钢球模型

8.1.8　钢球保持架(球笼)设计

(1)绘制如图 8-36 所示的旋转截面轮廓，再用工具生成如图 8-37 所示的回转体。

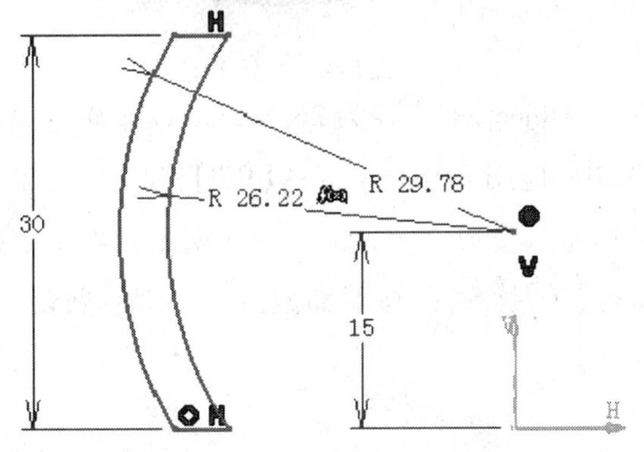

图 8-36　保持架旋转截面轮廓

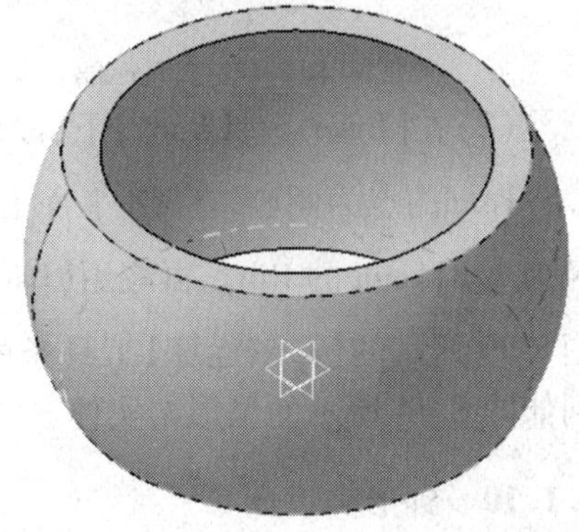

图 8-37　回转体

(2)绘制如图 8-38 所示的截面轮廓，通过【Insert】→【Body】，用工具生成拉伸体；用环形阵列【Pattern】工具生成 6 个；再使用如图 8-39 所示的布尔运算工具条的中的【Remove】工具，得到如图 8-40 所示的球笼。

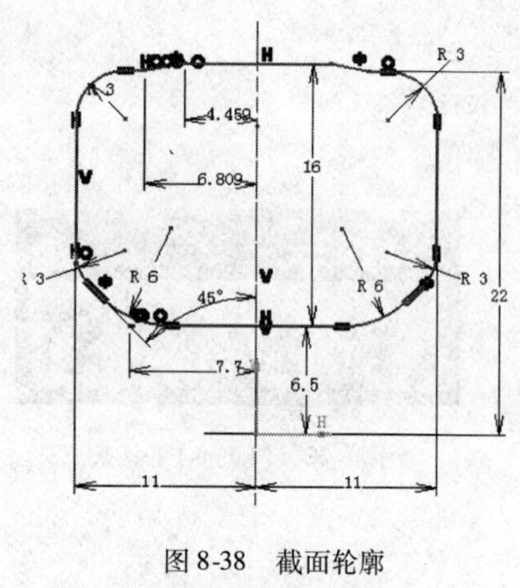

图 8-38　截面轮廓

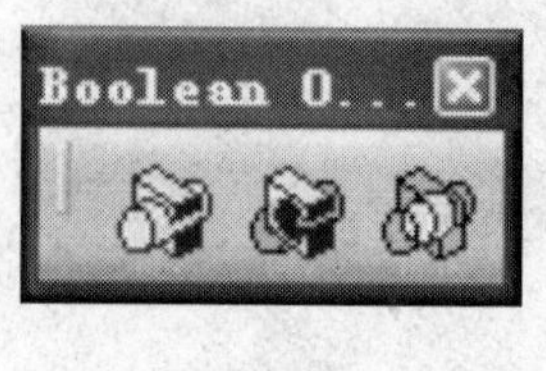

图 8-39　布尔运算工具条

图 8-40　球笼实体

8.1.9　星形架设计

(1)用草绘功能绘制如图 8-41 所示的截面轮廓,然后用工具生成如图 8-42 所示的模型。

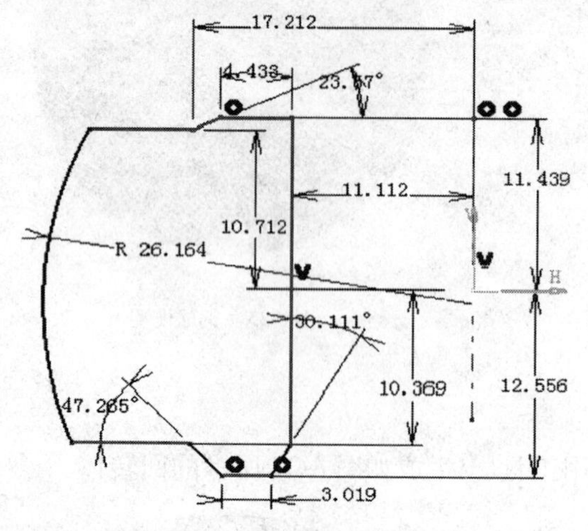

图 8-41　截面轮廓

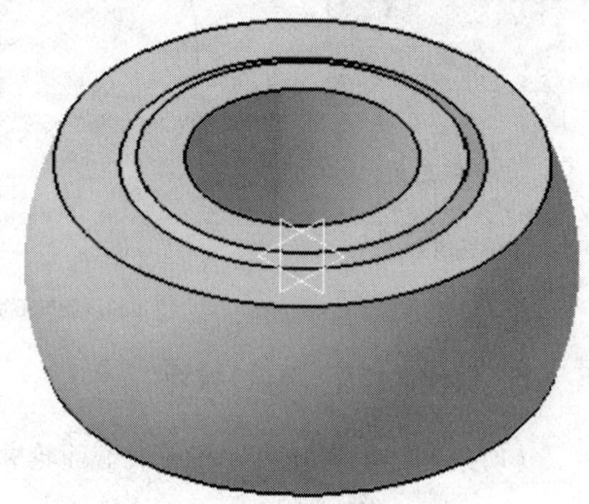

图 8-42　回转实体

(2)在【Insert】→【Body】下,以此 Body 为 Work Object,取半径为 26.82mm,以 Z 轴上 $Z=3.571$mm的点为圆心,在 XZ 平面上画圆,以此为中心应用 Part Design 的【Rib】工具生成半径为 7.811mm 的 Rib。再应用【Pattern】工具均布共生成 3 个,如图 8-43 所示。再使用如图 8-39 所示的【布尔运算】工具条的中的【Remove】工具,并在下部做【Pocket】剪切,得到如图 8-44 所示的星形架实体。

8.1.10　钟形壳设计

(1)用草绘功能绘制如图 8-45 的旋转截面轮廓,利用【Rotation】构建模型外形基准。

(2)通过【Insert】→【body】,生成 Rib 模型,利用【Pattern】和上一步的 Rotation 模型做 Remove,得到如图 8-46 所示的钟形壳实体。

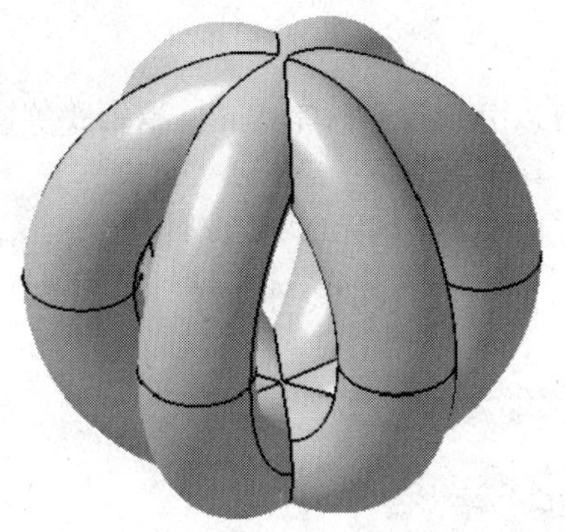

图 8-43　用于 Remove 的 Rib

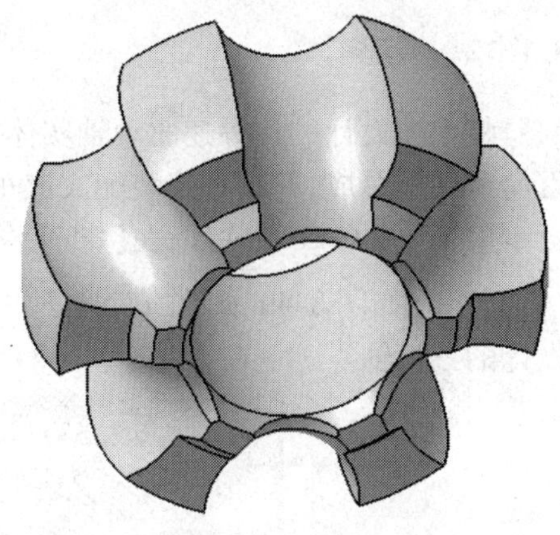

图 8-44　星形架实体

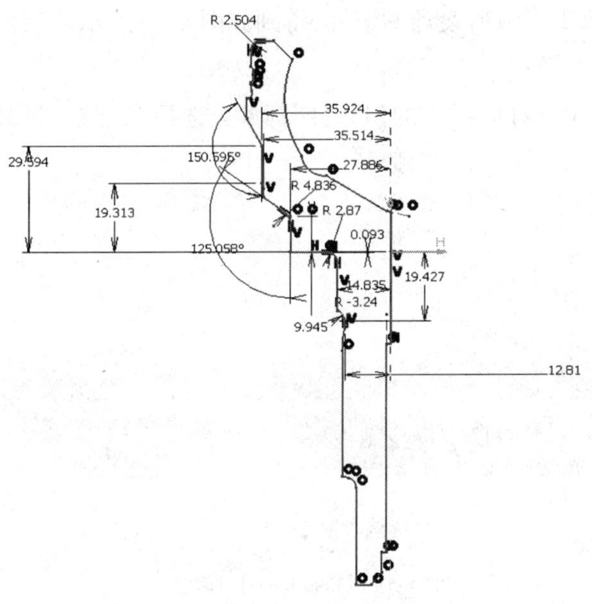

图 8-45　旋转截面轮廓

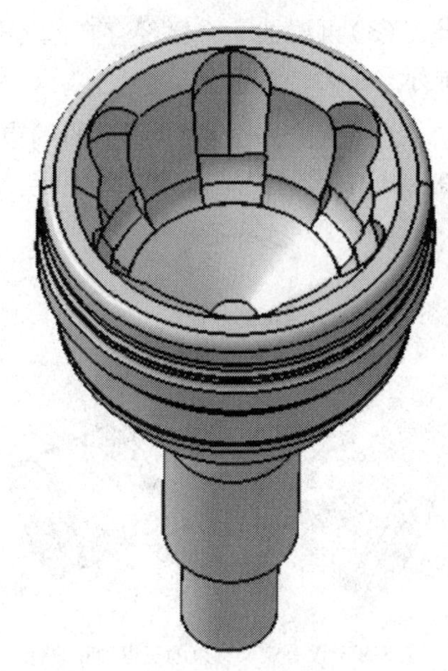

图 8-46　钟形壳实体

8.1.11　滚针外挡圈设计

绘制如图 8-47 所示的草绘轮廓，利用工具生成旋转体，再加上边缘的突起，即可得到如图 8-48 所示的滚针外挡圈实体。

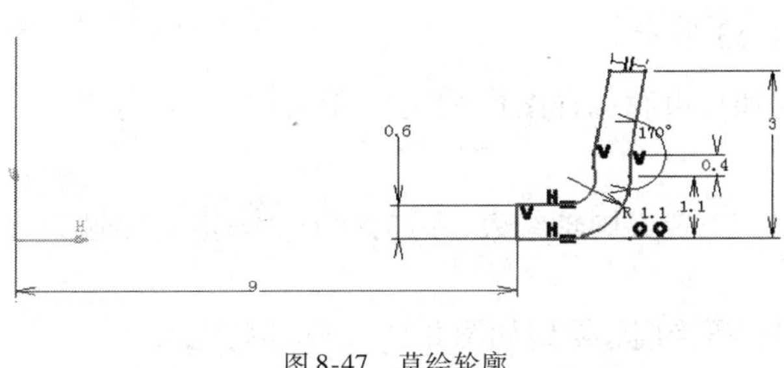

图 8-47　草绘轮廓

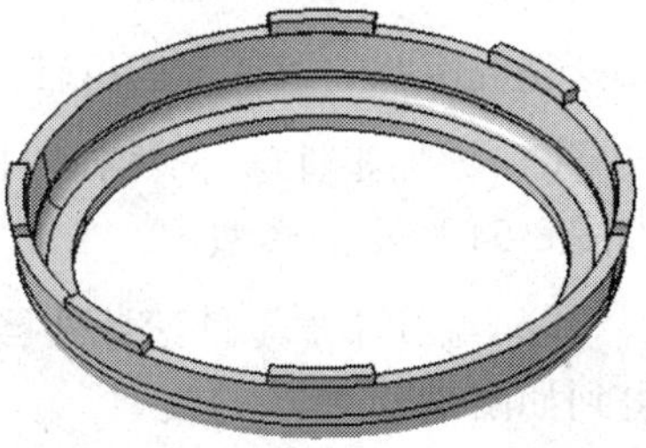

图 8-48　滚针外挡圈实体

8.1.12　装配

将上述设计的各等速驱动轴实体零件进行装配，就可以分别得到球笼式和三枢轴式等速万向节装配总成，并进一步装配成汽车等速驱动轴总成。具体方法是：

(1)运行 CATIA 软件，在【File】→【New】→【Product】下创建一个新的装配文件。

(2)在如图 8-49 所示的工具条中选择图标添加一个已经存在的零件，选择 8.1.5 节所设计的三枢轴。

图 8-49　【Product Structure Tools】对话框

(3)再添加一个已经存在的零件，选择 8.1.1 节所设计的滚针，得到如图 8-50 所示的装配显示。

(4)点击如图 8-51 所示的约束(Constraints)对话框中的【Fix】图标，选择三枢轴，将其在装配中的位置坐标处暂时固定。

图 8-50　没有定义约束的三枢轴和滚针

图 8-51　【Constraints】对话框

点击【Constraints】对话框中的【Contact】图标，选择滚针的一个端面，再选择三枢轴的一个枢轴的根部端面，定义它们接触。

再次点击【Constraints】对话框中的【Contact】图标，选择滚针的圆柱表面，再选择三枢轴的同一枢轴的圆柱表面，定义它们表面外部【External】接触。

点击更新对话框中的【Update】图标，三枢轴和一个滚针的装配就会显示为图 8-52 所示的状态。

完成所有的滚针与三枢轴的装配如图 8-53 所示。

(5)添加零件球环，选择图标定义同轴约束和选择图标定义偏置(Offset)约束，得到如图 8-54 所示的模型。

(6)继续添加零件滚针外挡圈，选择图标定义同轴约束，并选择图标定义接触约束，得到如图 8-55 所示的模型。

(7)再添加轴体和弹性挡圈并作相应的装配约束，得到如图 8-56 所示的装配实体。

(8)继续添加三柱槽壳、另外一根轴体及弹性挡圈，得到如图 8-57 所示的等速驱动轴装配总成。

(9)保存此装配文件。

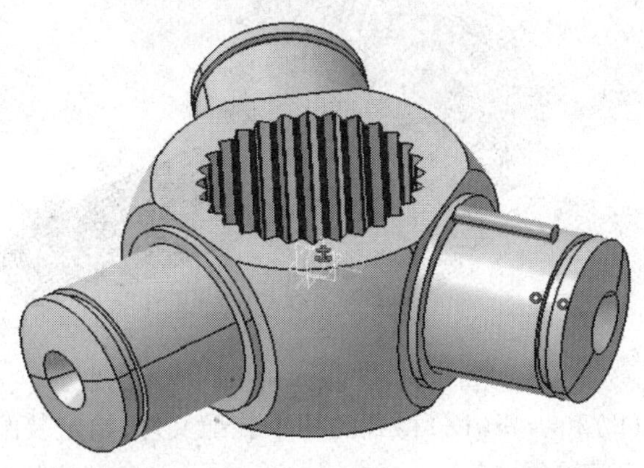
图 8-52 定义约束的三枢轴和一个滚针

图 8-53 三枢轴和滚针的装配

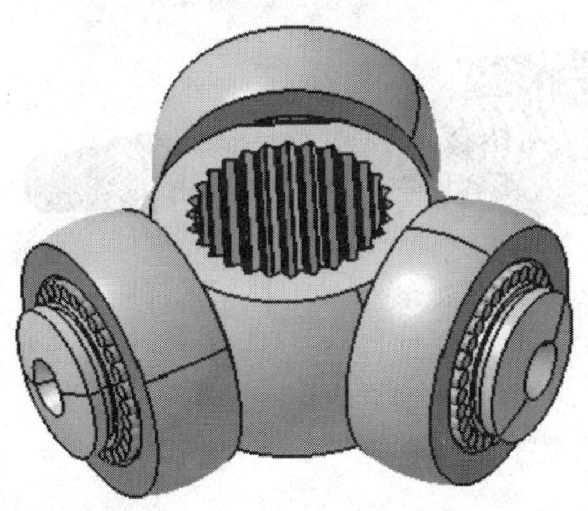
图 8-54 三枢轴、滚针和球环

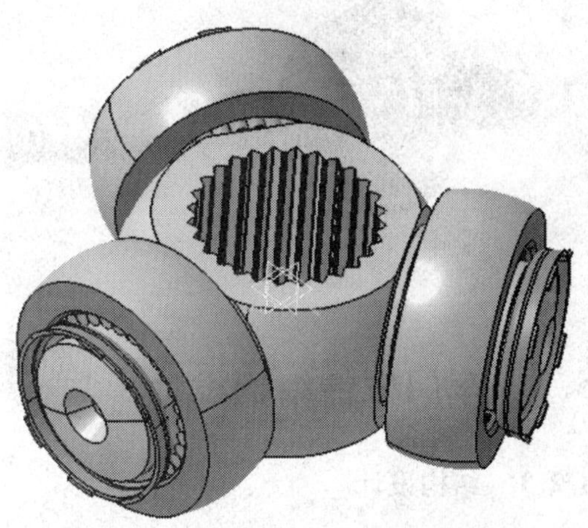
图 8-55 三枢轴、滚针、滚针外挡圈和球环

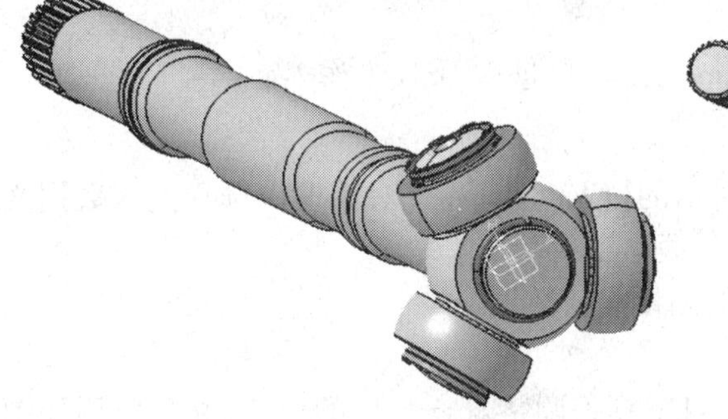
图 8-56 三枢轴和轴体总成

图 8-57 三枢轴式等速万向节装配总成

(10)生成一个新的装配文件,添加已经设计好的星形架、钢球保持架和钢球,并给定装配约束关系,生成如图 8-58 所示的模型。

(11)再加入零件钟形壳,定义相应的装配约束关系,得到如图 8-59 所示的球龙式万向节装配总成。

(12)保存此装配文件。

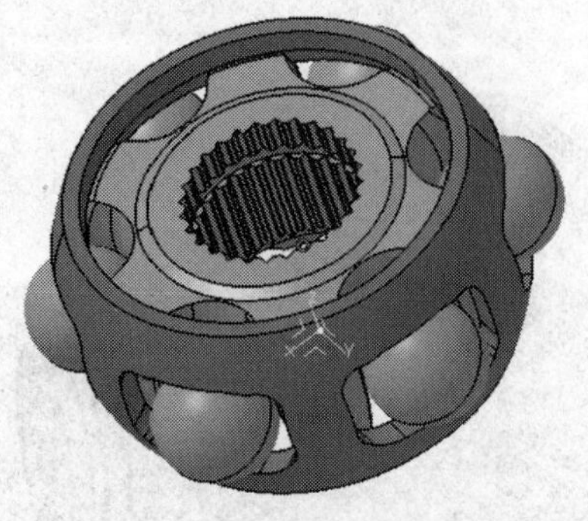
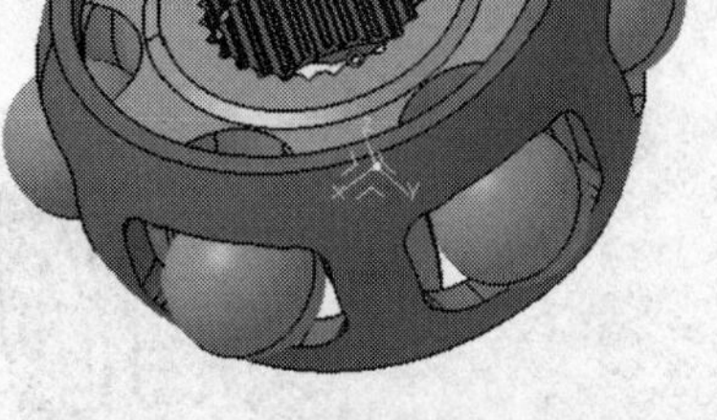

图 8-58 保持架、星形架和钢球总成

图 8-59 球龙式等速万向节装配总成

(13)生成一个新的装配文件,添加在步骤(9)和步骤(12)得到的两个装配文件,给定装配约束关系,生成如图 8-60 所示的汽车等速驱动轴装配总成。

图 8-60 汽车等速驱动轴装配总成

8.2 车门板件结构设计

8.2.1 结构设计

8.2.1.1 车门外板结构设计

1)生成新文件,进入 DSE(Digitized Shape Editor)界面

(1)点击【File】→【New】,生成新文件。

(2)点击【Start】→【Shape】→【Digitized Shape Editor】,进入 DSE 工作界面。

2)读入点云

点击点云【Import】图标,在如图 8-61 所示的【Cloud Import】对话框中选择点云数据文件和相应的参数,如格式为 ASCII 等,读入点云数据。

如图 8-62 所示为某小型客车滑拉门外板的测量点云数据。

3)点云数据的定位与对齐

使用如图 8-63 所示的【Cloud Transfomations】工具条调整点云数据的位置,并且应用如图 8-64 所示的【Reposit】工具条调整点云的坐标位置到车身坐标系。

点云数据的坐标位置不是车身坐标系位置。但是,点云数据中可以找到 3 个或更多的已知位置或形面的车身坐标值,以此为基准可以生成相对坐标系。应用的工具是如图 8-63 所示的【Axis to Axis】图标,对话框如图 8-65 所示。或者采用如图 8-64 所示的定位工具条提供的工具,如罗盘定位、约束定位、球面定位、曲面定位等定位点云的坐标位置。

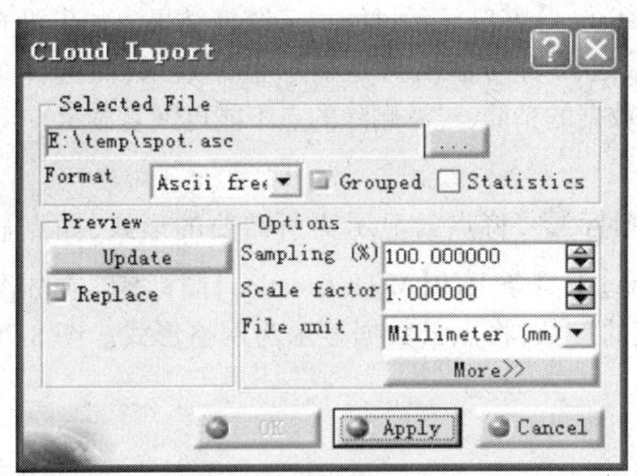

图 8-61 【Cloud Import】对话框

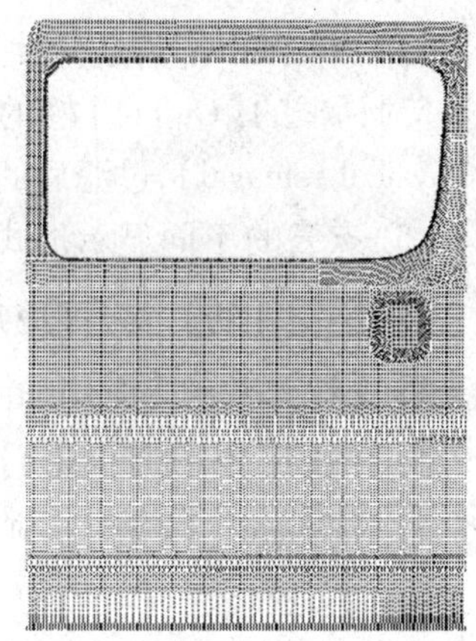

图 8-62 测量点云

图 8-63 【Cloud Transfomations】工具条

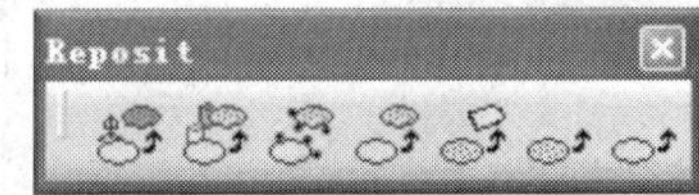

图 8-64 【Reposit】工具条

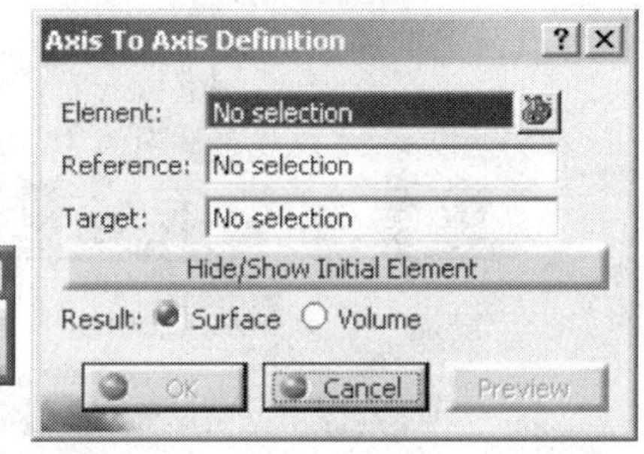

图 8-65 【Axis to Axis】对话框

如果点云数据中找不到理想的已知形面信息,或者点云数据有较大变形,可采用图 8-63 所示的移动(Translate)、转动(Rotate)等来调整点云数据到其相应的车身坐标系位置。

4)点云数据的精简

点击如图 8-66 所示的【Cloud Edition】工具条的【Filter】图标,精简点云数据。通过如图 8-67 所示的【Filtering】对话框,可选定过滤的模式并给定相应的参数值。Homogeneous 为均

图 8-66 【Cloud Edition】工具条

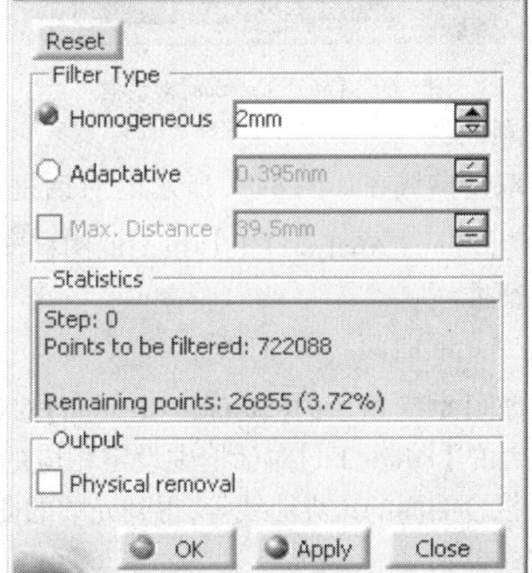

图 8-67 【Filtering】对话框

匀过滤,Adaptative 为适应性过滤。过滤后在【Statistics】窗口显示过滤点云统计结果。如果没有选择对话框的【Output】栏的【Physical removal】,过滤后的输出只是显示上的效果;而选择了【Physical removal】,过滤后的输出为物理的点云数据的精简,过滤删除的点不能再恢复显示。

5)点云的不同显示形式

根据设计的需要,可应用【Cloud Display】图标,将点云显示为所需要的形式,如点显示、折线显示等。或应用如图 8-68 所示的【Mesh】工具条上的【Mesh Creation】图标,在如图 8-69 所示的【Mesh Creation】对话框中输入相应的参数,将点云数据显示为网格形式。图 8-70 所示为滑拉门外板网格化显示图。

6)生成曲线

在点云数据上生成设计需要的曲线,利用如图 8-71 所示的【Scan Creation】工具条的图标和如图 8-72 所示的【Curve Creation】工具条上的图标及生成扫描或曲线。图 8-73 所示为点云上的曲线。

图 8-68 【Mesh】工具条

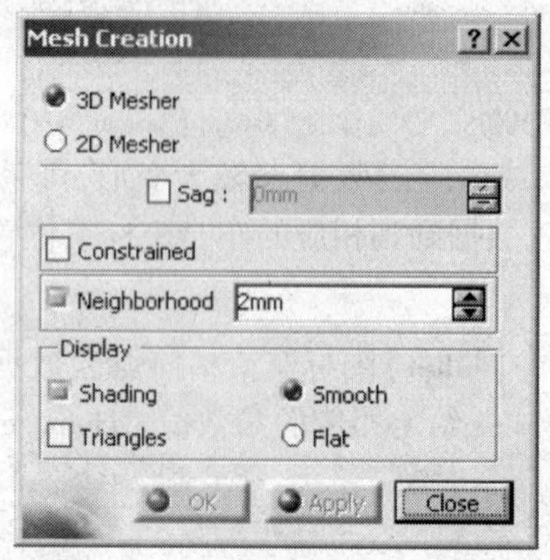

图 8-69 【Mesh Creation】对话框

图 8-70 滑拉门外板网格化显示

图 8-71 【Scan Creation】工具条

7)光顺曲线

通过双击曲线在如图 8-74 所示的对话框修改曲线上的点来修改曲线,利用 FSS 中如图 8-75所示的【Shape Analysis】工具条上的图标检查曲线光顺性。图 8-76 所示为由点云得到光顺的特征曲线。

8)生成光顺曲面

利用如图 8-77 所示的【Surface Creation】对话框中的【强力拟合】图标工具,可在弹出的如图 8-78 所示的【Power Fit】对话框中设定相应的参数,并选定容差(Tolerance)、阶数(Order)、Init Surface 及拟合曲面的边界曲线等,得到光顺的曲面,如图 8-79 所示。

9)曲面分析

利用如图 8-80 所示的【Cloud Analysis】工具条上的【Distance Analysis】图标工具分析所作曲面与点云数据的距离偏差。图 8-81 所示为显示偏差的分布情况。

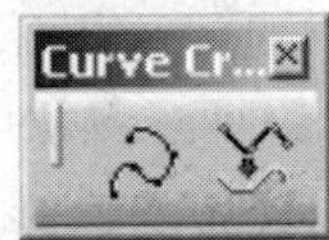

图 8-72 【Curve Creation】工具条

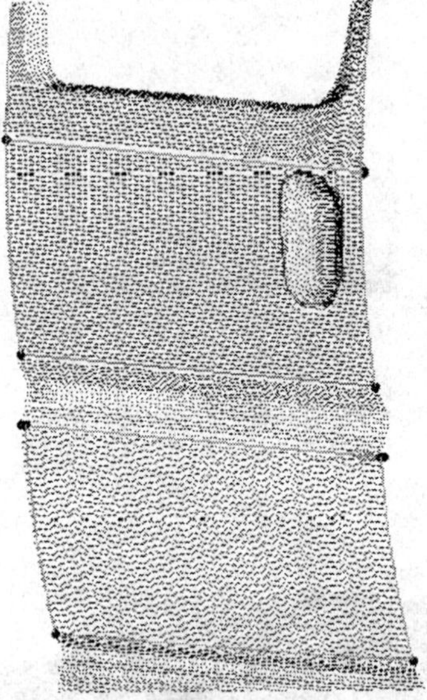

图 8-73 Scan 和 Curve 结果

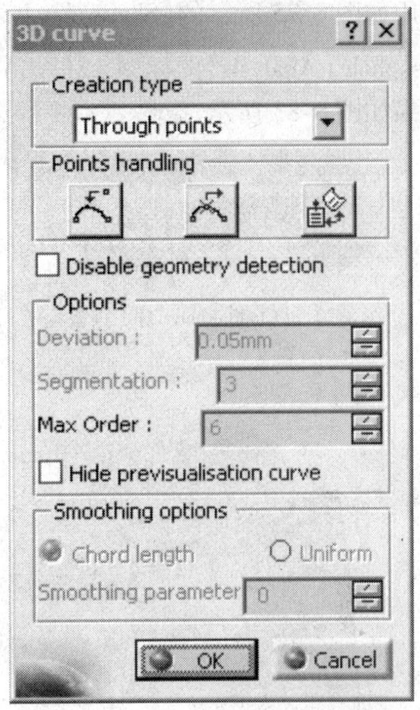

图 8-74 【3D Curve】对话框

图 8-75 【Shape Analysis】工具条

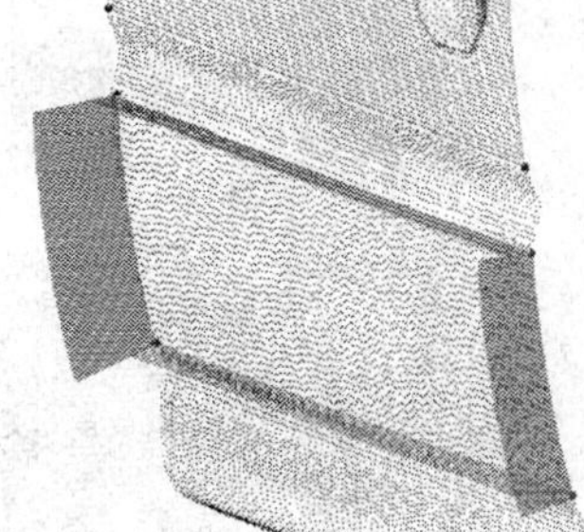

图 8-76 曲线光顺

Surface Creation

8 -77 【Surface Creation】工具条

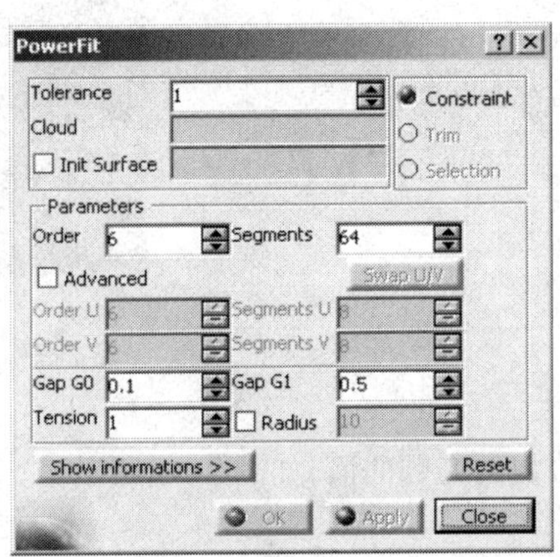

图 8-78 【Power Fit】对话框

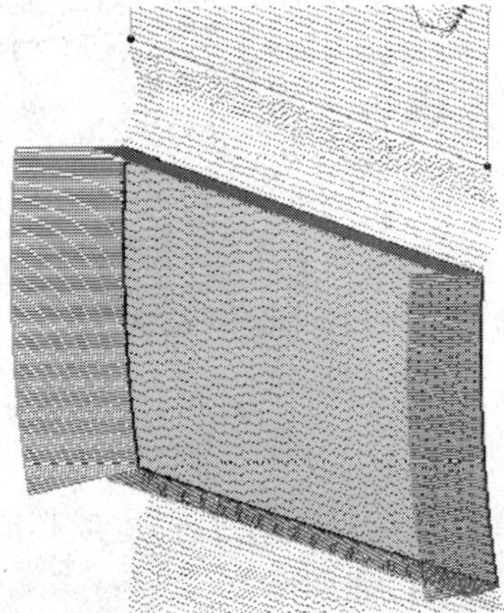

图 8-79 强力拟合曲面

10）曲面光顺检查

利用如图 8-75 所示的【Shape Analysis】工具条的下拉工具条【Image Mapping】（图 8-82），点击【Isophotes Analysis】图标或【ACA Highlight】图标工具，检查并修改曲面的光顺性。所得结果如图 8-83 所示。

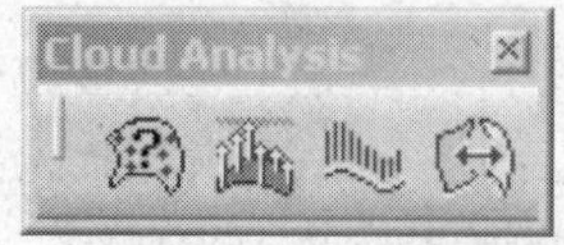

图 8-80 【Cloud Analysis】工具条

图 8-82 【Image Mapping】对话框

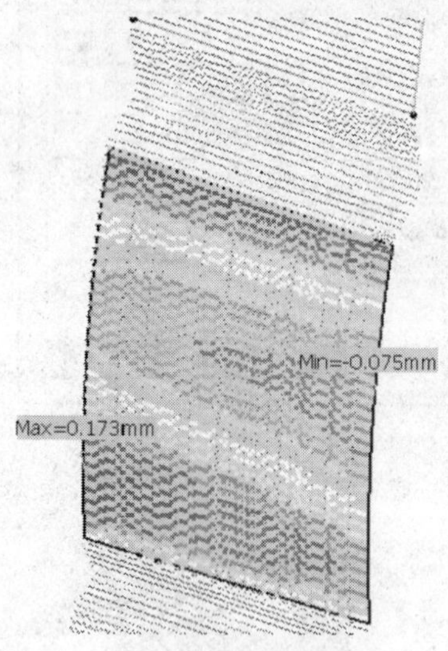

图 8-81 曲面与点云距离偏差分析

图 8-83 曲面的 Highlight 分析

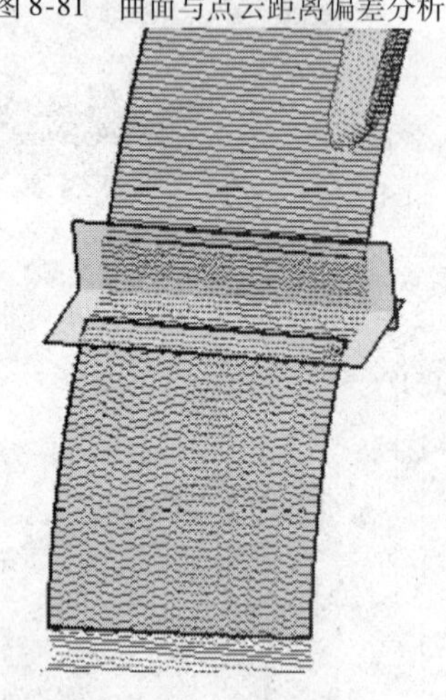

图 8-84 生成曲面

图 8-85 门外板的数字模型

11）生成其它曲面

继续以上的过程，生成其他分块的光顺曲面，如图 8-84 所示。

12）曲面修改

应用圆角、剪切等工具对生成的曲面做最后的修改，得到如图 8-85 所示的门外板的三维数字化模型。

8.2.1.2 车门内板结构设计

1)设计过程简介

应用 GSD 和 FSS 等提供的工具,根据车型的需要,参考其他车型的门内板的结构形式,得到如图 8-86 所示的某同类车型的滑拉门内板结构图片,设计内板的曲线和曲面。

图 8-86　某同类车型的滑拉门内板结构

图 8-87　【Wireframe】工具条

利用如图 8-87 所示的【Wireframe】工具条生成点线,如直线、曲线;利用如图 8-88 所示的【Surfaces】工具条生成曲面,如旋转面、拉伸面、扫掠面、偏置面、填充面、叠层(Loft)曲面、过渡曲面等;利用如图 8-89 所示的【Operations】工具条对曲面做相应的操作,如剪切、圆角、移动等;利用如图 8-90 所示的【Analysis】工具条分析曲线曲面,如连接分析,曲率分析等;利用如图 8-91 所示的【Shape Modifications】工具条修改曲线曲面,如修改控制点等。

图 8-88　【Surfaces】工具条

图 8-89　【Operations】工具条

这个过程属于车身的结构设计过程,对于结构应采用何种方式,如何保证结构的合理性和功能的可靠性,由设计工程师完成。这个过程中点、线、面的生成不是一成不变的,需要不断地修改和完善,直到最终定型。

图 8-90　【Analysis】工具条

图 8-91　【Shape Modifications】工具条

2)生成车门内板的数模

经过上述设计、分析与修改,再设计、分析与修改的过程,最终生成滑拉门内板结构的三维数字模型如图 8-92 所示。

8.2.2 制作二维工程图

1)生成图纸文件

通过【File】→【New】→【Drawing】,利用如图 8-93 所示的生成工程图纸对话框,可选择生成图纸的标准、样式(可生成新样式,并给定新的宽度和高度值)、比例、纵置或是横置等。

2)生成前视图

选择如图 8-94 所示的【Views】工具条的【Front View】图标工具,选择门外板图形窗口的 XZ 平面，窗口出现如图 8-95 所示的罗盘（Compass），用罗盘调整前视图的显示角度，调整到需要的位置时，左键单击图形显示窗口的白色空白处，前视图调整完毕。所得结果如图 8-96 所示。

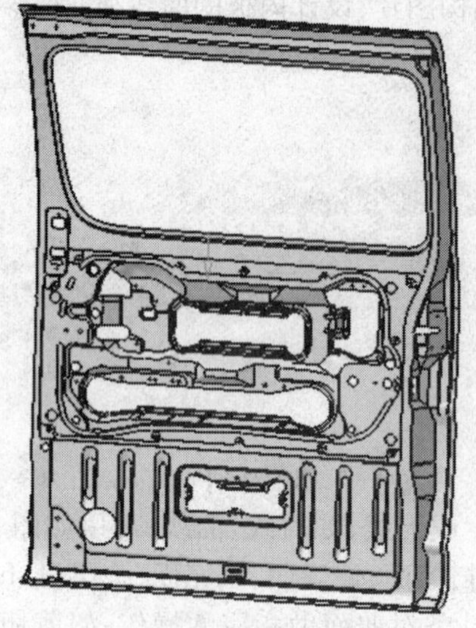

图 8-92 滑拉门内板结构的数字模型

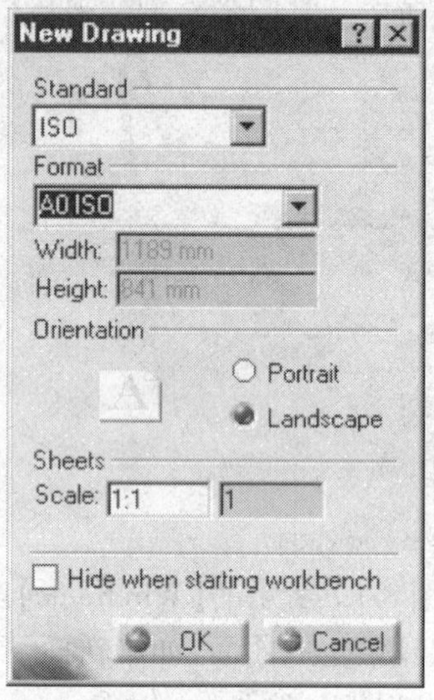

图 8-93 生成工程图纸对话框

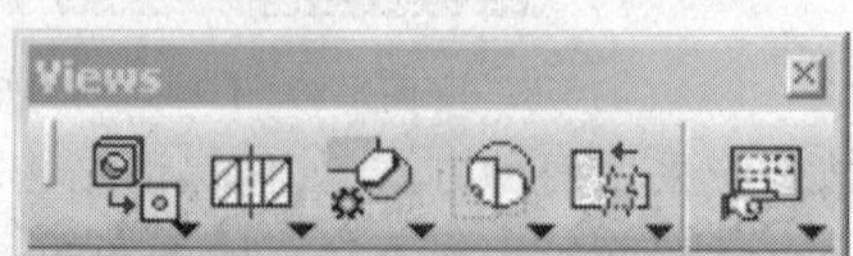

图 8-94 【Views】工具条

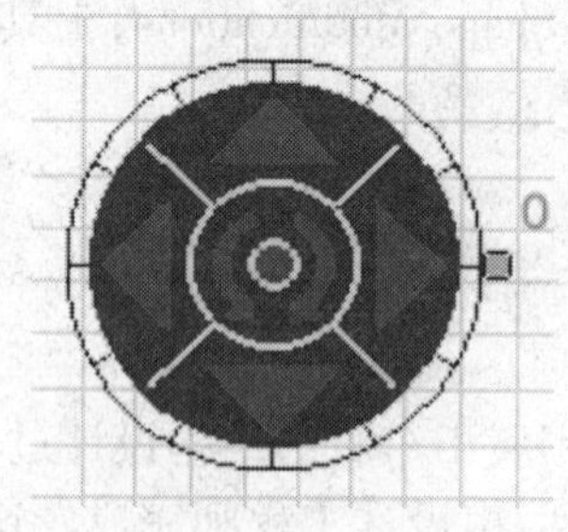

图 8-95 罗盘

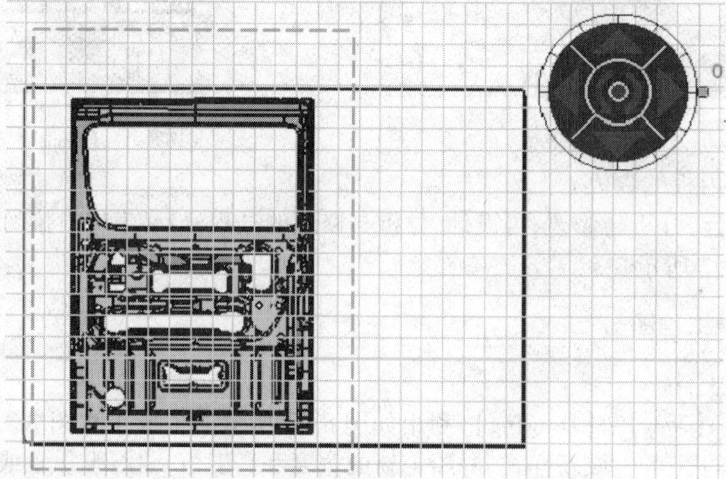

图 8-96 生成前视图

3）参数属性的选择调整

选择模型树（Specifications）的 Sheet. 1，单击右键，选择【Properties】，系统会弹出如图 8-97 所示的对话框，在这个对话框里可以修改 Sheet 的名称、比例、视角、图纸的尺寸等。

选择模型树（Specifications）的【Front View】，单击右键，选择【Properties】，系统会弹出如图 8-98 所示的对话框，在这个对话框里可以修改视图的显示角度、比例、显示模式、视图的名称等。

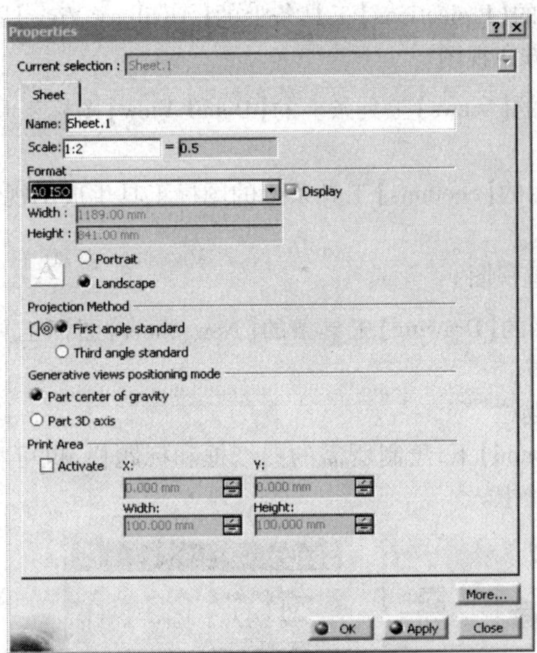

图 8-97 【Sheet Properties】对话框

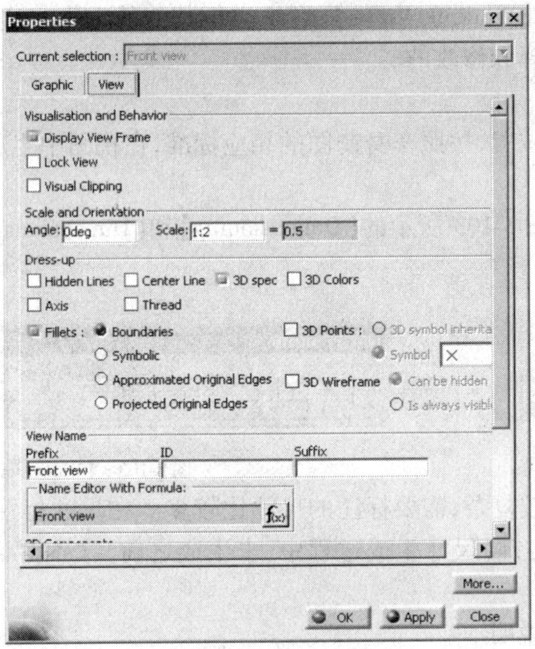

图 8-98 【View Properties】对话框

4）生成其他视图

选择如图 8-99 所示的【Projections】工具条上的【Projection View】图标工具，生成左视图、右视图、俯视图。

选择如图 8-99 所示的【Projections】工具条上的【Isometric View】图标工具，生成三维显示图。

选择如图 8-99 所示的【Projections】工具条上的【Auxiliary View】图标工具，生成选定视图的给定方向和位置的方向视图。

选择如图 8-93 所示的【Views】工具条上的【Detail View】图标工具，生成选定视图的局部放大视图。

选择如图 8-100 所示的【Sections】工具条上的图标工具生成剖视图、剖面图。可根据需要选择旋转剖或阶梯剖。

5）生成多 Sheet，布置视图

选择如图 8-101 所示的【Drawing】工具条的【New Sheet】图标工具，生成新的 Sheet，将已经生成的视图重新布置。

6）生成图纸框和标题栏

在【Edit】→【Background】下，绘制所需的图纸框和标题栏，也可将图纸的工程技术要求、说明等写在此图纸的背景中。

图 8-99 【Projections】工具条

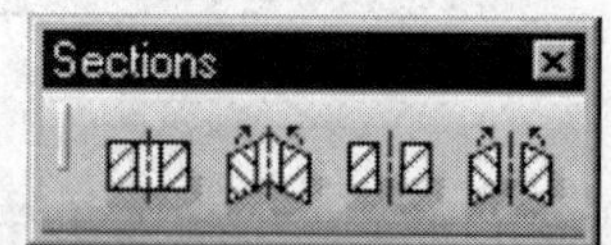

图 8-100 【Sections】工具条

图 8-101 【Drawing】工具条

返回，通过【Edit】→【Working Views】，继续进行其他的工作。这种情况下，Background 中的文字和图形是不可选择和修改的。

7）生成车身网格线

根据车身坐标系的位置，按照车身制图的相应标准，在视图中生成车身网格线。

8）尺寸标注

选择如图 8-102 和图 8-103 所示的【Dimensioning】和【Dimensions】工具条所提供的工具标注工程图纸所需的尺寸。

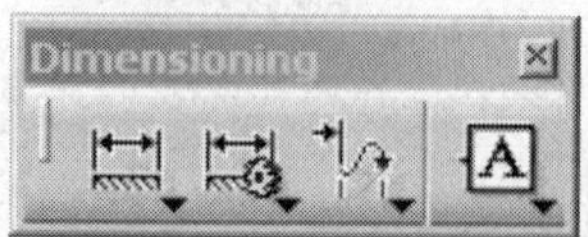

图 8-102 【Dimensioning】工具条

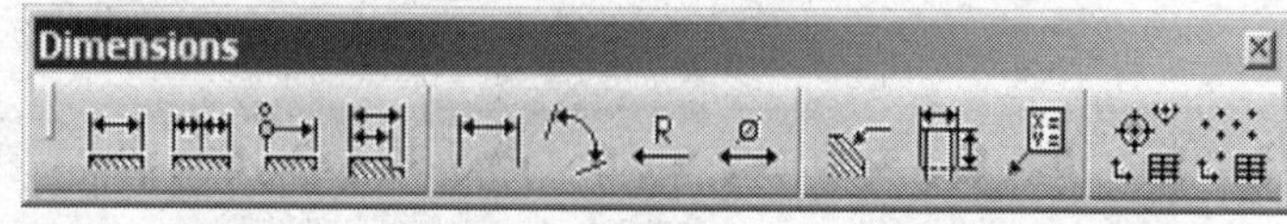

图 8-103 【Dimensions】工具条

车身覆盖件结构比较复杂，需要标注的尺寸比较多。在尺寸标注过程中需要用到的工具还有如图 8-104 所示的右键（尺寸生成过程中，未生成之前）文本对话框和如图 8-105 所示的【Tools Palette】工具条。

9）二维工程图注释说明

选择如图 8-106 和图 8-107 所示的【Annotations】和【Text】工具条所提供的工具标注工程

图纸所需的文字、符号等说明。

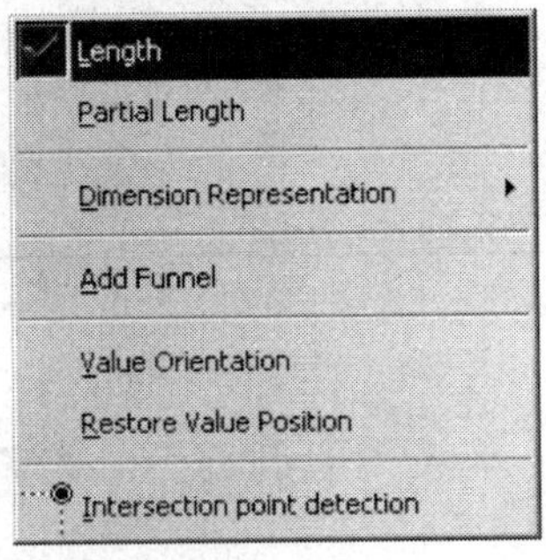

图 8-104 尺寸生成的文本对话框

图 8-105 【Tools Palette】工具条

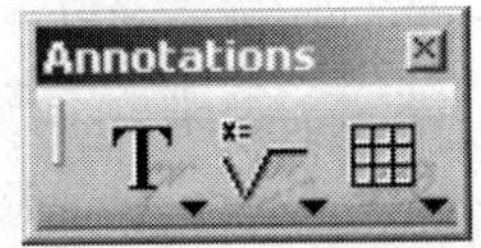

图 8-106 【Annotations】工具条

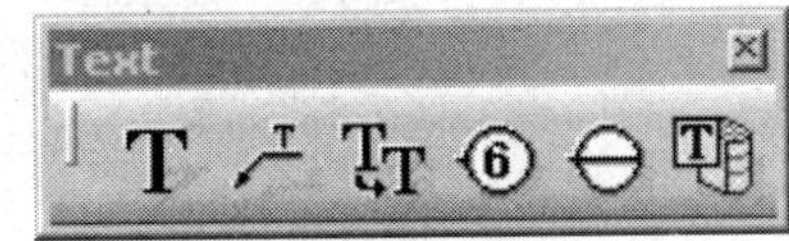

图 8-107 【Text】工具条

10)滑拉门内、外板的二维工程图纸

图 8-108 和图 8-109 所示为滑拉门外板的二维工程图纸。

图 8-110、图 8-111 和图 8-112 所示为滑拉门内板的二维工程图纸。

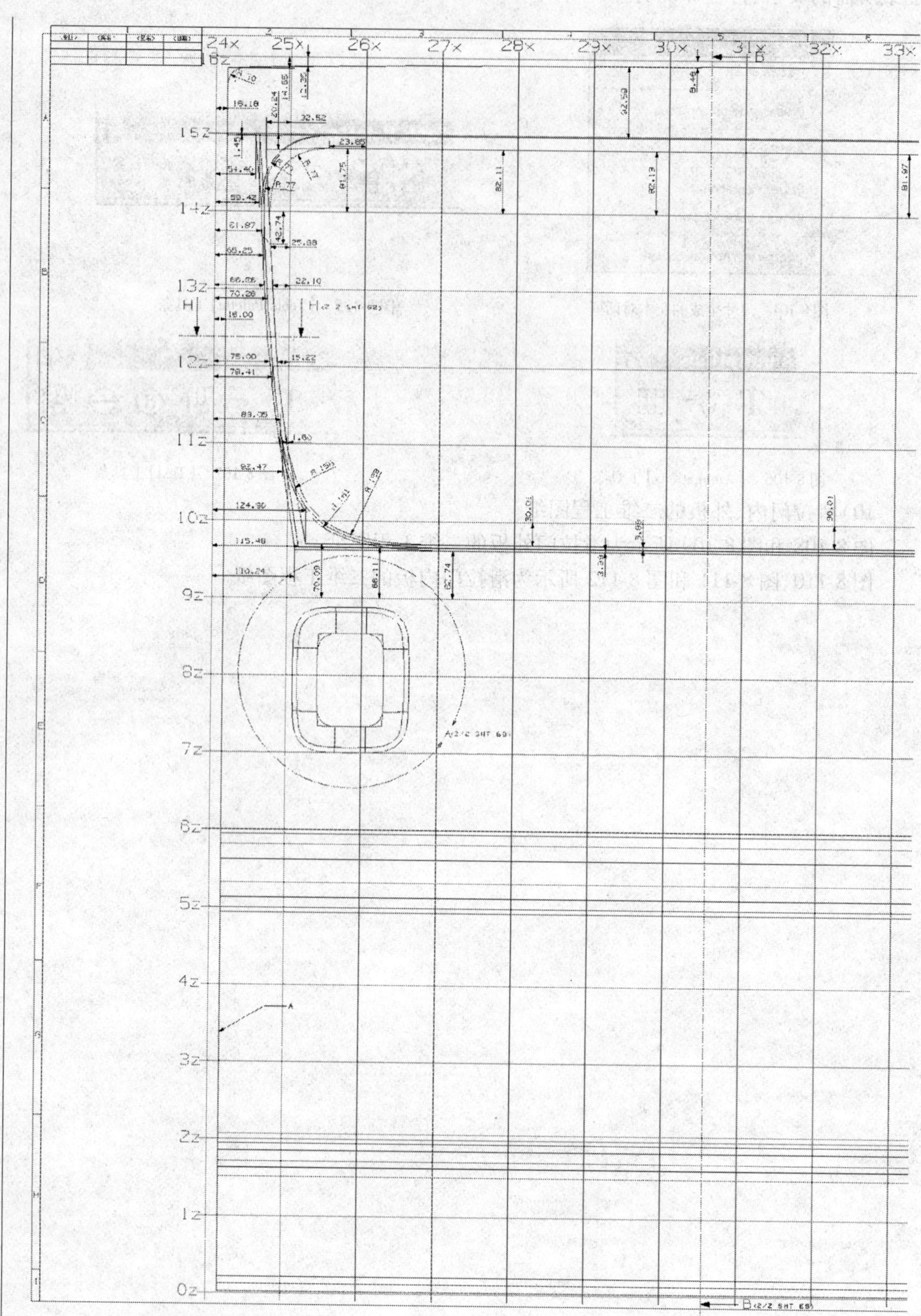

图 8-108　滑拉门外板

34X
35X
36X
10Y
9Y
8Y
7Y
6Y
16Z
15Z
14Z
13Z
12Z
11Z
10Z
9Z
8Z
7Z
6Z
5Z
4Z
3Z
2Z
1Z
0Z
技术要求：
1．保证表面光顺，整洁
2．所有标注表面均为外表面
3．所有未标注尺寸以三维模型为准

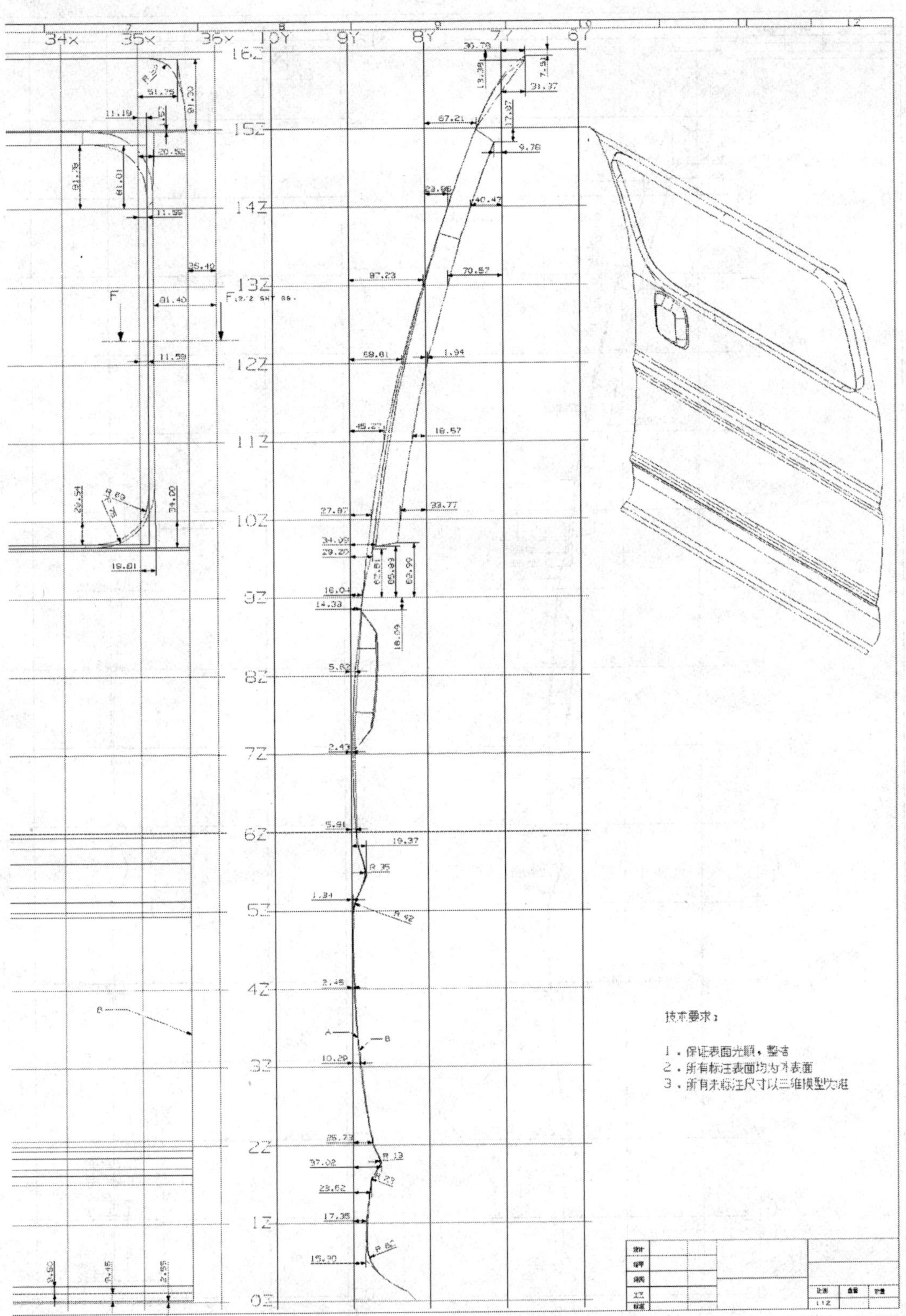

二维工程图纸(一)

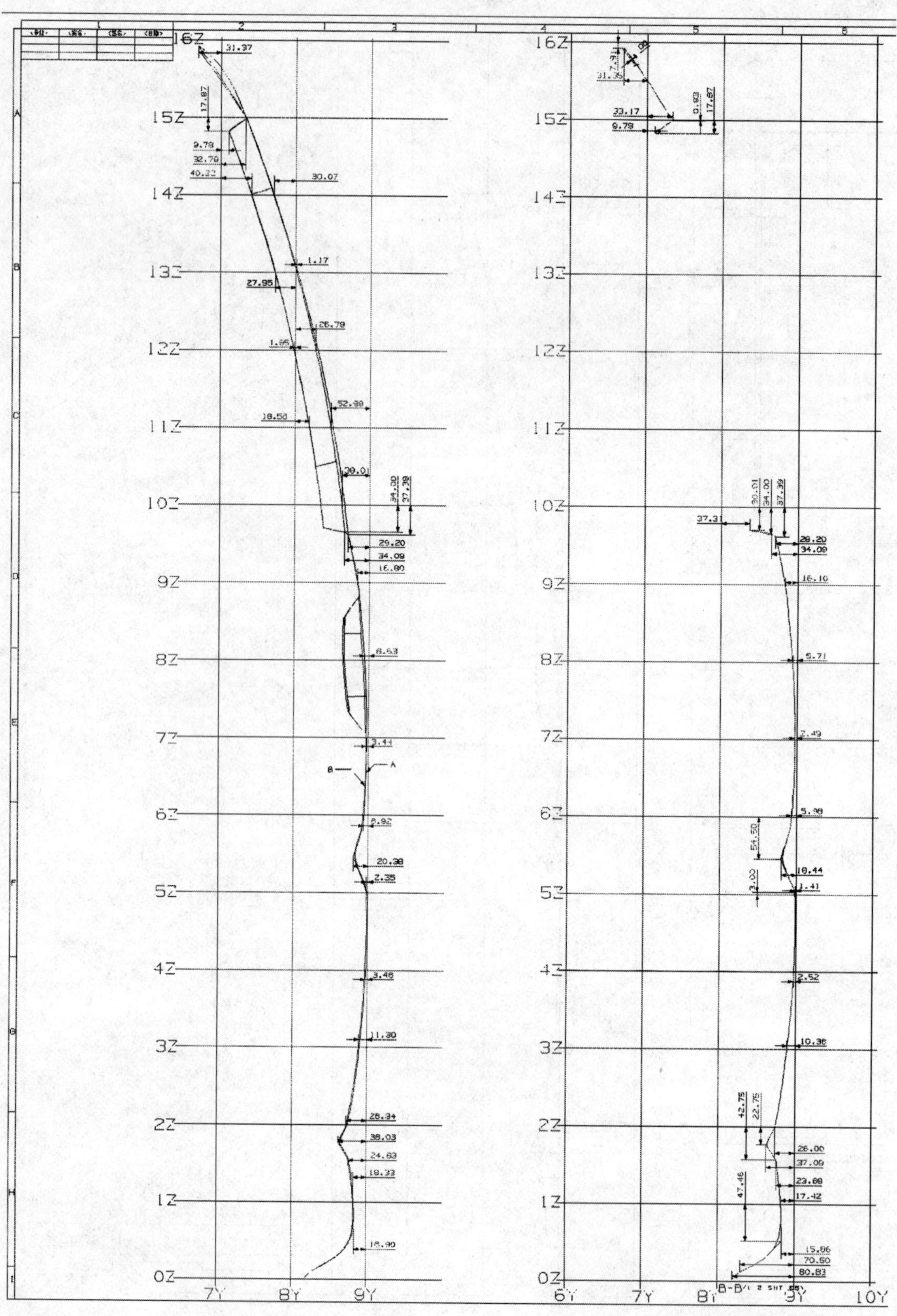

图 8-109　滑拉门外板

26X
25X
27X
9Z
8Z
7Z
D
C
A (1/2 SHT E3)
9Y←8Y
D-D
1:1
25X
26X
27X
8Y
9Y
C-C
1:1
24X
25X
H-H (1/2 SHT B2)
35X
36X
8Y
9Y
F-F (1/2 SHT B7)
技术要求：
1. 保证表面光顺，整洁
2. 所有标注表面均为外表面
3. 所有未标注尺寸以三维模型为准

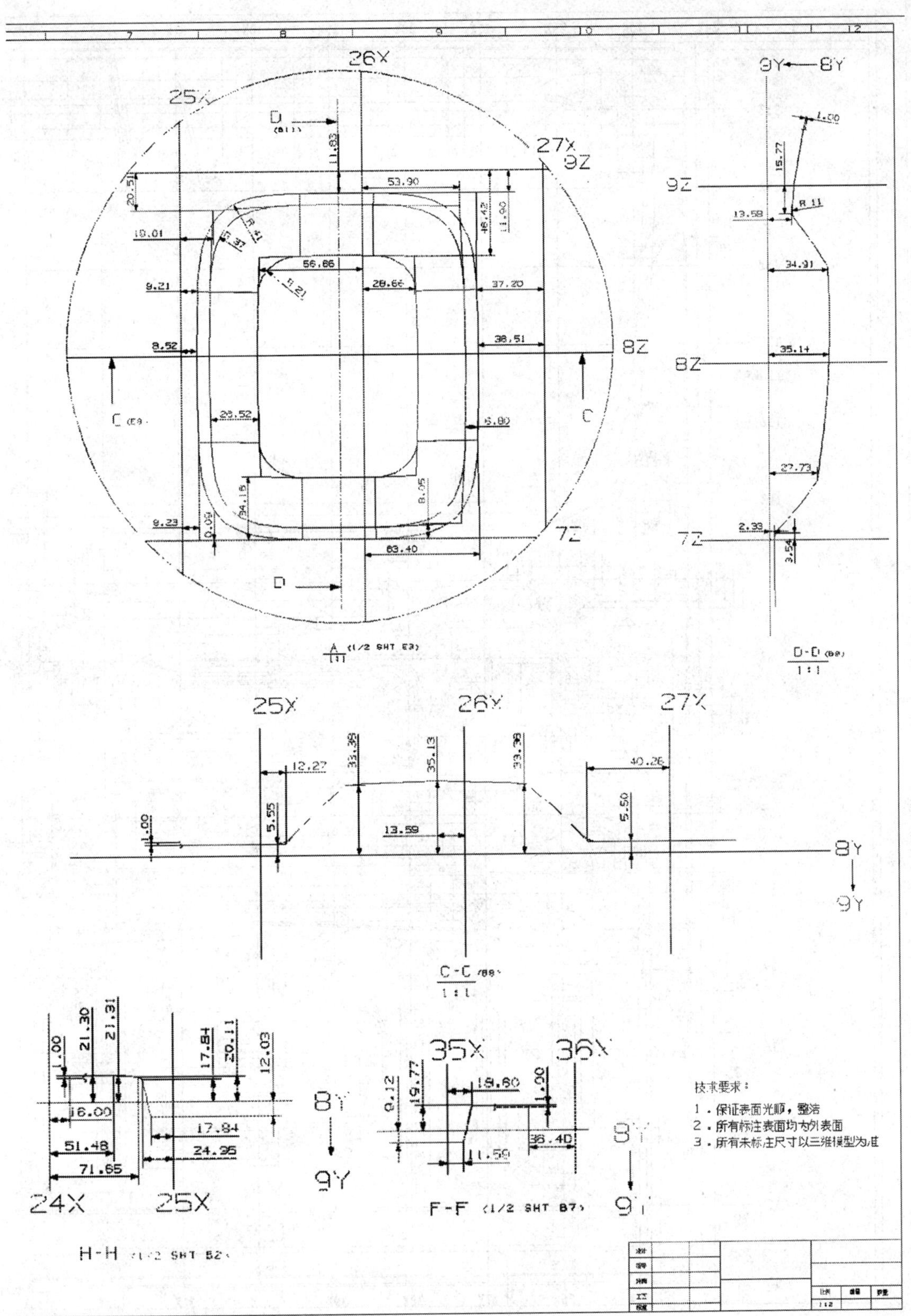

二维工程图纸(二)

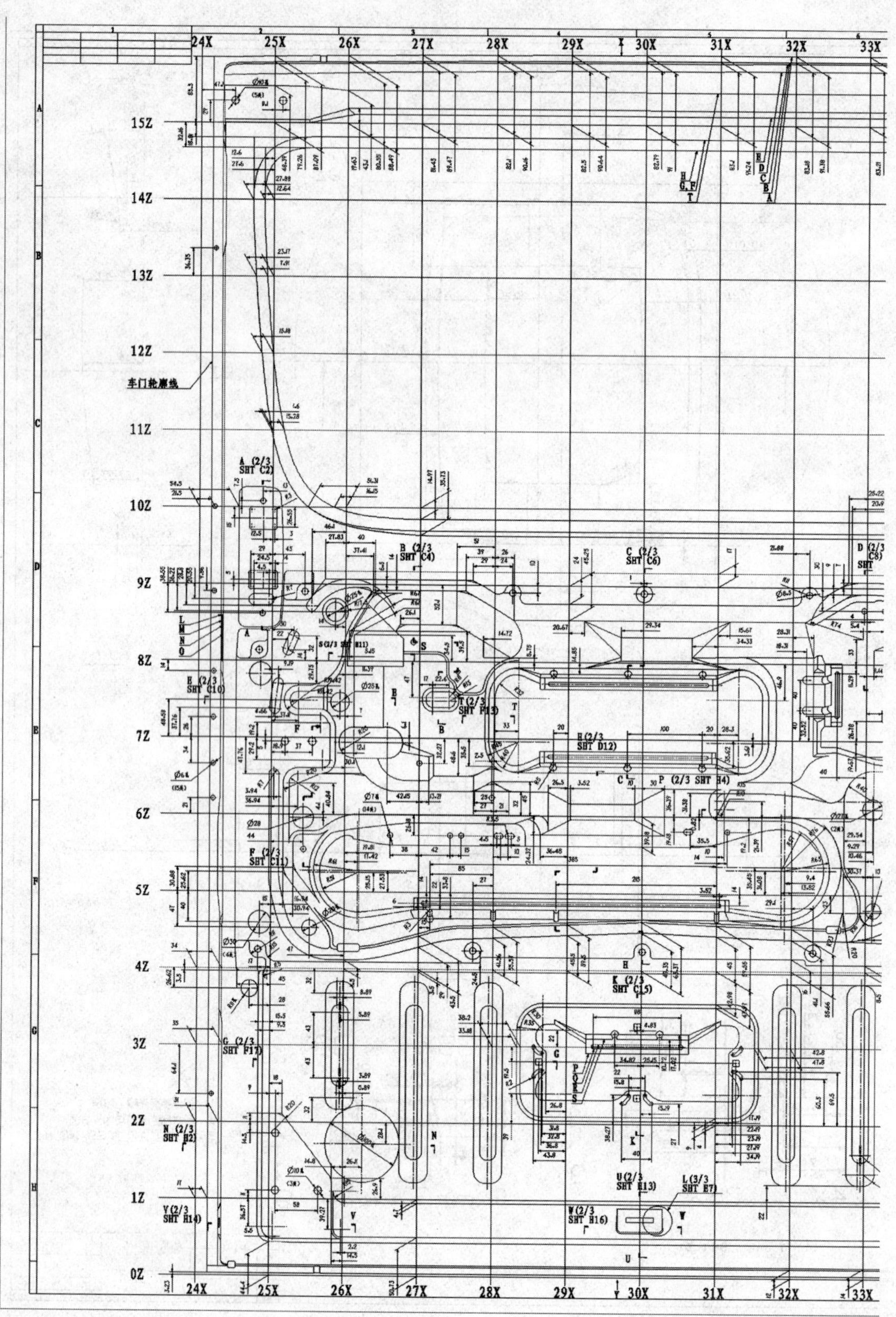

图 8-110　滑拉门内板

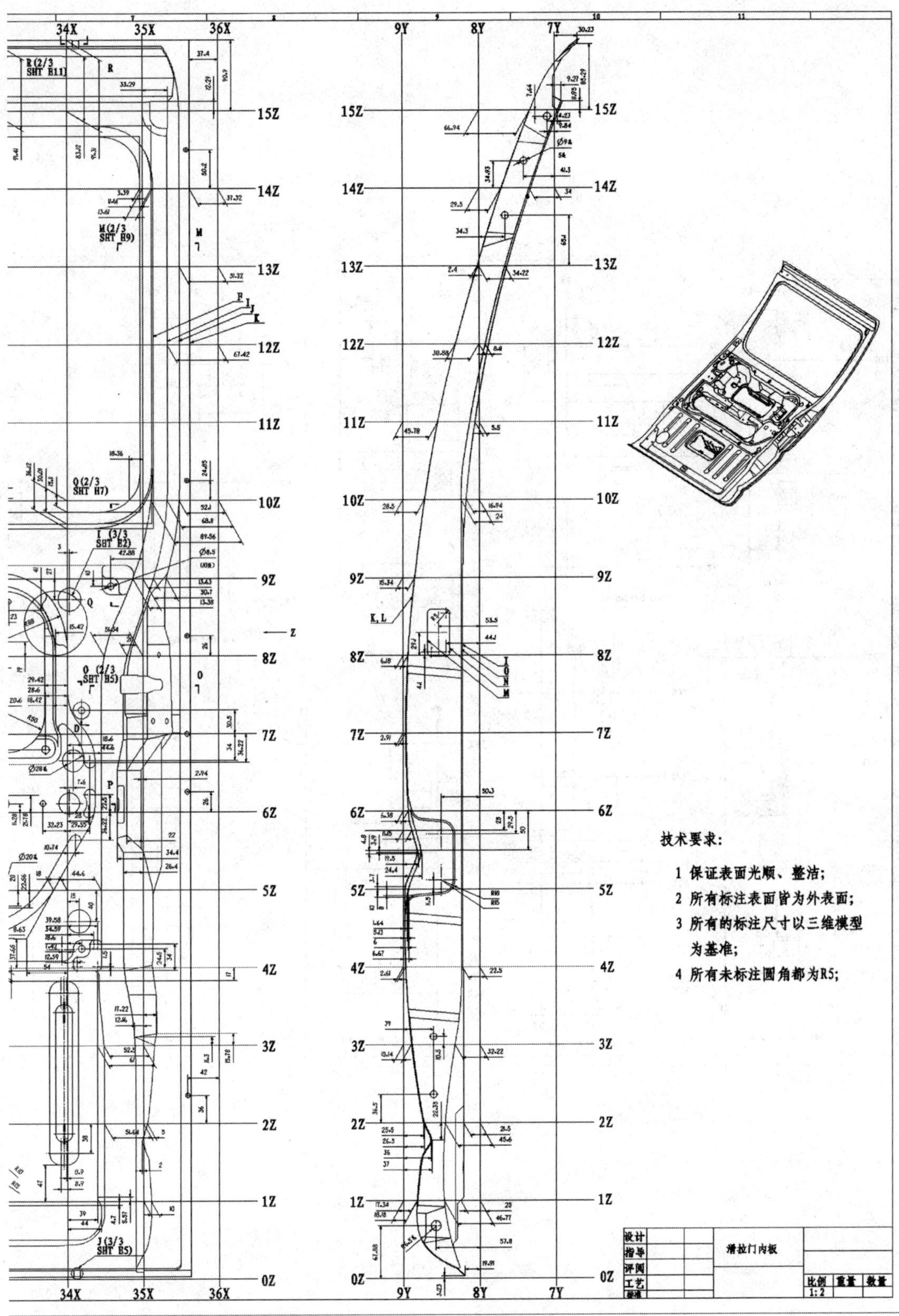

技术要求:
1 保证表面光顺、整洁;
2 所有标注表面皆为外表面;
3 所有的标注尺寸以三维模型为基准;
4 所有未标注圆角都为R5;
设计
指导
评阅
工艺
滑拉门内板
比例
重量
数量
1:2

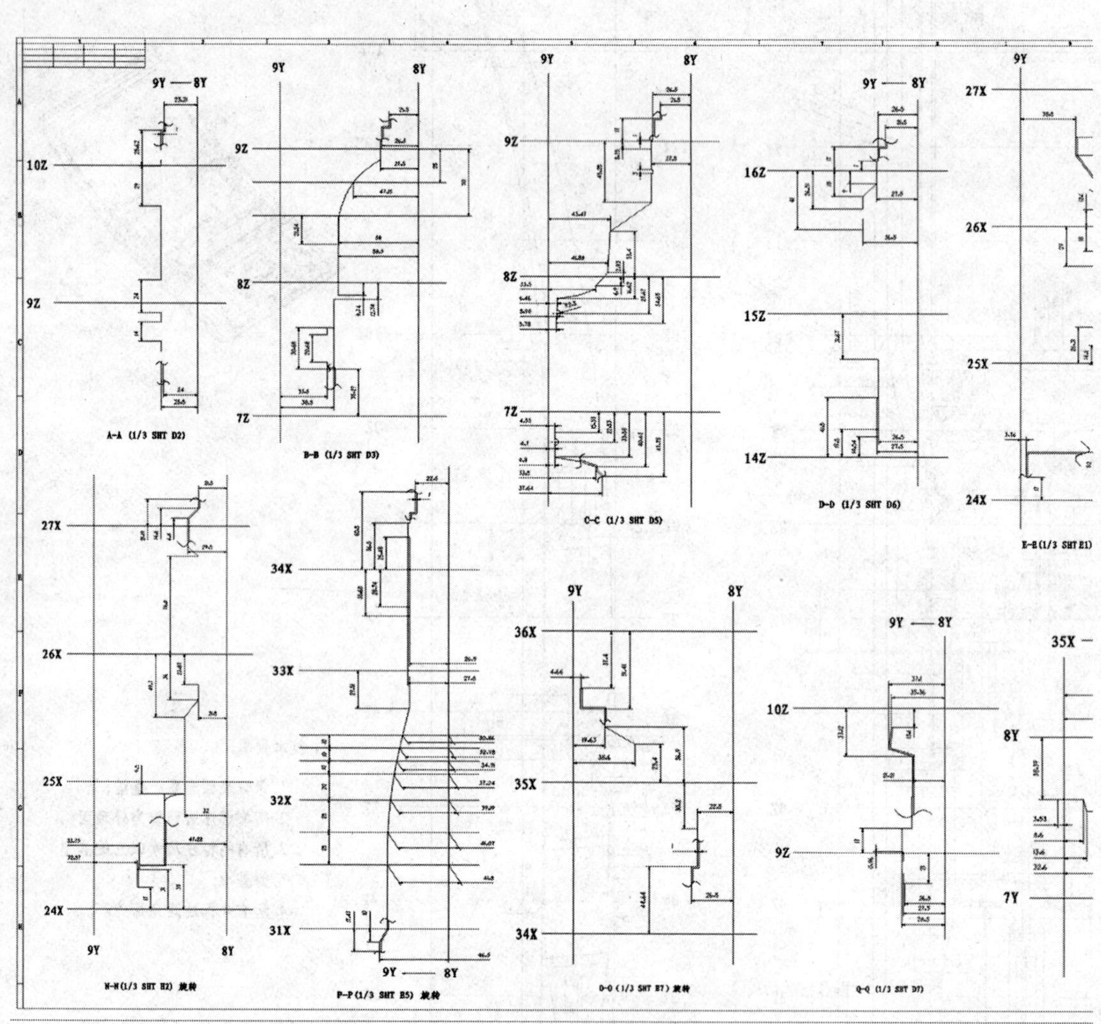

图 8-111　滑拉门内板

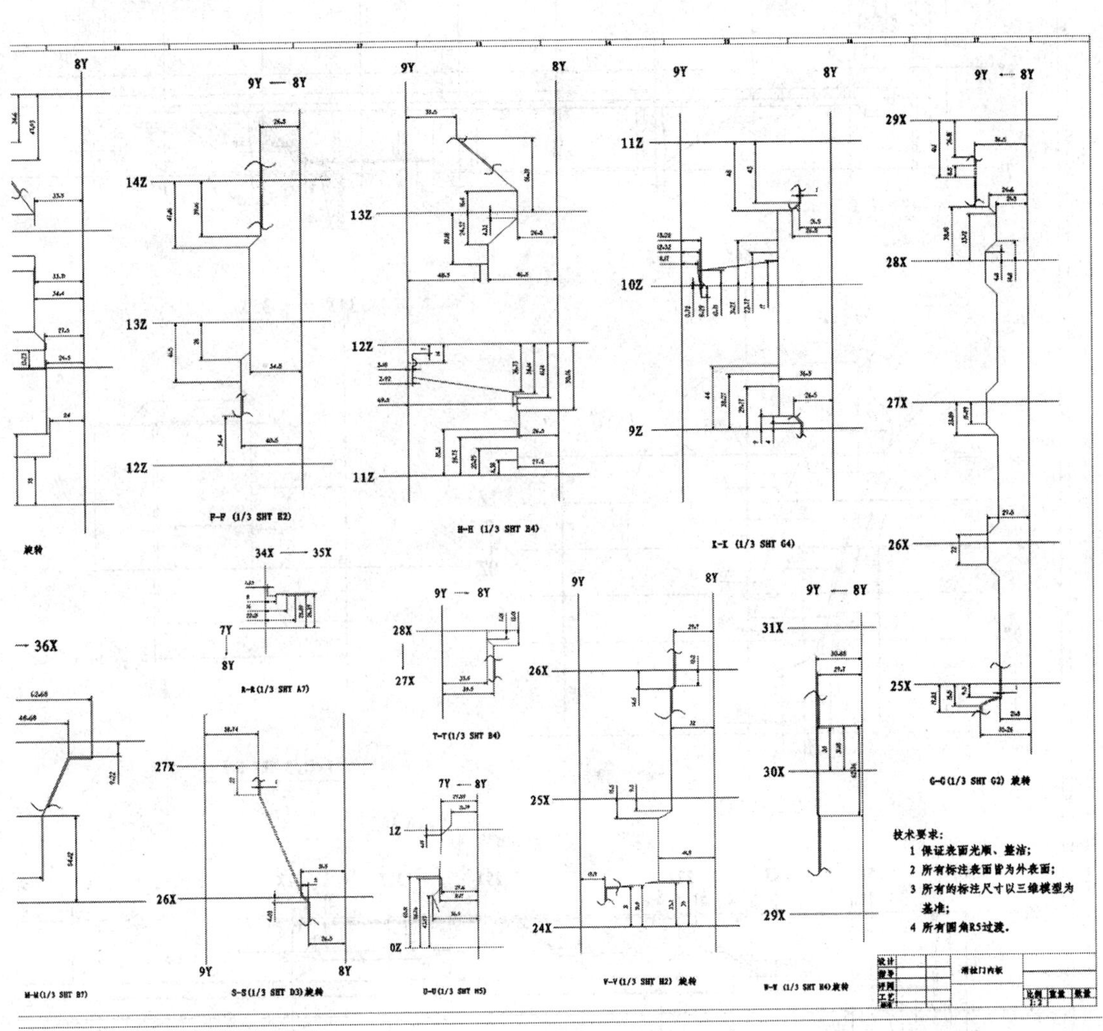
F-F (1/3 SHT E2)
H-H (1/3 SHT B4)
K-K (1/3 SHT G4)
G-G(1/3 SHT G2) 旋转
R-R(1/3 SHT A7)
T-T(1/3 SHT B4)
M-M(1/3 SHT B7)
S-S(1/3 SHT D3)旋转
U-U(1/3 SHT H5)
V-V(1/3 SHT H2) 旋转
W-W (1/3 SHT H4)旋转
旋转
技术要求：
1 保证表面光顺、整洁；
2 所有标注表面皆为外表面；
3 所有的标注尺寸以三维模型为基准；
4 所有圆角R5过渡。

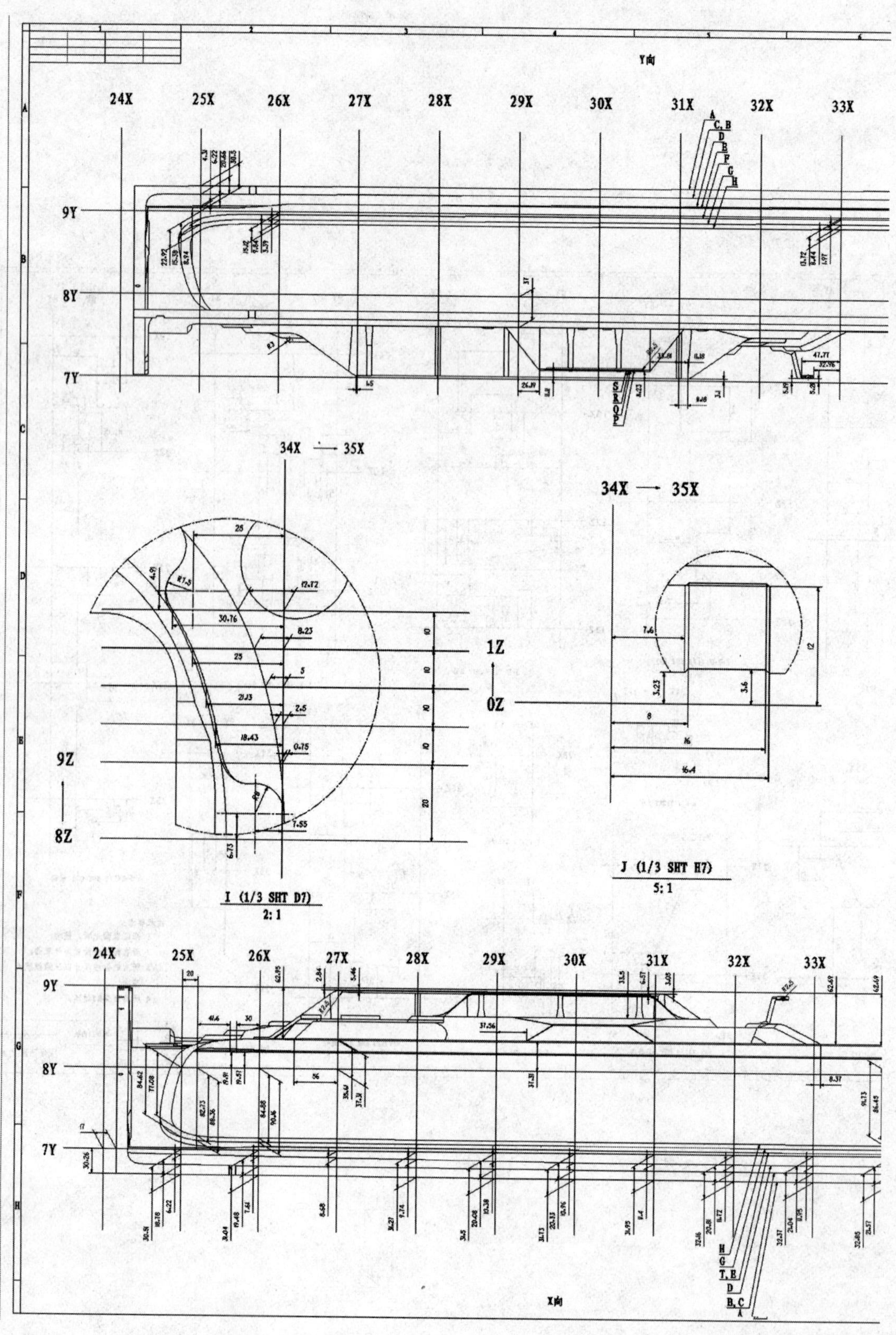

图 8-112 滑拉门内板

34X
35X
36X
30X — 31X
1Z
2Z
L(1/3 SHT H5)
2: 1
7Y
8Y
9Y
15Z
14Z
13Z
12Z
11Z
10Z
9Z
8Z
7Z
6Z
5Z
4Z
3Z
2Z
1Z
0Z
Z向
技术要求:
1 保证表面光顺、整洁;
2 所有标注表面皆为外表面;
3 所有的标注尺寸以三维模型为基准;
4 所有圆角R5过渡。
设计
指导
评阅
工艺
滑拉门内板
比例
重量
数量
1: 2
二维工程图纸(三)

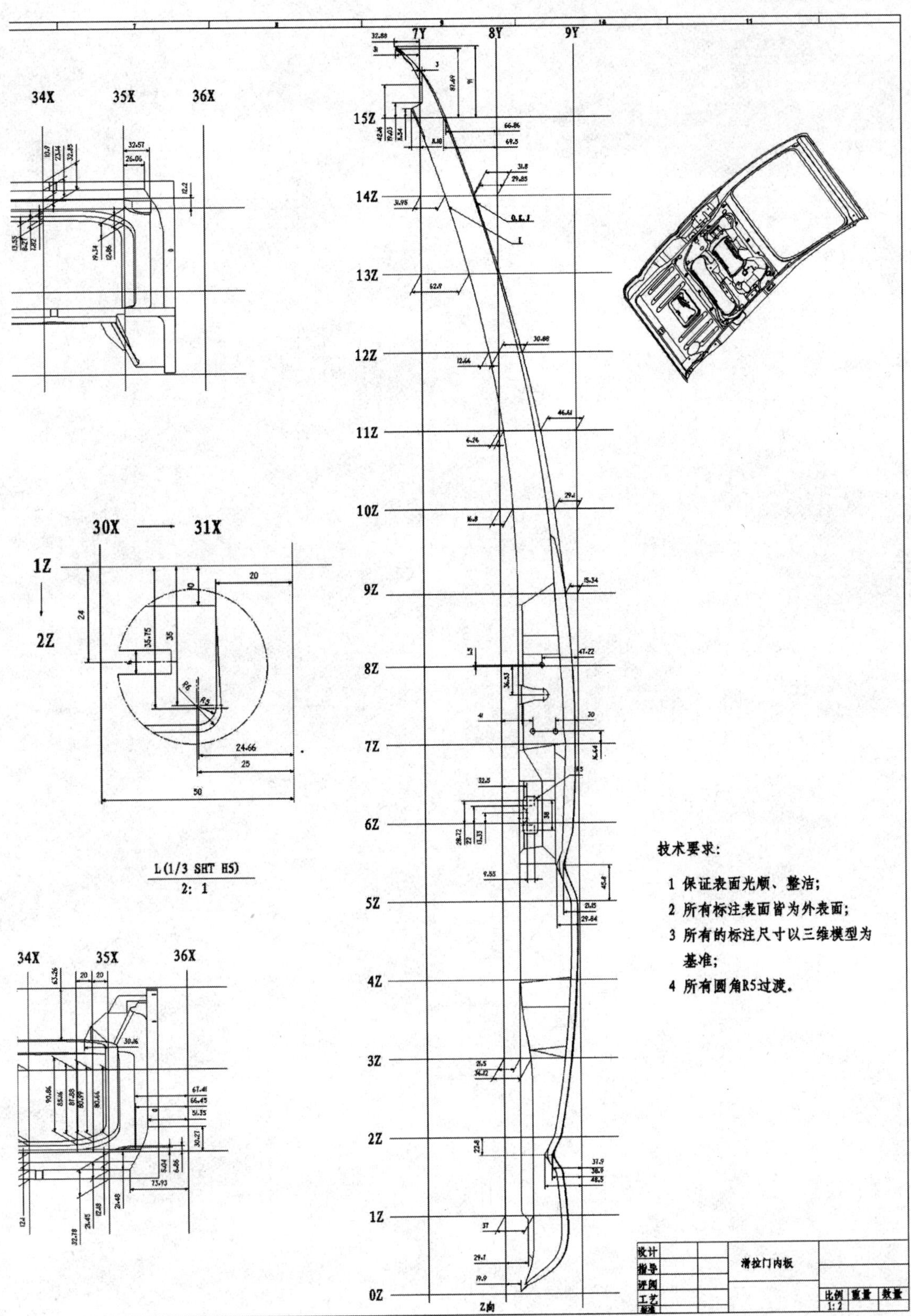